Geschichte der Arbeiter
und der Arbeiterbewegung
in Deutschland
seit dem Ende
des 18. Jahrhunderts

Herausgegeben von
Gerhard A. Ritter

Heinrich August Winkler

Der Schein der Normalität

Arbeiter und Arbeiterbewegung in der Weimarer Republik 1924 bis 1930

Berlin/Bonn
Verlag J.H.W. Dietz Nachf.

Das Projekt „Geschichte der Arbeiter und Arbeiterbewegung in Deutschland seit dem Ende des 18. Jahrhunderts“ wurde mit Mitteln der Stiftung Volkswagenwerk und der Friedrich-Ebert-Stiftung gefördert.

ISBN 3-8012-0094-9
2., vollständig durchgesehene und korrigierte Auflage 1988

Berlin · Bonn
In der Raste 20-22, D-5300 Bonn

Umschlag: Karl Debus, Bonn
Gesamtherstellung: satz+druck gmbh, Düsseldorf

Printed in Germany 1988

Für Dörte

Inhalt

Anhang

Vorbemerkung

Der vorliegende zweite Band meiner Geschichte der deutschen Arbeiterbewegung in der Weimarer Republik behandelt die Zeit vom Frühjahr 1924 bis zum Frühjahr 1930. Es sind die vergleichsweise „guten Jahre“ Weimars, von denen hier die Rede ist. Am Beginn steht der Dawes-Plan, der Deutschland wirtschaftlich wie politisch zu einer Periode der relativen Stabilisierung verhalf, am Ende der Bruch der letzten Großen Koalition, der nichts Geringeres bedeutete als das Scheitern der parlamentarischen Demokratie.

Die Frage, ob dieses Ende abwendbar war, weist über die Jahre 1928 bis 1930 — die Regierungszeit des letzten sozialdemokratischen Reichskanzlers, Hermann Müller — hinaus. Die Stabilität der mittleren Jahre war stets bedroht, die demokratische Normalität weitgehend Schein. Was dem Erfolg des Experiments von Weimar entgegenstand, waren nicht nur ungünstige wirtschaftliche und politische Rahmenbedingungen, also objektive Daten, sondern auch subjektive Faktoren. Zu diesen gehört nicht zuletzt, was ich die Erbschaft des Obrigkeitsstaates in den Köpfen von Gegnern und Anhängern der Republik nennen möchte.

Die Labilität der parlamentarischen Demokratie von Weimar hatte *eine* Ursache in den autoritären Ordnungsvorstellungen der traditionellen Rechten. Diese Vorstellungen stammten aus dem vorparlamentarischen Regierungssystem der Zeit vor 1918 — dem „starken“, vermeintlich überparteilichen Staat des kaiserlichen Deutschland, den große Teile des konservativen bis rechtsliberalen Bürgertums in der einen oder anderen Weise restaurieren wollten. Aber auch links wirkte die Kaiserzeit nach. Damals war die Sozialdemokratie gewissermaßen die geborene Oppositionspartei und der Reichstag der natürliche Widerpart der vom Monarchen eingesetzten Regierung gewesen. In der Republik war die Regierung auf die Unterstützung einer parlamentarischen Mehrheit angewiesen. Doch selbst wenn die Sozialdemokratie offiziell Teil der regierenden Mehrheit war, fühlte sie sich in dieser Rolle nicht wohl. Ihr linker Flügel hielt sich an die Maxime, daß Opposition so lange ein Gebot des proletarischen Klassenkampfes sei, als es keine parlamentarische Mehrheit für die Sozialisten gab.

Eine Regierungskoalition, an der die Sozialdemokratie beteiligt war, verlangte die Bereitschaft zum Klassenkompromiß. Rechts wie links war die Gegnerschaft gegen eine solche Verständigung so stark, daß zwischen 1924 und 1927 alle Anläufe zur Bildung einer Großen Koalition scheiterten. Als sie im Juni 1928 doch, wenn auch zunächst nur de facto, zustande kam, stieß sie in beiden Flügelparteien, der Deutschen Volkspartei und der Sozialdemokratie, auf massive Kritik. Ständige Krisen erschütterten nicht nur den Zusammenhalt des Kabinetts, sondern auch die Glaubwürdigkeit der parlamentarischen Regierungsweise. Der Übergang zum Präsidialsystem im Sommer 1930 wurde rechts als Rückkehr zur deutschen Normalität begrüßt. Aber auch auf der demokratischen Linken trauerten nur wenige dem Parlamentarismus nach.

Ob die Arbeiterschaft der Weimarer Republik ein Mehr an sozialdemokratischer Kompromißbereitschaft mitgetragen hätte, ist eine umstrittene Frage. Sicher können wir kein Urteil über die Handlungsspielräume der SPD fällen, ohne daß wir uns zuvor über die materielle Lage und das Bewußtsein ihrer Anhänger klar zu werden versuchen. Aber aus den Lebensbedingungen und Erfahrungen der Arbeiter — dem Thema des ersten Kapitels dieses Bandes — lassen sich keine Lösungen für die Probleme des Weimarer Staates ableiten. Es war eine *politische* Entscheidung, ob die SPD sich an einer Regierung beteiligte, ob sie sie bekämpfte oder tolerierte.

In solche Entscheidungen ging natürlich immer auch die Furcht vor der kommunistischen Konkurrenz ein: Würde nicht die KPD Nutzen davon haben, wenn die SPD sich zu einem Kompromiß mit bürgerlichen Parteien entschloß? Aber die Spaltung der deutschen Arbeiterbewegung in Sozialdemokraten und Kommunisten war nicht nur eine Vorbelastung der parlamentarischen Demokratie, sondern zugleich auch ihre Vorbedingung. Nur weil ein Teil der Arbeiterbewegung eine Zusammenarbeit mit Teilen des Bürgertums nicht grundsätzlich ausschloß, war „Weimar" überhaupt möglich geworden. Hätte die SPD die gesamte „marxistische" Arbeiterschaft repräsentiert, wäre sie gewiß eine linkere Partei gewesen. Aber eine linkere Sozialdemokratie bedeutete noch lange keine linkere Republik. Alles spricht für das Gegenteil: Da ein Übergewicht des linken Flügels die Partei auf die Oppositionsrolle festgelegt hätte, wären Reich und Länder schon lange vor 1930 rein „bürgerlich" regiert worden.

Eine Frage läßt der vorliegende Band bewußt offen: ob es nach dem Scheitern der parlamentarischen Demokratie im Jahre 1930 noch Alternativen zur nationalsozialistischen Diktatur und damit zum Weg in die Katastrophe gab. Für den dritten Band meines Werkes, der die Jahre 1930 bis 1933 behandelt, wird dies die leitende Fragestellung sein. Ich hoffe, daß ich diesen abschließenden Band in nicht allzu ferner Zukunft vorlegen kann.

Wie schon beim ersten Band habe ich auch beim zweiten der Stiftung Volkswagenwerk für ein Akademiestipendium zu danken, das mir für die Dauer eines Jahres die Möglichkeit gab, mich ganz meinem Forschungsvorhaben zu widmen. Mein Dank gilt weiter der Friedrich-Ebert-Stiftung, die das Gesamtprojekt „Geschichte der Arbeiter und Arbeiterbewegung in Deutschland seit dem Ende des 18. Jahrhunderts" angeregt und gefördert hat. Danken möchte ich schließlich meinen Mitarbeitern, namentlich Wolfgang Zollitsch, der verstreutes Quellenmaterial für das erste Kapitel gesichtet, Korrekturen gelesen und das Register erstellt hat, sowie Dr. Thomas Schnabel, dessen Vorarbeiten auf dem Gebiet der Wahlanalyse eine große Hilfe waren. Beide haben viel dazu beigetragen, daß dieser zweite Band bereits rund ein Jahr nach dem ersten erscheinen kann.

Freiburg, im Herbst 1984 Heinrich August Winkler

1. Kapitel

Die Welt des Arbeiters in den „goldenen Jahren“ der Republik

1. Die Struktur der deutschen Arbeiterschaft um 1925

Die Jahre von 1924 bis 1928 werden auch heute noch oft als die „goldenen zwanziger Jahre“ bezeichnet. Die Wissenschaftler drücken sich nüchterner aus. Marxisten sprechen meist von einer Periode der „relativen Stabilisierung des Kapitalismus“, „bürgerliche“ Autoren von der „Stabilisierungsphase“ der Weimarer Republik. Wie stabil die wirtschaftlichen und politischen Verhältnisse in Deutschland damals tatsächlich waren, das ist eine Frage, die uns noch ausführlich beschäftigen wird. Aber soviel ist nicht zu bezweifeln: Im Verhältnis zum turbulenten ersten Jahrfünft nach dem Krieg und den dramatischen dreieinhalb Jahren zwischen dem Beginn der Weltwirtschaftskrise im Herbst 1929 und der „Machtergreifung“ der Nationalsozialisten nimmt sich der mittlere Zeitabschnitt der Republik als ein vergleichsweise ruhiges Intervall aus. Wenn wir versuchen wollen, die sozialen Strukturen der ersten deutschen Republik, ihre Anatomie gewissermaßen, sichtbar zu machen, dann bieten sich dafür die mittzwanziger Jahre jedenfalls sehr viel eher an als die bewegten Zeiten zu Beginn und zu Ende dieses Staatswesens. Aber es gibt auch einen äußeren Grund, in unserem Bericht über politische Entwicklungen innezuhalten und den Blick sozialen Zuständen zuzuwenden: Im Jahre 1925 fand erstmals wieder seit 1907 eine allgemeine Volks-, Berufs- und Betriebszählung im Deutschen Reich statt. Ihre Befunde erlauben uns eine Art gesellschaftliche Bestandsaufnahme der Weimarer Republik im allgemeinen und ihrer Arbeiterschaft im besonderen.[1]

Deutschland war seit der letzten Volkszählung vor dem Krieg weiter vorangeschritten auf dem Weg von der Agrar- zur Industrie- und Dienstleistungsgesellschaft. 1907 waren 34 % aller Erwerbstätigen in der Landwirtschaft hauptberuflich tätig gewesen; 1925 waren es nur noch 30,5 %. Der Anteil der in Industrie und Handwerk Beschäftigten stieg in der gleichen Zeit von 40 auf 41,4 %. Handel und Verkehr verzeichneten einen Zuwachs von 13 auf 16,5 %. Im tertiären Sektor insgesamt — dem Dienstleistungsbereich, dem außer Handel und Verkehr auch Verwaltung und freie Berufe, Gesundheitswesen, häusliche Dienste und Lohnarbeit wechselnder Art zuzurechnen sind — steigerte sich der Anteil der Beschäftigten an der erwerbstätigen Bevölkerung von 26 auf 28,1 %.[2]

Der Rückgang der landwirtschaftlich tätigen Bevölkerung kam, wie diese Zahlen zeigen, weniger der Industrie als dem tertiären Sektor zugute. Stellt man nicht allein auf die Erwerbstätigen, sondern auf die Berufszugehörigen insgesamt ab — also die Erwerbstätigen und ihre Angehörigen —, dann ergibt sich in der Wirt-

---

1 Das wichtigste Material zur Volks- und Berufszählung liegt vor in: Statistik des Deutschen Reichs, Bd. 402, I—III: Volks-, Berufs- und Betriebszählung vom 16. Juni 1925. Berufszählung: Die berufliche und soziale Gliederung der Bevölkerung des Deutschen Reichs, Berlin 1927 ff. Zur Betriebszählung: ebda., Bd. 413/I—II, Berlin 1929 f.

2 Die Zahlen nach: Wirtschaft und Statistik 7 (1927), S. 446—457.

schaftsabteilung Industrie und Handwerk sogar eine leichte Abnahme: von 42,1 auf 41,3 %.[3] Andere Zahlen bestätigen den Trend, der sich hieraus ablesen läßt. Die Arbeiter hatten 1907 46,1 % der hauptberuflich Erwerbstätigen gestellt; 1925 waren es noch 45,1 %. Der Anteil der Angestellten und Beamten stieg in der gleichen Zeit von 12,6 auf 16,5 %, während die Selbständigen von 20,5 auf 17,3 % zurückgingen (Tabelle 1).[4] *Die Arbeiter machten mithin einen schrumpfenden, die*

Tabelle 1: Die hauptberuflich Erwerbstätigen nach der Stellung im Beruf 1925 und 1907

Stellung im Beruf	1925 Zahl	%	1907 Zahl	%	Zunahme (+) bzw. Abnahme (—) 1907—1925 Zahl	%
Selbständige	5 538 500	17,3	5 164 773	20,5	+ 373 727	+ 7,2
Angestellte und Beamte	5 274 232	16,5	3 171 229	12,6	+ 2 103 003	+ 66,3
Arbeiter	14 433 754	45,1	11 600 390	46,1	+ 2 833 364	+ 24,4
Mith. Familienangehörige	5 437 227	17,0	3 770 982	15,0	+ 1 666 245	+ 44,2
Hausangestellte	1 325 587	4,1	1 448 643	5,8	— 123 056	— 8,5
Hauptberuflich Erwerbstätige insgesamt	32 009 300	100	25 156 017	100	+ 6 853 283	+ 27,2

Quelle: Statistik des Deutschen Reichs, Bd. 402/II, S. 218.

beiden anderen Arbeitnehmergruppen einen wachsenden Teil der erwerbstätigen Bevölkerung aus. „Unter dem Strich" profitierten numerisch nicht sosehr die Arbeiter als vielmehr Angestellte und Beamte vom relativen Rückgang der ökonomisch Selbständigen. *Die Tendenz in Richtung „Dienstleistungsgesellschaft" war stärker ausgeprägt als die in Richtung „Industriegesellschaft".* Entwicklungslinien, die schon 1907 zu erkennen waren, hatten sich demnach bis 1925 verstärkt fortgesetzt (Schaubild 1).[5]

Innerhalb der Arbeiterschaft gab es zwischen 1907 und 1925 einige bemerkenswerte Verschiebungen. Während die Zahl der männlichen Arbeiter um 22,8 % wuchs, stieg die der Arbeiterinnen nur um 20,5 %. Hauptgrund dieses unterdurchschnittlichen Wachstums war der Rückgang der Landarbeiter um insgesamt 9,6 %, an dem die Frauen (- 13,1 %) weit mehr als die Männer (- 7 %) betei-

3 Ebda., S. 449.

4 Statistik (Anm. 1), Bd. 402/II, S. 218.

5 Zu den Ergebnissen der früheren Volks- und Berufszählungen im Deutschen Reich vgl. die das Kaiserreich behandelnden Bände der „Geschichte der Arbeiter und der Arbeiterbewegung in Deutschland seit dem Ende des 18. Jahrhunderts".

Schaubild 1

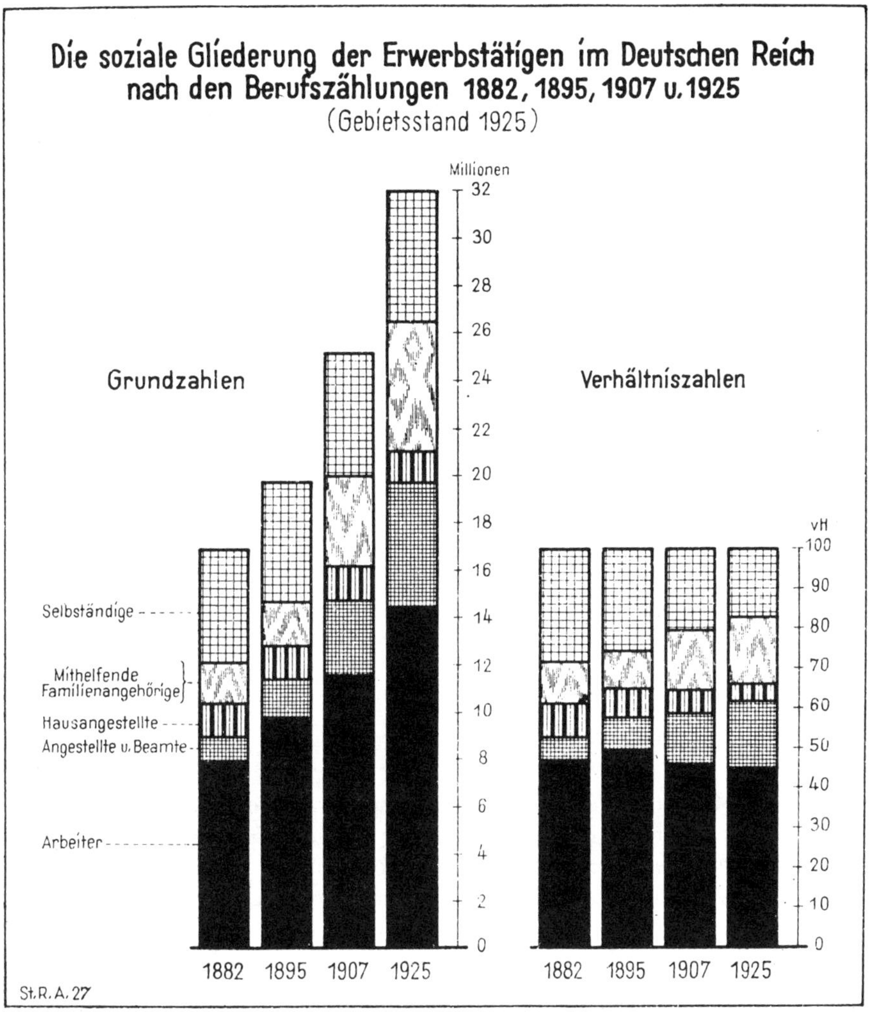

Quelle: Statistik des Deutschen Reichs, Bd. 402/II, S. 218.

ligt waren. In Industrie und Handwerk war die Zahl der Arbeiterinnen viel stärker gewachsen als die der Arbeiter (47,6 % : 25,9 %); in Handel und Verkehr war dagegen der Zuwachs der Arbeiter (66,5 %) erheblich größer als derjenige der Arbeiterinnen (47,4 %; vgl. Tabelle 2).

Der Anteil von Arbeiterinnen an der Arbeiterschaft der einzelnen Produktionszweige war extrem unterschiedlich: Er variierte zwischen 58,7 % in der Textilindustrie und 0,8 % im Bau- und Baunebengewerbe. Dazwischen rangierten die

Papierindustrie mit 33,5 % und die elektrotechnische Industrie mit 22,6 % (vgl. dazu Schaubild 2).[6]

Tabelle 2: Die Zu- (+) bzw. Abnahme (-) der einzelnen sozialen Schichten in Landwirtschaft, Industrie und Handwerk, Handel und Verkehr in Prozent des Bestandes von 1907 (Berufszählung 1925)

Wirtschaftsabteilung	Selbständige	Angestellte und Beamte	Arbeiter	Mithelfende Familienangehörige
		Männlich		
A. Land- und Forstwirtschaft	— 0,8	+ 111,1	— 7,0	+ 30,9
B. Industrie und Handwerk	+ 1,6	+ 95,1	+ 25,9	+ 59,7
C. Handel und Verkehr	+ 32,1	+ 58,8	+ 66,5	+ 105,8
Zusammen	+ 5,9	+ 74,0	+ 22,8	+ 33,6
		Weiblich		
A. Land- und Forstwirtschaft	+ 16,4	— 16,7	— 13,1	+ 43,7
B. Industrie und Handwerk	— 1,0	+ 457,5	+ 47,6	+ 92,0
C. Handel und Verkehr	+ 18,1	+ 174,9	+ 47,4	+ 74,8
Zusammen	+ 8,7	+ 219,0	+ 20,5	+ 47,7
		Zusammen		
A. Land- und Forstwirtschaft	+ 1,4	+ 89,6	— 9,6	+ 40,2
B. Industrie und Handwerk	+ 0,9	+ 129,6	+ 29,7	+ 85,7
C. Handel und Verkehr	+ 28,7	+ 82,5	+ 62,6	+ 78,2
Zusammen	+ 6,5	+ 98,2	+ 22,3	+ 44,0

Quelle: Wirtschaft und Statistik 7 (1927), S. 455.

Unter den Industriearbeiterinnen insgesamt gab es sehr viel mehr Ungelernte als bei ihren männlichen Kollegen. Etwa jede zweite in Industrie und Handwerk beschäftigte Arbeiterin gehörte dieser Kategorie an; bei den männlichen Arbeitern war es nur etwa jeder dritte. Entsprechend waren die Anteile der Facharbeiter und der Angelernten bei den männlichen Industriearbeitern erheblich größer als bei den weiblichen. Die Gruppe der „charakteristischen Berufe" in Tabelle 3 umfaßt vor allem Facharbeiter; die „Betriebshandwerker" sind in der Regel qualifiziert angelernte Arbeiter, die „übrigen Arbeiter" meist Ungelernte.

6 Statistik (Anm. 1), Bd. 402/II, S. 220. Die genauen Daten in Tabelle 5. Zu den Veränderungen in der Branchenstruktur der Frauenarbeit: Gabriele Wellner, Industriearbeiterinnen in der Weimarer Republik. Arbeitsmarkt, Arbeit und Privatleben 1919—1933, in: GG 7 (1981), S. 534—554; Angelika Willms, Modernisierung durch Frauenarbeit? Zum Zusammenhang von wirtschaftlichem Strukturwandel und weiblicher Arbeitsmarktlage in Deutschland, 1882—1939, in: Toni Pierenkemper u. Richard Tilly (Hg.), Historische Arbeitsmarktforschung. Entstehung, Entwicklung und Probleme der Vermarktung von Arbeitskraft, Göttingen 1982, S. 37—71.

Schaubild 2

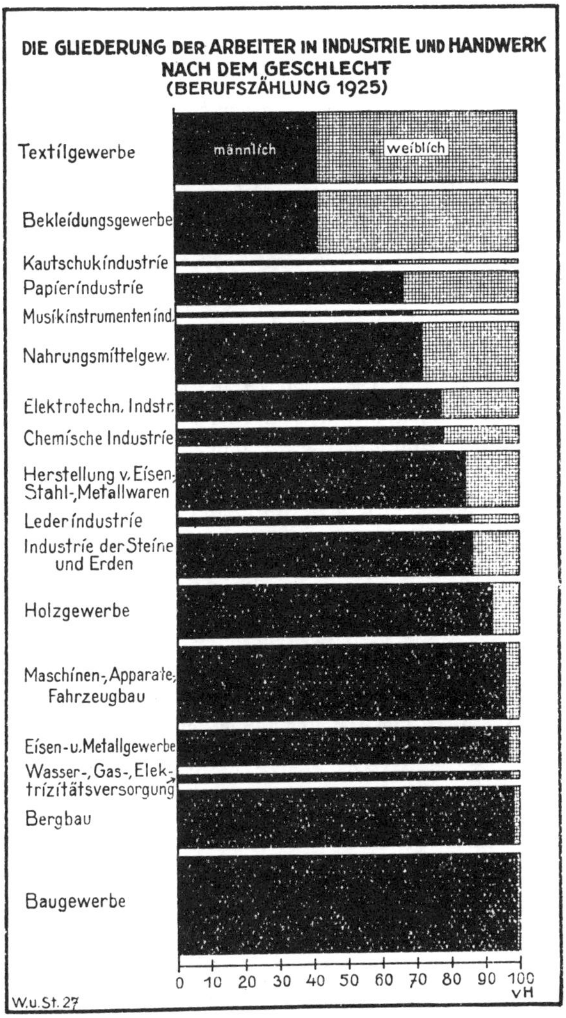

Quelle: Statistik des Deutschen Reichs, Bd. 402/II, S. 221.

Insgesamt hatte sich die Zahl der Erwerbstätigen gegenüber 1907 um 27,2 % gesteigert — bei einem Wachstum der Gesamtbevölkerung von 13,5 % —; bei den Frauen lag die Zunahme der Erwerbstätigkeit jedoch mit 35,5 % noch erheblich über der Zuwachsrate arbeitender Männer, nämlich 23,2 %.

Das Wachstum der weiblichen Erwerbstätigkeit war bei den Angestellten — vor allem in der Industrie, aber auch im tertiären Sektor — viel spektakulärer als bei den Arbeitern, die freilich im Hinblick auf Frauenarbeit einen erheblich höhe-

Tabelle 3: Anteil von Arbeitergruppen unterschiedlicher Qualifikation an der Gesamtzahl männlicher und weiblicher Industriearbeiter (Berufszählung 1925)

— in Prozent —

	Charakteristische Berufe	Betriebshandwerker	Übrige Arbeiter	Insgesamt
Männer	61,5	9,5	29,0	100
Frauen	46,5	1,2	52,3	100

Quelle: Wirtschaft und Statistik 7 (1927), S. 452.

ren „Sockel" aufzuweisen hatten. Zwischen 1907 und 1925 stieg der Anteil der Arbeiterinnen an der erwerbstätigen Arbeiterschaft von 18,1 auf 20 %, also nur um 1,9 %; bei den Angestellten und Beamten betrug die Zuwachsrate berufstätiger Frauen 20,5 % (1907: 23,8 %; 1925: 44,3 %). Der Grund für das überdimensionale Anwachsen der Zahl weiblicher Angestellter war eindeutig die Expansion der Bürotätigkeit.[7] Bei den Arbeiterinnen läßt sich eine Konzentration auf solche Branchen feststellen, die weder körperliche Schwerarbeit im üblichen Sinn noch besondere berufliche Qualifikationen verlangten. In welch unterschiedlichem Maß erwerbstätige Frauen und Männer sich auf die einzelnen sozialen Schichten verteilten, geht aus Tabelle 4 hervor. Demnach führten bei den erwerbstätigen Frauen die mithelfenden Familienangehörigen von Selbständigen mit Abstand vor den Arbeiterinnen, während bei den Männern die Arbeiter alle anderen Gruppen weit hinter sich ließen. Den zweiten Platz nahmen hier die Selbständigen ein.

Tabelle 4: Verteilung der erwerbstätigen Männer und Frauen auf soziale Schichten (Berufszählung 1925)

	Männer	Frauen
	— in % —	
Arbeiter	53,2	30,5
Selbständige	21,7	9,6
Angestellte und Beamte	18,7	12,5
Mithelfende Familienangehörige	6,3	36,0
Hausangestellte, Diener	0,1	11,4
Insgesamt	100	100

Quelle: Statistik des Deutschen Reichs, Bd. 402/II, S. 218.

7 Wirtschaft und Statistik 7 (1927), S. 262—267, 447, 455; Statistik (Anm. 1), Bd. 402/II, S. 222 f. Vgl. dazu auch Tabelle 2.

Von den Arbeitern waren 1925 67,8 % oder etwas über zwei Drittel in Industrie und Handwerk beschäftigt; 18,1% fanden Arbeit in der Land- und Forstwirtschaft, 9,98 % in Handel und Verkehr. Innerhalb der Wirtschaftsabteilung Industrie und Handwerk führte die Metallindustrie mit 2,7 Millionen vor dem Bau- und Baunebengewerbe mit 1,3 Millionen und der Maschinenbauindustrie mit 1 Million Arbeitern (Tabelle 5). Von den Arbeitern der Wirtschaftsabteilung Industrie und Handwerk übten 10,4 % eine nebenberufliche Erwerbstätigkeit aus, und

Tabelle 5: Die Arbeiterschaft in Industrie und Handwerk nach Wirtschaftsgruppen (Berufszählung 1925)

Wirtschaftsgruppen		Arbeiter im Hauptberuf			Von je 100 Arbeitern sind	
		Summe	männlich	weiblich	männlich	weiblich
III.	Bergbau	785 605	776 955	8 650	98,9	1,1
IV.	Industrie der Steine und Erden	600 393	519 595	80 798	86,5	13,5
V.—VIII.	Metallindustrie	2 707 468	2 439 458	268 010	90,1	9,9
	davon in:					
V.	Eisen- und Metallgewinnung	496 697	480 977	15 720	96,8	3,2
VI.	Herstellung von Eisen-, Stahl- und Metallwaren	763 119	644 872	118 247	84,5	15,5
VII.	Maschinen-, Apparate- und Fahrzeugbau	1 040 284	998 313	41 971	96,0	4,0
VIII.	Elektrotechnische Industrie, Feinmechanik und Optik	407 368	315 296	92 072	77,4	22,6
IX.	Chemische Industrie	244 637	161 086	53 551	78,1	21,9
X.	Textilindustrie	947 641	391 619	556 022	41,3	58,7
XI.	Papierindustrie und Vervielfältigungsgewerbe	427 998	284 603	143 395	66,5	33,5
XII.	Leder- und Linoleumindustrie	122 617	105 084	17 533	85,7	14,3
XIII.	Kautschuk- und Asbestindustrie	53 686	34 868	18 818	64,9	35,1
XIV.	Holz- und Schnitzstoffgewerbe	700 300	645 730	54 570	92,2	7,8
XV.	Musikinstrumenten- und Spielwarenindustrie	75 316	52 089	23 227	69,2	30,8
XVI.	Nahrungs- und Genußmittelgewerbe	799 995	575 917	224 078	72,0	28,0
XVII.	Bekleidungsgewerbe	851 072	354 192	496 880	41,6	58,4
XVIII.	Baugewerbe und Baunebengewerbe	1 335 337	1 324 109	11 228	99,2	0,8
XIX.	Wasser-, Gas- und Elektrizitätsgewinnung und -versorgung	129 331	126 634	2 697	97,9	2,1
Abteilung B. Industrie und Handwerk		**9 781 396**	**7 821 939**	**1 959 457**	**80,0**	**20,0**

Quelle: Ebda., Bd. 402/II, S. 222.

zwar vor allem im Bereich der Landwirtschaft, wo es mehr nebenberufliche als hauptberufliche Selbständige gab (53 % : 47 %). Unter den sozialen Gruppen, aus denen sich die nebenberuflichen Landwirte rekrutierten, führte mit mehr als 1 Million die gewerbliche Arbeiterschaft. Insgesamt hatte der Umfang der nebenberuflichen Erwerbstätigkeit seit der Vorkriegszeit abgenommen: Waren 1907 12,9 % aller hauptberuflich Erwerbstätigen einem Nebenberuf nachgegangen, so waren es 1925 nur noch 10,3 %.[8]

Die Volks- und Berufszählung von 1925 erbrachte auch Aufschlüsse über Altersstruktur und Familienstand der Arbeiter und der anderen sozialen Gruppen. Die männliche Arbeiterschaft war durchschnittlich jünger als die Angestellten- und Beamtenschaft, während bei den erwerbstätigen Frauen die Arbeiterschaft etwas älter war. Gegenüber den stark überalterten Selbständigen waren die Arbeiter eine ausgesprochen junge Schicht. Der Altersaufbau der männlichen Industriearbeiterschaft entsprach weitgehend der natürlichen Alterspyramide, in der regelmäßig die älteren Jahrgänge weniger stark vertreten sind als die vorhergehenden Altersgruppen. Bei den Landarbeitern hatte sich gegenüber 1907 der Anteil der jüngeren und älteren Jahrgänge auf Kosten der arbeitsfähigsten mittleren gesteigert (Tabelle 6).[9]

Tabelle 6: Prozentuale Verschiebungen im Altersaufbau der einzelnen Arbeitergruppen zwischen 1907 und 1925

Altersklassen	Landwirtschaft 1925	Landwirtschaft 1907	Industrie und Handwerk 1925	Industrie und Handwerk 1907	Handel und Verkehr 1925	Handel und Verkehr 1907
			männliche Arbeiter			
unter 25 Jahre	49,1	43,0	41,6	38,9	25,6	24,0
25 bis unter 50 Jahre	32,9	39,7	43,8	51,5	59,0	64,2
50 Jahre und darüber	18,0	17,3	14,6	9,6	15,4	11,8
			weibliche Arbeiter			
unter 25 Jahre	57,8	56,4	55,9	60,7	49,5	55,7
25 bis unter 50 Jahre	31,6	30,0	37,0	32,1	40,1	37,1
50 Jahre und darüber	10,6	13,6	7,1	7,2	10,4	7,2

Quelle: Ebda., Bd. 402/II, S. 430.

Zwar machte sich auch bei den Arbeitern und zumal bei den Landarbeitern der Ausfall vieler Angehöriger der Kriegsgeneration bemerkbar. Aber die Unabkömmlichkeit gerade vieler Industriearbeiter während des Krieges erklärt doch, weshalb die Abweichungen von der natürlichen Alterspyramide bei dieser Gruppe

8 Wirtschaft und Statistik 7 (1927), S. 452, 922—928.

9 Zum Vergleich mit der Altersstruktur von Selbständigen sowie Beamten und Angestellten: ebda., 9 (1929), S. 173—175; Statistik (Anm. 1), Bd. 402/III, S. 428—432.

geringer waren als bei anderen sozialen Schichten. Daß weibliche Angestellte im Durchschnitt jünger waren als Arbeiterinnen, ist auf das relativ große Angebot und die Anziehungskraft von „sauberen“ und vergleichsweise leicht zu erlernenden Büroberufen zurückzuführen.[10]

Von den industriellen Facharbeitern über 30 Jahre waren 88,3 % verheiratet, von den Ungelernten derselben Altersstufen 87,3 %. Das Heiratsalter lag bei den Hilfsarbeitern der Industrie etwas niedriger als bei ihren besser qualifizierten Kollegen: Von den Facharbeitern zwischen 20 und 25 Jahren waren nur 12,1 % verheiratet, von den Hilfsarbeitern dagegen 16,2 %. Gegenüber 1907 war das Heiratsalter bei allen Arbeitergruppen heruntergegangen. Nach wie vor lag es jedoch erheblich über dem Heiratsalter der Selbständigen und unter dem der Angestellten und Beamten: ein Ausdruck unterschiedlicher ökonomischer Chancen für die Gründung einer Familie, aber auch einer schichtspezifisch verschiedenartigen Zu-

Tabelle 7: Der Anteil der Verheirateten an der Gesamtzahl der erwerbstätigen Männer

Altersgruppen in Jahren	A. Land- und Forstwirtschaft		B. Industrie und Handwerk		C. Handel und Verkehr	
	1925	1907	1925	1907	1925	1907
			Selbständige			
unter 25	44,2	50,9	21,3	33,0	27,0	31,1
25 bis unter 30	84,9	82,1	68,7	71,3	67,7	68,6
30 bis unter 40	94,3	92,3	89,6	88,5	86,9	86,8
40 und darüber	89,2	88,3	89,7	88,5	89,4	88,4
Insgesamt	89,5	88,5	85,8	85,2	84,9	85,0
			Angestellte und Beamte			
unter 25	1,9	2,6	4,3	4,3	3,3	2,7
25 bis unter 30	27,7	29,0	49,0	44,6	50,2	42,9
30 bis unter 40	69,4	72,5	83,1	81,4	84,5	79,6
40 und darüber	85,1	86,9	90,4	89,1	91,9	87,9
Insgesamt	47,0	59,5	62,1	58,1	60,9	41,1
			Arbeiter			
unter 25	4,1	3,0	5,8	5,7	9,9	6,7
25 bis unter 30	49,2	44,9	61,2	57,8	64,0	54,9
30 bis unter 40	75,5	72,2	87,0	83,9	87,7	82,8
40 und darüber	76,1	75,8	88,5	86,7	88,1	86,5
Insgesamt	37,9	40,6	50,4	50,0	64,2	60,8

Quelle: Ebda., Bd. 402/III, S. 438.

10 Bei den kaufmännischen Angestellten und beim Büropersonal waren 80,1 % der weiblichen Arbeitskräfte unter 30 und 93,1 % unter 40 Jahre alt (die Vergleichszahlen für Männer: 56,3 % und 76,9 %). Ebda., Bd. 402/III, S. 429.

kunftsplanung. Der niedrige Prozentsatz von verheirateten Landarbeitern und ihr spätes Heiratsalter erklärt sich aus ihrer relativen materiellen Benachteiligung gegenüber anderen Arbeitergruppen (Tabelle 7).[11]

Von den erwerbstätigen Frauen waren 1925 59,3 % ledig, 31,7 % verheiratet und 9 % verwitwet oder geschieden. Von 100 erwerbstätigen ledigen Frauen waren 36,3 Arbeiterinnen und 22,6 mithelfende Familienangehörige. Bei den verheirateten Frauen, die einem Beruf nachgingen, war die Reihenfolge umgekehrt: 68,6 % arbeiteten als mithelfende Familienangehörige, 19,4 % waren Arbeiterinnen.[12] Der Grund dieser Differenz liegt auf der Hand: Bei den selbständigen Handwerkern, Kaufleuten und Landwirten war es nach wie vor Tradition, daß die Ehefrau im Geschäft oder auf dem Hof mitarbeitete. Eine verheiratete Arbeiterin gab ihren Beruf meist früher oder später auf — sei es, weil eine regelmäßige Arbeit außerhalb der Wohnung mit der Betreuung der Kinder nicht zu vereinbaren war, sei es, weil der Ehemann oder sie selbst ihre weitere Erwerbstätigkeit nicht wünschte.[13]

Die Betriebszählung, die 1925 parallel zur Volks- und Berufszählung stattfand, vermittelt uns ein Bild von der Entwicklung der Betriebsgrößen und damit auch von *einem* Aspekt des Konzentrationsprozesses in der gewerblichen Wirtschaft. Gegenüber der letzten Vorkriegszählung im Jahre 1907 war die Zahl der Betriebe in Industrie und Handwerk um weniger als 3 % gewachsen, während sich die Zahl der dort beschäftigten Personen um mehr als ein Viertel vermehrt hatte. Auf die einzelnen Betriebsgrößenklassen verteilte sich dieser Zuwachs sehr ungleichmäßig. Die Zahl der Kleinbetriebe mit bis zu 5 Beschäftigten hatte sich etwas vermindert, die Zahl der in ihnen beschäftigten Personen geringfügig vermehrt. Faktisch beschränkte sich die Zunahme der Zahl der Beschäftigten auf größere Unternehmungen. Die Zahl der Mittelbetriebe mit 6 bis 50 Personen wuchs um etwa 30 %, und ebenso die Zahl der Großbetriebe mit mehr als 50 Beschäftigten. Die Zahl der Arbeitnehmer steigerte sich in den Mittelbetrieben um ein Viertel, in den Großbetrieben fast um die Hälfte. Die „Riesenbetriebe“ mit mehr als 1000 Beschäftigten wuchsen sogar, sowohl was ihre Zahl als auch was ihre Belegschaften anging, um nahezu 80 % (Tabelle 8).

Auf die 892 „Riesenbetriebe“ entfiel 1925 fast ein Drittel des in den Großbetrieben beschäftigten Personals und etwa die Hälfte der in dieser Betriebsklasse verwendeten motorischen Leistung. Sektorale Schwerpunkte der „Riesenbetriebe“ waren Bergbau, Maschinenbau, Eisen- und Metallgewinnung, elektrotechnische, Textil- und chemische Industrie (Tabelle 9).[14]

Im Hinblick auf ihr relatives Gewicht im Gesamtgewerbe hatten die Kleinbetriebe seit 1907 an Boden verloren, während die Mittelbetriebe sich behaupten und die Großbetriebe ihren Anteil weiter steigern konnten. Anhänger der These,

11 Ebda., Bd. 402/III, S. 436—438.

12 Ebda., Bd. 402/III, S. 438—441.

13 Zur Einstellung der Arbeiter zum Problem der Erwerbstätigkeit von verheirateten Frauen vgl. unten S. 147.

14 Wirtschaft und Statistik 8 (1928), S. 46—49; Statistik (Anm. 1), Bd. 413/I, S. 3—11.

Tabelle 8: Die Betriebsgrößengliederung in Industrie und Handwerk 1907 und 1925

Betriebs-größenklassen		1907 (altes Gebiet)		1907 (neues Gebiet ohne Saargebiet)		1925 (ohne Saargebiet)		Gegenüberstellung von 1925 und 1907 (neues Gebiet ohne Saargebiet)			
		Zahl der Betriebe	Zahl der beschäf-tigten Personen	Zahl der Betriebe	Zahl der beschäf-tigten Personen	Zahl der Betriebe	Zahl der beschäf-tigten Personen	Zahl der Betriebe	vH	Zahl der Personen	vH
Betriebe:											
mit bis 5 Personen	Zahl	1 759 545	3 048 465	1 618 781	2 804 588	1 614 080	2 837 327	— 4 701	0,3	+ 32 739	1,2
	vH	89,7	28,4	89,7	28,4	87,1	22,4	—	—	—	—
mit 6 bis 50 Personen	Zahl	174 012	2 505 451	160 091	2 305 015	205 911	2 898 756	+ 45 820	28,6	+ 593 741	25,8
	vH	8,9	23,4	8,9	23,4	11,1	22,8	—	—	—	—
mit mehr als 50 Personen	Zahl	27 167	5 177 367	24 994	4 763 177	32 761	6 958 190	+ 7 767	31,1	+ 2 195 013	46,1
	vH	1,4	48,2	1,4	48,2	1,8	54,8	—	—	—	—
überhaupt		1 960 724	10 731 283	1 803 866	9 872 780	1 852 752	12 694 273	+ 48 886	2,7	+ 2 821 493	28,6
davon mit mehr als 1000 Personen	Zahl	548	1 277 788	504	1 175 565	892	2 109 005	+ 388	77,0	+ 933 440	79,4
	vH	0,02	11,9	0,02	11,9	0,04	16,6	—	—	—	—

Quelle: Wirtschaft und Statistik 8 (1928), S. 48.

Tabelle 9: Branchenmäßige Verteilung von Betrieben mit mehr als 1000 Beschäftigten (Betriebszählung 1925)

	Zahl der Betriebe	Personen in 1000	Motorische Leistung in 1000 PS
Bergbau (einschl. der kombinierten Werke)	233	578	2 704
Maschinenbau	176	399	646
Eisen- und Metallgewinnung (einschl. der kombinierten Werke)	106	335	2 894
Elektrotechnische Industrie usw.	74	236	311
Textilindustrie	98	160	233
Chemische Industrie	35	108	562

Quelle: Ebda., 8 (1928), S. 48.

daß die industrielle Konzentration unaufhaltsam und der Kleinbetrieb zum Aussterben verurteilt sei, mochten sich durch die Ergebnisse der Betriebszählung von 1925 auf den ersten Blick bestätigt sehen. Doch es gab auch Tendenzen, die der großindustriellen Konzentration entgegenliefen. Die Zahl der Beschäftigten je Handwerksbetrieb hatte sich zwischen 1895 und 1925 von 1,9 auf 2,83 erhöht, was durchaus für eine gewisse Stabilisierung einer wichtigen Kategorie von Kleinbetrieben spricht. In dieselbe Richtung deutet die Tatsache, daß die Handwerkswirtschaft zwischen 1924 und 1928 ihren Umsatz um über die Hälfte steigern konnte.[15]

Die Industrialisierung hatte nicht nur den Siegeszug des Großbetriebes ermöglicht, sondern auch kleineren Unternehmen neue Chancen eröffnet — dann jedenfalls, wenn sie sich der Motorkraft bedienten und den wachsenden Bedarf an der Wartung und Reparatur industrieller Erzeugnisse zu nutzen verstanden. Und selbst wenn dem Großbetrieb die Zukunft gehörte, die Gegenwart beherrschte er Mitte der zwanziger Jahre noch keineswegs. In industriellen Großbetrieben arbeitete nur jeder fünfte Erwerbstätige und, alle Wirtschaftsabteilungen zusammengerechnet, knapp jeder zweite Arbeiter. In den „Riesenbetrieben" war nur ein Sechstel der Arbeiter aus Industrie und Handwerk beschäftigt, in den Klein- und den Mittelbetrieben dagegen jeweils ein starkes Fünftel. Zusammengenommen stellten die Arbeiter in den Klein- und Mittelbetrieben von Industrie und Handwerk und die landwirtschaftlichen Arbeiter etwa 58 % aller Arbeiter.

15 Klaus Puderbach, Die Entwicklung des selbständigen Mittelstandes seit Beginn der Industrialisierung in Deutschland, Diss. rer. pol., Bonn 1967, S. 129; Günter Keiser, Umsatzentwicklung, Umsatz je beschäftigte Person und Umschlagsgeschwindigkeit in Handwerk und Kleingewerbe 1924—1928, in: Deutsches Handwerksblatt 24 (1930), Nr. 1/2 (1. u. 15. 1.). Dazu: Heinrich August Winkler, Mittelstand, Demokratie und Nationalsozialismus. Die politische Entwicklung von Handwerk und Kleinhandel in der Weimarer Republik, Köln 1972, S. 26—31.

Aus der Verteilung der Arbeiter auf die einzelnen Ortsgrößenklassen läßt sich Ähnliches ablesen. Noch 1925 lebten fast drei Fünftel (58,5 %) der erwerbstätigen Arbeiter in kleinen Gemeinden mit weniger als 20 000 Einwohnern; ein Siebtel (14,0 %) in Mittelstädten mit 10 000 bis 100 000 Einwohnern und nur ein starkes Viertel (27,5 %) in Großstädten. Das großstädtische Proletariat, in dem man gemeinhin die typische Erscheinungsform der modernen Industriearbeiterschaft sieht, bildete mithin im Deutschland der Weimarer Republik nur eine Minderheit der Arbeiterschaft. Das war nicht nur ein wirtschaftlicher und sozialer, sondern zugleich auch ein bewußtseinsprägender Tatbestand, der sich im politischen Verhalten der Arbeiter niederschlagen mußte.[16]

16 Statistik des Deutschen Reichs, Bd. 408, Berlin 1931, S. 119. Auf Gemeinden bis unter 10 000 Einwohner entfielen 51,7 %, auf Gemeinden mit 10 000 bis unter 20 000 Einwohnern 6,8 %, auf Gemeinden mit 20 000 bis unter 50 000 Einwohnern 8,4 %, auf Gemeinden mit 50 000 bis unter 100 000 Einwohnern 5,6 % der erwerbstätigen Arbeiter.

2. Aufschwung und Abschwung: Die wirtschaftliche Entwicklung zwischen Inflation und Depression

Die Jahre der relativen Stabilisierung waren, wirtschaftlich gesehen, zugleich Jahre der relativen Stagnation: Das ist ein Befund, der unter Wirtschaftshistorikern heute kaum mehr umstritten ist, der aber auch weitreichende Konsequenzen für die politische Beurteilung der Weimarer Republik hat.[17]

Der deutsche Wirtschaftswissenschaftler Rolf Wagenführ kam bereits in einer Ende 1932 abgeschlossenen Studie zu dem Ergebnis, daß die Bedingungen des industriellen Wachstums in Deutschland sich gegenüber der Vorkriegszeit wesentlich verschlechtert hatten. Bei einer Reihe „alter“, unter starkem strukturellen Druck stehender Industrien, darunter dem Bergbau mit Ausnahme der Braunkohlenförderung, ermittelte er für 1928 Produktionsraten, die erheblich unter dem Niveau des letzten Friedensjahres lagen. Wachsende Tendenzen wiesen dagegen namentlich „neue“ Branchen wie der Kraftfahrzeugbau, Messing, Aluminium, Kunstseide, Stickstoff und Elektrizität auf. Unter den „alten“ Industrien überwogen Verbrauchsgüter, unter den „neuen“ Produktionsgüter. Insgesamt konnte Deutschland die Industrieproduktion von 1913 nur 1928/29 geringfügig über-

Tabelle 1: Produktion und Ausfuhr der deutschen Industrie

Jahr	Industrie-produktion	Industrielle Ausfuhr	Ausfuhr-quote
	Mengen 1913 = 100		%
1913*	100	100	26,5
1925	83	66	21,3
1926	79	79	26,5
1927	100	82	21,6
1928	102	85	22,0
1929	102	95	24,7
1930	90	95	29,0
1931	69	84	31,9

* Ehemaliges Reichsgebiet

Quelle: Wagenführ, Industriewirtschaft (Anm. 18), S. 33.

17 Vgl. hierzu vor allem die im vorhergehenden Bd., Anm. 3/6, zitierte Lit. sowie Gerhard Mensch u. Reinhard Schnopp, Stalemate in Technology, 1925—1935. The Interplay of Stagnation and Innovation, in: Wilhelm Heinz Schröder u. Reinhard Spree (Hg.), Historische Konjunkturforschung, Stuttgart 1980, S. 66—74; Werner Abelshauser u. Dietmar Petzina, Krise und Rekonstruktion. Zur Interpretation der gesamtwirtschaftlichen Entwicklung Deutschlands im 20. Jahrhundert, ebda., S. 45—114.

schreiten. Das Ausfuhrvolumen des Jahres 1913 wurde nach dem Krieg von der deutschen Industrie nicht mehr erreicht (Tabelle 1).[18]

Überschüsse im Warenhandel erzielte Deutschland in der „Stabilisierungsphase" nur einmal, nämlich 1926. Für die Leistungsbilanz, die Warenhandel, Dienstleistungen sowie den Transfer von Zinsen und Dividenden zusammenfaßt, gilt dasselbe. Deutschland zahlte seit dem Krieg an Reparationen und Zinsen mehr, als es aus Auslandsguthaben einnahm. Erst der Überschuß bei Kapitalbewegungen, ermöglicht vor allem durch amerikanische Kredite, ermöglichte den Ausgleich der Zahlungsbilanz und den Transfer der Reparationen.[19]

Anders als vor dem Ersten Weltkrieg stieg die Industrieproduktion nach 1918 nicht mehr schneller, sondern nur noch ebenso schnell wie das Volkseinkommen. Während die Industrieproduktion das Vorkriegsniveau immerhin vorübergehend erreichte, blieb der Güterverkehr ständig unter dem Stand von 1913. Die Sparquote sank von 17 % des Volkseinkommens im letzten Vorkriegsjahr auf 10 % im Jahre 1926. Die relativen Wachstumshemmungen der deutschen Volkswirtschaft nach 1918 waren so stark, daß Deutschland die durchschnittliche Zuwachsrate der industriellen Weltproduktion auch nicht annähernd erreichte: Während die industrielle Warenerzeugung der Welt von 1913 bis 1927/29 um jährlich 2,1 % anstieg, betrug der Zuwachs in Deutschland nur 0,8 %. Zwar nahm das Reich um 1925/26 wieder wie 1913 den zweiten Platz unter den Industrieländern ein — hinter den USA und gefolgt von Großbritannien und Frankreich —, aber das deutsche Produktionsvolumen stieg doch sehr viel langsamer als das ausgesprochen „junger" Industrieländer, darunter Japan und die Sowjetunion.

Das relative Zurückbleiben Deutschlands tritt noch deutlicher ins Auge, wenn man berücksichtigt, daß das Wachstum der deutschen Wirtschaft zwischen 1924 und 1929 Wiederaufbau oder Wiedererreichung des Vorkriegsniveaus bedeutete. Die Weltproduktion überschritt jedoch den Vorkriegsstand bereits 1925 um 21 %, 1928/29 sogar um 42 %. Wagenführs Fazit, daß Deutschland ein „alterndes Industrieland" sei, das von „jüngeren" Ländern im Wachstumstempo überholt werde, wurde durch sein Zahlenmaterial gestützt.[20] Das rückblickende Urteil eines neueren Wirtschaftshistorikers, Wolfram Fischer, ist ähnlich düster. „Die Investitionen, von denen Wachstum und Schrumpfung einer Volkswirtschaft vorwiegend abhängen, zeigen auch in den Jahren 1924 bis 1929 keinen gleichmäßigen Aufwärtstrend. Zwar steigen die Anlageinvestitionen bis 1928 ohne Unterbrechung an, aber die Lagerhaltung schwankt so stark, daß die gesamten internen Bruttoinvestitionen (Anlage und Lagerhaltung) in den Jahren 1926, 1928 und

---

18 Rolf Wagenführ, Die Industriewirtschaft. Entwicklungstendenzen der deutschen und internationalen Industrieproduktion 1860 bis 1932. Vierteljahrshefte zur Konjunkturforschung, Sonderheft 31, Berlin 1933, S. 29 ff.

19 Ebda., S. 32, sowie Wolfram Fischer, Deutsche Wirtschaftspolitik 1918—1945, 3. Aufl. Opladen 1968, S. 31, 103.

20 Wagenführ, Industriewirtschaft (Anm. 18), S. 38—40 (40).

1929 gegenüber dem Vorjahr abnehmen. Ein einziges Jahr, 1927, bringt einen ‚Investitionsboom'."[21]

Die „Stabilisierung" begann im Winter 1923/24 mit einer ersten „Stabilisierungskrise", auf deren Höhepunkt — im Dezember 1923 — 28,2 % aller Gewerkschaftsmitglieder arbeitslos waren. Im Frühjahr 1924 folgte eine Konsumkonjunktur, die die Arbeitslosigkeit rasch zurückgehen ließ, bis sie mit 8,6 % im Mai ihren Tiefststand erreichte.[22] Dann stieg die Arbeitslosigkeit wieder an: auf 10,5 % im Juni und 12,5 % im Juli 1924. Der Hauptgrund für den Rückgang der Beschäftigung, die zweite „Stabilisierungskrise", war die radikale Kreditsperre, die die Reichsbank am 9. April verhängte, um eine neuerliche Inflationskonjunktur zu verhindern. Durch den Zustrom amerikanischer Kredite — eine Folge des Ende August 1924 vom Reichstag ratifizierten Dawes-Abkommens — erhielt die Konjunktur in der zweiten Jahreshälfte wieder kräftigen Auftrieb. Die Arbeitslosigkeit ging — mit einer kurzen saisonbedingten Unterbrechung im Winter 1924/25 — kontinuierlich bis auf 3,5 % der gewerkschaftlich organisierten Arbeitnehmer zurück (Tabelle 2).

Mit 195 000 unterstützten Arbeitslosen wurde im Juni 1925 der beste Beschäftigungsstand der gesamten Stabilisierungsphase erreicht. Zu diesem Zeitpunkt war jedoch die Reichsbank bereits wieder auf Gegenkurs gegangen: Nach Meinung ihres Präsidenten, Hjalmar Schacht, waren während der Inflationsperiode viel zuviele unsolide Unternehmungen gegründet worden, die es nun im Zeichen der Stabilisierung auszumerzen galt. Der Anstieg der Lebenshaltungskosten — sie lagen im März 1925 um 12 % über dem Vorjahresstand — bestärkte Schacht in der Auffassung, daß die Inflationsgefahr noch längst nicht gebannt war, sondern vielmehr ständig wuchs. Um die neue, auf Golddeckung beruhende „Reichsmark", die im Oktober 1924 an die Stelle der vorläufigen „Rentenmark" getreten war, zu stabilisieren, entschloß sich die Reichsbank im Frühjahr 1925, ihren Kredit noch knapper zu halten als bisher. Sie leitete damit die dritte „Stabilisierungskrise" ein: Die Zahl der unterstützten Arbeitslosen stieg wieder an und überschritt im Januar und Februar 1926 vorübergehend die Zweimillionengrenze (Tabelle 3). Das Institut für Konjunkturforschung ermittelte den Höchststand der Arbeitslosigkeit mit 2,269 Millionen für den Februar 1926 (Tabelle 4). Die industrielle Produktion hatte ihren Tiefpunkt im April 1926, als sie um 5,6 % unter dem Vorjahresstand lag (Tabelle 5).[23]

---

21 Fischer, Wirtschaftspolitik (Anm. 19), S. 31.

22 Vgl. dazu den vorhergehenden Bd., S. 720 ff.

23 Hierzu: Gerd Hardach, Weltmarktorientierung und relative Stagnation. Währungspolitik in Deutschland 1924—1931, Berlin [W] 1976, S. 64 ff. — Die Zahl der unterstützten Arbeitslosen enthält bis Ende 1926 die Hauptunterstützungsempfänger in der Erwerbslosenfürsorge, seit Anfang 1927 in der Arbeitslosenversicherung und Krisenfürsorge. Dazu Wladimir Woytinski, Der deutsche Arbeitsmarkt. Ergebnisse der gewerkschaftlichen Arbeitslosenstatistik 1919 bis 1929, Bd. 1, Berlin 1930, S. 87. Zur branchenmäßigen Aufgliederung der Arbeitslosigkeit vgl. die Übersicht bei Eva Cornelia Schöck, Arbeitslosigkeit und Rationalisierung. Die Lage der Arbeiter und die Gewerkschaftspolitik der KPD 1920—28, Frankfurt usw. 1977, S. 234, sowie unten S. 490 ff. Zu Maßnahmen gegen die Arbeitslosigkeit siehe unten S. 293 f. Zur Industrieproduktion: Konjunkturstatistisches Handbuch 1933, Berlin 1933, S. 41.

Tabelle 2: Erwerbslose und kurzarbeitende Gewerkschaftsmitglieder in Deutschland (1924—1928)

Jahr	Zahl der erfaßten Mitglieder am Jahresende	Ende des Monats Jan.	Febr.	März	April	Mai	Juni	Juli	Aug.	Sept.	Okt.	Nov.	Dez.	Im Jahres-Durchschnitt
		a) Von 100 Gewerkschaftsmitgliedern waren arbeitslos:												
1924	3 369 669	26,5	25,1	16,6	10,4	8,6	10,5	12,5	12,4	10,5	8,4	7,3	8,1	13,1
1925	3 539 659	8,1	7,3	5,8	4,3	3,6	3,5	3,7	4,3	4,5	5,8	10,7	19,4	6,8
1926	3 154 315	22,6	22,1	21,6	18,7	18,3	18,3	17,9	17,0	15,6	14,5	14,5	17,2	18,2
1927	3 747 013	16,9	15,9	11,8	9,0	7,1	6,4	5,6	5,1	4,7	4,6	7,6	12,9	9,0
1928	4 137 844	11,4	10,5	9,3	6,9	6,3	6,2	6,3	6,5	6,6	7,3	9,4	16,7	8,6
		b) Von 100 Gewerkschaftsmitgliedern standen in Kurzarbeit:												
1924	3 369 669	23,4	17,1	9,9	5,8	8,2	19,4	28,2	27,5	17,5	12,2	7,5	6,5	15,3
1925	3 539 659	5,5	5,3	5,1	4,9	5,0	5,2	5,8	6,9	8,5	12,4	16,0	19,8	8,4
1926	3 154 315	22,2	21,4	21,3	18,4	17,4	16,4	15,9	14,4	12,1	9,8	8,1	7,1	15,4
1927	3 747 013	6,4	5,7	4,3	3,6	2,8	2,6	2,6	2,8	2,4	2,0	2,1	3,0	3,4
1928	4 137 844	3,5	3,5	3,6	4,1	4,8	5,6	6,1	6,6	6,3	6,3	7,1	7,0	5,4

Quelle: Woytinski, Arbeitsmarkt (Anm. 23), S. 121 f.

Tabelle 3: Zahl der unterstützten Arbeitslosen in Tausenden (1924—1928)

Monatsende	1924	1925	1926	1927	1928
Januar	1 440	393	2 058	1 965	1 548
Februar	1 168	540	2 017	1 888	1 452
März	695	466	1 879	1 345	1 208
April	572	320	1 743	1 104	892
Mai	402	233	1 749	875	762
Juni	426	195	1 719	749	724
Juli	526	197	1 604	633	647
August	588	231	1 483	560	654
September	513	266	1 394	492	654
Oktober	435	364	1 317	456	764
November	437	673	1 467	752	1 138
Dezember	536	1 764	1 887	1 400	1 830

Quelle: Ebda., S. 87.

Tabelle 4: Zahl der Arbeitslosen insgesamt nach den Berechnungen des Instituts für Konjunkturforschung (1924—1928)

	1924	1925	1926	1927	1928
Januar	1 904	800	2 221	2 257	1 791
Februar	1 613	731	2 269	2 167	1 718
März	1 104	648	2 243	1 708	1 489
April	745	523	2 113	1 462	1 234
Mai	579	431	2 090	1 213	1 112
Juni	642	401	2 081	1 061	1 075
Juli	756	406	2 004	927	1 028
August	788	459	1 911	841	1 034
September	748	503	1 781	772	1 030
Oktober	670	636	1 709	787	1 164
November	666	997	1 786	1 117	1 569
Dezember	717	1 712	2 127	1 714	2 265
Jahresdurchschnitt	911	646	2 011	1 353	1 353

Quelle: Konjunkturstatistisches Handbuch 1933, Berlin 1933, S. 15.

Die Restriktion des Reichsbankkredits wurde in ihrer Wirkung noch erheblich verstärkt durch einen unerwarteten Rückgang der Auslandskredite. Zu den Folgen gehörte eine wachsende Zahl von Konkursen: Hatten sich 1924 5 000 Unternehmen zahlungsunfähig erklären müssen, so waren es im folgenden Jahr 11 000. Das spektakulärste Krisenzeichen war der Zusammenbruch des Stinnes-Konzerns. Der Gründer des Imperiums, Hugo Stinnes, war am 10. April 1924 gestorben. Seine Hinterlassenschaft, die gewaltigste wirtschaftliche Machtzusammenballung der Inflationszeit, überlebte ihn nur um ein Jahr. An der Sanierung der

Tabelle 5: Indexziffern der gewerblichen Gütererzeugung insgesamt, saisonbereinigt (1928 = 100)

	1925	1926	1927	1928
Januar	79,0	74,8	94,6	105,2
Februar	79,1	74,7	94,1	107,1
März	79,4	74,5	96,8	107,1
April	79,0	73,4	99,8	100,8
Mai	79,0	74,1	102,3	98,8
Juni	80,3	77,1	102,0	99,2
Juli	81,8	77,2	102,8	101,3
August	81,8	81,3	103,7	101,6
September	82,3	85,4	104,8	101,7
Oktober	81,3	89,1	104,5	95,0
November	80,5	92,9	104,7	89,5
Dezember	77,4	94,5	103,4	93,8
Jahresdurchschnitt	80,1	80,8	101,1	100,0

Quelle: Ebda., S. 41.

einzelnen Konzernteile beteiligten sich nicht nur die privaten Großbanken, sondern auch die Reichsbank. Dem Steinkohlenbergbau, der infolge der starren Preispolitik des Rheinisch-Westfälischen Kohlensyndikats in eine Absatzkrise geraten war, ermöglichte es die Reichsregierung überdies im Juli 1925 durch einen Ausfuhrkredit der Reichsbank in Höhe von 15 Millionen RM, die Halden zu räumen.

Der Reichsbank gegenüber drängte Reichskanzler Luther seit Juli 1925 darauf, zwecks Erleichterung der Kreditbedingungen für die deutsche Volkswirtschaft den hohen Diskontsatz — er lag seit Ende Februar 1925 bei 9 % — zu senken. Schacht, gestützt von den Großbanken, lehnte dieses Ansinnen jedoch ab, um Deutschland als Hochzinsland für auswärtige Investoren attraktiv zu machen. Erst im Januar 1926 vollzog die Reichsbank einen Kurswechsel. Sie ermäßigte den Diskontsatz von 9 auf 8 %. In den folgenden Monaten wurde der Diskontsatz fortlaufend dem Zinsniveau auf dem Geldmarkt angepaßt, bis er im Januar 1927 mit 5 % seinen Tiefststand erreichte. Als Grund nannte Schacht nun die Absicht, den mittlerweile stark angewachsenen Kapitalimport nach Deutschland wieder zu drosseln. Das wahre Motiv des Reichsbankpräsidenten war reparationspolitischer Natur: Er wollte dem Eindruck entgegenwirken, als erkläre Deutschland durch seine hohe Auslandsverschuldung die Dawes-Lasten für tragbar. Als sich abzeichnete, daß der neue Kurs der Reichsbank nicht zum Erfolg führen würde, kehrte sie im Juni 1927 zu einer restriktiven Währungspolitik zurück. Im Oktober wurde der Diskontsatz auf 7 % erhöht.[24]

24 Hardach, Weltmarktorientierung (Anm. 23), S. 64 ff.; Fritz Blaich, Die Wirtschaftskrise 1925/26 und die Reichsregierung. Von der Erwerbslosenfürsorge zur Konjunkturpolitik, Kallmünz 1977, S. 54 ff.; Claus-Dieter Krohn, Stabilisierung und ökonomische Interessen. Die Fi-

Die Arbeitslosenzahlen zeigen deutlich die Auswirkungen der Geldpolitik. Der Lockerung der Kreditpolitik im Januar 1926 folgte ein deutlicher Anstieg der Beschäftigung. Jedoch blieb die Arbeitslosigkeit im Jahresdurchschnitt mit 18,2 % der Gewerkschaftsmitglieder außerordentlich hoch, ja sie war sogar höher als in irgendeinem Jahr zwischen 1919 und 1929. Der niedrige Diskontsatz von 5 % zwischen Januar und Oktober 1927 spiegelte sich in relativ geringen Arbeitslosenzahlen; die Anhebung des Diskontsatzes im Oktober 1927 trug zur Abschwächung der Konjunktur und zu einem Rückgang der Beschäftigung bei. Im Jahresdurchschnitt belief sich der Prozentsatz der arbeitslosen Gewerkschaftsmitglieder 1927 auf 9, im folgenden Jahr, in dem der konjunkturelle Abschwung zum Stillstand kam, immerhin noch auf 8,6 (Tabelle 2).

Die Diskontpolitik der Reichsbank war indessen nicht die einzige Ursache für die Veränderungen auf dem Arbeitsmarkt. Auch der Kapitalzufluß aus dem Ausland kann die Schwankungen der Beschäftigtenzahlen nur zum Teil erklären. Eine sehr erhebliche Rolle spielte daneben seit der dritten „Stabilisierungskrise" von 1925/26 die forcierte Rationalisierung der deutschen Industrie. Die umfassende Modernisierung von Anlagen und Produktionsverfahren, mit der die deutschen Großunternehmer ihre Positionen auf dem Weltmarkt — und das hieß vor allem: gegenüber der bereits sehr viel stärker durchrationalisierten amerikanischen Industrie — zu verbessern strebten, führte zum Abbau von zahlreichen Arbeitsplätzen. Die Folge war, daß die Erwerbslosenzahlen der „Stabilisierungsphase" durchwegs weit über dem Stand der Vorkriegszeit lagen.[25]

Die Rationalisierung bewirkte namentlich im Bereich der „alten Industrien", aber nicht nur dort, erhebliche Überkapazitäten. Fixiert auf die Zuwachsraten vor dem Ersten Weltkrieg, hatte die Schwerindustrie an Rhein und Ruhr schon während der Inflationsjahre ihre Kapazitäten auszuweiten versucht. Im Steinkohlenbergbau des Ruhrgebiets wurde der Vorkriegswert der Jahresförderung unter Tage bereits 1925 wieder knapp erreicht — vor Beginn der eigentlichen Rationalisie-

---

nanzpolitik des Deutschen Reiches 1923—1927, Düsseldorf 1974, bes. S. 205 ff. Zum Stellenwert der Auslandskredite in der Krise von 1925/26 siehe auch die Kontroverse: Peter Temin, The Beginning of the Depression in Germany, in: EHR, 2nd series, 24 (1971), S. 240—248; M. E. Falkus, The German Business Cycle in the 1920s, ebda., 2nd series, 28 (1975), S. 451—465; Peter Temin, M. E. Falkus, The German Business Cycle in the 1920's: A Comment and Reply, ebda., 2nd series, 30 (1977), S. 162—165. Die deutschen Quellen über die währungspolitischen Entscheidungsprozesse werden von beiden Autoren nicht ausgewertet.

25 Das klassische Werk zur Rationalisierung in Deutschland: Robert A. Brady, The Rationalization Movement in German Industry. A Study in the Evolution of Economic Planning, Berkeley 1933. Das Internationale Arbeitsamt definierte 1932 „Rationalisierung" als den „systematischen Versuch, auf den verschiedenen Wirtschaftsgebieten aus den gegebenen Hilfskräften — Handarbeitskraft und Rohstoffen — die höchstmögliche Leistung zu erzielen. Rationalisierung bedeutet Verdrängung hergebrachter Methoden und Gepflogenheiten durch empirische Regeln und des planlosen, lediglich durch die Erfordernisse des Augenblicks bestimmten Vorgehens durch ein systematisches, auf wissenschaftlichen Studien aufgebautes Handeln, wodurch man auf die zweckmäßigste Weise die vorhandenen Mittel auf das gesteckte Ziel einzustellen und damit den höchstmöglichen Nutzeffekt zu erreichen sucht." Die sozialen Auswirkungen der Rationalisierung. Einführende Studien, hg. vom Internationalen Arbeitsamt, Genf 1932, S. 1. Ausführlicher zur Rationalisierung und ihren sozialen Aspekten unten S. 62 ff.

rung und früher als in England, Polen und Frankreich, die erst um 1928/29 bei diesem Niveau anlangten. 1927 förderte eine zahlenmäßig nur geringfügig schwächere Belegschaft im Ruhrbergbau pro Arbeitstag etwa 10 000 Tonnen Kohle mehr zutage als 1913. In der Roheisenproduktion verdoppelte sich die Wochenleistung eines Hochofens in den Jahren 1927/28 gegenüber der Vorkriegszeit, nachdem sie schon 1924/25 um über 50 % zugenommen hatte. Im Querschnitt der Jahre 1927 bis 1929 hatte die deutsche Stahlindustrie nach verbandsoffiziellen, möglicherweise untertreibenden Angaben eine Förderkapazität von 17,8 Millionen Tonnen. Auf dem gleichen Territorium waren es 1913 nur 12,3 Millionen Tonnen gewesen — 30,9 % weniger. Die Schätzungen über die Auslastung der Kapazitäten gehen weit auseinander. Die Vereinigten Stahlwerke, das größte Unternehmen der Branche, gaben vertraulich selbst für das beste Jahr — 1929 — nur eine Auslastung von 75,8 % an.[26]

Die Überkapazitäten in Kohlenbergbau und Stahlindustrie waren nicht nur auf die Fehleinschätzung der Zechenherren zurückzuführen, die ihre Branchen immer noch als den Leitsektor der deutschen Industrie ansahen, obwohl andere Wirtschaftszweige längst sehr viel höhere Wachstumsraten aufwiesen und mehr zur industriellen Wertschöpfung beitrugen.[27] In den ersten sechs Jahren nach dem Krieg konnten die Ruhrunternehmer viele ihrer Forderungen mit dem Hinweis auf die reparationspolitische Schlüsselrolle der Kohle untermauern. Aber auch nachdem das Dawes-Abkommen 1924 die deutschen Reparationen auf Geldtransfer umgestellt hatte, erfreute sich der Kohlenbergbau der gezielten Förderung durch den Staat. Was gut war für die Ruhrindustrie, das war auch gut für Deutschland: So dachten nicht nur die Unternehmer des Montansektors, nach diesem Motto handelten oft genug auch die Berliner Kabinette. Die Sanierung von Teilen des ehemaligen Stinnes-Konzerns mit Hilfe der Reichsbank und der Ausfuhrkredit für die Kohle vom Juli 1925 waren durchaus typisch für die Art und Weise, wie die Regierungen der „Stabilisierungsphase" die Regeln des Wettbewerbs auch in anderen Branchen außer Kraft setzten. Aber von der Größenordnung der Subventionen her rangierte der Montanbereich, sieht man einmal von der Landwirtschaft ab, ganz oben.[28]

---

26 Bernd Weisbrod, Schwerindustrie in der Weimarer Republik. Interessenpolitik zwischen Stabilisierung und Krise, Wuppertal 1978, bes. S. 48—56. Zu den Überkapazitäten im Ruhrbergbau auch Brady, Rationalization Movement (Anm. 25), S. 100 f. Zur Rationalisierung im Steinkohlenbergbau auch Schöck, Arbeitslosigkeit (Anm. 23), S. 76 ff., sowie Rudolf Tschirbs, Tarifpolitik im Ruhrbergbau 1918 bis 1933, Berlin [W] usw. 1986, S. 241 ff. (zum Vergleich der Fördermengen von 1913 und 1927: S. 244).

27 Nach den Schätzungen von Wagenführ, Industriewirtschaft (Anm. 18), S. 57, trug der Bergbau 1927/28 10 % zum Nettoproduktionswert der Gesamtindustrie bei. Vor dem Bergbau rangierten das Nahrungsmittelgewerbe mit 14,7 %, das Baugewerbe mit 11,4 % und die Eisen- und Metallindustrie mit 10,3 %. Dazu auch Weisbrod, Schwerindustrie (Anm. 26), S. 34. Zur Mechanisierung im Bergbau vgl. unten S. 73 ff.

28 Zum Sonderstatus der Schwerindustrie bes. Hans Mommsen, Der Ruhrbergbau im Spannungsfeld von Politik und Wirtschaft in der Weimarer Republik, in: BdLG 108 (1972), S. 160—175; ders., Sozialpolitik im Ruhrbergbau, in: ders., Dietmar Petzina, Bernd Weisbrod (Hg.), Industrielles System und politische Entwicklung in der Weimarer Republik, Düsseldorf 1974,

Überkapazitäten gab es auch in Wachstumsbranchen wie der Maschinenbauindustrie. 1925 waren dort 27,6 % der vorhandenen Kapazitäten nicht ausgelastet, 1926 sogar 49,4 %. Dann besserte sich die Auftragslage: Der Anteil der nicht genutzten Kapazitäten sank 1927 auf 36,5 % und in den folgenden beiden Jahren auf 27 und 26 %. Auf die wirtschaftliche Entwicklung Deutschlands in den Jahren zwischen Inflation und Weltwirtschaftskrise werfen diese Zahlen ein bezeichnendes Licht. Denn je höher mechanisiert eine Wirtschaft ist, desto stärker ist sie auf die Leistungskraft ihrer Maschinenbauindustrie angewiesen. Daß dieser moderne Wirtschaftszweig zwischen 1925 und 1929 seine Kapazitäten nicht einmal zu drei Vierteln auslasten konnte, ist symptomatisch für die Schwäche der konjunkturellen Aufschwungsimpulse zwischen 1924 und 1929.[29]

Ebenso wie die Rationalisierung der Betriebe sollten auch Konzentration und Kartellierung die Weltmarktposition der deutschen Industrie verbessern. In Krieg und Inflationszeit hatte sich die Tendenz zur vertikalen Konzentration verstärkt: Der Zusammenschluß mehrerer Produktionsstufen machte die neuen Großunternehmungen vom Zahlungsverkehr in entwertetem Geld relativ unabhängig. Aber die Gegensätze zwischen den Rohstoffproduzenten und den weiterverarbeitenden Betrieben ließen sich durch das gemeinsame Dach eines Mammutkonzerns nicht immer harmonisieren. Das größte vertikale Gebilde der Inflationsjahre, die Siemens-Rhein-Elbe-Schuckert-Union, zerbrach schon nach kurzer Lebensdauer. Nach der Stabilisierung der Mark hörte das Interesse an der vertikalen Konzentration zwar nicht auf, aber es wurde doch überlagert von einer neuen Welle horizontaler Zusammenschlüsse innerhalb der gleichen Branche. Die beiden mächtigsten Konzerne, die auf diese Weise entstanden, waren die I.G. Farbenindustrie A.G. und die Vereinigten Stahlwerke. Die I.G. Farben, 1925 von sechs führenden chemischen Werken gebildet, war das kapitalstärkste deutsche Unternehmen nach der Reichsbahn. 35 % des in der chemischen Industrie investierten Kapitals waren im Besitz des Konzerns. 1930 verfügte die I.G. Farben über ein Kapital von 1,1 Milliarden RM; sie beschäftigte zu dieser Zeit 74 000 Arbeiter und 22 000 Angestellte — etwa ein Drittel aller in der chemischen Industrie beschäftigten Arbeitnehmer. Der Erfolg des Konzerns erwuchs vor allem aus der arbeitsteiligen Spezialisierung zwischen den Gründerfirmen, die an die Stelle der bisherigen Konkurrenz trat. Zur Machtstellung von I.G. Farben trug aber auch bei, daß

S. 303—329. Zur Subventionspolitik in der „Stabilisierungsphase“: Fritz Blaich, „Garantierter Kapitalismus“. Subventionspolitik und Wirtschaftsordnung in Deutschland zwischen 1925 und 1932, in: Zeitschrift für Unternehmensgeschichte 22 (1977), S. 50—70. Blaich behandelt insbes. Subventionen für die Werftindustrie, den Lokomotiv- und Waggonbau, sowie die Automobilindustrie. Vgl. auch Dietmar Petzina, Staatliche Ausgaben und deren Umverteilungswirkungen. Das Beispiel der Industrie- und Agrarsubventionen in der Weimarer Republik, in: Fritz Blaich (Hg.), Staatliche Umverteilungspolitik in historischer Perspektive (Schriftenreihe der VSWG, NF, Bd. 109), Berlin [W] 1980, S. 59—106. Bei der Kohle- ist freilich ebenso wie bei der Kaliindustrie auch noch eine andere Seite des staatlichen Dirigismus zu berücksichtigen: die durch öffentlich-rechtliche Gremien und in letzter Instanz durch den Reichswirtschaftsminister ausgeübte Preiskontrolle. Vgl. dazu den vorhergehenden Bd., S. 194.

29 Brady, Rationalization Movement (Anm. 25), S. 139—168 (139). Vgl. dazu auch Weisbrod, Schwerindustrie (Anm. 26), S. 47.

sie die horizontale mit der vertikalen Konzentration verband: Das Unternehmen besaß große Stein- und Braunkohlelager und weitere Rohstoffe, die es von den Lieferungen anderer Industriezweige relativ unabhängig machten.[30]

Die 1926 gegründeten Vereinigten Stahlwerke A.G. (Vestag) umfaßten die Rhein-Elbe-Gruppe aus der Hinterlassenschaft des Stinnes-Konzerns, Thyssen, Phoenix und Rheinstahl. Die Schaffung des neuen Konzerns war die Konsequenz des faktischen Scheiterns der Siemens-Rhein-Elbe-Schuckert-Union und zugleich das auslösende Moment für die offizielle Liquidation dieses von Stinnes und Siemens geschaffenen vertikalen Trusts. Ähnlich wie die I.G. Farben, die über ihren Anteil von 44,7 % bei Rheinstahl zu den Miteigentümern der Vereinigten Stahlwerke gehörten, legte die Vestag eine konsequente Arbeitsteilung zwischen den Trägerfirmen fest und verhalf damit dem neuen Konzern zu einer bisher nicht dagewesenen Machtkonzentration im schwerindustriellen Bereich: Ende der 20er Jahre belief sich die Produktion der Vestag auf 50 % der gesamten deutschen Roheisenerzeugung, auf 43 % der Produktion von Rohstahl und 40 % der Walzstahlherstellung.[31]

Der Drang zur Größe verringerte, wo er erfolgreich war, die Zahl und das Gewicht der inländischen Konkurrenten. Auf dem Weltmarkt verbesserte die Konzentration die Marktposition der deutschen Riesenkonzerne. Aber an einem ungeregelten internationalen Wettbewerb waren zumindest die „alten Industrien" gar nicht interessiert. Am 10. Januar 1925 endete die Zeit, für die Deutschland durch den Vertrag von Versailles verpflichtet worden war, sein Territorium für den zollfreien Import von Waren aus den Siegerländern offen zu halten. Das Reich erhielt damit seine Zollhoheit zurück. Die besonders wichtigen Zollverhandlungen mit Frankreich auf dem Gebiet von Stahl und Eisen wurden jedoch bezeichnenderweise nicht auf Regierungsebene, sondern zwischen den betroffenen Industrieverbänden geführt. Dabei ergaben sich Differenzen zwischen deutschen Rohstahlherstellern und der eisenverarbeitenden Industrie: Diese war an niedrigen Eisenzöllen oder großen zollfreien Kontingenten interessiert, jene wollten sich vor billigen Importen schützen. Der Kompromiß, den beide Seiten aushandelten, war eine massive Wettbewerbsbeschränkung. Im ersten sogenannten AVI-Abkommen — benannt nach dem Kürzel des Verhandlungspartners der Stahlindustrie, der Arbeitsgemeinschaft der Eisen verarbeitenden Industrie — sicherten die Stahlhersteller den weiterverarbeitenden Unternehmern zu, sie beim Export ihrer Waren für die Spanne zu entschädigen, um die der deutsche Stahlpreis über dem Weltmarktpreis lag. Dafür verpflichteten sich die Stahlverbraucher, mit den Stahlherstellern eine gemeinsame Front bei den Zollverhandlungen zu bilden. Trotz des

30 Brady, Rationalization Movement (Anm. 25), S. 238 ff. Zur I.G. Farben auch: Helmut Tammen, Die I.G. Farbenindustrie Aktiengesellschaft. (1925—1933). Ein Chemiekonzern in der Weimarer Republik, Berlin [W] 1978. Zur vertikalen Konzentration während der Kriegs- und Inflationszeit vor allem Gerald D. Feldman, Iron and Steel in the German Inflation 1916—1923, Princeton 1977.

31 Ders. u. Heidrun Homburg, Industrie und Inflation. Studien und Dokumente zur Politik der deutschen Unternehmer 1916—1923, Hamburg 1977, S. 165 ff.

Preises, den die Stahlindustrie für dieses Abkommen zu zahlen hatte, war sie langfristig der Gewinner des Tauschgeschäfts: Sie kontrollierte fortan den deutschen Stahlmarkt und gewann einen Verbündeten bei sozialpolitischen Auseinandersetzungen mit Regierungen und Gewerkschaften.[32]

Der Preisverfall auf dem Stahlmarkt im Jahre 1925 löste dann einen weiteren, sehr viel umfassender angelegten Versuch zur Beschränkung des Wettbewerbs aus: die Gründung des Internationalen Rohstahlkartells im September 1926. Die beteiligten Industrien — zunächst aus Deutschland, Frankreich, Belgien, Luxemburg und dem Saargebiet, später auch aus Österreich, Ungarn und der Tschechoslowakei — vereinbarten ein Quotensystem für die Stahlförderung, das preisstabilisierend wirken sollte. Dieser Effekt wurde indes nicht erzielt, da die westlichen Länder bis an die obere Grenze ihrer Quoten produzierten.Die deutsche Stahlindustrie reagierte darauf 1927 mit einer Überschreitung ihrer relativ wohl zu niedrigen Quote und mußte dafür die vom Abkommen vorgesehene Strafe zahlen. Eine Aufteilung der deutschen Quote in einen Auslands- und einen Inlandsteil (bei dessen Überschreitung eine geringere Strafe zu zahlen war) brachte zwar eine gewisse Erleichterung für die deutschen Stahlproduzenten, aber auf keinen Fall mehr Rationalität in das System des internationalen Kartells. Es brach im Zuge der Weltwirtschaftskrise auseinander.[33]

Die Kartellierung der deutschen Industrie machte in der „Stabilisierungsphase" allgemein große Fortschritte. Mitte 1925 schätzte die Reichsregierung die Zahl der Kartelle auf insgesamt 3 000, davon 2 500 in der Industrie, 400 im Großhandel und 150 im Einzelhandel. Hochburgen der Kartellierung waren der Kohlenbergbau mit dem Rheinisch-Westfälischen Kohlensyndikat und die Stahlindustrie mit der Deutschen Rohstahlgemeinschaft, die 1926 90 % aller Branchenprodukte umfaßte. Beide Wirtschaftszweige wiesen einen hohen Anteil des fixen Kapitals am Produktwert auf: ein Sachverhalt, der den Montansektor bei freiem Wettbewerb besonders krisenanfällig machte und folgerichtig schon frühzeitig zu Versuchen veranlaßt hatte, seine Ertragslage durch Kartellierung zu verstetigen. Aber das Beispiel von Kohle und Stahl hatte längst Schule gemacht. Es gab in den

32 Ulrich Nocken, Interindustrial Conflicts and Alliances in the Weimar Republic: Experiments in Societal Corporation, Ph. D. Diss., Berkeley 1979, bes. S. 158 ff.; ders., Inter-Industrial Conflicts and Alliances as Exemplified by the AVI-Agreement, in: Mommsen u. a. (Hg.), Industrielles System (Anm. 28), S. 693—704; David Abraham, The Collapse of the Weimar Republic. Political Economy and Crisis, Princeton 1981, S. 151 ff.; Charles S. Maier, Recasting Bourgeois Europe. Stabilization in France, Germany, and Italy in the Decade after World War I, Princeton 1975, S. 516 ff. Die Rolle, die die Industrieverbände bei den Zollverhandlungen mit Frankreich im Dezember 1924 gespielt hatten, bildete aus ihrer Sicht ein Präjudiz: Als im Juli 1925 die deutsche und französische Regierung ein erstes Saarabkommen schlossen, das eine Reihe wirtschaftlicher Konzessionen von deutscher Seite enthielt, protestierten die Unterzeichner der AVI-Vereinbarung und erreichten es, daß das Abkommen nicht ratifiziert wurde. Ebda., S. 697.

33 Zum Internationalen Rohstahlkartell und anderen internationalen Kartellen: Robert Liefmann, Kartelle, Konzerne und Trusts, Stuttgart, 8. Aufl. 1930, S. 181—202 (den Kartellen gegenüber stark apologetisch); Walter Krüger, Die moderne Kartell-Organisation der deutschen Stahlindustrie, Berlin usw. 1927, S. 153 ff.; Brady, Rationalization Movement (Anm. 25), S. 132 f.; Maier, Recasting (Anm. 32), S. 540 ff.

zwanziger Jahren auch Kartelle für Zucker, Haarschneidegeräte, künstliche Palmen und Abreißkalender.[34]

Der Gesetzgeber setzte der Kartellierung keine wirksamen Hindernisse entgegen. Eine Kartellverordnung war am 30. Oktober 1923 — auf Grund des Ermächtigungsgesetzes vom 13. Oktober 1923 — vom Kabinett der Großen Koalition ohne Diskussion verabschiedet und am 3. November im Reichsgesetzblatt veröffentlicht worden. Die „Verordnung gegen Mißbrauch wirtschaftlicher Machtstellungen" enthielt Richtlinien zum Einschreiten gegen Syndikate und Kartelle. Die Regierung Stresemann wollte damit der wirtschaftlichen Übermacht privater Monopole entgegentreten und sah eine Reihe vorbeugender Maßnahmen vor, die entweder der Reichswirtschaftsminister oder das Kartellgericht, ein beim Reichswirtschaftsgericht neu zu schaffender Senat, zu treffen hatte. Die Kriterien, die das aufsichtsführende Ministerium anwenden sollte, waren allerdings vage. Sofern ein Vertrag oder Beschluß die Gesamtwirtschaft oder das Gemeinwohl gefährdete, sollte das Kartellgericht auf Antrag des Reichswirtschaftsministers tätig werden und den Vertrag oder Beschluß ganz oder teilweise für nichtig erklären. Als Gefährdung der Gesamtwirtschaft oder des Gemeinwohls sollten „insbesondere" volkswirtschaftlich ungerechtfertigte Preissteigerungen und ebenso zu wertende Einschränkungen von Erzeugung und Absatz gelten.[35]

Die Befürchtungen des Reichsverbandes der Deutschen Industrie, dehnbare Begriffe wie „Gemeinwohl" und „Gesamtwirtschaft" würden zu willkürlichen Staatseingriffen führen und so das bisherige „gedeihliche Zusammenarbeiten mit dem Reichswirtschaftsministerium im Interesse einer Bekämpfung von Auswüchsen im Kartellwesen" stark gefährden, erwiesen sich als unbegründet. Die Kartellierung der deutschen Industrie ging ungehindert weiter.[36] Möglicherweise hat die Verordnung vom 30. Oktober 1923 — neben den im Juli 1923 durch Reichsgesetz geschaffenen Preisprüfungsstellen — dazu beigetragen, daß in den ersten Monaten nach der Stabilisierung der Mark die Preise sanken und Mitte Februar 1924 nach einem allerdings trügerischen Index in etwa wieder das Vorkriegsniveau erreichten. Es gab auch Preissenkungen — etwa in der Textilindustrie —, die auf bloße Vorstellungen des Reichswirtschaftsministeriums hin, also ohne Anrufung oder Entscheidung des Kartellgerichts erfolgten. Aber Preisabsprachen als solche zu verhindern, war gar nicht die Absicht der Kartellverordnung. Die fortschreitende Zurückdrängung des vermeintlich anarchischen Wettbewerbs schien nicht nur Großunternehmern, sondern auch vielen Politikern als ein notwendiges Stück Rationalisierung des Wirtschaftslebens. Ein Mittel gegen die industrielle

---

34 Zu den Typen und zur Verbreitung der Kartelle vgl. u. a. Liefmann, Kartelle (Anm. 33), S. 39 ff.; Max Metzner, Kartelle und Kartellpolitik, Berlin 1926, S. 25 ff.

35 RGBl. 1923 II, S. 1 067—1 070. Zur Entstehungsgeschichte und zur Resonanz der Verordnung: Akten der Reichskanzlei (= AdR), Weimarer Republik. Kabinette Stresemann. 13. August bis 6. Oktober 1923, 6. Oktober bis 30. November 1923. Bearb. von Karl Dietrich Erdmann und Martin Vogt, 2 Bde., Boppard 1978, Bd. 2, S. 906.

36 Ebda., Bd. 2, S. 906.

Konzentration und zur Stärkung des Marktes konnte die Kartellverordnung von 1923 unter diesen Umständen nicht werden.[37]

*

Zu den zeitgenössischen Beobachtern, die die Kartell- und Trustbewegung als historischen Fortschritt begriffen, gehörte auch Rudolf Hilferding. Im einleitenden Beitrag zu der neuen, von ihm herausgegebenen theoretischen Zeitschrift der Sozialdemokratie, „Die Gesellschaft", schrieb er 1924, in der Ökonomie bedeute die Kriegs- und Nachkriegszeit eine außerordentliche Steigerung der Konzentrationstendenzen des Kapitals. „Die Kartell- und Trustentwicklung wird mächtig gefördert. Die Periode der freien Konkurrenz neigt sich dem Ende zu. Die großen Monopole werden zu den entscheidenden Beherrschern der Wirtschaft, immer enger wird die Verbindung zu den Banken, in denen das gesellschaftliche Kapital konzentriert und der Wirtschaft zur Verfügung gestellt wird. Die früher getrennten Formen des Industrie-, Handels- und Bankkapitals streben in der Form des Finanzkapitals zur Vereinheitlichung. Dies bedeutet den Übergang von dem Kapitalismus der freien Konkurrenz zum organisierten Kapitalismus. Die Vergesellschaftung des Arbeitsprozesses im Großbetrieb ist fortgeschritten zur Vergesellschaftung des Arbeitsprozesses ganzer Industriezweige und zur Vereinigung der vergesellschafteten Industriezweige untereinander. Damit wächst zugleich die bewußte Ordnung und Lenkung der Wirtschaft, die die immanente Anarchie des Kapitalismus der freien Konkurrenz auf kapitalistischer Basis zu überwinden strebt."[38]

Hilferding knüpfte mit seiner Analyse an Überlegungen an, die er 1910 in seinem theoretischen Hauptwerk „Das Finanzkapital" und dann in geraffter Form 1915 in einem Zeitschriftenaufsatz vorgetragen hatte.[39] Als Marxist mußte Hilferding das scheinbar unaufhaltsame Vordringen des Großbetriebs als geschichtsnotwendig empfinden. Zwar betonte er, daß der „organisierte Kapitalismus" nicht etwa eine demokratisch verfaßte, sondern eine „in antagonistischer Form hierarchisch organisierte Wirtschaft" sei, die in langwierigen Kämpfen in eine „demokratisch organisierte Wirtschaft" umgewandelt werden müsse. Aber es hatte un-

---

37 Ludwig Preller, Sozialpolitik in der Weimarer Republik, 2. Aufl. Düsseldorf 1978, S. 312; Liefmann, Kartelle (Anm. 33), S. 203—215; Ernst Rudolf Huber, Deutsche Verfassungsgeschichte seit 1789, Bd. 6: Die Weimarer Reichsverfassung, Stuttgart usw. 1981, S. 1074—1076. Zur Haltung der Gewerkschaften gegenüber Kartellierung und Monopolproblem: Dietmar Petzina, Gewerkschaften und Monopolfrage vor und während der Weimarer Republik, in: AfS 20 (1980), S. 195—218.

38 Rudolf Hilferding, Probleme der Zeit, in: Die Gesellschaft 1 (1924), S. 1—17 (1 f.).

39 Zur Entstehung von Hilferdings Theorie des „Organisierten Kapitalismus" vgl. Heinrich August Winkler, Einleitende Bemerkungen zu Hilferdings Theorie des Organisierten Kapitalismus, in: ders. (Hg.), Organisierter Kapitalismus. Voraussetzungen und Anfänge, Göttingen 1974, S. 9—18. Zur wissenschaftlichen Diskussion über Hilferdings Modell und zur Kritik daran auch: ders., Organisierter Kapitalismus? Versuch eines Fazits, in: ders., Liberalismus und Antiliberalismus. Studien zur politischen Sozialgeschichte des 19. und 20. Jahrhunderts, Göttingen 1979, S. 264—271.

zweifelhaft einen positiven Klang, wenn er am „organisierten Kapitalismus" folgende Entwicklungstendenzen beobachtete:

„Die Unstetigkeit kapitalistischer Produktionsverhältnisse würde vermindert, die Krisen oder wenigstens die Rückwirkung auf die Arbeiter gemildert werden... In einer solchen hierarchisch organisierten kapitalistischen Volkswirtschaft wird das Arbeitsverhältnis gleichfalls modifiziert. Es erhält einen stetigeren Charakter, die Arbeitslosigkeit wird weniger drohend, ihre Folgen durch Versicherung gemildert."[40]

Acht Jahre später kam der Wirtschaftswissenschaftler Emil Lederer, wie Hilferding ein ehemaliger Unabhängiger Sozialdemokrat, zu einer radikal anderen Würdigung des gleichen Phänomens. „Der Automatismus der kapitalistischen Wirtschaft versagt," schrieb er 1932. „Die partiale Organisation der Produktion in Kartellen und Trusts, die Fixierung der wichtigsten Preise, hat die Entwicklung der Warenerzeugung gelähmt, die Aufsaugung der Arbeiterschaft in neuen Industrien und das Ansteigen des Sozialprodukts gehindert."[41] Im Hinblick auf die Weimarer Republik sollte man also, so läßt sich Lederers These zusammenfassen, nicht von einem organisierten, sondern von einem fehlorganisierten Kapitalismus sprechen.

Von einem anderen, nämlich konsequent liberalen Standpunkt aus war einige Jahre vor Lederer der Ökonom Moritz Julius Bonn zu einem ganz ähnlichen Verdikt gelangt. Er warf der deutschen Schwerindustrie vor, sie habe, gewöhnt an staatliche Rüstungsaufträge, das „Ideal der ‚kundenfreien' Wirtschaft" erzeugt, das im „Wirtschaftsleben nur die Herstellung und Beschäftigung technisch vorzüglicher Anlagen, ohne Rücksicht auf die Bedürfnisse des Marktes sieht." Überhaupt habe der deutsche Kapitalismus die Idee der Zunft und des Ständestaates nie völlig überwunden. „Der deutschen öffentlichen Meinung ist die Vorstellung des freien Wettbewerbs an und für sich nicht sympathisch. Sie ist ihrer ganzen Herkunft nach zünftlerisch gesinnt." Dieser „ständische zünftlerische Charakter des deutschen Kapitalismus" habe seinen deutlichen Ausdruck im Kartellwesen erhalten. „In den deutschen Syndikaten und Kartellen ist die Idee des machthungrigen Monopolkapitalismus mit ständischen Idealen harmonisch verschmolzen worden. Im Gegensatz zum Trust, der rein kapitalistisch angelegt und technisch grundsätzlich ‚fortschrittlich' eingestellt ist, sind Kartelle und Syndikate Verteidigungsorganisationen einer profitgierigen Industrie, die auch dem rückständigen Betrieb einen Teil der Beute zukommen lassen will." Die Kartelle seien in ihrer wettbewerbsfeindlichen Wirkung die binnenwirtschaftliche Ergänzung jener staatlichen Schutzzollpolitik, die ihrerseits ein „staatliches Eingreifen zur Erzielung ausreichender Renten auf technisch überalterte, wirtschaftlich überzählige, finanziell falsch angelegte Produktionsanlagen" bedeute. „Sie ist die Verneinung und

40 Hilferding, Probleme (Anm. 38), S. 2 f.

41 Emil Lederer, Die Weltwirtschaftskrise — eine Krise des Kapitalismus. Ursachen und Auswege (1932), in: ders., Kapitalismus, Klassenstruktur und Probleme der Demokratie in Deutschland 1910—1940, hg. v. Jürgen Kocka, Göttingen 1979, S. 210—231 (228). Vgl. auch ders., Eine Untersuchung über die „Armut der Nationen", in: Magazin der Wirtschaft 3 (1927), S. 1 935—1 941.

Verhöhnung der Rationalisierung. Sie ist kein Ausleseprozeß, sondern ein Versorgungsvorgang."[42]

Die Haltung der deutschen Schwerindustrie kennzeichnete Bonn mit ätzender Schärfe. „Sinkt die Absatzmenge, so müssen nach dieser Auffassung die Preise erhöht werden, damit der Verlust der Substanz verhindert werde, denn die Substanz ist heilig. Wird sie vom Giftzahn der Konjunktur angenagt, so muß man durch künstliche gesetzgeberische Maßnahmen für den nötigen Auftrieb der Preise sorgen. Findet sich in den parlamentarischen Körperschaften die nötige Mehrheit hierfür nicht, so ruft man nach einem Wirtschaftsdiktator, dem Manne, der mit eiserner Faust die Rentabilität des festgenommenen Kapitals erzwingt — wenn nötig durch Herabsetzung des Lebensstandards der Arbeiter."

Da die deutsche Wirtschaftspolitik sich dem Drängen nach einer vermeintlich risikolosen Wirtschaft gefügt habe, fiel Bonns Urteil entsprechend aus. Kein Land der Erde von der gleichen wirtschaftlichen Tüchtigkeit der einzelnen und dem gleichen allgemeinen hohen Bildungsstand weise in der Wirtschaftspolitik eine solche Herrschaft des Dilettantismus auf wie Deutschland. „Das ist der Kapitalismus der Kesselflicker, der die lebendigen Kräfte der kapitalistischen Ordnung mit aller Macht auszuschalten sucht ... Die deutsche Wirtschaftspolitik ist auf dem Wege zur planlosen Planwirtschaft, zur Willkür ohne Einsicht, Absicht ohne Umsicht ... Der deutsche Kapitalismus ist längst nach Canossa gegangen, zähneklappernd, im härenen Gewande steht er heute im Schloßhof und friert."[43]

Rückblickende Betrachter werden wohl eher geneigt sein, Lederer und Bonn als Hilferding zuzustimmen. Die krisenmildernde Wirkung, die sich Hilferding von den Kartellen versprach, trat nicht ein. Es war im Gegenteil so, daß die Kartelle auf einen Absatzrückgang mit Preissteigerungen zu reagieren pflegten und dadurch die Krise verschärften. Kartellierung und Subventionen bedingten das, was Ökonomen eine „Fehlallokation der Ressourcen" nennen. Mit Recht konnte Bonn daher von einem „Gegensatz zwischen technischer Rationalisierung und wirtschaftlicher Derationalisierung" sprechen. Die tiefere historische Ursache für die bürokratischen Deformationen des deutschen Kapitalismus sah Bonn darin, daß die Unternehmer dieses Landes sich weniger mit Aristokraten als mit Bürokraten hätten auseinandersetzen müssen, die ihnen mit autoritären Methoden gegenübertraten. Diesen Stil habe der deutsche Kapitalismus gewissermaßen ko-

42 Moritz Julius Bonn, Das Schicksal des deutschen Kapitalismus. 2. Aufl. Berlin 1930, S. 53—102. Die erste Auflage erschien 1926. Sie war sehr viel kürzer und, trotz eines ähnlichen Tenors in der Argumentation, im Urteil weniger scharf als die überarbeitete Neuauflage.

43 Ebda., S. 121—127. Vgl. dazu auch ders., Technische oder finanzielle Rationalisierung? In: Magazin der Wirtschaft 2 (1926), S. 321—324. — Bonns These von der prozyklischen Preispolitik der Kartelle wird durch die amtliche Statistik bestätigt. Auf den seit November 1927 anhaltenden Rückgang der Konjunktur reagierten die Warenpreise sehr unterschiedlich. Von Anfang 1928 bis Anfang 1929 stiegen die von Verbänden geregelten Preise um 3,2 %, während die freien Preise um 7,1 % zurückgingen. Unter den geregelten Preisen wurden hauptsächlich die Preise für Kohle und Eisen heraufgesetzt; die übrigen Verbandspreise blieben größtenteils unverändert. Vgl.: Die Bewegung der Großhandelspreise im Jahre 1928, in: Wirtschaft und Statistik 9 (1929), S. 12—17.

piert, am reinsten — auf Grund ihrer traditionellen Symbiose mit dem Obrigkeitsstaat — die Schwerindustrie.[44]

Das Verhältnis zwischen Unternehmerschaft und Staat in der „Stabilisierungsphase" der Weimarer Republik wird uns noch eingehender beschäftigen. An dieser Stelle genügt es festzuhalten, daß die Rationalisierungsbewegung in der deutschen Industrie sich keineswegs überall am Markt orientierte. Sie schuf Überkapazitäten großen Stils und verminderte dort, wo sie die Gestalt von Preis- und Absatzkartellen annahm, die Fähigkeit, sich konjunkturellen Veränderungen elastisch anzupassen. Staatliche Erhaltungssubventionen taten das ihre, um den Wettbewerb zu verzerren. In der neueren Diskussion über die spezifisch deutschen Ursachen der großen Krise von 1929 sind die Kosten von volkswirtschaftlich verfehlten privaten Investitionen und öffentlichen Subventionen gegenüber anderen Faktoren — etwa dem Finanzgebaren der Gemeinden, der staatlichen Sozialpolitik und dem nach einer verbreiteten Meinung überhöhten Lohnniveau — allzu stark zurückgetreten. Aber diese Kosten gehören zur wirtschaftlichen Bilanz der „Stabilisierungsjahre", und sie können, so schwierig es ist, ihren genauen „Stellenwert" zu bestimmen, aus der Erörterung der Vorbedingungen der Weltwirtschaftskrise nicht ausgeklammert werden.[45]

*

Unsere Skizze der wirtschaftlichen Entwicklungen zwischen 1924 und 1928 hat sich bisher ganz auf den industriellen Bereich konzentriert. Aber zur deutschen Wirtschaft gehörte auch der Agrarsektor. Wolfram Fischer hat — unter dem Vorbehalt, daß die von ihm herangezogenen Schätzungen Walther G. Hoffmanns stimmen — über die deutsche Landwirtschaft in der Weimarer Republik geurteilt, ihre Situation könne „getrost als katastrophal" bezeichnet werden. Hatte im Durchschnitt der Jahre 1910 bis 1913 das Kapitaleinkommen der deutschen Landwirtschaft 3,8 Milliarden Mark oder 55 % des Arbeitseinkommens in der Landwirtschaft betragen, so kam es im Durchschnitt der Jahre 1925 bis 1932 auf einen negativen Wert, nämlich - 268 Millionen Mark. Nur für die Jahre 1925, 1927 und 1928 errechnete Hoffmann einen Kapitalertrag. In allen anderen Jahren mußte das landwirtschaftliche Kapitaleinkommen Verluste hinnehmen, und zwar bei zum Teil erheblich gestiegenen Arbeitseinkommen. Da Hoffmann das Kapitaleinkommen der gewerblichen Wirtschaft nur in den Jahren 1932 und 1933 als negativ und 1931 als nahe dem Nullpunkt angibt, war die Lage der Landwirtschaft offenkundig sehr viel prekärer als die der Industrie.[46]

---

44 Bonn, Schicksal (Anm. 42), S. 53, 86.

45 Zur Lohnentwicklung vgl. den folgenden Abschnitt dieses Kapitels. Zur Diskussion der Krisenursachen siehe unten S. 729 ff.

46 Wolfram Fischer, Die Weimarer Republik unter den weltwirtschaftlichen Bedingungen der Zwischenkriegszeit, in: Mommsen u. a. (Hg.), Industrielles System (Anm. 28), S. 26—50 (35). Die Berechnungen von Hoffmann in: Walther G. Hoffmann u. a., Das Wachstum der deutschen Wirtschaft seit der Mitte des 19. Jahrhunderts, Berlin [W] usw. 1965, S. 508. Die Jahre von 1914 bis 1924 sind bei Hoffmann nicht ausgewiesen.

Die Ursachen für die Strukturprobleme der deutschen Landwirtschaft sieht Fischer in einem „circulus vitiosus“: „Mangelnde Anpassung an die Erfordernisse des Weltmarktes, ungenügende Modernisierung und Spezialisierung ließ die Landwirtschaft nicht auf den grünen Zweig kommen, und weil sie wirtschaftlich unergiebig war, fehlten ihr die Mittel für die notwendige Modernisierung.“ Insgesamt erreichte die landwirtschaftliche Produktion nach den Berechnungen Hoffmanns in den meisten Jahren der Republik zwar den Vorkriegsstand in Preisen von 1913 — nur 1926 und 1932 fiel sie darunter —, aber entscheidend war laut Fischer, daß mit dieser relativ stabilen Produktion — anders als nach dem Zweiten Weltkrieg — keine Einkommen erzielt wurden, die es erlaubt hätten, durch höheren Kapitaleinsatz die Produktion grundlegend zu modernisieren. „Der Landwirtschaft gelang im Unterschied zur Industrie nicht der Anschluß an die veränderte weltwirtschaftliche Situation der Zwischenkriegszeit, und es war nicht nur die allgemeine Krise seit 1929, die sie hart traf, sondern eine andauernde Strukturkrise.“[47]

Die deutsche Agrarkrise war in der Tat Teil einer weltweiten Krise der landwirtschaftlichen Produktion, und diese Krise ging der „Großen Depression“ von 1929 um einige Jahre voraus. Bereits Ende 1925 fielen die Weltmarktpreise, während sich die Lagerbestände vermehrten. 1927 schlug die Agrarkrise mit dem Sturz der Schweinepreise in Deutschland voll durch. Der Kreditzufluß begann zu stocken, und da Ende des gleichen Jahres auch eine industrielle Aufschwungsphase zu Ende kam, begann die inländische Kaufkraft für landwirtschaftliche Qualitätserzeugnisse zu sinken. In dem auf Veredelungsprodukte spezialisierten Schleswig-Holstein wirkte sich die Agrarkrise alsbald auch politisch aus: Die Radikalisierung der ländlichen Bevölkerung setzte einige Jahre vor der Rechtsschwenkung der Städte ein — nämlich schon bei der Reichstagswahl vom Mai 1928.[48]

Das größte Strukturproblem der Weimarer Republik war jedoch nicht die Landwirtschaft im allgemeinen, sondern ein agrarischer Sonderfall: Ostelbien. Ostdeutschland bildete das klassische Beispiel einer unterentwickelten Region in einem modernen kapitalistischen Industrieland.[49] In drei östlichen Provinzen Preußens waren 1925 noch mehr als 50 % der Erwerbstätigen in der Landwirtschaft tätig: 50,7 % in Pommern, 55,7 % in Ostpreußen und 60,9 % in der Grenzprovinz Posen-Westpreußen. Entsprechend niedrig war der Anteil der in Industrie und Handwerk Beschäftigten: 22,8 % in Pommern, 19,2 % in der Grenzprovinz

---

47 Fischer, Weimarer Republik (Anm. 46), S. 37. Hoffmanns Berechnungen in: ders., Wachstum (Anm. 46), S. 275 f.

48 Fischer, Weimarer Republik (Anm. 46), S. 37 f.; Abraham, Collapse (Anm. 32), S. 53 ff.; Rudolf Heberle, Landbevölkerung und Nationalsozialismus. Eine soziologische Untersuchung der politischen Willensbildung in Schleswig-Holstein 1918—1932, Stuttgart 1963, S. 124, 160 ff. Zur Agrarkrise weiter: Ulrich Kluge, Agrarpolitik und Agrarkrise 1918 bis 1933. Möglichkeiten und Grenzen agrarhistorischer Forschung in Österreich und Deutschland, in: Gerhard Botz u. a. (Hg.), Bewegung und Klasse. Studien zur österreichischen Arbeitergeschichte, Wien 1978, S. 629—645.

49 So das treffende Urteil von Richard Bessel, Eastern Germany as a Structural Problem in the Weimar Republic, in: SH 3 (1978), S. 199—218 (200).

und 18,1 % in Ostpreußen. Im Reichsdurchschnitt waren 30,5 % der Erwerbstätigen landwirtschaftlich tätig und 41,4 % in Industrie und Handwerk.[50]

Die geringe wirtschaftliche Leistungskraft des deutschen Ostens illustriert das extrem niedrige Aufkommen östlicher Provinzen aus der Einkommens- und Körperschaftssteuer pro Kopf der Bevölkerung (Tabelle 6).

Tabelle 6: Aufkommen aus der Einkommens- (einschließl. Lohn-) und Körperschaftssteuer auf den Kopf der Bevölkerung (1 = in RM, 2 = Abweichung vom Reichsdurchschnitt in %)

Landesfinanzamt	1925		1926		1927		1928		1929	
	1	2	1	2	1	2	1	2	1	2
Breslau	26	— 33	26	— 38	31	— 40	35	— 42	32	— 44
Brandenburg	26	— 33	25	— 40	30	— 42	35	— 42	33	— 42
Stettin	22	— 44	22	— 48	25	— 52	25	— 58	25	— 56
Oberschlesien	18	— 54	18	— 57	22	— 58	28	— 53	25	— 56
Königsberg	13	— 67	13	— 71	17	— 67	17	— 72	17	— 70
Deutsches Reich	39		42		52		60		57	

Quelle: Heinz Rogmann, Ostdeutschlands große Not. Zahlen und Tatsachen, Berlin 1930, S. 74 f.; zit. nach Raupach, Wohlfahrtsausgleich (Anm. 50), S. 15.

Das Wohlstandsgefälle zwischen West- und Ostdeutschland, das sich im Zuge der Industrialisierung immer schärfer ausbildete, bewirkte eine langanhaltende Ost-West-Wanderung. Ostpreußen etwa gab zwischen 1910 und 1925 8,0 % seiner Bevölkerung an den Westen des Reiches ab, das Gebiet der Grenzprovinz Posen-Westpreußen sogar 12,8 %.[51] Die Gebietsverluste und die neuen Grenzziehungen nach dem Ersten Weltkrieg, darunter die Schaffung des „polnischen Korridors“ zwischen Ostpreußen und dem übrigen Reich, vergrößerten die Standortnachteile des ländlichen Ostelbien. Zwar kamen die Ostgebiete seit 1926 immer wieder in den Genuß von Hilfsprogrammen des Reichs und Preußens, aber Strukturreformen, etwa in Gestalt von Industrieansiedlung, fanden faktisch nicht statt. Die Hilfsprogramme waren Ausgleichs- oder Erhaltungssubventionen; sie enthielten keinen Anreiz zur dringend notwendigen Modernisierung. Politisch wurden die materiellen Leistungen zugunsten des deutschen Ostens meist mit dem Sicherheitsinteresse gegenüber Polen begründet. Die „Osthilfe“ in allen ihren Erscheinungsformen konnte daher auch nicht die politische Rückständigkeit überwinden, die der wirtschaftlichen Strukturschwäche entsprach. In keinem Teil des Reiches

50 Statistisches Jahrbuch für das Deutsche Reich 1928, Berlin 1928, S. 25. Dazu der kenntnisreiche, aber frappierend apologetische Aufsatz von Hans Raupach, Der interregionale Wohlfahrtsausgleich als Problem der Politik des Deutschen Reiches, in: Werner Conze u. Hans Raupach (Hg.), Die Staats- und Wirtschaftskrise des Deutschen Reiches 1929/33, Stuttgart 1967, S. 13—34.

51 Ebda., S. 15. Die Zahlen beziehen sich auf Bevölkerungsstand vom 8. 10. 1919 und den Gebietsstand vom 16. 6. 1925.

gab es für die demokratische Republik und die sie tragenden Parteien weniger Unterstützung als in den preußischen Ostprovinzen.[52]

*

Die relative Stagnation der Wirtschaft in den zwanziger Jahren war kein ausschließlich deutsches Phänomen. Vielmehr waren die europäische und die Weltwirtschaft der Zwischenkriegszeit insgesamt durch relative Wachstumshemmungen gekennzeichnet. Über die Ursachen streiten die Wirtschaftswissenschaftler bis heute. Tatsache ist, daß kein einzelner wirtschaftlicher Sektor eine ähnliche Zugkraft entwickeln konnte wie der Eisenbahnbau im 19. Jahrhundert. Zwar war das Automobil, das soviel zum wirtschaftlichen Aufschwung der zweiten Nachweltkriegszeit beigetragen hat, längst erfunden und wurde während der zwanziger Jahre in den USA auch bereits zum Massenkonsumartikel. Aber die Zeit zwischen 1890 und 1935 war keine Periode umwälzender technologischer „Basisinnovationen", und in der Phase zwischen 1925 und 1935 überwogen, um die Begriffe von Gerhard Mensch zu benutzen, die „rationalisierend wirkenden Investitionen" die „expansiv wirkenden Investitionen" bei weitem. Die Folge war ein Ungleichgewicht zwischen beiden Arten des technologischen Wandels — vermutlich die wichtigste einzelne Ursache der Weltwirtschaftskrise nach 1929.[53]

Wenn die Massenkaufkraft in Europa viel geringer war als in den Vereinigten Staaten, so ging das freilich zu einem erheblichen Teil darauf zurück, daß Amerika die ihm zufallende neue Rolle als weltwirtschaftliche Führungsmacht nicht oder jedenfalls nicht ausreichend wahrnahm. Weder wurde es das, was England vor 1914 gewesen war, nämlich der „Weltbankier", noch öffnete es seinen Markt für europäische Importe. Doch ein Alibi für Europa war das Verhalten der USA nicht. Daß die europäischen Ökonomien und zumal die deutsche Volkswirtschaft sich den weltwirtschaftlichen Strukturveränderungen der Nachkriegszeit nicht hinlänglich anpaßten, lag vor allem an falschen Unternehmerentscheidungen, etwa der Schaffung riesiger Überkapazitäten im Bereich „alter" Branchen wie der Stahlindustrie. Für die Folgen derartiger Entscheidungen waren auch die Regierungen verantwortlich, die die Korrektur volkswirtschaftlicher Fehlentwicklungen verhinderten, indem sie auf inneren und äußeren Protektionismus setzten und die

52 Dazu Bessel, Eastern Germany (Anm. 49), S. 211 f. Vgl. auch Gerhard Schulz, Staatliche Stützungsmaßnahmen in den deutschen Ostgebieten, in: Ferdinand A. Hermens u. Theodor Schieder (Hg.), Staat, Wirtschaft und Politik in der Weimarer Republik. Festschrift für Heinrich Brüning, Berlin [W] 1967, S. 141—204.

53 Hierzu vor allem Mensch/Schnopp, Stalemate (Anm. 17), S. 66—74; Gerhard Mensch, Das technologische Patt. Innovationen überwinden die Depression, Frankfurt 1975. Vgl. auch Wolfram Fischer, Weltwirtschaftliche Rahmenbedingungen für die ökonomische und politische Entwicklung Europas 1919—1939, Wiesbaden 1980, bes. S. 22 ff. — In Deutschland betrug die Fahrzeugdichte 1930 mit 7,8 Kraftfahrzeugen auf 1000 Einwohner nur rund ein Drittel der Dichte in Frankreich und England. Sie war auch weit geringer als diejenige Dänemarks, Schwedens und Belgiens. Dazu Ingmar Svennilson, Growth and Stagnation in the European Economy, Geneva 1954, S. 278—280.

„Vermachtung“ der Wirtschaft durch Kartelle widerspruchslos hinnahmen oder gar aktiv unterstützten.[54]

---

54 Zur These von der mangelhaften Anpassung an weltwirtschaftliche Strukturveränderungen: Fischer, Rahmenbedingungen (Anm. 53), S. 27 ff. Zur fehlenden Übernahme weltwirtschaftlicher Verantwortung durch die USA: Charles P. Kindleberger, Die Weltwirtschaftskrise 1929—1939, 2. Aufl. München 1979. Ausführlicher zu den Ursachen der Weltwirtschaftskrise unten S. 727 ff.

3. Löhne und Arbeitsbedingungen

Die Entwicklung der Löhne in den mittleren Jahren der Weimarer Republik bildet ein heiß umstrittenes Kapitel der deutschen Wirtschaftsgeschichte. Die zeitgenössische Behauptung des Unternehmerlagers, überhöhte Löhne seien eine der wichtigsten Ursachen der Großen Depression seit 1929 gewesen, findet ihren Nachhall in der neueren wissenschaftlichen Diskussion. Mit besonderem Nachdruck hat vor allem Knut Borchardt die These verfochten, das deutsche Lohnniveau sei seit 1918/19, gemessen an der gesamtwirtschaftlichen Arbeitsproduktivität, weit überhöht gewesen. Um die Investitionsquote zu heben, hätte es einer drastischen Senkung der Lohnquote bedurft. Da aber die Löhne nach 1924 zunehmend durch staatliche Zwangsschlichtung dekretiert wurden, mußte dieser Argumentation zufolge eine volkswirtschaftlich unvernünftige Lohnpolitik den Staat selbst in den Strudel der Verteilungskämpfe reißen. Lange vor Ausbruch der Weltwirtschaftskrise bereits habe sich somit die Weimarer Republik ihr eigenes Grab geschaufelt — und angesichts des sozialen und politischen Problemdrucks, dem sich die junge Demokratie ausgesetzt sah, wohl schaufeln müssen.[55]

Prüfen wir, ehe wir uns mit der hier skizzierten Position näher beschäftigen, wie die Löhne der deutschen Arbeiter sich in den Jahren der relativen Stabilisierung nominal und real entwickelten. Daß die Löhne sich rasch über den Stand von 1924 erhoben, kann nicht überraschen: Die Stabilisierung begann bei extrem niedrigen Löhnen. Aufschlußreicher ist der Vergleich mit der Zeit vor dem Ersten Weltkrieg. Das Vorkriegsniveau übertrafen die Löhne nominal bereits 1925 ganz

---

55 Knut Borchardt, Zwangslagen und Handlungsspielräume in der großen Wirtschaftskrise der frühen dreißiger Jahre: Zur Revision des überlieferten Geschichtsbildes, in: Bayerische Akademie der Wissenschaften: Jahrbuch 1979, S. 87—132; ders., Wirtschaftliche Ursachen des Scheiterns der Weimarer Republik, in: Karl Dietrich Erdmann und Hagen Schulze (Hg.), Weimar — Selbstpreisgabe einer Demokratie. Eine Bilanz heute, Düsseldorf 1980, S. 211—247; beide Arbeiten jetzt auch in: ders., Wachstum, Krisen, Handlungsspielräume der Wirtschaftspolitik. Studien zur Wirtschaftsgeschichte des 19. und 20. Jahrhunderts, Göttingen 1982, S. 165—182, 183—205. Zur Kritik u. a. Claus-Dieter Krohn, „Ökonomische Zwangslagen" und das Scheitern der Weimarer Republik. Zu Knut Borchardts Analyse der deutschen Wirtschaft in den zwanziger Jahren, in: GG 9 (1983), S. 415—426 (mit einschränkenden Hinweisen zu den von Borchardt herangezogenen Daten; Borchardts Replik: Zum Scheitern eines produktiven Diskurses über das Scheitern der Weimarer Republik, ebda. 9 [1983], S. 124—137); Heinrich August Winkler, Vorbemerkung, in: ders. (Hg.), Die Arbeiterbewegung im gesellschaftlichen System der Weimarer Republik. GG 8 (1982), S. 5—8; Wolfgang Zollitsch, Einzelgewerkschaften und Arbeitsbeschaffung: Zum Handlungsspielraum der Arbeiterbewegung in der Spätphase der Weimarer Republik, ebda., S. 116—133; Carl-Ludwig Holtfrerich, Zu hohe Löhne in der Weimarer Republik? Bemerkungen zur Borchardt-These, ebda. 10 (1984), S. 122—141. Vgl. zu dieser Kontroverse auch unten, S. 729 ff. Aus der zeitgenössischen Diskussion: Eugen Achenbach, Lohn und Konjunktur, in: Der Arbeitgeber 22 (1932), S. 93—96, 114—117, 142—145, 160—168, 197—202; Alfred Braunthal, Die Legende von den überhöhten Löhnen, in: Die Arbeit 9 (1932), S. 329—339. — Zum folgenden auch generell: Gerhard Bry, Wages in Germany 1871—1945, Princeton 1960, bes. S. 119 ff.

erheblich; real dagegen wurde der Stand von 1913/14, was die Wochenlöhne anging, erst 1928 erreicht und überschritten. Dabei ist freilich zu berücksichtigen, daß sich die Wochenarbeitszeit mittlerweile beträchtlich verringert hatte (Tabelle 1).

Tabelle 1: Bruttoverdienste der Arbeiter (1928 = 100) und Arbeitszeit (Stunden) 1913/14 und 1925—1933

Jahr	Nominallöhne[a] je Stunde	Nominallöhne[a] je Woche	Reallöhne[b] je Woche	Arbeitszeit[c] durchschnittl. wöchentlich
1913/14	53	61	93	ca. 50—60
1925	77	75	81	49,5[d]
1926	82	78	84	—
1927	90	88	89	46,0[e]
1928	100	100	100	46,0
1929	106	103	102	—
1930	103	95	97	—
1931	95	84	94	—
1932	80	69	86	41,5
1933	77	71	91	42,9

a Effektivlöhne, d. h. vom Tariflohn abweichende Löhne sind enthalten.
b Umgerechnet (deflationiert) mit Hilfe der Indexziffern für die Lebenshaltung.
c In der Verarbeitenden Industrie.
d Durchschnitt der gesamten Industrie.
e 2. Halbjahr.

Quelle: Dietmar Petzina, Werner Abelshauser, Anselm Faust, Sozialgeschichtliches Arbeitsbuch, Bd. 3: Materialien zur Statistik des Deutschen Reiches 1914—1945, München 1978, S. 98.

Für das Jahr 1928 (Stichtag: 31. Dezember) errechnete das Statistische Reichsamt eine Steigerung der tariflichen Wochenlöhne der Facharbeiter gegenüber der Vorkriegszeit um 50,7 %; bei den Hilfsarbeitern der höchsten tarifmäßigen Altersstufe hatten die tariflichen Wochenlöhne sogar um 73,9 % zugenommen. Dem stand gegenüber eine Steigerung der Reichsindexziffer der Lebenshaltungskosten um 53,1 %. Während mithin die Löhne der ungelernten Arbeiter über die Verteuerung der Lebenshaltung hinausgingen, blieben die Facharbeiterlöhne dahinter zurück. Dieselbe Tendenz zur Nivellierung innerhalb der Arbeiterschaft zeigt sich bei einem Vergleich von durchschnittlichen Stunden-und Wochenlöhnen in der Stahlindustrie vom Oktober 1928 mit den entsprechenden Löhnen der Vorkriegszeit. Für einige Gruppen von Spezialarbeitern in den Hüttenbetrieben und für Facharbeiter sowie angelernte Arbeiter in den Reparaturwerkstätten ermittelte das Statistische Reichsamt, daß die Kaufkraft ihrer im Stücklohn erworbenen Verdienste hinter der Vorkriegszeit zurückgeblieben war. Die übrigen, zahlenmäßig weit überwiegenden Berufsarten hatten sich jedoch, was ihre Einkommensverhältnisse anging, gegenüber dem Stand von 1913/14 verbessern können. Den Grund der Benachteiligung der zuerst genannten Arbeitergruppen sah das Statistische Reichsamt darin, daß es sich ausschließlich um solche Arbeiter handelte, die bereits in der Vorkriegszeit verhältnismäßig hoch bezahlt waren (Tabelle 2).[56]

Tabelle 2: Durchschnittliche reale Wochenverdienste in der Stahlindustrie vom Oktober 1928 in Prozent der Vorkriegswochenverdienste

Gewerbezweig, Berufsart und Lohnform		Vor Abzug der Lohnsteuer und der Sozialversicherungsbeiträge der Arbeitnehmer	Nach Abzug der Lohnsteuer und der Sozialversicherungsbeiträge der Arbeitnehmer
	Hochofenwerke		
Schmelzer	im Stück- oder Prämienlohn	97	93
Sonstige Arbeiter	im Stück- oder Prämienlohn	110	107
Sonstige Arbeiter	im Zeitlohn	125	120
	Stahlwerke		
Schmelzer	im Stück- oder Prämienlohn	84	81
Sonstige Arbeiter	im Stück- oder Prämienlohn	108	105
Sonstige Arbeiter	im Zeitlohn	108	104
	Walzwerke		
Walzer	im Stück- oder Prämienlohn	89	84
Sonstige Arbeiter	im Stück- oder Prämienlohn	107	104
Sonstige Arbeiter	im Zeitlohn	115	109
	Reparaturwerkstätten		
Facharbeiter	im Zeitlohn	114	108
Facharbeiter	im Stücklohn	95	91
Angelernte Arbeiter	im Zeitlohn	110	104
Angelernte Arbeiter	im Stücklohn	101	97
Ungelernte Arbeiter	im Zeitlohn	111	106
Ungelernte Arbeiter	im Stücklohn	117	113

Quelle: Wirtschaft und Statistik 10 (1930), S. 145.

Im Ruhrbergbau wurde das Vorkriegsniveau nach Ansicht des freigewerkschaftlichen „Alten Verbandes" im Frühjahr 1927 wieder erreicht; allerdings lag der erzielte Barlohn nach Abzug von Steuern und Beiträgen zur Sozialversicherung etwas unter dem Stand von 1913. Die Jahresverdienste der Kohlen- und Gesteinshauer wurden 1927 erstmals von denen der Facharbeiter über Tage überrundet (2603 : 2596 RM). Die Schlepper verdienten bereits 1924 weniger als die Facharbeiter über Tage (1625 : 1709 RM). Obwohl die Lohnordnung vom März 1924 darauf abzielte, die inflationsbedingte Nivellierung der Lohngruppen aufzu-

56 Wirtschaft und Statistik 9 (1929), S. 53; ebda., 10 (1930), S. 145. Zu den Frauenlöhnen: Stefan Bajohr, Die Hälfte der Fabrik. Geschichte der Frauenarbeit in Deutschland 1914 bis 1945, Marburg 1979, S. 41—56.

Das Vorkriegsniveau übertrafen die Löhne erst im letzten Viertel der zwanziger Jahre. Ihre Spitzenstellung mußten die Bergarbeiter an die Beschäftigten im Baugewerbe abtreten: Arbeiter in einer oberschlesischen Kohlengrube (oben). *Asphaltarbeiter in Berlin* (unten).

heben, kamen nach dem neuen Tarif die gelernten Tagarbeiter dem „Friedensreallohn“ erheblich näher als die Hauer (nach Berechnungen der Arbeitgeber war das Verhältnis 94,15 % zu 86,71 %). Die Schichtverdienste der Hauer verbesserten sich zwischen 1924 und 1927 um 32 %, die der Schlepper um 30 %, die der Facharbeiter über Tage um 40 %. Hauer und Schlepper, die „eigentlichen“ Bergleute, vermochten also den Statusverlust, den sie in den Inflationsjahren erlitten hatten, in der Zeit der „Stabilisierung“ nicht mehr voll auszugleichen.

Auch in der allgemeinen Lohnskala konnten die Bergleute nicht mehr den ersten Platz zurückerobern, den sie vor dem Krieg stets innegehabt hatten. Die Spitzenreiter waren vielmehr in der zweiten Hälfte der 20er Jahre eindeutig die Bauarbeiter. Bezogen auf die durchschnittlichen Stundenlöhne gelernter Arbeiter rangierte an der zweiten Stelle der Industriegruppen das Braugewerbe, gefolgt von Steinkohlenbergbau, Holz- und Buchdruckgewerbe. Den größten Sprung nach vorn, gemessen an der Vorkriegszeit, hatten die Arbeiter der Papierindustrie getan. Die tarifmäßigen Stundenlöhne dieser Branche lagen im April 1929 um 148 % über dem Stand von 1913. Freilich bildeten sie, absolut gesehen, immer noch das Schlußlicht im Bereich der Produktionsmittelindustrien. Die am schlechtesten verdienenden Industriearbeiter waren die der Textilbranche, wobei die Arbeiterinnen noch weit hinter ihren männlichen Kollegen rangierten (s. *Anhang* Tabellen I und II [S. 826 ff.]).

Im Verhältnis von Frauen- und Männerlöhnen gab es eine — schwache — Nivellierungstendenz nur bei den Facharbeitern; bei den Hilfsarbeitern erweiterte sich die Schere gegenüber der Vorkriegszeit sogar noch etwas zuungunsten der Frauen (Tabelle 3). Die Spannen zwischen den Verdiensten der Gelernten und der Ungelernten hatten sich gegenüber der Vorkriegszeit generell vermindert (Tabelle 4).

Die Tariflöhne lagen in der Regel beträchtlich unter den tatsächlich ausgezahlten Löhnen. So wurde etwa im September 1927 der tariflich vereinbarte Stundenlohn in der Textilindustrie um 20,7 % überschritten. Die Arbeitgeber der chemischen Industrie gingen im Juni 1928 um 19,7 % über den Lohn hinaus, zu dem sie sich tarifvertraglich verpflichtet hatten. In der metallverarbeitenden Industrie belief sich die Überschreitung des Tariflohns im Oktober desselben Jahres auf 19,3 %, im Holzgewerbe im März 1928 auf 7,3 %.[57]

*

Für die Frage, ob die deutschen Löhne in den mittleren zwanziger Jahren als überhöht anzusehen sind, ist es wichtig, Entwicklung und Zusammensetzung des Volkseinkommens insgesamt zu betrachten. Das Statistische Reichsamt berechnete für das deutsche Volkseinkommen des Jahres 1929 einen realen Zuwachs (in Kaufkraft von 1928) von 8 % gegenüber 1913. Es relativierte diese Größe aber sogleich durch Einbeziehung von drei Faktoren. *Erstens* hatte die Bevölkerungs-

---

57 Konjunkturstatistisches Handbuch 1933 (Anm. 23), S. 81. Zum Verhältnis der Löhne von Tages- und Untertagearbeitern im Ruhrbergbau: Tschirbs, Tarifpolitik (Anm. 26), S. 282, 293—296, 356 ff.; ders., Der Ruhrbergmann zwischen Privilegierung und Statusverlust: Lohnpolitik von der Inflation bis zur Rationalisierung (1919—1927), in: Gerald D. Feldman u. a. (Hg.), Die deutsche Inflation. Eine Zwischenbilanz. Berlin [W] usw. 1982, S. 308—346 (339 f.).

Tabelle 3: Frauenlöhne in % der Männerlöhne (tarifliche Stundenlöhne)

Jahr	Hilfsarbeiterinnen[a]	Facharbeiterinnen[b]
1913/14[c]	71	58
1924[c]	62	65
1928	66	63
1930	64	63
1933	70	66
1938	70	65
1943	70	65

a In % der Hilfsarbeiterlöhne, jeweils Gesamtdurchschnitte in der Industrie; 1913/14 und 1924 Löhne ungelernter Arbeiterinnen in % der Löhne ungelernter Arbeiter.
b In % der Facharbeiterlöhne, jeweils Gesamtdurchschnitte in der Industrie; 1913/14 und 1924 Löhne gelernter Arbeiterinnen in % der Löhne gelernter Arbeiter.
c Nur Kartonnagenindustrie (an 20 Hauptstandorten).

Quelle: Petzina u. a., Sozialgeschichtliches Arbeitsbuch, Bd. 3 (wie Tabelle 1), S. 99 f.

Tabelle 4: Lohnspannen 1913 und 1927

Industriezweig	Verdienstvorsprung von Facharbeitern in % des Verdienstes ungelernter Arbeiter 1913	1927
Steinkohlenbergbau	49,7	27,8
Metallindustrie	56,8	44,8
Baugewerbe	27,3	22,6
Buchdruckgewerbe	25,6	14,8
Brauindustrie	23,6	13,3

Quelle: Fritz Prerauer, Untersuchung der Spanne zwischen den Löhnen von gelernten und ungelernten Arbeitern, in: Weltwirtschaftliches Archiv 29 (1929/1), S. 372*—375*.

dichte zugenommen. Pro Kopf umgerechnet, schrumpfte der Kaufkraftzuwachs zwischen 1913 und 1929 auf etwa 1 %. *Zweitens* hatte sich der Altersaufbau der Bevölkerung verändert: Wegen des Geburtenausfalls der Kriegsjahre und der rückläufigen Geburtenbewegung der Nachkriegszeit waren die weniger verbrauchenden jugendlichen Altersklassen im Verhältnis zur Gesamtbevölkerung zurückgegangen. Das gleiche Einkommen gewährleistete also 1929 einen geringeren Versorgungsgrad als vor 1914. Umgerechnet auf Verbrauchseinheiten oder „Vollpersonen" gab es aber gar keinen Zuwachs, sondern eine Abnahme von Kaufkraft, und zwar um rund 5 %. Berücksichtigte man *drittens* die Reparationslasten als Kapitalexport ohne Gegenwert, so lag die verfügbare Kaufkraft je „Vollperson" 1929 sogar um etwa 8 % unter dem Vorkriegsstand. Das Fazit des Statistischen Reichsamtes lautete daher: „Trotz des steilen Anstiegs der Nominalziffern war also auch vor Einbruch der Wirtschaftskrise das Wohlstandsniveau der Vorkriegszeit keineswegs wieder erreicht."[58]

Die Anteile der einzelnen Einkommensquellen am deutschen Volkseinkommen hatten sich zwischen 1913 und 1929 beträchtlich verschoben. Stark zurückgegangen waren die Einkünfte aus Land- und Forstwirtschaft, während sich der Anteil von Renten und Pensionen vervierfacht hatte. 1913 waren 45,3 % des Volkseinkommens aus Löhnen und Gehältern geflossen; 1929 steuerten die Einkünfte aus abhängiger Arbeit 56,6 % zum Volkseinkommen bei. Der Anteil der Kapitalvermögen war in derselben Zeit von 12,5 % auf 4,2 % gesunken (Tabelle 5).[59]

In der relativen Abnahme der Kapitaleinkünfte spiegelten sich besonders deutlich die Nachwirkungen der Inflation. Der steigende Anteil der Arbeitseinkommen war ein langfristiger Trend, der sich auch schon in der Vorkriegszeit beobachten ließ. Da fast der gesamte Erwerbstätigenzuwachs in Arbeitnehmerberufe eingeströmt war, stand der Lohn- und Gehaltssumme in der Nachkriegszeit ein sehr viel größerer Bezieherkreis gegenüber als vor 1914. Die realen Durchschnittseinkünfte der Arbeitnehmer waren von 1913 bis 1928 um 14 % je Vollbeschäftigten und um 7,5 % je verfügbaren Arbeitnehmer gewachsen. Im Hinblick auf die Arbeitnehmer im engeren Sinn waren diese Zahlen aber, wie das Statistische Reichsamt betonte, noch überhöht: In ihnen waren nämlich auch die Einkünfte der leitenden Angestellten enthalten, die „infolge der Vergesellschaftung der Betriebe nach dem Kriege nach Anzahl und Bezügen viel stärker ins Gewicht fallen als 1913."[60]

Die Verschiebung von den Kapital- zu den Arbeitseinkommen bei gleichzeitiger relativer Stagnation des Volkseinkommens bedeutete vor allem eine objektive „Proletarisierung" der deutschen Gesellschaft, wobei mit diesem Begriff im konkreten Zusammenhang lediglich die Expansion abhängiger Arbeit und nicht die Ausbreitung von proletarischem Klassenbewußtsein gemeint ist. Das Problem, ob die gestiegene Lohnquote volkswirtschaftlich „vernünftig" war, ist mit dieser Feststellung allerdings noch nicht gelöst. Auch der internationale Vergleich hilft nicht sehr viel weiter. Die meisten zeitgenössischen Autoren stimmen darin überein, daß die deutschen Löhne in der zweiten Hälfte der zwanziger Jahre einen mittleren Platz einnahmen zwischen ausgesprochenen Hochlohnländern wie den USA, Kanada, Australien und Dänemark und den traditionellen Niedriglohnländern Süd- und Osteuropas. Das Deutsche Reich rangierte in den vergleichenden Reallohnskalen hinter Großbritannien, Schweden und den Niederlanden, aber vor Frankreich und Belgien (Tabelle 6). Aber eine solche Reihung läßt zum einen die Sozialleistungen außer Betracht, die Deutschland zu einem wesentlich höheren Listenplatz verholfen haben würden. Zum anderen könnte die These von den überhöhten Löhnen auch nicht durch den Hinweis entkräftet werden, daß in anderen Ländern sehr viel höhere Löhne gezahlt wurden. Denn entscheidend ist, ob

---

58 Das deutsche Volkseinkommen vor und nach dem Kriege. Einzelschriften zur Statistik des Deutschen Reichs, Bd. 24, Berlin 1932, S. 148 f.

59 Ebda., S. 84.

60 Ebda., S. 149 f. Unter verfügbaren Arbeitnehmern verstand das Statistische Reichsamt die Gesamtzahl der beschäftigten, arbeitslosen und kurzarbeitenden Arbeitnehmer.

Tabelle 5: Der Anteil der Einkommensquellen am deutschen Volkseinkommen in den Kalenderjahren 1913 bis 1931

Einkommensquellen	1913		1925	1926	1927	1928	1929	1930[1])	1931[1])
	früheres Gebiet	jetziges Gebiet[2])							
	in vH des Volkseinkommens								
Land- und Forstwirtschaft	13,0	12,5	9,5	9,3	8,4	7,7	7,6	7,4	8,2
Handel und Gewerbe	19,7	20,1	18,2	17,3	17,0	16,2	15,5	14,2	13,2
Lohn und Gehalt	45,3	45,3	56,3	55,5	54,9	56,5	56,6	56,4	57,9
Kapitalvermögen	12,4	12,5	2,0	2,5	3,0	3,7	4,2	4,6	5,3
Vermietung und Verpachtung	2,0	2,0	0,9	1,0	1,1	1,1	1,1	1,3	1,6
Renten und Pensionen	3,0	3,0	9,2	11,4	10,5	11,2	12,0	14,3	17,6
Privateinkommen	95,4	95,4	96,1	97,0	94,9	96,4	97,0	98,2	103,8
Dazu:									
Unverteilte Gesellschaftseinkommen	2,6	2,6	1,5	1,4	1,9	1,7	1,2	0,6	— 1,8
Öffentliche Erwerbseinkünfte	2,4	2,4	2,4	3,3	3,4	3,3	3,2	3,3	1,7
Arbeitgeberbeiträge zur Sozialversicherung	1,2	1,1	2,1	2,6	2,7	3,0	3,2	3,4	3,9
In den Privateinkommen nicht enthaltene Steuern	0,2	0,2	4,3	4,2	4,9	4,0	4,7	5,7	6,6
Davon ab:									
Doppelzählungen infolge öffentlicher Einkommensübertragung	1,8	1,7	6,4	8,5	7,8	8,4	9,3	11,2	14,2
Volkseinkommen	100,0	100,0	100,0	100,0	100,0	100,0	100,0	100,0	100,0

Quelle: Das deutsche Volkseinkommen (Anm. 58), S. 84.

Deutschland über *seine* Verhältnisse lebte — Verhältnisse, die durch Kriegsverluste, Inflation und Reparationslasten geprägt waren.[61]

In der Argumentation der Wirtschaftshistoriker, die der Weimarer Republik „objektiv" falsche, nämlich zu hohe Löhne attestieren, spielt die Annahme eine große Rolle, daß die gesamtwirtschaftliche Arbeitsproduktivität in den Jahren zwischen Inflation und Weltwirtschaftskrise anormal niedrig war. Auf diese Produktivitätsentwicklung hätten die durchschnittlichen Löhne keine Rücksicht genommen; die „kumulierte Reallohnposition" sei daher überhöht gewesen. Ein Blick auf die zweite Nachweltkriegszeit scheint diese Interpretation zu bestätigen (Schaubilder 1 und 2).[62]

Es fragt sich jedoch, ob es zulässig ist, das zwischen 1950 und 1970 *vorübergehend* erreichte Verhältnis von Reallohnniveau und gesamtwirtschaftlicher Arbeitsproduktivität zur wirtschaftshistorischen Norm, wenn nicht gar zur ökonomischen Bedingung der Möglichkeit von Demokratie zu erklären. Ganz offensichtlich haben Staaten mit langer demokratischer Tradition vergleichbare wirtschaftliche Belastungsproben wie die, vor welche die Weimarer Republik gestellt war, ohne Demontage des überkommenen politischen Systems überlebt. Beispiele bieten die Vereinigten Staaten in der Phase der Großen Depression und Großbritannien in der unmittelbaren Gegenwart. Es erscheint aber auch methodisch problematisch, Erfahrungen, die erst nach 1945 gemacht wurden, als Maßstab in die Zwischenkriegszeit zurückzuprojizieren.

Darüber hinaus gibt es eine Reihe von anderen Gründen, die Skepsis gegenüber der „revisionistischen" Deutung der Weimarer Wirtschaftsgeschichte nahelegen. Die niedrige Investitionsquote muß keineswegs vorrangig oder gar ausschließlich eine Folge hoher Löhne und Sozialabgaben gewesen sein. Wir haben im vorausgegangenen Abschnitt bereits auf volkswirtschaftlich verfehlte Subventionen im agrarischen wie im großindustriellen Bereich verwiesen, die als Kapitalverschleiß großen Stils zu Buche schlugen. Ob niedrigere Lohnkosten wirklich zu einer Erhöhung der Investitionsneigung geführt hätten, ist angesichts der Durchkartellie-

---

61 Die Löhne, in: Die Wirtschaftskurve 1927, S. 137—140. Zum internationalen Reallohnvergleich weiter: Fritz Prerauer, Untersuchung der Spanne zwischen den Löhnen von gelernten und ungelernten Arbeitern, in: Weltwirtschaftliches Archiv 29 (1929/1), S. 365*—392*; H. Fehlinger, Löhne und Arbeitszeit im europäischen Kohlenbergbau, in: JNS 129 (1928/2), S. 708—715; E. H. Phelps Brown u. M. H. Browne, A Century of Pay. The Course of Pay and Production in France, Germany, Sweden, the United Kingdom, and the United States of America 1860—1960, London 1968, bes. S. 434—451. Nach der zuletzt genannten Untersuchung betrugen die Zuwächse der Realeinkommen der Lohnempfänger 1930/31 gegenüber 1925 oder (in den USA) 1909 in Prozent: Schweden 64, Deutschland 39, USA 30, Großbritannien 28 und Frankreich 23. Für die Zuwächse in Freizeit lauten die Zahlen: Schweden 31 %, Deutschland 33 %, Frankreich 31 %, Großbritannien 17 % und USA 8 %. Ebda., S. 210. Dazu auch Borchardt, Zwangslagen (Anm. 55), S. 128 (Anm. 68). — Daß sich die Expansion abhängiger Arbeit in einer Steigerung des Anteils der Angestellten und Beamten, nicht aber der Arbeiter, an der erwerbstätigen Bevölkerung niederschlug, haben wir bereits oben (S. 14) festgestellt. Die Zunahme der Lohn- und Gehaltsquote kann schon deshalb nicht allein oder überwiegend Lohnzuwächsen bei den Arbeitern zugeschrieben werden.

62 Borchardt, Zwangslagen (Anm. 55), S. 103 f.

Tabelle 6: Indexzahlen der internationalen Reallöhne, Stand: 1. 1. 1927

Im Durchschnitt aller beobachteten Berufe. Londoner Lohn = 100.	Indexzahl auf Basis der Lebensmittelmengen, wie sie in Arbeiterhaushalten in folgenden Ländern verbraucht werden (verschiedene Lebensstandards)						Gesamtindex für Lebensmittel	Gesamtindex für Lebensmittel und Miete
Stadt	Belgien und Frankreich	Zentral-Europa	Großbritann.	Süd-Europa	Skandinavische Länder	Canada, USA u. a. Überseeländer		
London	100	100	100	100	100	100	100	100
Amsterdam	86	95	79	85	94	86	87	87
Berlin	60	72	63	64	76	69	67	62
Brüssel	43	40	43	41	46	42	42	45
Kopenhagen	107	126	117	109	142	123	120	120
Lissabon[1])	33	30	32	31	35	33	32	—
Lodz	44	51	38	45	48	45	45	50
Madrid	57	53	53	56	57	56	55	—
Mailand[1])	46	49	45	49	52	50	48	49
Ottawa	142	148	157	145	162	168	153	151
Paris	56	59	53	58	63	55	57	—
Philadelphia	168	169	183	158	193	189	175	175
Prag	48	48	47	50	52	51	49	52
Rom[1])	47	50	45	49	52	50	49	51
Stockholm[2])	85	86	90	88	108	98	92	90
Sydney	130	119	151	141	125	150	136	136
Wien	37	48	41	40	·52	46	44	50
Warschau[3])	40	45	35	42	43	41	41	42

[1]) Die Zahlen für Lissabon, Rom und Mailand lassen die niedrigere Lebenshaltung in den südeuropäischen Ländern erkennen. [2]) Für Stockholm wurden folgende Berufe berücksichtigt: Baugewerbe, Tischler, Drucker, in den anderen Ländern auch die Metallverarbeitung. [3]) Für Warschau wurden die Löhne gewogen, sonst nicht.

Quelle: Die Wirtschaftskurve 1927, S. 139 (Statistik des Internationalen Arbeitsamtes).

Schaubild 1: Gesamtwirtschaftliche Arbeitsproduktivität (Nettosozialprodukt zu Marktpreisen von 1913 je Beschäftigten), Deutsches Reich und Bundesrepublik Deutschland in den jeweiligen Grenzen, 1880—1975

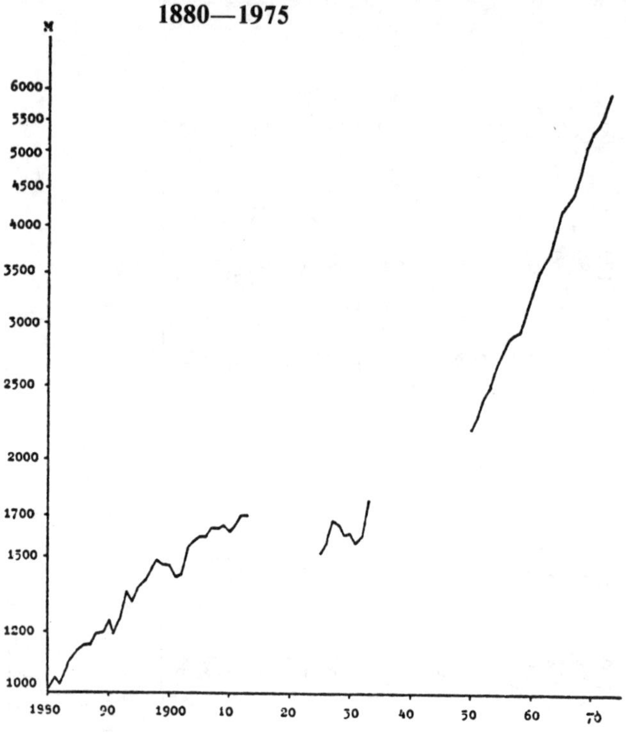

Quelle: Borchardt, Zwangslagen (Anm. 55), S. 102.

rung der deutschen Industrie sehr fraglich. Bei mehr innerem und äußerem Wettbewerb hätte die deutsche Volkswirtschaft hohe Löhne und Soziallasten vermutlich leichter ertragen (wobei die Kaufkraftwirkung von Löhnen und sozialen Zuwendungen hier noch ganz außer Betracht bleiben soll).

Weiter ist zu bedenken, daß die „politischen“, vom Staat festgesetzten Löhne ihre wichtigste Ursache in der Weigerung von Teilen des Unternehmerlagers hatten, das Institut des frei ausgehandelten Tarifvertrags anzuerkennen. Die staatliche Zwangsschlichtung sollte die Arbeiter besänftigen, und der „politische Lohn“ wurde von Hilferding 1927 als soziale Errungenschaft gefeiert. Aber ob die von amtlichen Schlichtern festgesetzten Tarife tatsächlich generell über den wirtschaftlich „vernünftigen“ Löhnen lagen, ist durchaus fraglich. In einer „rezessiven“ Branche wie dem Ruhrbergbau, in dem die Löhne von 1924 bis 1933 stets vom staatlichen Schlichter bestimmt wurden, wiesen die tatsächlichen Lohnkosten je Tonne Förderung — trotz erheblicher Nominallohnzuwächse — zwischen 1925 bis 1930 eine fallende Tendenz auf: Sie erreichten im August 1930 92,70 % des Standes von 1925. Sehr viel eindeutiger ist, wie wir noch sehen werden, der

Schaubild 2: Kumulierte Reallohnposition der Arbeitnehmer (Basis 1960 = 0). Deutsches Reich und Bundesrepublik Deutschland in den jeweiligen Grenzen, 1925—1977

Quelle: Ebda., S. 103.

Befund bei den Beamtengehältern, die 1927 kräftig erhöht wurden: Sie erwiesen sich schon bald danach als Überforderung der öffentlichen Haushalte. Überhaupt stehen die „Revisionisten" auf festerem Boden, wenn sie die Finanz-und Ausgabenpolitik von Reich, Ländern und Gemeinden kritisieren. Die These von den überhöhten Löhnen ist jedoch, soviel läßt sich schon an dieser Stelle sagen, zumindest in ihrer pauschalen Form weder eine schlüssig nachweisbare, noch gar eine zureichende Erklärung für die Krankheit der Weimarer Wirtschaft.[63]

*

63 Gegen Borchardts Berechnung der gesamtwirtschaftlichen Arbeitsproduktivität — Nettosozialprodukt zu Marktpreisen von 1913 je Beschäftigten — hat Holtfrerich eingewandt, daß es sich hierbei um eine aus der *Verwendungs*rechnung ermittelte Sozialproduktsgröße handelt (das Nettosozialprodukt zu Marktpreisen enthält die indirekten Steuern abzüglich der Subventionen). Üblicherweise werde aber für die Arbeitsproduktivität das Brutto- oder Nettosozialprodukt zu Faktorkosten aus der *Entstehungs*rechnung verwendet. „Wird nun die Arbeitsproduktivität je Beschäftigten aus [W. G.] Hoffmanns Daten zum Nettoinlandsprodukt zu Faktorkosten berechnet . . ., so zeigt sich, daß sie 1925 und 1926 zwar noch um 6—7 % unter dem Niveau von 1913, aber 1927 — dem ersten Jahr, in dem die realen durchschnittlichen Jahreslöhne, auch nach Borchardts Aussage, das Vorkriegsniveau erreichten — ständig über dem Stand von 1913 lag." Der von Borchardt im langfristigen Vergleich festgestellte Einbruch der Arbeitsproduktivität je Beschäftigten in der Zwischenkriegszeit spiegele im übrigen lediglich den gegenüber der Vorkriegszeit rapiden Rückgang der durchschnittlichen Arbeitszeit wider. Holtfrerich, Zu hohe Löhne (Anm. 55), S. 122—141 (126). — Zu den Lohnkosten im Ruhrbergbau: Tschirbs, Tarifpolitik (Anm. 26), S. 365 f. Zum „politischen Lohn" und zur zeitgenössischen Lohndiskussion im allgemeinen vgl. unten S. 474, 557 ff.; zur Erhöhung der Beamtengehälter 1927 S. 314 ff.

Kaum weniger umstritten als der „politische Lohn" blieb auch nach 1923 die Arbeitszeitfrage. Nicht kontrovers war zwischen Arbeitgebern und Gewerkschaften nur, daß die Leistungskraft der deutschen Wirtschaft gesteigert werden mußte. Die Vertreter der Arbeitnehmer hatten hierfür stets das Mittel einer umfassenden Rationalisierung empfohlen. Das Gegenargument der Unternehmer, hierfür fehle das nötige Kapital und daher sei Mehrarbeit erforderlich, war in der Zeit der Hyperinflation wirksamer gewesen als danach. Denn erstens flossen seit 1924 wieder ausländische, insbesondere amerikanische Kredite nach Deutschland, und zweitens *wurde* während der mittleren Jahre in großem Stil rationalisiert. Die Gewerkschaften hatten also gute Gründe, den Kampf um die Verkürzung der Arbeitszeit wiederaufzunehmen — einen Kampf, der in der Arbeitszeitverordnung des Kabinetts Marx vom 21. Dezember 1923 einen vorläufigen Abschluß erreicht hatte.[64]

Die Möglichkeit weitgehender Abweichungen vom Achtstundentag, die diese Verordnung gestattete, wurde von den Arbeitgebern genutzt. Im Mai 1924 mußten nach Erhebungen des ADGB 54,7 % der Arbeiter mehr als 48 Stunden pro Woche arbeiten, 13 % sogar mehr als 54 Stunden. Damit war aber der Höhepunkt der Arbeitszeitverlängerung erreicht. Im November 1924 betrug der Anteil der Arbeiter, die mehr als 48 Stunden arbeiteten, noch 45,4 %. In den folgenden drei Jahren lag der Prozentsatz der Arbeiter, die länger als 8 Stunden pro Tag und mehr als 48 Stunden pro Woche arbeiteten, kontinuierlich über 40. Dann sank er kräftig ab. Im Oktober 1928 war nur noch ein starkes Viertel (26,6%) der deutschen Arbeiter nicht im Genuß des Achtstundentages oder kürzerer Arbeitszeiten (Tabelle 7).[65]

---

64 Vgl. dazu den vorhergehenden Bd., S. 684. Siehe dazu auch von der Unternehmerseite: Die Arbeitszeitfrage in Deutschland. Eine Denkschrift, verfaßt von der Vereinigung der Deutschen Arbeitgeberverbände, Berlin 1924, sowie aus gewerkschaftlicher Sicht den historischen Rückblick in: Die 40-Stunden-Woche. Untersuchungen über Arbeitsmarkt, Arbeitsertrag und Arbeitszeit. Hg. im Auftrage des Allgemeinen Deutschen Gewerkschaftsbundes von Theodor Leipart, Berlin 1931, S. 187 ff. Die Position der Gewerkschaften unterstützend: Lujo Brentano, Der Ansturm gegen den Achtstundentag, Berlin 1924; Albert Kranold, Das Problem des Achtstundentages. Eine systematische Analyse, Jena 1925.

65 40 Stunden-Woche (Anm. 64), S. 199 f. Wie unterschiedlich die Arbeitszeiten in den einzelnen Branchen waren, geht aus einer Aufstellung vom November 1926 hervor. Danach betrug die tarifliche Arbeitszeit für die Mehrzahl der Industrien grundsätzlich 48 Stunden wöchentlich. Kürzer wurde nur im Holzgewerbe gearbeitet (46 Stunden), länger z. T. im Kohlenbergbau (9—10 Stunden täglich), in der weiterverarbeitenden Metallindustrie, nordwestliche Gruppe Rheinland-Westfalen (56 Stunden), im Fleischereigewerbe (54 Stunden) und im Verkehrsgewerbe (zwischen 8 und 10 Stunden täglich). SP 35 (1926), Sp. 1304—1309. Die längsten Arbeitszeiten hatte traditionell die Textilindustrie, eine Hochburg der Heimarbeit: 1927 arbeiteten dort von den männlichen Facharbeitern 68 % über 48 Stunden pro Woche, von den 15 000 Textilarbeiterinnen 65 %. Insgesamt arbeiteten in der gesamten Textilindustrie nach der amtlichen Lohnerhebung (je nach Qualifikationsstufe) 65—80 % der Arbeitskräfte über 48 Stunden pro Woche, in der Mehrzahl der Fälle 52—54 Stunden pro Woche. Im Maschinenbau arbeiteten nach einer Erhebung des Reichsarbeitsministeriums vom Oktober 1928 insgesamt: ca. 11 000 Facharbeiter im Zeitlohn 49 Stunden pro Woche, ca. 26 000 Facharbeiter im Stücklohn durchschnittlich 47,25 Stunden pro Woche; ca. 11 000 Angelernte im Stücklohn 47,5 Stunden pro Woche und weitere ca. 13 000 Angelernte und Hilfsarbeiter im Zeitlohn im Durchschnitt 48,75 Stunden pro

Tabelle 7: Tatsächliche wöchentliche Arbeitszeit (einschließlich Überstunden) (Erhebungen des ADGB)

Erhebungen	Es wurden erfaßt Personen	Von 100 Arbeitern und Arbeiterinnnen waren beschäftigt in Kurzarbeit	als Vollarbeiter unter 48 Std.	48 Std.	über 48 bis 51 Std.	über 51 bis 54 Std.	über 54 Std.
Vom 12. bis 17. 5. 1924	2 543 523	.	5,8	39,5	8,3	33,4	13,0
Vom 3. bis 8. 11. 1924	2 362 820	9,3	4,1	41,2	6,7	28,0	10,7
Vom 25. bis 30. 4. 1927	2 533 147	4,6	6,3	41,1	10,5	25,2	12,3
Vom 24. bis 29. 10. 1927	2 904 849	1,7	6,0	49,6	14,4	22,1	6,2
Vom 1. bis 6. 10. 1928	3 101 078	11,3	6,5	55,6	11,3	11,9	3,4
Vom 10. bis 15. 2. 1930	2 700 033	22,9	6,4	53,5	8,1	7,1	2,0

Quelle: 40 Stunden-Woche (Anm. 64), S. 200.

Die allmähliche Verkürzung der Arbeitszeit war in erster Linie die Folge von Arbeitskämpfen, wobei 1924 Abwehr- und danach Angriffsbewegungen der Gewerkschaften im Vordergrund standen (Tabelle 8). Das Arbeitszeitnotgesetz vom 14. April 1927, das die Arbeitgeber verpflichtete, bei Überschreitung des Achtstundentages einen Lohnzuschlag zu zahlen, befriedigte die Gewerkschaften zwar nicht; in den Tarifkämpfen erwies es sich aber durchaus als wirksames Mittel gegen Mehrarbeit. Die konjunkturelle Belebung von 1927 tat ein übriges, um dem Drängen auf Arbeitszeitverkürzung Nachdruck zu verleihen.[66]

Die konsequente Rückkehr zum Achtstundentag war aus gewerkschaftlicher Sicht schon durch den Produktivitätszuwachs der deutschen Volkswirtschaft gerechtfertigt, den die Experten des ADGB rückblickend auf durchschnittlich 5 % pro Jahr in den Jahren 1925—1929 schätzten.[67] Die Steigerung der gesamtwirtschaftlichen Produktivität bestärkte die Organisationen der Arbeitnehmer in ihrem Argument, daß wirtschaftliches Wachstum keineswegs von Mehrarbeit abhing und daß der Produktionsrückgang, den kürzere Arbeitszeiten zunächst hervorrufen mochten, durch rationellere Produktionsmethoden ausgeglichen werden konnte. Die Richtigkeit dieser These wurde in den zwanziger Jahren auch außerhalb Deutschlands erhärtet — so in Frankreich, wo eine umfassende Industrie-

---

Woche. Generell erforderte eine intensive Tätigkeit (im Stücklohn) eine relativ kürzere Arbeitszeit. Vgl. dazu Jürgen Bönig, Technik, Rationalisierung und Arbeitszeit in der Weimarer Republik, in: Technikgeschichte 47 (1980), S. 303—324 (312 ff.). Zur Arbeitszeitentwicklung weiter: Ruth Meinert, Die Entwicklung der Arbeitszeit in der deutschen Industrie 1820—1956, Diss. Münster 1958. Zur Arbeitszeit im Bergbau vgl. unten S. 61.

66 Zum Arbeitszeitnotgesetz vgl. Preller, Sozialpolitik (Anm. 37), S. 350 f. sowie unten S. 310.

67 40 Stunden-Woche (Anm. 64), S. 34 ff. Für die Produktionsmittelindustrien schätzten die Experten des ADGB den Produktivitätszuwachs der Jahre 1925—1930 auf 30 %, für die Verbrauchsgüterindustrien auf 25 %.

Tabelle 8: Kämpfe um die Arbeitszeit (Erhebungen des ADGB)

	Abwehrbewegungen			
	gegen Verlängerung der Arbeitszeit		gegen Verlängerung der Arbeitszeit und Lohnkürzung	
	in Fällen	für Personen	in Fällen	für Personen
1922	44	175 894	79	22 458
1923	51	411 027	71	627 873
1924	1 161	881 813	394	319 693
1925	123	21 843	121	71 394
1927	87	28 195	40	5 861
	Angriffsbewegungen			
	zur Verkürzung der Arbeitszeit		zur Verkürzung der Arbeitszeit und für Lohnerhöhung	
	in Fällen	für Personen	in Fällen	für Personen
1924	319	63 136	1 437	2 694 439
1925	171	600 851	3 685	1 282 086
1926	34	130 451	775	539 076
1927	169	1 272 803	567	1 263 964

Quelle: Ebda., S. 199.

enquête zu dem Ergebnis kam, daß nicht nur die Stundenleistung bei einem achtstündigen Arbeitstag größer war als bei einer längeren täglichen Arbeitsdauer, sondern nach einer Übergangsphase von etwa zwei Jahren auch die Tagesleistung.[68]

Die deutschen Arbeitszeiten lagen in der zweiten Hälfte der zwanziger Jahre über denen vergleichbarer europäischer Industrieländer. Eine Umfrage des Internationalen Gewerkschaftsbundes vom Oktober 1928 ergab, daß in den anderen hochindustrialisierten Ländern — mit der Ausnahme der Schweiz — der Prozentsatz der Arbeiter, die 48 Stunden pro Woche oder weniger arbeiteten, höher war als in Deutschland. Sehr viel geringer war das wöchentliche Arbeitsvolumen in den überwiegend agrarischen Ländern, die von der Umfrage erfaßt wurden (Tabelle 9).[69]

Ein Blick auf den Bergbau bestätigt das Bild, das die Durchschnittszahlen des IGB vermitteln: Deutschland gehörte zu den Industrieländern mit relativ langer Arbeitszeit. Tabelle 10 führt im internationalen Vergleich für 1925 die täglichen Arbeitszeiten auf; die Samstage sind dabei nicht berücksichtigt.

68 Auswirkungen (Anm. 25), S. 138 ff.

69 Wladimir Woytinski, Hours of Labor, in: Enzyclopedia of the Social Sciences, Bd. 7, New York, 1932, S. 478—493 (483). Für die USA wurde 1929 eine durchschnittliche Wochenarbeitszeit von 48,4 Stunden ermittelt. Ebda., S. 484.

Tabelle 9: Tatsächliche wöchentliche Arbeitszeit in ausgewählten Ländern (1.—6. 10. 1928)

Land	Zahl der Betriebe	Zahl der Beschäftigten (in 1000)	Von 100 Arbeitern waren beschäftigt: in Kurzarbeit	als Vollarbeiter: unter 48 Std.	48 Std.	über 48 bis 51 Std.	über 51 bis 54 Std.	über 54 bis 60 Std.	über 60 Std.
Österreich		349	4,8	3,1	88,3	4,7	3,1	0,8	—
Belgien	2 733	211	0,5	1,8	95,3	0,3	2,2	0,3	0,1
Tschechoslowakei	99	26	9,1	9,8	82,8	4,3	1,5	1,3	0,3
Dänemark	16 449	99	3,0	0,6	95,6	1,8	1,1	0,8	0,1
Estland	959	28	0,5	44,0	44,6	2,8	1,5	6,9	0,2
Deutschland	73 288	3 826	9,1	7,2	62,2	10,7	16,1	3,6	0,2
Ungarn		90	—	26,1	43,9	8,6	3,1	16,0	2,3
Lettland		20	—	63,0	10,4	4,9	5,0	13,2	3,5
Niederlande	4 842	185	0,4	15,9	69,9	10,1	2,5	0,8	0,8
Polen	830	128	2,3	55,4	13,3	4,5	8,4	13,1	5,3
Spanien	3 698	35	16,3	7,2	57,4	11,4	—	24,0	—
Schweden	6 937	256	7,0	4,3	84,3	3,5	4,0	3,4	0,5
Schweiz	4 209	169	1,1	3,0	52,5	12,1	29,6	2,7	0,1

Quelle: Woytinski, Hours of Labor (Anm. 69), S. 483.

Tabelle 10: Arbeitszeiten im Kohlenbergbau (1925)

Land und Distrikt	Untertagarbeiter: Anwesenheitsstunden Std.	Min.	Untertagarbeiter: Stunden vor Ort Std.	Min.	Übertagarbeiter Std.	Min.
Deutschland	8		—	—	10	
Aachen	8	30	—	—	10	
Oberschlesien	8	30	—	—	10	
Niederschlesien	8		—	—	9	30
Sachsen	8		6	15	9	
Belgien	7	50	6	20	8	
Frankreich	7	44	6	17	7	59
Großbritannien	7	30	5	45	7	45
Niederlande	8		6	20	8	
Polen						
Schlesien	8		6	16	8	
Dombrowa	8		6	16	8	
Saargebiet	7	30	—	—	—	—
Tschechoslowakei	7	25	6	55	7	45

Quelle: Fehlinger, Löhne (Anm. 61), S. 709.

In der Folgezeit glichen sich die Arbeitszeiten allerdings in einigen Ländern an. Während die Schichtzeit in Deutschland für Arbeiter untertags in den Bezirken Aachen und Oberschlesien, für Arbeiter übertags in diesen Bezirken und im Ruhrgebiet verkürzt wurden, ermöglichte in Großbritannien das Kohlenbergbaugesetz von 1926 die Verlängerung der Arbeitszeit untertags auf 8 Stunden pro Tag. In Polen wurde in einigen Bezirken die Schichtzeit auf 8 1/2 Stunden verlängert.[70]

Die Tarifverträge, durch die die Löhne der deutschen Arbeiter geregelt wurden, enthielten fast ausnahmslos auch Bestimmungen über einen Erholungsurlaub. Aber die Bedingungen, unter denen ein Arbeiter überhaupt einen Anspruch auf Urlaub geltend machen konnte, waren außerordentlich restriktiv, und die Dauer des Urlaubs nach heutigen Maßstäben extrem kurz. Ein Recht auf Urlaub erwarb in der Regel nur, wer längere Zeit im gleichen Betrieb gearbeitet hatte. Der Anfangsurlaub betrug gewöhnlich nicht mehr als drei Tage im Jahr, so daß die Arbeiter nur nach jahrelanger Beschäftigung im gleichen Betrieb zu einem Urlaub von einwöchiger oder gar längerer Dauer kamen. Im Buchdruckergewerbe beispielsweise sah der Tarifvertrag, der am 31. Mai 1924 in Kraft getreten war, folgende Regelung vor: Der jährliche Erholungsurlaub betrug drei Arbeitstage nach einer Beschäftigung von sechs Monaten, fünf Arbeitstage nach einer Beschäftigung von neun Monaten im Betriebe; für jedes weitere Beschäftigungsjahr wurde ein Arbeitstag mehr gewährt. In den Baugewerben gelangte nur eine Minderheit in den Genuß von Urlaub, da die meisten Arbeiter hier nicht die vom Reichstarifvertrag vorgesehene Voraussetzung erfüllten: eine ununterbrochene Betriebszugehörigkeit von mindestens 40 Wochen. Von den eigentlichen Bauarbeitern konnte nicht ganz ein Fünftel, von den Angehörigen der baugewerblichen Sonderberufe kaum ein Drittel einen Erholungsurlaub nehmen.[71]

*

Die Rationalisierung der deutschen Industrie war auch am Arbeitsplatz nachhaltig spürbar. Im Jahre 1926 noch konnte ein deutscher Autor die in Amerika erreichte Mechanisierung des Produktionsprozesses seinen Lesern so schildern, als handle es sich um Nachrichten von einem anderen Stern. „Weitestgehende Arbeitszerlegung, möglichste Mechanisierung eines jeden Arbeitsprozesses, infolgedessen Eingreifen der Maschinen in einem Ausmaße, das wir in Europa überhaupt nicht kennen, ist das Merkmal dieser Arbeitsorganisation. Dazu tritt die planmäßige Vermeidung aller unfreiwilligen Arbeitspausen, die vor allem durch das sogenannte *‚laufende Band‘* erzielt wird, dessen Anwendung in Deutschland zuerst durch die Diskussion über die Fordschen Arbeitsmethoden einer breiteren

70 Fehlinger, Löhne (Anm. 61) S. 708—715 (709). Zur Entwicklung der Arbeitszeit im Ruhrbergbau auch ausführlich: Tschirbs, Tarifpolitik (Anm. 26), bes. S. 278 f.

71 H. Fehlinger, Bezahlter Urlaub der Arbeitnehmer, in: JNS 136 (1932/1), S. 103—106, (auf internationalen Vergleichsdaten). Zum Buchdruckergewerbe: SP 33 (1924), S. 731.

Die verstärkte Übernahme „Fordscher" Techniken von standardisierter Massenproduktion fällt in die Jahre 1925 bis 1928: Zählerfertigung am Fließband bei den Siemens-Schuckert-Werken in Nürnberg 1925.

Öffentlichkeit bekanntgeworden ist. Oberster Grundsatz ist stets: Was die Maschine schaffen kann, soll der Mensch nicht tun."[72]

Wenige Jahre später mußte man deutschen Arbeitern nicht mehr erläutern, was Fließbandarbeit ist. Die verstärkte Übernahme „Fordscher" Techniken von standardisierter Massenproduktion fällt in die Jahre 1925 bis 1928. Den Berichten der Gewerbeaufsichtsbeamten für 1927 war zu entnehmen, daß allein in Berlin 27 Betriebe, die zusammen 35 000 Arbeitnehmer beschäftigten, zur Arbeit am laufenden Band übergegangen waren. Ein zusammenfassender Bericht zählte auf, welche Arbeiten hiervon betroffen waren. „Chassis- und Karosseriemontage in Automobilfabriken, Zusammenbau von elektrischen Zählern, Ölschaltern, Telefon-, Radio- und ähnlichen Apparaten, Motoren-, Vergaser- und Staubsaugermontage, Glühlampenherstellung, Teilarbeiten der Schokoladen- und Pralinenerzeugung, Herstellung von Damenluxusschuhen. Die Einführung des Bandes wird ferner u. a. in einer Lumpenverleserei, beim Sortieren von Bernstein in den Königsberger Bernsteinwerken, in Keksfabriken erwähnt."[73]

Hinsichtlich der Arbeitsverdienste hatte sich den Gewerbeaufsichtsbeamten zufolge die Fließbandarbeit im allgemeinen günstig ausgewirkt. In einem württembergischen Karosseriewerk beispielsweise hob sich die Lohnhöhe im Gesamtdurchschnitt um etwa 15 %, in Spezialabteilungen um 30 %; Arbeiter, die am Fließband arbeiteten, verdienten etwa 5 % mehr als andere Berufskollegen. Aus den Lohnsteigerungen erklärte sich wohl auch, daß — wenn man den Gewerbeaufsichtsbeamten glauben darf — die Arbeiter über die Fließbandarbeit auffallend wenig klagten. „Beobachtungen über körperliche oder seelische Schädigungen der Arbeitnehmer sind bisher kaum gemacht worden," heißt es in dem resümierenden Bericht von Frieda Wunderlich. Allerdings wiesen die Betriebsvertretungen auf die Möglichkeit künftiger Schäden hin, und es sei in der Tat zu berücksichtigen, „daß gesundheitliche Schäden, wenn überhaupt, oft erst nach Verlauf von Jahren und Jahrzehnten als Folgen einer Überarbeitung erkennbar werden." Körperliche Überanstrengungen und psychische Überreizungen könnten vor allem dann vorkommen, „wenn die Arbeitsweise bei Bandarbeit wegen der gegebenen Geschwindigkeit des Bandes eine zu rasche sein muß, wenn die Arbeit ohne genügende Ausspannung (längere oder sogenannte Kurzpausen) geleistet werden muß; wenn dem Arbeiter zur Achtsamkeit auf seine Maschine zu wenig Zeit ge-

---

72 Bruno Rauecker, Rationalisierung und Sozialpolitik, Berlin 1926, S. 28 (Hervorhebung im Original). Zur freigewerkschaftlichen Sicht der Rationalisierung in den USA: Amerikareise deutscher Gewerkschaftsführer, Berlin 1926. Siehe hierzu auch unten S. 488.

73 Frieda Wunderlich, Der Einfluß der Rationalisierung auf die Arbeitnehmer nach den Berichten der Gewerbeaufsichtsbeamten für das Jahr 1927 (I), in: SP 37 (1928), Sp. 993—998 (995). In einigen Branchen — etwa in der Metall- und namentlich in der Automobilindustrie — wurde in den zwanziger Jahren noch nicht das Fließband, sondern das „Fließsystem" eingeführt. Das bedeutete, daß die Maschinen in der Folge der Arbeitsgänge aneinandergerückt wurden und die einzelnen Stücke durch Böcke, Karren, Schüttelrutschen, schiefe Ebenen usw. transportiert wurden. Vgl. dazu Schöck, Arbeitslosigkeit (Anm. 23), S. 163, 220. Zur Rezeption „Fordscher" Techniken: Heidrun Homburg, Scientific Management and Personnel Policy in the Modern German Enterprise 1918—1939: The Case of Siemens, Unveröffentlichtes Manuskript, Bielefeld 1981.

lassen ist. Seine Gesundheit muß leiden, wenn einzelne Körperteile ungünstig, besonders zu einseitig beansprucht werden, und wenn überhaupt auf die Leistungsmöglichkeit des einzelnen Arbeiters nicht genügend Rücksicht genommen wird."[74]

Die richtige Anordnung und Dosierung von Pausen gehörte — neben der Lehre von den am meisten kostensparenden Arbeitsbewegungen und den jeweils billigsten Produkttypen — zu den Kernstücken jenes „wissenschaftlichen Managements", das mit dem Namen des amerikanischen Ingenieurs Frederick W. Taylor verknüpft war. In Deutschland trat es seinen Siegeszug in den Jahren 1919 bis 1922 an — zunächst in den Großbetrieben der elektrotechnischen Industrie und dann in vielen anderen, darunter auch zahlreichen mittleren Unternehmen.[75] Die Arbeitspausen wurden zunehmend nach wissenschaftlichen Kriterien placiert — nämlich unter dem Gesichtspunkt des optimalen Effekts auf die Leistungskraft der Belegschaft. Eine Karlsruher Nähmaschinenfabrik führte etwa Pausen von einer Minute Dauer ein, die jeweils nach zehn Minuten ermüdender Arbeit eingeschaltet und in bequemen Stühlen verbracht wurden. Auf diese Weise ließ sich die Arbeitsfähigkeit der Arbeiterinnen derart steigern, daß eine Leistung von 350 Stück, die früher mit 42 Personen erzielt worden war, nur mehr 13 Personen erforderte, was eine Personalersparnis von 69 % bedeutete. Ein österreichischer Zweigbetrieb der Krupp-Werke in Berndorf schaltete bei der Fließbandarbeit längere Pausen ein, um den Arbeitern eine übermäßige Ermüdung zu ersparen. „Diese Arbeitspausen", so heißt es in einem Bericht, „wurden nach einem von Ärzten erprobten System jeweils eingelegt, wenn der Ermüdungsprozeß der Arbeiter noch kein allzu großes Ausmaß erreicht hatte. Die Arbeitspausen beliefen sich innerhalb des Achtstundentages auf 50 Minuten je Tag. Man kam nun zu dem verblüffenden Ergebnis, daß die richtig eingelegten Arbeitspausen eine Vermehrung der Arbeitsintensität um zeitweise 100 v. H. mit sich brachten, so daß in

---

74 Wunderlich, Einfluß (Anm. 73), II, in: SP (1928), Sp. 1029—1032. Neben den regelmäßigen Berichten von Frieda Wunderlich in der „Sozialen Praxis" sind auch diejenigen von Irmgard Flick in den „Jahrbüchern für Nationalökonomie und Statistik" ein nützlicher Führer durch das Material, das in den umfangreichen Jahresberichten der Gewerbeaufsichtsbeamten ausgebreitet wird. — Zu den Auswirkungen, die die Rationalisierung auf die Qualifikationsstruktur der Arbeiter hatte, siehe unten S. 114.

75 Zusammenfassend zum „Taylorismus": Charles S. Maier, Between Taylorism and Technocracy: European Ideologies and the Vision of Industrial Productivity, in: JCH 5 (1970), S. 27—61, (dt. in: Michael Stürmer (Hg.), Die Weimarer Republik, Königstein 1980, S. 188—213). Vgl. zu Taylor und dem Taylorismus auch die Biographie von Daniel Nelson, Frederick W. Taylor and the Rise of Scientific Management, Madison 1980, sowie Judith A. Merkle, Management and Ideology. The Legacy of the International Scientific Management Movement, Berkeley usw. 1980; Peter Hinrichs, Um die Seele des Arbeiters. Arbeitspsychologie, Industrie- und Betriebssoziologie in Deutschland 1871—1945, Köln 1981, bes. S. 51 ff. Zur frühen Rezeption des Taylorismus in Deutschland vor 1914: Heidrun Homburg, Anfänge des Taylorsystems in Deutschland vor dem Ersten Weltkrieg. Eine Problemskizze unter besonderer Berücksichtigung der Arbeitskämpfe bei Bosch 1913, in: GG 4 (1978), S. 170—194. — Eine wichtige Rolle bei der Rezeption des Taylorismus in Deutschland spielte das 1921 gegründete Reichskuratorium für Wirtschaftlichkeit in Industrie und Handwerk. Hierzu wie zur Verbreitung des Taylorsystems in den zwanziger Jahren vgl. die in Anm. 25 genannte Lit.

den betreffenden Abteilungen der Krupp-Werke die Hälfte der Arbeiter entbehrlich wurde und in andere Abteilungen versetzt werden konnte."[76]

Auch das Lohnwesen änderte sich im Zuge der Rationalisierung grundlegend. Der Akkordlohn wurde in vielen Branchen wichtiger als der Zeitlohn: Statt der absolvierten Arbeitszeit war nun das Arbeitsquantum des einzelnen Arbeiters entscheidend. Dieses Prinzip lag sowohl dem Stücklohn als auch den verschiedenen Prämiensystemen zugrunde, die bei Normüberschreitungen gewährt wurden. Eine Kohlenzeche an der Ruhr steigerte, für das Revier darin durchaus typisch, den Anteil der im „Gedinge" — dem traditionellen Gruppenakkord der unter Tage arbeitenden Bergleute — entlohnten Arbeiter von 64 % der Belegschaft im Jahre 1913 auf 72 % im Jahre 1924 und 73 % im Jahre 1926. Eine deutsche Papierfabrik ging in den zwanziger Jahren dazu über, die gesamte Lohnsumme entsprechend der Umsatzsteigerung zu erhöhen und zu unterschiedlichen Teilen den Akkord- und den Zeitlohnarbeitern zufließen zu lassen. Die zweite Kategorie der Arbeiter erhielt hierbei das, was nach Abzug der Akkordlöhne und einer Lohnreserve übrig blieb. Da sich alle Löhne nach dem Umsatz richteten, mußte mithin auch das im Zeitlohn stehende Personal am guten Geschäftsgang des Unternehmens interessiert sein.[77]

Zeitgenössische Aussagen von Arbeitern lassen es zweifelhaft erscheinen, ob sie das Akkordsystem ebenso willig akzeptierten wie das Fließband. So schilderte eine Textilarbeiterin ihr „Tagewerk, durch welches sich das Wort ‚Akkord' wie ein roter Faden zieht": „Da wir in unserem Betrieb lauter ziemlich grobes Garn spinnen, heißt es natürlich doppelt zugreifen. 184 Spindeln zählt die Maschine. Die gleiche Anzahl Spulen enthält demnach ein Abzug. Viermal am Tag wird der Abzug voll abgezogen, in den Kasten geladen und fortgeschafft. 368 Vorgarnspulen werden täglich aufgelegt und beim Leerlaufen der Spule neu aufgesteckt. — Das sind zwar nur trockene Zahlen, die den Außenstehenden meist nichts zu sagen haben, mir aber sagen sie unendlich viel. Dazwischen muß die Maschine geputzt und geölt werden, damit sie gut in Gang bleibt. Habe ich einmal eine Viertelstunde freie Zeit, dann helfe ich meiner Kollegin nebenan und diese dann wieder-

76 Auswirkungen (Anm. 25), S. 37 f. Es handelte sich um die Berndorfer Metallwarenfabrik, ein Werk des österreichischen Zweiges der Familie Krupp.

77 Umfassend zu den Lohnformen und ihrer Beurteilung durch die Arbeiter: Ausschuß zur Untersuchung der Erzeugungs- und Absatzbedingungen der deutschen Wirtschaft. Verhandlungen und Berichte des Unterausschusses zur Arbeitsleistung (IV. Unterausschuß), Bd. 9: Zusammenfassender Bericht über die Ergebnisse des Arbeitsleistungsausschusses, Berlin 1930, S. 175—207. Speziell zu den Bergleuten: ebda., Bd. 2: Die Arbeitsverhältnisse im Steinkohlenbergbau, Berlin 1928, S. 98 f. Der Manteltarifvertrag für das rheinisch-westfälische Steinkohlenrevier von 1924 bestimmte in § 5: „Gedingearbeiter erhalten als Mindestlohn den tariflichen Schichtlohn des höchstbezahlten Reparaturhauers einschließlich der Untertagezulage abzüglich eines Betrages von 5 %. Die Gedinge sind so zu vereinbaren, daß bei normaler Arbeitsleistung wenigstens 15 % über diesen tariflichen Schichtlohn hinaus verdient werden können und der Durchschnitt aller Gedingearbeiter der Schachtanlage mindestens diesen Satz erreicht." Ebda., S. 103. Vgl. dazu auch Tschirbs, Tarifpolitik (Anm. 26), S. 224 ff. — Zu dem Beispiel aus der Papierindustrie: Auswirkungen (Anm. 25), S. 37 f. Vgl. allgemein auch Paul W. Lewin, Lohnsystem und Arbeitsleistung. Erfahrungen aus einem Fabrikbetrieb, in: Die Wirtschaftskurve 1924, S. 169—179; Walter Kaskel (Hg.), Der Akkordlohn, Berlin 1927.

um mir. Dies alles muß aber im D-Zug-Tempo geschafft werden, denn sonst komme ich bei dem schnellen Lauf der Maschine mit der Arbeit gar nicht nach. Kommt dann noch dazu, daß die Mischung schlecht ist, so wird das Ganze eine wahre Hetze. Nichts als Sausen und Arbeit, Arbeit, und wenn der Tag zu Ende ist, kann man froh sein, wenn man trotz Akkordarbeit den Tagelohn herausgebracht hat."[78]

Alles spricht dafür, daß das angeführte Zeugnis nicht nur dem Zweck diente, dem Textilarbeiterverband, der 1930 diese und viele ähnliche Aussagen von Textilarbeiterinnen veröffentlichte, mitzuteilen, was er zu hören wünschte. Die berichtenden Arbeiterinnen schrieben, was sie empfanden. Vermutlich sahen sie dank gewerkschaftlicher und politischer Aufklärung ihre Arbeitsbedingungen bewußter und kritischer als viele ihrer Berufskolleginnen. Über die Hektik am Arbeitsplatz klagten aber sicherlich nicht bloß politische „Aktivisten". Nur sollte man aus den zahlreichen Beschwerden nicht folgern, daß der Übergang zur Akkordarbeit eine Verschlechterung gegenüber früheren Arbeitsbedingungen bedeutete oder generell als solche empfunden wurde.

Ein sehr differenziertes Bild von den sozialen Folgen der Mechanisierung vermitteln die Stellungnahmen jener Arbeiter, die vor einem Unterausschuß des 1926 durch Reichsgesetz geschaffenen Ausschusses zur Untersuchung der Erzeugungs- und Absatzbedingungen der deutschen Wirtschaft zu Wort kamen. Befragt nach den Gründen ihrer Mehrarbeit, nannten Arbeiter vor Hochofenbetrieben meist drei Gründe: Mehrverdienst, Furcht vor Arbeitslosigkeit und schärfere Kontrolle durch Vorarbeiter und Meister. So antwortete ein Arbeiter auf die Frage des Vorsitzenden des Arbeitsleistungsausschusses, Professor Ludwig Heyde, ob in der Arbeiterschaft darüber gesprochen worden sei, daß mehr geleistet werden müsse, daß aber auch mehr verdient werde: „Wenn ich weiß, daß ich etwas verdienen kann, dann halte ich mich selbstverständlich auch mehr dran. Aber gegenüber dem Verdienst ist die Arbeit dreimal so viel gestiegen." Derselbe Arbeiter sah in der Angst vor Entlassung die wichtigste Ursache dafür, daß die Belegschaften sich erhöhten Anforderungen widerspruchslos fügten. „Durch die große Arbeitslosigkeit sind die Leute gezwungen, ihre Stellung zu behalten. Die Angst vor der Entlassung treibt die Leute, zu leisten, was sie eben leisten können. Das ist der Hauptgrund."[79]

Zwischen einem anderen Hochofenarbeiter und dem Vorsitzenden des Unterausschusses entspann sich folgender Dialog. *Vorsitzender:* „Jetzt haben Sie aller-

---

78 Mein Arbeitstag — Mein Wochenende. 150 Berichte von Textilarbeiterinnen. Gesammelt und hg. vom Deutschen Textilarbeiter-Verband, Berlin 1930, S. 19 f. Eine überwiegend unkritische Auswertung dieser und ähnlicher Quellen bei Bajohr, Hälfte (Anm. 56), S. 189 ff. Der Autor interpretiert Klagen über soziale Mißstände in der Regel als verallgemeinerbare Zustandsbeschreibungen. Er fragt nicht, ob es insgesamt nicht doch Verbesserungen gab — von einer Relativierung durch internationalen Vergleich ganz zu schweigen. Das Bild, das auf diese Weise gezeichnet wird, ist verzerrt. Es trägt, hierin für Teile der neueren „Alltagsforschung" nicht untypisch, alle Züge einer negativen Sozialromantik. Vgl. dazu auch unten S. 643, 696 f.

79 Ausschuß (Anm. 77), Bd. 4, Arbeitszeit, Arbeitslohn und Arbeitsleistung im Hochofenbetrieb, Berlin 1929, S. 49.

hand Mehrarbeit geleistet. Ist die Kontrolle durch die Betriebsleitung, durch die Vorarbeiter stärker geworden, oder kontrolliert sich die Arbeit von selber durch den Akkord?" *Arbeiter A:* „Durch die Vorgesetzten und Meister. Wir wissen genau, was wir zu leisten haben, wenn wir 30 Wagen oder 45 Wagen schaffen müssen." *Vorsitzender:* „Morgens wird bestimmt, was zu leisten ist?" *Arbeiter A:* „Das wird uns angegeben." *Vorsitzender:* „Läuft der Meister herum, und treibt er die Leute an?" *Arbeiter A:* „Bei sechs Ladungen hat man immer vier Ladungen im voraus. Erz ist immer da. Jetzt kommt es vor, daß zwei bis drei Wagen leer stehen. Die Wagen schippt man nach, wenn Kokswechsel ist. Dann kommt man wieder bei. Da ergibt sich eine Pause, und in der Pause wird das wieder nachgeschippt." *Vorsitzender:* „Das ergibt sich also von selber."

Ein anderer Arbeiter verglich Vergangenheit und Gegenwart und kam zu dem Ergebnis: „Früher hatte jeder seine Arbeit, die man möglichst schnell erledigte. Zwischen Eisen und Eisen ist aber ein großer Unterschied. Das eine läßt sich mit den Füßen kaputt treten, das andere überhaupt nicht. Da gab es in der Schicht Pausen, jetzt muß man von einem Ofen zum anderen. Wenn einem das nicht paßt, dann kommt ein anderer hin." Zur Feststellung von Professor Heyde, der Meister sei verantwortlich dafür, daß er seine Leistung herauskriege, meinte der Arbeiter: „Das verkenne ich nicht. Der Meister wird getrieben, und er treibt uns. Dem Meister gebe ich keine Schuld, der muß sehen, daß die Arbeit geschafft wird."[80]

Arbeiter in Stahl- und Walzwerken gaben ganz ähnliche Urteile ab. Auf die Frage des Vorsitzenden, ob es denn gelegentlich heiße: „Jetzt ist mehr Arbeit da; jetzt müßt ihr ran!", entgegnete ein Arbeiter: „Im allgemeinen, ja. Wenn es viel zu tun gibt, dann wird mehr darauf gehalten, es wird mehr angetrieben. Wir werden von den Vorarbeitern und Meistern mehr angefeuert und angeeifert. Angetrieben ist vielleicht zu viel gesagt. Im ganzen ist es aber so: es ist mehr Eisen da und dadurch müssen wir mehr arbeiten." Der gleiche Arbeiter schloß auf eine Ergänzungsfrage des gewerkschaftlichen Ausschußmitgliedes Fritz Naphtali hin aus, daß der Wunsch nach höherem Lohn zur Mehrarbeit führe: „Das gibt's nicht ... Wenn viel Arbeit da ist, dann übt der Vorsitzende einen gewissen Druck aus, daß richtig draufgehalten wird. Er geht durch den Betrieb und sagt: dranhalten, dranhalten, dranhalten." Und Naphtalis Frage, ob das Arbeitstempo von den Arbeitern bestimmt werde, fand eine ebenso klare Antwort: „Nein, das gibt's nicht, wir können da nichts machen. Wenn die Lohntüte schlapper ist als sonst, dann herrscht eine allgemeine Mißstimmung im Betrieb, dann sagen die Arbeiter: für das Geld arbeiten wir nicht mehr; das wird uns leid. Aber der innere Drang zur Arbeit ist doch da, die Furcht vor Entlassung tut ein übriges und die Leute arbeiten doch wieder."[81]

Daß das Akkordlohnsystem von vielen Arbeitern gewissermaßen verinnerlicht worden war, erfuhr im Arbeitsleistungsausschuß auch der Reichstagsabgeordnete

---

80 Ebda., S. 52 f.

81 Ausschuß (Anm. 77), Bd. IV/7: Die Arbeitsleistung in Stahl- und Walzwerken und ihre Abhängigkeit von Arbeitszeit, Arbeitslohn und anderen Faktoren, Berlin 1930, S. 81 f.

„Dies alles muß aber im D-Zug-Tempo geschafft werden, denn sonst komme ich bei dem schnellen Lauf der Maschine mit der Arbeit gar nicht nach." Aus dem Alltag der Frauenarbeit: Textilarbeiterin am Webstuhl.

Wilhelm Koenen, der diesem Gremium als Vertreter der KPD angehörte. Seine Frage an einen Walzwerker lautete: „Der Arbeitsprozeß ist für Sie vereinfacht. Dadurch können Sie je Tag mehr leisten. Oder werden Sie auch angetrieben, die Leistung zu steigern?“ Die Antwort war: „Wir treiben uns gegenseitig an.“ Ein „Trioarbeiter“ bestätigte dem Vorsitzenden des Arbeitsleistungsausschusses diesen Sachverhalt: „Einer treibt den anderen. So wie der oben zieht, müssen wir arbeiten. Es heißt ja: schmiede das Eisen, solange es warm ist. Sehen Sie sich mich nur an, meine Herren! So müssen wir arbeiten. Schauen Sie meine Hose an, bitte schön.“[82]

Die meisten zeitgenössischen Beobachter stimmen darin überein, daß die Monotonie, die mit vielen standardisierten Arbeitsbewegungen verbunden war, von den Arbeitern unterschiedlich aufgenommen wurde. Mancher empfand es offensichtlich als Vorteil, „daß die Arbeit nicht mehr seine ganze Aufmerksamkeit beansprucht, daß er mit seinen Gedanken abschweifen kann, während nur die Hände und das Vorfeld der Aufmerksamkeit, die bekannte ‚äußere‘ Aufmerksamkeit, bei der Sache zu sein brauchen.“[83] Für andere Arbeiter traf wohl zu, was das Internationale Arbeitsamt 1932 in einer Studie über die sozialen Auswirkungen der Rationalisierung feststellte: „Die weitgehende Mechanisierung und damit zusammenhängende Vereinfachung und Aufteilung der Arbeit in einzelne, sich stets wiederholende Handgriffe bringen zweifellos eine gewisse Eintönigkeit mit sich, die zur Unachtsamkeit verleitet und oft von den Arbeitern lästig empfunden wird. Hierdurch können Mutwille, Arbeitsunlust und eine raschere Ermüdung und dadurch wieder eine gewisse Steigerung der Unfallneigung dieser Arbeiter entstehen.“[84] Eine vom ADGB herausgegebene Studie zur Arbeitszeitfrage kam zu dem salomonischen und vermutlich zutreffenden Schluß: „Ob die *Monotonie* der Arbeit, die gerade mit durchrationalisierter und mechanisierter Arbeitsweise häufig verbunden ist, von den Arbeitnehmern als unangenehm empfunden wird, richtet sich bekanntlich nach der individuellen Einstellung zu derartiger Arbeit. Hierüber können generelle Urteile nicht abgegeben werden, außer dem, daß jeder Arbeitnehmer, dem monotone Arbeit zuwider ist, aus dieser herausgezogen werden muß — und auch kann, da diese Arbeitnehmer gar nicht so häufig sind, daß sie nicht anderweit beschäftigt werden könnten.“[85]

Die Unfallgefahr, die in fast allen Berichten über die Mechanisierung der Arbeit beschworen wurde, war in den zwanziger Jahren auch Gegenstand wissenschaft-

---

82 Ebda., S. 267.

83 Josef Winschuh, Das soziale Doppelgesicht der Rationalisierung, in: Magazin der Wirtschaft 5 (1929), S. 394—398 (397). Ähnlich Rauecker, Rationalisierung (Anm. 72), S. 62—67.

84 Auch dieser Bericht fügt hinzu, es gäbe andererseits viele Menschen, welche gern eine monotone Arbeit verrichteten. Auswirkungen (Anm. 25), S. 318 f. Aus der zeitgenössischen Diskussion über das Problem monotoner Arbeit weiter u. a.: Herbert Wunderlich, Die Einwirkung einförmiger zwangsläufiger Arbeit auf die Persönlichkeitsstruktur. Ein experimenteller Beitrag zur industriellen Psychotechnik, Leipzig 1925; Herbert Winkler, Die Monotonie der Arbeit. Ein Beitrag zu dem Problem des psychischen Verhaltens bei gleichförmiger körperlicher Arbeit, Leipzig 1922.

85 40-Stunden-Woche (Anm. 64), S. 98 (Hervorhebung im Original); Belege für diese Aussage: ebda.

licher Erhebungen. Das Reichsarbeitsministerium veröffentlichte 1928 eine Untersuchung des österreichischen Gewerbeinspektors Ludwig Teißl, die sich auf einen Wiener Bezirk stützte, in ihren wesentlichen Aussagen aber offenbar verallgemeinerbar war. Demnach fanden, was schwerlich überraschen kann, kaum Unfälle in der Mittagspause statt. Die meisten Unfälle gingen auf Ermüdungserscheinungen um die Frühstückspause und zum Arbeitsschluß zurück. Teißl faßte seine Ergebnisse in fünf Punkten zusammen: „1. Im Verlauf eines Arbeitstages steigt die Unfallgefahr mit der Arbeitszeit. 2. Nach etwa dreistündiger ununterbrochener Arbeitsdauer — *Normal-Arbeitstag* — tritt Ermüdung ein. Die Unfallgefahr erreicht ein *Maximum.* 3. Arbeitspausen (Frühstück- und Mittagsruhe) verringern vorübergehend die Unfallgefahr, die Wirkung der Erholung ist bemerkbar. 4. Erneute kontinuierliche Arbeitsperioden an einem und demselben Arbeitstage bewirken eine Steigerung der Ermüdung und der Unfallgefahr, welche gegen Arbeitsschluß ihren *Höchstwert* erreicht. 5. Bei einer längeren als der achtstündigen Arbeitsdauer würde demnach die Ermüdung und damit die Unfallgefahr weiter steigen, sonach die Sicherung der Arbeit weiter herabgemindert werden. Analog ist auch daraus der Schluß zu ziehen, daß mit einer *Verlängerung der Arbeitszeit* auch die *stündliche Arbeitsleistung* (Arbeitseffekt) ungefähr in dem Maße prozentual herabgedrückt wird, als die Unfallgefahr und die Ermüdung gesteigert erscheinen.“ (Schaubild 3, untere Hälfte).[86]

Auf die einzelnen Wochentage verteilen sich die Arbeitsunfälle durchaus nicht gleichmäßig. Wie Teißl ermittelte, sank nach einem ersten Höhepunkt am Montag die Unfallkurve etwas ab, um dann gegen das Wochenende hin wieder anzusteigen und am Freitag den Höchstwert zu erreichen. Die „Erhebung der Unfalllinie am Montag“ hing nach Teißls Ansicht „wohl auch mit der Art der Verbringung der arbeitsfreien Zeit am Samstagnachmittag und Sonntag zusammen. Die mannigfachen Zerstreuungen an Sonntagen, Belustigungen und Alkoholgenuß, auch allzu rege sportliche Betätigung bewirken, daß die Arbeiter an Montagen beim Arbeitsbeginn sich oft müder fühlen als beim Verlassen der Arbeitsstätten am Samstag. Erst nach Überwindung einer gewissen Trägheit passen sich Geist und Körper wieder dem gewohnten Arbeitstempo an.“ Daß sich am Samstag nur wenige Arbeitsunfälle ereigneten, lag daran, daß in Österreich, wo der Achtstundentag galt, die meisten Betriebe mittags schlossen (Schaubild 3, obere Hälfte).[87]

Alle Bemühungen um einen besseren betrieblichen Unfallschutz — darunter hygienische Maßnahmen, häufigere Pausen und Aufklärungsarbeit — konnten nicht verhindern, daß die Zahl der Unfallmeldungen kontinuierlich anstieg (Tabelle 11). In den gewerblichen Großbetrieben waren 1926 75,6 von 1 000 Versicher-

86 Ludwig Teißl, Ermüdung und Arbeitszeit als Unfallveranlassung, in: RABl., Teil III, N.F., 8 (1928), Nr. 11 (10. 4.), S. 61—63 (63), (Hervorhebungen im Original).

87 Ebda. Vgl. allgemein zu den Arbeitsunfällen auch Frieda Wunderlich, Neue Ergebnisse der Ermüdungsforschung, in: SP 35 (1926), Sp. 904—908; Otto Lipmann, Das Arbeitszeitproblem, Berlin 2. Aufl. 1926, S. 60 f. Als Fallstudie über die durch die Rationalisierung hervorgerufene Unfallhäufung in einem Betrieb der Metallindustrie (Bosch) vgl. Uta Stolle, Arbeiterpolitik im Betrieb. Frauen und Männer, Reformisten und Radikale, Fach- und Massenarbeiter bei Bayer, BASF, Bosch und in Solingen (1900—1933), Frankfurt usw. 1980, S. 205 ff.

Schaubild 3: Tägliche und stündliche Unfallprozente

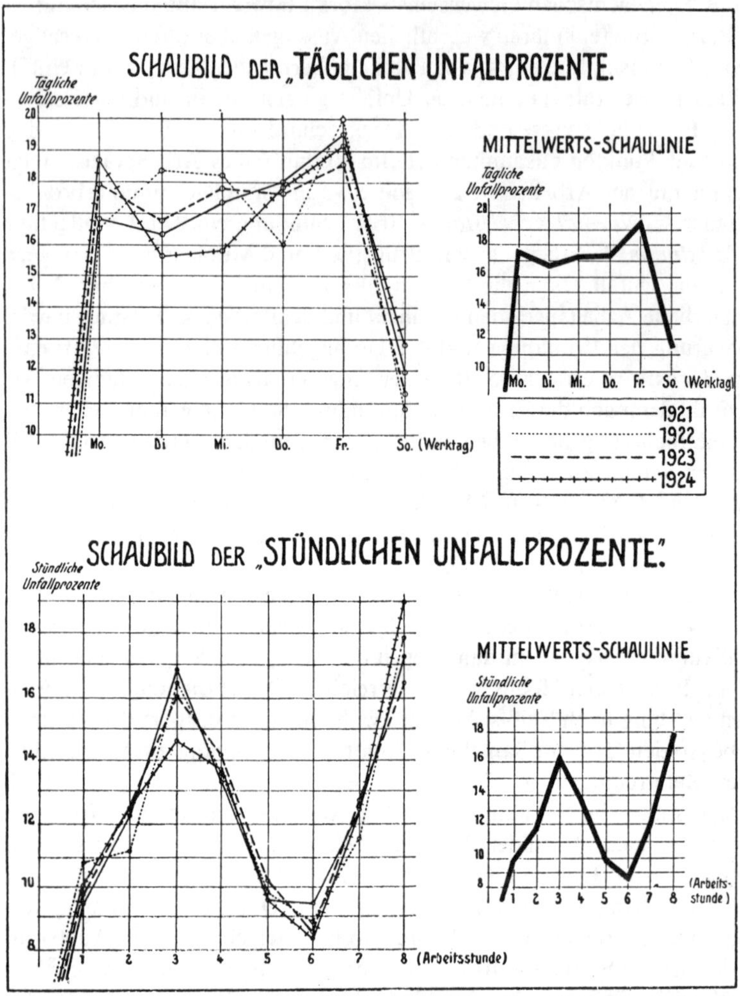

Quelle: Teißl, Ermüdung (Anm. 86), S. 63.

ten und 86,01 von 1 000 Vollarbeitern Opfer von gemeldeten Betriebsunfällen. Zwei Jahre später lagen die Zahlen erheblich höher: 87,94, bezogen auf die Versicherten, und 98,68 bezogen auf die Vollarbeiter. Ob aus der zunehmenden Zahl von Unfallmeldungen auch eine reale Steigerung der Unfallhäufigkeit abzulesen ist, muß allerdings offen bleiben. Möglicherweise ist der statistische Zuwachs vorrangig auf eine systematischere Erfassung auch kleinerer Unfälle zurückzuführen. Eindeutig ist dagegen erwiesen, daß die Zahl der tödlichen Betriebsunfälle zurückging: von 7,37 % aller gemeldeten Unfälle im Jahre 1913 auf 6,42 % im Jahre 1926 und 5,73 % im Jahre 1928.[88]

*

Die materiellen und psychologischen Aspekte der Mechanisierung haben ihre wohl gründlichste zeitgenössische Analyse in dem Bericht gefunden, den der Arbeitsleistungsausschuß 1928 über den Steinkohlenbergbau vorlegte. Im Ruhrgebiet waren 1913 nur 5 % der Kohle maschinell, d. h. mit Hilfe von Bohrhämmern, Abbauhämmern und Schrämmaschinen gefördert worden. 1925 betrug dieser Anteil 48 % und im Jahr darauf sogar 67 %. Durch diesen rapiden Vormarsch der Maschine war der Arbeitsaufwand, der zur Förderung eines bestimmten Kohlequantums erforderlich war, herabgesetzt worden. Dennoch erschien es dem Ausschuß zweifelhaft, „ob nicht der Arbeitskraftaufwand je Arbeiter und Schicht gesteigert worden ist (zum mindesten solange, bis der Arbeiter an die neue Arbeit gewöhnt war), besonders dann, wenn unter Arbeitskraftaufwand auch der Aufwand des Arbeiters an geistiger Kraft verstanden wird. Die schwere körperliche Arbeit war allerdings wohl durch die Mechanisierung vermindert worden, aber die Beanspruchung der Nerven (durch Lärm und Erschütterung) und der Aufmerksamkeit (durch erschwerte Beachtung von Unfallgefahren und durch das gesteigerte Arbeitstempo) war erhöht worden.“[89]

Die Leistungsbereitschaft des Arbeiters hänge u. a. ab von der Temperatur, der Luftfeuchtigkeit und der Staubhaltigkeit des Arbeitsortes. Diese Eigenschaften des Betriebspunktes seien wiederum abhängig von der Teufe und der sonstigen geologischen Beschaffenheit, von der Anwendung eines Berieselungs- oder Gesteinsstaubverfahrens, von der Bewetterung und von der Art der verwendeten Abbaumethoden, der Häufigkeit des Schießens und der Art der verwendeten Maschinen. „Hohe Temperaturen waren subjektiv umso weniger schwer zu ertragen, je trockener die Luft war. Andererseits wurde durch künstliche Befeuchtung die

88 Amtliche Nachrichten für Reichsversicherung, Beilage zu Nr. 12, 1929, S. 8—12 (9). Zur Unfallverhütung etwa: Ausschuß (Anm. 77), Bd. IV/9, S. 114—123, Auswirkungen (Anm. 25), S. 309 ff.; Sonderfragen des Arbeitsschutzes und Beobachtungen aus Unfallverhütung und Gewerbehygiene im Jahre 1925. Zusammengestellt auf Grund der Jahresberichte der Gewerbeaufsichtsbeamten und Bergbehörden für das Jahr 1925, Berlin 1927. Zu den hygienischen Betriebseinrichtungen materialreich, aber die Mängel einseitig überbetonend: Bajohr, Hälfte (Anm. 56), S. 189 ff.; ähnlich Jürgen Kuczynski, Darstellung der Lage der Arbeiter in Deutschland von 1917/18 bis 1932/33 (= Die Geschichte der Lage der Arbeiter in Deutschland von 1789 bis zur Gegenwart, Teil I, Bd. 5), Berlin [O] 1966, S. 235 ff.

89 Ausschuß (Anm. 77), Bd. IV/9 (Anm. 77), S. 117. Zu den Auswirkungen der Mechanisierung im Steinkohlenbergbau auf die Unfälle stellte der Arbeitsleistungsausschuß fest: „Veränderungen der betriebstechnischen Einrichtungen scheinen mehr die Art als die Zahl der Unfälle und Erkrankungen verändert zu haben.“ Ebda., S. 118. Die Leistung der Untertagearbeiter im deutschen Kohlenbergbau erhöhte sich von 1913 bis 1929 um 34 %. Auswirkungen (Anm. 25), S. 399. Zur Rationalisierung und Mechanisierung im Steinkohlenbergbau und ihren Auswirkungen auf die Gesundheit der Bergleute: Tschirbs, Tarifpolitik (Anm. 26), S. 245 ff. Zu den sozialen Folgen bemerkt Tschirbs: „Es waren nicht in erster Linie die Gewinnungsmaschinen, die den Hauer zum Industriearbeiter ‚degradierten‘, sondern ihre Einsatzmöglichkeit im Rahmen der kalkulierten Betriebsorganisation des Großrutschenbetriebs. Das feste Pensum der Betriebsorganisation bedeutete den stärksten Bruch mit der Vergangenheit ... Es war die Annäherung an die Bedingungen der Fabrik, die dem Hauer seinen Nimbus nahm.“ Ebda., S. 258.

Tabelle 11: Die gemeldeten und erstmalig entschädigten Betriebsunfälle in den Jahren 1913, 1926[1]), 1927[1]) und 1928

Versicherungs-träger	Betriebsunfälle 1913			Betriebsunfälle 1926			Betriebsunfälle 1927			Betriebsunfälle 1928			Zunahme der Betriebsunfälle im Jahre 1928 gegen 1927			
	gemeldete	erstmalig entschädigte		gemeldete	erstmalig entschädigte		gemeldete	erstmalig entschädigte		gemeldete	erstmalig entschädigte		gemeldete Betriebsunfälle		erstmalig entschädigte Betriebsunfälle	
		absolut	v.H. der gemeldeten		absolut	v.H. der gemeldeten		absolut	v.H. der gemeldeten		absolut	v.H. der gemeldeten	absolut	v.H.	absolut	v.H.
Gewerbliche BGn.	581 211	74 978	12,90	749 780	57 572[2]	7,68[2]	972 621[2]	57 756[2]	5,94[2]	1 046 112[2]	68 380[2]	6,54[2]	73 491[2]	7,56[2]	10 624[2]	13,39[2]
Landwirtschaftl. BGn.	139 487	58 251	41,76	178 799	59 302[2]	33,17[2]	210 369[2]	66 853[2]	31,78[2]	245 440[2]	77 682[2]	31,65[2]	35 071[2]	16,67[2]	10 829[2]	16,20[2]
Zweiganstalten	2 512	875	34,83	4 089	825	20,18	4 489	876	19,51	4 425	918	20,75	64	4,43	42	4,79
Ausführungs-behörden	66163	5 529	8,36	78 459	5 917	7,54	90 334	6 465	7,16	96 621	6 828	7,07	6 237	6,96	363	5,61
Zusammen:	789 373	139 633	17,69	1 011 127	123 616	12,23	1 277 813	131 950	10,33	1 392 598	153 808	11,04	114 785	8,98	21 858	16,57

1) Ohne Berufskrankheiten. — 2) Ohne Wegeunfälle

Quelle: Amtliche Nachrichten für Reichsversicherung, Beilage zu Nr. 12, 1929, S. 9.

Temperatur herabgesetzt und dadurch die Zahl der Betriebspunkte, an denen wegen einer Temperatur von mehr als 28 Grad C die Arbeitszeit zu verkürzen war, vermindert."

Gerade unter älteren Arbeitern des Kohlenbergbaus wurde die Mechanisierung, dem Urteil des Arbeitsleistungsausschusses zufolge, oft „gefühlsmäßig abgelehnt", und zwar „teils aus Konservatismus, teils weil man glaubt, die Maschine verdränge die Arbeiter, und der Arbeiter sei an der durch die Maschine erzielten Steigerung des Ertrages nicht voll beteiligt." Gleichen Steigerungen der Produktionsanteile entsprächen in mechanisierten Betrieben geringere Verdienststeigerungen als in nichtmechanisierten Betrieben. Trotz dieser gefühlsmäßigen Ablehnung ziehe der Arbeiter aber „praktisch doch das Arbeiten in mechanisierten Betrieben vor, weil da im allgemeinen die Arbeit leichter und die Verdienste absolut höher sind."[90]

Was der Arbeitsleistungsausschuß über die nervlichen Belastungen bemerkte, die die Mechanisierung im Steinkohlenbergbau, zumindest vorübergehend, mit sich gebracht habe, versuchte der ADGB 1931 zu verallgemeinern. „Bei aller Anerkennung mancher auf die Arbeitsrationalisierung zurückzuführenden Arbeitserleichterungen" deuteten doch „starke Anzeichen auf eine Überbeanspruchung weiter Arbeitnehmerkreise in psychischer und physischer Hinsicht." Mit Recht fügte der ADGB freilich sogleich hinzu, daß „exakte Beweise" sich hierfür nicht führen ließen.[91]

Es war nur zu verständlich, daß die Freien Gewerkschaften unter dem Eindruck der Massenarbeitslosigkeit nach 1929 die negativen Aspekte der Rationalisierung stärker betonten als zuvor. Es kann auch kein Zweifel daran bestehen, daß im Zuge der Mechanisierung neuartige, nämlich nervliche und psychische Belastungen der Arbeitnehmer auftraten. Von den abträglichen gesundheitlichen Folgen körperlicher Schwerarbeit verlagerten sich die Arbeitsschäden zunehmend auf *diesen* Bereich. Dennoch wäre es ein vorschneller Schluß, der Mechanisierung vorwiegend negative Wirkungen zu attestieren. „Unter dem Strich" bleibt festzuhalten, daß die Arbeitsbedingungen sich in den mittleren Jahren der Weimarer Republik verbesserten. Die Mechanisierung trug dazu bei, die Arbeit leichter zu machen. Die technische Entwicklung der zwanziger Jahre ermöglichte nicht nur wirtschaftlichen, sondern auch sozialen Fortschritt. Das gilt erst recht, wenn man die Zeit zwischen 1924 und 1928 in eine längerfristige Perspektive rückt.

90 Ausschuß (Anm. 77), Bd. IV/9 (Anm. 77), S. 116—118. Die Einzelbelege für den Steinkohlenbergbau: Ausschuß (Anm. 77), Bd. IV/2 (Anm. 77), S. 143—300. Zur Interpretation der Ergebnisse auch: 40-Stunden-Woche (Anm. 64), S. 98 f.

91 Ebda., S. 114 f. Zur Haltung des ADGB in der Rationalisierungsfrage: Elisabeth Schalldach, Rationalisierungsmaßnahmen der Nachinflationszeit im Urteil der deutschen freien Gewerkschaften, Jena 1930; Gunnar Stollberg, Die Rationalisierungsdebatte 1908—1933. Freie Gewerkschaften zwischen Mitwirkung und Gegenwehr, Frankfurt usw. 1981; Peter Hinrichs u. Lothar Peter, Industrieller Friede? Arbeitswissenschaft, Rationalisierung und Arbeiterbewegung in der Weimarer Republik, Köln 1976; Richard Vahrenkamp, Wirtschaftsdemokratie und Rationalisierung. Zur Technologiepolitik der Arbeiterbewegung in der Weimarer Republik, in: GMH 11 (1983), S. 722—735. — Auf das Problem, ob die Rationalisierung, wie marxistische Autoren gelegentlich behaupten, notwendigerweise eine allgemeine Dequalifikation der Arbeiter bewirkt, wird weiter unten (S. 114) eingegangen.

4. Wohnverhältnisse und Ernährung: Der Arbeiterhaushalt

In seinem Roman „Union der festen Hand", einem 1931 erschienenen, kaum verschlüsselten Werk über das Haus Krupp und die „Kruppianer" in den zwanziger Jahren, zeichnet Erik Reger ein anschauliches Bild von den Wohnverhältnissen vieler Ruhrbergleute. Aus dem späten 19. Jahrhundert stammten „noch ganze Straßenfluchten, eine endlose Einöde, immer dieselben traurigen Mietshäuser mit dem grauen, von Säure zerfressenen Gestein und den abbröckelnden Stuckrosetten. Es war unmöglich, sich vorzustellen, daß die Häuser wie andere gebaut worden waren; der Baumeister mußte zwischen zwei Pfählen eine Schnur gespannt und daran einfach einen Kilometer Vorderwand hingepflanzt haben, so ähnlich wie es die Gärtner machen, wenn sie Beete anlegen. Alle diese Häuser machten den Eindruck, als seien sie nur Attrappen, als hätten sie keine Tiefe, und wenn eine Tür offen stand, sah es aus wie eine Kulissenperspektive. Daher sah man ihre Bewohner auf den Treppen sitzen oder in den Fenstern liegen; sie hatten nichts, wohin sie sich zurückziehen konnten, sie wohnten gleichsam auf der Straße. Die Menschen glichen sich, wie die Fenster sich glichen. Immer, auch im tiefsten Frieden, erblickte man hier fast nur Frauen und Kinder, denn die Männer waren auf Schicht, entweder gingen sie hin, oder sie kamen von dort, oder sie schliefen sich aus ... Der Boden war unterwühlt von den Stollen der Bergwerke. Überall liefen helle Streifen, verschmierte Risse von Bergschäden, schief durch die Häuserwände ... Solcherart war das Skelett dieser Stadt, die sich nicht allein vom Dorf hinaufentwickelt, sondern, ohne es noch zu wissen, eine Etappe auf dem Wege von der geschlossenen Ortschaft zur aufgelösten Industrielandschaft zurückgelegt hatte."[92]

Während der zwanziger Jahre bemühten sich die Unternehmer des Steinkohlenbergbaus verstärkt darum, ihre Arbeiter möglichst alle in Werkswohnungen unterzubringen. Werkswohnungen: das bedeutete kurze Anmarschwege zum Arbeitsplatz, aber auch eine enge Bindung an den Betrieb. Die Mieten für Werkswohnungen lagen meist unter den ortsüblichen Sätzen; vielfach wohnten hier auch invalide Arbeitnehmer und Hinterbliebene von werksangehörigen Arbeitern. Im Jahre 1926 waren bei den vom Arbeitsleistungsausschuß untersuchten Unternehmen des Steinkohlenbergbaus mehr als die Hälfte der Belegschaften in Werkswohnungen untergebracht. Im Ruhrgebiet umfaßte die Mehrzahl der Werkswohnungen 3 bis 4 Zimmer einschließlich der Wohnküche, in Oberschlesien 2 bis 3 Zimmer. In einer exemplarisch aufgeführten Zeche kamen in Zweizimmerwohnungen 1,7 Personen auf ein Zimmer, in größeren Wohnungen 1,3 Personen.

---

92 Erik Reger, Union der festen Hand. Neuausgabe, Reinbek bei Hamburg 1979, S. 12 f. Vgl. dazu auch die Sozialreportage aus dem Jahr 1928 von Georg Schwarz, So wohnen sie im Kohlenpott, in: Friedrich G. Kürbisch, Dieses Land schläft einen unruhigen Schlaf, Sozialreportagen 1918—45, Berlin [W] usw. 1981, S. 95—99.

Sofern die Werkswohnungen sich wie im Fall Krupp in Häuserblocks befanden, waren sie, dem Bericht des Arbeitsleistungsausschusses zufolge, „bei den Arbeitern nicht sehr beliebt, weil nur zu einem Teil dieser Werkswohnungen — und zwar nicht nur zu den von älteren Arbeitern bewohnten — Garten und Stall gehörte. Die Arbeiter legten darauf großen Wert, um nicht den Marktpreisen der Gemüsehändler ausgeliefert zu sein, und wollten am liebsten in einem nicht zu großen Hause mit separatem Eingang und einem Stückchen Garten wohnen. Da schon vor dem Krieg viele Arbeiter wegen des Fehlens von Garten und Stall weggingen, so wurden in den Kriegsjahren, um die Leute zu halten, Schrebergärten vergeben."[93]

Der Wohnungsbau kam — nach fast völligem Stillstand während des Krieges — in den frühen Jahren der Republik nur zögernd wieder in Gang. Die Inflation machte eine längerfristige Kostenkalkulation unmöglich. Da die Mieten vom Staat bis zur Stabilisierung der Mark bewußt niedrig gehalten wurden, war der Wohnungsbau für private Investoren unattraktiv. Auftrieb gab ihm dann die schrittweise Anhebung der Mieten seit dem Frühjahr 1924. Aber erst 1926 erreichte der Reinzugang an Wohnungen mit 206 000 wieder den Vorkriegsstand (1913: 200 000 innerhalb des Reichsgebiets von 1926). Hinter dem Bedarf blieb der Wohnungsbau freilich auch in der zweiten Hälfte der zwanziger Jahre zurück. Da die durchschnittliche Familiengröße gegenüber der Vorkriegszeit gesunken war — 1910 entfielen auf einen Haushalt 4,5 Personen, 1925 nur noch 4 Personen —, wuchs der Bedarf an Wohnungen stärker als die Bevölkerung insgesamt.[94] Um dem Mangel abzuhelfen, mußte die öffentliche Hand nach dem Krieg sehr viel mehr Geld in den Wohnungsbau investieren als vorher. Zwischen 1890 und 1913 waren weniger als 10 % aller Wohnungen staatlich oder kommunal mitfinanziert worden; in den Jahren von 1919 bis 1932 waren es dagegen 81 % aller neuen Wohnungen und 50 % der gesamten Bauinvestitionen. Die Mittel zur Förderung des Wohnungsbaus beschafften sich Länder und Gemeinden mit Hilfe der im Februar 1924 eingeführten Hauszinssteuer, deren Erträge zum Teil ebendiesem Zweck zugute kommen mußten. Da schon vor dem Ersten Weltkrieg 30 % aller Investitionen auf den nichtlandwirtschaftlichen Wohnungsbau entfielen, kam diesem Sektor eine konjunkturelle Schlüsselrolle zu, wobei der Effekt vor 1914 eindeutig prozyklisch, also Auf- oder Abschwungstendenzen jeweils verstärkend, war, während in den Jahren nach 1923 daneben antizyklische Wirkungen traten: Die direkte und indirekte Bautätigkeit der öffentlichen Hand trug in der Stabilisierungsphase mehr als einmal dazu bei, die darniederliegende Konjunktur zu beleben.[95]

---

93 Ausschuß (Anm. 77), Bd. IV/2 (Anm. 77), S. 208—216 (214). Zum Werkwohnungsbau bei Bosch, einem der größten Unternehmen der Metallindustrie: Stolle, Arbeiterpolitik (Anm. 87), S. 209; in der chemischen Industrie: Schöck, Arbeitslosigkeit (Anm. 23), S. 129.

94 Die Wohnungsverhältnisse in den deutschen Großstädten. Endgültige Ergebnisse der Reichswohnungszählung vom 16. Mai 1927, in: Wirtschaft und Statistik 8 (1928), S. 2—12. Zur Anhebung der Mieten seit 1924 vgl. den vorhergehenden Bd., S. 694f.

95 Peter-Christian Witt, Inflation, Wohnungszwangswirtschaft und Hauszinssteuer. Zur Regelung von Wohnungsbau und Wohnungsmarkt in der Weimarer Republik, in: Lutz Niethammer

Von den 4,5 Millionen Wohnungen, die es 1927 in den Großstädten des Deutschen Reiches gab, waren nur 320 000 oder 7 % nach dem Ersten Weltkrieg gebaut worden. Mehr als die Hälfte (51 %) aller Wohnungen in den 46 Städten mit mehr als 100 000 Einwohnern waren Kleinwohnungen mit 1 bis 3 Räumen; den zweiten Hauptteil — 42 % — stellten die Mittelwohnungen mit 4 bis 6 Räumen; der Rest von 7 % entfiel auf Großwohnungen mit 7 und mehr Räumen. Rund vier Fünftel der Wohnungen beherbergten nur den Wohnungsinhaber und seine Angehörigen; in einem Zehntel lebten die Inhaber mit wohnungslosen Haushaltungen oder Familien zusammen; ein weiteres Zehntel bestand aus Wohnungen, in denen sich neben dem Wohnungsinhaber lediglich aufgenommene Einzelpersonen, meist „Zimmerherren“ oder „Schlafgänger“, befanden (Tabelle 1).

Tabelle 1: Wohnungen, Haushaltungen und Untermieter nach Art des Zusammenwohnens (Stand: 16. Mai 1927)

Bezeichnung	Gesamtzahlen	Von 100 der Gesamtzahlen entfallen auf Wohnungen: mit nur einer Haushaltung – ohne Untermieter	mit nur einer Haushaltung – mit aufgen. Einzelperson	mit nur einer Haushaltung – mit aufgen. Familien	mit zwei Haushaltungen	mit drei und mehr Haushaltungen
			Alt- und Neuwohnungen zusammen			
Wohnungen	4 523 013	79,28	10,69	2,31	7,31	0,41
Haushaltungen	4 891 692	73,30	9,88	2,14	13,52	1,16
Darunter zweite bzw. weitere Haushaltungen	368 679	—	—	—	89,68	10,32
Aufgenommene Familien	112 364	—	—	95,05	4,30	0,65
Aufgenommene Einzelpersonen	727 856	—	90,06	2,35	6,99	0,60
Bewohner	16 754 189	73,38	11,54	3,34	10,81	0,93
		Neuwohnungen				
Wohnungen	317 585	86,06	6,37	1,66	5,64	0,27
Haushaltungen	337 266	81,04	5,99	1,56	10,63	0,78
Darunter zweite bzw. weitere Haushaltungen	19 681	—	—	—	91,07	8,93
Aufgenommene Familien	5 566	—	—	96,16	3,43	0,41
Aufgenommene Einzelpersonen	27 357	—	92,10	1,79	5,69	0,42
Bewohner	1 239 617	80,44	7,34	2,46	9,11	0,65

Quelle: Wirtschaft und Statistik 8 (1928), S. 4.

(Hg.), Wohnen im Wandel. Beiträge zur Geschichte des Alltags in der bürgerlichen Gesellschaft, Wuppertal 1979; S. 385—407 (bes. 388 f.); Dan P. Silverman, A Pledge Unredeemed: The Housing Crisis in Weimar Germany, in: CEH 3 (1970), S. 112—139; Ulrich Blumenroth, Deutsche Wohnungspolitik seit der Reichsgründung. Darstellung und kritische Würdigung, Münster 1975, bes. S. 159 ff. Zur Hauszinssteuer vgl. den vorhergehenden Bd., S. 694.

Am dichtesten war die Bevölkerung in Wohnungen mit nur einem Wohnraum zusammengedrängt: Hier mußten durchschnittlich nahezu 2 Personen mit einem gemeinsamen Raum vorlieb nehmen. In Wohnungen mit 2 Räumen entfielen auf einen Wohnraum 1 1/2 Personen, in Wohnungen mit 3 Räumen 1,2 Personen. Erst in der Größenklasse der Wohnungen mit 4 bis 6 Räumen traf aber im Durchschnitt auf einen Raum nicht mehr als eine Person. Auf eine fünfköpfige Arbeiterfamilie kamen in Deutschland 1925 durchschnittlich 1,4 Räume — sehr viel weniger als in Frankreich und England, wo einer gleich großen Arbeiterfamilie 2,5 beziehungsweise 3 Räume zur Verfügung standen, und ganz zu schweigen von den Vereinigten Staaten, wo auf jedes Familienmitglied ein Raum entfiel.[96]

Da die überwältigende Mehrheit der Wohnungen, in denen die deutsche Bevölkerung zwischen 1918 und 1933 lebte, schon vor 1914 gebaut worden war, blieben die wohnungspolitischen Grundentscheidungen des Kaiserreichs auch für die Weimarer Republik bestimmend. Es gab nach wie vor Fabrikbezirke und fabrikfreie Bezirke, proletarische Stadtteile und bürgerliche Villenvororte. Die Mietskaserne mit Klein- und Kleinstwohnungen hatte sich vor dem Ersten Weltkrieg der hohen Rendite wegen als Normaltyp der Arbeiterwohnung durchgesetzt, obwohl Boden- und Wohnungsreformer diese Art der Unterbringung aus hygienischen, sozialen und politischen Gründen bekämpften. Nach 1918 rückten zwar Staat und gemeinnützige Baugenossenschaften immer mehr an die Stelle privater Investoren, aber sozialere Baukonzeptionen — wie sie modellhaft im „roten Wien" der zwanziger Jahre verwirklicht wurden — kamen in Deutschland nur in einigen größeren Städten zum Zuge. Mit Kapitalmangel allein waren die bescheidenen Dimensionen des Neuanfangs nicht zu erklären. Lichtdurchflutete Wohnhochhäuser, wie sie die Reformer verlangten, waren nicht notwendig teurer als eng aneinander gereihte Flachbauten. Sie hätten freilich den Wohnwert und damit die Rendite der älteren Mietskasernen vermindert — und gegen dieses massive Interesse konnten sich die Neuerer nur unter besonders günstigen kommunalpoliti-

96 Wohnungsverhältnisse (Anm. 94), S. 10. Küchen sind als Wohnräume bei den vorstehenden Angaben immer mitgerechnet. Zum internationalen Vergleich: H. Strassert, Wohnungswesen 1930 — Aussichten für 1931, in: Soziale Medizin 4 (1931), S. 163—166 (163). 1933 betrug der Anteil der nach 1918 erstellten Wohnungen für das Deutsche Reich (wie für die Großstädte) 17,7 %. Dazu: Siegfried Reck, Arbeiter nach der Arbeit. Sozialhistorische Studien zu den Wandlungen des Arbeiteralltags, Lahn-Gießen 1977, S. 93. Zum Wohnungsbau und zu den Wohnverhältnissen in der Weimarer Republik: Carl Johannes Fuchs, Wohnungsfrage und Wohnungswesen, in: Handwörterbuch der Staatswissenschaften, Jena 4. Aufl., Ergänzungsband, 1929, S. 1098—1160; Albert Gut, Der Wohnungsbau in Deutschland nach dem Weltkriege, München 1928; Bruno Schwan, Die Wohnungsnot und das Wohnungselend in Deutschland, Berlin 1929 (S. 103 ff.: anschauliche Schilderung des Wohnungselends im proletarischen Berlin); Dreißig Jahre Wohnungsreform 1898—1928, Denkschrift aus Anlaß des dreißigjährigen Bestehens, hg. v. Deutschen Verein für Wohnungsreform, Berlin 1928; Gesine Asmus (Hg.), Hinterhof, Keller, Mansarde. Einblicke in Berliner Wohnungselend 1901—1920, Reinbek b. Hamburg 1982. — Zur Wohnungsnot in ausgesprochenen Elendsgebieten siehe auch unten S. 93 f.

schen Bedingungen durchsetzen. Darauf wird im Zusammenhang mit der sozialdemokratischen Gemeindepolitik noch zurückzukommen sein.[97]

Gegenüber den aus dem Kaiserreich stammenden Wohnungen wiesen die Neuwohnungen dennoch erhebliche Verbesserungen auf. Vor 1918 hatte es nur in jeder zweiten Arbeiterwohnung (50,2 %) ein eigenes Klosett gegeben; vier Zehntel (41,0 %) aller Arbeiterhaushalte mußten ein im Hause, aber außerhalb der Wohnung gelegenes Klosett, ein knappes Zehntel (8,8 %) ein Klosett im Hof benutzen. Die zwischen 1918 und 1927 gebauten Wohnungen von Arbeiterfamilien hatten zu neun Zehnteln (91,9 %) ein eigenes Klosett. Der Anteil der in Neuwohnungen untergebrachten Arbeiterhaushalte, denen ein Klosett außerhalb der Wohnung, aber im Haus zur Verfügung stand, belief sich auf 6,1 %; 2 % mußten sich mit einem Klosett im Hof begnügen. Hatten vor 1918 nur 2,4 % aller Arbeiterwohnungen ein eigenes Badezimmer gehabt, so waren es 1927 immerhin 4,9 %. Der Zuwachs ging darauf zurück, daß es in 25,3 % der Neuwohnungen Badezimmer gab. Die Zahl der Wohnräume war in diesen Wohnungen erheblich größer als in den vor 1918 gebauten (3,7 : 3,2), und dasselbe galt für die Gesamtwohnfläche (50,28 qm : 42,62 qm).[98]

Wohnungen in Neubauten waren freilich auch erheblich teurer als solche in Altbauten. Eine Statistik, die sich auf Berliner Arbeiterhaushalte im Jahre 1929 bezieht, macht das deutlich (Tabelle 2).

Da gelernte Arbeiter in den metallverarbeitenden Industrien der Reichshauptstadt jährlich zwischen 2 184 und 3 036 RM, ungelernte zwischen 1 992 und 2 604 RM verdienten, hieß das, daß diese Arbeitergruppen, um die Miete für eine Neubauwohnung zu bezahlen, zwischen 40 und 45 % ihres Einkommens aufzuwenden hatten. Dieser faktisch unerschwinglichen Mietpreise wegen standen denn auch trotz der großen Wohnungsnot nicht wenige der aus öffentlichen Mitteln mitfinanzierten neuen Wohnungen monatelang leer. Ein Eigenheim mußte für die meisten Arbeiter erst recht ein unerfüllbarer Traum bleiben. Von den 896 Arbeiterhaushalten, deren Lebenshaltung das Statistische Reichsamt 1927/28 unter-

97 Witt, Inflation (Anm. 95), S. 388; Adelheid von Saldern, Kommunalpolitik und Arbeiterwohnungsbau im Deutschen Kaiserreich, in: Niethammer (Hg.), Wohnen (Anm. 95), S. 344—362; Dieter Langewiesche, Politische Orientierung und soziales Verhalten. Familienleben und Wohnverhältnisse von Arbeitern im „roten" Wien der Ersten Republik, ebda. S. 171—187; Dorothea Berger-Thimme, Boden- und Wohnungsreform in Deutschland 1873—1918. Zur Genese staatlicher Intervention im Bereich von Wohnungs- und Siedlungswesen, Frankfurt 1976; Curt Bejach, Mietpreis und Wohnungsproduktion, in: Soziale Medizin 3 (1930), S. 143—152. Als Lokalstudien über den Arbeiterwohnungsbau in Hamburg: Hans-Jürgen Hörnberg u. Dirk Schubert, Massenwohnungsbau in Hamburg. Materialien zur Entstehung und Veränderung Hamburger Arbeiterwohnungen und -siedlungen 1800—1967, Berlin [W] 1975, S. 150—229 (materialreich, aber in den Wertungen einseitig KPD-orientiert); Horant Faßbinder, Berliner Arbeiterviertel 1800—1918, Berlin [W] 1975 (mit gleicher Tendenz). Zur sozialdemokratischen Wohnungsbaupolitik vgl. unten S. 408 ff.

98 Die Lebenshaltung von 2000 Arbeiter-, Angestellten- und Beamtenhaushaltungen. Erhebungen von Wirtschaftsrechnungen im Deutschen Reich, bearb. vom Statistischen Reichsamt (= Einzelschriften zur Statistik des Deutschen Reichs, Nr. 22, 1 u. 2), Berlin 1932, S. 100—102. Derselben Quelle zufolge belief sich 1927/28 die durchschnittliche Gesamtwohnfläche eines Arbeiterhaushalts auf 43,46 % und die Zahl der Wohnräume auf 3,2. Ebda., S. 98.

Tabelle 2: Mietausgaben von Berliner Arbeiterhaushalten (1929)

Einkommen in RM	Familien-mitglieder	Miete allgemein v.H. der Ausgaben	Miete in Neubauten (mit Hauszins-Mitteln) v.H. des Einkommens
bis 2500	3,6	11,9	33,6—45,1
2500—3000	3,9	10,6	28,0—40,4
3000—3600	4,2	10,2	26,7—34,1
3600—4300	4,4	9,4	22,9—28,5

Quelle: Strassert, Wohnungswesen (Anm. 96), S. 165.

suchte, waren nur 2,5 % im Besitz eines eigenen Hauses. Diese Zahl lag jedoch noch über der von Arbeiterfamilien, die in Dienst- oder Werkswohnungen lebte (2,2 %).[99]

Im Reichsdurchschnitt verwendeten Arbeiterfamilien 1927/28 nach den Erhebungen des Statistischen Reichsamtes etwa ein Zehntel ihrer Gesamtausgaben für die Wohnungsmiete. Dem „Schwabeschen Gesetz" entsprechend sank dieser Anteil mit steigendem Einkommen: Arbeiterfamilien, die über ein jährliches Einkommen von bis zu 2 500 RM verfügten, gaben 11,9 % für die Wohnungsmiete aus; bei einem Einkommen von 4 300 RM und mehr belief sich der Mietanteil nur auf 8,8 %. Dieselbe Tendenz ließ sich bei Ausgaben für Heizung und Beleuchtung beobachten. Gerade umgekehrt war es bei Ausgaben für die Einrichtung und Instandsetzung der Wohnung. Arbeiterhaushalte in der obersten Einkommenskategorie gaben vierzehnmal so viel für Möbel aus wie die der niedrigsten (Schaubild 1).[100]

*

Vor den Ausgaben für die Wohnungsmiete rangierten in fast allen Kategorien von Arbeiterhaushalten zwei andere Posten: an erster Stelle Nahrungs- und Genußmittel, an zweiter Bekleidung und Wäsche. Nur die am wenigsten verdienenden Arbeiterfamilien gaben für die Miete mehr aus als für Textilien und Schuhe. In dieser untersten Einkommensstufe machten Aufwendungen für Nahrungs- und Genußmittel fast die Hälfte der Gesamtausgaben aus. Ein von dem Statistiker Engel aufgestelltes Gesetz bestätigend, sank mit steigendem Einkommen dieser Ausgabenanteil ab — bis auf etwa zwei Fünftel in der obersten Stufe.

99 Strassert, Wohnungswesen (Anm. 96), S. 165; Lebenshaltung (Anm. 98), S. 98.
100 Ebda., S. 19.

Schaubild 1

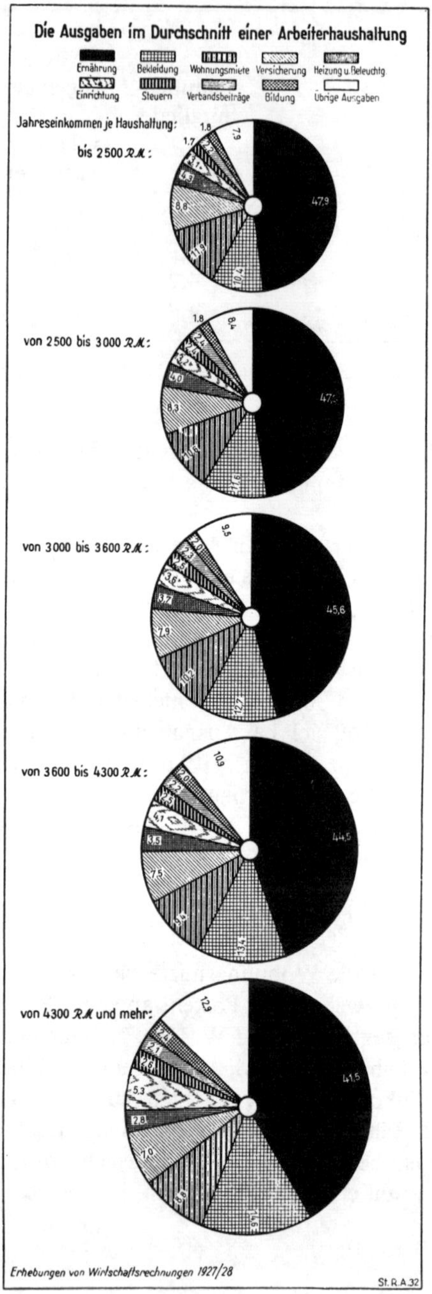

Quelle: Lebenshaltung (Anm. 98), S. 20.

Innerhalb des Ausgabenpostens „Nahrungs- und Genußmittel" bildeten, wenn wir von den Mengen ausgehen, die Aufwendungen für Kartoffeln, Milch, Brot- und Backwaren sowie Fleisch und Fleischwaren die vier größten Blöcke. Auf die Werte in Reichsmark bezogen, war die Reihenfolge anders: Das meiste Geld wurde für Fleisch und Fleischwaren ausgegeben, und vor den Kartoffeln rangierten nicht nur Brot- und Backwaren sowie Milch, sondern auch Fette, Butter und Bier (Schaubild 2).

Schaubild 2

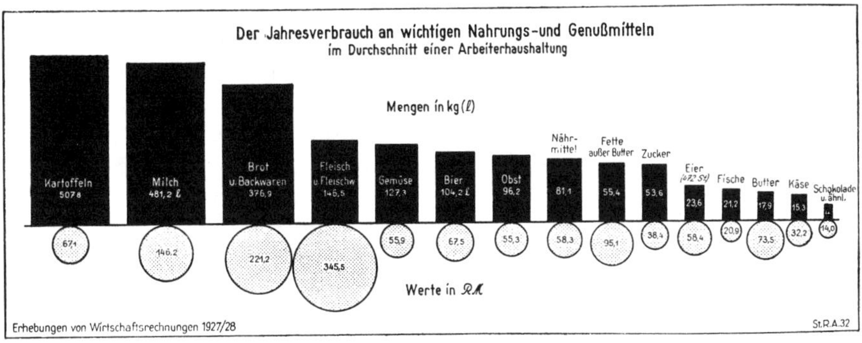

Quelle: Ebda., S. 21.

Das Wohlstandsgefälle innerhalb der Arbeiterschaft schlug sich u. a. darin nieder, daß die Haushaltungen der untersten Einkommensstufe etwas mehr für Margarine als für Butter ausgaben, während in den anderen Stufen die Ausgaben für Butter weit über denen für Margarine lagen. Der Verbrauch von Bohnenkaffee nahm von der untersten bis zur obersten Einkommensstufe beträchtlich zu. Mit zunehmendem Einkommen trat auch eine starke Verbrauchssteigerung der vorwiegend Eiweiß enthaltenden Nahrungsmittel wie Fleisch, Eier und Käse ein, dagegen erhöhte sich der Verbrauch wichtiger kalorienreicher Nahrungsmittel, etwa Kartoffeln, alle Nährmittel, Margarine, verschiedene Brotsorten, kaum oder war sogar rückläufig.

Der Hamburger Statistiker Carl von Tyszka wertete den Befund zusammenfassend so, daß nur in den Arbeiterhaushalten mit einem Jahreseinkommen von mindestens 1 000 RM je Vollperson von einer zufriedenstellenden Ernährung gesprochen werden könne. Bei den Haushalten mit geringerem Einkommen sei die Eiweißzufuhr „ganz unzureichend", die Ernährung folglich „mangelhaft und schlecht": Im Vergleich zur Vorkriegszeit stellte Tyszka bei den Arbeiterfamilien eine geringe Zunahme der Gesamteiweißzufuhr fest, die durch die erhöhte Zufuhr von pflanzlichem Eiweiß hervorgerufen wurde, während die Nahrung an tierischem, besonders fleischlichem Eiweiß zurückgegangen war. „An Stelle der eingeschränkten animalischen Kost wurden mehr Vegetabilien, besonders Kartoffeln, genossen. Auch im Fettbedarf ist eine Verschiebung dahingehend eingetreten, daß an die Stelle überwiegenden Butterverbrauchs Margarine und andere Fette traten." Gegenüber der Zeit vor 1914 sei daher zwar nicht dem Nährwert und der Kalorienzahl nach, wohl aber unter dem Gesichtspunkt der Qualität der Nahrung eine Verschlechterung zu beobachten. Dies gelte freilich für alle Kategorien von Arbeitnehmern, und für die Angestellten in noch höherem Maß als für die Arbeiter. Ein Vergleich zwischen den Befunden des Statistischen Reichsamtes von 1927/28 und einer Hamburger Erhebung von 1926 führte Tyszka zu dem Schluß, daß eine gewisse Verbesserung der Ernährungslage von Arbeiterhaushalten nicht zu verkennen sei.

Von den Ausgaben für Genußmittel entfielen 60,8 % auf alkoholische Getränke, 3 % auf alkoholfreie Getränke und 36,2 % auf Tabakwaren. Der Alkoholkonsum gliederte sich auf in 104,2 Liter Bier, 1,8 Liter Branntwein und 8,5 Liter Wein je Haushaltung und Jahr. Selbst wenn man davon ausgeht, daß die tatsächlichen Ausgaben für alkoholische Getränke höher waren als in den Haushaltsbüchern ausgewiesen, deuten die Befunde des Statistischen Reichsamtes weder auf einen verbreiteten „Elends-" noch auf einen grassierenden „Wohlstandsalkoholismus". Das Rauchen gehörte zu den Angewohnheiten der meisten Arbeiter; nur 8 % der erfaßten Haushalte gaben an, es werde bei ihnen kein Geld für Tabak ausgegeben. Insgesamt nahmen bei den besser verdienenden Arbeitern die Genußmittel einen höheren Rang unter den Ausgaben ein als bei den unteren Einkommensstufen (Tabelle 3).[101]

Tabelle 3: Ausgaben für Nahrungs- und Genußmittel je Haushaltung

Jahreseinkommen je Haushaltung in RM	Nahrungs- und Genußmittel RM	davon Nahrungsmittel vH	davon Genußmittel vH
unter 2500	1 089,71	92,5	7,5
2500 bis unter 3000	1 305,59	91,5	8,5
3000 bis unter 3600	1 497,85	90,9	9,1
3600 bis unter 4300	1 739,04	89,7	10,3
4300 und mehr	2 085,73	90,0	10,0
Durchschnitt	1 506,99	90,8	9,2

Quelle: Ebda., S. 22.

*

101 Ebda., S. 21—26; Gert von Tyszka, Ernährung und Lebenshaltung des deutschen Volkes. Ein Beitrag der Erkenntnis des Gesundheitszustandes des deutschen Volkes, Berlin 1934, S. 57 ff. (65, 76). — Pro Kopf umgerechnet lauten die Daten für den Verbrauch alkoholischer Getränke: 24,8 Liter Bier, 0,4 Liter Branntwein und 2,0 Liter Wein. Das Statistische Reichsamt verwies selbst darauf, daß nach der Verbrauchssteuerstatistik der Konsum alkoholischer Getränke erheblich höher lag, nämlich bei 80,8 Liter Bier und 1,3 Liter Branntwein. Nach Ansicht der Behörde war die Differenz u. a. darauf zurückzuführen, daß alleinstehende Personen, die in die Erhebung über die Arbeitnehmerhaushalte nicht einbezogen waren, gewöhnlich mehr Alkohol tranken als verheiratete. Außerdem sei zu vermuten, daß der Anteil des in Wirtshäusern getrunkenen Bieres nicht genau ausgewiesen und z. T. in den „nicht erfaßten Ausgaben"

Arbeiterfrauen auf dem Markt: In der unteren Einkommensstufe machten Aufwendungen für Nahrungs- und Genußmittel fast die Hälfte der Gesamtausgaben aus.

Die Ausgaben für Bildung — sie lagen in allen Einkommensstufen weit über den Ausgaben für Vergnügungen — nahmen mit steigendem Einkommen zu. Im Durchschnitt entfielen in den Arbeiterhaushalten von allen Ausgaben für Bildung auf Bücher, Zeitschriften und Zeitungen 58 %, Schule und Kindergarten 22 %, weitere Ausbildung 14 % und Sonstiges 6 %.

Auf der Einnahmenseite des Haushalts fällt zunächst auf, daß die Berufstätigkeit der Ehefrau eine um so größere Rolle spielte, je höher das Einkommen war (Tabellen 4 und 5).

Tabelle 4: Anteil der Haushaltungsmitglieder am Arbeitseinkommen (in Prozent)

Haushaltungsmitglieder	Jahreseinkommen je Haushaltung in RM				
	unter 2 500	2 500 bis unter 3 000	3 000 bis unter 3 600	3 600 bis unter 4 300	4 300 und mehr
Haushaltungsvorstand	97,7	96,4	93,0	86,0	74,9
Ehefrau	1,9	2,7	4,4	7,1	6,6
Sonstige Haushaltungsmitglieder	0;4	0,9	2,6	6,9	18,5

Quelle: Ebda., S. 17.

Die Ehefrau verdiente in knapp der Hälfte (45,9 %) der vom Statistischen Reichsamt untersuchten Arbeiterhaushalte mit. Meist handelte es sich hierbei um gelegentliche Einnahmen aus Aufwartung, Waschen oder Nähen und nur selten um ganztägige regelmäßige Lohnarbeit.

Wenn die buchführenden Arbeiterhaushalte für die Arbeiterschaft insgesamt repräsentativ waren, dann liegt der Schluß nahe, daß die Ehefrau nicht schon deswegen mitarbeitete, weil der Mann nur wenig verdiente. Offenbar waren für die Frage, ob die Frau auch außerhalb des eigenen Haushalts arbeitete oder nicht, andere Faktoren wichtiger. In den Haushaltungen, die zur untersten Einkommensstufe gehörten, waren überwiegend kleine Kinder — im Alter bis zu 10 Jahren — vorhanden. Die Ehefrau arbeitete hier selten mit und war in keinem Fall regelmäßig ganztägig beschäftigt. Mit zunehmendem Einkommen der Haushaltungen ging ein höheres Durchschnittsalter der Kinder einher. Die Ehefrau war in diesem Fall weniger an das Haus gebunden und konnte häufiger einem regelmäßigen Erwerb nachgehen. In den besser situierten Haushalten verdienten neben der Ehefrau oft auch „sonstige Haushaltungsmitglieder", in der Regel berufstätige Kinder, mit. Mit steigendem Familieneinkommen nahm in den Haushaltungen

enthalten sei. Ebda., S. 24. Zum Alkoholkonsum der deutschen Arbeiter in historischer Perspektive: James S. Roberts, Der Alkoholkonsum deutscher Arbeiter im 19. Jahrhundert, in: GG 6 (1980), S. 220—242, sowie die anschließende Debatte: ebda., 8 (1982), S. 134—144. Vgl. auch ders., Drink, Temperance and the Working Class in Nineteenth-Century Germany, London usw. 1983.

Tabelle 5: Arbeitseinkommen der Ehefrau (im Jahr)

Jahreseinkommen je Haushaltung in RM	Zahl der Fälle insgesamt	Zahl der Fälle in vH der Haushaltungen	Einkommen je Fall RM	Einkommen je Haushaltung RM	Einkommen je Haushaltung in vH des Arbeitseinkommens des Ehemanns
unter 2 500	30	34,9	111,80	39,00	1,9
2 500 bis unter 3 000	102	40,0	165,83	66,33	2,8
3 000 bis unter 3 600	141	48,1	272,01	130,90	4,8
3 600 bis unter 4 300	95	53,4	458,32	244,61	8,2
4 300 und mehr	43	51,2	585,21	299,57	8,8

Quelle: Ebda., S. 17.

nicht nur das Durchschnittsalter, sondern auch die Zahl der Kinder zu. Die Folge war, daß in den oberen Einkommensstufen die „sonstigen Haushaltungsmitglieder“ häufiger und mehr verdienten als in den unteren (Tabelle 6).[102]

Tabelle 6: Arbeitseinkommen der „Sonstigen Haushaltungsmitglieder“ (im Jahr)

Jahreseinkommen je Haushaltung in RM	Zahl der beteiligten Haushaltungen insgesamt	Zahl der beteiligten Haushaltungen in vH der Haushaltungen mit sonstigen Haushaltungsmitgliedern	Einkommen je beteiligte Haushaltung RM
unter 2 500	4	5,3	195,01
2 500 bis unter 3 000	31	13,5	188,54
3 000 bis unter 3 600	76	28,1	198,74
3 600 bis unter 4 300	78	46,2	549,65
4 300 und mehr	61	74,4	1 154,97

Quelle: Ebda., S. 18.

Daß der Haushaltungsvorstand einem Nebenerwerb nachging, war in Arbeiterfamilien häufig: In der untersten Einkommensgruppe mit einem Jahreseinkommen von unter 2 500 RM war es 1927/28 ein knappes Drittel (31,4 %), in der obersten mit einem Jahreseinkommen von 4 300 RM fast die Hälfte (47,6 %). Allerdings spielten die Einkünfte aus Nebenerwerb keine große Rolle: in der unter-

102 Lebenshaltung (Anm. 98), S. 17—19.

sten Einkommensstufe waren es 0,6 %, in der obersten 1,7 % des gesamten Arbeitseinkommens des Haushaltungsvorstandes. 28,2 % der vom Statistischen Reichsamt untersuchten Arbeiterhaushalte hatten Gartenland, Geflügel- oder Kleintierhaltung; 21,4 % konnten hieraus einen Reingewinn erzielen.

Von der Lebenshaltung der Angestellten und Beamten unterschieden sich die Arbeiter nicht unwesentlich. Durchschnittlich lagen die Monatseinkünfte der Beamten über denen der Angestellten und die Einkünfte der Angestellten wiederum über denen der Arbeiter. Bei den Arbeitern spielten Einkünfte, die *nicht* vom Haushaltungsvorstand verdient wurden, eine relativ größere Rolle als bei Angestellten und Beamten (Tabellen 7 und 8).

Tabelle 7: Gliederung der Einnahmen und Ausgaben von Arbeitnehmerhaushalten (1927/28)

— RM pro Jahr —

	Arbeiter	Angestellte	Beamte
Einnahmen			
1. Einkünfte des Haushaltsvorstands	2 682,33	4 106,54	4 698,66
2. weitere Einkünfte	642,79	605,78	97,64
3. Einkünfte insgesamt	3 325,12	4 712,32	4 796,30
Ausgaben			
1. Nahrungs- und Genußmittel	1 506,99	1 624,81	1 755,74
2. Wohnung	571,23	970,18	1 179,35
3. Kleidung	422,86	595,25	744,99
4. Sonstiges	824,04	1 522,08	1 096,22
5. Ausgaben insgesamt	3 325,12	4 712,32	4 796,30

Quelle: Statistisches Jahrbuch für das Deutsche Reich 49 (1930), S. 342 ff.

Beim Vergleich der Ausgaben ist zu beachten, daß die Arbeiterhaushalte meist größer waren als die der Angestellten und Beamten. Nach den Berechnungen des AfA-Bundes kamen auf den Angestelltenhaushalt im Durchschnitt 3,3 Personen, auf den Arbeiterhaushalt 4,6. Den Erhebungen des Statistischen Reichsamtes zufolge gab es 1927/28 in 26,4 % der Arbeiterhaushalte drei und mehr Kinder; bei den Angestellten waren es 11,9 % und bei den Beamten 15,9 %. Von einer nahezu gleichen Summe, die für Nahrungs- und Genußmittel ausgegeben wurde, mußten im Arbeiterhaushalt also mehr Personen leben als im Angestelltenhaushalt.[103]

103 Zum Vergleich von Arbeiter-, Angestellten- und Beamtenhaushalten: Heinz-Jürgen Priamus, Angestellte und Demokratie. Die nationalliberale Angestelltenbewegung in der Weimarer Republik, Stuttgart 1979, S. 53—59. Ebda., S. 56, auch die Berechnung des AfA-Bundes. Vgl. dazu auch Hans Speier, Die Angestellten vor dem Nationalsozialismus. Ein Beitrag zum Verständnis der deutschen Sozialstruktur 1918—1933. Göttingen 1977, S. 66—74. Zum

Tabelle 8: Gliederung der Einnahmen und Ausgaben von Arbeitnehmerhaushalten (1927/28) — in Prozent —

	Arbeiter	Angestellte	Beamte
Einnahmen			
1. Einkommen des Haushaltsvorstands	80,7	87,2	87,8
2. Sonstige Einkünfte	19,3	12,8	12,2
3. Einkünfte insgesamt	100,0	100,0	100,0
Ausgaben			
1. Nahrungs- und Genußmittel	45,3	34,5	33,2
2. Wohnung	17,5	20,5	22,1
3. Kleidung	12,7	12,6	13,9
4. Sonstiges	24,5	32,4	30,8
5. Ausgaben insgesamt	100,0	100,0	100,0

Quelle: Ebda., S. 342 ff.

Aus dem niedrigen Einkommen der Arbeiter läßt sich zu einem guten Teil erklären, daß der Ausgabenanteil für Nahrungs- und Genußmittel in ihren Haushalten relativ höher war als bei denen der Angestellten und Beamten. Dasselbe trifft für die deutlichen Differenzen bei den Ausgaben für die Wohnung und den Posten „Sonstiges" zu. In diese Rubrik fielen die Ausgaben für den „Kulturbedarf", also für Bildung, Erholung, Vergnügungen, aber auch für Körper- und Gesundheitspflege, Versicherungen, Verbands- und Vereinsbeiträge sowie Unterstützungen und Geschenke. Für Bildung allein gaben Arbeiterhaushalte durchschnittlich 2 %, die Haushalte von Angestellten 2,9 % und diejenigen der Beamten 3,7 % aus, wobei in allen drei Kategorien der Anteil dieses Postens mit der Einkommenshöhe stieg.[104]

Wenn Arbeiter für kulturelle Zwecke weniger Geld ausgaben als Angestellte und Beamte, dann vor allem deshalb, weil sie weniger Geld hatten und von dem geringeren Betrag mehr Personen ernähren mußten als die anderen Arbeitnehmergruppen. Neben dem materiellen Faktor wird man aber auch unterschiedliche Traditionen und Werthaltungen berücksichtigen müssen. Bei der Erörterung des kulturellen Lebens und des Freizeitverhaltens der Arbeiter wird auf die Frage einzugehen sein, ob „Kultur" für Arbeiter dasselbe oder etwas anderes bedeutete als für Menschen, die sich dem Bürgertum zugehörig fühlten.

Nebenerwerb von Arbeitern: Lebenshaltung (Anm. 98), S. 17 f. Ohne Kinder waren 13,4 % der Arbeiterhaushalte, 24,9 % der Angestelltenhaushalte und 20,9 % der Beamtenhaushalte. 1 bzw. 2 Kinder hatten 29 % (31,2 %) der Arbeiterhaushalte, 34,4 % (28,8 %) der Angestelltenhaushalte und 29,5 % (33,7 %) der Beamtenhaushalte. Im allgemeinen nahm die durchschnittliche Kopfzahl der Haushaltungen von der jeweils untersten bis zur obersten Einkommensstufe zu. Ebda., S. 14.

104 Statistisches Jahrbuch für das Deutsche Reich 49 (1930), Berlin 1930, S. 344—346.

Der Anteil, den Arbeiterhaushalte für Bildung, Unterhaltung und Erholung aufbrachten, hatte sich gegenüber 1907/08 — dem Zeitpunkt der letzten einschlägigen Erhebung des Kaiserlichen Statistischen Amtes — erheblich gesteigert. Nominell entfielen zwar in beiden Enquêten — der von 1907/08 und der von 1927/28 — 4 % aller Ausgaben auf diese Zwecke. Aber in der Vorkriegszeit wurden dazu auch die Vereins- und Verbandsbeiträge gerechnet, während die spätere Erhebung diese separat aufführte und mit 2,3 % bezifferte. Der Anteil des Etatpostens „Lebensmittel" war in der gleichen Zeit von 52 % auf 45,3 % zurückgegangen, während sich der Anteil des Unterpostens „Genußmittel" von 4,6 % auf 5,8 % erhöht hatte. Eine abnehmende Tendenz gab es bei den Aufwendungen für die Wohnung (21,3 % : 17,5 %), eine zunehmende bei den Ausgaben für Kleidung (11,2 % : 12,7 %) sowie für Versicherungen und Steuern (4,1 % : 10,4 %). Insgesamt läßt sich eine Verlagerung von den elementaren zu den gehobenen Bedürfnissen feststellen — eine Folge von realen Lohnsteigerungen, die sich rückblikkend gewiß bescheiden ausnehmen, aber doch in den säkularen Trend der materiellen Hebung der Arbeiterschaft gehörten (Schaubild 3).[105]

Schaubild 3: Entwicklung der Lebenshaltung von Arbeiterhaushalten (1913/14—1962/63)

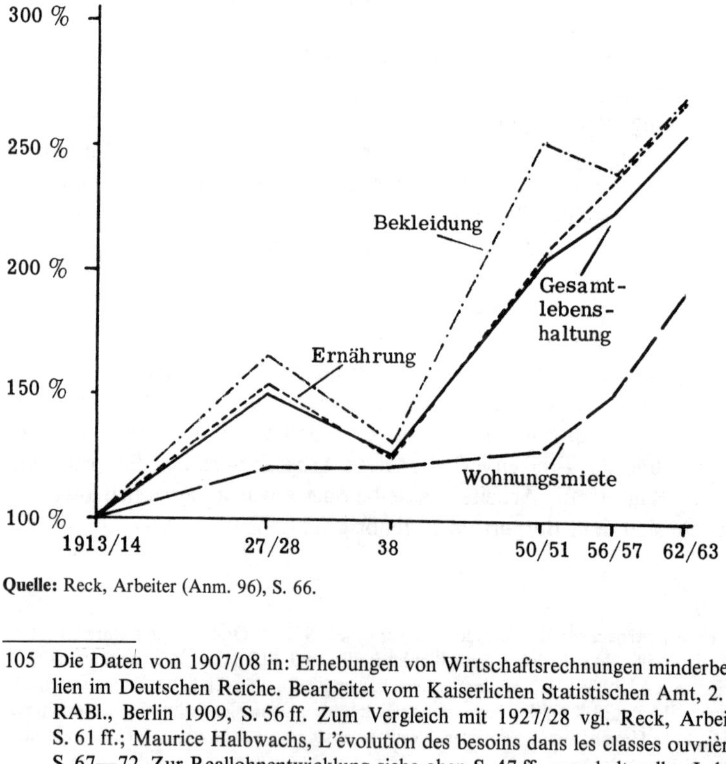

Quelle: Reck, Arbeiter (Anm. 96), S. 66.

105 Die Daten von 1907/08 in: Erhebungen von Wirtschaftsrechnungen minderbemittelter Familien im Deutschen Reiche. Bearbeitet vom Kaiserlichen Statistischen Amt, 2. Sonderheft des RABl., Berlin 1909, S. 56 ff. Zum Vergleich mit 1927/28 vgl. Reck, Arbeiter (Anm. 96), S. 61 ff.; Maurice Halbwachs, L'évolution des besoins dans les classes ouvrières, Paris 1933, S. 67—72. Zur Reallohnentwicklung siehe oben S. 47 ff., zum kulturellen Leben der Arbeiter unten S. 120 ff.

5. Fruchtbarkeit, Krankheit und Sterblichkeit

„Der Gesundheitszustand des deutschen Volkes hat, im ganzen genommen, eine durchaus befriedigende Entwicklung gezeigt," schrieb im Jahre 1931 die Zeitschrift „Soziale Medizin" und berief sich dabei auf eine Denkschrift des Reichsministers des Innern über die gesundheitlichen Verhältnisse des deutschen Volkes. Die Erfolge im Kampf gegen Krankheiten und vorzeitigen Tod, die rein äußerlich in einer geradezu erstaunlichen Verlängerung der mittleren Lebensdauer — von 36 Jahren 1870 auf 57 Jahre 1925 — zum Ausdruck kämen, seien „in erster Linie der zunehmenden hygienischen Kultur und der Ausgestaltung der öffentlichen und privaten Gesundheits- und Wohlfahrtspflege zu danken."[106]

Das Fazit des Berichterstatters ließ sich durch einige Zahlen erhärten. 1930 lag die Sterblichkeit mit 11,1 je 1 000 Einwohner erheblich niedriger als 1913: Damals waren es 15 je 1 000 Einwohner gewesen. Freilich gab es zwischen diesen beiden Stichjahren auch einen starken Geburtenrückgang (1913: 116,5 Promille, 1930: 67,2 Promille). Die Einwohnerzahl des Deutschen Reiches erhöhte sich infolgedessen nur geringfügig — um etwa 0,6 % jährlich —, und wenn man die völlig anormale Altersgliederung des deutschen Volkes, eine Folge des Ersten Weltkriegs, berücksichtigte, so ergab sich sogar ein jährlicher Bevölkerungsverlust von 1,6 Promille.

In der Statistik der Todesursachen rangierten 1930 ganz oben die in den höheren Lebensaltern besonders häufigen Krankheiten: Störungen der Kreislauforgane (16,8 % aller Todesfälle), Krebs und andere Wucherungen (10,2 %) und Altersschwäche (10 %). Die Tuberkulose dagegen, früher zurecht oft als „Volksseuche" bezeichnet, wurde immer mehr zurückgedrängt. Die Zahl der Tuberkulosetoten war schon vor dem Ersten Weltkrieg stark gesunken: von 32 auf je 10 000 Lebende im Jahr 1890 auf 14,3 im Jahre 1913. Infolge des Massenelends während des Krieges stieg die Zahl dann wieder auf 23 im Jahre 1918 an. In den Notjahren 1922 und 1923 gab es vor allem in hochindustrialisierten Gegenden eine deutliche Zunahme der tödlich verlaufenden Tuberkuloseerkrankungen. Danach sank die Ziffer wieder: von 10,9 im Reichsdurchschnitt der Jahre 1924 bis 1926 auf 8,2 im Jahr 1930. Im zuletzt genannten Jahr machte die Tuberkulosesterblichkeit zwar immer noch 6,9 % aller Todesfälle aus, aber in keinem Land war die Abnahme dieser Todesursache stärker als in Deutschland.

Außer der Tuberkulose, angeborener Lebensschwäche und Entbindungsfolgen war die Zahl der Sterbefälle bei allen wichtigen Todesursachen, soweit die höheren Altersklassen in Frage kamen, gestiegen. Die Kleinkinder- und Säuglingssterblichkeit hingegen hatte abgenommen, ebenso die Zahl der durch übertragba-

106 Dr. phil. Barfels, Der Gesundheitszustand des deutschen Volkes, in: Soziale Medizin 4 (1931), S. 732—734 (734). Die Denkschrift in: Deutscher Reichstag, 5. Wahlperiode 1930, Drucksache Nr. 1224.

re Krankheiten gemeingefährlicher Art verursachten Todesfälle. Als Krankheiten von steigender Bedeutung führte die Denkschrift des Reichsinnenministers Blinddarmentzündungen, Zuckerkrankheit und Neurasthenie auf. Die Gefahren des Alkoholismus und der Rauschgifterkrankungen wurden seit 1930 als rückläufig eingestuft — eine Entwicklung, die möglicherweise durch schärfere gesetzliche Maßnahmen zu erklären war.[107]

Die Krankenziffer insgesamt hatte sich, dem statistischen Material der Krankenkassen zufolge, von 44 % der Mitglieder im Jahre 1924 auf 59 % im Jahre 1929 erhöht; im gleichen Zeitraum war jedoch die durchschnittliche Krankheitsdauer von 25,3 auf 23,7 Tage zurückgegangen. In den folgenden Jahren kehrte sich dann das Verhältnis um: Die Zahl der Krankheitsfälle nahm ab, die Zahl der Unterstützungstage wuchs. 1930 betrug die Zahl der erkrankten Mitglieder von Ortskrankenkassen 42 %, im Jahr darauf nur noch 37 %; auf einen Arbeitsunfähigkeitsfall trafen 1930 28,5 und 1931 29,2 Tage. Der Grund dieser Entwicklung war die Verschlechterung der wirtschaftlichen Lage: Mit der Zahl der Arbeitslosen wuchs die Angst um den Arbeitsplatz. Die Zahl der kurzen Krankheitsfälle ging daher zurück; Krankmeldungen erfolgten nur noch in wirklich ernsten Fällen. Sinkende Krankheitshäufigkeit ließ also keineswegs auf einen besonders guten Gesundheitszustand schließen.[108]

Die wachsende Bedeutung nervöser Erkrankungen ist vielfach belegt. 1923 hatten solche Krankheiten 2,77 % aller Krankheitsfälle ausgemacht, 1928 waren es bereits 3,44 %. Die überwiegende Mehrzahl der Fälle betraf die Neurasthenie, gefolgt von Neuralgie als zweithäufigster Nervenkrankheit. Das Reichsgesundheitsamt erklärte 1928 die Zunahme der Neurasthenie hauptsächlich mit Umwelteinflüssen. „Monotone Arbeit im weitestgehend spezialisierten Arbeitsmechanismus und das großstädtische Leben haben die Beachtung, die dem einzelnen zuteil wird, und damit sein Selbstgefühl und seine Lebensbejahung verringert und verleiten zu einer durch übertriebene Besorgnis gesteigerten Selbstbeobachtung und zur Unzufriedenheit."[109]

Auffallend war, daß Frauen sehr viel häufiger als Männer an Krankheiten des Nervensystems litten. Die Berliner Ortskrankenkasse ermittelte 1927, daß bei ihren weiblichen Mitgliedern 7,9 %, bei den männlichen nur 5,9 % aller Krankheitsfälle solche Erkrankungen betrafen. Bei Neurasthenie war das Verhältnis

107 Ebda., bes. S. 11 f. Zur Tuberkulosesterblichkeit 1922/23 in einzelnen Regionen: Statistik des Deutschen Reichs, Bd. 316, Berlin 1926, S. 60*—63*. Zum Vorstehenden auch Barfels, Gesundheitszustand (Anm. 106), S. 732 ff.

108 Vgl. ebda., S. 734. Die Daten der Krankenkassen für 1924—29 nach: Amtliche Nachrichten für Reichsversicherung Nr. 12, 1930, S. 648. Für die Krisenjahre 1930/31: Clara Henriques, Krankenstatistik in den Krisenjahren, in: Soziale Medizin 5 (1932), S. 435—444. Allgemein zum Zusammenhang von Wirtschaftsentwicklung und Krankenstand: F. Okraß, Versicherungsfälle in der Krankenversicherung, in: Ebda 3 (1930), S. 465—472; H. v. Waldheim, Zur Frage des Zusammenhangs und der statistischen Beobachtung von Krankheitsbewegung in der Krankenversicherung und konjunktureller und saisonmäßiger Arbeitslosigkeit, in: Ebda., 1 (1928), S. 191—200, 217—221, 243—249.

109 40-Stunden-Woche (Anm. 64), S. 112—114. Vgl. dazu auch: Dr. Roesle, Die Erkrankungshäufigkeit bei den Krankenkassen, in: Soziale Medizin 1 (1928), S. 25—28.

4,5 % : 2,8 %. Der ADGB versuchte 1931 diesen Sachverhalt wohl zurecht damit zu erklären, daß Frauen von der Rationalisierung am Arbeitsplatz besonders betroffen seien. „Gerade die Arbeiten, die nervöse Erscheinungen erwarten lassen: mechanische Büro- und Fabrikarbeit werden mit Vorliebe mit Frauen besetzt. Die starke Verwendung der Frauenarbeit ist auch ein Kennzeichen der Textilindustrie. Steigt die psychophysische Anpassung bei diesen Arbeiten ... über das Maß des optimal Zulässigen — und dies kann bei der größeren psychophysischen Labilität der Frau und ihrer stets noch vorhandenen außerberuflichen Anstrengung durch Hausfrauen-, Gatten- und Mutterpflichten rascher noch als bei Männern eintreten ... —, so werden nicht nur diese Frauen, sondern in ihnen auch die kommende Generation geschädigt."[110]

Einige regionale Untersuchungen erlauben es, Aussagen über spezifische Gesundheitsprobleme bestimmter Arbeitergruppen zu machen. Eine 1929 veröffentlichte Studie des Düsseldorfer Landesgewerbearztes Teleky über das Rheinland ergab, daß zu den „gesundheitlich günstigen" Branchen das Vervielfältigungs- und Kunstgewerbe, die Textilindustrie, die häuslichen Dienste, das Handelsgewerbe und das Gast- und Schankgewerbe gehörten. Besonders ungünstig gestellt waren das Baugewerbe, das Holz- und Schnittstoffgewerbe und die Metallindustrie. Bei den Metallarbeitern spielten Betriebsunfälle eine besonders große Rolle; außerdem war hier die Sterblichkeit in den unteren Altersklassen sehr hoch. Eine mittlere Stellung nahmen ein die chemische Industrie, wo freilich Tuberkulose und Magendarmkrankheiten überdurchschnittlich häufig auftraten, der Verwaltungsdienst, die Industrie der Nahrungs- und Genußmittel, die Bekleidungs- und Reinigungsindustrie, Papiererzeugung und -verarbeitung, die Landwirtschaft und schließlich das Hüttenwesen.[111]

Von einem „gesundheitlichen Notstand der Bevölkerung" sprach 1930 ein sachkundiger Beobachter, der Stadtmedizinalrat Rodewald, im Hinblick auf die Verhältnisse im niederschlesischen Kohlenbergbaugebiet um Waldenburg. Zwei Gründe waren dafür maßgebend: wirtschaftliche Not infolge besonders niedriger Löhne und eine seit langem währende Wohnungsnot. Die rasche Entwicklung des Waldenburger Industriereviers hatte seit etwa 1900 in kurzer Zeit viele Arbeitskräfte angezogen, für die kein hinreichender Wohnraum zur Verfügung stand. Private Spekulanten begünstigten die Verbreitung des Typs der „Einraumwohnung" mit einem zum Kochen eingerichteten Zimmerofen. Wenig mehr Annehmlichkeit boten Wohnungen mit einer Stube und einer Küche. In derart beengten Wohnungen lebten Ende der zwanziger Jahre zwischen 80 und 90 % der Bevölkerung. Alexander Graf Stenbock-Fermor, der 1931 ein Buch über seine „Reisen durch die proletarische Provinz" vorlegte, fand im Waldenburger Industriegebiet das größte Wohnungselend in Deutschland: „Kein Stück Vieh, kein Schwein, kein Hund haust jämmerlicher als in Waldenburg der Mensch." Auf fast allen Zechen

110 40-Stunden-Woche (Anm. 64), S. 113 f.

111 L. Teleky, Die Krankheitsstatistik der rheinischen Krankenkassen, zugleich ein Beitrag zur Methodik krankheits-statistischer Untersuchungen. Beilage zu den Amtlichen Nachrichten für Reichsversicherung, Nr. 3, Berlin 1929, bes. S. 40 f.

arbeiteten die Bergleute unter ständiger Lebensgefahr, und sie seien die am schlechtesten bezahlten in Deutschland.

Die gesundheitlichen Auswirkungen der Wohnverhältnisse und des allgemeinen wirtschaftlichen Elends im Gebiet um Waldenburg spiegelten sich in nüchternen Daten: Die allgemeine Sterbeziffer betrug 1927 16,7 Promille gegenüber einem Reichsdurchschnitt von 12,0 Promille. Die Säuglingssterblichkeit, die sich im Reich 1926 auf 10,2 % und 1927 auf 9,7 % belief, erreichte im waldenburgischen Industrierevier im Durchschnitt der Jahre 1924 bis 1928 etwas über 14 %. Häufigste Todesursache bei Säuglingen waren Ernährungsstörungen. Bei den Übereinjährigen lag die Sterblichkeitsrate im Gebiet von Waldenburg mit 14,2 Promille im Jahre 1926 ebenfalls erheblich über dem Reichsdurchschnitt von 9,9 Promille. Auf Tuberkulose gingen im Reich 1927 9,3 % aller Todesfälle zurück; in Waldenburg waren es 10,3 %.[112]

Die umfassendste Untersuchung der Gesundheitsverhältnisse einer Arbeitergruppe erschien 1925. Es war die von dem Leiter des Hygienischen Instituts der Universität Berlin, Bruno Heymann, und seinem Mitarbeiter Karl Freudenberg verfaßte Studie „Morbidität und Mortalität der Bergleute im Ruhrgebiet." Sie kam zu dem überraschenden Ergebnis, daß, wenn man einmal von Unfällen absah, die Bergleute im Verhältnis zur Gesamtbevölkerung „Untersterblichkeit" aufwiesen. Die Autoren erklärten das mit den hohen körperlichen Anforderungen des Bergmannberufes, die wie eine natürliche Auslese wirkten. Unfälle im allgemeinen und tödliche Unfälle im besonderen spielten allerdings in keinem anderen Beruf eine so große Rolle wie bei den Bergleuten. So ergab sich tatsächlich im Verhältnis zur Gesamtbevölkerung eine beträchtliche „Übersterblichkeit" der Bergleute bis zum 25. Lebensjahr, in den folgenden Altersklassen bis zum 60. Lebensjahr eine „Untersterblichkeit", und danach wieder eine geringe „Übersterblichkeit".

Tuberkulose nahm unter den Todesursachen von Bergleuten in Friedenszeiten einen niedrigeren Rang ein als bei fast allen anderen Berufsgruppen. An Lungenentzündung erkrankten und starben Bergleute dagegen sehr viel häufiger als der Durchschnitt der Gesamtbevölkerung. Übertriebener Alkoholgenuß war vor dem Krieg unter den Ruhrkumpeln stärker verbreitet als danach: 1914 wurden offiziell 44 Erkrankungen und 11 Todesfälle registriert, die auf Alkoholismus zurückgingen. Für 1922 lauteten die entsprechenden Ziffern 30 und 7. Den absoluten Tiefpunkt bildete das Jahr 1917: Den Krankenkassen wurden weder Erkrankungen noch Todesfälle gemeldet, deren Ursache alkoholischer Natur war.[113]

---

112 Dr. Rodewald, Die Gesundheitsverhältnisse der Bevölkerung im Waldenburger Industrierevier, in: Soziale Medizin 3 (1930), S. 517—524; Alexander Graf Stenbock-Fermor, Deutschland von unten, Reisen durch die proletarische Provinz 1930 (1. Aufl. Stuttgart 1931), Luzern usw. 2. Aufl. 1980, S. 39, 44. Nach der Lohnordnung vom 1. 9. 1929 verdiente in Waldenburg ein Hauer 6,03 RM pro Schicht, ein Schlepper 5,52 RM. Ebda., S. 39. Vgl. dazu auch Max Barthel, Im Eulengebirge, in: Kürbisch (Hg.), Dieses Land (Anm. 92), S. 101—106; Erich Weinert, Waldenburg, ebda., S. 107 f.

113 Bruno Heymann und Karl Freudenberg, Morbidität und Mortalität der Bergleute im Ruhrgebiet, Essen 1925. Der Standort der Verfasser dieser durch statistische Materialien reich beleg-

Vergleichende Studien kamen zu dem Resultat, daß die Gefahr von Tuberkuloseerkrankungen besonders zahlreich in Berufen war, in denen mit stauberzeugenden Materialien gearbeitet wurde — also etwa bei Porzellan- und Ziegeleiarbeitern, Metallschleifern, Bergwerksarbeitern und Webern. Kohlestaub jedoch hatte, und das stimmte mit dem Befund von Heymann und Freudenberg überein, diese Wirkung offenbar in geringerem Maß als andere Staubarten. Arbeiter der Metall- und der chemischen Industrie waren überdurchschnittlich stark durch gewerbliche Gifte gefährdet, sei es daß giftige Gase in erheblichen Mengen aufgenommen wurden und dann zu akuten Erkrankungen führten, sei es, daß eine fortgesetzte Berührung mit giftigen Stoffen stattfand. Der zweite Fall war weitaus häufiger als der erste; sein bekanntestes Beispiel bildete die gewerbliche Bleivergiftung.[114]

Die einschlägigen wissenschaftlichen Erkenntnisse, die vor allem von der Deutschen Gesellschaft für Gewerbehygiene unermüdlich propagiert wurden, fanden in großen Betrieben eher Beachtung als in mittleren und kleineren. Die Gesetzgebung folgte, wie Ludwig Preller bemerkt, „den noch weithin unerforschten Tatbeständen notwendigerweise tastend. Während die erste Verordnung über Berufskrankheiten von 1925 noch von den gefährdeten Betrieben ausging, wies die Verbreitung chemischer Verfahren die zweite Verordnung von 1929 auf den richtigen Weg, bestimmte Tätigkeiten unter Schutz zu stellen. Außerdem konnte die Liste der Berufskrankheiten, der wissenschaftlichen und praktischen Erkenntnis der Zwischenzeit folgend, nun von 11 auf 21 erweitert werden." Den nach wie vor besonders häufigen Bleivergiftungen bei Anstricharbeiten wirkte eine spezielle Verordnung vom 27. Mai 1930 entgegen, die die Verwendung von extrem gefährlichen Stoffen wie Bleiweiß und Bleisulfat verbot.[115] Aber auch gegen Ende der Weimarer Republik blieb noch die Einsicht gültig, mit der ein Experte, der Berliner Stadtschularzt Wolff, 1924 einen Bericht über den Stand von Arbeiter- und Arbeitshygiene abschloß: „So sehr aber auch weiter durch technische Einrichtungen und gesetzliche Vorschriften die mannigfachen Gefährdungen des Arbeiters verhindert werden sollen, ohne die ernste Mitarbeit und den guten Willen der Beteiligten selbst läßt sich eine erfolgreiche Gewerbehygiene nicht durchführen."[116]

Arbeiter starben auch in der Weimarer Republik durchschnittlich früher als Angehörige der besser situierten Bevölkerungsschichten. Aber aus einer vergleichenden Studie über die Berliner Verwaltungsbezirke ließ sich „gegenüber den Ergebnissen früherer Statistiken eine gewaltige Verringerung der Spanne zwischen den Sterblichkeitsziffern der verschiedenen sozialen Klassen" ablesen. Zwischen

---

ten Studie erhellt aus dem folgenden Satz der „Schlußbetrachtungen": „Die Gesamtheit der menschlichen Gesellschaft wird durch eine große Zahl körperlich oder geistig minderwertiger Individuen belastet" (S. 198). Gegen eine Verkürzung der Arbeitszeiten im Kohlenbergbau wandten die Autoren u. a. ein, sie würde „zur weiteren Vermehrung der Belegschaft zwingen; der Mehrbedarf aber wäre nur unter noch stärkerer Milderung der ärztlichen Aufnahmebedingungen zu decken, und die minder tauglichen Elemente müßten den Gesamtgesundheitszustand zweifellos herabdrücken" (S. 200).

114 J. Wolff, Arbeits- und Arbeiterhygiene, in: SP 33 (1924), Sp. 838—841, 863—866.

115 Preller, Sozialpolitik (Anm. 37), S. 144 f. Vgl. auch ebda., S. 478. Die Verordnungen in: RGBl. 1925, I, S. 69; 1929, I, S. 27; 1930, I, S. 187.

116 Wolff, Arbeits- und Arbeiterhygiene (Anm. 114), Sp. 866.

1924 und 1926 war in Berlin die Sterblichkeit der „Ärmeren“ in der Altersklasse zwischen 30 und 60 Jahren bei den Männern 1,06 und bei den Frauen 1,27 mal so hoch wie bei den „Wohlhabenden“. Für die Zeit vor 1914 liegen keine Berliner Vergleichsdaten vor, wohl aber solche aus Bremen. Dort war nach Erhebungen von 1911 die Sterblichkeit der „ärmeren“ in der gleichen Altersstufe bei den Männern noch 1,92 und bei den Frauen 2,33 mal so hoch wie bei den „Wohlhabenden“. Eine gewisse soziale Nivellierung der Lebenserwartung war also in der Tat unverkennbar.[117]

Ebensowenig zu übersehen waren aber Differenzen bei der Säuglingssterblichkeit: Sie lag bei den „Ärmeren“ beträchtlich über derjenigen der „Wohlhabenden“. Zwischen dem Sozialindex und der Mortalität ehelicher Säuglinge gab es in der Reichshauptstadt in den Jahren von 1924 bis 1926 den Berechnungen von Karl Freudenberg zufolge eine eindeutig negative Beziehung (Korrelationskoeffizient: - 0,32 +/- 0,20). Freudenberg sah den Grund dieses Sachverhalts in einer sozial unterschiedlichen „Stärke des bewußten Willens zur Aufzucht von Nachkommenschaft.“ Vermutlich waren andere Faktoren wichtiger: Familien mit höheren Einkommen hatten bessere Wohnungen, konnten sich besser ernähren, verfügten über eine bessere ärztliche Versorgung und eine bessere Kenntnis der Säuglingspflege als einkommensschwache Familien. Außerdem hatten „Wohlhabende“ in der Regel mehr Zeit, sich um Kleinkinder zu kümmern, als „Ärmere“. Wo die Mutter schon kurz nach der Geburt eines Kindes wieder arbeiten mußte, waren die Überlebenschancen des Säuglings naturgemäß geringer als in Familien, in denen diese Notwendigkeit nicht bestand.[118]

In der Vorkriegszeit war die Säuglingssterblichkeit in kinderreichen Familien besonders hoch gewesen. Für die mittleren Zwanzigerjahre ließ sich ein statistischer Zusammenhang zwischen Fruchtbarkeit und Säuglingssterblichkeit nicht mehr nachweisen. Überdies bestand nach den Ermittlungen Freudenbergs auch keine Korrelation mehr zwischen Sozialindex und ehelicher Fruchtbarkeit.[119] Hatte die Zahl der Lebendgeburten, bezogen auf das Tausend der Bevölkerung, in Berlin zwischen 1871 und 1880 bei 43,1 und zwischen 1900 und 1910 bei 25,4 gelegen, so belief sie sich 1927 nur noch auf 10. Der sozialdemokratische Reichstagsabgeordnete und Hygieniker Alfred Grotjahn führte 1929 diesen drastischen Geburtenrückgang darauf zurück, „daß das großstädtische Proletariat seine

117 Karl Freudenberg, Fruchtbarkeit und Sterblichkeit in den Berliner Verwaltungsbezirken in Beziehung zu deren sozialer Struktur, in: Alfred Grotjahn u. a. (Hg.), Ergebnisse der Sozialen Hygiene und Gesundheitsfürsorge, Bd. 1, Leipzig 1929, S. 1—63 (57).

118 Ebda., S. 44 f. Zum Zusammenhang von Säuglingssterblichkeit und Armut vgl. auch die Studie über Waldenburg von Rodewald, Gesundheitsverhältnisse (Anm. 112), S. 517—524. Zur höheren Sterblichkeit unehelich geborener Säuglinge: Stefan Bajohr, Uneheliche Mütter im Arbeitermilieu: Die Stadt Braunschweig 1900—1930, in: GG 7 (1981), S. 474—506. Der Lokalstudie von B. zufolge waren uneheliche Geburten im proletarischen Milieu häufiger als anderswo, und zwar bei ungelernten Arbeitern noch mehr als bei gelernten. Insgesamt aber war die uneheliche Fruchtbarkeitsziffer seit den 1890er Jahren rückläufig.

119 Freudenberg, Fruchtbarkeit (Anm. 117), S. 19. Reichhaltiges Material zum Zusammenhang von Schwangerschaftsbeschwerden und Frauenarbeit findet sich u. a. in: Jahrbuch des Deutschen Textilarbeiterverbandes 1923/24, S. 43—65; 1926, S. 136—145; 1929, S. 308—314.

Funktion einer abundanten Nachkommenproduktion eingestellt hat." Diese Tatsache war aus Grotjahns Sicht nicht etwa nur eine vorübergehende Folge der Kriegs- und Nachkriegszeit. Sie hatte sich vielmehr, wie Untersuchungen über die Berliner Arbeiterviertel zeigten, bereits vor dem Ausbruch des Krieges geltend gemacht. Den Befund für das Berlin der mittleren zwanziger Jahre faßte Grotjahn in den Satz zusammen, es bestehe „kein besonders großer Unterschied mehr in der Geburtlichkeit, je nachdem in einem Bezirk vorwiegend Wohlhabende oder unbemittelte Familien wohnen."[120]

Die Auffassung, daß man es nicht einfach der Natur überlassen könne, ob Kinder kommen oder nicht, war nach Grotjahns Ansicht „heute auch bei der proletarischen Frau in weitem Umfang anzutreffen." Die Geburtenziffer hätte sonst nicht in diesem Ausmaß sinken können. „Den Frauen der minderbemittelten Bevölkerungsschichten wird man das am wenigsten verübeln dürfen. Denn der naive Typus der Fortpflanzung, der die Kinder kommen läßt, soviel nur immer die natürliche Fruchtbarkeit der Frau hergibt, verurteilt in der Tat die große Masse der Mütter der Unbemittelten zu einem beinahe völligen Verzicht auf alle anderen Dinge als Haushalt und Kinderaufzucht. Der beste Teil ihres Lebens ist von Schwangerschaften, Wochenbetten- und Stillzeiten ausgefüllt, unterbrochen durch Fehlgeburten, eigene Krankheiten und solchen der Kinder, von denen sie viele vor der Reife wieder hinsterben sehen müssen."

Eine „Rückkehr der Arbeiterschaft zu dem alten naiven Fortpflanzungstypus, der die Kinder kommen läßt, wie es der Natur gefällt", hielt Grotjahn für ausgeschlossen. Die Verbreitung der Prävention sei nicht mehr hintanzuhalten, zumal nicht in einem Lande, in dem die Volksbildung eine so gleichmäßige sei wie in Deutschland und in dem die Krankenkassen den Bezug mancher hier in Betracht kommender Sanitätsartikel auch den Unbemittelten ermöglichten. Die „bevölkerungspolitische und weltgeschichtliche Bedeutung" dieser Tatsache könne man aber gar nicht überschätzen. „Das Proletariat hat aufgehört, im eigentlichen Sinn Proletariat zu sein, ein Novum in der Weltgeschichte, dem die Eugenik ein brennendes Interesse zuwenden sollte. Denn nunmehr ist auch in der bevölkerungspolitisch wichtigsten Schicht nicht mehr die natürliche Fruchtbarkeit ausschlaggebend für die Fortpflanzung, sondern der Wille zum Kinde bei den einzelnen Elternpaaren."[121]

---

120 Alfred Grotjahn, Eheberatungsstellen und Geburtenprävention, in: Grotjahn u. a. (Hg.), Ergebnisse (Anm. 117), S. 64—84 (73). In den Verwaltungsbezirken von Groß-Berlin wurden 1922 auf 1000 Einwohner folgende Lebendgeburten gezählt: Kreuzberg 11,0; Wedding 12,2; Friedrichshain 11,6; Prenzlauer Berg 10,8; Mitte 13,0; Tiergarten 10,6; Neukölln 12,5; Schöneberg 9,8; Lichtenberg 11,8; Wilmersdorf 10,4; Steglitz 11,7; Spandau 13,5; Pankow 10,5; Reinickendorf 11,5; Treptow 10,9; Tempelhof 11,8; Köpenick 12,5; Weißensee 15,1; Zehlendorf 11,7. **Quelle:** ebda., S. 73.

121 Ebda., S. 70—77 (74). Grotjahn warnte in seinem Aufsatz vor einem Bevölkerungsschwund; wenn es nicht gelinge, die minderbemittelten Schichten von der Notwendigkeit zu überzeugen, mindestens den derzeitigen Bevölkerungsstand zu halten, werde die Leistungskraft des Industriestaates gefährdet. Eine lohndrückende Arbeit billiger Arbeitskräfte aus dem Ausland werde sich dann als unvermeidbar erweisen. Kommunale Eheberatungsstellen müßten sich daher schon jetzt darum bemühen, dem Bevölkerungsschwund zu wehren, anstatt durch Ge-

Zwar waren, wie wir gesehen haben, Mitte der zwanziger Jahre Arbeiterfamilien durchschnittlich immer noch größer als die Familien von Angestellten und Beamten, und die Befunde, die für Berlin galten, waren nicht unbedingt typisch für Deutschland als Ganzes.[122] Aber die nachlassende Fruchtbarkeit der Arbeiterschaft war nicht zu bestreiten und daher auch nicht Grotjahns These, daß der ursprüngliche Wortsinn von Proletariern als Kinderreichen seine Berechtigung immer mehr verlor. Dieser Befund verträgt sich auch durchaus mit einer sehr viel später von Wolfgang Köllmann formulierten Erkenntnis. „War der Zeitraum der durch schnelleres Absinken der Sterblichkeit gegenüber der Geburtlichkeit ständig steigenden Bevölkerungswachstums bereits im Vorweltkriegsjahrzehnt abgeschlossen, so reichte die Phase des Wachstumsrückgangs bis in die Mitte der zwanziger Jahre, um dann von einer Phase erneuter Stabilität — nicht Stagnation — abgelöst zu werden, die nur wegen des Einbruchs der Weltwirtschaftskrise noch nicht deutlicher hervortrat." Die natürliche Bevölkerungsbewegung in der Weimarer Republik könne rückblickend „als Endphase eines ‚demographischen Übergangs' von der vorindustriellen zur industriellen Bevölkerungsweise interpretiert werden."[123]

---

burtenprävention der angeblichen Überbevölkerung zu steuern. Ebda., S. 76 f. Vgl. vom gleichen Verfasser auch: Die Hygiene der menschlichen Fortpflanzung. Versuch einer praktischen Eugenik, Berlin usw. 1926, bes. S. 286 ff. — Allgemein zum Rückgang der Fruchtbarkeit in Deutschland wie im internationalen Maßstab: John Knodel, The Decline of Fertility in Germany, 1871—1939, Princeton 1974; Charles Tilly (Hg.), Historical Studies of Changing Fertility, Princeton 1978. Zur Geburtenkontrolle in der deutschen Arbeiterschaft vor 1914: R. P. Neumann, Working Class Birth Control in Wilhelmine Germany, in: CSSH 20 (1978), S. 408—428.

122 Zur Größe von Arbeiter-, Angestellten- und Beamtenhaushalten vgl. oben S. 86 f. Die unterschiedliche Geburtenfreudigkeit in Gemeinden verschiedener Größenordnung geht aus folgenden Daten für das Land Preußen im Jahr 1924 hervor. Auf 1000 Einwohner kamen Neugeborene: in Berlin 12,23; in den Städten 19,04; auf dem Lande 24,82; in Preußen insges. 21,67. **Quelle:** Statistisches Jahrbuch für den Freistaat Preußen 23 (1927), S. 20 f.

123 Wolfgang Köllmann, Bevölkerungsentwicklung in der Weimarer Republik, in: ders., Bevölkerung in der industriellen Revolution, Göttingen 1974, S. 99—105 (102). Die Geburtlichkeit lag im Durchschnitt der Jahre 1924 bis 1928 bei 19,6 Promille und damit erheblich unter dem Durchschnitt der Jahre 1909—1913 (29,04 Promille), wurde aber auch in den Jahren 1936—40, in denen die intensive nationalsozialistische Bevölkerungspolitik sich voll hätte auswirken müssen, nicht überschritten. Ebda., S. 101 f.

6. Land- und Heimarbeiter: Die Lage des nichtindustriellen Proletariats

Um 1925 war knapp ein Drittel (32,2 %) der deutschen Arbeiter außerhalb der Wirtschaftsabteilung Industrie und Handwerk beschäftigt; etwas weniger als ein Fünftel (18,1 %) oder 2,6 Millionen entfielen auf den Bereich der Land-und Forstwirtschaft. Die Landarbeiter waren erst nach dem Sturz der Monarchie, durch die Vorläufige Landarbeiterverordnung vom 24. Januar 1919, in den Genuß der vollen Koalitionsfreiheit und damit des Streikrechts gekommen. Zwischen 1919 und 1921 stieg die Zahl der gewerkschaftlich organisierten Landarbeiter drastisch an. Dem freigewerkschaftlichen Deutschen Landarbeiter-Verband (DLAV), der vor dem Krieg rund 20 000 Mitglieder gehabt hatte, gehörten 1920 fast 700 000 Landarbeiter an; der christlich-national orientierte Zentralverband der Landarbeiter (ZdL) wuchs von rund 4 000 Mitgliedern im Jahr 1913 auf etwas über 100 000 im Jahre 1921 an.[124]

In den Jahren darauf ging die Zahl der gewerkschaftlich organisierten Landarbeiter stark zurück. Der DLAV verlor 1922/23 fast vier Fünftel (77,7 %), der Zentralverband immerhin ein knappes Fünftel (19 %) seiner Mitglieder. Das war nicht nur eine Folge der Inflation, die bei allen Gewerkschaften einen beträchtlichen Mitgliederschwund auslöste. In der Landwirtschaft kam vielmehr massiver Druck, ja offener Terror der Arbeitgeber hinzu. Schon im Sommer 1919 war der pommersche Landbund mit paramilitärischer Gewalt gegen streikende Landarbeiter vorgegangen. In keinem Bereich der deutschen Wirtschaft wurde die Technische Nothilfe so häufig und in vergleichbarem Umfang eingesetzt wie auf den ostelbischen Rittergütern. 1922/23 kamen über 11 000 Angehörige der „Teno" den landwirtschaftlichen Arbeitgebern gegen streikende Landarbeiter zur Hilfe; die von der Nothilfe geleistete Erntearbeit wurde auf fast 1,5 Millionen Stunden beziffert. Zur gleichen Zeit erreichte auch die soziale Unruhe auf dem Land ihren Höhepunkt: 1923 wurden fast 2 600 Streikaktionen mit 125 000 Teilnehmern und über 1,5 Millionen verlorenen Arbeitstagen gezählt.[125]

Nach dem Ende der Inflation konnten die Landarbeitergewerkschaften wieder etwas von dem Terrain zurückgewinnen, das sie in den Jahren 1922 und 1923 eingebüßt hatten. Der DLAV wuchs von 148 000 Mitgliedern im Jahre 1924 auf 167 000 im Jahre 1929 an, was freilich nur einem Viertel des Mitgliederstandes

---

124 Frieda Wunderlich, Farm Labor in Germany 1810—1945. Its Historical Development within the Framework of Agricultural and Social Policy, Princeton 1961, S. 78 f. — Zur Landarbeitsordnung vgl. den vorhergehenden Bd., S. 87 f., zur Gliederung der Arbeiterschaft insgesamt siehe oben S. 16.

125 Wunderlich, Farm Labor (Anm. 124), S. 79 ff., 107 ff. Vgl. dazu auch Jens Flemming, Landwirtschaftliche Interessen und Demokratie. Ländliche Gesellschaft, Agrarverbände und Staat 1890—1925, Bonn 1978, S. 169 ff.

von 1920 entsprach. Der ZdL erreichte 1929 mit 80 000 Mitgliedern knapp vier Fünftel seines Höchststandes von 1921. Um 1927 waren zwischen 7 und 8 % der Landarbeiter im sozialdemokratisch orientierten Deutschen Landarbeiterverband, etwa 3 bis 5 % im christlich-nationalen Zentralverband organisiert. Wie gering die Ausstrahlung der Gewerkschaften auf dem Lande war, geht auch aus der relativen Stärke der wirtschaftsfriedlichen Arbeiterverbände hervor: Im Durchschnitt der Jahre 1925 bis 1928 gehörten dem „gelben" Reichslandarbeiterbund (RLAB) 82 000 Mitglieder an — also mehr als dem Zentralverband. Die Hochburgen des RLAB waren Pommern und Mecklenburg-Strelitz.

In den großagrarisch beherrschten Landbünden handelten die Arbeitgeber gewöhnlich mit ihren Arbeitnehmergruppen die Tarife aus, denen sich der DLAV und der ZdL dann wohl oder übel anschlossen. Lohnaufbesserungen, die den wirtschaftsfriedlichen Landarbeitern gewährt wurden, mußte der DLAV oft über mehrere Instanzen hinweg für seine Mitglieder erst einklagen, was die Attraktivität des freigewerkschaftlichen Verbandes schwerlich mehrte. Klassenbewußte Proletarier blieben auf dem platten Land eine Seltenheit.[126]

Relikte der feudalen Epoche behaupteten sich in Ostelbien bis in die zwanziger Jahre, und zum Teil darüber hinaus. Erst im Dezember 1927 wurden in Preußen durch Gesetz die Gutsbezirke aufgelöst, wodurch etwa eineinhalb Millionen Menschen, die bis dahin der örtlichen Hoheitsgewalt des Rittergutsbesitzers unterstanden hatten, in den Genuß von Selbstverwaltungsrechten kamen. Andere archaische Elemente des ländlichen Soziallebens blieben jedoch bestehen. So gab es in den Jahren der ersten Republik nach wie vor Hofgänger — Hilfsarbeiter, die gewissermaßen als Hintersassen eines anderen Landarbeiters, des Instmannes, einen Teil von dessen vertraglich festgelegten Pflichten zu erfüllen hatten und in seinem Haushalt lebten. Die Instleute und die anderen Deputatsarbeiter erhielten einen Teil ihres Lohnes in Naturalien, und zwar in Form von freier Wohnung, Landnutzung und Nahrungsmitteln. Im Jahre 1928 bestanden in Ostpreußen 83 %, in Schlesien 74,3 % und in Pommern 70,6 % des Lohnes von Landarbeitern in solchen Gütern.[127] Die Arbeitgeber bevorzugten den Deputatslohn vor al-

---

126 Ebda., S. 286 f.; Wunderlich, Farm Labor (Anm. 124), S. 82 ff. — Unter den Mitgliedern des DLAV dominierten die Deputanten mit 40 %, gefolgt von den Forstarbeitern, auf die rund 20 % entfielen. Nur etwa 12 % der Mitglieder waren Landarbeiterinnen; die Hofgänger stellten 1925 lediglich 1,4 %. Vgl. Ausschuß (Anm. 77), Verhandlungen und Berichte des Unterausschusses für Landwirtschaft (II. Unterausschuß), Bd. II/7: Untersuchungen über Landarbeiterverhältnisse, Berlin 1929, S. 200 f.

127 Zur Auflösung der Gutsbezirke: Hagen Schulze, Otto Braun oder Preußens demokratische Sendung. Eine Biographie, Berlin [W] usw. 1977, S. 576 f. — In der Vorkriegszeit (1913) lagen die Prozentsätze des Naturallohnes in Ostpreußen bei 82,5, 1924 bei 84,9; für Schlesien lauteten die entsprechenden Zahlen 17,7 und 74,2, für Pommern 68,3 und 89,0. Wunderlich, Farm Labor (Anm. 124), S. 111 f. — Nach Erhebungen des Ostpreußischen Krankenkassenverbandes gliederten sich die land- und forstwirtschaftlichen Arbeitskräfte Ostpreußens 1926 wie folgt auf: Forstarbeiter 5 711; Freiarbeiter 12 459; Hofgänger 60 305; Deputanten 54 944; Dienstboten 60 798; Deputantenfrauen 21 476; Gutshandwerker 4 520; Berufsschweizer 4 967. Insgesamt 225 180. **Quelle:** Ausschuß (Anm. 77), II. Unterausschuß (Anm. 126), Bd. 8: Die Lage der Landwirtschaft in Ostpreußen, Berlin 1929, S. 8.

lem deshalb, weil er die Arbeiter enger an sie band als ein Entgelt in Mark und Pfennig und die „Marktgerechtigkeit" des Mischlohnes sich schwerer prüfen ließ als die von reinen Geldlöhnen. Aus ebendiesen Gründen lehnten die Freien Gewerkschaften diese altertümliche Lohnform ab. Deputatslöhne, so argumentierten sie, verminderten die soziale Mobilität der Landarbeiter; sie gäben dem Arbeitgeber besonders harte Repressalien gegen streikende Arbeiter in die Hand; die Bestellung von Deputatsland verlängere überdies die tägliche Arbeitszeit. Der christlich-nationale Zentralverband und der wirtschaftsfriedliche Landarbeiterverband erkannten hingegen den Deputatslöhnen mehr Vorzüge als Nachteile zu, und die Masse der Landarbeiter scheint ähnlich gedacht zu haben: In der Zeit der Inflation hatten sich Naturalien als die einzig wertbeständige Lohnform erwiesen, und das sicherte den Deputatslöhnen über das Jahr 1923 hinaus eine gewisse Popularität.[128]

Die Nominallöhne verheirateter Deputatsarbeiter stiegen im Reichsdurchschnitt von 870 RM jährlich zwischen 1910 und 1914 auf 1 082 RM im Jahr 1926 und 1 206 RM im Jahr 1929. Das entsprach einem Zuwachs von 40 % zwischen 1914 und 1929. Das Schlußlicht bildete 1929 Ostpreußen mit 1 088 Reichsmark; am meisten verdienten die Deputatsarbeiter Schleswig-Holsteins, nämlich 1 430 RM im Jahr. Verglichen mit der Industrie waren die Löhne in der Landwirtschaft stets niedrig, und die Schere erweiterte sich in den mittleren zwanziger Jahren noch. Gegenüber dem Stand um die Jahreswende 1924/25 hatten sich Facharbeiter und Hilfsarbeiter in der Industrie bis zum Januar 1927 um jeweils 20 % verbessert, landwirtschaftliche Deputatsarbeiter nur um 15 %. Im Juli 1928 konnten industrielle Facharbeiter auf Lohnsteigerungen um 34 % gegenüber dem Januar 1925 zurückblicken. Bei ungelernten Industriearbeitern lag der Zuwachs sogar bei 39 %, bei Deputatsarbeitern dagegen nur bei 24 %.[129]

Besser gestellt als die Deputatsarbeiter waren die Heuerlinge, ein vor allem in Westfalen und im westlichen Hannover verbreiteter Typ von Landarbeitern, die über Pachtland verfügten — gewöhnlich in der Größe von 1 bis 5 Hektar — und ihre Pacht in Form von Arbeit bezahlten. Um 1929 gab es etwa 30 000 Heuerlinge. Über ihre tatsächlichen Einkommensverhältnisse liegen keine zuverlässigen Angaben vor; aber das Urteil einer Sachkennerin, Frieda Wunderlich, dürfte zutreffen: Da sie ihr Landstück, das sie faktisch in Erbpacht besaßen, selbst bestellten und durch Schweinezucht und Heimarbeit einiges Bargeld verdienten, seien sie meist „zufrieden" gewesen und hätten sich eher als Kleinbauern denn als Arbeiter gefühlt. Infolgedessen tendierten sie gewiß stärker zum christlich-nationalen Zentralverband, der den Drang zur Selbständigkeit förderte, als zum freigewerkschaftlichen Deutschen Landarbeiterverband, der sich am Leitbild des „freien" Arbeiters orientierte und darum alle Heuerlingsverträge abschaffen wollte.[130]

---

128 Wunderlich, Farm Labor (Anm. 124), S. 111 f. Vgl. zu den Landarbeiterlöhnen auch: Wirtschaft und Statistik 6 (1926), S. 221 f.

129 Ausschuß (Anm. 77), Bd. II/7 (Anm. 126), S. 38.

130 Ebda., S. 522—553; Wunderlich, Farm Labor (Anm. 124), S. 11, 17, 75 f., 82 f.

Die Lebensverhältnisse der Landarbeiter waren in den einzelnen Regionen des Reiches sehr unterschiedlich. Die Vorläufige Landarbeitsordnung von 1919 hatte die Arbeitszeit in der Weise geregelt, daß in vier Monaten die durchschnittliche tägliche Arbeitszeit 8 Stunden, in weiteren vier Monaten 10 Stunden und in den verbleibenden vier Monaten 11 Stunden nicht überschreiten durfte. Das ergab eine durchschnittliche Tagesarbeitszeit von 9 Stunden und 40 Minuten und eine maximale jährliche Arbeitszeit von 2 900 Stunden. Tatsächlich war die Arbeitszeit auf den Rittergütern des preußischen Ostens viel länger als in den Weinbergen am Rhein, aber am längsten dauerte der Arbeitstag in den Kleinbauernwirtschaften Süd- und Norddeutschlands. In Kleinbauernhöfen spielte überdies die Frauen- und Kinderarbeit eine viel größere Rolle als in den Gutswirtschaften des Ostens; mit der Betriebsgröße stieg auch der Anteil der Männerarbeit. Ein West-Ost-Gefälle gab es auch hinsichtlich der Qualität von Landarbeiterwohnungen. In den Katen ostelbischer Landarbeiter waren elektrisches Licht und fließendes Wasser eine Seltenheit; ländliche Gebiete, die industriellen Zentren näher lagen, hatten dagegen meist einen sehr viel höheren Wohnstandard. Zwar wurden mit staatlicher Hilfe zwischen 1921 und 1933 etwa 25 000 Werkswohnungen und über 40 000 Eigenheime für Landarbeiter gebaut, aber gemessen am Bedarf war dies nur ein Tropfen auf den heißen Stein.[131]

Die Haushalte von Landarbeitern unterschieden sich hinsichtlich der Verteilung der Ausgaben nicht unerheblich von den Haushalten städtischer Arbeiter. Landarbeiter gaben für Nahrung und Kleidung mehr, für die Wohnung weniger aus als städtische Arbeiter (Tabelle 1). Während die städtischen Arbeiterhaushalte im Durchschnitt 2 % ihrer Ausgaben für Bildungszwecke verwandten, wurden in den Haushalten von Landarbeitern nur 1,4 %, also 30 % weniger für diesen

Tabelle 1: Ausgaben ländlicher und städtischer Arbeiterhaushalte

— in % —

	130 Haushalte von Landarbeitern (1927)	896 Haushalte von städtischen Arbeitern 1927/28)
Nahrung	56,9	45,3
Kleidung	15,3	12,7
Wohnung	13,9	17,5
Sonstiges	13,9	24,5
Ausgaben insgesamt	100,0	100,0

Quelle: Wunderlich, Farm Labor (Anm. 124), S. 123.

131 Ebda., S. 69, 123, 139 ff.; Ausschuß (Anm. 77), Bd. II/7 (Anm. 126), S. 21—25, 41—43, 332 ff.

Etatposten aufgebracht. Von einem Kulturgefälle zwischen städtischen und ländlichen Arbeitern kann man mithin durchaus sprechen.[132]

Die Jahre der Weimarer Republik waren für die Landarbeiter, trotz vieler Rückschläge, alles in allem eine Periode sozialer Fortschritte. Die Zahl der Land- und Forstarbeiter, die in den Genuß tariflicher Lohnvereinbarungen kamen, stieg von 4 000 im Jahr 1913 auf 2 Millionen im Jahr 1931. Das waren drei Viertel aller Arbeiter in der Land- und Forstwirtschaft. Freilich rechneten zu den Tarifverträgen auch jene, die zunächst zwischen den Arbeitgebern und den wirtschaftsfriedlichen Arbeitergruppen des Reichslandbundes vereinbart worden waren und dann von den echten Gewerkschaften übernommen wurden. Im Mai 1930 erkannte sogar das Reichsarbeitsgericht ein Tarifabkommen zwischen dem pommerschen Zweig des Reichslandarbeiterbundes und dem regionalen Landbund an, und im November 1932 schloß sich der Reichsarbeitsminister im Kabinett Papen unter massivem Protest von Freien und christlich-nationalen Gewerkschaften diesem Urteil an.[133]

Da das Betriebsrätegesetz von 1920 auch für landwirtschaftliche Betriebe mit mindestens 20 Arbeitnehmern galt, hätte eine sehr große Zahl von agrarischen Unternehmen einen Betriebsrat haben müssen. Tatsächlich gab es nach der Schätzung des ZdL Ende der zwanziger Jahre diese Einrichtung nur in 25 % der in Betracht kommenden Betriebe, und zwar häufiger in Mittel- und Süddeutschland als in Ostelbien, wo die meisten großen Güter lagen.[134] Die meisten sozialen Verbesserungen für die Landarbeiter kamen denn auch nicht über freie Vereinbarungen zwischen Arbeitgebern und Arbeitnehmern, sondern auf dem Weg über Gesetze und Verordnungen zustande. Außer der Arbeitszeitregelung von 1919 gehörten dazu die Einbeziehung der Land- und Forstarbeiter in die gesetzliche Krankenversicherung sowie in die Erwerbslosenfürsorge und die Arbeitslosenversicherung, die Lohnfortzahlung bei Schwangerschaft auch für Landarbeiterinnen und die erwähnten Maßnahmen zur Förderung des Wohnungsbaus für Landarbeiter.[135]

Alles, was Reich und Länder für den Arbeiterschutz auf dem Lande taten, konnte natürlich nicht die strukturellen Probleme der deutschen Landwirtschaft lösen, und schon gar nicht die der ostelbischen Rittergüter. Das Lohngefälle zwischen Industrie und Landwirtschaft ließ auch in den Jahren der Weimarer Republik die Landflucht andauern. Die Zahl der Landarbeiter hatte von 1907 bis 1925 um 780 000 oder 23 % abgenommen; zwischen 1925 und 1933 ging die Zahl nochmals um 76 000 oder 3 % zurück — und das trotz eines depressionsbedingten Trends „zurück aufs Land" nach 1929.[136]

---

132 Wunderlich, Farm Labor (Anm. 124), S. 122 f. Zu den Bildungsausgaben der Arbeiter vgl. oben S. 86, 89 f.

133 Wunderlich, Farm Labor (Anm. 124), S. 94 ff.

134 Ausschuß (Anm. 77), Bd. II/7 (Anm. 126), S. 120 ff.; Flemming, Interessen (Anm. 125), S. 268.

135 Wunderlich, Farm Labor (Anm. 124), S. 126 ff.

136 Dietmar Petzina, Werner Abelshauser, Anselm Faust, Sozialgeschichtliches Arbeitsbuch, Bd. III: Materialien zur Statistik des Deutschen Reiches 1914—1945, München 1978, S. 57.

Regionale Daten bestätigen den Befund. Die Provinz Ostpreußen erlitt zwischen Oktober 1919 und Juni 1925 einen Wanderungsverlust von etwa 143 000 Menschen, von denen nach begründeten Schätzungen knapp die Hälfte landwirtschaftliche Arbeitskräfte waren. Das besonders niedrige Lohnniveau der Landarbeiter in Ostpreußen war offenkundig der Hauptgrund für die Abwanderung in andere Regionen und Wirtschaftszweige. Da nach dem Ersten Weltkrieg die Zulassung ausländischer, meist polnischer Landarbeiter (aus zugleich arbeitsmarkt- und „volkstumspolitischen" Gründen) sehr viel restriktiver gehandhabt wurde als vor 1914, blieb bis 1929 ein erheblicher Teil des Arbeitskräftebedarfs der ostpreußischen Landwirtschaft unbefriedigt.[137] Nach dem Beginn der Großen Krise gab es erstmals auch während des Sommers Arbeitslosigkeit auf dem Land. Zwar blieb die Zahl der erwerbslosen Landarbeiter weit unter dem Durchschnitt aller beschäftigungslosen Erwerbspersonen, aber es war doch ein Novum, daß die Landwirtschaft nicht wie bisher unter „Leutenot", sondern unter einem Überfluß an Arbeitskräften litt.[138]

*

Noch schwerer als die Landarbeiter waren für die Gewerkschaften die Heimarbeiter zu erreichen. Zu dieser Gruppe gehörten, um das Hausarbeitsgesetz vom 27. Juni 1923 zu zitieren, Personen, die in Werkstätten arbeiten, „in denen jemand ausschließlich zu seiner Familie gehörige Personen gewerblich beschäftigt", oder aber Erwerbstätige in solchen Werkstätten, in denen „eine oder mehrere Personen gewerbliche Arbeit verrichten, ohne von einem den Werkstattbetrieb leitenden Arbeitgeber beschäftigt zu sein." Auch in der Weimarer Republik wurde häufig noch unterschieden zwischen Hausgewerbetreibenden, die formell selbständig waren und nur den Absatz ihrer Produkte einem Unternehmer übertrugen, und Heimarbeitern im engeren Sinn, die nicht nur wirtschaftlich, sondern auch persönlich vom Unternehmer abhängig waren, da sie von ihm Rohstoffe, Betriebsmittel und schließlich den Lohn ihrer Arbeit bezogen. Aber die Grenzen zwischen beiden Erscheinungsformen von Heimarbeit waren fließend, und für die Heimarbeiter selbst war auch gar nicht die Form ihres Abhängigkeitsverhältnisses, sondern die Höhe ihres Arbeitsverdienstes das Entscheidende. Ähnliches galt von

137 Ausschuß (Anm. 77), Bd. II/8 (Anm. 127), S. 7 f. Zwischen dem 1. 4. 1926 und dem 31. 3. 1928 verlor Ostpreußen 20 995 Arbeitskräfte; 9 541 oder 45,4 % davon waren landwirtschaftliche Arbeitskräfte. Die Zahl der dauerhaft zugelassenen ausländischen Landarbeiter belief sich z. B. 1925 auf 7 500 und 1928 auf 5 800. Ebda., S. 8. 1927 betrug die Zahl der ausländischen Saisonarbeiter im Reich offiziell 118 500. Vgl. Wunderlich, Farm Labor (Anm. 124), S. 66; Klaus J. Bade, Arbeitsmarkt, Bevölkerung und Wanderung in der Weimarer Republik, in: Stürmer (Hg.), Weimarer Republik (Anm. 75), S. 160—187. Zur Abwanderung von Ostpreußen ins Ruhrgebiet: Eberhard Franke, Das Ruhrgebiet und Ostpreußen. Geschichte, Umfang und Bedeutung der Ostpreußeneinwanderung, Essen 1936, bes. S. 31 ff.

138 Im April 1931 z. B. waren 4,34 % aller Landarbeiter und 20 % aller Erwerbspersonen arbeitslos. Wunderlich, Farm Labor (Anm. 124), S. 55; Petzina u. a., Sozialgeschichtliches Arbeitsbuch, Bd. III (Anm. 136), S. 55, 119.

den Zwischenmeistern, die Arbeit vom Unternehmer übernahmen und sie an Heimarbeiter weitergaben. Die Zwischenmeister waren nicht selten kleine Unternehmer, häufig aber auch selbst Heimarbeiter, die durch die Vermittlungstätigkeit einen zusätzlichen Verdienst erzielten.[139]

Nach der Betriebszählung von 1925 waren mit Heimarbeit etwa 406 000 Personen beschäftigt — 3,3 % mehr als 1907. Zog man die Verleger ab, blieben noch 357 000 Heimarbeiter im engeren Sinn. Einzelne Zweige waren im Zuge der fortschreitenden Industrialisierung stark zurückgegangen: so etwa die Seiden-, Leinen- und Baumwollweberei, ferner Schlosserei, Wollweberei, Schuhmacherei und Buchbinderei. Andere Bereiche waren dagegen auf dem Vormarsch. Das traf zu für die Posamentenindustrie, die Wirkerei und Stickerei, die Herstellung von Kleidern und Wäsche, von Spitzen und Gardinen. Am stärksten war jedoch der Zuwachs der Beschäftigtenzahlen in der feinmechanischen Heimindustrie, vor allem soweit sie Uhren, chirurgische und physikalische Instrumente herstellte. Die Führungsposition behauptete nach wie vor die Bekleidungsindustrie. Von ihren knapp 850 000 Beschäftigten waren etwa 130 000, also etwa 15 %, Heimarbeiter — was in der überwiegenden Mehrzahl der Fälle hieß: Heimarbeiterinnen. Mithin war von den deutschen Heimarbeitern ein rundes Drittel (32 %) mit der Herstellung von Kleidungsstücken beschäftigt. Es folgten die Heimarbeiter der Textilindustrie mit knapp 30 %.[140]

Die Heimarbeiter gehörten traditionell zu den Arbeitergruppen mit den niedrigsten Löhnen. Bei den Heimarbeiterinnen der Bekleidungsindustrie lag der Schwerpunkt in den Lohngruppen zwischen 21 und 35 Pfennig (44 %) und zwischen 36 und 50 Pfennig (38 %) Stundenlohn; fast ein Zehntel (8,6 %) mußte sich mit Löhnen begnügen, die unter 21 Pfennig lagen. Ihre männlichen Kollegen verdienten zu 95 % mehr als 35 Pfennig in der Stunde. In der Spielwarenindustrie war es ähnlich: Bei den Frauen lag der Schwerpunkt in der Lohngruppe zwischen 11 und 20 Pfennig (48 %), bei den Männern zwischen 21 und 35 Pfennig (40 %).[141] In großen Städten wie Berlin, wo Heimarbeiterinnen vor allem für die Bekleidungsindustrie tätig waren, lagen die Löhne für Heimarbeit im allgemeinen über denen in ländlichen Regionen. Von einem zeitgenössischen Sachkenner wurden 10—12 % der Heimarbeiter der „unteren Schicht" dieser Arbeitnehmergrup-

139 Dora Benjamin, Der Stand der Heimarbeit in Deutschland. Ergebnisse der Deutschen Heimarbeitsausstellung 1925, Jena 1928, S. 7 f. Das Gesetz über die Hausarbeit in: RGBl. 1923 I, S. 472 ff.

140 Statistik (Anm. 1), Bd. 413/IV, S. 10 f.; Preller, Sozialpolitik (Anm. 37), S. 100 f.; Benjamin, Stand (Anm. 139), S. 9 ff.

141 Benjamin, Stand (Anm. 139), S. 46, 64. Die Zahlen beziehen sich auf meist gewerkschaftlich organisierte Heimarbeiter, die sich an der Berliner Heimarbeitsausstellung von 1925 beteiligt hatten, vgl. dazu auch Paul Arndt, Heimarbeiterelend in Deutschland, Jena 1927, S. 44 f.; als Regionalstudien: Wilhelm Jansen, Die Heimarbeit in der Rhön, Jena 1929; Leopold Döbele, Die Hausindustrie des Hotzenwaldes, Jena 1929; Margarete Sy, Die Thüringer Spielwarenindustrie im Kampf um ihre Existenz, Jena 1929. Zu den Arbeitszeiten in der Textilindustrie vgl. Anm. 65. — Zu einer Spezialgruppe von Heimarbeitern der Metallindustrie in Solingen, die sozialdemokratisch orientiert und im freigewerkschaftlichen Industriearbeiter-Verband organisiert waren: Stolle, Arbeiterpolitik (Anm. 87), S. 128 ff.

pe zugerechnet, die große Mehrheit dagegen den „mittleren" und „oberen" Schichten.[142]

Das Bild, das sich die Öffentlichkeit von der Heimarbeit machte, wurde in den zwanziger Jahren noch ganz von ihren traditionellen Hochburgen bestimmt: von der Spielwarenindustrie im thüringischen Sonneberg, den Herstellern von Musikinstrumenten im sächsischen Vogtland und von Christbaumschmuck, wiederum in Thüringen. Der Thüringer Wald und das Vogtland gehörten zu jenen Mittelgebirgen, in denen seit Jahrhunderten Heimarbeit betrieben wurde. Weitere typische Heimarbeitsgegenden waren die Rhön, das Fichtelgebirge, der Frankenwald, das Erzgebirge, das Riesen- und das Eulengebirge. Alle diese Gebiete waren von jeher ausgesprochene Elendsgebiete gewesen, und sie waren es überwiegend auch noch in den zwanziger Jahren. Fast überall war hier die Heimarbeit mit wenig lohnender Landwirtschaft verbunden. Zu den Voraussetzungen dafür, daß schlecht bezahlte Heimarbeit sich verbreiten konnte, gehörten die geringe Fruchtbarkeit des Bodens, die Ungunst des Klimas, schlechte Verkehrsverhältnisse und die Ferne von Marktzentren. Häufig spezialisierten sich Heimarbeiter in diesen Gebieten auf Erzeugnisse, die starken Absatzschwankungen ausgesetzt waren. Der räumlichen Abgeschiedenheit entsprach oft technische Rückständigkeit; diese wiederum bedingte überlange Arbeitszeiten (in der Spielwarenindustrie war eine Arbeitswoche von mehr als 60 Stunden die Regel) und eine intensive Ausnutzung von Kinderarbeit. Der Kinderreichtum, wie er in den Heimarbeitsgebieten anzutreffen war, entsprang nicht zuletzt materialistischen Erwägungen.

Was Alexander Graf Stenbock-Fermor 1930 bei seinen „Reisen durch die proletarische Provinz" bei den „Drückern", den Herstellern von Papiermachépuppen, im Thüringer Wald beobachtete, war für die Verhältnisse in den Elendsgebieten der Heimarbeit durchaus typisch. „Diese Drückerarbeit ist außerordentlich gesundheitsschädlich: Das überbrühte Roggenmehl geht nach kurzer Zeit in Gärung über. Mit dem Petroleumgeruch entsteht beim Trocknen ein beißender Gestank. Beim Abnehmen der Nähte und beim Abschachteln wirbeln dicke Staubwolken durch die Stube. Alle Gegenstände in den Wohnungen der Arbeiter sind von millimeterhohem Staub belegt. Die Arbeiten des Abnehmens der Nähte und Verschachtelns der Ware werden fast nur von Kindern ausgeführt. Sie schlucken täglich den giftigen Staub und die Keime für die Lungenschwindsucht. Nur wenige Arbeiter haben mehrere Räume. Fast immer ist der Arbeitsraum zugleich Küche und Schlafzimmer. Die Zimmer sind erstickend heiß, auch im Sommer muß täglich der große Stubenofen brennen, da das Trocknen der Ware starke Wärme erfordert. Unter der Decke über dem Ofen sind mehrere Stangen angebracht, auf den Brettern darüber liegen die fertigen Puppenteile. Gleichzeitig wird im Ofen für alle Familienangehörigen und für die Haustiere — Ziegen, Kaninchen, Schweine — gekocht. Diese Heimarbeiter heißen nach der Eigenart ihrer Arbeit ‚Drücker'

142 Arndt, Heimarbeiterelend (Anm. 141), S. 44 ff.; über die Berliner Heimarbeiterinnen der Bekleidungsindustrie auch Dora Benjamin, Kinderaufzucht und Wohnverhältnisse der Berliner Konfektionsheimarbeiterinnen, in: Archiv für Soziale Hygiene und Demographie, NF 1 (1925/26), S. 302—309.

Die typischen Heimarbeitsgegenden waren auch in den zwanziger Jahren noch ausgesprochene Elendsgebiete: Barackenwohnung in Ölsnitz/Erzgebirge (oben), *Korbflechter bei der Arbeit* (unten).

aber auch sonst stimmt das Wort: Ihr Leben ist drückend, ihre Arbeit und ihr Lohn."

Die Vereinzelung der Heimarbeiter in kleinen Werkstätten hemmte ihre gewerkschaftliche Organisation. „Der Industrie-Proletarier arbeitet im Schacht oder im Fabriksaal kollektiv, er ist immer auf den Kameraden angewiesen, er entwikkelt sich leicht und schnell in die klassenbewußte proletarische Front hinein," schrieb Graf Stenbock-Fermor in seiner Sozialreportage. „Der Heimarbeiter dagegen sitzt Tag und Nacht in seinem Zimmer, nur im Kreise seiner Familie. Sein Haus liegt einsam, in einsamer Landschaft. Er wird zum Grübler und Philosophen, zum Individualisten. Er hat starkes Heimatbewußtsein und Familiensinn, doch fehlt ihm jedes Gefühl für Solidarität. Sein Mangel an Klasseninstinkt und seine Isolierung machen es dem Unternehmer, dem ‚Verleger' leicht, den Lohn noch mehr zu drücken."[143]

Das Fehlen einer starken Interessenvertretung der Heimarbeiter konnte auch nicht durch die paritätischen „Fachausschüsse" ausgeglichen werden, denen das Hausarbeitsgesetz von 1923 das Recht übertrug, Tarifverträge für allgemeinverbindlich zu erklären, Streitigkeiten zu schlichten und Mindestlöhne festzusetzen. Zwar gelang es den Fachausschüssen mitunter, ihren Beschlüssen durch Androhung oder Einleitung von Bußverfahren Geltung zu verschaffen. Aber die nichtorganisierten Heimarbeiter, und das war die große Mehrheit, wagten nur sehr selten, gegen ihre Unternehmer juristisch vorzugehen, und die Gewerbeaufsichtsbeamten konnten Rechtsverstöße der Arbeitgeber nur punktuell aufdecken. Am Hauptproblem der Heimarbeit, ihrer, wenn man von einigen Ausnahmen absieht, geringen Produktivität, vermochten gesetzliche und administrative Maßnahmen ohnehin nichts zu ändern.[144]

*

143 Stenbock-Fermor, Deutschland (Anm. 112), S. 68, 92. Als weitere Sozialreportage (aus dem Jahr 1922): Anna Siemsen, Im Thüringer Wald, in: Kürbisch (Hg.), Dieses Land (Anm. 92), S. 41—43. — Vgl. auch Arndt, Heimarbeiterelend (Anm. 141), bes. S. 50 ff.; ders., Die wirtschaftliche und soziale Bedeutung der Heimarbeit, Jena 1922, S. 22 ff. Zu den Arbeitszeiten in der Heimindustrie: Benjamin, Stand (Anm. 139), S. 92 ff. Zum Ausmaß, den schulischen und gesundheitlichen Folgen der Kinderarbeit: ebda., S. 98 ff. Zum Kinderreichtum: u. a. Jansen, Heimarbeit (Anm. 141), S. 59 ff.; Arndt, Heimarbeiterelend (Anm. 141), S. 62 f.

144 Zur Vorgeschichte des Heimarbeitsgesetzes von 1923: Preller, Sozialpolitik (Anm. 37), S. 226 ff., 267 f. Über den gewerkschaftlichen Organisationsgrad der Heimarbeiter liegen nähere Angaben nicht vor. Von der gesetzlichen Krankenversicherung und der Invaliditätsversicherung wurden die Heimarbeiter nicht erfaßt. Sehr ausführlich gehen auf die sozialen und hygienischen Probleme der Heimarbeit ein die Berichte der Gewerbeaufsichtsbeamten für das Jahr 1925, Berlin 1926, Bd. II/3, S. 116—114 (Freistaat Sachsen), Bd. III/6, S. 21 f. (Thüringen); Jahresberichte der Gewerbeaufsichtsbeamten für das Jahr 1927, Berlin 1928, Bd. II/3, S. 176—187 (Freistaat Sachsen; Beispiel für Durchsetzung eines für allgemeinverbindlich erklärten Tarifs); Bd. III/6, S. 24—27 (Thüringen). Zur Arbeit der Fachausschüsse: Gewerberat Giffey, Aus der Praxis der Fachausschüsse für Heimarbeit, in: RABl.; NF. 5 (1925), Teil II, S. 581—583. Zur Haltung des Freien Gewerkschaften: Gertrud Hanna, Forderungen zum Heimarbeiterschutz, in: SP 34 (1925), Sp. 377—379. Zur Arbeitstechnik in der Heimarbeit: Die Wirkung der Rationalisierung auf die Heimarbeit, in: RABl. NF 10 (1930), Teil II, S. 501—511.

Einen steinigen Boden für die Gewerkschaften bildeten auch zwei andere Gruppen von Arbeitnehmern: die Hausgehilfen und die unselbständigen Arbeitskräfte des Handwerks. Wie für die Landarbeiter bedeutete auch für die Hausgehilfen die Revolution von 1918/19 ein Stück sozialer Befreiung: Sie waren nun nicht mehr den alten Gesindeordnungen unterworfen, die ihnen kein Koalitionsrecht eingeräumt hatten; fortan galten für die häuslichen Arbeitsverhältnisse nur noch die einschlägigen Bestimmungen des Bürgerlichen Gesetzbuches. Das sollte nach Meinung der maßgeblichen Sozialpolitiker zwar nur eine Station auf dem Weg zu einem modernen Hausgehilfenrecht sein. Aber bis zum Ende der Republik kam eine solche gesetzliche Regelung nicht zustande. Das lag weniger an der komplizierten Materie als am fehlenden Druck der Betroffenen, die ähnlich schwach organisiert waren wie die Heimarbeiter.

Nach der Berufszählung von 1925 gab es im Deutschen Reich etwas über eine Million „eigentlicher" Hausgehilfen, die im Haushalt ihres Arbeitgebers lebten. Lediglich rund 4 000, weniger als ein halbes Prozent, waren Männer. Gegenüber der Berufszählung von 1907 war die Zahl der Hausgehilfen um 12 %, die der männlichen allein um 71 % zurückgegangen — eine Folge der Vermögens- und Einkommensverluste breiter bürgerlicher Schichten. 11 % der „eigentlichen" Hausgehilfen entfielen auf die Landwirtschaft. Zu den Hausgehilfen im engeren Sinn, die im Haus des Arbeitgebers lebten, kamen noch etwas über 300 000 sonstige, nicht ständige Hausgehilfen — wie Aufwarte- und Waschfrauen — hinzu. Die Gesamtzahl der Hausgehilfen belief sich am Stichtag der Berufszählung, dem 16. Juni 1925, auf 1 325 587.

Einer Erhebung zufolge, die das Reichsarbeitsministerium zusammen mit den Verbänden der Hausfrauen und der Hausgehilfinnen 1926 veranstaltete, waren rund zwei Drittel der Hausgehilfinnen (64,4 %) zwischen 18 und 30 Jahre alt. Über die Hälfte (56,9 %) erzielte einen Wochenlohn zwischen 25 und 40 RM und gehörte damit der „mittleren" Lohngruppe zu. Schlecht bezahlt wurden Kindermädchen, am besten Köchinnen, gefolgt von Haushälterinnen. Über die Arbeitszeit waren eindeutige Aufschlüsse aus den Antworten nicht zu gewinnen. Über die Hälfte (56,8 %) hatten einen Jahresurlaub von mehr als 8 Tagen, was freilich auch Urlaub mit der „Herrschaft" bedeuten konnte. Fast allen Hausgehilfinnen (95 %) stand in der Wohnung des Arbeitgebers ein eigener Raum zur Verfügung.[145]

145 Statistik (Anm. 1), Bd. 402/II, S. 224, 244 f., 408 f.; Gertrud Israel, Erhebung über die Arbeitsverhältnisse der Hausgehilfinnen, in: RABl. NF 8 (1928), Teil II, S. 471—478, 497—504. Die an der Erhebung beteiligten Verbände der Hausgehilfinnen waren: der Zentralverband der Hausangestellten (Fachgruppe im Deutschen Verkehrsbund), der Reichsverband weiblicher Hausangestellter Deutschlands, der Verband katholischer Hausangestellter und Dienstmädchenvereine, der Berufsverband der katholischen Hausgehilfinnen Deutschlands und die Berufsvereinigung evangelischer Hausgehilfinnen Deutschlands. — Ob die Hausangestellten formell „Arbeiter" oder „Angestellte" waren, hing ganz von den individuellen Umständen ab. Nur Hauslehrer, Kindergärtnerinnen, Krankenpfleger und Krankenschwestern wurden generell als „Angestellte" beschäftigt. — Zu den Bemühungen um eine gesetzliche Regelung der Probleme der Hausangestellten: Preller, Sozialpolitik (Anm. 37), S. 268 f., 479 f.

Alle Daten der Erhebung standen freilich unter einem Vorbehalt: Sie stammten von organisierten Hausangestellten, die bei organisierten Hausfrauen arbeiteten. Die Arbeitsverhältnisse in solchen Haushalten waren vermutlich überdurchschnittlich gut. Aber nur eine kleine Minderheit der Hausgehilfinnen gehörte Interessenverbänden an. Gewerkschaftlich organisiert waren die allerwenigsten. Von einem proletarischen „Klassenbewußtsein" kann man bei den weiblichen Hausangestellten gewiß noch viel weniger sprechen als bei Land- und Heimarbeitern.[146]

Die Arbeitnehmer des Handwerks wurden von der offiziellen Statistik zusammen mit denen der Industrie ein und derselben Gruppe, der Wirtschaftsabteilung Industrie und Handwerk, zugeschlagen. Aber zwischen beiden Kategorien von Arbeitern gab es große Unterschiede — vor allem solche des Bewußtseins. Von der knapp einen Million Fabrik- und Handwerkslehrlingen wurden 1925 über die Hälfte (544 000) in Handwerksbetrieben ausgebildet, und zwar insbesondere in Werkstätten des Metallhandwerks, des Bekleidungs- und des holzverarbeitenden Handwerks. Viele Lehrlinge wurden nach der Gesellenprüfung industrielle Facharbeiter, so daß den Handwerksmeistern auch eine wichtige Dienstleistung für die Industrie zufiel.[147] Wer als Geselle in einem der 1,3 Millionen Handwerksbetriebe arbeitete, die es 1926 in Deutschland gab, der richtete sich gemeinhin darauf ein, selbständiger Meister zu werden. Für Handwerksgesellen — ihre Zahl belief sich 1926 auf 1,5 Millionen — war mithin in der Regel der Status als abhängige Arbeitnehmer ein bloßes Durchgangsstadium. Sie waren infolgedessen nur selten — am ehesten wohl noch in größeren Betrieben mit mehr als 10 Beschäftigten — gewerkschaftlich organisiert. Ihr Bewußtsein war gewöhnlich nicht proletarisch, sondern mittelständisch.[148]

Auch innerhalb der Arbeiterschaft der Wirtschaftsabteilung Industrie und Handwerk gab es also zahlreiche Arbeiter, die sich nicht als solche fühlten. Von einer Arbeiterklasse mit einheitlichem Klassenbewußtsein konnte in den zwanziger Jahren in der Tat keine Rede sein. Die Frage, inwieweit die industrielle Kerngruppe der Arbeiterschaft über ein derartiges Bewußtsein verfügte, wird uns noch ausführlich beschäftigen.[149]

146 Zu den Grenzen des Klassenbewußtseins vgl. unten S. 172 f.

147 Wirtschaft und Statistik 9 (1929), S. 194—198.

148 Vgl. dazu Winkler, Mittelstand (Anm. 15), bes. S. 117 ff. Zur Zahl der Handwerksbetriebe und Gesellen: Ausschuß (Anm. 77), Das Deutsche Handwerk. Verhandlungen und Berichte des Unterausschusses für Gewerbe, Industrie, Handel und Handwerk (III. Unterausschuß), 8. Arbeitsgruppe (Handwerk), Bd. III/1: Generalbericht, Berlin 1930, S. 9. Den Ermittlungen des Unterausschusses zufolge belief sich die Zahl der Handwerkslehrlinge im Oktober 1926 auf 767 000. Die Zahl der Handwerksbetriebe, die 1926 Gesellen hatten, betrug 487 000. Ebda., S. 44 f. Über den gewerkschaftlichen Organisationsgrad von Arbeitnehmern des Handwerks liegen Zahlen nicht vor.

149 Siehe dazu unten S. 146 ff.

7. Aufstieg und Abstieg: Probleme der sozialen Mobilität

Die Jahre der Weimarer Republik zeichneten sich, so kann man die Befunde der neueren Forschung zusammenfassen, *nicht* durch eine besonders hohe soziale Mobilität aus — und zwar weder im vertikalen noch im horizontalen Sinn des Begriffs. Die höheren Schulen, denen bei der Verteilung sozialer Chancen die wichtigste Schleusenfunktion zufiel, blieben bürgerliche Einrichtungen: Der Anteil der Arbeiterkinder an den Schülern lag im Reichsdurchschnitt 1931 bei 6 %. (Zum Vergleich: in der Bundesrepublik waren 1965 10 % aller höheren Schüler Arbeiterkinder.) Entsprechend niedrig war der Anteil der Arbeiterkinder an den Abiturienten (im Deutschen Reich 1931: 5 %; in der Bundesrepublik 1965: 6 %) und den Studenten (im Deutschen Reich 1924/25: 2 %, 1926/27: 1 %, 1928 und 1931: 2 %; in der Bundesrepublik 1959/60: 5 %). Da Arbeiterkinder schon 1911/13 3 % der Studenten im Deutschen Reich gestellt hatten, war die soziale Mobilitätsrate auf dem Gebiet der akademischen Ausbildung nach 1918 sogar leicht rückläufig. Zwar gab es in der Weimarer Republik eine Reihe wichtiger Schulreformen, die auch auf eine soziale Öffnung der höheren Lehranstalten zielten: So sah die Reichsverfassung die Einrichtung einer einheitlichen, für alle Schüler gemeinsamen, vierjährigen Volksschulstufe und den Abbau der exklusiven Vorschulen für die höheren Schulen vor. Aber der erste Schülerjahrgang, der unmittelbar nach den Schulreformen eingeschult wurde, kam erst beim Zusammenbruch der Weimarer Republik an die Hochschulen. Die erste Republik wurde nicht alt genug, um das wichtigste Ergebnis ihrer frühen Bildungsreformen zu erleben.[150]

Die fortdauernde Chancenungleichheit im Bereich von höheren und Hochschulen ließ sich folgerichtig auch an der sozialen Rekrutierung akademischer Berufe ablesen. In Preußen entstammte 1927/28 nur 1 % der juristischen Referendare Arbeiterfamilien; von den Lehrern Sachsens (1926) und Württembergs (1919—31) waren 2 % Arbeiterkinder, von den Hochschullehrern im Deutschen Reich (1931) 1 %. Etwas besser sah die Bilanz des sozialen Aufstiegs bei den Spitzenbeamten der öffentlichen Verwaltung in Preußen aus: Von ihnen waren 1928 immerhin 6 % Arbeiterkinder — ein sichtbarer Niederschlag der Bemühungen um eine Demokratisierung der hohen Bürokratie im größten deutschen Einzelstaat. Daß von den Leitern der 30 größten deutschen Unternehmen keiner aus einer Arbeiterfamilie kam (1925), kann kaum überraschen. Die wirtschaftliche Machtelite der ersten Republik vermochte sich gegenüber sozialen Aufsteigern aus der Arbeiterschaft weit besser abzuschotten als die politische Führungsschicht.[151]

---

150 Hartmut Kaelble, Chancengleichheit und akademische Ausbildung in Deutschland 1910—1960, in: GG 1 (1975), S. 121—149.

151 Ders., Soziale Mobilität in Deutschland 1900—1960, in: ders. u. a., Probleme der Modernisierung in Deutschland. Sozialhistorische Studien zum 19. und 20. Jahrhundert, Opladen 1978, S. 235—327.

In einigen Bereichen waren jedoch soziale Aufstiegsprozesse unverkennbar. Bei den mittleren und unteren Beamten lag der Anteil von Arbeiterkindern erheblich über dem bei den höheren Beamten. Um 1920 kamen 15 % der unteren und 6 % der mittleren Beamten Badens aus Arbeiterfamilien; im Deutschen Reich waren 1922 11 % der mittleren und unteren Beamten Arbeiterkinder. Auch unter den Volksschullehrern gab es relativ viele Söhne und Töchter proletarischer Herkunft. Bei den Seminaristen Bayerns waren es 1924 6 % (wobei Landarbeiterkinder nicht mitgerechnet wurden), bei den Studenten an den Pädagogischen Akademien Preußens 1928/29 7 % und 1932/33 10 %, bei den Absolventen der akademischen Volksschullehrerausbildung im Deutschen Reich insgesamt 1932/33 sogar 13 %. Ein ausgesprochener Aufsteigerberuf war auch der des Priesters: Nach der Deutschen Hochschulstatistik kamen im Sommersemester 1931 von den Studenten der Katholischen Theologie 12 % aus Arbeiterfamilien und aus den unteren Schichten insgesamt 19 %.[152]

Die „klassische" Form des sozialen Aufstiegs war jedoch der Wechsel von der Arbeiterschaft in die Gruppe der Angestellten. Zwischen 1903 und 1911 entstammten schätzungsweise 20 % der Angestellten Familien von Arbeitern; 1929 bezifferte der Gewerkschaftsbund der Angestellten (GDA) diesen Anteil auf 25 %. Besonders hoch war der Prozentsatz von Arbeiterkindern bei zwei Kategorien von (im GDA organisierten) Angestellten: den kaufmännischen Lehrlingen und den Werkmeistern. In beiden Fällen kam 1929 ein gutes Drittel (34 %) aus Arbeiterfamilien. Bei den weiblichen Angestellten lag der Anteil der Arbeitertöchter 1929 bei 29 %, bei den Lehrlingen weiblicher Angestelltenberufe sogar bei 43 %.[153]

Der soziale Aufstieg von Arbeitern vollzog sich mithin in kleinen Schritten, und er erfolgte vorwiegend von den qualifizierten Arbeiterschichten aus. Kinder von ungelernten Arbeitern hatten geringere Chancen, in die Angestellten- oder Beamtenschaft aufzusteigen, als Kinder von Facharbeitern. Die Regel war der Aufstieg in die sozial eng benachbarte Schicht; ein Überspringen von angrenzenden Schichten bildete die Ausnahme. Der starke Andrang von Arbeitertöchtern in Büroberufe war symptomatisch. „Je mehr die mechanische Tätigkeit zunahm, desto mehr Angestellte gingen aus der Arbeiterschaft hervor," schrieb Hans Speier in den frühen dreißiger Jahren. Der gleiche Autor erkannte aber auch bereits die Dialektik eines solchen massenhaften Aufstiegs. „Je größer die Chance für die Arbeiterschaft wurde, den Kindern einen Aufstieg in die Angestelltenschaft zu ermöglichen, desto mehr verlor dieser Wechsel aus einer Schicht in die andere den Charakter des Aufstiegs. Der massenhafte Aufstieg in die höhere Schicht wurde

152 Ebda., S. 284—290. Von den unteren Beamten Badens kamen um 1920 9 % aus Familien gelernter und 5 % aus Familien ungelernter Arbeiter; bei den mittleren Beamten waren die entsprechenden Anteile 5 % : 1 %. Zu den Daten über die Studenten der katholischen Theologie: Svend Riemer, Sozialer Aufstieg und Klassenschichten, in: ASS 67 (1932), S. 531—560 (557 f.).

153 Kaelble, Mobilität (Anm. 151), S. 306—321; ferner Priamus, Angestellte (Anm. 103), S. 256; Speier, Angestellte (Anm. 103), S. 45 ff. Die Daten von 1929 entstammen sämtlich der Erhebung des GDA und beziehen sich auf dessen Mitglieder.

der Arbeiterschaft in dem Stadium der Entwicklung leichter, in dem das Ziel dieses Aufstiegs an Wert verlor.“[154]

Die Arbeiterschaft rekrutierte sich in der Weimarer Republik stärker noch als im späten Kaiserreich aus sich selbst. Nach Berechnungen von Hartmut Kaelble waren zwischen 1904 und 1913 die Väter proletarischer Söhne zu 72 % Arbeiter und zu 28 % Angehörige der unteren Mittelschicht. Zwischen 1925 und 1929 stieg der Anteil von Arbeitern, deren Väter bereits Arbeiter gewesen waren, auf 79 %; Väter aus der unteren Mittelschicht hatten noch 21 %. Innerhalb der Arbeiterschaft war der Aufstieg von ungelernten oder angelernten Arbeitern zu Facharbeitern häufig: Von den Geburtsjahrgängen 1876—1895 erreichten 21 %, von der folgenden Jahrgangsgruppe — 1896—1905 — 37 % diese Statusverbesserung. Die Kinder von Facharbeitern wurden sehr häufig wieder Facharbeiter: zu 58 % bei den Geburtsjahrgängen 1876—1895 und zu 49 % bei den Jahrgängen 1896—1905 (Tabellen 1 und 2).

Tabelle 1: Berufe von Kindern ungelernter und angelernter Arbeiter

Berufe der Söhne und Töchter	Geburtsjahrgänge 1876—1895 (1)	1896—1905 (2)	1906—1915 (3)	1916—1925 (4)	1926—1935 (5)	1936—1945 (6)
Freie Berufe	1	1		—	—	1
Beamte	3	5	8	7	5	10
Angestellte	4	9	12	19	16	12
Selbständige	9	2	4	7	3	1
Bauern	4	3	1	—	1	1
„Handwerker“	6	3	7	9	9	4
Facharbeiter	21	37	33	31	44	55
Andere Arbeiter	53	42	34	27	23	16
Insgesamt	100	100	100	100	100	100
Zahl der Fälle	162	115	250	147	128	113

Quelle: Kaelble, Soziale Mobilität (Anm. 151), S. 312.

Wir haben bisher Fragen der „intergenerationalen Mobilität“, nämlich Statusveränderungen zwischen Vater und Sohn oder Tochter, erörtert. Viel weniger genau sind die Informationen über die „intragenerationale Mobilität“ der Weimarer Jahre — die Mobilität innerhalb einer Generation. Bekannt ist im Grunde nur ei-

154 Ebda., S. 44 f. Zum sozialen Aufstieg von Arbeiterinnen durch Einheirat in andere Schichten liegen Daten nur für Bayern vor. Dort lag diese Quote 1927 bei 20 % (gewerbliche Arbeiterinnen: 13,7 %, Landarbeiterinnen: 28,8 %). Vgl. ders., Verbürgerlichung des Proletariats? In: Magazin der Wirtschaft 7 (1931), S. 591—596, 633—638 (637 f.). Vgl. hierzu wie zum folgenden auch Kaelble, Mobilität (Anm. 151), S. 254, 312 ff.

ne besonders radikale Form des sozialen Abstiegs — die Arbeitslosigkeit. Es fehlt hingegen an umfassenden Untersuchungen über den Status- und Berufswechsel von Arbeitern. Sicher ist, daß die Rationalisierung nicht, wie manche marxistische Autoren behaupten, eine allgemeine Tendenz zur Dequalifikation — einer Abwertung des Facharbeiters und einer Aufwertung des ungelernten „Massenarbeiters" — bewirkt hat. Auf der einen Seite verloren, wie Studien über einzelne Großbetriebe zeigen, im Gefolge der Rationalisierung sowohl gelernte wie ungelernte Arbeiter ihren Arbeitsplatz; auf der anderen Seite wurden durch die Rationalisierung auch neue Positionen geschaffen, die ein hohes Maß an beruflicher Spezialisierung verlangten. „Unter dem Strich" war wohl am ehesten der angelernte Arbeiter „Nutznießer" der Rationalisierung; er konnte ein ehemaliger Facharbeiter und damit ein Absteiger, aber auch ein früherer ungelernter Arbeiter und damit ein Aufsteiger sein.[155]

Tabelle 2: Berufe von Facharbeiterkindern

Berufe der Söhne und Töchter	Geburtsjahrgänge 1876—1895 (1)	1896—1905 (2)	1906—1915 (3)	1916—1925 (4)	1926—1935 (5)	1936—1945 (6)
Freie Berufe	—	2	1	1	1	—
Beamte	11	11	6	10	4	3
Angestellte	9	14	17	24	20	19
Selbständige	9	7	8	9	7	2
Bauern	3	5	—	—	—	1
„Handwerker"	4	3	7	2	3	9
Facharbeiter	58	49	50	46	59	61
Andere Arbeiter	7	10	11	9	6	5
Insgesamt	100	100	100	100	100	100
Zahl der Fälle	129	109	286	145	196	203

Quelle: Kaelble, Soziale Mobilität (Anm. 151), S. 312.

Auch die Forschung über die Fluktuation der Belegschaften von großen Unternehmen steckt, was den Zeitraum der Jahre 1918 bis 1933 angeht, noch in den Anfängen. Generell war die Fluktuation, verglichen mit der Vorkriegszeit, in der

155 Die These von der Dequalifikation des Facharbeiters und vom Aufstieg des „Massenarbeiters" vor allem bei: Karl Heinz Roth, Die „andere" Arbeiterbewegung und die Entwicklung der kapitalistischen Repression von 1880 bis zur Gegenwart. Ein Beitrag zum Neuverständnis der Klassengegensätze in Deutschland, München 1974, bes. S. 81 ff. Differenzierte und empirisch gut belegte Kritik bei Stolle, Arbeiterpolitik (Anm. 87), S. 198 f., 234 ff.; Schöck, Arbeitslosigkeit (Anm. 23), S. 157 f. Zum gleichen Problem auch Helmut Kubitschek, Zur kapitalistischen Rationalisierung und ihrer Auswirkung auf die Qualifikationsstruktur der Arbeiterklasse in Deutschland, Berlin [O] 1965 (MS), S. 125—171. Vgl. zum Strukturwandel innerhalb der Arbeiterschaft auch den folgenden Bd.

zweiten Hälfte der zwanziger Jahre sehr niedrig. *Ein* Grund hierfür lag sicherlich in der Verwissenschaftlichung des Managements: Nachdem die hohen Kosten von Neueinstellungen klar erkannt worden waren, bemühten sich die meisten Firmenleitungen konsequent darum, die Fluktuationsrate zu senken. Die verfügbaren Daten deuten darauf hin, daß diesen Bestrebungen Erfolg beschieden war. Der wichtigste Grund war aber wohl ein materieller: Lohnsteigerungen, die die Abwanderung unattraktiv machten. Bei der BASF in Ludwigshafen beispielsweise waren Einkommensverbesserungen — die Reallöhne stiegen bei den angelernten Arbeitern zwischen 1913 und 1928 um 20 %, bei den ungelernten um 16 % und den Betriebshandwerkern um 10 % — die wesentlichste Ursache dafür, daß die freiwillige Fluktuation drastisch zurückging: von 80 % vor dem Krieg über 50 % in den Jahren 1925 und 1927 bis auf 7 % im Jahre 1929.[156]

*

Die vertikale Mobilität, die Bewegung zwischen dem gesellschaftlichen „Oben" und „Unten", war, wie wir gesehen haben, in den Jahren der Weimarer Republik nicht besonders stark ausgeprägt. Von der horizontalen oder räumlichen Mobilität gilt das erst recht. Wohl gab es, als unmittelbare Folge des Versailler Vertrags, nach 1918 eine starke Einwanderung von Deutschen aus Elsaß-Lothringen sowie aus Ost- und Ostmitteleuropa in das verbliebene Reichsgebiet und eine Rückwanderung von Polen, vor allem aus dem Ruhrgebiet, in ihre Heimat. Wenige Jahre später, 1921, begann überdies eine letzte große Auswanderungswelle nach Übersee, die im Krisenjahr 1923 ihren Höhepunkt erreichte und die Wanderungsbilanz der Jahre 1921 bis 1925 mit einem Verlust von 47 000 Menschen enden ließ. Doch dann wendete sich das Blatt. Daß das Jahrfünft von 1926 bis 1930 mit einem Wanderungsgewinn von 85 000 Menschen schloß, hatte vor allem zwei Gründe: die restriktive Immigrationspolitik der USA und die relative wirtschaftliche Stabilität in Deutschland. Im Zeichen der Weltwirtschaftskrise verschlechterten sich die Chancen, in Übersee Fuß zu fassen, noch mehr, und so kehrten

156 Grundsätzlich und empirisch ertragreich zum Problem der Fluktuation: Rudolf Vetterli, Industriearbeit, Arbeiterbewußtsein und gewerkschaftliche Organisation. Dargestellt am Beispiel der Georg Fischer AG (1890—1930), Göttingen 1978, S. 120 ff., 316 ff. Als Fallstudie über die Bayer-Werke: Stolle, Arbeiterpolitik (Anm. 87), S. 101 ff., 319. Danach beliefen sich bei Bayer 1913 die freiwilligen Kündigungen auf 61 %, die Entlassungen auf 4 %; die Austritte insgesamt auf 65 % der Durchschnittsarbeiterzahl. Die entsprechenden Zahlen lauten für 1924: 23 %, 41 %, 64 %; für 1926: 3,5 %, 11 %, 14,5 %; für 1927: 12,5 %, 8 %, 20,5 %. Zu den Daten bei der BASF: Dieter Schiffmann, Von der Revolution zum Neunstundentag. Arbeit und Konflikt bei BASF 1918—1924, Frankfurt usw. 1983, S. 371 f. Auf — im Verhältnis zur Vorkriegszeit — geringe Fluktuationsraten bei der Belegschaft der oberbayerischen Grube Penzberg verweist Klaus Tenfelde, Proletarische Provinz. Radikalisierung und Widerstand in Penzberg/Oberbayern 1900 bis 1945, in: Martin Broszat, Elke Fröhlich, Anton Grossmann (Hg.), Bayern in der NS-Zeit, Bd. IV: Herrschaft und Gesellschaft im Konflikt, Teil C, München usw. 1981, S. 1—382 (141 f.).

viele Auswanderer wieder nach Deutschland zurück. Die Wanderungsbilanz der Jahre 1930 bis 1933 schloß mit einem Gewinn von 189 000 Menschen.[157]

Um 1925 kam auch die große säkulare Fernwanderungsbewegung, die Ost-West-Wanderung, zum Stillstand. Die Rückkehr vieler „Ruhrpolen" in den wiedergegründeten polnischen Staat konnte bis 1925 ausgeglichen werden, und zwar hauptsächlich durch masurische Ostpreußen. Zwischen 1910 und 1925 lag der Bevölkerungszuwachs der Provinzen Rheinland und Westfalen noch erheblich über dem Reichsdurchschnitt. In den folgenden acht Jahren aber wuchs die Bevölkerung der beiden Provinzen mit dem industriellen Kerngebiet Westdeutschlands nur noch unterdurchschnittlich: eine Folge nicht nur der Strukturkrise im Steinkohlenbergbau, sondern wohl auch der relativen Stagnation der Industriewirtschaft schlechthin. Denn etwa gleichzeitig mit dem Auslaufen der Fernwanderung vom agrarischen Osten in den industriellen Westen verlor sich auch die Dynamik des Urbanisierungsprozesses: Die Land-Stadt-Wanderung ging zwar weiter, aber von den stark wachsenden zehn größten Städten Deutschlands abgesehen war der Bevölkerungszuwachs der Orte mit mehr als 2 000 Einwohnern zwischen 1925 und 1933 bereits stark durch Eingemeindung bedingt. Der tiefgreifende Strukturwandel, der mit der Industrialisierung eingesetzt hatte, schien allmählich auszulaufen.[158]

*

Einen Grenzfall von sozialer Mobilität bildete der Weg in die Kriminalität — und gemeinhin galt dieser Weg als sozialer Abstieg. 1928 schlüsselte die offizielle deutsche Kriminalstatistik erstmals die Verurteilungen unter soziologischen Gesichtspunkten auf. Demnach waren die abhängig Beschäftigten in Industrie und Handwerk, die etwa 55 % der erwerbstätigen Bevölkerung stellten, im Jahre 1928 zu 31,5 % an Verbrechen und Vergehen gegen Reichsgesetze beteiligt. Überdurchschnittlich stark war der Anteil dieser Gruppe an den folgenden Delikten: Widerstand gegen die Staatsgewalt, wobei vor allem Gewalt und Drohungen gegen Beamte (47 %) und die Befreiung von Gefangenen (52,1 %) zu Buche schlugen; Hausfriedensbruch (49 %); bestimmte Sittlichkeitsdelikte (zwischen 45 % und 50 %: Doppelehe, Blutschande, Vergewaltigung und verwandte Straftaten,

157 Köllmann, Bevölkerungsentwicklung (Anm. 123), S. 102 f.

158 Ebda., S. 104 f.; Bade, Arbeitsmarkt (Anm. 137), S. 160—187; Rudolf Heberle u. Fritz Meyer, Die Großstädte im Strome der Binnenwanderung. Wirtschafts- und bevölkerungswissenschaftliche Untersuchungen über Wanderung und Mobilität in deutschen Städten, Leipzig 1937. Zu den „Ruhrpolen": Christoph Klessmann, Polnische Bergarbeiter im Ruhrgebiet 1870—1945. Soziale Integration und nationale Subkultur einer Minderheit in der deutschen Industriegesellschaft, Göttingen 1978; Richard C. Murphy, Gastarbeiter im Deutschen Reich. Polen in Bottrop 1891—1933, Wuppertal 1983. Zur Einwanderung von Ostpreußen ins Ruhrgebiet: Franke, Ruhrgebiet (Anm. 137), bes. S. 31 ff. Vgl. dazu auch Wilhelm Brepohl, Der Aufbau des Ruhrvolkes im Zuge der Ost-West-Wanderung. Beiträge zur deutschen Sozialgeschichte des 19. und 20. Jahrhunderts, Recklinghausen 1948; ders., Industrievolk im Wandel von der agraren zur industriellen Daseinsform, dargestellt am Ruhrgebiet, Tübingen 1957.

Ärgernis durch unzüchtige Handlungen); Totschlag (44 %); Körperverletzungen aller Art, vor allem schwere und Beteiligung an Schlägereien, die Tod oder schwere Körperverletzung zur Folge hatten (jeweils 51 %); schwere Eigentumsdelikte (schwerer Diebstahl: 48 %; schwerer Diebstahl im wiederholten Rückfall: 52 %); Raub und räuberische Erpressung (55 %) und Sachbeschädigung (48 %). Bemerkenswert war der relativ geringe Anteil der industriellen und handwerklichen Arbeitnehmer an Verurteilungen wegen Abtreibung (26 %) und Kindesmord (14 %). Bei Mord betrug der Anteil dieser Gruppe 39 %.[159]

Ins Auge springen Taten, die möglicherweise offen oder latent politischen Protestcharakter hatten, wie Widerstand gegen die Staatsgewalt, zum Teil wohl auch Hausfriedensbruch und Sachbeschädigung, dazu unterschichtsspezifische Eigentumsdelikte, Sittlichkeitsvergehen sowie Affekthandlungen. Daß Alkoholgenuß auf Straftaten großen Einfluß hatte, geht aus dem Wochenrhythmus bestimmter Delikte hervor. Die Rohheitskriminalität, so stellte das Statistische Reichsamt fest, nehme besonders stark an den Tagen zu, an denen erfahrungsgemäß am meisten getrunken werde: am Wochenende. Ob Gewalt und Drohungen gegen Beamte oder schwere Körperverletzung (also Delikte, bei denen die Arbeitnehmer von Industrie und Handwerk besonders stark vertreten waren): am Freitag, dem üblichen Tag der Lohnauszahlung, schnellte die Zahl dieser Straftaten nach oben, sie steigerte sich am Samstag, erreichte am Sonntag ihren absoluten Höhepunkt und lag auch noch am Montag, an dem unter den Nachwirkungen der beiden Vortage mitunter der Arbeit ferngeblieben wurde, erheblich über dem Niveau der übrigen Wochentage (Tabelle 3).[160]

Die Kriminalitätsstatistik von 1930 zeigte, daß der Anteil der abhängig Beschäftigten an allen Hauptgruppen von Delikten gegenüber 1928 gestiegen war, und zwar besonders stark bei Verbrechen und Vergehen gegen das Gesetz zum Schutz der Republik (45 % = + 12 %), Beteiligung an Schlägereien, die Tod oder schwere Körperverletzung zur Folge hatten (59 % = + 8 %), schwerem Diebstahl (53 % = + 5 %) und Erpressung (37 % = + 6 %).[161]

Die Hintergründe der gestiegenen Kriminalität im allgemeinen und bestimmter Delikte im besonderen liegen offen zutage: die Verschlechterung der wirtschaftlichen Lage und die Radikalisierung der politischen Auseinandersetzungen, die immer häufiger die Form von Saal- und Straßenschlachten annahmen. Die Zunahme der Straftaten zwischen 1928 und 1930 war geeignet, die von dem Wirtschaftswissenschaftler Günter Schmölders 1928 aufgestellte These zu relativieren, die Kriminalität scheine „doch in weit höherem Maße von inneren Faktoren der individuellen Veranlagung als von äußeren wirtschaftlichen Momenten bedingt zu

---

159 Statistik des Deutschen Reichs, Bd. 384, Berlin 1931, S. 180—194. Sehr hoch war der Anteil der landwirtschaftlichen Arbeiter (40 %) und Hausangestellten (36 %) an Verurteilungen wegen Kindesmord.

160 Ebda., S. 41.

161 Statistik des Deutschen Reichs, Bd. 429, Berlin 1933, S. 146—155. Zum Republikschutzgesetz vgl. den vorhergehenden Band S. 459.

Tabelle 3: Wochenrhythmus von Rohheitsdelikten 1928

Wochentage	Gewalt und Drohungen gegen Beamte								Leichte Körperverletzung						Gefährliche Körperverletzung					
	Reichsgebiet		Berlin		Hamburg		München		Berlin		Hamburg		München		Berlin		Hamburg		München	
	Verurteilte		Verurteilte		Verurteilte		Verurteilte		Verurteilte		Verurteilte		Verurteilte		Verurteilte		Verurteilte		Verurteilte	
	insgesamt	davon vorbestraft	insgesamt	davon vorbestraft	insgesamt	davon vorbestraft	insgesamt	davon vorbestraft	insgesamt	davon vorbestraft	insgesamt	davon vorbestraft	insgesamt	davon vorbestraft	insgesamt	davon vorbestraft	insgesamt	davon vorbestraft	insgesamt	davon vor bestraft
Sonntag	3 507	1 601	242	127	91	53	44	16	113	30	21	15	20	8	217	92	25	13	69	19
Montag	2 432	1 186	198	110	81	49	32	13	66	20	45	23	16	3	146	57	32	14	40	18
Dienstag	1 881	899	157	84	63	35	25	12	69	22	34	13	18	2	93	37	29	15	37	12
Mittwoch	1 748	872	137	76	56	37	31	13	65	23	31	17	15	5	89	36	21	13	32	22
Donnerstag	1 857	945	161	85	78	48	26	16	82	29	28	14	17	3	100	53	19	10	38	18
Freitag	2 382	1 230	203	92	76	45	40	24	111	35	29	12	18	3	147	64	21	11	34	14
Sonnabend	3 272	1 648	264	128	113	61	51	20	128	40	30	8	25	4	163	68	29	14	57	22
Unbekannt	602	242	20	9	37	19	1	—	28	3	27	6	2	1	22	6	19	9	6	3
Insgesamt	17 681	8 623	1 382	711	595	347	250	114	662	202	245	108	131	29	977	413	195	99	313	128

Quelle: Statistik des Deutschen Reichs, Bd. 384, Berlin 1931, S. 41.

sein.“[162] Auch vor der Weltwirtschaftskrise hatten Rechtsverletzungen durch Arbeiter häufig den Charakter von sozialem Protest gegen materielles Elend — so etwa der von Klaus Tenfelde berichtete „kollektive Kartoffelklau“ von Bergleuten im oberbayerischen Penzberg im Oktober 1923, eine für die Inflationsjahre sehr typische Form von proletarischer Selbsthilfe. Eine verallgemeinernde Schlußfolgerung erscheint zulässig: Sosehr die überwältigende Mehrheit der deutschen Arbeiter auch in Notzeiten darauf achtete, nicht ins „Lumpenproletariat“ abzusinken — „bürgerliche“ Normen büßten viel von ihrer Verbindlichkeit ein, wenn es um die Abwehr von offenbarem Unrecht oder gar ums bloße Überleben ging.[163]

162 Günter Schmölders, Kriminalität und Konjunktur. Die Lehren der Reichskriminalstatistik 1923—1925, in: JNS 128 (1928), S. 265—272 (272). Obwohl nicht dem Bereich der Kriminalität zugehörig, soll auch auf die offenkundige teilweise Konjunkturabhängigkeit der Selbstmordziffern verwiesen werden. Die Selbstmordquote bei Männern stieg von 36,4 auf 100 000 Einwohner im Jahre 1928 (Frauen: 14,6) auf 38,2 (14,7) im Jahre 1929 und 40,6 (15,7) im Jahre 1930. Zwischen 1931 und 1934 lag sie zwischen 41 und 42 (16,5 und 17,4). 1935 folgte ein vorübergehendes leichtes Absinken (39,6 bzw. 16,1). Petzina u. a., Sozialgeschichtliches Arbeitsbuch (Anm. 136), Bd. III, S. 136.

163 Tenfelde, Provinz (Anm. 156), S. 135 ff., der auf den Zusammenhang von spontanem Basisprotest und gewerkschaftlichem Autoritätsverlust hinweist. Vgl. zu ähnlichen Protestformen wie Plünderungen und Felddiebstählen im Jahre 1923 Günter Plum, Gesellschaftsstruktur und politisches Bewußtsein in einer katholischen Region 1928—1933. Untersuchungen am Beispiel des Regierungsbezirks Aachen, Stuttgart 1972, S. 49 ff. Siehe dazu auch den vorhergehenden Bd., S. 594 u. 647. Zum Problem des sozialen Protestes allgemein: Richard H. Tilly (Hg.), Sozialer Protest, in: GG 3 (1977), S. 151—235.

8. Arbeiterkultur und Massenkultur: Die proletarische Freizeit

Arbeiterkultur ist ein vieldeutiger Begriff. Wir wollen uns im folgenden an die ebenso umfassende wie genaue Definition von Gerhard A. Ritter halten. Arbeiterkultur bezeichnet demnach den „Gesamtzusammenhang einer schichtenspezifischen Lebensweise, die ihren Ausdruck nicht nur und nicht vor allem in künstlerischen Manifestationen der Arbeiterschaft und ihren Bildungsbestrebungen, sondern im sozialen und politischen Verhalten, in Wertvorstellungen und eigenen Institutionen findet. Zur Arbeiterkultur gehören daher neben den Organisationen ... auch das Freizeit- und Geselligkeitsverhalten der Arbeiterschaft, ihre Wohn-, Eß- und Trinkkultur, die Gebärden und Gewohnheiten am Arbeitsplatz, das Kommunikationsverhalten der Arbeiter im Betrieb, in Nachbarschaft und Kommune, die Struktur und das Beziehungsgeflecht der Arbeiterfamilie und hier vor allem das Rollenverständnis von Mann und Frau sowie das Verhältnis der Eltern zu den Kindern und zu den sonst zur Wohngemeinschaft gehörenden Personen."[164]

Für die Zeit der Weimarer Republik sind freilich noch keineswegs alle Bereiche der so verstandenen Arbeiterkultur erforscht, so daß wir uns darauf beschränken müssen, den proletarischen Alltag unter einigen ausgewählten Gesichtspunkten zu erörtern. Im folgenden wird uns zunächst die Freizeitgestaltung der Arbeiter beschäftigen. Dabei wollen wir die Frage im Blick behalten, inwieweit das, was die Arbeiter nach der Arbeit taten, eine spezifisch proletarische Milieufärbung aufwies und inwieweit überlieferte Formen von Arbeiterkultur oder, was nicht dasselbe ist, von Arbeiterbewegungskultur durchsetzt oder überlagert wurden von Elementen einer neuen, klassenübergreifenden „Massenkultur".

Dem Urteil Gerhard A. Ritters zufolge hatte die „Arbeiterkultur als eine eigenständige Kultur im Rahmen der Gesamtgesellschaft, mit der sie aber eng verknüpft blieb, ... ihren historischen Höhepunkt in Deutschland in den Jahrzehnten vor 1914."[165] Zwischen 1890 und 1914 war jene „Welt von Organisationen und Institutionen" entstanden, in der die sozialdemokratische Industriearbeiterschaft praktisch „von der Wiege bis zur Bahre" leben konnte und die ihr darum zu einer neuen Heimat wurde.[166] Die „sozialistischen Vorfeldorganisationen", wie Hart-

164 Gerhard A. Ritter, Einleitung, in: ders. (Hg.), Arbeiterkultur, Königstein 1979, S. 1—14 (1).

165 Ebda., S. 7. Vgl. auch die kritischen Literaturüberblicke von Dieter Kramer, Geschichte der Arbeiterbewegung und Volkskultur, in: Zeitschrift für Volkskunde 73 (1977), S. 246—261; Wolfgang Lepenies, Arbeiterkultur. Wissenschaftssoziologische Anmerkungen zur Konjunktur eines Begriffs, in: GG 5 (1979), S. 125—136; Peter Steinbach, Alltagsleben und Landesgeschichte. Zur Kritik an einem neuen Forschungsinteresse, in: Hessisches Jahrbuch zur Landesgeschichte 29 (1979), S. 224—305, sowie Wilfred van der Will u. Robert Burns, Arbeiterkulturbewegung in der Weimarer Republik. Eine historisch-theoretische Analyse der kulturellen Bestrebungen der sozialdemokratischen Arbeiterschaft, Frankfurt usw. 1982.

166 Hartmann Wunderer, Arbeitervereine und Arbeiterparteien. Kultur- und Massenorganisationen in der Arbeiterbewegung (1890—1933), Frankfurt 1980, S. 30.

mann Wunderer sie genannt hat, waren in der Regel keine Gründungen „von oben“; sie wurden von der Parteibasis getragen und mehr oder minder selbständig von ihr geführt und organisiert. Zu diesen Vorfeldorganisationen gehörten Arbeitersportvereine und Arbeiter-Sänger-Vereinigungen, die Volksbühnenbewegung, die sozialistischen Freidenker- und Feuerbestattungsverbände, der Arbeiter-Abstinenten-Bund, der Arbeiter-Samariter-Bund und der Arbeiter-Esperanto-Bund. Die Parteispitze sah die Aktivitäten dieser Verbände anfangs mit durchaus gemischten Gefühlen. Die Gefahr war nicht von der Hand zu weisen, daß das Engagement in sozialistischen Freizeitorganisationen auf Kosten der politischen Betätigung zugunsten der Sozialdemokratischen Partei ging. Allmählich setzte sich jedoch der Eindruck durch, daß die sozialdemokratische Arbeiterbewegung von den Kultur- und Massenorganisationen mehr Nutzen als Schaden habe: Sie führten der SPD meist zwar keine neuen Anhänger zu, konnten aber unter Umständen die schon gewonnenen Sympathisanten fester an die Partei binden.[167]

Gewiß gab es auch parteiunabhängige Bereiche von Arbeiterkultur. Dazu gehörten einmal Gebiete, wo ältere Volkskultur und Arbeiterkultur zusammentrafen: die traditionellen Trachten und Feste der Bergleute etwa und manche Handwerksbräuche, die in Teilen der industriellen Arbeiterschaft, bei den Maurern und Zimmerleuten beispielsweise, fortlebten. Zum anderen wäre an faktisch rein proletarische Fußballklubs wie Schalke 04 zu denken — eine frühe Form moderner Massenkultur. Aber die politische und gesellschaftliche Isolierung der Sozialdemokratie vor 1914 brachte es mit sich, daß Arbeiterkultur und Arbeiterbewegungskultur in Deutschland viel näher aneinanderrückten als etwa in England. Der spezifisch sozialdemokratische Charakter der deutschen Arbeiterkultur ist ein Produkt der Verhältnisse, in denen sie sich herausbildete.[168]

Die Arbeiterkultur ist, wie Dieter Langewiesche bemerkt, stets eine besondere Form der Gruppenkultur. „Sie wird zur Subkultur, wenn die sozialen Lebensbedingungen von Arbeitern bzw. bestimmten Gruppen von Arbeitern so stark von den Existenzformen anderer Sozialgruppen abweichen, daß die verhaltenssteuernden Gesellschaftsbilder innerhalb der Arbeiterschaft in Widerspruch zu den gesamtkulturellen Normen geraten. Wird die Subkultur durch die Entstehung einer eigenständigen sozialistischen Arbeiterbewegung gegen die bestehende Gesellschaft politisiert, so verändert sich die Arbeiter-Subkultur in eine proletarische Gegenkultur. Ein solcher Umformungsprozeß innerhalb der Arbeiterkultur — von der Gruppenkultur zur Subkultur und schließlich zur Gegenkultur — vollzog sich in Österreich wie in Deutschland im 19. Jahrhundert.“[169]

167 Ebda., S. 38, 219 ff.

168 Gerhard A. Ritter, Arbeiterkultur im Deutschen Kaiserreich. Probleme und Forschungsansätze, in: ders. (Hg.), Arbeiterkultur (Anm. 164), S. 15—39 (bes. 18 f.); Klaus Tenfelde, Das Fest der Bergleute. Studien zur Geselligkeit der Arbeiterschaft während der Industrialisierung am Beispiel des deutschen Bergbaus, ebda., S. 209—245; Siegfried Gehrmann, Fußball in einer Industrieregion. Das Beispiel F.C. Schalke 04, in: Jürgen Reulecke u. Wolfhard Weber (Hg.), Fabrik, Familie, Feierabend. Beiträge zur Sozialgeschichte des Alltags im Industriezeitalter, Wuppertal 1978, S. 377—398.

169 Dieter Langewiesche, Arbeiterkultur in Österreich: Aspekte, Tendenzen und Thesen, in: Ritter (Hg.), Arbeiterkultur (Anm. 164), S. 40—57 (40 f.).

In der Weimarer Republik wurde die Arbeiterkultur durch drei Entwicklungen entscheidend betroffen und verändert: Erstens unterminierte der Gegensatz von Sozialdemokratie und Kommunismus die bisherige Einheitlichkeit der Arbeiterkultur; zweitens schwächte sich der Gegensatz zur herrschenden Kultur dadurch ab, daß die Sozialdemokratie an der Staatsmacht Anteil hatte und damit auch einen gewissen Einfluß auf kulturelle Einrichtungen ausüben konnte; drittens trugen neue Mittel der Massenkommunikation dazu bei, die scharfen kulturellen Klassengrenzen zu verwischen.[170]

Am Beispiel der Arbeitersportbewegung lassen sich die Auswirkungen aller drei Faktoren studieren. Die besondere Popularität, die der Sport bei den Arbeitern genoß, hat Robert Wheeler eindrucksvoll analysiert. Die vermehrte Freizeit war *eine* Bedingung dafür, daß sich Arbeiter in wachsender Zahl am organisierten Sport beteiligten — aber andere Gründe kamen hinzu, darunter der Charakter der modernen Arbeit selbst. „Die Intensität und Sterilität der Arbeit bei kapitalistischer Produktionsweise hat die Befriedigung durch Arbeit nach und nach auf ein Minimum reduziert. Um diese wachsende Entfremdung zu kompensieren, wuchs entsprechend das Gefühl nach physischer Verausgabung und psychischer Befriedigung außerhalb des Arbeitsplatzes. Für viele Arbeitskräfte bot sich der Sport an, diese Leere auszufüllen. Durch sportliche Betätigung kann das Individuum direkt oder indirekt ein Gefühl der Selbstachtung und der persönlichen Vervollkommnung entwickeln, das es bei seiner Arbeit nicht findet ... Sport war angenehm, Industriearbeit nicht. Je schlimmer die letztere, desto größer das Bedürfnis nach dem ersten." Der Sport konnte überdies Gemeinschaftsgefühle hervorrufen und er bot, was vielleicht am wichtigsten war, eine aufregende und reizvolle Fluchtmöglichkeit dar, einen „Zugang zu einer Traumwelt, weit weg von der Monotonie der Industriearbeit und der rauhen Realität des städtischen Lebens. Wie die Religion konnte er als Opium wirken, was gesellschaftlich akzeptierter war als Alkohol und andere Drogen. Vor allem zog der Sport besonders die männliche Arbeiterschaft stärker an als die Religion. Er war ‚echt' und die Belohnung gab es nicht im Jenseits, sondern hier und jetzt. Marx hätte vielleicht treffender sagen sollen, daß der Sport und nicht die Religion das Opium des Volkes sei."[171]

Der 1893 gegründete Arbeiter-Turnerbund hatte sich stets von den bürgerlichen Sportverbänden in der Deutschen Turnerschaft (DT), ihren nationalistischen und oftmals militaristischen Tendenzen abgesetzt. 1917 lehnte er es aus ebendiesen Gründen ab, dem neugeschaffenen Reichskuratorium für Leibesübungen beizutreten. Nach der Revolution von 1918/19 verschärfte er die ideologische

170 Siehe dazu vor allem Ritter, Einleitung (Anm. 164), S. 7 ff.; Dieter Langewiesche, Politik — Gesellschaft — Kultur. Zur Problematik von Arbeiterkultur und kulturellen Arbeiterorganisationen in Deutschland nach dem Ersten Weltkrieg, in: AfS 22 (1982), S. 359—402.

171 Robert F. Wheeler, Organisierter Sport und organisierte Arbeit. Die Arbeitersportbewegung, ebda., S. 58—73 (59 f.). Wheelers These, daß die Popularität des Sports wesentlich aus dem entfremdeten Charakter kapitalistischer Industriearbeit abzuleiten ist, leuchtet allerdings nicht ohne weiteres ein. Mehr spricht für die Annahme, daß die arbeitsteilige Industriearbeit, unabhängig vom privaten oder öffentlichen Eigentum an den Produktionsmitteln, das von Wheeler so treffend beschriebene Freizeitverhalten der Arbeiter hervorbringt.

Abgrenzung vom bürgerlichen Sport. „Was uns Arbeiter vom Bürgertum politisch und wirtschaftlich trennt, das trennt uns Arbeitersportler vom bürgerlichen Sport: der Klassengegensatz und die Weltanschauung", schrieb die Arbeiter-Turnzeitung im Jahr 1919. Aber da der Arbeitersport in der Weimarer Republik mit öffentlichen Mitteln gefördert wurde und seine Verbände sich schließlich, um einer gerechteren Verteilung dieser Mittel willen, auch zur Zusammenarbeit mit dem Deutschen Reichsausschuß für Leibesübungen bereitfanden, schwächten sich die „gegenkulturellen" Züge der Arbeitersportbewegung allmählich ab.[172]

Eine andere Frontstellung dagegen gewann an Schärfe: die Abgrenzung gegenüber den Kommunisten. Die KPD hatte seit 1919 versucht, die Arbeitersportverbände ideologisch auf ihre Seite zu ziehen und dabei örtliche Erfolge erzielt — etwa beim bedeutenden Turnverein „Fichte" in Berlin. Zwischen den beiden internationalen Dachorganisationen des Arbeitersports — der „reformistischen" Sozialistischen Arbeitersportinternationale (SASI) mit Sitz in Luzern und der 1921 gegründeten Roten Sportinternationale (RSI) in Moskau — herrschte ideologischer Kriegszustand. Die Moskauer Sportfunktionäre attackierten die SASI als eine Internationale von Arbeiterverrätern; diese weigerte sich, die RSI an der ersten offiziellen „Arbeiterolympiade" 1925 in Frankfurt teilnehmen zu lassen, wenn die Moskauer Gegenorganisation sich nicht zuvor der Luzerner Internationale anschloß — eine Forderung, die die RSI nicht zu erfüllen bereit war. 1928 kam es zwischen der Dachorganisation der deutschen Arbeitersportverbände, der Arbeiter-Turn- und Sportbewegung (ATUS), und den kommunistischen Sportfunktionären zum endgültigen Bruch. Unter der Parole „Entlarvung der Reformisten" hatte die KPD eine Kampagne gegen die Führung der Arbeitersportverbände, der Zentralkommission für Arbeitersport und Körperpflege, entfesselt. Die Zentralkommission sah darin eine flagrante Verletzung der parteipolitischen Neutralität, zu der sie sich 1919 bekannt hatte, und schloß die kommunistischen Aktivisten aus. Während die ATUS sich 1931 mit der SPD, den Freien Gewerkschaften und dem Reichsbanner Schwarz-Rot-Gold in der Eisernen Front zusammenschloß, um die bedrohte Republik gegen die Angriffe der Nationalsozialisten zu verteidigen, sammelten sich die abgesplitterten kommunistischen Sportorganisationen in der Kampfgemeinschaft für Rote Sporteinheit, die ebenso wie die KPD ihren Hauptfeind in den „Sozialfaschisten" sah.[173]

---

172 Horst Überhorst, Frisch, frei, stark und treu. Die Arbeitersportbewegung in Deutschland 1893—1933, Düsseldorf 1973 (das Zitat aus der Arbeiter-Turnzeitung: S. 89 f.). Zur Geschichte des Arbeitersports ferner: ders., Bildungsgedanke und Solidaritätsbewußtsein in der deutschen Arbeitersportbewegung zur Zeit der Weimarer Republik, in: AfS 14 (1974), S. 275—292; Heinz Timmermann, Geschichte und Struktur der Arbeitersportbewegung 1893—1933, Diss. Marburg 1969; Helmut Wagner, Sport und Arbeitersport, 2. Aufl. Köln 1973; Jürgen Fischer u. Peter-Michael Meiners, Proletarische Körperkultur und Gesellschaft. Zur Geschichte des Arbeitersports, Gießen 1973.

173 Timmermann, Geschichte (Anm. 172), S. 121 ff.; Überhorst, Frisch (Anm. 172), S. 216 ff.; Wunderer, Arbeitervereine (Anm. 166), S. 183 ff. Die Kampfgemeinschaft für Rote Sporteinheit war 1929 (zunächst unter dem Namen „Interessengemeinschaft zur Wiederherstellung der Einheit im Arbeitersport") gegründet worden. Sie umfaßte etwa 100 000 Mitglieder. Ebda., S. 183.

Vor der Abspaltung der Kommunisten waren etwa 1,2 Millionen Menschen in den Verbänden der ATUS organisiert. Die Statistik von 1928 zeigt, wie sie sich auf die einzelnen Sportarten und Interessengebiete verteilten (Tabelle 1):

Tabelle 1: Mitgliederzahlen der in der Arbeiter-Turn- und Sportbewegung (ATUS) zusammengeschlossenen Verbände (Stand: 1928)

Arbeiter-Turn- und Sportbund	770 058
Arbeiter-Radfahrerbund „Solidarität"	220 316
Touristenverein „Die Naturfreunde"	79 000
Arbeiterathletenbund	56 285
Arbeiterschachbund	12 167
Arbeiter-Samariterbund	40 793
Verband Volksgesundheit	13 793
Arbeiterschützenbund	5 110
Freier Seglerverband	1 545
zusammen	1 199 067

Quelle: Überhorst, Frisch (Anm. 172), S. 114.

Von den bürgerlichen Sportverbänden wollte sich die Arbeitersportbewegung auch in den Jahren der Weimarer Republik vor allem durch ihren „Geist" unterscheiden: Im Vordergrund sollte nicht das Streben nach individueller Höchstleistung, sondern das integrierende Gruppenerlebnis stehen. Deswegen waren auch Diplome für besondere Leistungen offiziell verpönt. Der Bundestag des Arbeiter-Turn- und Sportbundes (wie sich der Arbeiter-Turnerbund nach dem Krieg nannte) hatte zwar 1919 und 1921 solche Anreize eingeführt, aber schon der folgende Bundestag im Jahr 1924 beschloß, „Auszeichnungen irgendwelcher Art für turnerische und sportliche Leistungen, Diplome, Kränze und dergleichen" wieder zu verbieten. „Die Freude am Selbstschaffen muß genügend Anregungsmittel sein, das Können der Turner und Sportler zur Entfaltung zu bringen", hieß es in der Begründung. Der 15. Bundestag bestätigte 1925 diese Entscheidung mit knapper Mehrheit.[174]

Ob die Beschlüsse des Arbeiter-Turn- und Sportbundes tatsächlich den gewünschten Effekt hatten — das „kapitalistische" Konkurrenzprinzip aus dem Arbeitersport zu verbannen — ist allerdings zweifelhaft. Was ein Veteran des „Freien Turn- und Spielvereins Hagen 1896", eines dem Arbeiter-Turn- und Sportbund angeschlossenen Clubs, berichtet, ist vermutlich recht typisch. Gegen Ende der zwanziger Jahre sei vor allem von Jugendlichen immer wieder die Frage nach einer Art von Auszeichnung für besondere Wettkampfleistungen gestellt worden. „Zumindest ein Kärtchen, auf dem vermerkt war, welchen Platz jemand bei irgendeinem Wettkampf belegt hatte, sollte es sein. Als Reaktion auf dieses Begehren wurden auf Bundesebene solche Kärtchen ausgegeben, und wir haben

174 Überhorst, Frisch (Anm. 172), S. 142 f.

Von den bürgerlichen Sportverbänden wollte sich die Arbeitersportbewegung vor allem durch ihren „Geist" unterscheiden. Der „gegenkulturelle" Anspruch erfuhr jedoch immer stärkere Abschwächungen: Werbung und Selbstdarstellung auf den Arbeiterolympiaden in Frankfurt am Main 1925 (oben) *und Nürnberg 1929* (unten).

auch vom Verein her einige bestellt." In diese Kärtchen, die sich „wohltuend von der Unsitte der Medaillen und protzigen Pokale bei vielen bürgerlichen Vereinen" abgehoben hätten, seien dann Leistungen, etwa beim Fünfkampf, eingetragen worden. „Das galt aber nur für unsere Jugendlichen, denn die Älteren waren über so etwas längst hinweg."[175]

Auch sonst gab es, wie Wheeler bemerkt, mancherlei Anzeichen dafür, „daß die normalerweise kritisierte, bürgerliche Wertschätzung von Rekorden, Zuschauerzahlen und Siegen den Arbeitersport zunehmend beeinflußten. Mehr und mehr gab die Arbeiterpresse dem Showeffekt des organisierten Sports vorrangigen Raum. 1931 tönte eine Titelseitenschlagzeile in einer sozialistischen Wiener Tageszeitung vom österreichischen Sieg bei der Arbeiterolympiade."[176]

Nicht alle der in der ATUS zusammengeschlossenen Verbände betonten ihr ideologisches Profil in der gleichen Schärfe wie der Arbeiter-Turn- und Sportbund. Die „Naturfreunde" etwa, 1895 in Wien gegründet, berührten sich in ihrer Art, Heimat und Natur zu erleben, Volkslieder zu singen, Tabak und Alkohol zu entsagen, eng mit den Idealen des „Wandervogels" und der bürgerlichen Reformbestrebungen der Jahrhundertwende.[177] Der sieben Jahre ältere Arbeiter-Samariter-Bund (ASB), mit den „Naturfreunden" durch das gemeinsame Dach der Arbeiter-Turn- und Sportbewegung verbunden, war als proletarischer Gegenverband zum Deutschen Roten Kreuz geschaffen worden, das in Kreisen der Sozialdemokratie als bürgerlich-nationalistische Organisation mit engen Verbindungen zum Militär galt. Vorrangige Aufgabe des ASB war die erste Hilfe bei Arbeitsunfällen. Als jedoch das Rote Kreuz im Ersten Weltkrieg selbst zum Zivildienst überging und Vertreter der Freien Gewerkschaften in seine regionalen Leitungsgremien aufnahm, wurde die Position des ASB in der Arbeiterschaft schwieriger. 1919 erklärte er sich zur „unpolitischen Organisation", und in seiner Bundessatzung stellte der ASB 1925 nochmals ausdrücklich fest, daß er eine freie Wohlfahrts- und keine proletarische Selbsthilfeorganisation sei. Zweck dieser Versicherungen war es, ebenso wie das Rote Kreuz in den Genuß staatlicher Förderung zu kommen. Alles, was der ASB nach 1918 anstrebte, lief auf Gleichberechtigung mit dem DRK hinaus. Der ADGB unterstrich das gewandelte Verhältnis der beiden konkurrierenden Organisationen sinnfällig, als er 1927 seinen stellvertretenden Vorsitzenden Peter Graßmann, der bislang schon dem Zentralvorstand des Deutschen Roten Kreuzes angehört hatte, auch in den Vorstand des Arbeiter-Samariter-Bundes entsandte.[178]

---

175 Zit. bei Volker Schmidtchen, Arbeitersport — Erziehung zum sozialistischen Menschen? Leitwerte und Jugendarbeit in zwei Ruhrgebietsvereinen in der Weimarer Republik, in: Reulecke/Weber (Hg.), Fabrik (Anm. 168), S. 345—376 (371).

176 Wheeler, Sport (Anm. 171), S. 70.

177 Wunderer, Arbeitervereine (Anm. 166), S. 67 ff.; ders., Der Touristenverein „Die Naturfreunde" — Eine sozialdemokratische Arbeiterkulturorganisation (1895—1933), in: IWK 13 (1977), S. 500—520.

178 Alfons Labisch, Der Arbeiter-Samariter-Bund 1888—1933. Ein Beitrag zur Geschichte der Arbeitersamariterbewegung, in: Ritter (Hg.), Arbeiterkultur (Anm. 164), S. 145—167 (auch zur Geschichte der kommunistischen Gegenorganisation, des Proletarischen Gesundheitsdienstes).

Die Arbeiter-Turn- und Sportbewegung umfaßte nur eine Minderheit der sportlich aktiven Arbeiter. Rund 80 % der Mitglieder der — ihrem Selbstverständnis nach — „bürgerlichen" Deutschen Turnerschaft waren um 1928 Arbeiter, und damit waren dort ungefähr doppelt so viele Arbeiter organisiert wie in der ATUS.[179] Ein Arbeiter nannte 1919, als die Deutsche Turnerschaft sogar noch zu etwa 90 % aus seinen Klassengenossen bestand, die Gründe, weshalb den Werbeaktionen der Arbeitersportbewegung kein größerer Erfolg beschieden war: „Wir Mitglieder in der DT sind zu 9/10 Besitzlose, die um das tägliche Brot arbeiten ... Das Turnen war ja noch nie der Sport der Wohlhabenden. — Heute nach vielen Jahren hält es schwer, als einzelner aus diesem Verein auszutreten, nicht um seiner selbst willen, sondern um der gleichgesinnten Freunde wegen."[180]

Zumindest auf jene Arbeiter, die auch in den Jahren der Weimarer Republik noch in den bürgerlichen Vereinen turnten, trifft das Urteil Horst Überhorsts zu: „Beharrungsvermögen und freundschaftliche Bindungen erwiesen sich weit stärker als das Klassenbewußtsein ..."[181] Aber nichts spricht dafür, daß allen Arbeitern, die in die Arbeitersportbewegung gewissermaßen hineingeboren worden waren, die Ideologie wichtiger war als der Sport. Wenn ein fast ausschließlich aus Arbeitern zusammengesetzter Fußballclub wie Schalke 04 nichts dabei fand, dem bürgerlich-konservativ geprägten Westdeutschen Spielverband anzugehören, dann war das für die Mentalität des sportbegeisterten Ruhrproletariats durchaus bezeichnend. „Wir wollten Fußball spielen. Mit was anderem wollten wir nichts zu schaffen haben", erklärte rückblickend Ernst Kuzorra, in den zwanziger und dreißiger Jahren einer der bekanntesten Einzelspieler des Gelsenkirchener Clubs. „Politik und Religion spielten bei uns im Verein überhaupt keine Rolle."[182]

Der Sport war nach dem Ersten Weltkrieg endgültig zu einem Mittel der Massenkommunikation geworden, das Klassengrenzen übersprang. Entgegen den Absichten seiner Organisatoren und Ideologen trug der Arbeitersport nicht dazu bei, den erhofften neuen sozialistischen Menschen hervorzubringen. Im Endeffekt wirkte der organisierte Arbeitersport vielmehr entpolitisierend und entideologisierend. Die Arbeitersportbewegung nahm zwar nach 1918 einen großen Aufschwung, aber je breiter und vielfältiger ihr Angebot wurde, desto schwieriger wurde es auch, der einzelnen Sparte eine besondere sozialistische Rechtfertigung zu geben.

Was Dieter Langewiesche für die Arbeiterkulturbewegung in der ersten österreichischen Republik festgestellt hat, gilt auch für die entsprechenden Bestrebungen in der Weimarer Republik — also weit über den Bereich des Arbeitersports hinaus. „Der Versuch, ‚die bewußte Gesellschaft im Werden schon innerhalb des Staates' (Max Adler) zu verkörpern, führte dazu, daß die Arbeiterbewegung sich Organisationen angliederte, die nicht mehr mit spezifisch sozialistischen Zielsetzungen auszufüllen waren. Sozialistische Schachklubs, sozialistische Trachtenver-

179 Überhorst, Bildungsgedanke (Anm. 172), S. 280; Wheeler, Sport (Anm. 171), S. 67.
180 Zit. bei Überhorst, Bildungsgedanke (Anm. 172), S. 281.
181 Ebda., S. 281.
182 Gehrmann, Fußball (Anm. 168), S. 377—398 (398).

eine, sozialistische Feuerbestattungsorganisationen konnten für das spezifisch Sozialistische oder Proletarische ihres Wirkens nur noch sehr gewundene Begründungen finden. ‚Proletarisch gelebt, proletarisch gestorben und dem Kulturfortschritt entsprechend eingeäschert' — diese Maxime des Arbeiter-Feuerbestattungsvereins ‚Die Flamme' hatte wohl auch für überzeugte Verteidiger der sozialistischen Subkultur den Anflug des Lächerlichen."[183]

*

Dem sozialistischen Verständnis von „Kultur" stand die geistige Bildung traditionell näher als die Körperbildung. Umstritten war freilich von jeher, was die Aufgabe sozialistischer Bildungsarbeit sein sollte: die Vermittlung der überlieferten Kulturinhalte an die arbeitenden Massen, die während ihrer Schulzeit nicht in den Genuß höherer Bildung gelangt waren, oder eine spezifisch sozialistische Kulturpflege, die von bürgerlichen Bildungsgütern nur das übernahm, was fortschrittlichen Traditionen zugerechnet werden konnte und mit sozialistischen Zielen vereinbar war. Im Kaiserreich war diese zweite Auffassung die — in der Theorie, wenn auch kaum in der Praxis — vorherrschende. In der Weimarer Republik vertrat sie besonders dezidiert der freigewerkschaftliche Bildungsexperte Fritz Fricke, ein ehemaliger Unabhängiger. Arbeiterbildung bedeute, so erklärte er 1931, die „zweckbetonte Bildung des proletarischen Menschen, ausgerichtet an seiner sozialen Aufgabe", „Zweckbildung für den sozialen Kampf" von Sozialdemokratie und Gewerkschaften.[184]

Die entgegengesetzte Ansicht ging nach 1918 dahin, eine eigenständige Arbeiterbildung mit getrennten Organisationen und spezifischen Bildungsinhalten sei in der demokratischen Republik gar nicht mehr erforderlich; vielmehr komme es darauf an, das Bildungsangebot von Staat und Gemeinden auszubauen und mitzugestalten. In der Praxis der sozialdemokratischen Bildungsarbeit gewannen jedoch weder die Anhänger des Integrationskurses noch diejenigen die Oberhand, die in der Bildungsarbeit vor allem die sozialistische Identität bewahrt sehen wollten. Die SPD schlug einen mittleren Weg ein, der die „Fortsetzung der subkulturellen Tradition ebenso gestatten sollte wie Zusammenarbeit mit staatlichen bzw. mit sonstigen nicht-sozialistischen Einrichtungen" (Langewiesche). Im Juli 1920 formulierte Heinrich Schulz, der Bildungsexperte der Sozialdemokraten, was fortan kulturpolitische Leitlinie seiner Partei sein sollte: „Theaterveranstaltungen, Konzerte, der Kampf gegen Schund in Literatur und Kino, Vorträge und Kurse über Wissensgebiete, die nicht unmittelbar und absichtlich der politischen Sonder-

183 Dieter Langewiesche, Zur Freizeit des Arbeiters. Bildungsbestrebungen und Freizeitgestaltung österreichischer Arbeiter im Kaiserreich und in der Ersten Republik, Stuttgart 1979, S. 386 f.

184 Dieter Langewiesche, Freizeit und „Massenbildung". Zur Ideologie und Praxis in der Weimarer Republik, in: Gerhard Huck (Hg.), Sozialgeschichte der Freizeit. Untersuchungen zum Wandel der Alltagskultur in Deutschland, Wuppertal 1980, S. 223—247 (226). Auf die Praxis der Bildungsarbeit von Gewerkschaften und Arbeiterparteien wird weiter unten eingegangen (vgl. S. 613 ff., 640, 700).

aufgabe dienen sollen, können durch den Zusammenschluß von Bildungsorganisationen aller Art, aller Parteirichtungen und aller Weltanschauungen eingerichtet werden."[185]

Einen „einheitlichen, allgemein akzeptierten Bildungsbegriff" gab es allerdings, wie Langewiesche zurecht feststellt, auch in der sozialdemokratischen Arbeiterbewegung der Weimarer Republik nicht. „Integration der Arbeiterschaft in die ‚Hochkultur' durch ‚Stärkung des Verlangens in der Masse nach höheren Lebensformen und ... Hebung ihres Verständnisses und ihres Anspruchs an die Schönheiten des Lebens'; marxistische Schulung, um die ‚soziale Erfahrung des Proletariats zum reflektierten Klassenbewußtsein zu formen'; Fachbildung, um die vielfältigen Positionen, die Partei und Gewerkschaften im staatlich-gesellschaftlichen Leben errungen hatten, mit geschulten Funktionären besetzen zu können — dieses breite Spannungsfeld versuchte die Arbeiterbildung auszufüllen."[186]

Für die KPD lagen die Dinge einfacher. Für sie gab es nicht den geringsten Zweifel, daß die Bildungsbestrebungen der Arbeiterschaft dem Kampf um die politische Macht untergeordnet werden mußten, also lediglich eine Funktion der jeweiligen Strategie und Taktik der Partei sein konnten. Zwar ging die KPD 1921 vom anfänglichen Boykott der „bürgerlichen" Erwachsenenbildung über zum Prinzip der gezielten Ausnutzung solcher Einrichtungen. Aber der faktische Einfluß, den die KPD auf die Kommunen als die wichtigsten Träger der Erwachsenenbildung ausübte, war ungleich geringer als der von SPD und Freien Gewerkschaften. Die selbständige kommunistische Bildungsarbeit, wie sie vor allem im Rahmen der noch zu erörternden „Marxistischen Arbeiterschule", der „MASCH", betrieben wurde, hieß in der Weimarer Republik Fortsetzung der politischen Agitation mit anderen Mitteln und auf gehobenem Niveau.[187]

---

185 Langewiesche, Freizeit (Anm. 184), S. 227 (das Zitat von Schulz: ebda., S. 227). Im Original des Aufsatzes von Schulz heißt es statt „Parteirichtungen" wohl irrigerweise „Parteieinrichtungen". — Aus der neueren Lit. zur Arbeiterbildung in der Weimarer Republik: Hildegard Feidel-Mertz, Zur Ideologie der Arbeiterbildung, 2. Aufl. Frankfurt 1972; Norbert Reichling, Akademische Arbeiterbildung in der Weimarer Republik, Münster 1983; Anne-Marie Fabian (Hg.), Arbeiterbewegung, Erwachsenenbildung, Presse. Festschrift für Walter Fabian zum 75. Geburtstag, Köln usw. 1977; Josef Olbrich (Hg.), Arbeiterbildung in der Weimarer Zeit. Konzeption und Praxis, Braunschweig 1977 (mit zeitgenössischen Texten); Artur Meier, Proletarische Erwachsenenbildung. Die Bestrebungen der revolutionären deutschen Arbeiterbewegung zur systematischen sozialistischen Bildung und Erziehung erwachsener Werktätiger (1918—1923), Diss. Berlin [O] 1964, Hamburg 1971 (zur Bildungsarbeit der KPD) sowie Heinz Ludwig Arnold (Hg.), Handbuch zur deutschen Arbeiterliteratur, 2 Bde., München 1977, Bd. 2: Bibliographie. Aus der zeitgenössischen Lit. u. a.: Heinrich Schulz, Politik und Bildung. Hundert Jahre Arbeiterbildung, Berlin 1931; Otto Neuloh, Arbeiterbildung im neuen Deutschland, Leipzig 1930; Theodor Bäuerle, Arbeiterbildung, Berlin 1924; P. Desiderius Breitenstein, Die sozialistische Erziehungsbewegung, Diss. Freiburg 1930; Die Tat 18 (1926), Heft 4, S. 241—336 (mit Beiträgen zur Bildungsarbeit von SPD und Gewerkschaften); Theodor Leipart u. Lothar Erdmann, Arbeiterbildung und Volksbildung, Berlin 1928.

186 Langewiesche, Freizeit (Anm. 184), 227 f. (mit Belegen für die zeitgenössischen Zitate).

187 Dazu Meier, Erwachsenenbildung (Anm. 185), S. 77 ff., 164 ff. Zur „MASCH": Gabriele Gerhard-Sonnenberg, Marxistische Arbeiterbildung in der Weimarer Zeit (MASCH), Köln 1976, sowie unten S. 700.

Zu den wichtigsten Instrumenten der Arbeiterbildung gehörten die Volkshochschulen, denen die kulturelle Aufbruchstimmung in den ersten Jahren der Weimarer Republik zu einem gewaltigen Aufschwung verhalf. 1919 war ein ausgesprochenes „Gründerjahr". Die meisten Volkshochschulen waren Produkte der bürgerlichen Reformpädagogik, doch wirkten vielfach auch Sozialdemokraten an den neuen Stätten der Erwachsenenbildung mit. Die Heimvolkshochschule Tinz bei Gera, 1920 von Unabhängigen Sozialdemokraten ins Leben gerufen, behielt bis zum Ende der Republik ein ausgeprägt sozialdemokratisches Profil. Eine lokale kommunistische Gründung, die Freie Proletarische Volkshochschule Remscheid, wurde wegen angeblicher syndikalistischer Abweichungen von der KPD 1923 durch Parteiausschluß ihres Leiters „exkommuniziert".

1929 wurden im Deutschen Reich insgesamt 215 städtische Abendvolkshochschulen gezählt; von der Bevölkerung der Orte, in denen sie lagen, erreichten diese Anstalten jedoch nur etwa 1 %. Die Arbeiterschaft, die der eigentliche Adressat der reformerischen Volkshochschulbewegung war, nutzte das neue Bildungsangebot in sehr unterschiedlichem Umfang. Volkshochschulen, die sich bewußt an den sozialen und politischen Erfahrungen der Arbeiter ausrichteten, hatten naturgemäß einen größeren Zulauf aus Arbeiterkreisen als andere. So konnte die Hamburger Volkshochschule, die eng mit den Freien Gewerkschaften kooperierte, stets über ein Drittel ihrer Hörer aus der Arbeiterschaft beziehen. In den beiden großen Volkshochschulen Leipzig und Dresden, die sich besonders intensiv um die Arbeiterbildung kümmerten, war der Arbeiteranteil unter den Hörern noch viel höher: In Leipzig waren im Durchschnitt der Jahre 1925—1929 von den männlichen Hörern 57,8 % Handarbeiter, von den Frauen immerhin 25,1 %. Für Dresden lauten die entsprechenden Daten 53,9 % und 21,5 %.[188]

Die „bürgerlichen" Volkshochschulen konnten am ehesten einen Arbeitertyp ansprechen, dem es um individuellen Aufstieg aus der Arbeiterklasse und zu diesem Zweck um die Angleichung an die Kulturideale des Bürgertums ging. Diejenigen Volkshochschulen hingegen, die mit Arbeiterorganisationen zusammen-

188 Langewiesche, Freizeit (Anm. 184), S. 228—232. Zum Verhältnis von Volkshochschule und Arbeiterbildung: Klaus Meyer, Arbeiterbildung und Volkshochschule. Die ‚Leipziger Richtung'. Ein Beitrag zur Geschichte der deutschen Volksbildung in den Jahren 1922—1933, Stuttgart 1969; Franz Große, Die Bildungsinteressen des großstädtischen Proletariats, untersucht an der Zusammensetzung und Interessenrichtung der Hörerschaft an den Volkshochschulen, Leipzig usw. 1932; Paul Hermberg, Volkshochschule und Arbeiterbildung, in: Die Arbeit 6 (1929), S. 572—580; Paul Steinmetz, Die deutsche Volkshochschulbewegung, Karlsruhe 1929; Werner Picht u. Eugen Rosenstock, Im Kampf um die Erwachsenenbildung 1912—1926, Leipzig 1926; Manfred Heinemann (Hg.), Sozialisation und Bildungswesen in der Weimarer Republik, Stuttgart 1976, (darin bes.: Wolfgang Scheibe, Die Stellung der Erwachsenenbildung im Bildungssystem des Weimarer Staates, S. 325—338; Franz Pöggeler, Erwachsenenbildung in der Weimarer Republik. Persönlichkeiten und Institutionen, S. 339—361). — Zur Heimvolkshochschule Tinz zusammenfassend: Alfred Braunthal, Die Heimvolkshochschule Tinz, in: Tat (Anm. 185), S. 318—320; zum Fall Remscheid, zu anderen Freien Proletarischen Volkshochschulen sowie zu dem hier nicht erörterten Räteschulwesen in den Jahren 1919/20: Meier, Erwachsenenbildung (Anm. 185), S. 102 ff., 207 ff.

wirkten, zielten in erster Linie auf einen anderen Hörertyp ab: den Arbeiter, der, wie Langewiesche es umschreibt, „nicht sozial respektable Allgemeinbildung, sondern fachlich-berufliche Zweckschulung und Orientierungshilfen für die Deutung seiner gesellschaftlichen Umwelt suchte." Es war dies derselbe Hörertypus, der sich aktiv an der Bildungsarbeit der Freien Gewerkschaften beteiligte.[189]

Bei den Hörern aus der Arbeiterschaft, die an den Kursen der Volkshochschulen Leipzig und Dresden teilnahmen, war das Interesse an gesellschaftswissenschaftlicher Überblicksorientierung besonders stark ausgeprägt, während Angestellte eher speziellere Themen bevorzugten. Von den Hörern politischer Vortragsreihen waren 1927 in Leipzig bei den Männern 41 % Arbeiter und 36 % untere Angestellte, bei den Frauen dagegen nur 23 % Arbeiterinnen und 25 % untere Angestellte. Frauen lag im Unterschied zu den Männern generell mehr an allgemeiner Bildung als am Erwerb soziologischer Kenntnisse. Neun Zehntel aller Arbeiterhörer waren in Leipzig wie in Dresden Facharbeiter. In beiden Städten beteiligten sich jedoch nur 0,5 % der gesamten erwerbstätigen Arbeiterschaft an den Kursen der Volkshochschulen. Selbst diejenigen Einrichtungen der allgemeinen Volksbildung, die sich besonders systematisch auf die Interessen des großstädtischen Proletariats einstellten, erreichten also lediglich eine dünne Oberschicht desselben. Gemessen an den hochgespannten Erwartungen, die die Bildungsreformer zu Beginn der Weimarer Republik gehegt hatten, war das eine überaus enttäuschende Bilanz.[190]

Eine breitere Resonanz als die Volkshochschulen hatten die Arbeiter- und Volksbibliotheken. Die meist städtischen Volksbibliotheken hatten 1929 einen Buchbestand von knapp 5,8 Millionen und eine Ausleihe von etwa 15,4 Millionen Bänden. Es folgten die katholischen Büchereien mit 8,9 Millionen Ausleihen und 4,1 Millionen Bänden und erst an dritter Stelle die freigewerkschaftlichen Bibliotheken mit knapp 0,7 Millionen Ausleihen und 1,2 Millionen Bänden. Immerhin war die Lesefreudigkeit der freigewerkschaftlich organisierten Arbeiter stärker als die der Katholiken: Während von diesen nur 2,1 % ihre Bibliotheken benutzten, entliehen 4,2 % der Mitglieder von gewerkschaftlichen Ortsausschüssen, die über Büchereien verfügten, dort Bücher.

Über die Lesegewohnheiten der Arbeiter in der Weimarer Republik liegen einigermaßen verläßliche Informationen vor. Eine Umfrage bei gewerkschaftlichen Bibliotheken im Jahre 1921 ergab, daß von den Entleihungen zwei Drittel auf Belletristik und nur ein knappes Achtel auf „gewerkschaftsrelevante" Literatur entfielen.[191] Die genauesten Untersuchungen wurden wiederum in Leipzig angestellt. In der dortigen Volksbibliothek, die von etwa 4 bis 5 % der Leipziger Arbeiterschaft benutzt wurde, entliehen in den zwanziger Jahren bürgerliche Benutzer in weit höherem Maß als Arbeiter Erzählliteratur, Gedichte und Dramen, während die Arbeiter belehrende Werke bevorzugten. Innerhalb der Gruppe „belehrendes

---

189 Langewiesche, Freizeit (Anm. 184), S. 233.

190 Große, Bildungsinteressen (Anm. 188), bes. S. 93, 189 ff.; Langewiesche, Freizeit (Anm. 184), S. 229.

191 Ebda., S. 235, 238.

Schrifttum“ verlagerte sich in der zweiten Hälfte der zwanziger Jahre das Interesse der lesenden Arbeiter vom naturkundlichen und geisteswissenschaftlichen zum historisch-politischen Bereich. Literatur, die der „Sozialsphäre“ zugeordnet wurde, war bei bürgerlichen Lesern mehr gefragt als bei Arbeitern. In den Sonderrubriken „Arbeiterbewegung“ und „Allgemeine Gesellschaftslehre“ lagen dagegen die Arbeiter vorn. Zwischen 1922 und 1926 wurde 35 mal das „Kapital“ von Karl Marx ausgeliehen; Engels' „Ursprung der Familie“ kam auf 91 Entleihungen, Bebels Autobiographie auf 103. Insgesamt rangierte bei den Arbeiterlesern der Bereich „marxistischer Sozialismus“ jedoch deutlich hinter den Gebieten deutsche Geschichte, bildende Kunst und Philosophie. Unter den einzelnen historischen Themen ragten bei Arbeiterlesern hervor die Französische Revolution von 1789 und die russische Oktoberrevolution. Großer Beliebtheit erfreuten sich bei erwachsenen männlichen Arbeitern Lebensbilder wie „Im Strom unserer Zeit“ von Max Eyth, die „Jugenderinnerungen eines alten Mannes“ von Wilhelm von Kügelgen und Joachim Nettelbecks „Lebenserinnerungen“. Aus der Romanliteratur wurden besonders häufig entliehen „Kampf ums Recht“ von Karl Emil Franzos und „Pelle der Eroberer“ von dem dänischen Arbeiterdichter Martin Andersen-Nexö.[192]

Eine Umfrage unter Leipziger Arbeitern, die an dem von Hermann Heller geleiteten Seminar für freies Volksbildungswesen teilnahmen, insofern also eine Art Arbeiterelite darstellten, ergab Mitte der zwanziger Jahre, daß von männlichen Arbeitern die folgenden zehn Autoren am häufigsten gelesen wurden: Goethe, Schiller, Tolstoi, Boelsche (ein populärwissenschaftlich schreibender Naturforscher), Marx, Sven Hedin, Heine, Zola, Gustav Freytag und Ernst Haeckel. Bei Arbeiterinnen lautete die Reihenfolge: Goethe, Löns, Schiller, Tolstoi, Rosegger, Rudolf Herzog (ein Autor betont nationaler Unterhaltungsromane), Agnes Günther („Die Heilige und ihr Narr“), Zola, Gorki, Dostojewski. Selbst — oder vielmehr: gerade — bei der Avantgarde des Proletariats war der geistige Interessenradius mithin viel „bürgerlicher“ und weit weniger „marxistisch“, als es den Erwartungen der meisten auf dem Gebiet der Arbeiterbildung tätigen Akademiker entsprach.[193]

Dem Leipziger Befund mag gegenübergestellt werden, was der Schriftsteller Joseph Roth im Ruhrgebiet beobachtete. „Die Arbeiterbuchhandlungen und -bibliotheken enthalten sehr wenig gute Belletristik“, schrieb er im April 1926 in der

---

192 Erich Thier, Gestaltwandel des Arbeiters im Spiegel seiner Lektüre. Ein Beitrag zur Volkskunde und Leserführung, Leipzig 1939, S. 22 ff., 60 ff., 83, 150. Die Wertungen des Autors spiegeln den nationalsozialistischen „Zeitgeist“ wider, während es an der Zuverlässigkeit der Daten keinen Zweifel gibt. Zu den Unterschieden zwischen den Lesegewohnheiten von männlichen und weiblichen Arbeitern die ebenfalls Leipziger Statistiken auswertende Studie von Walter Hofmann, Die Lektüre der Frau. Ein Beitrag zur Lesekunde und zur Leseführung, Leipzig 1931. Demnach waren Arbeiterinnen und Arbeiterfrauen stärker als männliche Arbeiter an erzählender Literatur, Gedichten und Dramen interessiert, während männliche Leser aus dem Proletariat häufiger als weibliche zu belehrender Literatur griffen (S. 38 f.).

193 Gertrud Hermes, Die geistige Gestalt des marxistischen Arbeiters und die Arbeiterbildungsfrage, Tübingen 1926, S. 317, 320.

„Frankfurter Zeitung". „Die Käufer und Entlehner bevorzugen das Direkte, das heißt das Didaktische. Sie lesen populäre Wissenschaft. ‚Volkstümliche' Geschichte, Astronomie, Physik. Der Arbeiter will sich vor allem belehren lassen. Man predigt ihm, ‚Wissen sei Macht'. Er nimmt's wörtlich und verlangt zu ‚wissen'. Für ihn schreibt man geschmacklose Broschüren auf schlechtem Papier. Für ihn schreibt man erweiterte, so gut es geht: verflachte und sogar bereits dementierte Leitartikel. In den Buchhandlungen und Bibliotheken von sechs Arbeiterstädten fand ich: einen Dostojewski, zwei Tolstoj, einen Maxim Gorki, fünf Andersen-Nexö, neun Gottfried Keller, drei Selma Lagerlöf, fast nichts von modernen russischen, französischen Autoren, von Engländern: Shakespeare und Wells. Es gibt also zuerst das Pädagogische, dann das Populärwissenschaftliche, drittens das Nationalistische. In weiterer Folge das Geeichte, durch Literaturgeschichte schon Bestätigte, das Sanfte, Beruhigende und das Utopische als kärgliche Nahrung für die arg vernachlässigte Phantasie. Von den geistigen leidenschaftlichen Kämpfen dieser Zeit, von heute und morgen, erfährt der Arbeiter beinahe nichts. Er ist weit entfernt vom Genuß der Lektüre und von der Leidenschaft des Genusses. Er lernt noch. Nichts fehlt ihm so sehr wie das Musische. Er ahnt nicht, daß Mangel an musischem Genuß unterlegen macht wie ein schlecht genähter neuer Rock. Wenn er sich ‚zerstreuen' will, verfällt er dem Kitsch und dem übertriebenen Sport."[194]

Für das Österreich der ersten Republik ist Dieter Langewiesche auf Grund von Bibliotheksstatistiken zu dem Schluß gelangt, ein „schichtenspezifisches Anspruchsgefälle in der Lektürewahl zuungunsten der Arbeiter" habe es nicht gegeben. „Eher ist eine gegenteilige Tendenz festzustellen. Was innerhalb der kulturell anspruchsvollen sozialdemokratischen Arbeiterbewegung Enttäuschungen bereiten konnte, erwies sich also im Vergleich mit dem Lektüreverhalten anderer Sozialkreise als ein durchaus respektables Ergebnis, das keinerlei Anzeichen für einen kulturellen Entwicklungsvorsprung des Bürgertums gegenüber dem Proletariat enthielt."[195] Die für Deutschland verfügbaren Bibliotheksdaten deuten darauf hin, daß Österreich kein Ausnahmefall war. Dennoch ist gegenüber soziologischen Verallgemeinerungen Skepsis angebracht. Die Zahl der Bürger, die auf öffentliche Bibliotheken angewiesen waren, war kleiner als die der Arbeiter, und umgekehrt war die Zahl der „lesenden Arbeiter" sehr viel geringer als die der „lesenden Bürger". Über die Verbreitung von „Schundliteratur" schließlich und die soziale Zusammensetzung ihres Konsumentenkreises geben die Ausleihestatistiken der öffentlichen Bibliotheken naturgemäß keine Auskunft. Die fortlaufenden

---

194 Joseph Roth, Privatleben des Arbeiters, in: ders., Werke, 3 Bd., Köln 1975, S. 673—677 (674).

195 Langewiesche, Freizeit des Arbeiters (Anm. 183), S. 234 f. Vgl. für Deutschland auch ders. u. Klaus Schönhoven, Arbeiterbibliotheken und Arbeiterlektüre im Wilhelminischen Deutschland, in: AfS 16 (1976), S. 135—204.

Warnungen des „Vorwärts" vor der Lektüre minderwertiger Romanhefte kamen aber sicherlich nicht von ungefähr.[196]

*

Ebenso wie die Volkshochschulen und Volksbibliotheken sollte auch die Volksbühnenbewegung der kulturellen Hebung der Arbeiterschaft dienen. Der Versuch von Franz Mehring allerdings, über die Besucherorganisation der Freien Volksbühne in Berlin den Theaterbesuch von Arbeitern zu steuern und das Theater als Tribüne des Klassenkampfes zu nutzen, war schon vor der Jahrhundertwende gescheitert. Ähnlich geringe Resonanz fand, wie Gerhard A. Ritter für die Zeit vor 1914 bemerkt, die Idee, „die Arbeiterschaft und ihre Organisationen zum Träger eines über das bürgerliche Theater künstlerisch hinausführenden neuen Theaters zu machen. Im Gegenteil: die Programme von Arbeiterfesten und sonstigen Unterhaltungsveranstaltungen lassen vermuten, daß die Arbeiterschaft eher den klassischen bürgerlichen Vorbildern in Theater und Literatur als den neuen künstlerischen Versuchen und kunsttheoretischen Ansätzen einiger sozialistischer Intellektueller zuneigte. Dennoch hat die Volksbühnenbewegung, indem sie den Theaterbesuch verbilligte und dem Arbeiter die Schwellenangst vor dem Theaterbesuch zu überwinden half, neue Besucherkreise für das Theater gewonnen und damit die Arbeiterschaft an eine Institution der bestehenden Kultur herangeführt."[197]

---

196 Grundsätzlich hierzu: Rolf Engelsing, Analphabetentum und Lektüre. Zur Sozialgeschichte des Lesens in Deutschland zwischen feudaler und industrieller Gesellschaft, Stuttgart 1973; Rudolf Schenda, Volk ohne Buch, Frankfurt 1970; ders., Die Lesestoffe der Kleinen Leute. Studien zur populären Literatur im 19. und 20. Jahrhundert, München 1976. — Zu den Versuchen der sozialdemokratischen Arbeiterbewegung, anspruchsvolle und insbesondere sozialkritische Literatur über Buchklubs wie den „Bücherkreis" und die „Büchergilde" (beide 1924/25 entstanden) zu erschwinglichen Preisen zu verbreiten, vgl. Langewiesche, Freizeit (Anm. 184), S. 242. Die Mitgliederzahlen der „Büchergilde" stiegen von 10 595 im Jahre 1925 auf 68 000 im Jahre 1929. Zum „Bücherkreis": Danièle Ruthmann, Vers une nouvelle culture social-démocrate: conditions, objectifs et évolution de l'oeuvre éducative réalisée par la social-démocratie allemande sous la République de Weimar de 1924 à 1933, Frankfurt usw. 1982. Zur Vermittlung von Literatur in der Presse der SPD: Kristina Zerges, Sozialdemokratische Presse und Literatur. Empirische Untersuchung zur Literaturvermittlung in der sozialdemokratischen Presse 1876 bis 1933, Stuttgart 1982. Zur Literaturkritik des „Vorwärts": Christoph Rülcker, Arbeiterkultur und Kulturpolitik im Blickwinkel des „Vorwärts" 1918—1928, in: AfS 14 (1974), S. 115—156 (bes. 128 f.). Zu den literaturpolitischen Bemühungen der KPD: Hanno Möbius, Der Rote Ein-Mark-Roman, ebda., S. 157—212, sowie unten, S. 704 f. Zur Lektüre „übelster Schmöker, Kriminal- und Abenteuergeschichten" bei Bergleuten: Graf Alexander Stenbock-Fermor, Meine Erlebnisse als Bergarbeiter, Stuttgart 1929, S. 37.

197 Ritter, Arbeiterkultur (Anm. 168), S. 25. Zur Entstehung der Volksbühnenbewegung auch Herbert Scherer, Bürgerlich-oppositionelle Literaten und Sozialdemokratische Arbeiterbewegung nach 1890, Stuttgart 1974; Heinrich Braulich, Die Volksbühne. Theater und Politik in der deutschen Volksbühnenbewegung, Berlin [O] 1976; Almut Schwerd, Zwischen Sozialdemokratie und Kommunismus. Zur Geschichte der Volksbühne 1918—1933, Wiesbaden 1975.

Die „Verbürgerlichung" der Freien Volksbühne Berlin bieb nicht auf die Kunstauffassung ihrer Leitung beschränkt. Auch ihr Mitgliederstamm hatte sich seit der Gründung in den 1890er Jahren verändert. Erwin Piscator übertrieb zwar, wenn er 1929 schrieb: „... ihr Publikum hat sich gewandelt. Das klein-und mittelbürgerliche Element dominierte die ‚Stullenfresser'. Die Arbeiterschaft war fast verschwunden."[198] Tatsächlich waren die 50 000 eingetragenen Mitglieder, die die Volksbühne 1918 hatte, immer noch zu einem großen Teil Arbeiter. Aber radikale Teile der Arbeiterschaft befanden sich kaum darunter, und sicherlich reichte die Volksbühnenbewegung mittlerweile weit in bürgerliche, zumal kleinbürgerliche Kreise hinein.[199]

Eine gewisse Öffnung nach links vollzog die Volksbühne 1924, als ihr künstlerischer Direktor Fritz Holl den Kommunisten Piscator als Gastregisseur an das Theater berief. Da kommunistische Experimente mit einem eigenen „Proletarischen Theater" gescheitert waren, hatten sich inzwischen auch enttäuschte Radikale wieder der Volksbühne zugewandt. Piscator konnte also auf einen gewissen Rückhalt im Publikum rechnen, wenn er auch ausgesprochene Agitationsstücke — als erstes 1924 „Fahnen" von Alfons Paquet — in brillanten Inszenierungen auf die Bühne brachte. 1927 kam es jedoch zum Konflikt. Die Volksbühnenleitung griff zu Zensurmaßnahmen, weil Piscator das Schauspiel „Gewitter über Gotland" von Ehm Welk zu „einseitiger politischer Propaganda" benutzt habe. Der Protest der literarischen Öffentlichkeit Berlins, und zwar nicht nur der linken, war einhellig, und innerhalb der Mitgliedschaft der Volksbühne machten vor allem die „Jugend-Abteilungen" Piscators Sache zu der ihren. Der Streit endete vorläufig mit einem Kompromiß: Die „Jugend-Abteilungen", deren Leitung bald darauf in die Hände der KPD überging, wurden zu „Sonderabteilungen" erweitert. Für sie, die jedem Mitglied offenstanden, durfte Piscator in eigener Verantwortung auch politisch-revolutionäres Theater inszenieren. Das reguläre Volksbühnenprogramm sollte davon unberührt bleiben.

Die neuerliche Polarisierung zwischen Kommunisten und Sozialdemokraten, die 1928/29 mit dem Kampf gegen den „Sozialfaschismus" einsetzte, entzog jedoch dem Waffenstillstand bald die Grundlagen. Die sozialdemokratische Leitung der Volksbühne beantwortete eine Kampfansage der „Roten Fahne" mit der Mobilisierung der Mitgliedschaft, und es gelang ihr sogar, die „Sonderabteilungen" zurückzuerobern. Den Wechsel zur „Jungen Volksbühne", deren Gründung die Kommunisten seit längerem schon betrieben hatten, vollzog 1930 nur eine kleine Minderheit der etwa 50 000 Mitglieder der Freien Volksbühne. Etwa 3 000

---

198 Erwin Piscator, Das politische Theater (1929), Reinbek bei Hamburg, 2. Aufl. 1963, S. 57, zit. bei Herbert Scherer, Die Volksbühnenbewegung und ihre interne Opposition in der Weimarer Republik, in: AfS 14 (1974), S. 213—252 (221).

199 Ebda., S. 223 f. — Unter den Mitgliedern der Freien Volksbühnen Hannover und Jena waren die Handarbeiter eine Minderheit; stark vertreten waren Angestellte und (in Jena) Handwerker. Dazu: Margarete Adams, Ausnutzung der Freizeit des Arbeiters, Köln 1929, S. 68 f.

aktive Mitglieder bildeten den Stamm des neuen, von Piscator geleiteten revolutionären Theaters.[200]

*

Eine erheblich breitere Ausstrahlung als die Volksbühnenbewegung, die sich zwar nicht auf Berlin beschränkte, aber dort ihren eigentlichen Schwerpunkt besaß, hatte die Arbeitersängerbewegung. Dem Deutschen Arbeiter-Sängerbund (DAS), der 1908 aus der 1892 gegründeten Liedergemeinschaft hervorgegangen war, gehörten 1928 270 000 und 1932 etwa 320 000 Mitglieder an. Über die Vorkriegszeit schreibt Hartmann Wunderer: „Mit der Verbreiterung der Arbeitersängerbewegung entwickelte sich auch eine Arbeiterchorliteratur. Bekannte Arbeiterlieder wurden vierstimmig gesetzt, neue Lieder geschaffen. Ein eigener musikalischer Stil hat sich jedoch nicht herausgebildet. Die Kampflieder der Arbeiter griffen größtenteils auf Melodien bekannter volkstümlicher und auch militaristischer Lieder zurück. Diese Lieder brachten freiheitliche Ideen zum Ausdruck; die musikalischen Stilmittel wurden dem bürgerlichen Männergesang entlehnt. Die Arbeitersänger bildeten also keine eigene musikalische Kultur aus, sie grenzten sich jedoch durch den politischen Gehalt ihrer Tendenzlieder von der bürgerlichen Kultur ab.“[201]

Vor allem seit 1918 traten jedoch neben Volkslieder und politische Tendenzkompositionen zunehmend auch klassische Chorwerke. Der Hamburger „Volkschor Barmbek“ etwa war an den meisten Aufführungen von Beethovens Neunter Symphonie beteiligt; er führte die „Jahreszeiten“ und die „Schöpfung“ von Haydn auf, ebenso die Oratorien „Judas Makkabäus“ und „Belsazar“ von Händel. Die Öffnung zur „bürgerlichen“ Kunst hatte auch ihre institutionelle Seite. 1923 trat der Deutsche Arbeiter-Sängerbund in den Reichsausschuß für Chorgesangswesen ein — in erster Linie wohl, um in den Genuß staatlicher Zuschüsse zu kommen. 1928 schloß sich der DAS mit zwei bürgerlichen Verbänden, dem Deutschen Sängerbund und dem Reichsverband gemischter Chöre, zur „Arbeitsgemeinschaft für das deutsche Chorgesangswesen“ zusammen. Auf dem Bundesfest des DAS 1928 in Hannover lobte Carl Severing diese „Kulturkoalition“ und sprach den Wunsch aus, es möge dahin kommen, „daß unsere Arbeitersänger auch religiösen Liedern nicht ausweichen, daß sie ‚Ein feste Burg ist unser Gott‘ nicht nur hören, sondern auch singen, und daß die Herren vom Deutschen Sän-

---

200 Scherer, Volksbühnenbewegung (Anm. 198), S. 243—251. Vgl. zum Arbeitertheater insgesamt auch: Ludwig Hoffmann u. Daniel Hoffmann-Ostwald, Deutsches Arbeiter-Theater 1918—1933. Eine Dokumentation, Berlin [O] 1961; Lothar Schirmer, Notate zu Texten des sozialdemokratischen Arbeitertheaters in der Weimarer Republik. Alfred Jahn und der Leipziger Arbeiter-Theaterverlag, in: IWK 19 (1983), Heft 1, S. 22—53 (mit weiterer Literatur). Zum Sprechchor als proletarischer Kunstform: Will/Burns, Arbeiterkulturbewegung (Anm. 165), S. 167 ff.; Richard Weber, Proletarisches Theater und revolutionäre Arbeiterbewegung 1918—1925, Köln 1976, bes. S. 127 ff.; Klaus Kändler, Drama und Klassenkampf. Beziehungen zwischen Epochenproblematik und dramatischem Konflikt in der sozialistischen Dramatik der Weimarer Republik, Berlin [O] usw. 1970.

201 Wunderer, Arbeitervereine (Anm. 166), S. 43—46 (45; mit weiterer Lit.).

gerbund an den Klängen des ‚Wolgaliedes' mindestens musikalischen Gefallen finden."[202]

Der „Vorwärts" schlug aus Anlaß des Hannoveraner Bundesfestes ähnliche Töne an. „Noch ist Orchesterspiel und Orchesterschule für die Arbeiterschaft Zukunftsmusik. Noch haben wir weder Arbeitermusik noch den Arbeiter als schaffenden Musiker. Einstweilen haben wir die Werke der großen Meister; und die sind nicht nur überzeitlich, sondern übergesellschaftlich. Die deutschen Arbeiter, die Bach und Beethoven singen, brauchen um ihre Musikerzukunft nicht bange zu sein."[203]

Das unideologische Musikverständnis des DAS stieß in seinen eigenen Reihen vereinzelt zwar auch bei Sozialdemokraten auf Widerspruch, aber massive Opposition gab es nur von seiten der kommunistischen Arbeitersänger. Als im Zuge der Kampagne gegen den „Sozialfaschismus" die Angriffe auf die Führung des DAS immer heftiger wurden, antwortete der Vorstand mit dem Ausschluß der von der KPD kontrollierten Vereine. Diese sammelten sich 1931 in der Kampfgemeinschaft der Arbeitersänger. Über ihre tatsächliche Stärke ist nichts bekannt, doch scheint sie über einige Tausend Mitglieder nicht hinausgekommen zu sein. „Die kommunistischen Chöre wirkten vor allem als flexible und mobile Agitationsgruppen ihrer Partei", schreibt Wunderer, „ihr Liederrepertoire war stärker als das ihrer reformistischen Konkurrenten auf aktuelle und lokalpolitische Vorgänge akzentuiert; es wurde in vielen Fällen kollektiv erarbeitet."[204]

*

Die proletarische Freizeit wurde nur zu einem Teil durch das kulturelle Angebot von Arbeiterorganisationen und Kommunen bestimmt. Eine immer größere Rolle spielten nach dem Ersten Weltkrieg die neuen Massenmedien Film und Rundfunk. „Mag sagen, wer da will, daß das Kino Kitsch ist, Sorgenbrecher ist es jedenfalls, und ich lache ja so gern", berichtete eine ledige, 23 Jahre alte Textilarbeiterin, als ihre Gewerkschaft sie wie viele Berufskolleginnen um eine knappe Schilderung ihres Arbeitstages und ihres Wochenendes bat.[205] Eine Umfrage unter jungen Berliner Arbeitern ergab Anfang der dreißiger Jahre, daß diese etwa dreimal so häufig ins Kino wie ins Theater gingen, während bei Oberschülern Theater- und Kinobesuch sich die Waage hielten. Bei den Jugendlichen aus Kreuzberg, von denen die meisten Arbeiter waren, behaupteten in der Beliebtheitsskala den ersten Rang Kriegs- und Marinefilme (17 Nennungen), gefolgt

---

202 Ebda., S. 45 f.

203 Zit. bei Rülcker, Arbeiterkultur (Anm. 196), S. 140. Vgl. dazu auch Hanns Eisler, Geschichte der deutschen Arbeitermusikbewegung von 1848, in: ders., Musik und Politik. Schriften, Bd. I: 1927—1948, Leipzig 1973, S. 221 ff.

204 Wunderer, Arbeitervereine (Anm. 166), S. 46, 178 ff. (181). Über das Liedgut von SPD und KPD in der Weimarer Zeit u. a.: Vernon L. Lidtke, Songs and Politics: An Exploratory Essay on Arbeiterlieder in the Weimarer Republic, in: AfS 14 (1974), S. 253—274. Vgl. dazu auch unten S. 703 f.

205 Mein Arbeitstag (Anm. 78), S. 21.

von Wildwest- und Detektivfilmen (16), Arbeiter- und musischen Filmen (8) und Naturfilmen (4). Von 800 Mädchen aus dem Bezirk Wedding — 85 % von ihnen waren ungelernte Arbeiterinnen und 15 % Haustöchter — wurden auf die Frage nach besonders beliebten Kinostücken folgende Filme besonders häufig genannt: „Dich hab' ich geliebt" (27 Nennungen), „Ich glaub' nie mehr an eine Frau" (12), „Atlantic" (8), „Melodie des Herzens" (4), „Wenn du einmal dein Herz verschenkst" (4), „Mutter Krausens Fahrt ins Glück" und „Schwester Maria" (3). Knapp neun Zehntel der Filme, die die Weddinger Mädchen nannten, waren für Jugendliche verboten. Sozialkritisch war nur Piel Jutzis „Mutter Krause" — ein Film, der uns gleich noch beschäftigen wird.[206]

Eine sozialwissenschaftliche Enquête des Frankfurter Instituts für Sozialforschung, auf die noch ausführlich zurückzukommen ist, förderte bei erwachsenen Arbeitern und Angestellten ein ganz anderes Ergebnis zutage. Filme aus der Sowjetunion, darunter Eisensteins „Panzerkreuzer Potemkin", wurden neben „anderen guten Filmen" von 28 % der Befragten als beliebteste Kinostücke genannt, „konventionelle Filme" nur von 18 %. Kommunisten konnten erwartungsgemäß russischen und anderen „guten" Filmen sehr viel mehr abgewinnen als „konventionellen" (55 : 10); bei Sozialdemokraten erfreuten sich beide Kategorien der gleichen Wertschätzung (19 : 19). Im Durchschnitt aller Befragten gab allerdings mehr als die Hälfte (51 %) keine Antwort auf die Frage nach den Lieblingsfilmen. Man wird daher den Anteil seichter Unterhaltungsfilme am Lichtspielkonsum wohl nicht zu gering veranschlagen dürfen.[207]

Die Beliebtheit des Kinos als Entspannungsmittel erklärt sich nicht zuletzt daraus, daß es in der Regel anders als das Theater dem von einem anstrengenden Arbeitstag ermüdeten Zuschauer keine zusätzliche Anstrengung abverlangte. Bei den Jugendlichen ist darüber hinaus zu bedenken, daß ihr durchschnittlicher Arbeitstag, den Weg zur Arbeitsstätte und den Rückweg nach Hause mit eingerechnet, Ende der zwanziger Jahre in Großstädten 11 Stunden und 15 Minuten dauerte, in kleineren Gemeinden sogar noch bis zu einer Stunde länger.[208] Für anspruchsvolle Unterhaltung fehlte unter solchen Umständen den meisten berufstätigen Jugendlichen die Zeit und die Energie.

Der „Freizeitwert" des Kinos kann schwerlich überschätzt werden. Die Zahl der Lichtspielhäuser nahm in den Jahren der Weimarer Republik rasch zu: 1929 gab es in Deutschland bereits etwa 5 600 Kinos gegenüber rund 2 400 zehn Jahre zuvor; nach zeitgenössischen Schätzungen gingen Mitte der zwanziger Jahre täglich etwa 2 Millionen Menschen ins Kino; allein in Berlin wurden 1924 mehr als 400 Millionen Kinokarten verkauft. Ähnlich populär war der Rundfunk. Seit der

---

206 Robert Dinse, Das Freizeitleben der Großstadtjugend. 5 000 Jungen und Mädchen berichten, Eberswalde 1932, S. 70 f. Als Lieblingsautoren der befragten Jugendlichen wurden ermittelt Karl May und Jack London bei den Jungen und Hedwig Courths-Mahler und Ludwig Ganghofer bei den Mädchen (S. 45 ff.).

207 Erich Fromm, Arbeiter und Angestellte am Vorabend des Dritten Reiches. Eine sozialpsychologische Untersuchung. Bearb. u. hg. von Wolfgang Bonß, Stuttgart 1980, S. 165.

208 Bernhard Mewes, Die erwerbstätige Jugend. Eine statistische Untersuchung, Berlin usw. 1929, S. 68.

offiziellen Aufnahme des Sendebetriebs im Oktober 1923 verbreitete sich der Radioempfang lawinenartig: Im Oktober 1931 gab es im Reich bereits 3,7 Millionen registrierte Besitzer von Rundfunkgeräten.[209] Film, Radio und Schallplattenindustrie bestimmten den Geschmack breitester Schichten in einem Umfang, der vor dem Krieg unvorstellbar gewesen wäre. Schlager, neue Tänze und Moden erreichten binnen kurzem auch die tiefste Provinz.[210] Erstmals formte sich in den zwanziger Jahren so etwas wie eine „Massenkultur" heraus, die die Grenzen sowohl zwischen den einzelnen sozialen Schichten wie die zwischen Stadt und Land teilweise zu verwischen begann.[211]

Von den Organisationen der Arbeiterbewegung wurde die Revolution auf dem Gebiet der Kommunikationsmittel als Gefahr und Chance erkannt. Der „Vorwärts" hielt Radio und Film zugute, sie brächten „Scharen von arbeitsmüden Menschen Zerstreuung. Das ist viel" (1921). Aber er sah doch auch negative Auswirkungen, vor allem auf junge Menschen, voraus. Die dauernde Zugänglichkeit der neuen Medien werde „vielfach eine altkluge, oberflächliche Großstadtbildung und -unbildung" zur Folge haben. „Drei- und Vierjährige singen dann die neuesten Schlager; Zehn- und Zwölfjährige reden von Dingen mit, die sie nicht verstehen" (1927). Daß die Kontrolle der Massenmedien gesellschaftliche Macht bedeutete, war dem sozialdemokratischen Parteiorgan wohl bewußt. Die „öffentliche Verwertung und Verwaltung des Films" sei ein „ernstes Zeitproblem", schrieb der „Vorwärts" im Januar 1928, und im Jahr darauf forderte er, daß „die Kunst so rasch und radikal wie möglich aus den Banden des Privatkapitals befreit" werden müsse.[212]

Auf dem Gebiet des Rundfunkwesens gab es bereits seit 1924 eine proletarische Interessenorganisation, die von der Parteispitze und den Freien Gewerkschaften zunächst freilich mit Skepsis, ja ablehnend beobachtet wurde, weil man sie für einen unpolitischen Hobbyclub hielt: den Arbeiter-Radio-Bund (ARB).

---

209 Langewiesche, Freizeit (Anm. 184), S. 244 (mit weiterer Lit.).

210 Zur Popularität von Rundfunk, Schlagern und Tanz bei Arbeitern: Adams, Ausnutzung (Anm. 199), S. 71 f.; Herbert Jung, Das Phantasieleben der männlichen werktätigen Jugend. Ein Beitrag zur Psychologie und Pädagogik der Reifezeit, Münster 1930, S. 77 ff.; Günther Dehn, Proletarische Jugend. Lebensgestaltung und Gedankenwelt der großstädtischen Proletarierjugend, Berlin o. J. (1930), S. 84 ff.; Kurt Bondy, Die Proletarische Jugendbewegung in Deutschland mit besonderer Berücksichtigung der Hamburger Verhältnisse. Ein methodischer und psychographischer Beitrag zur Jugendkunde, Lauenburg 1922, S. 74 ff. Besonders instruktiv sind die Aussagen jugendlicher Arbeiter und Arbeiterinnen über „Spaziergang, Tanz und Rummel" bei Dinse, Freizeitleben (Anm. 206), S. 75 ff. Der Besuch von „Rummelplätzen" war besonders bei ungelernten Arbeitern beiderlei Geschlechts sehr viel populärer als bei gelernten Arbeitern oder bei höheren Schülern (ebda., S. 75).

211 Vgl. dazu etwa Ritter, Einleitung (Anm. 164), S. 8 f. Aus der zeitgenössischen Lit. zur „Massenkultur" nach wie vor vor allem die Arbeiten von Siegfried Kracauer, Das Ornament der Masse, Frankfurt 1963; Die Angestellten. Aus dem neuesten Deutschland, Frankfurt 1. Aufl. 1930 (2. Aufl. Allensbach usw. 1959); ferner: Emil Lederer, Die Gesellschaft der Unselbständigen. Zum sozialpsychischen Habitus der Gegenwart (1913/19), in: ders., Kapitalismus (Anm. 41), S. 14—32; ders., Ende der Klassengesellschaft? Zur Analyse des Faschismus (1938/39), ebda., S. 239—252.

212 Rülcker, Arbeiterkultur (Anm. 196), S. 147 f.

Ursprünglich in der Tat mehr ein Verein von Bastlern, die sich gegenseitig bei der Herstellung von Empfängern halfen, ging der ARB jedoch bald dazu über, auch kulturpolitische Forderungen zu stellen. Einerseits sollten die Arbeiter zum kritischen und klassenbewußten Hören von Rundfunksendungen erzogen werden; andererseits galt es, Einfluß auf die Programmgestaltung des Rundfunks zu nehmen. Vor allem die zweite Zielsetzung führte dann doch zu einer engen Zusammenarbeit von SPD und ARB. 1927/28 gehörten dem ARB etwa 8 000 Mitglieder in 150 Ortsgruppen an.

Große Erfolge waren dem ARB allerdings nicht beschieden. Weder gelang es, die Lizenz für einen eigenen Arbeitersender zu erlangen, noch konnte sich der ARB mit dem Verlangen durchsetzen, den 1. Mai — der in der Weimarer Republik kein gesetzlicher Feiertag war — wenigstens im Rundfunk als Tag der Arbeit zu begehen. Unerfüllt blieben ferner die Forderungen, neben Gottesdiensten auch Feiern der Freidenkerverbände zu übertragen und, vor allem, die Rundfunkgebühren zu senken. Einen Teilerfolg konnten SPD und ARB 1931 immerhin erzielen: Die Erwerbslosen wurden von den Rundfunkgebühren befreit.

Die kommunistische Opposition im ARB wurde 1928 nach heftigen Angriffen auf die Verbandsführung ausgeschlossen. Die neue Organisation der KPD, der im September 1929 gegründete Freie Radio-Bund, umfaßte 1931 etwa 3 000 Mitglieder; irgendeine politische Bedeutung erlangte er nicht. Der ARB legte sein Haupttätigkeitsfeld in der Spätphase der Republik immer mehr auf die Rundfunkkritik in der Zeitschrift „Arbeiterfunk". Doch auf die Programme der Sender wirkten sich die Wünsche und Beanstandungen des Blattes kaum aus. Als im Sommer 1932 das Kabinett von Papen den deutschen Rundfunk völlig auf Regierungskurs festlegte, verlor der ARB den letzten Rest seiner Einflußmöglichkeiten.[213]

Was das andere neue Kommunikationsmittel, den Film, angeht, so waren die Kommunisten viel einfallsreicher als die Sozialdemokraten. Die SPD setzte zwar wie die meisten Parteien auch Filme als Propagandawaffe ein: Der Bezirk Braunschweig beispielsweise schuf sich ein mobiles „Rotes Volkskino", mit dessen Hilfe an zehn Abenden etwa 15 000 Menschen erreicht wurden — vermutlich eine größere Menge, als sie über normale Parteiveranstaltungen auf die Beine gebracht worden wäre. Aber einen derartigen Zulauf gab es nur in Gegenden ohne Lichtspielhäuser, wo der Film unabhängig vom Inhalt noch den Reiz der Neuheit hatte.[214] Überdies beschränkte sich die Filmarbeit der SPD im wesentlichen auf par-

---

213 Wunderer, Arbeitervereine (Anm. 166), S. 53—55, 182 f., sowie vor allem Barbara Kümmel, Die Arbeiter-Radio-Bewegung in der Weimarer Republik 1924—1933. Dargestellt anhand der Arbeiterrundfunkpresse, Magisterarbeit (MS), Freiburg 1980. Peter Dahl, Arbeitersender und Volksempfänger. Proletarische Radio-Bewegung und bürgerlicher Rundfunk bis 1945, Frankfurt 1978. Zur Frühgeschichte des sozialistischen Hörspiels: Stefan Bodo Würffel, Frühe Sozialistische Hörspiele von Johannes R. Becher, Bertolt Brecht, Erich Kästner, Ernst Ottwalt, Georg W. Pijet, Anna Seghers, Ernst Toller, Günter Weisenborn und Friedrich Wolff, Frankfurt 1980. Zur Rolle des Rundfunks in der Weimarer Republik: Hans Bausch, Der Rundfunk im Kräftespiel der Weimarer Republik, Tübingen 1956; Winfried B. Lerg, Rundfunkpolitik in der Weimarer Republik, München 1980.

214 Langewiesche, Freizeit (Anm. 184), S. 244 f.

Moderne Massenmedien im Dienst der politischen Werbung: Der Vorsitzende der SPD-Reichstagsfraktion, Rudolf Breitscheid, bei der Wahlagitation per Film 1929 (oben). *Werbeveranstaltung und Ausstellung des Arbeiter-Radiobundes 1931* (unten).

teipolitische Werbung im engsten Sinn. Als massenwirksame Kunstform wurde der Film von den Sozialdemokraten nicht genutzt.

Die deutschen Kommunisten dagegen lernten von den Bolschewiki, welche politische Möglichkeiten das Kino eröffnete. Willi Münzenberg, der begabteste Propagandist der KPD, hatte schon 1924, also noch in der Stummfilmzeit, damit begonnen, russische Filme in Deutschland zu verbreiten — darunter Gorkis „Mutter", Pudowkins antikolonialistischen Streifen „Sturm über Asien" und Eisensteins „Panzerkreuzer Potemkin", die Schilderung einer Matrosenmeuterei im Jahre 1905. Die Verleihfirma „Prometheus", die Münzenberg 1925 übernahm, produzierte aber auch eigene Lichtspielstücke von zum Teil hoher Qualität. Die Verfilmung von Zuckmayers „Schinderhannes" unter der Regie von Kurt Bernhardt gehört dazu, ebenso der vielbeachtete Dokumentarfilm „Hunger in Waldenburg" von Piel Jutzi und die beiden erfolgreichsten Tonfilme der „Prometheus", der unter der Leitung des gleichen Regisseurs gedrehte Streifen „Mutter Krauses Fahrt ins Glück" (1929) und „Kuhle Wampe oder: Wem gehört die Welt?" (1931/32) — ein Werk von Slatan Dudow (Regie), Hanns Eisler (Musik), Bert Brecht und Ernst Ottwald (Drehbuch).

„Kuhle Wampe" schilderte überaus lebensnah die Not der Berliner Arbeitslosen und ließ keinen Zweifel daran, wie sie sich aus dem Elend erlösen mußten: durch Anschluß an die KPD. Den Inhalt von „Mutter Krause" skizziert Münzenbergs Lebensgefährtin Babette Gross wie folgt: „Mutter Krause, eine unpolitische Arbeiterfrau, hat zwei Söhne. Der eine widmet sich der Arbeiterbewegung, der andere gerät in die Klauen der Unterwelt. Beim Einbruch in eine Pfandleihe soll er die schlafende Besitzerin bewachen, während die anderen den Laden ausräumen. Als er am Halse der Schlafenden ein von seiner Mutter versetztes Amulett erblickt, sticht er blindlings zu. Er ist zum Mörder geworden. Die Mutter erfährt es, als sie mit dem anderen Sohn an einem Gartenfest der Partei teilnimmt. Unbemerkt schleicht sie sich davon, öffnet daheim den Gashahn und geht den Weg ins ‚Glück'. Der andere Sohn jedoch und seine Braut, die er in die proletarische Bewegung gebracht hat, schreitet mit seinen Kameraden vorwärts auf dem Weg in eine hoffnungsvolle Zukunft."[215]

Die Beachtung, die die Produktionen der „Prometheus" fanden, ist zu einem guten Teil dadurch zu erklären, daß die Komintern und die Zentrale der KPD Münzenberg bei der Leitung dieses Teiles seines Propagandaapparates weitgehend freie Hand ließen. Bei einer engeren Parteibindung der „Prometheus" hätten sich manche bekannten Schauspieler wohl nicht zur Mitarbeit bereit gefunden,

215 Babette Gross, Willi Münzenberg. Eine politische Biographie, Stuttgart 1967, S. 181—188 (187). Vgl. dazu auch: Karl Tümmler, Zu den Traditionen des sozialistischen Films in Deutschland, in: BGdA 11 (1969), S. 993—1008; Erobert den Film! Proletariat und Film in der Weimarer Republik, Berlin [W] 1977; Willi Lüdecke, Der Film in Agitation und Propaganda der revolutionären deutschen Arbeiterbewegung (1919—1933), Berlin [W] 1973; Helmut Korte (Hg.), Film und Realität in der Weimarer Republik. Mit Analysen der Filme „Kuhle Wampe" und „Mutter Krauses Fahrt ins Glück", München usw. 1978. Zum „Münzenberg-Konzern" allgemein: Rolf Surmann, Die Münzenberg-Legende. Zur Publizistik der revolutionären deutschen Arbeiterbewegung 1921—1933, Köln 1983.

und die öffentliche Resonanz reiner Parteifilme wäre sicherlich schwach gewesen. Ein Nachteil der relativen Selbständigkeit, die die „Prometheus" genoß, war ihre chronische Geldnot. Verglichen mit den großen kapitalistischen Filmunternehmungen, den amerikanischen sowohl wie der deutschen, von Alfred Hugenberg kontrollierten UFA, wirkte Münzenbergs Filmverleih wie ein Kleinbetrieb. Dem Bedürfnis nach „glamour" und nach der perfekten Illusion wollten die kommunistischen Filmemacher nicht entgegenkommen. Aber dieses Bedürfnis war da, auch in weiten Teilen der Arbeiterschaft. Es entsprang der Erfahrung des Alltags selbst: Je grauer und eintöniger er empfunden wurde, desto stärker war auch die Sehnsucht nach einer Traumwelt, die ihn auf kurze Zeit vergessen machen konnte. Hollywood und Babelsberg wußten ihre Chance zu nutzen.[216]

*

Gegenüber der Zeit vor 1914 hatte sich das Freizeitverhalten der Arbeiter nach dem Ersten Weltkrieg erheblich verändert. Den Arbeiter als „Dauergast im Wirtshaus", um der Terminologie von Siegfried Reck zu folgen, gab es zwar auch noch in der Weimarer Republik, aber seltener als im Kaiserreich. Das lag nicht nur daran, daß das gewerkschafts- oder parteieigene „Volkshaus" die Kneipe als politischen Treffpunkt zunehmend verdrängte. Wichtiger waren andere Gründe: die allmähliche Besserung der Wohnverhältnisse, die oftmals nur eine Folge geringerer Wohndichte war; die Möglichkeit, mit Nahverkehrsmitteln oder dem Fahrrad „ins Grüne" zu fahren; die rapide Ausdehnung des Kleingartenwesens, an der die Arbeiter einen überproportionalen Anteil hatten. Alle diese Entwicklungen kamen zugleich dem Gegentyp des „Dauergastes im Wirtshaus", dem „familienorientierten Arbeiter", zugute.[217]

Womöglich noch größere Verbreitung fanden jedoch nach 1918 zwei andere Verhaltenstypen: der „Arbeiter mit unpolitischem und bürgerlichem Vereinsleben" und der „Arbeiter mit politisiertem familialem und außerfamilialem Privatleben."[218] Beide profitierten von der Verringerung der täglichen Arbeitszeit. Der

216 Gross, Münzenberg (Anm. 215), S. 187 f. Zur Wirkungsgeschichte des Films in der Weimarer Republik vor allem Siegfried Kracauer, Von Caligari bis Hitler. Ein Beitrag zur Geschichte des deutschen Films, Hamburg 1958. — Auf das Verhältnis der Arbeiterparteien zum Medium „Presse" wird weiter unten eingegangen. Vgl. S. 319 f., 450 f.

217 Reck, Arbeiter (Anm. 96), S. 146 ff. Für den Zwischentyp des „Arbeiters zwischen Familie und Wirtshaus" findet Reck in seiner Untersuchung nur wenige biographische Beispiele (ebda., S. 159). In Berlin stieg die Zahl der Schrebergärten von 1 841 im Jahr 1912/13 auf 138 000 im Jahr 1927. 1931 wurden in Deutschland 400 000 Kleingärtner gezählt; von ihnen waren 60,4 % Arbeiter. Ebda., S. 153 f. Zur Ausdehnung und Funktion der „Schrebergärten" auch: Egon Johannes, Entwicklung, Funktionswandel und Bedeutung städtischer Kleingärten. Dargestellt am Beispiel der Städte Kiel, Hamburg und Bremen, Kiel 1955. Vgl. insgesamt zu den proletarischen Verhaltenstypen: Alice Salomon u. Marie Baum (Hg.), Das Familienleben in der Gegenwart. 182 Familienmonographien, Berlin 1930.

218 Dazu Reck, Arbeiter (Anm. 96), S. 161 ff. Zur Urlaubsdauer vgl. oben S. 62. Von den jugendlichen Arbeitnehmern hatten einen Urlaub von über 14 Tagen: 4 %, von 11—14 Tagen: 7 %, von 9—10 Tagen: 4 %, von 6—8 Tagen: 38 %, von 4—5 Tagen: 8 % und bis zu 3 Tagen: 16 %. Vgl. dazu Mewes, Jugend (Anm. 208), S. 82 f.

Arbeiter mit eher kleinbürgerlichem Habitus betätigte sich beispielsweise, wie viele Bergleute im Ruhrgebiet, in Taubenzüchtervereinen oder in „unpolitischen" Sportclubs. Eine intensive Freizeitbeschäftigung am Wohnort wurde auch dadurch begünstigt, daß die überaus knapp bemessene Urlaubszeit und die geringe Höhe der Einkommen ausgedehntes Reisen, sei es in Form von individuellem oder Massentourismus, kaum zuließen. Die Terraingewinne des Typs des politisch aktiven Arbeiters gehen in erster Linie wohl auf die politisierenden Grunderfahrungen des Krieges, der Revolution von 1918/19 und der bürgerkriegsartigen Kämpfe der Folgezeit zurück. Außerdem wird man den Abbau rechtlicher und faktischer Diskriminierungen, die im Kaiserreich dem politischen Engagement in der Arbeiterbewegung entgegengestanden hatten, nicht gering veranschlagen dürfen.

Das Wachstum der Arbeitervereine nach 1918, das Reck den „vielleicht wichtigsten Grund" eines neuen, nämlich des politisierten Typs proletarischen Privatlebens in der Weimarer Republik nennt, war indes nicht ganz so eindeutig ein Faktor der Politisierung.[219] Gewiß läßt sich manches zugunsten der Vermutung sagen, daß „die Arbeitervereine eine wichtige Vermittlungsfunktion zwischen dem Familienleben und der klassenspezifischen Öffentlichkeit der politisch bewußten Teile der Arbeiterschaft" übernahmen.[220] Aber ob jedes Mitglied jedes Arbeitervereins als politisiert betrachtet werden kann, ist ebenso fraglich wie der denkbare Umkehrschluß, Arbeiter mit ausgeprägt „kleinbürgerlichem" Freizeitverhalten hätten in keinem Fall loyale „Genossen" und Wähler von Arbeiterparteien sein können. Sozialistische Begründungen für einzelne Freizeitbeschäftigungen garantierten noch keine sozialistische Freizeitgesinnung. Der Arbeitersport konnte sich, wie wir gesehen haben, von den Einflüssen des kapitalistischen Sportbetriebs nicht freihalten, und gegen entpolitisierende Wirkungen war er keineswegs gefeit.[221]

Was Langewiesche für Österreich in der Phase der ersten Republik bemerkt, dürfte mithin auch für die Weimarer Republik gelten: „Der alte Traum der Arbeiterbewegung vom quasi naturgesetzlichen Kulturfortschritt zerbrach an der Realität einer Gesellschaft, die erweiterte Freizeit nicht in Muße verwandelte, in der der Mensch zur Selbstverwirklichung fand. Die Arbeiterbewegung hatte ihre kulturellen Organisationen stets als ein Stück vorweggenommener Zukunft der gesamten Gesellschaft betrachtet. Die kapitalistische Vermarktung der Freizeit hatte diese optimistische Zukunftsaussicht nicht eingeplant."[222]

Von einer „Verbürgerlichung" des Proletariats wird man, soweit das Freizeitverhalten in Frage steht, dennoch nicht sprechen können. Die „Massenkultur", die sich in den zwanziger Jahren herausbildete, unterschied sich nicht nur von der traditionellen Arbeiterkultur, sondern genauso von der überkommenen bürger-

---

219 Reck, Arbeiter (Anm. 96), S. 167 f. Zahlen zum Wachstum der Arbeitervereine ebda., S. 169 f.

220 Ebda., S. 168.

221 Zu „kleinbürgerlichen" Elementen im Arbeiterbewußtsein vgl. den folgenden Abschnitt.

222 Langewiesche, Freizeit des Arbeiters (Anm. 183), S. 300.

lichen Kultur. Stilbildend wirkte am ehesten wohl der „neue Mittelstand" der Angestellten — soziologisch gesehen eine Art bürgerlich-proletarische Gemengelage. Das Aufkommen der neuen „Massenkultur", von konservativen Kritikern gern als geistige Verflachung und Wertverfall beschrieben, bedeutete *auch* ein Stück Demokratisierung: Bildungsgüter, die bislang Statussymbole einer dünnen Oberschicht gewesen waren, wurden über Schallplatte, Film, Rundfunk und Taschenbuch breitesten Bevölkerungsgruppen zugänglich. Auf der anderen Seite drangen populäre Unterhaltungsprodukte, vom Jazz über den Schlager bis zur Filmkomödie, auch in das gehobene Milieu der „Gebildeten" ein. Eine strikte Abkapselung gegenüber dem „Vulgären" wurde immer weniger möglich. Wie das kulturelle Angebot genutzt wurde, das entschieden freilich nicht allein die neuen Medien. Ausschlaggebend war vielmehr die „Sozialisation" der einzelnen Schichten — die Art und Weise, wie sie in die Gesellschaft hineinwuchsen. Was die Arbeiter angeht, ist dies das Thema des folgenden Abschnitts.[223]

223 Zur kulturellen Rolle der Angestellten bes. die in Anm. 211 genannten Arbeiten von Siegfried Kracauer. Grundlegend zum Aufkommen der Massenkultur nach wie vor die Reflexionen von Walter Benjamin, Das Kunstwerk im Zeitalter seiner technischen Reproduzierbarkeit, in: ders., Gesammelte Schriften, Bd. 1/2, Frankfurt 1974, S. 431—508. Zur Diskussion um die „Verbürgerlichung" des Proletariats ist der folgende Bd. heranzuziehen.

9. Arbeiterbewußtsein: Die proletarische Sozialisation und ihre Folgen

Im Jahre 1980 erschien unter dem Titel „Arbeiter und Angestellte am Vorabend des Dritten Reiches" ein posthumes Werk des Psychologen Erich Fromm. Das Buch war, wie der Untertitel besagte, eine „sozialpsychologische Untersuchung". Sie stützte sich auf eine vom Frankfurter Institut für Sozialforschung veranstaltete Erhebung, die nähere Aufschlüsse erbringen sollte über die politischen und privaten Überzeugungen, ja die gesamten Lebens- und Verhaltensweisen der deutschen Arbeitnehmer. Zu diesem Zweck wurden zwischen 1929 und 1931 über 3 000 Fragebögen verteilt, von denen ein Drittel ausgefüllt wieder an das Institut zurückgelangte.

Die Auswertung war noch längst nicht abgeschlossen, als Hitler die Macht übernahm. Bei der Emigration des Frankfurter Instituts nach New York ging ein großer Teil des Materials verloren. Übrig blieben 584 Fragebögen. Sie bildeten die Basis eines von Fromm, dem Projektleiter, unter Mitarbeit von Hilde Weiß verfaßten Manuskripts, das ins Englische übersetzt wurde und 1936 erschienen wäre, wenn nicht Max Horkheimer und andere Institutsmitglieder starke Vorbehalte geltend gemacht hätten. Daß die Publikation vor allem an politischen Bedenken scheiterte, hat der Philosoph Herbert Marcuse, auch er ein führendes Mitglied der „Frankfurter Schule", noch kurz vor seinem Tod im Jahre 1979 bestätigt: Das Institut habe nicht die Vorstellung wecken wollen, die deutschen Arbeiter seien trotz oder gerade wegen ihrer sozialistischen Überzeugungen für den Faschismus anfällig gewesen.[224]

Was die Urheber der Umfrage erschreckte, war die Kluft zwischen ihren Erwartungen und dem tatsächlichen Ergebnis. Die deutschen Arbeiter waren offenbar ideologisch viel weniger gefestigt, als die intellektuellen Marxisten des Frankfurter Instituts angenommen hatten. Viele Antworten verrieten kleinbürgerliche Vorurteile, ja ausgesprochen autoritäre Denkweisen. Jahrzehntelange sozialistische Aufklärungsarbeit hatte, wie es schien, nur bescheidene Früchte getragen. Dies jedenfalls war der Schluß, den einige besonders frappierende Befunde nahelegten. So fanden etwa viele Sozialdemokraten nichts dabei, Bismarck — mitunter auch Hindenburg — neben Marx und Bebel zu den größten Persönlichkeiten der Geschichte zu rechnen, und gleichviel, ob die befragten Arbeitnehmer links, rechts oder in der Mitte standen: In allen Lagern galt Napoleon als großer Mann (Tabelle 1). Die Frage, ob der einzelne Mensch an seinem Schicksal selbst schuld sei, wurde nur von der knappen Hälfte der Befragten verneint, von den Kommunisten (67 %) allerdings in viel höherem Maß als von den Sozialdemokraten

224 Dazu die Einleitung des Herausgebers Wolfgang Bonß in: Fromm, Arbeiter (Anm. 207), S. 7—42. Die Äußerung Marcuses: ebda., S. 42.

(42 %). 27 % der Sozialdemokraten und 22 % der Kommunisten räumten dem Einzelmenschen durchaus eine Chance ein, sich durch Willenskraft gegenüber den Verhältnissen zu behaupten.[225]

Oft waren es gerade die „privaten" Ansichten, die dem vorgefaßten Bild vom klassenbewußten und klassenkämpferischen Proletarier widersprachen. Jahrzehntelang hatte die Arbeiterbewegung die volle soziale Gleichberechtigung der Frau gefordert und die Berufstätigkeit als Mittel der Emanzipation propagiert. Die Mehrheit der von Fromm befragten Arbeiter und Angestellten war anderer Meinung. 68 % wollten verheiratete Frauen lieber am heimischen Herd als in der Fabrik oder im Büro sehen; unter den Sozialdemokraten waren es sogar 71 %. Selbst bei den Kommunisten, die in der Frage „Frauenarbeit" besonders engagiert waren, sprachen sich 51 von 100 gegen eine Erwerbstätigkeit von verheirateten Frauen aus. Jeweils nur ein rundes Drittel der Sozialdemokraten und Kommunisten bekannte sich zu der „antiautoritären" Auffassung, daß man bei der Erziehung der Kinder ganz ohne Prügel auskomme — ein für marxistische Erziehungsreformer besonders bedrückendes Resultat. Eine frühzeitige Aufklärung der Kinder über das Geschlechtsleben befürworteten jeder dritte Kommunist und etwa jeder fünfte Sozialdemokrat. Die Fragesteller folgerten daraus, daß auch im Proletariat die „protestantische Mittelklassenmoral" noch weit verbreitet sei.

Etwas mildere Wertungen forderten die Antworten heraus, die auf Fragen nach der Innenausstattung der Wohnung gegeben wurden. „Heraus mit allen Nippessachen, mit allen goldgerahmten Öldrucken und gestickten Wandbekleidungen", rief der „Vorwärts" im Mai 1927 seinen Lesern zu, um sie von kleinbürgerlichen Gewohnheiten abzubringen und zu einer neuen sachlichen Wohnkultur zu erziehen. Aber 10 % der von Fromm befragten Sozialdemokraten und immerhin 4 % der Kommunisten schätzten Nippes durchaus. Bei den durchschnittlich 40 % der Befragten, die ihre Wohnungen mit „Bildern und Blumen" schmückten, mutmaßte Fromm — wohl zurecht —, daß diese vage Angabe „Ausdruck eines relativ konventionellen Geschmacks" war. Photographien oder andere Bilder von sozialistischen Führern an die Wand zu hängen, war bei Kommunisten und ungelernten Arbeitern beliebter als bei Sozialdemokraten und bei Facharbeitern. Meistens verzierten neben den „politischen" Bildern auch Familienphotos die Räume. Das individuelle Interesse an Kunst, soweit es sich im heimischen Bildschmuck äußerte, war bei Sozialdemokraten und Facharbeitern stärker ausgeprägt als bei Kommunisten und Ungelernten.

Auch in anderen Geschmacksfragen zeigte sich die Arbeiterschaft nicht gerade avantgardistisch. Jazzmusik, von konservativen Kreisen als „dekadent" und „undeutsch" bekämpft, von Komponisten wie Hanns Eisler und Kurt Weill aber bewußt als Stilmittel des künstlerischen „Agitprop" eingesetzt, wurde von 50 % der Befragten abgelehnt und nur von 40 % bejaht. „Konventionelle" Theaterstücke

225 Ebda., S. 121—141. Als „Linkssozialisten" bezeichnete Fromm solche Sozialdemokraten, die sich zur „sozialistischen Republik" oder sogar zum Sowjetsystem bekannten und nach Abschluß der Umfrage als „Sozialistische Arbeiterpartei" von der SPD abspalteten. Ebda., S. 86.

Tabelle 1: Antworten auf die Frage:
Welche Menschen halten Sie für die größten Persönlichkeiten in der Geschichte? In der Gegenwart?
Rangfolge historischer Persönlichkeiten in Abhängigkeit von der politischen Orientierung (Angaben in Prozent)

	Sozialdemokraten	Linkssozialisten	Kommunisten	Nationalsozialisten	Bürgerliche	Nichtwähler	insgesamt Anzahl	insgesamt %
Marx	29	46	46	—	2	10	173	30
Lenin	17	33	64	6	—	10	159	28
Napoleon	20	11	14	12	12	12	94	16
Bismarck	12	2	4	59	29	18	72	12
Mussolini	9	4	6	53	10	10	55	10
Stresemann	13	—	—	—	7	6	42	7
Stalin	2	4	21	—	2	1	40	7
Hindenburg	5	2	1	12	36	12	40	7
Jesus Christus	7	2	8	—	12	7	40	7
Bebel	13	9	6	—	—	1	38	7
Karl Liebknecht	2	9	17	—	12	4	27	6
Engels	6	4	12	—	—	1	37	6
Goethe	7	4	4	6	10	4	34	6
Einstein	7	2	7	—	—	6	33	6
Friedrich der Große	4	2	2	35	12	9	31	5
Ebert	10	4	3	—	2	3	30	5
Luther	4	—	1	12	17	6	28	5
Briand	9	4	—	—	2	—	28	5

In den meisten Antworten wurde mehr als nur einer dieser Namen angeführt, so daß die gesamte Prozentzahl 100 zwangsläufig übersteigt. Namen mit weniger als 28 Nennungen finden sich wie folgt: McDonald (22), Rosa Luxemburg (16), Otto Braun (14), Gandhi (14), Severing (13), Kant (13), Freiherr v. Stein (11), Rathenau (11), Hitler (11), Darwin (11), Alexander der Große (10), Cäsar (9), Schiller (9), Buddha (7), Edison (7), Kolumbus (7), Herm. Müller (6), Sokrates (6), Platon (6), Kopernikus (6), Karl der Große (5), Moses (5), Gutenberg (5), Beethoven (5), Thomas Mann (5), Sinclair (5), Wilhelm I. (4), Hoover (4), Aristoteles (4), Fichte (4), Eckener (4). Die folgenden Namen wurden dreimal genannt: Brüning, Breitscheid, Poincaré, Wilson, Dawes, Young, Paulus, Franz von Assisi, Hegel, Nansen, Graf von Zeppelin, Ford, Wagner, Rousseau, Shaw. Zwei Nennungen erhielten: Kautsky, Thälmann, Otto Rühle, Hannibal, Moltke, Loebe, Robert Blum, Erzberger, Vandervelde, Konfuzius, Mohammed, Robespierre, Galilei, Kepler, Newton, Sven Hedin, Amundsen, Graf Arco, Watt, Richard Strauss, Pestalozzi, Thomas Münzer, Dante, Humboldt, Hauptmann, Barbusse, Haeckel, Voltaire. (. . .) Es ist bemerkenswert, daß der Name Trotzki in dieser Zeit auch nicht ein einziges Mal mehr genannt wird.)

Quelle: Fromm, Arbeiter (Anm. 207), S. 138.

waren populärer als solche mit revolutionärer Tendenz (20 % : 11 %), aber über die Hälfte (56 %) der befragten Arbeitnehmer hatte entweder keine Lieblingsstükke oder gab keine Antwort auf die entsprechende Frage. In Sachen der Mode gingen die Arbeitnehmer mit der Zeit. 78 % äußerten sich positiv über die „gegenwärtige Frauenmode“, und 81 % gefiel der „Bubikopf“. Als unnatürlichen und verwerflichen Luxus betrachteten sie dagegen die Verwendung von Puder, Parfüm und Lippenstift: 84 % bekundeten auf die eine oder andere Weise ihren Abscheu.[226]

„Klassenbewußtsein“ trat bei unmittelbar politischen Fragen deutlicher in Erscheinung als bei scheinbar unpolitischen. 55 % der Kommunisten und 28 % der Sozialdemokraten gaben dem Kapitalismus, den Großunternehmern oder Banken und Börsen die Schuld an der Inflation; jeweils 10 % belasteten die Regierung mit der Verantwortung hierfür. Die deutsche Justiz fanden 85 % der Kommunisten und immerhin 46 % der Sozialdemokraten „schlecht“. Sozialdemokraten befürworteten als Regierungsform in der Regel die demokratische Republik, und zwar besonders häufig (26 %) mit der Begründung, sie diene am besten der Freiheit und Gleichheit der Bürger. Die Kommunisten bekannten sich erwartungsgemäß zum Sowjetsystem. Der meistgenannte Grund dieser Option waren die Interessen der Arbeiter (37 %). Auf die Frage, wer denn die wirkliche Macht im Staat habe, antworteten mit „Kapital, Kapitalisten, Industrie und Banken“ 60 % der Kommunisten und 58 % der Sozialdemokraten. Im Gesamtdurchschnitt aller Befragten waren 56 % dieser Ansicht (Tabelle 2).

Einen neuen Weltkrieg zu verhindern, hielten 82 % der Sozialdemokraten und 91 % der Kommunisten für möglich. Diese sahen als bestes Mittel zur Erhaltung des Friedens einen Generalstreik an (37 %), jene dagegen internationale Vereinbarungen (25 %). Eine gute Meinung von ihrer eigenen Partei hatten 41 % der Kommunisten, aber nur 25 % der Sozialdemokraten. Allerdings war bei den Anhängern beider Parteien der Anteil derer, die sich zu dieser Frage nicht äußern wollten, sehr hoch (SPD: 44 %, KPD: 42 %).

Erstaunlich war das Ergebnis bei der Frage: „Wodurch kann nach Ihrer Meinung die Welt verbessert werden?“ Den Sozialismus als Ausweg und Alternative nannten 75 % der Kommunisten, aber nur 36 % der Sozialdemokraten. 22 % der Anhänger der SPD gaben Antworten, die sich auf den Nenner „Ethik und Erzie-

226 Ebda., S. 141—181 (kulturelle und ästhetische Standards), 181—195 (Verhältnis zu Frau und Kindern), 142—150 (Wohnungsschmuck und Bilder). „Trostlos kitschige Bilder“ fand Alexander Graf Stenbock-Fermor Anfang der 1920er Jahre in Bergarbeiterwohnungen des Ruhrgebiets vor. Ders., Erlebnisse (Anm. 196), S. 124. Das Zitat aus dem „Vorwärts“ (Nr. 237, 20. 5. 1927) nach Rülcker, Arbeiterkultur (Anm. 196), S. 128. In der Frage der Abtreibung gab es bei den Arbeitnehmern eine breite Mehrheit für die Aufhebung der Strafbarkeit: 88 %. Fromm, Arbeiter (Anm. 207), S. 197. Als „Unentschiedene“ stufte Fromm Gewerkschaftsmitglieder ein, die mit einer Arbeiterpartei sympathisierten, aber ihr nicht angehörten. Ebda., S. 86 f. Zu den Normen klassenbewußter proletarischer Lebensführung, wie sie v. a. die Zeitschrift „Kulturwille“ vertrat, vgl. unten S. 642 f.

Tabelle 2: Antworten auf die Frage:
„Wer hat nach Ihrer Meinung die wirkliche Macht im Staat?"
Antworten in Abhängigkeit von der politischen Orientierung (Angaben in Prozent)

Antwortkategorien	Politische Orientierung												
	Sozialdemokraten				Links-sozia-listen	Kommunisten				Bür-ger-liche	Natio-nal-sozia-listen	Nicht-wähler	Ins-gesamt
	1	2	3	Ins-gesamt		1	2	3	Ins-gesamt				
1 Kapital, Kapitalisten, Industrie und Banken	68	50	63	58	70	66	53	80	60	35	20	52	56
2 Großindustrielle, allein oder mit Großgrundbesitzern	5	6	5	5	11	12	14	10	14	5	—	—	7
3 Banken, Börse	—	2	5	3	—	—	3	10	2	—	6	3	2
4 Bourgeoisie	2	2	1	2	5	9	6	—	7	—	—	—	3
5 Regierung, Parlament	2	2	1	2	2	2	—	—	1	—	6	4	3
6 Republikanische Parteien	2	4	3	3	—	2	5	—	3	7	6	7	4
7 Zentrumspartei	—	4	3	3	5	2	1	—	1	—	—	2	2
8 Volk, Kapital und Arbeit	2	1	2	1	—	2	—	—	1	—	—	—	1
9 Faschisten, Militaristen, Nationalisten, Monarchisten	2	1	—	1	—	5	6	—	5	3	—	—	2
10 Juden, alleine oder zusammen mit Freimaurern und Jesuiten	—	2	1	1	—	—	1	—	1	5	50	7	3
11 Niemand	—	3	3	2	2	—	—	—	—	—	—	3	1
12 Sonstiges	2	3	4	3	—	—	3	—	1	15	6	3	3
13 Keine Antwort	15	20	9	16	5	—	8	—	4	30	6	19	13
Insgesamt	100	100	100	100	100	100	100	100	100	100	100	100	100
Anzahl der Befragten	61	125	76	262	45	63	78	9	150	43	17	67	584

1 = Funktionäre, 2 = Wähler, 3 = Unentschiedene

Quelle: Ebda., S. 96.

hung“ bringen ließen. Im Gesamtdurchschnitt der Befragten waren nur 41 % der Ansicht, daß der Sozialismus in der Lage sei, eine bessere Welt zu schaffen. Freilich ist dabei zu bedenken, daß es auf diese wie auf die meisten anderen Fragen keine vorgefertigten Antwortmöglichkeiten gab, der einzelne Arbeitnehmer sich also frei und spontan äußern konnte (Tabelle 3).[227]

Die 271 Fragen, die Fromm und seine Mitarbeiter formuliert hatten, zielten sämtlich darauf ab, „radikale“ und „autoritäre“ Haltungen zu ermitteln. Das Resultat war ernüchternd. Von den Anhängern der Linksparteien waren nur 40 % dem „radikalen“ Typ zuzuordnen, während 25 % als eher „autoritär“ gelten mußten. Konsequent radikal waren sogar nur 15 %, und lediglich von dieser Gruppe hätte nach Fromms rückblickender Wertung erwartet werden können, „daß sie den Mut, die Opferbereitschaft und die Spontaneität aufbringen würde, die zur Führung der weniger aktiven Elemente und zur Besiegung des Gegners notwendig sind.“ Die tatsächliche Stärke der Linksparteien war demnach viel geringer, als es die Wahlergebnisse vermuten ließen (Tabelle 4).[228]

Die Kommunisten bekamen bei Fromm durchweg bessere Zensuren als die Sozialdemokraten. Denn „konsistent radikal“ waren nur 7 % der Sozialdemokraten gegenüber 27 % der Kommunisten, und während von den Gefolgsleuten der KPD ganze 13 % dem eher „autoritär“ eingestellten Typ zugehörten, war es bei den Sozialdemokraten genau ein Drittel. Doch es fragt sich, ob ein Kommunist, der alle Windungen und Wendungen seiner Parteizentrale und der Moskauer Kominternleitung mitvollzog, wirklich das Gegenteil eines „autoritären“ Charakters war. Dieses Problem mag im Augenblick ebenso auf sich beruhen wie Fromms durchaus anfechtbare Vermutung, eine „radikalere“ Arbeiterbewegung hätte den Nationalsozialismus schlagen können. Festzuhalten bleibt an dieser Stelle, daß das „Arbeiterbewußtsein“, wie es die Enquête des Frankfurter Instituts zutage förderte, stark abwich vom „Klassenbewußtsein“, das die Arbeiter auf Grund marxistischer Theorie hätten haben müssen. Bevor wir eine Wertung dieses Sachverhalts versuchen, müssen wir uns um seine Erklärung bemühen. Die Frage, die sich uns stellt, lautet: Welche Einflüsse bestimmen das Arbeiterbewußtsein?

*

Die wichtigste „Sozialisationsagentur“, wie der Fachausdruck lautet, war sicherlich auch für die Arbeiter die Familie. Neben dem unmittelbaren Wohngebiet bildete sie das, was in den Gesellschaftswissenschaften als „primärer Sozialisationsbereich“ bezeichnet wird. Otto Felix Kanitz, ein österreichischer Sozialdemokrat und Wortführer der noch zu behandelnden Kinderfreundebewegung,

227 Fromm, Arbeiter (Anm. 207), S. 93—132.

228 Ebda., S. 250 f. — Zum Radikalitätsgefälle in der Arbeiterschaft auch Dick Geary, Identifying Militancy: The Assessment of Working-class Attitudes towards State and Society, in: Richard J. Evans (Hg.), The German Working Class 1888—1933: The Politics of Everyday Life, London usw. 1982, S. 220—246. Zur Kritik an Fromms Wertungen: Peter Brückner, Psychologie und Geschichte, Berlin [W], 1982, S. 93—99.

Tabelle 3: Antwort auf die Frage: „Wodurch kann nach Ihrer Meinung die Welt verbessert werden?"
Antworten in Abhängigkeit von der politischen Orientierung (Angaben in Prozent)

Antwortkategorien	Politische Orientierung												
	Sozialdemokraten				Links-sozia-listen	Kommunisten				Bür-ger-liche	Natio-nal-sozia-listen	Nicht-wähler	Ins-gesamt
	1	2	3	Ins-gesamt		1	2	3	Ins-gesamt				
Kann verbessert werden durch:													
1 Sozialismus	53	31	32	36	66	86	63	83	75	—	—	16	41
2 Besteuerung der Reichen	3	2	6	3	—	—	—	—	—	5	—	—	2
3 Ethik und Erziehung	13	23	25	22	13	5	9	17	7	25	25	22	18
4 Wissen, Aufklärung	5	4	5	4	3	—	2	—	1	3	—	—	2
5 Religion	2	4	2	3	—	—	—	—	—	23	19	9	2
6 Internationale Zusammenarbeit	6	4	3	4	—	—	8	—	4	8	6	6	4
7 Kulturelle und soziale Reformen	3	10	6	8	10	2	4	—	2	8	12	9	7
8 Bessere Führung, mehr »Herrenmenschen«	—	2	—	1	—	—	1	—	1	3	6	6	2
9 Kann nicht verbessert werden	—	2	2	1	—	—	—	—	—	5	19	2	2
10 Sonstiges (unklar, ausweichend)	—	3	2	2	—	2	5	—	4	—	—	—	2
11 Keine Antwort	15	15	17	16	8	5	8	—	6	20	13	30	15
Insgesamt	100	100	100	100	100	100	100	100	100	100	100	100	100
Anzahl der Befragten	61	125	76	262	45	63	78	9	150	43	17	67	584

1 = Funktionäre, 2 = Wähler, 3 = Unentschiedene

Quelle: Ebda., S. 131.

Tabelle 4: Radikal bzw. autoritär zentrierte Antworten und politische Orientierung
(Angaben in Prozent)

	Parteien												
Antworten	Sozialdemokraten 1	Sozialdemokraten 2	Sozialdemokraten 3	$\sum_s$	Links-sozia-listen	Kommunisten 1	Kommunisten 2	Kommunisten 3	$\sum_k$	$\sum$ S, LS, K	Bür-ger-liche	Natio-nal-sozia-listen	Nicht-wähler
R-zentriert	40	20	34	28	42	81	42	56	60	40	2	—	8
eindeutige R-Kombinationen	12	4	9	7	18	46	14	—	27	15	—	—	4
verschiedene R-Kombinationen	28	16	25	21	24	35	28	56	33	25	2	—	4
A-zentriert	24	41	32	33	11	2	22	—	13	25	73	77	65
eindeutige A-Kombinationen	5	12	8	9	—	—	1	—	1	5	28	47	22
verschiedene A-Kombinationen	12	25	17	19	11	1	13	—	7	15	33	30	42
widersprüchliche Kombinationen	7	4	7	5	—	1	8	—	5	5	12	—	1

R-zentriert = Radikal-zentriert; A-zentriert = Autoritär-zentriert; $\sum_s$ = Summe Sozialdemokraten $\sum_k$ = Summe Kommunisten; $\sum$ S, LS, K = Summe Sozialdemokraten, Linkssozialisten, Kommunisten. Zu 1, 2, 3: siehe Erläuterung zu Tabelle 2.

Quelle: Ebda., S. 251.

nannte 1925 die proletarische Familie einen „Stützpunkt der kapitalistischen Ideologie". Sie sei „dieselbe Vorschule für den künftigen Untertan, für die künftigen Familiensklaven geblieben, die sie immer war... Der Vater herrscht. Er beherrscht die Frau wohl nicht mehr in dem Maß wie ehedem... Aber der Vater herrscht heute noch. Und neben oder unter ihm herrscht ebenso unbarmherzig, wie ehedem sie beherrscht wurde, die Mutter. Beide beherrschen nun die Kinder." Derselbe Arbeiter, der in der Fabrik vom Kapitalisten oder dessen Beauftragten beherrscht werde, verwandle sich daheim, wie schon Engels festgestellt habe, in einen Herrscher. Kurz: die Arbeiterfamilie sei ein „Klassenstaat im Kleinen".[229]

Das Prügeln von Kindern war nach den Beobachtungen von Kanitz auch noch in der Zeit nach dem Ersten Weltkrieg in Arbeiterfamilien an der Tagesordnung. „Das Recht des Stärkeren herrscht in der proletarischen Familie. Das Kind wird in eine Atmosphäre der Unterdrückung hineingeboren." Kanitz gelangte daher zu der „erschütternd traurigen Feststellung, daß die proletarische Familie, durch Not gedrängt, durch Tradition verführt, durch bürgerliche Ideologie betört und schließlich durch soziologische und psychologische Unkenntnis gehemmt, ihre Kinder im Sinne des Kapitalismus erzieht. Denn in ihrem Schoße wächst immer wieder der kapitalistische Menschentyp empor: Der Mensch, welcher Herr sein will und Sklave sein kann. Die Sklavenrolle erlebt er in frühester Kindheit an sich selbst. Die Herrscherrolle ist das daraus mit Notwendigkeit sprießende Ideal seines Lebens. Knechte mit Herrenidealen, Herren mit Knechtsinstinkten erzieht die proletarische Familie. Wie lange noch?"[230]

Andere zeitgenössische Zeugnisse geben Anlaß zu der Vermutung, daß Kanitz durchaus typische Verhaltensweisen beschrieb. Der trinkende Vater, der zuhause Frau und Kinder verprügelte, war in den Jahren der Weimarer Republik wohl seltener als im Kaiserreich, aber es ist vielfach belegt, daß es ihn noch gab. Die Töchter von Arbeiterfamilien waren in der Regel schlechter gestellt als die Söhne, weil sie in großem Umfang zur Hausarbeit, häufig daneben auch zur Erwerbsarbeit herangezogen wurden. Bei den Kindern und besonders bei den Töchtern von Arbeitern war die Bindung an die Mutter enger als die an den Vater, den sie vergleichsweise selten sahen. Viel öfter als in bürgerlichen Familien mußte im Arbeitermilieu aber auch die Mutter einem Beruf nachgehen, so daß das proletarische Kind in der Regel weniger „Nestwärme" erlebte als das bürgerliche. Nichteheliches Zusammenleben und uneheliche Kinder galten nicht als mit einem Makel behaftet. Überhaupt war die proletarische Moral nicht so formalistisch wie die bürgerliche. Praktische zwischenmenschliche Solidarität behauptete in der Rangordnung der Werte, wie sie die Arbeiterfamilie vermittelte, den obersten Rang.

---

229 Otto Felix Kanitz, Das proletarische Kind in der bürgerlichen Gesellschaft, Jena 1925. Vgl. zum gleichen Thema auch Otto Rühle, Das proletarische Kind. Eine Monographie, 2. Aufl. München 1922; ders., Illustrierte Kultur- und Sittengeschichte des Proletariats, 2 Bde., 1 Bd.: Berlin 1930, ND Frankfurt 1971, Bd. 2: Gießen 1977. Zur Kinderfreundebewegung vgl. unten S. 357 ff.

230 Kanitz, Kind (Anm. 229), S. 49—53.

Die beengten Wohnverhältnisse brachten es mit sich, daß Arbeiterkinder frühzeitig mit geschlechtlichen Dingen in Berührung kamen und ein vergleichsweise unbefangenes Verhältnis zu ihnen gewannen. Eigene geschlechtliche Erfahrungen machten proletarische Jugendliche meist erheblich früher als bürgerliche. Was man „Sozialisation durch die Straße" nennen kann — das Erlernen gesellschaftlicher Verhaltensweisen durch den Umgang mit Kindern und Jugendlichen der Nachbarschaft — spielte im Arbeiteralltag eine viel größere Rolle und nahm hier auch rauhere Formen an als in besseren Wohngegenden: „Bandenkriege" und „Straßenschlachten" waren typische Erlebnisse des proletarischen, nicht des bürgerlichen Jugendlichen.[231]

*

Die wichtigsten Träger des „sekundären Sozialisationsfeldes" — der Gesamtheit der Einrichtungen, die neben der Familie an Erziehung und Ausbildung der Heranwachsenden beteiligt sind — waren für Arbeiterkinder die Schule und die organisierte Kinder- oder Jugendgruppe. Auf die sozialistische Kinderbewegung und die Jugendverbände der Arbeiterparteien soll an anderer Stelle eingegangen werden. Welche tatsächlichen Wirkungen die Schule auf die Arbeiterschaft gehabt hat, ist umstritten. Einige Autoren nehmen an, daß die Volksschule des Kaiserreiches bei den Arbeitern zumindest eine Art unbewußte Nationalisierung, eine gefühlsmäßige Bindung an nationale Einrichtungen und Werte, bewirkt habe; andere bezweifeln, daß der konservativen Erziehungspolitik nachhaltige Erfolge beschieden waren. Wahlsoziologische Untersuchungen scheinen eher die zweite Lesart zu bestätigen.[232] In der Weimarer Republik gab es gewiß sehr viel mehr

---

231 Zum Vorstehenden u. a.: ebda., S. 16 ff. (Kinderarbeit, Probleme der Arbeitertöchter); Mathilde Kelchner, Kummer und Trost jugendlicher Arbeiterinnen. Eine sozialpsychologische Untersuchung an Aufsätzen von Schülerinnen der Berufsschule, Leipzig 1929 (bes. S. 21 ff.: Mutterbindung, Alkoholismus des Vaters); Lisbeth Franzen-Hellersberg, Die jugendliche Arbeiterin. Ihre Arbeitsweise und Lebensform. Ein Versuch sozialpsychologischer Forschung zum Zweck der Umwertung proletarischer Tatbestände, Tübingen 1932 (bes. S. 43 ff. zu den Problemen fehlender „Nestwärme" und des frühen Geschlechtsverkehrs; die Vfn. schätzt auf Grund von Befragungen, daß die meisten Arbeiterinnen im Alter zwischen 14 und 18 Jahren ihren ersten Geschlechtsverkehr hatten); C. Stockhaus, Die Arbeiterjugend zwischen 14 und 18 Jahren. Beiträge zum Problem der Arbeiterjugendpsychologie, Wittenberg 1926 (bes. S. 53 ff. zu Moralvorstellungen der Arbeiterjugend); Heinrich Böhmer, Beiträge zur Psychologie des jugendlichen ungelernten Industriearbeiters, phil. Diss., Münster 1925 (bes. S. 63 ff. zur Sexualaufklärung); Hermann Wagener, Der jugendliche Industriearbeiter und die Industriefamilie, Münster 1931 (bes. S. 76 ff. zum Vergleich bürgerlicher und proletarischer Erziehung); Dinse, Freizeitleben (Anm. 206), S. 65 ff. (Sexualleben). Zur Haltung gegenüber unehelichen Kindern und nichtehelichem Zusammenleben: Bajohr, Mütter (Anm. 118), S. 474—506. Zum Wert der Solidarität im proletarischen Milieu siehe etwa Erhard Lucas, Zwei Formen des Radikalismus in der deutschen Arbeiterbewegung, Frankfurt 1976; zur Erfahrung von „Jugendbanden" und „Straßenschlachten" etwa die Erinnerungen von Erich Grisar, Kindheit im Kohlenpott, Karlsruhe o. J. („geschrieben 1932, abgeschlossen 1946"), S. 68 ff.

232 Zu dieser Diskussion zusammenfassend Gerhard A. Ritter, Staat, Arbeiterschaft und Arbeiterbewegung in Deutschland, Vom Vormärz bis zum Ende der Weimarer Republik, Berlin [W] usw. 1980, S. 27.

sozialdemokratische Volksschullehrer als im Kaiserreich, aber ein radikaler Bruch mit der Schulwirklichkeit der vorrepublikanischen Zeit fand nicht statt. Eine bewußt republikanische Erziehung blieb Ausnahme; die körperliche Züchtigung von Schülern war auch nach 1918 gang und gäbe. Vermutlich hat die Weimarer Volksschule die Arbeiter ideologisch nicht stärker geprägt als die kaiserliche, aber etwaige autoritäre Haltungen sind durch den Schulalltag gewiß auch nicht abgebaut worden.[233] Der Einfluß, den die beiden großen christlichen Kirchen auf die Arbeiterschaft ausübten, war sehr unterschiedlich. Die katholische Kirche konnte ihren traditionell starken Rückhalt in der Arbeiterschaft mit Hilfe eines ausgedehnten Vereinswesens und der Christlichen Gewerkschaften im großen und ganzen bewahren; es kam ihr auch nach 1918 zugute, daß sie sich frühzeitig der Arbeiterfrage angenommen und zum preußisch-deutschen Obrigkeitsstaat eine eher distanzierte Beziehung unterhalten hatte. Scharfe Sanktionen gegen „abtrünnige" Arbeiter dürften ebenfalls eine gewisse Wirkung erzielt haben. Vermutlich war es kein Einzelfall, was dem ADGB im Frühjahr 1928 von seinem Ortsausschuß in Trier gemeldet wurde: Auf Weisung des Bischöflichen Generalvikariats hätten mehrere Pfarrer die katholischen Mitglieder der Freien Gewerkschaften wiederholt auf die Gewissenspflicht hingewiesen, die Verbindung mit ebendiesen Gewerkschaften zu lösen und sich in Verbänden zu organisieren, die ihren religiösen Interessen nicht entgegenständen. „Wenn die betreffenden katholischen Mitglieder dessen ungeachtet ihrer Verpflichtung nicht nachkommen, so schließen sie sich selbst von den Sakramenten der Kirche aus. Dieser Standpunkt müßte eigentlich für (einen) Katholiken selbstverständlich sein, auch ohne daß er von der Kanzel oder in der Fortbildungsschule noch eigens darüber belehrt zu werden braucht." Zumindest in einem Fall folgte der allgemeinen Warnung noch eine konkrete Drohung. In dem kleinen Eifeldorf Rockeskyll erklärte Pfarrer Schmitt, den Mitgliedern der Freien Gewerkschaften werde die Osterkommunion und im Todesfall die kirchliche Beerdigung versagt.

Zwischen den evangelischen Kirchen und der „marxistischen" Arbeiterschaft gab es in der Weimarer Zeit kaum noch eine innere Beziehung. Überwiegend deutschnational eingestellt, sahen die evangelischen Pfarrer im Proletariat zumeist eine fremde, ja feindliche Macht. Umgekehrt galt dasselbe. Die evangelischen Gemeinden vor allem in den Großstädten wurden infolgedessen immer mehr zu Domänen des Bürgertums. Was Günter Dehn — ein evangelischer Pfarrer im

---

233 Vgl. dazu den — auf einer dünnen Materialbasis beruhenden — Abriß von Ferdinand Brandecker, Notizen zur Sozialisation des Arbeiterkindes in der Weimarer Republik, in: Heinemann (Hg.), Sozialisation (Anm. 188), S. 39—56. Zur sozialdemokratischen Schulpolitik und Lehrerbewegung siehe unten S. 389 ff. Zu den Klassenfrequenzen der Volksschulen von 1914: Lucas, Zwei Formen (Anm. 231), S. 77. Zu den Klassenfrequenzen in der Weimarer Zeit und zu den Lehrplänen der Volksschulen: Peter Lundgreen, Sozialgeschichte der deutschen Schule im Überblick, 2 Bde., Teil 2: 1918—1980, Göttingen 1981, S. 15 ff. Zur Prügelstrafe vor 1914 z. B. Grisar, Kindheit (Anm. 231), S. 18 f.; für die Zeit nach 1918 etwa Bernd Burkhardt, Eine Stadt wird braun. Die nationalsozialistische Machtergreifung in der schwäbischen Provinz, Hamburg 1980, S. 20 ff.

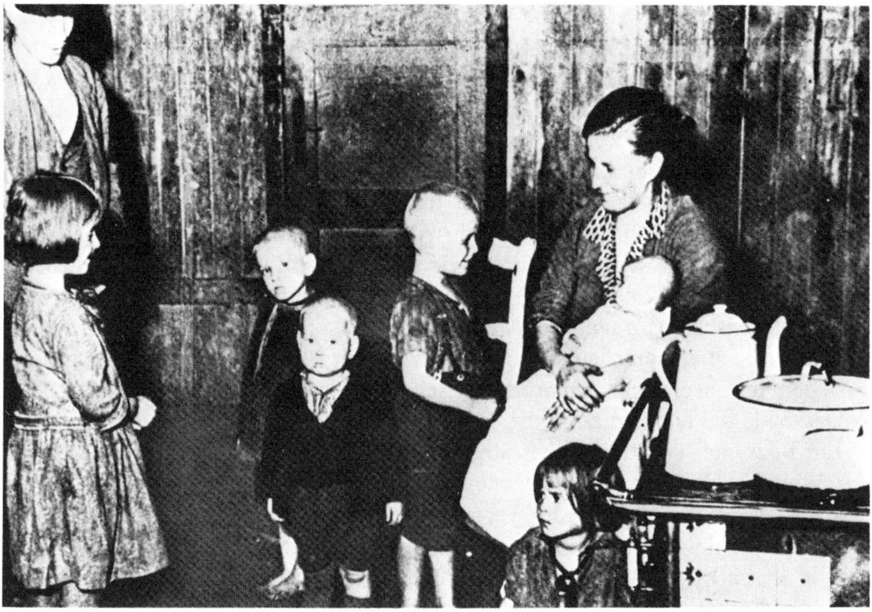

Das proletarische Kind erlebte in der Regel weniger „Nestwärme“ als das bürgerliche: Familie eines Arbeitslosen (oben). *Durchschlagenden Erfolg konnte die Kirchenaustrittsbewegung nicht verbuchen, auch wenn eine Bindung an die Kirche bei Arbeitern vielfach kaum mehr bestand: Agitationswagen der proletarischen Freidenkerbewegung* (unten).

Berliner Arbeiterviertel Moabit — um 1930 berichtete, war für die Situation seiner Kirche typisch: Arbeiter nähmen am Gottesdienst nur einmal im Jahr teil, nämlich am Heiligen Abend; ein „gewisses Pietäts- und Achtungsverhältnis zur Kirche und Religion" behalte meist die proletarische Frau; sie dränge darauf, daß die Kinder getauft und konfirmiert würden und daß geistliche Beerdigungen stattfänden. Konsequent und radikal mit der Kirche gebrochen habe nur eine Minderheit der Sozialdemokraten, dafür aber das Gros der Kommunisten. Von diesen schickten viele ihre Kinder zur sozialistischen „Jugendweihe", dem Gegenstück zu Kommunion und Konfirmation — einer Veranstaltung, die bei heranwachsenden Proletariern ansonsten nicht sehr populär sei; sie besuchten sonntags mitunter „Proletarische Morgenfeiern", eine Art Gottesdienstersatz der marxistischen Freidenker; sie entschieden sich grundsätzlich für die weltliche Feuerbestattung. Für den durchschnittlichen großstädtischen Proletarier, zumindest den männlichen, bilde die Konfirmation das Ende aller Berührungen mit der Kirche.[234]

Ein Blick auf die Statistik bestätigt die Beobachtungen von Pastor Dehn. Von der Wohnbevölkerung des Deutschen Reiches gehörten 1925 nur 2,47 % keiner Religionsgemeinschaft an oder verweigerten zu der entsprechenden Frage die Auskunft. In einigen Hochburgen der Linken lag dieser Prozentsatz erheblich höher: in Berlin bei 8,73, in Leipzig bei 10,43 und in Braunschweig bei 11,29. Alle diese Städte hatten eine starke evangelische Bevölkerungsmehrheit. In einer fast rein proletarischen Stadt mit katholischer Mehrheit (57,66 %) wie Hamborn betrug der Anteil derer, die keiner Religionsgemeinschaft angehörten oder sich zur Konfessionsfrage nicht äußerten, nur 4,29 %.[235]

Die Kirchenaustrittsbewegung, wie sie von den proletarischen Freidenkerverbänden propagiert wurde, machte in der Weimarer Republik zwar große Fortschritte, aber von einem durchschlagenden Erfolg kann man angesichts solcher Zahlen schwerlich sprechen. Nominell gehörten die meisten Arbeiter weiterhin einer Kirche an, auch wenn sie mehrheitlich wohl an religiösen Fragen desinteressiert waren. Die proletarische Freidenkerbewegung umfaßte um 1928 über eine halbe Million Mitglieder (581 059), von denen der größte Teil sich der Sozialde-

234 DGB-Archiv, Düsseldorf, ADGB-Vorstandskorrespondenz: Schreiben des Ortsausschusses Trier an den Bundesvorstand des ADGB vom 19. 4. 1928; Dehn, Jugend (Anm. 210), bes. S. 21 ff. (36), 120 ff. Zur Areligiosität der proletarischen Jugend auch ders., Die alte Zeit, die vorigen Jahre. Lebenserinnerungen, München 1964, S. 164 ff., 204 ff.; Dinse, Freizeitleben (Anm. 206), S. 117 ff.; Richard Woldt, Die Lebenswelt des Industriearbeiters, Leipzig 1926, S. 29 ff. Allgemein zur politischen Haltung der evangelischen Kirchen nach 1918: Gottfried Mehnert, Evangelische Kirche und Politik 1917—1919. Die politischen Strömungen von der Julikrise 1917 bis zum Herbst 1919, Düsseldorf 1959; Herbert Christ, Der politische Protestantismus in der Weimarer Republik, phil. Diss., Bonn 1967; Karl Wilhelm Dahm, Pfarrer und Politik. Soziale Position und politische Mentalität des deutschen evangelischen Pfarrerstandes zwischen 1918 und 1933, Köln 1965; Kurt Nowak, Evangelische Kirche und Weimarer Republik. Zum politischen Weg des deutschen Protestantismus zwischen 1918 und 1932, Göttingen 1981. Zum Verhältnis von katholischer Kirche bzw. Zentrum und Arbeiterschaft bes. Helga Grebing, Zentrum und katholische Arbeiterschaft 1918—1933. Ein Beitrag zur Geschichte des Zentrums in der Weimarer Republik, phil. Diss. (MS), FU Berlin [W] 1953. Zu den Christlichen Gewerkschaften siehe unten S. 502 ff.

235 Statistik des Deutschen Reichs, Bd. 401, Berlin 1930, S. 356 f.

mokratie zurechnete. Der KPD gehörten 1927 etwa 45 000 Verbandsmitglieder an. Vier Jahre später, nachdem sich die linke Opposition vom Verein für Freidenkertum und Feuerbestattung, dem 1926 geschaffenen proletarischen Einheitsverband, abgespalten und als Verband proletarischer Freidenker Deutschlands konstituiert hatte, belief sich die Zahl der eingetragenen kommunistischen Freidenker auf knapp 110 000. Der Deutsche Freidenkerverband, wie sich die sozialdemokratisch orientierte Organisation nach dem Bruch mit den Kommunisten im Jahre 1930 nannte, zählte 1932 noch etwa 544 000 Mitglieder. Es lag gewiß nicht nur an jener realpolitisch motivierten Distanz gegenüber der Freidenkerbewegung, auf die die Weimarer Sozialdemokratie zunehmend Wert legte, daß die organisierte Religionskritik keinen wirklichen Massenzulauf hatte. Vielmehr dürfte Otto Rühle, der in der Berliner Freidenker-Volkshochschule als Referent für Erziehungsfragen tätig war, recht gehabt haben, als er 1924 desillusioniert bemerkte: „Wer dauernd Gelegenheit hat, das Proletariat in all seinen Lebensäußerungen zu beobachten, ist immer wieder erstaunt und betroffen angesichts der Tatsache, wie tief es in der Kleinbürgeratmosphäre steckt, wie sehr dieser Lebensstil des Kleinbürgers seinen Bedürfnissen und Wünschen entspricht und wie wohl es sich fühlt, wenn es darin aufgehen kann."[236]

Die Armee, die im Kaiserreich bei einem Teil der Arbeiter unverkennbar gewisse sozial integrierende Wirkungen erzielt hatte, schied in der Weimarer Republik als „Sozialisationsfaktor" aus. Das Berufsheer von 100 000 Mann, das der Vertrag von Versailles dem neuen Deutschland zugestanden hatte, wurde von den meisten Proletariern instinktiv als Hort des verhaßten Militarismus empfunden. Die Veteranenverbände und Kriegervereine standen politisch rechts; Arbeiter schlossen sich ihnen nur dann an, wenn sie auch sonst konservativ eingestellt waren und die marxistisch geprägte Arbeiterbewegung in allen ihren Erscheinungsformen ablehnten.[237]

*

236 Hierzu Jochen-Christoph Kaiser, Arbeiterbewegung und organisierte Religionskritik. Proletarische Freidenkerverbände in Kaiserreich und Weimarer Republik, Stuttgart 1981, bes. S. 37 ff., 130 ff. Die Zahl der Kirchenaustritte im Deutschen Reich stieg von 29 255 im Jahre 1914 auf 313 995 im Jahre 1920. 1932 betrug sie 217 488. Ebda., S. 352. Zu den Mitgliederzahlen der Freidenkerverbände: ebda., S. 355 ff. Hierzu wie zur organisatorischen Entwicklung der Freidenkerverbände auch Wunderer, Arbeitervereine (Anm. 166), S. 55 ff., 142 ff. Das Zitat von Rühle: ebda., S. 65. Zum Verhältnis von Arbeiterparteien und Freidenkerbewegung auch unten S. 641 f. — Von den Arbeitnehmern, die von Fromm befragt worden waren, bekannte sich eine Mehrheit als Atheisten. Einer atheistischen Vereinigung gehörte jeder neunte an. 13 % der sozialdemokratischen Wähler gaben an, Mitglieder einer religiösen Vereinigung zu sein (der tatsächliche Prozentsatz dürfte höher gelegen haben); bei den Kommunisten waren es 2 %. Fromm, Arbeiter (Anm. 207), S. 88.

237 Zur Sozialisation durch die Armee vor 1914: Ritter, Staat (Anm. 232), S. 30 ff. Zum sozialen Ambiente von Veteranenverbänden und Kriegervereinen in der Weimarer Republik anschaulich Burkhardt, Stadt (Anm. 233), S. 15 ff., 38 ff. Über den größten Verband ehemaliger Frontsoldaten: Volker R. Berghahn, Der Stahlhelm. Bund der Frontsoldaten 1918—1935, Düsseldorf 1966. Zum Verhältnis von Sozialdemokratie und Reichswehr vgl. unten S. 303, 629 ff.

Gesellschaftlich wichtige Verhaltensmuster lernte der Arbeiter nicht nur als Heranwachsender, sondern auch noch als Erwachsener — im sogenannten „tertiären Sozialisationsfeld“, wozu der Betrieb, die Partei und die Gewerkschaft gehörten. Was Aktivitäten in Parteien und Gewerkschaften für den Arbeiter bedeuteten, wird uns weiter unten beschäftigen. Der Betrieb war für den Arbeiter neben Familie und Wohnbezirk die wichtigste soziale Grunderfahrung. Er machte diese Erfahrung sehr früh, in der Regel unmittelbar nach Abschluß der Volksschulzeit, also im Alter von etwa 14 Jahren. Der frühe Eintritt ins Berufsleben schnitt gewisse Entwicklungsprozesse ab, die für bürgerliche Jugendliche in der Pubertätsphase typisch waren. Der „Ernst des Lebens“ begann für den Proletarier zu einem Zeitpunkt, an dem der bürgerliche Jugendliche sich gerade erst anschickte, eigene geistige Interessen zu entwickeln. „Nur der Bürgerliche hat die eigentliche Welt des ‚schönen Scheins‘, der Phantasie um ihrer selbst willen“, glaubte um 1930 ein Autor feststellen zu können; deswegen seien beim Proletarier die „Pubertätsabgründe“ weniger tief als beim bürgerlichen Jugendlichen.[238] Eine psychologische Zäsur war der Beginn des Berufslebens in jedem Fall — gleichviel, ob der junge Arbeiter eine von ihm erwünschte Tätigkeit ausüben konnte oder, was vor allem bei Arbeiterinnen häufig war, eine innere Beziehung zum Beruf fehlte. Denn mit der beruflichen Arbeit begann auch die Angst vor dem Verlust des Arbeitsplatzes — ein Hauptmerkmal proletarischer Existenz in den Jahren der Weimarer Republik.[239]

Zeugnisse zusammenzustellen, die den Betriebsalltag in den düstersten Farben schildern, fällt nicht schwer. „Es ist ein richtiger Sommermorgen“, beschrieb eine 27 Jahre alte ledige Textilarbeiterin ihre Empfindungen, „eine Pracht, unten im Garten duften die Blumen, weiter drüben wogen die goldgelben Kornfelder, die Vögel singen ihre Morgenlieder. Es ist so feierlich, so still. Wie im Traum stehe ich da. Auf einmal höre ich eine Stimme: ‚Willst du heute nicht arbeiten?‘ Was, arbeiten in diesen dumpfen Fabrikräumen, dieser Tag ist wirklich zu schade dazu. Für dich nicht, du Proletariermädel, gehe nur hinein in die stinkenden Fabrikräume und schufte, damit die Herren Unternehmer ihre Sommer sonstwo an der See verbringen können . . .“[240]

Aus dem Steinkohlenbergbau unter Tage an der Ruhr berichtete ein Werkstudent: „Es war überhaupt eine eigene Sache mit der Grubenordnung. Da gab es die schönsten Bestimmungen, genaueste Vorschriften über alle möglichen Sicherungen, die zu treffen sind, Angaben über die Dicke der Stempel, Dichtigkeit des Verbaues, Verhaltensmaßregeln und unzähliges mehr, aber in der Praxis ging jeder seine Wege und kümmerte sich blutwenig um die Gesetze. Die Steiger sahen und wußten von den mangelnden Schutzvorrichtungen der Hauer, aber beide Augen wurden zugedrückt, da durch ein Prämiensystem und stete Hetze von oben her auch die Steiger nur von dem Gedanken besessen waren, möglichst viel Kohle

238 Jung, Phantasieleben (Anm. 210), S. 91 f.

239 Wagener, Industriearbeiter (Anm. 231), S. 59; Franzen-Hellerberg, Arbeiterin (Anm. 231), S. 36 ff.

240 Mein Arbeitstag (Anm. 78), S. 17.

auch auf Kosten der Sicherheit auszubeuten. Ein System der Hetze herrschte so im Bergbau, einer trieb den anderen zur sinnlosesten Anstrengung. Kohle, Kohle und Kohle klang es von allen Seiten, mochte auch dabei der einzelne Kumpel zugrunde gehen, wenn möglichst viel geschafft wurde."[241]

Ein angelernter Winkelschmied, der ursprünglich als Dorfschmied ausgebildet worden war, klagte: „Der Großbetrieb hat mir von Anfang an ein Unbehagen eingeflößt und dieses hat mich nie verlassen. Die Verarbeitung von Winkeleisen erforderte ganz andere Arbeitsmethoden, die ich noch nicht kannte, so daß mein Akkordverdienst lange gering blieb, dazu das vorwurfsvolle Gesicht meiner Arbeitskollegen ... auch ihr Mißtrauen, das hervorwuchs aus der Zugehörigkeit zu verschiedenen Organisationen, und das sich z. B. geltend machte beim Ausborgen von Handwerkszeugen. 10 1/2- bis 11stündige Arbeitszeit, jede Woche abwechselnd Tag- und Nachtschicht. Die große Werkstatt mit den vielen leichten und schweren Dampf- und Fallhämmern, Kreissägen, Glühöfen und Schmiedefeuern, den ungemein starken und verschiedenen Geräuschen, die durcheinander klangen und einander übertönten, war unheimlich, schwarz, verrußt und verräuchert und hat bei mir nie Arbeitsfreude hervorgerufen."[242]

Eine Verallgemeinerung solcher Aussagen wäre jedoch unzulässig. Wie Befragungen von Hörern der gewerkschaftsnahen Akademie der Arbeit in Frankfurt am Main in den Jahren 1924 bis 1926 ergaben, waren vor allem ungelernte Arbeiter mit ihrem Beruf unzufrieden; bei den Facharbeitern war die Arbeitsfreude dagegen stark ausgeprägt, und auch bei den angelernten Arbeitern überwogen die positiven Äußerungen die negativen. Gelernte Arbeiter bezeugten häufig sogar eine Art „Liebe zum Werkzeug" und entwickelten ihren Instrumenten gegenüber Besitzgefühle. Hendrik de Man, der diese Befragungen veranstaltete, kam zu dem Schluß, Hauptursache der Arbeitsunlust sei nicht die Maschine, sondern der Vorgesetzte, nicht die Technik, sondern die Hierarchie. Wenn deutsche Arbeiter ein aggressiveres Klassenbewußtsein besäßen als amerikanische, dann vor allem deswegen, weil deutsche Betriebe besonders stark bürokratisiert, ja militarisiert seien. Eine bürokratische Karriere — vom Arbeiter über den Angestellten zum Beamten — sei in Deutschland die für Arbeiter typische Form des sozialen Aufstiegs. Der Glaube an die Dauerhaftigkeit des proletarischen Klassenschicksals rufe bei den Arbeitern Minderwertigkeitsgefühle hervor, die noch verstärkt würden durch die für Deutschland so bezeichnende Geringschätzung von Handarbeit. Die Anziehungskraft des Marxismus erklärte sich de Man damit, daß dieser „eine intellektuelle Konstruktion zum vorgestellten Ausgleich eines Inferioritätskomplexes"

241 Stenbock-Fermor, Erlebnisse (Anm. 196), S. 45 f.

242 Hendrik de Man, Der Kampf um die Arbeitsfreude. Eine Untersuchung auf Grund der Aussagen von 78 Industriearbeitern und Angestellten, Jena 1927, S. 21 f. Weitere Zeugnisse in: Dreißig junge Arbeiter berichten von ihrem Leben, hg. u. kommentiert von Georg Beyer, in: Kulturwille 9 (1930), S. 162—177, 186—191; auszugsweise abgedruckt in: Wolfgang Emmerich (Hg.), Proletarische Lebensläufe. Autobiographische Dokumente zur Entstehung der Zweiten Kultur in Deutschland, Bd. 2: 1914 bis 1945, Reinbek bei Hamburg 1975, S. 253—257.

sei. Als „echtes Motiv der individuellen Praxis“ vermochte der belgische Sozialist den Marxismus dagegen nicht zu sehen.[243]

Ob, wie de Man behauptete, die Solidarität der Arbeiter im Sinne des gemeinsamen Klasseninteresses nicht im Betrieb, sondern erst in der Versammlung entstand, ist zweifelhaft. Da der Arbeiter bedrückende Formen von Autorität und Unterordnung vor allem im Betrieb erlebte, spielte diese Erfahrung im Bewußtsein der Arbeiter sicherlich eine wichtige Rolle, und da es eine gemeinsame Erfahrung war, wäre es erstaunlich gewesen, wenn sie nicht auch gemeinsame Reaktionen hervorgerufen hätte. Richtig aber war der Hinweis auf den Zusammenhang von Bürokratisierung und Klassenbewußtsein: Die Allgegenwart der hierarchischen Ordnung erklärte zu einem guten Teil, warum deutsche Arbeiter bestimmte Elemente der Marxschen Lehre besonders dankbar aufgriffen. Die Gewißheit, daß im Laufe der Geschichte die, die jetzt „unten“ waren, einmal ganz „oben“ sein würden, war tröstlich. Da sich die Arbeiterbewegung in einer Zeit herausgeformt hatte, als Deutschland noch keine Demokratie war und die Aussicht auf allmählichen demokratischen Wandel vermessen schien, bedeutete diese Perspektive viel. Sie überlebte den kaiserlichen Obrigkeitsstaat nicht zuletzt deshalb, weil dieser selbst in vielen Erscheinungsformen die Revolution von 1918/19 überlebte.

Wenn man den Begriff „marxistisch“ auf die Anhängerschaft der sozialdemokratischen und kommunistischen Parteien anwendet, gilt es, wie schon Gertrud Hermes 1926 auf Grund langjähriger Erfahrungen in der Leipziger Volksbildungsarbeit feststellte, zu differenzieren. Es gab „nicht nur die Abstufung von den bewußten Marxisten, die Marx kennen, eine verschwindend kleine Minorität, über die Marxisten Kautskyscher, Bebelscher usw. Prägung hin zu denen, die kaum jemals ein Wort von oder über Marx gelesen haben, aber aus Zeitungen und mündlicher Tradition gewisse Formeln übernommen haben und sich ihm als dem stärksten geistigen Führer der Bewegung verbunden fühlen, sondern es unterliegt auch keinem Zweifel, daß große Teile der sozialistischen und kommunistischen Wähler

---

243 De Man, Kampf (Anm. 242), 145 ff., 251 ff. (287). Die eindeutig positiven Antworten auf die Frage, ob man im Beruf „Arbeitsfreude“ empfinde, beliefen sich bei den Ungelernten auf 11 %, bei den Angelernten auf 44 %, bei den Gelernten auf 67 %. Ebda., S. 147. Vgl. zum Problem eines proletarischen Minderwertigkeitsgefühls auch ders., Zur Psychologie des Sozialismus, (1. Aufl. Jena 1926) 3. Aufl. Bonn 1976, S. 26—39. Teilweise ähnliche Überlegungen finden sich bei Robert Michels, Psychologie der antikapitalistischen Massenbewegungen. In: Grundriß der Sozialökonomik, IX. Abteilung (Das soziale System des Kapitalismus, 1. Teil: Die gesellschaftliche Schichtung im Kapitalismus), Tübingen 1926, S. 241—359 (bes. S. 245 ff.). — Zur Geringschätzung der Handarbeit in Deutschland vgl. die Aussage der Arbeiterin „Berta“ in einem Brief an Marie Kahle, eine bürgerliche Intellektuelle, die zeitweilig aus Interesse am proletarischen Schicksal als Akkordarbeiterin tätig war: „Was Sie mir schreiben von dem deutschen Bildungshochmut, finde ich ganz richtig; der Handarbeiter hat den Kopfarbeiter ja selbst hochmütig gemacht. Es wird ja von uns aus zum Beispiel zum Kontorpersonal heraufgeschaut, als wenn's der Chef selber wäre. Und da will man es ihnen noch verdenken, wenn sie sich schließlich was einbilden.“ Marie Kahle, Akkordarbeiterin — Aus meinem Tagebuch, Gladbach-Rheydt, 1929, zit. in: Richard Klucsarits u. Friedrich G. Kürbisch, Arbeiterinnen kämpfen um ihr Recht. Autobiographische Texte rechtloser und entrechteter „Frauenspersonen“ in Deutschland, Österreich und der Schweiz des 19. und 20. Jahrhunderts, Wuppertal o. J., S. 218—221 (221).

keinerlei inneres Verhältnis zu Marx haben. Es ist die große Masse der unpolitischen Menschen, die trotz aller politisierenden Wirkung des Großstadtmilieus in anderen geistigen Welten heimisch bleiben oder überhaupt kein geistiges Interesse haben und darum an der marxistischen Bewegung keinerlei bewußten Anteil nehmen." Trotz dieser Isolierung könnten diese Menschen aber nicht außer Betracht bleiben, wenn von „marxistischen Arbeitern" gesprochen werde. „Denn sie marschieren nicht nur politisch gesehen unter der Führung der anderen, sie bilden auch einen konstituierenden Teil der Großstadtmassen, deren gesamtes Sein das Gepräge durch den Marxismus erhält. Sie sind unpolitische Marxisten."[244]

Von Marx übernahmen die Arbeiter normalerweise das, was ihren unmittelbaren Bedürfnissen entsprach. „Für uns gibt es nur schwarz und weiß, Kapital — Proletariat, Unterdrücker — Unterdrückte, alles, was in dieses System nicht hereinpaßt, außerhalb steht, geht uns nichts an und wird abgelehnt", erklärte 1923 der kommunistische Bergarbeiter „Heinrich" dem Werkstudenten Alexander Graf Stenbock-Fermor, und er fügte hinzu: „Ja, das ist es, was wir nötig haben, grenzenlosen Haß, Haß gegen die Ausbeuter und ihren Knecht, die Bourgeoisie! ... Es ist mir nicht so wichtig, ob Marx die Wahrheit erfaßt hat, ob er recht oder nicht recht hat, wichtig ist mir nur, daß die materialistische Geschichtsauffassung von Marx heute für unsere Bewegung die einzig nützliche ist. Jedem Prolet muß eingehämmert werden, daß das Paradies nur auf Erden und nur durch die Fäuste des Proletariats aufgerichtet werden kann ..."[245]

Der Bergarbeiter sprach für den radikalen Teil des proletarischen Milieus, der die Gesellschaft aus der Warte eines „Lagers", einer bedrängten und zugleich verschworenen Kampfgemeinschaft, sah.[246] Der Marxismus war für den kommunistischen Kumpel nur insofern von Wert, als er dazu diente, seinem elementaren Haß auf die Ausbeuter und alle, die mit ihnen im Bunde standen, eine moralische Rechtfertigung zu geben. Ein sozialdemokratischer Arbeiter hätte sein Verhältnis zu Marx gewiß anders und differenzierter formuliert. Aber ob Reformist oder Kommunist, beide eigneten sich in der Regel von Marxschen Gedanken nichts an, was ihrer Erfahrungswelt fremd war. Der Marx etwa, der die Frauenemanzipation zur Sache des Sozialismus erklärt hatte, war nicht der Marx, den die Arbeiterklasse im Herzen trug und im Munde führte. Frauen galten weiterhin als Lohndrücker und darum als unerwünschte Konkurrenten im Wettkampf um das knappe Gut „Arbeitsplatz". „Nirgendwo ist die Stellung der Frau eine so gering geachtete wie im Proletariat", schrieb die Soziologin Lisbeth Franzen-Hellersberg 1932 in einer ebenso kenntnisreichen wie einfühlsamen Studie über die jugendliche Ar-

---

244 Hermes, Gestalt (Anm. 193), S. 7.

245 Stenbock-Fermor, Erlebnisse (Anm. 196), S. 120, 125.

246 Zum Begriff des „Lagers": Oskar Negt u. Alexander Kluge Öffentlichkeit und Erfahrung. Zur Organisationsanalyse von bürgerlicher und proletarischer Öffentlichkeit, Frankfurt 1972. — Zu den soziologischen Differenzen zwischen dem sozialdemokratischen und dem kommunistischen „Milieu" siehe unten S. 695 ff.

beiterin. Die Feststellung dürfte für die Mehrheit der deutschen Arbeiterschaft durchaus zutreffend gewesen sein.[247]

Daß Arbeiter „kleinbürgerliche" Vorurteile hatten, bedeutete noch nicht notwendigerweise, daß sie sich auf dem Weg der „Verbürgerlichung" befanden. In vielen Fällen war es wohl eher so, daß sich die Arbeiter von den Vorstellungen ihrer bürgerlichen oder bäuerlichen Umwelt weniger gelöst hatten, als es marxistischen Erwartungen entsprach. Insbesondere auf dem Lande, in kleinen und mittleren Städten wird man von dieser Annahme ausgehen können, und wahrscheinlich lagen die Dinge bei frischproletarisierten Arbeitern in den großen Städten oft nicht anders. Aber wieviel autoritäres Gedankengut und Verhalten kritische Forscher bei den Arbeitern auch entdecken mochten: Vom rückständigsten aller Vorurteile, dem rassischen, waren sie bemerkenswert frei. Der Antisemitismus war im Bürgertum, und nicht zuletzt bei seinen akademisch gebildeten Vertretern, viel weiter verbreitet als im Proletariat. Auch von aggressivem Nationalismus konnte in der Arbeiterschaft kaum die Rede sein. Mißtrauen gegenüber den Ideologien der Rechten gehörte zu jenem Teil der marxistischen Tradition, der in den proletarischen Massen Wurzeln geschlagen hatte.[248]

Von einer „Verbürgerlichung" läßt sich hingegen dort sprechen, wo Arbeiter in höhere Schichten aufstiegen oder diesen Aufstieg durch Anpassung an bürgerliche Werte und Lebensformen zu erreichen versuchten.[249] Ein stark ausgeprägter Trend war dies in den Jahren der Weimarer Republik indes noch nicht. Die Segmentierung der deutschen Gesellschaft in einzelne soziale und kulturelle Milieus, ein Relikt des Obrigkeitsstaates, wurde von einer anderen Seite sehr viel stärker in Frage gestellt: durch die entstehende Massenkultur, wie sie die neuen Medien vermittelten.[250] Mit dem Begriff „Verbürgerlichung" läßt sich dieser Vorgang, wie wir schon in unseren Erörterungen zur Arbeiterkultur dargelegt haben, nicht angemessen charakterisieren. Die allmähliche Einebnung der Milieugrenzen bedeutete nicht, daß alle proletarischen Traditionen ausgelöscht wurden und bürgerliche an ihre Stelle traten. Vielmehr setzten sich, langfristig gesehen, in vielen

---

247 Franzen-Hellerberg, Arbeiterin (Anm. 231), S. 46. Zum Verhältnis von sozialdemokratischer Arbeiterbewegung und Frauenemanzipation vor 1918: Heinz Niggemann, Emanzipation zwischen Sozialismus und Feminismus. Die sozialdemokratische Frauenbewegung im Kaiserreich. Wuppertal 1981.

248 Zur sozialen Verbreitung des Antisemitismus in der Weimarer Republik: Heinrich August Winkler, Die deutsche Gesellschaft der Weimarer Republik und der Antisemitismus, in: Bernd Martin u. Ernst Schulin (Hg.), Die Juden als Minderheit in der Geschichte, München 1981, S. 271—289 (mit weiterer Lit.). Zur sozialen Verbreitung des Nationalismus: M. Rainer Lepsius, Extremer Nationalismus. Strukturbedingungen vor der nationalsozialistischen Machtergreifung, Stuttgart 1966.

249 Vgl. dazu oben S. 112

250 Zur Segmentierung der deutschen Gesellschaft und ihren politischen Folgen bes. M. Rainer Lepsius, Parteiensystem und Sozialstruktur. Zum Problem der Demokratisierung der deutschen Gesellschaft, in: Wilhelm Abel u. a. (Hg.). Wirtschaft, Geschichte und Wirtschaftsgeschichte. Festschrift für Friedrich Lütge, Stuttgart 1966, S. 371—393; ders., From Fragmented Party Democracy to Government by Emergency Decree and National Socialist Takeover: Germany, in: Juan J. Linz u. Alfred Stepan (Hg.), The Breakdown of Democratic Regimes: Europe, Baltimore 1978, S. 34—79.

Bereichen Verhaltensweisen durch, die ehedem als typisch proletarisch gegolten hatten. Für die Einstellung zu Arbeit und Freizeit, für das Verhältnis zu Kirche und Religion ließe sich das ebenso zeigen wie für die Sexualmoral. Insofern trifft Theodor Geigers Wort von der „Klassengesellschaft im Schmelztiegel" die gewandelte Wirklichkeit sehr viel besser als Helmut Schelskys Begriff der „nivellierten Mittelstandsgesellschaft".[251] In den Jahren der Weimarer Republik hatte dieser Prozeß freilich eben erst begonnen. Die deutsche Gesellschaft zwischen Kaiserreich und Nationalsozialismus *war* eine Klassengesellschaft — aber rückblickend muß man wohl hinzufügen: Sie war eine Klassengesellschaft im Übergang.

---

251 Theodor Geiger, Die Klassengesellschaft im Schmelztiegel, Köln usw. 1949; Helmut Schelsky, Gesellschaftlicher Wandel, in: Offene Welt 41 (1956), S. 62—75; Elisabeth Noelle-Neumann, Werden wir alle Proletarier? Wertewandel in unserer Gesellschaft, Zürich 1978. — Aus der zeitgenössischen Diskussion u. a.: Speier, Verbürgerlichung (Anm. 154), S. 591—596, 633—638; Max Victor, Verbürgerlichung des Proletariats und Proletarisierung des Mittelstandes, in: Die Arbeit 8 (1931), S. 17—31.

10. Grenzen der Klassengesellschaft: Das Proletariat im sozialen Gefüge der Weimarer Republik

Im Jahre 1932 hat der Soziologe Theodor Geiger einen eindringlichen, bis heute unübertroffenen Versuch unternommen, das soziale Gefüge der Weimarer Republik freizulegen. Als die beiden wichtigsten Merkmale gesellschaftlicher Gruppen stellten sich ihm ihre wirtschaftliche Lage und ihre je besondere Mentalität dar. Unter ökonomischen Gesichtspunkten gelangte Geiger zunächst zu einer „Rohgliederung" in eine kapitalistische, mittlere und proletarische Lage. Die soziologische „Tiefengliederung" wies der kapitalistischen Lage die „Kapitalisten" zu, der mittleren Lage mittlere und kleinere Unternehmer sowie Lohn- und Gehaltsbezieher höherer Qualifikation, der proletarischen Lage schließlich Lohn- und Gehaltsbezieher minderer Qualifikation sowie „proletaroide" Tagwerker für eigene Rechnung, worunter der Autor handwerkliche Alleinmeister, Alleinhändler, Kleinstbauern und Heimarbeiter verstand. Den Anteil der „Kapitalisten" an den Erwerbstätigen bezifferte Geiger auf 0,83 %; für den „Mittelstand" lautete die entsprechende Zahl 24,4 % und für das „Proletariat" 74,8 %. Mit dem Anteil des „Proletariats" an der erwerbstätigen Bevölkerung deckte sich nahezu die (auf Grund der Einkommenssteuerstatistik von 1926 ermittelte) Quote der Einkommen unter 1 500 RM (72,6 %), und bis hin zu ebendieser Obergrenze schlug Geiger vor, von einer „proletarischen Lage" zu sprechen.[252]

Die Daten, die das Statistische Reichsamt 1927/28 für die Lebenshaltung von Arbeitnehmerhaushalten ermittelte, sind dazu angetan, Geigers Grenzziehung nach oben zu verschieben. Demnach beliefen sich die gesamten jährlichen Einkünfte eines Arbeiterhaushaltes auf 2 682 RM; die Haushalte von Angestellten kamen auf 4 107 RM, diejenigen von Beamten auf 4 699 RM.[253] Für die Selbständigen liegen nur Daten der Steuerstatistik vor. Demnach bezog 1928 das Gros der Kleinhandelstreibenden ein jährliches Einkommen von 3 000 bis 4 000 DM, während die Landwirte auf 1 700 bis 2 600 RM kamen. Für die selbständigen Handwerker wurde 1928 ein durchschnittliches Jahreseinkommen von 3 314 RM errechnet. Hoch über den kleinen Selbständigen rangierten die etwa 300 000 Unternehmer, Großaktionäre und leitenden Angestellten: Das Statistische Reichsamt schätzte ihre Jahreseinkommen 1928 auf 25 000 bis 30 000 RM. Zog man vom Durchschnittseinkommen der Selbständigen insgesamt dasjenige der Unternehmer im engeren Sinn ab, so belief sich das durchschnittliche Einkommen der restlichen Selbständigen der Steuerstatistik zufolge auf 2 400 bis 2 850 RM.

---

252 Theodor Geiger, Die soziale Schichtung des deutschen Volkes. Soziographischer Versuch auf statistischer Grundlage, 1. Aufl. Stuttgart 1932, ND Stuttgart 1967, S. 24 f. Bei seiner soziologischen Quantifizierung stützte sich Geiger auf die Daten der Volks- und Berufszählung von 1925.

253 Vgl. dazu oben S. 88.

Das entsprach in etwa dem Durchschnittseinkommen der Angestellten, die derselben Quelle zufolge 1928 jährlich etwa 2 600 RM verdienten.[254]

Wie immer es um die Zuverlässigkeit der zeitgenössischen Schätzungen im einzelnen bestellt sein mag, einige allgemeinere Schlußfolgerungen lassen sich aus den angeführten Daten ableiten. Die durchschnittlichen Verdienste der Arbeiter lagen nicht unbeträchtlich sowohl unter denen der Angestellten und der Beamten als auch unter denen der meisten Selbständigen. Zwischen den Einkommen von Angestellten und Beamten einerseits und den Einkommen der Mehrheit der Selbständigen andererseits gab es vergleichsweise geringe Unterschiede: Die Differenzen zwischen der „proletarischen" und der „mittleren Lage" (im Sinne Geigers) schrumpften fast zu nichts zusammen, wenn man die durchschnittlichen Einkommen in beiden Kategorien mit denen in der „kapitalistischen Lage" verglich. Max Victor kam 1931 zu dem Schluß, daß sich seit der Vorkriegszeit die „ökonomische Situation der kleinen Selbständigen an die Angestellten und mit diesen an die Arbeiterschaft" angeglichen habe. In der Tat deuteten die von Victor herangezogenen Zahlen darauf hin, daß die Arbeiter im Jahre 1928 auf relativ größere Einkommensverbesserungen gegenüber 1913 zurückblicken konnten als die Angestellten und diese wiederum einen höheren Einkommenszuwachs verzeichneten als die Selbständigen (Tabelle 1).[255]

Rein wirtschaftlich gesehen gab es also genügend Gründe, von einer „Proletarisierung des Mittelstandes" zu sprechen. Aber Geiger wie Victor waren sich klar darüber, daß eine ausschließlich sozialökonomische Aufgliederung der deutschen Gesellschaft die Wirklichkeit verfehlte. Weder die unteren Angestellten und Beamten noch die „proletaroiden" Selbständigen fühlten sich in der Regel als Proletarier. Wie niedrig ihr Einkommen auch war, die meisten von ihnen rechneten sich eher dem „Mittelstand" als der Arbeiterklasse zu. Wenn man einmal von den freigewerkschaftlich organisierten Angestellten absah, so war es — in Victors Worten — allen diesen Schichten gemeinsam, „daß sie sich bisher bewußt auf ihre Bürgerlichkeit stützen und von der Arbeiterklasse abheben wollen. Der Zwang zu verschärfter Konkurrenz im Deutschland der Nachkriegszeit und der Druck einer Wirtschaftskrise von besonderer Heftigkeit haben nunmehr deutlich das Fundament der mittelständischen Ideologie erschüttert. Der als gesichert und angemessen geltende Lebensstandard kann nicht gehalten werden, das Gefühl der Sicherheit der ökonomischen Existenz ist verlorengegangen und die Aussichten zum Aufstieg zu den oberen Klassen sind noch mehr zusammengeschrumpft als bisher."[256]

Geiger sprach von „Mentalitätsbezügen wirtschaftsfremder Art", die bei mittleren und kleinen Unternehmern, Tagewerkern auf eigene Rechnung und höher qualifizierten Arbeitnehmern sehr viel stärker ausgeprägt seien als bei durch-

---

254 Zum Vorstehenden: Victor, Verbürgerlichung (Anm. 251), S. 17—31; für das Handwerk: Hans Reiner, Das deutsche Handwerk in der Reichssteuerstatistik (Umsatz, Einkünfte und Betriebsvermögen im Handwerk). Als Manuskript veröffentlicht, Hannover 1932, S. 22. Vgl. insgesamt auch Winkler, Mittelstand (Anm. 15), S. 36 f.

255 Victor, Verbürgerlichung (Anm. 251), S. 23 f.

256 Ebda., S. 29.

Tabelle 1: Einkommensumschichtung in Deutschland

	1913 (altes Gebiet)			1928 (heutiges Gebiet)			1913 = 100		
	Einkommensträger Mio. Pers.	Durchschnittl. Jahresverdienst Mk.	Gesamteinkommen in Mrd. Mk.	Einkommensträger Mio. Pers.	Durchschnittl. Jahresverdienst RM	Gesamteinkommen in Mrd. RM	Einkommensträger	Durchschnittl. Jahresverdienst	Gesamteinkommen
Arbeiter									
Industrie, Handel und Verkehr[1])	10,5	1 085	11,4	11,7	1 825	21,3	112	168	187
Landwirtschaft	2,9	750	2,2	2,6	1 000	2,6	90	133	118
Ausführungsbehörden und sonstige	0,8	1 100	0,9	0,9	2 000	1,8	113	182	200
Arbeiter insgesamt	14,2	1 020	14,5	15,2	1 690	25,7	107	166	177
Angestellte i. d. Wirtschaft	1,6	2 000	3,2	3,8	2 600	9,9	238	130	310
Beamte[2])	1,2	2 750	3,3	1,7	4 050	6,9	142	148	210
Angestellte und Beamte	2,8	2 320	6,5	5,5	3 060	16,8	197	132	258
Wehrmacht	0,7	1 400	1,0	0,1	2 000	0,2	14	143	20
Hausangestellte	1,3	750	1,0	1,3	1 000	1,3	100	133	130
Arbeitseinkommen insges.	19,0	1 210	23,0	22,1	1 990	44,0	117	165	192
Selbständige	5,5	4 730	26,0[3])	5,9	4 070	24,0[3])	107	86	92
Öffentliche Einkünfte	—	—	1,0[3])	—	—	2,0[3]	—	—	200
Erwerbstätige insgesamt (ohne mithelfende Familienangehörige)	24,5	2 040	50,0[3])	28,0	2 500	70,0[3])	114	123	140

[1]) Erhebungen der Berufsgenossenschaften. — [2]) 1928: 900 000 Beamte in Reich, Ländern und Gemeinden mit einem Gesamteinkommen von 4 Milliarden RM., 650 000 Beamte und Angestellte bei Reichsbahn und Reichspost und 190 000 Beamte und Angestellte in öffentlichen Betrieben; 1913 etwa 600 000 Beamte in Reich, Ländern und Gemeinden. — [3]) Zahlen des Instituts für Konjunkturforschung und des Statistischen Reichamts.

Quelle: Victor, Verbürgerlichung (Anm. 251), S. 23.

schnittlichen Lohnarbeitern. Diese nicht-wirtschaftlichen Momente durchkreuzten gewissermaßen den „Wirtschaftsstandort" als bestimmendes Element der Gesellschaftsgesinnung. Die typische Erscheinung des sozialen Selbstverständnisses bei den Schichten, die sich nicht dem Proletariat, sondern dem „Mittelstand" zurechneten, war die „ständische" — eine, verglichen mit dem „modernen" Klassenbegriff, altertümliche Form der gesellschaftlichen Zuordnung. Im Hinblick auf den „alten Mittelstand" der selbständigen Handwerker und kleinen Kaufleute meinte Geiger gar eine „sozialgeschichtliche Verwerfung" beobachten zu können: „Strukturen, die im sozialgeschichtlichen Nacheinander auftreten, finden sich im gesellschaftlichen Jetzt bei verschiedenen Bevölkerungsteilen im Nebeneinander. So wirken im alten Mittelstand die ständischen Schichtungen der frühkapitalistischen Epoche als Querdifferenzierungen nach; ständische Sitte und Lebensauffassung haben sich bewahrt und leisten der Durchsetzung des hochkapitalistischen Klassenprinzips zähen Widerstand."[257] An anderer Stelle, in seiner 1949 erschienenen Schrift „Die Klassengesellschaft im Schmelztiegel", hat Geiger denselben Sachverhalt auf die pointierte Formel gebracht: „Eine Klasse leugnet mit Entrüstung, Klasse zu sein und führt einen erbitterten Klassenkampf gegen Wirklichkeit und Idee des Klassenkampfes."[258]

Während in den berufsständischen Vorstellungen des „alten Mittelstandes" immerhin eine ältere gesellschaftliche Wirklichkeit fortlebte, war das ständische Selbstverständnis des „neuen Mittelstandes" eine reine Konstruktion. In der ständischen Gesellschaft hatte es zwar keinen „Mittelstand" gegeben, aber doch handwerkliche und kaufmännische Korporationen. Die Angestellten dagegen waren nie in vergleichbarer Weise verfaßt gewesen. Ihre berufsständische Ideologie hatte keine eigene Tradition, sondern ging auf in ihrer Funktion: Sie diente der Abwehr der proletarischen Klassenkampfideologie. In Geigers Worten: „Ständisches Prinzip — das bedeutet Geltung und Prestige. Die Klassengesellschaft kennt kein oben und unten — sie hat nur ein links und rechts. Ständisches Prinzip — das ist der Protest gegen die Einebnungstendenzen der Klassengesellschaft."[259]

Die historischen Stände waren Institutionen eigenen Rechtes und Träger herrschaftlicher Funktionen, insofern also „politische" Körperschaften gewesen. Die modernen Klassen definierten sich rein ökonomisch: durch den Besitz oder Nichtbesitz an den Produktionsmitteln. Besitz an oder Verfügung über Produktionsmittel begründete die Zugehörigkeit zur Klasse der Kapitalisten; Nichtbesitz und Nichtverfügung kennzeichneten das Proletariat. Als Marx im 19. Jahrhundert den spezifisch modernen Klassengegensatz auf ebendiese Weise bestimmte, brachte er damit die neue Grunderfahrung der industriellen Arbeiterklasse auf den Begriff: Die ökonomische Unselbständigkeit war nicht mehr das, was sie für das Gros der

257 Geiger, Soziale Schichtung (Anm. 252), S. 85.
258 Ders., Klassengesellschaft (Anm. 251), S. 168.
259 Ders., Soziale Schichtung (Anm. 252), S. 121.

Handwerksgesellen gewesen war, nämlich Durchgangsstadium zur Selbständigkeit, sondern Lebensschicksal.[260]

Ein proletarisches Klassenbewußtsein konnte sich nur dort herausbilden, wo diese Erfahrung gemacht wurde. Marx ging noch davon aus, daß die überwältigende Mehrheit der Gesellschaft in das Proletariat hinabsinken würde. Aber schon gegen Ende des 19. Jahrhunderts zeichnete sich ab, daß die Entwicklung der kapitalistischen Gesellschaften anders verlaufen würde, als Marx es vorhergesagt hatte. Einerseits erwiesen sich kleinere und mittlere Unternehmen als durchaus lebensfähig und mit ihnen ein Teil des „alten Mittelstandes"; andererseits formte sich der „neue Mittelstand" der Angestellten heraus, für die nicht so sehr die Erfahrung lebenslänglicher Abhängigkeit bestimmend war als vielmehr das Bewußtsein, Teilhaber von Herrschaft zu sein. Wie „falsch" dieses Bewußtsein vielfach auch war, es war eine soziale Realität. Das hierarchische Element, das der „ständischen" Mentalität innewohnt, nährte sich aus der Neigung, anderen Gruppen als „Unterschicht" einen minderen Platz als sich selbst zuzuweisen. Daß den deutschen Angestellten in Gestalt des historisch sehr viel älteren Berufsbeamtentums ein privilegiertes Modell zur Verfügung stand, an dem sie sich orientieren und dem sie nacheifern konnten, war ihrem sozialen Abgrenzungsbedürfnis überaus günstig.[261]

Die Arbeiterschaft *war* Unterschicht, weil sie mehr sozialer Ungleichheit ausgesetzt war als die anderen Schichten. Nicht nur nach Maßgabe des Einkommens befanden sich die Arbeiter am unteren Ende der Gesellschaftspyramide, sondern auch hinsichtlich ihres sozialen Prestiges und jeder Art von Chancen, nach „oben" aufzusteigen. In einem Land wie Deutschland, wo Bildung und Titel dem öffentlichen Ansehen traditionell förderlicher waren als Wohlstand, mußte man die pekuniär nicht meßbaren Momente der sozialen Schichtung besonders hoch veranschlagen.

Geiger hat in der „Schicht" ein allgemeineres gesellschaftliches Ordnungsprinzip gesehen als in der „Klasse". Den Begriff „Klasse" wollte er „in Übereinstimmung mit dem spezifischen Bedeutungsgehalt, den er bei seiner im Zusammenhang mit Marx' Lehre erfolgten Einbürgerung, den er insbesondere in der Umgangssprache bekam und seither behielt", für einen Sonderfall vorbehalten sehen: „ ‚Klasse' heißt eine Schicht dann, wenn das kennzeichnende Merkmal des Bevöl-

---

260 Vgl. hierzu etwa: Max Weber, Wirtschaft und Gesellschaft. Studienausgabe, Köln usw. 1956, Bd. 1, S. 223—227; Ferdinand Tönnies, Stände und Klassen, in: Handwörterbuch der Soziologie, Stuttgart 1931, S. 617—638. Zum gleichen Problem auch (mit weiterer Lit.): Heinrich August Winkler, Bürgertum, in: Sowjetsystem und demokratische Gesellschaft. Eine vergleichende Enzyklopädie, Bd. 1, Freiburg 1966, Sp. 934—953.

261 Zusammenfassend hierzu u. a. ders., Mittelstand (Anm. 15), S. 21 ff.; Speier, Angestellte (Anm. 103), S. 79 ff.; Jürgen Kocka, Unternehmensverwaltung und Angestelltenschaft am Beispiel Siemens 1847—1914. Zum Verhältnis von Kapitalismus und Bürokratie in der deutschen Industrialisierung, Stuttgart 1969, bes. S. 148 ff. (vor allem zu der an den Beamten orientierten Selbsteinschätzung der Angestellten). Zum „neuen Mittelstand" auch: Emil Lederer u. Jakob Marschak, Der neue Mittelstand, in: Grundriß der Sozialökonomik, Bd. IX/1 (Anm. 243), S. 120—141.

kerungsteiles, der ihr als Rekrutierungsfeld entspricht, das spezifische Verhältnis der Menschen zu den Produktionsmitteln ist (Produktionsverhältnis)."[262]

Geigers Klassenbegriff hat gegenüber anderen, formaleren den Vorteil, daß er sich an sozialen Erfahrungen orientiert. Wer zu Produktionsmitteln in keinem spezifischen Verhältnis steht, kann Geigers Definition zufolge wohl einer Schicht, nicht aber einer Klasse angehören. Das gilt nicht nur für die Intellektuellen, sondern für die Angehörigen aller Dienstleistungsberufe. Aus Geigers Klassenbegriff fallen aber streng genommen auch Bauern und Handwerker heraus, weil für sie nicht das Verhältnis zu den Produktionsmitteln das kennzeichnende Merkmal ist, sondern das Verhältnis zu ihrem Produkt. Die Frage, ob industrielle Angestellte eine Klasse oder Teil einer Klasse sind, würde sich Geigers Definition entsprechend erst dann beantworten lassen, wenn ihre konkrete Funktion im Produktionsprozeß geklärt wäre. Eindeutig als Klassen einzustufen wären wohl nur die Arbeiter und ihre unmittelbaren Antipoden, die kapitalistischen Unternehmer.[263]

„Klasse" ist freilich nicht, wie Geiger meinte, ein bloßer Unterfall von „Schicht", sondern mehr: ein anderer sozialer Aggregatzustand. Mit dem Begriff „Schicht" verbindet man gemeinhin die Vorstellung von einer Ruhelage, während sich bei „Klasse" der Gedanke an Bewegung und Konflikt einstellt. Der Statik des Schichtbegriffs steht die Dynamik des Klassenbegriffs gegenüber. Nicht zufällig ist denn auch der moderne Klassenbegriff historisch mit jener sozialen Kraft verknüpft, die die bürgerliche Gesellschaftsordnung radikal in Frage stellte: dem industriellen Proletariat. Es war die einzige Gruppe, die durch gemeinsame soziale Erfahrungen dahin gelangt war, sich selbst als „Klasse" zu begreifen und zu organisieren. Auf andere Gruppen angewandt, ist der Klassenbegriff mit der Hypothek belastet, daß er die Selbsteinschätzung der Betroffenen, ihre Mentalität, zu verfehlen pflegt. Der Arbeiterschaft gegenüber mögen sich diese Gruppen, ungeachtet des Bildes, das sie sich von sich selbst machen, durchaus als gegnerische Klassen — im Marxschen Sinn: als „Klassen an sich" — verhalten, und von daher ist es legitim, eine wesentlich von objektiver Klassengegnerschaft zum Proletariat geprägte Gesellschaft eine „Klassengesellschaft" zu nennen. Aber es bleibt festzuhalten, daß auch in der Weimarer Zeit *nur* das Proletariat „Klasse an und

262 Geiger, Soziale Schichtung (Anm. 252), S. 5.

263 Eine gute Übersicht über andere Klassenbegriffe: ebda., S. 8 ff., sowie bei Paul Mombert, Zum Wesen der sozialen Klasse, in: Erinnerungsgabe für Max Weber, 2 Bde., München 1923, Bd. 2, S. 237—275. — Max Webers Unterscheidung von Besitz-, Erwerbs- und sozialen Klassen hat sich wegen faktisch unlösbarer Abgrenzungsprobleme nicht durchgesetzt. Vgl. ders., Wirtschaft (Anm. 260), Bd. 1, S. 222—227. Ralf Dahrendorf, Soziale Klassen und Klassenkonflikt in der industriellen Gesellschaft, Stuttgart 1957, betont zu Recht das Konflikts- und Herrschaftsmoment in Klassenbeziehungen. Wenn er aber „Klassen" als „konfligierende soziale Gruppierungen" definiert, „deren Bestimmungsgrund (und damit *differentia specifica*) im Anteil oder Ausschluß von Herrschaft innerhalb *beliebiger* (meine Hervorhebung, H. A. W.) Herrschaftsverbände liegt" (S. 139), koppelt er die modernen sozialen Klassen gewissermaßen vom Produktionsverhältnis ab, auf das sie sich historisch zurückführen lassen. Für die sozialgeschichtliche Analyse kapitalistischer Gesellschaften scheint mir eine derartige Formalisierung des Klassenbegriffs nachteilig. Vgl. zur Kritik an Dahrendorfs Ansatz: Christian Graf von Krockow, Soziologie des Friedens. Drei Abhandlungen zur Problematik des Ost-West-Konflikts, Gütersloh 1962, S. 98 ff.

für sich" war — daß es nicht nur auf Grund gesellschaftlicher Umstände als Klasse bezeichnet werden konnte, sondern dies auch dem vorwiegenden Selbstverständnis nach war.[264]

„Proletarier ...", so definierte 1926 ein eher konservativer Sozialwissenschaftler, Götz Briefs, „ist der besitzlose, im Zeitalter des Kapitalismus als soziale Masse auftretende Lohnarbeiter, der sich und seinesgleichen als gesellschaftliche Klasse sieht, in Klassenbewußtsein und nach Klassenidealen lebt und denkt, und aus Klassenbewußtsein die herrschende Ordnung in Wirtschaft und Gesellschaft verneint."[265]

Briefs gab damit die „offizielle" Selbstdarstellung der von marxistischen Theorien beeinflußten Arbeiterschaft durchaus zutreffend wieder. Seine Definition machte zugleich deutlich, weshalb außerhalb des Proletariats der Klassenbegriff nicht nur keinen Anklang fand, sondern Abwehrreaktionen hervorrief. „Klasse" provozierte sogleich die Vorstellung von „Klassenkampf", und mit „Klassenkampf" verband sich seit 1917 der Gedanke an „russische Zustände", an soziale Umwälzung und „Diktatur des Proletariats". Es liegt auf der Hand, daß nur eine Minderheit der deutschen Arbeiterschaft mit dem Bekenntnis zum Klassenkampf solche Ziele anstrebte. Aber richtig ist, daß die grundsätzliche Verneinung der „herrschenden Ordnung in Wirtschaft und Gesellschaft" in der Theorie das marxistische Minimum der deutschen Arbeiterschaft, der kleinste gemeinsame Nenner von Sozialdemokraten und Kommunisten, war.

Von marxistischen Theorien war freilich nicht die gesamte Arbeiterschaft geprägt. Es gab sozialökonomisch abgrenzbare Arbeitergruppen, die in viel geringerem Maß als das industrielle Proletariat Klassenbewußtsein entwickelt hatten: Heimarbeiter, Arbeiter in Handwerksbetrieben, Landarbeiter, Hausangestellte und Arbeiter, die eine landwirtschaftliche Nebentätigkeit ausübten. Dazu kamen konfessionelle Barrieren, die einer Verbreitung marxistischer Ideen entgegenstanden. Der katholische Arbeiter, der den Christlichen Gewerkschaften angehörte und das Zentrum oder die Bayerische Volkspartei wählte, mochte sich des Interessengegensatzes zu seinem Arbeitgeber und den Unternehmern insgesamt wohl bewußt sein. Aber mit Sicherheit bekannte er sich nicht zum Klassenkampf und zur Abschaffung des Privateigentums. War *er* ein „klassenbewußter Proletarier"?[266]

264 Zur Unterscheidung von „Schicht" und „Klasse" und zum Marxschen Klassenbegriff: Dahrendorf, Soziale Klassen (Anm. 263), S. 5 ff., 80 ff.; ferner: Theodor Geiger, Zur Theorie des Klassenbegriffs und der proletarischen Klasse, in: Schmollers Jahrbuch 54/1 (1930), S. 185—236; Klaus von Beyme, Klassen, Klassenkampf, in: Sowjetsystem (Anm. 260), Bd. 3, Freiburg 1969, Sp. 634—669; Stanislaw Ossowski, Klassenstruktur im sozialen Bewußtsein, Neuwied usw. 1962; Reinhard Bendix u. Seymour Martin Lipset (Hg.), Class, Status and Power. A Reader in Social Stratification, Glencoe 4. Aufl. 1960; Hans-Ulrich Wehler (Hg.), Klassen in der europäischen Sozialgeschichte, Göttingen 1979.

265 Götz Briefs, Das gewerbliche Proletariat, in: Grundriß der Sozialökonomik, Bd. IX/1 (Anm. 243), S. 142—240 (162).

266 Zum Selbstverständnis der nichtsozialistischen Gewerkschaften vgl. unten S. 503 ff., 627 f.; zum nichtindustriellen Proletariat siehe oben S. 99 ff. Auf das katholische Arbeitermilieu wird — im Zusammenhang mit dem Aufstieg des Nationalsozialismus — der folgende Bd. eingehen.

Wie groß die Resonanz klassenkämpferischer Parolen in den mittleren Jahren der Weimarer Republik tatsächlich war, läßt sich am zuverlässigsten wohl aus den Wahlergebnissen ablesen. In den beiden Reichstagswahlen vom Mai und Dezember 1924 erhielten die beiden sozialistischen Parteien jeweils ein starkes Drittel der Stimmen (34 %, bzw. 35,3 %), die bürgerlichen Parteien knapp zwei Drittel (66 %, bzw. 64 %). Beim ersten Wahlgang der Reichspräsidentenwahl am 29. März 1925 war das Verhältnis der sozialistischen zu den bürgerlichen Stimmen 36 : 64. Ein ganz erheblicher Teil der Arbeiter wählte mithin eine bürgerliche Partei — in erster Linie das Zentrum und die Deutschnationalen.

Wenn man berücksichtigt, daß mit Sicherheit nicht *alle* Wähler der sozialistischen Parteien Arbeiter waren, läßt sich mit guten Gründen die These vertreten, daß die deutsche Gesellschaft Mitte der zwanziger Jahre höchstens zu einem Drittel aus klassenbewußten Proletariern bestand, während sich rund zwei Drittel durch ihr Wahlverhalten gegen den Klassenkampf, gleichviel ob sozialdemokratischer oder kommunistischer Prägung, aussprachen. Nichts deutete in den mittleren Jahren der Weimarer Republik darauf hin, daß die marxistische Gesellschaftsauffassung jemals mehrheitsfähig werden könnte.[267]

---

267 Zur deutschnationalen Arbeiterpolitik und zum Anhang der DNVP bei den Arbeitern: Amrei Stupperich, Volksgemeinschaft oder Arbeitersolidarität. Studien zur Arbeitnehmerpolitik in der Deutschnationalen Volkspartei 1918—1933, Göttingen 1982. Zu den Wahlergebnissen von 1924 und 1925 vgl. unten S. 177, 217, 235.

2. Kapitel

Die erstarkte Rechte und die verfeindete Linke: 1924—1928

1. Zwei Wahlen: Deutschland im Jahre 1924

Die Reichstagswahlen vom 4. Mai 1924 brachten der radikalen Rechten einen großen Erfolg und der gemäßigten Linken eine schwere Niederlage. Die Deutschnationale Volkspartei steigerte ihren Stimmenanteil gegenüber 1920 um 1,4 Millionen oder 4,4 %; von 15,1 % schnellte sie auf 19,5 % empor. Sie wurde damit zur stärksten Kraft im bürgerlichen Lager und zur zweitgrößten Partei überhaupt. Die mit den führerlosen Nationalsozialisten verbündete Deutschvölkische Freiheitspartei, eine rechte Absplitterung der DNVP, erzielte auf Anhieb 1,9 Millionen Stimmen, was einem Anteil von 6,5 % entsprach. Über ein Viertel der deutschen Wähler hatte sich damit im Mai 1924 für die antirepublikanische Rechte entschieden.

Blicken wir auf die Arbeiterparteien, so fällt zweierlei auf: eine starke Gewichtsverlagerung von den Sozialdemokraten zu den Kommunisten und ein erheblicher Rückgang der „marxistischen" Stimmen insgesamt. Bei den Reichstagswahlen vom Juni 1920 hatten, die nachgeholten Wahlen in einzelnen Wahlkreisen mitgerechnet, die Arbeiterparteien zusammen 11,7 Millionen Stimmen (41,7 %) erhalten, im Mai 1924 9,7 Millionen (34 %), also genau 2 Millionen weniger (- 7,7 %):

	1920		1924 I	
	Stimmen	%	Stimmen	%
SPD	6 104 398	21,7	6 008 713	20,5
USPD	5 046 813	17,9	235 141	0,8
KPD	589 454	2,1	3 693 139	12,6
Sonstige sozialistische Parteien			26 418	0,1
Zusammen	11 740 665	41,7	9 963 411	34,0

Was auf den ersten Blick nur wie ein geringer Verlust der SPD gegenüber 1920 aussieht, kam in Wahrheit einer Katastrophe nahe: Bei den Wahlen vom Mai 1924 erhielt die wiedervereinigte Sozialdemokratie weniger Stimmen als 1920 die Mehrheitssozialdemokraten. Die Zahl der sozialdemokratischen Reichstagssitze sank von 171 auf 100. Die Kommunisten machten zwar einen großen Sprung nach vorn und setzten sich erstmals auf Reichsebene als proletarische Massenpartei durch, aber sie gewannen erheblich weniger (+ 3 Millionen), als die sozialdemokratischen Parteien verloren (- 5 Millionen). Die Zahl der kommunistischen Reichstagsmandate stieg von 17 auf 62.

Die Parteien der bürgerlichen Mitte und der gemäßigten Rechten mußten zum Teil schwere Verluste hinnehmen. Die Deutsche Volkspartei sank von 13,9 % (3,9 Millionen) im Juni 1920 auf 9,2 % (2,7 Millionen) im Mai 1924, die Deutsche Demokratische Partei von 8,3 % (2,3 Millionen) auf 5,7 % (1,66 Millionen). Vergleichsweise geringfügig waren die Verschiebungen im Bereich der katholischen Parteien. Das Zentrum rutschte von 13,6 % (3,8 Millionen) auf 13,4 % (3,9 Millionen), die Bayerische Volkspartei von 4,2 % (1,17 Millionen) auf 3,2 % (947 000). Bürgerliche Splittergruppen kamen im Mai 1924 auf 8,5 % (2,5 Millionen). Das war gegenüber 1920 (935 000 = 3,2 %) ein Gewinn von 5,3 % (+ 1,56 Millionen).[1]

Einige Vermutungen, zu denen schon ein flüchtiger Blick auf das Wahlergebnis vom Mai 1924 Anlaß geben mußte, haben sich durch die Untersuchung von einzelnen Wahlkreisen und Gemeinden bestätigt: Die Parteien der radikalen Rechten, Deutschnationale und Deutschvölkische, nahmen vor allem den beiden liberalen Parteien Stimmen ab; aus der gleichen Quelle speisten sich auch mittelständische und agrarische Splittergruppen; die Kommunisten profitierten vor allem von früheren Wählern der USPD, aber auch der SPD.[2] Wohin aber wanderten jene „Linkswähler" von 1920, deren Stimmen im Mai 1924 den sozialistischen Parteien fehlten? Auf das Konto von Wahlenthaltungen können nicht viele Stimmen gegangen sein, denn die Wahlbeteiligung war mit 77,4 % gegenüber 1920 (79,2 %) nur geringfügig gefallen; die Zahl der abgegebenen gültigen Stimmen war um etwa 1 Million gestiegen.

Gewisse Indizien sprechen dafür, daß eine nicht unerhebliche Zahl von früheren Wählern der Arbeiterparteien sich den radikalen Rechtsparteien zugewandt hat. Vor allem im überwiegend evangelischen Ostelbien scheint es einen deutlichen Zusammenhang zwischen Verlusten der Arbeiterparteien und Gewinnen der Deutschnationalen zu geben (s. Übersicht S. 179).

Auch im Nordosten des Reiches gaben wohl die liberalen Parteien, in erster Linie die DVP, das größte Wählerkontingent an die Deutschnationalen ab. Aber von den Verlusten der Arbeiterparteien muß die DNVP ebenfalls profitiert haben — und zwar, wie örtliche Ergebnisse zeigen, in ländlichen sowohl wie in städtischen Stimmbezirken. Landarbeiter können somit nur *eine* Quelle der Links-Rechts-Wanderung vom Mai 1924 gewesen sein. Allgemein waren die Verluste der Arbeiterparteien in den evangelischen Agrargebieten des Reiches am größten.

Aber nicht nur die Deutschnationalen, sondern auch die Völkischen dürften Stimmen aus dem linken Wählerpotential erhalten haben: so etwa in dem rein agrarischen ostpreußischen Darkehnen, im fränkischen Hof und im Bezirksamt Naila, ebenfalls in Franken und wie Hof ein Zentrum der Textilindustrie (Tabelle 1).

---

1 Die Daten nach: Statistik des Deutschen Reiches, Bd. 315/2, Berlin 1925, S. 6 ff. Die Verteilung der 472 Reichstagssitze sah folgendermaßen aus: SPD: 100; DNVP: 96 (mit Landbund: 106); Zentrum: 65; KPD: 62; DVP: 44; Deutschvölkische: 32; DDP: 28; BVP: 16; Sonstige: 19.

2 Zur Analyse der Reichstagswahlen vom Mai 1924 v. a.: Charles S. Maier, Recasting Bourgeois Europe. Stabilization in France, Germany, and Italy in the Decade after World War I, Princeton 1975, S. 450—455; Heinrich August Winkler, Extremismus der Mitte? Sozialgeschichtliche Aspekte der nationalsozialistischen Machtergreifung, in: ders., Liberalismus und Antiliberalismus. Studien zur politischen Sozialgeschichte des 19. und 20. Jahrhunderts, Göttingen 1979, S. 205—217; Thomas Childers, The Nazi Voter. The Social Foundations of Fascism in Germany, 1919—1933, Chapel Hill usw. 1983, S. 50 ff.

	DNVP			Liberale Parteien (DDP, DVP)			Arbeiterparteien (SPD, USPD, KPD)		
	1919 %	1920/22 %	1924 I %	1919 %	1920/22 %	1924 I %	1919 %	1920/22 %	1924 I %
Ostpreußen	11,9	30,9	38,9	26,7	20,7	11,8	51,1	36,6	27,6
Pommern	23,9	35,5	49,5	32,6	24,2	7,3	42,9	38,6	27,6
Frankfurt/O.	19,4	27,7	40,5	25,6	25,2	12,3	53,2	40,2	27,7
Breslau	15,3	18,5	28,7	15,5	24,9	11,2	48,3	42,7	31,1
Potsdam I	12,6	19,6	32,2	28,3	24,8	12,9	56,8	52,1	37,4

In den genannten Gebieten gibt es zu der Hypothese, daß ehedem linke Wähler zu den Deutschvölkischen übergegangen sind, nur *eine*, extrem unwahrscheinliche Alternative: Wahlboykott als Ursache linker Verluste. Da aber die Wahlbeteiligung in etwa gleich blieb oder stieg, müßten bisherige Nichtwähler in größerer Zahl zu den Urnen gegangen sein und geschlossen für die beiden Rechtsparteien gestimmt haben.

Bei den Wahlergebnissen aus Naila und Hof ist zu beachten, daß Franken eine der Hochburgen der Rechtsradikalen war: Mit einem Stimmanteil von 20,7 % konnten die Deutschvölkischen dort ihr zweitbestes Ergebnis im Reich erzielen; nur in Mecklenburg (20,8 %) schnitt die am weitesten rechts stehende Partei noch besser ab. Der regionale Trend zugunsten der Völkischen schlug in Franken teilweise auch im proletarischen Milieu durch. Die Textilindustrie, die in Hof und Naila überdurchschnittlich viele Arbeiter beschäftigte, war die Branche mit den meisten weiblichen Arbeitskräften und den niedrigsten Löhnen. Der gewerkschaftliche Organisationsgrad war nach 1918 sprunghaft angestiegen, blieb aber im Verhältnis zu anderen Industriezweigen immer noch gering, eine Entwicklung, die auch bei den Landarbeitern zu beobachten ist.[3]

Eine verallgemeinernde Schlußfolgerung der ostelbischen wie der fränkischen Befunde liegt nahe: Der radikalen Rechten sind im Mai 1924 gewisse Einbrüche namentlich in solche Arbeiterschichten gelungen, die vor 1918 von Sozialdemokratie und Freien Gewerkschaften noch kaum erreicht worden waren und die sich erst unter dem Eindruck der Revolution der Arbeiterbewegung, gelegentlich sogar ihren radikalen Kräften, angeschlossen hatten. Diese spät und nur oberflächlich politisierten Arbeitergruppen waren am ehesten für jene Propaganda der radikalen Rechten empfänglich, die ihnen einredete, die „Marxisten" jedweder Couleur hätten sie bewußt getäuscht und seien schuld an ihrer materiellen Not.

---

3 Zum Übergang von Linkswählern zur äußersten Rechten v. a. Maier, Recasting (Anm. 2), S. 450 ff.; Amrei Stupperich, Volksgemeinschaft oder Arbeitersolidarität. Studien zur Arbeitnehmerpolitik in der Deutschnationalen Volkspartei 1918—1933, Göttingen 1982, bes. S. 34 ff. Nach Stupperichs Einschätzung wählten vor allem Arbeiter aus Kleinstädten und Landgemeinden die DNVP. Der Partei gehörten diesem Autor zufolge etwa 100 000 Arbeiter als zahlende Mitglieder an. — Von Thomas Schnabel, der mir bei der Zusammenstellung des Materials für diesen Abschnitt geholfen hat, ist auf Wahlkreisebene ein positiver Zusammenhang von Verlusten der Arbeiterparteien und Gewinnen der DNVP errechnet worden: der Korrelationskoeffizient beträgt + 0,6. Bei den Wahlergebnissen aus Ostpreußen ist zu beachten, daß hier die ersten Reichstagswahlen — wegen der noch zu klärenden Gebietsfragen — erst am 20. 2. 1921 stattfanden (vgl. den vorhergehenden Bd., S. 343). Die DNVP erzielte hier 1921 einen größeren Durchbruch (+ 19 %) als im Reichsdurchschnitt der Wahlen vom 6. 6. 1920 (einschließlich der nachgeholten Wahlen: + 4,8 %). Der deutschnationale Erfolg vom Mai 1924 fiel in Ostpreußen abermals überzeugender aus als im Reichsdurchschnitt (+ 8 % : + 4,4 %), blieb aber hinter dem Zuwachs von 1921 deutlich zurück. In Darkehnen betrug der Anteil der Landarbeiter an den Erwerbstätigen 1925 43,2 %; in Hof waren 31,6 % aller Erwerbstätigen Textilarbeiter, in Naila 29,7 %. Mit einem Heimarbeiteranteil von 12,2 % (Reichsdurchschnitt: 0,85 %) war Naila auch ein regionaler Schwerpunkt der Hausindustrie. Der Anteil der weiblichen Arbeiter in der Arbeiterschaft der Textilindustrie belief sich 1925 im Reich auf 58,7 %. Zum Lohnniveau vgl. oben S. 50, zum gewerkschaftlichen Organisationsgrad siehe unten S. 495. — Der Anstieg der Stimmen für die liberalen Parteien 1920 im Wahlkreis Breslau erklärt sich daraus, daß die DVP hier 1919 nicht kandidiert hatte.

Tabelle 1: Reichstagswahlergebnisse 1920, 1924 I und 1924 II in Darkehnen/Ostpreußen, Stadt Hof und Bezirksamt Naila

	gültige Stimmen	DNVP	DVP	Z/BVP	DDP	SPD	USPD	KPD	Völk.	Andere
Kr. Darkehnen										
1920/21	12 663	34,9	9,7	0,1	9,7	33,0	0,2	12,1	—	0,3
		4 418	1 225	15	1 235	4 175	22	1 529	—	44
1924 I	13 898	34,5	7,1	0,5	4,2	16,9	0,5	18,5	15,5	2,3
		4 788	987	67	590	2 354	72	2 566	2 158	316
1924 II	13 504	38,6	6,9	0,4	4,7	29,2	0,1	6,1	12,0	1,9
		5 217	932	53	630	3 944	12	826	1 626	264
Stadt Hof										
1920	20 712	7,9	0,1	4,7	26,8	8,0	51,8	0,7	—	—
		1 636	19	968	5 544	1 659	10 729	157	—	—
1924 I	21 109	5,6	0,4	4,8	3,1	35,2	1,4	3,4	39,9	6,2
		1 176	81	1 007	663	7 437	303	711	8 426	1 305
1924 II	22 271	21,7	1,1	4,4	3,7	41,3	0,5	1,7	15,8	9,9
		4 829	234	985	831	9 205	109	374	3 510	2 194
BA Naila										
1920	11 165	24,0	1,0	0,5	18,7	6,9	48,9	—	—	—
		2 683	109	58	2 091	764	5 458	—	—	—
1924 I	11 697	14,4	0,3	1,1	2,5	34,9	1,1	5,4	37,5	2,9
		1 688	32	127	289	4 079	131	626	4 384	341
1924 II	13 117	33,2	1,1	1,5	3,1	40,4	0,7	3,6	10,5	6,0
		4 353	147	191	412	5 301	91	468	1 374	780

Quelle: Auf Grund der amtlichen Ergebnisse zusammengestellt von Thomas Schnabel.

Wenden wir uns nun der Entwicklung der Arbeiterparteien in den einzelnen Wahlkreisen zu. Wenn wir nach der Reihenfolge der Wahlkreise, gemessen am Stimmenanteil *aller* Arbeiterparteien, fragen, so ergeben sich zwischen der Wahl zur Nationalversammlung im Januar 1919 und der Reichstagswahl vom Mai 1924 bemerkenswerte Verschiebungen. Elf Wahlkreise hatten ihre Positionen um fünf und mehr Plätze verändert, und zwar vier nach unten und sieben nach oben. Die vier „Absteiger" — Ostpreußen, Frankfurt an der Oder, Potsdam I und II — waren allesamt ostelbische Wahlbezirke. In Ostpreußen und Frankfurt an der Oder war der Umschwung schon 1920/21 erfolgt: Ostpreußen war bei der nachgeholten Reichstagswahl im Februar 1921 von Platz 12 auf Platz 21 abgesunken, Frankfurt an der Oder im Juni 1920 von Platz 10 auf Platz 19. Die „Aufsteiger" — Westfalen-Süd, Hessen-Darmstadt, Pfalz, Düsseldorf-West, Düsseldorf-Ost, Westfalen-Nord und Hamburg — lagen sämtlich im Westen des Reiches und — mit Ausnahme von Westfalen-Nord und Hamburg — ganz oder teilweise im besetzten Gebiet.[4] Von den zehn Wahlkreisen, in denen die Arbeiterparteien zusammen im Mai 1924 am besten abschnitten, hatten sieben schon 1919 zur gleichen Kategorie gehört. Neu hinzugekommen waren Westfalen-Süd, Hessen-Darmstadt und Südhannover-Braunschweig. Aus der Gruppe der Spitzenreiter ausgeschieden waren Thüringen, Potsdam I und Frankfurt an der Oder. Mit der teilweisen Ausnahme von Hessen-Darmstadt lagen alle Wahlkreise nördlich der Mainlinie, fünf davon — Berlin nicht mitgerechnet — auf dem Gebiet der heutigen Deutschen Demokratischen Republik (Tabelle 2).

Die Sozialdemokraten schlugen sich im Mai 1924 in den folgenden fünf Wahlkreisen am besten:

	%
Dresden-Bautzen:	34,6
Magdeburg:	32,0
Leipzig:	30,2
Südhannover-Braunschweig:	30,0
Hessen-Darmstadt:	29,0

Nur zwei dieser Wahlkreise — Magdeburg und Dresden — hatten schon 1919 zu den fünf stärksten Bastionen der Mehrheitssozialdemokratie gehört; zwei der Wahlkreise — Dresden und Leipzig — waren Hochburgen des linken Flügels der SPD. Generell schlugen sich die Sozialdemokraten dort, wo sie „linke" Kandidaten, und das hieß meist: ehemalige Mitglieder der USPD, aufstellten, relativ gut. Die Erklärung liegt auf der Hand: Frühere Wähler der USPD waren eher geneigt,

4 Gegenüber 1919 veränderten sich die Positionen der „Absteiger" im Mai 1924 folgendermaßen: Ostpreußen von Platz 12 auf 25; Frankfurt/Oder von 10 auf 23; Potsdam II von 11 auf 18; Potsdam I von 7 auf 12. Für die „Aufsteiger" lauten die Daten: Westfalen-Süd von 17 auf 8; Hessen-Darmstadt von 18 auf 9; Pfalz von 23 auf 4; Düsseldorf-West von 29 auf 21; Düsseldorf-Ost von 20 auf 13; Westfalen-Nord von 28 auf 22; Hamburg von 9 auf 3.

Tabelle 2: Die zehn Wahlkreise mit dem stärksten Stimmenanteil der Arbeiterparteien (SPD, USPD, KPD)

— in Prozent —

1924 I		1920/22		1919	
1. Leipzig	(47,6)	1. Berlin	(61,5)	1. Chemnitz-Zwickau	(65,0)
2. Chemnitz-Zwickau	(47,0)	2. Chemnitz-Zwickau	(58,2)	2. Berlin	(64,0)
3. Hamburg	(46,5)	3. Merseburg	(55,6)	3. Magdeburg	(61,3)
4. Berlin	(45,5)	4. Hamburg	(54,0)	4. Merseburg	(60,4)
5. Dresden-Bautzen	(43,7)	5. Magdeburg	(53,9)	5. Leipzig	(59,3)
6. Merseburg	(42,9)	6. Leipzig	(53,2)	6. Thüringen	(57,1)
7. Magdeburg	(42,1)	7. Potsdam I	(52,1)	7. Potsdam I	(56,8)
8. Westfalen-Süd	(39,6)	8. Dresden-Bautzen	(50,0)	8. Dresden-Bautzen	(56,0)
9. Hessen-Darmstadt	(39,4)	9. Potsdam II	(48,4)	9. Hamburg	(54,6)
10. Südhannover-Braunschweig	(39,2)	10. Thüringen	(47,9)	10. Frankfurt/O.	(53,2)

Quelle: Statistik des Deutschen Reichs, Bd. 315, Berlin 1925, S. 67.

für einen ehemaligen Unabhängigen zu stimmen als für einen ehemaligen Mehrheitssozialdemokraten — zumal wenn er auf dem rechten Parteiflügel stand.[5]

Die Kommunisten feierten ihre größten Triumphe in den Wahlkreisen:

	%
Merseburg:	25,7
Düsseldorf-Ost:	24,9
Westfalen-Süd:	21,9
Berlin:	20,6
Chemnitz-Zwickau:	19,8

Nur in einem dieser Wahlkreise — Chemnitz-Zwickau — hatte die KPD bei der Reichtagswahl 1920 erheblich über dem Reichsdurchschnitt gelegen (9,2 % : 1,7 %), in zwei anderen — Merseburg und Düsseldorf-Ost — hatte die USPD 1920 die SPD überflügelt. Mit Ausnahme von Chemnitz-Zwickau handelte es sich um Wahlkreise, in denen die USPD sowohl 1919 als auch 1920 über dem Reichsdurchschnitt gelegen hatte. Ihren höchsten absoluten Stimmenzuwachs erzielte die KPD in Westfalen-Süd, wo sie von 17 294 im Juni 1920 auf 279 926 im Mai 1924 emporschnellte. Stärker als die SPD war die KPD im Mai 1924 in den folgenden Wahlkreisen:[6]

	KPD %	SPD %
Merseburg	25,7	15,5
Düsseldorf-Ost	24,9	11,4
Westfalen-Süd	21,9	16,1
Düsseldorf-West	18,9	9,7
Oppeln	16,7	4,2
Köln-Aachen	14,2	10,1

Sehr knapp war der Vorsprung der Sozialdemokraten im Wahlkreis Berlin: Sie erhielten 21,8 %, die Kommunisten 20,6 % der Stimmen. Die KPD gewann in allen 35 Wahlkreisen sowohl absolut als auch prozentual; die SPD büßte in 23 von 35 Wahlkreisen prozentual, aber nur in 16 von 35 auch absolut Stimmen ein. Ihre größten Verluste hatten die Arbeiterparteien im Großraum Berlin — den Wahlkreisen Potsdam II, Potsdam I und Berlin —, wo die Einbußen zwischen 14,7 und 16 % schwankten. Nur in der Pfalz und in Westfalen-Süd erzielten KPD, SPD und Rest-USPD im Mai 1924 zusammen ein Ergebnis, das knapp über dem von sämtlichen Arbeiterparteien erreichten Resultat von 1920 lag, und zwar in der Pfalz sowohl prozentual (+ 1,7 %) wie abso-

5 Zum Abschneiden „linker“ und „rechter“ SPD-Kandidaten: Paul Levi, Die Lehre der Wahlen, in: SPW 2 (1924), Nr. 28 (9. 5.); Nach der Wahl im Ruhrgebiet, ebda., Nr. 29 (10. 5.). Zum Vergleich mit 1919 und 1920 siehe den vorhergehenden Bd., S. 352 ff.

6 In Oppeln handelt es sich um das Ergebnis der Nachwahlen vom 21. 9. 1924.

lut, in Westfalen-Süd nur in absoluten Zahlen. Prozentual verloren die Arbeiterparteien dort 2,4 %.

Im Ruhrgebiet war das relativ gute Abschneiden der Arbeiterparteien in Wirklichkeit ausschließlich den Gewinnen der KPD zuzuschreiben. Die Hauptursache hierfür dürfte in der — im Vergleich zum übrigen Reich — nach wie vor hohen Arbeitslosigkeit gelegen haben. Im einzelnen aber wichen die Ergebnisse aus dem Ruhrgebiet stark voneinander ab. In fünf Bezirken, in denen der Kohlenbergbau dominierte — es sind dies die Stadtkreise Gelsenkirchen und Herne, die Landkreise Bochum und Dortmund sowie der Kreis Hamm-Unna — nahmen die Arbeiterparteien von Juni 1920 auf Mai 1924 nicht oder kaum ab. Die SPD verlor in allen fünf Kreisen erheblich und war nur noch in Unna, das geographisch auch an der Peripherie liegt, stärkste Partei. Die KPD war teilweise doppelt und dreimal so stark wie die SPD. In sechs Bezirken — dem Stadtkreis Dortmund, dem Kreis Hattingen, dem Stadt- und Landkreis Hörde, den Stadtkreisen Bochum und Witten —, in denen Kohlenbergbau sowie Metallherstellung und Metallverarbeitung vorherrschten, verloren die Arbeiterparteien zum Teil Stimmen. In drei Bezirken war die SPD und in drei die KPD die stärkste Partei. In sieben Bezirken — dem Stadt- und Landkreis Iserlohn, dem Stadt- und Landkreis Hagen, dem Kreis Schwelm, dem Stadtkreis Lüdenscheid und dem Kreis Altena —, in denen es keinen Bergbau gab und Metallherstellung und -verarbeitung dominierten, erlitten die Arbeiterparteien im Mai 1924 Verluste bis zu 18 %. In fünf von sieben Bezirken wurde die KPD, zumeist sehr knapp, stärker als die SPD. Offensichtlich ging die Radikalisierung bei den Bergleuten weiter als bei den Metallarbeitern, und augenscheinlich waren diese im Mai 1924 mehr als jene geneigt, den Arbeiterparteien insgesamt den Rücken zu kehren.[7]

Von vielleicht noch größerer Bedeutung als die wirtschaftliche Struktur war in Westfalen-Süd der Konfessionsfaktor. Je höher der Katholikenanteil in einem Kreis war, desto geringer waren im Mai 1924 die Verluste der Arbeiterparteien. Bei hohem Anteil von Katholiken *und* Vorherrschen des Bergbaus verloren die Arbeiterparteien am wenigsten; mitunter gewannen sie sogar leicht. Eine Gewichtung beider Faktoren ist kaum möglich, denn die Bergbaugebiete waren gleichzeitig die Gegenden mit dem höchsten Katholikenanteil (vgl. Tabelle 3). Insgesamt ist die Rolle der Konfession im westdeutschen Industriegebiet sehr schwer zu bestimmen. Auf den ersten Blick scheint der Befund zwar eindeutig: In Essen, Hamborn und Duisburg, die überwiegend katholisch waren, waren die Verluste der

7 Ein Unsicherheitsfaktor für die Deutung der Daten aus dem Ruhrgebiet liegt allerdings darin, daß die Zahlen für die USPD auf Kreisebene nicht getrennt aufgeführt werden und die „anderen Parteien" teilweise bis zu 10 % der Stimmen erhielten. Eine allgemeine Aussage darüber, wohin die Stimmen gingen, die die Arbeiterparteien im Mai 1924 verloren, scheint nicht möglich. Festzustellen ist aber fast überall ein deutlicher Stimmengewinn der DNVP bei allerdings zumeist auch beträchtlichen Verlusten der DVP. Die DNVP gewann im Wahlkreis Westfalen-Süd gegenüber 1920 6,4 %, während die DVP 4,5 % und die DDP 0,6 % verloren. Die Deutschvölkischen kamen auf 1,5 %, die Rest-USPD auf 1,6 %. Stärkste Partei blieb das Zentrum mit 26 % (1920: 28,1 %), ihm folgten die KPD mit 21,9 % (1920: 1,5 %) und die SPD mit 16,1 % (1920: SPD: 20,6 %, USPD: 19,6 %). Die Wahlbeteiligung sank von 82,7 % auf 81,9 %. — Zur Arbeitslosigkeit im besetzten Gebiet vgl. den vorhergehenden Bd., S. 719.

Arbeiterparteien viel geringer als im überwiegend evangelischen Barmen und Elberfeld. Aber auf der anderen Seite war auch die Industriestruktur dieser Städte sehr verschieden: Während in Essen, Duisburg und Hamborn die Schwerindustrie dominierte, war in Elberfeld und Barmen die Textilindustrie führend.

Tabelle 3: Wirtschaftsstruktur, Katholikenanteil und Stärke der KPD in vorwiegend zum Ruhrgebiet gehörigen Teilen des Wahlkreises Westfalen-Süd (Reichstagswahl vom 4. Mai 1924)

	Arbeiterparteien (ohne USPD)	Gewinne/Verluste geg. 1920*	KPD	Kath.	Erwerbstätige Bergbau	Erwerbstätige Metallherst.	Erwerbstätige Metallverarb.
Lkr. Dortmund	50,7	— 1,1	26,6	44,75	56,9	1,4	2,5
Lkr. Bochum	50,1	— 2,9	28,1	27,53	49,5	4,2	4,2
Stkr. Herne	42,2	+ 3,0	31,0	46,78	44,7	0,8	13,2
Stkr. Gelsenkirchen	43,6	+ 0,4	35,1	46,51	36,4	11,6	6,6
Lkr. Hamm-Unna	47,0	— 1,4	15,0	32,30	35,6	3,2	5,9
Lkr. Hörde	51,5	— 6,1	20,7	28,70	25,4	15,1	8,2
Stkr. Bochum	37,5	— 1,2	25,3	46,45	24,4	12,3	10,7
Kr. Hattingen	45,3	— 7,2	24,4	33,11	24,0	16,3	8,1
Stkr. Dortmund	46,3	— 1,7	30,8	43,79	13,4	14,1	8,3
Stkr. Witten	42,4	— 7,2	17,9	28,49	6,9	20,4	11,6
Stkr. Hörde	55,5	+ 1,6	25,5	45,13	5,8	38,6	8,8
Lkr. Hagen	39,2	—10,0	25,5	25,98	3,2	22,9	19,6
Kr. Schwelm	42,1	— 8,3	21,2	12,77	1,8	8,0	36,4
Stkr. Iserlohn	31,3	— 9,7	16,2	35,24	—	2,9	42,5
Lkr. Iserlohn	31,0	— 7,1	17,0	47,82	—	19,7	27,9
Stkr. Hagen	30,9	—11,4	24,5	32,55	—	8,7	19,4
Stkr. Lüdenscheid	36,3	—18,3	16,2	13,84	—	5,2	46,1
Kr. Altena	35,8	—13,2	14,6	15,76	—	14,1	31,8

* Stimmen für die USPD im Mai 1924 sind nicht mitgerechnet, da sie nicht gesondert aufgeführt wurden. Im Wahlkreis Westfalen-Süd kam die USPD insgesamt auf 1,6 %.
Quelle: wie Tabelle 1.

Gewisse Anzeichen deuten indes doch darauf hin, daß unter bestimmten Bedingungen der Faktor katholische Konfession eher der KPD als der SPD zugute kam — wobei natürlich zu beachten ist, daß in *erster* Linie das Zentrum von einem hohen Katholikenanteil profitierte. Unter den zehn stärksten SPD-Wahlkreisen im Mai 1924 befand sich keiner, der überwiegend katholisch war. Bei der KPD dagegen gab es unter den zehn stärksten Wahlkreisen vier, die entweder überwiegend katholisch waren oder eine katholische Minderheit hatten, die mindestens um 10 % über dem Reichsdurchschnitt lag (Düsseldorf-Ost, Oppeln, Westfalen-Süd, Düsseldorf-West). Für den Regierungsbezirk Aachen hat Günter Plum „eine bemerkenswert große Affinität zur KPD in der katholischen Bevölkerung" festgestellt, und zwar im Hinblick auf solche Gruppen, die aus der agrarisch-mittelständischen Welt abrupt in die proletarische entlassen worden waren. Seine sozialpsychologische Deutung ist durchaus plausibel: „Die Tatsache, daß diejenigen, welche der katholischen Kirche den Rücken kehren, sich einer entgegengesetzten Weltanschauung zuwandten, spricht dafür, daß bei allem Antagonismus zwischen katholischem Glauben und Kommunismus eine irgend geartete Übereinstimmung bestand, die diesen Sprung ermöglichte. Die Freigesetzten suchten nach einem neuen Inhalt für ihre Glaubensbereitschaft und fanden in der Utopie der kommunistischen Weltanschauung nicht nur ein ebenso leicht zu fassendes und Glauben forderndes Welt- und Gesellschaftsbild wie in der katholischen Kirche, sondern auch eine neue Geborgenheit durch diesen Glauben.“[8]

Allerdings läßt sich dieses Urteil nicht ohne weiteres verallgemeinern. Der radikale Umschlag vom Katholizismus zum Kommunismus ist nur im bergbaulichen Bereich nachweisbar — also dort, wo der Bruch zwischen dem alten und dem neuen Sozialmilieu am schärfsten gewesen sein dürfte. Neuere Untersuchungen haben ergeben, daß in den meisten anderen Branchen katholische Arbeiter von der KPD keineswegs stärker angezogen wurden als von der SPD. Auch in der KPD waren (nominell) protestantische Arbeiter stärker vertreten als Katholiken. Für die SPD bedeutete der Katholizismus insgesamt eine schwer übersteigbare Barriere, für die KPD war der Konfessionsfaktor weniger entscheidend.[9]

Anders als für die Reichstagswahlen von 1912 und 1920 liegt für die Wahlen vom Mai 1924 auf Reichsebene keine Statistik vor, die die Wahlergebnisse nach Ortsgrößenklassen ordnet. Für Württemberg jedoch gibt es eine solche Zusammenstellung:[10]

Ortsgrößenklassen	1920		1924 I	
	SPD/ USPD	KPD	SPD	KPD
Unter 2 000 Einwohner	19.0	1,7	10,4	7,0
2 000— 5 000 Einwohner	34,1	3,7	20,1	13,0
5 000— 10 000 Einwohner	33,0	4,1	17,6	14,0
10 000— 20 000 Einwohner	44,0	4,4	22,4	16,2
20 000—100 000 Einwohner	37,8	3,8	24,0	11,9
über 100 000 Einwohner	38,8	6,2	18,2	19,4
Landesdurchschnitt	28,7	3,2	15,7	11,3

8 Günter Plum, Gesellschaftsstruktur und politisches Bewußtsein in einer katholischen Region 1928—1933. Untersuchung am Beispiel des Regierungsbezirks Aachen, Stuttgart 1972, S. 33 f. Vgl. dazu auch Johannes Schauff, Das Wahlverhalten der deutschen Katholiken im Kaiserreich und in der Weimarer Republik. Untersuchungen aus dem Jahr 1928, hg. u. eingel. v. Rudolf Morsey, Mainz 1975, bes. S. 98 ff.

9 Brian Lee Peterson, The Social Bases of Working-Class Politics in the Weimar Republik: The Reichstag Election of December 1924, Ph. D. Dissertation, University of Wisconsin, 1976, S. 209 ff. Ausführlicher hierzu unten S. 220.

10 Josef Griesmeier, Die Reichswahlen im Wahlkreis Württemberg für 1919 bis 1930, in: Württembergische Jahrbücher für Statistik und Landeskunde 1930/31, S. 105 (77—158). Zu den Daten für das Reich insgesamt (1912 und 1920/22) vgl. den vorhergehenden Bd., S. 354 f.; zur Verteilung der Arbeiter auf die Ortsgrößen siehe oben S. 25.

Aus den Daten geht hervor, daß in Württemberg schon 1920 die Anhänger der SPD weniger gleichmäßig über die einzelnen Ortsgrößen verstreut waren als im Reichsdurchschnitt. Im Mai 1924 verstärkte sich diese Tendenz noch. Am schwächsten waren die Sozialdemokraten in Dörfern und Kleinstädten mit weniger als 2 000 Einwohnern, am stärksten in Mittelstädten zwischen 20 000 und 100 000 Einwohnern. Die KPD hatte ihre zuverlässigste Bastion in der einzigen Großstadt des Landes, in Stuttgart, wo sie im Mai 1924 die SPD überrunden konnte. In größeren Kleinstädten zwischen 10 und 20 000 Einwohnern war ihre Position ebenfalls bemerkenswert stark — sie hatte dort mehr als doppelt so viele Wähler wie in den Gemeinden der kleinsten Größenordnung. Die KPD war in höherem Maß als die SPD eine Partei der Großstädte, die SPD vorrangig eine Partei der mittelstädtischen Arbeiterschaft.

Fassen wir die wichtigsten Ergebnisse der Reichstagswahl vom Mai 1924 nochmals zusammen. Die meisten Anhänger der USPD hatten die Wiedervereinigung der beiden sozialdemokratischen Parteien nicht mitvollzogen, sondern waren zur KPD übergewechselt, die dadurch endgültig zur Massenpartei wurde. Ein nicht unerheblicher Teil ehemaliger Wähler der Linksparteien scheint sich auf die Seite der deutschnationalen und völkischen Rechten geschlagen zu haben. Insgesamt gingen die Arbeiterparteien geschwächt, die radikale Rechte dagegen gestärkt aus der Wahl hervor. Die Hauptquelle des Wachstums der letzteren waren die beiden liberalen Parteien. Die Deutschnationalen und die Völkischen gewannen ihre neuen Anhänger vor allem aus den selbständigen und unselbständigen Mittelschichten, in denen das Vertrauen zum Staat während der Inflationszeit besonders gelitten hatte. Die ersten Reichstagswahlen nach der Stabilisierung der Mark fielen in eine Zeit, in der die allgemeine politische Erregung schon wieder im Abflauen begriffen war. Auf dem Höhepunkt der Krise, im Herbst 1923, hätten die radikalen Kräfte von rechts und links sicherlich noch mehr Zulauf gehabt. Aber es erscheint von den Wahlergebnissen des Mai 1924 her äußerst unwahrscheinlich, daß die Kommunisten im Sommer und Herbst 1923 jemals die Mehrheit des deutschen Proletariats hinter sich gehabt haben. Der „deutsche Oktober", wenn er ins Werk gesetzt worden wäre, hätte schwerlich putschistisches Niveau überschritten.[11]

*

Die Deutschnationalen hatten den Wahlkampf vom Frühjahr 1924 mit extrem nationalistischen Parolen bestritten und namentlich gegen den Dawes-Plan als ein „zweites Versailles" Front gemacht. Nachdem die DNVP ihren Stimmenanteil bei den Wahlen erheblich vergrößert hatte und mit Hilfe der Abgeordneten des Landbundes sogar zur stärksten Fraktion des Reichstags aufgestiegen war, sah sie sich berechtigt, in der neuen Regierung die Führungsrolle für sich zu beanspruchen. Von den übrigen bürgerlichen Parteien unterstützte vor allem die DVP eine Regierungsbeteiligung der Deutschnationalen. Doch auch die Partei Stresemanns

11 Zur Stärke der KPD in Sommer und Herbst 1923 vgl. den vorhergehenden Bd., S. 593 ff.

knüpfte hieran eine Bedingung: ein klares Bekenntnis der DNVP zum Dawes-Plan. Eben dazu aber waren die Deutschnationalen nicht bereit, und auf der anderen Seite wollten die bisherigen Koalitionspartner — das Zentrum, die DDP und die DVP — nicht den Kanzlerkandidaten der DNVP, den ehemaligen Großadmiral von Tirpitz, akzeptieren. Nach der Demission des ersten Kabinetts Marx am 26. Mai, ausgelöst durch eine Initiative der DVP, beauftragte Reichspräsident Ebert abermals den Zentrumspolitiker Wilhelm Marx mit der Regierungsbildung. Neuerliche Verhandlungen mit der DNVP blieben ebenso erfolglos wie die früheren Gespräche: Die Deutschnationalen verlangten einen Kurswechsel in der Außenpolitik, die Ablösung Stresemanns als Außenminister und eine baldige Umbildung der preußischen Regierung — eines Kabinetts der Großen Koalition. Der Eindruck, daß die DNVP zu diesem Zeitpunkt an einem Eintritt in die Regierung gar nicht ernsthaft interessiert war, sondern viel lieber die Regelung der Reparationsfrage abwarten wollte, ehe sie politische Verantwortung im Reich übernahm, war allgemein. Am 3. Juni brach Marx die Verhandlungen mit den Deutschnationalen ab. Die bisherigen Minister wurden noch am gleichen Tag in ihren Ämtern bestätigt.[12]

Das zweite Kabinett Marx stützte sich auf 138 von 472 Reichstagsabgeordneten. Nur die Tolerierung durch die SPD oder die Deutschnationalen hätte der Regierung zu einer tragfähigen Mehrheit verholfen, aber für das wichtigste Gesetzgebungsvorhaben, die Verabschiedung des Dawes-Abkommens, war auch die absolute Mehrheit nicht ausreichend. Ein Teil dieses — von einer internationalen Konferenz in London im August 1924 endgültig beschlossenen — Abkommens war die Umwandlung der Reichsbahn in eine Gesellschaft, die mit bestimmten Obligationen belastet wurde. Für die Annahme des Reichsbahngesetzes war, da es eine Änderung der die Reichsbahn betreffenden Bestimmungen der Reichsverfassung enthielt, eine Zweidrittelmehrheit erforderlich. Selbst wenn, woran nicht zu zweifeln war, die SPD geschlossen für das Gesetz stimmte, kam eine solche verfassungsändernde Mehrheit noch nicht zustande. Ohne die Zustimmung zumindest eines Teiles der deutschnationalen Reichstagsfraktionen konnte das Dawes-Abkommen nicht ratifiziert werden.[13]

Am 29. August 1924 stimmten tatsächlich 48 Abgeordnete der DNVP — fast die Hälfte der Fraktion — in der dritten Lesung dem Reichsbahngesetz zu und verhalfen damit dem Dawes-Plan insgesamt zur Annahme. Mehrere Gründe wa-

12 Zusammenfassend hierzu: Akten der Reichskanzlei (= AdR), Weimarer Republik. Die Kabinette Marx I und II, 30. November 1923 bis 3. Juni 1924, 3. Juni 1924 bis 15. Januar 1925, bearb. v. Günter Abramowski, 2 Bde., Boppard 1973, Bd. 1, S. XVIII f. Die BVP gehörte dem neuen Kabinett nicht mehr an. Ihr Vertreter im ersten Kabinett Marx, Justizminister Emminger, hatte schon am 15. 4. 1924 seinen Rücktritt erklärt. — Zu den Koalitionsverhandlungen im Mai und Juni 1924 und zur Rolle der DNVP weiter: Michael Stürmer, Koalition und Opposition in der Weimarer Republik 1924—1928, Düsseldorf 1967, S. 38 ff.; Werner Liebe, Die Deutschnationale Volkspartei 1918—1924, Düsseldorf 1956, S. 86 ff.; Peter Haungs, Reichspräsident und parlamentarische Kabinettsregierung. Eine Studie zum Regierungssystem der Weimarer Republik in den Jahren 1924 bis 1929, Köln usw. 1968, S. 74 ff.

13 Zum Dawes-Plan insgesamt v. a. Rolf E. Lüke, Von der Stabilisierung zur Krise, Zürich 1958, S. 55 ff. Vgl. dazu auch den vorhergehenden Bd., S. 725 f.

ren zusammengekommen, um dieses Ergebnis herbeizuführen: Druck von seiten des Reichsverbandes der Deutschen Industrie, der christlich-nationalen Gewerkschaften und zeitweise sogar, wenn auch verklausuliert, des Reichslandbundes; die Drohung von Reichspräsident und Reichskanzler, bei Nichtannahme des Londoner Abkommens den Reichstag aufzulösen; schließlich eine offizielle Erklärung der Reichsregierung, daß sie die Kriegsschuldthese des Versailler Vertrages nicht anerkenne und daß die wahre Verständigung und Versöhnung zwischen den Völkern nicht vollendet werden könnten, solange das deutsche Volk von der „Bürde dieser falschen Anklage" nicht befreit sei und sich als „Verbrecher an der Menschheit" abgestempelt sehe.[14]

Für die SPD war die Zustimmung zum Dawes-Abkommen nie zweifelhaft gewesen: Es war aus ihrer Sicht die logische Fortsetzung der Erfüllungspolitik und die einzig realistische Alternative zu dem Konfrontationskurs, den die nationalistische Rechte in Frankreich wie in Deutschland auf ihre Fahnen geschrieben hatte. Die Führer der Sozialdemokraten hielten die mit dem Namen Dawes verknüpfte Politik des friedlichen Interessenausgleichs für so populär, daß sie bereits unmittelbar nach der Reichstagswahl vom 4. Mai eine Volksabstimmung über das Reparationsabkommen vorschlugen. Während der Auseinandersetzungen um das Reichsbahngesetz im August 1924 griffen sie auf diese Überlegungen zurück und brachten parallel dazu auch die Auflösung des Reichstags und Neuwahlen ins Gespräch — beides aus der Erwägung heraus, daß ein Appell an die Wähler zu einer Niederlage der Rechten und einem Sieg der auf Verständigung drängenden Kräfte führen würde.

Auf der Londoner Konferenz war die SPD durch ihren außenpolitischen Sprecher Rudolf Breitscheid vertreten, der formell den Status eines Beobachters hatte, tatsächlich aber hinter den Kulissen erheblichen Einfluß ausübte. Bereits vor Beginn der offiziellen Verhandlungen hatte Breitscheid bei Besuchen in Paris maßgebliche Vertreter der neuen linken Kammermehrheit, darunter den Ministerpräsidenten Herriot, von der Notwendigkeit einer raschen Räumung des besetzten Gebietes an Rhein und Ruhr zu überzeugen versucht. In London setzte er seine Gespräche mit Herriot fort. Die Informationen, die er darüber an Stresemann weitergab, erleichterten es dem deutschen Außenminister, die zunächst ausgeklammerte Räumungsfrage auch auf höchster Ebene zur Sprache zu bringen. Die in London getroffene Regelung, daß die Räumung des Ruhrgebietes binnen Jahresfrist nach Inkrafttreten des Dawes-Abkommens erfolgen, im Gebiet von Dortmund und Hörde aber mit dem Abzug der Besatzungstruppen sofort begonnen

14 Liebe, Deutschnationale Volkspartei (Anm. 12), S. 80 ff; Stürmer, Koalition (Anm. 12), S. 58 ff.; Heidrun Holzbach, Das „System Hugenberg". Die Organisation bürgerlicher Sammlungspolitik vor dem Aufstieg der NSDAP, Stuttgart 1981, S. 168 ff.; Erich Eyck, Geschichte der Weimarer Republik, 2 Bde., Erlenbach usw. 1956, Bd. 1, S. 412 ff. Die „Kundgebung zur Kriegsschuldfrage" vom 29. 8. 1924 in: AdR, Kabinette Marx I/II (Anm. 12), Bd. 2, S. 1006 f. Die von der DNVP geforderte und von Stresemann zunächst auch zugesagte deutsche Note zur Kriegsschuldfrage wurde den fremden Regierungen auf Grund massiver Warnungen, vor allem von englischer und französischer Seite, nicht zugestellt. Vgl. dazu ebda., Bd. 2, S. 1026—1031 (Aufzeichnung des AA vom 12. 9. 1924), 1038—1042 (Ministerbesprechung vom 15. 9. 1924).

werden solle, ging zwar wesentlich auf den britischen Premierminister MacDonald zurück. Doch Breitscheids inoffizielle Bemühungen hatten viel dazu beigetragen, daß schließlich ein für Deutschland günstiges Klima entstanden war. Stresemann wußte wohl zu würdigen, was das Engagement seines parteipolitischen Gegners innen- und außenpolitisch für ihn bedeutete.[15]

Während für die Sozialdemokraten Hilferding das Dawes-Abkommen im Reichstag als eine zwar nicht befriedigende, aber doch als die heute „einzige unmittelbar mögliche Lösung" der Reparationsfrage verteidigte, lehnten die Kommunisten das Ergebnis der Londoner Konferenz pauschal ab. Der Zentralausschuß der KPD hatte schon am 20. Juli 1924 das Dawes-Gutachten als „Manöver der internationalen Bourgeoisie" und als „Ausgangspunkt verschärfter politischer und ökonomischer Krisen" bezeichnet. Das entsprach ganz der Sicht der führenden Bolschewiki, die dem Reparationsabkommen eine mehrfache Funktion zusprachen: Es beschneide die Selbständigkeit des Deutschen Reiches und besiegele das Ende der französischen Vormachtstellung; es helfe Großbritannien, beide Länder in Schach zu halten, und es sei schließlich ein Instrument Amerikas gegen Europa. In der Reichstagssitzung vom 25. August erklärte Ruth Fischer, die Kommunisten bekämpften das Abkommen, weil sie den Kapitalismus bekämpften; Rettung bringe nicht London, sondern nur Moskau.[16]

Einen Tag nach der Annahme der Dawes-Gesetze, am 30. August 1924, wurde schlagartig deutlich, daß das Feld der Übereinstimmung zwischen der Regierung Marx und den Sozialdemokraten eng begrenzt war. Der Reichstag mußte sich mit einem Gesetzentwurf der Regierung befassen, der die Wiedereinführung der 1914 außer Kraft gesetzten Agrarzölle, des „Bülowtarifs" von 1902, vorsah. Die Absicht, zu den Schutzzöllen der Vorkriegszeit zurückzukehren, enthüllte den materiellen Kern des deutschnationalen Wahlerfolges vom Mai 1924: einen gewaltigen Einflußgewinn der ostelbischen Großlandwirtschaft. Als der parteilose, ehedem deutschnationale Ernährungsminister Graf Kanitz im Juni 1924 die zollpolitischen Forderungen des Reichslandbundes aufgriff, sprach er im Kabinett offen aus, daß auf diese Weise am ehesten die deutschnationale Gegnerschaft zum

---

15 Reimund Klinkhammer, Die Außenpolitik der Sozialdemokratischen Partei Deutschlands in der Zeit der Weimarer Republik, phil. Diss. (MS), Freiburg 1955, S. 118 ff.; Peter Pistorius, Rudolf Breitscheid 1874—1944. Ein biographischer Beitrag zur deutschen Parteiengeschichte, phil. Diss. Köln 1970, S. 221 ff.; 254 ff.; Franz Menges, Die Reaktion der sozialistischen Parteien in Deutschland und Frankreich (SPD und S.F.I.O.) auf die Ruhrbesetzung 1923, in: Francia 4 (1976), S. 625—658; AdR, Kabinette Marx I/II (Anm. 12), Bd. 2, S. 1290 (Tagebuch der Reichskanzlei und Aufzeichnungen Stresemanns über die Londoner Konferenz). — Die ausführlichste Darlegung der Vorteile des Dawes-Plans gab Hilferding im Juni 1924 auf dem Berliner Parteitag der SPD: Sozialdemokratischer Parteitag 1924. Protokoll mit dem Bericht der Frauenkonferenz, Berlin 1924 (ND: Glashütten usw. 1974), S. 165—179. — Zum Verhältnis der SPD zur Außenpolitik Stresemanns vgl. unten S. 250.

16 Verhandlungen des Reichstags. Stenographische Berichte, Bd. 381, S. 808 (Hilferding), 829, 831 (Elfriede Golke = Ruth Fischer). Die Erklärung des Zentralausschusses der KPD in: Friedrich Purlitz (Hg.), Deutscher Geschichtskalender 40 (1924), 2. Bd. (Inland), Leipzig o. J., S. 232—234. Zur Lagebeurteilung durch die Komintern: Wolfgang Eichwede, Revolution und internationale Politik. Zur kommunistischen Interpretation der kapitalistischen Welt, Köln 1971, S. 207—223 (bes. 213).

Dawes-Abkommen abgebaut werden könne. Sein Vorhaben, die Zollvorlage noch vor den Dawes-Gesetzen im Reichstag einzubringen, stieß jedoch auf die einhellige Opposition aller, auch der christlich-nationalen Gewerkschaften, so daß das Kabinett seinen Fahrplan ändern mußte. Am Ende war es Reichspräsident Ebert, der, bedrängt von der DDP und vom Kanzler, die Überweisung der Zollvorlage an den Reichstag so lange hinauszögerte, bis dieser das Londoner Abkommen ratifiziert hatte.

Am 30. August aber fand sich keine parlamentarische Mehrheit für die Schutzzollwünsche der Agrarier: SPD und KPD machten durch Auszug aus dem Plenum das Hohe Haus beschlußunfähig. Daraufhin vertagte sich der Reichstag bis zum 15. Oktober 1924. Drei Tage vor dem Ende der Parlamentspause ließ die Regierung verlauten, die Vorlage über die Agrarzölle lasse sich infolge der Veränderung der Ernteverhältnisse nicht aufrechterhalten und werde daher zurückgezogen.[17]

Die Entscheidung der Sozialdemokraten, die Zollvorlage zusammen mit den Kommunisten durch parlamentarische Obstruktion zu Fall zu bringen, war ein Akt politischer Notwehr. Die SPD verhinderte auf diese Weise etwas, was sie ihren Anhängern schlechterdings nicht zumuten konnte und was auch unter gesamtwirtschaftlichen Gesichtspunkten nicht zu verantworten war. Schutzzölle für Agrarprodukte mußten die Lebenshaltungskosten der breiten Massen verteuern; sie bedeuteten also ein Stück Umverteilung zu Lasten der weniger begüterten Schichten. Überdies waren Maßnahmen zur Abwehr von landwirtschaftlichen Importen dazu angetan, Repressalien der betroffenen Länder, nämlich eine Erschwerung deutscher Industrieexporte, herauszufordern. Deutsche Agrarzölle liefen also im Endeffekt auch auf eine Gefährdung deutscher Arbeitsplätze hinaus.[18]

Die Haltung der Sozialdemokraten in der Zollfrage wäre aber möglicherweise weniger hart gewesen, hätten sie dadurch die Ratifizierung des Londoner Abkommens gefährdet. Da dieses Risiko am 30. August nicht mehr bestand, konnte der begrenzte Konflikt mit der Minderheitsregierung Marx gewagt werden. Aber auch für das Koalitionslager bedeutete die parlamentarische Verabschiedung des Londoner Abkommens einen Wendepunkt. Nachdem die SPD den Dawes-Gesetzen zur Annahme verholfen hatte, war sie als stiller Koalitionspartner nicht mehr so unentbehrlich wie bisher. Die rechte Flügelpartei des bürgerlichen Regierungsbündnisses, die DVP, zog daraus Ende September 1924 die Konsequenz und forderte eine Erweiterung des Kabinetts nach rechts — durch Einbeziehung der Deutschnationalen. Eine solche „Bürgerblockregierung" wäre innenpolitisch eine Kampfansage an die Sozialdemokraten gewesen; außenpolitisch drohte eine

---

17 Zusammenfassend hierzu: Stürmer, Koalition (Anm. 12), S. 49—73. Zu den Verhandlungen zwischen Regierung und Gewerkschaften am 11. und 15. 7. 1924: AdR, Kabinette Marx I/II (Anm. 12), Bd. 2, S. 880—883, 888 f. Zur Zurücknahme der Zollvorlage: Schulthess' Europäischer Geschichtskalender 65 (1924), München 1927, S. 80.

18 Grundsätzlich zur Agrarpolitik in der Weimarer Republik: Dieter Gessner, Agrarverbände in der Weimarer Republik. Wirtschaftliche und soziale Voraussetzungen agrarkonservativer Politik vor 1933, Düsseldorf 1976. Vgl. zur Zollpolitik auch unten S. 247 ff. und die in Anm. 125 angegebene Lit.

Rechtskoalition Deutschland in die Isolierung zurückzuführen, die es mit Hilfe des Londoner Abkommens gerade zu überwinden strebte. Reichskanzler Marx sah diese Gefahr durchaus und schlug daher einen salomonisch klingenden Ausweg vor: Er wolle, so erklärte er in einer Ministerbesprechung am 1. Oktober 1924, eine „Erweiterung nach rechts und links" versuchen.[19]

Die „ganz große Koalition" von der SPD bis hin zur DNVP war von Anfang an eine Schimäre. Zwischen den beiden Flügelparteien eines solchen Bündnisses gab es derart fundamentale Gegensätze, daß kein Formelkompromiß sie überdekken konnte. Dennoch wurde in den ersten drei Wochen des Oktober 1924 über eine zweiseitige Erweiterung der Koalition verhandelt. Die „Richtlinien", die das Kabinett dafür erarbeitete, waren im innen- und außenpolitischen Bereich bewußt vage gehalten; außenpolitisch bekannte sich der Text zum Londoner Abkommen und, unter bestimmten Bedingungen, zum Eintritt Deutschlands in den Völkerbund.[20]

Der Vorstand der sozialdemokratischen Reichstagsfraktion antwortete auf die „Richtlinien" am 8. Oktober betont konziliant. Es komme vor allem darauf an, „vor aller Welt klarzustellen, daß sich die Reichsregierung auf die Fortführung der bisherigen Außenpolitik des Kabinetts Marx" festlege. Außerdem müsse zum Programm der neuen Regierung die Ratifizierung des Washingtoner Abkommens über die internationale Einführung des Achtstundentages gehören. Von allen Koalitionspartnern, also auch von der DNVP, wurde ein unzweideutiges Bekenntnis zur Republik verlangt. Die Deutschnationalen dagegen ließen am gleichen Tag nicht den geringsten Zweifel daran, daß sie an eine Zusammenarbeit mit den Sozialdemokraten nicht dachten. Die Reichstagsfraktion der DNVP forderte von der neuen Regierung, sie solle sich zu „christlicher Jugenderziehung und christlicher Kultur als Grundlage des Staatslebens" bekennen, dem „die Volksgemeinschaft verneinenden Klassenkampf" eine Absage erteilen und den Siegermächten gegenüber die Nichtschuld Deutschlands am Krieg klarstellen.[21]

Wenn der sozialdemokratische Parteivorstand seine Ablehnung der „ganz großen Koalition" in die Form von Bedingungen kleidete, dann aus einem rein taktischen Grund: Die SPD sollte in der Öffentlichkeit nicht als die Partei dastehen, welche die Bildung einer parlamentarischen Mehrheitsregierung sabotierte. In der Sache selbst hatten die Sozialdemokraten keine Illusionen. Sie hielten die Deutschnationalen ebensowenig für koalitionsfähig, wie das umgekehrt galt. Der „Vorwärts" sprach am 9. Oktober in seinem Bericht über den Stand der Verhandlungen durchaus zutreffend von einem „unversöhnlichen Gegensatz zwischen Deutschnationalen und Sozialdemokraten".[22]

Theoretisch gab es zur „ganz großen Koalition" vier Alternativen. Erstens konnte das Kabinett Marx sich nach rechts hin erweitern. Diese Lösung wurde von der DVP befürwortet, wobei Stresemann sich von der Einbeziehung der DNVP einen deutschnationalen Lernprozeß auch auf außenpolitischem Feld er-

19 AdR, Kabinette Marx I/II (Anm. 12), Bd. 2, S. 1074 f.
20 Ebda., Bd. 2, S. 318 f.
21 Ebda., Bd. 2, S. 1094—1097.
22 Die Antworten an den Reichskanzler, in: Vorwärts, Nr. 476, 9. 10. 1924.

hoffte.[23] Eine Bürgerblockregierung mit der DNVP wurde aber von der DDP strikt abgelehnt, und auch im Zentrum gab es dagegen schwere Bedenken. Damit schied diese Möglichkeit praktisch aus. Die zweite Lösung, eine neue „Große Koalition", hätte zwar die Zustimmung der DDP gefunden, wurde aber von der DVP und auch von einer Mehrheit des Zentrums verworfen.

Die dritte Möglichkeit, von der DDP ins Gespräch gebracht und vom Zentrum aufgegriffen, war die, es einfach bei der bestehenden Koalition zu belassen. Aber da ein Mißtrauensantrag im Reichstag und seine Annahme durch die Mehrheit der Abgeordneten als absolut sicher galten, wollte sich die Deutsche Volkspartei mit diesem Vorschlag nicht befreunden.[24] Nachdem soweit drei Auswege aus dem innenpolitischen Patt sich als nicht gangbar erwiesen hatten, entschied sich das Kabinett schließlich am 20. Oktober für einen vierten: die Auflösung des Reichstages und die Ausschreibung von Neuwahlen. Noch am gleichen Tag löste Reichspräsident Ebert den Reichstag auf. Die Neuwahlen wurden tags darauf auf den 7. Dezember 1924 festgesetzt.[25]

„Es war der Versuch, die Dinge von außen, durch den Appell an die Wähler, wieder in Fluß zu bringen", so urteilt Michael Stürmer über die Entscheidung vom 20. Oktober 1924. „Der in die Mitte hineingetragene Gegensatz der Flügelparteien hatte sich also ebenso gewichtig erwiesen wie die taktischen und politischen Antriebskräfte, die das Zusammengehen der Mitte verlangten. Keine der Mittelparteien wollte isoliert und auf sich selbst gestellt handeln. Das unbeweglich gewordene Parlament fand daher keinen Ansatz mehr, um die bestehenden Interessengegensätze auf den Nenner von Regierung und Opposition zu bringen."[26]

Die Sozialdemokraten konnten, wie die Dinge lagen, nicht wesentlich anders handeln, als sie es taten. Eine Regierungsbeteiligung der SPD wäre im Sommer und Herbst 1924 nur um den Preis ihrer völligen Selbstverleugnung — und vielleicht nicht einmal um diesen Preis — zu erreichen gewesen. Eine andere Frage war, ob der Optimismus sich rechtfertigen ließ, mit dem die Sozialdemokraten einem möglichen Bürgerblock glaubten entgegensehen zu können. Ein solches Experiment werde bald scheitern und den „Zusammenbruch der bürgerlichen Politik in Deutschland, die Zersetzung der Mittelparteien und einen neuen gewaltigen Aufstieg der deutschen Sozialdemokraten" zur Folge haben, prophezeite der „Vorwärts" am 30. August 1924. Diese Vorhersage nährte sich aus den Erfahrungen des Kaiserreichs: Ein harter Rechtskurs der Regierung würde sich, so meinte man, für die SPD auszahlen, weil er ihr zwangsläufig neue Wähler zutrieb.

23 AdR, Kabinette Marx I/II (Anm. 12), Bd. 2, S. 1102—1104 (Besprechung mit führenden Reichstagsabgeordneten der Regierungsparteien, 10. 10. 1924). Zu Stresemanns Haltung u. a.: Henry A. Turner, jr., Stresemann — Republikaner aus Vernunft (am. Orig.: Stresemann and the Politics of the Weimar Republic, Princeton 1963), Berlin [W] usw. 1968, S. 165 ff.

24 AdR, Kabinette Marx I/II (Anm. 12), Bd. 2, S. 1074 f. (Ministerbesprechung am 1. 10. 1924). Zur Haltung der DDP: Linksliberalismus in der Weimarer Republik. Die Führungsgremien der Deutschen Demokratischen Partei und der Deutschen Staatspartei 1918—1933, bearb. v. Konstanze Wegner, Düsseldorf 1980, S. 329—332 (Sitzung des Vorstands, 21. 10. 1924).

25 AdR, Kabinette Marx I/II (Anm. 12) Bd. 2, S. 1129—1132 (Ministerbesprechungen vom 20. und 21. 10. 1924).

26 Stürmer, Koalition (Anm. 12), S. 78.

Im Rahmen des Vielparteiensystems der Weimarer Republik aber bestand das übergeordnete Problem in der Koalitionsfähigkeit der Sozialdemokraten. Die öffentliche Spekulation auf eine Schwächung der bürgerlichen Mitte war denkbar ungeeignet, der SPD den Weg aus der politischen Isolierung zurück in die staatliche Verantwortung zu erleichtern.[27]

*

Auf dem sozialdemokratischen Parteitag, der vom 11. bis 14. Juni 1924 in Berlin stattfand, war die bisherige und künftige Koalitionspolitik der SPD das beherrschende Thema. Viel Zeit nahm die Bewältigung der Vergangenheit in Anspruch: Noch einmal wurde leidenschaftlich darüber gestritten, ob die Sozialdemokratie gut daran getan hatte, im August 1923 eine Große Koalition mit der Deutschen Volkspartei zu bilden, und ob sie im Herbst Ermächtigungsgesetzen hätte zustimmen dürfen. Für die Linke stand fest, daß die Koalition mit bürgerlichen Parteien weder außen- noch innenpolitisch etwas genützt, vielmehr den Interessen der Arbeiterklasse Schaden zugefügt hatte. Die Partei sei auf falsche Wege geraten, meinte der Vorsitzende des Deutschen Metallarbeiterverbandes und ehemalige Unabhängige, Robert Dißmann, weil sie eine Koalition mit bürgerlichen Parteien nicht nur als „ein unter dem Zwang gegebenes Übel" betrachtet habe, das zeitlich möglichst begrenzt sein müsse, sondern davon ausgegangen sei, „daß man als Minderheit unbedingt dabei sein will und damit auch die Verantwortung und Rücksichtnahme auf Staat und bürgerliche Koalitionsparteien übernehmen will." Das Erfolgsrezept, das Dißmann dieser verfehlten Koalitionspolitik entgegensetzte, war einfach. Unter Hinweis auf die fast vier Millionen Wähler, die im Mai 1924 für die Kommunisten gestimmt hatten, rief er aus: „Das sind die proletarischen Wähler, die zu uns kommen müssen, die wir durch eine Politik des unversöhnlichen Klassenkampfes für uns gewinnen müssen."[28]

Die Mehrheit mochte diesen Argumenten nicht folgen, aber was von den Sprechern des Parteivorstandes zur Verteidigung der Koalitionspolitik gesagt wurde, klang doch sehr defensiv. Hilferding nannte Koalitionen einen „Notbehelf, der nicht nötig wäre, wenn schon alle Schichten der deutschen Arbeiterschaft zur Erkenntnis ihres wirklichen Klasseninteresses erwacht wären." Der Parteivorsitzende Hermann Müller sagte, wenn man die Koalitionsbildungen der letzten Jahre überschaue, „so sind wir nur in der Regierung vertreten gewesen, wenn wir in die Regierungen *mußten*. Die Gründe, die uns dazu gezwungen haben, sind fast immer außenpolitische gewesen."

Ein von Müller eingebrachter Antrag, der mit 262 gegen 105 Stimmen angenommen wurde, war ebenfalls ganz auf Entschuldigungen abgestellt: „Koalitionspolitik ist keine Frage des Prinzips, sondern der Taktik. Das Vielparteiensystem hat seit der Revolution die Sozialdemokratie im Reich und in den Ländern viel-

27 Vorwärts, Nr. 408, 30. 8. 1924; dazu Stürmer, Koalition (Anm. 12), S. 57.

28 Parteitag 1924 (Anm. 15), S. 99, 188. Ein von Dißmann und Genossen eingebrachter Antrag zur Koalitionspolitik, der vom Parteitag abgelehnt wurde, folgte derselben Argumentationslinie (S. 210).

fach gezwungen, mit bürgerlichen Parteien an der Regierung teilzunehmen. Maßgebend waren dafür erstens außen- und zweitens innenpolitische Gründe ... Die Teilnahme an der Regierung muß die Durchsetzung der Demokratie und die Erfüllung der bürgerlichen Republik mit sozialem Inhalt zum Ziel haben. Sie darf deshalb nur unter Abwägung aller Vor- und Nachteile für die Interessen der Minderbemittelten erfolgen, damit die Sicherheit gegeben ist, daß die Arbeiterklasse nicht einseitig Opfer zu bringen hat."[29]

Die Koalition mit bürgerlichen Parteien, die somit eher als Ausnahmefall denn als Regel sozialdemokratischer Politik eingestuft wurde, war freilich nur die *eine* Erscheinungsform sozialdemokratischer Koalitionspolitik. Die andere waren die Regierungsbündnisse, die die SPD 1923 in Sachsen und Thüringen mit den Kommunisten eingegangen war. Von den Sprechern des Parteivorstandes wurden die Einheitsfrontregierungen abermals als politischer Fehltritt gebrandmarkt. Verfassungsrechtlich, so erklärte Hermann Müller, seien diese Koalitionen zwar nicht zu beanstanden. Politisch aber hätten die sächsischen und thüringischen Genossen äußerst unklug gehandelt. „Nicht zuletzt hat die bayerische Reaktion daraus Nutzen gezogen. Dadurch, daß man den Versuch gemacht hat, mit den Kommunisten eine Regierung zu bilden, ist das Bürgertum zusammengeschweißt worden, was sonst nicht in demselben Maße eingetreten wäre ... Rein sachlich und objektiv will ich feststellen, daß die Ära Zeigner kein Nutzen, sondern ein Schaden für die deutsche Republik gewesen ist."[30]

Das aktuelle Relikt der Ära Zeigner war der „Sachsenkonflikt", der Streit zwischen der Mehrheit der sächsischen Landtagsfraktion der SPD, die Anfang Januar 1924 gegen den Willen des Landesparteitags eine Große Koalition mit DDP und DVP gebildet hatte, und der Mehrheit der sächsischen Parteiorganisation. Auf dem Berliner Parteitag wurde der Versuch einer Schlichtung unternommen. Eine „Sachsenkommission", der, entgegen dem Wunsch der Linken, keine Sachsen angehörten, erarbeitete einen, wie es schien, salomonischen Vorschlag. Einerseits wurde, über den sächsischen Fall hinausgehend, den Landtagsfraktionen das Recht zugestanden, über Regierungsbildungen, Ministerwahlen und Fragen der parlamentarischen Taktik zu entscheiden. Andererseits wurden die Landtagsfraktionen verpflichtet, „wenn es technisch irgendwie durchführbar ist", über grundlegend wichtige Fragen eine Beschlußfassung der Landesinstanzen herbeizuführen. Die Entscheidungen der Landesparteiversammlungen sollten für die Fraktionen bindend sein. Als Korrektiv zu diesem imperativen Mandat des Landesparteitages

29 Ebda., S. 83 (Müller; Hervorhebung im Original), 178 (Hilferding), 204 (Antrag Müller), 138 (Abstimmungsergebnis).

30 Ebda., S. 86. Die Verurteilung Zeigners zu 3 Jahren Gefängnis — wegen passiver Bestechung (Annahme von Geschenken) — am 28. 3. 1924 wurde auf dem Parteitag auch von Sprechern der Parteimehrheit als politisches Tendenzurteil gewertet — so etwa von Müller (S. 86), und, noch deutlicher, von Sollmann (S. 115). Nach seiner vorzeitigen Entlassung wurde Zeigner zunächst Lehrer an einer sozialistischen Sportschule, dann Mitarbeiter sozialdemokratischer Zeitungen. Zwischen 1933 und 1945 war er mehrfach in Haft; von 1945 bis 1949 war er Oberbürgermeister von Leipzig (1945: SPD, seit 1946: SED). Vgl. Ernst Rudolf Huber, Deutsche Verfassungsgeschichte seit 1789. Bd. 6: Die Weimarer Reichsverfassung, Stuttgart usw. 1981, S. 805.

wurde Parteivorstand und Parteiausschuß auf Reichsebene das Recht eingeräumt, „die Ausführung von Landesbeschlüssen bis zur Entscheidung eines Reichsparteitages zu suspendieren, wenn diese den Beschlüssen des Reichsparteitages zuwiderlaufen oder die Interessen der Gesamtpartei schwer schädigen."

Zur sächsischen Lage im speziellen erklärte die Kommission, die Kommunisten hätten durch ihre neue Taktik die proletarische Mehrheit im Dresdner Landtag zerstört. Während der kritischen Übergangszeit dürfe die Regierung Sachsens nicht in die Hände der Reaktion geraten. Soweit unter dem Eindruck der jüngsten Krise bereits Kandidatenaufstellungen für einen neuen Landtag erfolgt seien, sollten sie wiederholt werden, „wobei die Stellung der einzelnen Parteigenossen in dem jetzt überwundenen Parteistreit nicht gewertet wird."[31]

Der Kompromiß, den die Kommission vorschlug, gab den Linken, wenngleich nur in eingeschränktem Umfang, das erstrebte imperative Mandat des Landesparteitages und der Mehrheit erstens jenes Interventionsrecht der Parteiführung, das, wenn es schon 1923 existiert hätte, mit Sicherheit gegen die Bildung von Einheitsfrontregierungen eingesetzt worden wäre, und zweitens eine Überlebensgarantie für die Regierung Heldt. Die Delegierten waren mit dem Einigungsvorschlag der „Sachsenkommission" zufrieden und nahmen ihn ohne Debatte einstimmig an. Die Versicherung der Kommission, der Parteistreit sei damit überwunden, erwies sich aber als Wunschdenken. Der Berliner Parteitag sollte nicht der letzte sein, der sich mit dem „Sachsenkonflikt" zu befassen hatte.[32]

Eine Aufgabe, die ihm ursprünglich zugedacht war, erfüllte der Berliner Parteitag nicht: Er verabschiedete kein neues Parteiprogramm. Namens der Programmkommission mußte Adolf Braun vor den Delegierten bekennen, daß die Experten ihren Auftrag nicht erfüllt hatten. Auf dem Nürnberger Vereinigungsparteitag vom September 1922 war ein aus Vertretern beider sozialdemokratischer Parteien zusammengesetzter Ausschuß gebildet worden, der einen zeitgemäßen Ersatz sowohl für das Erfurter Programm von 1891 als auch für das Görlitzer Programm der Mehrheitssozialdemokraten von 1921 schaffen sollte. Der Vorsitzende der Kommission, der ehemalige Unabhängige Karl Kautsky, legte auch alsbald den Entwurf einer theoretischen Einleitung vor, der sich sehr stark an den ebenfalls von Kautsky verfaßten Teil des Erfurter Programms anlehnte: Der Text betonte ebenso wie das Vorbild von 1891 die historische Notwendigkeit, mit der die immer mehr erstarkende Großindustrie den Kleinbetrieb verdränge; die Verelendungstheorie wurde insofern teilweise zurückgenommen, als Kautsky es nun für möglich erklärte, daß die arbeitenden Schichten sich durch harten Kampf vor zunehmender Erniedrigung bewahren könnten; die Sozialisierung der Produktionsmittel blieb als Ziel erhalten, wurde aber an eine Reihe von Bedingungen, darunter einen sehr hohen Konzentrationsgrad der jeweiligen Branche, geknüpft.

Die Grundlage für die weitere Kommissionsarbeit konnte Kautskys Entwurf jedoch nicht bilden. Er war, wie der Revisionist Max Quarck monierte, ganz auf

31 Parteitag 1924 (Anm. 15), S. 140 f. Zur Entstehung des „Sachsenkonflikts" vgl. den vorhergehenden Bd., S. 696 f.

32 Zur weiteren Geschichte des „Sachsenkonflikts" vgl. unten S. 201 f., 327 ff.

die „fernsten Ziele des Sozialismus" abgestellt und ließ die Partei „ohne Programmführung für die ganze lange Zwischenzeit." Aber auch von links kam Kritik: Toni Sender, eine ehemalige Unabhängige, stieß sich an Kautskys Feststellung, der Sozialismus sei „nur" auf dem Boden der Demokratie durchzuführen; dem Klassengegner volle Pressefreiheit zuzugestehen, lehnte sie ab.

Ausdiskutiert wurden die gegensätzlichen Positionen nicht. Zwei führende Vertreter des rechten Parteiflügels, Max Quarck und Friedrich Stampfer, zogen sich schon bald aus der Kommissionsarbeit zurück, weil sie keine Chance sahen, sich gegenüber der marxistischen Mehrheit durchzusetzen. Kautsky selbst war monatelang krank; Anfang 1924 siedelte er nach Wien über. Ohne ihn wollte die Kommission nicht tagen, und so führte Adolf Braun auf dem Berliner Parteitag neben „Streitigkeiten, Zwistigkeiten, einem fürchterlich gesteigerten Mißtrauen unter den Genossen" auch den Ausfall des Vorsitzenden als Grund dafür an, daß die Delegierten noch nicht über ein neues Programm beschließen könnten.

Die wirkliche Ursache für die Verzögerung dürfte aber die abwartende Haltung der Parteispitze gewesen sein. Bis zum Herbst des Krisenjahres 1923 waren die führenden Politiker der Sozialdemokratie so sehr mit anderen Problemen beschäftigt, daß sie sich nicht auch noch aktiv an der Programmdiskussion beteiligen wollten. Seit der Jahreswende 1923/24 bedrohte dann der „Sachsenkonflikt" die Einheit der Partei. Eine öffentliche Programmdebatte hätte die innerparteilichen Gegensätze noch erheblich verschärft, und das konnte nicht im Interesse der Parteiführung liegen. Die Delegierten des Berliner Parteitages waren im übrigen wegen der Fehlanzeige Adolf Brauns keineswegs ungehalten. Sie nahmen seine Darlegungen, wie das Protokoll vermerkt, mit Bravorufen und Händeklatschen auf.[33]

Die tieferen Gründe für die sozialdemokratische Niederlage bei den Reichstagswahlen vom 4. Mai 1924 wurden auf dem Parteitag je nach Standort des Sprechers unterschiedlich geortet. Für die meisten Linken gingen die Stimmverluste der SPD voll auf das Konto einer verfehlten Koalitionspolitik. Auf dem rechten Flügel gab es vereinzelt Stimmen, die ein Versäumnis der Partei darin sahen, daß sie sich zuwenig um Bauern und kleine Gewerbetreibende gekümmert habe. Besonders eindringlich warnte der Agrarexperte Wilhelm Helling vor den Gefahren, die der SPD drohten, wenn sie weiterhin die Bauern nur mit marxistischen Parolen abzuspeisen versuche. „Man kann einen Stand nicht für eine Partei gewinnen, wenn man ihm direkt sagt, daß er mit der Zeit von der Bildfläche verschwindet." Das deutsche Volk werde sich für die „Republik unter der Führung der Sozialdemokratie oder für die Monarchie unter Führung der Deutschnationalen entscheiden müssen. Da ist es an der Zeit, ernsthaft zu prüfen, ob die Sozial-

33 Der Entwurf Kautskys und die schriftlichen Antworten anderer Kommissionsmitglieder in: IISG Amsterdam, Nl. E. Bernstein, N 7—11; zum Auszug von Stampfer und Quarck: Toni Sender, Autobiographie einer deutschen Rebellin (am. Orig.: The Autobiography of a German Rebel, New York 1939), Frankfurt 1981, S. 224 f; der Bericht Brauns, der selber in der Kommission zu den „Traditionalisten" gehörte und damit stärker den ehemaligen Unabhängigen als den Revisionisten zuneigte: Parteitag 1924 (Anm. 15), S. 93—97. Eine ausführlichere Darstellung der Programmdiskussion zwischen 1922 und 1924: Heinrich August Winkler, Klassenbewegung oder Volkspartei? Zur Programmdiskussion in der Weimarer Sozialdemokratie 1920—1925, in: GG 8 (1982), S. 9—54 (bes. 35 ff).

demokratie eine Partei der Lohnempfänger bleiben will, oder ob sie die Partei des arbeitenden Volkes in Stadt und Land sein will." Eine wirkliche Debatte aber löste das Referat Hellings nicht aus, und seine Anregung, die SPD möge eine Steuerpolitik zugunsten der Kleinbauern fordern und eigene Vorschläge für das ländliche Siedlungswesen entwickeln, blieb ohne vernehmbare Resonanz.[34]

Einig war sich der Parteitag darin, daß Deutschnationale und Deutschvölkische ihren Wahlerfolg vorrangig der Mobilisierung nationalistischer Ressentiments verdankten. Aber nur ein Sprecher, der ehemalige Unabhängige Heinrich Ströbel, rief seine Genossen dazu auf, den rechten Schlagworten von der „Schuldlüge" und vom „Novemberverbrechen" die „Anklage der Juli- und Augustverbrechen, der Anstiftung zum Weltkrieg" entgegenzuschleudern — eine Anklage, die bisher nicht scharf genug erhoben worden sei.[35]

Einer der wenigen Sozialdemokraten, die die politische Bedeutung der Kriegsschuldfrage frühzeitig in aller Schärfe erkannt hatten, war Eduard Bernstein. Seit 1919 hatte er die SPD immer wieder aufgefordert, selbstkritisch mit ihrer Rolle zwischen 1914 und 1918 und der deutschen Verantwortung für den Kriegsausbruch ins Gericht zu gehen. Aus seiner Sicht war die apologetische Haltung, die manche prominenten Sozialdemokraten, wie etwa der Chefredakteur des „Vorwärts", Friedrich Stampfer, der alliierten Kriegsschuldthese gegenüber an den Tag legten, geradezu „selbstmörderisch".

Ganz im Sinne Ströbels bedauerte es Bernstein einige Wochen nach dem Berliner Parteitag in einem Brief an Kautsky, daß es noch immer keine sozialdemokratische Offensive gegen die „Schuldlügen-Kampagne" der Rechtsparteien gebe. „Von der These aus, daß das kaiserliche System nicht allein schuld am Krieg sei, die sie dann mit bequemer Dialektik in ‚überhaupt nicht schuld' umdeuten, ist es leicht, den Massen plausibel zu machen, daß das Kaisertum zu Unrecht gestürzt worden und die ‚Judenrepublik' und ihre Erfüllungspolitik an allem Übel schuld seien, unter dem Deutschland heute leide." Die nationalistische Bewegung habe heute eine Intensität und Ausdehnung, welche weit über die der „Gesellschaft des 10. Dezember" — der Privatarmee des Louis Bonaparte — in den Jahren 1849 bis 1851 hinausgehe. „Wir gehen dem Staatsstreich der Nationalisten entgegen, das scheint mir, wenn wir so weiter wursteln, unabwendbar. Wie es ausgeht, ist natürlich zweifelhaft, ein zeitweiliger Sieg jener indes nicht ausgeschlossen, und bekommen sie auch nur zeitweilig das Heft in die Hand, dann gibt es, das ist sicher, einen Terrorismus, wie ihn sich die meisten nicht träumen lassen. Kapp war ein Doktrinär, die aber diesmal obenauf kommen, sind skrupellose, brutale Schurken."[36]

---

34 Parteitag 1924 (Anm. 15), S. 154—162 (154, 162). Unterstützung erhielt Helling v. a. von dem Delegierten Peus aus Dessau, der die SPD aufforderte, sich für Kleingewerbetreibende und Bauern zu öffnen und damit zu einer wirklichen Partei der Arbeit zu werden. Ebda., S. 147 f.

35 Ebda., S. 105.

36 IISG Amsterdam, Nl. K. Kautsky, D V — 525 (Bernstein an Kautsky am 26. 7. 1924). Zur öffentlichen Auseinandersetzung Bernsteins mit der Kriegsschuldfrage siehe seinen Aufsatz: Militarismus und Weltkrieg, in: Die Glocke 10 (1924), S. 387—392. Vgl. ferner seinen Artikel: Morel und die Kriegsschuldfrage, in: Vorwärts, Nr. 354, 30. 7. 1924. Zum Engagement Bernsteins in der gleichen Sache seit 1919 vgl. den vorhergehenden Bd., S. 213.

Der Empfänger des Briefes dachte, was das Problem der Kriegsschuld anging, nicht anders als sein alter politischer Kontrahent und persönlicher Freund Eduard Bernstein. Wenige Tage, nachdem die Reichsregierung unter dem Druck der Deutschnationalen am 29. August 1924 ihre „Kundgebung zur Kriegsschuldfrage" hatte herausgehen lassen, antwortete Kautsky im „Vorwärts". „Je größer der Einfluß der Deutschnationalen in Deutschland, desto stärker Haß und Mißtrauen gegen dieses in der Welt. Eine Neubelebung dieser Stimmung, das ist die einzige außenpolitische Wirkung, die der Kanzlerprotest in der Frage der deutschen Kriegsschuld augenblicklich hervorrufen kann." Wenn Deutschland in der Kriegsschuldfrage vorankommen wolle, gelte es, eine große Unterscheidung zu machen: die zwischen dem deutschen Volk und der Regierung Wilhelms II. Zwar habe auch der letzte Kaiser „den Weltkrieg nicht gewollt, nicht planmäßig herbeigeführt", aber durch seine Politik doch den „eigentlichen Verbrechern" in Wien die Auslösung des Krieges ermöglicht. „Eine günstige internationale Atmosphäre in der Kriegsschuldfrage wird das deutsche Volk erst dann erlangen, wenn seine Regierungen entschieden und unzweideutig von Wilhelms Politik von 1914 abrücken. Das ist es, was einer deutschen *Regierung der Republik* obliegt, die auf die Kriegsschuld zu sprechen kommt, und nicht ein Protest gegen den Artikel 231 des Versailler Vertrages. Das aber bedeutet entschiedenen Kampf gegen die Deutschnationalen. Sie sind die eigentlichen Schuldigen am Weltkrieg, soweit die deutsche Politik für seinen Ausbruch verantwortlich ist. Die Beherrschung des deutschen Volkes durch diese engstirnigen brutalen Junker, die vor der Welt nichts kennen als ihre ostelbischen Jagdreviere und glauben, jedes Problem lasse sich mit einem Faustschlag lösen, ist seit einem Jahrhundert das Verhängnis des deutschen Volkes und der Welt, in der es eine so hervorragende Rolle spielt."[37]

Der Wahlaufruf, den Reichstagsfraktion und Parteivorstand am 25. Oktober 1924 erließen, folgte den Empfehlungen Bernsteins und Kautskys nicht. Von der Kriegsschuld der deutschen Rechten war keine Rede. Dafür wurde der „Bürgerblock" als eine fast schon vollendete Tatsache beschrieben. Die Deutschnationalen, die Deutsche Volkspartei und alle reaktionären Kräfte in den bürgerlichen Parteien wollten den „Bürgerblock gegen das werktätige Volk". Der Kampf der Sozialdemokratie sei der „Kampf der Besitzlosen, Enteigneten und Unterdrückten gegen die Übermacht der Besitzenden". Der Appell schloß mit den ganz auf die Stammwähler abzielenden Worten: „Der Feind steht rechts! Nieder mit dem Bürgerblock! Es lebe die Sozialdemokratie!"[38]

Die Hoffnung, daß die SPD als in sich einige und schlagkräftige Partei in die zweiten Reichstagswahlen des Jahres 1924 ziehen werde, wurde sechs Wochen vor der Wahl jäh durchkreuzt. Am 26. Oktober 1924 beschloß der Landesparteitag der sächsischen SPD in Abwesenheit der meisten Landtagsabgeordneten, die sofortige Auflösung des Landtags und die Anberaumung von Neuwahlen für den 7. Dezember, den Tag der Reichstagswahlen, zu verlangen. Gleichzeitig empfahl

37 Karl Kautsky, Die Frage der Kriegsschuld, in: Vorwärts, Nr. 427, 10. 9. 1924. (Hervorhebung im Original). Zur Kundgebung der Reichsregierung vgl. oben S. 190.

38 Purlitz 1924 (Anm. 16), Bd. 2, S. 228—230.

der Landesparteitag, „die bisherigen Abgeordneten wieder aufzustellen, soweit nicht im einzelnen Fall besondere Bedenken, insbesondere das Interesse der Partei, die Wiederaufstellung unmöglich machen."

Bis auf fünf Worte entsprach das einer vom Parteivorstand gebilligten Empfehlung, auf die sich die streitenden Flügel am 24. Oktober in Dresden geeinigt hatten. Neu hinzugefügt wurden vom Parteitag lediglich die Worte „insbesondere das Interesse der Partei". Diese Formulierung hob allerdings den ursprünglichen Vorschlag aus den Angeln: Der Landesparteitag stellte den zuständigen Gliederungen anheim, Abgeordnete wieder aufzustellen oder durch andere Kandidaten zu ersetzen. Entsprechend wurde mancherorts verfahren.

Der Parteivorstand in Berlin konterte diesen unerwarteten Schlag der sächsischen Linken mit der Empfehlung an die Dresdner Landtagsfraktion, den Antrag auf Auflösung erst zu stellen oder entsprechenden Anträgen von anderer Seite erst zuzustimmen, nachdem alle Streitigkeiten über die Aufstellung von Landtagskandidaten ausgeschaltet seien. Nur so könne ein einheitlicher und geschlossener Landtagswahlkampf geführt werden.

Die Mehrheit der sächsischen Landtagsfraktion hielt sich an diese Empfehlung und stimmte am 8. November gegen deutschnationale und kommunistische Auflösungsanträge, die infolgedessen abgelehnt wurden. Drei Tage später wandten sich die Landesinstanzen der sächsischen SPD mit aller Schärfe gegen jene 23 sozialdemokratischen Abgeordneten, die gegen die Auflösung des Landtags gestimmt hatten, und warfen ihnen schweren Disziplinbruch und Schädigung der Parteiinteressen vor. Die Bezirksorganisationen wurden ersucht, für die schnellste Abberufung der „Disziplinbrecher" von ihren Abgeordnetenmandaten zu sorgen. Der Regierung Heldt sprachen die sächsischen Führungsgremien das schärfste Mißtrauen aus; die 17 Abgeordneten, die für die Auflösung des Landtags gestimmt hatten, wurden dagegen als einzige Vertreter der Sozialdemokratischen Partei bezeichnet.

Das Vorgehen der sächsischen Parteiorganisation war eine einzigartige Herausforderung an die Gesamtpartei und zugleich ein Disziplinbruch, wie er schwerer inmitten eines Reichstagswahlkampfes kaum zu denken war. Dennoch blieb eine massive Antwort des Parteivorstandes in Berlin aus. Vielmehr erklärte dieser am 13. November, er werde zu den jüngsten Verlautbarungen der sächsischen Landesinstanzen und der Fraktionsminderheit vorerst keine Stellung nehmen. Es gelte jetzt, alle Gegensätze in landespolitischen Fragen zurückzustellen, um auf Reichsebene den Kampf gegen den drohenden Bürgerblock nicht zu schwächen.

Der Versuch, dem Konflikt durch Schweigen die Spitze zu nehmen, war von vornherein zum Scheitern verurteilt. Am 19. November trafen sich die Anhänger der sächsischen Fraktionsmehrheit, mehr als tausend, meist langjährige Funktionäre, in Dresden und erklärten, „daß die 23 Gemäßigten der Arbeiterschaft mit Ablehnung der Landtagsauflösung besser gedient haben als die Radikalen. Sie versprechen den 23 völlige Unterstützung und der Regierung völlige Solidarität und drücken ihr auch ihr Vertrauen aus." Die Sympathisanten der Fraktionsmehrheit versprachen, „alles zu tun, um die Massen aufzuklären und den Katastrophenpolitikern das Handwerk zu legen ... Die Versammlung verlangt statt einer Politik der Phrasen eine Politik der praktischen Arbeit.“[39]

Weniger als drei Wochen vor der Reichstagswahl hatte damit der „Sachsenkonflikt“ einen dramatischen Höhepunkt erreicht. In Sachsen zeichnete sich eine organisatorische Spaltung der SPD ab, und es war offenkundig, daß der linke Parteiflügel diesen Prozeß bewußt in Gang gesetzt hatte. Die abwiegelnde Haltung, die der Parteivorstand angesichts der sächsischen Vorgänge einnahm, wirkte wie das Eingeständnis von Ratlosigkeit. Im zweiten Reichstagswahlkampf von 1924, dem sie mit großen Erwartungen entgegengesehen hatte, konnte sich die Sozialdemokratie nicht geschlossener präsentieren als vor der Wahl vom 4. Mai.

*

Die KPD hatte einen Monat vor der Reichstagswahl vom 4. Mai 1924 — auf ihrem Frankfurter Parteitag Anfang April — eine scharfe Wendung nach links vollzogen. Die Kurskorrektur stimmte grundsätzlich mit den Wünschen der Komintern überein, aber sie war nicht einfach ein Resultat von Moskauer Druck, und sie ging auch über das hinaus, was man im EKKI für geboten hielt. Der Linksruck bei den Delegiertenwahlen zum Parteitag war vielmehr vor allem die Folge einer Radikalisierung an der „Basis“ der Partei — einer Radikalisierung, in der sich die Arbeitslosigkeit eines großen Teiles der Mitgliedschaft niederschlug. Im Winter 1923/24 waren nach parteioffiziellen Schätzungen im Ruhrgebiet bis zu 80 % der Mitglieder der KPD Erwerbslose; im Reichsdurchschnitt sollen Anfang 1924 70 % der Parteimitglieder ohne Arbeit gewesen sein. Die KPD war 1923/24 *die* Partei der Arbeitslosen, und diesem Faktum verdankte sie in erster Linie auch ihren Wahlerfolg vom 4. Mai 1924.[40]

Die großen Stimmengewinne der Kommunisten stärkten die Position der deutschen Partei und ihrer Zentrale auf dem Fünften Weltkongreß der Dritten Internationale, der vom 17. Juni bis zum 8. Juli 1924 in Moskau stattfand. Haupt-

39 Ebda., S. 230—232; Sozialdemokratischer Parteitag 1925 in Heidelberg. Protokoll mit dem Bericht der Frauenkonferenz, Berlin 1925 (ND Glashütten usw. 1974), S. 28—34. Dazu auch Harry Nowka, Das Machtverhältnis zwischen Partei und Fraktion in der SPD. Diss. rer. pol., Köln 1972, S. 44 ff.; Richard Lipinski, Der Kampf um die politische Macht in Sachsen, Leipzig 1926, S. 76 ff. (aus der Sicht eines gemäßigten Linken in der sächsischen SPD). Zum Sachsenkonflikt insgesamt: Dietmar Klenke, Die SPD-Linke in der Weimarer Republik. Eine Untersuchung zu den regionalen organisatorischen Grundlagen und zur politischen Praxis und Theoriebildung des linken Flügels der SPD in den Jahren 1922—1932, 2 Bde., Münster 1983, Bd. 1, S. 397 ff., Bd. 2, S. 611 ff.

40 Eva-Cornelia Schöck, Arbeitslosigkeit und Rationalisierung. Die Lage der Arbeiter und die kommunistische Gewerkschaftspolitik 1920—28, Frankfurt usw. 1977, S. 54, 99; Hermann Weber, Die Wandlung des deutschen Kommunismus. Die Stalinisierung der KPD in der Weimarer Republik, 2 Bde., Frankfurt 1969, Bd. 1, S. 27. Zur KPD in der Stabilisierungsphase allgemein: Ben Fowkes, Communism in Germany under the Weimar Republic, London usw. 1984, S. 110 ff. Zur Kritik des EKKI am „ultralinken“ Kurs der KPD vgl. den Brief Sinowjews und Bucharins an Thälmann und Schlecht vom 31. 3. 1924: ebda., S. 399—401. Zum Frankfurter Parteitag siehe den vorhergehenden Bd. S. 710 f. Zur Entwicklung der Arbeitslosigkeit im Jahre 1924 vgl. ebda., S. 719 ff., sowie oben S. 28 ff.

zweck dieses Treffens war die Abrechnung mit jenen „rechten" Kräften, denen die Schuld am Scheitern des „deutschen Oktober" und damit am schwersten Rückschlag für die Sache der Weltrevolution seit 1917 in die Schuhe geschoben wurde. Aber es waren nicht nur der ehemalige deutsche Parteivorsitzende Heinrich Brandler und der bisherige Deutschlandexperte der Komintern, Karl Radek, die auf der Anklagebank des Fünften Weltkongresses saßen (und sich dort immerhin noch ausführlich rechtfertigen konnten). Die Kampagne gegen die „Rechte" in der KPD und im Exekutivkomitee der Kommunistischen Internationale war zugleich auch Teil eines innersowjetischen Fraktionskampfes — der Zurückdrängung Trotzkis und seiner Anhänger, darunter Radek, durch die „Troika" Stalin—Sinowjew—Kamenew.[41]

Nur vordergründig ging es also um die Vergangenheit, wenn nochmals von den Chancen und Fehlern des letzten Herbstes die Rede war. Brandler bedauerte, daß er, ungeachtet schwerer eigener Bedenken, schließlich doch in die sächsische Regierung eingetreten sei. Eine wirkliche Kampfstimmung im Proletariat habe es nach Bildung der Großen Koalition im August 1923 nicht mehr gegeben, geschweige denn eine revolutionäre Situation wie im Rußland des Jahres 1917. Die „Rederei" aber, daß „wir hätten kämpfen müssen, trotz der sicheren Niederlage vor Augen, ist verbrecherischer Wahnsinn". Radek nannte die „Sache in Sachsen" die „Tragikomödie einer kommunistischen Partei, die noch nicht gelernt hat, den bewaffneten Kampf vorzubereiten".

Auf der anderen, der „linken" Seite fand Ruth Fischer, die Partei hätte im Oktober auf jeden Fall kämpfen müssen, und sie habe nur deswegen nicht gekämpft, „weil sie von einer opportunistischen Führung gelähmt wurde, weil sie von der Radekistischen Krankheit ergriffen war, die wir ausgerottet haben". Diese Radikalkur war aus Ruth Fischers Sicht längst überfällig, denn „die Politik der Brandler—Radek—Thalheimer" würde die Partei zu einer reformistischen „Partei der Entwicklung, der Übergangsstufen" gemacht haben. Thälmann kam zu dem nämlichen Ergebnis. Die „Oktoberereignisse" hätten „gezeigt, daß die KPD damals überhaupt noch keine kommunistische Partei war, obwohl sie zu 95 % aus Industrieproleten besteht"; sie habe noch nicht die „politisch-ideologische Einstellung" gehabt, „um ihre Pflicht zu erfüllen, wie es die historische Situation erfordert hätte".[42]

Das war der Punkt, um den es auch dem Generalsekretär der Komintern ging. Die Lehren des Oktobers ließen sich im Grunde in einem Wort zusammenfassen: Bolschewisierung. „Unter Bolschewisierung verstehen wir", so erläuterte Sinowjew, „daß die Parteien das aufnehmen, was generell bedeutend, international im Bolschewismus war, und worauf Lenin in den ‚Linken Kinderkrankheiten' hingewiesen hat. Unter Bolschewisierung verstehen wir die Unversöhnlichkeit des Hasses gegen die Bourgeoisie und die verräterischen sozialdemokratischen Führer, die Zulässigkeit jedes strategischen Manövers gegen den Feind. Bolschewisierung

41 Vgl. dazu den vorhergehenden Bd., S. 701 ff.

42 Protokoll. Fünfter Kongreß der Kommunistischen Internationale, Hamburg o. J., Bd. 1, S. 178 (Radek), 193, 200 (Fischer), 229—236 (Brandler), 263 f. (Thälmann).

ist der unbeugsame Wille zum Kampfe für die Hegemonie des Proletariats, ist der flammende Haß gegen die Bourgeoisie, gegen die konterrevolutionären Führer der Sozialdemokratie, gegen den Zentrismus und die Zentristen, gegen die Halbzentristen und Pazifisten und alle Auswüchse der bürgerlichen Ideologie. Bolschewisierung — das ist die Schaffung einer festgefügten, wie aus einem Stein gehauenen, zentralisierten Organisation, die harmonisch und brüderlich die Differenzen in ihren eigenen Reihen austrägt, wie es Lenin gelehrt hat: Bolschewisierung ist Marxismus in Aktion, ist Treue gegenüber der Idee der Diktatur des Proletariats, den Ideen des Leninismus. Das ist Bolschewisierung: nicht mechanisch die russischen Bolschewiki nachahmen, sondern das aufnehmen, was im Bolschewismus unsterblich war und ist."[43]

Da die neue deutsche Zentrale diesen Weg gehen wollte, ja sogar ausdrücklich „für jedes Land eine konkrete Weisung" verlangte,[44] erhielt sie auf dem Fünften Weltkongreß gute Zensuren. Es gebe nach der Ausschaltung der Brandleristen keine spezielle deutsche Frage mehr, versicherte Sinowjew; die neue Zentrale weise die „Ultralinken", zu denen Ruth Fischer jetzt nicht mehr gerechnet wurde, in die Schranken; die deutsche Partei habe sich mithin als „eine im Grunde gesunde Partei erwiesen."[45]

Für die Zukunft kam nun alles darauf an, revisionistische, also „rechte", und „ultralinke" Abweichungen zu vermeiden. Die Abgrenzung nach links fiel aber sehr viel schwächer aus als die nach rechts. Konkret wurde der Gegensatz zu den „Ultralinken" vor allem in *einem*, noch zu erörternden Punkt: der Absage an alle Bestrebungen, die Kommunisten aus den Gewerkschaften herauszuführen. Angesichts der totalen Frontstellung gegen die Sozialdemokratie, die neben Konservativen und Liberalen zur „dritten Partei der Weltbourgeoisie" und zu „einem Flügel des Faschismus" geworden sei, war es logisch, daß das EKKI nicht die bisherige „Ultralinke" insgesamt, sondern nur noch einige ihrer als besonders radikal geltenden Vertreter angriff. Mit den „Ultralinken" gab es, unter dem Strich, noch Gemeinsamkeiten, mit den „Opportunisten" nicht mehr.

Sinowjew ließ keinen Zweifel daran, daß die bislang betriebene Einheitsfronttaktik seinen Vorstellungen von Leninismus nicht entsprach und daher reformistische Illusionen genährt hatte. Der harte Kern seiner Thesen bestand in der Ablehnung jedes Bündnisses mit den Sozialdemokraten, das nicht zugleich deren systematische Unterwanderung in sich schloß: „Einheitsfront von unten — fast immer, Einheitsfront von unten und zugleich von oben — ziemlich oft, mit allen notwendigen Garantien als Taktik zur revolutionären Mobilisierung der Massen, Einheitsfront nur von oben — niemals."

Die Parole „Arbeiterregierung" hatte Sinowjew zufolge einen rein taktischen und agitatorischen Sinn. Sie bildete „die anziehendste, die zugänglichste, die populärste Form für die Gewinnung der Massen für die Diktatur des Proletariats." Der Generalsekretär der Komintern wiederholte sogar seine umstrittene These

43 Ebda., Bd. 1, S. 508.
44 Ebda., Bd. 1, S. 207 (Fischer).
45 Ebda., Bd. 1, S. 98 f.

aus dem Jahr 1922, die „Arbeiterregierung“ oder „Arbeiter- und Bauernregierung“ sei nur ein „Pseudonym für die Diktatur des Proletariats.“[46]

In seinem Versuch, ein Fazit des Fünften Weltkongresses zu ziehen, räumte Sinowjew folgerichtig der „Säuberung der Taktik der Einheitsfront, der Säuberung von opportunistischen Abweichungen“ einen prominenten Platz ein. Im engen Zusammenhang damit stand der Kampf gegen den „demokratischen Pazifismus“. Damit war jene von Sozialdemokraten und liberalen Teilen des Bürgertums getragene Politik gemeint, die nach innen wie nach außen auf Kompromiß statt auf Konfrontation setzte — eine Politik, die im Dawes-Plan ihren sichtbarsten Ausdruck gefunden hatte und insofern gefährlicher war als die „offene bürgerliche Reaktion“, als sie in der Arbeiterklasse Illusionen über den wahren Charakter des Kapitalismus wecken mußte. Das bedeutendste Ergebnis der Konferenz aber war, wie Sinowjew in seinem Schlußwort nochmals feststellte, die „Bolschewisierung der Partei“ — die „eigentliche Parole des Fünften Weltkongresses . . ., die jetzt die wichtigste Parole sein soll für eine ganze Anzahl von Monaten, ja vielleicht von Jahren.“ Der früheren Parole „Zu den Massen!“, die der Kongreß bestätigt habe, sei hinzugefügt worden: „Heran an die Massen auf dem Wege der Bolschewisierung der Partei! Das ist das Wichtigste, was dieser Kongreß gesagt hat.“[47]

Die Aufforderung des Fünften Weltkongresses, die „reformistischen“ Gewerkschaften nicht zu verlassen, sondern von innen her zu zersetzen, wurde vom 3. Kongreß der Roten Gewerkschaftsinternationale, der unmittelbar im Anschluß an das Treffen der Komintern, vom 8. bis 26. Juli 1924, in Moskau tagte, nochmals nachdrücklich wiederholt. Die KPD zog sogleich praktische Konsequenzen aus den Beschlüssen der beiden Internationalen. Am 7. August kündigte der Reichsarbeitsausschuß der revolutionären Gewerkschaften Deutschlands die „Organisierung einer planmäßigen Kampagne zur Herstellung der gewerkschaftlichen Einheit in Deutschland“ an. Drei Dinge sollten dabei im Vordergrund stehen: erstens der „Kampf gegen jeden Austritt, jede Spaltung, gegen alle Spaltungspolitiker, gegen jede Bildung von Parallelorganisationen“; zweitens die Verpflichtung eines jeden neuorganisierten oppositionellen Arbeiters, sofort in die Freien Gewerkschaften zurückzukehren, und die Einleitung einer Kampagne unter den Unorganisierten mit dem Ziel, sie den Freien Gewerkschaften zuzuführen;

---

46 Ebda., Bd. 1, S. 80—91. Zur Debatte über die Gewerkschaftsfrage, Bd. 2, S. 832—940. — Zu den von Sinowjew und Bucharin kritisierten „Ultralinken“ gehörten u. a. Karl Korsch, der leitende Redakteur der theoretischen Zeitschrift der KPD, „Die Internationale“, und der Italiener Amadeo Bordiga, der dem EKKI die Schuld am Scheitern des „deutschen Oktober“ gegeben hatte. Vgl. dazu Weber, Wandlung (Anm. 40) Bd. 1, S. 82 f. Zum 5. Weltkongreß auch: Ruth Fischer, Stalin und der deutsche Kommunismus. Der Übergang zur Konterrevolution (am. Orig.: Stalin and German Communism, Cambridge/Mass. 1948), Frankfurt o. J., S. 486. — Zu Sinowjews These von 1922 vgl. den vorhergehenden Bd., S. 546.

47 Protokoll (Anm. 42), Bd. 2, S. 1025—1027. Zur Erläuterung des „demokratischen Pazifismus“ vgl. Sinowjews Eröffnungsrede, ebda., Bd. 1, S 58 ff. Vgl. zum Fünften Weltkongreß insgesamt auch die aus trotzkistischer Sicht geschriebene Darstellung von Pierre Frank, Geschichte der Kommunistischen Internationale (1919—1943) (frz. Original: Histoire de l’Internationale Communiste [1919—1943], Paris 1979), 2 Bde., Frankfurt 1981, Bd. 1, S. 317 ff.

drittens der Kampf für „die Übergabe der Leitung der Gewerkschaften in die Hände der revolutionären Arbeiter.“[48]

Ein Aufruf der Reichsgewerkschaftskonferenz der KPD vom 17. August 1924 zielte in dieselbe Richtung. Die Massenaustritte von kommunistischen Arbeitern hätten nur den Reformismus der Gewerkschaftsbewegung gestärkt. „Dadurch konnten die reformistischen Gewerkschaftsführer ihre verbrecherische und verräterische Politik am Proletariat noch viel rücksichtsloser als bisher treiben und sich enger denn je mit der Reaktion verbinden.“ Daher ergehe an die jetzt Unorganisierten der Appell: „Hinein in die Freien Gewerkschaften, und erzwingt dort mit den revolutionären Kollegen die Wiedervereinigung mit sämtlichen ausgeschlossenen Verbänden und Einzelmitgliedern!“[49]

Die kommunistische Doppelstrategie — Bekenntnis zur Gewerkschaftseinheit *und* Kampf gegen die „reformistische Gewerkschaftsbürokratie“ — war keine Neuschöpfung des Jahres 1924. Sie entsprach grundsätzlich der Linie, auf die sich die KPD schon im Oktober 1919, auf ihrem zweiten Parteitag, festgelegt hatte. Aber zu diesem Zeitpunkt gab es bereits eine eigene linkskommunistische Gewerkschaft der Bergarbeiter, und in der Folgezeit formierten sich, von der KPD zumindest geduldet, weitere Verbände von Arbeitern, die aus den Freien Gewerkschaften ausgetreten oder von ihnen ausgeschlossen worden waren.

Vielfach entstanden solche Organisationen zunächst in einem einzelnen Großbetrieb: der Industrieverband der chemischen Arbeiter etwa ging auf eine Initiative von kommunistischen Arbeitern in der BASF in Ludwigshafen aus dem Jahre 1922 zurück. Es waren vor allem ungelernte Arbeiter, die seit Ende des Jahres 1923 in Massen die Freien Gewerkschaften verließen und sich zum kleineren Teil in kommunistischen Industrieverbänden sammelten — Arbeiter, die sich meist erst sehr spät, nach dem Ersten Weltkrieg, gewerkschaftlich organisiert hatten und die durch Mißerfolge ihrer Verbände oder das Scheitern von Streikaktionen viel leichter entmutigt werden konnten als Arbeiter mit langjähriger gewerkschaftlicher Erfahrung. Das galt auch für die BASF, wo es dem Industrieverband im März 1924 gelang, die Belegschaft für Kampfaktionen gegen die Einführung des Neunstundentages zu gewinnen und der von der Werksleitung herbeigerufenen Polizei eine regelrechte Schlacht zu liefern: Nach neunwöchiger Aussperrung mußte die kommunistische Organisation ihre Niederlage eingestehen; wenige Mo-

48 Dokumente und Materialien zur Geschichte der deutschen Arbeiterbewegung (= DuM), Bd. 8: Januar 1924—Oktober 1929, Berlin [O] 1975, S. 92—97. Der einschlägige Beschluß des Moskauer RGI-Kongresses in: Protokoll über den Dritten Kongreß der RGI, abgehalten in Moskau 8. bis 21. Juli 1924, Berlin o. J., S. 351.

49 DuM (Anm. 48), Bd. 8, S. 97—99. Der Aufruf war von folgenden Organisationen unterzeichnet: Zentrale der KPD; Zentrale der Kommunistischen Jugend Deutschlands; Reichsarbeitsausschuß der revolutionären Gewerkschafter Deutschlands; Union der Hand- und Kopfarbeiter (Industriegruppen Bergbau und Metall); Industrieorganisation Metall, Berlin; Verband der ausgeschlossenen Bauarbeiter; Industrieverband der chemischen Arbeiter; Deutscher Schiffahrtsbund; Freier Eisenbahnerverband; Verband der ausgeschlossenen Textilarbeiter; Verband der Buchbinder und verwandten Berufe, Opposition Berlin; Deutscher Bekleidungsarbeiterverband (Opposition), Berlin—Breslau; Verband der Land- und Waldarbeiter; Zentralkomitee der oppositionellen Betriebsräte Deutschlands, Reichskonferenz der kommunistischen Gewerkschaftler.

nate später begann ihr rapider Niedergang. Auf dem Frankfurter Parteitag der KPD vom April 1924 hatten die neuen Industrieverbände jedoch noch so viel Rückhalt unter den Delegierten, daß sie die von der RGI gewünschte Festlegung auf einheitliche Gewerkschaften verhindern konnten. Allerdings sollten laut Beschluß des Parteitages Industrieverbände nur dort gegründet werden, wo die Spaltung von den „Reformisten" bereits vollzogen war.[50]

Die neuerliche Absage des EKKI und der RGI an kommunistische Separatgewerkschaften entsprach nüchternem machtpolitischem Kalkül: Nur wenn es ihnen gelang, die „reformistischen" Gewerkschaften von innen zu erobern, konnten die Kommunisten hoffen, eine Mehrheit des Proletariats hinter sich zu bringen. Kommunisten, die mit den Freien Gewerkschaften freiwillig oder unfreiwillig gebrochen hatten, sahen das in der Regel freilich anders, und so stießen die Aufrufe zur Gewerkschaftseinheit auf vernehmbaren Widerspruch. Auf dem Fünften Weltkongreß sprach vor allem Wilhelm Schumacher, der Vorsitzende des von ihm Anfang 1924 gegründeten Verbandes Internationaler Bekleidungsarbeiter, gegen die offizielle Einheitsparole und provozierte damit einen Beschluß, der seine Haltung zur Gewerkschaftsfrage als Abweichung qualifizierte. Da er weiterhin die Bildung kommunistischer Industrieverbände propagierte, wurde er im September 1924 aus der KPD ausgeschlossen. Mit ihm mußten zwei Gesinnungsgenossen die Partei verlassen: Paul Kaiser, der Vorsitzende des Industrieverbandes für das Baugewerbe, und Paul Weyer, der Vorsitzende des Deutschen Industrieverbandes, Gruppe Metall.

Während die übrigen Industrieverbände im Laufe des Jahres 1925 aufgelöst wurden, blieben die Organisationen von Schumacher, Weyer und Kaiser bestehen. Ihre Mitglieder wurden jedoch aus der KPD ausgeschlossen. Nach Angaben von Ruth Fischer trennten sich die Kommunisten wegen der Gewerkschaftsfrage von insgesamt mehreren Hundert Funktionären. An die Mitglieder der KPD erging der Aufruf, bis zum 1. Februar 1925 einer der Freien Gewerkschaften beizutreten. Zwar wurde die Androhung des Parteiausschlusses, die mit dieser Aufforderung verbunden war, Anfang 1925 wieder aufgehoben. Aber die Gewerkschaftspolitik der KPD hatte mit dem Herbst 1924 ihren schillernden Charakter

---

50 Zur kommunistischen Gewerkschaftspolitik: Schöck, Arbeitslosigkeit (Anm. 40); Larry D. Peterson, The Politics of the KPD in the Free Labor Unions of Rhineland Westphalia 1920—1924, Ph. D., Dissertation, Columbia University, New York 1979, 2 Bde. (MS). Zum Industrieverband der chemischen Arbeiter: Uta Stolle, Arbeiterpolitik im Betrieb. Frauen und Männer, Reformisten und Radikale, Fach- und Massenarbeiter bei Bayer, BASF, Bosch und in Solingen (1900—1933), Frankfurt usw. 1980, bes. S. 93 ff. Zum Industrieverband bei der BASF und dem Kampf gegen den Neunstundentag im Frühjahr 1924: Dieter Schiffmann, Von der Revolution zum Neunstundentag. Arbeit und Konflikt bei BASF 1918—1924, Frankfurt usw. 1983, S. 327 ff. Der blutige Höhepunkt der Auseinandersetzungen war der 6. 3., als die Polizei Steinwürfe der ausgesperrten Arbeiter damit beantwortete, daß sie in die Menge schoß. Bei den Betriebsratswahlen vom Juni 1924 stimmten über zwei Drittel der Anilinarbeiter der BASF für den kommunistischen Industrieverband; 1925 waren es nur noch 31 %. Auf die Liste der Roten Gewerkschaftsopposition entfielen im März 1929 19,8 %. Ebda., S. 346 f., 366, 378. — Zur Gewerkschaftsfrage auf dem Frankfurter Parteitag: Weber, Wandlung (Anm. 40), Bd. 1, S. 68 ff. Zum 2. Parteitag der KPD vgl. den vorhergehenden Bd., S. 259 ff. Zum Mitgliederstand der Freien Gewerkschaften siehe unten S. 466.

verloren: Die Eroberung der Freien Gewerkschaften von innen war nicht mehr eine von mehreren Taktiken, sondern *die* Parteilinie. Wer von ihr abwich, der sagte sich von der KPD los.[51]

Parallel zum Kampf um die Führung der Freien Gewerkschaften ging die verschärfte Auseinandersetzung mit der SPD. Nach dem Fünften Weltkongreß verbot die Zentrale der KPD allen Parteimitgliedern, Sozialdemokraten zu begrüßen oder ihnen die Hand zu geben. Auch mit sozialdemokratischen Angestellten in den Freien Gewerkschaften durfte, da es sich um „Klassenfeinde" handelte, laut Parteibefehl ein „persönlicher freundschaftlicher Verkehr" nicht mehr stattfinden.[52]

Der Linkskurs der KPD im Sommer und Herbst 1924 schloß selbst physische Gewaltanwendung gegenüber Sozialdemokraten ein. Der im Juli 1924 gegründete Rote Frontkämpferbund (RFB) — das paramilitärische Gegenstück zu den Kampfverbänden der nationalistischen Rechten — griff zunächst vor allem das Reichsbanner Schwarz-Rot-Gold an, die hauptsächlich aus sozialdemokratischen Arbeitern gebildete Schutzorganisation der republikanischen Kräfte. Schlägereien zwischen Angehörigen beider Gruppen waren in der Frühzeit des RFB häufig.[53] Im Aufruf des provisorischen Bezirksvorstands Halle-Merseburg des RFB vom 29. Juli 1924 wurde die Führung des Reichsbanners als eine Gruppe von Offizieren dargestellt, die nur aus Konjunkturgründen pazifistische Phrasen von sich gäben, dann aber, wenn der Pazifismus nicht mehr Mode sei, „genau wie die national gesinnten Menschenschlächter in die Kriegstrompete blasen" würden.[54]

Der Widerspruch zwischen dem Ziel, den Einfluß der „Reformisten" durch innergewerkschaftlichen Kampf zurückzudrängen, und der totalen Konfrontation

---

51 Weber, Wandlung (Anm. 40), Bd. 1, S. 68 ff., 98 ff. Dem 1922 gegründeten Verband der ausgeschlossenen Bauarbeiter gehörten 1924 22 000 Mitglieder an, dem Schiffahrtsbund 16 000. Ebda., Bd. 1, S. 68. Dazu auch Dagmar Schwab, Die Geschichte des Verbandes der ausgeschlossenen Bergarbeiter Deutschland — ein Beitrag zur Entwicklung des Kampfes der Kommunistischen Partei Deutschlands um die Gewerkschaftseinheit als eines wichtigen Bestandteils der Aktionseinheit der Arbeiterklasse in den ersten Jahren der Weimarer Republik, phil. Diss., Karl-Marx-Universität Leipzig 1964. Im Sommer 1925 hatten die Industrieverbände zusammen noch etwa 50 000 Mitglieder. Bericht über die Verhandlungen des 10. Parteitags der Kommunistischen Partei Deutschlands (Sektion der Kommunistischen Internationale), Berlin, vom 12. bis 17. Juli 1925, Berlin 1926, S. 65. Zur kommunistischen Gewerkschaftspolitik auch: Jahrbuch des Allgemeinen Deutschen Gewerkschaftsbundes 1924, Berlin 1925, S. 169 ff. sowie zusammenfassend: Lore Heer-Kleinert, Die Gewerkschaftspolitik der KPD in der Weimarer Republik, Frankfurt usw. 1983, S. 248 ff. Zur Reaktion der Freien Gewerkschaften siehe unten S. 214 f., zur Auflösung der kommunistischen Union der Hand- und Kopfarbeiter im August 1925 vgl. S. 215.

52 Weber, Wandlung (Anm. 40), Bd. 1, S. 101 f.

53 Ossip K. Flechtheim, Die KPD in der Weimarer Republik Frankfurt 3. Aufl. 1973, S. 214; Kurt G. P. Schuster, Der Rote Frontkämpferbund 1924—1929. Beiträge zur Geschichte und Organisationsstruktur eines politischen Kampfbundes, Düsseldorf 1975, S. 139 ff. Aus DDR-Sicht zur Geschichte des RFB: Kurt Finker, Geschichte des Roten Frontkämpferbundes, Berlin [O] 1981. Vgl. auch die Memoiren von Karl Retzlaw, Spartakus. Aufstieg und Niedergang. Erinnerungen eines Parteiarbeiters, Frankfurt 1971, S. 299 ff. Ausführlicher zum RFB unten S. 455 ff.

54 DuM (Anm. 48), Bd. 8, S. 89 f. Zum Reichsbanner Schwarz-Rot-Gold vgl. unten S. 378 ff.

mit der Sozialdemokratie innerhalb und außerhalb der Freien Gewerkschaften war offenkundig. Die Kommunisten isolierten sich durch ihre Taktik immer mehr, und der allmähliche Konjunkturaufschwung in der zweiten Hälfte des Jahres 1924 tat das Seine, um die Anziehungskraft der KPD zu mindern. Bei den Betriebsrätewahlen von 1925 erzielten die Kommunisten durchschnittlich 20 % Stimmen weniger als im Vorjahr. In fast allen Großbetrieben hatten nun wieder Sozialdemokraten die Mehrheit. Im Deutschen Metallarbeiterverband waren auf die kommunistische Opposition bei den Delegiertenwahlen von 1923 44 % der Stimmen entfallen, 1925 nur noch 23 %. Bei den Berliner Holzarbeitern ging die Zahl der Kommunisten von 6 250 im Jahr 1924 auf 4 650 im folgenden Jahr zurück. Auf dem Bundeskongreß des ADGB von 1922 hatte es 88 kommunistische Delegierte gegeben; 1925 waren es nur noch drei. Mitte 1924 erreichte auch der Mitgliederstand der KPD einen Tiefpunkt: Er sank, zum ersten Mal seit der Vereinigung mit dem linken Flügel der Unabhängigen Sozialdemokraten im Herbst 1920, unter 100 000 ab.[55]

Der fühlbare Rückgang des kommunistischen Massenanhangs veranlaßte die Zentrale der KPD jedoch nicht, den Kurs der forcierten Bolschewisierung zurückzunehmen. Die Linken, die seit dem Frühjahr 1924 die Parteiführung beherrschten, verstanden, wie Hermann Weber schreibt, unter Bolschewisierung vor allem „die Vereinheitlichung der Partei, die Ausschaltung aller Fraktionen und Richtungen, die innerparteiliche Gleichschaltung in ihrem Sinne. Darüber hinaus wurde Bolschewisierung als ‚Organisierung der Revolution' als ‚Unversöhnlichkeit und Manövrierfähigkeit zugleich' vage genug umschrieben."[56]

Zur organisatorischen Bolschewisierung kam seit dem Herbst 1924 verstärkt auch die theoretische. Dazu gehörte einmal die polemische Abgrenzung gegenüber dem „Luxemburgismus", womit vorrangig eine unleninistische Überschätzung spontanen Massenhandelns gemeint war, und zum anderen der Kampf gegen den „Trotzkismus". Nachdem Trotzki — in seiner Schrift „Die Lehren des Oktober", die zum ersten Jahrestag der deutschen Ereignisse vom Herbst 1923 erschien — Sinowjew für den Fehlschlag der Revolution in Mitteleuropa verantwortlich gemacht hatte, wurde seine Entmachtung durch die Troika Stalin—Sinowjew—Kamenew beschleunigt: Im Januar 1925 verlor Trotzki als letztes staatliches Amt das des sowjetischen Kriegskommissars. Die Zentrale der KPD stempelte ihn als Rechtsabweichler ab. In Wirklichkeit war die von Trotzki propagierte „permanente Revolution" immer eine linke Spielart des Kommunismus gewesen. Aber da Sinowjew als „Linker" und Radek, ein Vertrauensmann Trotz-

55 Weber, Wandlung (Anm. 40), Bd. 1, S. 101 ff.; Bericht (Anm. 51), S. 64. Zur wirtschaftlichen Entwicklung in der zweiten Hälfte des Jahres 1924 vgl. oben S. 28.

56 Weber, Wandlung (Anm. 40), Bd. 1, S. 85 f. Die Zitate stammen aus einem im Februar 1925 veröffentlichten Aufsatz von Ruth Fischer. Zur Tagung des Zentralausschusses, in: Die Internationale 8 (1925), S. 53—56. Vgl. auch den bereits im August 1924 publizierten Artikel von Ruth Fischer, Perspektive und Taktik auf dem 5. Weltkongreß, ebda. 7 (1924), S. 495—500, wo vor allem Sinowjews rein taktische Interpretation der Parole „Arbeiterregierung" gelobt wird.

kis, als „Rechter“ galt, blieb für den Trotzkismus kein anderes Etikett übrig als das eines „rechten“ Verstoßes gegen die Regeln des Leninismus.[57]

Entscheidend bei der „theoretischen“ Bolschewisierung war freilich nicht die Stimmigkeit der Theorie, sondern die politische Zweckmäßigkeit. Die „linke“ Zentrale der KPD wußte sich im Bunde mit dem „linken“ EKKI, und beide sahen die Quintessenz des Bolschewismus im Zentralismus. „Die Führung muß so stark wie möglich zentralisiert sein“, postulierte namens der deutschen Zentrale Heinz Neumann in seiner im Herbst 1924 verfaßten und im Januar 1925 veröffentlichten Schrift „Was ist Bolschewismus?“ Die bolschewistische Partei war nach seiner Definition „erstens die Vorhut, die revolutionäre Minderheit der klassenbewußten Arbeiter. Sie *führt* zweitens als Willenseinheit der proletarischen Vorhut die *ganze Klasse*, zu allen Kämpfen. Sie beschränkt drittens diese Aufgabe nicht nur auf eine abstrakte ‚politische‘ Führung, sondern sie *organisiert* selbst die von ihr geführten Kämpfe, sie organisiert die proletarische Revolution.“ Der „restlosen Durchführung des Zentralismus, der einheitlichen Führung, der Disziplin“ kam deshalb entscheidende Bedeutung zu. Die Bolschewisierung diente ebendiesem Ziel. Sie bedeutete, in Neumanns Worten, „die Erfüllung unserer führenden und organisierenden Rolle in der Revolution. Sie bedeutet eine neue Theorie und eine neue Taktik. Sie bedeutet die Vollendung unserer Theorie und Praxis durch unsere Organisation. Sie bedeutet die Konsequenz, Organisiertheit, Disziplin, Festigkeit der russischen Bolschewiki.“[58]

Mit den demokratischen Traditionen der deutschen Arbeiterbewegung, die in Rosa Luxemburgs Auffassung von der Masse als politischem Subjekt nachwirkten, hatte die „bolschewisierte“ KPD der mittleren zwanziger Jahre nichts mehr gemein. Aber auch die Kampfansage an Trotzki entbehrte nicht der inneren Logik: Eine Partei, die sich völlig dem Willen der russischen Bolschewiki unterwarf, war zu dem von Trotzki verlangten selbständigen revolutionären Handeln nicht mehr fähig. Als Instrument einer Politik aber, die die Weltrevolution rigoros der Staatsräson der Sowjetunion unterordnete, war die bolschewisierte KPD gut zu gebrauchen. Eine andere Funktion sollte sie nach dem Willen von Trotzkis erfolgreichstem Kontrahenten, Josef Stalin, auch gar nicht haben.

*

57 Weber, Wandlung (Anm. 40), Bd. 1, S. 89—97; Siegfried Bahne, Der Trotzkismus in Deutschland 1931—1933. Ein Beitrag zur Geschichte der KPD und der Komintern, phil. Diss. (MS) Heidelberg 1958; ders., „Trotzkismus“ in Geschichte und Gegenwart, in: VfZ 15 (1967), S. 56—86; ders., Zwischen „Luxemburgismus“ und „Stalinismus“. Die „ultralinke“ Opposition in der KPD, ebda. 9 (1961), S. 359—383. Die Broschüre Trotzkis von 1924: ders., Die Lehren des Oktober, in: Um den Oktober, Hamburg 1925, S. 7—49. — Kritik an der These von der Bolschewisierung der KPD üben, u. a. mit Hinweis auf mangelnde Erfolge beim Aufbau der Betriebszellen, Hans-Dieter Heilmann u. Bernd Rabehl, Die Legende von der Bolschewisierung der KPD, in: Sozialistische Politik 2 (1970), Nr. 9, S. 65—114; 3 (1971), Nr. 10, S. 1—37.

58 Heinz Neumann, Was ist Bolschewisierung?, Berlin 1925, zit. nach Weber, Wandlung (Anm. 40), Bd. 1, S. 87—89 (Hervorhebungen im Original).

Für die Freien Gewerkschaften bedeutete das Jahr 1924 den Tiefpunkt ihrer Mitgliederbewegung seit 1919. Von 7,4 Millionen im März 1923 war die Zahl der in den Einzelverbänden des ADGB organisierten Arbeiter auf 5,7 Millionen im Dezember 1923 abgesunken; ein Jahr später waren es nur noch 3,975 Millionen.[59]

Der dramatische Mitgliederschwund des ADGB war zugleich Ursache und Folge jener Niederlage der Arbeiterschaft, mit der der gesellschaftspolitische Machtkampf der Nachkriegszeit endete. Daß die Freien Gewerkschaften die Abkehr vom Achtstundentag kampflos hinnahmen, erklärte sich nicht nur aus volkswirtschaftlicher und staatspolitischer Einsicht, aus den leeren Streikkassen und der hohen Arbeitslosigkeit im Herbst 1923, sondern auch aus der rapide rückläufigen Mitgliederzahl — die ihrerseits zu einem erheblichen Teil auf die wachsende Erwerbslosigkeit zurückging. Die Passivität der Gewerkschaften aber förderte die Enttäuschung der noch verbliebenen Mitglieder und trug damit ebenfalls zur Austrittsbewegung bei.[60]

Der leichte wirtschaftliche Aufschwung im Frühjahr 1924 belebte den Kampfgeist der Arbeiterschaft. Insgesamt gab es im Jahre 1924 — nach der freilich unvollständigen Statistik des ADGB — etwa 34 000 Lohnbewegungen, von denen 860 000 Betriebe und über 18 Millionen Beschäftigte betroffen waren. Die allermeisten dieser Bewegungen — 30 000 — verliefen ohne Arbeitseinstellung. In 3 659 Fällen kam es zu Streiks und Aussperrungen; daran waren fast 42 000 Betriebe und knapp 2 Millionen Arbeiter beteiligt. Zahlenmäßig überwogen die Arbeitskämpfe, bei denen es um Lohnerhöhungen ging; nicht unbeträchtlich war aber auch die Zahl der Streiks, die ein doppeltes Ziel verfolgten: Lohnerhöhung *und* Verkürzung der Arbeitszeit. In ihrer Jahresbilanz kamen die Freien Gewerkschaften zu dem Ergebnis, daß den Kämpfen um Lohnerhöhungen weit größerer Erfolg beschieden war als den Bewegungen, die um eine Veränderung der Arbeitszeit geführt wurden.[61]

Der größte und in der Öffentlichkeit am stärksten beachtete Arbeitskampf von 1924 war der Maistreik im Ruhrbergbau. Gerald Feldman und Irmgard Steinisch charakterisierten ihn als „Resultat eines offensichtlichen Kollisionskurses . . ., den die rheinisch-westfälische Schwerindustrie seit Beendigung des passiven Widerstandes steuerte, um die Rückkehr zu den Vorkriegsverhältnissen durchzusetzen.“ Auslösendes Moment der neuen Auseinandersetzung war in der Tat ein demonstrativer Akt der Arbeitgeberseite: die Kündigung des Manteltarifs durch den Zechenverband zum 31. März 1924. Konfliktbereitschaft ließen allerdings auch

59 Jahrbuch 1924 (Anm. 51), S. 130.

60 Vgl. dazu den vorhergehenden Bd., S. 711 f. — Zur finanziellen Unterstützung der Gewerkschaften durch das Reich im Sommer 1924 vgl. AdR, Kabinette Marx I/II (Anm. 12), Bd. 2, S. 857 (Ministerbesprechung vom 4. 7. 1924).

61 Jahrbuch 1924 (Anm. 51), S. 103—114 (mit den genauen Zahlen). Zur Entwicklung der Arbeitszeit im Jahre 1924 vgl. den vorhergehenden Bd., S. 724, zur Lohnentwicklung oben S. 46 ff. Eine von den Daten des ADGB stark nach unten abweichende Streikstatistik des Statistischen Reichsamtes bei Dietmar Petzina, Werner Abelshauser, Anselm Faust, Sozialgeschichtliches Arbeitsbuch, Bd. 3: Materialien zur Statistik des Deutschen Reiches 1914—1945, München 1978, S. 114.

die vier Bergarbeiterverbände — der freigewerkschaftliche „Alte Verband", die Christlichen und Hirsch-Dunckerschen Gewerkschaften sowie die polnische Berufsvereinigung — erkennen, als sie ihrerseits das geltende Tarifabkommen Ende März 1924 kündigten und eine Lohnerhöhung von 30 % verlangten: ein Schritt, der nur vor dem Hintergrund der großen kommunistischen Stimmengewinne bei den jüngsten Betriebsratswahlen zu verstehen war.[62]

Der staatliche Schlichter — der preußische Staatskommissar für das Ruhrgebiet, der Sozialdemokrat Ernst Mehlich —, der sich frühzeitig in den Konflikt eingeschaltet hatte, fällte in der Lohnfrage am 23. April einen Schiedsspruch: Rückwirkend ab 15. April sollten die Löhne um 15 % erhöht werden. Die Arbeitnehmervertreter akzeptierten die Entscheidung, obwohl sie ihre Forderung nur zur Hälfte erfüllte. In der Arbeitszeitfrage, in der sich die Tarifparteien ebensowenig hatten einigen können wie über die Lohnhöhe, erging am 28. April ebenfalls ein Schiedsspruch. Er veränderte die bestehende Arbeitszeitregelung in der Praxis kaum. Was die Bergarbeiterverbände aufbrachte, war indes die Einverleibung der Ende 1923 vereinbarten Mehrarbeit von einer Stunde täglich in den Normalarbeitstag: Der Anschein, daß die Sechsstundenschicht grundsätzlich fortbestand, war damit aufgegeben. Infolgedessen lehnten die Gewerkschaften den Schiedsspruch in der Arbeitszeitfrage ab.

Die Arbeitgeberseite machte zwischen den zwei Schiedssprüchen keinen Unterschied: Sie lehnte beide als nicht tragbar ab. In der Arbeitszeitfrage ging es dem Zechenverband um die Einführung der Achteinhalbstundenschicht unter Tage und damit um nichts Geringeres als die Wiederherstellung der Verhältnisse der Zeit vor dem Krieg. Für die Tagarbeiter sollte die überlange durchschnittliche wöchentliche Arbeitszeit von 65 Stunden — bei einer Höchstschichtdauer von 74 Wochenstunden einschließlich der Sonntage — bestehen bleiben, wie sie ein für verbindlich erklärter Schiedsspruch vom 4. Januar 1924 festgelegt hatte.

Da eine Einigung nicht erfolgt war, begann am 1. Mai 1924 — drei Tage vor der Reichstagswahl — ein tarifloser Zustand. Die Gewerkschaften entschieden sich gegen einen Streik, wohl aber für die strikte Einhaltung der Normalarbeitszeit: die Siebenstundenschicht unter und die Achtstundenschicht über Tage. Obwohl die Arbeitgeber mit Aussperrung drohten und sie zum Teil sogleich durchführten, hielt sich die große Mehrheit der Bergarbeiter an die Empfehlung der vier Verbände. Am 3. Mai, dem Vorabend der Wahl, griff Reichsarbeitsminister Brauns zum Mittel der Zwangsschlichtung. Die Schiedssprüche Mehlichs vom 23. und 28. April wurden für den Monat Mai für verbindlich erklärt, allerdings mit zwei wichtigen Einschränkungen, die beide der Arbeitgeberseite entgegenkamen: Die Lohnerhöhung sollte statt ab 15. April erst ab 1. Mai in Kraft treten, und für die meisten Übertagearbeiter sollten längere Arbeitszeiten gelten als vom Schlichter vorgesehen.

---

62 Gerald D. Feldman u. Irmgard Steinisch, Die Weimarer Republik zwischen Sozial- und Wirtschaftsstaat. Die Entscheidung gegen den Achtstundentag, in: AfS 18 (1978), S. 353—439 (413). Zu den Betriebsratswahlen im Ruhrbergbau vom März 1924 vgl. den vorhergehenden Bd., S. 717.

Hätte Brauns die Schiedssprüche unverändert für verbindlich erklärt, wären sie nunmehr geltendes Recht gewesen. Abgeänderte Schiedssprüche konnten jedoch nach § 25 der Schlichtungsordnung vom 30. Oktober 1923 nur dann für verbindlich erklärt werden, wenn die Zustimmung beider Tarifparteien vorlag. Das war aber, jedenfalls nach Meinung der Bergarbeiterverbände, nicht der Fall. Sie versicherten wiederholt, daß sie dem Reichsarbeitsminister lediglich eine entsprechende Empfehlung an ihre Mitglieder in Aussicht gestellt hätten. Am 6. Mai — dem Tag, auf dem die Revierkonferenzen der Bergarbeiter einberufen worden waren — ordnete der Zechenverband die fristlose Entlassung aller Belegschaftsmitglieder an, die sich weigerten, die Achtstundenschicht zu verfahren. Angesichts dieser Herausforderung lehnten die Revierkonferenzen der freigewerkschaftlichen wie der christlichen Bergarbeiter die Annahme von Brauns' Schiedsspruch ab; die beiden anderen Gewerkschaften erklärten sich mit dieser Entscheidung solidarisch und legten sich ebenfalls darauf fest, weiterhin nur die reguläre Siebenstundenschicht zu verfahren. Der Zechenverband antwortete mit der sofortigen Aussperrung aller 380 000 Ruhrbergleute.

Eine zweite Schlichtungsrunde, die nach einem Empfang der streitenden Parteien bei Reichskanzler Marx am 14. Mai zustande kam, führte zwei Tage später zu einem Schiedsspruch: Die Unterscheidung zwischen Normal- und Mehrarbeitszeit wurde wiederhergestellt, aber in der Sache blieb es für die Untertagearbeiter bei der Achtstundenschicht und bei der überlangen Arbeitszeit für die Tagarbeiter. Einen Überstundenzuschlag gab es nicht. Die Lohnerhöhung von 15 % trat erst mit dem 1. Mai in Kraft. Was die Gewerkschaften besonders verbitterte, war die lange Laufzeit des Schiedsspruchs: Der Arbeitszeitteil sollte bis zum 31. Mai 1925, der Manteltarif sogar bis zum 30. Juni 1925 unkündbar sein.[63]

Während die Arbeitgeber den Schiedsspruch trotz starker verbaler Vorbehalte annahmen und sogar seine Verbindlichkeitserklärung forderten, lehnten ihn die Revierkonferenzen der gewerkschaftlich organisierten Bergarbeiter ab. Die Verbindlichkeitserklärung allerdings unterblieb. „Es gibt keine Macht in Deutschland und keine Autorität, die es fertigbringt, die Arbeiter wieder zur Arbeit zu bringen, wenn der Schiedsspruch für verbindlich erklärt wird", kommentierte am 23. Mai ein Vertreter des „Alten Verbandes" dem Staatskommissar Mehlich gegenüber die Stimmung der Gewerkschaftsmitglieder. Auch die dritte und letzte Schlichtungsrunde am 26. Mai brachte keine Einigung. Der Schiedsspruch, den der neue Schlichter, der Präsident der Reichsarbeitsverwaltung, Friedrich Syrup, am folgenden Tag verkündete, trug jedoch den wichtigsten Forderungen der Bergarbeiter Rechnung. Zwischen Normal- und Mehrarbeitszeit wurde deutlich getrennt; die kurze Laufzeit bis zum November 1924 berücksichtigte das Argument der Gewerkschaften, nach dem Auslaufen der MICUM-Verträge mit den Besat-

63 Feldman/Steinisch, Weimarer Republik (Anm. 62), S. 412—430; Rudolf Tschirbs, Tarifpolitik im Ruhrbergbau 1918 bis 1933, Berlin [W] usw. 1986, S. 225 f. Zu den Verhandlungen in der Reichskanzlei, in deren Verlauf es zu einer persönlichen Kontroverse zwischen dem Vorsitzenden des Gewerkvereins christlicher Bergarbeiter, Rotthäuser, und Arbeitsminister Brauns kam, vgl. AdR, Kabinette Marx I/II (Anm. 12), Bd. 1, S. 629—632. Zum Schiedsspruch vom 4. 1 1924 auch: Ein Schiedsspruch für den Ruhrbergbau, in GZ, Nr. 3, 12. 1. 1924.

zungsmächten Frankreich und Belgien sei auch die verlängerte Arbeitszeit nicht mehr gerechtfertigt; außer der Lohnerhöhung um 15 % ab 1. Mai gab es rückwirkend auch eine Erhöhung der Aprillöhne um 5 %.

Beim „Alten Verband" war der Kampfwille trotz dieser Zugeständnisse noch nicht erloschen. Die freigewerkschaftliche Revierkonferenz erbrachte eine schwache Mehrheit — 113 zu 83 Stimmen — für die Ablehnung des Schiedsspruchs. Die christlichen Bergarbeiter hingegen entschieden sich mit großer Mehrheit für die Annahme. Das war der Wendepunkt in dem langen Arbeitskampf: Nachdem die gemeinsame Front der Bergleute zerbrochen war, wurde der Schiedsspruch am 29. Mai für verbindlich erklärt. Tags darauf stimmte ihm auch die Revierkonferenz des „Alten Verbandes" zu. Anfang Juni begannen im Ruhrgebiet die Schlote wieder zu rauchen.[64]

Der Konflikt im Ruhrbergbau hatte mit einem Teilerfolg der Arbeiter geendet. Die unerwartete Geschlossenheit und Ausdauer der Bergleute machten dem Staat die Grenzen der Zwangsschlichtung deutlich. Die Unternehmer konnten die Rückkehr zu den gesellschaftspolitischen Verhältnissen der Vorkriegszeit nicht in dem Umfang erreichen, den sie angestrebt hatten. Die wirtschaftlichen Auswirkungen der Aussperrung, die sich in einen Streik der Bergleute verwandelt hatte, stürzten nicht nur das Industriegebiet an Rhein und Ruhr in eine schwere Krise, sondern bedrohten den ökonomischen Wiederaufschwung des Reiches insgesamt. Die Hartnäckigkeit, mit der sich die Gewerkschaften der Bergarbeiter den Forderungen der Zechenherren entgegenstellten, war nur erklärbar auf dem Hintergrund einer ungeheuren Verbitterung. Die maßvolle Haltung des „Alten Verbandes" in Krieg und Nachkriegszeit war von seinen Gegenspielern im Arbeitgeberlager so schlecht gelohnt worden, daß die Konfrontation unvermeidbar wurde.

Zur Härte zwang die Gewerkschaften der Bergleute aber auch ein anderer Umstand: die Erfolge, die die Kommunisten im Ruhrproletariat erzielten. Das Ergebnis der Reichstagswahlen vom 4. Mai 1924 bestätigte den Trend, der sich bei den Betriebsratswahlen zwei Monate zuvor abgezeichnet hatte. Die Gewerkschaften der Bergleute rechneten sich aus, daß die Bereitschaft zum Arbeitskampf eine weitere Radikalisierung aufhalten konnte. Das Kalkül ging offensichtlich auf. Bei den Wahlen zur Knappschaftsversicherung im Juni 1924 kam die kommunistische Union der Hand- und Kopfarbeiter, die bei den Betriebsratswahlen vom März zur stärksten Gruppe aufgestiegen war, nur noch auf den dritten Platz hin-

64 Feldman/Steinisch, Weimarer Republik (Anm. 62), S. 430—435 (433); Tschirbs, Tarifpolitik (Anm. 63), S. 390 f. Ebda., auch zu dem Schiedsspruch vom 12. 3. 1924, der die inflationsbedingte Nivellierung der Löhne von Tag- und Untertagearbeitern sowie von ungelernten, angelernten und gelernten Bergarbeitern zu korrigieren versuchte und für alle Gruppen eine Reallohnsenkung erbrachte. Siehe dazu auch oben S. 48. Die MICUM-Verträge vom 23. 11. 1923 (vgl. den vorhergehenden Bd., S. 644) waren am 15. 4. 1924 verlängert worden; sie liefen am 15. 6. 1924 aus. — Vgl. zum „Maistreik" von 1924 auch Volker vom Berg, Die Arbeitszeitfrage im Ruhrbergbau als politisches Problem der frühen Weimarer Republik, in: GWU 26 (1975), S. 360—380 (bes. 372 ff.). Zur Politik des ADGB im Jahre 1924 und zum Kampf um die Arbeitszeit jetzt auch: Manfred Buhl, Sozialistische Gewerkschaftsarbeit zwischen programmatischem Anspruch und politischer Praxis. Der ADGB und die freien Gewerkschaften in der Stabilisierungsphase der Weimarer Republik (1923/24—1927/28), Köln 1983, S. 99 ff.

ter „Altem Verband" und christlichen Gewerkschaften. Ende August 1925 löste sich die Union, der kommunistischen Parteilinie folgend, auf. Von ihren etwa 8 000 Mitgliedern traten 3 630 dem „Alten Verband" bei.[65]

Außerhalb des Bergbaus erfolgte die Auseinandersetzung mit den Kommunisten auf sehr viel direktere Weise. Nachdem der ADGB im Frühjahr 1924 zwei von der KPD kontrollierten regionalen Verwaltungsstellen — dem Kreisausschuß Lennep-Remscheid und dem Bezirksausschuß Halle-Merseburg — die Anerkennung entzogen hatte, wuchs in der zweifen Hälte des Jahres 1924 der Ortsausschuß Gotha immer mehr in die Rolle eines „Vororts" der kommunistischen Gewerkschaftsarbeit hinein. Am 2. Oktober erging von Gotha aus ein Aufruf, in dem unter anderem der Kampf um die „Befreiung der politischen Gefangenen" und eine „sofortige 40prozentige Erhöhung des Lohnes" proklamiert wurde. Unterzeichnet war der Appell vom Ortsausschuß des ADGB und der Vollversammlung der Gothaer Betriebsräte. Obwohl die kommunistische Parteipresse dem Gothaer Vorstoß zu großer Publizität zu verhelfen suchte, war die Resonanz in den Reihen der Freien Gewerkschaften nicht sehr stark. Der Bundesvorstand des ADGB aber sah in dem Vorgehen des Gothaer Ortsausschusses nicht nur eine eklatante Überschreitung seiner Befugnisse, sondern auch einen gefährlichen Präzedenzfall. Am 12. November 1924 wurde der Ortsausschuß aufgelöst. Die Ämter des Vorsitzenden und des Kassiers übertrug der Bundesvorstand provisorisch zwei loyalen Funktionären.[66]

Das Verhältnis der Freien Gewerkschaften zum zweiten Kabinett Marx war nicht viel anders als das der SPD. Zunächst bestimmte außenpolitischer Konsens — nämlich die grundsätzliche Bejahung des Dawes-Abkommens — die Beziehungen zur Regierung.[67] Die Absicht des Kabinetts, die zollpolitischen Forderungen der Großagrarier zu erfüllen, stieß dagegen auf scharfe Kritik und führte bereits im Juli 1924 zu einer Verschlechterung des Klimas.[68] Die Haltung, die das Kabinett Marx in der Arbeitszeitfrage bezog, war ebenfalls nicht dazu angetan, die

---

65 Bei den Betriebsratswahlen vom März 1924 (vgl. dazu den vorhergehenden Bd., S. 717) hatte die Union 118 910 Stimmen erhalten. Bei den Knappschaftswahlen vom Juni 1924 entfielen auf die Union nur noch 53 039 Stimmen (Freie Gewerkschaften März 92 244, Juni 96 044; christliche Gewerkvereine März 60 666; Juni 62 023). Weber, Wandlung (Anm. 40), Bd. 1, S. 68. Dazu auch Tschirbs, Tarifpolitik (Anm. 63), S. 227 (Betriebsratswahlen), 407 (zur Auflösung der Union); Schöck, Arbeitslosigkeit (Anm. 40), S. 93 (Betriebsratswahlen).

66 Jahrbuch 1924 (Anm. 51), S. 172 f; GZ, Nr. 47, 22. 11. 1924; DGB-Archiv Düsseldorf, Protokoll der Sitzung des Bundesausschusses vom 27.—29. 1. 1925. Der Text des Gothaer Aufrufs in: DuM (Anm. 48), Bd. 8, S. 99—102.

67 Das Schreiben von ADGB, AfA-Bund und Allgemeinem Deutschen Beamtenbund zum Sachverständigengutachten an Reichskanzler Marx vom 1. 7. 1924 kritisierte aber auch, daß die Regierung nicht der Anregung der Dawes-Kommission gefolgt sei, den deutschen Haushalt und die Gestaltung der Steuern im Sinne größerer sozialer Gerechtigkeit zu reformieren. Archiv des ABI Berlin, ADGB-Restakten, NB 196 (Dawes-Plan); AdR, Kabinette Marx I/II, (Anm. 12), Bd. 2, S. 880—883 (Besprechung mit Vertretern der Gewerkschaften, 11. 7. 1924); Julius Hirsch, Dawes-Gutachten und Arbeitnehmer-Interesse, in: GZ, Nr. 27—29, 5., 12. u. 19. 7. 1924.

68 DGB-Archiv Düsseldorf, Sitzung des Bundesausschusses, 21./22. 7. 1924. Vgl. dazu auch oben S. 192.

Gewerkschaften günstig zu stimmen. Zwar verständigten sich die Arbeitsminister Deutschlands, Englands, Frankreichs und Belgiens im September 1924 bei einer Zusammenkunft in Bern darauf, daß es „aus kulturellen und sozialen Gründen erwünscht sei, auf der Grundlinie des Washingtoner Abkommens zu einer brauchbaren internationalen Anwendung des Achtstundentages zu gelangen." Aber praktische Folgen hatte diese Vereinbarung nicht, wofür die Gewerkschaften auf deutscher Seite vor allem den hinhaltenden Widerstand des Reichswirtschaftsministeriums verantwortlich machten.[69]

Auch deswegen forderte der ADGB in seinem Aufruf zur zweiten Reichstagswahl des Jahres 1924 die deutschen Arbeiter eindeutiger als jemals zuvor auf, ihre Stimmen der SPD zu geben. Die bürgerlichen Parteien seien alle mehr oder weniger von den Klassengegnern, den Unternehmern, abhängig; daher könne die Arbeiterschaft von ihnen keine Hilfe erwarten. Die Kommunisten seien „auf ausländischen Befehl hin nichts anderes als die Helfershelfer der Reaktion, die Verderber der Arbeiterklasse ... Die deutschen Arbeiter müssen ihrem alten Ruf wieder Ehre machen und Ihr, Gewerkschaftsmitglieder, Ihr seid der Vortrupp. Laßt Euch nicht einfangen von Schlagworten. Werbt für die Partei ernster proletarischer Arbeit. Wählt am 7. Dezember sozialdemokratisch!"[70]

*

Die Reichstagswahlen vom 7. Dezember 1924 erbrachten, verglichen mit der vorangegangenen Wahl vom 4. Mai desselben Jahres, eine gewisse Entradikalisierung. Die extremen Flügelparteien, die Deutschvölkischen, die jetzt als Nationalsozialistische Freiheitsbewegung auftraten, und die Kommunisten, gingen geschwächt aus dem Kampf hervor. Gewinne verbuchten Sozialdemokraten und Deutschnationale, aber auch die liberalen und die katholischen Parteien:[71]

---

69 Jahrbuch 1924 (Anm. 51), S. 120 f.; AdR, Kabinette Marx I/II (Anm. 12), Bd. 2, S. 1003 (Kabinettssitzung vom 27. 8. 1924).

70 GZ, Nr. 47, 22. 11. 1924.

71 Die Wahldaten nach: Statistik des Deutschen Reiches, Bd. 315/2, Berlin 1925, S. 6 ff. (4. 5. 1924); Bd. 315/6, Berlin 1928, S. 6 ff. (7. 12. 1924). — Bei den Wahlen vom 4. 5. 1924, bei denen die Wirtschaftspartei eine Listenverbindung mit dem Bayerischen Bauernbund und anderen regionalen Parteien eingegangen war, hatte die Wirtschaftspartei 6 Sitze errungen, die bei der Rubrik „Übrige" mitgezählt sind. Auf den Landbund, der im Mai 1924 keine Listenverbindung mit der Deutsch-Hannoverschen Partei (DHP) eingegangen war, entfielen bei der ersten Reichstagswahl von 1924 10 Sitze, auf die DHP 5.

	1924 II abs.	%	Sitze	1924 I abs.	%	Sitze
SPD	7 880 963	26,0	131	6 008 713	20,5	100
DNVP	6 205 324	20,5	103	5 696 368	19,5	96
Zentrum	4 118 190	13,6	69	3 914 379	13,4	65
DVP	3 049 215	10,1	51	2 694 317	9,2	44
KPD	2 708 345	9,0	45	3 693 139	12,6	62
DDP	1 917 764	6,3	32	1 655 049	5,7	28
BVP	1 131 979	3,8	19	946 648	3,2	16
Wirtschaftspartei	1 005 776	3,3	17			
Nationalsozialist. Freiheitsbewegung/ Deutschvölkische Freiheitspartei	906 946	3,0	14	1 918 310	6,5	32
Landbund/Deutsch-Hannoversche Partei	761 750	2,5	12	574 938 319 792 }	3,1	12
Aufwertungsparteien	116 056	0,4				
USPD	98 809	0,3		235 141	0,8	
Übrige	498 745	1,6		1 624 392	5,5	17
Zahl der Stimmberechtigten	38 704 655			38 138 436		
Abgegebene Stimmen	30 688 766	78,8		29 708 765	77,4	
Ungültige Stimmen	404 960			427 579		
Sitze insgesamt			493			472

Regionaluntersuchungen bestätigen naheliegende Vermutungen: Die Deutschnationalen gewannen vor allem auf Kosten der völkisch-nationalsozialistischen Kräfte; die Sozialdemokraten profitierten von Verlusten der Kommunisten. Durchaus typisch sind die in Tabelle 1 (S. 181) aufgeführten Ergebnisse aus Hof und Naila, zwei Hochburgen des Rechtsradikalismus in Franken. Dramatischen Verlusten der Völkischen entsprachen starke Gewinne der DNVP. Die SPD gewann hier mehr, als die KPD verlor, so daß ein Rückstrom von Arbeiterwählern, die im Mai 1924 für die äußerste Rechte optiert hatten, nicht unwahrscheinlich ist. Die liberalen Parteien dürften der Rechten ebenfalls Stimmen abgewonnen haben: Die Gewinne der Deutschnationalen waren durchweg geringer als die Verluste der Völkischen.[72]

Auch in der Stadt Berlin muß es einen Wechsel von der äußersten Rechten zur Sozialdemokratie gegeben haben. Die SPD gewann hier 245 680 Stimmen hinzu, während die KPD nur 22 009 Stimmen verlor. Zwei rechtsextreme Gruppierungen, die Völkischen und die Deutschsoziale Partei, erhielten hier im Dezember zu-

72 Zur Sozialstruktur von Hof und Naila vgl. oben S. 178, 180.

sammen 108 439 Stimmen weniger als im Mai; die DNVP aber gewann nur 48 920 Stimmen hinzu:

Gültige Stimmen	Mai 1924	Dezember 1924	+ oder —
Gesamtsumme	2 209 655	2 295 419	+ 87 754
SPD	449 627	695 307	+ 245 680
DNVP	499 521	548 441	+ 48 920
KPD	396 229	374 220	— 22 009
DVP	186 098	149 542	— 36 556
DDP	196 632	249 672	— 53 040
Nationalsozialisten	106 599	46 318	— 60 281
Zentrum	84 139	90 455	+ 6 316
Dtsch.soz. Partei	83 970	35 812	— 48 158
Wirtschaftspartei	87 775	78 004	— 9 771
USPD	56 653	14 024	— 42 629
Sonst. Splitterparteien	62 422	13 624	— 49 202

Die Vermutung eines zeitgenössischen Autors, „daß die SPD viele proletarische Stimmen von der äußersten Rechten wiedererobert hat . . . und daß sie ferner viele Stimmen aus der großen Reserve der früheren Nichtwähler bekommen hat“, klingt durchaus plausibel.[73]

Unter den fünf Wahlkreisen, in denen die SPD die größten Stimmengewinne erzielte, befand sich nur einer, der zur Gruppe der Wahlkreise mit den größten Verlusten der KPD gehörte, nämlich Westfalen-Süd:

Wahlkreis	SPD-Gewinne %	KPD-Verluste %
Berlin	+ 10,7	— 1,5
Potsdam I	+ 9,6	— 2,8
Westfalen-Süd	+ 8,6	— 9,8
Leipzig	+ 5,5	— 3,2
Liegnitz	+ 5,3	— 2,7

Die Wahlkreise, in denen die KPD die schwersten Einbußen erlitt, waren die folgenden:

Wahlkreis	KPD-Verluste %	SPD-Gewinne %
Westfalen-Süd	— 9,8	+ 8,6
Düsseldorf-West	— 6,5	+ 4,2
Pfalz	— 5,41	+ 3,5
Köln-Aachen	— 5,40	+ 4,9
Chemnitz-Zwickau	— 5,0	+ 5,28

73 Georg Decker, Zur Statistik der Reichstagswahl, in: Die Gesellschaft 2 (1925/I), S. 59—65 (64 f.); hier auch die Zahlentafel.

Mit Ausnahme von Chemnitz-Zwickau gehörten diese Wahlkreise alle zum besetzten Gebiet. Hier hatten die Kommunisten infolge der überdurchschnittlich hohen Arbeitslosigkeit im Mai 1924 besonders gut abgeschnitten; die wirtschaftliche Erholung schlug sich sieben Monate später in überdurchschnittlichen Verlusten der KPD nieder.

Die fünf größten Hochburgen der Sozialdemokraten waren im Dezember 1924 (in Klammern die Daten für Mai 1924):

	%	
Magdeburg	39,2	(32,0)
Dresden-Bautzen	37,3	(34,6)
Leipzig	35,7	(30,2)
Südhannover-Braunschweig	35,64	(30,0)
Hessen-Darmstadt	35,55	(29,5)

Es waren dieselben Wahlkreise, in denen die SPD auch im Mai 1924 am besten abgeschnitten hatte; nur die Rangfolge der Listenplätze von Magdeburg und Dresden-Bautzen war jetzt die umgekehrte wie im Frühjahr.

Bei der KPD sah die Reihenfolge der fünf Wahlkreise mit den höchsten Stimmenanteilen im Dezember 1924 wie folgt aus (in Klammern die Daten für Mai 1924):

	%	
Merseburg	22,6	(25,7)
Düsseldorf-Ost	20,9	(24,9)
Berlin	19,1	(20,6)
Chemnitz-Zwickau	14,8	(19,8)
Hamburg	14,3	(18,3)

Aus der Spitzengruppe ausgeschieden war Westfalen-Süd, das im Mai 1924 den dritten Platz (21,9 %) eingenommen hatte. Neu hinzugekommen war Hamburg; Berlin und Chemnitz-Zwickau waren jeweils um einen Platz aufgerückt. Stärker als die SPD war die KPD im Mai 1924 in sechs Wahlkreisen gewesen; im Dezember gelang es den Kommunisten nur noch in einem Wahlkreis, die Sozialdemokraten zu überrunden: In Merseburg kam die KPD auf 22,6 %, die SPD auf 18,7 %.[74]

In den zehn „proletarischen Hochburgen“ — den Wahlkreisen, in denen die Arbeiterparteien zusammen auf die höchsten Stimmenzahlen kamen — hatte sich gegenüber dem Mai 1924 nicht viel verändert. Neu dazugekommen war der Wahlkreis Potsdam I, der freilich schon 1919 und 1920 zu dieser Gruppe gehört hatte. Ausgeschieden war Westfalen-Süd, das im Dezember 1924 auf den 14. Platz abrutschte. Den ersten Platz nahm jetzt Berlin mit 52,3 % Stimmen

74 Vgl. dazu oben S. 182 ff.

für die Arbeiterparteien ein, gefolgt von Leipzig (49,1 %), das im Mai die Liste angeführt hatte, und Chemnitz-Zwickau (47,5 %), das bei der vorangegangenen Wahl den zweiten Platz innegehabt hatte.[75] Das „Schlußlicht" aller 35 Wahlkreise bildete, wie stets, Koblenz-Trier, wo die Arbeiterparteien ganze 15,5 % der Stimmen erhielten.[76]

Bemerkenswert sind einige Ergebnisse aus dem Ruhrgebiet. In Hamborn, das nach 1918 zu einer Hochburg des Syndikalismus geworden war, fiel die KPD bei den Dezemberwahlen von 1924 fast auf den Stand von 1920 zurück; aber nur ein Teil der 14,1 %, die die Kommunisten gegenüber der Maiwahl verloren, kann der SPD zugute gekommen sein: Sie verbesserte sich lediglich um 8,4 %. Unter den bürgerlichen Parteien machte das Zentrum mit einem Gewinn von 4,1 % den größten Sprung nach vorn. Es ist sehr wahrscheinlich, daß dieser Gewinn sich zu einem Teil aus Stimmen speiste, die im Mai der KPD zugeflossen waren. Ein anderer Teil der kommunistischen Verluste mag auf das Konto der rückläufigen Wahlbeteiligungen gehen (Tabelle 4).

Hamborn war eine überwiegend katholische Arbeiterstadt, in der der Steinkohlenbergbau vorherrschte, wo es aber auch eine starke Stahlindustrie gab.[77] Nach den vergleichenden Untersuchungen des amerikanischen Historikers Brian Peterson zur Dezemberwahl von 1924 läßt sich der Hamborner Befund durchaus verallgemeinern. Die Arbeiterparteien verloren in katholischen Gegenden stärker als in evangelischen, in katholischen Bergbaugebieten blieb die KPD aber stärker als die SPD; die Kommunisten hatten ihre eigentlichen Hochburgen nicht in Regionen, die ausschließlich vom Steinkohlenbergbau geprägt waren, sondern in solchen, wo es daneben auch noch Stahlschmelzöfen gab — so, außer in Hamborn, auch in Walsum und Dinslaken. Bergarbeiter waren folglich offenbar dort besonders radikal, wo sie in Austausch mit anderen Arbeitergruppen traten.[78]

In bergbaulich geprägten Wahlkreisen mit relativ hohem Katholikenanteil überwogen im Dezember 1924 die kommunistischen Verluste die sozialdemokratischen Gewinne. In überwiegend evangelischen Wahlkreisen, deren industrieller Schwerpunkt die Metallherstellung oder Metallverarbeitung war, gewann die SPD

75 Die weiteren sieben Plätze entfielen auf Hamburg (46,8 %), Magdeburg (44,4 %), Dresden-Bautzen (44,1 %), Potsdam I (43,0 %), Merseburg (41,8 %), Thüringen (41,2 %), Hessen-Darmstadt (41,1 %). Zur Reihenfolge bei den vorangegangenen Wahlen vgl. Tabelle 2 (S. 183). Die Prozentzahlen fassen die Anteile von SPD, KPD und (Rest-)USPD zusammen.

76 Die SPD erhielt hier 11,2 %, die KPD 4,3 % der abgegebenen gültigen Stimmen.

77 Der Katholikenanteil betrug 1925 57,66 % (evangelisch: 37,13 %; andere: 5,21 %). Die Arbeiter machten 73,6 % der Erwerbstätigen aus. 36 % aller Erwerbstätigen waren im Steinkohlenbergbau, 23,4 % in der Eisen- und Metallgewinnung beschäftigt.

78 Peterson, Bases (Anm. 9), bes. S. 344 ff.; als Fallstudie auch: Herbert Kühr, Parteien und Wahlen im Stadt- und Landkreis Essen in der Zeit der Weimarer Republik, Düsseldorf 1973, bes. S. 235—241. Vgl. dazu auch oben Tabelle 3 (S. 186). Zu den politischen Affinitäten einzelner Arbeitergruppen siehe ausführlicher unten S. 447 f.

Tabelle 4: Reichstagswahlergebnisse Stadtkreis Hamborn 1920—1924

Wahl	Wahl-berech-tigte	Wahl-beteili-gung (%)	Stim-men		KPD	USPD	SPD	Zen-trum	DDP	DVP	DNVP	Völ-kische/ Natio-nal-sozia-listen	Wirt-schafts-partei	Polen-partei	Son-stige
1920	50 939	71,7	36 461	%	27,0	10,8	14,9	21,2	3,1	7,7	4,3			11,0	
				abs.	9 837	3 944	5 424	7 734	1 132	2 812	1 566			4 012	
1924 I	63 029	75,3	44 787	%	41,4	0,8	11,2	19,9	2,4	6,9	8,9	2,7	0,5		5,3
				abs.	18 538	362	5 009	8 925	1 096	3 079	4 004	1 189	217		2 368
1924 II	67 200	70,2	46 248	%	27,3	0,6	19,6	24,0	3,6	6,4	10,9	1,0	2,3		4,4
				abs.	12 605	298	9 078	1 190	1 654	2 969	5 018	451	1 068		2 017

Quelle: wie Tabelle 1

mehr, als die KPD verlor. In der ersten Kategorie sank folglich der Stimmenanteil der Arbeiterparteien, während er in der zweiten stieg (Tabelle 5).[79]

Der KPD war es nur zu einem Teil gelungen, die Wähler an sich zu binden, die ihr im Mai 1924 die Stimme gegeben hatten. Nicht wenige dieser Wähler müssen bei den Dezemberwahlen bürgerliche Parteien oder gar nicht gewählt haben. Auf der anderen Seite konnte die SPD im Dezember 1924 Wähler für sich gewinnen, die im Mai für keine der Arbeiterparteien gestimmt hatten. Insgesamt erhöhte sich das sozialistische Stimmenpotential jedoch kaum: Es hatte im Mai 1924 34 % betragen; im Dezember stieg es auf 35,3 % an.[80]

Die Dezemberwahlen von 1924 standen sehr viel deutlicher als die vorangegangene Reichstagswahl vom Mai 1924 im Zeichen wirtschaftlicher Erholung und außenpolitischer Entspannung. Das nützte den Sozialdemokraten, die ohne den „Sachsenkonflikt" freilich möglicherweise noch besser abgeschnitten hätten. Für die Kommunisten zahlte sich der neuerliche forcierte Linkskurs nicht aus. Angesichts der vielen Anzeichen, die für eine allmähliche Stabilisierung der wirtschaftlichen Verhältnisse sprachen, war revolutionäre Agitation weniger gefragt als noch ein halbes Jahr zuvor. Aber auch die Parolen der radikalen Gegenrevolution von rechts hatten an Zugkraft verloren. Soweit die Wähler Veränderungen wünschten, wollten sie diese eher im Rahmen der bestehenden Staats- und Verfassungsordnung als im frontalen Kampf gegen sie durchsetzen. Daß solche Veränderungen in eine „linke" Richtung gehen würden, war allerdings unwahrscheinlich. Nahezu zwei Drittel der deutschen Wähler hatten für unterschiedliche Varianten von „bürgerlicher" Politik gestimmt.[81]

*

Der Ausgang der Reichstagswahlen vom 7. Dezember 1924 gestattete nur zwei Formen von Koalitionsregierung, die sich auf eine parlamentarische Mehrheit hätten stützen können: eine Große Koalition und einen bürgerlichen Rechtsblock. Die Große Koalition wurde vom Parteivorstand der DVP am 10. Dezember kategorisch abgelehnt. Erneut verlangte die Deutsche Volkspartei vielmehr eine Erweiterung der Regierung nach rechts. Gegen eine Koalition mit den Deutschnationalen war zwar die DDP, aber selbst ohne Demokraten war eine Rechtskoalition möglich. Denn zu den 103 Abgeordneten der DNVP waren noch 8 Abge-

79 Die (Rest-)USPD ist in Tabelle 5 nicht berücksichtigt, da sie bei den Ergebnissen der Reichstagswahl vom 4. 5. 1924 nicht gesondert aufgeführt wurde. Am 7. 12. 1924 entfielen auf sie im Landkreis Dortmund 1,0 %, im Stadtkreis Herne 1,7 %, im Landkreis Hagen 2,7 % und im Kreis Schwelm 2,3 %.

80 Dabei sind Splittergruppen mitgerechnet. Im Mai 1924 entfielen auf die USPD 0,8 % und den Sozialistischen Bund Georg Ledebours 0,1 % (vgl. dazu den vorhergehenden Bd., S. 496 [Anm.]); im Dezember 1924 erhielt die USPD 0,3 %.

81 Vgl. hierzu von zeitgenössischen Wahlanalysen u. a Ernst Hamburger, Parteienbewegung und gesellschaftliche Umschichtung in Deutschland, in: Die Gesellschaft 2 (1925/I), S. 341—353; Anton Erkelenz, Der Stand des politischen Barometers, in: Die Hilfe, Nr. 24, Dezember 1924, S. 442—445.

Tabelle 5: Wahlverhalten, Konfessionszugehörigkeit und Industriestruktur in ausgewählten Kreisen des Ruhrgebiets (Wahlkreis Westfalen-Süd): Reichstagswahlen vom 4. Mai und 7. Dezember 1924

Kreis	%								Gewinne/ Verluste der Arb.-Part. (ohne USPD) zwischen 1924 I und II
		Erwerbstätige			1924 I		1924 II		
	Katho-liken	Berg-bau	Metall-herst.	Metall-verarb.	KPD	SPD	KPD	SPD	
Landkreis Dortmund	44,75	56,9	1,4	2,5	26,6	24,1	12,6	34,1	— 4,0
Stadtkreis Herne	46,78	44,7	0,8	13,2	31,0	11,2	17,6	21,5	— 3,1
Landkreis Hagen	25,98	3,2	22,9	19,6	25,5	13,7	17,2	23,9	+ 1,9
Kreis Schwelm	12,77	1,8	8,0	36,4	21,2	20,9	12,8	30,8	+ 1,5

Quelle: wie Tabelle 1.

ordnete des Landbundes zu rechnen, die, wie schon in der vorangegangenen Legislaturperiode, eine Fraktionsgemeinschaft mit den Deutschnationalen bildeten, und außerdem war sicher, daß die Bayerische Volkspartei sich an einer Rechtsregierung beteiligen würde. Zusammen verfügte ein solches Parteienbündnis über 250 von 493 Sitzen.[82]

Da die DVP eine Große Koalition keinesfalls eingehen wollte, war es unerheblich, daß sich die SPD zu einem solchen Bündnis bereit erklärte. Ebensowenig praktische Bedeutung hatte die Forderung der Sozialdemokraten, ein Kabinett der Weimarer Koalition zu bilden: Es hätte keine Mehrheit gehabt, und einer neuen Minderheitsregierung wollten weder Zentrum noch DDP zum Leben verhelfen.[83] Wie die Dinge lagen, konnte nach dem 7. Dezember 1924 nur eine Rechtsregierung gebildet werden — die Frage war lediglich, welches die äußere Form der neuen parlamentarischen Kräftekombination sein würde.

Bereits Mitte Oktober 1924 hatte Finanzminister Luther, der selbst keiner Partei angehörte, im Kabinett den Vorschlag gemacht, der Reichspräsident solle auf Vorschlag des Kanzlers die Minister ernennen, „ohne daß die Fraktionen offiziell ihren Eintritt in die Koalition erklärten."[84] Als Luther — auf Vorschlag Stresemanns — am 9. Januar 1925 zunächst inoffiziell mit den Verhandlungen über die Regierungsbildung beauftragt wurde, war klar, in welche Richtung sein Versuch gehen würde.[85]

Eberts Auftrag an Luther waren zwei wichtige Entscheidungen vorausgegangen. Die erste war der Entschluß der DVP, ihre Minister aus der von Otto Braun geführten Regierung der Großen Koalition in Preußen zurückzuziehen. Formell rechtfertigte die Volkspartei diesen am 6. Januar 1925 vollzogenen Schritt damit, daß Braun nach der preußischen Landtagswahl, die am gleichen Tag wie die Reichstagswahl, nämlich am 7. Dezember 1924, stattgefunden hatte, hätte zurücktreten müssen — ein verfassungsrechtlich keineswegs zwingendes Argument. Tatsächlich ging es der DVP denn auch um etwas anderes: Mit der Aufkündigung der Großen Koalition erfüllte sie eine Bedingung, die die DNVP an ihren Eintritt in die Reichsregierung geknüpft hatte. Brauns Rücktritt am 23. Januar 1925 war der Auftakt zu einer Serie vergeblicher Versuche, ein neues Kabinett zusammenzubringen. Die Krise fand ihren vorläufigen Abschluß erst Anfang

82 Eine Große Koalition hätte über 283 Sitze verfügt; eine Rechtskoalition ohne DDP, aber mit BVP und Landbund über 250. — Zur Ablehnung der Großen Koalition durch die DVP: AdR, Kabinette Marx I/II (Anm. 12), Bd. 2, S. 1219 (Mitteilung Stresemanns in der Ministerbesprechung vom 10. 12. 1924). Vorstand und Fraktion der DDP sprachen sich am 16. 12. 1924 gegen eine Rechts- und für eine Große Koalition aus: ebda., Bd. 2, S. 1227 (Anm.)

83 Ebda., Bd. 2, S. 1223—1227 (Besprechung zwischen Reichskanzler Marx und führenden Reichtagsabgeordneten der SPD am 13. 12. 1924), 1260—1262 (Besprechung zwischen Reichskanzler Marx und führenden Reichstagsabgeordneten der SPD am 3. 1. 1925).

84 Ebda., Bd. 2, S. 1122—1124 (Ministerbesprechung vom 16. 10. 1924). Dazu Stürmer, Koalition (Anm. 12), S. 77 ff.

85 AdR, Kabinette Marx I/II (Anm. 12), Bd. 2, S. 1262 (Anm.). Vor Luther war Marx am 3. 1. 1925 mit der Regierungsbildung beauftragt worden; am 9. 1. erklärte dieser seine auf die Zusammenstellung eines neuen Kabinetts gerichteten Versuche für gescheitert.

April 1925, als Braun erneut zum preußischen Ministerpräsidenten gewählt wurde und eine Minderheitsregierung der Weimarer Koalition bildete.[86]

Die zweite Entscheidung wurde vom Zentrum herbeigeführt. Sollte der Bruch der Großen Koalition in Preußen das letzte große Hindernis aus dem Weg räumen, das der Bildung einer Rechtsregierung im Reich noch im Wege stand, so war das, was Reichsarbeitsminister Brauns namens seiner Partei verlangte und am 6. Januar 1925 im Kabinett durchsetzte, der Versuch einer Flankensicherung nach links. Brauns ließ sich von seinen Kollegen ermächtigen, eine Verordnung über die Arbeitszeit in Kokereien und Hochofenwerken vorzulegen, die für einen Teil der Großeisenindustrie die Rückkehr zum Normalarbeitstag vorsah. Die Ablösung des zehnstündigen Zweischichtensystems zugunsten des im Dezember 1923 abgeschafften achtstündigen Dreischichtensystems entsprach einer Forderung der Gewerkschaften aller Richtungen, also auch der christlichen. Bislang hatte der Reichswirtschaftsminister — der Demokrat Eduard Hamm — die Verkürzung der Arbeitszeit in einem besonders gesundheitsgefährdenden Bereich der Stahlindustrie abgelehnt oder zumindest hinauszuzögern versucht. Wenn das Kabinett Marx, wenige Tage vor seinem definitiven Rücktritt, den Arbeitnehmern in der heftig umstrittenen Arbeitszeitfrage ein weitreichendes Zugeständnis machte, dann vor allem deshalb, weil anders die Einwilligung des Zentrums zum Bündnis mit den Deutschnationalen schwer zu erreichen gewesen wäre. Aber auch den anderen Parteien leuchtete schließlich ein, daß demonstratives Entgegenkommen in einem wichtigen Einzelpunkt die Empörung zu besänftigen versprach, die die Bildung eines Rechtskabinetts in der Arbeiterschaft naturgemäß auslösen mußte.

Der Kabinettsbeschluß vom 6. Januar 1925 hatte indessen auch noch eine grundsätzlichere, in die Zukunft weisende Bedeutung: Soziale Vergünstigungen, die eine Rechtsregierung gewährte, waren etwas anderes als die entsprechenden Maßnahmen eines Mitte-Links-Kabinetts. Von den Unternehmern wurden sie im ersten Fall leichter akzeptiert als im zweiten. Die industriellen Proteste gegen die Kabinettsvollmacht für Brauns klangen denn auch eher gedämpft. Die Regierung Luther nahm die Arbeitszeitverordnung bereits in ihrer zweiten Sitzung am 17. Januar 1925 an. Der Öffentlichkeit wurde mitgeteilt, daß das Kabinett die wirtschaftlichen Schwierigkeiten keineswegs verkenne, die der Industrie durch die teilweise Rückkehr zum Dreischichtensystem erwüchsen. Die sozialpolitische Bedeutung der Frage sei aber so schwerwiegend, daß man sich dem Antrag des Reichsarbeitsministers nicht habe verschließen können.[87]

---

86 Dazu ausführlich Hagen Schulze, Otto Braun oder Preußens demokratische Sendung. Eine Biographie, Frankfurt usw. 1977, S. 466—474. Zur preußischen Regierungskrise siehe auch unten S. 236.

87 AdR, Kabinette Marx I/II (Anm. 12), Bd. 2, S. 1277 f. (Ministerbesprechung vom 6. 1. 1925). Zur Vorgeschichte der Entscheidung: ebda., Bd. 2, S. 1214—1218 (Ministerbesprechung vom 10. 12. 1924). Zur Entscheidung des Kabinetts Luther: Akten der Reichskanzlei (= AdR), Weimarer Republik. Die Kabinette Luther I und II. 15. Januar 1925 bis 20. Januar 1926. 20. Januar 1926 bis 17. Mai 1926, bearb. v. Karl-Heinz Minuth, 2 Bde., Boppard 1977, Bd. 1, S. 2—6 (Kabinettssitzung vom 17. 1. 1925). Der Text der Verordnung über die Arbeitszeit in Kokereien und Hochofenwerken vom 20. 1. 1925 in: RGBl. 1925 I, S. 5. Zum Vorstehenden auch: Stürmer, Koalition (Anm. 12), S. 87 f. Zum Widerstand der Schwerindustrie gegen die Arbeits-

Die Absichten, die Hans Luther seit längerem verfolgte, konnte er bei der Bildung seines Kabinetts nur teilweise in die Tat umsetzen. Der „Politiker ohne Partei", wie er sich rückblickend in seinen Memoiren nannte, erstrebte eine Regierung der Fachleute, die einerseits ein gewisses Maß von Überparteilichkeit verkörpern, andererseits, durch die Nähe der Kabinettsmitglieder zu einer bestimmten Partei, eine feste parlamentarische Rückendeckung haben sollten. Der Öffentlichkeit wünschte Luther den Eindruck zu vermitteln, das neue Kabinett sei kein bloßes Vollzugsorgan der Fraktionen, sondern stünde in ähnlicher Weise über den Niederungen des parlamentarischen Alltags wie vor 1918 die Regierungen der konstitutionellen Monarchie. Den Fraktionen des Reichstags aber, auf die sich Kanzler und Minister stützen wollten, wurde bedeutet, daß sie sich auf „ihre" Kabinettsmitglieder verlassen konnten.[88]

In der Praxis sollte die neue Regierung so zusammengesetzt sein, daß ihr jeweils ein Vertrauensmann der vier Regierungsparteien — Zentrum, DVP, DNVP und BVP — angehörte. Die übrigen Ministerien sollten von Beamten geleitet werden, die jeweils einer dieser Parteien besonders nahestanden. Die Verselbständigung des Kabinetts wollte Luther auch dadurch fördern, daß er für die Regierung eine Art Vetorecht gegen parlamentarische Anträge der vier Fraktionen verlangte. Dagegen wehrte sich vor allem die DVP, und so konnte Luther am Ende nur einen Koordinierungsausschuß der vier Fraktionen durchsetzen, dem die Aufgabe zugedacht war, die Parlamentsarbeit der Regierungsparteien abzustimmen.[89]

Die endgültige Ministerliste sah dann auch anders, nämlich viel weniger überparteilich aus, als Luther dies ursprünglich vorgeschwebt hatte. Die Deutschnationalen, deren Beteiligung am ehesten tarnungsbedürftig erschien, traten gleich mit drei Kabinettsmitgliedern auf: dem Innenminister Schiele, dem Finanzminister von Schlieben und dem Wirtschaftsminister Neuhaus. Die DVP wurde offen durch Außenminister Stresemann und verdeckt durch den von ihr benannten „Fachminister" Krohne repräsentiert, der für Verkehr zuständig war. Das Zentrum blieb durch Arbeitsminister Brauns vertreten; außerdem war dieser Partei der offiziell parteilose Justizminister Frenken zuzurechnen, der gleichzeitig die Geschäfte des Ministers für die besetzten Gebiete führte. Den Postminister stellte mit Karl Stingl die BVP. Ernährungsminister blieb das ehemalige Mitglied der DNVP, Graf Kanitz. Ein Unikum war, daß auf Wunsch des Zentrums auch Reichswehrminister Otto Geßler, der der DDP angehörte, als „Fachminister" im Amt blieb. Seine Partei hatte dieser Lösung am 13. Januar zugestimmt, ohne sich deswegen als Regierungspartei zu betrachten oder von den anderen Fraktionen als solche angesehen zu werden. Der Kanzler selbst galt nicht als Vertrauens-

---

zeitverordnung: Bernd Weisbrod, Schwerindustrie in der Weimarer Republik. Interessenpolitik zwischen Stabilisierung und Krise, Wuppertal 1978, S. 301 ff.

88 Sehr gut die Analyse bei Stürmer, Koalition (Anm. 12), S. 81 ff. Vgl. dazu auch Hans Luther, Politiker ohne Partei, Stuttgart 1960, S. 315 ff.

89 Stürmer, Koalition (Anm. 12), S. 86 f.

mann einer bestimmten Partei, aber es war kein Geheimnis, daß er der DVP näher stand als irgendeiner anderen politischen Gruppierung.[90]

Die Bildung der Regierung Luther ähnelte in manchem der Berufung der Regierung Cuno im November 1922. In beiden Fällen signalisierte ein parteiloser Kanzler die Scheu der Parteien, selbst die volle politische Verantwortung zu übernehmen. Nicht ganz zu Unrecht hatte Reichswehrminister Geßler in einer informellen Ministerbesprechung am 19. Dezember 1924 gemeint, die gegenwärtige „Krisis sei keine Regierungskrisis, sondern, wie schon frühere Krisen, eine Verfassungskrisis." Die beiden Auswege, die Geßler sah, waren entweder „die Stärkung des Reichspräsidenten nach dem Vorbild des amerikanischen Musters" oder die „Stärkung einer einmal berufenen Reichsregierung gegenüber dem Parlament." Solange ein Sozialdemokrat das Amt des Reichspräsidenten innehatte, konnte der erste Weg bürgerlichen Politikern freilich nur bedingt wünschbar erscheinen. Für den zweiten Weg sprach, daß funktionierende parlamentarische Systeme wie das englische dem Regierungschef eine wirkliche Führungsrolle, und das hieß: einen beträchtlichen Handlungsspielraum auch gegenüber der ihn tragenden Parlamentsmehrheit, zugestanden. Aber an der Parteibindung der Regierung gab es nicht den geringsten Zweifel, und ebendiese Bindung empfahl Geßler, darin mit Luther ganz einig, in Deutschland wieder aufzuheben. Die „Reform der Verfassung", die er für nötig hielt und die auf die eine oder andere Weise zur Verselbständigung der Regierung führen sollte, sei, so argumentierte er, mit einem „nichtparlamentarischen Kabinett" leichter zustande zu bringen als mit einem parlamentarischen.[91]

Obwohl die anwesenden Kabinettskollegen, auch Stresemann, Geßler in vielem zustimmten, wurde doch sogleich deutlich, daß die Vorstellungen des Reichswehrministers nicht zum Programm der neuen Regierung werden konnten. Die Vertreter des Zentrums machten nachdrücklich klar, daß sie für eine „Reform der Verfassung" und ein „außerparlamentarisches" Kabinett nicht zu gewinnen waren.[92] Dem „Versuch der Stabilisierung nach rechts", wie Michael Stürmer die Bildung des ersten Kabinetts Luther nennt, waren infolgedessen Grenzen gesetzt. Zwar zollten alle beteiligten Parteien dem Mythos des überparteilichen Fachmannes, einem Relikt des deutschen Obrigkeitsstaates, Tribut. Aber gegen das Zentrum war eine antiparlamentarische Politik nicht zu verwirklichen, und außerdem hatten auch die Rechtsparteien am Gedanken der unmittelbaren Machtausübung mittlerweile zuviel Gefallen gefunden, als daß sie ohne zwingenden Anlaß davon ablassen wollten. Überdies schreckten die Spuren der Regierung Cuno. Das erste „Kabinett der Fachleute" der Weimarer Republik war im Sommer 1923 daran gescheitert, daß es keine feste parlamentarische Basis hatte. Der Wunsch nach einer „sicheren Mehrheit" erwies sich am Ende als so stark, daß die Regierung Luther schon bei ihrer Entstehung auf den Anschein der Überparteilichkeit weit-

90 Zur Kabinettsbildung: Haungs, Reichspräsident (Anm. 12), S. 82 ff.; AdR, Kabinette Luther (Anm. 87), Bd. 1, S. XIX ff. Ein Reichstagsmandat hatte Geßler seit der Wahl vom 7. 12. 1924 nicht mehr.

91 AdR, Kabinette Marx I/II (Anm. 12), Bd. 2, S. 1231—1234.

92 Einwände gegen die Pläne Geßlers erhoben vor allem Marx und Brauns: ebda., Bd. 2, S. 1233.

gehend verzichten mußte. Sie war nicht der „versteckte Bürgerblock", vor dem der Vorsitzende der Deutschen Demokratischen Partei, Erich Koch-Weser, am 3. Januar 1925 gewarnt hatte, sondern eine offene bürgerliche Rechtskoalition, der zum vollen Bürgerblock nur die DDP fehlte.[93]

Es verstand sich von selbst, daß die Sozialdemokratie der neuen Regierung sogleich „rücksichtslosen Kampf" ansagte.[94] Die Verhältnisse schienen so eindeutig wie nie zuvor seit 1914, und aus den ersten sozialdemokratischen Äußerungen klang geradezu Erleichterung darüber heraus, daß die Fronten sich endlich geklärt hatten. Die bürgerliche Sammlung wies der SPD wieder ihre alte Rolle zu — die der Opposition. Für den „Vorwärts" war das Anlaß, am 15. Januar 1925, dem Tag, an dem Luther zum Reichskanzler ernannt wurde, seine Leser an ein historisches Faktum zu erinnern und daraus Hoffnungen für die Zukunft abzuleiten: „In der Opposition ist die Sozialdemokratie groß geworden, und so wird es bald heißen: Der Riese hat wieder die Mutter berührt, und es wachsen ihm neu die Kräfte."[95]

Als Luther jedoch wenige Tage später in seiner ersten Regierungserklärung ausgesprochen maßvolle Töne anschlug, sich zur republikanischen Reichsverfassung als der rechtlichen Grundlage der Regierungsarbeit, zum friedlichen Ausgleich zwischen den Völkern und zum Londoner Abkommen bekannte und schließlich sogar eine Verminderung der geltenden Arbeitszeiten in Aussicht stellte, räumte Breitscheid ein, diese Erklärung hätte auch „Herr Marx abgeben können". Zwar kündigte der Sprecher der SPD dem neuen Kabinett seiner deutschnationalen Mitglieder wegen eine „scharfe und entschlossene" Opposition innerhalb und außerhalb des Parlaments an und sprach von der „unüberbrückbaren Kluft", durch welche die Sozialdemokratie von dieser Regierung getrennt sei.[96] Aber ob die SPD das Kabinett Luther auch dann bekämpfen würde, wenn es außenpolitisch wirklich in die Fußstapfen der Regierung Marx trat und konsequent einer von den Sozialdemokraten seit jeher befürworteten Linie folgte, das konnte bereits im Januar 1925 mit gutem Grund bezweifelt werden.

---

93 Ebda., Bd. 2, S. 1259 f. (Besprechung mit führenden Reichstagsabgeordneten der Regierungsparteien am 3. 1. 1925). Den Wunsch nach einer „sicheren Mehrheit" trug besonders nachdrücklich der Fraktionsvorsitzende der DVP, Scholz, vor. Ebda., Bd. 2. S. 1259. Vgl. auch Stürmer, Koalition (Anm. 12), S. 84 ff.

94 Luthers verschämter Bürgerblock, in: Vorwärts, Nr. 20, 13. 1. 1925.

95 Regierung Luther/Schiele/Stresemann, in: Vorwärts, Nr. 24, 15. 1. 1925.

96 Stenographische Berichte (Anm. 16), Bd. 384, S. 91—95 (Luther am 19. 1. 1925), 98—108 (Breitscheid am 20. 1. 1925). — Die Regierungserklärung Luthers wurde am 22. 1. 1925 vom Reichstag mit 247 gegen 160 Stimmen bei 39 Enthaltungen gebilligt. Einem formellen Vertrauensvotum für Reichskanzler Luther hatte sich das Zentrum widersetzt. Die Enthaltungen kamen vor allem von der DDP. Mit der Billigung der Regierungserklärung waren Mißtrauensanträge von SPD und KPD erledigt. Ebda., S. 231—234. Zur Haltung des Zentrums: AdR, Kabinette Luther (Anm. 87), Bd. 1, S. XXI.

2. „Hindenburg von Thälmanns Gnaden“: Die Reichspräsidentenwahl von 1925

Am 28. Februar 1925 starb, erst 54 Jahre alt, Reichspräsident Friedrich Ebert. Unmittelbare Todesursache war eine Blinddarm- und Bauchfellentzündung. Aber es gibt keinen Zweifel, daß Ebert in Wirklichkeit an etwas anderem starb: an Kränkungen, die ihn seelisch tief verletzt und schließlich auch körperlich zugrunde gerichtet hatten. Die schlimmste war der Vorwurf des Landesverrats, der unter anderem auch von dem Redakteur Erwin Rothardt von der „Mitteldeutschen Presse“, einem völkischen Blatt aus Staßfurt in der preußischen Provinz Sachsen, gegen Ebert erhoben und mit seiner Beteiligung am Berliner Munitionsarbeiterstreik vom Januar 1918 begründet worden war. Am 23. Dezember 1924 verkündete das erweiterte Schöffengericht des Magdeburger Amtsgerichts das Urteil in dem Beleidigungsprozeß, den Ebert gegen Rothardt hatte anstrengen lassen. Das Gericht verurteilte den Angeklagten wegen Beleidigung des Reichspräsidenten zu drei Monaten Gefängnis, stellte aber in der Urteilsbegründung fest, daß die Behauptung Rothardts, Ebert habe durch Teilnahme an dem genannten Streik Landesverrat begangen, im strafrechtlichen Sinne zutreffend sei. Eine Verurteilung wegen übler Nachrede könne daher nicht erfolgen.[97]

Das Magdeburger Urteil war Rufmord, begangen von deutschen Richtern, die das Privileg genossen, ihren antirepublikanischen Ressentiments einen rechtlichen Anstrich zu geben. Es half Ebert nicht viel, daß einige namhafte Rechtsgelehrte, Staatswissenschaftler und Historiker, darunter Gerhard Anschütz und Friedrich Meinecke, sich demonstrativ auf seine Seite stellten, daß die gesamte Reichsregierung, das noch amtierende Kabinett Marx, eine Ehrenerklärung für ihn abgab und der Anklagevertreter im Magdeburger Prozeß sofort in die Berufung ging. Das Urteil tat seine Wirkung, und es wirkte wie Gift. Wer die Republik und ihre Vertreter haßte, mußte sich durch den Magdeburger Spruch in seinem Haß bestätigt fühlen.[98]

---

97 Zum Magdeburger Urteil: Schulthess 1924 (Anm. 17), S. 110—113; Gotthard Jasper, Der Magdeburger Prozeß, in: Friedrich Ebert 1871/1971, Bonn 1971, S. 109—120. — In die Streikleitung war Ebert im Januar 1918 auf Wunsch seiner Partei eingetreten, um den Ausstand möglichst rasch zu beenden. Vgl. Eyck, Geschichte (Anm. 14), Bd. 1, S. 436 ff.; Karl Brammer, Der Prozeß des Reichspräsidenten, Berlin 1925. — Daß die SPD sich im Zusammenhang mit dem Ebert-Prozeß und vor allem bei der Bewertung des Munitionsarbeiterstreiks von 1918 viel zu wenig gegen die nationalistische Agitation wehre, bedauerte Bernstein in einem Brief an Kautsky vom 8. 1. 1925. IISG Amsterdam, Nl. K. Kautsky, DV-529.

98 Zur Ehrenerklärung der Reichsregierung vom 24. 12. 1924: AdR, Kabinette Marx I/II (Anm. 12), Bd. 2, S. 1245—1247; zur Reaktion namhafter Gelehrter: Eyck, Geschichte (Anm. 14), Bd. 1, S. 439. Zu den Verleumdungen des Reichspräsidenten und ihren juristischen Folgen: Wolfgang Birkenfeld, Der Rufmord am Reichspräsidenten. Zu Grenzformen des politischen Kampfes gegen die frühe Weimarer Republik 1919—1925, in: AfS 5 (1965), S. 453—500. Zur politischen Justiz allgemein in Weimar am besten: Gotthard Jasper, Der Schutz der Republik. Studien zur staatlichen Sicherung der Demokratie in der Weimarer Republik 1922—1930, Tübingen 1963.

Deutschnationale Politiker und Journalisten des Hugenberg-Konzerns scheuten auch nicht davor zurück, Ebert in die Affäre Barmat hineinzuziehen, mit der sich seit Januar 1925 ein Untersuchungsausschuß des Reichstags befaßte. Julius Barmat war ein russischer Jude, der zu Beginn des Jahrhunderts in die Niederlande ausgewandert war. Während des Krieges hatte er in großem Maßstab Lebensmittel nach Deutschland geliefert. Führende Sozialdemokraten lernte er nach Angaben des Parteivorstands der SPD auf einer Sitzung der Internationale Ende April 1919 in Amsterdam kennen. Als Lieferant von Lebensmitteln war Barmat für die damals Verantwortlichen ein wertvoller Gesprächspartner. Ebert setzte sich 1919 dafür ein, daß er für seine Reisen nach Deutschland ein Dauervisum erhielt.

Zum Skandal wurde der Fall Barmat erst in der Zeit der Hyperinflation. Spekulationsgeschäfte seines neugegründeten Konzerns wurden durch Kredite der Preußischen Staatsbank und der Reichspost finanziert. Nachdem Barmat im Herbst 1924 in Zahlungsschwierigkeiten geraten war, leitete die Staatsanwaltschaft eine Untersuchung ein und verhaftete Ende des Jahres ihn, seine Brüder Henry und Salomon sowie einige leitende Mitarbeiter des Konzerns. Reichspostminister Höfle vom Zentrum, der für die Vergabe der Postgelder verantwortlich war, mußte Anfang Januar 1925 zurücktreten. Er wurde in Untersuchungshaft genommen, wo er wenige Monate später starb. Von den führenden Sozialdemokraten hatte der frühere Reichskanzler Gustav Bauer die engsten Beziehungen zu Barmat unterhalten; wegen „Verquickung von Politik und Geschäft" veranlaßte ihn der Parteivorstand der SPD im Januar 1925 zur Niederlegung seines Reichstagsmandats.

Das Strafverfahren gegen Julius Barmat kam erst im Frühjahr 1928 zum Abschluß. Der Hauptangeklagte wurde wegen aktiver Bestechung in zwei Fällen zu elf Monaten Gefängnis verurteilt, von denen die Hälfte durch die Untersuchungshaft als verbüßt galt. Im übrigen wurde Barmat freigesprochen. Der skrupelloseste aller Inflationsgewinnler, als den ihn die antisemitische Propaganda der Rechtsparteien jahrelang dargestellt hatte, war der „Ostjude" Barmat schwerlich.[99]

---

99 Zusammenfassend zum „Barmat-Skandal": Eyck, Geschichte (Anm. 14), Bd. 1, S. 432—436. Neben Bauer wurde von der Rechten im Untersuchungsausschuß zur Klärung der Barmat-Affäre vor allem der Fraktionsvorsitzende der SPD im preußischen Landtag, Ernst Heilmann, attackiert, dem aber keinerlei schuldhaftes oder moralisch belastendes Verhalten nachgewiesen werden konnte. Der sozialdemokratische Polizeipräsident von Berlin, Wilhelm Richter, wurde vom preußischen Innenminister Severing seines Amtes enthoben, weil er im Umgang mit Barmat „das Augenmaß zur Erkennung der gebotenen Grenzen" habe vermissen lassen. Ebda., Bd. 1, S. 434; Carl Severing, Mein Lebensweg, 2 Bde., Köln 1950, Bd. 2, S. 50. Gustav Bauer legte gegen seinen Parteiausschluß durch die Berliner Bezirksorganisation mit Erfolg Beschwerde ein. Zur Behandlung des Falles Bauer, dem kein gesetzwidriges, sondern nur ein nach den Maßstäben der SPD moralisch anfechtbares Verhalten zur Last gelegt wurde, auf dem Heidelberger Parteitag: Parteitag 1925 (Anm. 39), S. 27 f., 269 ff. Die Erklärung des Parteivorstands zum Fall Barmat in: Vorwärts, Nr. 20, 13. 1. 1925. Zu dem ähnlich gelagerten Fall des ostjüdischen Geschäftsmannes Iwan Kutisker, mit dem sich Untersuchungsausschuß und Justiz ebenfalls befaßten: AdR, Kabinette Luther (Anm. 87), Bd. 1, S. 70 (Anm.).

Reichspräsident Ebert hatte aus den Kontakten zu Barmat keinerlei persönliche Vorteile gehabt. Aber allein die Tatsache, daß sein Name bei den öffentlichen Anhörungen des parlamentarischen Untersuchungsausschusses mehrfach genannt wurde, war für die Deutschnationalen, auf deren Antrag hin der Reichstag dieses Gremium eingesetzt hatte, Grund zur Genugtuung. Zweck der Ausschußarbeit war, was seine Urheber anging, nicht die Wahrheitsfindung, sondern die Fortsetzung des politischen Kampfes gegen die Republik mit anderen Mitteln. Damit reihte sich auch der „Barmatskandal" ein in die Verleumdungskampagnen der Rechten, mit denen die Republik und ihr oberster Repräsentant seit Jahren überzogen wurden.[100]

Die offiziellen Nachrufe für Friedrich Ebert lassen etwas vom Wunsch nach posthumer Wiedergutmachung erkennen. Das Reichskabinett erklärte, mit Einschluß seiner deutschnationalen Mitglieder, Friedrich Ebert habe „in schwerster Zeit ... das Amt eines deutschen Reichspräsidenten mit vorbildlicher Gewissenhaftigkeit und staatsmännischer Klugheit verwaltet". Die „Charaktereigenschaften des Menschen Friedrich Ebert und die hervorragende Begabung des Staatsmannes" hätten ihm bei allen, die den Mann und sein Werk kannten, Wertschätzung und Verehrung eingebracht. „Er hat dem deutschen Vaterlande in schwerster Zeit als aufrechter Mann gedient."[101]

Auch bei den Sozialdemokraten gab es den verständlichen Wunsch, Wunden vergessen zu machen, die die Partei oder doch Teile von ihr Ebert zugefügt hatten. Nach der Reichsexekution gegen Sachsen im Oktober 1923 waren von örtlichen Gliederungen Parteiausschlußanträge gegen Ebert gestellt worden; aber aus dem gleichen Anlaß hatte auch ein so gemäßigter Sozialdemokrat wie Rudolf Breitscheid scharfe Kritik an Ebert geübt. Der „Vorwärts" deutete in seinem Nachruf vorsichtig an, daß es Differenzen zwischen der SPD und dem sozialdemokratischen Staatsoberhaupt gegeben hatte. Ebert sei als Reichspräsident „trotz der vollkommenen Überparteilichkeit, mit der er sein Amt führte, *mit Hirn und Herz Sozialdemokrat*, Vorkämpfer der Arbeiterklasse und des Sozialismus" geblieben. Aber das Parteiorgan fügte auch hinzu: „Sein Amt entfremdete ihn dem Parteileben und brachte ihn nur bei offiziellen Anlässen mit Volksmassen in Berührung." Der positiven Würdigung des ersten Reichspräsidenten tat das freilich keinen Abbruch. „Nach den großen Theoretikern und den großen Agitatoren war

100 Dazu vor allem Birkenfeld, Rufmord (Anm. 98), S. 453—500.

101 Friedrich Purlitz (Hg.), Deutscher Geschichtskalender 41 (1925), 1. Bd. (Inland), Leipzig o. J., S. 1 f. Auszüge aus Pressestimmen zum Tod Eberts, darunter auch gehässigen Kommentaren rechter Zeitungen in: Vorwärts, Nr. 102, 1. 3. 1925. Von der KPD kam ein bezeichnender Nachruf auf Ebert in der Reichstagssitzung vom 9. 3. 1925, in der die Übernahme der Kosten für seine Beerdigung durch das Reich beraten wurde. Der Abgeordnete Remmele erklärte, Ebert sei „mit dem Fluch des deutschen Proletariats ins Grab gegangen." Die sechs Jahre seiner Präsidentschaft bedeuteten „sechs Jahre Korruption ..., sechs Jahre Barmatismus, sechs Jahre Raub der Staatsgelder durch notorische Schieber und Betrüger, sechs Jahre kapitalistische Räuberordnung für die Reichen, sechs Jahre Blut und Eisen, sechs Jahre Belagerungszustand, sechs Jahre Regierung unter dem § 48 der Verfassung, sechs Jahre Arbeitermorde ..." Stenographische Berichte (Anm. 16), Bd. 384, S. 940.

Ebert der erste große *Staatsmann* der deutschen Arbeiterbewegung. Das forderte eine ganz neue Art des Verständnisses. Indem die Arbeiterklasse sie mehr und mehr gewann, legte sie Zeugnis ab für ihre wachsende Reife. Sie ehrt sich selbst, wenn sie Friedrich Ebert ehrt."[102]

Die Frage, ob Ebert ein Staatsmann, gar ein großer Staatsmann war, ist natürlich nicht schon dadurch beantwortet, daß sie in einigen Nachrufen bejaht wurde. Wenn ein Staatsmann sich dadurch auszeichnet, daß er ein klares Bild von dem hat, was historisch notwendig und möglich ist, und die Wirklichkeit nach diesem Bild gestaltet, dann war Ebert kein Staatsmann. Gewiß steckte eine Art von politischem Konzept in dem Bemühen des Volksbeauftragten Ebert, Brücken zwischen den Klassen zu schlagen und möglichst viele Anhänger des alten Regimes mit der neuen Republik zu versöhnen. Aber die Chancen, die sich in der revolutionären Umbruchsphase von 1918/19 für die Grundlegung einer Demokratie boten, hat er nicht gesehen und folglich auch nicht genutzt. Er verließ sich auf bürokratischen und militärischen Sachverstand, wo politische Führung gefragt war. So trägt er einen guten Teil der Verantwortung für die Belastungen, die der Weimarer Republik aus ihren Anfängen erwuchsen.

Die Befugnisse, die ihm als Reichspräsident zustanden, hat er keineswegs voll ausgeschöpft. Im Gegenteil: Ebert neigte dazu, sich von der Tagespolitik fernzuhalten. Zwar hat er viele richtige Einsichten gehabt — seine zeitweilige Bereitschaft etwa, in der Kriegsschuldfrage eine Offensive der Ehrlichkeit zu beginnen; die Erkenntnis, daß der Vertrag von Rapallo die Westmächte gegen Deutschland aufbringen mußte und darum mit großen außenpolitischen Risiken behaftet war; das Gefühl für den Kompromiß als Imperativ praktischer Koalitionspolitik. Aber der zutreffenden Einsicht entsprach kaum je der Wille, das für richtig Erkannte gegen Widerstände in die Tat umzusetzen.

Es gab folgenschwere Fehlentscheidungen des Reichspräsidenten: die Deckung Noskes und damit einer Politik, die die Reichswehr zum Staat im Staat machte; die Berufung des Nichtpolitikers Cuno zum Reichskanzler in einem Augenblick, wo Deutschland mehr denn je einen politisch erfahrenen Regierungschef brauchte; die überstürzte Reichsexekution gegen Sachsen im Herbst 1923, die die Chance einer gewaltfreien Lösung des Konflikts zerstörte.

In kritischen Situationen, in denen der Reichspräsident unmittelbar auf Entscheidungen des Kabinetts hätte Einfluß nehmen können und müssen — die Krise vom Herbst 1923 bietet dafür mehr als ein Beispiel —, ließ Ebert sich durch einen Beamten vertreten. Für den Schaden, den der großzügige Umgang mit dem Notverordnungsartikel 48 im allgemeinen und dem Ausnahmezustand im beson-

102 Ein Sohn des Volkes. Führer in schwerster Zeit, in: Vorwärts, Nr. 101, 28. 2. 1925 (Hervorhebungen im Original). Zu den Ausschlußanträgen u. a. aus Frankfurt: Parteitag 1924 (Anm. 15), S. 52 (Wels), 97 (Marckwald). Tatsächlich ausgeschlossen wurde Ebert von seiner Gewerkschaft, dem Sattlerverband. Dazu Friedrich Stampfer, Die vierzehn Jahre der ersten deutschen Republik, 3. Aufl. Hamburg 1953, S. 439. Zu Breitscheid vgl. den vorhergehenden Bd., S. 665.

SONDER-AUSGABE
der

Berlin,
8. März 1925

10 Pf.

A B Z
AKTUELLE BILDER-ZEITUNG

Eine illustrierte Wochenzeitung für 10 Pf. mit dem Inhalt einer großen Tageszeitung

Eine Zeitung für Politik des gesunden Menschenverstandes zur Milderung politischer Gegensätze

ZUM GEDÄCHTNIS
des ersten deutschen Reichspräsidenten Friedrich Ebert

Preß-Photo-News-Service
Die Söhne des verstorbenen Reichspräsidenten hinter dem Sarge.

Herlemann
Aufbahrung des Sarges vor dem Potsdamer Bahnhof.

Continental
Nuntius Pacelli und der englische Botschafter Lord d'Abernon nach der Feier.

Wolter
Die militärische Trauerparade, an der Truppenteile aller größeren deutschen Staaten teilnahmen, vor dem Reichspräsidenten-Palais. Die Truppen defilieren zum letzten Male vor ihrem toten Oberbefehlshaber, um ihm alsdann das letzte Geleit zu geben.

Wolter
Das Diplomatische Korps vor dem Palais des verstorbenen Reichspräsidenten.
1. japan. Botsch. Honda ; 2. span. Botsch. Soler; 3. frz. Botsch. de Marguerie; 4. seine Gattin; 5. russ. Botsch. Krestinski; 6. engl. Botsch. Lord D'Abernon; 7. Doyen des dipl. Korps Nuntius Pacelli; 8. dän. Botsch. Exzellenz Zahle.

Die reguläre Ausgabe der A B. Z. — Aktuelle Bilder-Zeitung — erscheint jeden Mittwoch 16 Seiten stark, mit zirka 100 Bildern für 10 Pfennig in Groß-Berlin, außerhalb 15 Pfennig. Zu haben bei allen Zeitungshändlern.

„Nach den großen Theoretikern und den Agitatoren war Ebert der erste große Staatsmann *der Arbeiterbewegung“: Szenen aus dem Staatsbegräbnis für Friedrich Ebert, veröffentlicht in einer Sonderausgabe der „Aktuellen Bilder-Zeitung“ vom 8. März 1925.*

deren der parlamentarischen Demokratie zufügen mußte, hatte der erste Reichspräsident offensichtlich kein Gespür.[103]

An Friedrich Eberts persönlicher Integrität ist nicht zu zweifeln. Er hat sich stets nach bestem Wissen und Gewissen bemüht, dem Amtseid getreu seine Kraft dem Wohle des deutschen Volkes zu widmen und Schaden von ihm zu wenden. Er war ein überzeugter Demokrat, ein deutscher Patriot und ein Mann der friedlichen Verständigung zwischen den Völkern. Den meisten bürgerlichen Akademikern, die auf ihn als „Emporkömmling" gern herabblickten, war dieser gelernte Sattler, was politische und menschliche Bildung betraf, weit überlegen. Die Würde, mit der er niederträchtige Angriffe ertrug, war eindrucksvoll. Aber daß er der Weimarer Republik durch eigene Gedanken und tatkräftiges Handeln einen unverwechselbaren persönlichen Stempel aufgedrückt hat, kann man nicht sagen. Zur historischen Größe hätte mehr als das gehört, was Friedrich Ebert zu geben vermochte.

*

Zum sozialdemokratischen Bewerber um die Nachfolge Eberts bestimmte der Parteivorstand zunächst den Reichstagspräsidenten Paul Löbe und, nachdem dieser eine Kandidatur abgelehnt hatte, den bisherigen preußischen Ministerpräsidenten Otto Braun, der am 23. Januar 1925 im Zuge einer von der DVP ausgelösten Regierungskrise von seinem Amt zurückgetreten war. Auch Braun hatte sich dem Ruf der Partei zunächst entziehen wollen, da er in der preußischen Politik aktiv zu bleiben wünschte und überdies mit einer Niederlage bei der Reichspräsi-

103 Vgl. dazu Günter Arns, Friedrich Ebert als Reichspräsident, in: HZ, Beiheft 1: Beiträge zur Geschichte der Weimarer Republik, München 1971, S. 1—30, dessen Urteil ich im wesentlichen teile. Sehr viel wohlwollender ist die Würdigung von Hans Mommsen, Friedrich Ebert als Reichspräsident, in: ders., Arbeiterbewegung und Nationale Frage. Ausgewählte Aufsätze, Göttingen 1979, S. 296—317. Aber auch Mommsen kritisiert u. a. die Anwendung des Artikels 48 für Zwecke, die nichts mit einem wirklichen Notstand zu tun hatten. So wurde z. B., nur weil eine rechtzeitige gesetzliche Regelung nicht ergangen war, der Schutz des Funkverkehrs im März 1924 durch Notverordnung geregelt. Schon unter der Präsidentschaft Eberts wurde der Artikel 48 immer mehr zum Instrument einer beschleunigten Gesetzgebung durch den „Ersatzgesetzgeber", den Reichspräsidenten. Im Jahre 1919 wurde der Artikel 48 II fünfmal, 1920 37 mal, 1921 19 mal und 1922 achtmal in Anspruch genommen. 1923 ergingen dann 42 Verordnungen des Reichspräsidenten nach Artikel 48, fast durchwegs Maßnahmen zur Behebung wirtschaftlicher Notstände. Insgesamt wurden unter Ebert 136 Verordnungen auf Grund von Artikel 48 II erlassen. Vgl. dazu vor allem: Gerhard Schulz, Artikel 48 in politisch-historischer Sicht, in: Ernst Fraenkel (Hg.), Der Staatsnotstand, Berlin [W] 1965, S. 39—71, sowie die im vorhergehenden Bd., Anm. 4/45, angegebene Lit. — Einen „Mißbrauch der Reichsverfassung" sah der preußische Ministerpräsident Otto Braun in der extensiven Auslegung des Artikels 48. Seine — dem Reichskanzler Wilhelm Marx am 9. 12. 1924 übermittelte — massive Kritik hatte eine schwere Verstimmung Eberts zur Folge. Dazu Schulze, Braun (Anm. 86), S. 457 f. sowie unten S. 404.

dentenwahl rechnete. Erst massiver Druck des einen der beiden Parteivorsitzenden, Otto Wels, veranlaßte ihn schließlich, seine Bedenken zurückzustellen.[104]

Brauns Mitbewerber waren der frühere Reichsinnenminister und damalige Oberbürgermeister von Duisburg, Karl Jarres, den die Deutsche Volkspartei, die Deutschnationalen und die Wirtschaftspartei unterstützten; der ehemalige Reichskanzler und Zentrumspolitiker Wilhelm Marx; der badische Staatspräsident Willy Hellpach, Kandidat der Demokraten; Bayerns Ministerpräsident Held, der von der Bayerischen Volkspartei aufgestellt worden war; von den Kommunisten der bislang noch weitgehend unbekannte Ernst Thälmann und von den Völkischen schließlich der General außer Diensten Erich Ludendorff.[105]

Im ersten Wahlgang der Reichspräsidentenwahl am 29. März 1925 erhielt keiner der Kandidaten die erforderliche absolute Mehrheit der Stimmen. Im einzelnen sah die Stimmenverteilung folgendermaßen aus:

Jarres	10 416 658	(38,8 %)
Braun	7 802 497	(29,0 %)
Marx	3 887 734	(14,5 %)
Thälmann	1 871 815	(7,0 %)
Hellpach	1 568 398	(5,8 %)
Held	1 007 450	(3,7 %)
Ludendorff	285 793	(1,1 %)
Andere	25 761	(0,1 %)

Jarres hatte damit ungefähr so viele Stimmen erhalten wie die ihn unterstützenden Parteien bei der Reichstagswahl vom 7. Dezember 1924, und für Braun galt dasselbe. Marx und Hellpach büßten, verglichen mit ihren Parteien, an Stimmen ein — wenn auch nicht in dramatischem Umfang. Sehr viel stärker waren die Verluste von Held: Er erhielt in Bayern über eine halbe Million Stimmen weniger als im Dezember 1924 die ihn stützenden Parteien, die BVP und der Bayerische Bauernbund. Besonders auffallend aber war das schlechte Abschneiden der beiden extremen Kandidaten: Thälmann verbuchte über 800 000 Stimmen weniger als seine Partei knapp vier Monate vorher; Ludendorff erhielt über 600 000 Stimmen weniger als die Nationalsozialisten und Völkischen im Dezember 1924, wobei freilich zu bedenken ist, daß die Deutschvölkische Freiheitspartei im März 1925 nicht mit der NSDAP an einem Strang zog, sondern Jarres unterstützte. Die

104 Otto Braun, Von Weimar zu Hitler, Hamburg 1949, S. 81 ff.; Schulze, Braun (Anm. 86), S. 471 ff.; Stampfer, Vierzehn Jahre (Anm. 102), S. 448 ff. Zu Bemühungen um „eine bürgerliche Sammelkandidatur Geßler“: Eyck, Geschichte (Anm. 14), Bd. 1, S. 442 f., Roland Thimme, Stresemann und die Deutsche Volkspartei 1923—1925, Lübeck usw. 1961, S. 113 ff.

105 Die Kandidatur von Jarres war am 7. 3. 1925 im „Loebell-Ausschuß“ vereinbart worden. Diesem Gremium, das sich Anfang 1925 unter dem Vorsitz des Präsidenten des „Reichsbürgerrats“, Friedrich Wilhelm von Loebell, konstituiert hatte, gehörten neben Vertretern von DNVP, DVP, BVP, Landbund und Wirtschaftspartei an Albert Vögler für die Schwerindustrie, Emil von Stauss für die Großbanken und Wilhelm Freiherr von Gayl für die „Vaterländischen Verbände“. Ebda., S. 109 ff.

Entradikalisierung, die bereits zwischen den Reichstagswahlen vom Mai und Dezember 1924 zu beobachten war, hatte sich also fortgesetzt, und am Hauptgrund dieser Entwicklung gab es keinen Zweifel: Es war die wirtschaftliche Erholung, die sich auch im Rückgang der Arbeitslosenzahlen niederschlug. Viele der Wähler, die im Dezember 1924 noch für Kommunisten und Nationalsozialisten gestimmt hatten, blieben im März 1925 offenbar den Wahllokalen fern. Mit 68,9 % lag die Wahlbeteiligung am 29. März 1925 um etwa 10 % niedriger als bei der letzten Reichstagswahl. Das Ergebnis des ersten Wahlgangs der Reichspräsidentenwahl läßt kaum eine andere Deutung zu, als daß dieses Minus vor allem zu Lasten der Flügelparteien ging.[106]

Für die Parteien der Weimarer Koalition war klar, daß sie den Kandidaten der Rechten im zweiten Wahlgang, in dem die relative Stimmenmehrheit ausreichte, nur schlagen konnten, wenn sie sich auf einen gemeinsamen Bewerber einigten. Die Sozialdemokraten hatten zwar von allen „Weimarer" Parteien am besten im Rennen gelegen, wußten aber aus dem Kaiserreich, daß Stichwahlempfehlungen zugunsten der SPD von vielen bürgerlichen Wählern nicht befolgt wurden. Das sprach für die Unterstützung eines Kandidaten, der nicht der SPD angehörte.

Der Zentrumspolitiker Marx war nicht besonders volkstümlich, und man mußte auch befürchten, daß manche Protestanten davor zurückscheuen würden, einen Katholiken zum Reichspräsidenten zu wählen. Auf der anderen Seite aber war Marx auch ein Bewerber um das Amt des preußischen Ministerpräsidenten: Er war zweimal — am 10. Februar und am 10. März 1925 — zum Regierungschef des größten Reichslandes gewählt worden, aber kurz danach wieder zurückgetreten: das erste Mal, weil er keine parlamentarische Mehrheit für sein Kabinett der Weimarer Koalition fand, das zweite Mal, weil DVP und DNVP seine Kandidatur bei der Reichspräsidentenwahl für unvereinbar mit dem Amt des preußischen Ministerpräsidenten erklärten. Ein Tauschgeschäft lag nahe: Die SPD unterstützte Marx im zweiten Wahlgang der Reichspräsidentenwahl, und das Zentrum verpflichtete sich, Braun zum preußischen Ministerpräsidenten zu wählen. Nach einem weiteren Zwischenspiel der preußischen Regierungskrise — dem erfolglosen Versuch des Demokraten Höpker-Aschoff, ein Kabinett zu bilden — einigten sich am 3. April 1925 SPD, Zentrum und DDP endgültig darauf, Marx als gemeinsamen Kandidaten für das Amt des Reichspräsidenten aufzustellen. Am gleichen Tag wurde Otto Braun mit 220 von 430 gültigen Stimmen zum preußischen Ministerpräsidenten gewählt.[107]

---

106 Das Ergebnis des ersten Wahlgangs in: Statistik des Deutschen Reichs, Bd. 321, Berlin 1925, S. 6 f. Zum Vergleich mit dem Ergebnis der Reichstagswahlen vom 7. 12. 1924 siehe oben S. 217. Zur wirtschaftlichen Entwicklung siehe oben S. 28. Den Rückgang der Arbeitslosigkeit illustrieren folgende Zahlen. Ende April 1924 waren 10,4 % der Mitglieder der Freien Gewerkschaften ohne Erwerb, Ende November 1924 7,3 %, Ende März 1925 5,8 %. Jahrbuch 1925 des Allgemeinen Deutschen Gewerkschaftsbundes. Berlin 1926, S. 32.

107 Schulze, Braun (Anm. 86), S. 473 f.; Stampfer, Vierzehn Jahre (Anm. 102), S. 451 .; Purlitz 1925 (Anm. 101), Bd. 1 (Inland), S. 225—243. Zur preußischen Regierungskrise auch Herbert Hömig, Das preußische Zentrum in der Weimarer Republik, Mainz 1979, S. 127 ff.; Horst Möller, Parlamentarismus in Preußen 1919—1932, Düsseldorf 1985, S. 356 ff.

Gegen Marx als Kandidaten des republikanischen „Volksblocks" hatte Jarres keine Chance. Die Rechte mußte also, wenn sie gewinnen wollte, nach einem anderen, populäreren Kandidaten Ausschau halten. Da nach dem Gesetz über die Wahl des Reichspräsidenten vom 4. Mai 1920 auch solche Bewerber zum zweiten Wahlgang antreten durften, die am ersten nicht teilgenommen hatten, hatten die „nationalen Kreise" freie Hand. Sie verfielen auf den Generalfeldmarschall Paul von Hindenburg, der, fast 78 Jahre alt, jetzt im Ruhestand in Hannover lebte. Zwar hatte Hindenburg, wie Erich Eyck in seiner „Geschichte der Weimarer Republik" schreibt, „sich nie um Politik gekümmert und verstand nicht mehr davon als irgendein anderer pensionierter Offizier, zwar gehörten seine Gedanken einer Welt, die unwiderruflich dahin war, zwar hielt er sich selbst für das Präsidentenamt für völlig ungeeignet. Aber er besaß einen großen Namen, der mit den glorreichsten Erinnerungen des Weltkriegs verbunden war. Darauf kam es den ‚Machern' seiner Kandidatur an." Am 7. April konnte der ehemalige Großadmiral von Tirpitz Hindenburg die Zustimmung zu seiner Bewerbung um das Amt des Reichspräsidenten abringen; am gleichen Tag noch entschloß sich Jarres, zugunsten von Hindenburg aus dem zweiten Wahlgang auszuscheiden; am 8. April gab der „Reichsblock", das eigens für die Präsidentschaftswahlen geschaffene Kartell der Rechten, die Kandidatur Hindenburgs offiziell bekannt.[108]

Die Aufstellung Hindenburgs war ein Erfolg der Deutschnationalen und ihres wichtigsten gesellschaftlichen Stützpfeilers, der ostelbischen Großlandwirtschaft. Die Deutsche Volkspartei und die rheinisch-westfälische Großindustrie hatten bis zuletzt an Jarres festgehalten; nachdem dieser aber selbst von seiner Bewerbung zurückgetreten war, schwenkten die DVP und die ihr nahestehenden Unternehmerkreise widerstrebend in das Lager Hindenburgs ein. Die Bedenken, die vor allem Stresemann, der Vorsitzende der Deutschen Volkspartei, gegen einen Reichspräsidenten Hindenburg hatte, waren in erster Linie außenpolitischer Natur: Bei den westlichen Siegermächten mußte eine Wahl Hindenburgs als Bekenntnis Deutschlands zu Revanche, Militarismus und monarchischer Restauration verstanden werden. Negative Folgen für seine, Stresemanns, Außenpolitik waren wahrscheinlich.[109]

Das Echo, das die Bewerbung des kaiserlichen Feldmarschalls in der amerikanischen, englischen und französischen Presse fand, war so negativ, wie der Außenminister es erwartet hatte. Auch Reichskanzler Luther war wegen der Reaktionen des Auslands außerordentlich besorgt. Am 14. April 1925 unternahm er deswegen einen persönlichen Versuch, die Kandidatur Hindenburgs doch noch zu verhindern: Er bat den amtierenden Reichspräsidenten, den Präsidenten des Reichsgerichts, Walter Simons, sich selbst für den zweiten Wahlgang zur Verfügung zu stellen und die beiden Kontrahenten Hindenburg und Marx zu bewegen,

108 Eyck, Geschichte (Anm. 14), Bd. 1, S. 444 f.; Purlitz, 1925 (Anm. 101), Bd. 1 (Inland), S. 11. Zur Vorgeschichte der Kandidatur Hindenburgs v. a.: Thimme, Stresemann (Anm. 104), S. 125 ff.

109 Ebda., S. 130 ff.; Andreas Dorpalen, Hindenburg in der Geschichte der Weimarer Republik (amerik. Orig.: Hindenburg and the Weimar Republic, Princeton 1964), Berlin [W] usw. 1966, S. 68 ff.

ihre Bewerbungen zurückzuziehen. Simons schloß jedoch die Möglichkeit, daß Hindenburg zu seinen Gunsten verzichten könne, von vornherein aus, und lehnte daher den Vorschlag Luthers ab.[110]

Die Befürchtungen, daß Hindenburg tatsächlich gewählt werden könne, kamen nicht von ungefähr. Der „Sieger von Tannenberg" hatte von Anfang an viel bessere Erfolgsaussichten als Jarres. Er war mit der ausdrücklichen Zustimmung der Bayerischen Volkspartei als Kandidat des „Reichsblocks" aufgestellt worden, konnte also damit rechnen, bei den deutschen Katholiken und in Süddeutschland sehr viel besser abzuschneiden als der ebenfalls evangelische Duisburger Oberbürgermeister. Waren die Republikaner schon bisher besorgt gewesen, daß dem Katholiken Marx viele protestantische und antiklerikale Stimmen vorenthalten werden könnten, so wußten sie jetzt, daß er auch einen erheblichen Teil des katholischen Deutschland gegen sich hatte. Mit an Sicherheit grenzender Wahrscheinlichkeit war anzunehmen, daß manche konservativ gesinnten Zentrumswähler ähnlich dachten wie die Führer der BVP: Noch wichtiger als die Konfession des Kandidaten war ihnen seine Gegnerschaft zur Sozialdemokratie.[111]

Hoffnungen, links zu gewinnen, was sie rechts verloren, konnten die Architekten des „Volksblocks" kaum haben. Denn am 11. April 1925 beschloß die Zentrale der KPD, daß Thälmann im Rennen bleiben sollte. Zwar war den Kommunisten klar, daß diese Entscheidung die Niederlage des bürgerlichen Republikaners und den Sieg des monarchistischen Marschalls bedeuten konnte. Aber diese Konsequenz nahm die Parteiführung gelassen hin: „Es ist nicht die Aufgabe des Proletariats, den geschicktesten Vertreter der Bourgeoisinteressen auszusuchen, zwischen dem Zivildiktator Marx und dem Militärdiktator Hindenburg das kleinere Übel zu wählen. Wir rufen die Massen auf: Organisiert den Massenkampf

---

110 AdR, Kabinett Luther (Anm. 87), Bd. 1, S. 243—245. Simons verwies Luther darauf, daß Hindenburg ihm in der Öffentlichkeit Hochverrat und sogar Landesverrat vorgeworfen habe. Eine Kandidatur von Simons, der unter Fehrenbach 1920/21 das Amt des Reichsaußenministers bekleidet hatte, war bereits am 9. 3. 1925 von der DDP ins Gespräch gebracht worden; für ihn hatten sich schon am 3. 4. 1925 auch Julius Curtius von der DVP, Johann Leicht von der BVP und Reichskanzler Luther ausgesprochen. Da sich SPD und Zentrum mittlerweile auf Marx geeinigt hatten, blieb dieser Vorstoß jedoch folgenlos. Ebda., Bd. 1, S. 231—236 (Besprechungen mit Parteiführern am 3. 4. 1925); Thimme, Stresemann (Anm. 104), S. III ff.

111 Zu den konfessionellen Vorbehalten gegenüber Marx: Karl Holl, Konfessionalität, Konfessionalismus und demokratische Republik — Zu einigen Aspekten der Reichspräsidentenwahl von 1925, in: VfZ 17 (1969), S. 254—275. Sehr deutlich kamen die Bedenken gegenüber dem Katholizismus von Marx zum Ausdruck in der Sitzung des Parteiausschusses der DDP vom 5. 4. 1925, in: Linksliberalismus (Anm. 24), S. 342—349. Zur Stellung der Bayerischen Volkspartei: Hanns-Jochen Hauss, Die erste Volkswahl des deutschen Reichspräsidenten. Eine Untersuchung ihrer verfassungspolitischen Grundlagen, ihrer Vorgeschichte und ihres Verlaufs unter besonderer Berücksichtigung des Anteils Bayerns und der Bayerischen Volkspartei, Kallmünz 1965; Klaus Schönhoven, Die Bayerische Volkspartei 1924—1932, Düsseldorf 1972, S. 116 ff. Zur Haltung der Katholiken bei den Präsidentschaftswahlen von 1925: John Zeender, The German Catholics and the Presidential Election of 1925, in: JMH 35 (1963), S. 366—381. Außer der BVP sprachen sich auch der Bayerische Bauernbund und die Deutsch-Hannoversche Partei, die beide im ersten Wahlgang Held unterstützt hatten, für Hindenburg aus. Purlitz 1925 (Anm. 101), Bd. 1 (Inland), S. 11 f.

gegen die Bourgeoisdiktatoren, gegen Hindenburg und Marx! ... Jeder klassenbewußte Arbeiter stimmt gegen Hindenburg und Marx für Thälmann!“[112]

Die Sozialdemokraten waren sich des Ernstes der Lage bewußt; „Republikaner, die Republik ist in Gefahr!“ erklärte der Parteivorstand der SPD in einem Aufruf vom 11. April, noch bevor der Beschluß der kommunistischen Parteizentrale bekannt geworden war. „Die Kandidatur Hindenburgs ist eine Gefahr für den Frieden! Maßloses Unglück brächte diese Wahl über das gesamte deutsche Volk.“ Ein Sieg Hindenburgs, eines eingeschriebenen Mitglieds der Deutschnationalen, laufe hinaus auf die Befestigung der Herrschaft der Schwerindustrie und der Großagrarier. „Die Gegner werden alles aufbieten, um das Heer der Nichtwähler für sich zu mobilisieren, alle Verleumdungen werden neu ausgespielt, alle Lügen neu gelogen, alle Instinkte des Nationalismus, der religiösen und sozialen Vorurteile aufgepeitscht werden. Deshalb stimmt am 26. April für den Block der Republik! Stimmt für Wilhelm Marx!“[113]

Am Vorabend des entscheidenden Wahlgangs wurden die sozialdemokratischen Warnungen noch um einige Töne dramatischer. Der „Vorwärts“ erschien am 25. April mit der Balkenüberschrift: „Rettet Volk und Land! Arbeit für Hindenburg ist Selbstmord aus Dummheit!“ Die Kandidatur des Feldmarschalls werde vom weitaus überwiegenden Teil der Weltmeinung als „ein Stück aus dem Tollhaus“ betrachtet, seine Wahl wäre ein „ungeheurer, gar nicht abzuschätzender Schaden für das deutsche Volk“. Mit seinem persönlichen Regiment, seinem Klassenwahlrecht, seiner Neigung, sich in Gesten und Phrasen einer blinden Machtpolitik zu berauschen, habe Deutschland vor dem Krieg „wie ein Fremdkörper“ dagestanden. „Wer für Hindenburg arbeitet, der arbeitet dafür, daß Deutschland abermals in der Welt ‚wie ein Fremdkörper‘ dastehen soll.“[114]

Der Satz, daß die Deutschen „in dieser Welt, von der wir uns politisch und wirtschaftlich in keiner Weise abschließen können, nicht wie ein Fremdkörper dastehen“ dürften, stammte aus einer Rundfunkrede, die der Kandidat des „Volksblocks“ tags zuvor, am 24. April, gehalten hatte. Der „Vorwärts“ zitierte Wilhelm Marx wörtlich, um seinen Lesern in letzter Stunde nochmals die ungeheure Tragweite der bevorstehenden Wahlentscheidung vor Augen zu führen. Hindenburgs Berater wußten, welche Befürchtungen sich innerhalb und außerhalb Deutschlands mit dem Namen des Feldmarschalls verknüpften. Deshalb versuchte der Kandidat des „Reichsblocks“ zwei Tage vor der Wahl, ebenfalls über den Rundfunk, diese Besorgnisse zu entkräften. Er erklärte „vor der ganzen Welt“, daß es immer sein größtes Bestreben sein werde, neue Kriegsgefahren fernzuhalten und den Kriegsopfern der Vergangenheit nach Kräften zu helfen. „Dieses Ziel werden wir dann am sichersten erreichen, wenn wir den anderen Nationen das Bild eines

112 DuM (Anm. 48), Bd. 8, S. 130—133. Der Aufruf der KPD wurde in der RF vom 12. 4. 1925 veröffentlicht. Zur Haltung der KPD in der Frage der Präsidentschaftskandidatur vgl. auch unten S. 417 f.

113 DuM (Anm. 48), Bd. 8, S. 126—130. Die Behauptung der SPD, Hindenburg sei eingetragenes Mitglied der DNVP, war irrig. Daß er den Deutschnationalen sehr nahestand, war allgemein bekannt.

114 Vorwärts, Nr. 195, 25. 4. 1925.

Volkes zeigen, das die harte Not der Zeit zu wahrer und inniger Einigkeit zusammengeführt hat, das Bild eines Volkes, das entschlossen ist, in Arbeit und Sparsamkeit, in Ehrlichkeit und Vertrauen zusammenzustehen, einer dem anderen zu helfen, nach besten Kräften die Lasten zu tragen, einig zu sein in der Hingabe an das große Ganze, nicht nur nach Rechten, sondern zuerst nach Pflichten zu fragen."[115]

Am 26. April 1925 fielen die Würfel. Hindenburg siegte mit einem Vorsprung von etwa 900 000 Stimmen über Marx. Das amtliche Endergebnis des zweiten Wahlgangs zeigte folgende Stimmenverteilung:

Hindenburg	14 655 641	(48,3 %)
Marx	13 751 605	(45,3 %)
Thälmann	1 931 151	(6,4 %)
Andere	13 416	(0,0 %)

Der Kandidat des „Volksblocks" konnte zwar fast eine halbe Million Stimmen mehr erzielen, als auf die drei „Weimarer" Kandidaten — Braun, Marx, Hellpach — zusammen im ersten Wahlgang entfallen waren. Aber Hindenburg überbot das Ergebnis der drei „rechten" Bewerber vom 29. März — Jarres, Held, Ludendorff — um fast drei Millionen. Ein Hauptgrund für den Erfolg des „Reichsblocks" war augenscheinlich die Mobilisierung ehemaliger Nichtwähler. Beim ersten Wahlgang waren 26 866 106 gültige Stimmen abgegeben worden, beim zweiten waren es 30 351 813, also fast dreieinhalb Millionen mehr; die Wahlbeteiligung stieg von 68,9 % auf 77,6 %.

Aber daneben gab es auch bemerkenswerte Verschiebungen zwischen den „Blöcken". Betrachten wir zunächst die Wahlkreise, in denen der „Volksblock" entgegen dem Reichstrend gegenüber dem ersten Wahlgang Stimmen verlor:

Wahlkreis	Verluste Marx gegenüber „Weimarer" Kandidaten	Gewinne Hindenburg gegenüber „rechten" Kandidaten	Gewinne Thälmann	Steigerung der abgegebenen gültigen Stimmen
Ostpreußen	— 28 081	+ 150 610	+ 5 068	+ 131 611
Pommern	— 27 247	+ 113 388	+ 8 793	+ 94 459
Liegnitz	— 13 606	+ 76 266	+ 4 667	+ 67 399
Merseburg	— 23 040	+ 66 516	+ 3 202	+ 64 594
Dresden-Bautzen	— 55 690	+ 107 793	+ 28 512	+ 80 711
Leipzig	— 50 012	+ 58 138	+ 13 543	+ 22 875
Chemnitz-Zwickau	— 52 274	+ 113 132	+ 38 783	+ 100 016
Hamburg	— 11 359	+ 73 849	+ 1 152	+ 63 459
Mecklenburg	— 13 784	+ 43 477	+ 1 529	+ 30 957

115 Purlitz 1925 (Anm. 101), Bd. 1 (Inland), S. 17.

In allen Wahlkreisen waren die Gewinne des „Reichsblocks" größer als der Zuwachs der abgegebenen gültigen Stimmen und die Gewinne Thälmanns geringer als die Verluste des „Volksblocks". Zu erheblichen Teilen müssen also auch Stimmen, die im ersten Wahlgang für einen der „Weimarer" Kandidaten abgegeben worden waren, zu Hindenburg gewandert sein. In den drei sächsischen Wahlkreisen hat sich ein erheblicher Teil der Braun-Wähler des ersten Wahlgangs offenbar geweigert, im zweiten Wahlgang für den Katholiken Marx zu stimmen und stattdessen Thälmann gewählt oder gar nicht an der Abstimmung teilgenommen. Alle neun Wahlkreise, in denen der „Volksblock" Stimmen verlor, waren ganz überwiegend protestantische Gegenden.

Die größten Einbrüche in die katholische Wählerschaft erzielte Hindenburg erwartungsgemäß in Bayern. In den drei rechtsrheinischen bayerischen Wahlkreisen war der „Reichsblock" stärker als der „Volksblock". Aber in allen drei Wahlkreisen konnte Marx doch erheblich mehr Stimmen gewinnen als Braun, Hellpach und er zusammen im ersten Wahlgang. Die Aufforderung von BVP und Bayerischem Bauernbund, im zweiten Wahlgang für Hindenburg zu stimmen, wurde von vielen, aber keineswegs von allen ihren Anhängern befolgt. Im Wahlkreis Niederbayern, einer Hochburg von Bayerischer Volkspartei und Bayerischem Bauernbund, erhielt der Kandidat des „Reichsblocks" am 26. April sogar weniger Stimmen als Held, Jarres und Ludendorff zusammen am 29. März. Die Wahlbeteiligung war hier bei beiden Wahlgängen außerordentlich niedrig (44,4 % und 49,3 %):

Wahlkreis	Gewinne Marx gegenüber Marx/ Braun/ Hellpach	Gewinne/ Verluste Hindenburg gegenüber Jarres/Held/ Ludendorff	Gewinne Thälmann	Steigerung der Wahlbeteiligung
Oberbayern-Schwaben	+ 89 890	+ 23 595	+ 978	+ 112 761
Niederbayern	+ 58 614	— 11 713	+ 1 436	+ 41 390
Franken	+ 118 828	+ 57 259	+ 2 451	+ 177 899

Aber auch außerhalb Bayerns konnte Hindenburg Stimmen von Katholiken gewinnen. Im oberschlesischen Wahlkreis Oppeln mit einem Katholikenanteil von 88,5 % kam Hindenburg auf 39,8 % der Stimmen. Doch hatten hier bereits im ersten Wahlgang die drei „rechten" Kandidaten 32 % erzielt. In einer anderen Grenzprovinz, in Ostpreußen, wurde dem Mythos des „Siegers von Tannenberg" auch im katholischen Ermland Tribut gezollt. Mit Ausnahme *eines* Kreises (Allenstein-Stadt) konnte Marx jedoch überall Hindenburg überrunden, und wie in Oppeln war hier der nationalistische Stimmensockel für ein überwiegend katholisches Gebiet ungewöhnlich hoch:

Gemeinde	Katho-liken-Anteil	1. Wahlgang „Wei-marer“ Kandi-daten	1. Wahlgang „rechte“ Kandi-daten	2. Wahlgang Marx	2. Wahlgang Hinden-burg
	%	%	%	%	%
Stadtkreis Allenstein	61,7	47,5	45,3	47,4	47,5
Landkreis Allenstein	93,0	64,8	31,1	61,6	35,1
Kreis Braunsberg	86,9	75,8	22,4	67,2	31,6
Kreis Heilsberg	93,1	63,9	33,1	58,1	40,0
Kreis Rössel	88,8	72,9	25,4	65,3	33,3

Die Daten aus Oberschlesien und Ostpreußen widersprechen mithin nicht der Regel, daß traditionell hohe Stimmenanteile vom Zentrum und/oder SPD Marx und nicht Hindenburg begünstigten. Die beiden Wahlkreise mit dem höchsten Stimmenanteil für den Kandidaten des „Volksblocks“ waren Köln—Aachen (71,9 %) und Koblenz—Trier (66,8 %), die beiden Wahlkreise mit den höchsten Stimmenanteilen des Zentrums bei den Reichstagswahlen vom Dezember 1924 (51,2 % und 58,4 %). Insgesamt waren es 15 von 35 Wahlkreisen, in denen der „Volksblock“ den „Reichsblock“ überrundete. Darunter befanden sich das rheinisch-westfälische Industriegebiet, Berlin, Breslau, Hessen-Darmstadt, die Pfalz, Baden und Württemberg. Die Traditionsgebiete des Liberalismus waren demnach 1925 zum großen Teil der republikanischen Sache treu geblieben.

Das Beispiel Württemberg zeigt allerdings auch deutlich, wie sehr der konfessionelle Streit das Weimarer Lager schwächte; Marx konnte in diesem Wahlkreis Hindenburg nur mit einem Vorsprung von etwa 44 000 Stimmen schlagen. Bei den Dezemberwahlen von 1924 waren die Parteien der Weimarer Koalition noch auf 54,5 % der Stimmen gekommen und beim ersten Wahlgang der Reichspräsidentenwahl sogar auf 58,3 %. Beim zweiten Wahlgang erhielt Marx 49,4 %. Zwar gewann der „Volksblock“ gegenüber dem ersten Wahlgang 2 925 Stimmen hinzu, aber Hindenburg erhielt 182 470 Stimmen mehr als die drei „rechten“ Kandidaten des ersten Wahlgangs. Es war der größte Stimmenzuwachs, den die Rechte im ganzen Reich zwischen den beiden Wahlgängen verbuchen konnte. Die folgenden örtlichen Beispiele belegen, daß Hindenburg im evangelischen Milieu sehr viel erfolgreicher war als im katholischen. Neben Neuwählern kommen als Quellen für die Stimmengewinne des „Reichsblocks“ im zweiten Wahlgang vor allem ehemalige Wähler von DDP und SPD in Frage. In den drei überwiegend evangelischen Oberämtern hatten beim ersten Wahlgang sowohl Braun als auch Hellpach Anteile erzielt, die beträchtlich über den jeweiligen Landesdurchschnitten beider Kandidaten lagen.[116] Ob die Anhänger der DDP stärker

116 Die Daten in: Statistik (Anm. 106), S. 6 ff. Im ersten Wahlgang der Reichspräsidentenwahl hatten in Württemberg Braun 20,6 % und Hellpach 13,6 % erreicht. In Freudenstadt kamen sie auf 25,3 % bzw. 19,5 %, in Tübingen auf 29,8 % bzw. 23,6 %, in Reutlingen auf 34,2 % bzw. 27,6 %.

als die der SPD zum Erfolg Hindenburgs beigetragen haben, ist dem Zahlenmaterial nicht zu entnehmen. Doch steht außer Frage, daß bürgerliche Wähler generell von dem ehemaligen Feldmarschall in sehr viel höherem Maß angezogen wurden als proletarische:

		1. Wahlgang			2. Wahlgang		
Oberamt	Katholikenanteil %	Wahlbeteiligung %	„Weimarer" Kandidaten %	„Rechte" Kandidaten %	Wahlbeteiligung %	Marx %	Hindenburg %
Biberach	86,9	64,9	87,5	11,3	76,0	81,8	16,9
Ellwangen	88,4	64,0	87,9	11,2	76,4	86,1	12,9
Wangen	93,5	72,9	91,5	7,2	78,7	86,6	12,0
	Protestantenanteil %						
Freudenstadt	96,1	56,3	46,5	51,6	68,8	25,2	72,3
Tübingen	90,3	57,7	58,6	36,7	67,8	41,9	53,5
Reutlingen	90,9	66,2	66,5	29,0	78,9	51,5	44,3

Die kommunistische Parole, auch im zweiten Wahlgang für Thälmann zu stimmen, wurde nicht überall befolgt. In neun Wahlkreisen — darunter Berlin, Westfalen-Süd und Potsdam II — erhielt der Kandidat der KPD am 26. April weniger Stimmen als am 29. März. Da Marx hier im zweiten Wahlgang erheblich besser abschnitt als die Kandidaten der Weimarer Koalition im ersten, ist anzunehmen, daß ehemalige Wähler Thälmanns zu diesem Stimmenzuwachs beigetragen haben. Im Reich insgesamt jedoch konnte der kommunistische Bewerber bei der zweiten Runde der Präsidentenwahl knapp 60 000 Stimmen mehr auf sich vereinigen als bei der ersten.[117]

*

„Hindenburg von Thälmanns Gnaden!" lautete die Schlagzeile des „Vorwärts" vom 27. April.[118] In der Tat: Hindenburg hatte nur eine relative Stimmenmehrheit

117 Im Wahlkreis Berlin (Stadt Berlin in den Grenzen von 1920) verlor Thälmann 35 855 Stimmen, während Marx gegenüber den „Weimarer" Kandidaten ein Plus von 77 949 Stimmen erzielte. Für den Wahlkreis Westfalen-Süd lauten die entsprechenden Daten - 13 764 und + 130 376, für den Wahlkreis Potsdam II (das Teile des Stadtgebiets von Groß-Berlin — Charlottenburg, Wilmersdorf, Schöneberg, Neukölln — sowie den früheren Kreis Teltow und den Kreis Beeskow-Storkow umfaßte) - 13 310 und + 49 707.

118 Vorwärts, Nr. 196a, 27. 4. 1925.

erlangt. Wenn die 1,9 Millionen Stimmen, die Thälmann erhalten hatte, Marx zugute gekommen wären, hätte dieser Hindenburg schlagen können. Insofern war die KPD für den Sieg des kaiserlichen Feldmarschalls mitverantwortlich. Eine Mitverantwortung trugen aber auch jene — mutmaßlich „linken" — Sozialdemokraten, die lieber Thälmann oder gar nicht als den Katholiken Marx wählen wollten, ganz zu schweigen von den bürgerlichen Liberalen und konservativen Katholiken, die Hindenburg ihre Stimme direkt gaben.

Daß der Kandidat des „Reichsblocks" mit seinem Appell zu sozialer Harmonie und zur Überparteilichkeit vom konservativen Lager Beifall bekam, konnte nicht überraschen. Das Politikum der Wahl vom 26. April 1925 lag vielmehr darin, daß etwas über sechs Jahre nach Gründung der Republik ein ehemaliger preußischer General und überzeugter Monarchist bei vielen Menschen Anklang fand, denen die Wiederherstellung der Monarchie durchaus kein Herzensbedürfnis war. Überdruß am Parteienstreit hatte auch Anhänger der Weimarer Koalition ergriffen. Der Obrigkeitsstaat, der 1918 formell zu Grabe getragen worden war, erschien 1925 der knappen Hälfte der Deutschen in verklärtem Licht: Sehnsucht nach militärischem Glanz, nationaler Größe und fester Führung war das Motiv, das bei der Wahl Hindenburgs den Ausschlag gab.

Manche Anhänger der Monarchie mochte der neue Reichspräsident mit der Staatsform der Republik versöhnen. Aber der politische Inhalt der Republik war seit dem 26. April 1925 ein anderer als vorher. Auf das Staatsoberhaupt, das in Krisenzeiten zum entscheidenden Machtfaktor aufrücken konnte, wirkten nun Kräfte ein, die der Demokratie feindlich gegenüberstanden. Keine soziale Gruppe hatte fortan einen so direkten Zugang zum Reichspräsidenten wie seine Freunde aus dem ostelbischen Großgrundbesitz. Einen Bruch der Verfassung, auf die er am 12. Mai vom sozialdemokratischen Reichstagspräsidenten Löbe vereidigt wurde, hatte Hindenburg gewiß nicht im Sinn. Seine Wahl ermöglichte jedoch einen stillen Verfassungswandel. Die Weichen waren gestellt für eine Machtverlagerung von der Volksvertretung zur Exekutive. Diese Machtverlagerung mußte nicht sofort kommen, und sie war auch nicht vordringlich, solange die Konservativen über einen maßgeblichen Einfluß in Parlament und Regierung verfügten. Falls aber die Linke im Reichstag wieder an Einfluß gewann und erneut Minister stellte, konnte der Reichspräsident dafür sorgen, daß ihre Bäume nicht in den Himmel wuchsen. Hindenburgs Wahl war die Entscheidung für eine konservative Republik, und selbst eine neue Reichstagswahl konnte diesen Sachverhalt nicht mehr aus der Welt schaffen.

Von den republikanischen Kräften wurde der Sieg Hindenburgs zunächst mit Bedauern und unverhüllter Sorge aufgenommen. Die linksliberale „Frankfurter Zeitung" beklagte, durch das „Aufgebot der unpolitischen Menschen" habe Hindenburg die Übermacht gewonnen. Das „Berliner Tageblatt" sprach von einem Triumph der politischen Unreife; die den meisten Deutschen angeborene Sentimentalität habe den Sieg über den politischen Sinn davongetragen.[119] Der „Vorwärts" sah die Republik in eine „Gefahrenzone" eintreten und zog die Parallele zu

119 Schulthess' Europäischer Geschichtskalender 66 (1925), München 1929, S. 58.

einem Ereignis des Jahres 1873: Aus den Präsidentschaftswahlen in Frankreichs junger Dritter Republik war damals ein klerikaler Monarchist, der Marschall MacMahon, als Sieger hervorgegangen. Die deutsche Republik erlebe nun ihre „MacMahon-Periode". „Wie vor fünfzig Jahren in Frankreich, so erscheint jetzt in Deutschland nach einem verlorenen Krieg ein Marschall und Monarchist als Präsident der Republik. Die französische Republik hat diese Gefahrenzone glücklich passiert. Die deutsche nicht minder glücklich aus ihr hinauszuführen, wird die Aufgabe der deutschen Republikaner, besonders der deutschen Sozialdemokraten sein." Die Gefahr liege im übrigen weniger „bei dem greisen Marschall selbst als bei der Kamarilla, die sich um ihn bilden wird. Diese Kamarilla wird jedoch nichts vermögen, wenn sie einem starken Reichstag gegenüberstehen wird. Nur wenn der Reichstag schwach ist, wird sie stark sein."[120]

Wenige Monate später sah der sozialdemokratische Parteivorstand in der Wahl Hindenburgs keinen Anlaß zur Sorge mehr. Im Bericht an den Delegierten des Heidelberger Parteitags, der Mitte September 1925 zusammentrat, heißt es, viele Hunderttausende hätten Hindenburg ihre Stimmen gegeben, weil er als „Retter" aus Deutschlands Nöten empfohlen worden sei. „Er hat die Hoffnungen von Millionen kleiner Leute nicht erfüllt, als er seine Unterschrift unter die Aufwertungsgesetze setzte, er hatte die Monarchisten auf das äußerste enttäuscht, als er vorbehaltlos den Eid auf die republikanische Verfassung vor dem versammelten Reichstag in die Hand des sozialdemokratischen Reichstagspräsidenten Löbe ablegte, als er sich jeder Äußerung enthielt, die als Gegensatz zur republikanischen Republik gedeutet werden konnte." Die Haltung Hindenburgs und auch die seiner Minister hätten immer deutlicher in Erscheinung treten lassen, „daß auch in den streng konservativen und militärischen Kreisen die Hoffnung auf die Wiederherstellung der Monarchie immer mehr schwindet und daß eine Schwenkung dieser Kreise zur konservativen und plutokratischen Republik nur noch verhüllt werden kann. Für die Sozialdemokraten würde das Bekenntnis dieser Kreise zum republikanischen Staat mit reaktionärem und kapitalistischem Inhalt die tatkräftigste Aufforderung bedeuten, der Republik demokratische Grundlage und sozialistischen Inhalt zu schaffen."[121]

---

120 Der Präsident der Minderheit, in: Vorwärts, Nr. 197, 27. 4. 1925. Den Vergleich mit MacMahon zog auch Heinrich Mann. Vgl. dazu: Geistige Führer zur Reichspräsidentenwahl, in: Deutsche Einheit 7 (1925), S. 633—635.

121 Parteitag 1925 (Anm. 39), S. 24.

3. Bedingte Opposition: Die SPD und die Politik der Kabinette Luther

Das Wort von der „konservativen und plutokratischen Republik“ war, was die Zeit des ersten Kabinetts Luther anging, keine polemische Überspitzung des sozialdemokratischen Parteivorstands: Die Aktivitäten, die die Reichsregierung in den Bereichen der Finanz-, Wirtschafts- und Agrarpolitik entfaltete, kamen entweder den Besitzenden insgesamt oder einzelnen Gruppen derselben, nicht jedoch den breiten Volksmassen zugute.

Die Steuerreform von 1925 war dadurch gekennzeichnet, daß sie die höheren Einkommen auf Kosten der unteren entlastete. Im Zuge der Erzbergerschen Reichsfinanzreform von 1919/20 war der Spitzensatz der Einkommenssteuer auf 60 % festgelegt worden. Der deutschnationale Finanzminister von Schlieben wollte die höchste Progressionsstufe der Einkommenssteuer ursprünglich auf 33,3 % senken; aber auch die Herabsetzung des Spitzensatzes auf 40 %, wie sie dann von den Koalitionspartnern beschlossen wurde, machte die Abkehr von Erzbergers Politik, einer bescheidenen sozialen Umverteilung, deutlich genug. Eine Reihe von Verbrauchssteuern, die vor allem die Schichten mit niederem Einkommen belasteten, wurden dagegen angehoben — so die Abgaben auf Bier und Tabak. Bei der Biersteuer war freilich der Widerstand der Bayerischen Volkspartei so massiv, daß sich die Erhöhung am Ende nicht mehr, wie vom Finanzminister zunächst beabsichtigt, auf 100 %, sondern nur auf 25 % belief.[122]

Im Streit um die Aufwertung setzte sich die gleiche „plutokratische“ Tendenz durch. Die Deutschnationalen hatten zwar in beiden Reichstagswahlkämpfen des Jahres 1924 einen vollen Ausgleich der durch die Geldentwertung entstandenen Vermögenseinbußen verlangt, aber nachdem sie an der Reichsregierung beteiligt worden waren, ließen sie diese Forderung rasch fallen. Gestützt auf das einhellige Votum der Spitzenverbände von Landwirtschaft, Industrie, Handel und Banken, erklärte der deutschnationale Reichswirtschaftsminister Neuhaus Ende Januar 1925 in einer Denkschrift, eine Aufwertung, die über 15 % hinausgehe, sei den Sachwertbesitzern nicht zuzumuten und daher schlechthin ausgeschlossen. Einen Aufwertungssatz von 15 % hatte jene dritte Steuernotverordnung des Kabinetts Marx vom 14. Februar 1924 vorgesehen, gegen die von der DNVP ein wahrer Propagandafeldzug geführt worden war. Ein Teil der deutschnationalen

122 Die Steuergesetze wurden vom Reichstag am 7. 8. 1925 verabschiedet. AdR, Kabinette Luther (Anm. 87), Bd. 1, S. XLVI ff.; Claus-Dieter Krohn, Stabilisierung und ökonomische Interessen. Die Finanzpolitik des Deutschen Reiches 1923—1927, Düsseldorf 1974, S. 148 ff.; Karl-Bernhard Netzband u. Hans Peter Widmaier, Währungs- und Finanzpolitik der Ära Luther 1923—1925, Basel usw. 1964, S. 241 ff.; Rosemarie Leuschen-Seppel, Zwischen Staatsverantwortung und Klasseninteresse. Die Wirtschafts- und Finanzpolitik der SPD zur Zeit der Weimarer Republik unter besonderer Berücksichtigung der Mittelphase 1924—1928/29, Bonn 1981, S. 131 ff.

Parlamentarier mochte sich denn auch nicht mit der Kehrtwende abfinden, die Neuhaus und die anderen Minister der DNVP verlangten. Im Aufwertungsausschuß des Reichstags stellte der deutschnationale Abgeordnete Georg Best, der zugleich Vorsitzender des Hypothekengläubiger- und Sparerschutzverbandes war, den von 17 Mitgliedern seiner Fraktion unterzeichneten Antrag, alle von der Inflation betroffenen Ansprüche individuell aufzuwerten.

Von ihren Kabinettsmitgliedern bedrängt, zog die deutschnationale Fraktion diesen Antrag zwar bald wieder zurück. Aber dafür warfen sich nun die Sozialdemokraten, die sich im Jahr zuvor noch gegen jede Aufwertung ausgesprochen hatten, in die Bresche und übernahmen den Antrag Best. Am inflatorischen Effekt einer umfassenden Aufwertung konnte auch die SPD keinen Zweifel haben. Die Chance, die Unglaubwürdigkeit der DNVP ins volle Tageslicht zu ziehen und so einen Keil zwischen die „großkapitalistische" Führung und die mittelständischen Anhänger der Deutschnationalen zu treiben, war jedoch so einmalig, daß die Sozialdemokraten auf das Ausspielen dieses taktischen Triumphes nicht verzichten wollten. Die Wirksamkeit ihres Vorstoßes wurde noch dadurch erhöht, daß die Reichsregierung Anfang Februar 1925 der von der französisch-belgischen Besetzung betroffenen Ruhrindustrie eine großzügige Entschädigung bewilligte: Sie belief sich auf insgesamt über 700 Millionen Mark und stand damit in scharfem Kontrast zu dem, was kleinen Sparern und Investoren an Aufwertung ihrer Ansprüche zugestanden werden sollte.

Der parlamentarische und öffentliche Druck hatten immerhin die Folge, daß der Inflationsausgleich, wie ihn die im Juli 1925 verabschiedeten Aufwertungsgesetze festlegten, die Marge der dritten Steuernotverordnung erheblich überstieg: Für Hypotheken und Industrieobligationen beim „Altbesitz" wurde ein Aufwertungssatz von jeweils 25 % gewährt. Die Hoffnung der Sozialdemokraten, durch ihr Engagement zugunsten der Inflationsgeschädigten Einbrüche in Teile der Mittelschichten zu erzielen, erfüllte sich allerdings nicht. Die bürgerlichen Vorbehalte gegenüber der proletarischen Sozialdemokratie saßen zu tief, als daß sie durch taktisch motivierte Einzelentschädigungen hätten abgebaut werden können.[123]

Der Interessenhintergrund des ersten Kabinetts Luther war auch im Bereich der Agrarpolitik augenfällig. Ende August 1924 hatten Sozialdemokraten und Kommunisten die Wiedereinführung der Vorkriegszölle für Getreide nur durch Auszug aus dem Reichstag verhindern können; im Jahr darauf wurden die Schutzzölle Gesetz. Gegen das Vorhaben des Reichsernährungsministers Graf Kanitz, den „Bülow-Tarif" von 1902 wieder in Kraft zu setzen, gab es zwar wie

123 Ebda., S. 146—160; Krohn, Stabilisierung (Anm. 122), S. 105—112, 164—173; Stürmer, Koalition (Anm. 12), S. 91 ff. Zur Ablehnung der Aufwertung durch die SPD Anfang 1924 vgl. AdR, Kabinette Marx I/II (Anm. 12), Bd. 1, S. 343—345 (Besprechung mit Reichstagsabgeordneten am 9. 2. 1924). — Zum Aufwertungsstreit insgesamt: Otto Pirlet, Der politische Kampf um die Aufwertungsgesetzgebung nach dem Ersten Weltkrieg Diss. rer. pol. Köln 1959. Zur Haltung der SPD in der Frage der Ruhrentschädigung vgl. auch den Brief der sozialdemokratischen Reichstagsfraktion an Reichskanzler Luther vom 27. 1. 1925 in: AdR, Kabinette Luther (Anm. 87), Bd. 1, S. 30—33.

schon 1924 eine breite Opposition, die bis zu den Christlichen Gewerkschaften reichte. Experten der SPD und des ADGB rechneten aus, daß eine vierköpfige Arbeiterfamilie durch die Agrarzölle mit jährlichen Mehrausgaben von 150 Mark belastet werde. Namhafte Agrarwissenschaftler, unter ihnen Max Sering und Friedrich Aereboe, bestritten agrarischen Schutzzöllen jede Berechtigung.[124]

Aber das politische Gewicht der Großlandwirtschaft war stärker als die Argumente von Arbeitnehmern, Verbrauchern und Wissenschaft. Am 20. Juli 1925 kamen das Kabinett und die Vertreter der Regierungsparteien überein, die Vorkriegszölle teilweise sofort, teilweise nach einer einjährigen Übergangsfrist wiederherzustellen. Der sozialen Beruhigung diente der Beschluß, den Kommunen auch weiterhin zollfreies Gefrierfleisch zur Weitergabe an „minderbemittelte Schichten der Bevölkerung" zu überlassen. Am 8. August verständigten sich die Koalitionspartner auf eine noch sehr viel weiterreichende Ausgleichsmaßnahme: die Senkung der Umsatzsteuer von 1,5 auf 1 %. Daraufhin gaben die Christlichen Gewerkschaften ihren Widerstand auf. Am 12. August 1925 ließ der Reichstag die Zollvorlage mit den Stimmen der Regierungsparteien, auch des Zentrums, passieren. Der Auszug der Abgeordneten von SPD und KPD konnte diesmal, anders als ein Jahr zuvor, die Wiedereinführung von Schutzzöllen nicht verhindern.[125]

Die Zollvorlage von 1925 enthielt nicht nur Schutzzölle für Agrarerzeugnisse und Mindestzölle für Rindvieh, Schafe und Schweine, sondern hob auch eine Reihe von bestehenden Tarifen beträchtlich an, so für Rohstoffe und Halbfabrikate der eisenschaffenden Industrie und für bestimmte Textilrohstoffe. Die breite Fächerung der Schutzzölle erklärt zu einem guten Teil den Erfolg der Protektionisten. Die Bedingung der Möglichkeit neuer deutscher Schutzzölle war die Tatsache, daß am 10. Januar 1925 die Bestimmung des Versailler Vertrages außer Kraft getreten war, die den alliierten und assoziierten Mächten im Handelsverkehr mit Deutschland einseitig die Meistbegünstigung gesichert hatte. Aber einen ausreichenden Grund für die Rückkehr zu Schutzzöllen bildete dieser Sachverhalt nicht. Von entscheidender Bedeutung war vielmehr, daß im ersten Kabinett Luther die beiden Hauptinteressenten des Protektionismus politisch wirksam vertreten waren: die Großlandwirtschaft durch die Deutschnationalen und die Schwer-

124 Ebda., Bd. 1, S. 226—231 (Besprechungen des Stellvertreters des Reichspräsidenten, Walter Simons, mit Vertretern der Gewerkschaften am 3. 4. 1925); Leuschen-Seppel, Staatsverantwortung (Anm. 122), S. 168 f. Zur Zollvorlage von 1924 vgl. oben S. 191 f.

125 AdR, Kabinette Luther (Anm. 87), Bd. 1, S. XLI f., 448 f. (Besprechung der Parteiführer am 20. 7. 1925), 481 (Anm.); Stenographische Berichte (Anm. 16), Bd. 387, S. 4400. Vgl. zur Zollfrage auch Krohn, Stabilisierung (Anm. 122), S. 174—189; Leuschen-Seppel, Staatsverantwortung (Anm. 122), S. 165—175; Stürmer, Koalition (Anm. 12), S. 98—106; Dirk Stegmann, Deutsche Zoll- und Handelspolitik 1924/25—1929 unter besonderer Berücksichtigung agrarischer und industrieller Interessen, in: Hans Mommsen, Dietmar Petzina, Bernd Weisbrod (Hg.), Industrielles System und politische Entwicklung in der Weimarer Republik, Düsseldorf 1974, S. 499—513. Zur Agrarpolitik in der „Stabilisierungsphase" insgesamt die freilich stark apologetische Studie von Arno Panzer, Das Ringen um die deutsche Agrarpolitik von der Währungsstabilisierung bis zur Agrardebatte im Reichstag im Dezember 1928, Kiel 1970.

industrie durch die Deutsche Volkspartei. Die Anhänger des Freihandels hatten in der Regierung Luther dagegen keinen Fürsprecher.

Der Agrarprotektionismus diente keineswegs den Interessen der Landwirtschaft insgesamt. Soweit sie sich auf die Veredelung tierischer Erzeugnisse spezialisierte, wurde sie durch die Verteuerung von importiertem Futtergetreide sogar stark belastet. Die Großagrarier Ostelbiens waren der einzige Zweig der Landwirtschaft, der wirklichen Nutzen aus den Schutzzöllen zog. Sie erhielten 1925 wie schon 1879, als Bismarck durch die Abkehr vom Freihandel die Achse zwischen Rittergut und Hochofen geschaffen hatte, eine Überlebensgarantie auf Kosten der Gesellschaft. Des Zwangs zur Rationalisierung abermals enthoben, konnten sie gesellschaftliche und politische Machtpositionen behaupten, die in krassem Widerspruch zu ihrer tatsächlichen wirtschaftlichen Bedeutung standen.[126]

Für die Schwerindustrie bot die Zusammenarbeit mit den Agrariern Vorteile, die über die Zollpolitik hinausreichten. Die Montanunternehmer erhielten, indem sie die Partnerschaft von 1879 erneuerten, die Chance, ihr Gewicht innerhalb der Industrie zu steigern. Das war 1925 von besonderer Wichtigkeit, da seit Januar der Krupp-Direktor Kurt Sorge als Vorsitzender des Reichsverbandes der Deutschen Industrie von Carl Duisberg, dem Vorstandsvorsitzenden der Farbwerke Bayer und damit einem Vertreter der „neuen" Wachstumsindustrien, abgelöst worden war. Die „alte" Schwerindustrie konnte also durch die Anlehnung an die ostelbische Großlandwirtschaft einen ganz ähnlichen Effekt erzielen wie diese: Auf dem Umweg über die Politik schanzte sich eine relativ stagnierende Branche eine Machtposition zu, für die es, rein wirtschaftlich gesehen, gar keine Rechtfertigung mehr gab. Im agrarischen wie im industriellen Bereich half das Zollgesetz von 1925 mithin, überalterte Strukturen zu verfestigen und wirtschaftlichen wie gesellschaftlichen Wandel zu verhindern.[127]

In den Debatten über die Zollvorlage der Regierung hatten mehrere Redner, darunter auch der Reichskanzler selbst, darauf hingewiesen, daß andere Länder ihren inneren Markt ebenfalls mit Hilfe von Zöllen, zum Teil sehr viel höheren als den deutschen, zu schützen versuchten und daß selbst England, das klassische Land des Freihandels, zum Protektionismus übergegangen sei.[128] Aber die

---

126 Zur Kontinuität des Agrarprotektionismus und seiner politischen Wirkungen siehe vor allem die einschlägigen Aufsätze von Hans Rosenberg in: ders., Machteliten und Wirtschaftskonjunkturen. Studien zur neueren deutschen Sozial- und Wirtschaftsgeschichte, Göttingen 1978, S. 83—149, sowie Alexander Gerschenkron, Bread and Democracy in Germany, 2. Aufl. New York 1968. Zum Verhältnis der Großlandwirtschaft zur Industrie im allgemeinen und zur Schwerindustrie im besonderen: David Abraham, The Collapse of the Weimar Republic. Political Economy and Crisis, Princeton 1981, S. 188 ff.

127 Außer der in Anm. 125 genannten Lit. hierzu vor allem: Karl Heinrich Pohl, Weimars Wirtschaft und die Außenpolitik der Republik 1924—1926. Vom Dawes-Plan zum Internationalen Eisenpakt, Düsseldorf 1979, bes. S. 113—124. Seit Gründung der IG Farben im Dezember 1925 war Duisberg deren Aufsichtsratsvorsitzender.

128 Diese Linie der Argumentation vertraten besonders nachdrücklich der Abgeordnete Rudolf Schneider (DVP) bei der 1. Lesung der Zollvorlage am 24. 6. 1925 und Reichskanzler Luther bei der 2. Lesung am 8. 8. 1925. Stenographische Berichte (Anm. 16), Bd. 386,

Schutzzölle einzelner Länder erzwangen keinesfalls die allgemeine Einführung von Schutzzöllen für bestimmte Produkte durch Deutschland. Rudolf Hilferding, der bei der zweiten Lesung der Zollvorlage am 8. August 1925 für die Sozialdemokraten sprach, warf den Protektionisten zu Recht vor, sie verengten den inneren Markt, indem sie die Kaufkraft der großen Masse durch Zölle verminderten. Nur über eine rasche Ausbreitung der Veredelungsindustrien sei die schwere Krise in den Produktionsmittelindustrien zu überwinden. Ebendies werde jedoch durch die neue Zollpolitik verhindert. Die Mehrheit des Hauses bereite der wirtschaftlichen Einkreisung Deutschlands den Boden, „die ungeheuer gefährlich ist, weil wir vom Export leben müssen, weil wir diesen Export als Grundlage zur Ernährung unserer Bevölkerung, als Grundlage für ihre Beschäftigung brauchen, weil wir ohne Export für Deutschland innerhalb dieser Schutzmauern, die Sie aufrichten, ersticken würden." Daß diese Argumente Gehör finden könnten, schloß Hilferding freilich selbst aus: „Ich weiß, ich spreche zu tauben Ohren. Diese Schicksalsstunde hat zwar ein interessenstarkes Geschlecht, aber kein geistig starkes Geschlecht gefunden."[129]

*

Übereinstimmungen zwischen den Sozialdemokraten und der Regierung Luther gab es nur auf *einem* Gebiet: der Außenpolitik. „Sobald es um die äußere Politik ging", bemerkt Michael Stürmer, „abstrahierte die SPD weitgehend von den innenpolitischen Fronten und gab sich ausgesprochen gouvernemental. Tatsächlich identifizierte sich die SPD in den entscheidenden außenpolitischen Fragen fast bedingungslos mit den Zielen der offiziellen deutschen Außenpolitik."[130] Die Unterstützung, welche die Sozialdemokraten der Politik des Außenministers Gustav Stresemann gewährten, war einfach zu erklären. Die SPD hätte, wäre sie an einer Koalitionsregierung beteiligt gewesen, keine wesentlich andere Außenpolitik treiben können als die von Stresemann verfolgte, und Stresemann konnte seinerseits die von ihm für richtig gehaltene Linie nur in die Tat umsetzen, weil er von der SPD unterstützt wurde.

Das war unter Luther nicht anders als unter Marx. Die Außenpolitik bildete seit dem Beginn der Regierung Luther den „entscheidenden Krisenpunkt der Koalition"[131]: Die Deutschnationalen waren, entgegen den ursprünglichen Hoffnungen Stresemanns, nicht bereit, die Politik des friedlichen Ausgleichs mit dem Westen mitzutragen, die durch das Londoner Abkommen vom August 1924 vorgezeichnet war. Vielmehr redeten sie einer nationalen Prestigepolitik das Wort,

---

S. 2588—2592 (Schneider), 4254—4258 (Luther). Zur Einführung von Schutzzöllen in Großbritannien durch die konservative Regierung Baldwin im Herbst 1923: Bernd Dohrmann, Die englische Europapolitik in der Wirtschaftskrise 1921—1923. Zur Interdependenz von Wirtschaftsinteressen und Außenpolitik, München usw. 1980, S. 195—206. Ebda., S. 199 f., auch Zahlen zu den Tarifsteigerungen nach dem Krieg in den USA, Italien und Spanien.

129 Stenographische Berichte (Anm. 16), Bd. 387, S. 4259—4266.

130 Stürmer, Koalition (Anm. 12), S. 110.

131 Ebda., S. 111.

die schnell zu neuen gefährlichen Konfrontationen mit den Westmächten führen konnte. Die Deutschnationalen präsentierten eine nationalistische Alternative zu Stresemanns Außenpolitik, und diese Alternative nicht zum Zuge kommen zu lassen, war für die Sozialdemokraten ein Gebot staatspolitischer Verantwortung. Die Sozialdemokratie der Weimarer Republik konnte sich, so drückte es ihr außenpolitischer Sprecher, Rudolf Breitscheid, 1926 aus, im Unterschied zu ihren früheren Vorstellungen nicht mehr darauf beschränken, „den Frieden als ein sittliches Ziel der Menschheit aufzustellen. Sie appelliert nicht nur an Moral und Vernunft, sondern sie gibt die Wege an, auf denen das Ideal nach ihrer Überzeugung erreicht werden kann, und unterscheidet sich dabei von gewissen anderen grundsätzlichen Bekennern zum Frieden, insofern als sie nicht in der militärischen Rüstung die Voraussetzung zur Vermeidung internationaler Konflikte erblickt."[132]

Der wichtigste außenpolitische Streitpunkt im ersten Kabinett Luther war die „Sicherheitsfrage". Es ging dabei vor allem um die Befriedigung des wechselseitigen Bedürfnisses nach Sicherheit, das Frankreich und Deutschland einander gegenüber empfanden. Die Dringlichkeit dieses Problems war Anfang Januar 1925 deutlich geworden, als sich die alliierten Besatzungsmächte unter Hinweis auf deutsche Verstöße gegen die Entwaffnungsbestimmungen des Versailler Vertrags weigerten, die am 10. Januar fällig werdende Räumung der nördlichen Rheinlandzone — der „Kölner Zone" — durchzuführen. Auf eine Revision dieser Entscheidung war nicht zu hoffen, wenn Deutschland sich auf Proteste beschränkte. Für einen konstruktiven deutschen Schritt sprach aber auch die durchaus reale Gefahr, daß England und Frankreich sich zu einer neuen Entente zusammenschließen und auf eine dauerhafte Völkerbundskontrolle des Rheinlands verständigen konnten. Schließlich galt es, alles zu tun, um den Kreditfluß aus den Vereinigten Staaten sicherzustellen. Aus allen diesen Gründen entschied sich Außenminister Stresemann, England und Frankreich in einem geheimen Memorandum den Abschluß eines Vertrages vorzuschlagen, der die „am Rhein interessierten Mächte" verpflichten sollte, alle Probleme friedlich zu lösen. Deutschland selbst erklärte sich bereit, einen Garantiepakt über den „gegenwärtigen Besitzstand am Rhein" sowie Schiedsverträge mit allen interessierten Staaten abzuschließen. Das deutsche Memorandum wurde am 20. Januar der englischen und am 9. Februar 1925 der französischen Regierung überreicht. Das deutsche Kabinett informierte Stresemann — aus Mißtrauen gegenüber den deutschnationalen Ministern — erst im Verlauf des März. Offiziell war bis dahin nur Reichskanzler Luther in die Aktion eingeweiht.[133]

---

132 Rudolf Breitscheid, Das außenpolitische Programm der Sozialdemokratie, in: Europäische Gespräche. Hamburger Monatshefte für auswärtige Politik 4 (1926), S. 170, zit. bei Pistorius, Breitscheid (Anm. 15), S. 258. Zur Beurteilung Stresemanns und der wissenschaftlichen Kontroversen über ihn vgl. die zusammenfassenden Essays von Eberhard Kolb, Probleme einer modernen Stresemann-Biographie, in: Otmar Franz (Hg.), Am Wendepunkt der europäischen Geschichte, Göttingen usw. 1981, S. 107—134, und Karl-Dietrich Erdmann, Gustav Stresemann: the Revision of Versailles and the Weimar Parliamentary System. German Historical Institute London, The 1980 Annual Lecture, London o. J.

133 AdR, Kabinette Luther (Anm. 87), Bd. 1, S. XXVI, 202 (Ministerbesprechung vom 21. 3. 1925). Die Möglichkeit einer englisch-französischen Entente war seit dem Herbst 1924 vor al-

Die Besorgnisse Stresemanns waren berechtigt: Die Deutschnationalen warfen dem Außenminister in einer Parteiführerbesprechung am 17. März allzu weitgehende Zugeständnisse an die Siegermächte vor und entfesselten Ende Juni eine regelrechte Pressekampagne gegen Stresemann. Auslösendes Moment der Zeitungspolemik war die Veröffentlichung zweier diplomatischer Dokumente. Das eine war eine Note, in der die Alliierten ihre Kritik an der Verletzung von Entwaffnungsauflagen im einzelnen belegten, das andere die französische Antwort auf das deutsche Sicherheitsmemorandum. Die Note des Quai d'Orsay bejahte im Prinzip den Gedanken eines Sicherheitspaktes, verlangte von Deutschland jedoch unter anderem den bedingungslosen Beitritt zum Völkerbund und für die deutschen Ostgrenzen eine Garantie durch alle Unterzeichner sowohl des Versailler Vertrages als auch eines künftigen „Rheinpaktes".[134]

Die außerordentlich detaillierten Beanstandungen der Alliierten auf dem Gebiet der Entwaffnung wurden von der Rechtspresse als Schikane der Sieger gebrandmarkt und auch von Stresemann im Kabinett als „klein und kläglich" bezeichnet.[135] Den Wunsch nach einem deutschen Beitritt zum Völkerbund hatte Anfang September 1924, also kurz nach Abschluß der Londoner Konferenz, zuerst Englands Premier MacDonald geäußert. Die Regierung Marx wollte zwar den deutschen Eintritt in den Völkerbund, aber nur wenn folgende Bedingungen erfüllt waren: die Zusicherung eines ständigen Sitzes im Völkerbundsrat, die Befreiung von der Pflicht zur Teilnahme an Bundesexekutionen — dies eine Forderung, die sich mit der geringen Stärke der Reichswehr plausibel begründen ließ —, ferner die Hinnahme einer Erklärung, wonach Deutschland die alliierte Kriegsschuldthese nicht anerkenne, und schließlich eine künftige Beteiligung Deutschlands an Kolonialmandaten des Völkerbundes. Die Regierung Luther hatte sich diese Bedingungen ausdrücklich zu eigen gemacht. Was die Ostgrenzen betraf, so war die — von den Sozialdemokraten mitgetragene — offizielle deutsche Position die, daß eine friedliche Revision möglich bleiben sollte.[136]

Angesichts dieser Ausgangslage war von vornherein klar, daß beide Noten offiziellen deutschen Widerspruch hervorrufen würden. Die Frage war jedoch, ob

---

lem dadurch aktuell geworden, daß die neue konservative Londoner Regierung Baldwin ein kollektives Sicherheitssystem im Rahmen des Völkerbundes — auf das sich im Genfer Protokoll vom 2. 10. 1924 der Labour-Premier MacDonald und der französische Ministerpräsident Herriot bereits verständigt hatten — aus Rücksicht auf die britischen Dominions ablehnte. Eine bilaterale englisch-französische Sicherheitsvereinbarung galt als eine mögliche Alternative hierzu.

134 Ebda., Bd. 1, S. XXIX, 181—185 (Parteiführerbesprechung vom 17. 3. 1925).

135 Ebda., Bd. 1, S. XXIX, 310—314 (Ministerrat beim Reichspräsidenten am 5. 6. 1925).

136 AdR, Kabinette Marx I/II (Anm. 12), Bd. 1, S. 1050—1062 (Ministerrat beim Reichspräsidenten am 23. 9. 1924). Zur Übernahme der von der Regierung Marx aufgestellten Bedingungen für einen deutschen Beitritt zum Völkerbund durch die Regierung Luthers vgl. Luthers Regierungserklärung vom 19. 1. 1925 in: Stenographische Berichte (Anm. 16), Bd. 384, S. 91—95. Siehe auch Jürgen Spenz, Die diplomatische Vorgeschichte des Beitritts Deutschlands zum Völkerbund 1924—1926. Ein Beitrag zur Außenpolitik der Weimarer Republik, Göttingen usw. 1966, S. 33 ff. Zur Haltung der SPD in der Ostgrenzfrage u.a. Pistorius, Breitscheid (Anm. 15), S. 263 ff.; Erich Matthias, Die deutsche Sozialdemokratie und der Osten 1914—1945, Tübingen 1954, S. 49 ff., 60 ff.

man mit den Westmächten weiter verhandelte oder ob die Bemühungen um einen Sicherheitspakt abgebrochen werden sollten. Stresemann setzte sich in einer Kabinettssitzung am 24. Juni für die erste Lösung ein, während die deutschnationalen Minister, aber auch der dem Zentrum nahestehende Justizminister und der Chef der Heeresleitung die Ideen des deutschen Memorandums nicht weiterverfolgen wollten und sich gegen eine freiwillige Anerkennung der durch den Versailler Vertrag festgelegten Westgrenzen aussprachen. Erst nachdem Reichskanzler Luther sich nachdrücklich auf die Seite seines Außenministers gestellt hatte, fand sich das Kabinett schließlich bereit, die Verhandlungen mit Frankreich und England weiterzuführen.[137]

Der Koalitionsstreit wurde durch den Kabinettsbeschluß nicht beendet, sondern setzte sich fort in Kontroversen über die Anweisungen, die den Experten des Auswärtigen Amtes zu erteilen waren. Dennoch machten die diplomatischen Verhandlungen solche Fortschritte, daß am 5. Oktober 1925 in Locarno die deutsch-alliierte Konferenz über das Sicherheitsproblem beginnen konnte. Von deutscher Seite nahm außer Stresemann entgegen den Wünschen der Deutschnationalen auch Reichskanzler Luther teil. In einem anderen Punkt konnten die Minister der DNVP sich ebenfalls nicht durchsetzen: Am 16. Oktober paraphierten Luther und Stresemann das in Locarno erzielte Verhandlungsergebnis, obwohl das Restkabinett auf Drängen des deutschnationalen Innenministers Schiele telegraphisch von einer Paraphierung abgeraten und die weniger verbindliche Form der Protokollierung empfohlen hatte.[138]

Luther und Stresemann waren aber zu Recht der Ansicht, daß nur durch die sofortige Paraphierung die „erreichten erheblichen Vorteile für Deutschland zu sichern" waren.[139] Vorteile brachte Locarno der deutschen Seite in der Tat: Der Garantiepakt wurde, wie von der Reichsregierung gefordert, auf die Westgrenzen beschränkt. Deutschland auf der einen, Frankreich und Belgien auf der anderen Seite verzichteten auf eine gewaltsame Änderung der bestehenden Grenzen; England und Italien übernahmen für dieselben eine Garantie. Mit seinen östlichen Nachbarn, Polen und der Tschechoslowakei, schloß Deutschland lediglich

137 AdR, Kabinette Luther (Anm. 87), Bd. 1, S. XXIX f., 356—376 (Ministerbesprechung vom 24. u. 25. 6. 1925).

138 Ebda., Bd. 1, S. XXXV, Bd. 2, S. 768—772 (Ministerbesprechung vom 16. 10. 1925). Zur Vorgeschichte und zum Verlauf der Konferenz von Locarno bes. Jon Jacobson, Locarno Diplomacy. Germany and the West 1925—1929, Princeton 1972; Klaus Megerle, Deutsche Außenpolitik 1925. Ansatz zu aktivem Revisionismus, Bern usw. 1974; Martin Walsdorff, Westorientierung und Ostpolitik. Stresemanns Rußlandpolitik in der Locarno-Ära, Bremen 1971, bes. S. 139 ff.; Michael-Olaf Maxelon, Stresemann und Frankreich 1914—1929, Düsseldorf 1972, bes. S. 164 ff. Aus marxistisch-leninistischer Sicht u. a. Wolfgang Ruge, Die Außenpolitik der Weimarer Republik und das Problem der europäischen Sicherheit 1925—1932, in: ZfG 22 (1974), S. 273—290; vgl. dazu auch Klaus Dichtl u. Wolfgang Ruge, Zu den Auseinandersetzungen innerhalb der Reichsregierung über den Locarnopakt 1925, ebda., S. 64—88. Zum Verhältnis Stresemanns zur DNVP: Robert P. Grathwol, Stresemann and the DNVP. Reconciliation or Revenge in German Foreign Policy 1924—1928, Lawrence 1980, bes. S. 58 ff.; Manfred Dörr, Die Deutschnationale Volkspartei 1925 bis 1928, Marburg 1964, S. 100 ff.

139 AdR, Kabinette Luther (Anm. 87), Bd. 2, S. 779 f. (Luther an Hindenburg am 16. 10. 1925).

Schiedsverträge ab; Frankreich verpflichtete sich hingegen, im Fall eines deutschen Angriffs Polen und der Tschechoslowakei militärisch beizustehen. Die Chance einer Revision der bestehenden Grenzen war demnach im Osten sehr viel größer als im Westen. Auch was den Beitritt zum Völkerbund anbelangte, konnte Stresemann einen ersten Erfolg verbuchen: Deutschland wurde eine Interpretation des Sanktionsartikels 16 des Völkerbundvertrags zugesichert, die seinen Wünschen weit entgegenkam: Das Reich sollte zur Mitwirkung an Sanktionen nur in dem Maß verpflichtet sein, „das mit seiner militärischen Lage verträglich ist und seiner geographischen Lage Rechnung trägt." Deutschland brauchte demnach nicht zu fürchten, daß es gegen seinen Willen zu wirtschaftlichen Sanktionen gegen Rußland verpflichtet werden würde oder gar, im Falle eines sowjetisch-polnischen Krieges, französischen Truppen den Durchmarsch durch sein Territorium gestatten mußte.

Locarno war eine wichtige Station auf dem Weg zur internationalen Rehabilitation Deutschlands, ja es bedeutete ein Stück Rückgewinnung des deutschen Großmachtstatus. Das Vertragssystem vom Oktober 1925 erlaubte es dem Deutschen Reich in begrenztem Umfang, die territoriale Nachkriegsordnung wieder in Frage zu stellen — wobei der Vorbehalt friedlicher Mittel nach der Völkerbundssatzung zum einen kein absoluter war und zum anderen nicht ausschloß, daß Deutschland auf seine östlichen Nachbarn massiven wirtschaftlichen und politischen Druck ausübte. Die Westmächte machten Deutschland Zugeständnisse, weil sie sich von einer vertraglichen Einbindung Deutschlands mäßigende und friedensfördernde Wirkungen erhofften. Die Mitgliedschaft im Völkerbund wurde als besonders geeignetes Mittel angesehen, den deutschen Revisionismus in kontrollierbaren Grenzen zu halten — und erst mit der Aufnahme Deutschlands in den Völkerbund trat das Vertragswerk von Locarno in Kraft. Sofort wirksam wurde hingegen eine andere Konzession der Alliierten: Sie räumten bis Ende Januar 1926 die „Kölner Zone"; über die Verletzung der Entwaffnungsbestimmungen gingen sie dabei stillschweigend hinweg.[140]

Den Deutschnationalen gingen die Zugeständnisse der Westmächte aber nicht weit genug. Am 22. Oktober erklärte die Reichstagsfraktion der DNVP, sie könne das Ergebnis der Verhandlungen von Locarno nicht akzeptieren. Sie vermisse von seiten der anderen Mächte Gegenleistungen, die den deutschen Opfern angemessen seien und werde keinem Vertrag zustimmen, „der den deutschen Lebensnotwendigkeiten nicht gerecht wird und insbesondere einen Verzicht auf deutsches Land und Volk nicht ausschließt".[141] Versuche von Reichskanzler Luther

140 Zu den weiteren Auswirkungen des Vertragswerkes von Locarno gehört, daß es Stresemann gelang, die Alliierten zum Verzicht auf die Kontrolle der Abrüstung zu veranlassen. Am 31. 1. 1927 wurde die interalliierte Militär-Kommission aus Deutschland zurückgezogen. Vgl. hierzu die zusammenfassende Würdigung bei Karl-Dietrich Erdmann, Die Zeit der Weltkriege (= Bruno Gebhardt, Handbuch der deutschen Geschichte, 9. Aufl., hg. v. Herbert Grundmann, Bd. 4/1), Stuttgart 1973, S. 262 f.; ders., Das Problem der Ost- oder Westorientierung in der Locarno-Politik Stresemanns, in: GWU 6 (1955), S. 134—162.

141 Schulthess 1925 (Anm. 119), S. 154. Die Formulierung „Verzicht auf deutsches Land und Volk" zielt auf Elsaß-Lothringen und Eupen-Malmedy. Auf Kabinettsebene trugen die Deutschnationalen, vor allem Innenminister Schiele, Bedenken gegen fehlende Zusagen der

und Innenminister Schiele, die Deutschnationalen umzustimmen, waren vergeblich. Am 23. Oktober verlautbarten Parteivorstand und Landesvorsitzende der DNVP, das Vertragsergebnis von Locarno sei für die Partei „unannehmbar". Am 25. Oktober beschloß die deutschnationale Reichstagsfraktion den sofortigen Austritt aus der Regierungskoalition. Die Minister Schiele, Neuhaus und Schlieben schieden aus dem Kabinett Luther aus.[142]

Mit dem Votum gegen Locarno beugte sich die DNVP nicht irgendwelchen mächtigen Interessenverbänden. Ähnlich wie beim Dawes-Abkommen von 1924 waren vielmehr auch jetzt die große Mehrheit der Industriellen und die Verbände der Landwirtschaft aus nüchternem wirtschaftlichem Kalkül für die Ratifizierung der in Locarno abgeschlossenen Verträge. Die Entscheidung der Deutschnationalen war nur erklärbar als Ausdruck eines Nationalismus, der sich über materielle Erwägungen hinweg- und sich selbst absolut setzte. Soweit rationale Überlegungen beim Austritt aus der Koalition überhaupt eine Rolle spielten, zielten sie auf die Popularität einer Attitüde der unbedingten Verweigerung — des Protestes gegen das „Diktat von Versailles", die „Kriegsschuldlüge", den „Verzicht auf deutsches Land und deutsches Volk". Es war die Linie des „Hugenberg-Konzerns", die sich im Herbst 1925 — zunächst in den Landesverbänden, dann auch im Parteivorstand und in der Reichstagsfraktion der DNVP — voll durchsetzte.[143]

Mit der Aufkündigung der Regierungskoalition durch die Deutschnationalen begann die „Locarnokrise". Das Rumpfkabinett Luther war seit dem 25. Oktober ohne parlamentarische Mehrheit; die Ratifizierung der soeben abgeschlossenen internationalen Verträge war nur möglich, wenn die Sozialdemokraten ihnen zustimmten. An der Haltung der SPD schienen am 25. Oktober Zweifel kaum erlaubt. Schon einmal, bei der Abstimmung über den deutsch-spanischen Handelsvertrag am 27. Mai 1925, hatten die Sozialdemokraten durch Stimmenenthaltung die Regierung vor einer Abstimmungsniederlage, ja vor dem Sturz bewahrt.[144] Daß die SPD das ungleich wichtigere Vertragswerk von Locarno scheitern lassen würde, war nahezu ausgeschlossen, denn sie hatte sich seit Januar 1925 mehrfach nachdrücklich zum Gedanken wechselseitiger Sicherheitspakte bekannt, so noch am 17. September auf dem Heidelberger Parteitag, wo Rudolf Breitscheid linken

---

Alliierten hinsichtlich der Räumung des besetzten Gebietes und der Änderung des Besatzungsregimes vor. Dennoch faßte das Kabinett am 22. 10. 1925 — wenige Stunden vor der Sitzung der DNVP-Fraktion — einstimmig den Beschluß, „das auf der Grundlage der deutschen Note vom 20. 7. 1925 in Locarno eingeleitete Vertragswerk zu einem Abschluß zu bringen, der den Lebensnotwendigkeiten des Deutschen Volkes gerecht wird." AdR, Kabinette Luther (Anm. 87), Bd. 1, S. XXXV f., Bd. 2, S. 792 (Kabinettsrat beim Reichspräsidenten am 22. 10. 1925).

142 Ebda., Bd. 1, S. XXXVI; Purlitz 1925 (Anm. 101), Bd. 1 (Inland), S. 315.

143 Ebda., S. 315 f. (Erklärung der Parteileitung der DNVP vom 29. 10. 1925). Zur Haltung von Industrie und Landwirtschaft: Pohl, Wirtschaft (Anm. 127), S. 135 ff. Zur Politik des „Hugenberg-Konzerns": Holzbach, „System Hugenberg" (Anm. 14), bes. S. 180 ff.

144 Vgl. dazu Stürmer, Koalition (Anm. 12), S. 107 ff. Die für die Regierung Luther prekäre Situation war dadurch entstanden, daß die Landwirte billige Weinimporte aus Spanien befürchteten und aus diesem Grund einen Teil der deutschnationalen Abgeordneten veranlaßten, gegen den Vertrag zu stimmen.

Kritikern klarzumachen versuchte, unbeschadet ihrer „gegensätzlichen Haltung zur allgemeinen Tendenz des Kabinetts Luther" seien die Sozialdemokraten verpflichtet gewesen, „ihm auf diesem Wege zu folgen oder besser gesagt, auf diesem Wege voranzugehen; weil der Sicherheitsgedanke in der Linie derjenigen Politik liegt, die wir seit Jahr und Tag unterstützt haben ... Wir lieben das Kabinett Luther nicht, auch nicht den Außenminister in diesem Kabinett, aber das dürfte uns nicht veranlassen, in eine grundsätzliche Opposition dann einzutreten, wenn von der Regierung etwas unternommen wird, was im wesentlichen mit unseren Forderungen übereinstimmt."[145]

Das Konferenzergebnis vom 16. Oktober feierte der „Vorwärts" mit geradezu überschwenglichen Worten. Unter der Überschrift „Der Sieg des Friedens" nannte das sozialdemokratische Parteiorgan Locarno „vielleicht eines der größten weltgeschichtlichen Ereignisse. Vielleicht eine Zeitwende. Sicher bedeutet es einen Teilsieg der sozialistischen Bewegung, einen Sieg des Prinzips."[146] Aber seit dem 26. Oktober wußte das Rumpfkabinett Luther, daß die Zustimmung der SPD zum Vertragswerk von Locarno noch keineswegs sicher war. Wels, Hermann Müller und Hilferding bedeuteten dem Kanzler, daß die SPD nicht gewillt sei, für die Deutschnationalen in die Bresche zu springen. Wels, so teilte Luther den Ministern mit, habe „stark mit dem Auflösungsgedanken gespielt, während der Abgeordnete Müller-Franken nach dieser Richtung hin gedämpft habe."[147]

Einheitlich gegen eine Annahme der Locarno-Verträge war die SPD aber auch nicht. Am gleichen 26. Oktober, an dem die Vertreter des Parteivorstandes mit Luther sprachen, erhielt der Ministerialdirektor in der Reichskanzlei, Pünder, einen Anruf von Staatssekretär Weismann aus dem Preußischen Staatsministerium. Die Reichskanzlei erfuhr auf diesem Wege, daß Ministerpräsident Braun und seine Regierung fest auf dem Boden von Locarno stünden. Braun habe sich auch bereits darum bemüht, SPD und DDP für eine neue Große Koalition zu gewinnen. Für den Augenblick genüge es, die freigewordenen Ministerien durch parteilose Beamte leiten zu lassen. Nach der Ratifizierung des Vertragswerks aber sei

---

145 Parteitag 1925 (Anm. 39), S. 248. Breitscheid berief sich auch darauf, daß der Gedanke des Sicherheitspakts der Linie entspreche, „die auf zahlreichen Konferenzen unserer Internationale festgelegt worden ist" (ebda., S. 248). Tatsächlich war die SAI in dieser Frage gespalten; SPD, französische und belgische Sozialisten waren für Sicherheitspakte, die Labour Party dagegen. Dazu Klaus E. Rieseberg, Die SPD in der „Locarno-Krise" Oktober/November 1925, in: VfZ 30 (1982), S. 130—161 (bes. 136 f.). Zur linken Kritik an der außenpolitischen Tolerierungslinie der SPD vgl. unten S. 333. — Von früheren positiven Äußerungen Breitscheids zum Gedanken eines Sicherheitspaktes vgl. v. a. seine Reichstagsrede vom 22. 7. 1925 in: Stenographische Berichte (Anm. 16), Bd. 387, S. 3391—3399.

146 Vorwärts, Nr. 250, 17. 10. 1925.

147 AdR, Kabinette Luther (Anm. 87), Bd. 2, S. 807 f. (Ministerrat vom 26. 10. 1925); Besprechungen beim Reichskanzler, in: Vorwärts, Nr. 507, 27. 10. 1925. In diesem Bericht heißt es, die Vertreter der SPD hätten dem Reichskanzler „keinen Zweifel" an ihrer Auffassung gelassen, „daß die Sozialdemokratie nicht daran denken könne, die Deutschnationalen aus der Verantwortung in diesem Reichstag zu entlassen. Wenn die Deutschnationalen den Vertrag ablehnen, würde nur übrig bleiben, das Volk selbst entscheiden zu lassen und den Reichstag aufzulösen." Vgl. dazu auch Rieseberg, SPD (Anm. 145), S. 142.

die Erweiterung der jetzigen Koalition durch Minister aus SPD und DDP in Aussicht zu nehmen.[148]

Viel Resonanz fand Brauns Initiative indessen nicht. Am 28. Oktober beschloß der Vorstand der sozialdemokratischen Reichstagsfraktion, die Deutschnationalen dürften in keinem Fall aus der Verantwortung entlassen werden. Die SPD könne nicht daran denken, „in *diesem* Reichstag den Vertrag von Locarno, in dem sie den großen Erfolg ihrer eigenen außenpolitischen Richtlinien erblickt, gegen die deutschnationalen Stimmen zu ratifizieren. Sie sieht den geeigneten Weg zur Lösung der Krise in der Befragung des Volkes vermittels der Auflösung des Reichstags."[149]

Auch bei der „Basis" der SPD fand die neue Parteilinie Zustimmung. Auf einer Berliner Funktionärsversammlung erklärte Breitscheid am 3. November unter großem Beifall, die Sozialdemokraten hätten keinen Anlaß, als „Lückenbüßer für die Deutschnationalen einzutreten." Kämen die Verträge mit Hilfe der SPD durch, so würde die Sozialdemokratie von den Deutschnationalen des Landesverrats bezichtigt. Danach würde die DNVP wieder in die Regierung zurückdrängen und Luther erklären, mit der SPD lasse sich keine Wirtschafts- und Finanzpolitik machen. Einen Eintritt der SPD in die Regierung schloß Breitscheid daher aus. „Es gibt noch andere Fragen als Locarno, die wir unmöglich in der ‚Großen Koalition' praktisch lösen können." Der einzig gangbare Weg sei der, die Auflösung des Reichstags zu erzwingen. Die Neuwahlen erbrächten sicherlich eine Mehrheit für Locarno. Das würde Deutschland stärken. Wenn dann die Deutschnationalen im neuen Reichstag gegen Locarno stimmten, könnten sie nicht so rasch in die Regierung eintreten.[150]

Die ausgeklügelte Taktik der sozialdemokratischen Führung hatte jedoch ihre Tücken. Wenn die SPD tatsächlich ihr Verhalten von dem der Deutschnationalen abhängig machte und im Reichstag gegen die Verträge von Locarno stimmte, wie sollte sie dann im folgenden Wahlkampf ihre Zustimmung zu Locarno plausibel machen? „Nein im Reichstag und Ja in der Wahlbewegung", diese Situation wäre in der Tat, wie der Abgeordnete Paul Hertz am 30. Oktober in einem Brief an seinen Fraktionskollegen Wilhelm Keil bemerkte, „nicht ganz angenehm" gewesen.

Die sozialdemokratische Reichstagsfraktion, die am 6. November zusammentrat, bestätigte zwar den Vorstandsbeschluß vom 28. Oktober, aber in der Aussprache wurden doch bereits erhebliche Zweifel an der Weisheit dieser Entscheidung laut.[151] Am 13. November sah auch Rudolf Breitscheid keine andere Möglichkeit mehr als „Zustimmung zu Locarno und Verbleiben in der Opposition." Ebenso dachte Reichstagspräsident Löbe, der am aktivsten auf eine Korrektur des sozialdemokratischen Kurses in der Locarnofrage drängte. Eine Neuwahl des

148 Ebda., S. 149 f.

149 Ebda., S. 151 f. (Hervorhebungen im Original).

150 Auf keinen Fall Lückenbüßer, in: Vorwärts, Nr. 521, 4. 11. 1925. — Zur Analyse des Vertragswerks von Locarno vgl. den Aufsatz von Rudolf Breitscheid, Locarno, in: Die Gesellschaft 2 (1925/II), S. 497—509, sowie seine Reichstagsrede vom 27. 11. 1925 in: Stenographische Berichte (Anm. 16), Bd. 388, S. 4619—4628.

151 Rieseberg, SPD (Anm. 145), S. 144 f., 152.

Reichstags könne, so schrieb er am 15. Dezember an den sozialdemokratischen Redakteur Immanuel Birnbaum in Breslau, an der parlamentarischen Konstellation nicht viel ändern; der „Kampf gegen einen geeinten Block aller Bürgerlichen und der Kommunisten links“ würde für die SPD noch ungünstiger sein als seinerzeit, 1907, der Kampf gegen den liberal-konservativen „Bülow-Block“.[152]

Zum Meinungsumschwung in der Sozialdemokratie trug eine Reihe von Gründen bei: neben der wachsenden Skepsis hinsichtlich des Wahlausgangs ein starkes Engagement der Freien Gewerkschaften zugunsten des Vertragswerks und die Tatsache, daß sich inzwischen auch die Labour Party, die auf dem Kongreß der Sozialistischen Arbeiter-Internationale in Marseille Ende August 1925 noch gegen ein regionales Sicherheitssystem aufgetreten war, auf die Seite der Befürworter von Locarno geschlagen hatte und die SPD drängte, von Neuwahlen abzusehen. Eine wichtige Rolle spielte auch ein Kabinettsbeschluß vom 19. November: Die Regierung kündigte an, daß sie nach der Unterzeichnung der Verträge zurücktreten werde. Stimmte die SPD für die Verträge, so konnte dies nun nicht mehr als Vertrauensvotum für die Regierung Luther gedeutet werden.

Als am 20. November die Reichstagsfraktion der Sozialdemokraten wieder zusammentrat, konnte sich Löbe, inzwischen unterstützt vom Fraktionsvorstand, durchsetzen. Mit 77 gegen 40 Stimmen wurde sein Antrag angenommen, den Verträgen von Locarno ohne Einschränkung zuzustimmen und den vorher gefaßten Fraktionsbeschluß aufzuheben. Eine Episode war abgeschlossen, in der kurzatmiges Taktieren über die politische Strategie triumphiert hatte. Die Sozialdemokratie war zurückgekehrt zu jenem außenpolitischen Realismus, den sie der Republik schuldete und bislang immer bewiesen hatte.[153]

Im Reichstag stimmten die Sozialdemokraten am 27. November geschlossen für die Verträge, die mit 291 zu 174 Stimmen bei 3 Enthaltungen angenommen wurden. Ein außenpolitisch begründeter Mißtrauensantrag der Deutschnationalen wurde, ebenfalls mit den Stimmen der SPD, abgelehnt. Zu den Parteien, die gegen Locarno stimmten, gehörten neben den Völkischen, den Deutschnationalen und der Wirtschaftspartei auch die Kommunisten. Ernst Thälmann begründete, weshalb die KPD von Anfang an gegen das Vertragswerk gewesen sei: Der Völ-

152 Ebda., S. 155—159. Löbe war erst am 8. 11. von einer Amerikareise zurückgekehrt, hatte also an den vorangegangenen Entscheidungen von Fraktion und Fraktionsführung nicht mitgewirkt.

153 Ebda., S. 146 f. Der Fraktionsvorstand der SPD hatte am 20. 11. 1925, einige Stunden vor der Fraktionssitzung beschlossen, sich für die Zustimmung zu den Verträgen einzusetzen. Vgl. Für Locarno und Völkerbund, in: Vorwärts, Nr. 550, 21. 11. 1925. — Zur Haltung der Freien Gewerkschaften: Das Werk von Locarno, in: GZ, Nr. 44, 31. 10. 1925; Locarno und die Gewerkschaften, in: GZ, Nr. 48, 28. 11. 1925 (Bericht über eine Besprechung von Vertretern der Gewerkschaften mit Reichskanzler Luther am 17. 11. 1925). Zum Kabinettsbeschluß vom 19. 11. 1925: AdR, Kabinette Luther (Anm. 87), Bd. 2, S. 894 f. Zur Haltung von Labour Party und SAI: Rieseberg, SPD (Anm. 145), S. 135 ff.; Wolfgang Krieger, Labour Party und Weimarer Republik. Ein Beitrag zur Außenpolitik der britischen Arbeiterbewegung zwischen Programmatik und Parteitaktik (1918—1924). Bonn 1978, S. 347 ff.; John F. Wrynn, The Socialist International and the Politics of European Reconstruction 1919—1930, o. O. 1976, S. 74 ff. Zur Diskussion in der SAI: Zweiter Kongreß der Sozialistischen Arbeiter-Internationale in Marseille, 22. bis 27. August 1925, Berlin o. J., bes. S. 67—73.

kerbund sei nur ein Instrument der Sieger von Versailles und eine „Organisation zur Vorbereitung des Angriffskrieges gegen Sowjetrußland"; Deutschland solle zum Landsknecht der englischen Imperialisten gemacht werden; die deutsche Arbeiterklasse aber werde der deutschen Bourgeoisie die Antwort geben und sich gegen den Krieg erheben.[154]

*

Drei Tage nach der Annahme der Locarno-Verträge im Reichstag begannen die Besatzungsmächte mit der Räumung der Kölner Zone; am 1. Dezember wurde das Vertragswerk in London unterzeichnet; am 5. Dezember trat das Reichskabinett zurück.[155] Zu diesem Zeitpunkt gab es bereits ein umfassendes Szenario für den weiteren Ablauf der Regierungskrise. Staatssekretär Meissner vom Büro des Reichspräsidenten, den Hindenburg von seinem Amtsvorgänger übernommen hatte, schlug am 2. Dezember vor, zunächst „durchaus ernsthafte" Verhandlungen über eine Große Koalition zu führen, die aber an den sachlichen Gegensätzen zwischen SPD und DVP und an überzogenen personellen Forderungen der Sozialdemokraten scheitern müßten. Dann sei die Notwendigkeit erwiesen, eine neue „Regierung der Mitte" unter Luther zu bilden, die zwar keine sichere parlamentarische Mehrheit habe, diese aber auch nicht dringend brauche, da außenpolitische Entscheidungen vorerst nicht zu erwarten seien. Im Bereich der Innenpolitik, namentlich in Fragen der Beamtenbesoldung und der Minderung der sozialen Lasten, könne eine solche Regierung auf die Unterstützung der weiter rechts stehenden Parteien setzen.[156]

Für die Große Koalition sprachen sich in den ersten Sondierungen im Dezember 1925 das Zentrum und die DDP aus. Die BVP zeigte sich reserviert bis ablehnend, eindeutig negativ zunächst die DVP. Nachdem der Fraktionsvorsitzende Scholz aber in Meissners taktisches Kalkül voll eingeweiht worden war, erklärte sich der Fraktionsvorstand der Deutschen Volkspartei am 9. Dezember zu Verhandlungen über eine Große Koalition bereit. Bedingung für eine Zusammenarbeit mit der SPD sei die Aufstellung eines gemeinsamen Wirtschaftsprogramms. „Scheitert die Große Koalition, so kann sie nur an den Sozialdemokraten scheitern."[157]

154 Stenographische Berichte (Anm. 16), Bd. 388, S. 4512—4523 (Rede Thälmanns am 24. 11. 1925), 4659—4668 (Abstimmungsergebnisse). Zur Haltung der Kommunisten siehe auch die Erklärung der internationalen Konferenz kommunistischer Parlamentarier vom 10. bis 13. 11. 1925 in Brüssel über die Verträge von Locarno, in: DuM (Anm. 48), Bd. 8, S. 256—259.

155 AdR, Kabinette Luther (Anm. 87), Bd. 2, S. 942—944 (Ministerbesprechung vom 5. 12. 1925); Schulthess 1925 (Anm. 119), S. 182, 444 ff.

156 Abgedruckt bei Stürmer, Koalition (Anm. 12), S. 288—290.

157 AdR, Kabinette Luther (Anm. 87), Bd. 2, S. 986 (Anm.), Zur Haltung von Scholz weiter: ebda., Bd. 2, S. 935—937 (Aufzeichnung Pünders vom 4. 12. 1925), zu den übrigen Parteien: 942—944 (Ministerbesprechung vom 5. 12. 1925), 985—987 (Besprechungen des Reichspräsidenten mit Parteiführern am 7. 12. 1925). Zusammenfassend: Stürmer, Koalition (Anm. 12), S. 132—140; Haungs, Reichspräsident (Anm. 12), S. 94, 109; Jürgen Blunck, Der Gedanke der Großen Koalition in den Jahren 1923—1928, phil. Diss. (MS), Kiel 1961, S. 138 ff.

Spiegelbildlich verkehrt verhielt sich die SPD. Dem Reichspräsidenten gegenüber, der die Notwendigkeit einer Großen Koalition mit der schweren wirtschaftlichen Krise begründete, zeigten sich am 6. Dezember Löbe, am folgenden Tag Hermann Müller und Dittmann allerdings gleich pessimistisch. „In der Fraktion sei eine starke Gegnerschaft gegen die Koalition", notierte Meissner, „wenn auch Müller-Franken persönlich bereit sei." Die Gegnerschaft beruhe darauf, daß die jetzige wirtschaftliche Lage durch die Wirtschaftspolitik des amtierenden Kabinetts hervorgerufen worden sei und die Sozialdemokraten an den Folgen nicht teilnehmen wollten. Außerdem zeige das Verhalten von Scholz, daß die Volkspartei die Große Koalition nicht ernsthaft wolle. Die Sozialdemokraten könnten der „Großen Koalition nur zustimmen auf Grund eines fest aufgestellten Programms, da sonst nach kurzer Zeit die Deutsche Volkspartei wieder fortlaufen würde."[158]

Das Programm der sozialdemokratischen Fraktion wurde am 10. Dezember dem Reichspräsidenten übermittelt. Es sah unter anderem vor: die Wiederherstellung des Achtstundentages und die Ratifizierung des Arbeitszeitabkommens von Washington, die Bildung eines endgültigen, paritätisch zusammengesetzten Reichswirtschaftsrates, die baldige Verabschiedung eines Gesetzes über die Arbeitslosenversicherung, die entschiedene Abwehr monarchistischer Restaurationsbestrebungen und den baldigen Eintritt Deutschlands in den Völkerbund.[159] Das erschien in der Tat, wie Stürmer bemerkt, „mehr als eine innerparteiliche Rückversicherung für den Fall, daß die Verhandlungen fehlschlugen, denn als realistische Basis der Regierungsbildung abgefaßt." Scholz erläuterte dem Reichspräsidenten denn auch sogleich, daß die Bedingungen der SPD für die DVP nicht annehmbar seien. Nur aus taktischen Gründen wolle die Volkspartei dies Regierungsprogramm der Sozialdemokraten nicht als „indiskutabel" bezeichnen.[160]

Wie die Dinge lagen, hatte der Vorsitzende der DDP, Erich Koch-Weser, den Hindenburg am 14. Dezember mit der Regierungsbildung beauftragte, von Anfang an keine Chance, ein mehrheitsfähiges Kabinett zustandezubringen. Koch wollte die Große Koalition wirklich, aber anders als Scholz war er in die Absichten der Ratgeber Hindenburgs nicht eingeweiht.[161] Daher erklärt es sich, daß er die konziliante Haltung, die die DVP in der neuen Verhandlungsrunde an den Tag legte, als Beweis ihrer Bereitschaft wertete, mit den Sozialdemokraten zusammenzuarbeiten. Als Koch am 27. Dezember dem Reichspräsidenten den Auftrag zur Regierungsbildung zurückgab, machte er die SPD für seinen Mißerfolg verantwortlich. Die DVP sei den Forderungen der Linken sehr weit entgegengekommen, erklärte er Hindenburg. „Der tatsächliche Grund für das Scheitern der Großen Koalition sei der, daß die Sozialdemokratie innerlich die Große Koalition in die-

158 AdR, Kabinette Luther (Anm. 87), Bd. 2, S. 985.

159 Ebda., Bd. 2, S. 987 (Anm.).

160 Stürmer, Koalition (Anm. 12), S. 138.

161 Für Kochs Einstellung zur Großen Koalition ist typisch seine Äußerung vor dem Parteiausschuß der DDP am 4. 12. 1925: „Unsere Politik kann immer nur darauf gerichtet sein, eine Große Koalition zu schaffen, in der die Sozialdemokraten uns davor schützen, daß der rechte Flügel unzuverlässig wird, und in der Zentrum und Deutsche Volkspartei uns davor schützen, daß die Sozialdemokratie eine einseitige Politik der Sozialisierung betreibt." Linksliberalismus (Anm. 24), S. 356 f.

sem Winter wirtschaftlicher Schwierigkeiten und steigender Erwerbslosigkeit nicht will."[162]

Koch konnte darauf verweisen, daß sein eigenes Programm, das die Forderungen von SPD und DVP zu verbinden suchte, von der DVP trotz einiger Bedenken akzeptiert worden war. Die Fraktion der SPD dagegen hatte am 16. Dezember ihrem bisherigen Programm noch zwei weitere Punkte — die tarifliche Vereinbarung von Überstunden und die Ausdehnung der Erwerbslosenfürsorge betreffend — hinzugefügt und am 17. Dezember mit 69 gegen 12 Stimmen den Eintritt in eine Große Koalition unter Hinweis auf das mangelnde Entgegenkommen der Volkspartei abgelehnt.[163]

Am 12. Januar 1926 wiederholte die sozialdemokratische Fraktion ihr Nein zur Großen Koalition. Diese zweite Abstimmung ging darauf zurück, daß während der Weihnachtspause das politische Leben stillgestanden und anschließend das Zentrum den Reichspräsidenten zu einem weiteren Sondierungsversuch bewogen hatte. Am 13. Januar war dann der Punkt erreicht, den Staatssekretär Meissner seit Anfang Dezember 1925 angesteuert hatte: Luther wurde wieder mit der Regierungsbildung beauftragt. Seinem Minderheitskabinett der Mitte gehörten — außer dem als „Fachminister" geltenden Geßler — auch zwei Politiker der DDP an: Wilhelm Külz als Innen- und Peter Reinhold als Finanzminister.[164]

Es gibt keinen Zweifel, daß die meisten führenden Sozialdemokraten im Winter 1925/26 eine Große Koalition nicht wünschten. Hilferding berichtete Kautsky am 8. Januar 1926, er selbst sei ebenso wie Hermann Müller, Breitscheid und viele andere „absolut dagegen", da er nicht glaube, daß mit der Deutschen Volkspartei „irgendwie ersprießliches Arbeiten auch nur auf kurze Zeit möglich" sei. „Eine zweite Sprengung der Regierung, an der wir beteiligt sind, innerhalb kurzer Zeit, würde die Partei außerordentlich schädigen. Ich hoffe, daß der Unsinn nicht gemacht wird."[165]

Koch-Weser nahm zu Recht an, ein zentrales Motiv der sozialdemokratischen Weigerung, in die Regierung einzutreten, sei die Furcht, sich in einer schweren wirtschaftlichen Krise — die Zahl der unterstützten Arbeitslosen belief sich im Dezember 1925 auf 1,8 und im Januar 1926 auf über 2 Millionen — durch Übernahme von Verantwortung in einem Koalitionskabinett unpopulär zu machen. Hilferding bestätigte diese Deutung in dem zitierten Brief durch die Bemerkung: „Vor dem Eintreten einer neuen Prosperität kann man ... kaum mit einem Erstarken der Partei rechnen."[166]

---

162 AdR, Kabinette Luther (Anm. 87), Bd. 2, S. 1009 (Anm.); Kochs eigenes, 21 Punkte umfassendes Programm: S. 1011—1015.

163 Schulthess 1925 (Anm. 119), S. 192; Rieseberg, SPD (Anm. 145), S. 148 (hier wird die entscheidende Fraktionssitzung der SPD irrigerweise auf den 18. 12. 1925 datiert).

164 AdR, Kabinette Luther (Anm. 87), Bd. 2, S. 1027—1030 (Staatssekretär Kempner an Luther am 4. 1. 1926), S. 1044 f. (Kabinettssitzung vom 21. 1. 1926); Schulthess' Europäischer Geschichtskalender 67 (1926), München 1927, S. 5—7; Es bleibt beim Nein!, in: Vorwärts, Nr. 19, 13. 1. 1926.

165 IISG Amsterdam, Nl. K. Kautsky, KD X II, Nr. 642.

166 Ebda. Zur wirtschaftlichen Lage und zur Arbeitslosigkeit im Winter 1925/26 siehe oben S. 28 ff.

Koch unterschätzte indes die Rolle, die nach den Erfahrungen vom Herbst 1923 das sozialdemokratische Mißtrauen gegenüber der DVP spielte. Er sah nicht, daß der Verdacht der SPD, die Volkspartei meine es mit der Großen Koalition nicht ernst, begründet war. Der Vorsitzende der DVP, Gustav Stresemann, wollte zwar in Preußen die Zusammenarbeit mit den Sozialdemokraten wiederbeleben, nicht aber im Reich. Staatssekretär Kempner von der Reichskanzlei berichtete Luther am 4. Januar 1926, er habe aus einigen Äußerungen Stresemanns die feste Überzeugung gewonnen, daß dieser „die Große Koalition im Reich nicht nur nicht für möglich hält, sondern sie auch zu vermeiden wünscht.“[167]

Der Außenminister war sich darüber im klaren, daß seine Partei der Großen Koalition aus wirtschafts- und sozialpolitischen Gründen widerstrebte, und er mußte damit rechnen, daß er seine Position in der DVP schwächte, wenn er sich dennoch für ein Regierungsbündnis mit der SPD einsetzte. Schließlich wußte die Führung der DVP, daß sie mächtige Verbündete in der Umgebung des Reichspräsidenten hatte. Diese Achse der Gegner einer Großen Koalition war das eigentliche Novum des Winters 1925/26. Erstmals warf das Staatsoberhaupt seinen Einfluß nicht für, sondern gegen eine parlamentarische Mehrheitsregierung in die Waagschale. Eine reale Chance hat die Große Koalition daher im Dezember 1925 und Januar 1926 nicht gehabt.

Das Verhalten der Sozialdemokraten war gleichwohl kurzsichtig. Mit der zweimaligen Ablehnung einer Großen Koalition übernahmen sie genau den Part, den ihnen ihre Gegner zugedacht hatten. Die SPD entmutigte zugleich die Kräfte, die zu einer Zusammenarbeit mit ihr bereit waren. „Sie haben sich wieder einmal als Klassenpartei und nicht als Volkspartei gezeigt“, meinte Koch-Weser resigniert. „Wie kann man sich auf die Dauer dem Eintritt der Deutschnationalen widersetzen, wenn sich die Sozialdemokraten der Mitwirkung verweigern?“[168] Die linksliberale „Vossische Zeitung“ stellte die rhetorische Frage, weshalb die SPD eigentlich in den stürmischen Monaten vor der Einberufung der Nationalver-

---

167 AdR, Kabinette Luther (Anm. 87), Bd. 2, S. 1027—1030. Zum sozialdemokratischen Mißtrauen gegenüber der DVP und zur Distanz gegenüber jedweder Koalitionspolitik sind sehr bezeichnend die folgenden Ausführungen des „Vorwärts“: „Die Sozialdemokratie hat sich nie zur Regierung gedrängt. Sie hat sich nur dann an ihr beteiligt, wenn die äußerste Not des Volkes nach ihrer Überzeugung dieses Opfer von ihr verlangte. Sie hat durch ihre zeitweilige Beteiligung an der Reichsregierung viel innere Kämpfe in der Partei heraufbeschworen und ihren Funktionären, die ihre Politik im Betrieb verteidigen müssen, das Leben manchmal recht schwer gemacht ... Die Erfahrungen, die die Sozialdemokratie mit ihrer Beteiligung an der Regierung gemacht hat, gehören ... zu ihrem Besitz. Aber wenn die Massen der Partei, eben infolge dieser Erfahrungen von *stärkstem Mißtrauen* erfüllt sind gegen den Plan, das gescheiterte Experiment vom Herbst 1923 zu wiederholen — wer will es ihnen verdenken?“ Lehren der Vergangenheit, in: Vorwärts, Nr. 576, 6. 12. 1925 (Hervorhebung im Original).

168 AdR, Kabinette Luther (Anm. 87), Bd. 2, S. 1009—1011 (Tagebuchaufzeichnung vom 18. 12. 1925). Der Parteiausschuß der DDP verabschiedete am 24. 1. 1926 eine Entschließung, in der es heißt: „Der Parteiausschuß bedauert, daß die Sozialdemokratie in parteiegoistischer Verkennung der großen innen- und außenpolitischen Aufgaben, zu denen in der gegenwärtigen Lage Deutschlands gerade die republikanischen Parteien berufen sind, ihre Mitwirkung versagt und die Große Koalition unter demokratischer Führung zum Scheitern gebracht hat.“ Linksliberalismus (Anm. 24), S. 375.

sammlung im Januar 1919 für die Demokratie und für den Parlamentarismus gefochten habe, „wenn sie jetzt nicht die Konsequenzen daraus ziehen will? ... Sie ist im Begriff, eine ... für sie todbringende Sünde gegen diejenigen zu begehen, die geglaubt haben, das Spiel der Sozialdemokratie sei echt, und die meinten, sie hätten in der Sozialdemokratie auf demokratischem und parlamentarischem Boden ... einen ehrlichen Bundesgenossen." Die „Germania", das offizielle Parteiorgan des Zentrums, befand, die Große Koalition sei gescheitert, „weil Verantwortungsscheu, gepaart mit doktrinären Befangenheiten, wieder einmal den gesunden Menschenverstand totgeschlagen hat ... Die Hauptschuld an dem Scheitern trägt die Sozialdemokratie."[169]

Hätte die SPD die Rückkehr an die Macht angestrebt, wären ihre Chancen, ans Ziel zu gelangen, vor dem 27. November 1925 größer gewesen als danach. Denn solange das Schicksal der Locarno-Verträge noch nicht entschieden war, hatten die Sozialdemokraten einen Trumpf in der Hand: Sie konnten ihr Ja an die Bedingung knüpfen, wieder an der Regierung beteiligt zu werden. Nachdem die SPD den Verträgen zur Annahme verholfen hatte, ging ihr innenpolitischer Marktwert sogleich drastisch zurück. Aber da die Partei mit ihrer Oppositionsrolle im großen und ganzen zufrieden war, nahm sie diesen Vorgang offenbar gar nicht wahr.

Die Taktik der sozialdemokratischen Führung im Winter 1925/26 war dazu angetan, jene innerparteiliche Opposition zu besänftigen, die „Koalitionspolitik" als Ausdruck eines prinzipienlosen Opportunismus bekämpfte. Zugleich aber erschütterte die SPD ihre eigene parlamentarische Glaubwürdigkeit wie die der parlamentarischen Demokratie überhaupt. „Es soll ... nicht bestritten werden, daß die Haltung, die die Deutsche Volkspartei der Sozialdemokratie gegenüber namentlich von Oktober 1923 an beobachtet hat, zu einer Arbeitsgemeinschaft mit ihr nicht gerade ermuntert", schrieb Preußens Innenminister Carl Severing im Dezember 1925 in den „Sozialistischen Monatsheften". „Aber alle diese Bedenken dürfen nicht zu einer Politik der Enthaltung führen, die identisch wäre mit einer Enthaltung von der Politik." Severing sah auch die außenpolitischen Risiken, die mit der Fortdauer der sozialdemokratischen Oppositionsrolle verbunden waren. „Das Scheitern der Großen Koalition wäre der erste Schritt, der uns wieder von Locarno, damit von Europa, entfernte. Das wäre kein Aufbau, das wären neue Trümmer."[170]

Ähnlich wie Severing dachten und argumentierten Otto Braun, Eduard David, Philipp Scheidemann und der Bundesvorsitzende des Reichsbanners Schwarz-Rot-Gold, Friedrich Hörsing. Auch an der Parteibasis gab es Zweifel an der Richtigkeit der Vorstandslinie. In Berliner und Stuttgarter Parteiversammlungen wurde im Januar 1926 eine Zusammenarbeit mit der DVP abgelehnt; in Karlsru-

---

169 Germania, Nr. 588, 17. 12. 1925 und Vossische Zeitung, Nr. 19, 12. 1. 1926, beide zit. in Blunck, Gedanke (Anm. 157), S. 149, 151.

170 Carl Severing, Und wieder für die Große Koalition, in: SM 31 (1925/II), S. 729—731. Der Titel spielt an auf den früheren Aufsatz von Severing, Für die große Koaltion, ebda., I, S. 1—3.

he, Essen und den Unterweserorten aber sprachen sich Mitgliederversammlungen und im Bezirk Kassel eine Parteikonferenz für eine Große Koalition aus. Auch der „Vorwärts" begann im Januar 1926 in vorsichtiger Form für eine Rückkehr an die Macht zu werben.[171] Selbst der Parteivorsitzende Hermann Müller, der im Winter 1925/26 von einem Regierungsbeitritt immer wieder abgeraten hatte, deutete im folgenden Frühjahr, als er auf die Entwicklung seit der „Locarno-Krise" zurückblickte, an, daß das Bekenntnis zur Opposition nicht das letzte Wort der SPD bleiben mußte. „Wer kann aber wissen", schrieb er in der theoretischen Zeitschrift „Die Gesellschaft", „ob unter dem Druck der steigenden Dawes-Lasten — vielleicht erst nach einer Neuwahl — die Bildung einer Regierung der Großen Koalition nicht noch einmal das unabweisbare Gebot der Stunde sein wird?"[172]

Müllers Versuch, die Haltung der SPD im Winter 1925/26 zu rechtfertigen, wirkte allerdings nicht sehr überzeugend. Sicherlich hatte er recht, wenn er darauf hinwies, daß die Bildung einer Minderheitsregierung dem parlamentarischen System nicht notwendigerweise widersprach, und diese These unter anderem mit dem Hinweis auf England, das „Mutterland des Parlamentarismus", unter dem Kabinett MacDonald begründete. In Deutschland aber lagen die Dinge anders. Eine alte parlamentarische Tradition fehlte hier; dafür gab es starke antiparlamentarische Kräfte. Minderheitsregierungen wurden hier nicht nur als ein Schwächezeichen der parlamentarischen Demokratie empfunden, sie *waren* es. Die Abneigung der Sozialdemokraten, sich an Koalitionen zu beteiligen, trug ebensowenig zur Festigung der parlamentarischen Demokratie bei wie ihre Neigung, bei Regierungskrisen sogleich die Auflösung des Reichstags und Neuwahlen zu fordern. Allzu häufige Appelle an das Volk mußten das ohnedies verbreitete Unbehagen an der repräsentativen Demokratie noch steigern. Die Labilität, die das politische System von Weimar auch in den Jahren der „relativen Stabilität" kennzeichnete, ging gewiß nicht vorrangig auf das Konto der Sozialdemokraten. Eine Mitverantwortung für diesen Zustand trugen sie aber durchaus.

*

171 Blunck, Gedanke (Anm. 157), S. 152 f. Zur Haltung Brauns vgl. seinen im „Vorwärts" Nr. 17, 12. 1. 1926, auszugsweise abgedruckten Aufsatz aus dem „Sozialdemokratischen Pressedienst". Braun begründet darin sein Eintreten für die Große Koalition vor allem mit der Chance der SPD, für eine Milderung der wirtschaftlichen Not und die loyale Durchführung des Locarno-Abkommens zu wirken. Sein Plädoyer gipfelte in den Worten: „Wir stehen wieder einmal vor einer Entscheidung von geschichtlicher Bedeutung, vor einer Entscheidung, die für die weitere Entwicklung Deutschlands ausschlaggebend werden kann. Da muß auch die Sozialdemokratische Partei, die stärkste Partei des Reiches, Vertrauen zu ihrer inneren Kraft beweisen und den Mut zur Verantwortung finden. Wollte sie sich weiter von der Furcht vor der Verantwortung in ihrem Handeln leiten lassen, so würde sie dem parlamentarischen System einen vernichtenden Schlag versetzen und der Reaktion die Bahn ebnen. Das kann aber die Partei, das darf sie nicht tun."

172 Hermann Müller, Vom deutschen Parlamentarismus, in: Die Gesellschaft 3 (1926/I), S. 299—305 (299). Dazu auch Rieseberg, SPD (Anm. 145), S. 149.

Dem zweiten Kabinett Luther war nur eine kurze Lebensdauer beschieden. Zunächst schien es wohl, als werde die SPD die neue „Regierung der Mitte" durch parlamentarische Tolerierung über Wasser halten: Am 28. Januar 1926 enthielten sich die Sozialdemokraten bei der Abstimmung über die Vertrauensfrage des Kanzlers der Stimme und bewahrten so Luther vor der Niederlage und den Reichstag vor der Auflösung, die Hindenburg für ebendiesen Fall vorgesehen hatte. Die Regierung ihrerseits rückte auf dem Gebiet der Sozialpolitik ein Stück nach links: So wurde den Kurzarbeitern erstmals staatliche Unterstützung gewährt und, zum Zweck der Arbeitsbeschaffung, unter anderem der Bau von Kleinwohnungen mit staatlichen Krediten gefördert. Aber in den übrigen Bereichen der inneren Politik war der Kurs des Kanzlers alles andere als fortschrittlich. Nachdem Reichspräsident und Reichswehrminister sich gegen die vom Reichstag beschlossene Verschärfung der Duellparagraphen im Militärstrafgesetzbuch gewandt hatten, setzte sich Luther dafür ein, daß die entsprechenden Bestimmungen der Novelle erheblich abgeschwächt wurden; er propagierte eine systematische Besiedlung bevölkerungsarmer Gebiete in den preußischen Ostprovinzen mit dem Argument, es gelte die nach Westen vorflutende Slawenwelle einzudämmen; er ergriff schließlich jene Initiative, die unmittelbar zum Ende seiner Kanzlerschaft führte: eine eindeutig restaurative Neuregelung der Flaggenfrage.[173]

Unter Berufung auf die Wünsche der Auslandsdeutschen, vor allem in Lateinamerika, hatte Luther am 20. April 1926 in einem Brief an Außenminister Stresemann angeregt, den deutschen Auslandsmissionen zu gestatten, neben der schwarz-rot-goldenen Flagge der Republik auch die Farben des Kaiserreichs zu zeigen — in Gestalt der schwarz-weiß-roten Handelsflagge mit der verschämten schwarz-rot-goldenen Gösch in der oberen inneren Ecke. Offenbar waren sich weder der Empfänger des Briefes noch die übrigen Minister des politischen Sprengstoffs bewußt, den dieser Vorschlag enthielt. Denn am 1. Mai machte sich das Kabinett in nur leicht abgeschwächter Form Luthers Idee zu eigen: Künftig sollten zwar nicht alle Auslandsmissionen, aber doch die gesandtschaftlichen und konsularischen Behörden neben der Reichsflagge die Handelsflagge führen.[174]

Massive Proteste kamen nicht nur von den Sozialdemokraten, den Freien Gewerkschaften und vom Reichsbanner Schwarz-Rot-Gold, die in dem Kabinettsbeschluß einen Anschlag auf die Republik sahen, sondern auch von zwei Koalitionsparteien, dem Zentrum und den Demokraten. Bezeichnenderweise waren die Regierungsfraktionen vom Kanzler vor der Kabinettsentscheidung gar nicht konsultiert worden, und neben dem Inhalt des Beschlusses war es ebendieses handstreichartige Vorgehen des Regierungschefs, das die Empörung vor allem der DDP auslöste. Der heftige Widerspruch aus dem Koalitionslager hatte zur Folge, daß in der vom Reichspräsidenten am 5. Mai unterzeichneten endgültigen Flaggenverordnung das Zeigen der Handelsflagge beschränkt wurde auf „außereuropäische Plätze" und solche „europäischen Plätze, die von Seehandelsschiffen an-

173 AdR, Kabinette Luther (Anm. 87), Bd. 1, S. LX—LXVI (mit Einzelbelegen).

174 Ebda., Bd. 1, S. LXIV f., Bd. 2, S. 1293—1295 (Brief an Stresemann), 1320 f. (Ministerbesprechung vom 1. 5. 1926). Vgl. dazu auch Stürmer, Koalition (Anm. 12), S. 148 ff.

gelaufen werden." Aber eine beruhigende Wirkung ging von diesem Scheinkompromiß nicht aus.[175]

Am 6. Mai brachten die Sozialdemokraten im Reichstag eine Interpellation zur Flaggenfrage sowie einen Mißtrauensantrag gegen Luther ein. Die Zentrumsfraktion „bedauerte" noch am Abend des 5. Mai den Erlaß der Verordnung und lehnte „jede Verantwortung für die politischen Folgen" ab. Die DDP ging erheblich weiter. In einem Koalitionsgespräch am 10. Mai erklärte ihr Vorsitzender, Erich Koch-Weser, die jetzige Regierung sei „erledigt". Zwei Tage später stimmten die Demokraten zwar nicht für den Mißtrauensantrag der SPD, der mit 176 gegen 144 Stimmen abgelehnt wurde, wohl aber für einen Mißbilligungsantrag, den sie selbst eingebracht hatten. Mit 176 gegen 146 Stimmen bei 103 Enthaltungen wurde dieser Antrag vom Reichstag angenommen. Außer den Demokraten stimmten SPD und KPD dafür; die Deutschnationalen enthielten sich der Stimme, während DVP, Zentrum und BVP gegen den Antrag votierten. Noch am gleichen Tag, dem 12. Mai 1926, erklärte das zweite Kabinett Luther seinen Rücktritt.[176]

„Es ist kein Zweifel: Luther hat diese Krise herbeigeführt", bemerkte Koch-Weser am 10. Mai in der Sitzung des demokratischen Parteivorstands.[177] Der „Politiker ohne Partei" hatte ohne Not eine Kontroverse entfesselt, bei der es um eine Frage von hohem Symbolwert ging und die gerade deshalb die Leidenschaften mehr aufwühlte als die meisten materiellen Streitpunkte der Zeit. Der Flaggenkonflikt war nicht nur auf die konservativen Neigungen Luthers zurückzuführen, sondern ebenso auch auf seinen Mangel an politischem Fingerspitzengefühl. Seine dramatische Note erhielt der Streit aber erst durch das persönliche Engagement Hindenburgs, der sich mit dem Vorstoß Luthers so stark identifizierte, daß er dem Kabinett einen geordneten Rückzug unmöglich machte. Aus der Kanzlerkrise drohte damit eine Präsidentenkrise zu werden — und das hieß: eine Staatskrise. Zwar konnte Hindenburg die öffentliche Erregung am 10. Mai etwas ein-

175 AdR, Kabinette Luther (Anm. 87), Bd. 2, S. 1334 f. (Ministerbesprechung vom 5. 5. 1926), 1343—1345 (Gespräch Meissners mit Koch-Weser am 7. 5. 1926), 1345—1347 (Vermerk Pünders über Besprechungen zur Flaggenfrage am 7. 5. 1926), 1349—1356 (Parteiführerbesprechung vom 10. 5. 1926), 1356—1360 (Ministerrat vom 10. 5. 1926). Der Text der Verordnung in: RGBl. 1926, I, S. 217. — Zum Engagement des Reichsbanners, der im ganzen Reich zu Protestkundgebungen gegen die Flaggenverordnung aufrief: Stampfer, Vierzehn Jahre (Anm. 102), S. 480 f.; Karl Rohe, Das Reichsbanner Schwarz-Rot-Gold. Ein Beitrag zur Geschichte und Struktur der politischen Kampfverbände zur Zeit der Weimarer Republik, Düsseldorf 1966, S. 240 ff. Zum Protest des ADGB siehe die Entschließung des Bundesausschusses vom 7. 5. 1926 in: GZ, Nr. 20, 15. 5. 1926. Der „Vorwärts" (Nr. 209, 5. 5. 1926) sprach von einer „Demonstration gegen die Politik des Friedenswillens" und einer „Provokation des republikanischen Volkes". Zur Reaktion der SPD ferner: Egelhaafs Historisch-politische Jahresübersicht für 1926, hg. v. Hermann Haug, 19. Jg., Stuttgart 1927, S. 115 f.

176 Zur Haltung des Zentrums: Die Protokolle der Reichstagsfraktion und des Fraktionsvorstandes der Deutschen Zentrumspartei 1926—1933, bearb. v. Rudolf Morsey, Mainz 1969, S. 33—37 (Fraktionssitzungen vom 5., 6., 10. u. 11. 5. 1925). Zur DDP: Linksliberalismus (Anm. 24), S. 387—395 (Vorstandssitzung vom 10. 5. 1925). Zu den Abstimmungen im Reichstag: Stenographische Berichte (Anm. 16), Bd. 390, S. 7216—7225. Zur Demission des Kabinetts Luther: AdR, Kabinette Luther (Anm. 87), Bd. 2, S. 1367—1369 (Ministerbesprechungen vom 12. 5. 1926).

177 Linksliberalismus (Anm. 24), S. 389.

dämmen, als er in einem — mit dem Kabinett abgesprochenen — Brief versicherte, nichts liege ihm ferner, „als die durch die Verfassung bestimmten Nationalfarben zu beseitigen", und er sei nach wie vor fest entschlossen, „die Flaggenfrage nur auf der Grundlage der Verfassung zu behandeln."[178] Aber diese Erklärung bewirkte nur, daß der Reichspräsident selbst wieder etwas aus der Schußlinie geriet; die Position des Kanzlers ließ sich dadurch nicht mehr befestigen. Der Flaggenstreit von 1926 machte schlagartig deutlich, wie sehr es der Weimarer Republik auch Mitte der zwanziger Jahre noch an einem tragfähigen politischen Grundkonsens mangelte. Die Flagge, die ein integrierendes Symbol der Republik hatte werden sollen, wirkte nach wie vor polarisierend, und es waren die Verfassungsväter selbst, die durch den halbherzigen Kompromiß von 1919 diesem Dauerzwist einen Schein von Legitimation verschafft hatten.[179]

Nach dem Rücktritt des Kabinetts Luther kamen theoretisch drei Möglichkeiten einer Neubildung der Regierung in Frage: eine bürgerliche Rechtskoalition, eine Große Koalition und eine neuerliche bürgerliche Regierung der Mitte. Da Zentrum und DDP eine Zusammenarbeit mit den Deutschnationalen ablehnten, reduzierte sich die Zahl der Lösungen auf zwei. Sowohl die Demokraten als auch das Zentrum wünschten grundsätzlich ein Kabinett mit Einschluß der Sozialdemokraten. Der Verwirklichung dieses Vorhabens stand allerdings aus der Sicht des Zentrums vorerst ein Hindernis im Weg, auf das gleich noch ausführlicher einzugehen sein wird: die Tatsache, daß die SPD zusammen mit der KPD die entschädigungslose Enteignung der ehemaligen deutschen Fürsten durch einen Volksentscheid vorbereitete, während die bürgerlichen Mittelparteien an einer parlamentarischen, weniger radikalen Lösung dieses Problems arbeiteten. Infolgedessen gelangte die Zentrumsfraktion zu dem Schluß, daß erst nach dem Volksentscheid, der auf den 20. Juni festgesetzt worden war, eine Regierung mit den Sozialdemokraten gebildet werden könne und daß bis dahin die jetzige Koalition unter einem neuen Kanzler an der Macht bleiben solle.[180]

---

178 Hindenburgs am 9. 5. verfaßter und am 10. 5. 1926 veröffentlichter Brief in: Schulthess 1926 (Anm. 164), S. 94 f.; vgl. dazu AdR, Kabinette Luther (Anm. 87), Bd. 2, S. 1349—1356 (Parteiführerbesprechung vom 10. 5. 1926). Zu den Motiven, die die DDP beim Sturz Luthers leiteten: Hartmut Schustereit, Linksliberalismus und Sozialdemokratie in der Weimarer Republik. Eine vergleichende Betrachtung der Politik von DDP und SPD 1919—1930, Düsseldorf 1975, S. 120 ff.; Werner Schneider, Die Deutsche Demokratische Partei in der Weimarer Republik 1924—1930, München 1978, S. 89 ff. Beide Autoren betonen zurecht, daß die Flaggenfrage für die Führung der DDP nur ein willkommener Anlaß war, einen Kanzler zu Fall zu bringen, dessen Linie als zu „rechts" galt.

179 Vgl. zur Würdigung des Flaggenstreits insbes. Eyck, Geschichte (Anm. 14), Bd. 2, S. 92 ff. — Die Flaggenverordnung blieb trotz des Rücktritts der Regierung Luther in Kraft. Eine Aufhebung durch den Reichstag wäre nur möglich gewesen, wenn außer SPD und KPD auch Zentrum und DDP dafür gestimmt hätten. Da aber in diesem Fall mit einem Rücktritt Hindenburgs und einer schweren Staatskrise zu rechnen war, schied für die bürgerlich-republikanischen Parteien eine derartige Eskalation des Konflikts von vornherein aus. Vgl. dazu die in Anm. 176 genannten Quellen zur Haltung von Zentrum und DDP. Zum Flaggenkompromiß von 1919 siehe den vorhergehenden Bd., S. 230.

180 Protokolle (Anm. 176), S. 38 (Fraktionssitzung vom 14. 5. 1926); Stürmer, Koalition (Anm. 12), S. 151 ff. Zur Auseinandersetzung über den Fürstenbesitz siehe unten S. 270 ff.

Der Kandidat aber, den das Zentrum für das Amt des Reichskanzlers vorgesehen hatte und der am 15. Mai 1926 in Berlin eine Reihe von Sondierungsgesprächen führte, der Kölner Oberbürgermeister und Präsident des Preußischen Staatsrats, Konrad Adenauer, war anderer Ansicht: Er wollte eine stabile Regierungsmehrheit in Form der Großen Koalition sofort und nicht zu einem späteren Zeitpunkt. Ob sich nach dem 20. Juni das bestehende Parteienbündnis nach links hin erweitern lassen würde, erschien ihm zu Recht sehr zweifelhaft. Das Nein, das der Fraktionsvorsitzende der DVP, Ernst Scholz, dem Gedanken einer Großen Koalition entgegensetzte, machte weitere Gespräche Adenauers im Grunde überflüssig. Hilferding, der für die SPD mit dem Kölner Oberbürgermeister verhandelte, war weit kooperativer. Zwar hielt er es für unwahrscheinlich, daß seine Partei schon vor dem Volksentscheid der Regierung beitreten würde, aber er bot Adenauer für die Zwischenzeit die Unterstützung eines von ihm geführten Kabinetts der Mitte an. Als Adenauer am Abend des 15. Mai die Zentrumsfraktion vom Scheitern seiner Bemühungen in Kenntnis setzte, gab er die Schuld dafür eindeutig der Deutschen Volkspartei.[181]

In der Tat war im Mai 1926 die Bereitschaft der sozialdemokratischen Parteispitze, wieder Regierungsverantwortung im Reich zu übernehmen, deutlich größer als im vorangegangenen Winter. Die Sorge vor dem Erstarken monarchistischer Kräfte, wie es der Flaggenstreit signalisierte, spielte dabei eine Rolle, daneben wohl auch der Zweifel, ob es wirklich im Interesse der Arbeiterschaft lag, wenn die SPD das Ende der wirtschaftlichen Krise abwartete, ehe sie sich wieder an der Ausübung der Staatsmacht im Reich beteiligte. Breitscheid ließ gleich nach dem Mißtrauensvotum gegen Luther am 12. Mai dem Außenminister über dessen Sohn Wolfgang ausrichten, er, Stresemann, solle „doch unter allen Umständen das Reichskanzleramt annehmen. Die Sozialdemokraten würden bei einem positiven Vertrauensvotum mit ‚Ja' stimmen."[182] Die Position, die Hilferding im Gespräch mit Adenauer bezog, war kaum weniger koalitionsfreundlich. Gewiß gab es in der sozialdemokratischen Reichstagsfraktion nach wie vor beträchtliche Vorbehalte gegenüber einer Zusammenarbeit mit der DVP, aber daß die Probe aufs Exempel im Mai 1926 nicht gemacht wurde, lag in viel höherem Maß an der Volkspartei als an der SPD.

Die Absage, die Adenauer von Scholz erhielt, war freilich nicht nur durch die antisozialdemokratischen Aversionen der Volkspartei begründet. Das Nein der DVP hatte vielmehr auch Ursachen, die in der Person des Kanzlerkandidaten lagen. Der Kölner Oberbürgermeister sah im Vorsitzenden der Deutschen Volkspartei, Gustav Stresemann, den Repräsentanten einer zwischen Ost und West

---

181 Stürmer, Koalition (Anm. 12), S. 152 f.; Haungs, Reichspräsident (Anm. 12), S. 109—117. Protokolle (Anm. 176), S. 38 f. (Fraktionssitzung vom 15. 5. 1926); Paul Weymar, Konrad Adenauer. Die autorisierte Biographie, München 1955, S. 129—143. — Hindenburgs Kandidat für das Kanzleramt war zunächst Reichswehrminister Geßler, den aber weder DVP noch SPD als Regierungschef akzeptieren wollten. Geßler konnte daher lediglich als Mittelsmann des Reichspräsidenten fungieren und unterstützte in dieser Eigenschaft Adenauers Bemühungen um eine Große Koalition. Vgl. dazu Blunck, Gedanke (Anm. 157), S. 163 ff.

182 Gustav Stresemann, Vermächtnis. Der Nachlaß in drei Bänden, Berlin 1932, Bd. 2, S. 392.

unstet schwankenden Schaukelpolitik — einer Politik, die Adenauer durch eine klare Westorientierung des Reiches und namentlich ein enges Zusammenspiel mit Frankreich ersetzt zu sehen wünschte. Stresemann seinerseits wollte verständlicherweise nicht einem entschiedenen Gegner seiner Außenpolitik zur Kanzlerschaft verhelfen. Im Endeffekt hatte Adenauer wohl recht, wenn er annahm, daß sein Versuch der Regierungsbildung vor allem am amtierenden Außenminister gescheitert war.[183]

Gegen einen anderen Zentrumspolitiker als Kanzler hatte Stresemann keine Bedenken. Er selbst schlug am 15. Mai für diesen Posten den Partei- und Fraktionsvorsitzenden Wilhelm Marx vor, der vom November 1923 bis zum Dezember 1924 schon einmal Reichskanzler gewesen war und dem zweiten Kabinett Luther als Justizminister angehört hatte. Marx war kein markanter politischer Führer, aber ein geduldiger Vermittler, und ebendiese Eigenschaft ließ ihn dem machtbewußten Außenminister als einen Regierungschef erscheinen, mit dem man sehr viel besser zusammenarbeiten konnte als mit Adenauer, der im Ruf stand, starr und autoritär zu sein.

Am 16. Mai wurde Marx von Hindenburg zum Reichskanzler ernannt. Sein Minderheitskabinett der Mitte unterschied sich in seiner personellen Zusammensetzung kaum von der des zweiten Kabinetts Luther. Marx hatte von der DVP nicht verlangt, daß sie sich auf die Bildung einer Großen Koalition nach dem Volksentscheid über die Fürstenenteignung festlegte. Zentrum und DVP einigten sich lediglich darauf, so bald wie möglich eine Mehrheitsregierung zu schaffen. Für eine solche Regierung kamen der Absprache gemäß nur Parteien in Frage, „die die Rechtsgültigkeit der bestehenden internationalen Abmachungen anerkennen und für die Fortführung der gegenwärtigen Außenpolitik Gewähr bieten." Zentrum und DDP konnten diese Formulierung als Einladung an die SPD deuten, sich an der Regierung zu beteiligen. Die Volkspartei aber hielt sich durch diese Vereinbarung auch die Tür offen für eine Erweiterung der Koalition nach rechts. Wenn die Deutschnationalen ihre Opposition gegen die Außenpolitik Stresemanns aufgaben, waren sie der DVP als Partner durchaus wieder willkommen.[184]

183 Weymar, Adenauer (Anm. 181), S. 129 ff.; Stürmer, Koalition (Anm. 12), S. 153 f.; Fritz Stern, Adenauer in Weimar: Der Mann und das System, in: ders., Das Scheitern illiberaler Politik. Studien zur politischen Kultur Deutschlands im 19. und 20. Jahrhundert (am. Orig.: The Failure of Illiberalism, New York 1. Aufl. 1972), Frankfurt usw. 1974, S. 189—211. Zum Hintergrund der persönlichen Spannungen zwischen Stresemann und Adenauer auch Karl-Dietrich Erdmann, Adenauer in der Rheinlandpolitik nach dem Ersten Weltkrieg, Stuttgart 1966, S. 121 ff.

184 Stürmer, Koalition (Anm. 12), S. 154. Die These von Blunck, Gedanke (Anm. 157), S. 167 f., die DVP habe sich Marx gegenüber auf die spätere Erweiterung des Regierungsbündnisses zur Großen Koalition festgelegt, ist falsch. Zusammenfassend zur Vorgeschichte des dritten Kabinetts Marx die Einleitung zu: Akten der Reichskanzlei (= AdR), Weimarer Republik. Die Kabinette Marx III und IV, bearb. von Günter Abramowski, 2 Bde., Boppard, voraussichtlich 1988. Die Dokumente dieser Edition werden im folgenden nach der inzwischen festliegenden Numerierung, nicht wie bei den bereits erschienenen Bänden mit Seitenzahlen zitiert.

4. Mobilisierung von links: Der Volksentscheid über die Fürstenenteignung

Das überragende innenpolitische Thema der ersten Hälfte des Jahres 1926 war der Streit um das Vermögen der ehedem regierenden deutschen Fürsten. In der revolutionären Übergangsphase von 1918/19 wären radikale Lösungen bis hin zur entschädigungslosen Enteignung relativ leicht durchzusetzen gewesen. Aber auf Reichsebene stellte sich das Problem des Fürstenbesitzes gar nicht, so daß sich der Rat der Volksbeauftragten auch nicht genötigt sah, für eine einheitliche Regelung kraft revolutionären Rechts zu sorgen. Die neuen Landesregierungen hatten ihrerseits fast überall rechtsstaatliche oder politische Bedenken, das beschlagnahmte Vermögen ihrer ehemaligen Herrscherhäuser unterschiedslos und ohne Entschädigung zu enteignen. Die Folge waren komplizierte Vergleichsverhandlungen und oftmals langwierige gerichtliche Auseinandersetzungen.[185]

Im Jahre 1925 zeichnete sich immer deutlicher die Tendenz ab, daß die Gerichte sich den Standpunkt der depossedierten Fürsten zu eigen machten. Besonderes Aufsehen erregte der Fall Sachsen-Gotha. Das Reichsgericht erklärte am 18. Juni 1925 die im Juli 1919 verfügte Enteignung des Herzogs für verfassungswidrig und hob sie auf. Noch spektakulärer war das, was sich im Herbst im größten deutschen Einzelstaat abspielte: Nachdem zwei Versuche, zwischen dem Land Preußen und dem Haus Hohenzollern zu einem Vergleich in der Vermögensfrage zu kommen, in den vergangenen Jahren gescheitert waren — der erste von 1920 am Widerstand der sozialdemokratischen Landtagsfraktion, der zweite von 1924 an den Hohenzollern —, legte das preußische Finanzministerium am 12. Oktober 1925 einen dritten Vergleichsentwurf vor. Danach sollten unter anderem knapp drei Viertel des umstrittenen Grundbesitzes dem Haus Hohenzollern zufallen. Massiver Protest gegen diesen für die Hohenzollern außerordentlich günstigen Vergleich erhob sich nicht nur bei den Sozialdemokraten, sondern auch bei den Demokraten, die den preußischen Finanzminister — Hermann Höpker-Aschoff — stellten. Am 23. November 1925 brachte die DDP im Reichstag einen Gesetzentwurf ein, der den juristischen Streit um die Fürstenvermögen ein für allemal beenden sollte: Die Länder wurden ermächtigt, ihre Auseinandersetzungen mit den ehemaligen Landesherren „durch Landesgesetz unter Ausschluß des Rechtsweges zu regeln."[186]

Dem Tenor nach mußte dieser Vorschlag einer politischen Lösung den Sozialdemokraten durchaus zusagen. Der Antrag der DDP lehnte sich nämlich eng an

185 Zusammenfassend hierzu Ulrich Schüren, Der Volksentscheid zur Fürstenenteignung 1926. Die Vermögensauseinandersetzung mit den depossedierten Landesherren als Problem der deutschen Innenpolitik unter besonderer Berücksichtigung der Verhältnisse in Preußen, Düsseldorf 1978, S. 21—26, 283—298. Ebda., S. 15 f., auch ausführliche Hinweise auf die Auseinandersetzung mit dem Thema „Fürstenenteignung" in der DDR-Literatur.

186 Ebda., S. 49; AdR, Kabinette Luther (Anm. 87), Bd. 1, S. LXIII.

einen Gesetzentwurf der SPD vom Mai 1923 an, der aber wegen dringenderer Probleme vom damaligen Reichstag bis zu seiner Auflösung im März 1924 nicht mehr abschließend behandelt worden war. Am Text der Demokraten übten die Sozialdemokraten denn auch nur Detailkritik: So beanstandeten sie, daß die Vorlage der DDP nichts über die rückwirkende Besteuerung des Fürstenbesitzes nach 1918 sage. In erhebliche Verlegenheit wurde die SPD dagegen durch einen Vorstoß der KPD versetzt. Am 25. November 1925 — also zwei Tage nach der DDP — brachten die Kommunisten einen eigenen Gesetzentwurf ein, der die entschädigungslose Enteignung der früheren Fürstenhäuser vorsah. Propagandistisch äußerst geschickt, verlangte die KPD unter anderem, den Grundbesitz der ehemaligen Landesherren an kleine Bauern und Pächter zu verteilen, die Schlösser zur Linderung der Wohnungsnot zu verwenden oder in Genesungsheime zu verwandeln und das enteignete Barvermögen den Kriegsbeschädigten und Kriegshinterbliebenen zukommen zu lassen.[187]

Natürlich war den Kommunisten klar, daß ihr Antrag keine Chance hatte, vom Reichstag angenommen zu werden. Aber der Adressat ihres Entwurfs war auch gar nicht das Parlament, sondern das Volk als Gesetzgeber: Am 4. Dezember 1925 veröffentlichte die „Rote Fahne" einen zwei Tage zuvor abgefaßten Offenen Brief des Zentralkomitees der KPD an die Vorstände von SPD, ADGB, AfA-Bund und Allgemeinen Deutschen Beamtenbund sowie an die Bundesleitungen des Reichsbanners Schwarz-Rot-Gold und des Roten Frontkämpferbundes. Darin wurde eine gemeinsame Vorbesprechung für die Durchführung eines Volksentscheids vorgeschlagen.[188]

Die Kommunisten wußten, wie populär ihre Forderungen gerade zu einem Zeitpunkt waren, als die Zahlen der Arbeitslosen ständig stiegen und ein Ende der Rationalisierungskrise noch nicht abzusehen war. Ihr Appell an Sozialdemokraten und Freie Gewerkschaften entsprach ganz einer neuen Einheitsfronttaktik, zu der sie sich im Herbst 1925 unter dem Eindruck der Moskauer Kritik am ultralinken Kurs der „Gruppe Ruth Fischer—Maslow" entschlossen hatten. Gelang die Mobilisierung breiter Massen unter dem Schlachtruf „Fürstenenteignung", dann konnte die KPD hoffen, viele der Wähler zurückzugewinnen, die sie bei den Reichstagswahlen vom Dezember 1924 verloren hatte. Die Chance, einen Keil zwischen Führung und „Basis" von Sozialdemokratie und Freien Gewerkschaften zu treiben, schien jedenfalls einmalig günstig.[189]

Zunächst sprach nichts dafür, daß die Sozialdemokraten auf das Ansinnen der Kommunisten eingehen würden. In der Reichstagsdebatte über die Anträge von DDP und KPD am 2. Dezember 1925 warnte Scheidemann vor der Gefahr, daß durch eine plebiszitäre Aktion, wie die Kommunisten sie in ebendieser Sitzung angekündigt hatten, „wieder Funken hinausgehen, die großes Unheil anrichten

187 Schüren, Volksentscheid (Anm. 185), S. 48 f. Der Text des kommunistischen Gesetzentwurfs u. a. in: DuM (Anm. 48), Bd. 8, S. 271 f.

188 Ebda., Bd. 8, S. 281—283.

189 Ausführlich zum Kurswechsel der KPD vom Herbst 1925 und zur Rolle der Komintern unten S. 417 ff.

könnten. Stellen Sie sich vor, wie das Volk aufgewühlt werden müßte bei einem Volksentscheid.“ Der Antrag der KPD sei „ganz agitatorisch aufgezogen“. Eine „brauchbare Grundlage“ biete hingegen der Gesetzentwurf der DDP, wenn er auch noch ergänzt werden müsse — unter anderem, um die Revision von bereits abgeschlossenen Auseinandersetzungen um den Besitz depossedierter Fürsten zu gestatten.[190]

Scheidemanns Furcht vor einer emotionalen Radikalisierung der Massen war nicht unbegründet. Wie sollte der unvermeidbare Übergang von der leidenschaftlichen Agitation auf der Straße zur nüchternen Kompromißpolitik in den Parlamenten bewerkstelligt werden? Mußte eine außerparlamentarische Aktionsgemeinschaft mit den Kommunisten nicht die Chancen der SPD mindern, auf dem Weg über eine Koalitionsregierung, also durch Zusammenarbeit mit bürgerlichen Parteien, wieder Zugang zur Macht im Reich zu erhalten? Und wenn das Plebiszit scheiterte, würden dann nicht die Kommunisten den Sozialdemokraten den Vorwurf machen, sie hätten die Aktionseinheit nur halbherzig mitgemacht oder absichtlich hintertrieben?

Die Erfolgsaussichten des Volksentscheids waren in der Tat auch dann gering, wenn die Sozialdemokraten ihn aktiv unterstützten. Da eine entschädigungslose Enteignung des Fürstenbesitzes zweifellos verfassungsändernden Charakter hatte, mußte — gemäß dem Gesetz über den Volksentscheid vom Juni 1921 — die Mehrheit der Stimmberechtigten nicht nur an dem Referendum teilnehmen, sondern dem vorgelegten Gesetzentwurf auch zustimmen. Praktisch hieß das: Nur wenn etwa 20 Millionen stimmberechtigte Deutsche sich für die entschädigungslose Enteignung der Fürsten aussprachen, konnte sie stattfinden. Bei der letzten Reichstagswahl vom Dezember 1924 waren auf SPD und KPD zusammen nur knapp 10,6 Millionen Stimmen entfallen. Es war demnach eher unwahrscheinlich, daß das Ziel des Plebiszits erreicht werden würde.[191]

Daß die SPD sich Anfang 1926 allen Bedenken zum Trotz doch dafür entschied, mit der KPD zusammen einen Volksentscheid über die entschädigungslose Enteignung der Fürsten vorzubereiten, hatte vor allem *einen* Grund: Die Resonanz des kommunistischen Vorstoßes war auch in den eigenen Reihen so groß, daß die SPD fürchtete, viele ihrer Anhänger an die Kommunisten zu verlieren, wenn sie die Aktion nicht mittrug. Die „Rote Fahne“ konnte im Dezember 1925 und Januar 1926 mehrfach von sozialdemokratischen Unterbezirken und Ortsvereinen berichten, die sich für einen Volksentscheid zur Fürstenenteignung ausgesprochen hatten, und besondere Aufmerksamkeit schenkte das Organ der KPD gemeinsamen Aktionen von Sozialdemokraten, Kommunisten und Gewerkschaftlern in einer Reihe von kleineren Orten des Reiches. Unter dem Eindruck der Stimmung an der „Basis“ beschloß der Parteivorstand der SPD am 16. Januar 1926 einstimmig, den Parteiausschuß mit der Vorbereitung eines Volksentscheids zu beauftragen. In der Begründung hieß es unter anderem, „daß nach der bisheri-

190 Stenographische Berichte (Anm. 16), Bd. 388, S. 4727—4735. Dazu auch Schüren, Volksentscheid (Anm. 185), S. 53.

191 Ebda., S. 57—62.

gen Entwicklung der Lage wenig Aussicht besteht, im Reichstag eine Lösung zu erzielen, die dem Rechtsempfinden des Volkes einigermaßen entspricht."[192]

Tatsächlich war es in der ersten Januarhälfte noch keineswegs klar, ob sich nicht doch noch ein parlamentarischer Kompromiß in der Frage des Fürstenbesitzes erzielen lassen würde. Bei den Gesprächen über die Bildung einer Großen Koalition, die im Dezember 1925 geführt und nach der Jahreswende nochmals aufgenommen wurden, hatte die SPD auch eine reichsgesetzliche Regelung der Fürstenabfindung mit rückwirkender Kraft gefordert. In dem Regierungsprogramm des Vorsitzenden der DDP, Erich Koch-Weser, den Hindenburg mit der Bildung eines neuen Kabinetts beauftragt hatte, war, um diesem Verlangen Rechnung zu tragen, auch die „Schaffung eines Gesetzes zur Durchführung einer gerechten und mit dem Staatswohl vereinbaren Abfindung der ehemaligen Fürsten" vorgesehen.[193]

Erst nachdem die sozialdemokratische Reichstagsfraktion am 12. Januar 1926 zum zweiten Mal innerhalb von vier Wochen dem Gedanken einer Großen Koalition eine Absage erteilt hatte, erarbeiteten die Koalitionsparteien der neuen „Regierung der Mitte" — des zweiten Kabinetts Luther — einen Gesetzentwurf zur Fürstenabfindung, der am 2. Februar dem Rechtsausschuß des Reichstags vorgelegt wurde. Dieser Entwurf unterschied sich insofern erheblich von der Initiative der DDP, als er die vermögensrechtliche Auseinandersetzung mit den Fürsten von der politischen auf die juristische Ebene verlagerte: Ein Reichssondergericht unter dem Vorsitz des Reichsgerichtspräsidenten sollte für die gesamte Materie „Fürstenbesitz" zuständig sein, wobei eine Revision der nach 1918 abgeschlossenen rechtsgültigen Vergleiche nicht beabsichtigt war. Daß diese Konstruktion von den sozialdemokratischen Vorstellungen sehr viel weiter entfernt war als der von der DDP ursprünglich geforderte Ausschluß des Rechtsweges, lag auf der Hand. Reichstagspräsident Paul Löbe stellte denn auch sogleich — in der „Breslauer Volkswacht" — die rhetorische Frage an Zentrum und DDP, ob der Kompromiß der Koalitionsparteien nicht letzten Endes dahin führe, daß das Eigentum des Volkes „zum großen Teil in die Taschen der Fürstenhäuser entschlüpft."[194]

Zu dem Zeitpunkt, als die Regierungsparteien ihren Gesetzentwurf vorlegten, war auf sozialdemokratischer Seite bereits eine weitere wichtige Entscheidung in Sachen Fürstenenteignung gefallen: Am 19. Januar 1926 ersuchte der Parteiausschuß der SPD den Allgemeinen Deutschen Gewerkschaftsbund, „sofort als ver-

---

192 Fürstenabfindung und Volksentscheid, in: Vorwärts, Nr. 26, 16. 1. 1926. Im Vorfeld des Vorstandsbeschlusses hatten sich Anfang Januar der dem linken Parteiflügel zugehörige Reichstagsabgeordnete Kurt Rosenfeld und, bedingt, auch Reichstagspräsident Paul Löbe öffentlich für einen Volksentscheid zur Fürstenenteignung ausgesprochen. Zur Meinungsbildung an der „Basis" der SPD und zur Vorgeschichte des Beschlusses vom 16. 1.: Schüren, Volksentscheid (Anm. 185), S. 75—82.

193 Schulthess 1925 (Anm. 119), S. 189 (Forderungen der SPD); AdR, Kabinette Luther (Anm. 87), Bd. 2, S. 1011—1015 (Programm Koch-Wesers). Vgl. dazu oben S. 260 f.

194 Schüren, Volksentscheid (Anm. 185), S. 102—106 (106); AdR, Kabinette Luther (Anm. 87), Bd. 2, S. 1126 f. (Kabinettssitzung vom 5. 2. 1926).

mittelnde Instanz einzugreifen, um zu erreichen, daß nur *ein* Gesetzentwurf zum Volksbegehren und Volksentscheid gebracht wird."[195]

Mit diesem Appell an eine den Sozialdemokraten nahestehende Instanz konterte der Parteiausschuß die Aufforderung Ernst Thälmanns vom gleichen Tag, die SPD möge sich dem von der Deutschen Friedensgesellschaft Ende 1926 ad hoc ins Leben gerufenen Ausschuß zur Durchführung des Volksentscheids für entschädigungslose Enteignung der Fürsten anschließen — einem Gremium, das der Statistiker René Robert Kuczynski leitete und in dem neben prominenten bürgerlichen Pazifisten wie Helene Stöcker und Ludwig Quidde auch Kommunisten mitarbeiteten.[196]

Schon am 20. Januar entsprach der Vorstand des ADGB der sozialdemokratischen Bitte. Auf seine Einladung hin trafen sich zwei Tage später im Reichstagsgebäude Vertreter von SPD, KPD und „Kuczynski-Ausschuß" zu einer ersten Besprechung, in deren Verlauf eine engere Kommission eingesetzt wurde. Auf der Grundlage der Entwürfe von SPD und „Kuczynski-Ausschuß" formulierte sie den Text eines Gesetzentwurfs, auf den sich die Verhandlungspartner am 23. Januar leicht einigen konnten: Er sah die entschädigungslose Enteignung des gesamten Vermögens der bis 1918 regierenden deutschen Fürsten einschließlich ihrer Familien und Familienangehörigen vor, und zwar, dem Wortlaut des Artikels 153 der Reichsverfassung entsprechend, „zum Wohl der Allgemeinheit". Am 25. Januar wurde dieser Gesetzentwurf beim Reichsministerium des Innern mit dem Ersuchen eingereicht, ihn so schnell wie möglich zum Volksbegehren — der Vorstufe des Volksentscheids — zuzulassen.[197]

Nachdem sich die SPD entschieden hatte, die entschädigungslose Enteignung der Fürsten auf plebiszitärem Wege zu betreiben, war es logisch, eine Vereinbarung mit den Kommunisten anzustreben. Denn irgendwelche Erfolgsaussichten hatte ein Volksbegehren in dieser Angelegenheit allenfalls dann, wenn ein gemeinsamer Gesetzentwurf zur Abstimmung stand. Mit der Verabschiedung dieses Entwurfs war die Vermittlungstätigkeit der Freien Gewerkschaften beendet — und faktisch auch schon die Zusammenarbeit von SPD und KPD. Zwar folgte der Einigung über den Gesetzestext am 26. Januar noch eine Vereinbarung beider Parteien über die Herstellung und Finanzierung der Einzeichnungslisten sowie die Herstellung und Verteilung von Plakaten. Aber das gleiche Abkommen stellte auch ausdrücklich fest, daß die „sonstige Propaganda, Versammlungen, Demonstrationen und andere Veranstaltungen", die im Zusammenhang mit dem Volksbegehren standen, von beiden Organisationen selbständig durchgeführt würden.[198]

---

195 Der Text des Beschlusses in: Vorwärts, Nr. 31, 20. 1. 1926.

196 Der Brief des ZK der KPD in: DuM (Anm. 48), Bd. 8, S. 301—303. Zum „Kuczynski-Ausschuß": Schüren, Volksentscheid (Anm. 185), S. 70—75; zur Deutschen Friedensgesellschaft vgl. unten S. 629 (Anm.).

197 Schüren, Volksentscheid (Anm. 185), S. 82—87. Zur Haltung des ADGB: DGB-Archiv Düsseldorf, Protokoll der 2. Sitzung des Bundesausschusses, 8. 2. 1926; Volksbegehren über die Fürstenenteignung, in: GZ, Nr. 5, 30. 1. 1926. Der Text des Gesetzentwurfs u. a. in: DuM (Anm. 48), Bd. 8, S. 306 f.

198 Ebda., Bd. 8, S. 307.

Angesichts der scharfen ideologischen Abgrenzung gegenüber den Kommunisten, die für die SPD ein Gebot ihres demokratischen Selbstverständnisses war, konnte es für sie auch gar nicht mehr geben als eine „technische“ Aktionseinheit mit der KPD. Über die Absichten, welche die Kommunisten mit der neuen Variante ihrer Einheitsfronttaktik verfolgten, hatten die maßgeblichen Sozialdemokraten nach den Erfahrungen der Vergangenheit keinerlei Zweifel: Der KPD ging es nach wie vor darum, die Massen der sozialdemokratischen Wähler und Parteimitglieder gegen ihre „rechten“ Führer auszuspielen und in das kommunistische Lager zu ziehen. Was die Bezirksleitung Berlin-Brandenburg der KPD am 28. Januar 1926 in einem internen Rundschreiben als „wichtigste Aufgabe“ der Partei herausstellte, war in der Tat die offizielle kommunistische Linie im ganzen Reich: Es galt, „nicht nur breite Arbeitermassen, sondern auch weite Schichten des Mittelstandes und des Kleinbürgertums aus der Gefolgschaft der SPD und zweifellos auch aus der Gefolgschaft der übrigen bürgerlichen Parteien loszulösen und sie in die Gefolgschaft der KPD zu bringen.“[199]

Die Sozialdemokraten hatten gar keine andere Wahl, als sich gegen diese „Einheitsfront von unten“ massiv zur Wehr zu setzen. Der Parteivorstand untersagte denn auch bereits Ende Januar „mit größtem Nachdruck“ gemeinsame Aufrufe, Anzeigen und Versammlungen von Sozialdemokraten und Kommunisten, und der „Vorwärts“ bezeichnete die von der KPD betriebene Bildung örtlicher Einheitskomitees als „kommunistische Dolchstoßtaktik“, die auf eine „Zersplitterungsarbeit“ innerhalb der SPD ziele.[200] Die Freien Gewerkschaften warnten Anfang Februar ihre Mitglieder eindringlich davor, auf den „plumpen kommunistischen Schwindel“ der „Einheitsfrontkomitees“ hereinzufallen, und versicherten: „Es gibt keine Kampfgemeinschaft zwischen Gewerkschaften und KPD, auch nicht in der Frage des Volksentscheids.“ Den Kommunisten gehe es gar nicht um den Volksentscheid, sondern darum, um „parteiegoistischer Zwecke willen den Kampf um die Gewerkschaften zu wagen. Wenn die Volksbewegung darunter leidet, fällt alle Verantwortung auf sie zurück!“[201]

Das Volksbegehren zur Fürstenenteignung fand vom 4. bis 17. März 1926 statt. Für die Eintragung in die ausgelegten Listen hatten außer den offiziellen Antragstellern — SPD, KPD und „Kuczynski-Ausschuß“ — die freigewerkschaftlichen Arbeitnehmerverbände und der Rote Frontkämpferbund geworben, ferner bekannte Intellektuelle und Künstler wie Albert Einstein, Erwin Piscator, Alfred Kerr, Käthe Kollwitz, Max Pechstein, Kurt Tucholsky und Heinrich Zille. Gegen das Volksbegehren waren in unterschiedlicher Intensität die bürgerlichen

199 Abgedruckt in: Kommunistische Dolchstoßtaktik, in: Vorwärts, Nr. 56, 3. 2. 1926.

200 Ebda.; Schüren, Volksentscheid (Anm. 185), S. 100.

201 Es gibt keine Einheitsfront mit der KPD, in: GZ, Nr. 6, 6. 2. 1926. Die Antwort der KPD auf die Abgrenzungsbemühungen von SPD und ADGB ist in einem Aufruf des ZK der KPD vom 5. 2. 1926 unter der Überschrift „Verhindert die Sprengung der Einheitsfront!“ enthalten. Der Text in: DuM (Anm. 48), Bd. 8, S. 313—315. Als örtliche Fallstudie zum Verhältnis von Kommunisten und Sozialdemokraten in der Kampagne für die Fürstenenteignung: Hartmut Boger u. a., Arbeitertübingen. Zur Geschichte der Arbeiterbewegung in einer Universitätsstadt, Tübingen 2. Aufl. 1981, S. 170—177.

Parteien, der Reichslandbund, zahlreiche „nationale" Verbände und die Kirchen aufgetreten.[202] Das Ergebnis war ein großer Erfolg der Initiatoren: 12 523 939 Stimmberechtigte hatten sich in die Listen des Volksbegehrens eingetragen — das waren fast zwei Millionen Stimmen mehr, als bei der zweiten Reichstagswahl von 1924 für SPD und KPD zusammen abgegeben worden waren. Vor allem in den Hochburgen des Zentrums lag die Zahl der Eintragungen vom März 1926 weit über den Ergebnissen, die die beiden Arbeiterparteien im Dezember 1924 erzielt hatten — in Baden etwa betrug der Zuwachs 89,8 %, in Köln—Aachen 66,6 % und in Oppeln 49,0 %. Aber auch in Württemberg, einer Bastion des bürgerlichen Liberalismus, hatten sich etwa 141 000 Stimmberechtigte mehr in die Listen eingetragen, als bei der letzten Reichstagswahl für SPD und KPD gestimmt hatten.

Die umgekehrte Tendenz war in den überwiegend ländlichen Wahlkreisen Ostelbiens zu beobachten. Hier lag die Zahl der Eintragungen weit unter dem Stimmenanteil der Arbeiterparteien im Dezember 1924 — in Ostpreußen um 42,5 %, in Pommern um 25,9 % und in Mecklenburg um 12,4 %. An der Ursache des Rückgangs gab es nichts zu deuteln: Die Eintragung in die Listen des Volksbegehrens war auf dem flachen Land vielfach administrativ behindert worden; zahlreiche Gutsbesitzer hatten ihren Landarbeitern wirtschaftliche Sanktionen für den Fall angedroht, daß sie sich am Volksbegehren beteiligten. In den großagrarisch geprägten Wahlkreisen Deutschlands lag daher die Beteiligung am Volksbegehren erheblich unter dem Reichsdurchschnitt von 31,8 %. Geringer als in Ostpreußen (12,6 %) war die Eintragungsquote nur in Niederbayern (7,9 %). „Die Rolle, die der Reichslandbund in Ostpreußen spielte, übernahmen in Bayern die BVP und die katholische Kirche", bemerkt dazu Ulrich Schüren, der Autor der bisher gründlichsten Untersuchung über das Volksbegehren und den Volksentscheid von 1926.[203]

Erheblich über dem Reichsdurchschnitt lag die Beteiligung am Volksbegehren in den Großstädten. In einigen Hochburgen der Arbeiterparteien trug sich sogar mehr als die Hälfte der Stimmberechtigten in die Listen ein — so in Berlin (52,1 %), Chemnitz (50,9 %) und Leipzig (50,2 %). In der „Germania", dem Organ der Zentrumspartei, wurde die Vermutung geäußert, allein in der Reichshauptstadt hätten 150 000 Stimmen aus dem Lager der Rechtsparteien zum Erfolg des Volksbegehrens beigetragen. Das ließ sich zwar nicht exakt belegen. Aber daß frühere Wähler der DNVP, die wegen der Haltung dieser Partei in der Aufwertungsfrage erbittert waren, für eine Enteignung der Fürsten gestimmt haben könn-

202 Das Reichsbanner Schwarz-Rot-Gold ließ Sympathien für das Volksbegehren erkennen, hielt sich aber offiziell mit Rücksicht auf seine der DDP und dem Zentrum angehörenden Mitglieder zurück. Vgl. zur Haltung von Parteien, Gewerkschaften, Kirchen und Verbänden ausführlich Schüren, Volksentscheid (Anm. 185), S. 113 ff.; zum Engagement der Intellektuellen und Künstler: S. 182.

203 Ebda., S. 137—143 (141). Die Abstimmungsdaten nach Wahlkreisen in: Statistisches Jahrbuch für das Deutsche Reich 45 (1926), S. 182; zu den Daten der Reichstagswahl vom 7. 12. 1924 vgl. Anm. 71.

ten, war, wie sich noch deutlicher drei Monate später beim Volksentscheid zeigen sollte, durchaus keine abwegige Spekulation.[204]

Nach Artikel 73 der Reichsverfassung war ein Volksentscheid herbeizuführen, wenn ein Zehntel der Stimmberechtigten das Begehren nach Vorlegung eines Gesetzentwurfs stellte. Die Reichsregierung war verpflichtet, den Gesetzentwurf, der Gegenstand des erfolgreichen Volksbegehrens gewesen war, dem Reichstag mitsamt ihrer eigenen Stellungnahme zu unterbreiten. Nahm der Reichstag den begehrten Gesetzentwurf unverändert an, so erübrigte sich der Volksentscheid.

Am Volksbegehren vom März 1926 hatten mehr als dreimal so viele Stimmberechtigte teilgenommen, wie die Verfassung verlangte. Reichsregierung und Reichstag gerieten also in Zugzwang. Wie die Mehrheitsverhältnisse lagen, war es völlig ausgeschlossen, daß der Gesetzentwurf über die entschädigungslose Enteignung der Fürsten vom Reichstag gebilligt wurde. Der Volksentscheid mußte also stattfinden. Die Volksvertretung konnte sich in ihrer Gesetzgebungsarbeit lediglich auf den Fall vorbereiten, daß das Plebiszit nicht zum Erfolg führte. Auf dem Weg zu einer parlamentarischen Lösung des Problems gab es aber eine neue Hürde: Am 15. März 1926 teilte der Reichspräsident dem Reichsminister der Justiz, Wilhelm Marx, mit, daß er den Gesetzentwurf der Koalitionsparteien für verfassungsändernd halte. Hindenburg begründete dieses Votum damit, daß die Vorlage nicht eine Enteignung „zum Wohle der Allgemeinheit", sondern eine in der Verfassung nicht vorgesehene „Vermögenshinterziehung aus politischen Gründen" beabsichtige. Der Gesetzentwurf benötigte für die Annahme also eine Zweidrittelmehrheit. Ohne die Zustimmung der Sozialdemokraten und zumindest eines Teiles der Deutschnationalen hatte er keine Chance, dieses Erfordernis zu erfüllen.[205]

Die DNVP dachte indes nicht daran, an einem mehrheitsfähigen Kompromiß mitzuwirken. Innerhalb der Sozialdemokratie drängte Preußens Ministerpräsident Otto Braun — der Regierungschef des Landes, dem an einer Beendigung des Vermögensstreits mit seinem ehemaligen Herrscherhaus am meisten gelegen sein mußte — auf eine reichsgesetzliche Lösung. Aber er stand in dieser Frage nahezu isoliert da. Die Sozialdemokraten waren nach der überraschend starken Beteiligung am Volksbegehren entschlossen, den Weg zum Volksentscheid bis zum Ende zu gehen. Nachdem die Reichsregierung am 24. April ausdrücklich den verfassungsändernden Charakter des begehrten Gesetzes festgestellt und damit den Erfolg des Volksentscheids von der Zustimmung der Mehrheit der Stimmberechtigten abhängig gemacht hatte, glaubte zwar kaum noch ein Politiker der SPD an einen Erfolg des Plebiszits. Aber ein Ausbruch aus der linken „Einheitsfront" wäre nur um den Preis eines ungeheuren Prestigeverlustes bei den eigenen Anhängern möglich gewesen. Vor dem Volksentscheid war daher sozialdemokratische Kompromißbereitschaft nicht zu erwarten. In Anbetracht dieses Patts stellte der Rechtsausschuß des Reichstags auf Antrag des Zentrums am 28. April nach 36

---

204 Schüren, Volksentscheid (Anm. 185), S. 141—143. Die Abstimmungsdaten nach Ländern und Landesteilen in: Statistik des Deutschen Reichs, Bd. 332, Berlin 1926, S. 27 ff.

205 Schüren, Volksentscheid (Anm. 185), S. 145 ff. Zum Brief Hindenburgs: AdR, Kabinette Luther (Anm. 87), Bd. 2, S. 1232 (Anm.); der Text in: Walter Hubatsch, Hindenburg und der Staat, Göttingen 1966, S. 232 f.

Sitzungen seine Beratungen über einen Kompromiß in der „Fürstenauseinandersetzung“ ein. Am 6. Mai lehnte der Reichstag den Gesetzentwurf von SPD und KPD mit 236 gegen 141 Stimmen ab. Der Volksentscheid wurde vom Reichsinnenminister auf den 20. Juni 1926 festgesetzt.[206]

Mehrere Gründe sprachen dafür, daß die Zahl derer, die eine entschädigungslose Enteignung der Fürsten verlangten, beim Volksentscheid erheblich größer sein würde als beim Volksbegehren. *Erstens* fiel am 20. Juni die eigentliche Entscheidung, und das mußte die Anhänger der Linksparteien noch stärker mobilisieren als das Volksbegehren, mit dessen positivem Ausgang man hatte rechnen können. *Zweitens* waren nach dem Scheitern aller Kompromißversuche Teile der Mittelparteien offen in die Enteignungsfront eingeschwenkt. Innerhalb des Zentrums setzten sich vor allem Jugendgruppen für ein „Ja“ beim Volksentscheid ein. Die DDP zerfiel zusehends in Gegner und Befürworter einer Fürstenenteignung. Der Parteivorstand zog daraus am 20. Mai die Konsequenz, jedem Mitglied der DDP anheimzustellen, wie es sich beim Volksentscheid verhalten wolle.[207] *Drittens* war zu erwarten, daß nicht wenige Anhänger einer stärkeren Aufwertung von Inflationsschäden für den Gesetzentwurf der Linken stimmen würden. Die Sparerverbände hatten ein eigenes Volksbegehren angestrebt, um eine Novellierung der Aufwertungsgesetze vom Sommer 1925 zu erreichen, waren dabei aber auf den energischen Widerstand der Reichsregierung gestoßen. Am 22. April 1926 beschloß das Kabinett Luther, im Reichstag den Entwurf eines zweiten Gesetzes über den Volksentscheid einzubringen, das die Folgen der Geldentwertung der direkten Gesetzgebung durch das Volk entziehen sollte. Die Antwort der Reichsarbeitsgemeinschaft der Aufwertungs-, Geschädigten- und Mieterorganisationen, des Dachverbands der Sparerbünde, war die Empfehlung an die Mitglieder, sich am Volksentscheid zur Fürstenenteignung zu beteiligen.[208]

---

206 Zusammenfassend dazu Schüren, Volksentscheid (Anm. 185), S. 150—163; zur Stellung Otto Brauns vgl. Schulze, Braun (Anm. 86), S. 507 ff.; AdR, Kabinette Luther (Anm. 87), Bd. 2, S. 1295—1299 (Beratungen von Reichsregierung, preußischer Regierung und Parteiführern zwischen dem 21. und 23. 4. 1926); die Stellungnahme der Reichsregierung zum Gesetzentwurf von SPD und KPD: Verhandlungen des Reichstags. Drucksache Nr. 2229, Bd. 408; die Abstimmung im Reichstag über den Gesetzentwurf in: Stenographische Berichte (Anm. 16), Bd. 390, S. 7045—7050.

207 Schüren, Volksentscheid (Anm. 185), S. 217 ff. Innerhalb der DDP machten sich auf dem linken Flügel u. a. das Mitglied des Parteivorstands, Otto Nuschke, der Geschäftsführer der Reichstagsfraktion, Heinrich Rönneburg, und Ernst Lemmer, der Generalsekretär der Hirsch-Dunckerschen Gewerkvereine und Vorsitzende des Reichsbundes Deutscher Demokratischer Jugend für ein „Ja“ stark. Entschieden abgelehnt wurde der Volksentscheid von Repräsentanten des rechten Parteiflügels wie dem Publizisten Paul Rohrbach, den Historikern Friedrich Meinecke und Hans Delbrück sowie Reichsbankpräsident Hjalmar Schacht, der am 21. 5. aus Protest gegen die unentschiedene Haltung der DDP seinen Austritt aus der Partei erklärte. Zur Empfehlung des Parteivorstands vom 20. 5. 1926: Linksliberalismus (Anm. 24), S. 398—400.

208 AdR, Kabinette Luther (Anm. 87), Bd. 1, S. LX f. (mit Einzelbelegen); Schüren, Volksentscheid (Anm. 185), S. 189—197. Ein am 27. 4. 1926 unter dem Kennwort „Sparer-Bund-Dr. Best“ eingereichter Zulassungsantrag auf ein Volksbegehren wurde vom Kabinett Marx am 19. 7. 1926 abgelehnt, da es im Widerspruch zur Verfassung stehe. Den Entwurf eines zweiten Gesetzes über den Volksentscheid zog die Regierung am 25. 6. 1926 wieder zurück, nachdem

Zu den Faktoren, die atmosphärisch eher der Linken nützten, gehörte auch die Aufdeckung von Putschplänen der extremen Rechten. Am 12. Mai hatte die preußische Regierung die Wohnung von Justizrat Claß, dem Führer des Alldeutschen Verbandes, und einiger seiner Vertrauten durchsuchen lassen und dabei umfangreiches belastendes Material sichergestellt. Daraus ging hervor, daß Claß und seine Umgebung die Errichtung einer nationalen Diktatur beabsichtigten und — allerdings ohne Erfolg — versucht hatten, den Reichspräsidenten für ihr Vorhaben zu gewinnen.[209] Den konservativen Kräften kam es auch schwerlich zugute, daß Hindenburg in einem „Privatbrief" an den Präsidenten des Reichsbürgerrats, den ehemaligen königlich preußischen Innenminister Friedrich Wilhelm von Loebell, das Verlangen nach Fürstenenteignung als „einen sehr bedenklichen Vorstoß gegen das Gefüge des Rechtsstaates", ja als Verletzung der „Grundlagen von Recht und Moral" bezeichnete. Denn die Plakatierung der „privaten" Äußerungen des Staatsoberhaupts durch den Reichsbürgerrat setzte Hindenburg dem Verdacht aus, er werde immer mehr zum offenen Parteigänger der Rechten. Auch eine Erklärung, die Reichskanzler Marx namens des Kabinetts am 10. Juni im Reichstag abgab, wonach der Inhalt des Präsidentenbriefes sich mit der von der Regierung befolgten Politik in sachlichem Einklang befinde, konnte den entstandenen Schaden nicht wiedergutmachen. Selbst die Sozialdemokraten, die zunächst von der Fiktion ausgegangen waren, Hindenburg sei das Opfer einer Intrige geworden, erhoben nun im Reichstag und auf Flugblättern Protest gegen die „Parteilichkeit des Reichspräsidenten."[210]

Das Lager derer, die die Enteignung der früheren Landesherren ablehnten, war zwischen März und Juni kleiner, aber auch aktiver geworden. Wieder standen, wie schon beim Volksbegehren, die Kirchen auf der Seite des fürstlichen Eigentums, desgleichen die Parteien und Verbände der Rechten, die Organisationen von Landwirtschaft und Industrie.[211] Die Propaganda der Rechten stellte ab auf

---

sich herausgestellt hatte, daß für ihn im Reichstag die notwendige verfassungsändernde Mehrheit nicht zu erreichen war. Eine Novellierung der Aufwertungsgesetze, die einigen Beschwerden der Inflationsopfer abhelfen sollte, erfolgte 1927. Ebda., S. 196 f.

209 Schulze, Braun (Anm. 86), S. 504 ff. Zu den Beratungen über die Gefahr eines Rechtsputsches auch AdR, Kabinette Marx III/IV (Anm. 184), Nr. 6 (Ministerbesprechung vom 20. 5. 1926), Nr. 13 (Ministerbesprechung mit dem Preußischen Ministerpräsidenten vom 4. 6. 1926).

210 Ebda., Nr. 19 (Ministerbesprechung vom 9. 6. 1926); Stenographische Berichte (Anm. 16), Bd. 390, S. 7423—7425 (Müller, 10. 6. 1926), 7425 f. (Marx). Die Reichstagsfraktion der KPD sprach am 8. 6. 1926 in einer Interpellation zum Präsidentenbrief vom „neuen Verfassungsbruch Hindenburgs gegen den Volksentscheid". DuM (Anm. 48), Bd. 8, S. 343. Der Text des Briefes von Hindenburg an Loebell: Friedrich Purlitz (Hg.), Deutscher Geschichtskalender 42 (1926), 1. Bd. (Inland), Leipzig o. J., S. 51 f. Zur Affäre um den Präsidentenbrief insgesamt Schüren, Volksentscheid (Anm. 185), S. 171—177.

211 Dem „Arbeitsausschuß gegen den Volksentscheid", der sich am 15. 4. 1926 konstituiert hatte, gehörten an die DNVP, die DVP, die Deutschvölkische Freiheitspartei, die Wirtschaftspartei, die Vaterländischen Verbände, Stahlhelm, Reichslandbund, Jungdeutscher Orden, Tannenberg-Bund und Deutsche Industriellen-Vereinigung. Zu den finanziellen Zuwendungen, die der Ausschuß von der Industrie erhielt: ebda., S. 180 ff. Die Völkische Arbeitsgemeinschaft brachte am 26. 1. und 10. 6. 1926 im Reichstag Anträge auf entschädigungslose Enteignung der nach dem 1. 8. 1914 zugezogenen Ostjuden ein. Hitlers NSDAP wurde durch den Volks-

den Präzedenzcharakter des Volksentscheids: In Wahrheit gehe es gar nicht um den Besitz der Fürsten, sondern um die Beseitigung des privaten Eigentums schlechthin. Ein vom Arbeitsausschuß gegen den Volksentscheid in Leipzig verbreitetes Plakat sprach es offen aus: „Große Kommunistenmusterung wird uns der 20. Juni bringen. Wer unsere Staats- und Wirtschaftsordnung erhalten will, bleibt zuhause. Wer der Abschaffung des Privateigentums vorarbeiten und damit das deutsche Volk in schwere Wirren stürzen will, macht beim Volksentscheid mit. Diese klare Scheidung hebt das Wahlgeheimnis auf. Ein jeder, der am 20. Juni zur Wahl geht und dabei in der Wählerliste aufgezeichnet wird, gibt sich als Freund und Helfershelfer der sozialistisch-kommunistischen Internationale zu erkennen. Wen es angeht, der wird es sich merken. Auch wir werden Musterung halten."[212]

Die Aufforderung zum Abstimmungsboykott erwies sich am 20. Juni vor allem auf dem platten Land als wirksames Mittel der sozialen Kontrolle. Mit Methoden, wie sie Charles Dickens in den „Pickwick Papers" für das England um 1830 geschildert hat, versuchten ostelbische Rittergutsbesitzer ihre Landarbeiter vom Gang zur Urne abzuhalten. So wurden in manchen Gutsbezirken auf dem Weg zum Einzeichnungslokal Freibierfeste veranstaltet, die ihren Zweck oft auch erreichten: Die Besucher vergaßen, wohin sie eigentlich hatten gehen wollen. Der Gutsbesitzer von Prilipp versuchte seine Landarbeiter und Kleinbauern davon zu überzeugen, daß die Abstimmung sich nicht nur auf den Fürstenbesitz, sondern auf alle erstrecke, „die noch eine Kuh im Stall haben." Die Drohung mit der Entlassung war ein durchaus übliches Druckmittel. In Pommern war auf vielen Gütern zu lesen: „Wer zur Wahl geht, der hat die schwersten Strafen zu erwarten. Ich nehme mir im Herbst neue Schnitter, die ungehorsamen von meinen Leuten können dann stempeln gehen." Wer sich nicht einschüchtern ließ, wurde, wenn nicht entlassen, so doch häufig gebrandmarkt. In manchen Gutsbezirken ließen die Besitzer nach der Abstimmung die Namen derer, die sich beteiligt hatten, öffentlich bekanntgeben.[213]

Am Volksentscheid vom 20. Juni 1926 nahmen 15 599 980 Stimmberechtigte teil, was eine Beteiligung von 39,3 % entsprach. Das waren 7,5 % mehr als beim Volksbegehren vom März desselben Jahres. 14 455 181 Stimmberechtigte votierten mit „Ja", 585 714 mit „Nein", 558 995 gaben ungültige Stimmzettel ab. Um dem verfassungsändernden Gesetzentwurf von SPD und KPD zur Annahme zu verhelfen, hätte die Mehrheit der Stimmberechtigten für ihn stimmen müssen: etwa 19,8 Millionen Menschen. Dieses Ziel hatten die Antragsteller nicht erreicht,

---

entscheid zur Fürstenenteignung einer Zerreißprobe ausgesetzt. Der linke Flügel um die Brüder Strasser, dem damals auch Joseph Goebbels zugehörte, setzte sich Ende 1925 für die Enteignung der Fürsten ein, während Hitler das Volksbegehren als „jüdischen Schwindel" abtat. Auf der Bamberger „Führertagung" vom Februar 1926 konnte sich Hitler gegenüber dem linken Flügel durchsetzen. Vgl. ebda., S. 154—158; Wolfgang, Horn, Führerideologie und Parteiorganisation in der NSDAP (1919—1933), Düsseldorf 1972, S. 238 ff.; Dietrich Orlow, The History of the Nazi Party: 1919—1933, Pittsburgh 1969, S. 67 ff.

212 Zit. bei Schüren, Volksentscheid (Anm. 185), S. 183.

213 Ebda., S. 185 f., 228. Die Schilderung von Wahlmanipulationen in England bei Charles Dickens, Die Pickwickier. Aus dem Engl. v. Josef Thanner, München 2. Aufl. 1979, S. 217 ff.

Die Kampagne für eine entschädigungslose Enteignung der Fürsten fand Anhänger auch über die Linksparteien hinaus: Werbewagen der SPD für das Volksbegehren (oben), *Demonstration Berliner Frauen gegen die Fürstenabfindung* (unten).

und damit war der erste Volksentscheid, den es in der Weimarer Republik gab, gescheitert.

Dennoch hatten die Parteien der Linken Anlaß, von Erfolgen zu sprechen. Für den Gesetzentwurf zur entschädigungslosen Enteignung waren vier Millionen Stimmen mehr abgegeben worden als für SPD und KPD bei der Reichstagswahl vom 7. Dezember 1924. Wie schon beim Volksbegehren war der Zuwachs gegenüber der letzten Reichstagswahl besonders groß in den Wahlkreisen, wo das Zentrum seine stärksten Bastionen hatte — so in Köln—Aachen (+ 111,8 %), Baden (+ 108,1 %) und in Oppeln (+ 88,7 %). Die naheliegende Vermutung, daß Zentrumswähler in beachtlicher Zahl beim Volksentscheid dem Gesetzentwurf der Linken zugestimmt hatten, ist von Schüren durch die Untersuchung kleinerer Stimmbezirke bekräftigt worden. Aber auch von den Wählern der Rechtsparteien müssen, vor allem in großen Städten, viele sich für die Fürstenenteignung ausgesprochen haben. Das zeigt ein Blick auf die Wahlkreise Berlin, Potsdam I und II sowie Hamburg, wo die Zahl der Ja-Stimmen beim Volksentscheid weit über der Stimmenzahl lag, auf die die Parteien der Weimarer Koalition und die KPD im Dezember 1924 gekommen waren:

Wahlkreis	SPD, Zentrum, DDP, KPD 1924 II	Ja-Stimmen Volksentscheid 1926	Stimmenzuwachs abs.	%
Berlin	747 311	942 654	195 343	26,1
Potsdam II	494 728	589 712	94 984	19,2
Potsdam I	464 339	566 822	102 483	22,1
Hamburg	383 517	449 142	65 625	17,1

In der Stadt Berlin wurden für den Volksentscheid 333 635 Stimmen mehr abgegeben als für die Kommunisten und die drei „Weimarer" Parteien bei der zweiten Reichstagswahl von 1924. Auf Grund der Untersuchung einzelner Stadtbezirke hat Schüren die mögliche Vermutung, es könnte sich bei diesen Stimmenkontingenten um mobilisierte Nichtwähler gehandelt haben, als höchst unwahrscheinlich zurückgewiesen und gefolgert: „Dagegen spricht manches dafür — und diese Hypothese läßt sich durch zahlreiche Äußerungen über die Unzufriedenheit mittelständischer Schichten und ihre wachsende Neigung zur Radikalisierung erhärten —, daß sich in unerwartet starkem Umfang auch bürgerliche Schichten für die entschädigungslose Enteignung erklärt hatten, die ihre politische Heimat im nationalen und konservativen Lager sahen."

Die Wahlbeteiligung war auch beim Volksentscheid in den einzelnen Regionen des Reiches sehr unterschiedlich. Sie schwankte zwischen 68,4 % im Wahlkreis Berlin und 13,2 % in Niederbayern. Dieselben Faktoren, die beim Volksbegehren die Beteiligung gehemmt hatten — soziale Kontrolle durch Kirche, dominierende Partei oder ländlichen Arbeitgeber — wirkten sich auch beim Volksentscheid zu Lasten der Teilnahme aus. Doch trotz massiver Pressionen, die das Wahlgeheimnis vielfach zur Farce machten, stieg die Beteiligung auch im großagrarischen Osten erheblich an:[214]

Wahlkreis	KPD/SPD 1924 II	Volks-begehren	Volks-entscheid (Ja-Stimmen)	Stimmenzuwachs gegenüber Volksbegehren abs.	%
Ostpreußen	289 078	166 078	264 576	98 498	59,3
Pommern	276 175	204 715	269 406	64 691	31,6
Mecklenburg	183 954	161 160	195 726	34 566	21,4

„Eine gewaltige Umgruppierung der Massen ist im Zuge. Die Strömung geht nach links!" kommentierte der „Vorwärts" den Ausgang des Volksentscheids. „Die Republik und die Arbeiterschaft gehen gestärkt aus diesem Kampf hervor. Jede Regierung und jede bürgerliche Partei muß mit dieser Tatsache rechnen."[215] Aber es war sehr zweifelhaft, ob das sozialdemokratische Parteiorgan wirklich Tatsachen feststellte. Daß ehemalige Wähler der Deutschnationalen ihrem Zorn über die gebrochenen Aufwertungsversprechen dieser Partei Luft machten, indem sie für die Enteignung der Fürsten stimmten, mußte keineswegs eine dauerhafte Umorientierung nach links bedeuten. Die Schwächung der bürgerlichen Mitte — namentlich der innerlich gespaltenen Demokraten — war sicherlich kein Beitrag zur Stabilisierung der Republik. Es sollte sich schließlich auch bald zeigen, daß die Kluft zwischen Sozialdemokraten und Kommunisten nach dem Volksentscheid genauso tief war wie vorher, die Arbeiterschaft insofern also nicht gestärkt aus dem Kampf hervorging.

Am 26. Juni sprach das Zentralkomitee der Kommunisten wieder die gewohnte Sprache. „Alle bürgerlichen Parteien und die sozialdemokratischen Parteiführer haben Euch verraten", hieß es in einem „Aufruf an die werktätigen Massen Deutschlands". „Einträchtig sitzen sie in ihrem Parlament zusammen, um auf schnellstem Wege den Fürsten die Milliarden zuzuschanzen. Einmütig treten sie den Willen der 15 Millionen mit Füßen. Die bürgerlichen Parteien sind mit dem Unternehmertum auf Tod und Leben verbunden. Sie haben aus Klasseninteresse gehandelt, als sie alles daransetzten, um Euren Kampf abzuwürgen. Die Sozialde-

214 Schüren, Volksentscheid (Anm. 185), S. 228—234 (233). Da Schüren die Daten für Pommern und Mecklenburg verwechselt hat, sind seine Angaben über die Stimmenzuwächse in ostelbischen Wahlkreisen z. T. falsch. Zu den Wahldaten von 1926 vgl. die in den Anm. 203 u. 204 zitierten amtlichen Quellen; zur Reichstagswahl vom 7. 12. 1924 vgl. Anm. 71. — In einigen Verwaltungsbezirken war beim Volksentscheid aus statistischen Gründen nach Geschlechtern getrennt abgestimmt worden. Mit der Ausnahme des Stadtkreises Altona lag die Beteiligungsquote bei den Männern überall höher als bei den Frauen. Im Durchschnitt dieser Verwaltungsbezirke nahmen 53,1 % der Männer und 41,4 % der Frauen am Volksentscheid teil; mit Ja stimmten 48,6 % der Männer und 38,7 % der Frauen, mit Nein 2,2 % der Männer und 1,4 % der Frauen. Statistik (Anm. 204), Bd. 332, S. 29—32.

215 Groß-Berlin: 1 712 398 Ja! in: Vorwärts, Nr. 286 a, 21. 6. 1926.

mokratische Partei gibt vor, eine Partei der Arbeiterschaft, der Werktätigen zu sein. Aber auch sie unterstützt mit allen Kräften den schamlosen Fürstenraub."[216]

Was die Kommunisten anprangerten, war eine selbstverständliche Konsequenz des 20. Juni 1926: Nachdem der Volksentscheid nicht die notwendige Mehrheit erhalten hatte, mußte ein neuer Versuch gemacht werden, die Auseinandersetzung mit den Fürsten auf parlamentarischem Wege zu beenden. Die SPD gab sich in dieser Hinsicht sehr optimistisch. „Erreicht ist, daß die bevorstehende Entscheidung des Reichstags unter Massendruck gestellt ist", schrieb der „Vorwärts" einen Tag nach dem Plebiszit. „Erreicht ist zugleich eine erhebliche Stärkung der Stellung der Sozialdemokratischen Partei sowohl in taktischer wie auch in grundsätzlicher Beziehung." Die Rechtsparteien würden bei den nächsten Wahlen dafür zu bezahlen haben, daß sie sich schützend vor die Geldschränke der Fürsten gestellt hätten. Aber auch das Zentrum habe einen deutlichen Beweis dafür erhalten, „daß es — trotz des starken Bandes der katholischen Religion — nicht nach rechts gehen kann, ohne sein Parteigefüge zu zerrütten und erhebliche Massen nach links zu verlieren. Das gleiche gilt für die Demokraten."[217]

Vielleicht hätten sich die Hoffnungen der SPD erfüllt, wenn es dem demokratischen Innenminister Külz gelungen wäre, den — von der Regierung inzwischen übernommenen — Koalitionsentwurf eines Gesetzes über die Fürstenabfindung durch eine klarstellende Präambel für verfassungsmäßig zu erklären. Aber Hindenburg, der auf dem verfassungsändernden Charakter der Vorlage bestand, hatte einen Verbündeten im Kabinett: Staatssekretär Joël vom Reichsjustizministerium, ein weit rechts stehender Beamter, konnte die Minister davon überzeugen, daß der Entwurf durch keinen formalen Kunstgriff mit der Verfassung in Einklang zu bringen sei. Das hieß wiederum, wie schon im März, als der Reichspräsident seine Auffassung erstmals dargelegt hatte: Ein Gesetz über die Abfindung der Fürsten kam nur zustande, wenn ihm die SPD und Teile der Deutschnationalen zustimmten und damit zur erforderlichen qualifizierten Mehrheit verhalfen. Dies war die Ausgangslage, als der Rechtsausschuß des Reichstages am 22. Juni seine Beratungen über den Regierungsentwurf aufnahm.[218]

Die Chancen für einen Kompromiß waren gering. Die Deutschnationalen sahen keinen Grund, die Position aufzugeben, die sie bislang vertreten hatten: Die Auseinandersetzung mit den Fürsten sollte gänzlich der Rechtssprechung überlassen bleiben. Die Sozialdemokraten wollten wenigstens das Laienelement in dem neu zu bildenden Sondergericht stärken, die Richter durch den Reichstag

216 DuM (Anm. 48), Bd. 8, S. 346—349. Bereits am 22. 6. 1926 hatte die „Rote Fahne" „Lehren und Schlußfolgerungen" („aus dem ZK") zum Volksentscheid veröffentlicht, in denen es heißt, die sozialdemokratischen Führer seien in die Bewegung „hineingepeitscht" worden; seit 1914 hätten „an der Spitze jedes Verrates an den Interessen der Arbeiterklasse sozialdemokratische Führer gestanden." Jeder Arbeiter werde nun begreifen, „warum die sozialdemokratischen Führer auch während des Kampfes die volle Entfaltung der proletarischen Kräfte bewußt sabotierten und zu verhindern suchten." Einheitsfront der 15 Millionen, in: RF, Nr. 142, 22. 6. 1926.

217 Das Ergebnis des Volksentscheids, in: Vorwärts, Nr. 287, 21. 6. 1926.

218 Schüren, Volksentscheid (Anm. 185), S. 244 ff.; AdR, Kabinette Marx III/IV (Anm. 184), Nr. 15 (Kabinettssitzung vom 7. 6. 1926), Nr. 19 (Ministerbesprechung vom 9. 6. 1926).

wählen lassen und die Möglichkeit für die Wiederaufnahme von bereits abgeschlossenen Auseinandersetzungen offenhalten. Aber die entsprechenden Zusatzanträge beider Parteien fanden keine Mehrheit, und nur auf Grund der Tatsache, daß SPD und DNVP von Fall zu Fall Stimmenthaltung übten, konnte der Regierungsentwurf am 26. Juni vom Rechtsausschuß verabschiedet werden. Die Deutschnationalen wollten mit dieser Taktik den Vorwurf der Obstruktion abwehren; den Sozialdemokraten dagegen ging es um Zeitgewinn: Die Tür zu einer befriedigenden Lösung des Streits zwischen Preußen und dem Haus Hohenzollern sollte nicht zugeschlagen werden.

Doch auch bei den direkten Verhandlungen zwischen SPD und Regierungsparteien gab es keine Fortschritte in den umstrittenen Punkten. Auf den 2. Juli war die dritte Lesung der Gesetzesvorlage im Reichstag angesetzt. Nachdem bei der zweiten Lesung am 29. und 30. Juni die einzelnen Paragraphen mit wechselnden Mehrheiten teils angenommen, teils abgelehnt worden waren, beurteilte das Kabinett am 1. Juli die Aussicht, daß sich in der dritten Lesung doch noch eine Zweidrittelmehrheit für den Gesetzentwurf finden könne, als ausgesprochen schlecht.

Die Schlußfolgerung, die die Minister aus ihrer Bestandsaufnahme zogen, wies über das Problem des Fürstenbesitzes weit hinaus: Die Regierung Marx traf eine politische Grundsatzentscheidung, und zwar für die Große Koalition. Wenn die Deutschnationalen, wie man erwartete, geschlossen gegen das Gesetz stimmten, von den 131 Abgeordneten der SPD aber wenigstens 120 dafür, sollte der Reichspräsident um die Ordre für die Auflösung des Reichstags gebeten werden. Anderenfalls würde das Kabinett zurücktreten. Ein Wahlkampf, der bewußt gegen die Deutschnationalen geführt wurde, mußte dann zum Plebiszit für die Große Koalition werden. Aber auch wenn der Reichstag nicht aufgelöst wurde, gab es faktisch keine Alternative mehr zur Erweiterung der bestehenden Koalition nach links.[219]

Zentrum und DDP hatten in einer neuerlichen Zusammenarbeit mit der SPD seit langem den einzigen Ausweg aus den Dauerproblemen der Minderheitsregierungen gesehen. Bei der DVP gab es nach wie vor starke Vorbehalte gegen eine Große Koalition, aber die starre Haltung, die die Deutschnationalen in der Abfindungsfrage an den Tag legten, förderte die Einsicht, daß an einem Regierungsbündnis mit den Sozialdemokraten nicht vorbeizukommen war. Der Kabinettsbeschluß vom 1. Juli wurde von den Ministern der Deutschen Volkspartei, darunter ihrem Vorsitzenden Gustav Stresemann, mitgetragen.[220]

Alles hing nun von der SPD ab. Ihr Partei- und Fraktionsvorsitzender Hermann Müller wurde von Reichskanzler Marx am 1. Juli sogleich über die Entscheidung der Ministerrunde informiert. Am Abend trat die sozialdemokratische Reichstagsfraktion zusammen. Müller und die übrige Fraktionsführung plädierten für Annahme des Gesetzes und Beteiligung an der Regierung. Gestützt auf eine Empfehlung der preußischen Landtagsfraktion, warb deren Vorsitzender,

219 Stürmer, Koalition (Anm. 12), S. 160 f.; Schüren, Volksentscheid (Anm. 185), S. 246—248; AdR, Kabinette Marx III/IV (Anm. 184), Nr. 47 (Ministerbesprechung vom 1. 7. 1926).

220 Stürmer, Koalition (Anm. 12), S. 160.

Ernst Heilmann, einer der engsten Vertrauten Otto Brauns, nachdrücklich für Zustimmung zum Gesetzentwurf, damit das Land Preußen endlich einen befriedigenden Vergleich mit den Hohenzollern schließen könne. Braun selbst, der ein Reichstagsmandat des Wahlkreises Düsseldorf-West innehatte, kämpfte für das nämliche Ziel und zugleich für den Eintritt der SPD in die Reichsregierung. Aber alle Mühe war vergeblich. Die Gegner eines Kompromisses behielten die Oberhand. Mit 73 gegen 38 Stimmen entschied sich die Fraktion für die Ablehnung des Gesetzes über die Fürstenabfindung und damit gegen die Große Koalition.[221]

Braun, der über den Ausgang der Abstimmung tief enttäuscht war, ließ am folgenden Tag, noch vor Beginn der dritten Lesung, der Regierung Marx durch Staatssekretär Weismann ausrichten, die Sozialdemokratie sei bereit, im Herbst das Fürstengesetz, „wie es steht und liegt", anzunehmen. „Der Grund der Niederlage der Führer sei lediglich darin zu suchen, daß man nicht genügend Zeit gehabt hätte, *umzufallen.* Die Leute hätten namentlich noch die Reden in Erinnerung gehabt, die sie für die entschädigungslose Enteignung gehalten hätten, und hätten sich infolgedessen nicht zurechtgefunden. Heute aber (an dem Tage nach der Abstimmung der Fraktion) sei der Katzenjammer so groß, daß man gern alles ungeschehen machen möchte, wenn man es noch könnte."[222]

Aber es war zu spät. Da nun kein Zweifel mehr daran bestand, daß sowohl die DNVP als auch die SPD das Abfindungsgesetz ablehnen würden, sah das Kabinett am 2. Juli keinen Grund mehr, den Reichspräsidenten um die Auflösung des Reichstags zu bitten. Neuwahlen wären unter diesen Umständen ja höchstwahrscheinlich kein Mittel gewesen, um die Pattsituation zu überwinden. Von einer Demission des Kabinetts, die Reichskanzler Marx zunächst vorgeschlagen hatte, riet Hindenburgs Staatssekretär Meissner mit Erfolg ab. Was das umstrittene Gesetz selbst anging, entschied sich die Regierung nach anfänglichen Bedenken für den Weg, den Arbeitsminister Brauns empfahl: Sie solle ihren Entwurf zurückziehen und die ganze Sache der preußischen Regierung überlassen. „Wenn die Sozialdemokratie den vorliegenden Kompromißentwurf zum Scheitern gebracht habe, müsse eben die preußische Regierung, die doch im wesentlichen von der Sozialdemokratie getragen werde, die Folgen tragen, und es müsse ihr überlassen bleiben, sich jetzt ihrerseits mit den Hohenzollern zu einigen."[223]

Genauso wurde in der anschließenden Reichstagssitzung verfahren. Nachdem Wels für die SPD und Graf Westarp für die DNVP ihr Nein zum Regierungsentwurf dargelegt hatten, zog Reichskanzler Marx mit der im Kabinett vereinbarten Begründung die Vorlage offiziell zurück. Einen neuen Versuch, die Fürstenabfindung gesetzlich zu regeln, stellte er nur für den Fall in Aussicht, daß die parlamentarischen Voraussetzungen dafür gegeben seien. Der Reichstag stimmte sodann mit Zweidrittelmehrheit — bei Stimmenthaltung der Deutschnationalen —

221 Ebda., S. 161; Schulze, Braun (Anm. 86), S. 508; Die Sozialdemokratie lehnt ab, in: Vorwärts, Nr. 306, 2. 7. 1926; Schulthess 1926 (Anm. 164), S. 124 f.; Egelhaaf 1926 (Anm. 175), S. 137.

222 Tagebuchaufzeichnung Stresemanns vom 3. 7. 1926, in: ders., Vermächtnis (Anm. 182), Bd. 2, S. 406 (Hervorhebung im Original).

223 AdR, Kabinette Marx III/IV (Anm. 184), Nr. 48 (Ministerbesprechung vom 2. 7. 1926).

einer auf sechs Monate befristeten Verlängerung jenes „Sperrgesetzes" zu, das er am 4. Februar 1926 beschlossen hatte und das bis zu einer reichsgesetzlichen Regelung alle Rechtsstreitigkeiten über den Fürstenbesitz aussetzte. Am 3. Juli begann die parlamentarische Sommerpause, die bis zum 2. November dauern sollte. Die Minderheitsregierung Marx konnte einigermaßen sicher sein, daß sie in den nächsten vier Monaten nicht gestürzt werden würde.[224]

Die preußische Regierung mußte nach dem Scheitern des Abfindungsgesetzes wieder den Weg des Vergleichs gehen. Am 6. Oktober 1926 wurde der Entwurf eines neuen Vertrages mit dem Haus Hohenzollern paraphiert, bei dem das Land besser abschnitt als ein Jahr zuvor — und schlechter, als es beim Inkrafttreten des Gesetzentwurfes der Regierung Marx der Fall gewesen wäre. Von dem gesamten im Jahre 1918 beschlagnahmten Vermögen des Herrscherhauses erhielt der preußische Staat etwa 250 000 Morgen Grundbesitz, während den Hohenzollern mitsamt ihren Nebenlinien 383 000 Morgen verblieben. Die Kronschlösser, die Schlösser Bellevue und Babelsberg, die Kunstwerke in den Berliner Museen, die Kroninsignien, Hausbibliothek und Hausarchiv gingen in den Besitz Preußens über. Die Landtagsfraktion der SPD war mit diesem Vergleich so unzufrieden, daß sie sich außerstande sah, ihm zuzustimmen. Ablehnen konnte sie ihn allerdings auch nicht, da Otto Braun für diesen Fall seinen Rücktritt angedroht hatte. So entschied sie sich für Stimmenthaltung und sicherte damit dem Vertrag die Annahme. Am 15. Oktober 1926 wurde er — unter Polizeischutz — vom preußischen Landtag in dritter Lesung ratifiziert.[225]

Auf Reichsebene hatte die Entscheidung der SPD vom 1. Juli mißliche Folgen. Die erste war, wie Gustav Stresemann in seinem Tagebuch vermerkte, die Erhöhung der Getreidezölle von 4,50 auf 5 Mark, die der Reichstag noch in der letzten Sitzung vor der Sommerpause, in der Nacht vom 2. zum 3. Juli beschloß. „Am Abend vor der Entscheidung war das Zentrum gewillt, bis auf 4,50 M für Roggen und Weizen herabzugehen, ja ein Teil des Zentrums wollte sogar für den sozialdemokratischen Antrag stimmen (Fortdauer der 3-M-Zölle). Am Morgen, nachdem die Abstimmung der sozialdemokratischen Fraktion bekanntgeworden war, ging der 5-M-Zoll dann einstimmig durch, weil sich niemand verpflichtet fühlte, auf die Sozialdemokraten nach ihrem Verhalten irgendwelche Rücksichten zu nehmen."[226]

---

224 Stenographische Berichte (Anm. 16), Bd. 390, S. 7803—7805 (Wels), 7805—7809 (Westarp), 7809 f. (Marx), 7812 („Sperrgesetz"). Zur Reichstagssitzung vom 2. 7. 1926 auch Egelhaaf 1926 (Anm. 175), S. 138 ff. Zum „Sperrgesetz": Schüren, Volksentscheid (Anm. 185), S. 56 f., 250 ff.

225 Ebda., S. 252—260.

226 Stresemann, Vermächtnis (Anm. 182), Bd. 2, S. 406 f. Zur Zollpolitik AdR, Kabinette Marx III/IV (Anm. 184), Nr. 15 (Kabinettssitzung vom 7. 6. 1926). Zu den zollpolitischen Beschlüssen des Reichstags vom 2. 7. 1926 und ihrer Vorgeschichte vgl. auch die Übersicht bei Egelhaaf 1926 (Anm. 175), S. 139 f., sowie unten, S. 309 f. Der „Vorwärts" (Nr. 307, 2. 7. 1926) berichtete über die Erhöhung der Zölle für Roggen, Weizen, Gerste, Mais und Hafer unter der Überschrift „Ein neues Zollattentat. Hochschutzzollblock von den Demokraten bis zu den Deutschnationalen."

Die Absage, die die Sozialdemokraten den Koalitionsparteien erteilt hatten, weckte bei diesen neue Zweifel an der Regierungsfähigkeit der SPD: Das war die zweite Folge des Beschlusses vom 1. Juli. Die schärfsten Reaktionen kamen von Zentrum und DDP, die sich am nachdrücklichsten für eine Große Koalition eingesetzt hatten. Der Reichsparteiausschuß des Zentrums erklärte am 4. Juli, die Bemühungen um eine gesetzgeberische Lösung für die Frage der Fürstenabfindung seien gescheitert „an der politischen Verantwortungslosigkeit der Rechten und der Linken." Der Vorstand der DDP verlautbarte am 2. Juli, die sozialdemokratische und die deutschnationale Fraktion hätten das Zustandekommen des Gesetzes verhindert und damit die „Interessen des deutschen Volkes schwer geschädigt". Die Mehrheit der sozialdemokratischen Reichstagsfraktion habe auf „die Notwendigkeit der Zusammenarbeit der verfassungstreuen Parteien keinerlei Rücksicht genommen. Sie trägt die Verantwortung dafür, wenn heute in den Kreisen der unentwegten Rechtsparteien Jubel und Genugtuung herrscht. Sie trägt die Verantwortung auch dafür, wenn der Glaube an die Leistungsfähigkeit des Parlamentarismus erschüttert wird und wenn sich heute die Kluft zwischen der Sozialdemokratie und den anderen republikanischen Parteien zu vertiefen droht."[227]

Die Erklärung der DDP enthielt mehr als nur parteipolitische Polemik. Die Erschütterung des Vertrauens, das das parlamentarische System benötigte, war eine dritte und sicherlich die langfristig bedenklichste Folge der sozialdemokratischen Entscheidung vom 1. Juli. Freilich war dieses Vertrauen auch schon vorher nicht stark gewesen, und die Bewegung für den Volksentscheid hatte es weiter gemindert. Denn obwohl die SPD dies gar nicht wollte: Der Appell an das Volk als Gesetzgeber war eine Mißtrauenserklärung nicht nur gegenüber der derzeitigen Reichstagsmehrheit, sondern gegenüber der repräsentativen Demokratie überhaupt. Die Mobilisierung der Massen im Zeichen einer ausgesprochen „populistischen" Parole hatte Erwartungen geweckt, die gar nicht zu befriedigen waren, und einen Druck erzeugt, der am Ende die Sozialdemokraten kompromißunfähig machte. Die Frustrationen, die der vorhersehbare Ausgang des Streits um den Fürstenbesitz hervorrufen mußte, konnten auf das parlamentarische System nur destabilisierend wirken. Wer diesen Effekt wollte, der konnte aus dem 20. Juni 1926 eine Lehre ziehen: Bei einem Volksentscheid war es unter Umständen weniger wichtig, daß er Erfolg hatte, als daß er stattfand. Die Initiatoren des Volksbegehrens und des Volksentscheids gegen den Young-Plan von 1929 hatten diese Lektion gelernt.[228]

Die Sozialdemokraten konnten freilich Gründe anführen, die ihre Entscheidung, sich am Volksbegehren und Volksentscheid von 1926 zu beteiligen, zumindest verständlich machen. Die Furcht, daß Anhänger der SPD in größerer Zahl

---

227 Purlitz 1926 (Anm. 210), 2. Bd. (Inland), S. 226 (Zentrum), 230 f. (DDP).

228 Vgl. hierzu unten S. 736 ff. Zu den grundsätzlichen Aspekten der plebiszitären Komponente im Weimarer Regierungssystem sehr gut: Reinhard Schiffers, Elemente direkter Demokratie im Weimarer Regierungssystem, Düsseldorf 1971 (hier bes. S. 211 ff.), sowie, in vergleichender Perspektive, Ernst Fraenkel, Die repräsentative und die plebiszitäre Komponente im demokratischen Verfassungsstaat, in: ders., Deutschland und die westlichen Demokratien, Stuttgart usw. 3. Aufl. 1968, S. 81—119.

zu den Kommunisten überlaufen könnten, hatte einen sehr realen Hintergrund, und eine Stärkung der KPD lag gewiß nicht im Interesse der parlamentarischen Demokratie. Überdies wäre der innere Zusammenhalt der SPD bedroht gewesen, hätte sich die Partei dem Druck der „Basis" verschlossen. Insofern zeigt die Auseinandersetzung um die Enteignung der Fürsten wie in einem Brennspiegel das ständige Dilemma der Weimarer Sozialdemokratie: Verhielt sie sich so, wie es das parlamentarische System verlangte, nämlich koalitionsbereit gegenüber den bürgerlichen Parteien bis hin zur DVP, verprellte sie einen Teil ihrer Anhänger und lief Gefahr, sie an die kommunistische Konkurrenz zu verlieren. Gab sie sich als klassenkämpferische Oppositionspartei, die auch vor einer punktuellen Zusammenarbeit mit den Kommunisten nicht zurückschreckte, so isolierte sie sich von ihren möglichen bürgerlichen Koalitionspartnern und überließ die Staatsmacht Kräften, die zum Teil weit rechts von ihr standen.

Das Volksbegehren und der Volksentscheid zur Fürstenenteignung hatten schließlich noch eine weitere Dimension. Wie beim Flaggenstreit vom Frühjahr 1926, ja in noch viel höherem Maß als bei diesem Konflikt, ging es bei der Auseinandersetzung mit den ehemaligen Landesherren vor allem um eine symbolische Frage: Materiell waren durch ihre Enteignung keine sozialen Probleme zu lösen. Der Fürstenbesitz war ein besonders augenfälliges Relikt des deutschen Ancien régime, und damit verkörperte er auch die Unterlassungen der Revolution von 1918/19. Dieser Stachel war für die Linke um so schmerzlicher spürbar, als die Kräfte der Restauration unübersehbar auf dem Vormarsch waren. War Hindenburgs Wahl zum Reichspräsidenten nicht das deutlichste Zeichen dafür, daß die deutsche Republik sich auf dem Weg zu einer „verhüllten Monarchie" befand?[229] Der Volksentscheid zur Fürstenenteignung ließ sich, wenn man die Dinge so sah, als politische Gegenoffensive der Linken interpretieren — als das erste große Plebiszit nach der Präsidentenwahl, bei dem die Linke nicht wie damals zersplittert, sondern als geballte Kraft in Erscheinung trat.

Aber nicht einmal während der Kampagne konnte dieser Schein gewahrt werden: Zu tief waren die Gegensätze zwischen Sozialdemokraten und Kommunisten. Der Versuch, ein Stück Revolution mitten in der „Stabilisierungsphase" nachzuholen, war wohl von vornherein zum Scheitern verurteilt. Ob die Volksabstimmung vom 20. Juni 1926 trotzdem, wie Friedrich Stampfer noch viele Jahre danach rückblickend meinte, ein großer „moralischer Erfolg" war, ist zweifelhaft.[230] Die Folgen für die parlamentarische Republik waren, alles in allem genommen, eher negativ.

229 So der tiefschürfende Essay von Georg Decker, Lehren des Volksentscheids, in: Die Gesellschaft 3 (1926/II), S. 193—203, der auch die These von der „Gegenoffensive" der Linken enthält.

230 Stampfer, Vierzehn Jahre (Anm. 102), S. 488.

5. Große Koalition oder Bürgerblock? Die Politik im Reich 1926—1928

Das Verhältnis der Sozialdemokraten zum Minderheitskabinett Marx war, dem Streit um die Fürstenabfindung zum Trotz, keineswegs bloß von Dissens geprägt. Es gab von Anfang an auch Felder der Übereinstimmung, und unter diesen rangierte wieder, wie schon bei den vorangegangenen Kabinetten, die Außenpolitik obenan. Zweimal konnte die SPD im Jahr 1926 die Regierung ihrer vollen Zustimmung versichern, und beide Gelegenheiten waren unmittelbare Folgen des Vertragswerks von Locarno: der Berliner Vertrag mit der Sowjetunion und Deutschlands Beitritt zum Völkerbund.

Die Sowjetunion hatte Deutschland seit Ende 1924 immer wieder zum Abschluß eines Bündnisses gedrängt, und dabei als eines der Ziele weitgehende Grenzrevisionen auf Kosten Polens in Aussicht gestellt. Die Furcht, das Reich könne durch den Eintritt in den Völkerbund in eine antisowjetische Koalition eingegliedert werden, war so groß, daß Außenminister Tschitscherin noch Anfang Oktober 1925, kurz bevor die deutsche Delegation nach Locarno abreiste, seinen Amtskollegen Stresemann in Berlin aufsuchte, um von ihm konkrete Zusicherungen zu erhalten: Deutschland dürfe sich nicht an etwaigen Interventionen des Völkerbundes gegen die Sowjetunion beteiligen und es müsse die Anerkennung der polnischen Ostgrenzen verweigern. Dieses Ziel seines Besuches erreichte Tschitscherin, und er konnte überdies Stresemanns Zusage mit nach Moskau nehmen, daß Deutschland bereit sei, ein politisches Abkommen mit der Sowjetunion abzuschließen.[231]

Der deutsch-sowjetische Vertrag wurde am 24. April 1926 in Berlin unterzeichnet. Darin sicherten sich beide Mächte wechselseitig Neutralität für den Fall zu, daß eine von ihnen trotz friedlichen Verhaltens von dritten Mächten angegriffen werden sollte. Außerdem verpflichteten sie sich, keiner Koalition beizutreten, die über die andere Macht einen wirtschaftlichen oder finanziellen Boykott verhängen sollte — auch dies unter dem Vorbehalt friedlichen Verhaltens der betroffenen Macht. Im übrigen sollte der 1922 abgeschlossene Vertrag von Rapallo weiterhin die Grundlage der deutsch-sowjetischen Beziehungen sein. Beide Staa-

231 Dazu zusammenfassend (mit weiterer Lit.): Walsdorff, Westorientierung (Anm. 138), S. 59 ff., 132 ff. Walsdorff weist nach, daß das — die sowjetische Offerte präzisierende — Stichwort „Zurückdrängung Polens auf seine ethnographischen Grenzen" im Dezember 1924 von Staatssekretär von Maltzan kam und wohl mit Stresemann abgestimmt war (S. 68 f.). Vgl. ferner: Erdmann, Problem (Anm. 140), S. 134—162; ders. u. Helmut Grieser, Die deutsch-sowjetischen Beziehungen in der Zeit der Weimarer Republik als Problem der deutschen Innenpolitik, in: GWU 26 (1975), S. 403—426; Hans W. Gatzke, Von Rapallo nach Berlin: Stresemann und die deutsche Rußlandpolitik, in: VfZ 4 (1956), S. 1—29; Winfried Baumgart, Deutsche Ostpolitik 1918—1926, in: Alexander Fischer u. a. (Hg.), Rußland — Deutschland — Amerika. Festschrift f. Fritz Epstein, Wiesbaden 1978, S. 239—256.

ten versprachen in „freundschaftlicher Fühlung“ miteinander zu bleiben, um sich über alle politischen und wirtschaftlichen Fragen, die sie gemeinsam berührten, zu verständigen.[232]

Durch den Berliner Vertrag versprach Deutschland der Sowjetunion nochmals ausdrücklich, was es sich selbst in Locarno ausbedungen hatte: eine theoretisch weitgehende, faktisch vollständige Befreiung von den Sanktionsverpflichtungen, die jedes Mitglied des Völkerbundes übernahm. Das war für die Sowjetunion von erheblichem Wert, und für dieses deutsche Versprechen zahlte sie einen Preis: Sie willigte widerstrebend in die Klausel ein, wonach die Neutralität nur für den Fall eines *unprovozierten* Angriffs gelten sollte. Deutschland konnte seinerseits erwarten, daß Moskau sich nicht hinter seinem Rücken mit den Westmächten verständigen würde. Die Hoffnung freilich, daß der Berliner Vertrag als zusätzliches Druckmittel dienen könne, um Polen zu einer Grenzrevision zu veranlassen, erfüllte sich nicht. Der wirtschaftlich schwache und von politischen Krisen erschütterte Nachbarstaat begann sich zu stabilisieren, nachdem im Mai 1926 Marschall Pilsudski durch einen Staatsstreich an die Macht gelangt war. Für eine Verminderung des polnischen Territoriums, an der Deutschland und die Sowjetunion gleichermaßen interessiert waren, gab es infolgedessen auf absehbare Zeit keine Chance.[233]

In der innenpolitischen Diskussion Deutschlands war der Berliner Vertrag, anders als das Abkommen von Rapallo, kein Streitpunkt. Für die Gegner von Locarno auf der politischen Rechten ergab sich die Zustimmung vor allem daraus, daß die deutsch-sowjetischen Vereinbarungen einen Kontrapunkt zur Westorientierung bildeten und sich gut in eine gegen Polen gerichtete politische Strategie einfügen ließen. Für die Befürworter der offiziellen deutschen Außenpolitik, darunter die Sozialdemokraten, war der Berliner Vertrag eine logische Konsequenz aus Locarno. Das Abkommen bedeute nicht etwa, erklärte Breitscheid im Reichstag, eine „Abwendung von der Westorientierung zur Ostorientierung“ — eine Alternative, die es ohnehin in Wirklichkeit nicht gebe —, sondern eine „Ergänzung des Locarno-Vertrags, ... die Möglichkeit, zwischen dem Osten und dem Westen eine Brücke zu schlagen.“ Daß die Kommunisten dem Vertrag zustimmten, verstand sich von selbst. So war denn das Ergebnis der Abstimmung nach der dritten Lesung im Reichstag keine Überraschung: Das Parlament billigte am 10. Juni 1926 den Berliner Vertrag nahezu einstimmig. Die drei Gegenstimmen kamen von drei ehemaligen Abgeordneten der KPD — Karl Korsch, Heinrich Schlagewerth, Ernst Schwarz —, die am 30. April 1926 wegen Linksabweichung aus der Partei ausgeschlossen worden waren.[234]

---

232 Zur Vorgeschichte des Vertrags: Walsdorff, Westorientierung (Anm. 138), S. 157 ff.; der Text mitsamt dem begleitenden Notenwechsel: S. 240—246. Vgl. weiter: Akten zur Deutschen Auswärtigen Politik 1918—1945. Aus dem Archiv des Auswärtigen Amts (ADAP). Serie B: 1925—1933, Bd. II, 1: Dezember 1925—Juni 1926. Deutschlands Beziehungen zur Sowjet-Union, zu Polen, Danzig und den baltischen Staaten, Göttingen 1967, S. XXV ff. (mit Einzelbelegen). Zum Rapallo-Vertrag siehe den vorhergehenden Bd., S. 463 ff.

233 Walsdorff, Westorientierung (Anm. 138), S. 194 ff.

234 Stenographische Berichte (Anm. 16), Bd. 390, S. 7436 f. (Breitscheid), 7440—7443 (Schneller [KPD]), 7443 f. (Korsch), 7444 f. (Abstimmung). Korsch warf der KPD vor, sie habe sich

Die Regierung der Westmächte waren über den Abschluß des Berliner Vertrages beunruhigt, aber verglichen mit der Reaktion auf Rapallo klang die Kritik gedämpft. Das lag nicht nur an der veränderten internationalen Situation — die europäischen Siegerstaaten hatten die Sowjetunion mittlerweile selbst diplomatisch anerkannt —, sondern auch daran, daß Deutschland noch immer nicht in den Völkerbund aufgenommen worden war. Die Verzögerungen ergaben sich aus dem deutschen Anspruch auf einen ständigen Sitz im Völkerbundsrat — einer Forderung, die mit dem entsprechenden Verlangen anderer Staaten, darunter Polens, konkurrierte. Da die Westmächte an einem deutschen Beitritt interessiert waren, hielten sie sich mit öffentlichen Äußerungen zum Berliner Vertrag zurück. Die Aufnahme Deutschlands in den Völkerbund, das zweite große Ereignis der deutschen Außenpolitik im Jahre 1926, erfolgte schließlich am 10. September. Die Hartnäckigkeit, mit der die Regierungen Luther und Marx die deutschen Bedingungen für den Beitritt vertreten hatten, zahlte sich aus: Das Reich wurde sogleich ständiges Mitglied des Völkerbundsrates, während Polen sich mit einem nichtständigen Sitz und der Zusage seiner Wiederwahl in dieses Gremium begnügen mußte.[235]

Die Sozialdemokraten, die sich seit Jahren immer wieder und mit größerem Nachdruck als irgendeine andere Partei für eine deutsche Mitgliedschaft im Völkerbund eingesetzt hatten, feierten das Ereignis vom 10. September 1926 als Sternstunde. „Deutschland und Europa schreiten von dem Notstand internationaler Anarchie in den Zustand internationaler Organisation, in der sich allmählich die Freiheit aller Völker verwirklichen soll", schrieb der „Vorwärts", und das sei geradezu ein „weltgeschichtlicher Sprung".[236]

Die Generalaussprache zwischen den Außenministern Stresemann und Briand, die wenige Tage nach der feierlichen Genfer Beitrittszeremonie in Thoiry stattfand, wurde am 24. November, in der ersten außenpolitischen Debatte des Reichstags nach der parlamentarischen Sommerpause, von keiner Fraktion positiver gewürdigt als von der SPD. Die „Befriedung Europas", erklärte Hermann Müller, das sei der „große Gedanke von Thoiry". „Wir wollen hierzu einmal grundsätzlich feststellen: Wirtschaftlich kann Europa — das gilt sowohl für Deutschland wie für Frankreich — ohne die Hilfe Amerikas nicht gesunden; aber politisch kann es gesunden, wenn es nur will. Deswegen ist Thoiry ein Boden, auf dem diese Befriedung eingeleitet werden kann." Mißtrauensanträge der Völki-

---

durch ihre Zustimmung zum Berliner Vertrag „tatsächlich auf den Boden der Arbeitsgemeinschaft zwischen dem Proletariat und der Bourgeoisie im internationalen Maßstabe gestellt." Zum Parteiausschluß der „entschiedenen Linken" um Korsch, die sich nach dem Bruch mit der KPD als „Gruppe Internationaler Kommunisten" bezeichneten, siehe unten S. 430 f.

235 Spenz, Vorgeschichte (Anm. 136), S. 125 ff.; Walsdorff, Westorientierung (Anm. 138), S. 176 ff.; AdR, Kabinette Luther (Anm. 187), Bd. 1, S. LVI (mit Einzelbelegen).

236 Von Versailles nach Genf. Eine weltgeschichtliche Wende, Vorwärts, Nr. 426, 10. 9. 1926. Vgl. dazu auch Pistorius, Breitscheid (Anm. 15), S. 273 ff.; Klinkhammer, Außenpolitik (Anm. 15); S. 146 ff., sowie Ulrich Hochschild, Sozialdemokratie und Völkerbund. Die Haltung der SPD und S.F.I.O. zum Völkerbund von dessen Gründung bis zum deutschen Beitritt (1919—1926), Karlsruhe 1982, S. 214 ff.

schen und der Kommunisten gegen die Regierung Marx wurden am gleichen Tag mit den Stimmen von Koalition und SPD bei Stimmenthaltung der Deutschnationalen abgelehnt.[237]

*

Ein Feld teilweiser Übereinstimmung zwischen der Sozialdemokratie und dem Minderheitskabinett Marx war die Sozialpolitik. Die Novelle zum Reichsknappschaftsgesetz vom Juni 1923, die eine Verbesserung der Krankenleistungen mit einer gerechteren Bemessung der Renten zu verbinden suchte, wurde am 22. Juni 1926 mit den Stimmen der SPD angenommen.[238] Am 26. Juni verlängerte der Reichstag, ebenfalls mit den Stimmen der SPD, das Mieterschutzgesetz — unter Lockerung einiger Bestimmungen — um ein Jahr.[239]

Mit den Experten der Fraktionen abgestimmt war auch das Arbeitsbeschaffungsprogramm, das Arbeitsminister Brauns am 28. Juni 1926 dem Reichstag vorlegte. Da die Arbeitslosigkeit seit dem Winter nur geringfügig gesunken war — von über 2 Millionen Hauptunterstützungsempfängern im Februar auf über 1,7 Millionen im Mai 1926 — und die Zahl der Kurzarbeiter als etwa gleich groß eingeschätzt wurde wie die der Vollerwerbslosen, gab es zwingende Gründe für neue Aktivitäten der Regierung. Der Schwerpunkt des Programms lag auf Investitionskrediten für Beschaffungen und Bauvorhaben von Reichsbahn und Reichspost. Daneben waren vorgesehen der verstärkte Ausbau des Wasserstraßennetzes, die Kultivierung von Ödland und die Förderung von „Schlüsselgewerben" wie Landwirtschaft und Eisenindustrie. Dem allgemeinen Wohnungsbau sollte ein Zwischenkredit des Reiches für erste Hypotheken zugute kommen. Mit allen Stimmen außer denjenigen der KPD stimmte der Reichstag in der gleichen Sitzung am 28. Juni der Beschlußvorlage einer Kommission des Volkswirtschaft-

---

237 Stenographische Berichte (Anm. 16), Bd. 391, S. 8160—8179 (Müller), 8197 (Abstimmungen); Schulthess 1926 (Anm. 164), S. 170. Zum Verlauf und den Ergebnissen des Gesprächs von Thoiry (17. 9. 1926) zusammenfassend Erdmann, Zeit (Anm. 140), Bd. 4/1, S. 265 f. Vgl. dazu auch unten S. 308.

238 Das Gesetz vom 23. 6. 1923 hatte u. a. eine Pensionierung vom 50. Lebensjahr an ohne Nachweis der Berufsunfähigkeit vorgesehen. Die Zahl der Knappschaftsinvaliden- und -altersrentner war infolgedessen stark angestiegen: von 66 000 Ende 1923 auf 114 000 Ende 1924, wobei diese Rentner z. T. weiter in Arbeit blieben und dann mehr verdienten als höchstentlohnte Bergarbeiter. Der Vermehrung der Rentner stand eine starke Verminderung der Belegschaften gegenüber, so daß sich Einnahmen und Ausgaben nicht mehr deckten. Die zur Sanierung der Knappschaftsversicherung von der Regierung Luther angestrebte Anhebung der Altersgrenze auf 55 Jahre war in der Endfassung der Novelle nicht mehr enthalten, wohl aber die Trennung in Grund- und Steigerungsbeträge. Trotz außerordentlich hoher Beiträge (bei Arbeitern 1927 über ein Drittel ihres Einkommens) gelang die Sanierung der Knappschaftsversicherung nicht. Vgl. dazu zusammenfassend Ludwig Preller, Sozialpolitik in der Weimarer Republik, Düsseldorf 2. Aufl. 1978, S. 285, 328, 380. Zur Novellierung 1926: Purlitz 1926 (Anm. 210), 1. Bd. (Inland), S. 190 ff. Die Zustimmung der DNVP zur Novelle wurde von der Schwerindustrie mit einer zeitweiligen Einstellung von Geldzahlungen an diese Partei beantwortet. Dazu Schüren, Volksentscheid (Anm. 185), S. 180 f.

239 Purlitz 1926 (Anm. 210) 1. Bd. (Inland), S. 198 ff.; Preller, Sozialpolitik (Anm. 238), S. 385.

lichen Ausschusses zu, die dem von Brauns vorgetragenen Programm entsprach.[240]

Nach Absicht und geplantem Ausmaß war das Arbeitsbeschaffungsprogramm vom Juni 1926 das erste, das diesen Namen wirklich verdiente. Es ging über die Notstandsarbeiten, wie sie im Rahmen der produktiven Erwerbslosenfürsorge gefördert wurden, erheblich hinaus. Aber die praktischen Ergebnisse des Brauns'schen Programms blieben weit hinter den Erwartungen zurück. Es waren vor allem bürokratische Hemmnisse, die den erhofften Effekt vereitelten oder minderten: Reich, Länder und Verkehrsträger konnten sich über die finanzielle und verwaltungstechnische Seite der einzelnen Vorhaben oft erst nach langwierigen Auseinandersetzungen verständigen. „Saumseligkeit und Zuständigkeitskonflikte zwischen den Behörden haben den Erfolg dieses Programms, das mit der Einstellung von 500 000 Arbeitslosen rechnete, ganz erheblich beeinträchtigt", stellte der ADGB in seinem Jahresbericht für 1926 fest.[241]

Sehr viel positiver war das Urteil der Freien Gewerkschaften über den beschäftigungspolitischen Wert der „Russenkredite" — des Kernstücks von Ausfallbürgschaften, mit denen Reich und Länder den deutschen Export zu fördern versuchten. Von den Krediten in Höhe von 330 Millionen Mark, die 1926 für Aufträge aus der Sowjetunion vergeben wurden, waren 200 Millionen Mark durch Staatsgarantien gesichert. Der spürbare Rückgang der Arbeitslosenzahlen im Sommer und Frühherbst 1926 — von 1,7 Millionen Hauptunterstützungsempfängern im Juni auf 1,3 Millionen im Oktober — war primär indessen wohl auf andere Ursachen zurückzuführen: einmal auf den „autonom" einsetzenden Konjunkturaufschwung, zum anderen auf die „Haushaltspolitik am Rande des Defizits", wie sie der demokratische Reichsfinanzminister Reinhold seit Anfang 1926 — unter dem Beifall und mit der Unterstützung der SPD — betrieb.[242]

Die Versuche, Arbeit zu schaffen, erübrigten natürlich nicht soziale Leistungen für diejenigen, die ohne Arbeit blieben. Die Lage vieler Erwerbsloser sei „tatsächlich verzweifelt", berichteten Vertreter der SPD in einem Gespräch mit den Koalitionsparteien am 29. Oktober; die Bezüge der Hauptunterstützungsempfänger müßten um 25 bis 30 % erhöht werden. Mehrausgaben dieses Umfangs erschienen dem Kabinett jedoch indiskutabel. Selbst eine Erhöhung um 10 %, zu der sich die Regierung am 2. November bereitfand, war nach Ansicht von

240 AdR, Kabinette Marx III/IV (Anm. 184), Nr. 43 (Ministerbesprechung vom 28. 6. 1926); Stenographische Berichte (Anm. 16), Bd. 390, S. 7639—7642 (Brauns), 7650 (Abstimmungen); die Ausschußvorlage: Drucksache Nr. 2455.

241 Fritz Blaich, Die Wirtschaftskrise 1925/26 und die Reichsregierung. Von der Erwerbslosenfürsorge zur Konjunkturpolitik, Kallmünz 1977, S. 146 ff. (149); Dieter Hertz-Eichenrode, Wirtschaftskrise und Arbeitslosigkeit. Konjunkturpolitik 1925/26 und die Grundlagen der Krisenpolitik Brünings, Frankfurt 1982; Jahrbuch 1926 des Allgemeinen Deutschen Gewerkschaftsbundes, Berlin 1927, S. 6.

242 Ebda., S. 6; Blaich, Wirtschaftskrise (Anm. 241), S. 106 ff. Zu den Wirtschaftsbeziehungen mit der Sowjetunion allgemein: Hartmut Pogge von Strandmann, Großindustrie und Rapallopolitik. Deutsch-sowjetische Handelsbeziehungen in der Weimarer Republik, in: HZ 222 (1976), S. 265—341 (bes. 319 ff.). Zur Entwicklung der Arbeitslosigkeit im Jahre 1926 vgl. oben S. 28 ff.

Wirtschaftsminister Curtius und Finanzminister Reinhold im Grunde wirtschaftlich nicht tragbar. Aber die Sozialdemokraten fanden unerwartete Bundesgenossen auf der rechten Seite des Parlaments. Am 8. November nahm der Reichstag mit 205 gegen 141 Stimmen einen sozialdemokratischen Antrag an, der die Unterstützungssätze um 30 % und die Familienzuschläge um 20 % erhöhen sollte. Die Ja-Stimmen kamen von SPD, KPD, DNVP und der Völkischen Arbeitsgemeinschaft; gegen den Antrag stimmte die Koalition.[243]

Die Deutschnationalen hatten, wie deren Fraktionsvorsitzender Graf Westarp offen einräumte, aus rein taktischen Gründen für den Antrag der SPD gestimmt — damit die Sozialdemokraten zeigen könnten, „ob sie die praktischen und parlamentarischen Folgerungen aus der Annahme ihrer Anträge ziehen wollen." In Wirklichkeit war die Koalition der Adressat. Sie sollte entscheiden, ob sie sich nach rechts oder nach links erweitern wollte. Die Regierung setzte sich mit ihrer Verordnung vom 9. November über den Willen der Reichstagsmehrheit hinweg: Wie schon vorher von Arbeitsminister Brauns angekündigt, wurden die Unterstützungssätze für Alleinstehende um 15 %, für andere um 10 % erhöht. Am 13. November nahm der Reichstag mit den Stimmen der SPD das Gesetz über die Krisenfürsorge an. Es sah vor, daß nach Ablauf der Unterstützungsdauer — in der Regel nach 52 Wochen — eine Krisenfürsorge einsetzte, die je nach der Lage des Arbeitsmarkts zeitlich, bezirklich und beruflich begrenzt werden konnte. Die Kosten waren zu einem Viertel von den Gemeinden, zu drei Vierteln vom Reich zu tragen. Der provisorische Charakter dieses Gesetzes war Reichsregierung und Reichstag bewußt: Die gesetzgeberischen Vorarbeiten für eine Arbeitslosenversicherung waren mittlerweile so weit gediehen, daß mit einer baldigen Ablösung des Fürsorgeprinzips gerechnet werden konnte.[244]

*

Die Abstimmungsniederlage, die das Minderheitskabinett Marx am 8. November 1926 im Reichstag erlitt, beleuchtete erneut die prekäre Lage der Regierung. Zwei Tage später wandte die DNVP bei den Beratungen des Entwurfs über die Krisenfürsorge im Sozialpolitischen Ausschuß dieselbe Taktik an wie im Plenum: Sie stimmte mit der SPD für einen kommunistischen Antrag, der dem Kabinett völlig unannehmbar erschien. Noch am gleichen Tag, dem 10. November, zog die Regierung Konsequenzen aus der verfahrenen Lage. Die Minister diskutierten zu-

---

243 AdR, Kabinette Marx III/IV (Anm. 184), Nr. 93 (Kabinettssitzung vom 21. 10. 1926), Nr. 97 (Ministerbesprechung vom 26. 10. 1926), Nr. 101 (Besprechung mit den Sozialdemokraten am 29. 10. 1926); Schulthess 1926 (Anm. 164), S. 156 f.; Purlitz 1926 (Anm. 210), 2. Bd. (Inland), S. 55 ff.; Stenographische Berichte (Anm. 16), Bd. 391, S. 7950—7963. Zur Haltung der DNVP in der Regierungskrise vom Winter 1926/27: Dörr, Deutschnationale Volkspartei (Anm. 138), S. 255 ff.

244 Stenographische Berichte (Anm. 16), Bd. 391, S. 7950 f. (Westarp, 8. 11. 1926), 7965 f. (Brauns, 9. 11. 1926); Purlitz 1926 (Anm. 210), 2. Bd. (Inland), S. 57, 64; Stürmer, Koalition (Anm. 12), S. 164 f. Zum Gesetz über die Krisenfürsorge: Preller, Sozialpolitik (Anm. 238), S. 366. Das Gesetz in: RGBl. 1926 I, S. 489 ff. Zur Arbeitslosenversicherung siehe unten S. 311 f.

nächst die Alternative „Erweiterung der Koalition" oder „Auflösung des Reichstags" und entschieden sich für die erste Möglichkeit. Sodann wurde ein Bündnis mit der DNVP erörtert, aber verworfen. Stattdessen beauftragte das Kabinett Reichskanzler Marx, in Verhandlungen mit dem sozialdemokratischen Partei- und Fraktionsvorsitzenden Müller eine „Verständigung über einen modus vivendi" zu versuchen.[245]

Die Gespräche mit den Sozialdemokraten erbrachten weniger, als die Minister erhofft hatten. Für die SPD komme weder eine Koalition noch eine „Arbeitsgemeinschaft" in Frage, berichtete Marx am 11. November dem Kabinett und den Führern der Koalitionsparteien, wohl aber eine Fühlung „von Fall zu Fall", und diese sei auch vereinbart worden. Stresemann kommentierte diese Mitteilung mit dem Satz, daß an die Stelle der Regierungspolitik eine Kompromißpolitik träte, die sich ein Stück nach links verschiebe. Sein Parteifreund Ernst Scholz, der Fraktionsvorsitzende der DVP, meinte, die Beziehung zwischen Koalition und SPD sei weder eine Ehe noch eine Liaison.

Die Zurückhaltung der Sozialdemokraten war jedoch verständlich. Marx hatte selbst von der Möglichkeit wechselnder Mehrheiten gesprochen: Bei bestimmten Vorhaben wie dem Schmutz- und Schundgesetz und dem Schulgesetz brauche man die Stimmen der Rechten. Als Preis für ihre Bereitschaft, die Koalition der Mitte zunächst punktuell zu unterstützen, forderte die SPD Entgegenkommen in sozialpolitischen Fragen — so bei der Erwerbslosenfürsorge und dem seit langem anstehenden Arbeitszeitgesetz. In allgemeiner Form scheinen diese Zusagen auch gegeben worden zu sein; bei dem am 13. November beschlossenen Gesetz über die Erwerbslosenfürsorge erlaubten Zugeständnisse der Koalitionsparteien den Sozialdemokraten die Zustimmung in der dritten Lesung.[246]

Viel schwerere Probleme warf die Arbeitszeitfrage auf — jener Streitpunkt, an dem die erste Große Koalition unter Gustav Stresemann Anfang Oktober 1923 zerbrochen war. Unter Hinweis auf die anhaltend hohe Arbeitslosigkeit drängten die Gewerkschaften aller Richtungen auf eine Herabsetzung der täglichen Arbeitszeit, während die Arbeitgeberverbände sich scharf gegen ein neues Arbeitszeitgesetz aussprachen. Arbeitsminister Brauns wollte ein solches Gesetz schon deswegen, weil man, wie er am 22. November erklärte, nur so einem „sozialdemokratischen Notgesetz" zuvorkommen könne. Der volksparteiliche Wirtschaftsminister Curtius dagegen versuchte die Vorlage zu verzögern. Am 1. Dezember einigte sich das Kabinett schließlich doch auf den Entwurf eines Arbeitszeitgesetzes, der zwar einerseits einen Überstundenzuschlag verbindlich vorschrieb, auf der anderen Seite aber die Anordnung von Mehrarbeit erleichterte: Die behördliche Genehmigung sollte nicht mehr an die Anhörung des Betriebsrats gebunden sein. Gewerkschaften und Sozialdemokraten lehnten den Entwurf, der zunächst

---

245 AdR, Kabinette Marx III/IV (Anm. 184), Nr. 113 (Ministerbesprechung, 10. 11. 1926); Stürmer, Koaliton (Anm. 12), S. 166.

246 AdR, Kabinette Marx III/IV (Anm. 184), Nr. 114, 152 (Ministerbesprechungen vom 11. 11. u. 13. 12. 1926); Stürmer, Koalition (Anm. 12), S. 166 f., Egelhaaf 1926 (Anm. 175), S. 164 f., Purlitz 1926 (Anm. 210), 2. Bd. (Inland), S. 231 f.

dem Vorläufigen Reichswirtschaftsrat zugeleitet wurde, sogleich als gänzlich unbefriedigend ab. Ihrem Ziel, der Rückkehr zum Achtstundentag, brachte sie die Regierungsvorlage in der Tat nicht wesentlich näher.[247]

Im Hinblick auf ein anderes Projekt des Kabinetts hatte Marx mit sozialdemokratischer Zustimmung ohnehin nicht gerechnet: den Entwurf eines Gesetzes, das die Jugend vor Schund- und Schmutzschriften bewahren sollte und zu diesem Zweck die Einrichtung von Prüfstellen vorsah. Die Sozialdemokraten und ein großer Teil der Demokraten — deren Parteimitglied Külz als Innenminister die Federführung für den Regierungsentwurf hatte — sahen in der Vorlage einen Angriff auf die Freiheit von Literatur und Kunst. Die Deutschnationalen dagegen waren mit dem Tenor des Gesetzes völlig einverstanden. Wenn die Vorlage eine Mehrheit finden sollte, bedurfte es ihrer Stimmen. Die letzten noch notwendigen Kompromisse in Einzelfragen wurden zwischen ihnen und der Koalition ausgehandelt.

Am 3. Dezember 1926 nahm der Reichstag den Gesetzentwurf in dritter Lesung mit 250 gegen 158 Stimmen bei 3 Enthaltungen an. Dagegen stimmten die Sozialdemokraten, die Kommunisten und 15 Abgeordnete der DDP. In seinem Debattenbeitrag hatte Rudolf Breitscheid zuvor dem Reichsinnenminister die rhetorische Frage gestellt, wie er es mit seiner parteipolitischen Überzeugung vereinbaren könne, „daß er ein Gesetz annehmen läßt, an dem seine eigene Partei nicht positiv beteiligt ist, daß er ein Gesetz annehmen läßt, gestützt auf die Rechte, gestützt auf die Parteien, die zu seiner eigenen Regierung und bisher zu seiner eigenen Person in schärfster Opposition gestanden haben.“ Diese „eminent politische Angelegenheit“ werde natürlich ihre „politischen Konsequenzen“ haben.[248]

Allgemeine Schlußfolgerungen aus dem Abstimmungsverhalten der „Flügelparteien“ SPD und DNVP zog als erster der Fraktionsvorsitzende der DVP, Scholz. Vor Vertrauensleuten der DVP im ostpreußischen Insterburg erklärte er am 5. Dezember, die innere Übereinstimmung zwischen den Deutschnationalen

247 AdR, Kabinette Marx III/IV (Anm. 184), Nr. 101 (Vermerk Pünders vom 29. 10. 1926 über Haltung von Gewerkschaften und Unternehmern zur Arbeitszeitfrage), Nr. 110 (Besprechung mit der Vereinigung der deutschen Arbeitgeberverbände am 9. 11. 1926), Nr. 117 (Besprechung mit Vertretern der Gewerkschaften am 13. 11. 1926), Nr. 125 (Ministerbesprechung am 24. 11. 1926), Nr. 126 (Kabinettssitzung am 25. 11. 1926), Nr. 132 (Gespräch mit den Regierungsparteien am 30. 11. 1926). Zu den Reaktionen von SPD und ADGB: Das Notgesetz in Gefahr, in: Vorwärts, Nr. 568, 2. 12. 1926; Das Notgesetz, ebda., Nr. 569, 3. 12. 1926; Der Entwurf des Arbeitsschutzgesetzes, in: GZ, Nr. 50, 11. 12. 1926. Der Text des Entwurfs in: RABl. (NF) 6 (1926), Nr. 45 (1. 12.), Beilage, S. 1—28. Vgl. zur Entwicklung im Kabinett auch Stürmer, Koalition (Anm. 12), S. 170 f.

248 Stenographische Berichte (Anm. 16), Bd. 391, S. 8359—8364 (Breitscheid), 8389, 8391—8396 (Abstimmung). Zu den Veränderungen der Vorlage während des Gesetzgebungsverfahrens u. a.: Egelhaaf 1926 (Anm. 175), S. 170—173. Zum Streit in der DDP um das Schund- und Schmutzgesetz vgl. die Sitzung des Parteiausschusses am 28. 11. 1926 in: Linksliberalismus (Anm. 24), S. 403—419. Vgl. allgemein auch: Detlef Peukert, Der Schund- und Schmutzkampf als „Sozialpolitik der Seele“. Eine Vorgeschichte der Bücherverbrennung?, in: „Das war ein Vorspiel nur . . .“ Bücherverbrennung Deutschland 1933: Voraussetzungen und Folgen. Ausstellung der Akademie der Künste vom 8. Mai bis 3. Juli 1983, Berlin [W] 1983, S. 51—167.

und den bürgerlichen Parteien der Mitte sei „natürlich größer" als die mit den Sozialdemokraten. In der Großen Koalition wäre ein Arbeiten mit der SPD in der eminent wichtigen und entscheidenden Frage der Arbeitszeit ebensowenig möglich wie hinsichtlich der Stellung zur Reichswehr. „Eine dauernde Koalition mit der Sozialdemokratie wäre auf keinen Fall möglich, höchstens ein ephemeres Gebilde auf Monate oder Wochen." Die DVP sehe ihr Ideal weiterhin in dem „Zusammenarbeiten aller bürgerlichen Parteien und Kräfte."[249]

Für die SPD war die Rede von Scholz eine „offene Kriegserklärung". Am 7. Dezember bezeichnete der „Vorwärts" die mit dem Reichskanzler getroffenen Vereinbarungen vom Vormonat als „nicht mehr bestehend". Nach ergebnislosen Gesprächen mit Marx ließ die sozialdemokratische Fraktion am 9. Dezember verlauten, eine Entscheidung über die künftige Gestaltung der Reichsregierung sei spätestens bis zur dritten Lesung des Nachtragshaushalts, die für den 16. Dezember vorgesehen war, notwendig. Das war ein unverhülltes Ultimatum. Die Fraktion der DVP spitzte den Konflikt ihrerseits zu, indem sie die Haltung ihres Vorsitzenden mit demonstrativer Einmütigkeit billigte.[250]

Zum Anfang vom Ende des Minderheitskabinetts Marx wurde der 5. Dezember 1926 aber nicht nur durch die Insterburger Rede von Scholz, sondern auch infolge eines Artikels des sozialdemokratischen Parteiorgans. Unter der Schlagzeile „Sowjetgranaten für Reichswehrgeschütze" berichtete der „Vorwärts" über einschlägige Enthüllungen des „Manchester Guardian". Demnach hatten die Junkers-Werke eine Flugzeugfabrik in Rußland gebaut, um Militärflugzeuge sowohl für deutschen wie für sowjetischen Gebrauch herzustellen; von Militärsachverständigen beider Länder wurde die Errichtung von chemischen Fabriken in Rußland vorbereitet, die Giftgas produzieren sollten; Reichswehroffiziere waren zu diesem Zweck mit falschen Pässen in die Sowjetunion gereist; russische Schiffe hatten im November Waffen und Munition für die Reichswehr nach Stettin transportiert. Auf deutscher Seite war, dem „Manchester Guardian" zufolge, der — im Oktober 1926 zurückgetretene — Chef der Heeresleitung, General von Seeckt, der eigentliche Architekt der geheimen Militärbeziehungen zur Roten Armee gewesen. Die deutsche Regierung insgesamt sei, so meinte das liberale englische Blatt, für diese Vorgänge nicht verantwortlich zu machen. Sie sei sogar ehrlich betroffen über die Geheimpolitik von Reichswehroffizieren und einigen hohen Beamten des Reichswehrministeriums, denn diese liege zwar auf der Linie von Rapallo, vertrage sich aber nicht mit der Politik des gegenwärtigen Außenministers Dr. Stresemann, „der alles andere als russophil ist."[251]

---

249 Nationalliberale Correspondenz, Nr. 201, 7. 12. 1926; Purlitz 1926 (Anm. 210), 2. Bd. (Inland), S. 225 f.

250 Eine Kriegserklärung der Volkspartei, in: Vorwärts, Nr. 575, 7. 12. 1926; Egelhaaf 1926 (Anm. 175), S. 178.

251 Vorwärts, Nr. 573, 5. 12. 1926. Weitere Enthüllungen aus dem „Manchester Guardian" über die aus dem Jahre 1921 herrührende Kooperation der Junkers-Werke mit der Roten Armee und die Rolle, die das Reichswehrministerium dabei gespielt hatte, brachte das Organ der SPD zwei Tage später: Rußland und Reichswehr, Nr. 575, 7. 12. 1926. Zu den Enthüllungen des „Manchester Guardian" und den russischen Aktivitäten der Junkers-Werke auch: ADAP

Der „Vorwärts" verfolgte mit seiner Veröffentlichung ein doppeltes Ziel. Zum einen wollte er verhindern, daß die Reichswehr weiterhin durch Verstöße gegen den Versailler Vertrag, der die Einfuhr von Waffen, Munition und Kriegsgerät nach Deutschland ausdrücklich verbot, Mißtrauen gegenüber Deutschland schürte und die offizielle deutsche Außenpolitik ins Zwielicht rückte. Insofern war die Weiterverbreitung der englischen Enthüllungen eine flankierende Maßnahme zu der scharfen Kritik, die die Sozialdemokraten seit Ende Oktober 1926 am „reaktionären Charakter" der Reichswehr, ihrer einseitigen sozialen Rekrutierung und ihren Querverbindungen zu rechtsradikalen Organisationen geübt hatten — einer Kritik, die sich direkt gegen Reichswehrminister Geßler richtete.[252] Zum anderen sollten die deutschen Kommunisten bloßgestellt werden. „Rußland bewaffnet die deutsche Gegenrevolution", schrieb der „Vorwärts". „Waren die Gewehre, die in Sachsen, Thüringen, Hamburg auf kommunistische Arbeiter losgingen, etwa mit russischen Kugeln geladen?" Die sowjetischen Kommunisten predigten die Weltrevolution, die KPD habe 1923 die Arbeiter zum „bewaffneten Aufstand" aufgerufen. Zugleich aber liefere Moskau der Reichswehr die Waffen, um die Bewegung niederzuschlagen. „Es hetzt deutsche Arbeiter vor Maschinengewehre, die mit russischer Munition geladen sind!"[253]

Der „Vorwärts" hatte, wie die Reaktionen der Rechtspresse zeigten, mit seinem Angriff auf die geheime Rußlandpolitik der Reichswehr ein deutsches Tabu verletzt. Daß die Reichswehr die Entwaffnungsbestimmungen des Versailler Vertrages umging, indem sie in der Sowjetunion Waffen produzierte und erprobte, war — entgegen der Annahme des „Vorwärts" — auch Stresemann seit langem be-

---

(Anm. 232), Serie B, Bd. II, 2: Juni bis Dezember 1926. Deutschlands Beziehungen zur Sowjet-Union, zu Polen, Danzig und den baltischen Staaten, Göttingen 1967, S. 491—518. Zum Rücktritt Seeckts am 8. 10. 1926, die von Reichswehrminister Geßler offiziell damit begründet wurde, daß Seeckt dem ältesten Sohn des Kronprinzen erlaubt habe, an einem Reichswehrmanöver als Gast teilzunehmen, u. a.: Hans Meier-Welcker, Seeckt, Frankfurt 1967, S. 501 ff.

252 Vom „reaktionären Charakter" der Reichswehr hatte zuerst Reichstagspräsident Löbe am 21. 10. 1926 in der Breslauer „Volkswacht" gesprochen und diesen darauf zurückgeführt, daß die Auswahl für den Nachersatz an Offizieren und Mannschaften großenteils durch private Werbestellen unter Leitung von Offizieren des alten Heeres besorgt werde. Dem müsse durch gesetzliche Reformen, wie die Einrichtung einer zivilen parlamentarischen Überwachungskommission, die auch Beschwerdestelle für die Soldaten sein solle, entgegentreten werden. Zum Verlauf der Kontroverse zwischen Löbe und Geßler: Egelhaaf 1926 (Anm. 175), S. 165 ff.; Otto Ernst Schüddekopf, Das Heer und die Republik. Quellen zur Politik der Reichswehrführung 1918—1933, Hannover usw. 1955, S. 217 ff.; Francis L. Carsten, Reichswehr und Politik 1918—1933, Köln usw. 1964, S. 278 ff.; AdR, Kabinette Marx III/IV (Anm. 184), Nr. 96 (Aufzeichnung Plancks über die Rekrutierung der Reichswehr vom 23. 10. 1926). Die wichtigsten Dokumente auch bei Stürmer, Koalition (Anm. 12), S. 294—298. Mündlich trugen die führenden Sozialdemokraten ihre Beschwerden Geßler — in Anwesenheit von Marx und Stresemann — am 1. 12. 1926 vor. Vgl. dazu die Aufzeichnung bei Schüddekopf, Heer (Anm. 252), S. 214—217. Am 6. 12. 1926 wandte sich die Reichstagsfraktion der SPD in einem Brief mit umfangreicher Anlage an Geßler, um unerlaubte Verbindungen und Tätigkeiten der Reichswehr detailliert zu belegen und auf Abhilfe zu drängen. AdR, Kabinette Marx III/IV (Anm. 184), Nr. 138.

253 Vorwärts, Nr. 573, 5. 12.1926.

kannt und wurde von ihm wie von allen maßgeblichen Politikern der bürgerlichen Parteien gebilligt. Da der Friedensvertrag als schreiendes Unrecht galt, war die Verletzung der Abrüstungsklauseln nach gängiger Meinung eine nationale Notwendigkeit. Wer die Alliierten auf deutsche Vertragsverletzungen hinwies, setzte sich in „nationalen Kreisen" dem Verdacht landesverräterischer Absichten aus — und ebendieser Vorwurf wurde dem sozialdemokratischen Parteiorgan von den Blättern der Rechten sogleich gemacht.[254]

Daß die Publikation des „Vorwärts" nicht auch sogleich einen Konflikt mit den Koalitionsparteien hervorrief, bewirkte ein — vom Kabinett bestelltes — Telegramm Stresemanns aus Genf. Der Außenminister, der gerade mit den Siegermächten über die Beendigung der alliierten Militärkontrolle verhandelte (und dieses Ziel am 12. Dezember auch erreichte), warnte vor einer Regierungskrise in der gegenwärtigen Situation. An den gewünschten Burgfrieden hielten sich bis zu Stresemanns Rückkehr Koalitionsparteien und SPD. Als der Reichstag am 10. Dezember über einen kommunistischen Mißtrauensantrag gegen Innenminister Külz abstimmte, enthielten sich die Sozialdemokraten der Stimme.[255]

Am 13. Dezember fand im Kabinett eine grundsätzliche Aussprache über die innenpolitische Lage statt. Nach einem Überblick über die Entwicklung seit Mitte November kam Marx zu dem Schluß, es gäbe für die Regierung nur noch drei Möglichkeiten: Sie könne versuchen, im Amt zu bleiben (was auf eine Fortsetzung der „stillen Koalition" mit der SPD hinauslief), sie könne zurücktreten oder die Bildung einer Großen Koalition anstreben. Für ein formelles Bündnis mit der SPD sprachen sich außer Marx selbst vor allem seine Parteifreunde, Arbeitsminister Brauns und Justizminister Bell, aus; Scholz dagegen, der als Fraktionsvorsitzender der DVP an der Ministerbesprechung teilnahm, bestritt sogar das Vorhandensein einer „stillen Koalition". Anderer Ansicht war der Vorsitzende der Deutschen Volkspartei, der sich unmittelbar nach seiner Rückkehr aus Genf am 14. Dezember wieder aktiv in die Innenpolitik einschaltete. Aus außenpolitischen Gründen wollte Stresemann die von den Sozialdemokraten geforderte Wehrdebatte im Reichstag tunlichst vermeiden, und er war entschlossen, der SPD weit entgegenzukommen, wenn sie auf diese Aussprache verzichtete. In diesem Fall sollte der Kanzler, so empfahl Stresemann dem Kabinett am 15. Dezember, in seiner Regierungserklärung am folgenden Tag die Bereitschaft zur Bildung einer Großen Koalition zum Ausdruck bringen.[256]

---

254 Zu den Reaktionen der Rechtspresse u. a. Rußland und Reichswehr, in: Vorwärts, Nr. 575, 7. 12. 1926; Landesverratshetze, in: Vorwärts, Nr. 576, 7. 12. 1926; Egelhaaf 1926 (Anm. 175), S. 174 ff. (mit plakativ tendenziösen Wertungen). Zu den Verbindungen zwischen Reichswehr und Roter Armee u. a. Hans W. Gatzke, Russo-German Military Collaboration during the Weimar Republic, in: AHR 63 (1958), S. 565—597; zum Wissensstand Stresemanns: ders., Stresemann and the Rearmament of Germany, Baltimore 1954; Turner, Stresemann (Anm. 23), S. 217 ff.

255 Stresemann, Vermächtnis (Anm. 182), Bd. 3, S. 91; AdR, Kabinette Marx III/IV (Anm. 184), Nr. 141 (Kabinettssitzung vom 8. 12. 1926); Stürmer, Koalition (Anm. 12), S. 176 f.

256 Ebda., S. 176 f.; AdR, Kabinette Marx III/IV (Anm. 184), Nr. 152 (Ministerbesprechung vom 13. 12. 1926).

Vom Staatssekretär in der Reichskanzlei, Hermann Pünder, hatte Stresemann zuvor erfahren, daß Hermann Müller und Scheidemann einem Verzicht auf eine öffentliche Wehrdebatte durchaus nicht abgeneigt waren, wenn die Regierung Marx Verhandlungen über eine Große Koalition ankündigte und der Führung der SPD sofort Gelegenheit zu einem Gespräch mit Geßler und einigen hohen Reichswehroffizieren gegeben wurde. Unter dem Eindruck der Argumente Stresemanns faßte das Kabinett am 15. Dezember einstimmig den Beschluß, der Kanzler sollte mit der SPD in Verhandlungen „mit dem Ziele einer Großen Koalition" eintreten. In einem anschließenden Koalitionsgespräch erklärten sich alle Fraktionsvorsitzenden vorbehaltlich der Zustimmung ihrer Fraktionen bereit, mit der SPD über eine Große Koalition zu verhandeln. Koch-Weser von der DDP und Guérard vom Zentrum fügten hinzu, daß an der Zustimmung ihrer Fraktionen nicht zu zweifeln sei: Tatsächlich billigte auch die DVP Verhandlungen über ein Regierungsbündnis mit der SPD. „Fraktion, wenn auch mißmutig, mit einigen Vorbehalten einverstanden", notierte Stresemann in sein Tagebuch.[257]

Als am frühen Abend des 15. Dezember Vertreter von Regierung und SPD zu einer Aussprache zusammentrafen, mußte Hermann Müller indes klarstellen, daß seine Partei zu einem Aufschub der außen- und wehrpolitischen Debatte doch nicht bereit war. Außenpolitische Bedenken seien aber unbegründet; der sozialdemokratische Sprecher werde die Wünsche der Regierung berücksichtigen und über die russischen Angelegenheiten im Plenum nicht oder nur mit äußerster Vorsicht sprechen. Überhaupt werde es weniger um Rügen für Vergangenes, als um die Zukunft gehen, und dies könne der Außenpolitik nur dienlich sein.[258]

In der Sitzung der sozialdemokratischen Reichstagsfraktion am Abend des 15. Dezember gab es noch mehr Widerstand gegen eine Große Koalition, als Müller vorausgesehen hatte. Eine „starke Strömung" wollte, wie der „Vorwärts" tags darauf berichtete, ein Mißtrauensvotum gegen das gesamte Kabinett Marx einbringen. Gegen diese hartnäckige Opposition konnte sich die Parteiführung mit ihren Argumenten nicht durchsetzen. Am Ende stand ein Beschluß, der wie ein Ja klang, tatsächlich aber auf ein Nein hinauslief, weil er für das bestehende Regierungsbündnis nicht zumutbar war: „Die sozialdemokratische Reichstagsfraktion ist zu Verhandlungen über die Bildung einer Regierung der Großen Koalition bereit. Sie ist aber der Auffassung, daß hierzu der Rücktritt der Reichsregierung erforderlich ist." Außerdem wurde beschlossen, gegen Reichswehrminister Geßler einen Mißtrauensantrag einzubringen.[259]

257 Ebda., Nr. 157 (Parteiführerbesprechung vom 15. 12. 1926); Stresemann, Vermächtnis (Anm. 182), Bd. 3, S. 91; Stürmer, Koalition (Anm. 12), S. 177; zur Entscheidung des Zentrums für die Große Koalition: Protokolle (Anm. 176), S. 78 (Fraktionssitzung vom 15. 12. 1926).

258 AdR, Kabinette Marx III/IV (Anm. 184), Nr. 158 (Besprechung mit der SPD); Eyck, Geschichte (Anm. 14), Bd. 2, S. 130 f.; Stürmer, Koalition (Anm. 12), S. 177 f.; 297 f.

259 Verhandlungen über die Große Koalition, in: Vorwärts, Nr. 591, 16. 12. 1926. Dem Reichskanzler teilte Müller mit, ein Mißtrauensvotum gegen das Kabinett sei in der Fraktion nur mit Mühe zu vermeiden gewesen. AdR, Kabinette Marx III/IV (Anm. 184), Nr. 159 (Ministerbesprechung vom 16. 12. 1926).

Erwartungsgemäß lehnten Kanzler und Minister am nächsten Vormittag das Ansinnen der SPD, sie möchten von sich aus zurücktreten, ab. Den Koalitionsparteien erklärte Marx kurz nach der Kabinettssitzung, die „Bindungen“ mit der Sozialdemokratie bestünden nun nicht mehr. Prälat Leicht, der Fraktionsvorsitzende der Bayerischen Volkspartei, und sein Kollege Scholz von der DVP forderten sofortige Verhandlungen mit den Deutschnationalen, stießen aber bei den Vertretern von DDP und Zentrum, Koch-Weser und Guérard, auf Widerspruch. Wie eine künftige Regierung aussehen sollte, war daher im Augenblick unklar. Nur davon konnte man ausgehen, daß nun, nachdem das Kabinett seine Entscheidung gefällt hatte, die Sozialdemokraten einen Mißtrauensantrag gegen die Regierung Marx einbringen würden.[260]

Bevor dieser Antrag gestellt wurde, hielt Philipp Scheidemann am Nachmittag des 16. Dezember im Reichstag eine Rede, die in die Annalen der deutschen Parlamentsgeschichte eingegangen ist. Scheidemann war von seiner Fraktion beauftragt worden, den Mißtrauensantrag gegen Geßler zu begründen. Was der sozialdemokratische Sprecher vortrug, war eine politische „chronique scandaleuse“ der Reichswehr. Scheidemann brachte die Art und Weise zur Sprache, wie die geheime Rüstung finanziert und diese Finanzierung verschleiert worden war; er illustrierte mit einer Fülle von Details das enge Zusammenspiel zwischen Reichswehrstellen und rechtsradikalen Verbänden, darunter der für zahlreiche politische Morde verantwortlichen „Organisation Consul“, die sich mittlerweile in den „Bund Wiking“ verwandelt hatte; er sprach von den Kleinkaliberschützenvereinen, mit deren Hilfe die Reichswehr ihre zahlenmäßige Beschränkung auf 100 000 Mann umging, der „Schwarzen Reichswehr“ also. Zur geheimen militärischen Zusammenarbeit mit der Sowjetunion wußte Scheidemann zu berichten, daß die vom „Manchester Guardian“ erwähnten Schiffe, die im September und Oktober Munition und Waffen nach Stettin gebracht hatten, aus Leningrad gekommen waren. Die kommunistische Hafenzelle sei über alle diese Vorgänge genau informiert gewesen. Das Fazit, das Scheidemann aus seiner Auflistung zog, lautete: „Wer da glaubt, daß solche Zustände noch weiter verantwortet werden können, der mag es tun. Wir lehnen es jedenfalls ab . . . und deshalb verweigert meine Fraktion dem Herrn Reichswehrminister Geßler ganz ausdrücklich das Vertrauen.“[261]

Die Wirkung der Rede beschrieb am folgenden Tag der „Vorwärts“. Scheidemanns Rede habe „wie eine Bombe“ eingeschlagen. „Die Rechte schleuderte eine Spritzflut von Schimpfworten entgegen und verließ dann den Saal. Die Kommunisten kreischten und zeterten wie die Besessenen. Aber auch in den Reihen des Zentrums und der Demokraten gab es Unruhe. Man kann sagen, daß alle Parteien rechts und links von der SPD *starkes Mißbehagen* über die Rede empfan-

260 Ebda., Nr. 160 (Parteiführerbesprechung vom 16. 12. 1926). Den formellen Beschluß, einen Mißtrauensantrag gegen das gesamte Kabinett Marx einzubringen, faßte die Reichstagsfraktion der SPD am Vormittag des 16. 12. 1926. Vgl. Mißtrauensantrag gegen das Kabinett, in: Vorwärts, Nr. 592, 16. 12. 1926.

261 Stenographische Berichte (Anm. 16), Bd. 391, S. 8576—8586.

den ... Die sozialdemokratische Reichstagsfraktion stand also — wir sprechen das ruhig aus — im Reichstag *allein.*“[262]

Scheidemann hatte noch am Tag vor seiner Rede ebenso wie Hermann Müller eine vertrauliche Aussprache über alles, was mit der Reichswehr zusammenhing, für möglich und wünschenswert gehalten. Innerhalb der SPD gehörte er zu denen, die auf eine Regierungsbeteiligung drängten. Offenbar ließ er sich aber in der Fraktionssitzung am Abend des 15. Dezember von der Stimmung beeindrucken, die einer Großen Koalition alles andere als günstig war. Die Rede, die er am 16. Dezember im Plenum des Reichstags hielt, klang jedenfalls wie das Manifest einer zur konsequenten Opposition entschlossenen Partei. Gegen Ende kündigte er denn auch folgerichtig einen Mißtrauensantrag gegen die Regierung Marx insgesamt an.

Was Scheidemann in der Sache forderte, war weit weniger radikal als der Ton seiner Rede. Er verlangte die strikte Durchführung des Verbots von Verbindungen zwischen Reichswehr und rechtsradikalen Verbänden, das Verbot der Annahme von privaten Spenden durch die Reichswehr; den Einzelnachweis der pensionierten Offiziere und sonstigen Personen, die durch Privatdienstvertrag bei der Reichswehr beschäftigt waren; ferner die Hinzuziehung von Zivilkommissionen bei der Rekrutierung des Nachwuchses für Offiziere und Mannschaften. Vollauf berechtigt waren Scheidemanns Sorgen um die Zukunft des demokratischen Staates: „Solange das Schiff der Republik also ruhige Fahrt hat, ist nichts zu fürchten ... Aber wer weiß, wann das Wetter umschlägt! Und kommen einmal bewegte Zeiten über uns, dann allerdings wird eine bewaffnete Macht, die der demokratischen Republik feindlich gegenübersteht, zu einer ungeheuren Gefahr. Die Republik braucht eine bewaffnete Macht, auf die sie sich unter allen Umständen verlassen kann.“[263]

Aber Scheidemanns Rede war kein geeignetes Mittel, um aus dem autonomen innenpolitischen Machtfaktor, der die Reichswehr seit langem war, ein verläßliches Instrument der demokratischen Republik zu machen. Im Dezember 1926 konnte nicht mit einem rhetorischen Kraftakt nachgeholt werden, was zwischen 1918 und 1920 versäumt worden war. Wenn die Sozialdemokraten auf die Reichswehr einwirken wollten, dann war der Eintritt in die Regierung dafür eine notwendige Voraussetzung. Der Reichswehrminister in einem Kabinett der Großen Koalition hätte mit Sicherheit nicht mehr Geßler geheißen, denn dieser war auch in seiner eigenen Partei, der DDP, sehr umstritten. Über die meisten Reformen, wie die SPD sie wünschte, konnte zumindest mit dem Zentrum und den Demokraten eine Verständigung erzielt werden. Aber auch diese beiden Parteien fühlten sich durch Scheidemanns Rede vor den Kopf gestoßen. Scharfe Kritik an dem sozialdemokratischen Sprecher übte, was für die SPD besonders unangenehm war, ausgerechnet der linke Flügelmann des Zentrums, Joseph Wirth, einer der entschiedensten Befürworter einer engeren Zusammenarbeit zwischen den

262 Reichswehrkrise — Regierungskrise, in: Vorwärts, Nr. 593, 17. 12. 1926 (Hervorhebungen im Original).

263 Stenographische Berichte (Anm. 16), Bd. 391, S. 8854.

drei Weimarer Verfassungsparteien. Scheidemann hatte völlig verkannt, daß auch überzeugte bürgerliche Republikaner die Sicherheit Deutschlands auf Grund der Auflagen von Versailles für ständig bedroht hielten und daher nur allzu oft geneigt waren, die geheime Aufrüstung zu decken. Die SPD *mußte* vor den innen- und außenpolitischen Gefahren warnen, die aus dieser Einschätzung erwuchsen. Mit seiner „Enthüllungsrede" vom 16. Dezember 1926 bewirkte Scheidemann jedoch das Gegenteil dessen, was er wollte: Er bestätigte nur die Mittelparteien in der Meinung, daß die Sozialdemokraten ein gestörtes Verhältnis zum Militär hatten.[264]

Am 17. Dezember stürzte der Reichstag die Regierung Marx mit 249 gegen 171 Stimmen. Für den Mißtrauensantrag der SPD stimmten außer den Sozialdemokraten die Kommunisten, die Deutschnationalen und die Völkischen. In den sechs Wochen, die bis zur Bildung einer neuen Regierung vergingen, wurde eine Beteiligung der Sozialdemokraten von keiner Seite auch nur erwogen. Eine neue Große Koalition sei für die nächste Zukunft nicht mehr möglich, stellte Hermann Pünder, der Staatssekretär in der Reichskanzlei, am 28. Dezember 1926 fest; diese Einsicht habe sich in allen Kreisen, auch bei den Sympathisanten eines solchen Regierungsbündnisses, durchgesetzt.[265]

Anders als die Sozialdemokraten strebten die Deutschnationalen mit aller Macht in die Regierung. Ihnen kam zugute, daß Hindenburg, beraten von Staatssekretär Meissner und dem Chef der Wehrmachtsabteilung im Reichswehrministerium, Oberst Kurt von Schleicher, von Anfang an entschlossen war, eine „rechte" Lösung zu finden — vorzugsweise auf der Grundlage einer parlamentarischen Mehrheit, notfalls aber auch im Sinne einer parlamentarischen Präsidialregierung, die sich auf Artikel 48 der Reichsverfassung stützen und, wie Schleicher formulierte, die „Auflösungsordre in der Tasche" haben sollte. Schleicher, der im Winter 1926/27 erstmals eine wichtige Rolle bei der Bildung eines neuen Kabinetts spielte, hielt die zweite Möglichkeit vor allem für ein vorzügliches taktisches Druckmittel, um die erste zu erreichen — und so wurde im Januar 1927 auch verfahren.

---

264 Ebda., Bd. 391, S. 8588—8593 (Wirth). Zu Wirths Rolle bei der Anbahnung der deutsch-sowjetischen Geheimbeziehungen siehe den vorhergehenden Bd., S. 462. Wirth hatte im Herbst 1926 zusammen mit Ludwig Haas (DDP) und Paul Löbe (SPD) eine Republikanische Arbeitsgemeinschaft ins Leben gerufen und war der Herausgeber von deren Zeitschrift „Deutsche Republik". Vgl. dazu Joseph Wirth, Die Zeitgenossen, in: DR 1 (1926), Nr. 1 (November), S. 12—14. Zum Verhältnis der DDP zu Geßler u. a.: Linksliberalismus (Anm. 24), S. 403—419 (Sitzung des Parteiausschusses vom 28. 11. 1926). Zu Scheidemanns Rede und ihrer Wirkung aus der Sicht eines „rechten" Sozialdemokraten: Carl Severing, Mein Lebensweg, 2 Bde., Köln 1950, Bd. 2, S. 103 f. Allgemein zu den Reaktionen auf Scheidemanns Rede und namentlich zum Vorwurf des Landesverrats: Eyck, Geschichte (Anm. 14), Bd. 2, S. 132 f. Vgl. auch die Zitate in dem Artikel: Landesverratshetze, in: Vorwärts, Nr. 594, 17. 12. 1926.

265 AdR, Kabinette Marx III/IV (Anm. 184), Nr. 164; Stürmer, Koalition (Anm. 12), S. 299—302. Das Abstimmungsergebnis über den Mißtrauensantrag der SPD vom 17. 12. 1926 in: Stenographische Berichte (Anm. 16), Bd. 391, S. 8654—8657; Müllers Begründung für den Antrag: 8621—8625.

Die Schlüsselrolle fiel damit dem Zentrum zu, in dem es nach wie vor starke Widerstände gegen ein Zusammengehen mit der DNVP gab. Aber ohne Zentrum war eine rechte Mehrheitsregierung unmöglich. Als der amtierende Reichskanzler Marx am 16. Januar 1927 den Auftrag zur Regierungsbildung erhielt, sprach er zwar zunächst mit der SPD über die Bedingungen für die Tolerierung eines neuen Kabinetts der Mitte. Doch das Scheitern dieser Verhandlungen war eingeplant, da Hindenburg und Marx an Geßler als Reichswehrminister festhielten — wohl wissend, daß die ansonsten sehr konziliante Parteiführung der SPD in diesem Punkt nicht nachgeben konnte. Der anschließende dramatische Appell Hindenburgs an Marx, „im Interesse des Vaterlandes" eine Regierung „auf der Grundlage der Mehrheit der bürgerlichen Parteien des Reichstags" zu bilden, hatte den gewünschten Erfolg. Das Zentrum formulierte in einem „Manifest" indirekt seine Bedingungen für eine Koalition mit der DNVP. Darunter waren ein vorbehaltloses Ja zur Reichsverfassung und ihren Symbolen, die Fortsetzung der bisherigen Außenpolitik, die strikte Überparteilichkeit der Reichswehr samt der Auflage, nur verfassungstreuen Personen den Waffendienst zu erlauben, eine Politik des sozialen Ausgleichs im Sinne der Gleichberechtigung von Arbeitnehmern und Arbeitgebern und schließlich ein „christliches Schulgesetz". Auf dieser Basis gelang schließlich die Bildung des vierten Kabinetts Marx. Ihm gehörten Politiker der DNVP, des Zentrums, der DVP, der BVP — und, als Reichswehrminister, Geßler an, der am 28. Januar 1927 seinen Austritt aus der DDP erklärte. Am 29. Januar 1927 wurde Marx erneut zum Reichskanzler ernannt.[266]

Der neue „Bürgerblock" war kein unvermeidbarer Ausgang der Regierungskrise vom Winter 1926/27. Anders als ein Jahr zuvor hatte die Große Koalition im Dezember 1926 eine wirkliche Chance. Stresemann konnte seine Partei, obschon nur mit großer Mühe, auf die Zusammenarbeit mit der Sozialdemokratie festlegen. Sein Engagement zugunsten dieser Lösung war gegen Jahresende auch sehr viel größer als bei der vorangegangenen Krise von Anfang Juli 1926. Stresemanns Motiv lag dabei klar zutage: Er hatte seine Außenpolitik bisher nur mit

---

266 Zu den einzelnen Phasen der Regierungsbildung, darunter dem rasch gescheiterten Versuch des amtierenden Wirtschaftsministers Julius Curtius (DVP), ein Kabinett zusammenzustellen: Stürmer, Koalition (Anm. 12), S. 182—190; ebda., S. 299—303, die wichtigsten Aktenstücke hierzu. Vgl. weiter Schulthess 1926 (Anm. 164), S. 3 f., 10—19, 21 f.; Haungs, Reichspräsident (Anm. 12), S. 117—138. Zur Haltung des Zentrums: Protokolle (Anm. 176), S. 79—100 (Vorstands- und Fraktionssitzungen zwischen 16. 12. 1926 und 3. 2. 1927). Zur Rolle Schleichers die Dokumentation von Josef Becker, Zur Politik der Wehrmachtsabteilung in der Regierungskrise 1926/27. Zwei Dokumente aus dem Nachlaß Schleicher, in: VfZ 14 (1966), S. 69—78 (77). Zum Austritt Geßlers aus der DDP, die sich am neuen Kabinett vor allem aus kulturpolitischen Bedenken nicht beteiligte: Linksliberalismus (Anm. 24), S. 420 (Anm. 5). Zur Rolle der DNVP: Dörr, Deutschnationale Volkspartei (Anm. 138), S. 265 ff. Die Regierungsbildung war erst am 31. 1. 1927 abgeschlossen, da Marx sich mit Erfolg weigerte, den von der DNVP vorgeschlagenen Abgeordneten Graef zum Innenminister zu ernennen. An seine Stelle trat schließlich der Abgeordnete Walter von Keudell. Für die DNVP gehörten dem Kabinett außer Keudell an Oskar Hergt als Vizekanzler und Justizminister, Martin Schiele als Ernährungs- und Wilhelm Koch als Verkehrsminister, für das Zentrum außer Marx Brauns als Arbeits- und Heinrich Köhler als Finanzminister, für die DVP Stresemann als Außen- und Curtius als Wirtschaftsminister, für die BVP Georg Schätzel als Postminister.

Hilfe der SPD durchsetzen können, und außenpolitisch nützte es dem Reich, wenn die Sozialdemokraten mitregierten. Es mußte Stresemann gelegen kommen, daß sich neuerdings auch in der Unternehmerschaft Kräfte zu Wort meldeten, die für eine Große Koalition eintraten. Auf der Mitgliederversammlung des Reichsverbandes der Deutschen Industrie im September 1926 zu Dresden hatte dessen stellvertretender Vorsitzender, Paul Silverberg, sich nachdrücklich dafür ausgesprochen, die SPD an der Regierung im Reich wieder zu beteiligen. Gewiß war Silverberg nicht repräsentativ für das deutsche Unternehmertum, und innerhalb der DVP gab es, wie die ständigen Obstruktionen des Fraktionsvorsitzenden Ernst Scholz zeigten, nach wie vor eine starke Strömung, die die Zusammenarbeit mit der SPD möglichst vermeiden wollte. Aber es war unverkennbar, daß der unternehmerische Widerstand gegen eine Große Koalition gegenüber den vergangenen Jahren nachgelassen hatte, und das konnte auf die DVP nicht ganz ohne Wirkung bleiben.[267]

Innerhalb der Sozialdemokratie war es um die Jahreswende 1926/27 wiederum Carl Severing, der am nachdrücklichsten für eine Zusammenarbeit mit der Deutschen Volkspartei eintrat. Minderheitsregierungen, so schrieb er im Januar 1927 in den „Sozialistischen Monatsheften", seien gleichbedeutend mit Minderwertigkeitsregierungen. Den Einwand, mit der DVP sei eine Verständigung speziell in Fragen der Arbeitszeit, des Arbeitsschutzes, der Arbeiterversicherung und des Arbeiterrechts nahezu unmöglich, ließ er nicht gelten. „Der Gegensatz zwischen Kapital und Arbeit bleibt bestehen, gewiß, der Kampf zwischen Besitzenden und Besitzlosen wird durch eine Beteiligung der Sozialdemokratie an der Großen Koalition nicht aufgehoben. Immerhin läßt sich dieses erreichen: Die Form des Kampfs kann leichter ihres gehässigen und vergiftenden Charakters entkleidet, Kämpfe auf Kosten der Substanz, der deutschen Wirtschaft, können vermieden werden, wenn Vertreter der gegensätzlichen Interessengruppen beizeiten die Möglichkeiten einer Verständigung erörtern."[268]

Hermann Müller und die Mehrheit der Parteiführung hatten sich mittlerweile zu derselben Meinung durchgerungen wie Severing. In der Reichstagsfraktion konnten sie sich jedoch nicht durchsetzen. Eine große Zahl von Abgeordneten hielt Ende 1926 die Zeit für einen Regierungseintritt noch nicht für gekommen und knüpfte ihn daher an Bedingungen, die eine Einigung mit den bürgerlichen Parteien, zumal der DVP, ausschlossen. Zusammen mit dem linken Flügel, der eine Zusammenarbeit mit der Volkspartei strikt ablehnte, waren die bedingten Gegner der Großen Koalition stärker als ihre entschiedenen Befürworter.

Stresemann hatte wohl recht mit der Vermutung, daß auch im Dezember 1926 den Sozialdemokraten die Arbeitszeitfrage noch mehr am Herzen lag als die Reform der Reichswehr. Der tiefere Grund für das faktische Nein der SPD zur Großen Koalition war jedenfalls der Zweifel, ob sich mit der DVP eine Verständigung

---

267 Zu Silverbergs Rede, ihrem taktischen Hintergrund und ihrer Resonanz vgl. unten S. 510 ff. Zu Stresemanns Kalkül: AdR, Kabinette Marx III/IV (Anm. 184), Nr. 167; (Stresemann an Marx, 14. 1. 1927).

268 Carl Severing, Der Weg aus der Krise, in: SM 33 (1927, I), S. 1—5 (4).

im sozialpolitischen Bereich erzielen lassen würde. Staatspolitische Erwägungen, wie Severing sie anstellte, traten demgegenüber zurück. Die Folgen waren absehbar. Nach dem Sturz der Regierung Marx bemerkte die „Germania“, das Blatt des Zentrums, man müsse schon ein überzeugter Anhänger des parlamentarischen Systems sein, um an seine Möglichkeit in Deutschland zu glauben. Weil sich die regierenden bürgerlichen Parteien und die Sozialdemokratie nicht hatten einigen können, nutzten der Reichspräsident und seine zivilen und militärischen Ratgeber die günstige Gelegenheit. Sie setzten die Mehrheitsregierung der Rechten durch, die schon immer Hindenburgs Wunschlösung gewesen war. Die Stunde des Artikels 48 hatte noch nicht geschlagen, aber als Möglichkeit tauchte um die Jahreswende 1926/27 auch schon ein Präsidialkabinett auf.

Die Sozialdemokraten nahmen die Entwicklung mit geradezu stoischer Gelassenheit hin. In seinem „Ausblick auf 1927“ schrieb Hermann Müller am 1. Januar im „Vorwärts“, das neue Jahr werde „die Sozialdemokratie bereit finden, mit ihren Gegnern abzurechnen. Die Arbeiter, Angestellten, Beamten und die Schichten der neu Enteigneten werden ihr folgen, wann immer sie zum Kampfe für die Verteidigung ihrer Interessen aufrufen wird.“ Am 5. Januar 1927 berichtete das sozialdemokratische Parteiorgan von dem, was im Vorfeld der neuen Kabinettsbildung hinter den Kulissen geschah, so, als ob das alles die SPD im Grunde nichts anginge. „Wir haben bisher darauf verzichtet, zu all diesen Kombinationen, die täglich wechseln, Stellung zu nehmen. Die ganze Methode, nur von Personen und Kombinationen zu sprechen, scheint uns verfehlt. Man sollte lieber erst fragen, welche Politik im Interesse des deutschen Volkes notwendig ist und sich dann für diese Politik eine Mehrheit suchen. Die Sozialdemokratie hat darüber bekanntlich ihre eigenen Ansichten, und sie ist ebenso bereit, eine ihr nützlich erscheinende Politik durch sachliche Mitarbeit zu unterstützen, wie sie entschlossen ist, eine schädliche mit aller Schärfe zu bekämpfen. Im übrigen kann das ganze Treiben um die Regierungsbildung sie nur in ihrer Überzeugung bestärken, daß sie erst durch die nächsten Wahlen die Stellung erringen wird, die ihr gebührt.“[269] Vier Wochen später regierte in Deutschland ein Kabinett, in dem der deutschnationale Einfluß größer war als jemals zuvor.

*

Den Deutschnationalen waren im vierten Kabinett Marx vier Ministerien überlassen worden, nämlich die Ressorts für Inneres, Justiz, Landwirtschaft und Verkehr, und damit ein Ressort mehr als im ersten „Bürgerblock“ unter Luther. Der neue Innenminister Walter von Keudell, der auch für den Schutz der Republik zuständig war, hatte, was die Sozialdemokraten sogleich publik machten, im März

269 Hermann Müller-Franken, Ausblick auf 1927, in: Vorwärts, Nr. 1, 1. 1. 1927; Gerate um die Regierungsbildung, ebda., Nr. 7, 5. 1. 1927. Zur Stimmung in der SPD-Reichstagsfraktion: Wilhelm Keil, Erlebnisse eines Sozialdemokraten, 2 Bde., Stuttgart 1948, Bd. 2, S. 332 f. Keil gehörte zu den entschiedenen Befürwortern einer Großen Koalition. — Zu Stresemanns Einschätzung: Stürmer, Koalition (Anm. 12), S. 179; die Bemerkung der „Germania“ zit. nach: Die Parteiführer beim Reichspräsidenten, in: Vorwärts, Nr. 7, 5. 1. 1927.

1920 als Landrat von Königsberg in der Neumark mit der Putschistenregierung von Kapp und Lüttwitz zusammengearbeitet. Daß die SPD zum bürgerlichen Rechtskabinett Marx in harter Opposition stehen würde, war somit von Anfang an klar. Die Sozialdemokraten seien zur Mitarbeit bereit gewesen, sagte Hermann Müller am 3. Februar 1927 in der Debatte über die Regierungserklärung von Marx, aber man habe sie unter dem Druck des Besitzbürgerblocks und der DVP zurückgewiesen. „Wir wünschen dieser Regierung . . . ein baldiges Ende. Je länger sie aber leben und am Ruder sein wird, desto mehr wird unser Weizen blühen." Bei der Abstimmung über die Vertrauensfrage am 5. Februar erhielt das Kabinett jedoch eine klare Mehrheit. 235 Abgeordnete stimmten für die Regierung, 174 — darunter die Sozialdemokraten, die Kommunisten und die Demokraten sowie der Zentrumsabgeordnete Wirth — stimmten dagegen; 18 enthielten sich. Damit waren alle Mißtrauensanträge der Oppositionsparteien erledigt.[270]

Auf dem Gebiet, wo die Sozialdemokraten bislang alle Reichsregierungen seit Ende 1923 am nachhaltigsten unterstützt hatten, in der Außenpolitik, fielen während der Amtszeit des vierten Kabinetts Marx keine großen Entscheidungen. Nach dem Eintritt Deutschlands in den Völkerbund war das Vertragswerk von Locarno in Kraft getreten. Die hochgesteckten Erwartungen aber, die sich gerade bei der SPD an das Treffen zwischen Stresemann und Briand in Thoiry am 17. September 1926 zunächst geknüpft hatten, erfüllten sich nicht. Der Versuch des deutschen Außenministers, Frankreich die sofortige Räumung der noch besetzten Teile des Rheinlands und die Freigabe der Saar gewissermaßen „abzukaufen", scheiterte am politischen Widerstand der französischen Rechten, nicht zuletzt an Poincaré, der seit Juli 1926 wieder das Amt des Ministerpräsidenten innehatte, aber auch an wirtschaftlichen Bedenken auf deutscher Seite. Seit Thoiry stagnierte die deutsche Außenpolitik; Locarno sollte der Höhepunkt der Diplomatie Stresemanns bleiben.[271]

Die innenpolitische Bilanz des Rechtskabinetts Marx war widersprüchlich. Auf der einen Seite markierte das Jahr 1927 den Höhepunkt deutschnationaler „Realpolitik" — in dem Sinne, daß die gemäßigten, gouvernementalen Kräfte innerhalb der DNVP die Oberhand hatten und sich auf den Boden der Tatsache „Republik" stellten. Das Republikschutzgesetz wurde am 17. Mai 1927 mit den Stimmen der Deutschnationalen — und infolgedessen auch mit der notwendigen verfassungsändernden Zweidrittelmehrheit — um zwei Jahre verlängert. Auf der anderen Seite nutzte der deutschnationale Innenminister von Keudell seine Schlüsselposition

270 Stenographische Berichte (Anm. 16), Bd. 391, S. 8796—8804 (Müller), 8890—8893 (Abstimmung). Die Koalitionsparteien verfügten über 249 von 493 Sitzen; am 5. 2. 1927 und auch bei anderen Gelegenheiten stimmte darüber hinaus ein Teil der Abgeordneten der Wirtschaftlichen Vereinigung für die Regierung. Der Parteivorstand der SPD rief am 5. 2. 1927 die Partei zum „Kampf gegen den Bürgerblock" auf, durch dessen Schaffung die „Kluft der Klassengegensätze" vertieft worden sei. Weiter heißt es in dem Appell, nicht zum ersten Mal erlebe die SPD, „daß unter der Parole der bürgerlichen Sammlung zum Kampf gegen sie aufgerufen wird. Stets aber stand noch am Ende jeder bürgerlichen Sammlung der Zerfall — für die Sozialdemokratie aber ein neuer Sieg." An die Partei, in: Vorwärts, Nr. 60, 5. 2. 1927.

271 Zu Thoiry vgl. Erdmann, Zeit (Anm. 140), Bd. 4/1, S. 265 f.; Hagen Schulze, Weimar, Deutschland 1917—1933, Berlin [W] 1982, S. 282.

dazu, eine Personalpolitik ganz im Sinne seiner Partei zu betreiben und auch sonst betont „rechte" Akzente zu setzen. So ersuchte er am 16. April 1928 — und zwar unter Berufung auf das Republikschutzgesetz — die Landesregierungen um das Verbot des Roten Frontkämpferbundes. Die meisten seiner Kabinettskollegen und auch der Reichskanzler selbst hatten schwere Bedenken wegen des Zeitpunkts der Maßnahme: Die Koalition war bereits wegen des noch zu erörternden Streits um das Reichsschulgesetz gescheitert; die Regierung war nur noch geschäftsführend im Amt; der Reichstag war aufgelöst und der Termin für Neuwahlen festgesetzt worden. Am Ende erwies sich Keudells Vorstoß als ein Schlag ins Wasser: Außer Bayern und Württemberg weigerten sich die Länder, das Verbot des RFB zu vollziehen, und das Reichsgericht erklärte am 2. Mai diese Weigerung für begründet.[272]

Ausgeprägt konservativ gab sich das vierte Kabinett Marx, wie kaum anders zu erwarten, auf dem Gebiet der Landwirtschaftspolitik. Hier ging es um jene Schutzzollforderungen, um derentwillen der Reichslandbund die Deutschnationalen seit langem zum Eintritt in die Regierung gedrängt hatte. Die Zollnovellen, die am 9. Juli 1927 vom Reichstag verabschiedet wurden, verlängerten die 1925 festgelegten, aber zum Teil noch nicht in Kraft gesetzten Tarife für eine Reihe von landwirtschaftlichen Produkten um zwei Jahre; in einigen Fällen wurden die Zollsätze auch erhöht, so für Kartoffeln, Zucker und Schweinefleisch. Das Zentrum, das sich aus sozialpolitischen Bedenken heraus lange gegen eine weitere Verteuerung von Lebensmitteln gewehrt hatte, gab schließlich nach, weil die DNVP andernfalls die Koalition aufgekündigt hätte. Die Deutsche Volkspartei, die aus Rücksicht auf die Interessen der Exportindustrie den Zollforderungen der Landwirtschaft ebenfalls zunächst ablehnend gegenübergestanden hatte, ließ sich vom

---

272 Zum Republikschutzgesetz und zum Streit um das Verbot der RFB: Jasper, Schutz der Republik (Anm. 98), S. 162 ff., 277 ff.; AdR, Kabinette Marx III/IV (Anm. 184), Nr. 232—234 (Parteiführer- und Ministerbesprechungen vom 12. 5. 1927), Nr. 460 (Ministerbesprechung vom 14. 4. 1928), Nr. 461—462 (Vermerke Pünders vom 16. u. 18. 4. 1928). Zusammenfassend zur Innenpolitik des vierten Kabinetts Marx: Haungs, Reichspräsident (Anm. 12), S. 208 ff.; Stürmer, Koalition (Anm. 12), S. 213 ff. — In schwere Bedrängnis geriet Keudell auch Ende 1927. In einem Telegramm an die Deutsche Studentenschaft (DS) hatte er diese am 27. 11. seiner „inneren Verbundenheit" versichert. Diese Bekundung hatte insofern einen demonstrativen Charakter, als sich die DS gerade in einem Konflikt mit der preußischen Regierung befand. Der DS gehörten auch die österreichischen Studentenschaften an, die Juden von der Mitgliedschaft ausdrücklich ausschlossen. Im September 1927 hatte die Regierung Braun den Studentenschaften der preußischen Hochschulen die staatliche Anerkennung entzogen, weil sie sich weigerten, aus der DS auszutreten. Am 5. 12. 1927 drohte Ministerpräsident Braun in einem Brief an Reichskanzler Marx, die preußische Regierung werde jeden Verkehr mit dem Reichsinnenminister abbrechen, falls sich ähnliche Vorfälle wie das Telegramm vom 27. 11. wiederholten. Mißtrauensanträge von SPD und KPD, die u. a. mit dem neuen „Fall Keudell" begründet wurden, scheiterten im Reichstag am 6. 12. 1927 mit 229 gegen 190 Stimmen bei 14 Enthaltungen. Stenographische Berichte (Anm. 16), Bd. 394, S. 11867—11870. Zum Streit um die DS vgl. zusammenfassend Ernst Rudolf Huber, Deutsche Verfassungsgeschichte seit 1789, Bd. 6: Die Weimarer Reichsverfassung, Stuttgart usw. 1981, bes. S. 1014 ff.; Erich Wende, C. H. Becker, Mensch und Politiker. Ein biographischer Beitrag zur Kulturgeschichte der Weimarer Republik, Stuttgart 1959, S. 252 ff.

Reichsverband der Deutschen Industrie umstimmen. Aus übergeordneten gesellschaftspolitischen Gründen hielt die Spitzenorganisation der deutschen Unternehmer eine einvernehmliche Zusammenarbeit mit der Großlandwirtschaft für unabdingbar.

Nutznießer der Zollvorlagen waren in erster Linie die ostelbischen Rittergutsbesitzer. Die Erhöhung der Schweinezölle trug jedoch dazu bei, daß auch die bäuerlichen Veredelungsbetriebe, die unter den Folgen eines Sturzes der Schweinepreise litten, sich in die Front des agrarischen Protektionismus einreihten. Die „Schere" zwischen Agrar- und Industrieerzeugnissen, die sich seit 1926 immer mehr zuungunsten der Landwirtschaft entwickelt hatte, konnte durch die Zollvorlagen von 1927 freilich nicht geschlossen werden.[273]

Sozialpolitisch begannen die Aktivitäten des zweiten Bürgerblocks mit der Vorlage eines Arbeitszeitnotgesetzes. Das vorangegangene Kabinett hatte am 1. Dezember 1926 einen entsprechenden Gesetzentwurf dem Vorläufigen Reichswirtschaftsrat zugeleitet. Die vierte Regierung Marx ließ Ende Februar 1927 einen neuen Entwurf aus dem Arbeitsministerium im Umlaufverfahren passieren. Dieser unterschied sich von der früheren Vorlage vor allem darin, daß er für ungesetzliche Mehrarbeit keine Straffreiheit mehr vorsah. Aber Wirtschaftsminister Curtius von der DVP hielt seine schweren Bedenken gegen diese Neuregelung aufrecht, und die Deutschnationalen, deren Minister der Vorlage aus dem Hause Brauns zum Teil offenbar zugestimmt hatten, wurden von der Ruhrindustrie alsbald massiv bedrängt, diese Entscheidung rückgängig zu machen.

In den Beratungen der Koalitionsparteien setzten sich die Industrievertreter weitgehend durch: Zwar wurde die Straffreiheit für ungesetzliche Mehrarbeit nicht wiederhergestellt, aber dafür durch dehnbare Bestimmungen die gesetzliche Mehrarbeit erleichtert. Mehrarbeit — im Sinne einer Überschreitung der tarifvertraglich vereinbarten Normalarbeitszeit — sollte fortan durch einen Zuschlag von in der Regel 25 % des Lohnes vergütet werden. Freie Gewerkschaften und Hirsch-Dunckersche Gewerkvereine lehnten diese Vorlage als ganz unzureichend ab; lediglich die christlich-nationalen Gewerkschaften akzeptierten sie. Im Reichstag wurde das Arbeitszeitnotgesetz am 8. April 1927 mit der knappen Mehrheit von 196 zu 184 Stimmen bei zwei Enthaltungen angenommen. Für das Gesetz stimmten die Koalitionsparteien, dagegen Sozialdemokraten, Kommunisten, DDP und Wirtschaftliche Vereinigung. Die praktischen Auswirkungen des Gesetzes waren indes sehr viel weniger arbeitnehmerfeindlich, als SPD und Freie Gewerkschaften befürchtet hatten. Der Mehrarbeitszuschlag erwies sich, wie Ludwig Preller bemerkt, „zusammen mit der bald ansteigenden Konjunktur und

273 Stürmer, Koalition (Anm. 12), S. 219—225. Vgl. dazu auch die in Anm. 125 aufgeführte Lit. Die preußische Regierung, die die übrigen Zollerhöhungen ablehnte, stimmte der Erhöhung der Zölle auf Schweinefleisch aus Rücksicht auf die Interessen kleinbäuerlicher Betriebe zu. Dazu AdR, Kabinette Marx III/IV (Anm. 184), Nr. 268 (Interfraktioneller Ausschuß am 5. 7. 1927). Zum Sturz der Schweinepreise und seinen Folgen auf die bäuerliche Wirtschaft: Rudolf Heberle, Landbevölkerung und Nationalsozialismus. Eine soziologische Untersuchung der politischen Willensbildung in Schleswig-Holstein 1918—1932, Stuttgart 1963, S. 118 ff.

dem damit gegebenen Übergewicht der Arbeitnehmerseite in den Tarifkämpfen als durchgreifendes Mittel gegen die Mehrarbeit.“[274]

Viel weniger umstritten als die Neuregelung der Arbeitszeit war in der letzten Phase des Gesetzgebungsverfahrens die Arbeitslosenversicherung — das wohl bedeutendste sozialpolitische Gesetz der Weimarer Republik überhaupt. Die Umwandlung der Erwerbslosenfürsorge in eine Arbeitslosenversicherung hatten die Gewerkschaften aller Richtungen schon seit 1924 gefordert. Im Juni 1925 — zur Zeit des ersten Kabinetts Luther — unterbreitete dann das Reichsarbeitsministerium den Entwurf eines Gesetzes über die Arbeitslosenversicherung, der sich eng an eine — vom Reichstag nicht mehr abschließend behandelte — Regierungsvorlage aus dem Jahr 1922 anlehnte. Am 14. August 1925 wurde der Entwurf in veränderter Form vom Reichskabinett verabschiedet und Mitte September dem Reichsrat und dem Vorläufigen Reichswirtschaftsrat zugeleitet. Der Kerngedanke bestand darin, daß die Beiträge zur Arbeitslosenversicherung zu gleichen Teilen von Arbeitgebern und Arbeitnehmern aufzubringen waren. Von den Arbeitgebern waren zunächst gegen das Versicherungsprinzip schwere Bedenken geltend gemacht worden — wie denn generell nach Ansicht der Unternehmer die Leistungen zugunsten von Erwerbslosen möglichst niedrig zu halten waren, um ihre Arbeitswilligkeit nicht zu vermindern. Während der Beratungen im Reichswirtschaftsrat aber ließen die Arbeitgeber ihren Einspruch gegen eine Versicherungslösung allmählich fallen. Die Auseinandersetzungen gingen fortan vor allem um die Dauer der Unterstützung, das Verhältnis der gemeindlichen Arbeitsnachweise zu den neu zu schaffenden Selbstverwaltungsorganen der Arbeitslosenversicherung und die Frage, ob die Gewährung von Arbeitslosengeld an die Prüfung der Bedürftigkeit zu binden sei oder nicht. Da in wichtigen Fragen eine Einigung nicht zustande kam, mündeten die Debatten des Reichswirtschaftsrats nicht in ein Mehrheitsgutachten, sondern in drei Minderheitsvoten.[275]

---

274 Preller, Sozialpolitik (Anm. 238), S. 350 f.; Stürmer, Koalition (Anm. 12), S. 203—209; AdR, Kabinette Marx III/IV (Anm. 184), Nr. 207—208 (Kabinettssitzungen vom 22. u. 23. 3. 1927); Stenographische Berichte (Anm. 16), Bd. 393, S. 10659—10662 (Abstimmung). Von den 51 Abgeordneten der DVP nahmen 19 nicht an der Abstimmung teil; von den 131 Abgeordneten der SPD waren es 13. Hätten 12 dieser 13 sozialdemokratischen Abgeordneten mit dem Gros der Fraktion gegen die Vorlage gestimmt, wäre sie bei Stimmengleichheit abgelehnt worden. — Zur Stellungnahme von ADGB, AfA-Bund und Gewerkschaftsring deutscher Arbeiter-, Angestellten- und Beamtenverbände: Gegen den neuen Notgesetz-Entwurf der Reichsregierung, in: GZ, Nr. 15, 9. 4. 1927. Vgl. zur Haltung des ADGB weiter: Der Regierungsentwurf zum Notgesetz, in: GZ, Nr. 14, 2. 4. 1927; Die Änderung der Arbeitszeitverordnung, in: GZ, Nr. 16, 16. 4. 1927; Grundsätzliches zum Notgesetz über die Arbeitszeit, in: GZ, Nr. 17, 23. 4. 1927. Zur Position der Arbeitgeberseite u. a.: G. Erdmann, Gegenwartsfragen der Deutschen Arbeitszeitgesetzgebung, in: Der Arbeitgeber, Nr. 4, 15. 2. 1927. Der Gesetzestext in: RGBl. 1927, I, S. 109—112.

275 AdR, Kabinette Luther (Anm. 87), Bd. 1, S. 442 f. (Kabinettssitzung vom 16. 7. 1925), 521—525 (Kabinettssitzung vom 14. 8. 1925). Zahlreiche Eingaben von Arbeitgeberverbänden in Fragen der Erwerbslosenfürsorge und Arbeitslosenversicherung in BA Koblenz, R 43 I, 2030—2032, 2059. Zusammenfassend zur Vorgeschichte der Arbeitslosenversicherung: Preller, Sozialpolitik (Anm. 238), S. 369 ff.

Nachdem der Reichsrat die ursprüngliche Vorlage des Kabinetts in einigen Punkten — zum Teil auf Antrag der Regierung — geändert hatte, ging der Entwurf am 16. Dezember 1926 dem Reichstag zu. Mittlerweile waren einige grundsätzliche Entscheidungen gefallen. Die Beiträge und Unterstützungen waren nach Lohnklassen zu staffeln; die Kurzarbeiterunterstützung wurde wieder eingeführt; als Höchstdauer der Unterstützung bei ungünstiger Arbeitsmarktlage waren 39 Wochen vorgesehen; die Beiträge sollten sich auf 3 % des Lohnes belaufen.

Im Sozialpolitischen Ausschuß des Reichstags, wo seit Februar 1927 über die Vorlage beraten wurde, bildete sich in der zentralen organisatorischen Frage der Arbeitslosenversicherung eine überraschend enge Zusammenarbeit von Vertretern der Arbeitnehmer und Arbeitgebern und damit eine Art stiller Großer Koalition heraus. Der Regierungsentwurf hatte das Schwergewicht der Organisation in Landesarbeitslosenkassen gelegt, die durch eine Reichsausgleichskasse lose verbunden waren. Örtliche Arbeitsämter sollten als untere Instanz dienen, aber als öffentliche Arbeitsnachweise zugleich Glieder der Gemeindeverwaltung bleiben; die Arbeitslosenversicherung war für sie lediglich eine Auftragsangelegenheit. Dagegen wandte sich nun mit Nachdruck der ADGB, und er fand für seine Gegenvorschläge im Sozialpolitischen Ausschuß eine breite Mehrheit: Träger der Arbeitslosenversicherung und Arbeitsvermittlung sollte eine selbständige und einheitliche Reichsanstalt mit einem bezirklichen und örtlichen Unterbau sein. Auf allen Ebenen bildeten Vertreter der Versicherten, der Arbeitgeber und der öffentlichen Körperschaften mit je gleicher Stimmenzahl ein einheitliches Verwaltungsgremium. Die gemeindlichen Arbeitsnachweise sollten ganz in diesen neuen öffentlich-rechtlichen Selbstverwaltungsorganen aufgehen.

Es war vor allem die antibürokratische Spitze der freigewerkschaftlichen Vorschläge, die sowohl bei den Arbeitgebervertretern als auch beim Zentrum Beifall fand und zu einem Zusammenspiel von Rechtskoalition und Sozialdemokratie bei den Ausschußberatungen führte. In einem anderen Punkt gab es jedoch nach wie vor starke Meinungsverschiedenheiten: Die „bürgerlichen" Angestelltenverbände verlangten — analog zu der 1911 eingeführten Regelung im Bereich der Altersversicherung — besondere Ersatzkassen für Angestellte. Dafür sprach sich die Mehrheit der DNVP aus, aber auch die DVP und Teile des Zentrums machten sich diese Forderung zu eigen. Die Sozialdemokraten widersprachen dieser Aufspaltung der Arbeitslosenversicherung sehr entschieden, und sie konnten sich am Ende durchsetzen, weil Reichsarbeitsminister Brauns der gleichen Ansicht war und das Kabinett schließlich auf eine Formel festlegte, mit der sich auch die SPD leicht abzufinden vermochte: Die Wünsche der Angestellten wurden nicht direkt abgelehnt, aber ihre Erfüllung auf unbestimmte Zeit hinausgeschoben. Am 7. Juli nahm der Reichstag mit 356 gegen 47 Stimmen bei 16 Stimmenthaltungen das Gesetz über Arbeitsvermittlung und Arbeitslosenversicherung an. Dagegen stimmten die Kommunisten, die Völkischen und einige Deutschnationale. Am 1. Oktober 1927 trat das Gesetz in Kraft.[276]

---

276 Ebda., S. 370 ff.; Stürmer, Koalition (Anm. 12), S. 210—213; AdR, Kabinette Marx III/IV (Anm. 184), Nr. 231 (Ministerbesprechung vom 11. 5. 1927); Jahrbuch 1926 (Anm. 241), S.

Daß eines der fortschrittlichsten sozialpolitischen Gesetze der Weimarer Republik unter einer Rechtsregierung und von einer Allparteienkoalition verabschiedet wurde, ist ein bemerkenswerter Vorgang. Er kann mit der relativ günstigen Wirtschaftslage allein — die Zahl der unterstützten Arbeitslosen belief sich im Juli 1927 auf 633 000 — nicht erklärt werden. Vielmehr gehört das Gesetz über die Arbeitslosenversicherung in einen größeren Zusammenhang: Es steht stellvertretend für die sozialen Kompensationen, die den bürgerlichen Minderheits- und Rechtsregierungen zwischen 1924 und 1928 die Loyalität von großen Teilen der Arbeitnehmerschaft sicherten. Als flankierende Maßnahmen zu einer durchaus unternehmerfreundlichen Wirtschaftspolitik waren solche Leistungen unbedingt erforderlich, solange in Deutschland parlamentarisch regiert wurde. Andernfalls hätte das Zentrum, das an allen Kabinetten beteiligt war und sich als ihr soziales Gewissen fühlte, seine Mitwirkung an der Regierung des Reiches aufkündigen müssen. Das aber wäre der Beginn einer Staatskrise mit kaum kalkulierbaren sozialen und politischen Folgen gewesen. Ein solches Risiko in Kauf zu nehmen, waren die Organisationen der Unternehmer — bei allen Reserven gegenüber dem parlamentarischen System — einstweilen nicht bereit.

Ein sozialer Preis mußte also für die politische Vormachtstellung der bürgerlichen Kräfte gezahlt werden. Der konjunkturelle Aufschwung erleichterte es den Unternehmern jedoch, einen derart hohen Preis zu zahlen, wie es das Gesetz von 1927 war. Zusammen mit England, Italien und Österreich gehörte Deutschland zu den ersten Ländern, die eine obligatorische Arbeitslosenversicherung einführten. Arbeitslosenversicherung und Arbeitsvermittlung waren fortan gleichberechtigte Teile einer Arbeitsmarktpolitik. Mit dieser Entscheidung ging der Gesetzgeber, wie Preller bemerkt, „von dem untrennbaren Zusammenhang von Wirtschafts- und Sozialpolitik aus und erkannte die Bekämpfung der Arbeitslosigkeit richtig als zentrales Problem aller Nachkriegs-Sozialpolitik."[277]

51—54. Zur Würdigung des Gesetzes durch den ADGB: Das Gesetz über Arbeitsvermittlung und Arbeitslosenversicherung, in: GZ; Nr. 29, 16. 7. 1927; von Arbeitgeberseite: G. Erdmann, Das Gesetz über Arbeitsvermittlung und Arbeitslosenversicherung, in: Der Arbeitgeber, Nr. 15, 1. 8. 1927. Das Abstimmungsergebnis im Reichstag: Stenographische Berichte (Anm. 16), Bd. 393, S. 11380—11383; der Text des Gesetzes in: RGBl. 1927 I, S. 187—220. — Innerhalb der DNVP kam grundsätzlicher Widerstand gegen das Gesetz über die Arbeitslosenversicherung aus den Kreisen der Großagrarier, die aus finanziellen Gründen die Landarbeiter von der Versicherung gänzlich ausgeschlossen sehen wollten. Deutschnationale Arbeitnehmervertreter hielten dem entgegen, auf diese Weise würde nur die Landflucht weiter gesteigert. Das Gesetz nahm in den §§ 70—72 nur bestimmte Gruppen von Landarbeitern von der Versicherung aus: Saisonarbeiter, ländliches Gesinde sowie Landarbeiter, die zugleich Eigentümer oder Pächter waren und vom Ertrag ihres Eigentums bzw. ihrer Pacht in der Hauptsache leben konnten. Zum Streit in der DNVP: Siegfried Sterner, Untersuchungen zur Stellungnahme der Deutschnationalen Volkspartei zur Sozialpolitik, phil. Diss. Freiburg i. Br. (MS) 1952, S. 63 f., sowie Stupperich, Volksgemeinschaft (Anm. 3), S. 153 ff.

277 Preller, Sozialpolitik (Anm. 238), S. 371. Daß die günstige Konjunkturentwicklung Deutschlands im Jahre 1927 stark durch den mehrmonatigen englischen Bergarbeiterstreik von 1926 stimuliert wurde, steht außer Frage. Vgl. ebda., S. 336.—Zur Haltung der Unternehmer vgl. unten S. 517 f. Zum Zentrum siehe u. a. Eberhard Pies, Sozialpolitik und Zentrum 1924—1928. Zu den Bedingungen sozialpolitischer Theorie und Praxis der Deutschen Zentrumspartei in

Indem der Staat von Weimar Arbeitnehmern und Arbeitgebern eine gemeinsame Vorsorgepflicht für den Fall der Erwerbslosigkeit, eines der klassischen Arbeitnehmerrisiken in einer kapitalistischen Marktwirtschaft, übertrug, knüpfte er an eine spezifische Tradition der Bismarckschen Sozialpolitik an — die Verbindung von staatlicher und korporativer Verantwortung. Das Reich selbst verpflichtete sich durch das Gesetz von 1927, der Reichsanstalt für Arbeitsvermittlung und Arbeitslosenversicherung Darlehen zu gewähren, falls ihr Finanzbedarf aus dem eigenen „Notstock" nicht zu befriedigen war. Staatliche Zuschüsse sah das Gesetz nicht vor. Die unausgesprochene Erwartung seiner Urheber war, daß es nicht zu einer Massenarbeitslosigkeit bisher ungekannten Ausmaßes kommen würde. Trat diese Situation doch ein, dann allerdings war das System von 1927 von Grund auf in Frage gestellt.[278]

Die Arbeiter und Angestellten waren nicht die einzigen Gruppen von Arbeitnehmern, denen 1927 soziale Vergünstigungen zuteil wurden. Materielle Gewinne verbuchten vor allem die Beamten. Sie kamen im Dezember in den Genuß einer Besoldungserhöhung, die sich im Durchschnitt aller Gruppen auf etwa 16 bis 17 % belief. Reichsfinanzminister Heinrich Köhler begründete die Regierungsvorlage damit, daß seit Dezember 1924 die Löhne der Arbeiter um rund 28 %, die Bezüge der Beamten dagegen nur um 4 bis 6 % gestiegen seien. Gegen die Anhebung der Gehälter hatten vor allem die Christlichen Gewerkschaften und der linke Flügel von Köhlers eigener Partei, des Zentrums, schwere Bedenken vorgetragen: Adam Stegerwald, der Vorsitzende des Deutschen Gewerkschaftsbundes, protestierte Ende September beim Reichskanzler Marx gegen die Ungleichbehandlung der einzelnen Kategorien von abhängig Beschäftigten: Wenn die Wirtschaft die enorme Belastung tragen könne, die aus der Anhebung der Gehälter erwachse, dann sei es auch nicht länger gerechtfertigt, den Arbeitern eine Erhöhung ihrer Löhne zu verweigern. Um diesem Verlangen wenigstens etwas entgegenzukommen, verband die Reichsregierung die Besoldungsreform schließlich mit einer Senkung der Lohnsteuer. Am 15. Dezember nahm der Reichstag die Besoldungsvorlage mit 333 gegen 53 Stimmen bei 16 Enthaltungen an. Für den Regierungs-

---

der Weimarer Republik, in: Mommsen u. a. (Hg.), Industrielles System (Anm. 125), S. 259—270. Zur internationalen Entwicklung der Arbeitslosigkeit vgl. die Artikel: Arbeitslosigkeit und Arbeitslosenversicherung, in: Handwörterbuch der Staatswissenschaften, Jena 4. Aufl. 1923, Bd. I, bes. S. 812—821; Arbeitslosigkeit, in: Handwörterbuch der Sozialwissenschaften, I. Bd., Stuttgart 1956, S. 312—317.

278 Zum historischen Zusammenhang der deutschen Sozialpolitik vor allem: Gerhard A. Ritter, Staat, Arbeiterschaft und Arbeiterbewegung in Deutschland, Berlin [W] usw. 1980, S. 85 ff.; ders., Sozialversicherung in Deutschland und England. Entstehung und Grundzüge im Vergleich, München 1983; Walter Bogs, Die Sozialversicherung in der Weimarer Demokratie, München 1981; Anselm Faust, Arbeitsmarktpolitik in Deutschland: Die Entstehung der öffentlichen Arbeitsvermittlung 1890—1927, in: Toni Pierenkemper u. Richard Tilly (Hg.), Historische Arbeitsmarktforschung. Entstehung, Entwicklung und Probleme der Vermarktung von Arbeitskraft, Göttingen 1982, S. 253—276; Hans Günther Hockerts, Hundert Jahre Sozialversicherung in Deutschland. Ein Bericht über die neuere Forschung, in: HZ 237 (1983), S. 361—384.

entwurf stimmten geschlossen SPD, DDP, DVP, DNVP und Völkische; dagegen die Kommunisten, die Wirtschaftliche Vereinigung, vier Abgeordnete der BVP und der christliche Bergarbeiterführer Imbusch, der der Zentrumsfraktion angehörte. Aus der gleichen Fraktion kamen auch 13 der 16 Enthaltungen.[279]

Die Sozialdemokraten verbanden ihre Zustimmung zur Regierungsvorlage mit Kritik. Gegenüber dem Besoldungsgesetz vom April 1920, das die überkommenen Unterschiede zwischen höheren, mittleren und unteren Beamten stark eingeebnet hatte, war das neue Gesetz in der Tat ein Rückschritt. Es vergrößerte die Zahl der Besoldungsgruppen von 13 auf 21 und erschwerte den Übergang von der einen Gruppe in die andere. Aber gegenüber den meisten materiellen Forderungen der hohen Bürokratie blieb der Reichsfinanzminister hart. Köhler, der selbst der Sohn eines Eisenbahnarbeiters war, fühlte sich als Fürsprecher der unteren Beamten, und daher verhalf er ihnen mit seiner Vorlage zu erheblich größeren Einkommensverbesserungen als den höheren. Sein Versuch, jene fortschreitende Nivellierung der Einkommen von Beamten und Arbeitern aufzuhalten, die im Ersten Weltkrieg eingesetzt und sich in den Jahren der Inflation verstärkt hatte, wurde somit wenigstens teilweise ausbalanciert durch die Beibehaltung eines gewissen Maßes an Binnennivellierung innerhalb der Beamtenschaft.

Das erleichterte es den Sozialdemokraten, für das Gesetz zu stimmen, das ohne sie überhaupt nicht zustande gekommen wäre. Die SPD konnte hoffen, die Sympathien unterer Beamter zu gewinnen, wenn sie sich zum Anwalt ihrer Forderungen machte. Ob bei den Reichstagswahlen vom Mai 1928 die Sozialdemokraten tatsächlich vermehrt von beamteten Angehörigen des öffentlichen Dienstes gewählt wurden, muß offen bleiben. Gewiß ist dagegen, daß die Erwartung der Christlichen Gewerkschaften, ihre Opposition gegen Köhlers Besoldungsreform werde ihnen und dem Zentrum Zulauf aus den Reihen von Sozialdemokraten und Freien Gewerkschaften bringen, sich nicht erfüllte: Das Zentrum verlor Stimmen, während die SPD einen Sprung nach vorn tat.

Die längerfristigen Auswirkungen der Besoldungsvorlage waren 1927 noch kaum abzuschätzen. Bedenken der Arbeitgeber, die vor allem negative Folgen für die nächsten Tarifverhandlungen in der Privatwirtschaft fürchteten, fanden im Reichstag praktisch keine Resonanz — dazu war das Gewicht der Beamteninteressen in allen bürgerlichen Parteien, namentlich aber in der Deutschen Volkspar-

279 AdR, Kabinette Marx III/IV (Anm. 184), Nr. 303 (Besprechung mit Vertretern der christlichen Gewerkschaften am 29. 9. 1927); Heinrich Köhler, Lebenserinnerungen des Politikers und Staatsmannes 1878—1949, hg. v. Josef Becker, Stuttgart 1964, S. 251—264. Zu den Auseinandersetzungen im Zentrum: Protokolle (Anm. 176), S. 145—166 (Fraktionssitzungen vom 17. 10. bis 14. 12. 1927). Zur Opposition des Gewerkvereins christlicher Bergarbeiter, der in der Besoldungsreform eine weitere Zurücksetzung der in der Lohnskala ehedem führenden Bergarbeiterschaft sah: Tschirbs, Tarifpolitik (Anm. 63), S. 298 f. Zusammenfassend: Haungs, Reichspräsident (Anm. 12), S. 217—229; Zum Abstimmungsergebnis vom 15. 12. 1927 im Reichstag: Stenographische Berichte (Anm. 16), Bd. 394, S. 12169—12172. Die Vorlage über die Lohnsteuersenkung, die einen Abzug vom Lohnsteuerbetrag von bis zu 2 Mark brachte, wurde am 17. 12. 1927 mit 193 gegen 161 Stimmen angenommen. Gegen das Gesetz stimmten KPD, SPD und Wirtschaftspartei. Ebda., Bd. 394, S. 12225—12230. Zum Verhältnis der Einkommen von Arbeitern, Angestellten und Beamten vgl. oben S. 88.

tei und bei den Deutschnationalen, zu stark. Den Reichsfinanzminister verleitete die günstige Konjunkturlage zu der optimistischen Annahme, daß die öffentlichen Arbeitgeber auch in den kommenden Jahren — und zwar ohne Steuererhöhungen — die Mehrkosten tragen könnten, die seine Besoldungsnovelle mit sich brachte. Das erwies sich bald als Irrtum. Für die Kürzung der Beamtengehälter nach 1930 mußte ein Parteifreund Köhlers die politische Verantwortung übernehmen — Heinrich Brüning, einer der Zentrumsabgeordneten, die sich bei der Schlußabstimmung vom 15. Dezember 1927 der Stimme enthalten hatten.[280]

*

Zerbrechen sollte das vierte Kabinett Marx an einer kulturpolitischen Streitfrage: dem Entwurf eines Reichsschulgesetzes. Die Väter der Weimarer Reichsverfassung hatten sich 1919 auf einen Kompromiß geeinigt: Die überkonfessionelle Simultanschule bildete die Regelschule; auf Antrag der Erziehungsberechtigten waren aber in den Gemeinden, sofern ein geordneter Schulbetrieb dadurch nicht beeinträchtigt wurde, Bekenntnis- oder bekenntnisfreie Volksschulen einzurichten. Seitdem waren mehrere erfolglose Versuche unternommen worden, eine reichsgesetzliche Rahmenregelung für das Schulgesetz zu schaffen. Das vierte Kabinett Marx mußte den beiden katholischen Parteien — dem Zentrum und der Bayerischen Volkspartei — unter kulturpolitischen Gesichtspunkten gelegen kommen. Denn nur in einer Rechtskoalition fanden sie einen Verbündeten im Kampf um die Bekenntnisschule: die Deutschnationalen. Die Vorlage eines „christlichen“ Reichsschulgesetzes war denn auch der Punkt, auf den sich Zentrum und Deutschnationale im Vorfeld der Kabinettsbildung Anfang 1927 am leichtesten einigen konnten.[281]

Daß auch die Deutsche Volkspartei sich auf die Formel „christliches Schulgesetz“ festlegte, bedeutete jedoch noch keine Bindung in der Sache, um die es Zentrum und Deutschnationalen ging. Das wurde Anfang Juli bei den ersten Beratungen des von Innenminister von Keudell vorgelegten Gesetzentwurfes eines Reichsschulgesetzes im Kabinett deutlich. Die Minister der DVP wandten sich namentlich gegen zwei Kernstücke der Vorlage: die kirchliche Mitbestimmung in Fragen des Religionsunterrichts und die Gleichberechtigung von Simultan- und

280 Köhler, Lebenserinnerungen (Anm. 279), S. 259 ff.; Haungs, Reichspräsident (Anm. 12), S. 223 ff. Zur Haltung der Arbeitgeber vgl. den Brief des Geschäftsführenden Präsidiumsmitglieds der Vereinigung der Deutschen Arbeitgeberverbände, Brauweiler, an den Staatssekretär der Reichskanzlei, Pünder, vom 10. 10. 1927 in: AdR, Kabinette Marx III/IV (Anm. 184), Nr. 315. Zu den Reichstagswahlen vom Mai 1928 vgl. unten S. 521 ff.

281 Vgl. dazu u. a.: Günter Grünthal, Reichsschulgesetz und Zentrumspartei in der Weimarer Republik, Düsseldorf 1968; Ellen L. Evans, The Center Wages *Kulturpolitik*: Conflict in the Marx-Keudell-Cabinet of 1927, in: CEH 2 (1969), S. 139—158; dies., The German Center Party 1870—1933. A Study in Political Catholicism, Carbondale usw. 1981, bes. S. 316 ff. Wolfgang W. Wittwer, Die sozialdemokratische Schulpolitik in der Weimarer Republik. Ein Beitrag zur politischen Schulgeschichte im Reich und in Preußen, Berlin [W] 1980; Huber, Verfassungsgeschichte (Anm. 272), Bd. 6, S. 937 ff. Zum Schulkompromiß von 1919 vgl. auch den vorhergehenden Bd., S. 240 f.

Bekenntnisschule. Der Grundsatz der „Parität“ zwischen diesen beiden Schulformen, zu dem Keudells Entwurf sich bekannte, widersprach dem Vorrang der Simultanschule, den die Reichsverfassung in Artikel 146 verkündet hatte. In der Praxis bedeutete das, daß etwa in Baden, wo es nur Simultanschulen gab, Konfessionsschulen hätten eingerichtet werden müssen. Eben damit wollte sich die DVP, die Nachfolgerin der kulturkämpferischen Nationalliberalen, nicht abfinden. Bei der Schlußberatung des Gesetzentwurfs am 13. Juli stimmten die beiden volksparteilichen Minister Stresemann und Curtius gegen die Vorlage, und sie erklärten überdies, daß ihre Fraktion sich nicht an die Haltung ihrer Kabinettsmitglieder gebunden fühle.

Damit war der Entwurf Keudells im Grunde bereits gescheitert — und das Ende des vierten Kabinetts Marx absehbar. Denn angesichts der zentralen Bedeutung, die das Zentrum dem Schulgesetz beimaß, waren Kompromisse kaum noch zu erwarten. Die parlamentarischen Beratungen, die erst nach Ende der Sommerpause im Oktober begannen, zogen sich bis über die Jahreswende hin, wobei die Sozialdemokraten in vielen Fragen mit den beiden liberalen Parteien an einem Strang zogen. Am 15. Februar 1928 mußte der Fraktionsvorsitzende der DNVP, Graf Westarp, der zugleich die Sitzungen des Interfraktionellen Ausschusses der Koalitionsparteien leitete, feststellen, daß eine Einigung in den umstrittenen Fragen nicht mehr möglich erscheine und die Koalition infolgedessen gelöst sei.[282]

Das Auseinanderbrechen des vierten Kabinetts Marx zeigt, daß in Weimar jede Art von Mehrheitsregierung — also keineswegs nur eine Große Koalition, sondern auch eine Rechtskoalition — in Gefahr war, die Kompromißwilligkeit der beteiligten Parteien zu überfordern. So wie für eine Regierung, in der die SPD vertreten war, die Sozialpolitik die „natürliche“ Konfliktzone bildete, waren Außen- und Kulturpolitik die kritischen Felder einer Rechtskoalition. Außenpolitische Probleme hatte das vierte Kabinett Marx nicht zu lösen; die Schulfrage, an der es scheiterte, war ein klassischer Kampfplatz unterschiedlicher Weltanschauungen. Die Gewißheit, daß die Legislaturperiode des Reichstags 1928 ohnehin endete, Neuwahlen also kurz bevorstanden, minderte die Verständigungsbereitschaft der Koalitionspartner. Die tiefere Ursache des Konflikts lag jedoch in dem weltanschaulichen Charakter des deutschen Parteiwesens, wie es sich im Kaiserreich herausgeformt hatte. Da das konstitutionelle System die Parteien von der Regierungsverantwortung ausschloß, erzog es sie auch nicht in der Kunst des Kompromisses. Es begünstigte vielmehr die Neigung, einzelne Ziele zu verabsolutieren und den politischen Gesamtzusammenhang aus dem Auge zu verlieren. Diese Haltung überdauerte die Revolution von 1918/19 — in den bürgerlichen Parteien ebenso wie in der Sozialdemokratie.

---

282 AdR, Kabinette Marx III/IV (Anm. 184), Nr. 420 (Interfraktioneller Ausschuß am 15. 2. 1928), Nr. 421 (Besprechung mit Vertretern der Regierungsparteien am 15. 2. 1928). Zusammenfassend zu den Beratungen des Reichsschulgesetzes: Grünthal, Reichsschulgesetz (Anm. 281), S. 196—244; Haungs, Reichspräsident (Anm. 12), S. 229—238; Stürmer, Koalition (Anm. 12), S. 225—247.

Als Termin für die Neuwahl des Reichstags wurde der 20. Mai 1928 festgesetzt. Das vierte Kabinett Marx blieb, nachdem es sich auf ein „Arbeitsnotprogramm" für die nächsten Monate verständigt und dieses auch mit der SPD abgesprochen hatte, weiterhin im Amt. Seinen Rücktritt erklärte es erst am 5. Juni 1928. Neun Tage später trat der neugewählte Reichstag zu seiner konstituierenden Sitzung zusammen.[283]

283 AdR, Kabinette Marx III/IV (Anm. 184), Nr. 431 (Besprechung vom 18. 2. 1928 mit Vertretern der bisherigen Regierungsparteien, der SPD, der DDP und der Wirtschaftlichen Vereinigung), Nr. 453 (Kabinettssitzung vom 26. 3. 1928).

6. Wandel und Beharrung: Die Sozialdemokratie in der Stabilisierungsphase

Die mittleren Jahre der Republik waren für die Sozialdemokratie, alles in allem, eine Zeit der äußeren Rekonsolidierung. Die Mitgliederbewegung war zwar bis 1925 rückläufig: Am 31. März 1923 hatte die Vereinigte Sozialdemokratische Partei Deutschlands 1 261 072 Mitglieder gezählt; ein Jahr später waren es nur noch 940 078 und am 31. Dezember 1925 lediglich 806 268. Doch dann begann die Partei wieder kontinuierlich zu wachsen, bis sie im Verlauf des Jahres 1929 schließlich die Millionengrenze übersprang. 1 021 777 Mitglieder zählte die SPD am 31. Dezember jenes Jahres.[284]

Die Vermutung des Parteivorstandes, daß hohe Arbeitslosenzahlen und niedrige Löhne sich negativ auf die Bereitschaft auswirkten, Mitglied der Sozialdemokratischen Partei zu werden oder zu bleiben, traf sicherlich zu. Die Zunahme der Mitgliederzahlen seit 1926 hatte umgekehrt vor allem wohl mit der allmählichen Besserung der konjunkturellen Lage zu tun. Aber in den Jahren 1928 und 1929 dürfte auch ein anderer Faktor positiv zu Buche geschlagen haben: die Rolle der SPD als Regierungspartei im Reich.[285]

Parallel zu den Mitgliederzahlen bewegten sich auch die Zahlen der Ortsgruppen zwischen 1924 und 1929, nämlich zunächst nach unten und dann nach oben. Am 1. April 1924 gab es 8 669 Ortsgruppen; am 31. Dezember 1925 waren es nur noch 7 967. Dann stieg die Zahl wieder an: bis zum folgenden Jahresende auf 8 230 und schließlich bis zum 31. Dezember 1929 auf 9 544.[286]

Die sozialdemokratische Parteipresse hatte die Inflation, der viele Zeitungen und Zeitschriften zum Opfer fielen, insgesamt gut überstanden. Dank der Anhänglichkeit der Abonnenten war 1923 keine Tageszeitung und kein Druckereibetrieb der SPD eingegangen; zu Beginn des Jahres 1924 verfügte die Partei über 169 täglich erscheinende Blätter, von denen 104 eigene Druckereianlagen besaßen. Dazu kamen 28 Kopfblätter und zwei Landzeitungen, die zweimal wöchentlich herausgegeben wurden. Bis Ende 1929 stieg die Zahl der sozialdemokratischen Tageszeitungen auf 203 an; 74 davon waren als Kopfblätter zu bezeichnen. Die Gesamtauflage aller sozialdemokratischen Tageszeitungen belief sich 1924 auf 1,09 Millionen und fünf Jahre später auf 1,3 Millionen Exemplare. An zeitgenössischen Maßstäben gemessen, waren diese Zahlen freilich nicht sonderlich ein-

284 Die Zahlen für 1923: Parteitag 1924 (Anm. 15), S. 16; für 1924: Parteitag 1925 (Anm. 39), S. 39; die weiteren Daten nach: Jahrbuch der Deutschen Sozialdemokratie für das Jahr 1929. Hg. vom Vorstand der Sozialdemokratischen Partei Deutschlands, Berlin o. J. (1930), S. 169. Jeweils am Jahresende betrug die Mitgliederzahl der SPD 1926: 823 520, 1927: 867 671, 1928: 937 381.

285 Zur Einschätzung der Mitgliederbewegung durch den Parteivorstand: Parteitag 1925 (Anm. 39), S. 35. Zur sozialen Zusammensetzung der Mitgliedschaft vgl. unten S. 346 ff.

286 Parteitag 1925 (Anm. 39), S. 36; Jahrbuch 1929 (Anm. 284), S. 169.

drucksvoll. Nach dem Mosseschen Zeitungskatalog von 1925 machten die sozialdemokratischen Zeitungen nur 4,5 % aller deutschen Tageszeitungen aus. Auf „nationale" Blätter entfielen 12,4 %, auf solche des Zentrums 9 %, auf Organe der DDP 5,6 % und auf „parteilose" Tageszeitungen 51 %. „Auch wenn wir annehmen, daß die Mehrzahl unserer Parteiblätter eine durchschnittlich höhere Abonnentenziffer als die bürgerlichen Zeitungen haben", kommentierte der Parteivorstand der SPD diese Daten, „so bleibt doch auch dann ein starkes Mißverhältnis zwischen der Verbreitung unserer Parteipresse und der Wählerzahl der Sozialdemokratischen Partei."[287]

Für einige offizielle Periodika der SPD gab der Parteivorstand die genauen Auflagezahlen bekannt. So erschien 1925 die satirische Zeitschrift „Lachen links", die vorübergehend an die Stelle des traditionsreichen „Wahren Jakob" getreten war, in 80 000 Exemplaren; die „Frauenwelt" kam auf eine Auflage von 90 000, das kommunalpolitische Organ „Die Gemeinde" auf 8 400 Stück. „Die Gesellschaft", die von Rudolf Hilferding redigierte theoretische Parteizeitschrift, die den Platz der 1923 eingestellten „Neuen Zeit" einnahm und wie die zuvor genannten Blätter eine Neugründung des Jahres 1924 war, erreichte 1925 eine Auflage von 4 400.[288]

*

Hilferding stieg mit der Übernahme der Redaktion der „Gesellschaft" endgültig zum „Chefideologen" der Weimarer Sozialdemokratie auf. Nichts lag daher näher als der Gedanke, ihm auch die Leitung jener Programmkommission zu übertragen, die der Vereinigungsparteitag von Nürnberg 1922 eingesetzt hatte und die seit dem Wegzug Kautskys nach Wien gewissermaßen verwaist war. Das Eingeständnis des Ausschußmitgliedes Adolf Braun, daß man sich auf ein neues Pro-

287 Ebda., S. 238 ff.; Parteitag 1925 (Anm. 39), S. 64 ff. Die wichtigste und oft die einzige Informationsquelle der sozialdemokratischen Provinzzeitungen war der „Sozialdemokratische Pressedienst", der 1922 an die Stelle der „Sozialdemokratischen Pressekorrespondenz" getreten war. Eine wesentliche Rolle bei der Expansion der sozialdemokratischen Tagespresse spielte die 1925 gegründete „Konzentration A.G. Sozialdemokratische Druckerei- und Verlagsbetriebe". Im Bericht des Parteivorstands für den Heidelberger Parteitag heißt es hierüber: „Aufgabe dieser Organisation ist die Zusammenfassung der wirtschaftlichen Betriebe der Sozialdemokratischen Partei Deutschlands, insbesondere der Druckereien, der Verlage und ähnlicher Betriebe zum Zwecke gemeinschaftlicher Beschaffung der Roh- und Hilfsstoffe sowie der Betriebsmittel, die gemeinsame Überwachung aller Betriebe durch fachmännische Revisoren, Beschaffung der erforderlichen Mittel zum weiteren Ausbau der Betriebe; Erwerb, Errichtung und Ausbau von Betrieben, die der Förderung der wirtschaftlichen Interessen der zusammengeschlossenen Betriebe zu dienen geeignet sind." Ebda., S. 66. Zur sozialdemokratischen Presse zusammenfassend: Kurt Koszyk, Zwischen Kaiserreich und Diktatur. Die sozialdemokratische Presse von 1914 bis 1933, Heidelberg 1958 (die Daten zur Gesamtauflage der sozialdemokratischen Tageszeitungen: S. 177). Vgl. auch die 2. Aufl.: ders. u. Gerhard Eisfeld, Die Presse der deutschen Sozialdemokratie, Bonn 1980, S. 40—48.

288 Parteitag 1925 (Anm. 39), S. 67. „Lachen links" wurde 1924 gegründet und am 1. 7. 1927 wieder durch den „Wahren Jakob" abgelöst. Sozialdemokratischer Parteitag 1927 in Kiel. Protokoll mit dem Bericht der Frauenkonferenz, Kiel 1927 (ND: Glashütten usw. 1974), S. 45.

gramm noch nicht habe einigen können, war vom Berliner Parteitag im Juni 1924 zwar ohne Widerspruch hingenommen worden, aber eine abermalige Fehlanzeige wäre von der Partei und von der deutschen Öffentlichkeit vermutlich als eine Art ideologischer Offenbarungseid aufgefaßt worden.[289]

Zwei Monate vor dem nächsten sozialdemokratischen Parteitag, der auf den 13. September 1925 nach Heidelberg einberufen worden war, erfuhren die Mitglieder der SPD, daß die Programmkommission einen neuen Anlauf unternommen hatte, ihre Aufgabe doch noch zu erfüllen. Am 23. Juli veröffentlichte der „Vorwärts" den von der Kommission unter Hilferdings Vorsitz erarbeiteten Entwurf eines neuen Parteiprogramms. In den Einzelforderungen zur praktischen Politik lehnte sich der Text eng an das Görlitzer Programm der Mehrheitssozialdemokraten von 1921 an. Der einführende allgemeine Teil dagegen war ein Versuch, das Erfurter Programm von 1891 in die Gegenwart fortzuschreiben. Die Kommission folgte dabei sehr weitgehend, zum Teil sogar wörtlich, einer Vorlage, die ihr Karl Kautsky schon bald nach dem Nürnberger Parteitag unterbreitet hatte. Sie wich von seinem Entwurf nur dort ab, wo sie die Einwände von revisionistischen Kritikern wie Eduard Bernstein und Max Quarck nicht glaubte beiseiteschieben zu können.

Mit der Verelendungstheorie des Erfurter Programms brach die neue Einleitung deutlicher, als Kautsky es getan hatte. „Ununterbrochen sind im Kapitalismus Tendenzen wirksam, die arbeitenden Schichten in ihrer Lebenshaltung zu drücken", so hieß es nun. „Nur durch steten Kampf ist es ihnen möglich, sich vor zunehmender Erniedrigung zu bewahren." Von den Angestellten und „Intellektuellen jeder Art" hieß es, sie verlören infolge ihres zahlenmäßigen Wachstums immer mehr ihre privilegierte Stellung; ihre Interessen stimmten in steigendem Maß mit denen der übrigen Arbeiterschaft überein. Den Begriff „Klassenkampf" vermied die Kommission, wohl aber sprach sie von einem „Kampf der Arbeiterklasse gegen die kapitalistische Ausbeutung", von „proletarischem Befreiungskampf" und dem „Befreiungskampf der Arbeiterklasse". Das Ziel der Arbeiterklasse könne nur erreicht werden „durch die Verwandlung des kapitalistischen Privateigentums an den Produktionsmitteln — Grund und Boden, Gruben und Bergwerke, Rohstoffe, Werkzeuge, Maschinen und Verkehrsmittel — in gesellschaftliches Eigentum." Das Bekenntnis zur Republik folgte erst im besonderen Teil unter dem Titel „Verfassung": In der Erkenntnis, daß „die demokratische Republik den weitesten Spielraum für den Befreiungskampf der Arbeiterklasse und damit für die Verwirklichung des Sozialismus" gebe, schütze die Sozialdemokratische Partei die Republik und trete für ihren Ausbau ein.[290]

289 Zum Gang der Beratungen bis zum Berliner Parteitag und zu Kautskys Entwurf vgl. oben S. 197 f.

290 Entwurf eines sozialdemokratischen Parteiprogramms, in: Vorwärts, Nr. 343, 23. 7. 1925. Der endgültige Programmtext sprach ausdrücklich von einem immer erbitterter werdenden „Klassenkampf zwischen den kapitalistischen Beherrschern der Wirtschaft" und den „Beherrschten". Parteitag 1925 (Anm. 39), S. 6. Vgl. zur Programmdiskussion auch Winkler, Klassenbewegung (Anm. 33), S. 9—54. In der marxistisch-leninistischen Geschichtsschreibung wird das Heidelberger Programm als „kleinbürgerlich-reformistisches Programm" be-

Die Kritik der bewußten Reformisten folgte der Publikation des Entwurfs auf dem Fuße. Für Friedrich Stampfer, den Chefredakteur des „Vorwärts", war die Vorlage, da sie an der Verelendungstheorie nicht festhielt, „im Kern etwas anderes als das Erfurter Programm." Aber die Korrekturen an den Thesen von 1891 würden in so vorsichtige Worte gekleidet, daß sie wie ein Geständnis wirkten. Dabei sei die Lage doch ganz anders als zur Zeit des Erfurter Parteitags. Es gehe nicht mehr darum, „Hindernisse zu beseitigen, die nur durch Gewalt beseitigt werden können, sondern wir müssen die Kunst lernen, *Mehrheiten zu gewinnen*, sie zu erhalten und für unsere staats- und wirtschaftspolitischen Aufgaben einzuspannen." Deswegen reiche es auch nicht, sich mit der Begründung schützend vor die Demokratie zu stellen, sie biete der Arbeiterklasse „weitesten Spielraum". „*Nein*, wir bekennen uns zu den Grundsätzen der Demokratie um *ihrer selbst willen,* wir bekennen uns zu ihnen, weil sie mit den Grundsätzen des Sozialismus eine unzertrennbare Einheit bilden, weil sie, auf die Wirtschaft folgerichtig angewendet, ganz von selbst zu Grundsätzen des Sozialismus werden."[291]

Der Vorsitzende der bayerischen Sozialdemokraten, Erhard Auer, vermißte am Entwurf „Gemeinverständlichkeit und Volkstümlichkeit". Die Hauptfrage der Sozialdemokratie lautete für ihn: „Volkspartei oder nur Handarbeiterpartei?" Zwar seien sich alle Genossen einig, daß die Industriearbeiterschaft die Kerntruppe der Sozialdemokratie sein und bleiben müsse. „Ich hielte es aber gerade angesichts der Erfahrungen der letzten sieben Jahre, und wenn die Sozialdemokratie weiterhin in Reich und Ländern praktische Staatspolitik als Koalitionspolitik betreiben will, für verhängnisvoll, wenn sie auf die Zusammenfassung *aller* körperlich und geistig Schaffenden, die vom Ertrag ihrer eigenen Arbeit leben müssen, verzichten würde." Der Entwurf stelle „trotz des beiläufigen Hinweises auf Angestellte, Beamte und ‚Intellektuelle' eine gewissermaßen ‚auserwählte' Klasse der Industriearbeiter auf, neben denen alle anderen Schaffenden nur die Rolle von Mitläufern spielen sollen." Die Berufung auf das Erfurter Programm wäre hier falsch, denn es sei durch die geschichtliche Entwicklung überholt. „Wir Sozialdemokraten kennen keine ‚ewigen Wahrheiten' und deshalb besteht aller Anlaß, den Programmentwurf mit den wirklichen Tatsachen in Übereinstimmung zu bringen."[292]

Für den führenden Agrarrevisionisten Eduard David war das, was der Entwurf über das sozialistische Endziel sagte, geeignet, der antisozialistischen Propa-

---

zeichnet, „das in seiner Gesamtheit genommen den Interessen der Arbeiterklasse zutiefst widersprach". So Waltraut Ebel u. Helmut Biering, Zu Problemen der Entwicklung und Politik der SPD in den Jahren 1924—1927, Diss. Leipzig 1964 (MS.), S. 184. Vgl. dazu auch Heinz Niemann u. a., Geschichte der deutschen Sozialdemokratie 1917 bis 1945, Berlin [O] 1982, S. 162 ff.

291 Friedrich Stampfer, Der Programmentwurf, in: Vorwärts Nr. 410, 31. 8. 1925 (Hervorhebungen im Original). Vgl. dazu auch Adolf Brauns Replik: Zum Programmentwurf, in: Vorwärts Nr. 415, 3. 9. 1925. — Die dezidierten Revisionisten und Reformisten wie Stampfer und Quarck hatten ihre Mitarbeit in der Kommission bereits vor dem Berliner Parteitag von 1924 eingestellt. Sender, Autobiographie (Anm. 33), S. 224 f.

292 Erhard Auer, Das neue Parteiprogramm, in: Die Glocke 11/1 (1925), S. 744 f. (Hervorhebung im Original).

ganda Auftrieb zu geben. Jene Formulierung, die pauschal die Umwandlung von kapitalistischem Privateigentum in gesellschaftliches Eigentum forderte, ermögliche eine philologisch nicht anfechtbare, wenn auch bösartige agitatorische Ausnützung. Nach dieser Auslegung hätten die Gegner recht, „die in tausend ländlichen Versammlungen und in ebensoviel Flugblättern und Plakaten die kleinbäuerliche Wählermasse von uns abgeschreckt haben, mit der Behauptung, die Sozialdemokratie wolle ihnen ihr Land, Haus und Hof und die letzte Kuh aus dem Stall wegnehmen. Zum Beispiel brauchen sie nur den zitierten Satz des Programms anzuführen, mit dem sie zugleich unsere Feindschaft gegen den kleinen Handwerksmeister, dem man die Rohstoffe und Werkzeuge wegnehmen wolle, authentisch nachweisen. Daß in jenem Satz merkwürdigerweise von *Geldkapital* nichts gesagt wird, dient dann weiter zum Beweis dafür, daß die Sozialdemokratie bei ihren Enteignungsabsichten die Herren von der Hochfinanz, Bankiers, Großhändler usw. zu schonen beabsichtige, was sich sehr einfach daraus erkläre, daß sie von diesen ‚jüdischen' Großkapitalisten bezahlt werde."[293]

Für eine breite Diskussion des Kommissionsentwurfs war die Zeit, die bis zum Parteitag noch blieb, zu knapp. Die Kommission selbst wurde unmittelbar vor dem Heidelberger Parteitag durch den Parteivorstand noch um drei Mitglieder ergänzt: den Revisionisten Paul Kampffmeyer, den „zentristischen" früheren Reichswirtschaftsminister Robert Schmidt und den Linken Paul Levi, der von 1919 bis zum Frühjahr 1921 Vorsitzender der KPD gewesen war. In dieser neuen Besetzung legte die Kommission während des Parteitages letzte Hand an den Programmtext. Rudolf Hilferding wirkte dabei als „einigender Mann der Mitte".[294]

Wie die Kommissionsvorlage vom Juli, so begann auch das endgültige Programm mit jener Feststellung, die für Kautsky geradezu zum Eckstein der marxistischen Theorie geworden war: „Die ökonomische Entwicklung hat mit innerer Gesetzmäßigkeit zum Erstarken des kapitalistischen Großbetriebs geführt, der in Industrie, Handel und Verkehr immer mehr den Kleinbetrieb zurückdrängt und seine soziale Bedeutung verringert." Die Verelendungstheorie wurde weiter abgeschwächt: Durch steten Kampf vermochten die arbeitenden Schichten nun nicht bloß sich vor zunehmender Erniedrigung zu bewahren, sondern auch „ihre Lage zu verbessern".

Das Bekenntnis zur Republik rückte, den Vorhaltungen Stampfers entsprechend, in den „Grundsätzlichen Teil" auf. In der demokratischen Republik besitze die Arbeiterklasse, so heißt es dort, „die Staatsform, deren Erhaltung und Aus-

---

293 Eduard David, Agrarprobleme im Programm, in: Vorwärts, Nr. 425, 9. 9. 1925, Nr. 426, 9. 9. 1925 (die Zitate stammen aus dem zweiten Teil des Artikels; Hervorhebung im Original). Mit ähnlichem Tenor: SM 62 (1925 II); Artikel von Conrad Schmidt, Der neue Programmentwurf, S. 533—538, und: Max Quarck, Das neue Parteiprogramm, S. 595—598. — Zur Kritik der Linken vgl. die Artikel von Paul Levi u. a., Zum sozialdemokratischen Programmentwurf; in: SPW 3 (1925), Nr. 31 (22. 1.). Levi vermißte vor allem ein Bekenntnis zur Revolution „als der dialektischen Lösung der widerspruchsvollen Tendenzen in der kapitalistischen Gesellschaftsordnung."

294 Vgl. dazu Max Quarck, Das neue Parteiprogramm, in: SM 62 (1925/II), S. 595—598. Quarck nahm während des Parteitags wieder an den Kommissionsarbeiten teil.

bau für ihren Befreiungskampf eine unerläßliche Notwendigkeit ist." Rechnung getragen wurde auch zwei Wünschen der Freien Gewerkschaften. Der ADGB hatte erstens darauf hingewiesen, daß der Kampf der Arbeiterklasse nicht nur ein politischer, sondern auch ein ökonomischer sei; zweitens hatte er jene Passage des Entwurfs moniert, wo es hieß, es sei die Aufgabe der Sozialdemokratischen Partei, „den Befreiungskampf der Arbeiterklasse, den politischen, gewerkschaftlichen, genossenschaftlichen Kampf zu einem bewußten und einheitlichen zu gestalten." Ein sozialdemokratischer Anspruch auf ideologische Führung der Gewerkschaften könne, wie Leipart spitz an Hermann Müller schrieb, sowenig anerkannt werden wie die gleiche Forderung der Kommunistischen Internationale. Auf dem Parteitag räumte Hilferding später ein, die ursprüngliche Formulierung habe das Mißverständnis gefördert, als erstrebe die Partei eine „Art Oberleitung oder Bevormundung der Gewerkschaften", aber so etwas falle „sicher niemandem von uns ein".

Davids Einwände wurden dagegen nicht berücksichtigt. Auch der endgültige Text hielt daran fest, daß das Ziel der Arbeiterklasse nur erreicht werden konnte „durch die Verwandlung des kapitalistischen Privateigentums in gesellschaftliches Eigentum". Das „Aktionsprogramm", der zweite Teil des Heidelberger Programms, blieb hinter dieser umfassenden Absichtserklärung weit zurück. Es sah im wirtschaftspolitischen Abschnitt lediglich vor, „Grund und Boden, Bodenschätze und natürliche Kraftquellen, die der Energieerzeugung dienen, ... der kapitalistischen Ausbeutung zu entziehen und in den Dienst der Gemeinschaft zu überführen" — eine vieldeutige, nahezu wörtlich dem Görlitzer Programm entnommene Forderung. Was das Programm ansonsten verlangte, lief darauf hinaus, das bestehende System demokratischer, weltlicher und sozialer zu gestalten. Neu war der Ruf nach den Vereinigten Staaten von Europa — eine fortschrittliche, aber keine spezifisch sozialistische Aussage.[295]

In seinen Erläuterungen vor dem Parteitag ging es Hilferding, dem einzigen Kommissionsreferenten, vor allem um den Nachweis, daß die vom Erfurter Programm gegebene „grundsätzliche Analyse der kapitalistischen Entwicklung nicht nur unerschüttert geblieben ist, sondern durch die Entwicklung der letzten Jahrzehnte ihre Bestätigung erfahren hat." Denselben Anspruch erhob Hilferding, ohne ausdrücklich darauf Bezug zu nehmen, für die Kernthesen seines 1910 veröffentlichten „Finanzkapital", die auch im „Grundsätzlichen Teil" des neuen Pro-

295 Parteitag 1925 (Anm. 39), S. 5—10. Im Görlitzer Programm hatte es statt „Gemeinschaft" noch „Volksgemeinschaft" geheißen. Protokoll über die Verhandlungen des Parteitages der Sozialdemokratischen Partei Deutschlands, abgehalten in Görlitz vom 18. bis 24. September 1921, Berlin 1921 (ND: Berlin [W] 1973), S. I—VI. Die Aussage des Programms von 1921 zur Religion („Religion ist Privatsache, Sache innerer Überzeugung, nicht Parteisache, nicht Staatssache") wurde vom Heidelberger Programm nicht wiederholt. Der Delegierte Hackelberg-Altona bedauerte das, weil der Hinweis auf den Görlitzer Standpunkt den Parteisekretären bei der „Agitation in den kleinsten Orten" gute Dienste geleistet habe. Parteitag 1925 (Anm. 39), S. 288 f. — Zur Intervention des ADGB vgl. den Brief von Leipart an Hermann Müller vom 12. 9. 1925, in: Lothar Erdmann, Nation, Gewerkschaften und Sozialismus, in: Die Arbeit 10 (1933), S. 129—161 (149); Parteitag 1925 (Anm. 39), S. 274 f. (Hilferding).

gramms ihren Niederschlag gefunden hatten. Eine der wenigen praktischen Forderungen, die Hilferding aufstellte, zielte auf die Gewinnung jener Mittelschichten, „die zur Eroberung der politischen Macht notwendig sind.“ Das waren aus seiner Sicht nicht etwa alle Teile der Mittelschichten, sondern nur zwei Gruppen: die Angestellten und die landwirtschaftlichen Kleinbesitzer. Bei den Angestellten diente die freigewerkschaftliche Orientierung einer Minderheit Hilferding als Anzeichen dafür, daß sie für die Sozialdemokratie gewonnen werden konnten. Die Kleinbauern waren zwar „innerhalb einer demokratischen Verfassung die eigentliche Stütze der bürgerlichen Herrschaft“. Aber aus der Entwicklung der letzten Jahrzehnte zog Hilferding — in Übereinstimmung mit Kautsky — den Schluß, daß die bäuerlichen Schichten nicht versanken, sondern sich im Gegenteil festigten. Daher durften und mußten sie anders behandelt werden als Handwerker, Kleinhändler und sonstige Selbständige. Die „Bedürfnisse des bäuerlichen Betriebes“ sollten von den Sozialdemokraten analysiert und in einem umfassenden Agrarprogramm aufgegriffen werden, das dann vielleicht schon der nächste Parteitag verabschieden könne.[296]

An der kurzen Debatte, die Hilferdings Referat folgte, beteiligten sich nur neun Delegierte. Scheidemann gab zu bedenken, ob die positive Einstellung der Partei dem Staat gegenüber nicht noch klarer hätte zum Ausdruck gebracht werden können. Levi fand dagegen, daß „unsere, dem bürgerlichen Staat feindliche Stellung“, hätte klargestellt werden müssen. Der Delegierte Groetzsch aus Dresden spottete, der Entwurf sei „von einer Gewissenhaftigkeit in der Analyse der kapitalistischen Gesellschaft, daß es hier und da an Pedanterie grenzt.“ Helwes aus Hannover hielt es für notwendig, auch die Kleinhandwerker zur SPD herüberzuziehen, und wenn die Partei in den Jahren von 1918 bis 1920 „mehr Einfluß auf die ländliche Bevölkerung gehabt hätte, wäre die Reaktion nicht so stark gewor-

296 Zu Kautskys Einschätzung der landwirtschaftlichen Kleinbetriebe: ders., Die proletarische Revolution und ihr Programm, Berlin 1922, S. 17—29, 297—301; ders., Grundsätzlicher Teil, in: Das Heidelberger Programm. Grundsätze und Forderungen der Sozialdemokratie, Berlin 1925, S. 10 f. In diesem Kommentar sagt Kautsky übrigens auch, was das Programm so eindeutig *nicht* sagt, daß nämlich an eine Enteignung der gewerblichen Kleinbetriebe nicht gedacht sei. „Das Heidelberger Programm fordert ausdrücklich bloß die ‚Verwandlung des kapitalistischen Privateigentums an den Produktionsmitteln in gesellschaftliches Eigentum‘. Weder der kleine Bauer noch der kleine Handwerker werden davon betroffen. Ihr Eigentum wird in keiner Weise angetastet werden.“ Wissenschaftlich war die Argumentation Hilferdings und Kautskys durchaus anfechtbar. Die These, daß der landwirtschaftliche Kleinbetrieb Überlebenschancen hatte, während der gewerbliche Kleinbetrieb zum Untergang verurteilt war, hielt einer ernsthaften Überprüfung nicht stand. In der Landwirtschaft hatten sich die Relationen zwischen den Betriebsgrößen von 1907 bis 1925 kaum verschoben. Im Bereich von Industrie und Handwerk war der Anteil der Kleinstbetriebe mit bis zu 5 Beschäftigten im gleichen Zeitraum von 31,2 auf 25,4 % gesunken; die nächstfolgenden drei Größenklassen aber — Betriebe mit 6—10, 11—50, 51—200 Beschäftigten — wiesen Steigerungsraten zwischen 0,6 und 1 % auf. Gegen die Behauptung vom Untergang des gewerblichen Kleinunternehmens sprach auch, daß die Zahl der Beschäftigten pro Handwerksbetrieb zunahm — von 1,9 im Jahr 1895 auf 2,83 im Jahr 1925 — und sich der Umsatz der Handwerkswirtschaft zwischen 1924 und 1928 mehr als verdoppelte. Vgl. dazu mit Belegen Winkler, Klassenbewegung (Anm. 33), S. 49. Zum Agrarprogramm von 1927 siehe unten S. 339 f.

den, und Hindenburg hätte nicht so viele Stimmen bekommen." Gegen „ganz wenige Stimmen" wurde das Programm schließlich vom Parteitag angenommen.[297]

Das Heidelberger Programm von 1925 war der ideologische Preis, den die Mehrheitssozialdemokratie für die Wiedervereinigung mit den Unabhängigen zahlte. Drei Jahre, nachdem sich die beiden Parteien zusammengeschlossen hatten, empfanden jedoch nur noch wenige ehemalige Mehrheitssozialisten, daß ihre Richtung mit dem neuen Programm eigene Positionen kampflos geräumt hatte. Der Parteivorsitzende Wels knüpfte zwar an eine Formulierung des Görlitzer Programms an, als er in seiner Schlußrede auf dem Heidelberger Parteitag sagte: „Der Klassenkampf ist eine historische Notwendigkeit und innerhalb einer Wirtschaftsentwicklung von ungeheurem Ausmaß eine sittliche Pflicht." Aber in Zusammenhang mit dem „Grundsätzlichen Teil" des neuen Programms hatten diese Worte einen ganz anderen Klang als 1921.[298]

Das Görlitzer Programm hatte darauf abgezielt, die Mehrheit der Wähler zu gewinnen. Das Heidelberger Programm wollte die Wahrheit der Theorie wiederherstellen. Das Programm von 1921 war ein Versuch, der Sozialdemokratie das Rüstzeug zu geben, das sie brauchte, wenn sie in einem demokratischen Staat mit parlamentarischem Regierungssystem politische Macht ausüben wollte. Vier Jahre später verabschiedete die SPD ein Programm, das eher dem Selbstverständnis einer „geborenen" Oppositionspartei in einem vorparlamentarischen Staat nach Art des kaiserlichen Deutschland entsprach als dem, was die Sozialdemokraten tatsächlich waren — die klassische Staatspartei der Weimarer Republik.

Die Frage stellt sich, ob das Heidelberger Programm ein notwendiges Ergebnis der sozialdemokratischen Wiedervereinigung war. Mit großer Wahrscheinlichkeit wäre es zu Absplitterungen auf der äußersten Linken gekommen, wenn die SPD sich ein bewußt revisionistisches Programm gegeben hätte. Aber nichts spricht dafür, daß eine Parteigründung durch die radikale Minderheit 1925 erfolgreicher gewesen wäre als im Oktober 1931, als die äußerste sozialdemokratische Linke sich in der Sozialistischen Arbeiterpartei Deutschlands sammelte. Schwieriger wäre es gewesen, den Widerstand jener ehemals „rechten" Unabhängigen zu überwinden, die sich als Hüter der marxistischen Tradition fühlten. Es hätte eines starken Willens und großer Überzeugungskraft auf Seiten der führenden Repräsentanten der früheren Mehrheitssozialisten bedurft, um in der vereinigten Sozialdemokratie ein Programm auf der Linie von Görlitz durchzusetzen. Aussichtslos waren solche Anstrengungen nicht. Immerhin hatte ein Teil der früheren Unabhängigen auch in der Koalitionsfrage umgelernt. Vor allem Hilferding verteidigte seit langem die Notwendigkeit, um der Republik willen gegebenenfalls auch mit der Deutschen Volkspartei zusammenzugehen. In Programmfragen war Hilferding gewiß sehr viel weniger kompromißbereit, aber der Versuch, ihn und seine

297 Parteitag 1925 (Anm. 39), S. 284 (Scheidemann), 286 (Levi), 287 (Groetzsch), 291 f. (Helwes), 298 (Abstimmung).

298 Ebda., S. 299. Im Görlitzer Programm hieß es, die kapitalistische Wirtschaft habe „den Klassenkampf für die Befreiung des Proletariats zur geschichtlichen Notwendigkeit und sittlichen Pflicht gemacht." Protokoll (Anm. 295), S. 111.

Freunde zum Überdenken ihrer Positionen zu bewegen, wurde auch gar nicht erst gemacht.[299]

Indem die Spitzengremien der SPD Hilferding die Federführung in Sachen Parteiprogramm und Parteiideologie übertrugen, gaben sie ihm nicht nur weitgehend freie Hand — sie ließen zugleich auch erkennen, daß sie an der Klärung der Grundsatzfragen nur begrenzt interessiert waren. In Görlitz war das im Grunde nicht anders gewesen. Auch damals wurde den Parteiintellektuellen vom Vorstand ein großer Spielraum zugestanden. Aber die Väter des Programms von 1921 waren überwiegend Revisionisten, während die Autoren des Heidelberger Programms sich mehrheitlich als Marxisten betrachteten. Der Sieg, den die bewußten Reformisten in Görlitz errangen, wurde erheblich dadurch erleichtert, daß die sozialdemokratische Arbeiterbewegung 1921 noch gespalten war und die Wortführer des ideologischen Traditionalismus ihren Hauptstützpunkt in der USPD hatten. Der Rückhalt, den die Neuerer in der sozialdemokratischen Parteiführung besaßen, reichte wohl aus, um dem Görlitzer Programm zur Annahme zu verhelfen. Aber er war nicht stark genug, um den Geist von Görlitz in die vereinigte Sozialdemokratie hinüberzuretten.

Da es in den Spitzengremien keine starke Gruppe gab, die für die soziale Öffnung der Sozialdemokratie kämpfte, ist die Frage schwer zu beantworten, wie die Mitglieder reagiert hätten, wenn der Versuch von Görlitz wiederholt worden wäre, die SPD von einer proletarischen Klassenpartei in eine linke Volkspartei zu verwandeln. Vermutlich wäre das Grollen an der „Basis" sehr viel vernehmlicher gewesen als 1921. Denn der Zuzug der ehemaligen Unabhängigen hatte auch in den Ortsvereinen und Bezirken das „volksmarxistische" Element verstärkt. Die Rückkehr zur Ideologie von Erfurt war der innerparteilichen Integration gewiß dienlicher als die Fortsetzung des in Görlitz eingeschlagenen Weges. Aber da die Mitglieder der SPD an der Programmdiskussion nach 1922 so gut wie keinen Anteil nahmen, hätten die meisten wohl, obschon widerstrebend, auch ein konsequent reformistisches Programm hingenommen. Zu den Merkmalen des sozialdemokratischen Milieus gehörte nicht nur der Wunsch, sich gegenüber fremden Einflüssen abzuschirmen, sondern auch Disziplin gegenüber Parteitagsentscheidungen.[300]

*

Sehr viel mehr Kontroversen als das neue Programm löste auch auf dem Heidelberger Parteitag wieder der seit Anfang 1924 schwelende Sachsenkonflikt aus. In Dresden regierte nach wie vor eine Große Koalition — gestützt auf die Mehr-

299 Zu Hilferdings Haltung in der Koalitionsfrage vgl. den vorhergehenden Bd., S. 601; zum Görlitzer Programm ebda., S. 446 ff. Zur Vorgeschichte und Gründung der SAP: Hanno Drechsler, Die Sozialistische Arbeiterpartei Deutschlands (SAPD). Ein Beitrag zur Geschichte der deutschen Arbeiterbewegung am Ende der Weimarer Republik, Meisenheim 1965, sowie der folgende Bd. dieses Werks.

300 Zu den tatsächlichen Chancen der SPD, ihr soziales Einzugsfeld zu vergrößern, siehe unten S. 384 ff.

heit der sozialdemokratischen Landtagsfraktion und bekämpft von den vier sächsischen Parteibezirken der SPD. Frühere Schlichtungsversuche waren gescheitert: Die unteren Parteigliederungen wollten entgegen dem Wunsch des Berliner Parteitags von 1924 regierungsfreundliche Abgeordnete nicht wieder in den Landtag schicken, und die Fraktionsmehrheit war unter diesen Umständen nicht bereit, den Antrag auf Auflösung des Landtags einzubringen, auf den die Parteiorganisation drängte. Der Parteivorstand in Berlin hatte, was erstmals auf dem Heidelberger Parteitag durch Wels offiziell bestätigt wurde, die Entscheidung für die Große Koalition im Januar 1924 gebilligt. Im Herbst des gleichen Jahres setzte sich der Parteivorstand dafür ein, daß eine Auflösung des Landtags erst erfolgen sollte, wenn die bisherigen Mandatsinhaber wieder aufgestellt waren. Im Vorfeld des Heidelberger Parteitags wurde diese Linie — durch eine Kurskorrektur nach „links" — etwas gelockert: Anfang Juli 1925 forderte der Parteivorstand die sächsischen Genossen auf, die schwebenden Schiedsgerichtsverfahren gegen Abgeordnete der Fraktionsminderheit zu erledigen und dann „ungesäumt" die Auflösung des Landtags herbeizuführen. Aber auch diese Initiative zeitigte keinen Erfolg. Die Fraktionsminderheit stellte am 7. Juli, ohne den Ausgang der Schiedsverfahren abzuwarten und sich vorher mit der Mehrheit zu verständigen, den Auflösungsantrag. Die Fraktionsmehrheit bezeichnete die Entscheidung des Parteivorstandes als „Diktat", dem sie sich nicht beugen wolle. In der Tat war es ein ungewöhnlicher Vorgang, daß zwecks Bereinigung der Krise *einer* Partei eine Volksvertretung aufgelöst werden sollte. Mit dem Grundsatz der repräsentativen Demokratie ließ sich eine solche Instrumentalisierung des Parlaments nicht vereinbaren.[301]

Auf dem Heidelberger Parteitag befaßte sich, nachdem je ein Vertreter der Fraktionsmehrheit und der sächsischen Partei nochmals vor dem Plenum ihre gegensätzlichen Standpunkte dargelegt hatten, wiederum, wie schon im Juni 1924 auf dem Berliner Parteitag, eine „Sachsenkommission" mit dem Konflikt. Sachsen gehörten dem Ausschuß nicht an; die streitenden Richtungen hatten jedoch Gelegenheit, ihre Auffassungen vorzutragen. Das Ergebnis der Kommissionsarbeit war eine Beschlußempfehlung. Mehrheit und Minderheit der sächsischen Fraktion wurden aufgefordert, sich wieder zu *einer* Fraktion zu vereinigen und fortan „unter Zuziehung einer Vertretung des Parteivorstandes" zu beraten und zu beschließen. Die Frage der Landtagsauflösung solle von der Landtagsfraktion, den Bezirksvorständen Sachsens und dem Parteivorstand „sobald als irgend möglich beraten und gemeinsam entschieden" werden. Alle gegen sächsische Parteimitglieder aus Anlaß des Sachsenkonflikts anhängig gewordenen Ausschlußverfahren wurden für erledigt erklärt. Die beteiligten Genossen müßten wieder in ihre Parteirechte eingesetzt werden und die Möglichkeit der freien Meinungsäußerung in Presse und Versammlung erhalten. Es werde aber von ihnen erwartet, daß sie sich im Rahmen der Beschlüsse der Bezirksorganisationen Sachsens hielten.

301 Parteitag 1925 (Anm. 39), S. 28 ff. (Bericht des Parteivorstands), 102 ff. (Stelling), 120 ff. (Bethke), 134 ff. (Lipinski), 142 f. (Wels). Zur Geschichte des Sachsenkonflikts vgl. oben S. 196 sowie Klenke, SPD-Linke (Anm. 39), Bd. 1, S. 366 ff.

Der Resolutionsentwurf wurde vom Parteitag angenommen — freilich „gegen die Stimmen der Sachsen", wie das Protokoll vermerkt. Für 51 der 56 sächsischen Delegierten hatte zuvor Karl Böchel aus Chemnitz versichert, man werde trotz dieser Ablehnung „mit allen Kräften an der Erledigung des Konflikts im Sinne des Parteitagsbeschlusses" mitwirken und damit „ein Beispiel von Disziplin" geben. Aber die Wiederholung sämtlicher Vorwürfe, die die „Linken" gegen die „Rechten" ins Feld zu führen hatten, ließ nichts Gutes ahnen.[302]

Was dem Parteitag folgte, wirkte wie eine Parodie auf den Parlamentarismus. Die gespaltene sächsische Landtagsfraktion einigte sich zwar darauf, daß die Auflösung des Landtags erfolgen solle, sobald ein politischer Grund dafür vorläge. Aber dieser Grund wurde, obwohl sich auch zwei Vertreter des Parteivorstandes an der Suche beteiligten, nicht gefunden. Anfang 1926 schien sich dann doch eine Wende anzubahnen. Fraktionsmehrheit und Landesparteitag kamen am 31. Januar überein, die Auflösung des Landtags auf dem Weg über Gesetzesvorlagen zur Bereitstellung von Notstandsarbeiten zu betreiben, gegebenenfalls aber das Parlament auch ohne politischen Grund aufzulösen. Vom Parteivorstand wurde diese Vereinbarung ausdrücklich gutgeheißen.

Als indes die bürgerlichen Parteien den Deckungsantrag zu den Gesetzentwürfen der sozialdemokratischen Fraktion ablehnten, fanden sie hierbei die Unterstützung von Sozialdemokraten des rechten Flügels. Daraufhin schaltete sich nochmals der Parteivorstand der SPD ein. In persönlichen Schreiben mahnte er jedes einzelne Mitglied der Fraktionsmehrheit „dringend und kameradschaftlich", zur Durchführung der Vereinbarung vom 31. Januar beizutragen. Die Bezirke wurden ersucht, neuerliche Ausschlußanträge gegen Mitglieder der Fraktionsmehrheit nicht weiter zu betreiben. Doch Erfolg war dieser Intervention nicht beschieden. Am 25. März 1926 wurde im sächsischen Landtag ein Auflösungsantrag der linken Sozialdemokraten und der Kommunisten mit 60 gegen 27 Stimmen abgelehnt. Von den 23 Abgeordneten der sozialdemokratischen Fraktionsmehrheit stimmten 15 gegen die Auflösung des Landtags; acht nahmen an der Abstimmung nicht teil. Unmittelbar danach wurden sämtliche 23 Mitglieder der Fraktionsmehrheit von den sächsischen Bezirksorganisationen als erster Instanz aus der SPD ausgeschlossen.[303]

Da nur zwei der 23 sächsischen Parlamentarier innerhalb der im Organisationsstatut vorgesehenen Frist von vier Wochen beim Parteivorstand Berufung gegen diese Maßnahme einlegten, sprach alles für die Annahme, daß die Fraktionsmehrheit den Bruch mit der SPD für endgültig hielt. Am 21. Mai 1926 erklärte der Parteivorstand, die 23 Abgeordneten hätten „das Tischtuch zwischen sich und der Partei zerschnitten." Darüber hinaus bereiteten sie die Gründung

302 Parteitag 1925 (Anm. 39), S. 258 ff. (Roß als Berichterstatter der Sachsenkommission), 263 ff. (Böchel), 266 (Abstimmung), 301 f. (Resolution).

303 Jahrbuch der Deutschen Sozialdemokratie für das Jahr 1926. Hg. vom Vorstand der Sozialdemokratischen Partei Deutschlands, Berlin o. J. (ND: Berlin [W] 1976), S. 10—13; aus der Sicht der sächsischen Parteilinken: Lipinski, Kampf (Anm. 39), S. 80 f. Vgl. dazu auch Schulthess 1926 (Anm. 164), S. 81, 83.

einer eigenen Partei vor, deren Wirkungskreis sich nicht auf Sachsen beschränken solle.[304]

Das Ergebnis der sächsischen Landtagswahlen vom 31. Oktober 1926 war für die Alte sozialdemokratische Partei Sachsens (ASP), wie sich die bisherige Fraktionsmehrheit nun nannte, allerdings enttäuschend. Sie erhielt lediglich vier, die offizielle SPD dagegen 31 Sitze. Insgesamt büßte die Sozialdemokratie beider Richtungen sechs Sitze und ungefähr 200 000 Stimmen ein. Da aber den Altsozialdemokraten die Rolle des Züngleins an der Waage zugefallen war, konnte sich ihr Parteimitglied, der bisherige Ministerpräsident Max Heldt, zunächst an der Spitze einer geschäftsführenden Regierung halten. Am 11. Januar 1927 wurde er mit den Stimmen der bürgerlichen Parteien, einschließlich der Deutschnationalen, erneut zum Ministerpräsidenten gewählt. Er blieb in diesem Amt bis zu den nächsten Landtagswahlen, die im Mai 1929 stattfanden und mit einer schweren Niederlage der Altsozialdemokraten endeten.[305]

Die politische Linie, die die Altsozialdemokraten Sachsens verfolgten, nannte der Parteivorstand der SPD 1926 polemisch, aber nicht unzutreffend „nationalsozialistisch". Am Organ der neuen Partei, dem „Volksstaat", arbeitete als Redakteur Ernst Niekisch mit, ehedem ein Rätesozialist und mittlerweile einer der führenden deutschen „Nationalbolschewisten", der der SPD seit einiger Zeit eine nationalistische Außenpolitik angeraten und damit massiven Widerspruch vor allem von Eduard Bernstein herausgefordert hatte. Außer Niekisch konnten die Führer der ASP einige ehemalige Sozialdemokraten, darunter den früheren Oberpräsidenten von Ostpreußen, August Winnig, für die Mitarbeit in der neuen Partei und an ihrer Zeitung gewinnen. Aber das ehrgeizige Vorhaben, die Altsozialdemokratische Partei auf das ganze Reich auszudehnen, erlitt bei den Reichstagswahlen vom Mai 1928 Schiffbruch. Auf die Altsozialdemokraten entfielen nur 65 000 Stimmen: mehr als die Hälfte, nämlich 35 000, kamen aus Sachsen. Die Niederlage bei den sächsischen Landtagswahlen vom Mai 1929, bei denen die Partei des Ministerpräsidenten Heldt nur noch zwei Mandate errang, war zugleich der Anfang vom Ende des „Volksstaates". Das Blatt trennte sich von der Altsozialdemokratischen Partei und mußte im April 1930 als Tageszeitung in Konkurs gehen. Danach erschien der „Volksstaat" noch eine Zeit lang als Wochenblatt.[306]

304 Jahrbuch 1926 (Anm. 303), S. 12 f.

305 Zum Wahlausgang vom Oktober 1926: Egelhaaf 1926 (Anm. 175), S. 191. Heldts Nachfolger als Ministerpräsident wurde 1929 der DVP-Abgeordnete Bünger; seinem Kabinett gehörte der Altsozialdemokrat Elsner als Arbeitsminister an. Im Landtag verfügten die Altsozialdemokraten seit dem Mai 1929 noch über 2 Sitze. Zur inneren Entwicklung Sachsens: Huber, Verfassungsgeschichte (Anm. 272), Bd. 6, S. 809 f.

306 Auf die Schrift von Ernst Niekisch „Der Weg der deutschen Arbeiterschaft zum Staat" (Berlin 1924) antwortete Eduard Bernstein mit dem Aufsatz: Soll die deutsche Sozialdemokratie nationalistische Politik treiben?, in: Die Glocke 11 (1925), S. 557—562. Niekisch trennte sich 1926 von der SPD. Zu seiner Rolle im „Hofgeismarkreis" der Jungsozialisten vgl. unten S. 374 ff. Vgl. zu Niekisch und zum Nationalbolschewismus vor allem Otto Ernst Schüddekopf, Linke Leute von rechts. Nationalbolschewismus in Deutschland von 1918 bis 1933, Stuttgart 1960; Hans Buchheim, Ernst Niekischs Ideologie des Widerstandes, in: VfZ 5 (1957), S. 334—361;

Der rechte Flügel der sächsischen Sozialdemokratie erreichte nach seiner Abspaltung lediglich das Format einer politischen Sekte. Nur ein winziger Bruchteil der sozialdemokratischen Parteimitglieder schloß sich der Fraktionsmehrheit an. Der radikale Nationalismus, den das maßgebliche Organ der Altsozialdemokraten propagierte, trug wesentlich dazu bei, sie innerhalb der Arbeiterbewegung zu isolieren. Aber der Bruch innerhalb der sächsischen Sozialdemokratie ging durchaus nicht nur auf ihr Konto. In keinem deutschen Einzelstaat war die SPD so dogmatisch „links" wie in Sachsen. Mit dem hohen Grad der Industrialisierung und Verstädterung allein war dieser Sachverhalt nicht zu erklären. Vermutlich hatte der ehemalige Unabhängige Richard Lipinski recht, als er auf dem Heidelberger Parteitag die historischen Ursprünge der sächsischen Sonderentwicklung bis in die Zeit vor 1914 zurückverfolgte. Wenn man den Konflikt begreifen wolle, meinte er, müsse man ihn „unter dem Gesichtspunkt der geknechteten und unterdrückten Arbeitnehmerschaft der Vorkriegszeit verstehen, in der ein glühender Haß gegen die damals nationalliberale und konservative Partei in Sachsen durch die Maßnahmen der damaligen Regierung hervorgerufen" worden sei — nämlich die etappenweise Beseitigung des allgemeinen Wahlrechts, erst durch ein Dreiklassen- und dann durch ein Pluralwahlrecht, das den höheren Besitz, die höhere Steuerleistung und die höhere Bildung begünstigte. Der Radikalismus der sächsischen Sozialdemokratie war zu einem guten Teil durch diese Erfahrungen bedingt. Sachsen wurde eine Hochburg — vor 1914 des linken Parteiflügels, nach 1917 der Unabhängigen Sozialdemokratie und seit 1922 der Linken innerhalb der Vereinigten Sozialdemokratie. Die Absplitterung von 1926 war nicht die letzte, die von diesem Problemland der Weimarer Sozialdemokratie ihren Ausgang nahm. Als sich im Herbst 1931 der äußerste linke Flügel der SPD in Gestalt der Sozialistischen Arbeiterpartei verselbständigte, fand die Sezession in Sachsen ihren stärksten Rückhalt.[307]

*

---

von Ernst Niekisch selbst: Gewagtes Leben. Begegnungen und Begebnisse, Köln usw. 1958, S. 120 ff. Zu Niekisch' Rolle beim „Volksstaat" und zu Winnig: Koszyk, Presse (Anm. 287), S. 175 f.; zu Winnig auch der vorhergehende Bd., S. 224. Die Wertung des Parteivorstandes der SPD in: Jahrbuch 1926 (Anm. 303), S. 13; Parteitag 1927 (Anm. 288), S. 31 f. (Wels). — Eine positive Würdigung fanden die sächsischen „Altsozialdemokraten" in dem führenden Organ des rechten Flügels der SPD, den „Sozialistischen Monatsheften". Max Schippel bestätigte der Fraktionsmehrheit auch nach dem Bruch mit der Partei, daß sie weiterhin ein Recht darauf habe, sich „sozialdemokratisch" zu nennen. Ders., Der sächsische Parteiradikalismus, in: SM 63 (1926/II), S. 308—312. Zu den Reichstagswahlen von 1928 vgl. unten S. 521 f.

307 Parteitag 1925 (Anm. 39), S. 132 (Lipinski). Im Bezirk Plauen schlossen sich im Sommer 1926 weniger als 1 % der SPD-Mitgliedschaft den Altsozialdemokraten an. Vgl. dazu Fritz Bieligk, Wo stehen die Massen in Sachsen?, in: SPW 4 (1926), Nr. 27 (8. 7.). — Zu den sächsischen Wahlrechtsreformen von 1896 und 1909: Ernst Rudolf Huber, Deutsche Verfassungsgeschichte seit 1789, Bd. 4: Struktur und Krisen des Kaiserreiches, Stuttgart usw. 1969, S. 404 ff. Vgl. dazu auch Donald Warren, jr., The Red Kingdom of Saxony. Lobbying Grounds for Gustav Stresemann 1901—1909, The Hague 1964. Zur SAP vgl. Drechsler, Sozialistische Arbeiterpartei (Anm. 299).

Vielen Sozialdemokraten im Reich erschien der Sachsenkonflikt, wie es der „Vorwärts" anläßlich des Heidelberger Parteitages ausdrückte, als „partikularistische Krähwinkelei". Das war jedoch nur die eine, die eher skurrile Seite des Streits. Die andere betraf ein Grundsatzproblem, das auch außerhalb Sachsens noch keine endgültige Klärung gefunden hatte: das Verhältnis der SPD zur staatlichen Macht in der parlamentarischen Republik. Für die Linke war die Antwort klar: Die Macht im Staat war das Ziel, aber die Arbeiterklasse konnte ihm nicht durch Koalitionspolitik mit bürgerlichen Parteien, sondern nur durch kompromißlosen proletarischen Klassenkampf näherkommen. Was einer der führenden sächsischen Linken, der Reichstagsabgeordnete Max Seydewitz aus Zwickau, Anfang August 1925 in der von Paul Levi herausgegebenen Korrespondenz „Sozialistische Politik und Wirtschaft" schrieb, war durchaus programmatisch: „Die Feststellung, daß wir im Zeitalter des Klassenkampfes die Interessen der proletarischen Klasse über das Interesse des Staates stellen müssen, muß wieder Allgemeingut in der deutschen Sozialdemokratie werden, sie muß ihren Niederschlag im neuen Parteiprogramm finden. Wir sind entweder eine Volkspartei oder eine Klassenpartei, wir müssen uns entscheiden entweder für eine allgemeine verschwommene Volkspolitik oder für den Klassenkampf. Unsere Stellungnahme für den Klassenkampf muß auch bei unserer Stellungnahme zum Staat, zur Republik sichtbar sein."[308]

Auf dem Heidelberger Parteitag vertraten neben anderen Hermann Fleißner aus Dresden und der Berliner Bezirksvorsitzende Franz Künstler ganz ähnliche Positionen. Fleißner erklärte, die bürgerlichen Parteien hätten vom Wesen und vom Inhalt der Republik eine ganz andere Auffassung als die Sozialdemokratie. „Für diese bürgerlichen Parteien ist das Ziel der Republik mit der gegenwärtigen Republik erreicht; weiter gehen sie auf keinen Fall. Für uns ist die gegenwärtige Republik nicht das Ende oder das Ideal der Republik. Diesen Gegensatz zwischen uns und den bürgerlichen Parteien müssen wir stets scharf betonen. Unser Ziel ist die sozialistische Republik. Um sie wollen wir kämpfen. Führen wir aber diesen Kampf, dann werden wir in erster Linie auf die Arbeitermassen angewiesen sein." Künstler formulierte noch schärfer: „Die deutsche Sozialdemokratie hat nach meiner Auffassung nicht mehr Verantwortung in einer Republik, als die Arbeiterschaft Macht und Einfluß auf diese Republik besitzt. Wenn eine Republik eine Politik gegen die Arbeiterschaft treibt, hat die Sozialdemokratie aus Selbsterhaltungstrieb die Pflicht, gegen eine solche Republik so scharf anzukämpfen wie gegen ein Deutschland Wilhelms II."[309]

---

308 Die Partei der Zukunft, in: Vorwärts, Nr. 433, 13. 9. 1925; Max Seydewitz, Das Parteiprogramm und die Republik, in: SPW 3 (1925), Nr. 31 (7. 8.). Zur Haltung der sozialdemokratischen Linken in der Stabilisierungsphase auch Arneta A. Jones, The Left Opposition in the German Social Democratic Party — 1922—33. Emory University, Ph. D. Disseration (1968), University Microfilms, Ann Arbor 1969, S. 189 ff., sowie die materialreiche, mit der Haltung der sozialdemokratischen Linken sympathisierende Darstellung von Klenke, SPD-Linke (Anm. 39), passim.

309 Parteitag 1925 (Anm. 39), S. 146 (Fleißner), 147 f. (Künstler).

Belegt wurde die These von der konservativen Republik regelmäßig mit Hinweisen auf antidemokratische Umtriebe in der Reichswehr, die Wahl Hindenburgs, den Einfluß der Deutschnationalen, aber auch mit der klerikalen Haltung, die das Zentrum in schulpolitischen Fragen einnehme, ja sogar mit der von der SPD unterstützten Außenpolitik Stresemanns: Für die „Sozialistische Politik und Wirtschaft" war der Außenminister der deutschen Republik „der Todfeind, der Totengräber dieser selben Republik" und „die personifizierte Konterrevolution". Levi hielt eine friedliche Außenpolitik der Bourgeoisie für „Lug und Trug": „Sagen wir offen: Friedliche Außenpolitik ist nicht möglich, solange nicht die Arbeiterschaft im Innern beherrschend ist." Die Locarno-Verträge, denen er eine antisowjetische Stoßrichtung unterstellte, waren aus Levis Sicht bezeichnend für die „reaktionäre, die imperialistische, die kriegerische Außenpolitik der neu entstehenden deutschen Bourgeoisie."[310]

Die Mehrheit der Partei dachte anders. Breitscheid fand auf dem Heidelberger Parteitag lebhafte Zustimmung, als er den angestrebten Sicherheitspakt und den damit verknüpften deutschen Beitritt zum Völkerbund als einen „Schritt vorwärts auf dem Weg zum Frieden" bezeichnete. Mit der starken Mehrheit von 272 gegen 81 Stimmen lehnte der Parteitag einen Antrag Seydewitz und Genossen ab, der die Reichstagsfraktion aufforderte, „in allen künftigen Kämpfen ohne jede Rücksicht auf die bürgerlichen Parteien mit aller Schärfe die Interessen des Proletariats so zu vertreten, daß auch die proletarischen Anhänger jener Parteien in ihr die Vertreterin ihrer Interessen erkennen und das große Heer klassenbewußter Proletarier vermehren." Die meisten Delegierten hielten es eher mit Wilhelm Keil, dem Berichterstatter der Reichstagsfraktion. Seine Rede gipfelte in dem Plädoyer, stets die Folgen des eigenen Tuns zu bedenken. Die SPD müsse sich darüber klar sein, daß sie, wenn sie eine Regierung stürze, in die Zwangslage geraten könne, eine neue zu bilden oder zu unterstützen. „Denn das ist der Sinn des parlamentarischen Regierungssystems, daß die Opposition, die siegt, selbst die Regierung übernehmen oder für die Bildung einer arbeitsfähigen Regierung sorgen muß. Mir scheint, daß Genosse Seydewitz diesen Grundgedanken des Parlamentarismus noch nicht ganz erfaßt hat. Daß der Kampf zwischen Opposition und Regierungspartei, der im klassischen Lande des Parlamentarismus, in England, jahr-

310 Isegrimm, Stresemann, in: SPW 2 (1924), Nr. 61 (8. 10.); Paul Levi, Zur sozialdemokratischen Innen- und Außenpolitik, in: SPW 3 (1925), Nr. 45 (12. 11.); ders., Unsere Politik, in: 3 (1925), Nr. 39 (1. 10.). Zur SPW: Hans-Ulrich Ludewig, Die „Sozialistische Politik und Wirtschaft". Ein Beitrag zur Linksopposition in der SPD 1923 bis 1928, in: IWK 17 (1981), S. 14—41. — Auf dem Heidelberger Parteitag forderte der Delegierte Paul Prien aus Dessau sogar die Reichstagsfraktion auf, einen Antrag auf Abschaffung der Reichswehr und der Reichsmarine zu stellen. Ein entsprechender Antrag wurde allerdings vom Parteitag ebenso abgelehnt wie Anträge, die eine pauschale Ablehnung des Reichswehretats verlangten. Parteitag 1925 (Anm. 39), S. 203 (Prien), 226 f. (Kommentierung der Anträge durch Keil), 230 (Abstimmung). Ein Frankfurter Antrag, der sich gegen die „Einkreisung" der Sowjetunion durch das geplante neue westliche Sicherheitssystem wandte, wurde ebenfalls abgelehnt. Ebda., S. 246 ff. (Loeb), 257 (Abstimmung). Kritik am „klerikalen" Zentrum und an der von der SPD unterstützten Präsidentschaftskandidatur von Wilhelm Marx übten v. a. Künstler (S. 146 f.) und Seydewitz (S. 176 f.).

hundertelang ein Kampf zwischen Liberalismus und Konservatismus war, in Deutschland mehr und mehr zu einem Kampf zwischen Sozialismus und Bürgertum geworden ist, beweist uns nur, daß wir uns in dem Stadium des Ringens um unseren Anteil an der *unmittelbaren Staatsgewalt* befinden. Daraus ergibt sich aber eine andere taktische Stellungnahme als in der Vorkriegszeit."[311]

Die innerparteiliche Opposition konnte Keil damit nicht überzeugen. Im November 1926 äußerte sich Paul Levi nochmals in einer für die sozialdemokratische Linke überaus typischen Weise zum Verhältnis von Regierung und Parlament. „Demokratie und Republik kennen zwei Dinge: eine Regierung, die regiert, und ein Parlament, dem die Regierung verantwortlich ist ... Regierung und Parlament müssen sich frei, offen und unabhängig gegenüberstehen: ihre Auseinandersetzung, unter Umständen ihr Kampf, ist das Leben der demokratischen Republik."[312]

Levi sprach von der demokratischen Republik, aber er dachte in den Kategorien der konstitutionellen Monarchie. Dort waren Regierung und Parlament voneinander unabhängig gewesen. Im parlamentarischen System dagegen hing die Regierung vom Vertrauen einer parlamentarischen Mehrheit ab. Nicht Parlament und Regierung standen sich gegenüber, sondern Regierungsmehrheit und parlamentarische Opposition. In Deutschland mit seinen vielen Parteien, von denen keine die Mehrheit der Reichstagssitze hatte, bedeutete das den Zwang zu Koalitionen. Keil, der sich auf dem Heidelberger Parteitag nicht offen für die Große Koalition ausgesprochen, sondern nur davor gewarnt hatte, ein solches Regierungsbündnis ein für allemal auszuschließen, untertrieb, als er das Verhältnis der SPD zur Staatsmacht in den Bereich der Taktik rückte. In Wirklichkeit war die Frage, wie die Sozialdemokraten es mit den Geboten der parlamentarischen Demokratie hielten, das grundsätzlichste aller Probleme, die sie zu lösen hatten. Das bedingungslose Nein, das Levi und seine politischen Freunde einer Koalition mit bürgerlichen Parteien entgegensetzten, konnte in der Praxis nur Selbstausschaltung der Sozialdemokratie und damit Stärkung der politischen Rechten bedeuten. Die Linken waren in ihrer Haltung gegenüber dem parlamentarischen System so sehr Gefangene der vorrepublikanischen Vergangenheit, daß sie am Ende einen wesentlichen Unterschied zwischen Kaiserreich und Republik gar nicht mehr zu erkennen vermochten. Wenn sie sich zur Republik bekannten, war es eher die der sozialistischen Zukunft als die der „bürgerlichen" Gegenwart. Weimar konnte durch diesen Vorbehaltsrepublikanismus von links nur geschwächt werden.

*

Als Ende Mai 1927 der nächste sozialdemokratische Parteitag in Kiel zusammentrat, zeigte sich die Führung entschlossen, die Herausforderung des linken

311 Parteitag 1925 (Anm. 39), S. 193 (Keil; Hervorhebung im Original); 231 (Abstimmung über den Antrag Seydewitz); 251 (Breitscheid), 316 (Text des Antrags Seydewitz). Zu Breitscheids Verteidigung der Außenpolitik Stresemanns vgl. oben S. 255 f.

312 Paul Levi, Die „stille" Koalition, in: SPW 4 (1926), Nr. 46 (19. 11.).

Flügels anzunehmen. Eine offenere Sprache gegenüber der innerparteilichen Opposition schien aus mehreren Gründen angebracht. Einmal mußte der SPD schon im Hinblick auf den spätestens 1928 fälligen Reichstagswahlkampf daran liegen, der Öffentlichkeit das Bild einer leidlich geschlossen auftretenden Partei zu bieten. Die ständigen polemischen Angriffe, wie sie die „Levi-Korrespondenz“ gegen den Parteivorstand richtete, vertrugen sich mit diesem Ziel nicht. Zum anderen fühlte sich der Parteivorstand durch die Erfahrungen mit dem Rechtskabinett Marx in der Einsicht bestätigt, daß es erforderlich war, die Sozialdemokratie als die maßgebliche Regierungspartei von morgen herauszustellen. Der Fundamentalopposition, wie die Linken sie propagierten, mußte daher eine klare Absage erteilt werden. Schließlich trug der Ausgang des Sachsenkonflikts dazu bei, die Parteiführung von der Furcht zu befreien, eindeutige politische Festlegungen könnten zu einer Spaltung der SPD führen.

In Kiel eröffnete der Parteivorsitzende Wels die Offensive gegen die Linke. Es sei möglich, sagte er in seinem Rechenschaftsbericht, daß Herausgeber und Mitarbeiter einer „gewissen Korrespondenz, die längst keine Korrespondenz mehr ist, sondern eine ausgewachsene Zeitung“, auf die Partei erzieherisch wirken wollten und nicht die Absicht hätten, illoyal zu sein. „Aber ich muß doch die Frage aufwerfen, woher nehmen die Genossen die Legitimation als Schulmeister und Vormund für die Partei? Sind sie durch Sachkenntnis und Parteierfahrung, an ehrlichem Willen, innerer Überzeugung, an wahrem proletarischem Klassenbewußtsein und Stetigkeit der von ihnen vertretenen Auffassungen den immer wieder aufs schärfste und in herabsetzendster Weise angegriffenen offiziellen Parteiinstanzen in Partei und Fraktion so turmhoch überlegen?“

Was es in der Partei bisher nicht gegeben habe, so weiter Wels, sei „das Heimatrecht einer geschlossenen Opposition in der Partei um ihrer selbst willen.“ Wenn man anfange, von „wir“ und „ihr“ zu reden, dann komme bald der Zeitpunkt, wo die Sozialdemokraten in verschiedenen Sprachen sprächen und sich gegenseitig nicht mehr verstünden. „Dann wird aus der Opposition Quertreiberei nach dem Motto: die ganze Richtung paßt uns nicht. Dem Richtungsstreit aber wollen wir in der Partei keinen Platz mehr einräumen; denn nur so zerschlagen wir die Hoffnung der Kommunisten auf einen Erfolg in ihrer immer wieder versuchten Zellenbildung.“

Andere Redner wurden noch deutlicher. Konrad Broßwitz aus dem mehrheitlich „linken“ Unterbezirk Frankfurt meinte, wenn man einen Teil der Parteipresse lese, frage man sich, ob er überhaupt noch zur Partei gehöre. „In der kommunistischen Presse findet man heutzutage fast nur noch Artikel, die aus diesen Publikationen übernommen worden sind. Die Kommunisten brauchen nur noch von unseren Blättern abzuschreiben und brauchen uns das in Versammlungen nur vor die Nase zu halten.“ Preußens Ministerpräsident Otto Braun warnte vor dem „Mißbrauch der Meinungsfreiheit“, den man „mindestens“ kritisieren müsse, „damit für die Zukunft diese Parteigenossen sich bei jeder Meinungsäußerung eine gewisse Zurückhaltung auferlegen.“ Friedrich Stampfer, der Chefredakteur des „Vorwärts“, verteidigte das sozialdemokratische Zentralorgan gegen linke Kritiker mit der Bemerkung: „Wenn wir die Rezepte von Zwickau, Plauen und Chemnitz und anderen Orten befolgt hätten, die sozialdemokratische Partei wäre dann ein Trümmerhaufen."

Die Sprecher der innerparteilichen Opposition hatten angesichts der massiven Angriffe der Mehrheitsredner einen schweren Stand. Kurt Rosenfeld aus Berlin, ein ehemaliger Unabhängiger und danach einer der führenden Juristen der sozialdemokratischen Reichstagsfraktion, erklärte, die „Korrespondenz des Genossen Levi" sei eine Notwendigkeit, da weder der „Vorwärts" noch die „Gesellschaft" eine Tribüne für die Austragung von Meinungsverschiedenheiten sein wollten. Dem Parteivorstand warf Rosenfeld gar eine Annäherung an „Moskauer Methoden" vor. Siegfried Aufhäuser, der Vorsitzende des AfA-Bundes und ebenfalls ein früherer Unabhängiger, schlug vor, nicht nur die „Sozialistische Politik und Wirtschaft", sondern auch einmal die Artikel mancher Mitarbeiter an den „Sozialistischen Monatsheften", einem Organ des rechten Parteiflügels, unter die Lupe zu nehmen. Der Vorsitzende des mehrheitlich linken Bezirks Berlin, Franz Künstler, auch er ein ehemaliges Mitglied der USPD, wandte sich zwar gegen eine „organisierte Opposition", verteidigte aber eine Art informeller Fraktionsbildung. „Daß Genossen derselben Auffassung auch persönlich einander näher stehen, ist zu selbstverständlich, als daß man hier schon von der organisierten Opposition reden könnte ... Der Parteivorstand verlangt von der Gesamtpartei, die Massen sollen zu ihm Vertrauen haben. Ich aber sage dem Parteivorstand, er soll auch Vertrauen den Massen entgegenbringen, die nicht immer seiner Ansicht sind, gerade den Massen, die in sachlicher Opposition stehen, um der Partei zu dienen. Nur so gibt es für die Partei ein Vorwärts und Aufwärts."[313]

Daß der Parteivorstand für seine Linie eine breite Mehrheit finden würde, daran konnte schon nach der Debatte über den Bericht von Wels am 23. und 24. Mai nicht mehr gezweifelt werden. Aber die ausführliche Darlegung und Begründung dieser Linie folgte erst am vierten Konferenztag. Es war Hilferding, der die „Aufgaben der Sozialdemokratie in der Republik" zu erläutern hatte, und er tat es, wie erwartet, auf der Grundlage einer weit ausholenden Analyse der wirtschaftlichen und politischen Entwicklung Deutschlands und der Welt seit dem Krieg. Der Kapitalismus, so lautete die den theoretisch interessierten Genossen bereits bekannte Eingangsthese, befinde sich augenblicklich in einer Periode, in der „im wesentlichen" die Ära der freien Konkurrenz überwunden sei. Es walteten nun nicht mehr die blinden Marktgesetze, sondern die kapitalistische Organisation; der Weg gehe also vom freien Spiel der Kräfte zur organisierten Wirtschaft.

Ein wichtiges Kennzeichen des „organisierten Kapitalismus" war Hilferding zufolge in technischer Hinsicht das Vorrücken der synthetischen Chemie, wodurch die Wirtschaft von einzelnen Rohstoffvorkommen allmählich unabhängig werde. Auf organisatorischem Gebiet sei einmal die Entwicklung von Kartellen

313 Parteitag 1927 (Anm. 288), S. 32 f. (Wels); 67 (Künstler), 70 f. (Broßwitz), 75 (Braun), 76 (Aufhäuser), 87 (Stampfer). Ein von Künstler unterstützter Antrag aus Hamburg, der Berliner Parteiorganisation solle die Schaffung eines eigenen Parteiblattes gestattet werden — was den „Vorwärts" aus seiner Doppelrolle als Zentralorgan der SPD und örtliche Berliner Parteizeitung entlassen hätte — wurde auf Grund des Einspruchs des Parteivorstandes von den Antragstellern wieder zurückgezogen. Ebda., S. 109.

und Trusts ein hervorstechendes Merkmal, zum anderen „die Internationalisierung der kapitalistischen Industrie, das Bestreben, die nationalen Monopole, Kartelle und Truste international zusammenzufassen." Diese Internationalisierung habe freilich nicht zum Abflauen der Schutzzollbewegung geführt, sondern den Schutzzöllen lediglich eine neue Funktion verliehen: „Je höher der Schutzzoll, desto größer und gesicherter die Quote, die das nationale Monopol bei der internationalen Monopolisierung für sich in Anspruch nimmt." Zusammenfassend definierte Hilferding: „Organisierter Kapitalismus bedeutet also in Wirklichkeit den prinzipiellen Ersatz des kapitalistischen Prinzips der freien Konkurrenz durch das sozialistische Prinzip planmäßiger Produktion. Diese planmäßige, mit Bewußtsein geleitete Wirtschaft unterliegt in viel höherem Maße der Möglichkeit der bewußten Einwirkung der Gesellschaft, das heißt nichts anderes, als der Einwirkung durch die einzige bewußte und mit Zwangsgewalt ausgestattete Organisation der Gesellschaft, der Einwirkung durch den Staat."

An diesem Punkt der Analyse angelangt, ergab sich für Hilferding die entscheidende politische Schlußfolgerung scheinbar von selbst: Nachdem der Kapitalismus selbst das Prinzip der sozialistischen Wirtschaftsordnung, die wissenschaftliche Methode des Wettbewerbs, übernommen habe, sei der letzte „psychologische Einwand gegen den Sozialismus" entfallen. Die Frage sei aber, wie die „gegenseitige Durchdringung" der kapitalistischen Organisation der Wirtschaft und der Staatsorganisation gestaltet werde. „Das heißt nichts anderes, als daß unserer Generation das Problem gestellt ist, mit Hilfe der bewußten gesellschaftlichen Regelung diese von den Kapitalisten organisierte und geleitete Wirtschaft umzuwandeln. Daraus folgt, daß das Problem, das unserer Generation gestellt ist, nichts anderes sein kann als der Sozialismus. Wenn wir als Sozialdemokratie früher gekämpft haben um politische Rechte, um die Anfänge und Erweiterung der Sozialpolitik, so ist durch die ökonomische Entwicklung selbst das Problem des Sozialismus gestellt."

Zwar habe der Staat auch schon in der Periode der freien Konkurrenz Einfluß auf die Wirtschaft genommen: so im Bereich der Geld-, Steuer- und Handelspolitik. Neu aber sei die Staatsregelung auf dem Gebiet, das unmittelbar das proletarische Schicksal angehe, nämlich dem Arbeitsmarkt. So bedeute die Arbeitslosenversicherung eine ganz bestimmte Regelung von Angebot und Nachfrage auf dem Arbeitsmarkt. Überdies habe Deutschland durch die Einschaltung staatlicher Schlichter in das Tarifvertragswesen eine „politische Lohnregelung und eine politische Arbeitszeitregelung."

Das persönliche Schicksal des Arbeiters werde also bestimmt durch die Politik, die der Staat treibe. Wenn es gelungen sei, trotz hoher Arbeitslosigkeit die Reallöhne zu halten, dann nur, weil der politische Einfluß der Arbeiterklasse groß genug gewesen sei, um Lohnsenkungen zu verhindern. „Wir müssen es in jedes Arbeiterhirn einhämmern, daß der Wochenlohn ein politischer Lohn ist, daß es von der Stärke der parlamentarischen Vertretung der Arbeiterklasse, von der Stärke ihrer Organisation und den sozialen Machtverhältnissen außerhalb des Parlaments abhängt, wie der Lohn am Ende der Woche sich gestaltet. Namentlich den Arbeiterfrauen muß gesagt werden: wenn ihr zur Wahl geht, entscheidet ihr gleichzeitig über Brot und Fleisch und die Höhe des Lohnes." Das sei etwas Neues in der kapitalistischen Wirtschaft und unvereinbar mit dem Prinzip der freien Konkurrenz; es sei nur möglich, „weil wir eine organisierte Wirtschaft haben, die in immer steigendem Maße der bewußten Organisation durch die Gesellschaft, durch den Staat unterliegt."

Die „Aufgaben der Sozialdemokratie in der Republik" waren damit klar. Das Gerede von den „demokratischen Illusionen", von der „bürgerlichen" und der „formalen" Demokratie mußte aufhören. Historisch betrachtet, war die Demokratie ja ohnehin stets die Sache des Proletariats gewesen; sie war von „höchster inhaltlicher Bedeutung für jedes einzelne Arbeiterschicksal". Das Proletariat hatte ein „unbedingtes Interesse an der Erhaltung der Demokratie": „Wenn Sie nicht verstanden haben, daß die Erhaltung der Demokratie und Republik das wichtigste Interesse der Partei ist, haben Sie nicht das ABC des politischen Denkens begriffen." Aber es ging nicht nur um die Erhaltung, sondern auch um die Veränderung des demokratischen Staates. „Wir müssen aus dem Staat das beste politische Instrument machen, das er heute auch nach der neuen Verfassung rein politisch gesehen noch nicht ist." Die Sozialdemokratie war „ein Teil des Staates", und deswegen durfte sie nicht die Parole ausgeben, sie werde unter keinen Umständen die Verantwortung einer Regierung übernehmen. Das Koalitionsproblem, eine taktische Frage, verlangte von der Partei vielmehr „freie Beweglichkeit". „Wir kennen den Weg, wir kennen das Ziel. Wenn wir kämpfen unter dem Wahlspruch: treu dem sozialistischen Prinzip, unbeirrbar im Ziele der Eroberung der Staatsmacht, aber freie Beweglichkeit für unsere Taktik, dann wird aus der Möglichkeit des Sieges die Wirklichkeit des Sieges werden!"[314]

Das Referat des führenden sozialdemokratischen Theoretikers wurde mit stürmischem Beifall bedacht. Die anschließende Aussprache konzentrierte sich auf die praktischen Empfehlungen des Redners, namentlich zum umstrittenen Thema „Koalitionspolitik". Einige Sprecher des linken Flügels äußerten darüber hinaus gewisse Zweifel an Hilferdings optimistischer Annahme, der „Organisierte Kapitalismus" bereite unweigerlich dem Sozialismus den Weg. Aufhäuser etwa meinte, die Einengung der freien Konkurrenz sei „organisatorisch wohl eine gewisse Voraussetzung auch für das, was wir erstreben, aber bedeutet in der Situation, in der

314 Ebda., S. 165—184. Zu Hilferdings Theorie des „Organisierten Kapitalismus" vgl. oben S. 38 f.; zur Kritik siehe auch: Heinrich August Winkler, Organisierter Kapitalismus? Versuch eines Fazits, in: ders., Liberalismus und Antiliberalismus, Göttingen 1979, S. 264—271; zu Hilferding als Theoretiker allgemein: Wilfried Gottschalch, Strukturveränderungen der Gesellschaft und politisches Handeln in der Lehre von Rudolf Hilferding, Berlin [W] 1962, bes. S. 189 ff.; Heinz-Gerhard Haupt, Rudolf Hilferding, in: Hans-Ulrich Wehler (Hg.), Deutsche Historiker, Bd. 8, Göttingen 1982, S. 56—77; Franz Ritter, Theorie und Praxis des Demokratischen Sozialismus in der Weimarer Republik, Frankfurt usw. 1981, S. 133—166; Harold James, Rudolf Hilferding and the Application of the Political Economy of the Second International, in: The Historical Journal 24 (1981), S. 847—869; Cora Stephan (Hg.), Zwischen den Stühlen oder über die Vereinbarkeit von Theorie und Praxis. Schriften Rudolf Hilferdings 1904—1940, Berlin [W] 1982, S. 212 f.; Günter Könke, Organisierter Kapitalismus, Sozialdemokratie u. Staat. Eine Studie zur Ideologie der sozialdemokratischen Arbeiterbewegung in der Weimarer Republik (1924—1932), Stuttgart 1987, S. 48 ff. Zum „politischen Lohn" vgl. unten S. 557 ff.

wir heute unsere Taktik zu bestimmen haben, eine ungeheure Machtsteigerung der Kapitalisten, eine ungeheure Gefahr für die Arbeiterschaft von heute". Das war gewiß einer der schwächsten Punkte in Hilferdings Analyse. Aber seine gut marxistische These, daß der Abbau der freien Konkurrenz ein *wirtschaftlicher* Fortschritt sei, blieb unwidersprochen. Ein anderer Mangel wurde ebensowenig bemerkt. Krisen waren bei Hilferding nicht mehr vorgesehen. Die Organisierung des Kapitalismus bewirkte offenbar auch seine Domestizierung. Das Vordringen rationaler Tendenzen verdrängte die ursprüngliche Anarchie des Marktes, und je mehr die Planung der Produktion an Boden gewann, desto geringer schien die Gefahr katastrophaler Erschütterungen. Die Außerkraftsetzung der Marktgesetze, ablesbar am „politischen Lohn", bezeugte, daß die Zeit ökonomisch reif war für den Sozialismus. Seine Verwirklichung war nur noch eine politische Machtfrage — und wie diese gelöst werden konnte, hatte Hilferding ja dargelegt: durch einen sozialdemokratischen Wahlsieg und durch taktische Beweglichkeit hinsichtlich künftiger Koalitionen.

Auf dem Parteitag konnte sich die von Hilferding verfochtene Linie mühelos durchsetzen. Eine thesenhafte Zusammenfassung seiner wichtigsten Aussagen, als Vorlage des Parteivorstands eingebracht, fand die Zustimmung der Delegierten. Abgelehnt wurde dagegen ein von Aufhäuser und Toni Sender unterzeichneter Resolutionsentwurf. Diesem Antrag zufolge war es *die* Aufgabe der Sozialdemokratie in der deutschen Republik, gegenüber der Klassenherrschaft des Kapitalismus die proletarischen Klasseninteressen zu vertreten, den Kampf für soziale Forderungen und für den Sozialismus zu führen. „Gegenüber dieser Aufgabe tritt der Kampf für die Erhaltung der Republik, mit der sich die Bourgeoisie abgefunden hat, an Bedeutung zurück. Die Kampffront in der deutschen Republik bildet sich nicht mehr unter der Parole: hie republikanisch — hie monarchistisch, sondern hie sozialistisch — hie kapitalistisch. Angesichts dieser Konstellation muß die Taktik der Sozialdemokratie sein: Opposition statt Koalition." Nur 83 Delegierte stimmten für den Antrag der Linken, 255 sprachen sich gegen ihn aus.[315]

Ohne Debatte und einstimmig verabschiedete der Parteitag das Agrarprogramm, das Hilferding zwei Jahre zuvor in Heidelberg angemahnt hatte. Der Text der von dem Ökonomen und Agrarwissenschaftler Fritz Baade geleiteten Kommission stellte unumwunden fest, daß der landwirtschaftliche Kleinbetrieb *nicht* zum Untergang verurteilt war. Damit knüpfte das Programm an revisionistische Bestrebungen vor der Jahrhundertwende an, die damals jedoch von der „marxistischen" Parteimehrheit durchkreuzt worden waren. Freilich war die Revision des Erfurter Programms in *diesem* Punkt durch Kautsky und Hilferding sanktioniert worden, und anders als die Agrarrevisionisten um Eduard David legten sich Baade und die anderen Väter des Kieler Agrarprogramms nicht auf den bürgerlichen Kleinbetrieb als die angeblich vorteilhafteste landwirtschaftliche Betriebsgröße fest. Vielmehr hätten, wie Baade erläuterte, sowohl Groß- als auch Kleinbetriebe,

315 Parteitag 1927 (Anm. 288), S. 199 (Aufhäuser), 223 f. (Abstimmungen), 265 f. (Resolution zum Referat Hilferdings), 272 (Antrag Aufhäuser, Sender und Genossen).

je nach den regionalen Bedingungen und je nach dem einzelnen Produktionszweig, besondere Vorzüge aufzuweisen.

Für den Großgrundbesitz sah das Agrarprogramm von einer bestimmten Größenordnung an — im Osten des Reiches oberhalb von etwa 750 Hektar — Enteignung gegen angemessene Entschädigung vor. Das enteignete Land sollte in erster Linie für Siedlungszwecke, aber auch für eine genossenschaftliche Bewirtschaftung und die Einrichtung öffentlicher Regiebetriebe verwandt werden.

Eine Kernthese des Agrarprogramms besagte, daß die Steigerung der landwirtschaftlichen Produktion eine „weitgehende Fürsorge für einen geregelten Absatz" erfordere. Diese Fürsorge wurde mit jenen „Störungen der Märkte" begründet, die für die Landwirtschaft typisch seien und sich bald in Preisstürzen, bald in einer katastrophalen Verteuerung der Lebensmittelpreise äußerten. Als Gegenmittel sahen die Autoren des Programms regulierende Eingriffe in die Preisgestaltung vor. An die Stelle der Getreidezölle sollte ein Reichsmonopol für die Einfuhr und Ausfuhr von Getreide- und Mühlenprodukten treten. Das Reichsmonopol durfte ausländisches Getreide zollfrei einführen und inländisches Getreide erwerben, „soweit dies zur Sicherung der inländischen Erntebewegung und zur Stabilisierung der Inlandpreise erforderlich ist". Das Getreide und das Mehl sollten vom Reichsmonopol zu Selbstkosten an die Konsumenten weitergegeben werden, die dafür „Mischpreise" zu zahlen hatten — also Preise, die unter den Inlands-, aber über den Auslandspreisen lagen. Die Stabilisierung der Getreidepreise war als Anfang einer umfassenden Absatzregelung gedacht: Auf Grund der Erfahrungen mit dem Getreidemonopol sollten entsprechende Vorkehrungen auch in den übrigen landwirtschaftlichen Produktionszweigen getroffen werden.

Baade rechtfertigte das Getreidemonopol mit einem gemeinsamen Interesse von Produzenten und Konsumenten: dem Interesse an stabilen Preisen. Aber es ist fraglich, ob nicht doch der protektionistische Effekt stärker gewesen wäre. Das Reichsgetreidemonopol *mußte* als Importbarriere wirken, und es war keineswegs sicher, daß der Verbraucher dadurch weniger belastet worden wäre als durch Schutzzölle. Ob von dieser Konstruktion ein Anreiz zur Erhöhung der landwirtschaftlichen Produktivität ausgehen würde, war ebenfalls ungewiß. Nicht zu bezweifeln war dagegen, daß die von Baade entworfenen Steuerungsmechanismen nahtlos in Hilferdings Konzept des „Organisierten Kapitalismus" paßten. Das Getreidemonopol hatte, wie Hilferding selbst es ausdrückte, den Zweck, „die landwirtschaftliche Betriebsführung von den verderblichen Schwankungen der Marktpreise unabhängig zu machen, zugleich mit der Möglichkeit, durch gesellschaftliche Einflußnahme auf die Preisgestaltung die Produktionsrichtung zu beeinflussen." Die wissenschaftliche Planung von Produktion und Absatz sollte den anarchischen Wettbewerb zurückdrängen: Diese Absicht durchzog das Agrarprogramm von 1927 wie ein roter Faden, und ihre Verwirklichung lag den Autoren vermutlich noch mehr am Herzen als die Gewinnung ländlicher Stimmen für die SPD.

Dem Ziel, die SPD für Kleinbauern anziehender zu machen, diente insbesondere der Abschnitt über bäuerliche Sozialpolitik, in dem eine Krankenversicherung sowie eine Lebens-, Invaliditäts- und Altersversicherung für die kleinen Landwirte gefordert wurden. Aber große Hoffnungen, mit Hilfe der sozialen und steuerlichen Versprechungen des Kieler Agrarprogramms die Massen der ländlichen Kleinbesitzer für sich zu gewinnen, konnten die Sozialdemokraten nicht haben. Selbst wenn die Sprache des Parteidokuments volkstümlicher gewesen wäre, hätte sich das alte bäuerliche Mißtrauen gegenüber der Sozialdemokratie nicht leicht überwinden lassen. Auch bei großen organisatorischen und agitatorischen Anstrengungen wäre ein rascher Erfolg auf dem Lande nicht wahrscheinlich gewesen. Aber solche Anstrengungen unterblieben, und schon deswegen konnte das Agrarprogramm von 1927 keinen politischen Durchbruch bewirken.[316]

*

Für die Linke bedeutete Kiel eine Niederlage. Die Parteiführung war zum Angriff auf die Opposition übergegangen und hatte die Delegierten für ihre Linie gewonnen. Das galt vor allem für die Koalitionsfrage. Aber auch theoretisch schien die Linke durch Hilferding in die Defensive gedrängt. Diesen Eindruck mußten die Wortführer des oppositionellen Flügels zu korrigieren versuchen. Den Anfang machte Paul Levi. In seiner „Korrespondenz" argumentierte er, ganz im Sinne des Kieler Debattenbeitrags von Aufhäuser, im Kapitalismus bedeute „wachsende Vergesellschaftung nicht wachsendes Recht der Arbeiter, sondern wachsende Unterdrückung." Die Vergesellschaftung des Produktionsprozesses sei, darin habe Hilferding ganz recht, so weit gediehen, daß sich für das Proletariat der Sturz des Kapitalismus und die Errichtung einer sozialistischen Staats- und Gesellschaftsordnung als gegenwärtige, unmittelbar zu lösende Aufgabe stelle. Die Frage sei nur, ob die Koalition der unmittelbaren Lösung diene. „Bedeutet die Koalition nicht eine Hemmung dadurch, daß sie die Organisierung der Arbeiterschaft in einer sozialistischen Partei jedes Landes aufhält, daß sie die Macht der Bourgeoisie nicht schwächt, sondern dadurch stärkt, daß sie den Massen den Blick für ihre wirkliche Lage nimmt, ihr Demokratie vorgaukelt, wo nur kapitalistische Diktatur ist? Bedeutet gerade angesichts der vorgeschrittenen Entwicklung nicht intransigente Opposition *rasche* Sammlung der Kräfte und rascheren Sieg? Sozialismus und soziale Revolution haben doch nicht nur die Veränderung wirtschaftlicher Tatsachen zur Voraussetzung, sondern auch den Willen und die Tat von Männern und Massen."[317]

---

316 Ebda., S. 114—127 (Baade), 254 (Abstimmung), 273—282 (Programm). Zur Agrardiskussion seit den 1890er Jahren: Hans-Georg Lehmann, Die Agrarfrage in der Theorie und Praxis der deutschen und internationalen Sozialdemokratie. Vom Marxismus zum Revisionismus, Tübingen 1970; zum Zusammenhang von Agrarpolitik und „Organisiertem Kapitalismus" in vergleichender Sicht: Hans-Jürgen Puhle, Politische Agrarbewegungen in kapitalistischen Industriegesellschaften. Deutschland, USA und Frankreich im 20. Jahrhundert, Göttingen 1975; zum Kieler Agrarprogramm der SPD: Leuschen-Seppel, Staatsverantwortung (Anm. 122), S. 209 f. Vgl. dazu auch Fritz Baade, Stabilisierung der Getreidepreise, in: Die Gesellschaft 4 (1927), I, S. 250—280; Rudolf Hilferding, Theoretische Bemerkungen zur Agrarfrage, ebda., I, S. 421—432 (432); Hans Krüger und Fritz Baade, Sozialdemokratische Agrarpolitik. Erläuterungen zum sozialdemokratischen Agrarprogramm, Berlin o. J. (1927).

317 Paul Levi, Zum Kieler Parteitag, in: SPW 4 (1926), Nr. 22 (3. 6.; Hervorhebung im Original).

Der linke österreichische Marxist Max Adler, der Hilferdings Bemerkungen über die Begriffe „formale" und „bürgerliche Demokratie" wohl zu Recht als gegen sich gerichtet empfand, hielt dem Theoretiker der sozialdemokratischen Parteiführung im Mai 1928 in der neugegründeten Zeitschrift „Klassenkampf" vor, er habe die „Obrigkeitsstützen in der Reichswehr, in der Bürokratie, in der Justiz, in der Universität und in den höheren Schulen" aus seiner Analyse des demokratischen Staates ausgeklammert. Dasselbe gelte für die „Macht der bürgerlichen Presse aller Richtungen, der bürgerlich-demokratischen Ideologie im Kleinbauerntum und Kleinbürgertum bis weit hinein in die Schichten des Proletariats ... Alles dies, was wir da bezeichnet haben, bildet aber das außerdemokratische Fundament der Macht der bürgerlichen Klassen. Und insofern diese Macht die demokratischen Formen nur benützt, um sich zu erhalten, oder insofern das Proletariat nur bestrebt ist, seine Lage innerhalb dieses Fundamentes zu verbessern, muß diese Demokratie eine bürgerliche genannt werden."[318]

Die Konsequenz war klar: Koalitionen mit bürgerlichen Parteien durfte es nicht geben, es sei denn in der Ausnahmesituation eines „Gleichgewichts der Klassenkräfte", wenn es einem reaktionären Staatsstreich entgegenzuwirken galt. Im Normalzustand bedeuteten Adler zufolge die „Allgemeingebote der Gesellschaft" — die staatlichen Gesetze und die moralisch-religiösen Pflichten — nur „die feierlichen Verbrämungen des Klassenwillens der Privilegierten". Die angebliche Klassenneutralität des Staates war bewußt erzeugter Schein — eine „Gemeinschaftsideologie", die die Gesellschaft in der Illusion halten sollte, die Regierungstätigkeit und die herrschenden Klassen als deren Träger verträten das Interesse des Ganzen.[319]

318 Max Adler, Demokratie als Ziel und als Mittel. Über demokratische Staatsauffassung, in: KK 2 (1928), Nr. 10 (5. 5.), S. 292—298, wieder abgedruckt in: Wolfgang Luthardt (Hg.), Sozialdemokratische Arbeiterbewegung und Weimarer Republik. Materialien zur gesellschaftlichen Entwicklung 1927—1933, 2 Bde., Frankfurt 1978, Bd. 2, S. 139—146. Die Schriften von Max Adler, von denen dieser meinte, daß Hilferding unausgesprochen auf sie in seiner Kieler Rede Bezug genommen habe, waren: Demokratie und Rätesystem, Wien 1919; Staatsauffassung des Marxismus, Wien 1922; Politische und soziale Demokratie, Berlin 1926. Über Adler und den Austromarxismus: Peter Heintel, System und Ideologie. Der Austromarxismus im Spiegel der Philosophie Max Adlers, Wien usw. 1967; Illias Katsoulis, Sozialismus und Staat. Demokratie, Revolution und Diktatur des Proletariats im Austromarxismus, Meisenheim 1975. Alfred Pfabigan, Max Adler. Eine politische Biographie, Frankfurt usw. 1982. — Die Zeitschrift „Klassenkampf. Marxistische Blätter" erschien seit dem 1. Oktober 1927. Sie wurde zunächst herausgegeben von Max Adler, Kurt Rosenfeld, Max Seydewitz und Heinrich Ströbel. Ab 1. Oktober 1928 ging die „Sozialistische Politik und Wirtschaft", die „Levi-Korrespondenz", im „Klassenkampf" auf. Levi trat in dessen Herausgebergremium ein. Dazu Ludewig, Politik (Anm. 310), S. 18 f., sowie Ernst Viktor Rengstorf, Linksopposition in der Weimarer SPD. Die „Klassenkampf-Gruppe" 1928—1931, Hannover 1976.

319 Max Adler, Die Verselbständigung der Staatsmacht — Über marxistische Staatsauffassung, in: KK 1 (1927), Nr. 5 (1. 12.), S. 131—135; ders., Eine Philosophie der Koalition — Über marxistische Staatsauffassung, in: KK 2 (1928), Nr. 5 (1. 3.), S. 134—139. Vgl. dazu Ulrich Heinemann, Linksopposition und Spaltungstendenzen in der sozialdemokratischen Arbeiterbewegung, in: Luthardt (Hg.), Arbeiterbewegung (Anm. 318), Bd. 2, S. 118—138.

Das war im Kern nichts anderes als das, was auch in dem von dem Austromarxisten Otto Bauer verfaßten Linzer Programm der Sozialdemokratischen Arbeiterpartei Österreichs von 1926 stand. Dort wurde die Geschichte der demokratischen Republik dargestellt als „die Geschichte der Klassenkämpfe zwischen der Bourgeoisie und der Arbeiterklasse um die Herrschaft in der Republik." In der demokratischen Republik beruhe die politische Herrschaft der Bourgeoisie nicht mehr auf politischen Privilegien, sondern darauf, daß sie mittels der Presse, der Schule und der Kirche die Mehrheit des Volkes unter ihrem geistigen Einfluß zu erhalten vermöge. Im Verlauf der Klassenkämpfe könne der Fall eintreten, daß die Bourgeoisie nicht mehr und die Arbeiterklasse noch nicht stark genug sei, allein die Republik zu beherrschen. „Aber die Kooperation einander feindlicher Klassen, zu der sie eine solche Situation zwingt, wird nach kurzer Zeit durch die innerhalb der kapitalistischen Gesellschaft unaufhebbaren Klassengegensätze gesprengt ... Eine solche Kooperation der Klassen kann also uns eine vorübergehende Entwicklungsphase im Klassenkampfe um die Staatsmacht, aber nicht das Ziel dieses Kampfes sein." Die Arbeiterklasse müsse wahrhaft genug sein, die demokratische Republik zu verteidigen. Aber wenn es trotz aller ihrer Anstrengungen der Bourgeoisie gelänge, die Demokratie zu sprengen, „dann könnte die Arbeiterklasse die Staatsmacht nur noch im Bürgerkrieg erobern", und falls die Bourgeoisie eine sozialistische Umwälzung zu sabotieren versuche, „wäre die Arbeiterklasse gezwungen, den Widerstand der Bourgeoisie mit den Mitteln der Diktatur zu brechen."[320]

Die sozialdemokratischen Linken Deutschlands konnten sich im Linzer Programm leichter wiedererkennen als im Heidelberger. Levi freilich ging selbst das österreichische Parteidokument von 1926 nicht weit genug; es versäumte seiner Meinung nach, „zu zeigen, wie auch und gerade in der Republik die der Bourgeoisie allein imponierende Tatsache: die Kraft der Arbeiterklasse, geschaffen wird nicht durch Paktieren mit, sondern durch Kampf gegen die Bourgeoisie."[321] Tatsächlich hatte die Linzer Beschwörung von Gewalt und Diktatur fatale Folgen.

---

320 Österreichische Parteiprogramme 1868—1966. Eingeleitet u. hg. von Klaus Berchtold, München 1967, S. 247—264. Die Bemerkung über die Situation, in der die Bourgeoisie nicht mehr und die Arbeiterklasse noch nicht stark genug zur Alleinherrschaft sei, war eine Anleihe bei der Bonapartismustheorie von Marx. Vgl. dazu Heinrich August Winkler, Primat der Ökonomie? Zur Rolle der Staatsgewalt bei Marx und Engels, in: ders., Revolution, Staat, Faschismus. Zur Revision des Historischen Materialismus, Göttingen 1978, S. 35—64 (mit Einzelbelegen). Zum Linzer Programm: Helmut Feichter, Das Linzer Programm (1926) der Österreichischen Sozialdemokratie, Linz 1975; Norbert Leser, Das Linzer Programm und der 15. Juli 1927 als Höhepunkt austromarxistischer Politik, in: Die Ereignisse des 15. Juli 1927. Protokoll des Symposiums in Wien am 15. Juni 1977, München 1979, S. 150—168. Vergleichend zur Haltung der deutschen und österreichischen Sozialdemokraten zur Koalitionsfrage: Richard Saage, „Gleichgewicht der Klassenkräfte" und Koalitionsfrage als Problem sozialdemokratischer Politik in Deutschland und Österreich zwischen den Weltkriegen, in: Horst Heimann u. Thomas Meyer (Hg.), Reformsozialismus und Sozialdemokratie. Zur Theoriediskussion des Demokratischen Sozialismus in der Weimarer Republik, Berlin [W] usw. 1982, S. 145—166.

321 Paul Levi, Das neue österreichische Parteiprogramm, in: SPW 4 (1926), Nr. 33 (19. 4.). Zur Resonanz des Linzer Programms in Deutschland: Ludewig, Politik (Anm. 310), S. 26 f.

Obwohl die entsprechenden Passagen des Parteiprogramms nur als Warnung an die konservativen Kräfte gedacht waren, trugen sie doch zu jener innenpolitischen Eskalation bei, die ihren vorläufigen Höhepunkt am 15. Juli 1927 erreichte. An diesem Tag steckten revoltierende sozialdemokratische Arbeiter den Wiener Justizpalast in Brand und behinderten zunächst die Löscharbeiten, so daß das Gebäude fast völlig ausbrannte. Bei den Kämpfen zwischen Polizei und Demonstranten am 15. und 16. Juli kamen 89 Menschen ums Leben — die überwältigende Mehrzahl davon Arbeiter.

Die unmittelbare Ursache der schweren Unruhen war ein klassischer Fall von Klassenjustiz: In einem Schwurgerichtsprozeß wurden am 14. Juli drei Mitglieder einer Frontkämpfervereinigung freigesprochen, die bei einem Zusammenstoß mit dem Republikanischen Schutzbund in Schattendorf einen Arbeiter und ein Kind durch Schüsse tödlich getroffen hatten. Die spontane Auflehnung gegen ein offensichtliches Tendenzurteil stieß weit über Österreich hinaus auf Sympathie in der sozialistischen und kommunistischen Arbeiterschaft. Aus der Sicht der sozialdemokratischen Linken bewiesen die Wiener Ereignisse abermals, wie berechtigt die Warnung vor demokratischen Illusionen war. Dem Proletariat sei die Schwierigkeit gezeigt worden, die Macht mit demokratischen Mitteln zu erobern, schrieb Levi. Zwar dürfe die Arbeiterklasse einen Bürgerkrieg nicht leichtfertig entfesseln, da ihre Siegeschancen sehr gering seien. Aber die Erklärung, man wolle den Bürgerkrieg um jeden Preis vermeiden, sei ein „Freibrief für die Bourgeoisie und die völlige Aufgabe der Demokratie, die der Gnade des Bürgertums ausgeliefert ist. Sie braucht nur den Bürgerkrieg zu wollen und sie hat, was sie will, auch ohne den Bürgerkrieg."[322]

Doch im Fall Österreichs stellte sich die Frage durchaus, ob die sozialdemokratische Drohung mit Gewalt und Diktatur — auch wenn diese Drohung in defensiver Absicht ausgesprochen wurde — nicht leichtfertig gewesen war. Angesichts der tatsächlichen Kräfteverhältnisse in Staat und Gesellschaft war ein revolutionäres Vorgehen der österreichischen Arbeiterschaft aussichtslos, und in Linz war dergleichen auch nicht beabsichtigt worden. Aber der verbale Radikalismus der Partei schien jenen Aktivismus der Massen zu legitimieren, der sich am 15. Juli 1927 entlud — und dem die Parteiführung dann entgegentreten mußte, weil er nicht zum Erfolg führen *konnte.* Die Wiener Ereignisse vom 15. Juli 1927 wurden von den österreichischen Sozialdemokraten zu Recht als Niederlage verstanden. Es war jedoch nicht nur *ihre* Niederlage. Der Brand des Wiener Justizpalastes gab denjenigen Kräften Auftrieb, die mit der Demokratie brechen wollten

---

322 Paul Levi, Die Wiener Ereignisse, in: SPW 5 (1927), Nr. 29 (22. 7.); ders., Die österreichische Krise, in: SPW 5 (1927), Nr. 42 (21. 10.). Dazu auch Ludewig, Politik (Anm. 310), S. 29 (mit weiteren Äußerungen, u. a. von Max Adler). Zu den Wiener Ereignissen v. a.: Gerhard Botz, Die „Juli-Demonstranten", ihre Motive und die quantifizierbaren Ursachen des „15. Juli 1927", in: Ereignisse (Anm. 320), S. 17—59; ders., Gewalt in der Politik. Attentate, Zusammenstöße, Putschversuche, Unruhen in Österreich 1918 bis 1934, München 1976, S. 141 ff.; Fritz Kaufmann, Sozialdemokratie in Österreich. Idee und Geschichte einer Partei. Von 1889 bis zur Gegenwart, Wien usw. 1978, S. 216 ff.

und denen es in den folgenden Jahren auch gelang, Österreich in eine autoritäre Diktatur zu verwandeln.[323]

Aus den Wiener Ereignissen ließen sich also auch ganz andere Schlüsse ziehen als die, die der linke Flügel der deutschen Sozialdemokratie daraus zog. Der freigebige Umgang mit revolutionär klingenden Parolen trieb das Bürgertum nach rechts — und wenn hinter der radikalen Sprache der Arbeiterklasse keine entsprechende Macht stand, war am Ausgang einer Kraftprobe nicht zu zweifeln: Das Proletariat mußte unterliegen. Der englische Generalstreik vom Frühjahr 1926, der zur Ausrufung des nationalen Notstands geführt hatte, legte ähnliche Schlußfolgerungen nahe.[324]

Die sozialdemokratische Linke Deutschlands ließ sich indes durch Niederlagen, die ihre Strategie in anderen Ländern erlitt, nicht beirren. Knapp drei Monate vor der Reichstagswahl vom 20. Mai 1928 warnte der „Klassenkampf" vor der „Gefahr der politischen Versumpfung", die der Parlamentarismus berge. Die derzeitige parlamentarische Krise — gemeint war die innere Zersetzung des Bürgerblocks — sei aber nicht etwa ein Krankheitszeichen, sondern ein Zeichen von Gesundheit. „Denn sie ist der lebendige Beweis dafür, daß der Rahmen der bürgerlich-parlamentarischen Demokratie noch nicht zu eng geworden ist, daß er die gesellschaftliche Dialektik noch umspannen kann. Erst wenn einer der beiden Partner — Regierung oder Regierte — den Rahmen des Parlaments zu sprengen sucht, wenn die bürgerlich-faschistische oder die proletarische Diktatur an die Pforten der Gesellschaft klopft, schlägt die parlamentarische Krise in die Krise des Parlamentarismus um, die allerdings keineswegs eine Krise des Bestands der Gesellschaft überhaupt ist ... Was die Bourgeoisie zur neuen Konsolidierung ihrer Kräfte braucht und sich daher für die Zeit nach den Wahlen wünscht, ist eine Koalitionsregierung mit der Sozialdemokratischen Partei. Sorgen wir dafür, daß

323 Zur Haltung der sozialdemokratischen Parteiführung außer Leser, Programm (Anm. 320), insbes. Karl Haas, Die österreichische Sozialdemokratie in der Konfliktsituation des Juli 1927, in: Ereignisse (Anm. 320), S. 137—149. Zur Entwicklung der österreichischen Sozialdemokratie 1927 allgemein: Anson Rabinbach, The Crisis of Austrian Socialism: From Red Vienna to Civil War 1927—1934, Chicago usw. 1983. — Im „Vorwärts" bemerkte Friedrich Stampfer zu den Wiener Ereignissen, in Staaten mit demokratischer Verfassung sei der Straßenkampf „nicht revolutionär, sondern konterrevolutionär". Straßenkampf und Revolution. Die Lehren von Wien, in: Vorwärts, Nr. 338, 20. 7. 1927. Schon vier Tage vorher hatte das deutsche Parteiorgan den Brand des Justizpalastes eine „Katastrophe" und — angesichts der überwiegend sozialdemokratischen Zusammensetzung der Wehrmannschaft — eine „politische Sinnlosigkeit" genannt. Vgl. zum Wiener Justizpalastbrand auch die literarischen Zeugnisse zweier Augenzeugen: Manès Sperber, Die vergebliche Warnung, Wien 1975, S. 146 ff.; Elias Canetti, Die Fackel im Ohr. Lebensgeschichte 1921—1931, München usw. 1981, S. 274 ff.

324 Paul Levi sah im englischen Generalstreik von 1926 zunächst ein der russischen Revolution vergleichbares Ereignis. „Hier ist zum erstenmal wohl in seiner Geschichte das Proletariat mit seiner Bewegung über die Grenzen des bürgerlichen Staates hinausgewachsen ..." Ders., Der englische Streik, in: SPW 4 (1926), Nr. 21 (27. 5.). Nach dem Zusammenbruch des Generalstreiks kam Max Adler zu dem Ergebnis, daß sich die bürgerliche Demokratie erneut als bürgerlicher Klassenstaat erwiesen habe. Ders., Anschauungsunterricht der Geschichte, in: SPW, 4 (1926), Nr. 19 (12. 5.). Vgl. zum englischen Generalstreik auch unten S. 437.

der Bourgeoisie diese Atempause nicht vergönnt wird, damit die Krise des Parlamentarismus, an deren Schwelle wir uns gegenwärtig befinden, nicht zu Lasten des Proletariats ihre Lösung findet."[325]

*

Auf dem Kieler Parteitag von 1927 wurde der Weimarer Sozialdemokratie erstmals ein soziologischer Spiegel vorgehalten. Zwei Jahre zuvor, in Heidelberg, hatten die Delegierten eine allgemeine Berufs- und Altersstatistik abgelehnt, weil sie ein solches Unternehmen offenbar als allzu arbeitsaufwendig ansahen. Aber in drei Großstädten — Bremen, Hannover und Hamburg — wurde eine solche Untersuchung doch durchgeführt. Ihr Ergebnis legte der Parteivorstand im „Jahrbuch der Deutschen Sozialdemokratie für das Jahr 1926" vor, das pünktlich zum Kieler Parteitag erschien und von Konrad Ludwig, dem Kassier der SPD, mit den Worten kommentiert wurde: „Es ist also keine Rede von einer kleinbürgerlichen Partei."

Vergleicht man den Befund von 1925/26 mit den Daten, die 1908 in Frankfurt am Main ermittelt worden waren, so ergab sich zwar eine gewisse „Intellektualisierung" und „Entproletarisierung", beide Prozesse hielten sich aber in einem bescheidenen Rahmen. Um die Zahlen vergleichbar zu machen, schaltete der Parteivorstand die Frauen statistisch aus — die Frankfurter Vorkriegsdaten bezogen sich nämlich ausschließlich auf männliche Mitglieder (Tabelle 1).

Tabelle 1: Statistik der Berufszugehörigkeit der männlichen Mitglieder der SPD

Berufe	Frankfurt/M. 1908 %	Bremen 1925 %	Bremen 1926 %	Hamburg 1925 %	Hannover 1926 %	Durchschnitt ohne Frankfurt/M. %
Handarbeiter	88,74	65,64	71,84	71,43	83,66	73,14
Kopfarbeiter	3,02	10,60	11,65	13,01	8,86	11,03
Selbst. Gewerbe	4,10	4,65	4,91	4,50	4,39	4,62
Freie Berufe	1,64	2,52	4,08	0,33	1,25	2,04
Ohne Angabe	2,50	16,59	7,52	10,73	1,84	9,17

Quelle: Jahrbuch 1926 (Anm. 303), S. 23.

325 Klaus Zweiling, Parlamentarische Krise oder Krise des Parlamentarismus?, in: KK 2 (1928), Nr. 5 (1. 3.), S. 129 f. Mit ähnlichem Tenor auch bereits Theodor Dan, Die Krise der Demokratie und die Krise der Diktatur, in: Die Gesellschaft 3 (1926), II, S. 235—250 (der die Arbeiterklasse vor dem „Fetischismus der formalen politischen Demokratie" warnt), und daran anschließend Klaus Zweiling, Die Krise der Demokratie, in: SPW 4 (1926), Nr. 37 (16. 9.).

Die Statistiken des Parteivorstands unterstellten, daß die örtlichen Ergebnisse für die SPD insgesamt typisch waren, und kamen zu folgender Umrechnung auf die Mitgliedschaft der SPD im Reichsgebiet (Schaubild 1).

Schaubild 1: Verteilung der Mitglieder der SPD nach den vorstehenden Durchschnittsdaten auf das Reichsgebiet

Handarbeiter	73,14 %	=	481 282
Kopfarbeiter	11,03 %	=	72 580
Selbständige Gewerbetreibende	4,62 %	=	30 401
Freie Berufe	2,04 %	=	13 424
Ohne Angabe	9,17 %	=	60 341
Weibliche Mitglieder	—	=	165 492
Summa			823 520

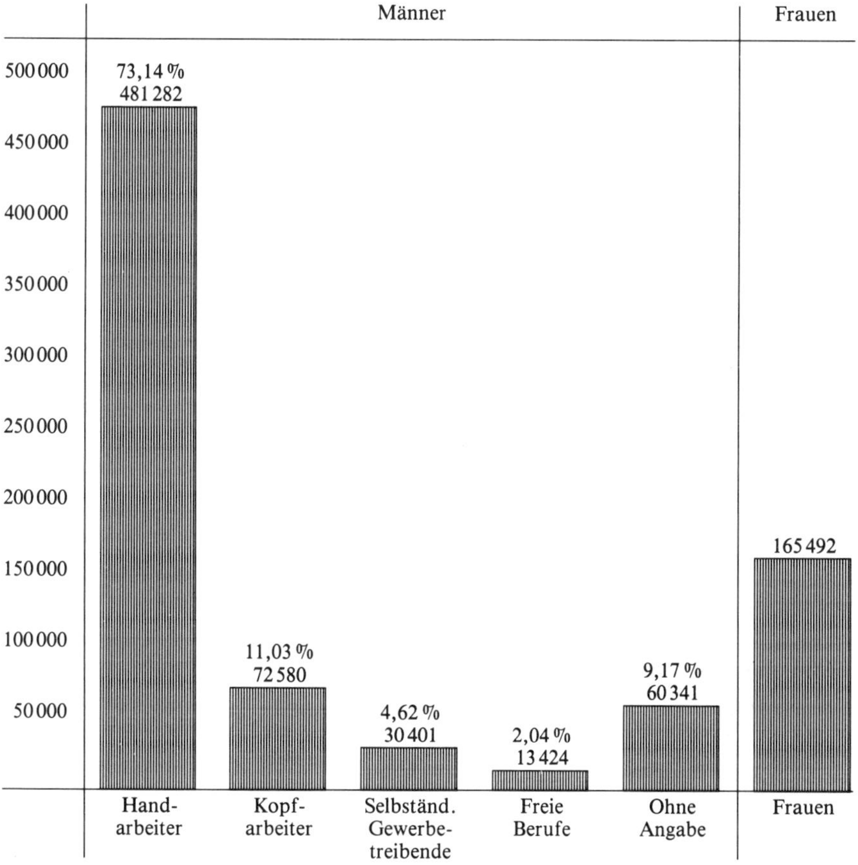

Quelle: Ebda., S. 23.

Wahrscheinlich war der Arbeiteranteil der Mitgliedschaft eher noch etwas höher, als die Durchschnittsdaten dies vermuten lassen. Dafür spricht zweierlei. Zum einen ging die Steigerung des Prozentsatzes der „Handarbeiter" in Bremen zwischen 1925 und 1926 offenkundig vor allem darauf zurück, daß bei der zweiten Erhebung mehr Mitglieder bereit waren, Angaben über ihren Beruf zu machen, als bei der ersten. Zum anderen war in Hannover, wo fast alle Mitglieder die Frage nach ihrem Beruf beantworteten, der Arbeiteranteil fast so hoch wie in Frankfurt im Jahre 1908. Ludwig aber erschien etwas anderes besonders wichtig: Der Anteil der Kleingewerbetreibenden („das sind Kleinbürger") war seit der Vorkriegszeit fast überhaupt nicht gestiegen. Das Datenmaterial bestätigte damit den Eindruck, den der Parteikassier beim Aufmarsch der schleswig-holsteinischen Genossen anläßlich der Eröffnung des Parteitages gewonnen hatte: „Was waren das? — Proleten im wahrsten Sinne des Wortes. Ob Beamte, ob Arbeiter, ob Angestellte, es waren unsere Klassengenossen."

In der Tat: Wenn man auf die soziale Zusammensetzung der Mitgliederschaft blickte, konnte von einer „Verbürgerlichung" der SPD nicht gesprochen werden. Die Arbeiter waren, gemessen an ihrem Anteil an der hauptberuflich erwerbstätigen Bevölkerung nach wie vor erheblich überrepräsentiert, die Angestellten und Beamten dagegen, die die Statistiker der SPD unter dem Begriff „Kopfarbeiter" zusammenfaßten, deutlich, die Selbständigen kraß unterrepräsentiert (Tabelle 2). Bäuerliche Mitglieder gab es naturgemäß in den Großstädten, die die Daten gesammelt hatten, überhaupt nicht; auch sonst muß ihre Zahl unbedeutend gewesen sein. Die SPD war mithin um 1925 keine „Volkspartei", sondern noch ganz überwiegend eine Arbeiterpartei. Ob allerdings die ihr angehörenden Angestellten und Beamten sich durchweg als „Proletarier" fühlten, wie Ludwig unterstellte, ist keineswegs sicher.[326]

Tabelle 2: Sozialstruktur der männlichen SPD-Mitglieder (Bremen, Hamburg, Hannover) und der hauptberuflich erwerbstätigen Bevölkerung Deutschlands

	SPD 1925/26 %	hauptberuflich erwerbstätige Bevölkerung %
Arbeiter	73,14	45,1
Beamte und Angestellte	11,03	16,5
Selbständige	6,66	17,3

Quelle: Siehe Anm. 326.

326 Parteitag 1927 (Anm. 288), S. 43; Jahrbuch 1926 (Anm. 303), S. 23. Zu den Daten über die Gliederung der hauptberuflich erwerbstätigen Bevölkerung vgl. oben S. 14, Tabelle 1; zur Sozialstruktur der SPD: Richard N. Hunt, German Social Democracy 1918—1933, Chicago 2. Aufl. 1970, S. 101 ff.

Auch über die Altersgliederung der Partei gaben die Erhebungen von 1926 Auskunft. Wenn die Daten aus Hannover und Bremen typisch waren, dann waren 17,3 % der Mitglieder jünger als 30 Jahre und 14,02 % älter als 55 Jahre. Über zwei Drittel (68,68 %) der Parteimitglieder stellten die mittleren Jahrgänge der zwischen 30 und 55 Jahre alten. Über vier Fünftel (82,7 %) waren bei Kriegsbeginn 18 Jahre und älter; sie hatten also ihre Schulzeit und zum allergrößten Teil wohl auch ihre berufliche Ausbildung in den Friedensjahren des Kaiserreichs absolviert (Tabelle 3). Auf die Frage, ob die SPD auf Grund dieser und anderer, später zu erörternder Daten als „überalterte" Partei bezeichnet werden muß, wird noch zurückzukommen sein.

Tabelle 3: Altersstatistik der Mitglieder der SPD.

Alter	Hannover 1.7.1926 %	Bremen 31.12.1926 %	Durchschnitt %	Errechnete Mitgliederzahl*
Bis 20 Jahre	0,73	2,68	1,71	14 082
21—25 Jahre	5,50	6,52	6,01	49 494
26—30 Jahre	9,37	9,79	9,58	78 893
31—35 Jahre	10,55	11,12	10,83	89 187
36—40 Jahre	14,76	14,18	14,47	119 163
41—45 Jahre	14,51	16,15	15,33	126 246
46—50 Jahre	14,60	15,60	15,10	124 352
51—55 Jahre	13,77	12,14	12,95	106 646
56—60 Jahre	8,35	6,11	7,23	59 540
61—65 Jahre	4,64	3,40	4,02	33 105
üb. 66 Jahre	3,22	2,31	2,77	22 812
	100,00	100,00	100,00	823 520

* Diese letzte Spalte der Tabelle gibt in den einzelnen Jahrgängen nicht die wirkliche Mitgliederzahl an, sondern eine nach den prozentualen Aufstellungen von Hannover und Bremen errechnete, der die effektive Mitgliederzahl im Reich (823 520) zugrunde gelegt ist.

Quelle: Jahrbuch 1926 (Anm. 303), S. 24.

Gewisse regionale Unterschiede der Parteiorganisation lassen sich ebenfalls aus dem Zahlenmaterial herauslesen, das der Parteivorstand der SPD für das Jahr 1926 vorlegte. Demnach gab es sehr große Parteibezirke wie Hamburg mit 70 000 und sehr kleine wie die Oberpfalz und Ostpreußen, mit 5 600 beziehungsweise 7 400 Mitgliedern. Hamburg führte 1926 auch bei der Neuaufnahme von Mitgliedern: Es waren genau 8 952. Das Schlußlicht bildete Hessen-Kassel, wo die Partei im gleichen Jahr um 7 005 Mitglieder abnahm. Über die meisten Ortsvereine verfügte Ende 1926 Thüringen mit 462, über die wenigsten Oldenburg mit 88. Der reichste Bezirk war Berlin, das 1926 Einnahmen von fast 700 000 RM hatte, der ärmste die Oberpfalz, die lediglich etwas über 50 000 RM einnahm — wovon 10 000 RM auch noch Barzuschüsse des Parteivorstands waren. Hohe Beitragsschulden hatten die Bezirke Brandenburg und Dresden, nämlich in beiden

Fällen etwa 35 000 RM. Das durchschnittliche Mitglied der SPD zahlte jährlich 37,66 RM an Beiträgen an die Partei, wozu noch 1,85 RM für die Internationale kamen. Von den Gesamteinnahmen der SPD in Höhe von rund 7,4 Millionen RM entfielen 4,7 Millionen RM auf Mitgliedsbeiträge. Knapp 1 Million RM stammte aus Sammlungen; etwas mehr als 1 Million RM wurde als „sonstige Einnahmen" verbucht. Die Unterhaltung des Parteiapparates verschlang mehr Geld — knapp 1,8 Millionen RM — als Wahlen und Agitation, für die jeweils etwa 1,4 Millionen RM ausgegeben wurden.[327]

*

Von den 823 520 Mitgliedern, die die SPD am 31. Dezember 1926 zählte, waren 165 492 Frauen. Das entsprach einem Anteil von 20,09 %. Diejenige deutsche Partei, die als erste die Emanzipation der Frauen auf ihre Fahnen geschrieben und ihnen das Wahlrecht verschafft hatte, war also auch in den mittleren Jahren der Weimarer Republik noch ganz überwiegend eine Männerpartei. Zwar hatte die SPD den „Tiefstand in der Frauenbewegung", von dem der Parteivorstand im Hinblick auf das Inflationsjahr 1923 sprach, allmählich überwunden: Damals war der Anteil der Frauen an der Parteimitgliedschaft vorübergehend auf 10,3 % abgesunken. Aber unter den Mitgliedsparteien der Sozialistischen Arbeiter-Internationale nahmen die deutschen Sozialdemokraten 1925 mit einem weiblichen Mitgliederanteil von 17,4 % dennoch nur einen bescheidenen neunten Platz ein. Die dänische Schwesterpartei brachte es zur gleichen Zeit auf ein rundes Drittel weiblicher Mitglieder (33,2 %); die Österreicher standen nicht sehr viel schlechter da (29,7 %).[328]

Woran lag es, daß die SPD nicht mehr Frauen in ihren Reihen hatte? Die Parteiführung sah dafür vor allem organisatorische Gründe. Eine Teilerklärung war das sicherlich. In Bezirken, in denen es nur wenige Ortsgruppen mit organisierten Frauen und wenige besondere Frauengruppen gab, war auch der Anteil der Frauen an der Mitgliedschaft besonders niedrig. In Ostpreußen etwa wurden am 31. März 1925 insgesamt 221 Ortsgruppen, aber nur 24 Ortsgruppen mit organisierten Frauen und 5 besondere Frauengruppen gezählt; der weibliche Mitgliederanteil belief sich auf 10,7 %. In ganz Ostpreußen gab es nur 4 weibliche Vorstandsmitglieder in den Ortsvereinen. Den Gegenpol bildete der Bezirk Westliches Westfalen mit 375 Ortsgruppen, darunter 340 mit organisierten Frauen und 195 mit besonderen Frauengruppen. Hier wurden 196 weibliche Vorstandsmitglieder registriert; die Frauen stellten 24,2 % der Mitgliedschaft. Nach dem lückenhaften Zahlenmaterial zu schließen, war der hochindustrialisierte westdeutsche Bezirk für das Reich eher noch weniger typisch als das agrarische Ostpreußen.[329]

---

327 Jahrbuch 1926 (Anm. 303), S. 25—30. Zum Problem der „Parteigeneration" vgl. Detlef Lehnert, Sozialdemokratie zwischen Protestbewegung und Regierungspartei 1848—1983, Frankfurt 1983. Der Maßstab generationsspezifischer Erfahrungen wird in dieser — ganz aus der isolierten sozialdemokratischen Binnenperspektive geschriebenen und in der Konsequenz apologetischen — Arbeit allerdings nicht systematisch entwickelt, sondern nur allgemein postuliert.

328 Jahrbuch 1926 (Anm. 303), S. 35; zu den Daten von 1923: Parteitag 1924 (Anm. 15), S. 16.

329 Parteitag 1925 (Anm. 39), S. 39, 44.

Die Frauen in der sozialdemokratischen Reichstagsfraktion 1925 (oben)*: Obere Reihe von links: Marie Arning, Elise Bartels, Lore Agnes, Clara Bohm-Schuch, Marie Ansorge, Berta Schulz, Minna Schilling, Marie Juchacz und die Demokraten Else Lüders und Gertrud Bäumer. — Untere Reihe v. l.: Toni Sender, Hanna Reitze, Luise Schiffgens, Mathilde Wurm, Louise Schroeder, Anna Nemitz, Toni Pfülf. (Es fehlt Anna Stegmann.)*
Demonstrationszug während der Internationalen Frauentagung in Berlin 1927 (unten).

Sozialdemokratische Frauen wurden vom Parteivorstand durch eine besondere Zeitschrift, die „Frauenwelt", angesprochen; für die weiblichen Funktionäre gab es ebenfalls ein eigenes Organ, die „Genossin", das Nachfolgeblatt der „Gleichheit", die die Inflationszeit nicht überlebt hatte. Über die besonderen Zusammenkünfte von Sozialdemokratinnen heißt es in dem Bericht des Vorstands für den Heidelberger Parteitag von 1925, wo immer man eine „etwas lebhaftere Frauenbewegung" habe, ließen die Genossinnen solche Zusammenkünfte wie Frauenabende und Frauenmitgliederversammlungen nicht eingehen. „Hier ist die Stärke des Gedankenaustausches und der sozialistischen Belehrung. Hier unterhält man sich aber auch über Fragen der Gesundheitspflege, der Kindererziehung, der praktischen Haushaltsführung, über Frauenberufsfragen u. a. Berlin meldet 642 solcher Veranstaltungen im Berichtsjahr, Brandenburg mit seinen vielen mittleren Industriestädten hat ebenfalls regelmäßig seine Frauenabende, nur Pommern schreibt, daß Frauenabende nicht veranstaltet würden, weil sich ein früherer, in Stettin unternommener Versuch nicht bewährt habe." Da die Frauen noch immer nicht in dem notwendigen Ausmaß die allgemeinen Veranstaltungen der Partei besuchten und sich noch weniger an den sachlichen Beratungen beteiligten, ergebe sich die Notwendigkeit besonderer Veranstaltungen von selbst. „Die führenden Frauen haben dadurch Gelegenheit, die Genossinnen kennenzulernen und etwa vorhandene weibliche Persönlichkeiten der Weiterbildung in Kursen zuzuführen. So haben z. B. sozialistische Bildungskurse für Frauen in folgenden Bezirken stattgefunden: Berlin, Brandenburg, Magdeburg, Schleswig-Holstein, Dresden, Chemnitz und Hamburg."[330]

Daß sozialdemokratische Frauen Fragen der „hohen Politik" lieber den Männern überließen und sich stattdessen in ihrem öffentlichen Engagement Gebieten wie Familie, Erziehung und Sozialarbeit zuwandten, hatte eine Tradition, die ins Kaiserreich zurückreichte. Diese Selbstbeschränkung war wohl weniger bewußte Wahl als instinktives Verhalten — Reflex des patriarchalischen Parteialltags, der von den Emanzipationstheorien der sozialistischen Gründerväter weithin unberührt geblieben war. Was auf der örtlichen Ebene zu beobachten war, setzte sich in den Bezirken und darüber hinaus fort. Die Frauenkonferenzen, die regelmäßig im Anschluß an die Parteitage stattfanden, waren Fachtagungen ohne politische Entscheidungskompetenz. In Heidelberg stand die Rolle der Frau im neuen Strafrecht auf der Tagesordnung, in Kiel die Wohnungsnot. Geleitet wurden die Frauenkonferenzen von Marie Juchacz, dem einzigen weiblichen von insgesamt fünf Parteisekretären. Außer ihr gehörten noch zwei weitere Frauen — als Beisitzer — dem einundzwanzigköpfigen Parteivorstand an: Anna Nemitz, eine ehemalige Unabhängige, und Elfriede Ryneck. Alle drei wurden in ihren Ämtern immer wieder bestätigt. In allgemeinpolitischen Diskussionen traten die weiblichen Vorstandsmitglieder selten öffentlich hervor — anders als zwei ihrer Kolleginnen aus der sozialdemokratischen Reichstagsfraktion: die „linke" Toni Sender, die seit 1924 den Wahlkreis Dresden-Bautzen vertrat, und die „rechte" Louise Schroeder

330 Ebda., S. 45.

aus Altona, die nach dem Zweiten Weltkrieg — in den Jahren 1947/48 — als amtierende Oberbürgermeisterin von Berlin weltweite Berühmtheit erlangte.[331]

Eines der großen Probleme der sozialdemokratischen Frauenbewegung nannte Marie Juchacz auf der Frauenkonferenz des Kieler Parteitages beim Namen: „Wie kommen wir an die Millionen von Fabrikarbeiterinnen heran? Wie können wir sie politisch erfassen?" Die Frauensekretärin wußte, wie schwer das war. „Ich wollte einmal in Spandau in den Deutschen Werken zu den Arbeiterinnen sprechen. Die Versammlung sollte unmittelbar nach Schluß der Arbeitszeit stattfinden, damit die eingeladenen Frauen nicht noch Extrazeit für den Weg zu opfern brauchten. Tausende von Männern und viele Hunderte von Frauen sind an dem Lokal vorbeigegangen, aber nur 12 oder 15 hereingekommen ... Sie werden sagen: die Frauen waren müde, hungrig, unruhig um ihrer Kinder willen. Es sind tausend Gründe vorhanden. Aber doch muß es eine Möglichkeit geben, um diese erwerbstätigen Frauen zu erfassen ... Daß wir diesen Frauen nicht schwere Themen vorsetzen, sie nicht gleich mit den schwierigsten Problemen der sozialistischen Weltanschauung beglücken können, ist doch wohl klar. Dazu bedürfen wir anderer Mittel ..."

Daß es große Mühe bereitete, erwachsene Arbeiterinnen für die Sozialdemokratie zu rekrutieren, war eine alte Erkenntnis — und Marie Juchacz hatte recht, wenn sie in diesem Zusammenhang auf die Doppelrolle der verheirateten Arbeiterin in Beruf und Haushalt hinwies. Neueren Datums war eine andere Herausforderung: Es gab eine rasch wachsende Zahl von Mädchen aus proletarischem Milieu, die entweder selbst keine Arbeiterinnen waren oder sich der Arbeiterklasse nicht mehr verbunden fühlten. Die Aufgabe, diese Mädchen an die Sozialdemokratie heranzuführen, hielt die Frauensekretärin der SPD für nahezu unlösbar. „Wenn man vor einem Warenhaus steht und sieht, wie nach Schluß des Ge-

331 Zum Vorstehenden v. a.: Heinz Niggemann, Emanzipation zwischen Sozialismus und Feminismus. Die sozialdemokratische Frauenbewegung im Kaiserreich, Wuppertal 1981; Renate Pore, A Conflict of Interest. Women in German Social Democracy, 1919—1933, Westport 1981; Werner Thoenessen, Die Frauenemanzipation in Politik und Literatur der deutschen Sozialdemokratie 1863—1933, Frankfurt 1969. Als Fallstudie: Karen Hagemann, Frauen in der Hamburger SPD der Weimarer Republik — Anspruch und Wirklichkeit sozialdemokratischer Frauenpolitik, in: Arno Herzig u. a. (Hg.), Arbeiter in Hamburg. Unterschichten, Arbeiter und Arbeiterbewegung seit dem ausgehenden 18. Jahrhundert, Hamburg 1983, S. 443—456. In den Parteiausschuß konnten die Frauen nach dem Organisationsstatut eine Vertreterin auf 10 000 weibliche Mitglieder entsenden. 1925 wurde dieses Quorum auf 7 500 herabgesetzt. In der Reichstagsfraktion der SPD erreichten die Frauen 1928 mit 13,1 % der Abgeordneten den höchsten Anteil aller Weimarer Legislaturperioden. Keinen Erfolg hatten die sozialdemokratischen Frauen mit ihrem Drängen auf Anstellung von Parteisekretärinnen bei den Bezirksvorständen; alle derartigen Vorstöße scheiterten am Widerstand des Parteivorstands. Thoenessen, Frauenemanzipation (Anm. 331), S. 145—149. Daten zur Frauenschulung der SPD: ebda., S. 164. — Zu den Frauenkonferenzen vgl. die Parteitagsprotokolle von 1924 (Anm. 15), 1925 (Anm. 39) und 1927 (Anm. 288). Über Marie Juchacz: Fritzmichael Roehl, Marie Juchacz und die Arbeiterwohlfahrt. Überarbeitet von Hedwig Wachenheim, Hannover 1961. Vergleichend zur Rolle der Frauen in den Weimarer Parteien: Helen L. Boak, Women in Weimar Germany: The ‚Frauenfrage' and the Female Vote, in: Richard Bessel and E. J. Feuchtwanger (Hg.), Social Change and Political Development, London usw. 1981, S. 155—173.

schäfts die jungen, hübsch angezogenen Mädchen auf die Straße strömen, mit *welchem* jungen Mann sie sich da treffen, dann weiß man Bescheid. Es sind selten junge Männer, die zur Arbeiterbewegung gehören. Die jungen Mädchen aber sind meistens Töchter von Arbeitern, von z. T. organisierten Arbeitern. Die jungen Arbeiterinnen sind durch solche Bekanntschaften mehr gefährdet als die jungen Männer, besonders dann, wenn die Eltern etwas ‚Besseres' aus ihnen machen wollten."

Als Mittel dagegen, daß sich Arbeitertöchter der Arbeiterbewegung entfremdeten, empfahl Käte Fröhbrodt, eine Funktionärin der Berliner Arbeiterjugend, auf der gleichen Kieler Frauenkonferenz die frühzeitige Wahl des richtigen männlichen Partners. Von den Genossinnen werde es ja sehr ungern gesehen, wenn sich in der Jugendbewegung zwei Menschen zu dauernder Lebenskameradschaft zusammenfänden. „Aber gibt es denn etwas Wertvolleres für das Leben, als wenn sich zwei Menschen in der gleichen Arbeit zu dauernder Kameradschaft zusammenfänden? Ein solches Mädel wird auch später dauernd im Organisationsleben stehen, und wir haben nicht das Übel, das wir heute beklagen müssen, daß gerade unsere politisch aktivsten Genossen völlig uninteressierte Frauen haben . . . Viele von unseren Mädeln, die nicht diese oder jene Bindung eingehen, gehen der Arbeiterbewegung überhaupt verloren; sie sehen ihre größte Freude im Nachäffen der bürgerlichen Kultur. Hier klafft ein Riß zwischen der alten und jungen Generation des Sozialismus."

Als weiteres Mittel, um das politische Bewußtsein junger Frauen zu heben, nannte die gleiche Rednerin die feierliche „Parteiweihe". „Wir haben bei der Veranstaltung dieser Parteiweihen in diesem Jahr zum ersten Mal tausend junge Menschen zur Partei überführt, und das ist immerhin ein guter Anfang", berichtete Käte Fröhbrodt. „Die Jungkämpferinnen, die in der Jugendbewegung geschult werden, bedeuten nachher für die Frauengruppen eine wertvolle Auffrischung." Aber zum Eintritt in die SPD ließen sich in der Regel nur diejenigen Mädchen bewegen, die sich zuvor schon in der Arbeiterjugend betätigt hatten. Die unorganisierte weibliche Jugend direkt in die Sozialdemokratie einzubinden, hielt Käte Fröhbrodt für ebenso unmöglich wie Marie Juchacz. „Viele dieser Mädel sehen ihre Freude darin, wenn sie nach 6 Tagen Arbeitsfron des Sonntags an Hand eines finanzstarken Kavaliers die Freuden des Lebens auf ihre höchst verderbliche Art genießen können. Vor allem kommt es darauf an, den arbeitenden Mädels einen ausreichenden Lohn zu verschaffen, damit sie ihren Lebensunterhalt fristen und ihren kulturellen Bedürfnissen Rechnung tragen können. Da ist es wohl am zweckmäßigsten, wenn wir mit Ihrer tatkräftigen Hilfe alle diese Mädel für die Arbeiterjugend gewinnen, um sie dann in die Partei zu überführen."

Die Schwierigkeit, junge Mädchen aus der Arbeiterschaft für die Sozialdemokratie zu gewinnen, hatte offensichtlich etwas mit dem gesellschaftlichen Wandel der Weimarer Jahre zu tun. Wenn eine Arbeitertochter Verkäuferin in einem Warenhaus oder Stenotypistin in einem Büro wurde, mochte sie das als sozialen Aufstieg empfinden — und zwar unabhängig davon, ob sie mit einer solchen Tätigkeit mehr oder weniger verdiente als eine Arbeiterin. Nach den durchaus glaubwürdigen Schilderungen von Marie Juchacz und Käte Fröhbrodt sahen es ja viele

Arbeitertöchter bereits als sozialen Aufstieg an, wenn sie einen festen Freund hatten, der nicht Arbeiter, sondern etwa kaufmännischer oder technischer Angestellter war. Der weiße Kragen galt mehr als der blaue — und das nicht nur in der Selbsteinschätzung des „neuen Mittelstandes".

Zum Gefühl des sozialen Aufstiegs gehörte es wohl häufig dazu, daß man mit der Sozialdemokratie, die als Arme-Leute-Partei galt, nichts gemein haben wollte. Der „proletarische" Habitus der SPD stieß viele der wirklichen oder vermeintlichen Aufsteiger ab: Die Sozialdemokratie verkörperte die Welt, die sie hinter sich lassen wollten. Die expandierende Bürotätigkeit bewirkte, daß die Arbeiterschaft, die Stammwählerschaft der SPD, schrumpfte. Von der Partei aber wurden die Folgen dieses Wandels nicht erkannt. Vermutlich hätte eine Sozialdemokratie, die sich bewußt als Partei der Arbeitnehmer und nicht bloß der Arbeiter verstanden und dargestellt hätte, weniger Abgrenzungsbedürfnisse erzeugt. Arbeitertöchter, die Angestelltenberufe ausübten, waren nur *ein* Fall von „sozialen Aufsteigern" — wenn auch, statistisch gesehen, der wichtigste. Es war unwahrscheinlich, daß sie mit Hilfe von moralisierenden Appellen bei der Sozialdemokratie gehalten werden konnten — Appellen, wie sie beispielsweise Marie Juchacz 1927 vortrug: „Ich habe nichts dagegen, daß die Frauen alle, auch die qualifizierten, Berufe ergreifen. Aber in dem jungen Proletarier darf sich nicht das Vorurteil herausbilden, daß sie etwas ‚Besseres' sind. Jede Arbeit adelt, und jede Arbeit hat volkswirtschaftlichen Wert, jede Arbeit wird getan, damit die Menschen aus dem Ertrag ihren Lebensunterhalt bestreiten."[332]

*

Erst in den Jahren der Weimarer Republik wurde das Netz von Organisationen, die zusammen die sozialdemokratische „Subkultur" bildeten, so vervollständigt, daß es die gesamte Lebensdauer „von der Wiege bis zur Bahre" umspannte. Die beiden wichtigsten Neugründungen waren die Arbeiterwohlfahrt und die Bewegung der Kinderfreunde. Die Schaffung der Arbeiterwohlfahrt geht auf einen von Marie Juchacz angeregten Beschluß des Parteiausschusses vom 13. Dezember 1919 zurück. Mit der überlieferten Parteimaxime, daß alle Wohlfahrtspflege eine Sache der Gemeinde sein müsse, private Liebestätigkeit dagegen ein den Empfänger demütigendes Almosen bedeute, war diese Entscheidung schwer zu vereinbaren. Aber einerseits wollte die SPD nicht hinter kirchlichen und anderen karitativen Verbänden zurückstehen, die für ihre Arbeit öffentliche Mittel erhielten, und andererseits ging es auch um die Chance, Einfluß zu nehmen auf jede Art von Gremien, die sich mit Fragen der Wohlfahrtspflege befaßten. Nach den vorläufigen Richtlinien der Arbeiterwohlfahrt von 1920 war eine eigene fürsorgerische Tätigkeit der neuen Organisation nicht vorgesehen; vielmehr wollte man im Interesse der Arbeiter auf die kommunalen Einrichtungen einwirken, ihnen ehren-

332 Parteitag 1927 (Anm. 288), S. 306 (Juchacz; Hervorhebung im Original), 310 f. (Fröhbrodt). Zum Problem des sozialen Aufstiegs vgl. oben S. 112 ff.

amtliche Helfer vermitteln und sich um die Zusammenfassung und Schulung aller in der Wohlfahrtspflege tätigen Sozialdemokraten bemühen.[333]

Die Wirklichkeit wich von dem ab, was in den Statuten niedergelegt war. Die Arbeiterwohlfahrt wurde nicht bloß Hilfsorgan der öffentlichen Wohlfahrtspflege, sondern auch Selbsthilfeorganisation. Vielerorts richtete man Beratungsstellen ein, die zwischen Behörden und Hilfsbedürftigen vermitteln sollten; Kinderferienwanderungen, die es in einigen Großstädten schon vor dem Krieg gegeben hatte, wurden wieder aufgenommen; in Nähstuben stellten freiwillige Helfer Bekleidungsstücke für hilfsbedürftige Menschen her; Nahrungsmittel, Wäsche und Geld aus in- und ausländischen Spenden wurden an arme Familien und vor allem an alte Menschen verteilt.

Marie Juchacz, in Personalunion Leiterin der Arbeiterwohlfahrt und des Frauensekretariats, verteidigte diese — von der Parteidoktrin abweichende — Praxis 1925 damit, daß Kriegsfolgen und Inflation wenig Zeit zum „theoretischen Durchdenken der Prinzipien und Statuten" gelassen hätten. Aber schwerer wog wohl die Tatsache, daß von der Tätigkeit der anderen freien Verbände ein gewisser Nachahmungsdruck ausging und daß die Arbeiterwohlfahrt an öffentlichen Mitteln nur in dem Maß teilhaben konnte, wie sie eigene Einrichtungen der Wohlfahrtspflege schuf. Die Fürsorgepflichtverordnung vom Februar 1924 sah nämlich vor, daß öffentliche Einrichtungen dort nicht neu zu schaffen waren, wo es geeignete Einrichtungen der freien Wohlfahrtspflege gab. Diese privaten Einrichtungen erhielten, soweit sie im öffentlichen Auftrag tätig wurden, auch öffentliche Finanzmittel. Entsprechendes galt für das Jugendwohlfahrtswesen: Das Jugendwohlfahrtsgesetz vom Juli 1922 bestimmte, daß die Jugendämter einige Aufgaben an die Verbände der freien Wohlfahrtspflege übertragen konnten. Auch hier wurden für Tätigkeiten im öffentlichen Auftrag Haushaltsmittel zur Verfügung gestellt.[334]

Die Arbeiterwohlfahrt wurde zum bevorzugten Betätigungsfeld der sozialdemokratischen Frauen. In diesem Bereich gab es faktisch keine männliche Konkurrenz; offenbar waren viele Genossen darüber erleichtert, daß die Sozialpflege sich den Frauen als Ausgleich für politische Aktivitäten anbot. Die Vielfalt der Aufgaben, die von der Arbeiterwohlfahrt erfüllt wurden, erhellt der Jahresbericht des sozialdemokratischen Parteivorstandes für 1928. Dort werden 208 Kurse und Lehrgänge von mehrmonatiger Dauer erwähnt, 291 Arbeitsgemeinschaften, 1152 Einzelvorträge und 69 Wohlfahrtskonferenzen. Zwei Jahre später gab es 2 000 Ortsausschüsse der Arbeiterwohlfahrt. Mehr als die Hälfte waren mit Beratungsstellen ausgestattet; 500 Ortsausschüsse unterhielten Nähstuben mit zusammen

333 Hierzu wie zum folgenden: Roehl, Juchacz (Anm. 331), S. 74 ff.; Die Arbeiter-Wohlfahrt 1919—1949, Hannover o. J. (1949), S. 5 ff.; Sabine Klöhn, Helene Simon (1862—1947). Deutsche und britische Sozialreform und Sozialgesetzgebung im Spiegel ihrer Schriften und ihr Wirken als Sozialpolitikerin im Kaiserreich und in der Weimarer Republik, Frankfurt 1982, S. 544 ff.; Anneliese Monat, Sozialdemokratie und Wohlfahrtspflege. Ein Beitrag zur Entstehungsgeschichte der Arbeiterwohlfahrt, Stuttgart 1961, S. 54 ff.

334 Ebda., S. 61—65 (64). Das Reichsgesetz für Jugendwohlfahrt in: RGBl. 1922 I, S. 633—647; die Verordnung über die Fürsorgepflicht vom 13. 2. 1924 in: RGBl. 1924 I, S. 100—107.

2 000 Nähmaschinen. Als Arbeitsgebiete nannte der Bericht des Parteivorstandes Fürsorge für erwerbslose Mädchen, verbunden mit Handarbeits- und Haushaltungsunterricht, Kinder- und Arbeitslosenspeisung, Schwangerenfürsorge und Haushaltspflege, durchgeführt von 2 000 freiwilligen Helfern, Ausleihen von Baby-Ausstattungen, Erholungsfürsorge für 120 000 Kinder, Mitarbeit an der öffentlichen Fürsorge. In der Folge der wachsenden Arbeitslosigkeit nach 1929 wurden die Einrichtungen und Leistungen der Arbeiterwohlfahrt immer stärker in Anspruch genommen. An eine Rückkehr zu dem alten sozialdemokratischen Grundsatz, daß die Wohlfahrtspflege ausschließlich den Kommunen obliege, war nicht mehr zu denken.[335]

*

Die Bewegung der Kinderfreunde entstand 1908 in Österreich. Im Ursprungsland waren die Kinderfreunde ein Verband von Arbeitereltern, die sich die Förderung des geistigen und leiblichen Wohls proletarischer Kinder zum Ziel setzten. Als die Bewegung nach dem Krieg auf Deutschland übergriff, änderte sich ihr Charakter: Die Kinderfreunde verstanden sich nicht bloß als Organisation *für*, sondern auch als Zusammenschluß *von* Arbeiterkindern. Gruppen von Kinderfreunden bildeten sich zunächst in Berlin, verbreiteten sich dann schnell auch im übrigen Reichsgebiet und wurden im August 1924 auf Beschluß des sozialdemokratischen Parteivorstands in einem zentralen Verband zusammengefaßt. Die Gründungskonferenz wurde einberufen durch den Reichsausschuß für sozialistische Bildungsarbeit beim Parteivorstand der SPD; die mitbeteiligten Organisationen waren die Arbeiterwohlfahrt, der Verband sozialdemokratischer Erzieher, die Zentrale der Sozialistischen Arbeiterjugend (SAJ), der ADGB und die Berliner Arbeitsgemeinschaft proletarischer Kinderfreunde. Das praktische Ergebnis der Konferenz war die Schaffung der Reichsarbeitsgemeinschaft der Kinderfreunde Deutschlands. Der Vorstand setzte sich zusammen aus neun Delegierten der 54 Ortsgruppen und je einem vom Parteivorstand der SPD, der Arbeiterwohlfahrt, der SAJ und dem ADGB benannten Vertreter. Zum Vorsitzenden wurde der Reichstagsabgeordnete Kurt Löwenstein gewählt, ein ehemaliger Unabhängiger, der schon seit 1919 in der Berliner Bewegung der Kinderfreunde aktiv war.[336]

---

335 Dazu Thoenessen, Frauenemanzipation (Anm. 331), S. 155 f. Die Daten nach: Jahrbuch der Deutschen Sozialdemokratie für das Jahr 1928. Hg. vom Parteivorstand der Sozialdemokratischen Partei Deutschlands, Berlin 1929 (ND Berlin [W] usw. 1976), S. 152 ff.; Jahrbuch der Deutschen Sozialdemokratie. Hg. vom Parteivorstand der Sozialdemokratischen Partei Deutschlands für das Jahr 1930, Berlin 1931 (ND: Berlin [W] usw. 1976), S. 226 ff. — Zur publizistischen Aktivität der Arbeiterwohlfahrt, insbes. der von Hedwig Wachenheim redigierten Zeitschrift „Arbeiterwohlfahrt“: Roehl, Juchacz (Anm. 331), S. 117 ff.

336 Dazu Ferdinand Brandecker, Erziehung durch die Klasse für die Klasse. Zur Pädagogik der Kinderfreundebewegung in Deutschland 1919—1933, in: Manfred Heinemann (Hg,), Sozialisation und Bildungswesen in der Weimarer Republik, Stuttgart 1976, S. 167—186; ders., Klassenkampf und Erziehung in der Weimarer Republik, in: Kurt Löwenstein, Sozialismus und Erziehung. Eine Auswahl aus den Schriften 1919—1933. Neu hg. von Ferdinand Brandecker und Hildegard Feidel-Mertz, Berlin [W] 1976, S. 321—362. Als Lokalstudie über die

Seine erzieherischen und politischen Zielsetzungen legte Löwenstein 1924 in dem Buch „Das Kind als Träger der werdenden Gesellschaft“ ausführlich dar. „Unsere Kinder werden entweder Opfer im Kampfe um die werdende Gesellschaft oder sie werden Träger dieser Gesellschaft sein“, lautete eine der wichtigsten Aussagen des Buches. „Wahrscheinlich werden sie beides sein, wie auch wir beides sind. Aber von ihrer Erziehung hängt es ab, wie weit sie Opfer, wie weit sie Träger dieser geschichtlichen Entwicklung werden. Darum sagen wir: die Kinder des Proletariats gehören schon heute nicht mehr nur der Familie, sie gehören der gesamten Klasse, und die Arbeiterklasse hat dafür zu sorgen, daß die Bourgeoisie uns unsere Kinder nicht raubt. Die Bourgeoisie *raubt* uns unsere Kinder. Jedes hungernde, frierende Kind, das von der Tuberkulose heimgesucht wird, jedes ausgebeutete Kind ist ein Raub der Bourgeoisie an der Arbeiterklasse. Jedes Kind, das im Geiste der bürgerlichen Weltanschauung heranwächst, jedes Kind, das ideologisch festgehalten wird in den Werturteilen der Bourgeoisie, jedes Kind, dessen Hoffen und Sehnen sich in die Ergebenheit an die Mächte der Vergangenheit verliert, ist ein Verlust im Klassenkampf. Darum muß die Arbeiterklasse aktiv werden in der Wahrnehmung ihrer heiligsten Interessen. Darum muß die Arbeiterklasse bestimmenden Einfluß gewinnen auf das Wachstum ihrer Kinder.“

Die Kinderfreundebewegung hatte Löwenstein zufolge eben darin ihren tieferen Sinn. Er definierte sie als den „Versuch der Arbeiterklasse, revolutionierend einzudringen in Geist und Gestalt des öffentlichen Erziehungswesens und darüber hinaus aus eigenem Wollen und eigenem Können mit den Arbeiterkindern zusammen eine Erziehungsöffentlichkeit rein aus den Bedürfnissen der Arbeiterkinder vorzubereiten.“ Wenn sozialistische Bewegung Vorbereitung der im Sozialismus von allen Klassenkämpfen befreiten Menschheit sei, so sei sozialistische Erziehung nichts anderes als „Hineinwachsen unserer Kinder in den Kampf um den Sozialismus.“ Der umfassende Anspruch, den die Partei an „ihre“ Menschen stellte, ließ sich durchaus mit dem der Kirchen vergleichen — und es war Löwenstein selbst, der diese Parallele zog.[337]

Im Jahre 1929, als die Kinderfreunde bereits auf große Erfolge zurückblicken konnten, versuchte Löwenstein nochmals den Ausgangspunkt der Bewegung zu bestimmen: Es war die besondere gesellschaftliche Lage des Arbeiterkindes. „Das Arbeiterkind lebt unter einer doppelten Unterdrückung. Es teilt die wirtschaftliche Not und das unsichere Dasein seiner Arbeitereltern, es erlebt darüber hinaus in der häuslichen Enge, in der Bedrücktheit der Eltern eine zweite Form der Unterdrückung. In den meisten Proletarierfamilien, selbst in solchen, in denen Mutter und Vater politisch organisiert sind und sich nicht nur als gute Sozialdemokraten fühlen, sondern auch mutige Kämpfer der Arbeiterbewegung sind, herrscht im häuslichen Kreise noch die alte Form obrigkeitlicher Gesinnung. So *sehr* die El-

---

Kinderfreunde in Frankfurt: Renate Wolter-Brandecker, Sie kamen aus der dumpfen Stadt. Arbeiterkindheit und Kinderfreundebewegung in Frankfurt am Main 1919—1933, Bonn 1982. Über die Bewegung der Kinderfreunde in Österreich: Helmut Vitz, Die österreichischen Kinderfreunde und roten Falken 1908—1938. Beiträge zur sozialistischen Erziehung, Wien usw. 1975.

337 Löwenstein, Sozialismus (Anm. 336), S. 112 (Hervorhebung im Original).

tern eine klassenlose Gesellschaft erstreben, so *sehr* sie die Bedrückung der Schwächeren hassen, und dem Stärkeren nur vermehrte gesellschaftliche Verpflichtung auferlegen wollen, so *wenig* ist diese Gesinnung zumeist in ihr eigenes Heim eingedrungen."

Mochten die Anklagen gegen den „Klassenfeind", die Löwenstein 1924 erhob, in ihrer plakativen Polemik überzogen wirken — die Praxis wies die Kinderfreunde als große pädagogische Reformbewegung aus. Auf eine Altersgliederung hatten die Kinderfreunde zunächst verzichtet, weil es in den ersten Jahren noch an geeigneten Helfern fehlte. Doch bald ging man dazu über, die jüngsten Mitglieder, die Acht- bis Zehnjährigen — „Küken" oder „Nestfalken" genannt — in einer Gruppe zusammenzufassen. Ihnen folgten die „Jungfalken", die Gruppe der Zehn- bis Zwölfjährigen, und schließlich die „Roten Falken", die zwischen zwölf und vierzehn Jahre alt waren.

Alle „Falken" trugen ein blaues Gewand mit rotem Falkenabzeichen. Die blaue Farbe wurde gewählt, weil sie, wie Löwenstein 1929 schrieb, „geschmackvoll ist, und sich auf Fahrten im Zeltlager und in der Gruppe als praktisch erwiesen hat." In der Gleichförmigkeit der Kleidung liege auch ein „moderner Gedanke der Typisierung": „Das blaue Kleid ist zu gleicher Zeit die Ablehnung industrieller Willkürlichkeit und die Bejahung der Zweckmäßigkeit." Allerdings war daneben auch das Moment der Disziplinierung und Militarisierung nicht zu übersehen, das unweigerlich mit dem Uniformtragen verbunden war. Das Vorbild der Pfadfinder war hier unverkennbar, wie denn die Kinderfreunde sich auch sonst nicht scheuten, von der bürgerlichen Jugendbewegung zu lernen — bei ihren Wanderungen und Fahrten etwa, aber auch bei den Zeltlagern.

Ziel der Kinderfreunde war es nach Löwensteins Aussage nicht, Arbeiterkinder schon im frühen Alter für ein Parteiprogramm zu erziehen. Das Kind solle, und darin liege der Unterschied zu den Spartakusgruppen der Kommunisten, nicht der Gläubige eines Parteidogmas werden, wohl aber „früh erleben, daß es zur Arbeiterklasse gehört, und daß es etwas Besonderes ist um diese Arbeiterklasse." Das hieß auch: Vermittlung der Einsicht, daß „die Arbeiter die Republik geschaffen und gesichert haben, und daß jeder, der ein Feind der republikanischen Verfassung ist, auch zugleich ein Feind der Arbeiterklasse ist." Die Erziehung zu Republik und Demokratie aber mußte von Anfang an praktisch erlebbar sein. „Was nicht erlebt ist, nicht im praktischen Leben geübt, das ist meist in der Erziehung nur schmückendes Beiwerk geblieben. Wenn wir daher unsere Kinder wirksam zur Demokratie erziehen wollen, so müssen wir demokratische Lebensformen ermöglichen." Solche Formen wurden eingeübt durch die Wahl von Delegierten in die „Falkenräte", parlamentarische Diskussion in ebendiesen Räten und die selbstverantwortliche Vorbereitung und Durchführung von Festen, Fahrten und Treffen.

Große Zeltlager, sogenannte „rote Kinderrepubliken", waren die Höhepunkte aller Aktivitäten. Die erste dieser Kinderrepubliken war das Zeltlager Seekamp bei Kiel, wo sich 1927 2 300 Falken aus ganz Deutschland, aber auch Kinder aus Österreich, der Tschechoslowakei und Dänemark, trafen. Wie spätere Kinderrepubliken gliederte sich dieses Lager in Zeltgemeinschaften und Dörfer. Es gab gewählte Zeltobleute, Dorfvertretungen und Bürgermeister, ein Lagerparlament und einen Präsidenten der Kinderrepublik. In Seekamp war Kurt Löwenstein der Lagerpräsident. In allen Lagern wurden nicht nur Gelegenheiten zu Spiel und Sport geboten, sondern auch zur Erlangung handwerklicher Fertigkeiten wie Buchbinder-, Tischler- und Schlosserarbeiten. Erwachsene Helfer griffen als Berater ein, wenn sie gerufen wurden oder wenn offenbare Mängel entdeckt wurden; Kinder und Helfer aßen das gleiche Essen und wohnten in den gleichen Zelten, wobei konsequent der Grundsatz der Koedukation von Jungen und Mädchen angewandt wurde.[338]

Das rasche Wachstum der Bewegung der Kinderfreunde läßt sich aus den folgenden Zahlen ablesen. 1930 gab es in 788 Gemeinden Ortsgruppen der Kinderfreunde; die Zahl der Gruppen belief sich auf 4 500; ihnen gehörten 120 000 Kinder, 10 000 Helfer und 70 000 Eltern an. 1928 erlangten die Kinderfreunde — noch unter der Regierung Marx — die Anerkennung als Jugendpflegeorganisation. Damit war eine wichtige materielle Vergünstigung verbunden: eine beträchtliche Fahrpreisermäßigung der Reichsbahn für Kinder und Helfer, die an Zeltlagern teilnahmen. Unter der Regierung Brüning wurde diese Maßnahme mit der Begründung rückgängig gemacht, die Lager der Kinderfreunde könnten nicht als Erholungsfürsorge gelten. Gleichzeitig wurde das Reichsinnenministerium angewiesen, die Organisation und ihre Helfer zu überwachen. Viel weiter ging die bayerische Regierung. 1930 wurde den Schulpflichtigen durch Erlaß des Kultusministeriums verboten, an Veranstaltungen der Kinderfreunde teilzunehmen. Zwar konnten die „Falken“, ihre Eltern und Helfer das Verbot durch kollektiven Eintritt in die Arbeiterwohlfahrt umgehen. Aber die Sanktionen aus Berlin und München waren doch Symptome wachsender Intoleranz — und damit Vorboten der ungleich schärferen Unterdrückung, der die Kinderfreunde wie alle anderen Teile der Arbeiterkulturbewegung nach 1933 ausgesetzt waren.[339]

*

Wenn der werdende Sozialdemokrat vierzehn Jahre alt wurde, trat er in die Sozialistische Arbeiterjugend Deutschlands ein. Diesen Namen führte die sozialdemokratische Jugendorganisation seit 1922, nachdem sich der mehrheitssozialistische Verband der Arbeiterjugend-Vereine und die Sozialistische Proletarier-Jugend der USPD zusammengeschlossen hatten. Daß die beiden sozialdemokratischen Parteien nach dem Ersten Weltkrieg eigene Jugendverbände ins Leben riefen, ging auf eine Errungenschaft der Revolution zurück: den Wegfall jenes § 17 des Reichsvereinsgesetzes von 1908, der Jugendlichen unter 18 Jahren die Mitgliedschaft in politischen Vereinen sowie die Teilnahme an politischen Versammlungen verbot.

Die Sozialistische Arbeiterjugend bemühte sich um Jugendliche im Alter zwischen 14 und 18 Jahren. Mit 18 Jahren konnte und sollte der Jugendliche in die

338 Kurt Löwenstein, Die Aufgaben der Kinderfreunde, ebda., S. 217, 225; zu den Kinderrepubliken: S. 228 ff.; Jahrbuch 1928 (Anm. 335). S. 208 ff.

339 Brandecker, Erziehung (Anm. 336), S. 168, 183 f.

SPD eintreten. Die Arbeiterjugend selbst wünschte bereits 1919 eine Anhebung der Altersgrenze auf 20 Jahre, und dafür gab es in der Tat einleuchtende Gründe. Die Senkung des Wahlalters von 25 auf 20 Jahre ließ eine verstärkte politische Schulung der künftigen Jungwähler dringend erforderlich erscheinen; ohne den Rückhalt einer Jugendorganisation hatten die Achtzehnjährigen kaum Chancen, in der Partei politisch aktiv zu werden; groß war infolgedessen die Gefahr, daß solche Jugendlichen der Sozialdemokratie verloren gingen — sei es, daß sie von politischer Betätigung ganz absahen, sei es, daß sie sich Parteien links von der SPD zuwandten. Aber solchen — von der Parteiführung geteilten — Erwägungen zum Trotz fanden sich die Delegierten des ersten sozialdemokratischen Nachkriegsparteitags im Juni 1919 nicht dazu bereit, die Altersgrenze aufzuheben. Die Furcht, die Arbeiterjugend könne sich infolge eines Zustroms älterer Jugendlicher in unerwünschter Weise politisieren und von der Partei abzuheben suchen, scheint das Hauptmotiv dieses Beschlusses gewesen zu sein. Erst acht Jahre später, auf dem Kieler Parteitag von 1927, stellten Parteivorstand und Parteiausschuß erneut — und diesmal mit Erfolg — den Antrag, die Altersgrenze auf das 20. Lebensjahr zu erhöhen. Dem Wunsch der Spitzengremien entsprechend, äußerte der Parteitag gleichzeitig die Erwartung, „daß die Jugendlichen es nach wie vor als ihre Pflicht ansehen, mit der Vollendung des 18. Lebensjahres den Eintritt in die Partei zu vollziehen.“[340]

Obwohl die Arbeiterjugend durch die Richtlinien des Weimarer Parteitags von 1919 organisatorisch fest an die Partei gebunden war, entwickelte sie in ihren frühen Jahren so etwas wie ein eigenes politisches Profil. Das „Kriegserlebnis“ fand in den Diskussionen der Arbeiterjugend mehr Widerhall als in der Partei; bestimmte Ausdrucksformen der bürgerlichen „freideutschen“ Jugendbewegung wie Spiel, Tanz und Wandern wurden bewußt nachgeahmt; der Sozialismus galt mehr als Kulturauftrag denn als Wirtschaftssystem. Erich Ollenhauer, einer der führenden Funktionäre der Magdeburger Arbeiterjugend und seit 1919 gewählter Vertreter der Reichsorganisation, sprach im März 1919 davon, es gelte, die jungen Arbeiter, die zunächst meist aus materiellen Interessen zur Arbeiterjugend stößen, „in das lichte Land unserer Kulturidee“ hinüberzuführen.

Auf dem ersten Reichskongreß der Vereine der Arbeiterjugend, der im August 1920 in Weimar stattfand, wurde denn auch eine Arbeitsteilung beschlossen: Die wirtschaftlichen Probleme sollten den Jugendsektionen der Freien Gewerkschaften überlassen bleiben, während das kulturelle Gebiet dem Verband der Arbeiterjugend-Vereine zu übertragen war. Dem „Geist von Weimar“ entsprach es, einem

340 Dazu Helmuth Hägel, Die Stellung der sozialdemokratischen Jugendorganisationen zu Staat und Partei in den Anfangsjahren der Weimarer Republik, in: IWK 12 (1976), S. 166—216; Martin Martiny, Sozialdemokratie und junge Generation am Ende der Weimarer Republik, in: Luthardt, Arbeiterbewegung (Anm. 318), Bd. 2, S. 56—117. Zum Kieler Beschluß: Parteitag 1927 (Anm. 288), S. 36 (Wels), 259 f. (Text des Antrags). Zur Entwicklung der Arbeiterjugend vor 1918 und den für sie zuständigen Jugendausschüssen der SPD: Karl Korn, Die Arbeiterjugendbewegung, 3 Teile, Berlin 1923/24. Um den Kinderfreunden den Übergang in die SAJ zu erleichtern, wurden seit 1928 die vierzehn- bis siebzehnjährigen Mitglieder der SAJ in „Roten-Falken-Gruppen“ zusammengefaßt. Jahrbuch 1928 (Anm. 335), S. 159.

kulturellen Patriotismus zu huldigen und die Arbeiterjugend zur Erbin des deutschen Idealismus zu erklären. Als Parole für den Weimarer „Reichsjugendtag" gab die offizielle Verbandszeitschrift „Arbeiter-Jugend" den folgenden Aufruf aus: „An der Geburtsstätte der deutschen Republik muß sich die deutsche Arbeiterjugend zu der Republik und ihrer Verfassung bekennen, sich verpflichten, ihre Mitglieder zu Staatsbürgern zu erziehen, die die Verfassung vor jeder Verschlechterung schützen, weil sie die Möglichkeit gibt, auf dem Wege der Demokratie den Sozialismus zu erreichen. Ein solches Bekenntnis wäre gleichzeitig ein Bekenntnis zum deutschen Volk und zur deutschen Heimat."[341]

Der wachsende Radikalismus der Rechten wirkte auf die organisierte Arbeiterjugend politisierend. Im Frühjahr 1922 marschierten in München junge Arbeiter wiederholt mit schwarz-rot-goldenen Fahnen durch die Straßen, wobei mehrere von Nationalsozialisten angegriffen und verletzt wurden. In ganz Deutschland feierten die Vereine der Arbeiterjugend das Vorgehen der Münchner als beispielhaft. Nach der Vereinigung mit der Sozialistischen Proletarier-Jugend der USPD im Oktober 1922 erhielt jedoch die verbandsinterne Opposition Auftrieb, aus deren Sicht die bisherige Führung allzu staatsbejahend, wenn nicht gar nationalistisch gewesen war. Das neue Programm der SAJ gab sich in Worten erheblich radikaler als das des mehrheitssozialistischen Verbandes. Im Jahr 1923 spitzten sich die Gegensätze zwischen „Linken" und „Rechten" auch innerhalb der Sozialistischen Arbeiterjugend zu. Auf der vierten Reichskonferenz, die im Mai in Görlitz stattfand, verurteilten Delegierte aus dem besetzten Gebiet scharf die französische Besetzung, während Vertreter der linken Opposition aus Sachsen zum Kampf gegen den französischen Militarismus *und* den deutschen Kapitalismus aufriefen. Der Verbandsvorsitzende Max Westphal wählte die Taktik des ausgleichenden Kompromisses. Er attackierte einerseits den französischen Militarismus und andererseits zwar nicht den deutschen Kapitalismus, aber doch den deutschen Nationalismus. Erich Ollenhauer ließ bei Veranstaltungen im besetzten Gebiet dem Treuegelöbnis zur Nation stets das Bekenntnis zur Internationale folgen.

Als die SPD im August 1923 in Stresemanns Kabinett der Großen Koalition eintrat, konterte das der linke Flügel der SAJ mit massiver Kritik an der Vorstandslinie. Auf einer Sitzung des Reichsausschusses am 11. November forderten die Delegierten aus Sachsen und Thüringen, die von ihnen regional bereits praktizierte Einheitsfrontpolitik mit dem Kommunistischen Jugendverband Deutschlands auf das ganze Reichsgebiet auszudehnen. Der Verbandsvorstand wandte sich nachdrücklich gegen jede Zusammenarbeit mit der Jugendorganisation der KPD. Die Kooperation mit nichtsozialistischen Vereinigungen im Rahmen des Reichsausschusses deutscher Jugendverbände wurde dagegen ausdrücklich ge-

341 Hägel, Stellung (Anm. 340), S. 175, 178. Nach den vom Weimarer Parteitag verabschiedeten Richtlinien oblag die Leitung der Jugendbewegung von der Orts- bis auf die Reichsebene Vorständen, die zur Hälfte aus autonom gewählten Jugendvertretern und zur Hälfte aus gewählten erwachsenen Parteimitgliedern zusammengesetzt waren. Protokoll über die Verhandlungen des Parteitags der Sozialdemokratischen Partei Deutschlands, abgehalten in Weimar vom 10. bis 15. Juni 1919. Bericht über die 7. Frauenkonferenz, abgehalten am 15. und 16. Juni 1919, Berlin 1919 (ND: Berlin [W] 1973), S. 508 f.

Die Erziehung in der Kinderfreundebewegung sollte dem „Hineinwachsen unserer Kinder in den Kampf um den Sozialismus" dienen. Die Abbildung (oben) *zeigt den Vorsitzenden der Kinderfreunde, Kurt Löwenstein, in einem Zeltlager.*
Bestimmte Ausdrucksformen der bürgerlichen Jugendbewegung wurden in der Arbeiterjugend bewußt nachgeahmt: Szene vom Reichsjugendtag der Sozialistischen Arbeiterjugend in Weimar 1920 (unten).

rechtfertigt: Im Kampf um die Erhaltung der Republik sei die republikanische bürgerliche Jugend zuverlässiger als die kommunistische. Daß die SAJ am 16. November 1923 dann aber zusammen mit ausgeprägt „rechten“ Gruppen einen nationalistisch gehaltenen Appell des Reichsausschusses mitunterzeichnete, ging auch gemäßigten Gliederungen der Arbeiterjugend zu weit. Auf der Weimarer Reichskonferenz vom Mai 1924 wurde mit knapper Mehrheit ein Antrag gebilligt, der den Hauptvorstand wegen der Unterzeichnung dieses Aufrufes verurteilte.[342]

Ansonsten blieb der Opposition der Erfolg versagt. Bei den meisten Abstimmungen auf der Weimarer Konferenz konnte sich der Vorstand mit Zweidrittelmehrheit durchsetzen. Wie für die SPD bedeuteten die mittleren Jahre der Republik auch für die SAJ insgesamt eine Zeit der organisatorischen Konsolidierung — freilich nicht des Mitgliederzuwachses. Ende 1927 gab es im gesamten Reich 33 Bezirksverbände mit 1 352 Ortsgruppen und 55 342 Mitgliedern. Um etwa 55 000 herum bewegte sich auch in den folgenden Jahren die Mitgliederzahl der SAJ — ungeachtet der 1927 beschlossenen Anhebung der Altersgrenze von 18 auf 20 Jahre. Wenn man berücksichtigt, daß am 1. Mai 1924 die Sozialistische Arbeiterjugend doppelt soviele Mitglieder — 110 000 — gezählt hatte, ergab sich daraus für die SPD eine beunruhigende Schlußfolgerung: Um ihre Anziehungskraft auf junge Menschen war es schlecht bestellt.

Möglicherweise lag dies auch am Abebben der politischen Richtungskämpfe innerhalb der SAJ und daran, daß sich ihr Profil immer weniger von dem der Mutterpartei unterschied. Die Zeitschrift „Arbeiterjugend“, seit Anfang 1924 von Erich Ollenhauer geleitet, wurde mehr noch als zuvor ein Sprachrohr der Verbandsführung, die sich ihrerseits bemühte, stets im Gleichklang mit der Linie des Parteivorstands zu handeln. Gerieten örtliche Funktionäre oder Gliederungen der SAJ in linksradikale Fahrwasser, so ließ der Ausschluß nicht lange auf sich warten.

In seinem Rechenschaftsbericht auf dem Kieler Parteitag zollte Otto Wels dem entschiedenen Vorgehen der Verbandsführung Beifall. „Auch hier zeigte sich, daß da, wo am festesten zugefaßt wird, die Gefahr am geringsten ist, daß die Erfolge derjenigen, die sich erst rühmten, die Gesamtorganisation in der Opposition hinter sich zu haben, gleich Null waren, daß der Bestand der Arbeiterjugend durch diese Spaltungsbestrebungen nicht erschüttert worden ist.“ Aber so notwendig die Abgrenzung gegenüber den Kommunisten war, sie ersetzte nicht die geistige Ausstrahlung, die die SAJ gebraucht hätte, um junge Menschen für die Sozialdemokratie zu gewinnen. Wels' Verdikt, daß „junge Leute der Aufsicht bedürfen, wenn nicht schwerer Schaden entstehen soll“, wies keinen Weg aus der Stagnation der sozialdemokratischen Jugendarbeit.[343]

*

342 Hägel, Stellung (Anm. 340), S. 182 ff. Zu Ollenhauer: Brigitte Seebacher-Brandt, Ollenhauer. Biedermann und Patriot, Berlin [W] 1984.

343 Parteitag 1927 (Anm. 288), S. 36 f.; die Zahlen nach: Jahrbuch der Deutschen Sozialdemokratie für das Jahr 1927. Hg. vom Vorstand der Sozialdemokratischen Partei Deutschlands, Berlin 1928 (ND: Berlin [W] usw. 1976), S. 195 f.; Parteitag 1924 (Anm. 15), S. 21. Ende

Die Sozialistische Arbeiterjugend war nicht die einzige Jugendorganisation der SPD. Nach der Revolution hatten sich vielerorts spontan Gruppen von „Jungsozialisten" gebildet. Besonders rege waren sie in Hamburg, wo die Arbeiterjugend schon vor 1914 mehr Entfaltungsmöglichkeiten gehabt hatte als in den meisten anderen Teilen des Reiches. „Die ‚Jungsozialistischen Vereinigungen' standen zwischen Arbeiterjugend und Sozialdemokratischer Partei", schreibt rückblickend Franz Osterroth. „Sie fanden in ihrem noch unklaren Suchen und Wollen, das sich auch in eigenen Mitteilungsblättern äußerte, bei den älteren Sozialdemokraten oft mehr Spott als Verständnis."

Die Reserve vieler Genossen hing damit zusammen, daß der Einfluß der „freideutschen" Jugendbewegung in den Reihen der Jungsozialisten noch sehr viel stärker war als in der Arbeiterjugend. Jungsozialisten waren nicht selten typische „Novembersozialisten" — werdende oder fertige Akademiker, meist aus bürgerlichem Milieu stammend, die erst während des Krieges oder danach die „soziale Frage" entdeckt und sich aus Idealismus der Sozialdemokratie angeschlossen hatten. Auf einem Sondertreffen anläßlich des Weimarer Reichsjugendtages im August 1920 erklärten die versammelten Jungsozialisten, sie wollten mehr und Höheres als die Alten. „Wir beginnen zu erkennen, daß der politische und wirtschaftliche Klassenkampf nicht genügt, um den Sozialismus zu verwirklichen. Wir wollen neue Menschen, wahre Sozialisten werden. Eine neue Welt braucht neue Menschen. Dann aber wollen wir die Partei mit unserem Geist beleben. Wir wollen, daß sie die Partei der Zukunft werde. Für unser Wollen fordern wir von der Partei volle Freiheit."

Noch deutlicher wurde der geistige Führungsanspruch der Jungsozialisten in einem Beschluß angemeldet, den Teilnehmer eines Treffens in Kiel am Neujahrstag 1921 faßten: „Die den Arbeiterjugendvereinen entwachsenen Parteigenossen können ihrer ganzen seelischen Einstellung nach nicht ohne weiteres den Schritt zur allgemeinen Arbeiterbewegung machen, denn diese ist in ihrem inneren und äußeren Leben so einseitig verstandesmäßig und materialistisch gerichtet, daß sie die in der Jugend vorhandenen und durch den Krieg neubelebten irrationalen Regungen nicht befriedigen kann. Daher schließen sie sich zu besonderen jungsozialistischen Gemeinschaften innerhalb der Partei zusammen, ohne zu verkennen, daß auch ihr Wirken der einigen Partei und den Gewerkschaften als den eigent-

---

1930 betrug die Mitgliederzahl der SAJ 54 898. Jahrbuch 1930 (Anm. 335), S. 230. — Zur Weimarer Reichskonferenz: Hägel, Stellung (Anm. 340), S. 193 ff. Eine Zusammenarbeit zwischen Arbeiterjugend und „bürgerlichen" Jugendorganisationen gab es bereits seit Ende 1919 im Rahmen der Ortsausschüsse für Jugendpflege. Die meisten Arbeiterjugendvereine hatten die Beteiligung hieran zunächst abgelehnt. Ende Januar 1920 kamen jedoch Reichsausschuß und Hauptvorstand des zentralen Verbandes zu dem Ergebnis, daß eine positive Mitarbeit in diesen Ausschüssen schon deshalb notwendig sei, „um bei der Verteilung der staatlichen Mittel und der Ausgestaltung für die Allgemeinheit bestimmter Einrichtungen in unserem Sinne entscheidend mitwirken zu können". Ebda., S. 173. — Zu der hier nicht erörterten syndikalistischen und unionistischen Jugendbewegung: Ulrich Linse, Die anarchistische und anarcho-syndikalistische Jugendbewegung 1919—1933. Zur Geschichte und Ideologie der anarchistischen, syndikalistischen und unionistischen Kinder- und Jugendorganisationen 1919—1933, Frankfurt 1976.

lichen Kampfgemeinschaften des Proletariats gilt, die sie mit neuem Leben und zu höherer sozialistischer Tatkraft führen wollen. Die Jungsozialisten wollen ihr Leben in Aufrichtigkeit und Verantwortlichkeit vor sich und der Gemeinschaft gestalten. Daraus entnehmen sie auch die Verpflichtung, mit besonderer Eindringlichkeit sich der Erringung wissenschaftlicher Erkenntnis des Sozialismus zu widmen."[344]

Für die Parteiführung war die jugendbewegte Sprache jungsozialistischer Resolutionen so befremdlich wie ihr Inhalt. Den Zuzug junger Menschen mußte die Partei auch dann begrüßen, wenn sie nicht aus der Arbeiterschaft kamen; aber die Partei durfte darüber keine andere werden. Aus diesem Dilemma gab es nur einen Ausweg: Die SPD mußte die neue Bewegung in den Griff bekommen und in die Parteiorganisation eingliedern. Auf dem Kasseler Parteitag vom Oktober 1920 stellte der Vorstand daher einen Antrag, der auch allgemeine Billigung fand: „Der Parteitag begrüßt mit lebhafter Freude die geistige Regsamkeit der Jungsozialisten und ihr Streben nach Erringung innerer Selbständigkeit. Der Parteitag verpflichtet daher die Parteiorganisationen, die Bestrebungen der Jungsozialisten tatkräftig zu unterstützen. Insbesondere sind dort, wo sich genügend jüngere Parteimitglieder finden, im Rahmen der Parteiorganisation, deren Beschlüssen sie unterstehen, jungsozialistische Gruppen zu errichten." In der gleichen Entschließung wurden den Jungsozialisten auch Aufgaben zugewiesen, nämlich die Erziehung der Jugendlichen zu Sozialisten, politische Schulung der Mitglieder und rege, aktive Teilnahme am Parteileben. Die Jugendlichen sollten ihre Gruppen selbst leiten und verwalten, doch waren je ein Vertreter der Partei und ihres Bildungsausschusses zu den Beratungen hinzuzuziehen. Oberstes Aufsichtsorgan

344 Franz Osterroth, Der Hofgeismarkreis der Jungsozialisten, in: AfS 4 (1964), S. 525—569 (527, 529 f.). Der von Johannes Schult verfaßte Text der Kieler Erklärung knüpfte bewußt an die berühmte „Meißnerformel" — die Erklärung der Verbände der Freideutschen Jugend auf dem Hohen Meißner von 1913 — an, die ein ausdrückliches Bekenntnis zu „einem Leben in eigener Bestimmung, vor eigener Verantwortung, in innerer Wahrhaftigkeit" enthielt. Vgl. zum Verhältnis von Jugendbewegung und Arbeiterjugendbewegung u. a. die Beiträge in: Jahrbuch des Archivs der deutschen Jugendbewegung, Bd. 10, Burg Ludwigstein 1978; Bodo Brücher u. Günter Hartmann, Die Sozialistische Arbeiterjugend in der Weimarer Zeit, ebda. 13 (1981), S. 35—50; Peter Stachura, The German Youth Movement 1900—1945. An Interpretative and Documentary History, London usw. 1981, bes. S. 94 ff.; Hägel, Stellung (Anm. 340), S. 200 ff.; Werner Kindt (Hg.), Dokumentation der Jugendbewegung, Bd. 3: Die deutsche Jugendbewegung 1920 bis 1933. Die bündische Zeit, Köln 1974, S. 1010 ff.; Felix Raabe, Die Bündische Jugend. Ein Beitrag zur Geschichte der Weimarer Republik, Stuttgart 1961, bes. S. 178—190; Junge Menschen. Monatshefte für Politik, Kunst, Literatur und Leben aus dem Geiste der jungen Generation der zwanziger Jahre 1920—1927. Ausgewählt u. mit einer Darstellung zur Biographie Walter Hammers u. der Geschichte der deutschen Jugendbewegung versehen von Walther G. Oschilewski, Frankfurt 1981. Zur Arbeiterjugendbewegung ferner: Erich Eberts, Arbeiterjugend 1904—1945. Sozialistische Erziehungsgemeinschaft — Politische Organisation, Frankfurt 1979; Franz Neuland und Albrecht Werner-Cordt (Hg.), Die Junge Garde. Arbeiterjugendbewegung in Frankfurt am Main. 1904—1945, Gießen 1980; Arbeiterjugendbewegung in Frankfurt 1904—1945. Material zu einer verschütteten Kulturgeschichte, Gießen 1978. Als Literaturübersicht: Hermann Meyer-Cronemeyer, Leitbild und Lebensform. Zu Dokumenten und Darstellungen der deutschen Jugendbewegung, in: IWK 19 (1983), Heft 4, S. 570—594.

der jungsozialistischen Gruppen war der Zentralbildungsausschuß des Parteivorstands.[345]

Die Jungsozialisten sollten also einerseits lose Gemeinschaften bleiben und keine Sonderorganisation werden; andererseits mußte die Kontrolle der Partei sichergestellt sein. In den jungsozialistischen Gruppen konnten sich die jungen Parteimitglieder der SPD — im Alter zwischen 18 und 25 Jahren — betätigen, aber sie waren dazu nicht verpflichtet. Umgekehrt gab es in vielen Gruppen der Jungsozialisten auch Mitglieder, die nicht zugleich der SPD angehörten. Das entsprach dem Zugeständnis erweiterter Autonomie, das die Jungsozialisten auf ihrer Bielefelder Reichskonferenz 1921 dem Parteivorstand hatten abringen können. Ende des Jahres 1924 bestanden im Reichsgebiet 179 Jungsozialisten-Gruppen mit etwa 4 000 Mitgliedern. Gleich groß war die Auflage der Zeitschrift „Jungsozialistische Blätter“. Im Durchschnitt hielten die Jungsozialisten einmal wöchentlich eine Zusammenkunft ab, in der — dem Bericht des Parteivorstands für den Heidelberger Parteitag zufolge — „Themen aus allen Wissensgebieten“ behandelt wurden, bevorzugt jedoch Fragen wie „Die Stellung der Sozialdemokratie zum Staat“, „Nation und Sozialismus“, außenpolitische Probleme und Theorie des Marxismus.[346]

Mehr noch als für die Arbeiterjugend wurde für die Jungsozialisten der Ruhrkampf des Jahres 1923 zu einem politischen Schlüsselerlebnis. In der Osterwoche jenes Jahres trafen sich über 100 Jungsozialisten aus verschiedenen Teilen des Reiches in Hofgeismar bei Kassel. Die Initiative war vom besetzten Gebiet ausgegangen, woher auch mehr als die Hälfte der Teilnehmer kam. Über die soziale Zusammensetzung berichtet Franz Osterroth aus Bochum, Sohn eines Sekretärs des Bergarbeiterverbandes und einer der Initiatoren der Tagung: „Es waren Bergleute, Behörden und Gewerkschaften, Pädagogen, Theologen und Handwerker verschiedener Berufe, unter ihnen auch ein Schweizer und ein Nordamerikaner.“ Vorträge hielten neben anderen der Neukantianer Paul Natorp, der Wirtschaftswissenschaftler und religiöse Sozialist Eduard Heimann, der ehemalige Reichsjustizminister Gustav Radbruch und der Arbeitsrechtler Hugo Sinzheimer. Thematisch ging es um eine ethische Grundlegung des Sozialismus, um das Bekenntnis zum demokratischen Staat und, nicht zuletzt, um die deutsche Nation.

Die „Jungsozialistischen Blätter“ hatten bereits in der Einladung zu dem Hofgeismarer Treffen als das dringendste Problem die „Klarstellung unseres Verhältnisses zum deutschen Volk und Staat“ bezeichnet. „Unsere Aufgabe ist es, die Veränderungen in der außenpolitischen Machtkonstellation auch innerlich auszugleichen, das in der sozialistischen Bewegung noch immer lebendige Mißtrauen gegenüber unserem eigenen Staat und Volk zu überwinden und ein neues positives Volksbewußtsein, eine klar entschiedene Staatsgesinnung zu erarbeiten.“ In Hofgeismar selbst bekannte sich dann Karl Bröger, Arbeiterdichter und Redakteur

345 Protokoll über die Verhandlungen des Parteitags der Sozialdemokratischen Partei Deutschlands, abgehalten in Kassel vom 10. bis 16. Oktober 1920, Berlin 1920 (ND: Berlin [W] 1973), S. 318 f.; dazu: Hägel, Stellung (Anm. 340), S. 196 f.

346 Parteitag 1925 (Anm. 39), S. 48. Daten zur Mitgliedschaft von Nicht-SPD-Mitgliedern in Gruppen der Jungsozialisten: Parteitag 1927 (Anm. 288), S. 36 (Wels).

der „Jungsozialistischen Blätter“, in einer Weise zu Deutschland, die auf sozialdemokratischen Veranstaltungen sonst nicht üblich war. Er trug, nachdem er das Thema „Deutscher Mensch und deutscher Geist“ zunächst in einem Vortrag behandelt hatte, einen Gedichtzyklus „Deutschland“ vor. Seine letzten Verse lauteten:

„Nichts kann uns rauben
Liebe und Glauben
zu diesem Land.
Es zu erhalten
und zu gestalten
sind wir gesandt.
Mögen wir sterben!
Unseren Erben
gilt dann die Pflicht:
Es zu erhalten
und zu gestalten.
Deutschland stirbt nicht.“

Was folgte, beschreibt Osterroth. „Noch erregt von der Diskussion, unterwegs mit Liedern gegeneinander streitend, zogen die Tagungsteilnehmer in der Dämmerung auf den Schöneberg, wo ein Hamburger Voraustrupp bereits einen Holzstoß für das Osterfeuer geschichtet hatte. Die aufzüngelnde Flamme begrüßte ein Lied und Nietzsches ‚Feuerspruch‘. Als die ‚mit dem Gesicht zum besetzten Ruhr- und Rheinland‘ gesprochene Feuerrede Osterroths in den Ruf ausmündete: ‚Es lebe Deutschland!‘, antwortete ein aufspringender Junger mit dem sich überstürzenden Gegenruf: ‚Es lebe die Internationale!‘“

Die patriotischen Empfindungen, die in Hofgeismar zum Durchbruch kamen, waren nicht nur eine Reaktion auf die nationale Demütigung des Ruhreinmarsches. Viele Teilnehmer suchten auf diese Weise auch einem spürbaren Mangel in Theorie und Praxis der Sozialdemokratie abzuhelfen: Das Verhältnis zwischen Arbeiterbewegung und Nation harrte immer noch der grundsätzlichen Klärung. Der 4. August 1914 — der Tag, an dem die sozialdemokratische Reichstagsfraktion der Bewilligung von Kriegskrediten zugestimmt hatte — schien eine Antwort zu erübrigen. Aber dem war nicht so. Denn erstens war diese Entscheidung nicht zum Anlaß systematischen Nachdenkens über die Beziehung von Nation und Klasse geworden, und zweitens war der 4. August 1914 längst ins Zwielicht geraten. Die Annahme von damals, Deutschland sei in einen Verteidigungskrieg gedrängt worden, ließ sich nach allem, was mittlerweile bekannt geworden war, nicht mehr aufrechterhalten. Aber ausdrücklich aufgegeben wurde diese Annahme von der Sozialdemokratie auch nicht. Mit der Verdrängung der Kriegsschuldfrage hing die Verdrängung der nationalen Frage aufs engste zusammen. Verbal beschworen die Sozialdemokraten nach 1918 denselben abstrakten Internationalismus wie vor 1914; praktisch handelten sie national, wagten aber selten, sich dazu zu bekennen. Die innere Freiheit, die nur aus einer selbstkritischen Aufarbeitung der Kriegsschuldfrage zu gewinnen war, hätte die Grundlage eines aufgeklärten „Sozialpatriotismus“ *und* eine Waffe gegen den Nationalismus der Rechten werden können. Aber zu dieser inneren Freiheit hatte sich die Sozialdemokratie nicht durchgerungen. Die nationale Frage blieb ein blinder Fleck im offiziellen Selbstverständnis der Partei. Die Sozialdemokraten schufen so ein psychologisches Vakuum: Sie ignorierten jenes Bedürfnis nach einem positiven Nationalbewußtsein, das es, wie Hofgeismar zeigte, *auch* in den eigenen Reihen gab.

Der emotionalen Entladung von Hofgeismar folgte der Versuch der rationalen Bewältigung. Aus dem Treffen ging ein lose gefügter Kreis von Gesinnungsfreunden hervor, in dem Heinrich Deist aus Dessau, Gustav Dahrendorf aus Hamburg, Robert Keller aus Berlin, Franz Osterroth aus Bochum und August Rathmann aus Kiel die Rolle eines informellen Vorstands übernahmen. Sie zeichneten verantwortlich für jene Erklärungen des „Hofgeismarkreises", die allesamt an die Themen des Ostertreffens von 1923 anknüpften. In vielen Orten ergriffen die „Hofgeismarer" die Initiative zur Bildung politischer Arbeitsgemeinschaften. Sie gaben den Anstoß zu regionalen Tagungen von Jungsozialisten, um für ihre Gedanken zu werben. Außer Karl Bröger sprachen auf solchen Konferenzen besonders häufig Theodor Haubach und Carlo Mierendorff, zwei junge sozialdemokratische Akademiker, deren Namen später in die Annalen der Widerstandsbewegung gegen Hitler eingingen.[347]

Der eigentliche Theoretiker des „Hofgeismarkreises" war jedoch der Staatsrechtler Hermann Heller, Privatdozent an der Universität Leipzig und gleichzeitig als Dozent an der Volkshochschule Leipzig in der Arbeiterbildung tätig. In der akademischen Welt hatte er sich mit seinem 1921 erschienenen Buch „Hegel und der nationale Machtstaatsgedanke in Deutschland" einen Namen gemacht. Seine 1925 im Berliner Arbeiterjugend-Verlag veröffentlichte Schrift „Sozialismus und Nation" wurde rasch zu einem Grundtext des Hofgeismarer Jungsozialismus. Schon im Vorwort machte Heller deutlich, für wen das Buch *nicht* bestimmt war: „für die geistig zähflüssige Masse gewisser Parteibureaukraten von rechts und links." Was er, Heller, ausspreche, sei keineswegs das Bekenntnis eines einzelnen, sondern der mehr oder minder klare Wille vieler Tausender. Nachdem er Sozialismus definiert hatte als „gerechte Herrschaft der Gemeinschaftsautorität über die Wirtschaft", gelangte er zu der bewußt zugespitzten Formel: „Die Nation ist eine endgültige Lebensform, die durch den Sozialismus weder beseitigt werden kann noch beseitigt werden soll. Sozialismus bedeutet keineswegs das Ende, sondern die Vollendung der nationalen Gemeinschaft, nicht die Vernichtung der nationa-

---

347 Osterroth, Hofgeismarkreis (Anm. 344), S. 535 ff. Als „linke" Kritik am Hofgeismarer Kreis: Peter Cardorff, Studien über Irrationalismus und Rationalismus in der sozialistischen Bewegung. Über den Zugang zum sozialistischen Handeln. Mit einem Anhang über Optimismus und Pessimismus auf der Linken, Hamburg 1980, S. 77 ff. Über Bröger: Gudrun Heinsen-Becker, Karl Bröger und die Arbeiterdichtung seiner Zeit. Die Publikumsgebundenheit einer literarischen Richtung, Nürnberg 1977. Zum Treffen in Hofgeismar auch: Else Frobenius, Mit uns zieht die neue Zeit. Eine Geschichte der deutschen Jugendbewegung, Berlin 1927, S. 241 ff., sowie, aus der neueren Lit., v. a. Schüddekopf, Linke Leute (Anm. 306), S. 170—175; August Rathmann, Ein Arbeiterleben. Erinnerungen an Weimar und danach, Wuppertal 1983, S. 58 ff., 77 ff. Zu Mierendorff vgl. die Würdigung von Carl Zuckmayer, Carlo Mierendorff. Porträt eines deutschen Sozialisten (Gedenkrede am 12. 3. 1944 in New York), Berlin [W] 1947.

len Volksgemeinschaft." Als sittliche Begriffe wiesen „Klasse" wie „Nation" über ihren gegenwärtigen Zustand hinaus: „Die Klasse muß in die Nation eingehen, die Nation aber die Klasse in sich aufnehmen ... Der Sozialismus ist somit für die Nation praktisch unentbehrlich, die Nation aber die notwendige Erscheinungsform des Sozialismus." Die Parole des Klassenkampfes könne nur lauten: „Nicht aus der Nation heraus, sondern in die Nation hinein wollen wir kämpfen." Und, alles bisher Gesagte zusammenfassend: „Die nationale ohne die soziale Volksgemeinschaft ist nicht zu haben."[348]

Was wie eine Anpassung an den Sprachgebrauch der Rechten, und keineswegs nur der Nationalsozialisten, erscheinen mochte, war in Wirklichkeit ein Versuch konkreter Ideologiekritik und politischer Vorwärtsverteidigung. Dem Gegner sollte die soziale Berechtigung abgesprochen werden, sich auf nationale Interessen zu berufen und die Volksgemeinschaft zu beschwören. Nationalbewußtsein und kapitalistische Wirtschaftsgesinnung waren aus Hellers Sicht geradezu ein sittlicher Widerspruch, wohingegen es nichts Nationaleres gab als den Kampf um gesellschaftliche Gerechtigkeit — die „letzte Begründung des wahren Wesens des Sozialismus." Eine solche Deutung des sozialdemokratischen Wollens — der Sozialismus als Wille zu gegenseitiger Hilfe und gerechter Gemeinschaft wie als sittliche Gestaltung der zwischenmenschlichen Beziehungen — schien überdies geeignet, den Materialismusvorwurf zu entkräften, den die Arbeiterbewegung seit jeher auf sich gezogen hatte. Der Sozialismus war eine Kulturbewegung; Materialisten waren dagegen diejenigen, die ihre Privilegien auf Kosten der Gemeinschaft zu bewahren strebten. „Die sozialistische Jugend beginnt zu begreifen, daß der Klassenkampf nur dann berechtigt ist, wenn die Klasse eine neue Gesamthaltung bedeutet, wenn sie aus einem eigenartigen Kulturwillen eine neue Idee zu verwirklichen hat."[349]

War das, was Heller über den nationalen und kulturellen Auftrag des Sozialismus sagte, in erster Linie gegen die Rechte gerichtet, so war sein Entwurf einer Staatstheorie eine offene Kampfansage an den Marxismus. „Der Staat als Sicherung des menschlichen Zusammenwirkens, als der archimedische Punkt über der sonst handlungsunfähigen Gesellschaft, das war die sozialistische Staatsidee Lassalles ... Lassalle war der politische Kopf der deutschen Sozialdemokratie gewesen, Marx und Engels waren ihr gesellschaftlich-wirtschaftliches Hirn." Das „Staatsunverständnis" von Marx und Engels habe infolge der Unterdrückung durch Bismarcks Sozialistengesetz theoretisch gesiegt — mit fatalen Folgen.

348 Hermann Heller, Sozialismus und Nation, 2. Aufl. Berlin 1931, S. 10, 38, 44, 46, 77.

349 Ebda., S. 9, 41. Zu Heller v. a.: Wolfgang Schluchter, Entscheidung für den sozialen Rechtsstaat. Hermann Heller und die staatstheoretische Diskussion in der Weimarer Republik, Köln usw. 1968. Den Absichten Hellers wird nicht gerecht: Eike Hennig, Anmerkungen zum Versuch einer Synthese von Nationalismus und Sozialismus, in: NPL 4 (1971), S. 507—519. Von „Nationalismus" kann man Heller allerdings nicht völlig freisprechen. In seiner Kritik am Versailler Vertrag ging er erheblich über das hinaus, was in der SPD „Parteilinie" war. So schrieb er, der Friedensvertrag habe „das deutsche Volk politisch-wirtschaftlich — ohne jede Übertreibung — zerschmettert." Der Vertrag habe die Absicht verfolgt, „das deutsche Volk — nach dem Ausdruck des Engländers Keynes — zu einer weißen Sklavenkolonie zu machen." Heller, Sozialismus (Anm. 348), S. 99.

„Nicht nur die sozialistische Agitation, sondern auch die sozialistische Theorie ist seitdem auf die Marx-Engelssche Formel vom Staat als Ausbeutungsinstrument eingeschworen, die um so unerträglicher wird, je mehr die Sozialdemokratie schon vor dem Kriege eine positive politische Praxis entfaltete." Mit dieser „unpolitischen Staatsauffassung" müsse endlich gebrochen werden. Gewiß: Der gegenwärtige Staat müsse *auch* als Klassenstaat und als ein Mittel zur wirtschaftlichen Ausbeutung der einen durch die andere Klasse angesehen werden; diese seine Wirkung sei aber weder eine ausschließliche noch eine notwendige. „Der Staat ist seinem gesellschaftlichen Inhalt, seiner soziologischen Wirkung nach überhaupt nichts Feststehendes, sondern wandelt sich dauernd mit dem Gesamtzustande der Gesellschaft." Engels' berühmtes Diktum, in der klassenlosen Gesellschaft werde der Staat nicht abgeschafft, vielmehr sterbe er ab, galt Heller als utopische Illusion. Niemals werde die abendländische Menschheit den Staat als ordnenden Gebietsherrschaftsverband entbehren können. „Steigende Zivilisation bedeutet steigende Arbeitsteilung und steigenden Verkehr; diese sind nur aufrechtzuerhalten durch eine bewußt gesetzte, planmäßige Ordnung der gesellschaftlichen Beziehungen, die der souverän entscheidende Gebietsherrschaftsverband Staat vornimmt." Am allerwenigsten könnten Sozialisten, die eine planmäßige Bedarfsdekkungswirtschaft anstrebten, die ordnende Macht des Staates aus ihrem Leitbild streichen. „Sozialismus ist nicht Aufhebung, sondern Veredelung des Staates. Der Arbeiter kommt dem Sozialismus um so näher, je näher er dem Staate kommt."[350]

Die Antwort der Marxisten auf das, was aus dem Hofgeismarkreis zu Sozialismus, Staat und Nation verlautete, ließ nicht lange auf sich warten. Der linke Flügel der Jungsozialisten formierte sich im August 1924 in Hannoversch-Münden zu einem eigenen Zirkel, dem Hannoveranerkreis. Diese von dem Journalisten Engelbert Graf, einem ehemaligen Unabhängigen, inspirierte Gruppe wollte „Ziel und Richtung einer proletarischen Politik" im Geiste eines „unverfälschten Marxismus", des Internationalismus und des „schärfsten Klassenkampfes" entwikkeln und für ebendieses Programm die junge Generation gewinnen. Sprachrohr der „Hannoveraner" wurde eine Beilage der „Levi-Korrespondenz" unter dem Titel „Der junge Genosse". Nachdem Karl Bröger Ende 1924 die Gauführung des neugegründeten Reichsbanners Schwarz-Rot-Gold in Franken übernommen und die Schriftleitung der „Jungsozialistischen Blätter" aufgegeben hatte, kamen die Linken auch in diesem Blatt zu Wort: Dem provisorischen Redakteur Max Westphal, dem Vorsitzenden der SAJ, lag daran, zwischen „Hofgeismarern" und „Hannoveranern" zu vermitteln.

Aber die Konfrontation war nicht zu vermeiden. Auf der Jenaer Reichskonferenz der Jungsozialisten in der Osterwoche des Jahres 1925 kreuzten Hermann Heller für die „Hofgeismarer" und Max Adler für die „Hannoveraner" miteinander die Klingen. Heller, der häufig von Zwischenrufen Adlers unterbrochen wurde, nannte es eine falsche Alternative, „Klassenpolitik" gegen „Staatspolitik" zu setzen; vielmehr gebe es keine Klassenpolitik ohne Staatspolitik. Der Klassencha-

350 Ebda., S. 55, 60 f., 68 f., 71.

rakter des Weimarer Staates sei gar nicht zu leugnen, dennoch bedeute die „deutsche Republik ... einen sehr bedeutenden Schritt zur Verwirklichung der sozialistischen Ziele." Adler dagegen meinte, nur auf dem Boden des Marxismus sei eine „wirkliche Grundlegung zu einer gesellschaftlich umwälzenden Tateinheit" möglich. Hellers Staatsdefinition sei rein formal und das Nationalgefühl nicht mehr als eine geistesgeschichtliche Färbung der Kulturwerte. „Jede nationale Interessiertheit im heutigen Staat führt das Proletariat genauso dazu, seinen sozialistischen Zielen untreu zu werden, wie die staatliche Interessiertheit."

Die Mehrheit war auf Adlers Seite. Das lag vor allem wohl daran, daß noch kurz vor der Jenaer Tagung in den Bezirken Sachsen und Thüringen aus Arbeiterjugendgruppen Jungsozialistengruppen gebildet worden waren, die den linken Flügel der Kongreßteilnehmer verstärkten. Für einen von den „Hannoveranern" eingebrachten Antrag, der mit den Positionen der „Hofgeismarer" scharf abrechnete, gab es jedenfalls eine deutliche Mehrheit: Mit 71 gegen 39 Stimmen billigte die Reichskonferenz eine Entschließung, in der es hieß, die Jungsozialisten als politische Jugend lehnten die „nationale Romantik in jeder Form entschieden ab". Von der „bloßen Betonung der republikanischen Staatsnotwendigkeiten mit den daraus entspringenden Konzessionen an das bürgerliche Denken" befürchte die Konferenz eine Verwässerung des revolutionären proletarischen Klassenkampfes. „Die heutige Demokratie stützt sich nur auf die Gleichwertigkeit des Stimmzettels, läßt jedoch die ökonomische Ungleichheit der Menschen bestehen, sie verschleiert also nur die Klassengegensätze. Die Reichskonferenz ist sich darüber klar, daß das sozialistische Proletariat dem bürgerlichen Klassenstaat gegenüber keine staatspolitische Verantwortung übernehmen darf, wenn dies dem Interesse des internationalen Klassenkampfes widerspricht."[351]

Auch bei den „Jungsozialistischen Blättern" vollzog sich ein Kurswechsel. Die Mehrheit der Jenaer Delegierten wählten den Linken Engelbert Graf an Stelle des von den „Hofgeismarern" unterstützten Max Westphal zum neuen Redakteur. Bei den Wahlen zur Reichsleitung kamen dagegen beide Richtungen einer Absprache gemäß in gleicher Weise zum Zuge: Drei „Hofgeismarern" standen drei „Hannoveraner" gegenüber; für den Ausgleich sollte ein Vertreter der „Mitte" sorgen.

---

351 Der Text in: Kindt (Hg.), Dokumentation (Anm. 344), Bd. 3, S. 1037. Zur Kontroverse zwischen Heller und Adler auch: Hermann Heller, Staat, Nation und Sozialdemokratie, in: ders., Gesammelte Schriften, 3 Bde., Leiden 1971, Bd. 1, S. 527—564. Für die „Hofgeismarer" hatte Haubach vor der Abstimmung erklärt, die Sätze gegen die „nationale Romantik" und über die Gleichwertigkeit des Stimmzettels könnten auch von seinen Freunden unterschrieben werden. Die Behauptung aber, daß die Demokratie eine Verschleierung der Klassengegensätze sei, könne nur ein Kommunist aufstellen. Hierzu: Osterroth, Hofgeismarkreis (Anm. 344), S. 548—555. Vgl. ferner Franz Walter, Jungsozialisten in der Weimarer Republik. Zwischen sozialistischer Lebensform und revolutionärer Kaderpolitik, Kassel 1983, S. 32 ff.; ders., Nationale Romantik u. revolutionärer Mythos. Politik u. Lebensweisen im frühen Weimarer Jungsozialismus, Berlin [W] 1986. Am ausführlichsten zu den Jungsozialisten allgemein jetzt: Reinhard Lüpke, Zwischen Marx und Wandervogel. Die Jungsozialisten in der Weimarer Republik 1919—1931, Marburg 1984.

Die „Hofgeismarer" hatten in Jena eine Niederlage hinnehmen müssen, aber sie gaben nicht auf. Kurze Zeit nach der Reichskonferenz, zu Pfingsten 1925, trafen sie sich in Hamburg, wo sie sich ausschließlich dem Thema „Staat" widmeten. Am Ende der Tagung stand eine im wesentlichen von Haubach und Deist verfaßte „Politische Grundsatzerklärung des Hofgeismarkreises". Das Manifest wies der jungsozialistischen Bewegung die Aufgabe zu, durch geistige Auseinandersetzung in ihren Reihen sich politisch und theoretisch eindeutig der veränderten politischen und gesellschaftlichen Lage anzugleichen. Der Hofgeismarkreis, der sich dieser Arbeit besonders verpflichtet fühle, erkenne im Staat von heute die Voraussetzung für den Staat von morgen, und dieser Staat, der Staat der sozialistischen Gesellschaft, bleibe ihm letztes und entscheidendes Ziel.

Das Kernstück des Aufrufes aber bildete ein ganz im Sinne von Heller gehaltenes Plädoyer für ein neues nationales Selbstverständnis der Arbeiterbewegung, das nicht an die Stelle des Internationalismus treten, sondern diesen ergänzen und untermauern solle. „Wir erkennen in den Nationen die natürliche Gliederung der menschlichen Gesellschaft. Die Nation ist uns als historisch gewordene Natur- und Schicksalsgemeinschaft eine theoretisch gültige wie praktisch unleugbare Wirklichkeit. Wir lehnen die nationale wie überhaupt jede politische Romantik ab. Der Kampf des Proletariats geht um Eingliederung in die nationale Kulturarbeit und um Fortbildung und Steigerung ihres Werkes. Die Klassen sind gesellschaftliche und politische Realitäten. Wir erkennen sie als solche ausdrücklich an. Sie sind nur wirklich innerhalb der national unterschiedenen und staatlich organisierten Gesellschaft ... Das Ziel des Klassenkampfes ist die Überwindung der Klassenherrschaft und die Herbeiführung des klassenlosen Staates. So kämpfen wir für die Verwirklichung der Idee der Arbeiterklasse."[352]

Das Verhältnis zwischen „Hofgeismarern" und „Hannoveranern" wurde in den Jahren 1925 und 1926 indes weniger durch programmatische Erklärungen bestimmt als durch Vorgänge, die sich an der Peripherie von Sozialdemokratie und jungsozialistischer Bewegung abspielten. Am 2. November 1925 beschloß der Parteivorstand der SPD, die Zugehörigkeit zum Internationalen Jugendbund (IJB) sei unvereinbar mit der Zugehörigkeit zur Sozialdemokratischen Partei Deutschlands. Der gegen Ende des Ersten Weltkriegs gegründete IJB war eine Gruppierung von Anhängern des Göttinger Philosophen Leonard Nelson, die sich nicht am Marxismus orientierten, sondern einem ethisch begründeten Sozialismus verpflichtet fühlten. Allerdings lehnte der „Nelsonbund" (wie er in der SPD genannt wurde) die Demokratie sowohl als Staatsform wie als Organisationsprinzip des eigenen Verbandes ab. Träger des Sozialismus sollte eine „Partei des Rechts der Vernunft" sein, deren Führung kraft überlegener Einsicht zur Einrichtung einer „moralischen" Diktatur legitimiert war. Von diesen Positionen aus ergab sich eine gewisse Affinität zur „Diktatur des Proletariats". Einige Nelsonianer schlossen sich folgerichtig zunächst den Kommunisten an, die jedoch schon

352 Osterroth, Hofgeismarkreis (Anm. 344), S. 556 ff. Der Text der Grundsatzerklärung in: Kindt (Hg.), Dokumentation (Anm. 344), Bd. 3, S. 1036 f. (dort irrigerweise auf Pfingsten 1924 datiert).

Anfang 1922 die Mitglieder des Internationalen Jugendbundes aus der Jugendorganisation der KPD ausschlossen. Von der USPD, der die meisten Anhänger Nelsons beigetreten waren, wechselten sie 1922 — nach der Wiedervereinigung der beiden sozialdemokratischen Parteien — zur SPD über. Dort betätigten sie sich auf dem äußersten linken Flügel, und zwar sowohl in der Partei selbst wie auch in der Arbeiterjugend und den jungsozialistischen Gruppen. Den Unvereinbarkeitsbeschluß vom November 1925 begründete der Parteivorstand mit dem „Charakter der Zellenbauerei", der organisationsschädigend wirken müsse. Tatsächlich widersprach der kaderartige Aufbau des Nelson-Bundes der inneren Struktur der SPD diametral. Der wirkliche Grund für den Ausschluß der Nelsonianer war jedoch deren Kampf gegen die von der SPD unterstützte Kandidatur des Zentrumspolitikers Wilhelm Marx in der zweiten Runde der Reichspräsidentenwahl von 1925: ein Disziplinverstoß, der angesichts des Wahlsiegs von Hindenburg in der sozialdemokratischen Führung begreifliche Erbitterung hervorrief.[353]

Die Hoffnung der „Hofgeismarer", der Ausschluß der Anhänger Nelsons werde den linken Flügel der jungsozialistischen Bewegung schwächen, erfüllte sich nicht. Zwar verließen 137 Jungsozialisten alle sozialdemokratischen Organisationen und traten dem von Willi Eichler, einem engen Mitarbeiter Nelsons, neu gegründeten Internationalen Kampfbund bei. Aber zu einer Kräfteverlagerung bei den Jungsozialisten kam es nicht. Vielmehr geriet der „Hofgeismarkreis" Anfang 1926 selbst in eine Krise — verursacht durch den „Fall Niekisch". Der ehemalige Rätesozialist Ernst Niekisch, der inzwischen Jugendsekretär der Textilarbeitergewerkschaft und Mitglied der SPD geworden war, hatte in der Zeitschrift „Firn" und in seiner Schrift „Der Weg der deutschen Arbeiterschaft zum Staat" die Sozialdemokratie wegen ihrer vermeintlich zu wenig „nationalen" Außenpolitik kritisiert. Daraufhin war er von „Hofgeismarern", die an der Berliner Hochschule für Politik studierten, zu Diskussionen eingeladen worden. Der „Politische Rundbrief" der „Hofgeismarer" veröffentlichte im April 1925 einen längeren Aufsatz von Niekisch über „Grundsatzfragen deutscher Außenpolitik", in dem er eine Wendung Deutschlands gegen den Westen und seine Anlehnung an Rußland forderte. Dieser „Nationalbolschewismus" stieß bei führenden „Hofgeismarern" wie Heller, Haubach, Dahrendorf und Deist auf entschiedene Ablehnung; dennoch erhielt Niekisch Anfang 1926 erneut die Chance, im „Politischen Rundbrief" seine Ansichten darzulegen — diesmal in Gestalt eines Artikels gegen das Vertragswerk von Locarno.

---

353 Vgl. hierzu Werner Link, Die Geschichte des Internationalen Jugend-Bundes (IJB) und des Internationalen Sozialistischen Kampf-Bundes (ISK). Ein Beitrag zur Geschichte der Arbeiterbewegung in der Weimarer Republik und im Dritten Reich, Marburg 1961, S. 39—98; Karl-Heinz Klär, Zwei Nelson-Bünde: Internationaler Jugend-Bund (IJB) und Internationaler Sozialistischer Kampf-Bund (ISK) im Licht neuer Quellen, in: IWK 18 (1982), Heft 3, S. 310—360; Cardorff, Studien (Anm. 347), S. 117—120. Zur Haltung des sozialdemokratischen Parteivorstands vgl. auch Parteitag 1925 (Anm. 39), S. 106 (Stelling), Parteitag 1927 (Anm. 288), S. 35 (Wels). Aus der Sicht des IJB vgl. Fritz Schmidt, Warum mußte der IJB aus der SPD ausgeschlossen werden?, in: Junge Menschen, 7 (1926), Nr. 2, S. 34—36.

Obwohl auch diesem Aufsatz sogleich scharf widersprochen wurde — in der gleichen Ausgabe des „Rundbriefs“ versuchte der außenpolitische Redakteur der sozialdemokratischen Parteizeitung von Kiel, der „Hofgeismarer“ Gustav Warburg, Niekisch systematisch zu widerlegen —, kam es Anfang Januar 1926 im Reichsausschuß der Jungsozialisten zum Eklat. Die „Hannoveraner“ brachten zwei Entschließungen ein. Die eine mißbilligte den Parteiausschluß der Nelsonbündler; die andere verlangte den Parteiausschluß von Niekisch. Da mittlerweile der Vertreter der „Mitte“ zu den Linken übergegangen war, hatten diese in der Reichsleitung die Mehrheit. Sowohl die Reichsleitung als auch der Reichsausschuß nahmen gegen die Stimmen der „Hofgeismarer“ die beiden Anträge an. Daraufhin erklärten die drei Vertreter des Hofgeismarkreises in der Reichsleitung und die Delegierten der Gaue Wasserkante und Westliches Westfalen ihren Austritt aus der jungsozialistischen Organisation. Die ausgeschiedenen Gaue und Gruppen arbeiteten fortan ohne Zusammenhang mit der Reichsleitung auf ihrer bisherigen Linie weiter.

Der Hofgeismarkreis selbst aber beschloß kurz nach der Sitzung der jungsozialistischen Führungsgremien, sich als politische Gesinnungsgemeinschaft aufzulösen und den „Politischen Rundbrief“ einzustellen. Die Entscheidung wurde dem Bericht Osterroths zufolge damit begründet, „daß nach der Fehlentwicklung der jungsozialistischen Organisation und nachdem Ziel und Weg der Hofgeismar-Jungsozialisten im Politischen geklärt sei, die Aufrechterhaltung des Kreises zu einer Abkapselung in der sozialistischen Gesamtbewegung führen könne. Es wäre jetzt die Zeit gekommen, von allen Angehörigen die ausschließlich direkte Arbeit in Partei, Gewerkschaft, Reichsbanner, Jugend- und Kinderorganisationen im Geiste des Hofgeismarkreises zu fordern.“[354]

Nachdem die „Hofgeismarer“ aus der jungsozialistischen Bewegung ausgeschieden waren, gewannen die orthodoxen Marxisten dort vollständig die Oberhand. Ähnlich wie die kleine sozialdemokratische Hochschulorganisation, die Sozialistische Studentenschaft Deutschlands und Österreichs, verschrieben sich die Jungsozialisten einem formelhaften ideologischen Purismus, der weder bei jungen Arbeitern noch bei jungen Akademikern Anklang fand. Die Mitgliederzahl sank von 4 000 im Jahre 1924 auf höchstens 3 000 im Jahre 1930. Von der Sozialistischen Arbeiterjugend und der SPD wurde die Entwicklung der Jungsozialisten mit zunehmender Sorge verfolgt. Der Kieler Parteitagsbeschluß von 1927, die Altersgrenze der Arbeiterjugend von 18 auf 20 Jahre anzuheben, ging auf das Drängen der SAJ zurück, die die jüngsten Parteimitglieder nicht von den Jungsozialisten politisch indoktriniert sehen wollte. Vier Jahre später, auf dem Leipziger Parteitag von 1931, wurde die immer mehr auf linksradikale Bahnen geratene Organisation der Jungsozialisten aufgelöst. Die tieferen Ursachen dieses Ausgangs lagen jedoch weder in der Partei noch in der Arbeiterjugend, sondern bei den Jungsozialisten selbst. Der Delegierte Professor Erik Nölting aus Frankfurt hatte

354 Osterroth, Hofgeismarkreis (Anm. 344), S. 559 ff. Zu Niekisch auch ders., Gewagtes Leben (Anm. 306), S. 138 ff., sowie oben S. 300.

recht, als er in Leipzig bemerkte: „Der Jungsozialismus ist gestorben an einer Verwechslung von Politik und soziologischer Lesestunde aus Karl Marx."[355]

Von den „Hofgeismarern" schloß sich eine kleine Minderheit 1926 dem „Widerstandskreis" von Ernst Niekisch an — darunter auch Walther G. Oschilewski, der freilich 1928, als die „nationalbolschewistischen" Tendenzen dieses Zirkels immer deutlicher hervortraten, sich von Niekisch wieder trennte. Oschilewski war es auch, der 1927 ehemaligen „Hofgeismarern" Gelegenheit gab, in einem Heft der Zeitschrift „Die Tat" Bilanz zu ziehen. Von der nationalen Romantik, der manche Angehörige des Kreises in den Jahren zuvor gehuldigt hatten, war in den Beiträgen zu diesem Heft kaum noch etwas zu spüren. Im Vordergrund stand vielmehr die Auseinandersetzung mit Marx, dem die Autoren einerseits Gerechtigkeit widerfahren lassen wollten, den sie andererseits aber auch verantwortlich machten für fortwirkende Schwächen der Arbeiterbewegung. Marx habe „die Wendung im Proletariat zur Hoffnung entschieden und damit die Arbeiterschaft vor ihrem geistigen Zerfall gerettet", schrieb etwa Wilhelm Sturmfels, aber er habe sie nur retten können, „indem er sie mit einer Zukunftshoffnung erfüllte, die sie gegenüber der Wirklichkeit wieder in absolute Fremdheit und Feindschaft versetzte." Der Arbeiter sei durch Marx jenseitsgläubig geworden, „allerdings gläubig an ein Jenseits nicht über den Sternen, sondern an ein Jenseits hier auf Erden, gewissermaßen an ein goldenes Zeitalter der Freiheit und Gleichheit, das die geschichtliche Entwicklung aus sich selbst hervorbringen würde". Heute sei aber eine „andere Lebensorientierung und eine andere Lebenseinstellung" erforderlich. „Wir bedürfen heute des Menschen, der die Wirklichkeit mit ihrer verschiedenen Aufgabenstellung sieht und die Lösung dieser Aufgaben verantwortungsvoll in Angriff zu nehmen bereit ist. Mit der Übernahme öffentlicher Funktionen und öffentlicher Verantwortung seitens der Gewerkschaften beginnt ein

---

355 Osterroth, Hofgeismarkreis (Anm. 344), S. 562 ff.; Lüpke, Marx (Anm. 351), S. 160 ff.; Walter, Jungsozialisten (Anm. 351), S. 64 ff.; Hägel, Stellung (Anm. 340), S. 213 f.; Martiny, Sozialdemokratie (Anm. 340), S. 58 ff. Zur Auflösung der Jungsozialistengruppe 1931 ist der folgende Bd. heranzuziehen. Das Zitat von Nölting in: Sozialdemokratischer Parteitag in Leipzig 1931 vom 31. Mai bis 5. Juni im Volkshaus, Leipzig 1931 (ND: Berlin [W] 1974), S. 215. Zur Schätzung der Mitgliedszahlen von 1930: ebda., S. 200 (Ollenhauer). Zur Sozialistischen Studentenschaft Deutschlands und Österreichs: Jürgen Schwarz, Studenten in der Weimarer Republik. Die deutsche Studentenschaft in der Zeit von 1918 bis 1923 und ihre Stellung zur Politik, Berlin [W] 1971, S. 161 f.; Otto Friedländer, Sozialistische Studentenschaft Deutschlands und Österreichs, in: Michael Doeberl u. a. (Hg.), Das akademische Deutschland, 4 Bde., Berlin 1930/31, Bd. 2, S. 606. Den Angaben Friedländers zufolge hatte dieser Verband 1931 in Deutschland und Österreich 5 200 Mitglieder, von denen ein beträchtlicher Teil der Wiener Ortsgruppe angehörte. Nach dieser offiziellen Selbstdarstellung des Verbandes war es dessen Ziel, „seinen Mitgliedern eine gründliche Kenntnis des Marxismus und der gesamten Probleme des wissenschaftlichen Sozialismus zu vermitteln und sie zugleich zur praktischen Tätigkeit in den politischen und gewerkschaftlichen Einrichtungen der Arbeiterschaft zu erziehen." Außerdem forderte der Verband die „Öffnung der Hochschulen allen, die gemäß ihrer Begabung und ihren Leistungen den Zutritt zu ihr wünschen." Ebda., S. 606. — Zur Frühphase der sozialistischen Studentenbewegung in der Weimarer Republik: Ulrich Linse, Hochschulrevolution. Zur Ideologie und Praxis sozialistischer Studentengruppen während der deutschen Revolutionszeit 1918/19, in: AfS 14 (1974), S. 1—114.

neuer Abschnitt in der Lebensgeschichte der Arbeiterschaft. Der Schritt von der Wirklichkeitsverneinung zur Wirklichkeitsverantwortung ist vollzogen. Dieser neue, durch praktische Aufgabenerfüllung gewonnene Wirklichkeitssinn harrt noch seiner geistigen Vertiefung ..."

Zur geistigen Vertiefung gehörte auch die Bejahung von Antriebskräften, die nicht aus der rationalen Erkenntnis der eigenen Interessen oder des vermeintlich gesetzmäßigen Ganges der Geschichte stammten. Der alte Marxismus, so kritisierte Georg Beyer, habe sich im Bewußtsein vieler Anhänger zu einem „Denksystem von technischer Präzision" entwickelt. „Er zeigte ihnen alles logisch durchschaubar und gab für jede Erscheinung von der sozialen, politischen und geistig-künstlerischen Umwelt den immer passenden Zauberschlüssel her, auf dem die Inschrift ‚materialistische Geschichtsauffassung' stand. Die Marxisten dieser Gattung übersahen, daß eine solche Deutung des Sozialismus seine Ausbreitung unter Millionen von Menschen hemmte."

Nicht zuletzt deshalb redete Eduard Heimann einer religiösen Erneuerung des Sozialismus das Wort. „Mögen die Menschen es tausendmal leugnen, der göttliche Funke lebt in ihnen und sie aus ihm; was sie schaffen, ist sein Werk und nichts bleibt, an dem nur die Vernunft, an dem nicht Kraft, Tiefe und Leidenschaft gewirkt hätten." Die Arbeiterschaft müsse zu sich selbst zurückfinden und sich bewußt werden, daß es bei ihrem Kampf immer um Liebe und Gerechtigkeit gegangen sei. „Der Sozialismus ist der Kampf gegen die lebensfeindlichen Mächte, der Kampf um Lebenserneuerung und Sinnerfüllung. In ihm lebt das ewige prophetische Wissen um Würde und Sinn und bricht eben heute zu neuem Bewußtsein durch."[356]

Den ehemaligen „Hofgeismarern" ging es nicht darum, sich dem bürgerlichen „Zeitgeist" anzupassen und an irrationale Instinkte zu appellieren. Aber sie waren sich darüber im klaren, daß das Ignorieren von Gefühlen politisch gefährlich war, und deshalb sagten sie diesem Teil des marxistischen Parteierbes den Kampf an. Die Sensibilität für die Wirklichkeit und Wirksamkeit dessen, was in der marxistischen Ideologie entweder nicht vorkam oder zu kurz kam, war vor allem generationsbedingt. Das Bekenntnis der „Hofgeismarer" zu Volk und Staat entspringe nicht einfacher realpolitischer Erwägung, sondern sei im letzten Grunde aus der geistigen Struktur der Jugendbewegung zu erklären, schrieb vor der Auflösung des Kreises Heinrich Deist. Diese Struktur sei „zu verdanken dem Kampf der Jugendbewegung gegen die einseitig rationale Einstellung unserer Zeit und der An-

356 Georg Beyer, Ewiger und vergänglicher Sozialismus, in: Die Tat 19 (1927), Heft 4, S. 242—248 (247); Wilhelm Sturmfels Arbeiterschaft und Marxismus, ebda., S. 256—265 (257, 261, 265); Eduard Heimann, Religion und Sozialismus, ebda., S. 268—275 (270 f., 273). Dem Nationalismus zollte von den Autoren des Heftes nur einer Tribut: der Arbeiterdichter Karl Bröger. In seinem Gedicht „Das deutsche Gesicht" heißt es u. a. „Doch wer ahnte nicht / dieses werdende Volk, / das im Aufbruch ist zu sich selbst, / und dereinst herrlich steht / im Glanze der Erfüllung?" Ebda., S. 266—268. Kritik am Nationalismus des „Hofgeismarkreises" übte im gleichen Heft Hendrik de Man, Kritik des Jungsozialismus, ebda., S. 287—295. Zu Oschilewskis Entwicklung: Osterroth, Hofgeismarkreis (Anm. 344), S. 562 f.

erkennung des Irrationalen im menschlichen Leben. Volk ist für den Jungsozialisten nicht nur Verkehrs- oder Sprachgemeinschaft ... Volk ist die größte menschliche Gemeinschaft ... Das Wesen und die Besonderheit jungsozialistischer Politik ist darin zu suchen, daß die Jungsozialisten ein Teil der deutschen Jugendbewegung sind: daß sie Mitgestalter der aufsteigenden Generation sein wollen."[357]

Dem Teil der bürgerlichen Jugendbewegung, der sich um ein Verständnis der sozialen Frage bemühte, mußte ein ethischer Sozialismus nach Art der „Hofgeismarer" sehr viel mehr zusagen als der offizielle Sozialismus des Heidelberger Programms. Möglicherweise haben in den späteren Jahren der Weimarer Republik die Nationalsozialisten manche Jugendlichen aus dem Bürgertum für sich gewonnen, die sich auch von der Sozialdemokratie hätten ansprechen lassen — wenn diese sich ernsthafter mit dem sozialreformerischen Idealismus auseinandergesetzt hätte, den es in Teilen der ehemals „freideutschen", jetzt „bündischen" Jugendbewegung gab. Die „Hofgeismarer" selbst machten in ihrer überwältigenden Mehrheit dem Nationalsozialismus keine Zugeständnisse. Sie stellten vor und nach 1933 einige der entschlossensten Gegner Hitlers. Vieles von dem, worauf sie sich in den Jahren der Weimarer Republik verständigt hatten, wirkte auch noch in der zweiten Republik nach. Das Godesberger Programm der deutschen Sozialdemokratie von 1959 liegt, was seinen geistigen Standort angeht, näher bei Hofgeismar als bei Heidelberg.[358]

*

Im Umfeld der Weimarer Sozialdemokratie gab es keine Organisation, der sich die „Hofgeismarer" stärker verbunden fühlen konnten als dem Reichsbanner Schwarz-Rot-Gold. Theodor Haubach, Franz Osterroth und Carlo Mierendorff gehörten zu den aktivsten Mitgliedern dieses größten republikanischen Kampfverbandes. Was sie anzog, war genau das, was das Reichsbanner in den Augen vieler linker Sozialdemokraten verdächtig machte: die Betonung des nationalen Erbes der Arbeiterbewegung, die Bereitschaft, proletarische Klasseninteressen der Verteidigung der Republik unterzuordnen und um dieses vorrangigen Zieles willen mit Kräften aus dem republikanisch gesinnten Bürgertum zusammenzuarbeiten.

Das „Reichsbanner Schwarz-Rot-Gold, Bund deutscher Kriegsteilnehmer und Republikaner" wurde im Februar 1924 in Magdeburg gegründet. Die Initiative ging von dem sozialdemokratischen Oberpräsidenten der preußischen Provinz Sachsen, Friedrich Otto Hörsing, aus, der sich zu diesem Zeitpunkt der Unterstützung des zunächst eher skeptischen Berliner Parteivorstands und vor allem von Otto Wels sicher sein konnte. Das Reichsbanner sollte der Sozialdemokratie und allen entschieden republikanischen Kräften bei der Auseinandersetzung mit der monarchistischen, völkischen und faschistischen Rechten helfen, indem es Versammlungen und Kundgebungen schützte und durch Aufmärsche und De-

357 Zit. bei Frobenius, Mit uns (Anm. 347), S. 245.

358 Vgl. dazu die Bemerkungen Carlo Schmids von 1963, zit. bei Osterroth, Hofgeismarkreis (Anm. 344), S. 525, sowie die Studien über den — den „Hofgeismarern" in manchem verwandten — „Leuchtenburgkreis" in: Fritz Borinski u. a. (Hg.), Jugend im politischen Protest. Der Leuchtenburgkreis 1923—1933—1977, Frankfurt 1977.

monstrationen den Kampfeswillen der demokratischen Kräfte unterstrich. Carl Severing, der als preußischer Innenminister paramilitärischen Verbänden argwöhnisch gegenüberstand, lobte im Mai 1925 am Reichsbanner Schwarz-Rot-Gold gleichwohl den „überparteilich-republikanischen Charakter". Es sei „schlechthin die Organisation, die über den Gesichtskreis *einer* Partei hinweg *alle* Republikaner zu einem festen Wall gegen die Feinde des heutigen Staates zusammenzuführen imstande" sei. Der stellvertretende Bundesvorsitzende, der sozialdemokratische Journalist Karl Höltermann, verteidigte 1926 auf einer Tagung antifaschistischer Verbände in Wien das Zusammenwirken mit bürgerlichen Kräften ganz ähnlich: „Es gab für uns nur einen Weg zur Rettung der Republik: uns mit den linken Teilen der demokratischen Partei und des Zentrums zu gemeinsamem Vorgehen zu vereinen. Für die sozialdemokratische Partei wäre es wegen der Staatsgewalt unmöglich gewesen, eine rein parteipolitische militärische Organisation zum Schutz der Republik und der Arbeiterschaft gegen den Faschismus aufzustellen."[359]

Ohne die Erfahrung der rechten Putschversuche vom Herbst 1923 hätte der sozialdemokratische Parteivorstand seine Bedenken gegen eine paramilitärische Organisation der eigenen Anhänger sicherlich weiter aufrechterhalten, und dieselbe Erfahrung erklärt auch, weshalb die Vorbehalte, die es an der sozialdemokratischen „Basis" gegenüber einem Zusammengehen mit Mitgliedern der bürgerlichen Parteien gab, zwar nicht überwunden, aber doch zurückgedrängt werden konnten. Allerdings stellte sich den Sozialdemokraten in vielen Ortsvereinen die „Klassenfrage" gar nicht. Nicht selten setzten sich die lokalen Gliederungen des Reichsbanners ausschließlich aus Sozialdemokraten zusammen. Insgesamt waren von den aktiven Mitgliedern — ihre Zahl wurde 1925 offiziell mit 3 Millionen beziffert, hat aber wohl nie die Millionengrenze wesentlich überstiegen — nach zeitgenössischen Schätzungen rund neun Zehntel Mitglieder oder Sympathisanten der SPD.

In den Führungsgremien des Reichsbanners fielen Mitglieder der DDP und des Zentrums etwas stärker ins Gewicht. Dem Bundesvorstand gehörten, abgesehen von zwei Mitgliedern der DDP, zunächst nur Magdeburger Sozialdemokraten an — darunter der Bundesvorsitzende Hörsing und sein Stellvertreter Höltermann. Im Reichsausschuß, der 71 Mitglieder umfaßte, saßen im Mai 1924 13 Angehörige der DDP und zwei Mitglieder des Zentrums. Prominente Vertreter der DDP waren der Parteivorsitzende Erich Koch-Weser, der ehemalige General Berthold von Deimling, der Verbandssekretär der Hirsch-Dunckerschen Gewerkvereine, Anton Erkelenz, der Chefredakteur des „Berliner Tageblatts", Theodor Wolff, sowie seine Kollegen von der „Vossischen Zeitung", Georg Bernhard, und von der „Berliner Volkszeitung", Otto Nuschke. Die beiden Zentrumsmitglieder im ersten

359 Karl Rohe, Das Reichsbanner Schwarz Rot Gold. Ein Beitrag zur Geschichte und Struktur der politischen Kampfverbände zur Zeit der Weimarer Republik, Düsseldorf 1966, S. 17 ff. (51 f.; Hervorhebungen im Original); Roger Philip Chickering, The Reichsbanner and the Weimar Republic, 1924—1926, in: JMH 40 (1968), S. 524—534; Helga Gotschlich, Zwischen Kampf u. Kapitulation. Zur Geschichte des Reichsbanners Schwarz-Rot-Gold, Berlin [O] 1987.

Reichsausschuß waren der Gewerkschaftssekretär des Zentralverbandes christlicher Bauarbeiter, Franz Eberhardt aus Gleiwitz, und Ministerialdirektor Karl Spiecker.[360]

In den beiden bürgerlichen Parteien, die im Reichsbanner vertreten waren, gab es nicht nur Anhänger des republikanischen Kampfverbandes. In der Regel waren es eher „linke" Politiker, die sich im Reichsbanner stark engagierten — so beispielsweise beim Zentrum Joseph Wirth und bei den Demokraten Ernst Lemmer. Die Christlichen Gewerkschaften standen keineswegs geschlossen auf der Seite des Bundes; ihr Vorsitzender Adam Stegerwald war einer seiner entschiedenen Gegner. Der konservative Flügel des Zentrums, unterstützt vom Episkopat, lehnte die Betätigung in der von Sozialdemokraten beherrschten Organisation ab. Der Parteivorsitzende Wilhelm Marx trat zwar, um seinen Dank für die Hilfe beim Präsidentschaftswahlkampf von 1925 demonstrativ zu bekunden, dem Reichsbanner im gleichen Jahr bei. Aber zwei Jahre später kündigte er, inzwischen Chef einer Rechtsregierung, seine Mitgliedschaft im Reichsbanner auf. Formeller Anlaß dieses Schritts war eine scharfe Erklärung Hörsings gegen das Verhalten der österreichischen Bundesregierung bei den Wiener Unruhen vom Juli 1927. Bei der DDP legten Politiker des rechten Flügels wie Georg Gothein, Bernhard Dernburg und Eugen Schiffer dem Reichsbanner gegenüber kühle Distanz an den Tag.[361]

Karl Rohe, dem wir das maßgebende Werk über den republikanischen Kampfverband verdanken, hat das Reichsbanner „seiner politischen Struktur nach als eine nach ‚rechts' verschobene Sozialdemokratie" bezeichnet. In der Tat war die Rolle, die die bürgerlichen Parteien im Reichsbanner spielten, mehr oder minder ornamental; die Sozialdemokratie blieb bis zum Ende der Republik die bestimmende Kraft und die Arbeiterschaft das soziale Rückgrat des Verbandes. Auch organisatorisch lehnte sich das Reichsbanner an die SPD an: Seine Gaue deckten sich weitgehend mit den sozialdemokratischen Parteibezirken. Innerhalb der Sozialdemokratie waren es vor allem Vertreter des rechten Flügels, die die Notwendigkeit eines überparteilichen und damit klassenübergreifenden republikanischen Schutzbundes betonten. Linke Sozialdemokraten fanden dagegen viel am Reichsbanner auszusetzen. Es sei, schrieb Paul Levi im Januar 1927, die „Fleisch gewordene Idee der großen Koalition." Es wurde kritisiert, weil es den Gegensatz zwischen Kapital und Arbeit mit republikanischen Phrasen zuzudecken versuche und damit die Arbeiterklasse verwirre. Die Sozialdemokratie müsse einen rücksichtslosen Klassenkampf für die Interessen des Proletariats führen, erklärte Max

360 Rohe, Reichsbanner (Anm. 359), S. 55 ff. (zu den Mitgliederzahlen und zum Anteil der Sozialdemokraten: S. 73, 266). Die „technische Gliederung" des Reichsbanners baute sich folgendermaßen auf: Gruppen, Züge, Kameradschaften, Abteilungen, Bezirke, Kreise und Gaue. Die „Vereinsgliederung" sah folgendermaßen aus: Ortsvereine, Kreise, Gaue. An der Spitze der Gaue und Ortsvereine standen mehrköpfige Vorstände, die von Generalversammlungen gewählt wurden, aber der Bestätigung durch die nächsthöhere Instanz bedurften. An der Spitze der Kreise stand in der Regel ein vom Gauvorstand eingesetzter Kreisführer. Vgl. dazu: Friedrich Otto Hörsing, Das Reichsbanner Schwarz-Rot-Gold, in: Bernhard Harms (Hg.), Volk und Reich der Deutschen, Bd. 2 Berlin 1929, S. 178—194.

361 Rohe, Reichsbanner (Anm. 359), S. 279 ff.

Seydewitz im Dezember 1927, und das könne sie „nicht unter dem schwarzrotgoldenen Banner zusammen mit bürgerlichen Parteien, sondern nur unter der eindeutigen roten Fahne des Sozialismus" tun.[362]

Die linke Position war dann in sich schlüssig, wenn man die Republik für in sich gefestigt hielt und den Gegensatz zwischen Kapitalismus und Sozialismus für weitaus bedeutender als den zwischen Demokratie und Diktatur. Eine solche Einschätzung gewann im Zeichen der „Hindenburg-Republik" und der Koalitionen zwischen Zentrum und Deutschnationalen über den linken Parteiflügel hinaus an Boden. Der Ruf nach einer Lösung aus den „bürgerlichen Fesseln" wurde infolgedessen nach 1925 lauter. Aber nicht nur ideologischer Dogmatismus machte dem Reichsbanner zu schaffen, sondern auch schlichter organisatorischer Konkurrenzneid. Die Sozialistische Arbeiterjugend rekrutierte sich aus denselben Schichten wie das Jungbanner, die Jugendorganisation des Reichsbanners, und daraus ergab sich eine ständige Rivalität zwischen beiden Verbänden.

Auf dem Kieler Parteitag von 1927 warnte auch Otto Wels vor den Gefahren einer „Überorganisation" und nannte in diesem Zusammenhang das Reichsbanner, „das einen großen Teil unserer jüngeren Kräfte in Anspruch nimmt, ohne daß bisher — das unterstreiche ich mit vollem Bedacht und wünsche, daß es in den Kreisen des Reichsbanners deutlich gehört wird — der Gedanke sich genügend durchgesetzt hat, daß der Schutz der Republik, für den das Reichsbanner ins Leben gerufen wurde, wirkungsvoll gefördert wird durch die Zuführung der Reichsbannerkameraden zu den politischen Organisationen der republikanischen Parteien. Ich glaube, daß wir diese Forderung mit gutem Recht erheben können, nachdem wir jetzt beinahe vier Jahre die Werbekraft der Partei unter den jüngeren Arbeitern zugunsten des Reichsbanners beeinträchtigt haben. Hier muß aber jetzt Debet und Kredit wiederum in Einklang gebracht werden."[363]

Die Führung des Reichsbanners mußte aber, ungeachtet der engen Verbundenheit mit Sozialdemokratie und Freien Gewerkschaften, weiterhin auf ein eigenes politisches Profil Wert legen. Das Reichsbanner war, wie Rohe formuliert, immer beides: „sozialdemokratischer Verein" *und* „paramilitärischer Verband". Um dem Stahlhelm und anderen Kampfbünden der Rechten wirksam entgegentreten zu können, mußte man „vom Gegner lernen". Militärische Disziplin und Wehrsport waren erforderlich, wenn man Saal- und Straßenschlachten erfolgreich bestehen — oder, noch besser, durch bloße Präsenz ihren Ausbruch verhindern wollte. Im Sommer 1926 gründete das Reichsbanner sogar, um für den Fall eines

---

362 Ebda., S. 314 ff. (324); Paul Levi, Der Bürgerblock, in: SPW 5 (1927), Nr. 4 (28. 1.); Max Seydewitz, Hörsings Rezept, in: KK 1 (1927), Nr. 5 (1. 12.). Daß der Bundesvorstand des Reichsbanners im Januar 1928 die sächsischen „Altsozialisten", denen er zunächst Sympathie entgegengebracht hatte, vor die Wahl stellte „Reichsbanner oder ASP", wurde auch von links anerkannt. Vgl. Hermann Fleißner, Rechtfertigung der sächsischen Sozialdemokratie. Der Hinauswurf der ASP aus dem Reichsbanner, in: KK 2 (1928), Nr. 3 (1. 2.). Fleißner war als Gauvorsitzender von Dresden einer der wenigen prominenten linken Reichsbanneraktivisten; die Bestätigung seiner Wahl hatte der Bundesvorstand zunächst verweigert. Dazu Rohe, Reichsbanner (Anm. 359), S. 87 f., 325. Zu den linken Oppositionsgruppen im Reichsbanner: ebda., S. 326 f.

363 Ebda., S. 317 f.; Parteitag 1927 (Anm. 288), S. 34.

Bürgerkrieges gewappnet zu sein, einen eigenen Bund republikanischer Kleinkaliberschützenvereine. Damit reagierte der republikanische Kampfverband auf die Tatsache, daß die paramilitärischen Bünde der Rechten sich längst entsprechend bewaffnet hatten. Auch sonst war es nicht schwer, äußerliche Gemeinsamkeiten zwischen rechten und linken Kampforganisationen auszumachen. Dazu gehörte der Kult des Frontsoldaten und des Kameradschaftserlebnisses im Schützengraben. Und es gab, wie Rohe schreibt, „kaum einen Verband, der nicht die Formen jugendbewegten Gemeinschaftslebens, den neuen Stil mit Fahrten, Lagerfeuern und ‚bündischer' Symbolfreude übernahm."[364]

Die Militarisierung des Reichsbanners, die in der Logik der Entwicklung rivalisierender Kampfbünde lag, fand ihr Gegenstück auf ideologischem Gebiet. Von Anfang an trat das Reichsbanner bewußt „national" auf — freilich nicht im kleindeutsch-preußischen Sinn, sondern demokratisch-großdeutsch in der Tradition der Revolution von 1848. Wie Hermann Schützinger, einer der „militärischen" Führer des Reichsbanners, 1925 schrieb: „Die deutsche Republik ... wird großdeutsch sein oder sie wird nicht sein." Zum Teil erklärt sich die großdeutsche Ausrichtung aus der engen Verbindung mit dem von Julius Deutsch geführten Republikanischen Schutzbund der österreichischen Sozialdemokraten, dem vielbewunderten Vorbild des Reichsbanners. Dazu kam das großdeutsche Erbe der deutschen und österreichischen Arbeiterbewegung, an das schon die Revolutionsregierungen in Wien und Berlin 1918/19, wenn auch vergeblich, anzuknüpfen versucht hatten. Wichtiger aber war wohl ein taktisches Kalkül: Ein gewisses Maß an großdeutschem Nationalismus sollte das Reichsbanner in die Lage versetzen, dem schwarz-weiß-roten Nationalismus der Rechten propagandistisch Paroli zu bieten. Realistisch war dieses Konzept nicht. Angesichts der außenpolitischen Friedfertigkeit der Sozialdemokratie wirkten die großdeutschen Forderungen des Reichsbanners als verbale Kraftmeierei. Indirekt konnten sich dadurch nur jene bestätigt fühlen, die den „Anschluß" Österreichs notfalls auch mit Gewalt herbeiführen wollten.[365]

Sein Selbstverständnis als republikanische Sammlungsbewegung machte es dem Reichsbanner unmöglich, uneingeschränkt den proletarischen Klassenkampf zu propagieren. Im Vordergrund mußte das stehen, was den staatsbejahenden Kräften gemeinsam war: das Ja zur demokratischen Republik, zu ihren Errungenschaften und ihren Symbolen. Der Kult der schwarz-rot-goldenen Fahne sollte ein Gefühl der Solidarität jenseits auseinanderstrebender materieller Interessen festigen helfen. Soweit im Reichsbanner überhaupt von Klassenkampf die Rede

364 Rohe, Reichsbanner (Anm. 359), S. 101, 124. Rohe verweist auch zutreffend auf die Wandlung der Jugendbewegung in ihrer „bündischen" Spätphase nach 1918: „Verglichen mit dem Wandervogel der Vorkriegszeit war die ‚bündische Jugend' in ihrer Organisationsform straffer, politischer und in gewissem Sinne auch soldatischer geworden." Ebda., S. 100.

365 Ebda., S. 227 ff.; Hermann Schützinger, Reichsbanner und Schutzbund, in: Die Glocke 10 (1924/25), S. 1667—1670 (1670). Zum Problem der Militarisierung der Wehrverbände: Eve Rosenhaft, Zum Problem des „Sozialen Militarismus", in: Klaus-Jürgen Müller u. Eckhardt Opitz (Hg.), Militär und Militarismus in der Weimarer Republik, Düsseldorf 1978, S. 237—260.

war, war Kampf um mehr soziale Gerechtigkeit und nicht gesellschaftliche Umwälzung gemeint — in Hörsings Worten: „Beseitigung der ungesunden Spannungen, die zwischen den verschiedenen Klassen da sind, Beseitigung jeder Unterdrückung, Gestaltung eines wahrhaft sozialen Staatsorganismus." Der Begriff „Volksgemeinschaft" hatte seinen festen Platz in der Alltagssprache des Verbandes. Ziel des Reichsbanners sei es, so hieß es etwa im Oktober 1925 in der offiziellen Illustrierten Reichsbannerzeitung, „über alles Trennende der Klasse und parteipolitischen Weltanschauung hinweg ein eisernes Band deutscher Zusammengehörigkeit und Volksgemeinschaft zu schmieden".[366]

Der Versuch, der Rechten das Monopol für bestimmte politische Begriffe — wie „Vaterland", „Nation", „Volksgemeinschaft" — zu entreißen, entsprang einer richtigen Erkenntnis: Mit dem überlieferten marxistischen Vokabular konnte nur ein Teil des republikanischen Deutschland, ja längst nicht einmal die ganze Arbeiterklasse angesprochen werden. Die Linke hatte, indem sie die „nationale Frage" ignorierte, ein Gefühlsvakuum entstehen lassen, in das Versatzstücke rechter Ideologien leicht eindringen konnten. Wenn die Linke nicht offen erklärte, daß es höhere Interessen gab als diejenigen der Klasse und daß die Verteidigung der Republik ein solches Interesse war, dann war der „rechte" Vorwurf des platten Materialismus schwer zu entkräften. Um aus der Defensive hinauszugelangen, schreckte das Reichsbanner denn auch nicht davor zurück, Begriffe zu verwenden, die von rechts besetzt schienen. So sprach der republikanische Kampfbund in den späten Weimarer Jahren beispielsweise gezielt von „Führer" und „Führertum". Der Bundesvorsitzende hieß seit 1931 „Bundesführer"; aus „Gauvorsitzenden" wurden „Gauführer"; und Theodor Haubach formulierte im Oktober 1930: „Das Reichsbanner ist keine Vereinsdemokratie, sondern eine Führerdemokratie." Damit war zunächst nur gemeint, daß der republikanische Verband, um gegenüber dem Nationalsozialismus an Schlagkraft zu gewinnen, seiner Exekutive erweiterte Befugnisse einräumen sollte. Aber der Ruf nach mehr Führung beschränkte sich bald nicht mehr auf die eigene Organisation. Auch die Republik als Ganzes sollte sich ändern — weg von jenem Wertrelativismus, der den inneren Feinden die „legale" Staatszerstörung gestattete, hin zum Ideal einer abwehrbereiten Demokratie, die entschlossen war, ihre eigenen Grundlagen gegenüber antidemokratischen Kräften selbstbewußt zu verteidigen. Das war der Sinn einer Parole, die in den Kreisen des Reichsbanners nach 1930 immer häufiger auftauchte: der Forderung nach einer „zweiten Republik".[367]

Die bewußte und manchmal auch rein opportunistische Verwendung rechter Begriffe setzte das Reichsbanner frühzeitig dem Vorwurf der Kommunisten aus, es sei selbst eine faschistische Organisation oder befinde sich auf dem Weg dorthin. Umgekehrt stellte das Reichsbanner rechte und linke Gegner des demokrati-

---

366 Hörsing, Reichsbanner (Anm. 360), S. 187; das Zitat aus der Illustrierten Reichsbannerzeitung bei Rohe, Reichsbanner (Anm. 359), S. 249. Zum Kult der Reichsfahne etwa: Theodor Haubach, Die Fahne der Republik — die Fahne der Partei, in: Die Glocke 10 (1924/25), S. 273—276, sowie der anonyme Artikel: Reichsbanner und Sozialdemokratie, ebda. 11 (1925/26), S. 616—621.

367 Rohe, Reichsbanner (Anm. 359), S. 83—125 (das Zitat von Haubach: 90).

schen Staates auf dieselbe Stufe. Es führte einen ideologischen Zweifrontenkrieg — zunächst gegen „Kommunisten und Monarchisten", später gegen „Nazis und Kozis". Solche Gleichsetzungen bargen die Gefahr in sich, daß der bedrohlichere Gegner von rechts unterschätzt wurde. Aber eine entschiedene Abgrenzung gegenüber dem Extremismus der Linken war eine unabdingbare Voraussetzung dafür, daß die Abwehr des rechten Extremismus im Namen der Demokratie erfolgen konnte. Die parlamentarische Republik war nur lebensfähig, wenn die Sozialdemokratie mit Teilen des Bürgertums zusammenarbeitete. Dieses Zusammenwirken verlangte die gemeinsame Abwehr gemeinsamer Gegner. Das Reichsbanner hielt sich auch dann noch an diese Einsicht, als sie im Bürgertum fast alle Anhänger verloren hatte.[368]

*

Wenn die Sozialdemokraten ihr soziales Einzugsfeld über die Arbeiterschaft hinaus erweitern wollten, kamen dafür in erster Linie die „neuen Mittelschichten" in Frage. Angestellte und Beamte — die Gruppen, die gewöhnlich unter diesem Begriff zusammengefaßt werden — hatten mit den Arbeitern eines gemeinsam: die abhängige Beschäftigung oder, anders gewendet, die wirtschaftliche Unselbständigkeit. In die Reihen der wirtschaftlich Selbständigen einzudringen, war sehr viel schwieriger. Die Bauern erblickten in den Sozialdemokraten typische Vertreter der Großstadt — einer ihnen fremden, ja feindlichen Welt. Daran änderte auch das Agrarprogramm der SPD von 1927 nichts. Für die meisten industriellen Unternehmer war die Sozialdemokratie *der* politische Gegner. Ähnlich dachte das Gros der Handwerker und Kaufleute, der „alte Mittelstand". Nur von einigen großstädtischen Kleinhändlern und Handwerkern — hauptsächlich vor allem „Alleinmeistern", die weder Lehrlinge noch Gesellen beschäftigten — ist anzunehmen, daß sie mit der SPD sympathisierten. Dafür spricht die Tatsache, daß 1925/26 in Bremen, Hamburg und Hannover immerhin durchschnittlich 6,66 % der männlichen Parteimitglieder Selbständige waren.[369]

Größere Einbrüche in den „alten Mittelstand" zu erzielen, wäre den Sozialdemokraten wahrscheinlich nur dann möglich gewesen, wenn sie sich dessen Forderungen zu eigen gemacht hätten. Dazu gehörten Sondersteuern für Warenhäuser

---

368 Ebda., bes. S. 342 ff. Zum Verhältnis von Reichsbanner und Kommunisten vgl. auch oben S. 208.

369 Vgl. zu den Mitgliederdaten oben, S. 348, Tabelle 2. Zur Mentalität der unterschiedlichen Sozialmilieus zusammenfassend M. Rainer Lepsius, Extremer Nationalismus. Strukturbedingungen vor der nationalsozialistischen Machtergreifung, Stuttgart 1966; zum „alten Mittelstand": Heinrich August Winkler, Mittelstand, Demokratie und Nationalsozialismus. Die politische Entwicklung von Handwerk und Kleinhandel in der Weimarer Republik, Köln 1972, bes. S. 124 ff. — Bedeutungslos war der 1924 in Leipzig gegründete Einheitsverband sozialistischer Unternehmer (seit 1925: Einheitsverband sozialistischer Handel- und Gewerbetreibender und sonstiger Berufe), der 1927 vom Parteivorstand der SPD als Organisation sozialdemokratischer Kleingewerbetreibender anerkannt wurde, aber nie mehr als 1 000 Mitglieder hatte (Auskünfte von Herrn H. Dietrich Jung auf Grund von Angaben der Verbandszeitschrift „Handel und Gewerbe").

und die Auflösung der Konsumgenossenschaften, und es verstand sich von selbst, daß die SPD darauf nicht eingehen konnte, ohne die Masse ihrer Stammwähler zu verprellen. Wohl aber hätte sie versuchen können, Vorbehalte und Vorurteile des Kleingewerbes so weit abzubauen, daß es den gemäßigten bürgerlichen Parteien leichter gefallen wäre, Koalitionen mit der Sozialdemokratie vor diesem Teil ihrer Wählerschaft zu rechtfertigen. Der wichtigste Beitrag zu einer solchen „Minimalstrategie" wäre der Verzicht auf die These vom notwendigen Untergang des Kleinbetriebs und auf die Propagierung des Klassenkampfes gewesen. Das Heidelberger Programm von 1925, das die Zurückdrängung des Kleinbetriebs als unausweichlich hinstellte und sich ausdrücklich zum proletarischen Klassenkampf bekannte, machte eine Entspannung im Verhältnis von SPD und selbständigem Mittelstand auf absehbare Zeit unmöglich. Die feindselige Bemerkung, mit der die Nordwestdeutsche Handwerks-Zeitung das neue Parteiprogramm kommentierte — die Sozialdemokratie habe „nichts vergessen und nichts dazu gelernt" — konnte für die SPD kaum überraschend kommen.[370]

Das Festhalten am Begriff des Klassenkampfes erschwerte aber auch die soziale Öffnung zu jenen Teilen der Arbeitnehmerschaft, die keine Arbeiter waren. Am stärksten hatte der Sozialismus nach der Revolution von 1918/19 noch bei den Angestellten Fuß fassen können. Doch der linke „Boom" währte nicht lange. Hatte 1920 fast die Hälfte aller organisierten Angestellten dem freigewerkschaftlichen AfA-Bund angehört, so waren es 1925 nur noch 37,2 %. Ein Jahr später überrundete der „nationale" Gesamtverband Deutscher Angestelltengewerkschaften (Gedag) mit 37,1 % erstmals den linken Verband, auf den 35,8 % entfielen. Der liberale Gewerkschaftsbund der Angestellten (GDA) kam 1926 auf einen Anteil von 27,1 %. Seit 1927 änderte sich an der Größenordnung der Richtungsgewerkschaften nicht mehr viel. 40 % der organisierten Angestellten waren Mitglieder eines Verbandes der Gedag, etwa ein Drittel gehörte dem AfA-Bund an und ein Viertel dem GDA. Die Vermutung liegt nahe, daß die Sozialdemokratie ebenso wie der AfA-Bund zu Beginn der Weimarer Republik bei den Angestellten einen sehr viel stärkeren Rückhalt hatte als in der zweiten Hälfte der zwanziger Jahre.[371]

Die Gründe für die Erfolge der mittelständischen Organisationen liegen auf der Hand: Sie trugen dem Bedürfnis der meisten Angestellten, sich von den Handarbeitern abzugrenzen, ungleich stärker Rechnung als der freigewerkschaftliche Verband. Anläßlich des Streits um die Frage, ob für die Angestellten bei der Arbeitslosenversicherung besondere Ersatzkassen geschaffen werden sollten, wiesen die liberalen und die christlich-nationalen Angestelltengewerkschaften darauf hin, daß fast alle Sondereinrichtungen und Sondervorschriften für Angestellte gegen

370 Zum neuen sozialdemokratischen Programm, in: Nordwestdeutsche Handwerks-Zeitung, Nr. 32, 6. 8. 1925, zit. in Winkler, Klassenbewegung (Anm. 33), S. 50.

371 Vgl. dazu den vorhergehenden Bd., S. 274 f. u. 432 f., sowie Hans Speier, Die Angestellten vor dem Nationalsozialismus. Ein Beitrag zum Verständnis der deutschen Sozialstruktur 1918—1933, Göttingen 1977, S. 143, 147. Die Zahlen nach Jürgen Kocka, Zur Problematik der deutschen Angestellten 1914—1933, in: Mommsen u. a. (Hg.), Industrielles System (Anm. 125), S. 792—811 (799).

den Widerstand freigewerkschaftlicher Arbeitnehmervertreter erkämpft worden seien: die Angestelltenversicherung von 1911, die Verankerung von Angestelltenräten im Betriebsrätegesetz von 1920 und die Schaffung von Angestelltenbeiräten bei den Arbeitsnachweisen im Jahre 1922 sowie bei der Knappschaftsversicherung im Jahre 1926. Beim Gesetz über die Arbeitslosenversicherung von 1927 konnten die mittelständischen Verbände ihren Standpunkt zwar nicht durchsetzen. Aber die Forderung blieb auf der Tagesordnung und wurde während der Weltwirtschaftskrise wieder verstärkt erhoben — mit dem Argument, die besseren Versicherungsrisiken der Angestellten dürften nicht mit den schlechteren der Arbeiter vermischt werden. Soviel war ohnehin seit langem klar: Die „Vergewerkschaftung" der Angestellten bedeutete keineswegs schon den Durchbruch eines proletarischen Klassenbewußtseins; sie konnte sehr wohl mit der Pflege einer berufsständischen Ideologie einhergehen.[372]

Bei den Beamten waren die sozialistischen Tendenzen nach dem November 1918 von vornherein sehr viel schwächer gewesen als bei den Angestellten. Dem freigewerkschaftlichen Allgemeinen Deutschen Beamtenbund (ADB) gehörten 1922, im Jahr seiner Gründung, 350 000 Mitglieder an, dem parteipolitisch neutralen Deutschen Beamtenbund (DBB) 774 000. Der DBB, der durch die Gründung des freigewerkschaftlichen Verbandes viele Mitglieder verloren hatte, erholte sich jedoch rasch wieder. 1924 zählte er 845 000 Mitglieder; vier Jahre später übersprang er die Millionengrenze. Der ADB dagegen erlitt schwere Einbußen. Er sank von 354 000 Mitgliedern im Jahre 1924 auf 178 000 im Jahre 1926 ab. Seinen Tiefpunkt erreichte er mit 166 000 Mitgliedern im Jahre 1928. Zwei Jahre später zählte er 177 000 Mitglieder.

Auch hier liegen die Gründe der Entwicklung klar zutage. Während der Inflationszeit hatten viele untere Beamte mit dem Anschluß an einen sozialdemokratisch orientierten Verband auf Einkommensverluste reagiert. Als sich in der frühen Stabilisierungsphase SPD und Freie Gewerkschaften geneigt zeigten, lieber einem Abbau des Beamtenapparates als einer massenweisen Entlassung von Angestellten des öffentlichen Dienstes zuzustimmen, ließ die Anziehungskraft des ADB schnell nach. Der DBB, der sich massiv für die Interessen der Beamten einsetzte, hatte den Nutzen davon.[373]

---

372 Speier, Angestellte (Anm. 371), S. 79 ff., 142; Iris Hamel, Völkischer Verband und nationale Gewerkschaft. Der Deutschnationale Handlungsgehilfen-Verband 1893—1933, Frankfurt 1967, S. 167 ff.; Heinz-Jürgen Priamus, Angestellte und Demokratie. Die nationalliberale Angestelltenbewegung in der Weimarer Republik, Stuttgart 1979, S. 117 ff.; Jürgen Kocka, Die Angestellten in der deutschen Geschichte 1850—1980. Vom Privatbeamten zum angestellten Arbeitnehmer, Göttingen 1981, S. 142 ff.

373 Vgl. dazu den vorhergehenden Bd., S. 431 f., sowie Andreas Kunz, Stand versus Klasse: Beamtenschaft und Gewerkschaften im Konflikt um den Personalabbau, in: GG 8 (1982), S. 55—86 (die Mitgliederzahlen: 58); Gabriele Hoffmann, Sozialdemokratie und Berufsbeamtentum. Zur Frage nach Wandel und Kontinuität im Verhältnis der Sozialdemokratie zum Berufsbeamtentum in der Weimarer Zeit, Hamburg 1972, S. 103 ff.; Rainer M. Halmen, „Das Berufsbeamtentum muß unter allen Umständen erhalten bleiben." Die deutsche Beamtenbewegung zwischen Etatismus und gewerkschaftlicher Orientierung im Übergang vom Kaiserreich zur Republik, in: IWK 18 (1982), Heft 2, S. 173—205.

Tatsächlich wurden auf Grund der Personalabbauverordnung vom 27. Oktober 1923 sehr viel mehr Angestellte und Arbeiter entlassen als Beamte. Ende März 1924 hatte sich die Zahl der Angestellten im Reichsdienst gegenüber dem 1. Oktober 1923 um die Hälfte (49,7 %), die der Arbeiter um ein Drittel (32,9 %) vermindert. Von den Beamten hatte lediglich ein Sechstel (16,3 %) seine Stellung verloren. Durch das Ermächtigungsgesetz der Großen Koalition vom 13. Oktober 1923 war zwar die Grundlage für Eingriffe in das Beamtenrecht geschaffen worden, aber bei den Angestellten machte die Verordnung vom 27. Oktober 1923 den Behörden die Entlassung zur Pflicht — sofern dem nicht zwingende dienstliche Gründe entgegenstanden. Zwischen den Parteien der Großen Koalition war nicht strittig, daß zur Sanierung der Staatsfinanzen auch ein drastischer Personalabbau gehörte. Hilferding hatte als Reichsfinanzminister des ersten Kabinetts Stresemann vor allem daran gedacht, den Beamtenkörper von „entbehrlichen und hemmenden Kräften" zu reinigen. Im zweiten Kabinett Stresemann aber, in dessen Amtszeit die Personalabbauverordnung erlassen wurde, stellten die Sozialdemokraten nicht mehr den Finanzminister. Hilferdings Nachfolger, der parteilose Hans Luther, vertrat eine vergleichsweise beamtenfreundliche Politik, und das Kabinett folgte seiner Linie.[374]

Der Personalabbau der Jahre 1923/24 trug wesentlich dazu bei, erste Ansätze zu einer einheitlichen „Arbeitnehmerbewegung" zu zerschlagen. Der freigewerkschaftliche ADB, der die gemeinsamen Interessen von Arbeitern, Angestellten und Beamten betonte, stand mit dieser Position innerhalb der Beamtenschaft allein. Die parteipolitisch neutralen, die christlich-nationalen und die liberalen Verbände verfochten die „wohlerworbenen" Rechte der Beamten, und sie fanden damit innerhalb der Beamtenschaft eine überwältigende Resonanz. Die Beamten fühlten sich in ihrer großen Mehrheit als eigener „Stand", nicht als Teil einer „Klasse". Es war gewiß egoistisch, wenn die Beamten die Lasten des Personalabbaus ganz auf die Angestellten abwälzen wollten. Aber angesichts der Traditionen des deutschen Beamtentums konnte es auch kaum überraschen, daß seine Vertreter am Prinzip der Anstellung auf Lebenszeit nicht rütteln lassen wollten. Während des Krieges und der unmittelbaren Nachkriegszeit war nicht nur die Zahl der unteren und mittleren Beamten drastisch gestiegen, sondern auch die der öffentlichen Angestellten. Wenn die Aufblähung der Verwaltungsapparate beseitigt werden sollte, mußten folglich nach Ansicht der „bürgerlichen" Beamtenverbände vorrangig diejenigen Personen entfernt werden, denen keine lebenslängliche Anstellung zugesagt worden war. Ein „Arbeitnehmerbewußtsein", wie es der ADB forderte, ließ sich nicht verordnen. Die Vorstellung, daß die Beamten neben Arbeitern und Angestellten zur „dritten Säule" des freigewerkschaftlichen Lagers werden sollten, mußte unter den Bedingungen der Stabilisierungsphase ein Wunschtraum bleiben.

Die Sozialdemokratische Partei war lange Zeit realistisch genug, dem ADB kein Monopol in Sachen „Beamteninteressen" zuzugestehen. Im ADB waren in erster Linie untere und mittlere Beamte der Reichsbahn und Reichspost organi-

---

374 Kunz, Stand (Anm. 373), S. 65 ff. (68 f.).

siert; unter den sozialdemokratischen Beamten, die weiterhin dem DBB angehörten und dort eine besondere Arbeitsgemeinschaft sozialdemokratischer Beamter gebildet hatten, waren besonders viele Volksschullehrer. Auf dem Heidelberger Parteitag von 1925 bekannte sich der Vorstand der SPD ausdrücklich zur Neutralität gegenüber den konkurrierenden Beamtenorganisationen. Als 1925/26 zwischen dem ADB, dem DBB und dem christlich-nationalen Gesamtverband Deutscher Beamtengewerkschaften (GDB) Fusionsverhandlungen stattfanden, setzte sich die sozialdemokratische Führung für einen Zusammenschluß ein. Obwohl sich im Oktober 1926 dann doch nur DBB und GDB vereinigten und bald danach eine heftige Polemik zwischen DBB und ADB entbrannte, behielt die SPD ihre „neutrale“ Linie bei. Auf dem Kieler Parteitag im Mai 1927 mußte Otto Wels freilich schon einige Mühe darauf verwenden, Anträge abzuwehren, in denen die im DBB organisierten Sozialdemokraten aufgefordert wurden, den „bürgerlichen“ Verband zu verlassen. Nach einer kontrovers verlaufenen Debatte nahm der Parteitag schließlich einen Vorstandsantrag an, der einerseits die besonders engen Beziehungen zwischen SPD und ADB betonte, andererseits aber dem Kampf jener Genossen Beifall zollte, die sich innerhalb des DBB betätigten, um diesen Verband nicht „als Ganzes in das Schlepptau bürgerlicher Parteien zu bringen.“[375]

Auf dem Magdeburger Parteitag vom Mai 1929 bekräftigte der Vorstand ein letztes Mal den Grundsatz, daß Sozialdemokraten in der Partei nicht deswegen benachteiligt werden dürften, weil sie sich im Deutschen Beamtenbund betätigten. Wenige Wochen später aber setzten sich diejenigen Kräfte durch, die eine scharfe Abgrenzung gegenüber dem DBB verlangten. Anlaß der Zuspitzung war der Verbandswechsel des Reichstagsabgeordneten Willy Steinkopf, des Obmanns des Fachausschusses Beamtenfragen der Fraktion: Er trat aus dem ADB aus und in den DBB ein. Von Mitgliedern des Parteivorstands wurde er daraufhin aufgefordert, seine Funktion im Fachausschuß niederzulegen. Im Sommer 1930 stellte ihn der Parteivorstand nicht mehr als Kandidaten für die Reichswahlliste der SPD auf. Nicht formell, aber doch faktisch war damit die Neutralität aufgekündigt, die die SPD bislang im Verhältnis zu den Beamtenverbänden ADB und DBB gewahrt hatte. Fortan mußten sich Sozialdemokraten, die im Deutschen Beamtenbund blieben, als Parteimitglieder zweiter Klasse fühlen. Die Abschottung gegenüber dem „bürgerlichen“ Verband war Teil jenes ideologischen Rückzugs auf die Positionen einer proletarischen Klassenpartei, mit dem die SPD der späten Wei-

375 Wie Wels in Kiel mitteilte, hatte die SPD ihr Beamtenorgan „Der freie Beamte“ eingestellt, um zu verhindern, daß der „Streit unter den Beamten auf ihrem Rücken ausgetragen“ werde. Über den DBB bemerkte er: „Wenn im Deutschen Beamtenbund 1 Million Beamte organisiert sind, so ist das eine Macht, die wir nicht unterschätzen dürfen.“ Parteitag 1927 (Anm. 288), S. 37 f. (Wels), 258 f. (Antrag); Parteitag 1925 (Anm. 39), S. 180 f. (Müller). Vgl. zum Vorstehenden auch Hoffmann, Sozialdemokratie (Anm. 373), S. 268 ff. Zu den Volksschullehrern vgl. unten S. 393.

marer Jahre ihre zunehmende politische Isolierung beantwortete. Auf Zulauf von Beamten durfte *diese* Sozialdemokratie nicht mehr hoffen.[376]

Zufrieden konnte die SPD also nicht sein, wenn sie um 1930 auf ihre Bemühungen um die Beamten zurückblickte. Sie hatte das Berufsbeamtentum niemals grundsätzlich abgelehnt. Seine „wohlerworbenen Rechte" galten ihr vielmehr seit langem als sozialer Fortschritt, der allen Menschen zugute kommen sollte. Das traf vor allem für die Sicherheit des Arbeitsplatzes, den Pensionsanspruch und die Versorgung der Hinterbliebenen zu. Auf der anderen Seite sollte der Status des Beamten dem der anderen Arbeitnehmer angeglichen, das Beamtenrecht in sozialer Hinsicht dem allgemeinen Arbeitsrecht angepaßt werden. In einem Beamtenprogramm, vom Parteivorstand im Juni 1922 vorgelegt und vom Berliner Parteitag zwei Jahre später verabschiedet, waren die wichtigsten Forderungen zusammengefaßt. Das Beamtentum war sozial zu öffnen für befähigte Bewerber, die nicht die normalen Ausbildungsgänge und Prüfungen durchlaufen hatten. Für den Aufstieg innerhalb der Beamtenhierarchie war ebenfalls vom Leistungsprinzip auszugehen, nicht von starren Vorbildungs- und Laufbahnregeln. In den sie selbst betreffenden Angelegenheiten sollten die Beamten ein Mitbestimmungsrecht haben; ein Schieds- und Schlichtungsverfahren war vorgesehen, um die soziale Position der Beamten gegenüber den öffentlichen Arbeitgebern zu verbessern.

Verwirklicht wurde von diesem Programm praktisch nichts. Die Reformvorschläge scheiterten am Widerstand der höheren Beamten, die sich meist auf die bürgerlichen Parteien und, in der letzten Großen Koalition, auf den Reichssparkommissar als Verbündete verlassen konnten. Zwar verbesserte das Besoldungsgesetz vom April 1920 die Aufstiegschancen der unteren und mittleren Beamten insofern, als es den Übergang von einer Laufbahn in die andere erleichterte und die Zahl der Besoldungsgruppen stark verminderte. Aber das Besoldungsgesetz vom Dezember 1927 nahm einen erheblichen Teil dieser Änderungen wieder zurück. Was blieb, war eine, verglichen mit der Zeit vor 1914, beträchtliche Nivellierung der Beamtengehälter. Eine Strukturreform des öffentlichen Dienstes hat es jedoch während der Gesamtdauer der Weimarer Republik nicht gegeben.[377]

*

Diejenige Gruppe des öffentlichen Dienstes, die im Kaiserreich am meisten Grund hatte, über soziale Benachteiligungen zu klagen, waren sicherlich die Volksschullehrer. Sie hatten, wie es etwa die Verfassung des Königreichs Preußen

---

376 Sozialdemokratischer Parteitag Magdeburg 1929 vom 26. bis 31. Mai in der Stadthalle, Magdeburg 1929 (ND: Glashütten usw. 1974), S. 43; Hoffmann, Sozialdemokratie (Anm. 373), S. 278 ff.

377 Zusammenfassend hierzu: ebda., S. 103 ff. Das Beamtenprogramm von 1924 in: Sozialdemokratie und Berufsbeamtentum, Berlin 1927, S. 27—31. Ein Streikrecht für Beamte forderte das Beamtenprogramm von 1924 nur als „letztes Mittel", das „nur im Fall äußerster Not" zu ergreifen sei, wenn „zuvor restlos alle anderen Mittel" erschöpft seien (S. 29). Aktuelle Bedeutung hatte dieser Programmpunkt schon 1924 nicht mehr. Zu den Besoldungsgesetzen vgl. oben S. 314 f.

in Artikel 23 ausdrückte, die „Rechte und Pflichten der Staatsdiener", aber wegen ihrer besonderen Abhängigkeit von der Gemeinde war strittig, ob sie als mittelbare oder unmittelbare Staatsdiener anzusehen seien. Das Reichsgericht entschied 1914 zwar, daß die Volksschullehrer grundsätzlich unmittelbare Staatsdiener seien, auf Grund ihres Verhältnisses zur Gemeinde jedoch solche „ganz eigener, besonderer Art". Eine definitive Klärung ihres rechtlichen Status war das nicht. Es blieb bis zum Ende des Kaiserreichs bei erheblichen Einschränkungen der staatsbürgerlichen Rechte der Volksschullehrer: So durften sie weder Gemeindevertreter noch Schöffen oder Geschworene sein, ja nicht einmal an der kommunalen Schulverwaltung sich beteiligen. Materiell waren die Volksschullehrer erheblich schlechter gestellt als die Gymnasiallehrer. Die Unterschiede des Einkommens wurden vor allem mit den Unterschieden in Art und Länge der Ausbildung begründet: Die Volksschullehrer waren keine Akademiker; sie hatten in der Regel die Volksschule, danach drei Jahre lang eine Präparandenanstalt und schließlich, wiederum drei Jahre lang, ein Lehrerseminar besucht. Sie unterstanden einer strikten Schulaufsicht, die auf dem platten Lande meist nebenamtlich von Geistlichen ausgeübt wurde. Das soziale Milieu, dem die meisten Volksschullehrer entstammten, war im weitesten Sinn „mittelständisch": In der Mark Brandenburg beispielsweise kamen zwischen 1907 und 1926 vier Fünftel der männlichen Lehrer (81 %) aus den mittleren und ein Fünftel (19 %) aus den unteren Schichten; von den Eltern der Lehrerinnen gehörten drei Viertel (77 %) zu den mittleren, ein Siebtel (14 %) zu den unteren und ein Zehntel (10 %) zu den höheren Schichten.[378]

Die Revolution von 1918/19 wurde von den meisten Volksschullehrern begrüßt, weil sie sich von ihr die lang ersehnte soziale Emanzipation versprachen. Bei einigen äußerte sich diese Erwartung in Bekenntnissen zum Sozialismus, bei der Mehrzahl jedoch eher in der Unterstützung der Deutschen Demokratischen Partei. Die mit Abstand größte Interessenorganisation der Volksschullehrer, der Deutsche Lehrerverein (DLV), war parteipolitisch neutral; in seinen Führungsgremien war aber keine Partei so stark vertreten wie die DDP. Die SPD stimmte mit vielen Forderungen des DLV überein. So verlangte sie für die Volksschullehrer eine akademische Ausbildung und wollte die Elementarschule zur Einheitsschule ausbauen. Um begabte Arbeiterkinder zu fördern, sollte der Übergang in die mittlere oder höhere Schule möglichst spät erfolgen. In einem Punkt allerdings gab es Differenzen zwischen Lehrerverband und Sozialdemokratie. Während die SPD sich grundsätzlich für die Weltlichkeit der Schule aussprach, setzte sich der DLV für die christliche Gemeinschaftsschule, die sogenannte Simultanschule, ein.

Die Weimarer Reichsverfassung erfüllte einige wesentliche Forderungen der Volksschullehrer. Das Schulwesen wurde ausschließlich der Aufsicht des Staates

378 Rainer Bölling, Volksschullehrer und Politik. Der Deutsche Lehrerverein 1918—1933, Göttingen 1978, S. 17ff. (24f.). Zu den „unteren Schichten" werden in der brandenburgischen Statistik Arbeiter und untere Beamte gerechnet. Dem selbständigen Mittelstand (Handwerker, Kaufleute, Gastwirte) entstammten bei den Lehrern 43 %, bei den Lehrerinnen 23 %. Ebda., S. 22.

unterstellt, der seinerseits die Gemeinden daran beteiligen konnte. Auszuüben war die Schulaufsicht durch hauptamtlich tätige, fachmännisch vorgebildete Beamte. Private Schulen als Ersatz für öffentliche Schulen bedurften der staatlichen Genehmigung; private Vorschulen waren ganz aufzuheben. Auf einer für alle gemeinsamen Grundschule baute sich das mittlere und höhere Schulwesen auf, das der Mannigfaltigkeit der Lebensberufe entsprechen mußte. Der Unterricht und die Lernmittel in den Volksschulen waren unentgeltlich. Die Lehrerbildung war Artikel 143 zufolge nach „den Grundsätzen, die für die höhere Bildung allgemein gelten, zu regeln“; Lehrer an öffentlichen Schulen hatten „die Rechte und Pflichten der Staatsbeamten.“

Die Wirklichkeit unterschied sich freilich von dem, was die Verfassung verkündete, ganz erheblich. Die Unentgeltlichkeit der Lernmittel wurde nur in wenigen Ländern und Gemeinden eingeführt. Die vom Grundschulgesetz des Jahres 1920 geforderte vierjährige Grundschulzeit konnte in der Praxis leicht auf drei Jahre herabgesetzt werden. Die alte Streitfrage, ob die Volksschullehrer unmittelbare oder nur mittelbare Staatsbeamte seien, blieb, da die Verfassungsväter einer klaren Stellungnahme ausgewichen waren, offen. In den Genuß einer vollwertigen akademischen Ausbildung kamen die Volksschullehrer, nachdem ein Reichsgesetz über die Lehrerbildung Anfang 1923 an fiskalischen Bedenken des Kabinetts Cuno gescheitert war, nur in einigen Ländern — so in Thüringen und Sachsen, die 1922/23 ein Lehrerstudium von sechs Semestern an Universitäten und Technischen Hochschulen einführten, sowie in Hessen, Hamburg, Braunschweig, Anhalt und Lippe-Detmold, die in den folgenden Jahren sich ebenfalls für die „Hochschullösung“ entschieden. Von dieser Konstruktion wich deutlich die „Akademielösung“ ab, die Preußen 1924 zu verwirklichen begann: Die Volksschullehrer mußten an einer — konfessionell geprägten — Pädagogischen Akademie ein zweijähriges Studium absolvieren. Voraussetzung für das Studium war die Hochschulreife. Das war zwar sehr viel weniger, als die organisierte Lehrerschaft gefordert hatte, aber immerhin erheblich mehr als die vom DLV strikt abgelehnte „Seminarlösung“, die in Bayern, Württemberg und, in modifizierter Form, auch in Baden beibehalten wurde.

In Baden erwuchs 1925 aus Kontroversen um die Lehrerbildung eine Regierungskrise. Das Zentrum machte Front gegen einen Vorstoß des demokratischen Kultusministers Willy Hellpach, der die Lehrer an den drei Hochschulen des Landes ausbilden lassen und die Hochschulreife zur Bedingung des Lehrerstudiums machen wollte. Nach den Landtagswahlen vom Oktober 1925 verlangte die DDP, um das liberale Gewicht zu verstärken, die Erweiterung der bisherigen Weimarer zur Großen Koalition mit Einschluß der DVP. Als die SPD dies ablehnte, wechselten die Demokraten — bis zum November 1926 — in die Opposition. Der sozialdemokratische Innenminister Adam Remmele, der im neuen „schwarz-roten“ Kabinett kommissarisch auch das Kultusministerium übernahm, kam dem Zentrum in den strittigen Fragen weit entgegen. Er verzichtete auf die akademische Ausbildung der Volksschullehrer und das Abitur als obligatorische Voraussetzung hierfür; er war sogar bereit, die Ausbildung an zwei der drei Lehrerbildungsanstalten auf eine konfessionelle Grundlage zu stellen. Ein

Lehrerbildungsgesetz dieses Inhalts wurde Ende März 1926 vom badischen Landtag angenommen.[379]

Proteste kamen nicht nur vom Deutschen Lehrerverein, sondern auch von der Arbeitsgemeinschaft sozialdemokratischer Lehrer (AsL), der Ostern 1919 gegründeten parteioffiziellen Organisation der Volksschullehrer. Die Nachgiebigkeit der badischen SPD erschien vielen sozialdemokratischen Lehrern als Konsequenz einer „Realpolitik", die abzulehnen war, weil sie auf ihre Kosten ging. Auch auf der Reichsebene sollte die SPD sich deutlicher als bisher vom Zentrum und seiner Schulpolitik absetzen. Die Parteiführung dachte darüber anders. Heinrich Schulz, im Parteivorstand für Fragen der Bildung zuständig und von 1919 bis 1927 Staatssekretär im Reichsinnenministerium, warnte auf dem Heidelberger Parteitag von 1925 davor, das Zentrum „mit den Mitteln und Schlagworten liberaler Kulturkampfpolitik" weiter dem Rechtsblock in die Arme zu treiben. Der konkrete Anlaß dieser Mahnung war ein schroff formulierter Antrag Kurt Löwensteins, des Vorsitzenden der AsL, gegen den vom Rechtskabinett Luther vorgelegten Entwurf eines konfessionsschulfreundlichen Reichsschulgesetzes. Mit der Unterstützung des Parteivorstandes konnte Schulz seine Linie gegenüber Löwenstein durchsetzen. Der Mehrheit der Delegierten leuchtete offensichtlich ein, daß die SPD sich der Chance begab, politischen Einfluß auszuüben, wenn sie ihr „weltliches" Profil allzu scharf betonte. Eine Machtbeteiligung war im Reich und in den Ländern nur im Verein mit dem Zentrum möglich. Schon deswegen konnte die sozialdemokratische Führung nicht daran interessiert sein, schul- und kulturpolitischen Fragen die zentrale Bedeutung beizumessen, die ihnen nach Meinung der AsL zukam.[380]

Der „Ressortpartikularismus" der Arbeitsgemeinschaft minderte ihre politische Wirksamkeit. Dazu kamen organisatorische Schwächen. Obwohl die Parteitage

---

379 Ebda., S. 126 ff.; Christoph Führ, Zur Schulpolitik der Weimarer Republik. Die Zusammenarbeit von Reich und Ländern im Reichsschulausschuß (1919—1923) und im Ausschuß für das Unterrichtswesen (1924—1933). Darstellung und Quellen, Weinheim usw. 1970, S. 31 ff.; Hermann Giesecke, Zur Schulpolitik der Sozialdemokraten in Preußen 1918/19, in: VfZ 13 (1965), S. 162—177; Wittwer, Schulpolitik (Anm. 281), S. 45 ff.; Helmut Möller, Aufbau einer vollakademischen Lehrerbildung in Thüringen zur Zeit der Weimarer Republik, in: Heinemann (Hg.), Sozialisation (Anm. 336), S. 291—311; Jutta Stehling, Weimarer Koalition und SPD in Baden. Ein Beitrag zur Geschichte der Partei- und Kulturpolitik in der Weimarer Republik, Frankfurt 1976, S. 235 ff.; Volker Lenhart, Geschichte der Lehrerbewegung in Baden 1926—1976, Bühl o. J. (1979), S. 21 ff.

380 Parteitag 1925 (Anm. 39), S. 211—213 (Löwenstein), 213—215 (Schulz), 218 f. (H. Müller), 304 f. (Anträge). Zur Position von Heinrich Schulz siehe auch ders., Der Leidensweg des Reichsschulgesetzes, Berlin 1926, S. 151 ff.; über Schulz: Hinrich Wulff, Heinrich Schulz 1872—1932. Ein Leben im Spannungsfelde zwischen Pädagogik und Politik, in: Bremisches Jahrbuch 48 (1962), S. 319—374. Zur Haltung der badischen AsL: Jörg Schadt (Hg.), Im Dienst an der Republik. Die Tätigkeitsberichte des Landesvorstands der Sozialdemokratischen Partei Badens 1914—1932, Stuttgart usw. 1977, S. 115—117 (Resolution vom 16. 9. 1925). Vgl. zusammenfassend Wittwer, Schulpolitik (Anm. 281), S. 130 ff. Der Berliner Stadtschulrat Kurt Löwenstein war 1924 zum Vorsitzenden der AsL gewählt worden; er übte diese Funktion in Personalunion mit der Leitung der Reichsarbeitsgemeinschaft der Kinderfreunde aus. Bölling, Volksschullehrer (Anm. 378), S. 120 ff.

von Kassel und Görlitz den sozialdemokratischen Lehrern die Mitgliedschaft in der AsL zur Pflicht gemacht hatten, scheint dieses Ziel nie erreicht worden zu sein. In der zweiten Hälfte der Zwanzigerjahre belief sich die Zahl der Mitglieder der AsL auf etwa 7 000. Die meisten sozialdemokratischen Volksschullehrer gehörten gleichzeitig dem Deutschen Lehrerverein an, der seinerseits seit 1922 korporatives Mitglied des Deutschen Beamtenbundes war. Eine Minderheit von vorwiegend jüngeren Lehrern war in der 1921 gegründeten Gewerkschaft Deutscher Volkslehrer und Volkslehrerinnen (GDV) organisiert, die sich 1922 dem freigewerkschaftlichen Allgemeinen Deutschen Beamtenbund anschloß und Anfang 1923 mit der kommunistisch beeinflußten Freien Lehrergewerkschaft Deutschlands vereinigte. Ende 1925 zählte der freigewerkschaftliche Verband etwa 6 000 Mitglieder. Anfang 1930 sollen der Allgemeinen Freien Lehrergewerkschaft Deutschlands (wie sich die GDV seit 1928 nannte) nur noch etwa 1 500 Mitglieder angehört haben, während der DLV zur gleichen Zeit etwa 140 000 Lehrer in seinen Reihen hatte. Trotz dieses zahlenmäßigen Ungleichgewichts sympathisierte die AsL unter dem Vorsitz des ehemaligen Unabhängigen Kurt Löwenstein in der zweiten Hälfte der zwanziger Jahre deutlich mit der „linkeren" der beiden Organisationen. Eine Empfehlung, den DLV zu verlassen, wurde den sozialdemokratischen Lehrern zwar nicht gegeben, aber zusammen mit dem ADB drängte die AsL darauf, daß sich die SPD von den „bürgerlichen" Beamtenverbänden distanzierte.[381]

Eine fortschrittliche Schulpolitik, wie sie der Arbeitsgemeinschaft sozialdemokratischer Lehrer und erst recht der Allgemeinen Freien Lehrergewerkschaft vorschwebte, war am ehesten dort möglich, wo auf die bürgerlichen Parteien keine Rücksicht genommen werden mußte. Nicht zufällig ist das Modell der weltlichen Einheitsschule nur in Thüringen unter einer von den Kommunisten tolerierten Minderheitsregierung der beiden sozialdemokratischen Parteien verwirklicht worden: Das Gesetz über die „Durchführung der Einheitsschule in Thüringen" vom 24. Februar 1922 sah vor, daß sich das allgemeinbildende Schulwesen in vier Stufen gliederte. Auf die für alle Kinder gemeinsame „Grundschule", die das erste bis vierte Schuljahr umfaßte, baute sich eine „Unterschule" mit den Schuljahren fünf bis sieben auf. Die „Unterschule" bestand aus zwei Zweigen, der „Deutschen Unterschule" und der „Realschule". Die dritte Stufe für das achte bis zehnte

381 Ebda., S. 121 f. Zur Organisationsgeschichte, sozialen Lage und politischen Entwicklung der Volksschullehrerschaft auch Wolfgang Stöhr, Lehrerschaft und Arbeiterbewegung. Zur Organisationsgeschichte der gewerkschaftlichen Lehrerbewegung 1918—1933, in: Das Argument 80 (1973), S. 170—207; ders., Lehrer und Arbeiterbewegung. Entstehung und Politik der ersten Gewerkschaftsorganisationen der Lehrer in Deutschland 1920 bis 1923, 2 Bde., Marburg 1978; Wilfried Breyvogel, Die soziale Lage und das politische Bewußtsein der Volksschullehrerschaft, Königstein 1979; Dietfried Krause (Hg.), Lehrerschaft, Republik und Faschismus 1918—1933. Beiträge zur Geschichte der organisierten Lehrerschaft in der Weimarer Republik, Köln 1978, sowie die Literaturberichte von Hans-Günter Thien, Zum Verhältnis von Lehrerschaft und Arbeiterklasse. Zur Organisationsgeschichte der Lehrerschaft in neueren Darstellungen zur Lehrerbewegung in der Weimarer Republik, in: IWK 13 (1977), Heft 2, S. 216—233; Rainer Bölling, Lehrerschaft, Schulpolitik und Arbeiterbewegung in der Weimarer Republik, in: AfS 21 (1981), S. 602—612.

Schuljahr bildete die dreigeteilte „Mittelschule". Zu ihr gehörten die „Deutsche Mittelschule", der die achte Volksschulklasse als Abschlußklasse angeschlossen war, die „Realmittelschule" und die „Lateinmittelschule". Als vierte Stufe folgte für das elfte bis dreizehnte Schuljahr die „Oberschule". Sie gliederte sich in vier Zweige — Deutsche Oberschule, Real-, Realgymnasial- und Gymnasialoberschule. Ziel der Einheitsschule war es, durch die Zusammenfassung von bisher getrennten Schulzweigen eine spätere und damit sozial gerechtere Begabungsauslese zu ermöglichen, als sie die übliche vierjährige Grundschule erlaubte.

Das thüringische Experiment war jedoch nur von kurzer Dauer. Die entschieden sozialistische Personalpolitik der linken Minderheitsregierung war ein wesentlicher Grund für den Reichsswehreinmarsch von 1923. Im Landtagswahlkampf vom Februar 1924 bildete die Schulpolitik das Hauptthema. Der Sieg der im „Ordnungsbund" zusammengeschlossenen bürgerlichen Parteien hatte zur Folge, daß bereits im April 1924 wieder das überkommene dreigliedrige Schulsystem eingeführt wurde — und zwar konsequenter als in manchen anderen Teilen des Reiches. Als Fazit ergab sich aus dem thüringischen Beispiel eine doppelte Lehre: Eine radikale Umgestaltung des Schulwesens war nur bei einer sozialistischen Mehrheit möglich, aber der Widerstand, den ein solcher Eingriff im Bürgertum hervorrief, war so stark, daß am Ende nur die Niederlage der Linken stehen konnte.[382]

Größeren Erfolg als die thüringische Einheitsschule hatten einige Reformen mit Versuchscharakter — neue Schulformen, die sich im Wettbewerb mit den traditionellen Anstalten bewähren mußten. Das gilt etwa für die „Gemeinschaftsschulbewegung", die ihre Ausgangspunkte in den Hansestädten Hamburg und Bremen hatten. Diese Bewegung, eine Frucht der „Reformpädagogik", erstrebte eine tiefgreifende Änderung des inneren Schulbetriebs. An die Stelle der „Schulkaserne" mit ihrem Drill, ihrer Stoffpaukerei und ihren Strafen sollte eine freie Schule treten — eine Schule, in der Lehrer und Schüler offen und freundlich miteinander umgingen und die Schüler, anstatt ständig bevormundet zu werden, sich selbst erzogen. Die ersten drei Gemeinschaftsschulversuche wurden 1919 von dem sozialdemokratischen Schulsenator Emil Krause in Hamburg genehmigt. Der sozialdemokratische Hamburger Lehrer Wilhelm Paulsen, einer der Wortführer der „Lebensgemeinschaftsschule", wurde Anfang 1921 zum Stadtschulrat von Groß-Berlin gewählt und entfaltete dort, unterstützt von sozialdemokratischen Schulreformern wie Fritz Karsen und Paul Oestreich, eine rege Propaganda zugunsten der „neuen Schule". Zehn weltliche Gemeinschaftsschulen wurden während Paulsens Amtszeit in Berlin geschaffen; im Frühjahr 1924 aber benutzte die bürgerliche Mehrheit im Berliner Stadtparlament die preußische Personalabbauverordnung

382 Wittwer, Schulpolitik (Anm. 281), S. 218 ff. Die „Deutsche Oberschule", die nach 1918 v. a. auch in Preußen eingeführt wurde, legte besonderen Wert auf „deutschkundliche" Fächer wie Deutsch, Geschichte, Erdkunde und verlangte von den Schülern das Erlernen nur *einer* Fremdsprache. Damit kam dieser Schultyp besonders für Schüler in Frage, die in einem relativ späten Stadium auf eine höhere Schule überwechselten. Ebda., S. 268 ff.

dazu, Paulsens Stelle zu beseitigen und so den weiteren Ausbau der „Lebensgemeinschaftsschule" zu verhindern.[383]

Im Berliner Stadtteil Neukölln, einer Hochburg der Sozialdemokraten, wurden auch in der Stabilisierungsphase Schulreformen weitergeführt. Bezirksschulrat war hier Kurt Löwenstein, einer der maßgebenden Kulturpolitiker der deutschen Sozialdemokratie. Löwensteins Engagement ermöglichte es Fritz Karsen, seit dem Winter 1921/22 Oberstudiendirektor am Kaiser-Friedrich-Realgymnasium, diese Schule nach dem Bild zu formen, das er sich von der „Schule der werdenden Gesellschaft" machte. Diese Schule sollte nicht Stoffvermittlungsanstalt sein; ihre Bildungsinhalte ergaben sich vielmehr aus den jeweils notwendig zu erledigenden Aufgaben einer sich wandelnden Gesellschaft. Die „Schule der werdenden Gesellschaft" vereinigte Kinder beider Geschlechter, aller Konfessionen, Weltanschauungen und sozialen Schichten zu einer ganztägig zusammentretenden Arbeits- und Lebensgemeinschaft. Zu dieser Schule gehörte die Erziehung zu politischer und religiöser Toleranz, die Einübung von Demokratie durch Schülerselbstverwaltung, weitgehende Bewegungsfreiheit im Hinblick auf den „Stoff" für Lehrer und Schüler der Oberstufe sowie häufige Begegnungen mit der Praxis der modernen Arbeitswelt.

Karsen setzte mit seinen Reformen in der 1922 eröffneten „Aufbauschule" des Kaiser-Friedrich-Realgymnasiums ein. Die Aufbauschule war für Kinder aus Neuköllner Volksschulen — in erster Linie Arbeiterkinder — geschaffen worden, die das siebente Schuljahr durchlaufen hatten und die Hochschulreife anstrebten. 1927 erhielt Karsen vom preußischen Kultusministerium die Erlaubnis, seine Aufbauschule mit einer („weltlichen") Volksschule zu vereinigen. Damit war der

---

383 Ebda., S. 63; Hildegard Milberg, Schulpolitik in der pluralistischen Gesellschaft. Die politischen und sozialen Aspekte der Schulreform in Hamburg 1890—1935, Hamburg 1970, S. 270 ff. — Oestreich und Karsen gehörten zusammen mit Siegfried Kawerau zu den entschiedensten Befürwortern eines Abbaus sozialer Bildungsbarrieren und der akademischen Volksschullehrerbildung auf der vom Reichsinnenministerium einberufenen Reichsschulkonferenz vom Juni 1920, auf der sich die Reformer jedoch nicht durchsetzen konnten. Ebda., S. 214 ff. — Zum ethischen Sozialismus Paul Oestreichs und dem von ihm 1919 gegründeten Bund entschiedener Schulreformer: Winfried Böhm, Paul Oestreich und das Problem der sozialistischen Pädagogik in der Weimarer Republik, in: Heinemann (Hg.), Sozialisation (Anm. 336), S. 187—201; ders., Kulturpolitik und Kulturpädagogik Paul Oestreichs, Bad Heilbrunn 1973; aus DDR-Sicht: Helmut König, Paul Oestreich — ein Kämpfer für den politischen und schulpolitischen Fortschritt, in: Jahrbuch für Erziehungs- und Schulgeschichte 19 (1979), S. 41—52. Von Paul Oestreich selbst: Entschiedene Schulreform. Schriften eines politischen Pädagogen. Eingeleitet, ausgewählt und erläutert von Helmut König und Manfred Radtke, Berlin [O] 1978. Zu Karsen: Gerd Radde, Fritz Karsen. Ein Berliner Schulreformer der Weimarer Zeit, Berlin [W] 1973. — Vor Paulsen war Kurt Löwenstein zum Oberstadtschulrat von Groß-Berlin gewählt worden. Seine Ernennung scheiterte aber am massiven Widerstand der bürgerlichen Parteien, die sich bei der Kampagne gegen Löwenstein z. T. antisemitischer Parolen bedienten. Vgl. Dyno Löwenstein, Kurt Löwenstein. Eine biographische Skizze, in: Löwenstein, Sozialismus (Anm. 336), S. 363, 377. — Zu dem hier nicht behandelten — überwiegend aus Sozialdemokraten zusammengesetzten — Bund Freier Schulgesellschaften, der die weltliche Schule propagierte: Wittwer, Schulpolitik (Anm. 281), S. 72 f.

Weg zur „integrierten Gesamtschule" beschritten, die Karsen bei allen Einzelreformen als Ziel vor Augen hatte.

Die kulturelle Benachteiligung des Proletariats wollte Karsen auch mit Hilfe einer anderen Einrichtung korrigieren: den „Arbeiter-Abiturientenkursen". Das waren unentgeltliche Lehrgänge von durchschnittlich dreijähriger Dauer, in denen jüngere Männer und Frauen auf die Reifeprüfung vorbereitet wurden, die einen Volksschulabschluß *und* bereits Berufserfahrung als Arbeiter oder Angestellte hatten. Der Unterricht knüpfte an diese Erfahrungen bewußt an — so etwa, wenn Englisch anhand von Abhandlungen über die Geschichte der Arbeiterbewegung oder Zeitschriftenartikeln über soziale Probleme gelernt wurde. Auf Lehrbücher verzichtete Karsen bei diesen Kursen gänzlich. An die Geschichte wurden die Teilnehmer vornehmlich mit gedruckten Quellen herangeführt. Oberstes Lernziel war in allen Fächern die Selbständigkeit des Urteils. Zwischen 1923, als die ersten Arbeiter-Abiturientenkurse stattfanden, und 1933, als die Nationalsozialisten die „Karl-Marx-Schule" (so hieß Karsens Schule seit 1929) „gleichschalteten", bestanden etwa 150 Kandidaten die Reifeprüfung. Das Begabungsniveau der erfolgreichen „Kursisten" muß überdurchschnittlich hoch gewesen sein: Zwischen 1926 und 1931 empfahl Karsen, gestützt auf das Urteil seiner Kollegen, fast ein Drittel der Absolventen — 32 von 101 — der Studienstiftung des Deutschen Volkes. Aufgenommen wurden 15, also knapp die Hälfte. Aber auch den 17 abgewiesenen Kandidaten bestätigte die Studienstiftung im Oktober 1931, daß sie hinter dem Durchschnitt der sonstigen Bewerber durchaus nicht zurückständen. Neun seien sogar von den Vorprüfern „sehr gut beurteilt und nur durch den Zwang zu äußerster Beschränkung der Aufnahme nicht aufgenommen worden."[384]

Karsens Neuköllner Schule war nicht die einzige, die sich um die Öffnung eines „zweiten Bildungsweges" zum Hochschulstudium bemühte. In ganz Preußen gab es 1928 102 Aufbauschulen mit rund 13 000 Schülern — in ihrer überwältigenden Mehrheit Absolventen der Volksschule. Initiativen zur Ausschöpfung der proletarischen Begabungsreserve ergriffen vor allem Großstädte, in denen die Arbeiterparteien über sichere Mehrheiten verfügten. So gab Leipzig 1927/28 allein 440 000 RM für Erziehungsbeihilfen aus. Wieviel das war, machen zwei andere Ziffern deutlich: In Preußen wurden erstmals 1928, auf Grund eines Gemeinschaftsantrags der Fraktionen von SPD, DDP, Zentrum, DVP und DNVP 20 000 RM für Erziehungsbeihilfen zur Verfügung gestellt; im Jahr darauf stockte der Landtag die Mittel für diesen Zweck auf 100 000 RM auf. Im Prinzip waren sich alle Parteien einig, daß für die Förderung begabter unbemittelter Kinder etwas getan werden mußte. Aber für die Praxis bedeutete das wenig. Fiskalische

384 Radde, Karsen (Anm. 383), S. 52 ff., 72 ff., 160 ff. (177); Wittwer, Schulpolitik (Anm. 281), S. 270 ff. Sehr anschaulich über den schwierigen Bildungsweg eines — von der Studienstiftung geförderten — Arbeiters bis zum Studium an der Universität: Rathmann, Arbeiterleben (Anm. 347), S. 73 ff., 105 ff. Zu der 1925 gegründeten Studienstiftung des Deutschen Volkes, die sich der Förderung von Spitzenbegabungen widmete: Heinz Haerten, Die Studienstiftung des deutschen Volkes, in: Robert Tillmanns (Hg.), Ordnung als Ziel. Beiträge zur Zeitgeschichte, Stuttgart usw. 1954, S. 51—69.

Bedenken wurden häufig auch von sozialdemokratischen Parlamentariern anerkannt, wenn es um den Haushaltsposten „Erziehungsbeihilfen" ging.

In anderen bildungspolitischen Fragen war es der offene Widerstand der Interessenten und der mit ihnen verbündeten bürgerlichen Parteien, der sozialdemokratische Vorstöße scheitern ließ. Ein Reichsgesetz über das Berufsausbildungswesen kam vor allem deswegen nicht zustande, weil die Spitzenverbände der gewerblichen Wirtschaft die von der SPD geforderte Lohnfortzahlung für die Schulzeit ablehnten. Die allgemeine Berufsschulpflicht konnten die Sozialdemokraten auch in Preußen nicht durchsetzen; die Regierung beharrte aus finanzpolitischen Erwägungen auf dem Grundsatz, daß Berufsschulen keine Einrichtungen des Staates, sondern der Gemeinden seien. Die Expansion des gewerblichen Berufsschulwesens hielt sich infolgedessen während der Weimarer Republik in engen Grenzen, und sie blieb, entgegen den Wünschen der SPD, auf solche Jugendliche beschränkt, die in einem Lehrverhältnis standen. Arbeitslose Jugendliche und Hausangestellte kamen nicht in den Genuß einer Berufsschulausbildung. Versuche der SPD, die Volksschulzeit um ein bis zwei Jahre zu verlängern, um so die Schüler besser auf das Berufsleben vorzubereiten und zugleich den Arbeitsmarkt zu entlasten, hatten weder im Reich noch in den meisten Ländern Erfolg. Lediglich in Sachsen, Hamburg und Berlin wurden an einigen Volksschulen für begabte Schüler Aufbauklassen eingerichtet, die zu einem mittelschulähnlichen Abschluß führten.

Eines der wichtigsten Anliegen aller Schulreformer war die Schaffung eines günstigen Zahlenverhältnisses zwischen Lehrer und Schülern. Eine Verringerung der Klassenfrequenz bedeutete für den einzelnen Schüler eine größere Chance, aktiv am Unterricht teilzunehmen. Tatsächlich gelang in Preußen eine erhebliche Senkung der Lehrer-Schüler-Relation an den Volksschulen, nämlich von 55,22 im Jahre 1911 auf 38,0 im Jahre 1926. Aber diese Senkung war, wie Wolfgang Wittwer bemerkt, „kein Erfolg einer bewußten Politik zur Verbesserung der Volksschule, sondern im wesentlichen eine statistische Auswirkung des Durchlaufs der vier geburtenschwachen Kriegsjahrgänge durch die Schule." Seit 1926 begann denn die Klassenfrequenz auch wieder zu steigen. Gegen den Willen von Sozialdemokraten und Kommunisten wurden Planstellen für Lehrer gestrichen, so daß sich die Arbeitslosigkeit unter den Junglehrern verschärfte. Die Zahl ein- und wenigklassiger Schulsysteme, der ländlichen Zwergschulen also, verringerte sich im Preußen der Weimarer Jahre kaum, ebensowenig der Anteil der Schüler, die solche Schulen besuchten.

„Die unbefriedigende Situation, in der die Volksschule trotz aller Forderungen verblieb, hatte ihre Ursache vor allem in den zur Verfügung stehenden Mitteln", faßt Wittwer zusammen. „Der preußische Staatshaushalt war mit Ausnahme des Jahres 1924, als eine extreme Sparpolitik die Währungsreform sichern mußte, defizitär. Der Staatshaushalt wurde seit der Reichsfinanzreform von 1920 im wesentlichen durch die Personalkosten bestimmt, und unter den Personalkosten nahm der Unterrichtsetat eine besondere Stellung ein." Mehr als einmal kamen die regierenden Sozialdemokraten Preußens nicht umhin, oppositionelle Anträge abzuwehren, die auf eine Erhöhung der Staatsausgaben im Bildungssektor abzielten. Das traf auch für die Besoldung der Volksschullehrer zu. 1929 geriet die preußische SPD in die unangenehme Lage, einen Regierungsentwurf verteidigen zu müssen, der nicht etwa einen höheren Staatsbeitrag zur Lehrerbesoldung vorsah, sondern höhere Zuschüsse der leistungsstarken Gemeinden zugunsten der finanziell schwachen. Diese Maßnahme belastete naturgemäß vor allem die Großstädte und damit die Anhängerschaft der Sozialdemokratie. Proteste des Preußischen Städtetages und sozialdemokratischer Kommunalpolitiker veranlaßten die preußische Regierung zwar zu einer neuen Vorlage. Aber der Reichszuschuß, den die Regierung Braun dabei einplante, wurde nicht gewährt, und so blieb es bei der unpopulären Umverteilung zwischen den Gemeinden.[385]

Die Zahl der Volksschullehrer, die mit der SPD sympathisierten, war gegen Ende der Republik sicherlich sehr viel geringer als zu Beginn. Das hatte mehrere Gründe. Der größten Lehrerorganisation, dem DLV, war die Sozialdemokratie in der Theorie zu „weltlich" und in der Praxis zu kompromißwillig gegenüber dem „klerikalen" Zentrum. Der weltanschauliche und konfessionelle Streit um die Schule schwächte nicht nur das republikanische Lager, er zog auch Energien ab von der Lösung der vordringlichen pädagogischen und sozialen Schulfragen. Manche Reformen scheiterten an „bürgerlichen" Widerständen, manche auch an sozialdemokratischem Unvermögen. Der linke Flügel der SPD neigte dazu, Änderungen des Schulsystems im frontalen Angriff auf den „Klassenfeind" durchzusetzen, und stärkte damit im Endeffekt meist die Gegenkräfte. Die Abschaffung des Schulgebets durch den preußischen Volksbeauftragten Adolph Hoffmann, einen unabhängigen Sozialdemokraten, im November 1919 und das Experiment der thüringeschen Einheitsschule von 1922 sind Beispiele dafür. Die Parteimehrheit hatte kein vitales Interesse an Fragen der Schulpolitik. Das galt nicht nur für die Führung, sondern auch für die „Basis". Bei Elternratswahlen schnitten die Linksparteien häufig schlecht ab, weil viele Arbeiter den Sinn eines solchen Engagements nicht einsahen. Schließlich waren die finanzpolitischen Bedenken, die gegen Neuerungen vorgebracht wurden, durchaus nicht immer bloße Vorwände. Die prekäre Haushaltslage schränkte den Handlungsspielraum auch relativ reformfreundlicher Regierungen wie der preußischen ein — und das nicht erst seit Ausbruch der Weltwirtschaftskrise.

Die Enttäuschung der Volksschullehrer war in gewissem Maß unvermeidbar. Die Republik hatte ihre Erwartungen nur zu einem kleinen Teil befriedigt. Von

---

385 Wittwer, Schulpolitik (Anm. 281), S. 219 ff. (240, 241 f.). Die Zahl der einklassigen Schulen stieg in Preußen von 1919 bis 1929 von 12 162 (Schüleranteil: 10,03 %) auf 13 908 (11,81 %), die Zahl der zweiklassigen Schulen sank in der gleichen Zeit von 7 498 (11,44 %) auf 6 188 (10,77 %), die der dreiklassigen Schulen von 5 128 (12,03 %) auf 4 923 (11,24 %). Ebda., S. 241. Gegenüber der Vorkriegszeit hatte sich die Einkommensdifferenz zwischen Gymnasial- und Volksschullehrern etwas verringert. Um 1909 verdiente ein Volksschullehrer etwa die Hälfte dessen, was ein Gymnasiallehrer an Gehalt bezog. Von der Nivellierung der Beamtengehälter in der Inflationszeit „profitierten" auch die Volksschullehrer (bei absolutem Gehaltsrückgang); danach erweiterte sich die Schere zunächst wieder: Im Dezember 1924 bezogen Volksschullehrer 60 % des Grundgehalts eines Gymnasiallehrers. Nach der Besoldungsreform von 1927/28 verbesserte sich die Relation zu den Studienratsgehältern in Preußen geringfügig. Vgl. dazu Bölling, Volksschullehrer (Anm. 378), S. 24, 30 f.

den Gehaltskürzungen nach 1930 wurden sie, die nach wie vor erheblich weniger verdienten als Lehrer an höheren Schulen, hart getroffen. Die größten Einbußen erlitt die ohnehin am schlechtesten bezahlte Gruppe der noch nicht endgültig angestellten Junglehrer — von den arbeitslosen Lehrern ganz zu schweigen. Die Hinwendung vieler Lehrer zum Nationalsozialismus war eine Reaktion auf das, was ihnen die demokratische Republik versagt hatte. Daß sie ihnen viele Opfer zumuten *mußte* und viele ihrer Wünsche nicht erfüllen *konnte*, wollten die wenigsten begreifen.[386]

*

Von einer relativen politischen Stabilität in den Jahren zwischen 1924 bis 1928 könnte man kaum sprechen, hätten die Sozialdemokraten nicht in Preußen mitregiert. Die Machtteilhabe im größten deutschen Einzelstaat gab der SPD das beruhigende Gefühl, daß die Republik nicht völlig in bürgerliche Hände übergegangen war. Solange ein Sozialdemokrat an der Spitze der preußischen Regierung stand, bedeutete sozialdemokratische Opposition im Reichstag nicht staatspolitische Ohnmacht, und solange die preußische Polizei von einem sozialdemokratischen Innenminister kontrolliert wurde, gab es ein republikanisches Gegengewicht zum „Staat im Staat“, der Reichswehr. Sozialdemokraten, die ihre Partei auch im Reich wieder an der Macht sehen wollten, hielten ihren Genossen Preußen als leuchtendes Beispiel vor — so etwa Hilferding auf dem Kieler Parteitag von 1927: „Dank Otto Braun und dank namentlich Carl Severing ist es geschehen, daß die Wellen sowohl des Bolschewismus als des Faschismus sich an Preußen gebrochen haben. Das war eine welthistorische Leistung . . . Preußen ist eine stolze Feste im Lager der Republik, und unsere Aufgabe kann es nur sein, es zu einer stolzen Feste im Lager des Sozialismus zu machen.“[387]

Otto Braun, der Hilferding zufolge die „dumme Legende“ widerlegte, „als hätten wir keine Führer, als hätten wir keine Männer“, schätzte die Bedeutung Preußens ähnlich hoch ein. Sächsischen Delegierten, die an der preußischen Koalitionspolitik Kritik geübt hatten, hielt er auf dem Kieler Parteitag entgegen, er habe nicht die Zeit, sich um die sächsischen Verhältnisse zu kümmern. „Was ich davon kennengelernt habe, das hat mich gelehrt, daß mit dem Ergebnis nur ein Schulbeispiel dafür gegeben ist, wie man es *nicht* machen soll. Wir werden es in Preußen auch nicht so machen. Haben uns die Kommunisten gemeinsam mit den Deutschnationalen nicht aus der preußischen Regierung herausgebracht — die Sachsen bringen es auch nicht fertig. Freiwillig geben wir die Machtposition in Preußen nicht auf.“ Das Protokoll verzeichnet an dieser Stelle „stürmischen Beifall.“[388]

386 Zu den Gehaltskürzungen in Preußen und zur Hinwendung von Volksschullehrern zum Nationalsozialismus: ebda., S. 200, 203 ff. Zu den Elternratswahlen: Wittwer, Schulpolitik (Anm. 281), S. 288 ff.
387 Parteitag 1927 (Anm. 288), S. 180 f.
388 Ebda., S. 180 (Hilferding), 76 (Braun).

Zum Teil erklärt sich das Modell „Preußen“ aus persönlichen Qualitäten des Ministerpräsidenten Otto Braun. Der gelernte Buchdrucker aus Königsberg, der erstmals 1911 in den Parteivorstand gewählt worden war, hatte ein betont sachliches Verhältnis zur Macht. „Gewiß, Braun handhabte die Macht, um die er sich nie gerissen hatte, unbefangen und virtuos, aber er liebte sie nicht im geringsten“, schreibt sein Biograph Hagen Schulze. „Er war ganz naiv — und durchaus nicht zu Unrecht — davon überzeugt, daß ohne ihn die Politik Preußens und dann auch des Reiches aus dem Ruder laufen müsse, zumal ihm klar war, daß seine Partei keinen anderen Steuermann besaß, den sie an seinen Platz hätte stellen können. Aber diese Erkenntnis war für ihn nur eine Last. Während seine politischen Gegner keine Gelegenheit ungenutzt ließen, ihm zu unterstellen, er ‚klammere sich an sein Amt‘ und dränge sich an die ‚Futterkrippe‘ . . ., litt er unter seiner Aufgabe.“[389]

Aus einem „kantianischen“ Pflichtgefühl heraus verteidigte Braun die sozialdemokratische Machtposition in Preußen und machte aus dem Staat der Hohenzollern das, was Stresemann 1928, auf das Krisenjahr 1923 zurückblickend, „das Bollwerk der deutschen Republikaner“ nannte. Als er am 3. April 1925 nach einer Serie von Regierungskrisen wieder in das Amt des Ministerpräsidenten gewählt wurde, erhielt er mit 216 von 430 Stimmen zwar die knappe absolute Mehrheit der abgegebenen Stimmen. Dennoch war sein Kabinett der Weimarer Koalition eine Minderheitsregierung. Denn Sozialdemokratie, Zentrum und Demokraten verfügten zusammen nur über 222 Sitze, während die rechten und linken Oppositionsparteien auf 226 Sitze kamen. Selbst wenn die beiden polnischen Abgeordneten für die Regierung stimmten — was sie meistens taten —, fehlten zwei Stimmen an der absoluten Mehrheit der Sitze. Dafür, daß er sich trotzdem bis zu den Neuwahlen vom Mai 1928 an der Macht halten konnte, fand Braun eine ebenso einprägsame wie einleuchtende Erklärung. Am 16. Dezember 1927 sagte er vor dem preußischen Abgeordnetenhaus, seine Regierung habe, „um das auf eine mathematische Formel zu bringen, eine Mehrheit minus 1 plus Angst der Opposition“. Gemeint war die Angst vor Neuwahlen.[390]

Braun hatte sicherlich sehr viel mehr von einem demokratischen Staatsmann an sich als die drei Parteivorsitzenden der SPD, Hermann Müller, Otto Wels und Artur Crispien. Aber Führungsfähigkeiten zu zeigen, wurde Braun auch durch eine Konstellation erleichtert, die es auf Reichsebene nicht gab: Die beiden wichtigsten Koalitionsfraktionen, Sozialdemokratie und Zentrum, arbeiteten gut zusammen und sahen ihre wichtigste Aufgabe darin, der von ihnen gestützten Regierung zum Erfolg zu verhelfen. Das war in erster Linie ein Verdienst der Fraktionsvorsitzenden, Ernst Heilmann und Josef Heß. Heilmann, aus einer Familie des Berliner jüdischen Bürgertums stammend, hatte sich bereits als siebzehnjähriger Gymnasiast der SPD angeschlossen, dann Jura studiert und war anschließend, da er wegen „sozialdemokratischer Gesinnung“ nicht in den Assessoren-

389 Schulze, Braun (Anm. 86), S. 497 f.

390 Ebda., S. 446 (Stresemann), 484 (Braun); Hans-Peter Ehni, Zum Parteienverhältnis in Preußen 1918—1932. Ein Beitrag zu Funktion und Arbeitsweise der Weimarer Koalitionsparteien, in: AfS 11 (1971), S. 241—288 (zur Mandatsverteilung: 244).

dienst aufgenommen wurde, Parteijournalist geworden. Seine eigentliche politische Karriere begann nach dem Weltkrieg, in den er als Freiwilliger gezogen war. Seit 1919 war er Mitglied des preußischen Landtages, seit Herbst 1921 Vorsitzender der sozialdemokratischen Fraktion. Mit seinem Kollegen Heß vom Zentrum, einem überzeugten rheinischen Demokraten, verstand er sich sachlich und persönlich gleich gut. Für die preußische Koalition war die „Achse" zwischen Heilmann und Heß ein Glücksfall. Hedwig Wachenheim, die der sozialdemokratischen Fraktion des preußischen Landtags angehörte und dem Fraktionsvorsitzenden politisch wie persönlich nahestand, hat Heilmann neben Stresemann, Braun und Wirth zu den „großen politischen Gestalten der Weimarer Republik" gerechnet. „Er begriff die Aufgaben eines parlamentarischen Führers und verstand, die Fraktionen zu einer Koalition zusammenzubringen", schreibt sie in ihren Erinnerungen. „Als Vorsitzender der sozialdemokratischen Fraktion im preußischen Landtag räumte er alle Schwierigkeiten aus, die in der Fraktion oder im Landtag selbst Otto Braun hätten entgegentreten können, und hat damit zu der langen Aufrechterhaltung der Weimarer Koalition in Preußen beigetragen. Ja, ich möchte sagen, er — und nicht die Führer der Reichstagsfraktion — hat in der Weimarer Republik das Leitbild eines parlamentarischen Führers geschaffen."[391]

Eine der Chancen der sozialdemokratischen Landtagsfraktion lag darin, daß sie sich von ihrer Vorgängerin im königlichen Abgeordnetenhaus personell radikal unterschied. Der Übergang vom Dreiklassenwahlrecht zum allgemeinen gleichen Wahlrecht bedeutete einen tieferen Bruch mit der Vergangenheit, als es ihn auf der Reichsebene gab. Wenn die Reichstagsfraktion der SPD sich oft so verhielt, als sei die konstitutionelle Monarchie nie durch die parlamentarische Republik abgelöst worden, dann war das auch eine Folge personeller Kontinuität — des großen Anteils „altgedienter" Abgeordneter aus der Zeit vor 1918. Die Sozialdemokraten im preußischen Landtag, fast ausnahmslos parlamentarische Neulinge, waren viel weniger als ihre Kollegen im Reichstag in der Gefahr, zu Gefangenen überholter Traditionen zu werden. Dazu kam, daß der linke Parteiflügel, der einer Zusammenarbeit mit bürgerlichen Parteien skeptisch bis ablehnend gegenüberstand, im preußischen Landtag, anders als im Reichstag, kaum vertreten war. Auch dies trug dazu bei, daß die preußische Koalition ungleich besser funktionierte als Weimarer oder Große Koalitionen im Reich.[392]

391 Hedwig Wachenheim, Vom Großbürgertum zur Sozialdemokratie. Memoiren einer Reformistin, Berlin [W] 1973, S. 111; Peter Lösche, Ernst Heilmann — Sozialdemokratischer parlamentarischer Führer im Preußen der Weimarer Republik, in: GWU 33 (1982), S. 420—432; Hömig, Zentrum (Anm. 107), bes. S. 138 ff.; Hans-Peter Ehni, Bollwerk Preußen? Preußenregierung, Reich-Länder-Problem und Sozialdemokratie 1923—1932, Bonn 1975, S. 37 ff.; Schulze, Braun (Anm. 86), S. 406; Horst Möller, Ernst Heilmann. Ein Sozialdemokrat der Weimarer Republik, in: Jahrbuch des Instituts für deutsche Geschichte (Tel-Aviv) 11 (1982), S. 261—294.

392 Dazu Hagen Schulze, Die sozialdemokratischen Parlamentsfraktionen im Reich und in Preußen 1918—1933, in: VfZ 26 (1978), S. 419—432 (mit Daten zum Vergleich der sozialen Zusammensetzung beider Fraktionen); Horst Möller, Parlamentarisierung und Demokratisierung im Preußen der Weimarer Republik, in: Gerhard A. Ritter (Hg.), Gesellschaft, Parlament und Regierung. Zur Geschichte des Parlamentarismus in Deutschland, Düsseldorf 1974, S. 367—387. Vgl. dazu auch den vorhergehenden Bd., S. 341.

Für die preußischen Sozialdemokraten war es wichtig, daß sie neben dem Ministerpräsidenten auch den Innenminister stellten. Die Aufsicht über Polizei und innere Verwaltung im größten deutschen Staat gab der SPD eine Machtposition, mit der ihre Gegner auch außerhalb Preußens zu rechnen hatten. Nach dem Kapp-Lüttwitz-Putsch vom Frühjahr 1920 hatte der neue Innenminister Carl Severing damit begonnen, monarchistische Beamte durch loyale Republikaner zu ersetzen. Nach der Bildung der Großen Koalition im Herbst 1921 mußte Severing bei der Ernennung von politischen Beamten aber auch Anhänger der Deutschen Volkspartei berücksichtigen, so daß die Republikanisierung des öffentlichen Dienstes nur noch langsam voranging.

Als Severing — überwiegend aus Gesundheitsgründen — im Oktober 1926 zurücktrat, regierte in Preußen wieder ein Kabinett der Weimarer Koalition. Sein Nachfolger, der ehemalige Metallarbeiter Albert Grzesinski aus Pommern, den Heilmann für dieses Amt vorgeschlagen hatte, widmete sich der personellen Reform des Staatsapparates von Anfang an mit großer Energie. Er achtete darauf, daß die politischen Beamten — vom Oberpräsidenten bis zum Landrat — tunlichst einer der republikanischen Parteien angehörten. Da die SPD sehr viel weniger juristisch vorgebildete Mitglieder hatte als ihre bürgerlichen Koalitionspartner und namentlich die DDP, mußte sie häufig auf Partei- und Gewerkschaftsfunktionäre zurückgreifen. Gegenüber Zentrum und Demokraten blieb sie dennoch bei den Stellenbesetzungen unterrepräsentiert. Nur bei einer Kategorie von politischen Beamten bedachte Grzesinski seine eigene Partei im überdurchschnittlichen Maß: bei den Polizeipräsidenten der Großstädte. Der demokratische Finanzminister Hermann Höpker-Aschoff beklagte sich im März 1928 bei Grzesinski, dieser habe selbst 9 von 13 Polizeipräsidenten, die seit dem 26. August 1925 ernannt worden waren, als Angehörige der Sozialdemokratischen Partei bezeichnet. Diese Bevorzugung der SPD trage den „staatspolitischen Notwendigkeiten" nicht hinreichend Rechnung und erwecke in weiten Kreisen der Bevölkerung den Anschein, „als ob ein Teil der preußischen Verwaltung den Angehörigen einer bestimmten Partei vorbehalten werden solle."

Aber Grzesinski ging davon aus, daß Polizeipräsidenten in großen Städten einen Rückhalt in der Arbeiterschaft brauchten. Außerdem bedurfte es gerade in dieser Funktion entschiedener Republikaner, wenn republikfeindlichen Umtrieben wirksam entgegengetreten werden sollte. Daher ließ sich der sozialdemokratische Innenminister in seiner Personalpolitik nicht beirren. In neun Großstädten — Berlin, Königsberg, Stettin, Breslau, Magdeburg, Altona, Frankfurt am Main, Dortmund und Köln — gelang es der SPD, von 1919 bis 1932 sämtliche Polizeipräsidenten zu stellen. Es bedurfte des „Preußenschlags" des Reichskanzlers von Papen am 20. Juli 1932, um diese republikanische Machtbastion zu schleifen.

Eine Übersicht über die Parteizugehörigkeit von politischen Beamten, von Grzesinski im Februar 1928 anläßlich des „Preußentages" der SPD vorgelegt, zeigt Umfang und Grenzen der Demokratisierung der preußischen Verwaltung (Tabelle 4). Am konsequentesten war demnach bei Oberpräsidenten und Polizeipräsidenten auf demokratische Loyalität geachtet worden; am wenigsten hatte die Regierung diesem Grundsatz bei den Landräten — für die den Kreistagen ein

Vorschlagsrecht zustand — einhalten können. Zumal in den Ostprovinzen gab es nach wie vor viele rechtsgerichtete Landräte (nach einer Untersuchung, die sich auf den Gesamtzeitraum der Weimarer Republik bezieht, waren dort 17,3 % der parteigebundenen Landräte Mitglieder der DNVP). Auch bei den Landräten ohne Parteibindung wird man eine beträchtliche Zahl von Anhängern der Rechten vermuten dürfen.[393]

Tabelle 4: Parteizugehörigkeit von politischen Beamten in Preußen (Anfang 1928)

Amt	Zahl	SPD	Z	DDP	DVP	DNVP	Unbestimmt
Oberpräsidenten	12	4	3	3	2		
Regierungspräsidenten	32	6	7	8	11?		
Vizepräsidenten des Oberpräsidiums	12	2	2	2			6?
Vizeregierungspräsidenten	32	2	8	5			
Polizeipräsidenten	30	15	5	4	3		3
Landräte	416	55	81	47	74	6	153

Quelle: Ehni, Parteienverhältnis (Anm. 390), S. 251.

Parteilosigkeit und Überparteilichkeit gleichzusetzen, wie es konservative Kritiker des „politischen Beamtentums“ gern taten, war jedenfalls ungerechtfertigt. Hinter dem hergebrachten Verständnis von Berufsbeamtentum stand häufig eine obrigkeitsstaatliche Denkweise. Ohne ein gewisses Maß an „Ämterpatronage“ war eine Republikanisierung des öffentlichen Dienstes unmöglich. Wenn dabei Fehlgriffe vorkamen, wurden sie in der Regel korrigiert. Grzesinski zögerte in solchen Fällen auch nicht, sich mit eigenen Parteifreunden anzulegen. Im Juli 1927

393 Anthony Glees, Albert C. Grzesinski and the Politics of Prussia, 1926—1930, in: The English Historical Review 89 (1974), S. 814—834; Braun, Weimar (Anm. 104), S. 128 ff.; Severing, Lebensweg (Anm. 264), Bd. 2, S. 91 ff.; Ehni, Bollwerk (Anm. 391), S. 50 ff.; Schulze, Braun (Anm. 86), S. 510 ff.; Wolfgang Runge, Politik und Beamtentum im Parteienstaat. Die Demokratisierung der politischen Beamten in Preußen zwischen 1918 und 1933, Stuttgart 1965; Eberhard Pikart, Preußische Beamtenpolitik 1918—1933, in: VfZ 6 (1958), S. 119—137 (S. 124: Daten aus dem Nachlaß Grzesinskis zur „Personalpolitik nach 1929“; danach waren 1929 5 von 12 Oberpräsidenten, 8 von 32 Regierungspräsidenten, 23 von 44 Polizeipräsidenten, 64 von 408 Landräten, 2 von 8 Staatssekretären und 4 von 40 Ministerialdirektoren Mitglieder der SPD); Hans Karl Behrend, Zur Personalpolitik des preußischen Ministers des Innern. Die Besetzung der Landratsstellen in den östlichen Provinzen, in: Jahrbuch für die Geschichte Mittel- und Ostdeutschlands 6 (1957), S. 173—214; Huber, Verfassungsgeschichte (Anm. 272), Bd. 6, S. 762 ff.; Möller, Parlamentarismus (Anm. 107), bes. S. 523 ff. Das Zitat von Höpker-Aschoff bei Ehni, Parteienverhältnis (Anm. 390), S. 250 f.

entließ er etwa den Bundesvorsitzenden des Reichsbanners Schwarz-Rot-Gold, Hörsing, aus seinem Amt als Oberpräsident der Provinz Sachsen. Hörsing, ein gelernter Schmied aus Ostpreußen, war vor dem Krieg erst Gewerkschafts-, dann Parteifunktionär in Oberschlesien gewesen. In seinem Amt als Oberpräsident, das er seit 1920 innehatte, zeigte er ebensoviel praktische Energie wie verbale Disziplinlosigkeit. Seine „Sonntagsreden" brachten die preußische Regierung und zumal den sozialdemokratischen Innenminister immer wieder in Verlegenheit. Scharfe Angriffe, die Hörsing im Mai 1927 anläßlich des ostpreußischen Reichsbannertages in Königsberg gegen die deutschnationalen Reichsminister richtete, zwangen das preußische Kabinett zum Handeln. Bei der „Zurdispositionsstellung" Hörsings gehe es nicht etwa „um ein Zurückweichen vor dem Verlangen der Reichsregierung oder der politischen Rechten", schrieb Grzesinski im Juli 1927 an den ehemaligen Volksbeauftragten Otto Landsberg, dem er das vakante Amt des sächsischen Oberpräsidenten anbot. „Es handelt sich lediglich darum, daß die Preußische Staatsregierung und überhaupt jede Regierung nicht dulden kann, daß dauernd ein politischer Beamter, der ihr unterstellt ist, Politik auf eigene Faust macht und ihren Anweisungen bewußt entgegenhandelt."[394]

Das Verhältnis zwischen Preußen und Reich war in den Jahren 1924 bis 1928 fast immer gespannt. Im Herbst 1924 protestierte Braun scharf gegen den ausgedehnten Gebrauch des Artikels 48 durch die Minderheitsregierung Marx. Das Notverordnungsrecht des Reichspräsidenten als Mittel der beschleunigten Gesetzgebung in beliebigen Fragen der Steuerpolitik anwenden, hieß aus Brauns Sicht die parlamentarische Demokratie aushöhlen. Als er am 10. Dezember 1924 in einem Brief an den Reichskanzler von einem „Mißbrauch der Reichsverfassung" sprach, „der besonders im Hinblick auf das darin liegende Präjudiz unbedingt hätte vermieden werden müssen", wurde Brauns persönliche Freundschaft mit Friedrich Ebert vorübergehend schwer belastet. Mit Stresemann geriet Braun im Mai 1926 in Konflikt: Der Außenminister wollte die Aufführung des russischen Films „Panzerkreuzer Potemkin" im Reich verhindern, da er die Disziplin der Reichswehr gefährde und zur Revolution aufreize. Unter Hinweis auf Artikel 118 der Reichsverfassung, der eine Filmzensur ohne besondere gesetzliche Regelung untersagte, wies der preußische Ministerpräsident das Ansinnen zurück.

Unter dem „Bürgerblockkabinett" Marx verklagte Preußen im April 1927 die Reichsregierung vor dem Staatsgerichtshof, weil der Reichstag mit einfacher Mehrheit ein verfassungsänderndes Gesetz beschlossen hatte, das Bayern eine Biersteuerentschädigung auf Kosten des übrigen Reiches, also in erster Linie Preußens, gewährte. Mehrfach entzündete sich ein Streit zwischen Preußen und Reich an scheinbar rein symbolischen Dingen — so der Frage, ob der 11. August, der Tag, an dem die Weimarer Reichsverfassung in Kraft getreten war — zum Nationalfeiertag erhoben werden sollte oder wie sich staatliche Stellen sol-

394 Zit. bei ders., Bollwerk (Anm. 391), S. 54. Zum „Fall Hörsing" auch Rohe, Reichsbanner (Anm. 359), S. 293 ff., 379 ff.; Severing, Lebensweg (Anm. 264), Bd. 2, S. 93 ff. Zur Politik von Grzesinski vgl. auch seine Bücher: Inside Germany, New York 1939; La Tragi-Comédie de la République allemande, Paris 1934.

chen Berliner Hotels gegenüber zu verhalten hatten, die sich weigerten, am 11. August die schwarz-rot-goldene Fahne zu zeigen. Der Tiefpunkt der Beziehungen zwischen Preußen und Reich wurde Ende 1927 erreicht, als der deutschnationale Reichsinnenminister von Keudell die Deutsche Studentenschaft telegraphisch seiner „inneren Verbundenheit“ versicherte — wohl wissend, daß Preußen dies als Herausforderung verstehen mußte. Denn kurz zuvor hatte Kultusminister Carl Heinrich Becker den preußischen Studentenschaften die staatliche Anerkennung entzogen, weil sie innerhalb der Deutschen Studentenschaft mit österreichischen Studentenschaften zusammenarbeiteten, die jüdische Kommilitonen von der Mitgliedschaft ausschlossen. Die preußische Regierung beantwortete Keudells Provokation am 30. November damit, daß sie ihm den Abbruch „jeden Verkehrs“ androhte. Immer war das Preußen Otto Brauns der Anwalt der Republik und ihrer Verfassung, während die Reichsregierung aus Rücksicht auf ihre deutschnationalen Mitglieder demonstrativen Bekenntnissen zu „Weimar“ nach Möglichkeit auswich.[395]

Aber auch Braun war zum Taktieren gezwungen. Er mußte Rücksicht auf das Zentrum nehmen, das sowohl seinem Kabinett als auch sämtlichen Reichsregierungen angehörte. Bei den meisten Streitpunkten stellte sich das preußische Zentrum zwar eindeutig auf die Seite des sozialdemokratischen Ministerpräsidenten. Im Sommer 1925 aber verzichtete Braun darauf, gegen die von seiner Partei scharf bekämpfte, vom Zentrum jedoch unterstützte Zollnovelle der Regierung Luther im Reichsrat Einspruch einzulegen. Hätte er es getan, wäre die preußische Koalition vermutlich daran zerbrochen. Beim Konflikt um das Reichsschulgesetz, der zum Zerfall der Rechtskoalition im Reich führte, bemühte sich Braun um einen Kompromiß. Ein preußischer Abänderungsantrag vom 20. September 1927 — der dann im Reichsrat am abweichenden Votum der Mehrheit der preußischen Provinzialvertreter scheiterte — erkannte einerseits der Gemeinschaftsschule den Vorrang vor der Bekenntnisschule zu und stellte andererseits den Religionsunterricht an *allen* Volksschulen sicher. Das Interesse am Fortbestand der preußischen Koalition veranlaßte die SPD, im Reichstag auf diese Linie einzuschwenken. Gleichzeitig gaben die Sozialdemokraten damit zu erkennen, daß sie auch auf Reichsebene keinen neuen „Kulturkampf“ wünschten.

„Für Braun war preußische Politik Reichspolitik, Preußens Aufgabe die Bewahrung des Reichs in seinen bestehenden Grenzen und in seiner bestehenden Verfassung als demokratischer Volksstaat“, schreibt Hagen Schulze. Weil das Reich selbst seine republikanische Verantwortung viel weniger ernst nahm als Preußen, blieb der Dualismus zwischen den beiden Berliner Regierungen für Braun ein Stein des Anstoßes. Eine Reichsreform, die Preußen mehr Einfluß auf die Reichspolitik gab, war nach seiner Meinung wünschenswert, aber nur schwer zu verwirklichen. Leichter in die Tat umzusetzen war die naheliegende Idee, die preußische und die Reichsregierung personell miteinander zu verzahnen. Bereits im August 1923, bei der Bildung der ersten Großen Koalition im Reich, war dieser

395 Zusammenfassend hierzu Schulze, Braun (Anm. 86), S. 458 ff.; 503 ff.; Braun, Weimar (Anm. 104), S. 74 ff. Zum Konflikt mit Keudell vgl. Anm. 272.

Gedanke erörtert worden. Nach dem 20. Mai 1928, an dem im Reich und in Preußen Neuwahlen stattfanden, wurde diese Möglichkeit erneut diskutiert — in Form einer Kanzlerschaft des preußischen Ministerpräsidenten Otto Braun. Auf die Gründe, weshalb die Personalunion zwischen beiden Ämtern nicht zustande kam, wird weiter unten einzugehen sein.[396]

*

Preußen war nicht das einzige Land, in dem die SPD während der mittleren Jahre der Republik staatliche Macht ausübte. In Baden war sie bis Ende 1932 an der Macht beteiligt: meist in Form einer Weimarer Koalition, zwischen Oktober 1925 und November 1926 allein mit dem Zentrum, seit dem Sommer 1931 zusammen mit den beiden anderen „Weimarer" Parteien und der DVP. In Hessen — dem ehemaligen Großherzogtum Hessen-Darmstadt — stellten die Sozialdemokraten während der Gesamtdauer der Weimarer Republik den Staatspräsidenten. Von 1918 bis 1928 hatte Carl Ulrich dieses Amt inne, danach Bernhard Adelung. Getragen wurde das hessische Kabinett von einer Weimarer Koalition; ihre Minister blieben zuletzt geschäftsführend im Amt, da die Landtagswahlen von 1931 und 1932 keine parlamentarische Mehrheitsregierung mehr erlaubten.

Stark war die Position der SPD vorübergehend auch in Braunschweig. Im November 1927 errang sie bei den Landtagswahlen genau die Hälfte der Sitze. Mit der Unterstützung der DDP wurde der Sozialdemokrat Dr. Heinrich Jasper, der bereits 1919/20 Chef der braunschweigischen Regierung gewesen war, wieder zum Ministerpräsidenten gewählt. Aus den Landtagswahlen vom September 1930 gingen die Rechtsparteien als Sieger hervor; an die Stelle einer rein sozialdemokratischen Regierung trat ein Koalitionskabinett von Deutschnationalen und Nationalsozialisten. In Mecklenburg-Schwerin stellten die Sozialdemokraten in dem ehemaligen Volksschullehrer Paul Schröder von Juli 1926 bis Juni 1929 den Ministerpräsidenten eines mit wechselnden Mehrheiten regierenden Koalitionskabinetts von SPD und DDP. Gewinner der Wahlen von 1929 war eine „Nationale Einheitsliste". Schröders Nachfolger wurde ein Politiker der DNVP. Im Nachbarland Mecklenburg-Strelitz regierte von Anfang 1928 bis Ende 1931 der „rote Baron" Kurt von Reibnitz — ein Sozialdemokrat, der von 1919 bis 1923 schon einmal „Staatsminister" gewesen war — mit der Unterstützung einer Art „Großen Koalition", zu der auch die Wirtschaftspartei gehörte. Nach den Wahlen vom Dezember 1931 fiel auch hier die Macht an eine deutschnational geführte Bürgerblocksregierung.

In einigen Kleinstaaten konnte sich die SPD bis in die Endphase der Republik an der Regierungsmacht behaupten. In Anhalt stand — mit einer kurzen Unter-

396 Schulze, Braun (Anm. 86), S. 454; Ehni, Bollwerk (Anm. 391), S. 95 ff. Zu den Erörterungen über eine Mitgliedschaft Brauns im Reichskabinett vom August 1923 vgl. den vorhergehenden Bd., S. 602; zu den Diskussionen nach den Wahlen vom Mai 1928 siehe unten S. 529 f.

brechung im Jahre 1924 — der Sozialdemokrat Heinrich Deist von Juli 1919 bis April 1932 an der Spitze eines von SPD und DDP getragenen Koalitionskabinetts. Die gleichen Parteien arbeiteten auch in Lippe zusammen, wo der Sozialdemokrat Heinrich Drake — als einziger deutscher Regierungschef — während der ganzen Weimarer Zeit im Amt blieb; erst am 7. Februar 1933 wurde er durch einen Nationalsozialisten abgelöst. Skurril waren die „Machtverhältnisse" im benachbarten Schaumburg-Lippe. Hier bildete nach den Wahlen vom Mai 1925 der Sozialdemokrat Erich Steinbrecher eine Allparteienregierung, in der auch die Deutschnationalen vertreten waren. Nachdem im Juni 1926 die DDP und die DVP aus dem Kabinett ausgeschieden waren, bestand die Regierung bis zum Herbst 1927 aus einem Sozialdemokraten, nämlich Steinbrecher, einem Deutschnationalen und drei parteilosen Staatsräten. Danach regierte bis zur Auflösung der Weimarer Republik der Sozialdemokrat Heinrich Lorenz, gestützt auf knappe Mehrheiten, aber ohne die DNVP, den Zwergstaat.

Eine Zusammenarbeit zwischen Sozialdemokraten und Deutschnationalen gab es zeitweilig auch in der Hansestadt Bremen. Bei den Bürgerschaftswahlen vom Juni 1920 hatte die bisherige Koalition aus SPD und DDP die Mehrheit verloren. Da weder links noch rechts vom alten Parteienbündnis regierungsfähige Mehrheiten vorhanden waren, wurde schließlich ein Koalitionssenat gebildet, der von den Sozialdemokraten bis zu den Deutschnationalen reichte. Nach den Neuwahlen vom Dezember 1924 kam ein rein bürgerlicher Senat zustande; ihm folgte nach den Bürgerschaftswahlen vom November 1927 ein Senat, dem Mitglieder von SPD, DDP und DVP sowie der bisherige parteilose Bürgermeister angehörten. Dieser Senat blieb bis zum März 1933 im Amt.

In der Freien und Hansestadt Lübeck, die bis 1937 einen Stadtstaat bildete, stützte sich der Senat bis 1924 auf eine Mehrheit aus SPD und DDP. Trotz des Verlustes dieser Mehrheit bei den Bürgerschaftswahlen vom Februar 1924 blieb dieser Senat mit einem parteilosen Bürgermeister an der Spitze weiter im Amt. Nach neuerlichen Wahlen im November 1926 konnte die SPD Anfang 1927 die Wahl ihres Vorsitzenden Paul Löwigt durchsetzen. Eine Mehrheit in der Bürgerschaft hatte der neue Senat aus SPD und DDP, der bis zum März 1933 amtierte, allerdings nicht. Löwigts Wahl war nur durch Stimmenthaltung der Kommunisten ermöglicht worden.

In der größten der drei Freien und Hansestädte, Hamburg, waren die Sozialdemokraten ebenfalls während der ganzen Weimarer Republik im Senat vertreten: zunächst bis 1921 als alleinregierende Partei, dann bis 1924 im Bunde mit der DDP und schließlich von 1925 bis 1933 in einer Koalition mit beiden liberalen Parteien. Nach dem Verlust ihrer Mehrheit bei den Bürgerschaftswahlen vom September 1931 konnte dieser „sozial-liberale" Senat nur noch mit Hilfe von Befugnissen regieren, die den Ländern und Gemeinden durch die „Dietramszeller Notverordnung" des Reichspräsidenten vom 24. August 1931 eingeräumt wurden. Das Amt des Ersten Bürgermeisters hatten die Sozialdemokraten erstmals von 1929 bis 1931 inne. Danach wurde ihr Vertreter, Rudolph Roß, wieder Zweiter Bürgermeister und sein Vorgänger, der Demokrat Carl Petersen, erneut Erster Bürgermeister: So war es nach den Bürgerschaftswahlen vom April 1928 zwischen SPD und DDP vereinbart — und von der DVP, der drittstärksten Koalitionspartei, akzeptiert worden.[397]

*

Die Millionenstadt Hamburg war in mancher Hinsicht ein typisches Beispiel für das, was Sozialdemokraten auf dem Gebiet der Kommunalpolitik bewirken konnten. Das gilt von jenen Neuerungen im Schulwesen, von denen bereits die Rede war: Die ersten „Lebensgemeinschaftsschulen" wurden unter dem sozialdemokratischen Schulsenator Emil Krause 1919 in Hamburg eingerichtet. Aber sie wurden nicht zum Ausgangspunkt einer durchgreifenden Schulreform, was vor allem daran lag, daß Krause den finanziellen oder auch nur finanziell getarnten Bedenken seiner überwiegend konservativen Beamten in der Regel nichts entgegenzusetzen wußte. Erfolgreicher war die Hamburger Sozialdemokratie im Bereich des Wohnungsbaus. Zwischen 1928 und 1932 wuchs der Wohnungsbestand in der Hansestadt um 55 000 Einheiten. Das war die — nach Berlin — größte Steigerung an Wohnraum im ganzen Reich. Infolge der Förderung durch das Reichsheimstättengesetz vom Mai 1920 waren in den Jahren 1920 und 1921 die meisten Neubauten Klein- und Einfamilienhäuser. In den folgenden Jahren verlagerte sich die Herstellung von Wohnungen auf Großwohnhäuser — und zwar in Hamburg ungleich stärker als im Durchschnitt aller deutschen Großstädte (Tabelle 5).

Da Einfamilienhäuser für Arbeiter in der Regel unerschwinglich waren, bedeutete der Übergang zur Förderung von Großwohnhäusern ein Stück sozialen Fortschritts. Die Mittel für den Wohnungsbau entstammten zu erheblichen Teilen der 1924 eingeführten Hauszinssteuer, mit deren Hilfe die Inflationsgewinne der Hausbesitzer abgeschöpft werden sollten. Die Vergabe dieser Mittel war in Hamburg Sache der Beleihungskasse für Hypotheken, die jedoch selbst keine Baukostenzuschüsse gewährte, sondern lediglich zinsgünstige nachrangige Hypotheken für ansonsten frei zu finanzierende Projekte bereitstellte. Als Bauträger traten neben der privaten Bauwirtschaft Selbsthilfeorganisationen der Arbeitnehmer wie Baugenossenschaften, Gewerkschaften und gemeinnützige Gesellschaften auf.

---

397 Zusammenfassend zum Vorstehenden: Huber, Verfassungsgeschichte (Anm. 272), Bd. 6, S. 795 ff. (mit weiterer Lit.). Hubers Angabe (S. 843), daß der Bremer Bürgermeister Martin Donandt der DNVP angehört und diese 1929 aus Protest gegen den Hugenberg-Kurs verlassen habe, ist unrichtig. Donandt galt als den Deutschnationalen nahestehend, war aber nicht formelles Parteimitglied. Vgl. Neue Deutsche Biographie, 4. Bd., Berlin [W] 1959, S. 69 f.; Purlitz 1925 (Anm. 101), Bd. 1 (Inland), S. 319 f. Im Oktober 1924 war der Bremer Koalitionssenat zurückgetreten, nachdem die Bürgerschaft ein von der SPD eingebrachtes Mißtrauensvotum angenommen hatte, das mit der Zustimmung des Senats zur Schutzzollvorlage der Regierung Marx begründet wurde. Purlitz 1924 (Anm. 16), Bd. 2 (Inland), S. 187 f. Zu Braunschweig: Ernst-August Roloff, Braunschweig und der Staat von Weimar. Politik, Wirtschaft und Gesellschaft 1918—1933, Braunschweig 1964, bes. S. 133 ff. Zu Baden vgl. oben S. 391 f. Ununterbrochen in Opposition stand die SPD in Bayern seit März 1920, in Württemberg seit Juni 1923 und in Thüringen seit Februar 1924. Auf die Entwicklung Sachsens ist im Zusammenhang mit der Spaltung der SPD eingegangen worden. Vgl. oben S. 329 ff.

Tabelle 5: Der Anteil der Kleinhäuser am Wohnungsbau 1919—1929 in Hamburg und im Durchschnitt aller Großstädte

Jahre	Neu-errichtete Wohn-gebäude in der Stadt Hamburg	Davon Kleinhäuser* überhaupt	Davon Kleinhäuser* v.H.	Dagegen in allen Groß-städten des-Reiches v.H.
1919	12	5	41,67	83,63
1920	311	294	94,53	84,05
1921	546	465	85,16	84,04
1922	321	118	36,76	82,65
1923	478	219	45,82	77,04
1924	197	96	48,73	73,61
1925	536	277	51,68	71,99
1926	589	225	38,20	63,67
1927	876	159	18,15	58,36
1928	1 127	203	18,01	50,08
1929	1 283	46	3,59	38,61
1919 bis 1929 zusammen	6 276	2 107	33,57	62,43

* mit 1 und 2 Wohngeschossen und höchstens 4 Wohnungen.

Quelle: Aus Hamburgs Verwaltung und Wirtschaft, 1930, Heft 7, S. 229.

Die Konzeption, welcher der Hamburger Mietwohnungsbau unter dem für die städtebauliche Entwicklung verantwortlichen — parteilosen — Oberbaudirektor Fritz Schumacher folgte, war betont reformerisch: Die neuen Wohnsiedlungen sollten sich wie ein „Gürtel um Hamburgs alten Leib“ legen. Die im Detail abwechslungsreiche, insgesamt einheitliche Backsteinbauweise folgte der Architektur der „neuen Sachlichkeit“. Die alte „Schlitzbauweise“, das Hinterflügelbausystem, wurde abgelöst durch die Zusammenfassung von Grundstücken zu Baublökken oder Zeilen, zum Teil mit unterschiedlichen, nach der Zimmerzahl gestaffelten Bautiefen. Auf diese Weise entstanden besser durchlüftbare und besonnte Wohnungen. Innerhalb der bebauten Blockwände wurden freundliche Innenhöfe angelegt; im Umkreis der Neubauten, deren Bauhöhe nach dem Stadtrand hin abnahm, wurden Grünflächen, Spiel- und Sportplätze geschaffen. Zum Komfort gehörten Küchen, die entweder Fenster zur Straße oder zum großen Innenhof hatten sowie Badezimmer oder zumindest, in kleineren Wohnungen, Duschen. Der Anteil der Kleinwohnungen stieg. Hatten zwischen 1925 und 1928 vier Fünftel der neu errichteten Wohnungen eine Fläche von über 55 qm, so machten kleinräumige Wohnungen in den Jahren 1929 bis 1931 bereits ein rundes Drittel aus. Musterbeispiele der „neuen Wohnkultur“ im Sinne des Dessauer „Bauhauses“ waren der — nach einem der führenden Hamburger Sozialdemokraten benannte — Otto-Stolten-Hof, einem von der Schiffszimmerer-Genossenschaft errichteten großen Wohnblock in der Jarrestadt, das durchgrünte Dulsberg-Gelände in Barmbek und die Wohnblöcke in Hamm.

Die Hamburger Wohnsiedlungen der zwanziger Jahre waren in städtebaulicher und architektonischer Hinsicht ebenso bemerkenswert wie als Beiträge zur sozialen und kulturellen Reform. Aber für die große Mehrzahl der Arbeiter waren die Wohnungen in den Neubauten viel zu teuer; ihre Bewohner waren vor allem kleinere und mittlere Angestellte sowie gut verdienende Facharbeiter. Das Gros der Arbeiter blieb auf die Altbauwohnungen der Vorkriegszeit angewiesen. Darunter befanden sich auch die berüchtigten Gängeviertel in der Nähe des Hafens, eine Ansammlung von baufälligen Fachwerkhäusern, in denen sich mehrere Mietparteien eine Toilette teilen mußten. Die Bewohner waren meistens Hafen- und Gelegenheitsarbeiter, aber auch Prostituierte und Kriminelle. Das Gewirr von engen Gassen und dunklen Höfen war der natürliche Nährboden für politische Radikalisierung und gewaltsamen Protest: „Klein-Moskau" nannte der Volksmund diese Hochburg der KPD. Ein Teil der Gängeviertel in der südlichen Altstadt wurde Mitte der zwanziger Jahre abgerissen und machte den Neubauten des „Kontorhausviertels" Platz. Aber die meisten Bewohner des Sanierungsgebietes zogen, da sie auf Wohnungen in Hafennähe angewiesen waren, in die verbliebenen Teile der Gängeviertel in der nördlichen Neustadt um. Eine Gesamtsanierung scheiterte an der Finanznot der Stadt und dem Widerstand der Grundeigentümer. Die Gängeviertel mit ihren etwa 12 000 Bewohnern blieben für die Polizei Feindesland, in dem sie nur als Doppelstreife in Erscheinung treten konnte, weil die Entsendung von einzelnen Beamten zu riskant erschien. In den Jahren nach 1930 wurde das Elendsgebiet Schauplatz häufiger Straßenschlachten zwischen Polizei und Erwerbslosen. Als die Nationalsozialisten 1933 mit dem Abriß begannen, war ihr Hauptmotiv der Wunsch, eine politische Gefahrenquelle auszutrocknen.

Die Wohnqualität der meisten Hamburger Arbeitergegenden lag über der der Gängeviertel und unter jener der Neubaugebiete. In den dicht bebauten Stadtteilen wie Barmbek, Eimsbüttel und Hammerbrook reihten sich fünf- bis sechsstökkige Mietshäuser aneinander. An einem eingebauten Mitteltreppenhaus lagen vier Kleinwohnungen je Etage; nur ein Teil der Zimmer erhielt Tageslicht; eine Querlüftung der Wohnungen war nicht möglich. Die meisten der „Mietskasernen" waren von privaten Wohnungsbauunternehmern zu Ende des 19. und zu Beginn des 20. Jahrhunderts errichtet worden. Zwischen 1910 und 1913 lag die Zahl der jährlich neu hinzukommenden Wohngebäude bei durchschnittlich 10 000. Erst 1928 wurde diese Zahl wieder erreicht und übertroffen. Der finanzielle Spielraum für Reformen im Wohnungswesen war eng begrenzt. Schon deswegen konnten die Errungenschaften der „neuen Wohnkultur" nur einer Minderheit der Hamburger Arbeitnehmer zugute kommen.[398]

398 Ein großer Vorteil der von Baugenossenschaften errichteten Wohnungen bestand in ihrer faktischen Unkündbarkeit. Diese resultierte daraus, daß man sich in solche Wohnungen „einkaufen" mußte, was allerdings nur gut verdienenden Arbeitnehmerfamilien möglich war. Vgl. zum Hamburger Wohnungsbau allgemein Hans-Jürgen Hörnberg u. Dirk Schubert, Massenwohnungsbau in Hamburg. Materialien zur Entstehung und Veränderung Hamburger Arbeiterwohnungen und -siedlungen 1800—1967, Berlin [W] 1975, S. 150—229; Vorwärts — und

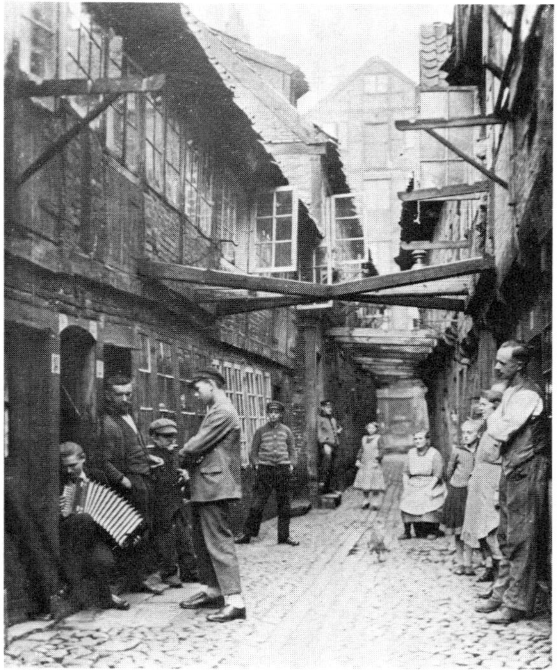

Die berühmt-berüchtigten Hamburger Gängeviertel (ganz links *ein Hof in der Steinstraße um 1925) waren der natürliche Nährboden für politische Radikalisierung und gewaltsamen Protest. Neue Konzeptionen wurden jedoch im Gemeinnützigen Wohnungsbau in Angriff genommen. Beispiele aus Berlin: Hufeisensiedlung in Berlin-Britz* (oben), *Gartenstadtsiedlung in Zehlendorf* (Mitte), *Wohnstadt Carl Legien im Stadtteil Prenzlauer Berg* (unten).

Was für Hamburg zutraf, galt auch für andere Großstädte, in denen der Versuch gemacht wurde, neue Konzeptionen eines sozialen Wohnens zu verwirklichen. Die „Hufeisensiedlung" in Berlin-Britz und die Wohnstadt Carl Legien im Berliner Bezirk Prenzlauer Berg — beide von „Bauhaus"-Architekt Bruno Taut entworfen — waren für die Reformbewegung im Wohnungsbau ähnlich repräsentativ wie der Otto-Stolten-Hof in Hamburg. Aber auch in der Reichshauptstadt wohnte die überwältigende Mehrheit der Arbeiterschaft weiterhin in den „Mietskasernen" der Vorkriegszeit. Ein deutsches Gegenstück zu den Wohnbauten des „roten Wien" mit ihrem Netz von Gemeinschaftseinrichtungen hat es nirgendwo gegeben. Das lag nicht nur daran, daß die deutsche Sozialdemokratie in keiner Großstadt so unangefochten die Macht ausüben konnte wie die österreichischen Sozialisten in ihrer Hauptstadt. Es lag auch an der weniger „kollektivistischen" Ausrichtung der Kommunalpolitiker in der SPD.

In den Leitsätzen zur kommunalen Wohnungswirtschaft, die auf der zweiten Reichskonferenz für Kommunalpolitik im September 1927 in Magdeburg vorgetragen wurde, erschien unter den Zielvorstellungen auch die „Förderung des Kleinhausbaus". Der Referent, der Stadtrat Emil Wutzky, fügte ausdrücklich hinzu, als Richtschnur für alle Neugestaltungen und Änderungen der Pläne und Bauordnungen sei „zunächst der Grundsatz anzuwenden, daß in den Wohngebieten, wo es noch irgendwie angängig ist, dem *Kleinhausbau* (bis zu vier Wohnungen mit Garten) die Wege bereitet werden, am besten natürlich in der Form als *Einfamilienhaus*. Nur wenn unüberwindliche Hindernisse dem entgegenstehen, mögen mehrgeschossige Bauten zugelassen werden, wobei als äußerstes Maß und auch nur unter dem Zwang ganz besonders gelagerter Verhältnisse fünf Geschosse anzusehen sind." Daß eine solche Wohnungsbaupolitik nur einer dünnen Oberschicht von Arbeitern zu besseren Wohnbedingungen verholfen haben würde, liegt auf der Hand. Für Großstädte war das Wunschziel „Einfamilienhaus" ganz und gar unrealistisch. Mochte Wutzkys Konzept für die SPD auch nicht bindend sein — daß es einem kommunalpolitischen Kongreß der deutschen Sozialdemokratie vorgelegt werden konnte und offenbar keinen massiven Widerspruch hervorrief, war ein bezeichnender Vorgang.[399]

---

nicht vergessen. Arbeiterkultur in Hamburg um 1930. Materialien zur Geschichte der Weimarer Republik, Berlin [W] 1982, S. 57—72 (58); Michael Grüttner, Soziale Hygiene und Soziale Kontrolle. Die Sanierung der Hamburger Gängeviertel 1892—1936, in: Herzig u. a. (Hg.), Arbeiter (Anm. 331), S. 359—372; Hermann Hipp, Wohnungen für Arbeiter: Zum Wohnungsbau und zur Wohnungsbaupolitik in Hamburg in den 1920er Jahren, ebda., S. 471—482; ders., Wohnstadt Hamburg. Mietshäuser der zwanziger Jahre zwischen Inflation und Weltwirtschaftskrise, Hamburg 1982; Fritz Schumacher. Sein Schaffen als Städtebauer und Landesplaner. Von Erwin Ockert, Oberbaurat in Hamburg, und Erinnerungen aus dem Kreise seiner Freunde und Verehrer, Tübingen 1950; Adelheid v. Saldern, Sozialdemokratie u. kommunale Wohnungsbaupolitik in den 20er Jahren — am Beispiel von Hamburg u. Wien, in: AfS 25 (1985), S. 183—237; Friedrich Wilhelm Witt, Die Hamburger Sozialdemokratie in der Weimarer Republik. Unter besonderer Berücksichtigung der Jahre 1929/30—1933, Hannover 1971, S. 17 ff.; Milberg, Schulpolitik (Anm. 383), S. 163 ff.

399 Emil Wutzky, Kommunale Wohnungswirtschaft, in: Die Gemeinde. Halbmonatsschrift für sozialistische Arbeit in Stadt und Land 4 (1927), S. 927—940 (928, 937 f.). Zum Wohnungsbau im „roten Wien" u. a. Hans Hautmann u. Rudolf Hautmann, Die Gemeindebauten des

Die Sozialdemokraten hatten, als sie 1918 zur führenden Partei aufstiegen, noch nicht viele praktische Erfahrungen in der Kommunalpolitik sammeln können. Vor 1914 galt das ungeschriebene Gesetz, daß Mitglieder und Anhänger der SPD von öffentlichen Ämtern ausgeschlossen waren. Zwar hielten die Behörden diese Regel in Preußen sehr viel strikter ein als in den süddeutschen Staaten, aber erst im Ersten Weltkrieg wurde allgemein der Grundsatz aufgegeben, daß Sozialdemokraten die Ernennung zum Stadtrat zu versagen war. Im Jahr 1917 zählte der Parteivorstand — vermutlich etwas übertreibend — sozialdemokratische Stadträte in mehr als hundert Städten. Nach der Revolution scheute die SPD fast überall davor zurück, die amtierenden Oberbürgermeister durch eigene Gefolgsleute zu ersetzen. Die meisten Männer, die an der Spitze großer Gemeinden standen, waren in den Augen der Sozialdemokraten erstens unentbehrlich und zweitens bei weitem weniger reaktionär als etwa die Landräte im ostelbischen Preußen. Der Respekt vor dem Sachverstand bürgerlicher Kommunalpolitiker veranlaßte die SPD, bei der Neuwahl von Oberbürgermeistern häufig der DDP den Vortritt zu lassen — so in Berlin, Königsberg, Kiel, Frankfurt und Nürnberg. Unter den zwanzig größten Städten Preußens gab es im Januar 1933 nur zwei, in denen die Sozialdemokratie den Oberbürgermeister stellte: Magdeburg, wo Ernst Reuter 1931 zum Nachfolger seines Parteifreundes Hermann Beims gewählt worden war, und in Altona, wo Max Brauer dieses Amt seit 1924 innehatte.[400]

Roten Wien 1919—1934, Wien 1980; Rainer Bauböck, Wohnungspolitik im sozialdemokratischen Wien 1919—1934, Salzburg 1979; Maren Seliger, Sozialdemokratie und Kommunalpolitik in Wien. Zu einigen Aspekten sozialdemokratischer Politik in der Vor- und Zwischenkriegszeit, Wien usw. 1980; Jill Lewis, Red Vienna. Socialism in One City, 1918—1927, in: European Studies Review 13 (1983), S. 335—355; Dieter Langewiesche, Politische Orientierung und soziales Verhalten. Familienleben und Wohnverhältnisse von Arbeitern im „roten" Wien der Ersten Republik, in: Lutz Niethammer (Hg.), Wohnen im Wandel. Beiträge zur Geschichte des Alltags in der bürgerlichen Gesellschaft, Wuppertal 1979, S. 171—187; Anton Pelinka, Kommunalpolitik als Gegenmacht. Das ‚rote Wien' als Beispiel gesellschaftsverändernder Reformpolitik, in: Karl-Heinz Naßmacher (Hg.), Kommunalpolitik und Sozialdemokratie. Der Beitrag des demokratischen Sozialismus zur kommunalen Selbstverwaltung, Bonn 1977, S. 63—77; Klaus Novy, „Sozialisierung von unten" — Überlegungen zur vergessenen Gemeinwirtschaftsbewegung im „Roten Wien" 1918 bis 1934, in: Mehrwert 19 (1979), S. 45—144. Zu den Bauten von Bruno Taut: Bruno Taut, Architekturlehre. Grundlagen, Theorie und Kritik, Beziehung zu den anderen Künsten und zur Gesellschaft, Hamburg usw. 1977; ders., Die Neue Baukunst in Europa und Amerika, Stuttgart 2. Aufl. o. J. (1979); Bruno Taut 1880—1938. Ausstellung der Akademie der Künste vom 29. Juni bis 3. August 1980, Berlin [W] 1980, bes. S. 71 ff. Ein weiteres Beispiel für die „neue Wohnkultur": Eberhard Grunsky, Vier Siedlungen in Duisburg 1925—1930, Köln 1975. — Zum Wohnungsbau in der Weimarer Republik allgemein: Dan P. Silverman, A Pledge Unredeemed: The Housing Crisis in Weimar Germany, in: CEH 3 (1970), S. 112—139, sowie oben S. 77 ff.

400 Susanne Miller, Sozialdemokratische Oberbürgermeister in der Weimarer Republik, in: Klaus Schwabe (Hg), Oberbürgermeister, Boppard 1981, S. 109—124; Christian Engeli, Drei Oberbürgermeister der Weimarer Zeit: Böß/Berlin, Landmann/Frankfurt, Luppe/Nürnberg, ebda., S. 103—106; Huber, Verfassungsgeschichte (Anm. 272), Bd. 6, S. 776 f. (wo irrigerweise der Frankfurter Oberbürgermeister Ludwig Landmann, der der DDP angehörte, der SPD zugerechnet wird). Als biographische bzw. autobiographische Studien über sozialdemokratische Oberbürgermeister der Weimarer Zeit: Hermann Heimerich, Lebenserinnerungen eines Mannheimer Oberbürgermeisters. Aus dem Nachlaß herausgegeben und bearbeitet von

Auch in programmatischer Hinsicht lehnte sich die SPD, was die Kommunalpolitik anging, stark an den linken Flügel des bürgerlichen Liberalismus an. Im Vordergrund standen Verwaltungsreformen mit dem Ziel, dem demokratisch verfaßten Staat die demokratisch verfaßte Gemeinde an die Seite zu stellen. Die Selbstverwaltung sollte ausgebaut, der obrigkeitsstaatliche Behördenapparat demokratisiert werden. Was das Görlitzer Programm von 1921 unter der Rubrik „Gemeindepolitik" forderte — darunter die Schaffung einer einheitlichen Gemeindeordnung für Stadt und Land, die Einführung von kommunalen Plebisziten, die Einschränkung des staatlichen Aufsichtsrechts über die Gemeinden —, konnte auch die DDP unterschreiben, und selbst über die „reichsgesetzliche Freigabe der kommunalen Sozialisierung", den einzigen spezifisch sozialistisch klingenden Punkt des Katalogs, war, wie gleich zu zeigen sein wird, eine Verständigung mit den bürgerlichen Demokraten möglich. Die USPD machte in ihrem kommunalpolitischen Programm vom Januar 1922 deutlicher als die SPD, was sie unter „Gemeindesozialismus" verstand, nämlich unter anderem die Regelung der örtlichen Bedarfsversorgung einschließlich der Lebensmittel- und Brennstoffversorgung, die Förderung der Volkswohlfahrt und die Pflege des Bildungswesens.

Das Heidelberger Programm der vereinigten Sozialdemokratie von 1925 legte den Akzent wiederum ganz auf die Demokratisierung der kommunalen Verwaltungsorganisation. Daneben forderte es ein Reichskommunalisierungs- und ein Reichsenteignungsgesetz, um den Gemeinden und Gemeindeverbänden „die für die Durchführung und Ausdehnung der kommunalen Gemeinwirtschaft erforderlichen Befugnisse und Machtmittel einzuräumen". Die Kommunalpolitischen Richtlinien, die der Reichsausschuß für Kommunalpolitik im September 1928 verabschiedete, gingen über diese Forderungen nicht hinaus. Noch klarer als bisher fiel aber das Bekenntnis zum Reich als dezentralisiertem Einheitsstaat aus: Die Zwischeninstanzen zwischen Kommunen und Reich sollten vermindert, die Länder auf die Position von höheren Selbstverwaltungsorganen herabgedrückt werden. Das entsprach ganz dem, was der liberale Staatsrechtler Hugo Preuß schon 1919 bei den Vorarbeiten für die Weimarer Reichsverfassung angestrebt hatte und was der Deutsche Städtetag in der zweiten Hälfte der zwanziger Jahre immer wieder verlangte — im Interesse einer „Reichsreform", die es den Gemeinden gestatten sollte, ihre Aufgaben möglichst wirksam zu erfüllen.[401]

Jörg Schadt, Stuttgart usw. 1981; Max Brauer, Nüchternen Sinnes und heißen Herzens, Hamburg 2. Aufl. 1956, bes. S. 17—22; Willy Brandt und Richard Löwenthal, Ernst Reuter. Ein Leben für die Freiheit. Eine politische Biographie, München 1957.

401 Protokoll (Anm. 295), S. V; Protokolle der Parteitage der Unabhängigen Sozialdemokratischen Partei Deutschlands, 3 Bde., Glashütten 1975, Bd. 3, S. 20—22; Parteitag 1925 (Anm. 39), S. 7 f.; Die kommunalpolitischen Richtlinien der SPD, in: Die Gemeinde 5 (1928), S. 916—925. — Im Reichsausschuß für Kommunalpolitik waren die führenden Kommunalpolitiker der SPD vertreten. Die laufende Arbeit erledigte die — seit 1925 bestehende — Kommunalpolitische Zentralstelle beim Parteivorstand. Ihr war ein Kommunalpolitischer Beirat zur Seite gestellt, der aus den sozialdemokratischen Vorstandsmitgliedern kommunaler Spitzenverbände wie des Deutschen Städtetages, des Reichsstädtebundes und des Deutschen Landgemeindetages bestand. Kommunale Reichskonferenzen hielt die SPD 1927 in Kiel und Magdeburg, 1928 in Berlin und 1929 in Halle an der Saale ab. Ab 1924 erschien als kommu-

In der kommunalen Praxis wurde die Zusammenarbeit zwischen der SPD und den bürgerlichen Parteien dadurch erleichtert, daß auch die Linksliberalen eine kommunale Gemeinwirtschaft grundsätzlich bejahten. Auf entschiedene Ablehnung bei den bürgerlichen Parteien stießen in der Nachkriegszeit lediglich Versuche, den wirtschaftlichen Lebensraum des gewerblichen Mittelstandes einzuschränken — etwa durch eine Kommunalisierung des Lebensmittelhandels. Seit 1924 aber spielte diese Forderung keine Rolle mehr. Was fortan mit einem Ausbau der kommunalen Gemeinwirtschaft gemeint war, betraf in erster Linie die „gemeinnötigen" Versorgungsbetriebe der Städte: das Verkehrswesen, Elektrizitäts-, Gas- und Wasserwerke, Markthallen und Viehhöfe, Kanalisation, Straßenreinigung und Müllabfuhr. Dazu kamen Hilfsbetriebe wie Anschlag- und Reklamegesellschaften, ferner Sparkassen und Baugesellschaften. Obgleich jedwede Ausdehnung der öffentlichen Wirtschaftstätigkeit bei den Unternehmerverbänden Proteste gegen eine „kalte Sozialisierung" auslöste, konnten die Sozialdemokraten in der Regel auf Unterstützung aus den bürgerlichen Parteien rechnen, wenn im konkreten Fall Zweckmäßigkeitsgründe für eine gemeinwirtschaftliche Lösung sprachen. So wurden etwa in Berlin die Kommunalisierung der Verkehrsbetriebe und ihre Zusammenfassung in der Berliner Verkehrsgesellschaft von breiten Mehrheiten der Stadtverordnetenversammlung getragen. Daß die Sozialdemokraten im Interesse der Wirtschaftlichkeit auf eine möglichst unbürokratische Leitung der kommunalen Betriebe Wert legten, erleichterte den bürgerlichen Demokraten die Zustimmung. Otto Büsch hat zu dieser sozial-liberalen Zusammenarbeit bemerkt: „Der ‚Kommunalliberalismus', der in der begrenzten Kommunalisierung eine Förderung und Ergänzung der Privatwirtschaft erblickte, und der ‚Kommunalsozialismus" für den die fortschreitende Kommunalisierung Teil einer sozialistischen Wirtschaftspolitik blieb, konnten sich in den Gremien der kommunalen Exekutive vorteilhaft zu einer die sozialen Probleme des Weimarer Staates deckenden Mehrheitspolitik vereinigen."[402]

---

nalpolitisches Organ der Partei im Turnus von zwei Wochen die Zeitschrift „Die Gemeinde". Hierzu: Michael Stoltenburg, Kommunaldemokratie und Kommunalsozialismus. Die Gemeinde in der sozialdemokratischen Konzeption während der Weimarer Republik 1920—1929. Wissenschaftliche Zulassungsarbeit (MS), Freiburg 1981, S. 61 ff. — Zur kommunalpolitischen Diskussion in der SPD allgemein auch Adelheid von Saldern, Die Gemeinde in Theorie und Praxis der deutschen Arbeiterorganisationen 1863—1920. Ein Überblick, in: IWK 12 (1976), Heft 3, S. 295—352; dies., Sozialdemokratische Kommunalpolitik in wilhelminischer Zeit. Die Bedeutung der Kommunalpolitik für die Durchsetzung des Reformismus in der SPD, in: Naßmacher (Hg.), Kommunalpolitik (Anm. 399), S. 18—62.

402 Otto Büsch, Geschichte der Berliner Kommunalwirtschaft in der Weimarer Epoche, Berlin [W] 1960, bes. S. 22 ff. (53). — Die Berliner Verkehrsgesellschaft trat Anfang 1929 ins Leben. Ihre Gründung war ein Werk Ernst Reuters, der von Oktober 1926 bis Mai 1931 Stadtrat für das Verkehrswesen im Magistrat von Berlin war. Ebda., S. 88 f.; Brandt/Löwenthal, Reuter (Anm. 400), S. 242 ff. Zur Entwicklung der Kommunalwirtschaft in einer anderen Großstadt: Dieter Rebentisch, Ludwig Landmann. Frankfurter Oberbürgermeister der Weimarer Republik, Wiesbaden 1975, S. 90 ff. Allgemein zur Kommunalwirtschaft auch: Gerold Ambrosius, Aspekte kommunaler Unternehmenspolitik in der Weimarer Republik, in: Archiv für Kommunalwissenschaften 19 (1980), S. 239—261. Zum Kampf gegen die „kalte Sozialisierung" vgl. unten S. 513 f.

Da die Sozialdemokraten mit einem Teil der bürgerlichen Parteien beim Ausbau der kommunalen Gemeinwirtschaft an einem Strang zogen, hatten die meisten einschlägigen Leistungen und Errungenschaften auch kein spezifisch sozialdemokratisches Profil. Schwimmbäder und andere sportliche Anlagen, Krankenhäuser und Schulen, Ausstellungshallen und Grünflächen entstanden nach 1924 in allen deutschen Großstädten — wie immer die Mehrheiten in den Gemeindevertretungen aussahen. Eine sozialdemokratische Handschrift war am ehesten dort zu erkennen, wo besonders viel für die Volksbildung, eine soziale Öffnung des höheren Schulwesens und den Wohnungsbau zugunsten der unteren Bevölkerungsschichten getan wurde. Die Mittel, mit denen die Gemeinden ihre Investitionen finanzierten, stammten zu erheblichen Teilen aus Auslandsanleihen. Die Frage, ob diese Art der Finanzierung wirtschaftlich zu vertreten war, ist schon geraume Zeit vor Ausbruch der Weltwirtschaftskrise gestellt worden. Bei der Erörterung des Verhältnisses zwischen Unternehmern und Staat wird darauf zurückzukommen sein.[403]

403 Vgl. dazu unten S. 514 ff.

7. Richtungskämpfe und Kurswechsel: Die Stalinisierung der KPD

Im Frühjahr 1925 sprach manches dafür, daß sich die KPD in einem unaufhaltsamen Niedergang befand. Beim zweiten Wahlgang der Reichspräsidentenwahlen im April erhielt Ernst Thälmann nur noch etwas mehr als die Hälfte der Stimmen, die bei der Reichstagswahl vom Mai 1924 auf seine Partei entfallen waren. Die Stimmungslage im Proletariat hatte sich geändert: Die allmähliche Stabilisierung schwächte den Widerhall der revolutionären Propaganda. Daß Hindenburg seinen Wahlsieg auch der aussichtslosen Kandidatur Thälmanns verdankte, wurde nicht nur von der SPD behauptet — es entsprach den Tatsachen und schadete dem Ansehen der Kommunisten.

Die Zentrale der KPD zog daraus rasch Konsequenzen. Am 27. April, einen Tag nach der Wahl des Feldmarschalls, rief sie SPD und ADGB in einem Offenen Brief zum gemeinsamen Kampf gegen die monarchistische Gefahr auf. Zwar gab sich die Zentrale überzeugt, daß die Adressaten des Schreibens den „ernsten Vorschlag ... wie bisher mit irgendeiner höhnischen Verlegenheitsphrase und mit dummem Geschimpfe auf die Kommunisten" beantworten würden. Aber der „Offene Brief" enthielt doch das Angebot einer „Einheitsfront von oben" und markierte damit einen taktischen Kurswechsel, ja eine geradezu dramatisch wirkende Abkehr von der „linken" Linie, die die KPD seit ihrem Frankfurter Parteitag vom April 1924 verfolgt hatte.[404]

Aus heiterem Himmel freilich kam die Offerte der KPD nicht. Ruth Fischer, die faktische Vorsitzende der Partei und Autorin des Briefes, hatte erstmals im Oktober 1924 auf einer Funktionärskonferenz im Ruhrgebiet eingeräumt, daß die Zeit für eine Revolution nicht reif sei. Es folgten im Januar 1925 eine Resolution des Zentralausschusses, worin es hieß, man befinde sich „zwischen zwei Wellen der Revolution", und im März eine Rede Ruth Fischers vor dem Erweiterten EKKI in Moskau, in der sie sagte, die Lage in Deutschland sei als eine „nicht akut revolutionäre Situation" zu bezeichnen.

Der Unterstützung der Komintern konnte Ruth Fischer im April 1925 sicher sein. Sinowjew hatte Ende März auf dem Erweiterten EKKI nicht nur selbst von einer „teilweisen Stabilisierung der kapitalistischen Wirtschaft", einer „Atempause" für die Bourgeoisie, gesprochen und das Vorhandensein einer akut revolutionären Situation in Deutschland bestritten, sondern darüber hinaus den deutschen Kommunisten Anfang April vertraulich geraten, sie sollten im zweiten Wahlgang der Reichspräsidentenwahl für den Sozialdemokraten Braun stimmen

404 DuM (Anm. 48), Bd. 8, S. 133—136. Zur Wahl Hindenburgs vgl. oben S. 240 ff., zum Frankfurter Parteitag siehe den vorhergehenden Bd., S. 710 f. Zum folgenden allgemein: Flechtheim, KPD (Anm. 53), S. 221 ff. Zur KPD in der Zeit von 1925 bis 1927 allgemein: Fowkes, Communism (Anm. 40), S. 122 ff.

(der dann jedoch seine Kandidatur zugunsten des Zentrumspolitikers Marx zurückzog). Sinowjew wollte damit erreichen, daß die deutschen Kommunisten möglichst rasch aus ihrer Isolierung herauskamen. Mutmaßlich hatte er für diesen Wunsch auch ein persönliches Motiv: Seine Position im innerrussischen Fraktionskampf war bereits stark erschüttert und drohte noch schwächer zu werden, wenn der Niedergang der KPD anhielt. Für Ruth Fischer war die Schützenhilfe des EKKI wichtig, denn dank ihrer konnte sie sich bei der Kurskorrektur von Ende April auch auf die „Arbeiterlinke" um Thälmann und nicht bloß auf die frühere „Mittelgruppe" um Remmele stützen. Die „Ultralinken" Scholem, Rosenberg und Katz setzten sich gegen die Rechtsschwenkung zunächst erbittert zur Wehr, konnten aber die Rückkehr zur Einheitsfronttaktik nicht aufhalten.[405]

Seit dem „Offenen Brief" vom 27. April 1925 war die Linke in zwei Lager gespalten: Ein Teil trug die Kursänderung der Zentrale und des EKKI mit, ein anderer, die (neue) „Ultralinke", bekämpfte sie. Auf der Sitzung des Zentralausschusses vom 9. und 10. Mai 1925 wurde die taktische Schwenkung in einer Weise gerechtfertigt, die der Opposition die Zustimmung erleichtern sollte. Die KPD müsse sich, so hieß es in einer von der Zentrale vorgelegten Resolution, bereit erklären, mit der SPD und den „republikanischen Parteien" von Fall zu Fall zusammenzugehen, aber die Kommunisten wüßten von vornherein, „daß, falls ein solches Zusammengehen zustande kommt, erstens unsere zeitweiligen ‚Verbündeten' ... immer unsere Feinde sind und sich in einem bestimmten Augenblick als solche demaskieren müssen; zweitens, daß wir nicht mit ihnen, sondern sie mit uns gehen (gezwungen durch Massendruck und durch unsere Initiative); und drittens, daß sie in jedem Augenblick uns und die Massen zu betrügen bereit sind, was wir vorher sagen."[406]

Tatsächlich versprachen die „Ultralinken" zunächst, die Entschließung des Zentralausschusses in „bolschewistischer Disziplin" nach außen hin mitzutragen. Als die Mehrheit jedoch begann, die Vertreter der Opposition aus ihren bisherigen Machtpositionen im Parteiapparat zu verdrängen, setzten auf breiter Front Fraktionskämpfe ein. Auf den Bezirksparteitagen vom Juni, die der Vorbereitung des 10. Reichsparteitages dienten, konnte die Zentrale nach zum Teil heftigen Debatten den neuen Kurs zwar fast überall durchsetzen — nur in der Pfalz blieb sie in der Minderheit —, aber ausgestanden war der Konflikt damit nicht. Auf dem Berliner Parteitag der KPD im Juli 1925 mußte sich die Zentrale scharfe Kritik sowohl von den „Ultralinken" als auch von der „Mittelgruppe" anhören. Arthur

---

405 Weber, Wandlung (Anm. 40), Bd. 1, S. 87, 105 ff., 409—412. Zur Auseinandersetzung um die Präsidentschaftskandidatur Thälmanns: Die monarchistische Gefahr und die Taktik der KPD, Berlin 1925. Zur Beurteilung der Lage in Deutschland als nicht „akut revolutionär": Protokoll der Erweiterten Exekutive der Kommunistischen Internationale, Moskau, 21. März—6. April 1925, Hamburg 1925, S. 23, 33 f. (Sinowjew), 60 (Fischer). Zur Funktionärskonferenz der Bezirke Ruhr, Niederrhein und Mittelrhein im Oktober 1924: Beatrix Herlemann, Kommunalpolitik der KPD im Ruhrgebiet 1924—1933, Wuppertal 1977, S. 59 f. Zu den Gegensätzen zwischen Sinowjew auf der einen und Stalin und Bucharin auf der anderen Seite vgl. unten S. 428.

406 DuM (Anm. 48), Bd. 8, S. 138—150 (146).

Rosenberg, der für die neue Opposition sprach, sah Ruth Fischer auf den Spuren ihres Vorgängers Heinrich Brandler wandeln: Sie vertrete die falsche Auffassung von Einheitsfrontpolitik, nämlich „nicht als revolutionäre Mobilisierung der Massen von unten, sondern als Einheitsfronttaktik auf parlamentarischem Gebiet". Damit verließen Zentrale und EKKI die richtige marxistisch-leninistische Linie des Fünften Weltkongresses von 1924.

Die Umkehrthese kam von Paul Frölich, Ernst Meyer und Karl Becker. In ihren „Vorschlägen", die sie dem Parteitag schriftlich unterbreiteten, erklärten die Sprecher der „Mittelgruppe", falls der Fünfte Weltkongreß die KPD für alle Zukunft auf eine Einheitsfronttaktik „von unten" hätte festlegen wollen, „so würde das eine Kurzsichtigkeit gewesen sein." Praktisch habe die Partei alle Möglichkeiten für eine Einheitsfrontpolitik von oben wie von unten ungenutzt verstreichen lassen. Alle Anregungen, die nicht aus dem Kreise der herrschenden Richtung hervorgegangen seien, habe die Zentrale zurückgewiesen. „Die Kritik der Parteihaltung wurde unterdrückt, gegen die Mahner wurde mit schroffen Maßregeln vorgegangen. Die Folgen sind nicht ausgeblieben. Das Leben in der Partei erstarrte. Das leere Schlagwort ist an die Stelle der ernsthaften Prüfung der Probleme getreten. Die Parteipolitik ist unfruchtbar geworden. Wir haben an Einfluß und Anhang verloren." Die Schwenkung, die das EKKI jetzt verlange, werde nicht mit dem erforderlichen Ernst und nicht mit dem nötigen Verständnis und Wollen vollzogen. Ihre Forderungen faßte die „Mittelgruppe" in den Worten zusammen: „Die Eroberung der Mehrheit des Proletariats steht wiederum im Vordergrund unserer Ziele. In den Mittelschichten müssen wir uns verankern. Das ist nur zu erreichen durch eine bewußte, geschmeidige und kraftvolle Anwendung der Einheitsfronttaktik, die sich die Lehren früherer Fehler nutzbar macht."[407]

Da die Zentrale die überwältigende Mehrheit der Delegierten — 160 von 170 — fest auf ihrer Linie wußte, konnten ihr die Angriffe von links und rechts nicht gefährlich werden. Das galt jedoch nicht von einem anderen Kontrahenten: dem Vertreter des EKKI, D. Z. Manuilski. Schon vor dem Kongreß hatten die russischen Mitglieder der Moskauer „Exekutive" mit einer Delegation der KPD die Linie besprochen, die auf dem Parteitag eingeschlagen werden sollte. Dabei war man sich bis auf zwei Punkte einig geworden. Die beiden Punkte betrafen erstens die Einrichtung einer Gewerkschaftsabteilung beim neu zu schaffenden Zentralkomitee (das auf Grund des Statuts von 1925 an die Stelle von Zentrale und Zentralausschuß trat) sowie zweitens die Vergrößerung des Zentralkomitees und die Wahl von weiteren Vertretern der „Mittelgruppe" in ebendieses Gremium.

Auf einer geschlossenen Sitzung des Parteitags wiederholte Manuilski diese von der Führung der KPD bislang abgelehnten Forderungen. Besonders lag ihm

407 Bericht über die Verhandlungen des 10. Parteitages der Kommunistischen Partei Deutschlands (Sektion der Kommunistischen Internationale), Berlin vom 12. bis 17. Juli 1925, Berlin 1926, S. 257—262 (Vorschläge der Genossen Frölich, Meyer, Becker), 549 (Rosenberg). Zum Vorstoß der „Mittelgruppe": K. H. Tjaden, Struktur und Funktion der „KPD-Opposition" (KPO). Eine organisationssoziologische Untersuchung zur „Rechts-"Opposition im deutschen Kommunismus zur Zeit der Weimarer Republik, Meisenheim 1964, S. 52. Zum Fünften Weltkongreß vgl. oben S. 202 ff.

daran, daß Clara Zetkin, Georg Schumann und Walter Ulbricht in das neue Zentralkomitee gewählt wurden. Aber Clara Zetkin galt als ausgeprägt „rechts“, und auch Schumann und Ulbricht, die nach der Oktoberniederlage von 1923 zur „Mittelgruppe“ gestoßen waren, hatten so gut wie keinen Rückhalt bei den Delegierten. In der Zurückweisung des Moskauer Ansinnens waren sich „Linke“ und „Ultralinke“ völlig einig. Die Stimmung auf der Geheimsitzung wurde so gereizt, daß der Abgesandte des EKKI schließlich Rufe wie „Hau ab! Geh nach Moskau!“ zu hören bekam. Lediglich die Vergrößerung des Zentralkomitees von 11 auf 19 Vollmitglieder und zusätzlich 9 Kandidaten wurde dem EKKI konzediert. Von den Funktionären, die Manuilski vorgeschlagen hatte, wurde keiner gewählt. Dafür kamen, was auf die Komintern geradezu als Affront wirken mußte, drei der von Manuilski scharf kritisierten „Ultralinken“, nämlich Hans Weber, Arthur Rosenberg und Werner Scholem, in das neue ZK. Die „Mittelgruppe“ war wie bisher durch Eberlein, Remmele, Pieck und Schneller vertreten. Alle anderen Mitglieder des ZK waren „Linke“. In öffentlicher Sitzung bestätigte der Parteitag die von der Geheimkonferenz ausgehandelte Zusammensetzung des Zentralkomitees, und zwar en bloc und einstimmig. Über das Verlangen des EKKI, dem ZK solle eine große Gewerkschaftsabteilung angegliedert werden, wurden die Delegierten nicht einmal informiert. Ruth Fischer hielt es schlicht für aussichtslos, daß auf diesem Weg erreicht werden konnte, was das EKKI wollte: die Eroberung der Gewerkschaften für den Kommunismus. Einen anderen Grund ihrer Weigerung, dem russischen Ersuchen nachzukommen, mochte Ruth Fischer erst recht nicht öffentlich nennen: Sie wollte die KPD nicht noch stärker von sowjetischem Geld abhängig machen.[408]

Aber Ruth Fischer errang im Juli 1925 nur einen Pyrrhussieg. Als 1926 das gedruckte Protokoll des Parteitages erschien, war im Vorwort eine vernichtende Selbstkritik der KPD zu lesen: „Der 10. Parteitag ist zum Ausgangspunkt für die Parteidiskussion geworden. Er hat in der Diskussion mit Recht die schärfste Kritik erfahren. Auf dem 10. Parteitag traten die Krisenerscheinungen der Partei in einer Weise hervor, daß eine Behebung der Mängel und Fehler der Partei ohne schärfstes Eingreifen der Komintern und ohne energische, tiefgehende allgemeine Parteidiskussion nicht möglich war.“[409]

Die Intervention des EKKI folgte dem Parteitag auf dem Fuß. Manuilski verlangte, von Berlin nach Moskau zurückgekehrt, sogleich scharfe Maßnahmen gegen die KPD. Vermutlich wollte er, der sich immer mehr zu Stalins Vertrauensmann in der Komintern entwickelte, damit zugleich Sinowjew unter Druck setzen. Der Bericht vom deutschen Parteitag mußte jedenfalls den beiden wichtigsten Widersachern des Generalsekretärs der Komintern, Stalin und Bucharin, sehr gelegen kommen. Ob Sinowjew nun eine radikale Kurskorrektur in Deutschland für

408 Weber, Wandlung (Anm. 40), Bd. 1, S. 112—119; Bericht (Anm. 407), S. 658. Die Geheimsitzung wurde damit begründet, daß die politische Polizei nicht über die personelle Zusammensetzung des ZK unterrichtet zu sein brauche. Ebda., S. 658. Zu den Hintergründen des Streits mit Manuilski: Fischer, Stalin (Anm. 46), S. 540—544. Zum Statut von 1925 vgl. unten S. 449 ff.

409 Bericht (Anm. 407), S. 111.

sachlich geboten oder nur um seiner eigenen politischen Zukunft willen für notwendig hielt — er entschloß sich, den deutschen Kommunisten gegenüber Härte zu zeigen. Einer Delegation der KPD, die unmittelbar nach dem Berliner Parteitag nach Moskau gereist war und sich dort über das Auftreten Manuilskis beschwerte, wurde unter anderem damit gedroht, die Komintern werde ihre Geldzahlungen an die deutsche Sektion einstellen. Außerdem erging an das ZK der KPD die Aufforderung, zur Klärung der deutschen Frage eine repräsentative Delegation in die sowjetische Hauptstadt zu entsenden. Im Polbüro in Berlin kam es darüber zum Bruch. Die Mehrheit — Ruth Fischer, Geschke, Schneller, Scholem — lehnte das Verlangen ab; die Minderheit — Thälmann, Dengel, Remmele — wollte ihm stattgeben. Daraufhin drohte das EKKI mit disziplinarischen Konsequenzen. Erst jetzt befaßte sich das ZK mit der Forderung des Exekutivkomitees — und nahm sie an. Anfang August traf eine deutsche Delegation mit Ruth Fischer und Ernst Thälmann an der Spitze in Moskau ein.

In langwierigen Verhandlungen mit beiden deutschen Delegationen — der alten und der neuen — gelang es den russischen Komintern-Führern, ihre Kontrahentin in eine Minderheitsposition zu drängen. Thälmann und Dengel — der erst im Juli in das ZK gewählt worden war — stellten sich gegen Ruth Fischer und sorgten dafür, daß sich eine Mehrheit für die Anerkennung der Vorwürfe Bucharins und Sinowjews fand. Ruth Fischer wurde als „Anstifterin" kominternfeindlicher Tendenzen gebrandmarkt, die tatsächlich in eine sozialdemokratische Richtung wiesen; ihre und Maslows Anmaßung habe darin bestanden, daß sie nicht nur die deutsche Partei, sondern auch die Komintern führen wollten; die „Legende", die Komintern wolle nach rechts gehen, bedeute einen „politischen Verrat an der Exekutive."

Am 11. August 1925 trat das Präsidium des EKKI zusammen. Auch hier setzte sich die sowjetische Seite durch. Die deutsche Abordnung hatte lediglich eine Erklärung über die Beratungen und ihr Resultat abgeben wollen. Am Ende der Sitzung stand jedoch ein sehr viel weitergehender Beschluß: Die Mitglieder der KPD sollten durch einen „Offenen Brief" auf den neuen Kurs eingeschworen werden. Dieser Beschluß wurde einstimmig — also mit der Stimme Ruth Fischers — gefaßt. Nachdem auch Ernst Schneller, der zur „Mittelgruppe" gehörte, sich die sowjetische Position zu eigen gemacht hatte, war sie völlig isoliert. In dieser Situation hielt sie es für das beste, „Parteidisziplin" zu üben.[410]

Ursprünglich sollte der „Offene Brief" erst nach dem Prozeß gegen Arkadij Maslow veröffentlicht werden: Maslow, im April 1924 in die Zentrale der KPD gewählt, war bereits einen Monat später — im Zusammenhang mit dem „roten

410 Weber, Wandlung (Anm. 40), Bd. 1, S. 120—123. Der „alten" Delegation waren auch die beiden Vertreter der KPD beim EKKI, Heinz Neumann und Otto Kühne, zugeteilt worden. Beide schlugen sich immer stärker auf Stalins Seite. Ebda., S. 121; Fischer, Stalin (Anm. 46), S. 542 ff. — Die Vorwürfe Bucharins und Sinowjews an die Adresse von Ruth Fischer und Maslow sind in den Reden zusammengefaßt, die am 12. und 13. 8. 1925 auf den Sitzungen der Deutschen Kommission des EKKI gehalten wurden: Der neue Kurs. Reden der Genossen Bucharin und Sinowjew/Brief des EKKI, hg. vom Zentralkomitee der KPD, Berlin 1925, S. 1—39 (5, 22).

Oktober" von 1923 — wegen Vorbereitung zum Hochverrat verhaftet worden; der Beginn des Prozesses vor dem Reichsgericht in Leipzig war auf Anfang September 1925 angesetzt. Aus dem Untersuchungsgefängnis in Berlin-Moabit hatte Maslow energisch auf eine Korrektur der „ultralinken" Tendenzen in der KPD gedrängt und vor dem zweiten Wahlgang der Reichspräsidentenwahl sogar die Zurückziehung der Kandidatur Thälmanns verlangt. Insofern lag — der ehedem selbst „ultralinke" — Maslow taktisch „richtig": Was er empfahl, entsprach ganz dem neuen „Rechtskurs" der Komintern. Tatsächlich hatte Stalin sich bereits Ende Februar 1925 um eine Art Pakt mit dem geistigen Kopf der „Fischer-Maslow-Zentrale" bemüht — allerdings ohne Erfolg. Der in Rußland geborene Maslow witterte in Stalins Angebot ein Manöver mit dem Zweck, ihn gegen Sinowjew auszuspielen. Sinowjew aber war aus der Sicht Maslows und Ruth Fischers die letzte Barriere gegen eine völlige „Russifizierung" der Komintern.

Die Zentrale der KPD stellte sich auf denselben Standpunkt — und besiegelte damit das Schicksal der „Fischer-Maslow-Gruppe". Bei den Verhandlungen zwischen KPD und EKKI im August 1925 warf Bucharin Maslow „unleninistische" Theorien vor, und im „Offenen Brief" war er neben Ruth Fischer die eigentliche Zielscheibe der Kritik. Eben deshalb wollte das ZK der KPD, das am 20. August 1925 den „Offenen Brief" gegen eine Stimme bei einer Enthaltung annahm, mit der Veröffentlichung des Textes zunächst noch warten: Es mußte die Anhänger der Partei verwirren, wenn der gleiche Maslow, der ein Opfer der bürgerlichen „Klassenjustiz" zu werden drohte und mit dem sie sich daher solidarisieren sollten, schwerer ideologischer Verfehlungen beschuldigt wurde. Aber dann setzte sich die Ansicht durch, bei einer Verzögerung der Publikation müsse man mit tendenziösen Presseberichten über den Inhalt des Moskauer Schreibens rechnen, und so entschied sich das ZK, den „Offenen Brief" bereits am 1. September 1925, dem Tag des Prozeßbeginns, in der „Roten Fahne" zu veröffentlichen.[411]

Der „Offene Brief an alle KPD-Mitglieder" hielt der „Gruppe Ruth Fischer-Maslow" einige „rechte Abweichungen", namentlich eine „zu parlamentarische Einstellung" vor, verlangte eine „wirkliche Wendung in der Gewerkschaftsfrage" und teilte mit, die Exekutive bestehe darauf, „daß in die Zentrale führende Arbeitskräfte, insbesondere mit der Gewerkschaftsarbeit vertraute Genossen, darunter auch einige oppositionelle Genossen, zu wählen sind."

Trotz der Versicherung, die Komintern wolle keinen Rechtsruck der KPD erzwingen, ging es genau darum: Das in Berlin gewählte Zentralkomitee mußte so schnell wie möglich durch eines ersetzt werden, das „rechts" vom jetzigen stand. Das Sündenregister der Fischer-Maslow-Gruppe war lang: Sie hatte dem Offenen Brief zufolge die „ultralinken", in Wahrheit „antibolschewistischen" Umtriebe der

---

411 Fischer, Stalin (Anm. 46), S. 527 ff. Stalins Brief an Maslow vom 28. 2. 1925: ebda., S. 531—536. Zu Stalins Haltung gegenüber der KPD vgl. auch sein Interview mit dem kommunistischen Journalisten Wilhelm Herzog in: Hermann Weber (Hg.), Der deutsche Kommunismus. Dokumente, Köln usw. 1963, S. 214—218. Stalins Brief an Maslow war die Antwort auf ein Schreiben, in dem dieser sich über das Interview mit Herzog — als Einmischung in innere Angelegenheiten der deutschen Partei — beschwert hatte. Zur Rolle Maslows bei den Moskauer Verhandlungen: Weber, Wandlung (Anm. 40), Bd. 1, S. 120 ff.

Gruppe Scholem-Rosenberg-Katz nicht nur unzureichend bekämpft, sondern auf dem Berliner Parteitag mit dieser paktiert; sie hatte die Gewerkschaftsarbeit im Sinne der Komintern-Beschlüsse vernachlässigt und es nicht verstanden, die sozialdemokratischen und parteilosen Arbeiter anzusprechen.

Den härtesten Tadel aber zog Maslows ideologische Abweichung auf sich. In seinem Buch „Die zwei Revolutionen des Jahres 1917" hatte er gewagt, Lenin zu kritisieren. Dieser habe, so hieß es bei Maslow, den Charakter einer Partei wie der KPD mit ihren starken sozialdemokratischen Traditionen verkannt, und nur deshalb sei es möglich gewesen, daß der Dritte Weltkongreß von 1921 akute Linksgefahren in einigen kommunistischen Parteien Westeuropas beschworen habe. Das sei, so erklärte die Exekutive „vor der ganzen Kommunistischen Internationale", ein „ungeheuerlicher Angriff gegen Lenin und den Leninismus" — ein Angriff, der um keinen Preis geduldet werden könne. „Unter dem Mantel des Kampfes gegen die ‚westeuropäischen' d. h. antibolschewistischen Abweichungen vom Kommunismus propagiert Maslow einen ‚westeuropäischen Kommunismus' schlimmster Sorte ... Wenn man behauptet, ‚Lenin habe den Charakter der Kommunistischen Partei Deutschlands verkannt', kann man diese Partei nicht im Geiste des Leninismus führen. Die Ideologie des Genossen Maslow steht nicht nur im taktischen, sondern im prinzipiellen Gegensatz zum Leninismus."[412]

Taktisch war es aus Moskaus Sicht falsch, die Rechtswendung des Dritten Weltkongresses in einem Augenblick zu kritisieren, wo diese wieder ganz besonders aktuell geworden war. In den britischen Gewerkschaften beobachteten die führenden Bolschewiki seit einiger Zeit aufmerksam und erfreut einen deutlichen Linksruck, der sich über kurz oder lang auch in der Labour Party auswirken mußte. Ein Wahlsieg der — seit Herbst 1924 wieder oppositionellen — Arbeiterpartei bot die Chance, jenen „militärisch-diplomatischen ‚Ring' um Moskau" zu sprengen, den der „Offene Brief" den deutschen Genossen bewußt gerade jetzt ins Gedächtnis rief: Die Unterzeichnung der Sicherheitspakte, des Vertragswerkes von Locarno, stand unmittelbar bevor. Um die Linkstendenzen in der englischen Arbeiterschaft zu fördern, war überall in Westeuropa ein behutsames Vorgehen der Kommunisten, eine geschickte und geschmeidige Umwerbung sozialdemokratischer Arbeiter notwendig.

Gewiß: Die MacDonald-Regierung von 1924 war nicht „revolutionär", aber sie war immerhin „die, wenn auch falsche, reformistische Widerspiegelung eines tiefen, historischen Entwicklungsprozesses der englischen Arbeiterklasse". Inzwischen konnte man sogar von einer „Revolutionierung der englischen Arbeiterbewegung überhaupt" sprechen. Jedenfalls sprachen die Autoren des „Offenen Briefes" davon und dachten dabei wohl in erster Linie an das im April 1925 gegrün-

---

412 Weber (Hg.), Kommunismus (Anm. 411), S. 218—245 (226, 228). Maslows Buch war im Gefängnis geschrieben worden: Arkadij Maslow, Die beiden Revolutionen des Jahres 1917, Bd. 1: Die allgemeinen Grundlagen der russischen Revolution, Berlin 1925. Polemisch gegen Maslow die Schrift des „Stalinisten" Heinz Neumann, Maslows Offensive gegen den Leninismus. Kritische Bemerkungen zur Parteidiskussion, Hamburg 1925. — Zum praktisch wichtigsten Ergebnis der Rechtsschwenkung von 1925/26, der „Einheitsfront von oben" beim Volksbegehren und Volksentscheid über die Fürstenenteignung, siehe oben S. 271.

dete „Ständige englisch-russische Gewerkschaftskomitee", den bislang größten Erfolg auf dem Gebiet der Einheitsfronttaktik. England war ja nach dem Fehlschlag des „deutschen Oktober" ohnehin in eine Schlüsselstellung gelangt; in Großbritannien sah die Kommunistische Internationale, wie Sinowjew schon auf dem Fünften Weltkongreß von 1924 gesagt hatte, ihr wichtigstes Aufgabenfeld. England wurde Deutschland als leuchtendes Beispiel vorgestellt. „Der Drang der Arbeiter zur Einheit der Gewerkschaften muß möglichst bald zur Herausbildung eines linken Flügels in den Gewerkschaften, nach dem Vorbild der englischen Arbeiterbewegung, kristallisiert werden", hieß es im „Offenen Brief". Und gewisse Ansätze, daß sich die sozialdemokratischen Arbeitermassen von ihren konterrevolutionären Führern zu trennen begannen, gab es ja auch in Deutschland: die Arbeiterdelegationen, die nach Sowjetrußland kamen, bestanden großteils aus Sozialdemokraten. Aus alledem folgte, daß der Ruf „Heran an die Massen", die Parole des Dritten Weltkongresses, die Achse der gegenwärtigen Politik bilden mußte. Schlägereien zwischen Kommunisten und Sozialdemokraten hatten aufzuhören. Statt dessen galt es, den Proletariern das Gefühl zu vermitteln: „Die Kommunistische Partei ist wirklich eine Partei der Arbeiter, eine Partei, die unentwegt für unsere Interessen, unsere Teilforderungen, unsere Tagesnöte kämpft, die uns nicht nur als Agitationsobjekt, sondern als Klassenbrüder betrachtet, die ehrlich die Herstellung der proletarischen Einheitsfront im Klassenkampf will."[413]

Der taktische Fehler der Fischer-Maslow-Zentrale bestand also darin, daß sie sich nicht rasch und konsequent genug auf eine Situation eingestellt hatte, von der das EKKI — nicht zuletzt aus Gründen der sowjetischen Staatsräson — meinte, sie verlange eine Rechtsschwenkung im Sinne der „Einheitsfront von oben". Daß derselben Zentrale „rechte" Abweichungen vorgeworfen wurden, hatte nicht viel zu besagen: Schließlich ging es darum, die eher „linke" Mitgliedschaft der KPD gegen die Fischer-Maslow-Gruppe zu mobilisieren.

Der prinzipielle oder strategische Fehler der Zentrale aber wog noch viel schwerer: Sie hatte die „Bolschewisierung", zu der sie sich bekannte, gründlich mißverstanden. Von den Bolschewiki zu lernen, um die Revolution in Deutschland voranzubringen, war die 1924 gewählte Parteiführung sehr wohl bereit. Dazu gehörte auch die Bekämpfung „sozialdemokratischer Traditionen" in der

413 Weber (Hg.), Kommunismus (Anm. 411), S. 221 ff. (221 f., 235 f.). Zu Sinowjews Äußerungen über England von 1924: Protokoll (Anm. 42), S. 77, 93. Zum „Ständigen englisch-russischen Gewerkschaftskomitee" — das 1927 vom englischen Gewerkschaftsbund einseitig wieder aufgelöst wurde — und zur Entwicklung von Labour Party und englischen Gewerkschaften in den 20er Jahren allgemein u. a.: Julius Braunthal, Geschichte der Internationale, 2 Bde., Hannover 1963, Bd. 2, S. 323 ff. (mit weiterer Lit.); Adam B. Ulam, Expansion and Coexistence. The History of Soviet Foreign Policy 1917—67, 2. Aufl. New York usw. 1969, S. 163 ff.; Franz Borkenau, Der europäische Kommunismus. Seine Geschichte von 1917 bis zur Gegenwart, München 1952, S. 54 ff. Zu den Rußland-Delegationen deutscher Arbeiter u. a.: Claus Remer, Deutsche Arbeiterdelegation in der Sowjetunion. Die Bedeutung der Delegationsreisen für die deutsche Arbeiterbewegung in den Jahren 1925/26, Berlin [O] 1963; Babette Gross, Willi Münzenberg. Eine politische Biographie, Stuttgart 1967, S. 168 ff.; Peter Lübbe, Theorie und Praxis der KPD in der Sicht der Sozialdemokratie der Weimarer Republik, in: Heimann/Meyer (Hg.), Reformsozialismus (Anm. 320), S. 349—368.

KPD. Aber die eigene Selbständigkeit aufzugeben, war nicht die Absicht der „Linken“ um Ruth Fischer und Arkadij Maslow gewesen. Nun mußten sie zur Kenntnis nehmen, daß vom EKKI just dies gemeint war. Es gab in Fragen, welche die führenden Bolschewiki für wichtig hielten — gleichviel, ob es Sach- oder Personalfragen waren —, keinen Handlungsspielraum mehr für die kommunistischen Parteien außerhalb Rußlands. Wer auf einer solchen Autonomie beharrte, verstieß gegen die Grundregeln des „Leninismus“ und schloß sich damit selbst aus der kommunistischen Weltbewegung aus. Das war die Botschaft des „Offenen Briefes“, und in dieser Doktrin, die bereits deutlich Stalins Handschrift trug, lag die historische Bedeutung des Dokuments. „Nach der Vereinigung mit der USPD von 1920 und der Ablösung der alten Führung im Dezember 1923 kann der ‚Offene Brief‘ als die dritte entscheidende Wende in der Geschichte der KPD und als völliger ‚Bruch mit dem alten System‘ gelten“, schreibt Hermann Weber. Der „Offene Brief“ leitete die Stalinisierung der KPD ein — die letzte Phase ihrer Bolschewisierung.[414]

Den Mitgliedern der KPD wurde noch am 1. September 1925 in zwei Aufrufen versichert, die deutsche Sektion der Kommunistischen Internationale stehe voll und ganz auf dem Boden des „Offenen Briefes“. Die „Rote Fahne“ veröffentlichte eine Entschließung des ZK, der zufolge die Partei „nicht nur ihre Fehler bis zu Ende aufdecken und ausmerzen“, sondern zugleich daraus die Konsequenzen für ihre künftige Politik ziehen mußte. Die Feinde des Leninismus in allen Lagern würden darüber zwar in Triumphgeschrei ausbrechen und zum tausendsten Mal den Kommunismus totsagen, aber das werde die Partei in keinem Augenblick verwirren. „Jeder Grabspruch der Feinde muß ein neuer Kampfruf für die Kommunisten sein.“ In der gleichen Ausgabe des Parteiorgans erschien eine Resolution der Konferenz der Bezirkssekretäre und der politischen Redakteure der kommunistischen Presse, worin sich dieselben verpflichteten, „einheitlich und geschlossen — jeder in seiner Organisation und in seinem Wirkungskreis — für diese Linie einzutreten und auch den leisesten Widerstand gegen sie, von welcher Seite er auch komme, mit ganzer Kraft rücksichtslos zu bekämpfen.“[415]

Das Zentralkomitee, das sich vorbehaltlos auf den Boden des „Offenen Briefes“ stellte, war schon nicht mehr die im Juli gewählte zweite „Fischer-Maslow-Zentrale“. Ruth Fischer und Arkadij Maslow gehörten formal zwar dem ZK und — bis November 1925 — auch dem Polbüro an, aber sie hatten keinerlei Einfluß mehr. Maslow war ohnehin in seinen politischen Aktivitäten vorerst stark behindert: Das Reichsgericht verurteilte ihn zu vier Jahren Gefängnis. Ruth Fischer wurde nach Moskau berufen. „Ich kam Ende September dort an, nur um zu erfahren, daß meine Rückkehr nach Deutschland durch Präsidiumsbeschluß verboten worden sei“, berichtet sie in ihrem Buch „Stalin und der deutsche Kommunismus.“ „Man hatte mich zu einer höheren Komintern-Funktion befördert.

414 Weber, Wandlung (Anm. 40), Bd. 1, S. 121. Die Formel „Bruch mit dem bisherigen System“ entstammt einem Aufsatz von Max Engel, der im Oktoberheft 1925 der Zeitschrift „Der Parteiarbeiter“ veröffentlicht wurde.

415 DuM (Anm. 48), Bd. 8, S. 204—208.

Pjatnitzki (der faktische ‚Finanzminister' und Personalchef der Komintern, H. A. W.) nahm mir meinen Paß ab, und ich wurde dem Hotel Lux zugeteilt, wo ich zehn Monate lang praktisch als Staatsgefangene verblieb. Alle meine Korrespondenz wurde auf dem Kominternwege befördert und somit von der GPU (der sowjetischen Geheimpolizei, H. A. W.) zensiert, und damit war ich von jeder Verbindung zur deutschen Partei abgeschnitten. Die Diskussion in der deutschen Partei wurde in unserer Abwesenheit in Szene gesetzt, während Maslow im Gefängnis und ich unter Bewachung war."[416]

Ruth Fischers Gefolgsmann Paul Schlecht wurde ebenso aus dem Polbüro entfernt wie der „Ultralinke" Scholem; an ihre Stelle trat Wilhelm Schwan, der in Moskau den „Offenen Brief" mitunterzeichnet hatte, aber wie sich bald zeigen sollte, nicht auf den neuen Kurs einschwenkte. Die eigentliche Führung der Partei ging an Ernst Thälmann und Philipp Dengel über. Der ehemalige Hamburger Werftarbeiter Thälmann war von den Führern der Bolschewiki als Vertreter der „guten" proletarischen Linken seit langem gegen die schwer berechenbaren Intellektuellen Fischer und Maslow ausgespielt worden. Dengel, ein ehemaliger Privatlehrer und Redakteur der „Hamburger Volkszeitung", gehörte ebenfalls zum linken Parteiflügel; in das ZK war er im Juli 1925 gewählt worden. Das Sekretariat übernahm Ottomar Geschke, ein gelernter Schlosser, der erst bei den Moskauer Verhandlungen vom August 1925 von der „Fischer-Maslow-Gruppe" abgefallen war.

Nachdem die Bezirkssekretäre sich am 1. September zum „Offenen Brief" bekannt hatten, konnte sich die neue Führung in fast allen Bezirken durchsetzen. Abgelehnt wurde das Moskauer Schreiben nur in Hessen-Kassel und Berlin-Brandenburg; in der Bezirksleitung Rhein-Saar (Pfalz) erhielt die Resolution des ZK ebensoviel Stimmen wie eine von dem „Ultralinken" Hans Weber formulierte Entschließung; in Westsachsen fiel die Mehrheit für das ZK mit 11 zu 10 Stimmen denkbar knapp aus, und in Pommern nahm die Bezirksleitung eine Resolution der „Mittelgruppe" Meyer-Frölich an, die dem „Offenen Brief" mit kritischen Einschränkungen zustimmte. Am heftigsten war der Widerstand in Berlin, wo nicht nur „Ultralinke", sondern auch „Linke" — mit allerdings unterschiedlichen Argumenten — gegen die Rechtsschwenkung opponierten. Erst nachdem das ZK eine Versammlung der Zellenobleute auf seine Seite gebracht hatte, billigte Ende Oktober 1925 auch der Zentralvorstand des Bezirkes Berlin-Brandenburg mit der knappen Mehrheit von 28 zu 24 Stimmen die Linie des „Offenen Briefes" und des Zentralkomitees.[417]

Am 31. Oktober und 1. November 1925 tagte in Berlin die Erste Reichskonferenz der KPD, eine Art „Zwischenparteitag". Von den 249 Delegierten, die erstmals auf der Grundlage der Betriebszellen gewählt worden waren, gehörten nur 33 zur „linken" oder „ultralinken" Opposition. Scholem durfte als Korreferent noch Thälmanns Grundsatzrede widersprechen, dann beschloß eine von der

416 Fischer, Stalin (Anm. 46), S. 554; Weber, Wandlung (Anm. 40), Bd. 1, S. 127, Bd. 2, S. 213—215.

417 Ebda., Bd. 1, S. 126—133.

Reichskonferenz eingesetzte Kommission — auf Grund eines Antrags des ZK, den der Vertreter des EKKI, Manuilski, ausdrücklich unterstützte — gegen 26 Stimmen und bei 6 Enthaltungen, Scholem aus dem Zentralkomitee auszuschließen. Eine Neuwahl der Zentrale konnte die Reichskonferenz allerdings nicht vornehmen; das war Sache des regulären Parteitags. Einige Tage nach der Reichskonferenz jedoch, am 11. November, trat das Plenum des ZK zu einer Sitzung zusammen und schloß Ruth Fischer und Maslow aus dem Polbüro aus.[418]

Die Reichskonferenz war der Auftakt der eigentlichen Säuberung. Die „ultralinke" Opposition hatte ihre solidesten Stützpunkte in den Bezirken Pfalz, Westsachsen, Hessen-Kassel, Niedersachsen und Ruhr. Eine Reihe „unzuverlässiger" Funktionäre wurde zunächst aus diesen Bezirken nach Berlin wegberufen — so etwa Hans Weber, der ein Amt in der neuen Gewerkschaftsabteilung beim ZK erhielt. Der Bezirk Berlin-Brandenburg, eine Hochburg der „Fischer-Maslow-Gruppe", ging noch im November 1925 mehrheitlich auf die Linie des ZK über: Hermann Remmele, der Kandidat der Zentrale für die Funktion des „Polleiters", siegte auf dem Bezirksparteitag mit 129 gegen 65 Stimmen über Hugo Urbahns, den kurz zuvor aus der Festungshaft entlassenen „Linken", der auch bei der „Ultralinken" populär war. Eine Zusammenarbeit zwischen „Linken" der Fischer-Maslow-Richtung und „Ultralinken" zeichnete sich erstmals auf einer Parteiarbeiterkonferenz Ende Dezember 1925 ab: Eine Entschließung des ZK erhielt 365, ein von den „Linken" unterstützter Gegenantrag der „Ultralinken" 306 Stimmen.

Angesichts dieser bedrohlichen Verstärkung der oppositionellen Tendenzen entschied sich das ZK zu einem schärferen Vorgehen. Aktivitäten von Iwan Katz, dem radikalsten der „Ultralinken", im Bezirk Hannover boten dafür einen Anlaß. Anfang Januar 1926 weigerte sich die „Niedersächsische Arbeiterzeitung", das regionale Organ der KPD, eine Stellungnahme von Katz zu der Verwarnung abzudrucken, die ihm von einer Funktionärsversammlung des Bezirks erteilt worden war. Daraufhin besetzten Anhänger von Katz das Zeitungsgebäude. Zwischen Verteidigern der Parteilinie und „ultralinken" Rebellen kam es zu schweren Schlägereien, in die schließlich auch die — vermutlich vom Geschäftsführer des Verlags herbeigerufene — Polizei eingriff. Die Aktion endete, wie die Gruppe um Katz es formulierte, mit einem Sieg der „vereinigten russisch-deutschen Staatsgewalt".

Das ZK antwortete am 12. Januar 1926 mit dem Parteiausschluß von Katz und dreien seiner aktivsten Gefolgsleute. Zahlreiche „ultralinke" Kommunisten verließen in den folgenden Tagen die KPD und gründeten eine eigene Organisa-

418 Ebda., S. 133—137. Eine der ersten praktischen Folgen des „neuen Kurses" war die Entscheidung der KPD, einem von den Rechtsparteien im preußischen Landtag gegen den sozialdemokratischen Innenminister Severing eingebrachten Mißtrauensantrag am 22. 10. 1925 nicht zuzustimmen und so die Regierung Braun vor dem Sturz zu bewahren. Thälmann rechtfertigte dieses Verhalten auf der Reichskonferenz ausdrücklich. Die Verhandlungen der Reichskonferenz sind abgedruckt in: RF Nr. 254, 3. 11. 1925; Nr. 255, 4. 11. 1925, die Entschließungen in: DuM (Anm. 48), Bd. 8, S. 233—254. Zur Haltung der KPD anläßlich der Mißtrauensanträge gegen Severing vgl. auch die Verlautbarungen des ZK vom 15. und 22. 10. 1925 ebda., S. 221 f., 230—232.

tion, die „KPD-Opposition (Linke KPD)". Um eine Ausweitung der Krise zu verhindern, forderte das ZK die Opposition ultimativ auf, sich von Katz zu distanzieren. Die prominentesten „Ultralinken", darunter Scholem, Rosenberg und Korsch, kamen diesem Ersuchen auch nach, warfen aber zugleich dem ZK vor, daß es in Niedersachsen nicht etwa eine „Politik der Versöhnung" getrieben, sondern vielmehr den Willen der Mitgliedschaft gewaltsam unterdrückt habe. Katz entfernte sich noch im Frühjahr 1926 so stark von der KPD, daß auch die meisten „Ultralinken" die Verbindungen zu ihm abbrachen. Im Juni 1926 vereinigte er seine Gruppe mit Franz Pfemferts linksradikaler „Allgemeinen Arbeiter-Union/Einheitsorganisation" zum „Spartakusbund der linkskommunistischen Organisationen". Der neue „Spartakusbund" attackierte die Komintern als „bürgerlich-kapitalistisch" und sprach sich gegen jede Form von „Parteidiktatur" aus. Eine praktische Bedeutung erlangte er nicht; bereits 1927 löste sich die neuerlich zerstrittene Splittergruppe wieder auf.[419]

Die weitere Entwicklung innerhalb der KPD stand ganz im Schatten der innerrussischen Fraktionskämpfe. Auf dem 14. Parteitag der KPdSU in der zweiten Hälfte des Dezember 1925 hatten sich die von Sinowjew geführte „linke" Leningrader Parteiorganisation, die „Neue Opposition", und die übrigen Delegationen, die aus Anhängern des Generalsekretärs der Partei, Stalin, bestanden, scharfe Auseinandersetzungen geliefert. Der Hauptvorwurf, den Sinowjew Stalin und Bucharin gegenüber erhob, zielte auf den „staatskapitalistischen" Charakter der von ihnen betriebenen Verstaatlichung: Solange sich die Beziehung zwischen Arbeitern und Betriebsführung nicht ändere, könne man nicht von einer neuen Klassenstruktur und nicht vom Sozialismus sprechen.

Als der Kongreß Stalins Rechenschaftsbericht mit 559 gegen 65 Stimmen annahm, stand Sinowjews Niederlage fest. Anfang 1926 wurde er als Vorsitzender des Leningrader Sowjets abberufen und verlor damit seine „Hausmacht". Den Vorsitz im Präsidium des EKKI behielt er zwar, aber die Politik der Komintern bestimmten fortan Stalin und Bucharin. Die Komintern war damit festgelegt auf jene Devise Stalins vom „Aufbau des Sozialismus in einem Lande", die Trotzki und Sinowjew für falsch und „unleninistisch" hielten: Da mit einer neuen revolutionären Welle in Europa vorerst nicht zu rechnen war, mußte Stalin zufolge die Sowjetunion ihren Weg ganz allein gehen. Sie durfte auf die Interessen der kommunistischen Parteien im Westen keinerlei Rücksicht mehr nehmen. Aufgabe der Kommunistischen Internationale war es vielmehr, das jeweilige Staatsinteresse der Sowjetunion als ureigenstes Anliegen der internationalen kommunistischen Bewegung erscheinen zu lassen.[420]

---

419 Weber, Wandlung (Anm. 40), Bd. 1, S. 137—142, 416 f.; Bahne, „Luxemburgismus" (Anm. 57), S. 366 ff.

420 Zum Zerfall der „Troika" Stalin — Bucharin — Sinowjew und zum 14. Parteitag: Leonard Schapiro, Die Geschichte der Kommunistischen Partei der Sowjetunion (engl. Orig.: The Communist Party of the Soviet Union, London 1960), Frankfurt 1962, S. 312 ff.; Edward Hallett Carr, Socialism in One Country 1924—1926 (= A History of the Soviet Union, Bd. 6), Bd. 2, London 1959, S. 52 ff., 131 ff.; Robert Vincent Daniels, Das Gewissen der Revolution. Kommunistische Opposition im Sowjetrußland (amerik. Orig.: The Conscience of the

Auf der 6. Tagung des Erweiterten EKKI in Moskau, die am 27. Februar 1926 begann und am 15. März endete, wurde das taktische Kalkül der Bolschewiki deutlicher denn je zuvor. Die relative Stabilisierung Westeuropas, die mit dem Namen Dawes verknüpft war, bedeutete aus Moskaus Sicht die kapitalistische Vorherrschaft der Vereinigten Staaten von Amerika über den alten Kontinent. Da diese Konstellation von den Leitern der sowjetischen Politik als bedrohlich empfunden wurde, galt es eine breite Abwehrfront zu errichten. Die Kommunisten mußten eine Einheitsfront mit Sozialdemokraten und Gewerkschaften herstellen, um ein „linkes" Europa zuwege zu bringen, das sich mit der Sowjetunion verbünden und so den „Aufbau des Sozialismus in einem Lande" absichern sollte. Béla Kun gab, unterstützt von Sinowjew, die „Parole der Vereinigten Staaten des sozialistischen Europa" aus, und zwar als „Parole der Vollendung des Kampfes gegen die amerikanische Hegemonie, im Gegensatz zur Losung von Pan-Europa, die sozusagen die Anfangsforderung, die Organisationsforderung des Kampfes gegen die amerikanische Hegemonie bedeutet." Entscheidend war bei allem der Zweck: der Dienst, den die kommunistischen Parteien Westeuropas dem Mutterland der proletarischen Revolution schuldeten. Daß diese Parteien in ihren Ländern selbst zur Herrschaft gelangten, war hingegen nicht notwendig — ja, auf absehbare Zeit nicht einmal opportun.

Damit die einzelnen Parteien diesem Plan entsprechend agieren konnten, war allerdings die radikale Ausbootung der Kräfte erforderlich, die auf Unabhängigkeit gegenüber Moskau Wert legten. Einige der Opponenten waren auf der Sitzung des Erweiterten EKKI anwesend: so der linke italienische Kommunist Bordiga, der Vertreter der norwegischen Parteiminderheit, Arvid Hansen, sowie von der KPD neben anderen Hugo Urbahns, Werner Scholem und Ruth Fischer. Gegen sie richteten Bucharin, Stalin, aber auch Sinowjew ihre schärfsten Angriffe. Innerhalb der „Deutschen Kommission" polemisierte Bucharin vor allem gegen die „Hirngespinste" des „Ultralinken" Karl Korsch, der der Sowjetunion vorgeworfen hatte, sie bilde aus der „russischen Staatsnotwendigkeit" heraus mit dem kapitalistischen Westeuropa einen Block und mache die Komintern zu einem Instrument dieser Politik. Ruth Fischer wurde von Bucharin einer durch und durch pessimistischen Haltung geziehen. Stalin nannte die Gruppierung um Ruth Fischer von „allen unerwünschten und negativen Gruppen der KPD die unerwünschteste und die negativste." Eine Resolution des Erweiterten EKKI zur deutschen Frage übernahm diese Wertung. Die Ruth-Fischer-Gruppe sei das

---

Revolution. Communist Opposition in Soviet Russia, Cambridge/Mass. 1960), Köln usw. 1962, S. 296 ff.; Alexander Erlich, Die Industrialisierungsdebatte in der Sowjetunion 1924—1928 (amerik. Orig.: The Soviet Industrialization Debate, 1924—1928, Cambridge/Mass. 1967), Frankfurt 1971, S. 36 ff.; Stephen F. Cohen, Bukharin and the Bolshevik Revolution. A Political Biography 1888—1938, New York 2. Aufl. 1973, S. 213 ff.; Isaak Deutscher, Trotzki, Bd. 2: Der unbewaffnete Prophet 1921—1929 (engl. Orig.: The Prophet Unarmed: Trotsky 1921—1929, London 1959), Stuttgart 2. Aufl. 1972, S. 264 ff.; Fischer, Stalin (Anm. 46), S. 584 ff. Die theoretische Grundlegung der Lehre vom „Aufbau des Sozialismus in einem Lande": J. W. Stalin, Zu den Fragen des Leninismus (1924), in: ders., Werke, Berlin [O] 1952 ff., Bd. 8, S. 12—81.

„schwankendste, haltloseste Element“ in der KPD und habe im Frühjahr 1925 nur formell mit den „Ultralinken“ gebrochen, um die Parteiführung nicht zu verlieren. Durch ihr Doppelspiel habe diese Fraktion „politisch, organisatorisch und moralisch Bankrott“ gemacht.[421]

Unmittelbar nach dem Ende der Moskauer Konferenz wurden die „Entschiedenen Linken“ ausgeschaltet — jene Gruppierung um die Reichstagsabgeordneten Karl Korsch, Ernst Schwarz und Heinrich Schlagewerth, die sich infolge ihrer radikalen Kritik am „roten Imperialismus“ der Sowjetunion und der Komintern mit der übrigen „Ultralinken“ überworfen hatte. Auf einer Reichskonferenz der „Ultralinken“ im Januar 1926 waren Scholem und Rosenberg der „Entschiedenen Linken“ entgegengetreten: Anfang März hatte sich auch Hans Weber namens der proletarischen „Weddinger Opposition“ von dieser Gruppierung scharf distanziert. Mitte April 1926 forderte eine Konferenz von „Polleitern“ und Chefredakteuren aus den Bezirken den anwesenden Korsch zur Niederlegung seines Reichstagsmandats auf; als dieser erklärte, darüber müsse er sich zuvor mit seinen Freunden beraten, wurde er von der Sitzung ausgeschlossen. Ende April ersuchte das ZK Korsch und Schwarz ultimativ, ihre Sitze im Reichstag aufzugeben. Für den Fall der Weigerung wurde beiden der Parteiausschluß angedroht.

Korsch bestritt in seiner Antwort, die in der „Kommunistischen Politik“, dem seit Ende März erscheinenden Organ der „Entschiedenen Linken“ — veröffentlicht wurde, nicht das Recht einer kommunistischen Führung, von Abgeordneten einen Mandatsverzicht zu verlangen. Die gegenwärtige Führung der KPD sei aber eine „rechte Parteiführung, die immer mehr die Linie einer opportunistischen, d. h. unkommunistischen und unleninistischen Politik“ verfolge. „Sie unterdrückt zugleich durch ein Regime ideologischen Terrors und polizeilicher Methoden alle in der Partei bisher noch vorhanden gewesenen Reste von Parteidemokratie, so daß der Kampf für die Wiederherstellung einer kommunistischen Politik innerhalb der Partei heute fast überhaupt nicht mehr möglich ist.“ Das ZK schloß daraufhin Korsch und Schwarz am 3. Mai 1926 aus der KPD aus; das EKKI bestätigte diese Maßnahme Ende Juni. Im August folgte dann auch der formelle Ausschluß von Schlagewerth.

Am 10. Juni 1926 stimmten die Abgeordneten Korsch, Schlagewerth und Schwarz, die sich inzwischen als „Gruppe Internationaler Kommunisten“ konstituiert hatten, als einzige Mitglieder des Reichstags gegen den Berliner Vertrag zwischen dem Deutschen Reich und der Sowjetunion. Vor dem Reichstag erklärte Korsch, die KPD habe sich mit der Zustimmung zu diesem Vertrag „tatsächlich auf den Boden der Arbeitsgemeinschaft zwischen dem Proletariat und der Bourgeoisie im internationalen Maßstabe gestellt“. Bis zum Herbst 1926 waren

421 Zu den Beratungen der Deutschen Kommission: Weber, Wandlung (Anm. 40), Bd. 1, S. 144—149; Stalins Rede in der Deutschen Kommission in: ders., Werke (Anm. 420), Bd. 8, S. 97—102 (101). Zum Erweiterten EKKI: Fischer, Stalin (Anm. 46), S. 672—677; Protokoll der Erweiterten Exekutive der Kommunistischen Internationale, 17. Februar—15. März 1926, Hamburg usw. 1926, S. 240 f. (Béla Kun), 516 f. (Sinowjew). Zur 6. Tagung des Erweiterten EKKI auch Fischer, Stalin (Anm. 46), S. 672 ff.

die Führer der „Entschiedenen Linken" aus der KPD ausgeschlossen — auch in ihren Hochburgen, den Bezirken Niederrhein und Ruhr. Die Gruppe selbst spaltete sich im September 1926: Schwarz und seine Anhänger verfolgten einen strikt antigewerkschaftlichen Kurs und schlossen sich 1927 der immer noch existierenden Kommunistischen Arbeiterpartei an; die Gruppe Korsch, die immer mehr zu einem intellektuellen Diskussions-Klub geworden war, löste sich 1928 auf.[422]

Die „Ultralinke" wurde 1926 nicht nur durch disziplinarische Maßnahmen wie den Parteiausschluß — erst der Anhänger von Iwan Katz, dann der „Entschiedenen Linken" um Korsch und Schwarz — geschwächt. Es gab auch freiwillige Absplitterungen. Auf der Sitzung des Erweiterten EKKI vom Frühjahr trennte sich Arthur Rosenberg von seinen bisherigen Freunden und ging zum ZK über (was freilich nur eine Zwischenstation war: Aus Protest dagegen, daß die Komintern immer mehr zu einem bloßen Instrument Rußlands geworden sei, trat er im April 1927 aus der KPD aus). Der nunmehr völlig isolierte Scholem näherte sich daraufhin der Gruppe um Ruth Fischer und Urbahns an. Getreu dem schon bisher befolgten Rezept, tunlichst die „linken" Arbeiter von den „linken" Führern zu trennen, konzentrierte das Zentralkomitee seine Angriffe seit Mitte 1926 auf ebendiese Gruppe und nicht auf die „Weddinger Opposition", die einen erheblichen Rückhalt in der proletarischen Mitgliedschaft der Partei hatte — außer im Berliner Arbeiterbezirk Wedding selbst vor allem in der Pfalz und in Westsachsen.

Was die Fischer-Urbahns-Gruppe dem ZK und den führenden Männern im Kreml besonders gefährlich erscheinen ließ, waren ihre Querverbindungen zur innerrussischen Opposition. In der Sowjetunion hatten sich mittlerweile Sinowjew und Kamenew — der ehemalige Vorsitzende des Politbüros der KPdSU, der im Januar 1926 zum Kandidaten degradiert worden war — mit Trotzki zu einer neuen „Troika" zusammengetan, um Stalins persönliche Diktatur zu brechen. Im Juli 1926 suchten die Gegner die offene Konfrontation mit dem Generalsekretär der KPdSU. Auf der Plenarsitzung des Zentralkomitees bezichtigten sie Stalin, er fördere die Rückkehr Rußlands zum Kapitalismus, schwäche die Position der Arbeiter und Dorfarmen zugunsten von Kulaken und Bürokraten und trage dazu bei, daß der Einfluß der Sowjetunion auch international sinke. Was den letzten Punkt anbelangte, so verwiesen die Kritiker vor allem darauf, daß der englische Generalstreik vom Mai 1926, auf den Stalin große Hoffnungen gesetzt und den er aktiv unterstützt hatte, nach nur neun Tagen in sich zusammengebrochen war. Für die Gegner Stalins war die Plenarsitzung des ZK vom Juli 1926 zwar moralisch ein Erfolg: Das Land wußte nun, daß Stalins Widersacher sich geeinigt hatten und vor einer Kraftprobe nicht zurückscheuten. Aber die Julisitzung brachte auch Entscheidungen, die die Mehrheitsverhältnisse im Zentralkomitee deutlich mach-

---

422 Weber, Wandlung (Anm. 40), Bd. 1, S. 149 ff. (153); Bahne, „Luxemburgismus" (Anm. 57), S. 370 ff.; Fischer, Stalin (Anm. 46), S. 641; Stenographische Berichte (Anm. 16), Bd. 390, S. 7443 f. Zum Berliner Vertrag vgl. oben S. 290 ff. Zu Korsch als Theoretiker: Karl Korsch, Marxismus und Philosophie. Hg. u. eingeleitet von Erich Gerlach, Frankfurt usw. 1966.

machten: Sinowjew verlor seinen Sitz im Politbüro; Kamenew wurde von seinem Posten als Handelskommissar abberufen.[423]

Ruth Fischer war in die Absichten der Troika eingeweiht. Im Juli 1926 gelang es ihr endlich, aus Moskau nach Berlin zurückzukehren. Im gleichen Monat wurde ihr Kampfgefährte Maslow seines schlechten Gesundheitszustandes wegen vorzeitig aus dem Gefängnis entlassen. Beide beteiligten sich sogleich aktiv an Solidaritätsaktionen für die russische Opposition. Anfang August trafen sie sich mit dem „Ultralinken" Hans Weber, Wilhelm Kötter von der „Weddinger Opposition" und Karl Korsch, um den Entwurf eines Textes zu diskutieren, für den im ganzen Reich Unterschriften gesammelt werden sollten. Am 11. September 1926 wurde der Aufruf als „Brief der 700" veröffentlicht. Die Kampagne gegen Sinowjew, hieß es darin, könne nicht ohne die ernstesten Folgen für die Komintern sein. „Durch derartige Methoden kann man die Komintern nur ruinieren! Die Bedeutung dieser Vorgänge für die Komintern liegt auf der Hand. Die Hetze, die jetzt gegen Sinowjew usw. entfaltet wird, versteht jeder politisch denkende Arbeiter als den Versuch, die Komintern als revolutionäre Organisation des Weltproletariats zu liquidieren." Besonders katastrophal müsse sich diese Methode in der KPD auswirken. Man dürfe nicht vergessen, daß der EKKI-Brief vor einem Jahr angeblich die Partei normalisieren sollte. Seine Folgen seien aber „eine vollkommene Desorganisation und Atomisierung der KPD und eine restlose Restaurierung der Rechten" gewesen. Die Solidarisierung mit Sinowjew wurde vor allem damit begründet, daß dieser der „Mann von Halle" sei — ein Hinweis auf jenen Parteitag vom Oktober 1920, auf dem sich KPD und linke USPD vereinigt hatten. Sinowjews „Absägung" werde daher verstanden als nachträgliche Desavouierung von Halle. Der Aufruf schloß mit den Sätzen: „Wir weisen jede Revision des Leninismus auf das entschiedenste zurück. Zurück zu Lenin, zum wirklichen, echten, unverfälschten Leninismus!"[424]

Als der „Brief der 700" erschien, hatte das ZK der KPD Ruth Fischer und Arkadij Maslow bereits aus der Partei ausgeschlossen. Die Kontakte mit der „an-

---

423 Weber, Wandlung (Anm. 40), Bd. 1, S. 156 ff.; Fischer, Stalin (Anm. 46), S. 660 ff.; Schapiro, Geschichte (Anm. 420), S. 318 ff.; Carr, Socialism (Anm. 420), Bd. 2, S. 153 ff. Zu Arthur Rosenbergs Parteiaustritt am 27. 4. 1927, dessen auslösendes Moment das Desaster der Stalinschen Chinapolitik bildete (vgl. dazu unten S. 439): Friedrich Purlitz (Hg.), Deutscher Geschichtskalender 43 (1927), Bd. 1 (Inland), S. 315 f. Rosenberg gehörte dem Reichstag bis 1928 als fraktionsloser Abgeordneter an. Über Arthur Rosenberg als Politiker: Francis L. Carsten, Arthur Rosenberg als Politiker, in: Geschichte und Gesellschaft. Festschrift für Karl R. Stadler, Wien 1974, S. 267—280. Zum englischen Generalstreik von 1926 v. a.: Gordon A. Philipps, The General Strike. The Politics of Industrial Conflict, London 1976; Patrick Renshaw, The General Strike, London 1975; Peter Alter, Der britische Generalstreik von 1926 als politische Wende, in: Beiträge zur britischen Geschichte im 20. Jahrhundert. Beiheft 8 der HZ, München 1983, S. 89—116; Gerald D. Feldman u. Irmgard Steinisch, Notwendigkeit und Grenzen sozialstaatlicher Intervention. Eine vergleichende Fallstudie des Ruhreisenstreits in Deutschland und des Generalstreiks in England, in: AfS 20 (1980), S. 57—117.

424 Rebellion in der KPD. Erklärung von 700 Funktionären gegen die Zentrale, in: Vorwärts, Nr. 431, 13. 9. 1926; Die Rebellion in der Kommunistischen Partei, in: Frankfurter Zeitung, Nr. 684, 14. 9. 1926; Friedrich Purlitz (Hg.), Deutscher Geschichtskalender, 42 (1926), 2. Bd. (Inland), S. 232 f. Vgl. dazu auch Weber, Wandlung (Anm. 40), Bd. 1, S. 160 ff.

tibolschewistischen" Gruppe um Korsch dienten dem Zentralkomitee als Anlaß für die schärfste aller Sanktionen. Unter den vier Gegenstimmen waren die von Urbahns, Weber und dem Mitglied der Berliner Bezirksleitung, Paul Schlecht. Urbahns und Schlecht unterschrieben auch zusammen mit drei weiteren Reichstagsabgeordneten, darunter Scholem, den Aufruf vom 11. September. Die „Rote Fahne" nannte den Brief der 700 Funktionäre sogleich ein „Schanddokument von der schlimmsten, antibolschewistischen Sorte"; das ZK sprach am 16. September von einem „verbrecherischen Spaltungsversuch". Vier Unterbezirkssekretäre aus dem Ruhrgebiet, die den Text unterzeichnet hatten, wurden ihres Postens enthoben; einige Funktionäre ließen sich dazu bewegen, ihre Unterschriften zurückzuziehen; die „Weddinger Opposition" spaltete sich in Unterzeichner und Nichtunterzeichner. Bis Ende Oktober 1926 lief eine Kampagne gegen die linke Opposition; am Ende gab es in allen Bezirken Mehrheiten für die Linie des ZK. Was den Kritikern der Thälmann-Zentrale aber mehr als alles andere schadete, war ein taktischer Rückzug der innerrussischen Fronde. Am 16. Oktober gaben Sinowjew und Trotzki in einer Erklärung zu, daß sie die Parteidisziplin verletzt hatten, und distanzierten sich sowohl von der russischen „Arbeiteropposition" als auch von der linken Opposition in den kommunistischen Parteien außerhalb Sowjetrußlands. Stalin wußte die Schwäche seiner Gegner zu nutzen. Auf der vereinten Plenarsitzung von Zentralkomitee und Zentraler Kontrollkommission der KPdSU wurde Ende Oktober mit überwältigender Mehrheit beschlossen, Trotzki aus dem Politbüro zu entfernen, Kamenew als Kandidaten des Politbüros und Sinowjew als Generalsekretär der Komintern abzusetzen.[425]

Auch in Deutschland wurde weiter gesäubert. Gemäß einer Empfehlung von Heinz Neumann — einem der beiden deutschen Vertreter im Präsidium des EKKI und Vertrauensmann Stalins — sollte das ZK den Parteiausschluß von Urbahns und anderen Unterzeichnern des „Briefes der 700" dadurch erreichen, daß es Forderungen stellte, die die Kritiker nicht annehmen konnten: „Ablehnung der offenen parteifeindlichen Plattform von Korsch, Ruth Fischer-Maslow, vollständige Abbrechung aller fraktionellen Verbindungen und schärfste Bekämpfung der Parteifeinde. Auflösung der Fraktionen innerhalb der Partei, Verzicht auf jede Verbreitung von Fraktionsmaterial, Fraktionssitzungen, fraktionellem Auftreten, bedingungslose Durchführung aller Parteibeschlüsse." Da sich die meisten Führer der linken Opposition weigerten, die entsprechende Erklärung zu unterzeichnen, wurden am 5. November 1926 die prominentesten — Urbahns, Scholem und Schwan — aus der Partei ausgeschlossen. Zwei Wochen später ereilte den Reichstagsabgeordneten Max Schütz dasselbe Schicksal. Zusammen mit Abgeordneten, die sich mit der KPD bereits vorher überworfen hatten, bildeten die vier Abweichler im Reichstag die zehnköpfige „Fraktion linker Kommunisten".[426]

---

425 Ebda., S. 161 ff.; Fischer, Stalin (Anm. 46), S. 692 ff.; Schapiro, Geschichte (Anm. 420), S. 322 ff., Die Erklärung des ZK der KPD („Gegen die Parteispalter!") in: RF, Nr. 206, 17. 9. 1926; der Kommentar der „Roten Fahne": Ein aussichtsloser Versuch, in: RF, Nr. 202, 12. 9. 1926.

426 Weber, Wandlung (Anm. 40), Bd. 1, S. 164, 418 f. (Brief Neumanns vom 23. 10. 1926 an das Polbüro).

Dem Ausschluß aus der KPD folgte am 2. Dezember eine Einladung nach Moskau. Offenbar hoffte Stalin, er könne die deutsche Linksopposition, nachdem Sinowjew und seine Verbündeten sich von ihr distanziert hatten, auf seine Seite herüberziehen. Jedenfalls forderte eine von der 7. Tagung des Erweiterten EKKI eingesetzte Kommission die Führer der Linken auf, zwecks Erörterung ihres Parteiausschlusses in die sowjetische Hauptstadt zu kommen. Die Entscheidung fiel den Eingeladenen, wie Ruth Fischer berichtet, nicht leicht. Zwar hatten sie selbst darauf bestanden, der höchsten Instanz der Komintern ihren Einspruch gegen den Parteiausschluß vorzutragen, aber wohl nicht ernsthaft damit gerechnet, daß sie diese Gelegenheit erhalten würden. „Wir besprachen in Berlin lange, ob wir dieser Aufforderung Folge leisten sollten, und beschlossen schließlich, daß Maslow als russischer Staatsbürger nicht gehen sollte, aber daß für die übrigen unter uns die Möglichkeit, diese Gelegenheit zur Propaganda für unsere Ansichten auszunutzen, die unzweifelhafte Gefahr aufwiege."

Eine Chance, von der Komintern rehabilitiert zu werden, hätten die Moskaureisenden Ruth Fischer, Urbahns, Schwan und Scholem nur gehabt, wenn sie bereit gewesen wären, Selbstkritik im Sinne Stalins zu üben. Dies hätte unter anderem eine eindeutig positive Antwort auf folgende Frage des mit dem Verhör der deutschen Genossen beauftragten Otto Kuusinen erfordert: „Erkennen Sie an, daß keinerlei Gegensatz zwischen der Politik der Union der Sozialistischen Sowjetrepubliken als des Staates der proletarischen Diktatur und den Interessen der internationalen Revolution besteht?" Aber die Antwort Ruth Fischers lautete: „Wir stehen in dieser Frage auf dem Standpunkte der russischen Opposition und schließen uns vollinhaltlich den Formulierungen des Genossen Sinowjew an." Die übrigen fünfzehn Fragen wurden ebenfalls nicht im Sinne der „Gastgeber" Beantwortet: Die deutschen Angeklagten traten durchweg als Ankläger auf. Kuusinen kam daher zu dem Schluß, „diese Leute" stünden „bereits auf der anderen Seite der Barrikade." Die Entscheidung der Kommission fiel dementsprechend aus: Die Parteiausschlüsse wurden einstimmig gebilligt.[427]

Die 7. Tagung des Erweiterten Exekutivkomitees der Kommunistischen Internationale, die vom 22. November bis 16. Dezember 1926 in Moskau stattfand und mit einem Grundsatzreferat von Sinowjews Nachfolger, Nikolai Bucharin, eingeleitet wurde, schloß sich dem Spruch der Kommission — ebenfalls einstimmig — an. Die Abgrenzung nach links ging einher mit einer Öffnung nach rechts: Heinrich Brandler und August Thalheimer durften auf Empfehlung der Internationalen Kontrollkommission wieder in der Komintern mitarbeiten. Zwar wurde die Verurteilung ihrer „politischen Fehler" durch die 5. Erweiterte Exekutive vom Frühjahr 1925 bestätigt. Aber da sich beide in der Zwischenzeit — im Unterschied zu Karl Radek — jeder „Fraktionsarbeit" enthalten hätten, sollten sie nicht länger daran gehindert werden, sich im Rahmen der Internationale zu betätigen. Die „Frage der Verwendung der beiden Genossen für die deutsche Arbeit"

427 Ebda., S. 167 f.; Fischer, Stalin (Anm. 46), S. 696—698; Protokoll der Erweiterten Exekutive der Kommunistischen Internationale. Moskau, 22. November—16. Dezember 1926, Hamburg usw. 1927, S. 448 f., 481, 856—865.

wurde dem ZK der KPD überlassen. Im Vordergrund der Debatten stand jedoch nicht die deutsche, sondern die russische Frage. Trotzki, Sinowjew und Kamenew durften zwar vor dem Erweiterten EKKI nochmals die Möglichkeit des „Aufbaus des Sozialismus in einem Lande" bestreiten und vor der Gefahr eines russischen „Thermidor", einer reformistischen Aufweichung der Revolution, warnen. Aber der Jubel der Delegierten galt den Zurückweisungen, die sich der oppositionelle „Block" von Stalin, Bucharin und Rykow holte. Am Ende stand eine — bei einer Stimmenthaltung angenommene — Resolution zur russischen Frage, worin der Opposition bescheinigt wurde, sie sei ihrem „geistigen Inhalt nach im Wesen eine rechte, manchmal von linken Phrasen verdeckte Gefahr in der Partei." Die Verneinung der Möglichkeit, daß der Sozialismus in *einem* Lande aufgebaut werden könne, sei nichts anderes als die „Leugnung der Voraussetzungen für die sozialistische Revolution in Rußland, d. h. eine sozialdemokratische Abweichung."[428]

Die Kennzeichnung der innerrussischen Opposition als „rechts" ließ bereits ahnen, daß der Kampf gegen „linke" Abweichungen in der Sowjetunion einem vorläufigen Abschluß nahe war und neue Frontstellungen sich abzeichneten. In Deutschland allerdings waren die „ultralinken" Tendenzen noch nicht überwunden. Die „Weddinger Opposition" bestand weiter und konnte ihre Kritik an der Zentrale auch vor dem Erweiterten EKKI vortragen. Um seine Position gegenüber der „Ultralinken" zu festigen, verständigte sich Thälmann Ende Dezember 1926 — noch in Moskau — mit Ernst Meyer. Darüber zerbrach jedoch die bisherige „Mittelgruppe": Jakob Walcher, Paul Böttcher, Paul Frölich und August Enderle wandten sich gegen Meyers schriftliche Erklärung, in der dieser nochmals ausdrücklich die „politischen Fehler" Brandlers und Thalheimers verurteilte und auf jedwede Fraktionstätigkeit zu verzichten versprach. Damit gab es nunmehr eine neue „rechte" Opposition innerhalb der KPD — die Keimzelle der späteren „KPD-Opposition". Aus der bisherigen „Mittelgruppe" schlossen sich nur Gerhart Eisler, der Bruder Ruth Fischers und des Komponisten Hanns Eisler, der Mitbegründer des Spartakus-Bundes, Georg Schumann, sowie der ehemalige „Rechte" Karl Albin Becker dem Pakt zwischen Meyer und Thälmann an. Dieser Kurs der „Konzentration" wurde Mitte Januar 1927 von einer „Reichs-Parteiarbeiter-Konferenz" gebilligt. Brandler und Thalheimer dagegen mußten auf ihre Rehabilitation durch die KPD weiterhin warten — im Moskauer „Exil", in das beide, als die angeblich Hauptschuldigen des gescheiterten „deutschen Oktober", 1924 auf Geheiß der Komintern gegangen waren. Die Parteiarbeiterkonferenz nahm zwar zur Kenntnis, daß das Erweiterte EKKI die organisatorischen Maßnahmen gegen Brandler und Thalheimer aufgehoben hatte. Aber da sie ihre

428 Ebda., S. 25—38, 39—130 (Bucharin), 487—520 (Stalin), 548—570 (Sinowjew), 580—593 (Trotzki), 593—611 (Bucharin), 677—690 (Kamenew), 714—727 (Rykow), 785—836 (Stalin), 837—839 (Resolution zur russischen Frage), 871 (Beschluß in Sachen Brandler — Thalheimer).

„opportunistischen Fehler" nicht widerrufen hatten, wurde ihre „politische Verurteilung" abermals bekräftigt.[429]

Die linke Opposition verlor in den folgenden Monaten an Boden. In einer ihrer Hochburgen, dem Berliner Stadtteil Neukölln, konnte sich das ZK mit seiner Linie überlegen durchsetzen: Die „offizielle" Resolution wurde mit 115 gegen 37 Stimmen angenommen. Das war, aus der Sicht des Zentralkomitees, ein gutes Vorzeichen für den 11. Parteitag der KPD, der auf den 2. März 1927 nach Essen einberufen wurde. In einem einzigen Bezirk, der notorisch „linken" Pfalz, erhielt die „Weddinger Opposition" eine Mehrheit der Delegierten. Relativ stark war die „Ultralinke" auch in den Bezirken Erzgebirge, Niedersachsen und Magdeburg. Aber dafür gab es auch in bislang hart umkämpften Bezirken wie Berlin-Brandenburg und Ruhr sichere Mehrheiten für das ZK, und am Gesamtergebnis der Delegiertenwahlen war schon vor dem Parteitag kein Zweifel möglich: Die linken Oppositionsgruppen konnten infolge der jüngsten Säuberungen nur eine winzige Minderheit der stimmberechtigten Teilnehmer stellen.[430]

Der Essener Parteitag unterschied sich von früheren Parteitagen der KPD dadurch, daß es kaum noch eine freie Diskussion gab. Die Sprecher der Opposition wurden ständig durch Zwischenrufe und organisierte Lärmszenen unterbrochen. Angriffe auf die „ultralinken" Redner fanden dagegen stürmischen Beifall. Dennoch war die Frontstellung gegen den „linken" Radikalismus nicht das beherrschende Merkmal des 11. Parteitags. Gegenüber dem „Offenen Brief" des EKKI vom Sommer 1925 fiel vor allem eines auf: die scharfe Tonlage aller Aussagen über die Sozialdemokratie. Im Begrüßungsschreiben des EKKI hieß es, die Sozialdemokratie werde, soweit es sich um ihre führenden Kreise handle, „zu einer Partei der Rechtfertigung des imperialistischen Krieges gegen die proletarische Diktatur." Dengel polemisierte in seinem Rechenschaftsbericht gegen die „opportunistische Durchführung" der Einheitsfronttaktik und nannte als Beispiel die Stimmenthaltung der KPD im Landtag von Mecklenburg-Schwerin, die die Wahl einer Koalitionsregierung von Sozialdemokraten und Demokraten ermöglicht hatte. Thälmann forderte, die Kommunisten müßten einen „unerbittlichen Kampf führen für die Entlarvung der sozialdemokratischen Führer, für ihre Vertreibung aus der Arbeiterschaft. Das ist unsere Hauptaufgabe. Wenn ich heute nicht spreche von einer Vernichtung der SPD, so deswegen, weil die SPD erst dann vernichtet wird, wenn die Arbeiterklasse den Kampf um die politische Macht aufnimmt und durchführt. Wir haben deswegen die sozialdemokratischen Arbeiter aufzuklären, um die sozialdemokratischen Führer aus der Arbeiterbewegung zu vertreiben." Und in der Einleitung zum Protokoll des Parteitags faßte das ZK im August 1927 nochmals zusammen: „Neben dem Kampf gegen die bürgerliche Politik des Parteivorstandes wurde besonders die Notwendigkeit betont, ge-

429 Ebda., S. 243—246 (Riese von der „Weddinger Opposition"); DuM (Anm. 48), Bd. 8, S. 422 f. (Resolution der Reichs-Parteiarbeiterkonferenz vom 13./14. 1. 1927); Tjaden, Struktur (Anm. 407), S. 60 ff.; Weber, Wandlung (Anm. 40), Bd. 1, S. 168 ff., 420—423 (Vereinbarungen Meyer—Thälmann).

430 Ebda., S. 170 ff.

gen die ‚linken' Führer als den Hauptfeind innerhalb der SPD anzukämpfen. Sind es doch diese Führer, die durch ihre Ideologie und scheinradikalen Phrasen die offen bürgerliche Politik des Parteivorstandes decken und verhüllen und so den Vorwärtsmarsch der Millionen sozialdemokratischer Arbeiter zum Kommunismus verlangsamen."[431]

Es mag sein, daß die scharfen Angriffe auf die SPD auch eine Revanche für jene Enthüllungen über das Verhältnis von Reichswehr und Roter Armee waren, mit denen Scheidemann Ende 1926 im Reichstag aufgewartet hatte. Aber der entscheidende Grund für den taktischen Kurswechsel war nicht in Deutschland zu suchen, sondern in einer Veränderung der internationalen Lage. Sowohl das EKKI als auch das ZK der KPdSU wiesen in ihren Begrüßungsschreiben an den Essener Parteitag auf die rapide Verschlechterung des russisch-englischen Verhältnisses hin. In der Tat hatte Außenminister Austen Chamberlain der Sowjetunion Ende Februar 1927 mit dem Abbruch der diplomatischen und der Handelsbeziehungen für den Fall gedroht, daß Moskau weiterhin Unruhen im britischen Empire schüre und gegen die englische Regierung agitiere. Die Bolschewiki ihrerseits warfen London vor, es treibe zum Schutz seiner chinesischen Interessen eine imperialistische Kanonenbootpolitik in Ostasien. Da die Russen die nationalistische Kanton-Regierung massiv unterstützten — Tschiang Kai-Scheks Kuomintang war 1926 sogar als „sympathisierende Partei" in die Komintern aufgenommen worden —, konnten sie leicht in einen chinesischen Krieg verwickelt werden. Stalin jedenfalls hat im Frühjahr 1927 wohl ernsthaft an eine von England planmäßig gesteuerte Einkreisung der Sowjetunion geglaubt. Das Vertragswerk von Locarno und Deutschlands Eintritt in den Völkerbund fügten sich scheinbar zwanglos in dieses Bild.

1925 hatte Stalin noch gehofft, daß Gewerkschaften und Labour Party einen sowjetfreundlichen Umschwung in Großbritannien herbeiführen könnten. 1926 war diese Hoffnung durch das Scheitern des englischen Generalstreiks zerstört worden. Von der Labour Party und ihren Bruderparteien war, so stellte es 1927 jedenfalls das EKKI dar, auch kein Widerstand gegen die Chinapolitik der konservativen Regierung Baldwin zu erwarten. „Die Zweite Internationale, die heuchlerisch gegen Krieg und Intervention in China protestiert, unterstützt faktisch durch die Äußerungen MacDonalds und seiner Kollegen, den Gewerkschaftern vom Schlage Thomas (des Generalsekretärs der britischen Eisenbahnergewerkschaft, H. A. W.), die militärische Henkerexpedition nach China ... Die Zweite Internationale ... führt in Wirklichkeit eine energische Vorbereitungskampagne für die Intervention gegen die UdSSR. Durch den Mund des ‚Vorwärts' und anderer Organe des Arbeiterverrats läßt sie offen die Regierung des englischen Imperialismus rechtfertigten. Dieselben Leute, die Wilhelm den Blutigen verteidigten und damals ‚Haßgesänge' gegen den englischen Imperialismus sangen, stehen

431 Bericht über die Verhandlungen des XI. Parteitages der Kommunistischen Partei Deutschlands (Sektion der Kommunistischen Internationale), Essen vom 2. bis 7. März 1927, Berlin 1927, S. 111 f. (Einleitung), 14 (Begrüßungsschreiben des EKKI), 33 f. (Dengel), 59 (Thälmann). Zum Verlauf des Parteitags v. a.: Weber, Wandlung (Anm. 40), Bd. 1, S. 170—178.

jetzt auf der Seite dieses Imperialismus im Augenblick, wo er sich anschickt, gegen den Arbeiterstaat einen Feldzug zu eröffnen."[432]

Der Zusammenhang war also klar: Weil die Labour Party der scharf antisowjetischen Politik der konservativen Londoner Regierung nach Meinung Stalins nicht energisch genug entgegentrat, wurden die Sozialdemokraten Westeuropas insgesamt zu Handlangern der Imperialisten erklärt. Eine „Einheitsfront von oben" konnte es unter solchen Umständen nicht mehr geben — nicht einmal in Form einer kommunistischen Tolerierungspolitik im Landtag von Mecklenburg-Schwerin. Was die KPD tun und lassen durfte, hing 1927 nicht mehr von *ihrer* Lagebeurteilung ab, sondern ausschließlich von der des Generalsekretärs der KPdSU. Für Stalin aber war zu diesem Zeitpunkt die Entwicklung in China viel wichtiger als Erfolge oder Mißerfolge der deutschen Kommunisten.

Ob freilich eine von Moskauer Weisungen weniger abhängige KPD in den mittleren Jahren der Weimarer Republik eine konsequente Einheitspolitik getrieben hätte, ist fraglich. Es gab in der Mitgliedschaft der Kommunistischen Partei starke Ressentiments gegenüber der Sozialdemokratie. Viele ungelernte Arbeiter und erst recht erwerbslose Proletarier neigten zu einer Haltung des radikalen Protests gegenüber dem Kapitalismus und seinen vermeintlichen „Agenten", den Sozialdemokraten und „reformistischen" Gewerkschaften. Facharbeiter dagegen waren eher bereit, sich innerhalb der Gewerkschaften für konkrete Verbesserungen zu engagieren. Eine elastische Einheitsfrontpolitik hatte ihren stärksten Rückhalt in den besonders qualifizierten Arbeitergruppen, aus denen sich ein Teil der Mitgliedschaft der KPD rekrutierte. Die Chancen der „rechten" Kommunisten, eine solche politische Linie durchzusetzen, waren naturgemäß bei relativ günstiger Konjunktur und niedriger Arbeitslosigkeit besser als in Zeiten einer wirtschaftlichen Depression. 1927 war, nach Weimarer Maßstäben, ein „Boomjahr" mit vergleichsweise geringer Arbeitslosigkeit. Die neuerliche Linksschwenkung, die die KPD damals zu vollziehen begann, war demnach *nicht* aus einer konjunkturellen Abwärtsbewegung zu erklären. Die Ursachen lagen in den Direktiven, die

432 Bericht (Anm. 431), S. 14 f. (Brief des EKKI), S. 268—281 (Rede des Komintern-Vertreters Kuusinen [= „Jansen"]). Das Verhältnis zwischen der Sowjetunion und Großbritannien war im Oktober 1924 — noch zur Amtszeit des Labour-Premiers MacDonald — durch einen angeblichen Brief Sinowjews an einen britischen KP-Funktionär schwer belastet worden, in dem Anweisungen für die Durchführung subversiver Aktionen enthalten waren. Die Unterstützung des General- und Bergarbeiterstreiks 1926 durch Komintern und KPdSU trug zur weiteren Verschlechterung der Beziehungen bei. Im Mai 1927 brach die Regierung Baldwin die diplomatischen Beziehungen zur Sowjetunion ab, nachdem bei einer Polizeirazzia in der sowjetischen Handelsdelegation Beweise für eine subversive Tätigkeit gefunden worden waren. Zum russisch-englischen Verhältnis und zu Stalins Chinapolitik u. a.: Ulam, Expansion (Anm. 413), S. 167 ff.; Schapiro, Geschichte (Anm. 420), S. 376 ff.; George F. Kennan, Sowjetische Außenpolitik unter Lenin und Stalin (amerik. Orig.: Russia and the West under Lenin and Stalin, Boston 1961), Stuttgart 1961, S. 303 ff., 352 ff.; Isaac Deutscher, Stalin. Eine politische Biographie (engl. Orig.: Stalin. A Political Biography, Oxford 1961), Stuttgart 1962, S. 426 ff.; Gottfried Niedhart, Großbritannien und die Sowjetunion 1934—1939. Studien zur britischen Politik der Friedenssicherung zwischen den beiden Weltkriegen, München 1972, S. 31 ff. — Zu den kommunistischen Reaktionen auf Locarno und den deutschen Beitritt zum Völkerbund vgl. oben S. 258 f.; zu Scheidemanns Enthüllungen siehe S. 302.

aus dem Exekutivkomitee der Kommunistischen Internationale kamen. Aber der Kurswechsel wäre nicht so mühelos vonstatten gegangen, wenn er nicht einen strukturell bedingten Widerhall in der KPD gefunden hätte.[433]

Ungeachtet der Essener Kurskorrektur nach links ging der innerparteiliche Kampf gegen die „Linken" und „Ultralinken" auch nach dem Parteitag weiter. Der Reichstagsabgeordnete Paul Schlecht und die preußischen Landtagsabgeordneten Wolfgang Bartels und Anton Grylewicz wurden am 1. April 1927 aus der KPD ausgeschlossen, weil sie entgegen der Aufforderung des Parteitags ihre Mandate nicht niederlegten. Im Unterbezirk Suhl in Thüringen beherrschte die Opposition unter Guido Heym seit 1926 nicht nur den Apparat, sondern auch die Zeitung „Volkswille" — die einzige deutsche Parteizeitung, die nicht der „Papiererzeugungs- und -verarbeitungs-Gesellschaft" (PEUVAG) beim ZK der KPD angeschlossen war. Als Heym mit Urbahns die Vereinbarung traf, den „Volkswillen" vom 1. Januar 1928 ab als Reichsorgan der Opposition erscheinen zu lassen, schlug das Zentralkomitee zu: Die Gruppe um Heym wurde Ende Dezember 1927 aus der Partei ausgeschlossen. Die Mehrheit des Unterbezirks blieb allerdings auch danach oppositionell. Dagegen konnte die „Weddinger Opposition" in Leipzig und schließlich auch in ihrem „Vorort", dem Wedding, durch disziplinarische Maßnahmen nachhaltig geschwächt werden: Ihre Führer Hans Weber und Max Riese wurden im März 1928 aus der KPD ausgeschlossen. Am 1. April 1928 erzielte das ZK erstmals auch eine Mehrheit unter den Delegierten des „linkesten" aller Bezirke, der Pfalz.[434]

Die Ausschaltung der linken Opposition in Deutschland war eine Parallelaktion zur Liquidation der antistalinistischen Opposition in der KPdSU. Die Gegner des Generalsekretärs hatten im Frühjahr 1927 durch das Fiasko seiner Chinapolitik zunächst kräftigen Auftrieb erhalten: Mitte April ließ Tschiang Kai-Schek nach der Eroberung von Shanghai seine kommunistischen Verbündeten innerhalb der Stadt, die ihm den Sieg erst ermöglicht hatten, erbarmungslos niedermetzeln. Stalin hatte die chinesischen Kommunisten auf die Mitarbeit in der von Tschiang Kai-Schek geführten Kuomintang festgelegt und trug somit für das Desaster eine persönliche Verantwortung. Der oppositionelle „Block", der vor den Folgen der Chinapolitik Stalins und Bucharins gewarnt hatte, konnte sich bestätigt fühlen.

---

433 Hierzu v. a. Schöck, Arbeitslosigkeit (Anm. 40), S. 172 ff.; Stolle, Arbeiterpolitik (Anm. 50), S. 262 ff., sowie ausführlicher unten S. 446 ff. Zur wirtschaftlichen Lage im Jahre 1927 vgl. oben S. 31 f.

434 Weber, Wandlung (Anm. 40), Bd. 1, S. 178 ff.; Herlemann, Kommunalpolitik (Anm. 405), S. 69 ff.; Günter Bers, Eine Regionalgliederung der KPD. Der Bezirk Mittelrhein und seine Parteitage in den Jahren 1927/1929, Reinbek b. Hamburg 1981, S. 20 ff., 79 ff.; Rüdiger Zimmermann, Der Leninbund. Linke Kommunisten in der Weimarer Republik, Düsseldorf 1978, S. 59 ff. Ebda., S. 76 ff., zu dem Antrag von 17 prominenten Linkskommunisten, darunter Ruth Fischer, Scholem und Urbahns, vom August 1927 an ZK und EKKI, wieder in die KPD aufgenommen zu werden. Der Antrag wurde vom Präsidium des EKKI am 17. 9. 1927 abgelehnt. — Der linke Radikalismus in der Pfalz ist vor allem darauf zurückzuführen, daß hier die Arbeitslosigkeit ständig über dem Reichsdurchschnitt lag — eine Folge sowohl des Verlustes der Absatzgebiete in Elsaß-Lothringen als auch der Abtrennung des Saargebiets nach dem Ersten Weltkrieg. Dazu Schiffmann, Revolution (Anm. 50), S. 368 f.

Am Vorabend der 8. Plenartagung des Erweiterten EKKI, die am 13. Mai 1927 begann, legten 83 prominente Bolschewiki dem ZK der KPdSU eine Erklärung vor, die die Politik der Komintern scharf kritisierte. Trotzki griff vor dem Plenum des EKKI vor allem die Haltung an, welche die Komintern in China und England betrieben hatte. Zugleich verlangte er die Wideraufnahme der Fischer-Maslow-Urbahns-Gruppe in die KPD. Die Verurteilung der „Fraktionsarbeit" von Trotzki und Sinowjew durch das Erweiterte EKKI kam angesichts der Mehrheitsverhältnisse in diesem Gremium für niemanden überraschend. Aber Stalin war durch das Anwachsen der oppositionellen Kräfte doch so alarmiert, daß er sich zu drastischen Sanktionen entschloß. Im September 1927 wurden Trotzki und Sinowjew aus dem EKKI entfernt; am 14. November 1927 folgte der Ausschluß aus der Partei.[435]

Auf dem 15. Parteitag der KPdSU im Dezember 1927 unterwarfen sich die Anhänger Sinowjews und schworen ihren bisherigen Ansichten ab; die Aufrechterhaltung von Kontakten zur Fischer-Maslow-Gruppe bezeichneten sie als schweren Fehler. Dem Parteitag genügte diese Erklärung jedoch nicht; erst eine sehr viel umfassendere und schärfere Selbstkritik im Juni 1928 verhalf der Gruppe Sinowjew-Kamenew zur Wiederaufnahme in die Partei. Trotzki und seine Gefolgsleute, darunter Karl Radek, versprachen zwar ebenfalls die Beschlüsse des 15. Parteitags zu respektieren; ihre Auffassungen wollten sie jedoch weiter vertreten. Stalins Antwort war ihre Verbannung nach Sibirien. Trotzki selbst wurde im Januar 1928 nach Alma Ata an der chinesischen Grenze deportiert und im Januar 1929 aus der Sowjetunion ausgewiesen. Die „Trotzkisten" durften ein Jahr später als Sinowjews Anhänger, im August 1929, wieder Mitglieder der KPdSU werden — nachdem sie sich von ihrem mittlerweile im türkischen Exil lebenden Idol distanziert hatten.[436]

Die Schlußfolgerung, die die deutsche Linksopposition aus den russischen Vorgängen vom Spätjahr 1927 zog, hieß: organisatorische Verselbständigung. Ihr einziger Zusammenhalt war bis dahin das Vertriebssystem der Zeitschrift „Fahne des Kommunismus" gewesen. Auf einer Reichskonferenz Ende Oktober 1927 hatten die linken Kommunisten Richtlinien ihrer weiteren Arbeit festgelegt und beschlossen, mit gleichgesinnten Gruppen des Auslands Verbindung aufzunehmen. Aber erst seit Anfang des Jahres 1928 liefen Vorbereitungen für den Aufbau einer eigenen Organisation. Zunächst tagten die Linken auf Bezirksebene; Anfang März 1928 fand dann in Berlin eine Tagung für das ganze Reichsgebiet statt, an der etwa 200 Delegierte teilnahmen. Ihr wichtigster Beschluß war der Aufruf zur Gründung des „Leninbundes". Dem auf derselben Konferenz verabschiedeten Statut zufolge sollte dieser die „organisatorische Zusammenfassung aller Kommunisten innerhalb und außerhalb der Kommunistischen Partei Deutschlands" sein, „die unter Ablehnung des Stalinismus auf dem Boden der Leninschen

435 Zimmermann, Leninbund (Anm. 434), S. 75 f., 86 f. Vgl. zur Chinapolitik Stalins auch die in Anm. 432 genannte Lit.

436 Zimmermann, Leninbund (Anm. 434), S. 86 ff.; Schapiro, Geschichte (Anm. 420), S. 324 ff.; Fischer, Stalin (Anm. 46), S. 727 ff.; Deutscher, Trotzki (Anm. 420), Bd. 2, S. 305 ff.

Grundsätze für die Wiedervereinigung aller Kommunisten in Deutschland und in der Kommunistischen Internationale kämpfen."

In einer von Maslow formulierten Resolution hieß es, das deutsche Proletariat habe eine revolutionäre Klassenpartei niemals nötiger gehabt als in der Zeit, in der das Finanzkapital zum Angriff ansetzte. Die SPD als bürgerliche Arbeiterpartei sei nicht in der Lage, Aufgaben einer Klassenpartei zu erfüllen. Aber auch in der KPD sei in der Zeit der relativen Stabilisierung des Kapitalismus die „faule, rechte, opportunistische, revisionistische und liquidatorische Stimmung gewachsen." Durch das „Überhandnehmen des Bürokratismus", also die Entfremdung des Staatsapparates von den Massen, in der Sowjetunion seien für die kommunistische Weltbewegung größte Gefahren entstanden. Aufgabe der linken Kommunisten sei aber nicht die Gründung einer Vierten, sondern die Rettung der Dritten Internationale. Der Leninbund wolle auch nicht eine zweite kommunistische Partei sein. Vielmehr sollten die Kommunisten, die sich ihm anschlossen, in der KPD bleiben und dort gegen den Opportunismus und Revisionismus in jeglicher Form kämpfen.[437]

Die offizielle Gründung des Leninbundes fand am 8. und 9. April 1928 in Berlin statt. Die 153 Delegierten, die etwa 6 000 Mitglieder vertraten, kamen aus allen Teilen des Reiches. Sie wählten Hugo Urbahns zum Vorsitzenden und beschlossen — gegen 26 Stimmen — für die 1928 fälligen Wahlen in Reich, Ländern und Gemeinden eigene Listen aufzustellen. Maslow und Ruth Fischer gehörten zu den Gegnern dieser Entscheidung. Sie widersprach in der Tat der Erklärung der Vorkonferenz, daß der Leninbund keine neue Partei sein wolle. Bei den Reichstagswahlen vom 20. Mai 1928 entfielen auf den Leninbund, der in 24 von 35 Wahlkreisen Kandidaten aufgestellt hatte, 80 230 Stimmen. Das waren 0,26 % aller abgegebenen gültigen Stimmen. Der Leninbund bezeichnete dieses Resultat als eine kleine, aber solide Basis. Das Wahlergebnis insgesamt allerdings sei typisch für die „tiefe, reformistische, demokratisch-parlamentarische Versumpfung" der deutschen Arbeiterbewegung.[438]

Als der vierte Deutsche Reichstag gewählt wurde, gehörten einige der bekanntesten Gründungsmitglieder dem Leninbund schon nicht mehr an. Am 7. Mai 1928 erklärten Werner Scholem und Max Hesse ihren Austritt aus der neuen Organisation und stimmten ausdrücklich der Behauptung des EKKI zu, daß der Leninbund eine zweite kommunistische Partei darstelle; es sei in der Tat ein schwerer Fehler gewesen, ihn überhaupt ins Leben zu rufen. Zwei Tage später teilten Ruth Fischer, Arkadij Maslow, Paul Schlecht, Fritz Schimanski und Bruno Mätzchen dem EKKI und dem ZK der KPD mit, sie hätten gegen die Beteiligung des Leninbundes an Wahlen gekämpft und damit bewiesen, daß sie gegen eine zweite Partei seien. Außerdem übten die Unterzeichner Selbstkritik: Sie hätten die „Widerstandskraft und die Widerstandsbereitschaft der russischen Arbeiterklas-

437 Zimmermann, Leninbund (Anm. 434), S. 93 ff.

438 Ebda., S. 97 ff. (mit Daten zur sozialen und altersmäßigen Zusammensetzung des Gründungskongresses und Analyse der Wahlergebnisse; das Zitat: S. 122); Weber Wandlung (Anm. 40), Bd. 1, S. 183 ff. Zum Ergebnis der Reichstagswahl vom 20. 5. 1928 vgl. unten S. 521 f.

se“ unterschätzt. Die von der KPdSU eingeleiteten Maßnahmen wie die Kampagne zur Ablieferung von Getreide zeigten einen neuen Kurs an. An ihre Anhänger richteten die fünf Linkskommunisten den Appell, den Leninbund sofort zu verlassen und in die KPD einzutreten. Sie selbst stellten einige Tage später beim ZK der KPD den Antrag auf Wiederaufnahme in die Partei. Gleichzeitig versicherten sie, sie seien bereit, „im Rahmen des Statuts der Partei zu arbeiten“.[439]

Wie war die plötzliche Kehrtwendung der sieben Mitbegründer des Leninbundes zu erklären? Der „neue Kurs“ in der Sowjetunion, auf den sie sich bezogen, war auch schon Anfang April erkennbar gewesen. Wenn sie sich trotzdem an der Gründung des Leninbundes beteiligten, dann wohl tatsächlich in der Erwartung, die neue Organisation werde sich als Hebel erweisen, mit dem ihre Wiederaufnahme in KPD und Komintern erreicht werden konnte. Der Antrag des Gründungskongresses, die Kommunistische Internationale möge den Leninbund als „sympathisierende Organisation“ aufnehmen, war aus der Sicht Ruth Fischers, Werner Scholems und ihrer politischen Freunde jedenfalls mehr als eine rhetorische Pflichtübung. Nachdem die Delegierten aber die Wahlbeteiligung des Leninbundes beschlossen hatten, konnte niemand mehr ernsthaft damit rechnen, daß die Komintern dem Antrag stattgeben werde.

Die Antwort des EKKI datierte vom 4. Mai. Das Aufnahmegesuch des Leninbundes wurde schroff abgewiesen. Seinen Mitgliedern aber stellte die Komintern in Aussicht, sie könnten nach einer „Bewährungsfrist“ von sechs Monaten wieder in die KPD eintreten — vorausgesetzt, daß sie den Leninbund sofort verließen und die Maslow-Fischer-Urbahns-Gruppe als antiproletarische und konterrevolutionäre Organisation verurteilten. Nach dieser unwiderruflichen Entscheidung entbehrte die prompte Selbstkorrektur der sieben Linkskommunisten nicht einer gewissen Logik. Die Chancen, daß ihnen die Komintern Absolution erteilen könnte, waren dennoch äußerst gering. Einzig Fritz Schimanski, der die KPD im Wahlkampf vom Mai 1928 besonders aktiv unterstützt hatte, wurde wieder in die KPD aufgenommen. Die Berufung Maslows und Ruth Fischers gegen ihren Parteiausschluß wies der Sechste Weltkongreß im August 1928 brüsk zurück: Ihre „konterrevolutionäre Tätigkeit“ schließe jedes Vertrauen in die Aufrichtigkeit ihrer Erklärung aus.[440]

Der „neue Kurs“ in Rußland, auf den die deutschen Linkskommunisten zeitweilig so große Hoffnungen setzten, zeichnete sich seit spätestens Mitte Februar 1928 deutlich ab. In einem Brief an die KPdSU gab Stalin bekannt, daß die Großbauern, die Kulaken, unter verschärften Druck gesetzt würden, damit mehr Getreide in die Städte gelangte. Zum Hintergrund dieser Ankündigung gehörten die Mißernte vom Sommer 1927 und das Versagen der staatlichen Agrarpolitik:

---

439 Zimmermann, Leninbund (Anm. 434), S. 111. — Max Hesse war 1924 als Vertreter der KPD ins Orgbüro des EKKI entsandt worden; Bruno Mätzchen war ein Berliner Parteifunktionär, der im Dezember 1926 an der ersten Reichskonferenz der linken Opposition in der KPD teilgenommen hatte und 1927 aus der Partei ausgeschlossen worden war; Fritz Schimanski war 1925 als Kandidat ins ZK gewählt worden. Ebda., S. 36, 77; Weber, Wandlung (Anm. 40), Bd. 2, S. 160 f., 272.

440 Zimmermann, Leninbund (Anm. 434), S. 110—116 (111, 116).

Das Getreideangebot auf dem sowjetischen Binnenmarkt war gegenüber dem Vorjahr um ein Viertel zurückgegangen. Die meisten Kleinbauern produzierten ohnehin nur für ihren eigenen Bedarf. Die Kulaken aber verlangten, ihre Marktmacht voll ausnutzend, für ihre Erzeugnisse Preise, die für die Masse der Bevölkerung nicht erschwinglich waren. Die Hortung von landwirtschaftlichen Produkten wurde von Stalin nicht nur behauptet — sie fand statt. In der Sache bedeutete sein Brief eine radikale Abkehr von jener „Bereicherung des Dorfes", wie sie Bucharin ausdrücklich propagiert und der oppositionelle „Block" scharf kritisiert hatte. Stalin war offensichtlich entschlossen, sich von Bucharin und anderen „rechten" Bolschewiki wie Rykow und Tomski zu trennen. Nachdem er mit ihrer Hilfe die „linke" Opposition endgültig zerschlagen hatte, war ihre Bundesgenossenschaft auch nicht mehr erforderlich. Stalins persönliches Motiv, die Steigerung seiner eigenen Macht, und der sachliche Grund, die Angst vor einer Hungersnot, waren bei der dramatischen Kursschwenkung von Anfang 1928 kaum voneinander zu trennen.

Praktische Maßnahmen, mit deren Hilfe Lebensmittel aus den Höfen der Kulaken herausgepreßt werden sollten, beschloß das Plenum des Zentralkomitees und der Zentralen Kontrollkommission der KPdSU Anfang April 1928. Kurz darauf gab Stalin vor dem ZK zu erkennen, daß es ihm um sehr viel mehr ging als nur um die Behebung einer akuten Versorgungskrise, nämlich um die rasche Kollektivierung der Landwirtschaft. Im Mai folgte eine weitere Ankündigung Stalins: Das Tempo der Industrialisierung sollte forciert, vor allem die Entwicklung der Schwerindustrie beschleunigt werden. Das Geld für die nötigen Investitionen konnte mangels anderer Quellen nur von den Kulaken kommen. Für die „rechten" Bolschewiki war nun kein Zweifel mehr möglich: Die Tage der 1921 von Lenin eingeleiteten „Neuen Ökonomischen Politik", der kalkulierten Schonung des privaten Eigentums, waren gezählt — und mit der „NEP" ihre eigenen Tage als Teilhaber der politischen Macht.[441]

441 Ebda., S. 107 ff.; Weber, Wandlung (Anm. 40), Bd. 1, S. 191 ff.; Daniels, Gewissen (Anm. 420), S. 373 ff.; Deutscher, Stalin (Anm. 432), S. 340 ff.; Schapiro, Geschichte (Anm. 420), S. 383 ff. (auch zu den ersten Anzeichen eines verschärften Kurses gegenüber dem Kulakentum und damit einer Linkswendung auf dem 15. Parteitag der KPdSU im Dezember 1927); Wolfgang Abendroth, Sozialgeschichte der europäischen Arbeiterbewegung, Frankfurt 1965, S. 113 ff.; Peer H. Lange, Stalinismus versus „Sozialfaschismus" und „Nationalfaschismus". Revolutionspolitische Ideologie und Praxis unter Stalin 1927—1935, Göppingen 1969, S. 35 ff. (Kriegsgefahr als Grund der von Bucharin mitgetragenen Kurskorrektur nach links); Günther Nollau, Die Internationale. Wurzeln und Erscheinungsformen des proletarischen Internationalismus, Köln 1959, S. 89 ff. (These von den Niederlagen der „rechten" Politik Stalins in China und England als Ursache der Linksschwenkung seit Ende 1927); Arthur Rosenberg, Geschichte des Bolschewismus, Frankfurt 2. Aufl. 1966, S. 243 ff. (bemerkenswerte Rechtfertigung des Kampfes gegen das Kulakentum); Michael Reiman, Die Geburt des Stalinismus. Die UdSSR am Vorabend der „zweiten Revolution", Frankfurt 1979; Dirk Bronger, Der Kampf um die sowjetische Agrarpolitik 1925—1929. Ein Beitrag zur Geschichte der kommunistischen Opposition in Sowjetrußland, Köln 1967, S. 47 ff. Zur Wende von 1927/28 auch: Heiko Haumann, Sozialismus als Ziel: Probleme beim Aufbau einer neuen Gesellschaftsordnung (1918—1928/29), in: Gottfried Schramm (Hg.), Von den autokratischen Reformen zum Sowjetstaat (1856—1945) (= Manfred Hellmann u. a. [Hg.], Handbuch der Ge-

Die Wendung gegen die „Rechten" in der KPdSU verlangte eine flankierende Absicherung im internationalen Maßstab. Auf dem 9. Plenum des Erweiterten EKKI im Februar 1928 wurden die entsprechenden Parolen ausgegeben: Die Sozialdemokraten und die „reformistischen" Gewerkschaften waren fortan als die Hauptgegner der Kommunisten zu behandeln. In Deutschland, so erklärte Stalin, seien nicht mehr die „Ultralinken", sondern die „Rechten" die Hauptgefahr. In einem Geheimabkommen zwischen der deutschen und der sowjetischen Delegation wurde diese Kursänderung, die faktisch die Beschlüsse des 11. Parteitags vom März 1927 außer Kraft setzte, schriftlich fixiert. Unter dem Druck der sowjetischen Präsidiumsmitglieder unterschrieben auch die anwesenden Vertreter der „Mittelgruppe", Arthur Ewert und Gerhart Eisler, das Abkommen. Sie taten es, obwohl sich eine Passage der Vereinbarung direkt gegen sie — die sogenannten „Versöhnler" — richtete: Der Standpunkt, daß die Hauptgefahr in der Arbeiterbewegung die „rechte" sei, schließe „die Duldsamkeit gegenüber den Trägern der rechten Gefahr in der Partei" aus, und nur auf der Grundlage dieser Linie könne und müsse die wirkliche Einheit der Führung und die wirkliche Konzentration der revolutionären Kräfte in der Partei geschaffen werden."[442]

Für Thälmann bedeutete das Geheimabkommen vom 29. Februar 1928 eine willkommene Stärkung seiner Position. Die Zusammenarbeit mit der „Mittelgruppe" um Ernst Meyer, die seit dem Essener Parteitag vom März 1927 im ZK und im Polbüro vertreten war, hatte sich sehr mühsam angelassen. Die „Versöhnler" drängten immer wieder auf eine praktische Einheitsfrontpolitik und eine Verständigung mit den führenden Vertretern der „Rechten", Heinrich Brandler und August Thalheimer. Beide sollten nach dem Wunsch von Ewert und Meyer bei der bevorstehenden Reichstagswahl für die KPD kandidieren. Thälmann lehnte das entschieden ab. Dank Stalins Hilfe konnte er sich schließlich durchsetzen: Das Geheimabkommen bezeichnete die „Kandidatur der Genossen Brandler und Thalheimer zum Reichstag" als „unzweckmäßig". Die „wirkliche Konzentration der revolutionären Kräfte", von der die Moskauer Vereinbarung sprach, schloß also die „Rechten" aus. Thalheimer sah die weitere Entwicklung klar voraus. Am 6. März schrieb er aus seinem Moskauer „Exil": „Der Abschnitt, der mit dem ‚Offenen Brief' begann, ist zu Ende. Es beginnt organisatorisch und praktisch ein ausgesprochener Linkskurs ... Der Ausgangspunkt der Wendung sind die sich vorbereitenden Auseinandersetzungen und Konstellationen in der KPdSU."[443]

*

schichte Rußlands, Bd. 3), Stuttgart 1983, S. 623—780 (bes. 744 ff.); Stephan Merl, Der Agrarmarkt und die Neue Ökonomische Politik. Die Anfänge staatlicher Lenkung der Landwirtschaft in der Sowjetunion 1925—1928, München usw. 1981. — Stalins Brief an alle Organisationen der KPdSU vom 13. 2. 1928 in: J. W. Stalin, Werke (Anm. 420), Bd. 11, S. 9—18.

442 Weber, Wandlung (Anm. 40), Bd. 1, S. 191 ff. Zu Ewert, der sich erst 1927 eng an Meyer angeschlossen hatte: ebda., Bd. 2, S. 113 ff. — Der Text des Geheimabkommens in: ders., Zu den Beziehungen zwischen der KPD und der Kommunistischen Internationale, in: VfZ 16 (1968), S. 177—208 (207 f.)

443 Zit. bei Weber, Wandlung (Anm. 40), Bd. 1, S. 192. Auch Clara Zetkin äußerte sich ähnlich wie Thalheimer. Dem ZK der KPD schrieb sie von Moskau aus am 14. 3. 1928, nach „sorg-

Was ihre Mitgliederzahl anging, so erreichte die KPD in den Jahren der relativen Stabilität nie wieder das Format, das sie auf dem Höhepunkt der Inflationsperiode gehabt hatte: Im September 1923 zählte sie 294 000 Mitglieder. Auf ihren absoluten Tiefpunkt gelangte sie im zweiten Quartal von 1924 mit 95 000 Mitgliedern. Dann ging es wieder aufwärts. Der statistische Höhepunkt der mittleren Jahre war der 1. Dezember 1926: Damals gab es 145 000 eingetragene Mitglieder der KPD. Ende 1928 waren es noch 130 000. Die Schwankungen gingen sicherlich nicht nur auf die wirtschaftliche Entwicklung zurück, sondern auch auf die häufigen Kurswechsel und die Parteiausschlüsse, die ihnen folgten.

Die Mitgliederfluktuation war außerordentlich hoch. In Berlin-Brandenburg traten 1925 20 % und 1926 21 % der Mitglieder wieder aus der Partei aus; im gleichen Bezirk standen 1927 2 373 Eintritten 3 577 Austritte gegenüber. Von den Parteimitgliedern des Jahres 1927 hatte nur etwas über ein Viertel der KPD schon beim Vereinigungsparteitag von 1920 angehört. „Es ist kaum zu hoch gegriffen", schreibt Hermann Weber, „wenn man annimmt, daß in der Zeitspanne von 1920 bis 1933 nach und nach insgesamt eine Million Arbeiter in der KPD organisiert waren, wovon die meisten freilich nur eine kurze Gastrolle in der Partei gaben ... Es waren meist neue Parteimitglieder, die mit revolutionärem Enthusiasmus und in der Hoffnung auf eine gut funktionierende Parteiorganisation in die KPD kamen, ihr aber bald wieder enttäuscht den Rücken kehrten. Sie liefen weg, weil sie etwas anderes erwartet hatten ..."[444]

Die KPD war eine ausgesprochene Männerpartei: Nur 16,5 % ihrer Mitglieder waren 1929 Frauen; bei der SPD waren es zur gleichen Zeit 21 %. Dagegen übten die Kommunisten auf junge Menschen eine sehr viel größere Anziehungskraft aus als die Sozialdemokratie (Tabelle 1).

Verglichen mit der KPD war die SPD eindeutig überaltert. Gemessen an den jeweiligen Anteilen, welche die einzelnen Altersstufen an der Bevölkerung insgesamt hatten, waren die Gruppen im Alter zwischen 25 und 40 Jahren in der KPD

---

fältiger Prüfung des gesamten mir zur Sache vorliegenden Materials" lehne sie die Resolution „entschieden" ab. „Ich halte sie für nicht geeignet, die Einheit, Geschlossenheit und Aktionskraft der Führung und der Partei als Ganzes herzustellen, sondern umgekehrt, sie wird das seither in dieser Richtung Erreichte gefährden und zerstören. Sie bedeutet eine grundsätzliche Änderung des bisher verfolgten Kurses." Ebda., Bd. 2, S. 427 f. Zur Zusammensetzung der Führungsgremien der KPD nach dem 11. Parteitag: ebda., Bd. 1, S. 177. Zu Beispielen von Einheitsfronttaktik nach dem Essener Parteitag: ebda., Bd. 1, S. 336. Bei den Verhandlungen über die Bildung einer Arbeiterregierung, die nach den Hamburger Bürgerschaftswahlen vom 9. 10. 1927 auf Vorschlag der KPD zwischen Freien Gewerkschaften, SPD und KPD geführt wurden, ging es offensichtlich allen Beteiligten primär um die „Entlarvung" des Gegners. Die SPD erklärte die Verhandlungen am 28. 10. für gescheitert, nachdem die KPD sich geweigert hatte, der Regierung beizutreten. Vgl. dazu die Dokumentation Arbeiterregierung in Hamburg. Die Verhandlungen zwischen ADGB, KPD und SPD nach den Bürgerschaftswahlen 1927, Hamburg 1983. Zu den Hamburger Koalitionsverhandlungen vom Herbst 1927 auch Ursula Büttner, Hamburg in der Staats- und Wirtschaftskrise 1928—1931, Hamburg 1982, S. 59 ff.

444 Weber, Wandlung (Anm. 40), Bd. 1, S. 287, 362 ff. (Zahlen auf- und abgerundet). Das Zitat: S. 287.

Tabelle 1: Altersstruktur der Mitgliedschaft von KPD und SPD (in %)

Alter	KPD (1927)	SPD (1926)	Bevölkerung männlich
Bis 25 Jahre	12,3	7,72	10,1 (20—24 Jahre)
26—30 Jahre	19,5	9,58	8,2 (25—29 Jahre)
31—40 Jahre	32,7	25,30	13,2 (30—39 Jahre)
41—50 Jahre	21,9	30,43	12,3 (40—49 Jahre)
Über 50 Jahre	13,6	26,97	18,3 (50 Jahre u. älter)

Quellen: Für die KPD: Kaasch, Struktur (Anm. 445), S. 1053; für die SPD: (Daten für Hannover und Bremen) vgl. Tabelle 3, (S. 349); für die Bevölkerung: Wladimir Woytinski, Zehn Jahre Neues Deutschland. Ein Überblick in Zahlen, Berlin 1929, S. 17.

besonders stark überrepräsentiert. Krieg und Revolution waren für die meisten Mitglieder der KPD die prägenden Jugenderlebnisse gewesen.

Ihrer sozialen Struktur nach war die KPD eine fast reine Arbeiterpartei. 1927 waren vier von fünf Mitgliedern (80 %) Arbeiter. Tatsächlich lag der proletarische Anteil wohl noch höher: Von den Hausfrauen dürften die meisten Ehefrauen von Arbeitern gewesen sein (Tabelle 2). Auch die Daten über die Schulbildung der Parteimitglieder — ebenfalls aus dem Jahre 1927 — deuten auf ein hohes Maß an sozialer Homogenität hin: 94,6 % hatten die Volksschule und 2,4 % die Mittelschule besucht; 0,9 % waren Hochschulabsolventen.

Tabelle 2: Soziale Struktur der Mitgliedschaft der KPD (1927)

	%	%	%
Arbeiter	80		
Industriearbeiter		68	
gelernte			40
ungelernte			28
Handwerkliche Arbeiter		10	
Landarbeiter		2	
Bauern	0,1		
Mittlere Beamte, Kleingewerbetreibende, freie Berufe	2,2		
Untere Beamte	0,7		
Handlungsgehilfen	1,7		
In Genossenschaften und Gewerkschaften Beschäftigte	2,6		
Parteiangestellte	1,6		
Sonstige (Hausfrauen usw.)	11,1		

Quelle: Kaasch, Struktur (Anm. 445), S. 1052.

Tabelle 3: Verteilung der KPD-Mitglieder auf Betriebsgrößen (1927)

	%	%
Insgesamt in Betrieben beschäftigt	53,2	
Davon: In Betrieben mit bis zu 50 Beschäftigten		36,3
In Betrieben mit 51— 100 Beschäftigten		12,0
In Betrieben mit 101— 500 Beschäftigten		22,3
In Betrieben mit 501—1 000 Beschäftigten		9,0
In Betrieben mit 1 001—3 000 Beschäftigten		13,2
In Betrieben mit 3 001—5 000 Beschäftigten		5,0
In Betrieben mit mehr als 5 000 Beschäftigten		2,5

Quelle: Ebda., S. 1055.

Daß 1927 nur etwa jedes zweite Parteimitglied (53,2 %) in einem Betrieb beschäftigt war (1928 waren es 63,3 %, 1929 51,6 %), ist für die soziale Funktion der KPD bezeichnend: Sie war *die* Arbeitslosenpartei der Weimarer Republik. Bemerkenswert ist auch, daß über ein Drittel (36,3 %) der in Betrieben beschäftigten KPD-Mitglieder in kleinen und mittleren Betrieben (mit bis zu 50 Arbeitnehmern) beschäftigt waren (vgl. Tabelle 3). Damit war diese Kategorie von Arbeitnehmern in der Kommunistischen Partei allerdings noch immer unterrepräsentiert: 1925 waren von allen deutschen Arbeitnehmern 45,2 % in solchen Betrieben beschäftigt. Leicht überrepräsentiert waren in der KPD dagegen die Arbeitnehmer in „Riesenbetrieben" mit über 5 000 Beschäftigten (20,7 % gegenüber 16,6 % aller deutschen Arbeitnehmer).[445]

Der Anteil von gelernten Arbeitern (wobei die angelernten wohl inbegriffen sind) an den in Betrieben beschäftigten Parteimitgliedern lag mit 40 % höher, als es der von der KPD selbst gepflegten Klischeevorstellung entsprach, sie vertrete die unteren Arbeiterschichten, während die „Arbeiteraristokratie" das Reservoir der Sozialdemokratie bilde. Diese These war auch nicht vereinbar mit der Verteilung der KPD-Mitglieder auf einzelne Gewerbezweige. Die Kommunisten waren unter einigen der besser bezahlten Arbeitergruppen stärker vertreten als in den Niedriglohngruppen. Wie die „Reichskontrolle" von 1927 ergab, waren von den gewerkschaftlich organisierten Mitgliedern der KPD 30 % Metallarbeiter, 12 % Bauarbeiter, 7 % Bergarbeiter, 6 % Holzarbeiter und 4 % Textilarbeiter; dem — vor allem für die chemische Industrie zuständigen — Fabrikarbeiterverband gehörten 8 % an, dem Transportarbeiterverband 6 % und den graphischen Verbänden 4 %. Einige Aspekte dieses Sachverhalts sind nicht schwer zu erklären. In ei-

445 Wienand Kaasch, Die soziale Struktur der KPD, in: Die Kommunistische Internationale 9 (1928), S. 1050—1067; Weber, Wandlung (Anm. 40), Bd. 1, S. 280 ff.; Flechtheim, KPD (Anm. 53), S. 240 f., 316 f.; Hartmann Wunderer, Materialien zur Soziologie der Mitgliedschaft und Wählerschaft der KPD zur Zeit der Weimarer Republik, in: Gesellschaft. Beiträge zur Marxschen Theorie, Bd. 5, Frankfurt 1975, S. 257—281. Zu den Daten über die Verteilung der Arbeitnehmer auf Betriebsgrößen vgl. oben S. 22 f.

ner ausgesprochenen Niedriglohnbranche wie der Textilindustrie waren überdurchschnittlich viele Frauen beschäftigt, und Frauen waren generell nicht sehr geneigt, sich für die KPD zu engagieren. Im Bereich des Bergbaus hatten neben dem sozialdemokratischen „Alten Verband" Christliche Gewerkschaften und Unionisten einen starken Rückhalt. Die schlecht bezahlten Landarbeiter waren gewerkschaftlich nur schwer zu organisieren, aber für kommunistische Bestrebungen noch sehr viel weniger empfänglich als für sozialdemokratische. Insgesamt spricht, wie Ossip Flechtheim feststellt, wenig für die Behauptung, die „Arbeiteraristokratie" sei das Bollwerk der Sozialdemokratie gewesen. „Vielmehr scheint es so zu sein, daß große Teile auch der unqualifizierten und schlecht bezahlten Arbeiterschaft der sozialdemokratischen Führung folgen, während nicht unerhebliche Elemente der qualifizierten Gruppen wenigstens zeitweise zur KPD neigen."[446]

Eine wahlsoziologische Untersuchung von Brian Peterson, die sich auf die Daten der Reichstagswahl vom 7. Dezember 1924 stützt, hat bei den Arbeitern folgender Branchen eine starke Tendenz zur SPD festgestellt: Bauindustrie, holzverarbeitendes Gewerbe, Textil und Bekleidung, Elektrotechnik und (außerhalb von Rheinland-Westfalen) Maschinenbau. Die Kommunisten dagegen fanden mehr Anklang als die Sozialdemokraten bei den Arbeitern der chemischen, Metallwaren-, Eisen- und Stahlindustrie sowie der Druck- und Papierindustrie. Bei den Bergarbeitern lag die SPD knapp vor der KPD; in katholischen Gegenden erzielten die Kommunisten jedoch etwas mehr Stimmen von Bergarbeitern als die Sozialdemokraten. Im Ruhrgebiet war die KPD am stärksten nicht in reinen Bergbaugegenden, sondern dort, wo es neben Kohlenbergwerken auch Stahlschmelzöfen gab. Insgesamt wurde die KPD mehr von protestantischen als von katholischen Arbeitern gewählt, aber der Anteil der Katholiken an der kommunistischen Wählerschaft war ungleich größer als bei derjenigen der SPD.[447]

Mit den religiösen Traditionen ihrer Mitglieder hatte die KPD erhebliche Probleme. Im Bezirk Halle-Merseburg gehörte noch ein Fünftel (20 %) der Parteimitglieder der Kirche an; im Ruhrgebiet lag dieser Anteil sogar noch etwas höher (22 %). Hier schickte ein Viertel der Mitglieder (26 %) ihre Kinder in den Religionsunterricht; dem Jung-Spartakusbund, der Kinderorganisation der KPD, ge-

446 Flechtheim, KPD (Anm. 53), S. 316; Weber, Wandlung (Anm. 40), Bd. 1, S. 283. Zur Branchendifferenzierung vgl. oben S. 223. Der Reichskontrolle von 1927 entstammen auch die folgenden Daten über den Einfluß der KPD in den proletarischen Massenorganisationen. In den Konsumgenossenschaften waren 32,87 % der Mitgliedschaft organisiert, in der Roten Hilfe 55,58 %, im Roten Frontkämpferbund und in der Roten Jungfront 22,11 %, im Roten Frauen- und Mädchenbund 3,07 % (von den in der KPD organisierten Hausfrauen: 23,31 %), bei den Freidenkern 31,28 %, bei den Mietern 9,73 %, bei den Sportorganisationen 15,74 %, in der Internationalen Arbeiterhilfe 4,93 %, im Arbeiter-Schützenbund 0,94 %, bei der Volksbühne 2,06 %, bei den Kleingärtnern 3,09 %, bei den Arbeitersamaritern 1,97 %, beim Arbeiter-Radio-Bund 0,37 %. Kaasch, Struktur (Anm. 445), S. 1065. Zum kommunistischen „Milieu": James Wickham, Working-Class Movement and Working-Class Life: Frankfurt am Main during the Weimar Republic, in: Social History 8 (1983), S. 315—343.

447 Peterson, Bases (Anm. 9), S. 234 ff. Zum Rückhalt der KPD bei Arbeitern der chemischen Industrie bes. Schiffmann, Revolution (Anm. 50), passim.

hörten jedoch nur die Kinder von einem knappen Sechstel der eingetragenen Parteimitglieder (17 %) an. Funktionären wurde freilich der Kirchenaustritt — seit einem entsprechenden Beschluß des Vierten Weltkongresses der Kommunistischen Internationale von 1922 — zur Pflicht gemacht. Als der kommunistische Landtagsabgeordnete Heydemann aus Königsberg 1925 aufgefordert wurde, diesen Schritt endlich zu tun, weigerte er sich und schied aus der Fraktion der KPD im preußischen Landtag aus. „Er stimmt regelmäßig mit den Sozialdemokraten und ist ihnen zuzurechnen", vermerkte dazu die Zentrale der KPD in ihrem Bericht an den 10. Parteitag.[448]

*

Zur Bolschewisierung der KPD gehörte auch ihr organisatorischer Umbau. Auf dem 10. Parteitag von 1925 wurde ein neues Statut beschlossen, das auf einer für alle Parteien verbindlichen Mustervorlage der Komintern beruhte. Die Prinzipien des „demokratischen Zentralismus" sollten demzufolge sein: erstens gewählte Organe, zweitens periodische Rechenschaftsablegung der Parteiorgane vor ihren Wählern und drittens „bindende Anerkennung der Beschlüsse höherer Parteiorgane durch die unteren, strenge Parteidisziplin und schnelle und genaue Durchführung der Beschlüsse des EKKI und der leitenden Parteiorgane."

In der Praxis bedeutete das neue Statut: weniger innerparteiliche Demokratie und mehr Zentralismus. Bis 1925 hatte es neben der Zentrale noch den Zentralausschuß gegeben, durch den die Bezirke an der Willensbildung der Partei mitwirkten. Damit war auch sichergestellt, daß die innerparteiliche Opposition sich auf Reichsebene kontinuierlich äußern konnte. 1925 verschwand dieses föderalistische Korrektiv zur Zentrale, die von jetzt ab, nach sowjetischem Vorbild, Zentralkomitee hieß. 1925 gehörten dem ZK 19 Mitglieder und 9 Kandidaten an; von 1927 bis 1929 setzte es sich aus 35 Mitgliedern und 18 Kandidaten zusammen. Die Vergrößerung ging mit einem politischen Gewichtsverlust einher. An Bedeutung gewann hingegen das kleinere, vom ZK gewählte Polbüro, das aus 9 Mitgliedern und 3 Kandidaten bestand. Es tagte einmal wöchentlich und hatte über alle politischen Fragen zu beschließen. Zum wichtigsten Entscheidungsorgan aber wurde das drei- bis vierköpfige Politsekretariat — vor allem seit es 1926 auch noch die Funktionen des Orgbüros übernahm. Das Sekretariat hatte laut Statut „sämtliche laufende Arbeit" zu erledigen. Tatsächlich leitete es weitgehend die Politik der Partei. „Mit der Ausdehnung des Parteiapparates in den Jahren nach 1924 waren Einfluß und Bedeutung des Sekretariats rasch angewachsen",

448 Bericht (Anm. 407), S. 95; Kaasch, Struktur (Anm. 445), S. 1065; Weber, Wandlung (Anm. 40), Bd. 1, S. 286 f. — Dem Jung-Spartakusbund (JSB) gehörten 1929 7 039 Mitglieder an. Ebda., S. 365. Der JSB war die 1924 gegründete Reichsorganisation der kommunistischen Kindergruppen und besonders im „Schulkampf" aktiv. 1930 wurde der JSB in die „Roten Jungpioniere" umgewandelt. An die Stelle der bisherigen Schulzellen traten Pionierabteilungen. Vgl. dazu die — betont „parteilichen" — Darstellungen von Lutz v. Werder u. Reinhart Wolff (Hg.), Schulkampf. Dokumente und Analysen, Bd. 1, Frankfurt 1970, S. 247 ff. (mit weiterer Lit.); Bodo Voigt, Bildungspolitik und politische Erziehung in den Klassenkämpfen, Frankfurt 1973, S. 317 ff.

schreibt Hermann Weber. „Die gesamte Korrespondenz mit den Bezirken, d. h. faktisch die Anleitung der Partei, konnte nur über das Sekretariat erfolgen, das damit eine Schlüsselposition in der Parteihierarchie einnahm. Da in der Regel alle Sekretäre auch dem Polbüro angehörten, waren die Sekretäre die eigentlichen Führer der Partei.[449]

Beim ZK waren, den Vorschriften der Komintern entsprechend, folgende Abteilungen einzurichten: Organisation, Gewerkschaften, Agitprop, Frauen, Land — seit 1925 mit der Gewerkschaftsabteilung vereinigt — und eine Geschäftsabteilung, die für Buchhaltung und Kasse zuständig war. Unmittelbar dem ZK unterstellt war weiter die 1924 gegründete PEUVAG (Papiererzeugungs- und -verwertungs-Aktiengesellschaft), die Dachgesellschaft der kommunistischen Zeitungsverlage und Druckereien — eines der wichtigsten Instrumente bei der reichsweiten Durchsetzung der jeweiligen Parteilinie. Auch die Apparate der Nebenorganisationen — Roter Frontkämpferbund, Kommunistischer Jugendverband, Rote Hilfe, Roter Frauen- und Mädchenbund, Internationale Arbeiter-Hilfe sowie, in den späteren Jahren der Republik, Revolutionäre Gewerkschaftsopposition und Sport- und Freidenkerverbände — wurden von der Parteiführung zentral geleitet. Seit 1926 nahmen an den Sitzungen der Bezirksleitungen stets Vertreter des ZK teil. Die „Polleiter", die für die Arbeit im Bezirk verantwortlichen Funktionäre, wurden nicht mehr direkt vom Bezirksparteitag gewählt, sondern von der Bezirksleitung bestimmt — was den Einfluß des ZK auf diese Personalentscheidung erheblich steigerte.[450]

Das A und O der organisatorischen Bolschewisierung sollte der Parteiaufbau auf der Basis von Betriebszellen sein. Der Wohnbezirk als unterste Parteieinheit entsprach der sozialdemokratischen Tradition, die Betriebszellenorganisation dagegen war das Modell der Bolschewiki. Die KPD hatte in ihrer Frühzeit eine Verbindung beider Prinzipien herzustellen versucht, aber über bescheidene Anfänge waren die Betriebszellen 1924/25 beim Beginn der Bolschewisierungskampagne nicht hinausgelangt. Dieses Defizit war nach Meinung des EKKI und seiner deutschen Parteigänger eine der tieferen Ursachen für den Mißerfolg vom Oktober 1923: Hätten die Kommunisten damals über eine wirksame Betriebszellenorganisation verfügt, wären ihre Chancen viel größer gewesen, die Massen der Arbeiter auf ihre Seite zu ziehen. Um diesem Mangel endlich abzuhelfen, bestimmte das neue Statut von 1925 daher ganz kategorisch: „Grundlage der Parteiorganisation, ihr Fundament, ist die Betriebszelle in der Fabrik, im Bergwerk, in der Werk-

449 Weber, Wandlung (Anm. 40), Bd. 1, S. 261 ff. (263). Das Statut von 1925 in: Bericht (Anm. 407), S. 232—239; DuM (Anm. 48), Bd. 8, S. 171—181.

450 Weber, Wandlung (Anm. 40), Bd. 1, S. 261 ff. Die KPD-Presse hatte Ende 1926 insgesamt eine Auflage von 282 000 Exemplaren und verfügte damit über einen Anteil von 1 % aller deutschen Zeitungen. Die „Rote Fahne", das Zentralorgan der KPD, erschien 1929 in einer Auflage von 25 000 (nach offiziellen Angaben: 70 000). Vom theoretischen Organ „Die Internationale" wurden 1929 jeweils 1 200 Exemplare verkauft. Für das Funktionärsorgan „Der Parteiarbeiter" liegen keine Zahlen vor. Ebda., S. 273 ff., 366 ff., sowie Christa Hempel-Küter, Die Tages- und Wochenpresse der KPD im Deutschen Reich von 1918 bis 1933, in: IWK 23 (1987), Heft 1, S. 27—82. — Von den 27 Parteibezirken der KPD waren 1929 die 7 mitgliederstärksten: Berlin-Brandenburg (15,8 % der Mitgliedschaft), Halle-Merseburg (9,0 %),

statt, im Büro, im landwirtschaftlichen Betrieb usw., der alle an dieser Stelle arbeitenden Parteimitglieder angehören müssen." Parteimitglieder, die in keinem Betrieb arbeiteten, waren der im Ort bestehenden Betriebszelle anzugliedern; wo das nicht möglich war, mußten sie Straßenzellen bilden. Alle Mitglieder der Betriebszellen wurden zugleich in ihrem Wohngebiet durch die Zellgruppenleitung registriert und zur Erledigung der Arbeiten im Wohngebiet zusammengefaßt.[451]

Mit der Durchführung des Aufbaus von Betriebs- und Straßenzellen befaßte sich vor allem Walter Ulbricht — „Genosse Zelle", wie er in Parteikreisen genannt wurde. Ulbricht hatte sich bereits in der Brandler-Zentrale von 1923 dieser Aufgabe gewidmet. In Moskau hatte der sächsische Funktionär 1924/25 Gelegenheit, weitere organisatorische Erfahrungen zu sammeln und sich an der Lenin-Schule der Komintern ausbilden zu lassen. Im Herbst 1925 kehrte er nach Deutschland zurück. Er übernahm Funktionen in der Gewerkschafts-, später in der Agitprop- und schließlich in der Organisationsabteilung. 1927 wurde er in das ZK gewählt.

„Die Reorganisation der kommunistischen Parteien auf der Basis der Betriebszellen ist ein Teil der Bolschewisierung der kommunistischen Parteien", erklärte Ulbricht 1925. Aber der neue Organisationsspezialist wurde auch noch sehr viel konkreter. Über die Aufgaben von Straßenzellen schrieb er 1925: „Jedem Genossen sollen bestimmte Häuser zur Bearbeitung zugeteilt werden. In Verbindung mit der Abonnentenwerbung und dem Literaturvertrieb in den Arbeiterwohnungen sind planmäßige Diskussionen mit den Arbeitern und Arbeiterfrauen zu führen. Gute Anknüpfungsmöglichkeiten haben auch jene Genossen, die als Mieterräte, als Krankenkassenkontrolleure usw. tätig sind. Hunderte von Fragen müssen sie infolge ihrer Arbeit mit den Arbeitern, Angestellten, Beamten usw. in ihren Wohnungen besprechen, bei denen sie geschickt auf die politischen Fragen übergehen können. Ebenso sind die Gespräche beim Einkauf im Konsumverein, im Kaufhaus, auf dem Markt, beim Friseur, im Restaurant, im Treppenhaus usw. zur Agitation auszunützen. Es ist dabei wichtig, auch die Dienstboten, Hausmeister usw. ins Gespräch zu ziehen, um sie aufzuklären und auch Informationen zu erhalten ... Die Straßenzellenleitung muß genau wissen, wann und wie bestimmte Arbeiter beeinflußt wurden, welche Zeitung sie lesen, welchen Organisationen sie angehören und unter welchen Verhältnissen sie leben."[452]

Was den Aufbau von Betriebszellen anging, so waren die Erfolge Ulbrichts und seiner Mitarbeiter allerdings begrenzt. 1927 waren 15 % der Parteimitglieder in Betriebszellen organisiert, 1928 nur noch 12 %. Auch in den folgenden beiden Jahren konnte dieser Anteil nicht wesentlich gesteigert werden. Nur im Bezirk Ruhr gelang es 1930, ein Drittel der Mitglieder in Betriebszellen zu erfassen. In der Hälfte aller „Riesenbetriebe" mit mehr als 5 000 Arbeitnehmern gab es keine

---

Wasserkante (8,9 %), Niederrhein (7,8 %), Erzgebirge-Vogtland (7,5 %), Ruhr (6,7 %), Westsachsen (6,1 %). Weber, Wandlung (Anm. 40), Bd. 1, S. 367 f.

451 Ebda., Bd. 1, S. 268 f.; DuM (Anm. 48), Bd. 8, S. 173 (§§ 12, 13).

452 Carola Stern, Ulbricht. Eine politische Biographie, Köln usw. 1963, S. 43 ff. (51—53); Weber, Wandlung (Anm. 40), Bd. 2, S. 326 f. Ulbrichts wichtigster Verbündeter im ZK war der Polleiter von Berlin, Wilhelm Pieck. Dazu Fischer, Stalin (Anm. 46), S. 607 ff.

kommunistischen Betriebsgruppen. Die Tatsache, daß die Zahl der arbeitslosen Parteimitglieder stets hoch war und während der Weltwirtschaftskrise gewaltig zunahm, erklärt den Sachverhalt nur zum Teil. Man muß vielmehr davon ausgehen, daß kommunistische Arbeiter häufig davor zurückschreckten, ihren Arbeitsplatz durch offenes Engagement für die KPD aufs Spiel zu setzen.[453]

Ein Erfolg der organisatorischen Bolschewisierung war jedoch nicht zu bestreiten: Die Ersetzung der Ortsvereinsorganisation durch Straßen- und Betriebszellen trug wesentlich zur Beseitigung der letzten Reste von innerparteilicher Demokratie bei. „In den Wohnorganisationen waren die Funktionärsversammlungen ein wichtiges politisches Gremium", bemerkt Weber. „Die Zusammenfassung aller Funktionäre zu regelmäßigen Besprechungen förderte das politische Leben der Partei vor allem in den großen Städten. Die innerparteilichen Auseinandersetzungen wurden auf diesen Veranstaltungen am heftigsten ausgetragen. Mit dem Umbau auf Zellenorganisationen sollten die Funktionärsversammlungen ersetzt werden. Das schien im Sinne der innerparteilichen Demokratie zu liegen, tatsächlich wurde damit jedoch die Vormachtstellung des Apparats verstärkt. In den großen Funktionärsversammlungen entschieden politische Argumente, rhetorisches Geschick der Redner usw. die Abstimmung. In den kleineren Zellenversammlungen aber konnte der Apparat seinen Einfluß leichter geltend machen. Apparatfunktionäre konnten in jede kleine Zelle geschickt werden, der Opposition fehlten dazu die Kräfte."[454]

Das düsterste Kapitel in der Stalinisierung der KPD war die Durchdringung des deutschen Parteiapparates mit Agenten der sowjetischen Geheimpolizei, der GPU. Das Einfallstor bildeten jene illegalen Geheimapparate der KPD, deren Aufbau der Zweite Weltkongreß der Komintern 1920 den kommunistischen Parteien zur Pflicht gemacht hatte und die, jedenfalls seit der zweiten Hälfte der zwanziger Jahre, vom EKKI finanziert und kontrolliert wurden. Ihr Dach bildete seit 1928 der von Hans Kippenberger — einem der Organisatoren des Hamburger Aufstandes von 1923 — geleitete Militär- oder „M-Apparat", der aus Tarnungsgründen „Antimilitaristischer Apparat" genannt wurde. Seine wichtigsten Unterabteilungen waren die beiden Nachrichtendienste — „offensiv" und „defensiv" —, die Zersetzungsapparate, die sich auf die Reichswehr, die Polizei, die Organisationen der Rechten und die SPD konzentrierten, sowie der Terror- oder T-Apparat.

Der Militärapparat im engeren Sinn verlor zahlenmäßig nach dem „deutschen Oktober" zwar an Bedeutung, aber er blieb bestehen. Seine Mitarbeiter erhielten

---

453 Weber, Wandlung (Anm. 40), Bd. 1, S. 269. — Der kommunistischen Betriebszelle bei der BASF, bis 1924 einer Hochburg der KPD, gehörten Ende 1926 nur 98 Mitglieder an, von denen lediglich 38 im freigewerkschaftlichen Fabrikarbeiterverband organisiert waren. An der Arbeit der Betriebszelle nahmen bis 1929 meist nur zwischen 10 und 30 Mitglieder teil. Schiffmann kommt auf Grund dieser Befunde zu dem Ergebnis: „Die Masse der Anilinarbeiter kehrte 1924 nicht nur den ‚Reformisten" sondern auch den ‚Revolutionären' den Rücken." Schiffmann, Revolution (Anm. 50), S. 374. Zum Rückhalt der KPD in der BASF vgl. oben S. 206 u. Anm. 2/50.

454 Weber, Wandlung (Anm. 40), Bd. 1, S. 269.

seit 1923/24 in der Sowjetunion eine intensive Schulung in allen Fragen des Bürgerkriegs. Nach dem Bericht Ruth Fischers wurden überdies in regelmäßigen Konferenzen alle Neuerungen der Kriegsführung erörtert. „Unter russischer und deutscher Leitung studierten mehrere kleine Studiengruppen deutsche Militärwissenschaft und veröffentlichten gelegentlich Instruktionsbroschüren und militärische Propagandaliteratur. Kleine bewaffnete Gruppen hielten immer noch militärische Übungen ab, aber größere Manöver fanden nicht mehr statt.“[455]

Der Nachrichtenapparat, der bis 1928 neben dem „alten“ M-Apparat existierte, beteiligte sich, derselben Quelle zufolge, auf seine Weise an Parteidiskussionen. „N-Leute überfielen Oppositionsversammlungen, umstellten mit bewaffneten Gruppen Versammlungslokale, schlossen die Türen und durchsuchten die Versammlungsteilnehmer nach oppositioneller Literatur oder belastenden Briefen. Derselbe N-Dienst machte Überfälle auf Privatwohnungen und veranstaltete reguläre Haussuchungen: Genossen wurden zum Hauptquartier mitgenommen und dort verhört, nicht von der regulären Parteiorganisation, sondern von Leuten des Nachrichtendienstes ... Nachrichten- und Terrorapparat, N- und T-Apparat, waren die Hebelarme der Gleichschaltung. Sie waren es, die Charakter und Verhalten von Oppositionellen abzuwägen hatten, die beschlossen, wer ausgeschaltet werden mußte, und die aus den Übrigbleibenden einen nachgiebigen Parteikörper montierten. In den Tagen von 1923 war für die T-Gruppen ein energischer Typus charakteristisch, der seinen Kampfgeist auf die konterrevolutionären Organisationen richtete. Diese Aktivisten wurden in gefügige Werkzeuge des russischen Terrorapparates umgewandelt; aus revolutionären Arbeitern, die sich den Gruppen in leidenschaftlichem Haß auf die Schwarze Reichswehr angeschlossen hatten, wurden erbärmliche Zuträger, bezahlte Mörder.“[456]

Die Umwandlung der kommunistischen Geheimapparate in Instrumente der sowjetischen Staatspolizei vollzog sich vor allem in den Jahren 1926 bis 1928.

---

455 Fischer, Stalin (Anm. 46), S. 621 f. Zu den militärischen Kursen in der Sowjetunion und der Militärpolitischen (MP-) Schule bei Moskau (spätestens 1930 eingerichtet) sowie zu den Kaderschulen der Komintern, darunter der 1926 gegründeten Internationalen Leninschule, die von den Teilnehmern ebenfalls militärisches Training (Schießübungen, Geländedienst und Bürgerkriegsmanöver wie Stadtbesetzungen u. ä.) verlangte: Beatrix Herlemann, Der deutschsprachige Bereich an den Kaderschulen der Kommunistischen Internationale, in: IWK 18 (1982), Heft 2, S. 205—229. Nach den Beobachtungen des Reichskommissars für Überwachung der öffentlichen Ordnung fanden in Berlin im September 1925 noch „kleinere Exerzier- und Gefechtsübungen“ des zum „M-Apparat“ gehörenden „O-D“ (= „Ordnungsdienst“) statt. Im Februar 1926 soll die Bezirksleitung die Auflösung des „O-D“ beschlossen haben. Schuster, Frontkämpferbund (Anm. 53), S. 31. Zum Zweiten Weltkongreß der Komintern vgl. den vorhergehenden Bd., S. 468 ff.

456 Fischer, Stalin (Anm. 46), S. 617, 622 f. Zur juristischen Behandlung eines von einer T-Gruppe begangenen Fememordes, dem „Tscheka-Prozeß“ vor dem Reichsgericht im Jahre 1925: Heinrich Hannover u. Elisabeth Hannover-Drück, Politische Justiz 1918—1933, Frankfurt 1966, S. 219—227. Zu den Geheimapparaten und ihrer Finanzierung auch Weber, Wandlung (Anm. 40), Bd. 1, S. 29, 311 f. Zur Frühgeschichte der Geheimapparate auch Retzlaw, Spartakus (Anm. 53), bes. S. 268 ff.; Erich Wollenberg, Der Apparat. Stalins Fünfte Kolonne, Bonn o. J., S. 10 ff.; Franz Feuchtwanger, Der militärpolitische Apparat der KPD in den Jahren 1928—1935. Erinnerungen, in: IWK 17 (1981), Heft 4, S. 485—533.

Erich Wollenberg, der den M-Apparat von innen kannte und im April 1933 wegen seiner Kritik an der Politik der KPD aus der Partei ausgeschlossen wurde, kam zu dem Fazit, nach 1928 seien die „Geheimapparate der KPD (sowie der anderen Kominternparteien) in immer stärkerem Maße bloße Auslandsabteilungen des sowjetischen Geheimdienstes, der Roten Armee und der GPU" geworden und hätten „ausschließlich den Zielen des Sowjetstaates" gedient. Ruth Fischers Urteil, so subjektiv es sonst oft gefärbt ist, gewinnt durch diese Aussage an Glaubwürdigkeit: Zwei Jahre jener „Normalisierung", wie sie im „Offenen Brief" vom Sommer 1925 angeordnet wurde, hätten genügt, um die Parteikader von Grund auf zu verwandeln. „An Stelle des internationalistischen aktiven Kommunisten der Bürgerkriegsjahre kam ein neuer Typus des nationalen Kommunisten auf — der Stalinist, der Moskauer Agent. Die neuen Kader hatten nicht das Bewußtsein, eine internationale Arbeiterpartei zu repräsentieren, sondern die russische Staatspartei; sie waren Geheimagenten einer ausländischen Macht. Der legale Parteiapparat, die legalen Parteiorganisationen waren leere Hülsen, Fassaden, hinter denen nichts mehr stand. Der Kern der Partei war jetzt der Block von Geheimagenten, der so fest zusammenhielt, daß sich an ihm jeder Versuch, unabhängige Tendenzen zu entwickeln, brechen mußte."[457]

Die proletarische Massenpartei, die die KPD mittlerweile geworden war, wurde damit überlagert durch einen ganz anderen Parteityp: die im Untergrund arbeitende Verschwörerpartei. Es war der Parteityp, den der zaristische Polizeistaat hervorgebracht hatte und in dem Stalin groß geworden war. Den Bedürfnissen des deutschen Proletariats war eine solche Ausrichtung nicht angemessen, wohl aber den Zwecken des Generalsekretärs der KPdSU. Er hielt kommunistische Parteien außerhalb der Sowjetunion nur dann für zuverlässig, wenn sie sich in

457 Weber, Wandlung (Anm. 40), Bd. 1, S. 290, Bd. 2, S. 347 f.; Wollenberg, Apparat (Anm. 456), S. 14; Fischer, Stalin (Anm. 46), S. 620. Ruth Fischer zufolge waren auch die „Arbeiterkorrespondenten" der KPD in das Netz der GPU eingespannt. „Offiziell bestand seine (des Arbeiterkorrespondenten, H. A. W.) Aufgabe darin, Briefe an die kommunistische Presse zu schreiben; in Wirklichkeit aber sollte er vertrauliche Berichte über die Situation in der Fabrik und der Industrie vorlegen. Diese Berichte wurden von Sachverständigen gesiebt, exzerpiert und nach Moskau weitergeleitet." Über das Ausmaß der sowjetischen Infiltration der KPD schreibt Ruth Fischer: „Es gab Hunderte deutscher Parteimitglieder, die bezahlte Angestellte der verschiedenen sowjetrussischen Vertretungen in Deutschland wurden. Eine solche Anstellung war ein von vielen deutschen Kommunisten eifrig gesuchter Hafen. Die Gehälter waren erheblich höher als in entsprechenden deutschen Betrieben, die Arbeitszeit war kürzer und man hatte auch sonst Vorteile. Angestellte der russischen Handelsvertretungen in Berlin konnten zum Beispiel Motorräder, Pelzjacken und ähnlichen Luxus mit beträchtlichem Rabatt kaufen und konnten mit ihren Familienangehörigen billige Ferien in Rußland verbringen oder in russische Sanatorien gehen. Prestigegewinn und soziales Ansehen begleiteten diese materiellen Vorteile. Viele Revolutionäre, denen durch ihre kommunistische Aktivität Karrieren in der Weimarer Republik verschlossen waren und die solche Opfer nunmehr in einer Periode ‚relativer Stabilisierung' für sinnlos hielten, fanden im Dienste des russischen Staates einen Ersatz. Diese Karrieren änderten grundlegend die materiellen und psychologischen Bedingungen ihres Daseins." Ruth Fischer bezifferte die Gesamtzahl der Angehörigen des „Apparats", die vom Wohlwollen Moskaus abhängig waren, mit 4 300. Ebda., S. 612 f., 622 f.

Agenturen seiner Partei verwandelt hatten. In Deutschland hatte er dieses Ziel um 1928 schon fast erreicht.

*

Von den Massenorganisationen der KPD war die bei weitem bedeutendste der Rote Frontkämpferbund (RFB): Seine Mitgliederzahl belief sich im August 1927 auf 127 000 und lag damit sogar etwas über der Mitgliederzahl der Partei. Äußerer Anlaß für die Gründung des RFB war der „Blutsonntag von Halle" am 11. Mai 1924: Rechte Verbände vom Stahlhelm bis zum Werwolf hatten für diesen Tag zu einer Großdemonstration in der Stadt an der Saale aufgerufen. Die KPD kündigte daraufhin für das gleiche Datum einen „Arbeitertag" an und gab die Parole aus „Arbeiter, verjagt am 11. Mai die Faschisten aus Halle". Als am Morgen des 11. Mai ein Zug von 500 Kommunisten die Saale überschreiten wollte, wurde er von einem Aufgebot der Schutzpolizei daran gehindert. Aus einem Handgemenge entwickelte sich binnen kurzem ein Feuergefecht, das 8 Tote und 16 Schwerverletzte forderte. Für viele Kommunisten, vor allem im Bezirk Halle-Merseburg selbst, war das ein Signal: Die Partei brauchte einen Kampfverband, der Kundgebungen und Demonstrationen schützen, den paramilitärischen Organisationen der Gegner Paroli bieten und notfalls auch die Polizei in Schach halten konnte.

Der Rote Frontkämpferbund wäre aber auch ohne den blutigen Zusammenstoß von Halle ins Leben gerufen worden. Als am 1. März 1924 das nach dem Scheitern des „deutschen Oktober" verhängte Verbot der KPD aufgehoben wurde, galt dies nur für die Partei selbst: Die Proletarischen Hundertschaften blieben weiterhin verboten. Einen legalen Ersatz für diese Verbände zu schaffen, lag um so näher, als die SPD bereits seit Februar 1924 einen Kampfbund besaß: das Reichsbanner Schwarz-Rot-Gold. Die Entscheidung für die Gründung des RFB fiel im Mai 1924 in der Zentrale der KPD. Bedenken gegen eine Nachahmung des militärischen Auftretens rechter Verbände wurden vor allem von Karl Gröhl alias Karl Retzlaw geäußert, der seit Anfang 1923 den illegalen „M"- und „N-Apparat" der KPD leitete. Nach Gröhls Meinung mußte die KPD im Sinne Karl Liebknechts gegen jede Art von Militarismus kämpfen; „Militärspielerei" mache die Organisierung der Revolution geradezu unmöglich. Aber Thälmann und seine Berater hielten solche Warnungen für gegenstandslos. Aus ihrer Sicht kam es in erster Linie darauf an, daß die Arbeiter davon abgehalten wurden, sich dem Reichsbanner anzuschließen. Aufmärsche und Uniformen böten der KPD überdies die Chance, ihr bisher fernstehende Proletarierschichten anzusprechen, ihnen Selbstbewußtsein und Glauben an den Sieg der Revolution zu geben.

Ganz bewußt knüpfte denn auch der Rote Frontkämpferbund, der am 1. August 1924 in Halle offiziell gegründet wurde, an das Kriegserlebnis an: „Der Rote Frontkämpferbund ... ist die Organisation der proletarischen Frontkämpfer, die unter Leitung von proletarischen Frontkämpfern im Gegensatz zu den vaterländischen Verbänden und dem ‚Holzhelm' (gemeint war das Reichsbanner, H. A. W.) die Parole ‚Krieg dem imperialistischen Kriege!' auf ihre Fahnen geschrieben hat.

Der Rote Frontkämpferbund will den Massen den Haß gegen den imperialistischen Weltkrieg einimpfen... Der Rote Frontkämpferbund duldet deshalb als Führer keine ‚Etappenschweine', sondern nimmt Proleten, die im Schützengraben das Völkermorden kennen und hassen gelernt haben. Jeder Arbeiter muß deshalb in den Roten Frontkämpferbund eintreten."[458]

Die Kader, die den RFB zunächst in den Bezirken Halle-Merseburg und Thüringen, dann im ganzen Reich aufbauten, waren die Funktionäre des „O-D" — des Ordnungsdienstes der KPD, der 1923 für die Bildung der Proletarischen Hundertschaften verantwortlich gewesen war. Wie diese Wehrverbände sollte sich auch der RFB nicht nur aus Mitgliedern der KPD rekrutieren. Vielmehr bezeichneten die Satzungen als Zweck des Bundes die „Zusammenfassung aller im Deutschen Reich wohnenden Kriegsteilnehmer des Weltkriegs und der im Waffendienst ausgebildeten Männer, die auf dem Boden des proletarischen Klassenkampfs stehen". Der Bund stelle sich zur Aufgabe „die Pflege des Klassenbewußtseins und die Pflege der Kriegserinnerungen zum Zwecke der Abwehr nationalistisch-militärischer Propaganda für neue imperialistische Kriege." Eine illegale Bewaffnung lehnte der RFB, den Statuten zufolge, ausdrücklich ab.[459]

Für klassenbewußte und darum antimilitaristische Proletarier war es sicherlich schwierig, sich an das Erscheinungsbild des Roten Frontkämpferbundes zu gewöhnen. Dazu gehörten die Uniform — eine feldgrüne Russenbluse mit Ledergürtel, „Leninmütze" und Breecheshose —, Fahne und Fahneneid, ein Bundesemblem, die zum Gruß geballte linke Faust, Spielmannszüge mit Trommeln und Schalmeien sowie ein eigenes Kommandoreglement. Dergleichen war bislang von der Linken als „reaktionärer Klimbim" der Kaiserzeit und der „Vaterländischen Verbände" verspottet worden. Erst recht hatte Wehrsport bis hin zu manöverartigen Geländespielen für viele Arbeiter einen ausgeprägt „rechten" Beigeschmack. Aber ähnlich wie beim Reichsbanner Schwarz-Rot-Gold galt auch beim Roten Frontkämpferbund die Devise „Vom Gegner lernen". Ohne ein gewisses Maß an äußerer Militarisierung konnte man nicht hoffen, den Kampfbünden der Rechten wirksam entgegenzutreten. Anders als das Reichsbanner hatte der RFB jedoch auch ein positives Vorbild in einem real existierenden Heer — der Roten Armee. Der Rote Frontkämpferbund stilisierte sich gern zum Verbündeten dieser Armee.

---

458 DuM (Anm. 48), Bd. 8, S. 89 f. (Aufruf des provisorischen Bezirksvorstands Halle-Merseburg des RFB vom 29. 7. 1924 zur ersten Massenkundgebung des RFB am 1. 8. 1924 in Halle); Schuster, Frontkämpferbund (Anm. 53), S. 19 ff.; Finker, Geschichte (Anm. 53), S. 16 ff.; Wolfgang Abendroth, Zur Geschichte des Roten Frontkämpfer-Bundes, in: Geschichte und Zukunft. Festschrift für Anton Hain, Meisenheim 1967, S. 12—32; Wolfgang Kießler, Ernst Schneller, Lebensbild eines Revolutionärs, Berlin [O] 1974, S. 138 ff.; Retzlaw, Spartakus (Anm. 53), S. 299 ff. Retzlaw wurde wegen seines Widerspruchs gegen die Gründung des RFB aus der Partei entlassen. Sein Nachfolger als Leiter des illegalen Apparates wurde formell Ernst Schneller, faktisch Hans Kippenberger. Ebda., S. 301. — Der KPD gehörten im April 1927 124 729 Mitglieder an. Von den 70 150 Mitgliedern, die der RFB am 1. 9. 1925 zählte, waren 24 732 Mitglieder der KPD. 1928 soll die Zahl der Mitglieder des RFB 106 000 betragen haben. Weber, Wandlung (Anm. 40), Bd. 1, S. 362—364. Dazu auch Schuster, Frontkämpferbund (Anm. 53), S. 186.

459 DuM (Anm. 48), Bd. 8, S. 90—92.

Auf dem 3. Reichstreffen zu Pfingsten im Mai 1926 in Berlin legten die Teilnehmer einer Massendemonstration erstmals den Schwur ab, „zur Verteidigung der Sowjetunion stets und immer bereit zu sein."[460]

Als Gegner betrachtete der RFB keineswegs nur den Stahlhelm, die SA und andere paramilitärische Verbände der Rechten, sondern auch das Reichsbanner Schwarz-Rot-Gold. Von diesem hieß es im Aufruf des provisorischen Bezirksvorstandes Halle-Merseburg vom Juli 1924, an seiner Spitze stünden „größtenteils Offiziere, die bei Beginn des Krieges die Arbeiter im Waffenrock gedrillt und schikaniert hätten, die aber heute aus Konjunkturgründen pazifistische Phrasen dreschen." Schlägereien zwischen Mitgliedern des RFB und des Reichsbanners waren in der Frühzeit beider Verbände nicht selten, wobei die Tätlichkeiten meistens, aber nicht immer von dem kommunistischen Kampfbund ausgingen.[461]

Mit dem „Offenen Brief" aus Moskau, der im Sommer 1925 die KPD auf eine neue Einheitsfronttaktik einzuschwören suchte, war diese Phase fürs erste abgeschlossen. Fortan wurde die „Waffenbrüderschaft" der Arbeiter im Roten Frontkämpferbund und im Reichsbanner gegen Faschisten und Reaktionäre beschworen, was natürlich Angriffe auf die Führung des schwarz-rot-goldenen Verbandes nicht ausschloß. Ernst Thälmann, der auf der 1. Reichskonferenz des RFB im Februar 1925 zum Bundesvorsitzenden gewählt wurde, und sein Stellvertreter Willy Leow, der faktische Bundesführer, sahen ihre Hauptaufgabe darin, den Roten Frontkämpferbund strikt auf der jeweiligen Parteilinie zu halten. Dasselbe Ziel verfolgten — von der Reichs- bis hinunter zur Orts- und Betriebsebene — die „Fraktionen der Kommunisten im RFB." Spannungen gab es mitunter dennoch. So sah der Kommunistische Jugendverband (KJVD) mit Sorge, daß viele seiner Mitglieder vom militanten Aktivismus der Roten Jungfront, der Jugendorganisation des Roten Frontkämpferbundes, mehr fasziniert waren als von der politischen Alltagsarbeit und der ideologischen Schulung, wie sie der Jugendverband der Partei betrieb. Umgekehrt war die Rote Jungfront darauf erpicht, daß ihre Arbeitsmethoden nicht einfach vom KJVD übernommen wurden. Tatsächlich gelang es der Jungfront 1927, Trommeln, Pfeifen und Uniformen zu ihrem Monopol zu machen. Der Kommunistische Jugendverband konnte dagegen seinen Führungsanspruch in Sachen Bildungsarbeit durchsetzen.

Ernster zu nehmen waren Konflikte, die sich aus den Flügelkämpfen innerhalb der KPD ergaben. Während der Auseinandersetzungen mit den „Ultralinken" bildeten sich in einigen „Gauen" — wie die Bezirke des Roten Frontkämpferbundes

460 Dazu v. a. Schuster, Frontkämpferbund (Anm. 53), S. 41 ff. Ähnlich wie beim Reichsbanner wurden auch beim RFB (und hier schon früher, nämlich seit 1925/26) Begriffe wie „Führer" und „Gau" eingeführt. Organisatorisch gliederte sich der RFB in Gruppen, Züge, Kameradschaften, Abteilungen (in größeren Städten), Ortsgruppen, Untergaue und Gaue. — Geländespiele großen Stils wurden vor allem in den ersten beiden Jahren des RFB durchgeführt. Anfang 1926 setzte sich aber in der Bundesführung die Ansicht durch, daß alle militärischen Übungen, die ein Verbot des RFB zur Folge haben konnten, zu unterlassen waren. Ebda., S. 67 ff., 97. — Zum Reichsbanner Schwarz-Rot-Gold vgl. oben S. 378 ff.

461 DuM (Anm. 48), Bd. 8, S. 89 f. Vgl. dazu oben, S. 208; Schuster, Frontkämpferbund (Anm. 53), S. 139 ff.; Rohe, Reichsbanner (Anm. 359), S. 342.

seit 1925 hießen — auch linke Oppositionsgruppen. Auf dem „Roten Tag“ in Neuss Ende September 1926 war der RFB Mönchengladbach mit zwei Ortsgruppen vertreten — eine von ihnen, die 70 Mann stark war, marschierte unter einem Transparent „Ortsgruppe der Linksopposition M.Gladbach“. Etwa zur gleichen Zeit wurden zwei prominente Mitglieder der Gauführung Berlin-Brandenburg aus KPD und RFB ausgeschlossen. Allzu stark scheint der Rückhalt der „Ultralinken“ im Roten Frontkämpferbund aber nicht gewesen zu sein. Selbst in einer Hochburg der Opposition wie Berlin beteiligte sich 1927 der RFB aktiv an der Sprengung von Versammlungen, zu denen die Gruppe um Urbahns eingeladen hatte.[462]

Ein eigenständiges, von der KPD sich abhebendes Profil hat der RFB nie entwickelt, auch nicht das Bewußtsein, eine Art Parteielite zu sein. Die Privatarmee der KPD, denn das war der Rote Frontkämpferbund vor allem, bestand aus Parteisoldaten, die gewohnt waren, Befehle auszuführen. Kämpferischer Einsatz und demonstrative Präsenz im Dienst der Partei galten als das Aufgabenfeld des RFB — nicht oder nur in zweiter Linie die politische Überzeugungsarbeit. Im Sommer 1927 machte Albert Schreiner, ein prominentes Mitglied der Bundesführung, „eine mangelhafte Politisierung der Organisation und ein zu starkes Hervorkehren des demonstrativen Charakters, also eine Verflachung der Organisation“ dafür verantwortlich, daß ein „großer Prozentsatz“ der Mitglieder gar nicht in der Lage sei, „politisch mit den Arbeitern im Reichsbanner zu diskutieren.“ Das war vor allem eine Kritik am Führungsstil Thälmanns und Leows. Auf nichtkommunistische Arbeiter konnte der RFB nach Meinung Schreiners schon deswegen kaum anziehend wirken, weil seine „Überparteilichkeit“ bloß auf dem Papier stand: Auf der 4. Reichskonferenz vom März 1927 waren alle 86 Delegierten Mitglieder der KPD. Dazu kämen personalpolitische Fehlentscheidungen: Leow habe wichtige Positionen mit Freunden besetzt, an deren persönlicher Integrität offenbar viele zweifelten. Das ZK setzte zwar eine Untersuchungskommission ein, die Schreiners Vorwürfe prüfen sollte. Aber diese Kommission trat nie zusammen. Seit Anfang 1928 war es auch nicht mehr opportun, auf eine wirksamere Einheitsfrontpolitik zu drängen. Schreiner wurde im Oktober 1928 gemaßregelt und aus der Arbeit im RFB entfernt. Der Rote Frontkämpferbund selbst vollzog unter Leows Führung die von Stalin angeordnete Linksschwenkung so konsequent, daß er 1929 den Behörden hinreichende Handhaben für sein Verbot lieferte.[463]

*

462 Schuster, Frontkämpferbund (Anm. 53), S. 126 ff., 158 ff. Der Roten Jungfront (bis 1925 hieß sie Roter Jungsturm) gehörten die RFB-Mitglieder im Alter von 16 bis 20 Jahren an; 1928 wurde das Höchstalter auf 23 Jahre angehoben. Ebda., S. 122 ff., 130. Dem KJVD gehörten am 1. 11. 1927 18 377 Mitglieder an. Weber, Wandlung (Anm. 40), Bd. 1, S. 365. Zur Geschichte der kommunistischen Jugendbewegung auch aus SED-Sicht: Geschichte der deutschen Arbeiterjugendbewegung 1904—1945, Berlin [O] 1973, S. 224 ff.

463 Schuster, Frontkämpferbund (Anm. 53), S. 126 ff., 158 ff. Zur Vorgeschichte des RFB-Verbots von 1929 vgl. unten S. 672 ff.; zu dem von dem deutschnationalen Reichsinnenminister v. Keudell 1928 angestrebten, aber gescheiterten Verbot vgl. oben S. 309.

Quartier-Lokal des Roten Frontkämpferbundes in Köpenick (oben). *Aufmarsch beim Reichsjugendtag des KJVD in Hamburg 1927* (unten).

Eine Art Ableger des Roten Frontkämpferbundes war der Rote Frauen- und Mädchenbund (RFMB). Er wurde im November 1925 gegründet, nachdem der RFB endgültig klargestellt hatte, daß in ihm nur Männer organisiert sein sollten. Da sich 1924/25 in vielen Bezirken aber bereits Frauen dem RFB angeschlossen hatten, war eine Ersatzlösung unumgänglich. Die Richtlinien des RFMB sprachen offen von dem Hindernis, auf das die Frauenarbeit der KPD bisher gestoßen war: Die große Masse der Frauen scheue „noch immer vor dem Eintritt in die politische Partei oder Gewerkschaft zurück. Die Frau steht häufig erst kurze Zeit im Produktionsprozeß, ist dagegen in der Zurückgezogenheit und abstumpfenden Eintönigkeit des Haushalts aufgewachsen. Sie ist politisch unaufgeklärt und ungeschult." Diesem Mangel wollte der RFMB abhelfen, indem er an spezifische Interessen der Frauen anknüpfte. Er versprach, gegen die kapitalistische Rationalisierung und ihre verheerenden Auswirkungen auf das weibliche Proletariat zu kämpfen; er propagierte die Anhebung der diskriminierend niedrigen Frauenlöhne, die Streichung des Abtreibungsparagraphen 218 des Strafgesetzbuches und die Amnestierung der nach diesem Paragraphen verurteilten Frauen, bessere gesundheitliche Schutzvorrichtungen in den Betrieben und eine großzügigere Regelung des Schwangerschaftsurlaubs. Außerdem verlangte der RFMB einen energischen Kampf gegen „imperialistische Kriege, insbesondere die Einkreisung der Sowjetunion." Letztes Ziel war es, die „fortgeschrittensten Proletarierinnen von der Notwendigkeit ihrer Organisierung in der politischen Partei", also der nicht namentlich genannten KPD, zu überzeugen.[464]

Ende 1926 umfaßte der Rote Frauen- und Mädchenbund etwa 25 000 Mitglieder. Das entsprach ungefähr dem Anteil der Frauen an der Mitgliedschaft der KPD. Ein Grund zur Zufriedenheit war das für die KPD allerdings nicht. Im Februar 1928 warnte der RFMB erneut vor der „ungeheuren Gefahr", die von den bürgerlichen Frauenorganisationen ausgehe. „Sie nutzen das weibliche Proletariat aus zum Kampf gegen seine eigenen Interessen und halten die Arbeiterinnen ab vom Kampf um ihre Rechte, kurz, tun alles, die Proletarierin von der Klassenkampffront des Proletariats fernzuhalten." Bis zum Ende der Republik wiederholten sich solche Klagen immer wieder. Aber mitunter räumten die Kommunisten auch ein, daß ideologische Indoktrination bürgerlicher Frauenverbände nicht die einzige Ursache dafür war, daß Frauen sich von der KPD nur schwer mobilisieren ließen. „Das Proletariat hat es im allgemeinen bisher sehr schlecht verstanden, die Frauen, deren Schwächen in ihrer Stellung in der kapitalistischen Gesellschaft begründet liegen, durch geeignete Agitationsmethoden für den Klassenkampf zu gewinnen", hieß es in den Richtlinien des RFMB von 1926. „Ein großer Prozent-

464 DuM (Anm. 48), Bd. 8, S. 381—388. Zur Gründung des RFMB: Schuster, Frontkämpferbund (Anm. 53), S. 116 ff. Allgemein zum Verhältnis von KPD und weiblicher Arbeiterschaft: Brian Peterson, The Politics of Working-Class Women in the Weimar Republic, in: CEH 10 (1977), S. 87—111; aus feministischer Sicht: Silvia Kontos, Die Partei kämpft wie ein Mann. Frauenpolitik der KPD in der Weimarer Republik, Basel usw. 1979 (zu Aktionen gegen den § 218: S. 84 ff.; zu Bestrebungen der KPD, die Arbeit im Haushalt zu rationalisieren und zu kollektivieren: S. 137 ff.; zum Verhältnis von KPD und Industriearbeiterinnen: S. 151 ff.).

satz des Proletariats ist zudem noch in bürgerlichen Auffassungen befangen und erkennt die Frau nicht als völlig gleichberechtigt an.“[465]

Ähnlich wie für sozialdemokratische Frauen die Arbeiterwohlfahrt, so war für Kommunistinnen die Rote Hilfe Deutschlands (RHD) ein bevorzugtes Feld der Betätigung. Örtliche Komitees unter dem Namen „Rote Hilfe“ waren bereits 1921 entstanden, um Familien von Kommunisten zu unterstützen, die nach den Märzkämpfen zu Freiheitsstrafen verurteilt worden waren. Die Rote Hilfe Deutschlands wurde offiziell im September 1924 als Zweig der Internationalen Roten Hilfe gegründet. Ihre Hauptaufgaben bestanden darin, angeklagten Kommunisten Rechtsschutz zu gewähren, Solidaritätskampagnen für inhaftierte Gesinnungsgenossen zu organisieren und deren Familien materiell zu helfen. Großen Wert legte die Rote Hilfe darauf, nicht als reine Parteiformation zu erscheinen. Von den 85 229 Mitgliedern, die die RHD im September 1925 zählte, waren 49 066 Mitglieder der KPD; 1 062 gehörten der SPD, 237 bürgerlichen Parteien an; 19 579 waren parteilos und 15 285 machten keine Angaben über ihre Parteizugehörigkeit. Daß die RHD dennoch ein zuverlässiges Instrument der KPD blieb, dafür bürgte schon ihr Vorsitzender Wilhelm Pieck, der seit 1924 Mitglied der Zentrale war.[466]

Mitwirkung von Nichtkommunisten und namentlich von Künstlern und Intellektuellen war auch bei der Internationalen Arbeiterhilfe (IAH) erwünscht. Sie war 1921 aus den „Hilfkomitees für Sowjetrußland“ entstanden und hatte sich zunächst ganz auf die Unterstützung der hungernden Bevölkerung Rußlands konzentriert. Im Winter 1923/24 richtete die IAH in Deutschland selbst Speisestellen für Arbeitslose ein und organisierte die Verschickung von Kindern auf das Land und in europäische Nachbarländer. Wie an den Hilfsaktionen für Rußland beteiligten sich auch an der deutschen Hungerhilfe zahlreiche Vertreter des geistigen Deutschland. In den folgenden Jahren trat der politische Charakter der von Willi Münzenberg geleiteten IAH sehr viel deutlicher hervor. Sie unterstützte in erster Linie streikende Arbeiter in Deutschland — vor allem dann, wenn es sich um wilde, von Kommunisten organisierte Streiks handelte — und führte Sammlungen zur Förderung der Revolution in China durch. Dennoch dürften unter den 30 000 Mitgliedern, die der deutschen Sektion der IAH 1927 angehörten, viele Nichtkommunisten gewesen sein. Ob die Mehrheit der Mitglieder parteilos war, wie in einer Darstellung aus der DDR zu lesen ist, mag dahingestellt bleiben.[467]

---

465 DuM (Anm. 48), Bd. 8, S. 381 (Richtlinien von 1926), 665—671 (Richtlinien von 1928). — Nominelle erste Vorsitzende des RFMB war Clara Zetkin, Stellvertreterinnen Helene Overlach alias Klara Singer, Martha Grünert und Hedwig Remmele. Vgl. Schuster, Frontkämpferbund (Anm. 53), S. 120. — Die KPD hatte am 1. 12. 1926 knapp 145 000 Mitglieder; wenn man von einem weiblichen Mitgliederanteil von 16,5 % ausgeht, wären damals 23 950 Frauen Mitglieder der KPD gewesen. Zu den Zahlen: Weber, Wandlung (Anm. 40), Bd. 1, S. 363.

466 Kurt Finker, Revolutionäre Massenorganisationen in der Zeit der Weimarer Republik, in: Geschichtsunterricht und Staatsbürgerkunde 6 (1964), S. 919—934 (bes. 929 ff.); Weber, Wandlung (Anm. 40), Bd. 1, S. 365; Bers, Regionalgliederung (Anm. 434), S. 43—49.

467 Finker, Massenorganisationen (Anm. 466), S. 928; Weber, Wandlung (Anm. 40), Bd. 1, S. 365; Gross, Münzenberg (Anm. 413), S. 131 ff.

Das Geschick Münzenbergs, die jeweiligen politischen Ziele der IAH humanitär zu verkleiden, bewährte sich bis zuletzt. Seine Lebensgefährtin Babette Gross hat Münzenberg nicht zu Unrecht den „Schutzpatron der fellow travellers" genannt. Er mobilisierte, in ihren Worten, „jene für den Kommunismus bis heute unentbehrlichen, großenteils aus den Reihen der Intellektuellen stammenden Hilfstruppen, die, ohne Mitglieder der kommunistischen Parteien zu sein, diesen jedoch tätige Sympathie entgegenbringen und sie durch öffentliche Bekenntnisse moralisch unterstützen ... Nur selten hatten sie genauere Kenntnisse der politischen und wirtschaftlichen Zusammenhänge. Fast allen mangelte es an elementaren Kenntnissen der marxistischen Theorie. Aber schließlich geschah es nicht aus konkreter politischer Überlegung, sondern aus allgemeinem moralischem Gefühl heraus, daß sie Münzenbergs Aktionen unterstützten."[468]

*

Die parlamentarische Praxis der KPD in der Zeit ihres „ultralinken" Kurses läßt sich mit einem Wort kennzeichnen: Obstruktion. Ruth Fischer begann ihre „Jungfernrede" im Reichstag Ende Mai 1924 mit den Worten „Hochverehrtes Affentheater!"; Scholem nannte das Kabinett Marx die „Regierung dieser Schieberrepublik"; Thälmann ließ seine Fraktion drei Hochrufe auf die politischen Gefangenen ausbringen. Außerdem störten die Kommunisten die ersten Sitzungen des neugewählten Reichstags durch Trillerpfeifen, Kindertrompeten und ständige Zwischenrufe.

Die offizielle Devise — „Wir leisten im Parlament keine ‚Arbeit', sondern benutzen es lediglich zur Agitation und Desorganisation des bürgerlichen Staates" — wurde auch in Landtagen und Gemeindevertretungen befolgt. Im sächsischen Landtag beschimpften 1924 kommunistische Abgeordnete den Präsidenten als „ganz erbärmlichen Lümmel" und „Strolch" und bewarfen ihn mit einem Tintenfaßuntersetzer. In Dortmund erschienen die kommunistischen Stadtverordneten, um die vorgeschriebene Verpflichtung durch Handschlag ins Lächerliche zu ziehen, mit roten Fausthandschuhen in der Sitzung; als der Bürgermeister sich weigerte, unter solchen Umständen die Einführung vorzunehmen, wurden ihm die roten Handschuhe vor die Füße geworfen. In Gelsenkirchen wuschen sich die 20 kommunistischen Stadtverordneten nach der Verpflichtung in mitgebrachten Waschschüsseln demonstrativ die Hände, um sich von der Berührung mit den Bürgerlichen zu reinigen. Ein scharfer Erlaß des preußischen Innenministers Severing machte solchen Praktiken aber bald ein Ende: Wer sich nicht auf angemessene Weise verpflichten ließ, durfte sein Amt als Stadtverordneter nicht ausüben. Im Juni 1924 erklärte daraufhin die Bezirksleitung Ruhr der KPD, es sei nicht

468 Ebda., S. 230 f. Zur IAH und zum „Münzenberg-Konzern" allgemein: Rolf Surmann, Die Münzenberg-Legende. Zur Publizistik der revolutionären deutschen Arbeiterbewegung 1921—1933, Köln 1983.

zweckmäßig, wenn kommunistische Stadtverordnete aus rein formalen Gründen ihren Ausschluß herbeiführten.[469]

Ansonsten blieb es, trotz Widerspruchs vom rechten Flügel der KPD, das ganze Jahr 1924 hindurch bei der rein agitatorischen Nutzung der Parlamente. Die Abwendung von der bloßen Obstruktion begann im Frühjahr 1925 — als Folge der im April vollzogenen Kurskorrektur nach rechts. Im Juni gab die Zentrale neue „Richtlinien für die Arbeit der kommunistischen Gemeindevertreter" heraus. Danach sollte unter bestimmten Bedingungen, wenngleich unter „schärfster Kritik an der sozialdemokratischen Verratspolitik", eine Zusammenarbeit mit der SPD möglich sein. Insbesondere durften Kommunisten bei Wahlen von Stadträten, Bürgermeistern und anderen beamteten Personen für einen Sozialdemokraten stimmen, wenn es eine sachliche Einigung über „örtliche, aktuelle, die Arbeitermasse berührende Fragen" gab und der sozialdemokratische Bewerber namentlich für die 46-Stunden-Woche, gegen die Pflichtarbeit der Erwerbslosen, für die Entlassung monarchistischer Beamter, für eine scharfe Besteuerung der besitzenden Klasse und für die Schaffung großer Kommunalbetriebe war. Soweit diese Bedingungen erfüllt waren, sollten die Kommunisten in Gemeinden mit linker Mehrheit auch dem kommunalen Haushalt zustimmen.[470]

Obwohl es kaum offizielle Absprachen zwischen KPD und SPD gab, wurde die neue Linie bis 1928 in vielen Gemeinden praktiziert. Im Juli 1925 wählten Sozialdemokraten, Demokraten und Kommunisten den ehemaligen preußischen Ministerpräsidenten Paul Hirsch, ein Mitglied der SPD, zum Zweiten Bürgermeister von Dortmund. Im Februar 1927 verhalf die SPD im sächsischen Oelsnitz einem Kommunisten zum Amt des Bürgermeisters, und im Januar 1928 wurde im kleinen Kochstedt bei Magdeburg, ebenfalls mit den Stimmen der Sozialdemokraten, der erste kommunistische Bürgermeister Preußens gewählt. In den Gemeindevertretungen setzten sich die Kommunisten besonders für die Erwerbslosen ein, die in vielen Städten das Gros der Wählerschaft der KPD stellten. Demonstrationen von Arbeitslosen sollten — vor allem im Winter 1925/26, als die Zahl der Unterstützungsempfänger die Zweimillionengrenze überschritt — den Forderungen der KPD Nachdruck verleihen. Sprechchöre vor den Rathäusern und der Abwurf von Flugblättern von den Tribünen der Sitzungssäle waren dabei häufige

469 Die Belege für den Reichstag und den sächsischen Landtag bei Weber, Wandlung (Anm. 40), Bd. 1, S. 334; für die Ruhrstädte bei Herlemann, Kommunalpolitik (Anm. 405), S. 32 ff. Für Wahlbeamte verlangte Severing durch Erlaß vom 4. 6. 1924, „daß es fortan zur Bestätigung eines positiven Anhalts dafür bedürfe, daß der Betreffende sein Amt unabhängig von Parteiinstruktionen nach Recht und Pflicht zu führen gewillt sei." Ebda., S. 39. — Wie Losowski am 5. 3. 1926 vor dem Erweiterten EKKI berichtete, ging die Weisung, in Gemeinderatssitzungen rote Handschuhe zu tragen, auf den damaligen Leiter der Kommunalabteilung beim ZK, Iwan Katz, zurück. Protokoll (Anm. 421), S. 465.

470 Volker Wünderich, Arbeiterbewegung und Selbstverwaltung. KPD und Kommunalpolitik in der Weimarer Republik. Mit dem Beispiel Solingen, Wuppertal 1980, S. 163 ff. Grundsätzlich zu den kommunalpolitischen Vorstellungen der KPD: ebda., S. 129 ff.; aus DDR-Sicht: Rita Hermann, Historische Erfahrungen und Leistungen der KPD im kommunalpolitischen Kampf in der Zeit der Weimarer Republik (1919—1933), in: Arbeiterbewegung und Parlamentarismus, Halle 1978, S. 85—99.

Begleiterscheinungen. Einen ihrer größten Erfolge erzielte die KPD im Dezember 1925 in Bottrop: Während vor dem Rathaus eine große, von den Kommunisten einberufene Demonstration stattfand, nahm die Stadtverordnetenversammlung einen von der KPD gestellten Dringlichkeitsantrag an, der die Bereitstellung von 300 000 RM für die Arbeitslosen vorsah.

Die Taktik, die die KPD in dieser Zeit verfolgte, war ungleich „realpolitischer" als in der Phase des „ultralinken" Kurses. Im Dezember 1925 erklärte das ZK, als leitender Gesichtspunkt sei im Auge zu behalten, „daß die Erringung materieller Vorteile in der jetzigen Situation, auch wenn sie unseren Wünschen und Anträgen nicht in vollem Umfange entsprechen, wertvoller ist als die Aufstellung großer Programme und die Stellung rein agitatorischer Anträge, die auf dem Papier stehen bleiben. So müssen wir in den Stadtverordnetenfraktionen in den Fällen, wo die eigenen Anträge abgelehnt werden, den Anhängern der sozialdemokratischen Fraktionen zustimmen, wenn diese den Erwerbslosen irgendwelche Vergünstigungen gewähren. Wo dies möglich ist, empfiehlt es sich, mit den Gewerkschaften und der SPD gemeinsame Forderungen für die Erwerbslosen zu erheben, Forderungen, die in den Betrieben und Gewerkschaften diskutiert und in Erwerbslosenversammlungen mit den Erwerbslosen durchgesprochen werden."[471]

Die gesetzliche Arbeitslosenversicherung, die 1927 eingeführt wurde, bekämpften die Kommunisten vor allem wegen der Staffelung nach Lohnklassen: Dies bedeute, so erklärte eine von der KPD nach Berlin einberufene Reichskonferenz der Erwerbslosen im Dezember 1926, für den größten Teil der Arbeitslosen und vor allem für Frauen und Jugendliche einen Abbau der geltenden Unterstützungssätze bis zu 50 %. „Die Klassifizierung der Erwerbslosen ist eine bewußte Maßnahme, um ein einheitliches Auftreten der Erwerbslosen zu verhindern und durch die Spaltung der Erwerbslosen in verschiedene Interessengruppen die Erwerbslosenarmee um so sicherer zum Druck auf die Lohn- und Arbeitsbedingungen in den Betrieben ausnützen zu können." Was die KPD positiv wollte, faßte sie in den Worten zusammen: „Schaffung einer staatlichen Erwerbslosenfürsorge mit dem Prinzip der Selbstverwaltung durch die Fürsorgeempfänger. Die Kosten der Erwerbslosenfürsorge sind durch die Unternehmer aufzubringen."[472]

Die kommunistische Erwerbslosenbewegung mit ihren örtlichen und bezirklichen Ausschüssen kam 1927/28 in dem Maß zum Erliegen, wie die Zahl der Arbeitslosen zurückging. Die von den Kommunisten abgelehnte Arbeitslosenversicherung wurde den Sozialdemokraten gutgeschrieben, so daß es der KPD vor-

471 Herlemann, Kommunalpolitik (Anm. 405), S. 93 f. — Zur kommunistischen Erwerbslosenpolitik vgl. auch Schöck, Arbeitslosigkeit (Anm. 40), S. 56 ff.; Siegfried Bahne, Die Erwerbslosenpolitik der KPD in der Weimarer Republik, in: Hans Mommsen u. Winfried Schulze (Hg.), Vom Elend der Handarbeit. Probleme historischer Unterschichtenforschung, Stuttgart 1981, S. 477—496. Speziell zum Ruhrgebiet: ders., Die KPD im Ruhrgebiet in der Weimarer Republik, in: Jürgen Reulecke (Hg.), Arbeiterbewegung an Rhein und Ruhr. Beiträge zur Geschichte der Arbeiterbewegung in Rheinland-Westfalen, Wuppertal 1974, S. 315—353; Martin Martiny, Arbeiterbewegung an Rhein und Ruhr vom Scheitern der Räte- und Sozialisierungsbewegung bis zum Ende der letzten parlamentarischen Regierung der Weimarer Republik (1920—1930), ebda., S. 241—273.

472 DuM (Anm. 48), Bd. 8, S. 388—392.

übergehend schwer fiel, sich als die wirksamste Helferin der Erwerbslosen darzustellen. Die Ablösung der Erwerbslosenfürsorge durch die Arbeitslosenversicherung bedeutete überdies, daß die Gemeinden von *der* Aufgabe entlastet wurden, die den Kommunisten die größte Chance geboten hatte, ein eigenes soziales Profil zu zeigen. In den Fragen, für welche die Gemeinden weiterhin zuständig waren, war es für die KPD schwieriger, sich von den Sozialdemokraten abzuheben. Das galt für die öffentliche Fürsorge und erst recht für das Wohnungswesen, den Bau von Sport- und Erholungsanlagen, kommunale Versorgungs- und Verkehrsbetriebe sowie Schulen.[473]

Auch in der Zeit, in der die KPD eine begrenzte sachliche Zusammenarbeit mit der SPD nicht ablehnte, stellte sie im übrigen in den Gemeindeparlamenten immer wieder rein agitatorische Anträge. Mittel für Theater, Orchester und Museen wurden in der Regel verweigert, weil sie ausschließlich bürgerliches Gedankengut verbreiteten. Dagegen sollten die Rote Hilfe und die Internationale Arbeiterhilfe kommunale Zuschüsse erhalten. Häufig wurden Anträge, die die anderen Parteien für finanziell nicht vertretbar erklärten, um ebendieser Ablehnung willen eingebracht: Die Abstimmung gestattete es, die bürgerlichen Parteien und gegebenenfalls auch die SPD als Handlanger von Kapitalinteressen, die KPD dagegen als Vertreterin der breiten Volksmassen erscheinen zu lassen.

Nach der Linksschwenkung von 1928 wurde diese Taktik die allein maßgebliche. Auch auf der Ebene der Gemeinden, wo es so gut wie nie um „hohe Politik" ging, galt nun der Grundsatz der totalen Konfrontation. Kommunisten durften Sozialdemokraten nicht mehr in kommunale Ämter wählen; personelle Absprachen wurden untersagt. Vielmehr kam es, wie die „Rote Fahne" Ende November 1929 schrieb, darauf an, „immer weiteren Kreisen der werktätigen Bevölkerung bewußt zu machen, daß es sogenannte linke Mehrheiten, Arbeitermehrheiten, rote Mehrheiten oder parlamentarische Mehrheiten so lange nicht geben kann, wie die Kommunisten als einzige revolutionäre Arbeiterpartei noch nicht die Mehrheit erobert haben".[474]

---

473 Herlemann, Kommunalpolitik (Anm. 405), S. 90 ff. — Auf dem Gebiet der Schulpolitik forderten die Kommunisten u. a. die Senkung der Klassenfrequenzen, den Ausbau sozialer Leistungen wie allgemeine Schulspeisung, medizinische Betreuung, Lernmittelfreiheit und ein nach elterlichem Einkommen gestaffeltes Schulgeld in den höheren Schulen. Ebda., S. 125. Zur kommunistischen Schulpolitik allgemein die in Anm. 448 genannte Lit. sowie (aus DDR-Sicht): Beiträge zur Bildungspolitik und Pädagogik der revolutionären deutschen Arbeiterbewegung in der Zeit der Novemberrevolution und der revolutionären Nachkriegskrise, von einem Autorenkollektiv unter Leitung von Helmut König, 2 Teile, Berlin [O] 1968.

474 Herlemann, Kommunalpolitik (Anm. 405), S. 89, 117; das Zitat aus der „Roten Fahne": Auftreten der Kommunisten bei der Wahl der Gemeindevorstände, in: RF, Nr. 242, 28. 11. 1929. — Zur Durchführung des Linkskurses der KPD in der Kommunalpolitik vgl. unten S. 683.

8. Der entmachtete Markt: Gewerkschaften, Unternehmer und Staat in der Zeit der bürgerlichen Kabinette

Als am letzten Augusttag des Jahres 1925 die Delegierten der Freien Gewerkschaften zu ihrem zwölften Kongreß in Breslau zusammentraten, hatte die größte Organisation der deutschen Arbeitnehmer Anlaß zu gedämpftem Optimismus. In der ersten Hälfte jenes Jahres war die Mitgliederzahl der im ADGB zusammengeschlossenen Verbände erstmals seit dem September 1922 wieder gestiegen: von 4 023 867 am 31. Dezember 1924, dem absoluten Tiefststand seit 1919, auf 4 211 501 am 30. Juni 1925 oder 29 % aller deutschen Arbeiter. Das war zwar nicht sehr eindrucksvoll im Vergleich zu den knapp 7,9 Millionen Mitgliedern, die den Freien Gewerkschaften im Durchschnitt des Jahres 1922 angehört hatten. Aber die Aufwärtsbewegung war doch unverkennbar, und bei den Einnahmen war die positive Tendenz noch viel deutlicher: Gegenüber 1924 verzeichneten die Statistiker des ADGB im folgenden Jahr eine Steigerung von über 50 %.[475]

Trotz der schweren Niederlage, die die organisierte Arbeiterschaft Ende 1923 im Kampf um den Achtstundentag hatte hinnehmen müssen, fiel die gewerkschaftliche Kritik an den Unternehmern auf dem Breslauer Kongreß — dem ersten Bundestreffen des ADGB seit 1922 — insgesamt recht milde aus. Der Vorsitzende Theodor Leipart erklärte in seinem Tätigkeitsbericht, gegenüber dem „einseitigen Machtstreben des Unternehmertums" hielten die Freien Gewerkschaften an ihrer alten Auffassung fest, „daß über den einseitigen Interessen der einzelnen Gesellschaftsschichten und Klassen das große gemeinsame Interesse des Volksganzen, also des Staates steht." Hermann Jäckel, der Vorsitzende des Textilarbeiterverbandes, dem der Bundesvorstand das Referat über Fragen der Wirtschaftsdemokratie übertragen hatte, meinte, wenn man die heutige Wirtschaft als aus Kapital und Arbeit bestehend anerkenne, dann komme man zu dem Ergebnis, „daß die beiden Elemente der Wirtschaft, die organisierte Arbeit und das organisierte Kapital, zusammenarbeiten müssen, um die Wirtschaft zu dirigieren und zu formen." Gewiß bedeute eine solche Kooperation noch lange kein

475 Jahrbuch 1925 (Anm. 106), S. 151. — Im Zuge der Wirtschaftskrise von 1925/26 sank die Mitgliederzahl der Freien Gewerkschaften 1926 im Jahresdurchschnitt auf 3 977 309 ab. 1927 stieg sie dann auf 4 150 160 und 1928 auf 4 653 586 an. Jahrbuch 1928 des Allgemeinen Deutschen Gewerkschaftsbundes, Berlin 1929, S. 197. Die 12 mitgliederstärksten Verbände des ADGB mit über 100 000 Mitgliedern waren (Mitgliederzahlen im Jahresdurchschnitt von 1928): Metallarbeiter (884 027), Fabrikarbeiter (457 657), Baugewerksbund (435 156), Verkehrsbund (368 052), Holzarbeiter (306 660), Textilarbeiter (306 137), Gemeinde- und Staatsarbeiter (243 968), Eisenbahner (240 913), Bergarbeiter (196 049), Nahrungs- und Getränkearbeiter (159 636), Landarbeiter (151 273), Zimmerer (107 354). Ebda., S. 199. Zum ADGB in den mittleren Jahren der Weimarer Republik jetzt auch: Buhl, Sozialistische Gewerkschaftsarbeit (Anm. 64), passim; Horst-Albert Kukuck, Der Wiederaufstieg der Gewerkschaftsbewegung 1924 bis 1929, in: Erich Matthias u. Klaus Schönhoven (Hg.), Solidarität und Menschenwürde. Etappen der deutschen Gewerkschaftsgeschichte von den Anfängen bis zur Gegenwart, Bonn 1984, S. 153—186.

harmonisches Zusammengehen. Die Praxis werde Meinungsverschiedenheiten und Interessengegensätze ergeben, um die am Verhandlungstisch gekämpft werden müsse. „In diesem geistigen Kampf werden die beiden Elemente die Mittel finden, mit denen sie sich innerhalb der demokratisch organisierten Wirtschaft durchsetzen, und der eine Teil wird nach dem steigenden geistigen Einfluß des anderen ein Privileg nach dem anderen preisgeben müssen ... Dieses Zusammenwirken wird selbstverständlich zeitweilig Übereinstimmung beider Teile in gewissen Fragen ergeben, weil die Interessen innerhalb der kapitalistischen Welt zwischen Kapital und Arbeit nicht immer kollidieren, weil es sehr viele Fragen einer nationalen Wirtschaft gibt, in welchen Kapital und Arbeit gleiche Interessen haben. In dieser demokratisch organisierten Wirtschaft werden sich dann die Kräfte bilden, die über das hinaustreiben, was wir heute entsprechend den Gesetzen der Entwicklung haben.“[476]

Übereinstimmung herrschte Mitte der zwanziger Jahre zwischen Gewerkschaften und Unternehmern vor allem in *einem* Punkt: Die Betriebe mußten umfassend rationalisiert werden, damit ihre Produktivität stieg und die deutsche Wirtschaft auf dem Weltmarkt wieder wettbewerbsfähig wurde. Gewiß ließen sich die Vertreter von Kapital und Arbeit dabei von unterschiedlichen Motiven leiten: Den einen ging es darum, ihre Rendite zu erhöhen; die anderen sahen in der Rationalisierung ein Mittel, um die Arbeitszeit zu senken, die Arbeitsbedingungen zu erleichtern und die Löhne zu erhöhen. Aber dessen ungeachtet gab es in der Zeit der relativen Stabilität zwischen Gewerkschaften und Unternehmern einen Rationalisierungskonsens, so wie es in den Jahren 1919 bis 1921 einen Inflationskonsens gegeben hatte — die Überzeugung nämlich, daß hohe Nominallöhne allemal besser waren als soziale Unruhen.

Vor 1923 hatten die Freien Gewerkschaften immer wieder die Rationalisierung als Alternative zu der von den Unternehmern geforderten Verlängerung der Arbeitszeit propagiert. Nachdem der Achtstundentag in großen Teilen der Wirtschaft aufgegeben worden war, konnte die Führung des ADGB das Bekenntnis zur Rationalisierung nicht fallen lassen, ohne ihr oberstes Ziel zu gefährden: die Rückkehr zum Achtstundentag. Daß Entlassungen von Arbeitern ein unvermeidbarer Preis der Rationalisierung waren, sprachen namhafte Gewerkschaftler offen aus. Fritz Tarnow, der Vorsitzende des Holzarbeiterverbandes, nannte im Dezember 1925 vor dem Bundesausschuß des ADGB die „jetzige Krise“ — gleichgültig, ob man sie als Reinigungskrise oder anders bezeichne — den einzigen Weg, „um Unreinlichkeiten aus der Wirtschaft auszuscheiden, denn hier hilft nur der Druck der Wirtschaft selbst.“ Die Gewerkschaften müßten ihre früheren Behauptungen bekräftigen, daß es überflüssige Unternehmen und überflüssige Kräfte in den Betriebsleitungen gebe.[477]

476 Protokoll der Verhandlungen des 12. Kongresses der Gewerkschaften Deutschlands (2. Bundestag des Allgemeinen Deutschen Gewerkschaftsbundes). Abgehalten in Breslau vom 31. August bis 4. September 1925, Berlin 1925, S. 117 f. (Leipart), 255 f. (Jäckel).

477 DGB-Archiv Düsseldorf, Protokoll des Bundesausschusses vom 8./9. 12. 1925. — Zur Haltung der Freien Gewerkschaften in der Inflationsperiode vgl. den vorhergehenden Bd., S. 390 f.

Franz Spliedt, der Arbeitsmarktexperte des freigewerkschaftlichen Bundesvorstandes, wurde Anfang 1926 noch deutlicher: „Die deutsche Wirtschaftskrise", schrieb er in der theoretischen Zeitschrift „Die Arbeit", „ist entstanden aus einer Reihe von Ursachen, unter denen vielleicht an vorderster Stelle stehen die durch die Inflation aufgeblähte Produktionskapazität, die unzweckmäßig geleitete Kreditgewährung, die das Durchhalten volkswirtschaftlich unrentabler, d. h. die Regeneration der Wirtschaft hemmender Betriebe ermöglichte. Unter dem Zwang der so geschaffenen Verhältnisse muß und soll die Krise zu einer Reinigungskrise werden. Hinter ihr steht der starke Zwang zur Rationalisierung, zur Steigerung der Produktivität, zur Ausscheidung des Überflüssigen. Die deutsche Produktion muß unter dem Zwang harter Tatsachen den Weg zur Verbilligung finden, um sich auf dem Weltmarkt durchsetzen zu können."[478]

Das Konzept der Wirtschaftsdemokratie, das Jäckel auf dem Breslauer Kongreß vortrug, sollte nicht zuletzt dazu dienen, den Gewerkschaften zu einer aktiven und partnerschaftlichen Rolle im Rationalisierungsprozeß zu verhelfen. Deutschland, erläuterte er, sei auf eine Steigerung der qualitativen und quantitativen Arbeitsergiebigkeit angewiesen. Ein solcher Fortschritt sei aber nicht möglich in einer Wirtschaftsverfassung, welche den arbeitenden Menschen zur Ware degradiere. „Immer stärker wird die Erkenntnis, daß eine Steigerung der Arbeitsergiebigkeit nur herbeigeführt werden kann, wenn die einzelne Persönlichkeit ihre Energie zu entfalten vermag; niemals wird in einer Wirtschaftsverfassung, in der das Kapital diktiert, die Persönlichkeit ihre Energie entwickeln können. Die Entfaltung der Persönlichkeitsenergie setzt eine Wirtschaftsverfassung voraus, in der die Grundsätze der Demokratie zur Anwendung kommen. Erst dann, wenn die Tendenz der Entwicklung die Arbeiterorganisation bewußt als gleichberechtigt mit der Unternehmerorganisation in die Wirtschaft stellt, wird es möglich sein, die in den Millionen arbeitender Menschen vorhandenen Persönlichkeitsenergien für den Produktionsprozeß nutzbar zu machen."

Die Gewerkschaften seien durchaus nicht Gegner der Rationalisierungsmethoden, sie hätten dieselben vielmehr immens gefördert. Allerdings lehne die deutsche Arbeiterschaft das „rohe System der Taylorisierung", wie es in Amerika praktiziert werde, ab. Dieses System kenne keine Seele, sondern nur die rohe physische Kraft. „Die Persönlichkeitsenergie muß im Arbeiter entfaltet werden, d. h. der Arbeiter muß Freude an der Arbeit haben, er soll seine Seele in die Arbeit hineinlegen und mit seiner ganzen Persönlichkeit in ihr aufgehen." Aus alledem ergab sich für Jäckel „mit zwingender Notwendigkeit die Erkenntnis, daß die Demokratisierung der Wirtschaft, das heißt das Eindringen des Arbeiters in die Führung der Wirtschaft, begründet ist in dem ehernen Muß der geschichtlichen Entwick-

---

478 Franz Spliedt, Wirtschaftskrise und Arbeitslosigkeit, in: Die Arbeit 3 (1926), S. 19—29 (25). Zur Haltung des ADGB gegenüber der Rationalisierung: Gunnar Stollberg, Die Rationalisierung 1908—1933. Freie Gewerkschaften zwischen Mitwirkung und Gegenwehr, Frankfurt 1981; Andreas Hoff, Gewerkschaften und Rationalisierung, in: Mehrwert, Nr. 15/16 (1978), S. 167—208; Elisabeth Schalldach, Die Rationalisierungsmaßnahmen der Nachinflationszeit im Urteil der freien Gewerkschaften, Jena 1930; Horst Kern, Gewerkschaft und Rationalisierung in der Weimarer Zeit, in: GMH 29 (1978), S. 412—419. Vgl. dazu auch oben S. 62 ff.

lung." Demokratisierung der Wirtschaft sei eine „Phase der kapitalistischen Wirtschaft selbst, die man als Periode des Übergangs zu höheren Formen der Wirtschaftsordnung und des gesellschaftlichen Zusammenlebens der Völker überhaupt bezeichnen kann. Diese Demokratisierung der Wirtschaft kann nur erreicht werden durch fortgesetzten intensivsten Kampf der Arbeiter, der einen Klasse gegen die andere ... Der Klassenkampf führt notwendig zur Wirtschaftsdemokratie."

Praktisch sollte Wirtschaftsdemokratie die Fortschreibung dessen bedeuten, was die Gewerkschaften bereits erreicht hatten: Tarifverträge und Betriebsräte, Genossenschaften der Arbeiter und Betriebe der öffentlichen Hand waren Jäckel zufolge Stationen auf einem Weg, der weitergegangen werden mußte. Als nächste Forderungen standen auf der Tagesordnung der paritätische Umbau der öffentlich-rechtlichen Wirtschaftskammern, die bislang reine Unternehmerkammern waren; die Schaffung von Selbstverwaltungskörpern im Sinne des Artikels 165 der Weimarer Verfassung, in denen Arbeitgeber und Arbeitnehmer gleichberechtigt über alle Fragen der Rationalisierung beraten und beschließen sollten; weiter die Ausgestaltung des Vorläufigen Reichswirtschaftsrates zu einem Wirtschaftsparlament, dem auch das Recht einzuräumen war, von sich aus Gesetzgebungsvorschläge zu machen.[479]

Offen blieb freilich, mit welchen Mitteln die Unternehmer dazu gebracht werden sollten, zugunsten der Arbeiter auf „ein Privileg nach dem anderen" zu verzichten. Jäckel selbst begnügte sich mit der Andeutung, neben den alten Formen des Klassenkampfes gebe es neue und höhere. Leipart erinnerte die Delegierten daran, daß die Gewerkschaften im Streik stets ein Mittel gesehen hätten, das nur im äußersten Notfall angewandt werden durfte — und für den Generalstreik galt das natürlich erst recht. So blieb nur die Hoffnung, daß die Demokratisierung der Wirtschaft hinreichenden Rückhalt in den Parlamenten fand. Der sozialdemokratischen Unterstützung konnten die Freien Gewerkschaften sicher sein: Auf dem Heidelberger Parteitag der SPD, der wenige Tage nach dem Breslauer Kongreß des ADGB begann, machte sich Hilferding die Forderung nach Wirtschaftsdemokratie ausdrücklich zu eigen; ja, er sprach vom „sozialistischen Ziel der Wirtschaftsdemokratie" und ging damit über Jäckel hinaus, der mit dem Begriff „Wirtschaftsdemokratie" nur ein Übergangsstadium auf dem Weg zum Sozialismus meinte. Aber so wertvoll die Schützenhilfe der SPD war: Ohne Fürsprecher in den bürgerlichen Parteien konnten die Freien Gewerkschaften keines ihrer Anliegen verwirklichen, und was die Demokratisierung der Wirtschaft anbelangte, war die notwendige Mehrheit nicht in Sicht.

Ein „linker" Gewerkschaftsführer wie Robert Dißmann vom Deutschen Metallarbeiterverband erklärte es denn auch für eine Illusion, zu glauben, Wirtschaftsdemokratie sei auf kapitalistischer Produktionsgrundlage möglich. Ein anderer Sprecher des DMV sah in der Forderung nach paritätischen Wirtschaftskammern den Versuch, den Geist der Arbeitsgemeinschaft wiederzubeleben — eine Ideologie, die doch längst Schiffbruch erlitten habe. Realistischer sei es da

479 Protokoll (Anm. 476), S. 203—207, 210—216.

schon, zunächst gesonderte Arbeitnehmerkammern zu verlangen. Radikaler war erwartungsgemäß die Kritik der kommunistischen Opposition, die in Breslau allerdings nur drei Delegierte stellte (auf dem Leipziger Kongreß von 1922 hatten der kommunistischen Fraktion noch 88 Mitglieder angehört). Die Wirtschaftsdemokratie, so sagte der Metallarbeiter Krauß aus Stuttgart voraus, werde im kapitalistischen Staat ein ebensolches Fiasko erleiden wie die politische Demokratie seit 1918. Weder die deutsche Regierung noch das deutsche Unternehmertum dächten daran, der Arbeiterschaft ein Mitbestimmungsrecht in der Wirtschaft zu geben. „Deshalb dürfen wir nicht mit dem Schlagwort Wirtschaftsdemokratie in der Arbeiterschaft eine Illusion erwecken, die sie vom Klassenkampf abdrängt."[480]

Vorerst war die Wirtschaftsdemokratie wirklich nur ein „Schlagwort": Das räumte auch Fritz Tarnow, einer ihrer wärmsten Befürworter, ein. Aber wenn dieser Begriff inhaltlich gefüllt wurde, dann konnte er nach Tarnows Meinung eine große Werbekraft entfalten. Jeder Gewerkschaftler wisse, wenn er sich die Entwicklung der letzten Jahre ansehe, „daß im Seelenleben der deutschen Arbeiterbewegung etwas zerbrochen ist. Eine Illusion ist geplatzt. Das, woran man jahrzehntelang geglaubt hat, wenigstens in den Massen, indem man meinte, an dem Tage, an dem wir die politische Macht erringen würden, werde es ein Kinderspiel sein, die letzten Ziele unserer Bewegung zu verwirklichen, ist nicht in Erfüllung gegangen. Die Enttäuschung darüber ist das innere Unglück der deutschen Arbeiterbewegung in den letzten Jahren gewesen." Hier seien auch die Ursachen der kommunistischen Bewegung zu suchen — einer Zufluchtsstätte derer, die es nicht ertragen hätten, kein Ideal mehr zu haben. Darunter habe auch die Gewerkschaftsbewegung gelitten. „Es ist schon notwendig, zu fragen, ob das so bleiben muß, ob wir nicht in unsere Arbeiterbewegung und ganz besonders in unsere Gewerkschaftsbewegung eine Ideologie hineinbringen können, ein Ideal! Wenn man ein Ideal in eine Massenbewegung hineinstellen will, muß es entweder ein religiöses Dogma sein, dessen Verwirklichung im Diesseits niemand erwartet, oder es muß ein Ideal sein, dessen Verwirklichung man wachsen sieht. Wir brauchen in der Gewerkschaftsbewegung nicht eine Sonne am Firmament, sondern ein Ziel, das auf Erden zu verwirklichen ist, dessen Verwirklichung wir uns immer mehr nähern, so daß jeder sehen kann: Es kommt einmal die Zeit, wo es anders wird, wir schreiten immer weiter vorwärts dem Ziel entgegen. Das ist die ungeheure Werbekraft, die in der Idee liegt, daß wir das Endziel, die Umformung der Wirtschaft und damit der Gesellschaft, im täglichen Kampf Schritt für Schritt erreichen können."

Tarnows Überlegungen schienen schlüssig. Die Enttäuschung über den Ausgang der Revolution von 1918/19 hatte in Teilen der Arbeiterschaft ein ideologisches Vakuum entstehen lassen, dem mit gewerkschaftlichem Pragmatismus allein nicht beizukommen war. Die Parole „Wirtschaftsdemokratie" hatte den Vor-

480 Ebda., S. 125 (Leipart), 206f. (Jäckel), 228f. (Krauß), 234 (Dißmann), 252f. (Ziska [DMV]). Zu Hilferdings Plädoyer für eine Wirtschaftsdemokratie auf dem Heidelberger Parteitag: Parteitag 1925 (Anm. 39), S. 274, sowie oben S. 320ff.; zur Stärke der kommunistischen Fraktionen auf den Gewerkschaftskongressen: Weber, Wandlung (Anm. 40), Bd. 1, S. 102.

teil, daß sie einerseits einen positiven Kontrast zur kapitalistischen Gegenwart bildete und andererseits in einzelnen Bereichen der Wirtschaft schon jetzt erlebt werden konnte. Mit „Wirtschaftsdemokratie" ließ sich das Ziel umschreiben, das einer Vielzahl von Reformen erst den geistigen Zusammenhang und den Errungenschaften in ihrer Gesamtheit eine geradezu revolutionäre Qualität gab. Der Weg zu diesem Ziel war aber frei von den Risiken einer gewaltsamen Revolution, denn jeder Schritt blieb dem Mehrheitswillen unterworfen und damit auch korrigierbar. Überhaupt hieß Wirtschaftsdemokratie, wie Tarnow es ausdrückte, „nichts anderes als in die Wirtschaft das zu übersetzen, was im politischen Leben bereits erreicht ist."

Das Bekenntnis zur allmählichen Überwindung des Kapitalismus schloß eine Zusammenarbeit mit den Kapitalisten keineswegs aus. Im Gegenteil: Aus den Erfahrungen der Zentralarbeitsgemeinschaft von 1918 hatten die Gewerkschaftsführer gelernt, daß die Kooperation mit dem Klassengegner in den eigenen Reihen nicht durchzusetzen war, wenn sie als Befestigung des bestehenden Wirtschaftssystems begriffen wurde. Wer für die Gegenwart eine Art von Sozialpartnerschaft als unabdingbar ansah, mußte sie als Schritt in die sozialistische Zukunft ausweisen.

Man darf den Vätern der Wirtschaftsdemokratie durchaus unterstellen, daß sie an das von ihnen beschworene Fernziel glaubten. Aber selbst wenn sie diesen Glauben verloren hätten, wären ihre Argumente wohl keine anderen gewesen. Sie meinten es den Mitgliedermassen der Freien Gewerkschaften schuldig zu sein, die Mitbestimmung der Arbeiter nicht als Selbstzweck zu fordern, sondern als Mittel zur Erreichung eines viel größeren Zweckes — in Tarnows Worten: „Wir müssen hineinsteigen in die Wirtschaft und jede Möglichkeit benutzen, um Einfluß auszuüben, das Mitbestimmungsrecht ständig zu erweitern, damit wir schließlich die vollständige Herrschaft über die Wirtschaft bekommen."[481]

Der Rationalisierungspakt zwischen Arbeitgebern und Arbeitnehmern, wie der ADGB ihn anstrebte, bedurfte mithin einer innergewerkschaftlichen Legitimation, die ebendiesen Pakt wieder in Frage stellte. Denn die Aussicht, mit der Einwilligung in paritätische Wirtschaftskammern der eigenen Entmachtung den Weg zu ebnen, konnte für die Unternehmer nicht verlockend sein. Wenn die Gewerkschaften ihre Ziele verwirklichen wollten, mußte die Arbeiterschaft zuvor zum bestimmenden Faktor im Staat aufgestiegen sein. Solange das nicht der Fall war, konnte es keine Wirtschaftsdemokratie im Sinne der Freien Gewerkschaften geben. Das war das Dilemma, vor dem der ADGB auch noch 1928 auf seinem nächsten Bundeskongreß stand, auf dem sich das Schlagwort „Wirtschaftsdemokratie" in ein ausgefeiltes Programm verwandelte.[482]

*

481 Protokoll (Anm. 476), S. 231 f.

482 Den politischen Machtcharakter einer Demokratisierung der Wirtschaft betonte auf dem Breslauer Kongreß vor allem der frühere sozialdemokratische Wirtschaftsminister Robert Schmidt. Ebda., S. 250 f. Der Kernsatz der vom Breslauer Kongreß verabschiedeten Resolution zur Wirtschaftsdemokratie lautete: „Nur durch die Demokratisierung der Wirtschaft ne-

Die Staatsgewalt, im September 1925 repräsentiert durch das erste Bürgerblockkabinett unter Luther, erhielt auf dem Breslauer Kongreß des ADGB eher schlechtere Zensuren als der unmittelbare Kontrahent der Gewerkschaften, die Unternehmerschaft. Wenn die gewerkschaftlich organisierten Arbeiter auch wüßten, was sie dem Staat schuldig seien, erklärte Leipart, so kennten sie doch andererseits auch die Pflichten des Staates, „und ihre Unzufriedenheit, ja ihre Empörung darüber, wie der Staat seine Pflicht zum Schutze der Interessen der großen Masse der arbeitenden Bevölkerung immer wieder vernachlässigt hat, aber dafür die Wünsche und Forderungen der besitzenden Klasse um so bereitwilliger erfüllte, war und ist deswegen nur zu berechtigt. Ich warne aus diesem Grunde besonders die jetzigen Hüter der Staatsinteressen. Sie säen Wind, und es könnte leicht geschehen, daß sie eines Tages Sturm ernten."

Besonders scharf kritisierte Leipart, daß die Regierung wiederholt in Lohnkämpfe zugunsten des Unternehmertums und zum Nachteil der Arbeiter eingegriffen habe. Leider könne auch das Reichsarbeitsministerium nicht von dem berechtigten Vorwurf freigesprochen werden, „daß es in der letzten Zeit und auch schon früher den nachhaltigsten Einflüssen der Unternehmervertreter mehr und mehr nachgegeben hat, wie die wiederholten Anweisungen an die Schlichtungsstellen und die eigene Vermittlungs- und Schlichtertätigkeit des Arbeitsministeriums deutlich genug bewiesen hat."

Leiparts Stellvertreter Hermann Müller(-Lichtenberg) äußerte sich zur Rolle des Staates als Schlichter noch massiver. „Der Zwangstarif übt mehr eine schwächende Wirkung aus, er unterbindet die Kampfmöglichkeit, den Streik, und fördert damit die Teilnahmslosigkeit der Arbeiter, weil viele Arbeiter sich sagen: Durch die Verbindlichkeitserklärung wirst du, auch ohne Mitglied zu sein, doch ein Nutznießer dessen, was die Gewerkschaft erkämpft. Noch schlimmer ist, daß durch die Zwangstarife der Einfluß der Unternehmer auf Regierung und Schlichter bedeutend gewachsen ist." Die Unternehmer nützten diese Möglichkeit nach Kräften aus, wie sie ja auf allen Gebieten die Regierung ständig unter Druck hielten. „So ist bei der Regierung und bei vielen Schlichtern die Parole der Unternehmer Trumpf geworden: Schutz den wirtschaftlich Schwachen! Die Schlichtungsordnung ist durch die Zwangstarife kein soziales, sondern ein asoziales Gesetz geworden."

Ganz so eindeutig, wie Leipart und Müller es darstellten, war die Haltung der Freien Gewerkschaften zum Zwangstarif freilich nicht. Müller selbst räumte das ein. Da der Tarifvertrag seinem Wesen nach eine freie Vereinbarung sei, müßten die Gewerkschaften den Zwangstarif „mit zwingender Logik" ablehnen. „Aber es sind mitunter die Verhältnisse stärker als die Logik. Es gibt Kreise, die, um das Wirtschaftsleben vor Erschütterungen zu bewahren, den Tarifzwang auch heute

---

ben umfassender Rationalisierung der Arbeit durch betriebsorganisatorische und technische Maßnahmen kann die Lösung der wirtschaftlichen Probleme erfolgen." Die einzelnen Forderungen entsprachen weitgehend den Darlegungen Jäckels. Ebda., S. 36—40. Zum Echo bei den Unternehmern: Heinrich August Winkler, Unternehmer und Wirtschaftsdemokratie in der Weimarer Republik, in: ders., Liberalismus (Anm. 314), S. 195—204. Zum wirtschaftsdemokratischen Programm des ADGB von 1928 vgl. unten S. 607 ff.

noch wollen, darunter auch Gewerkschaften, und es kann wohl Situationen geben, die die Verbindlichkeitserklärung eines Tarifs rechtfertigen." Diese Umstände hätten den Bundesausschuß — im März 1924 — dazu geführt, den Tarifzwang im allgemeinen zwar abzulehnen, die Verbindlichkeitserklärung aber doch bis zu einem gewissen Grad zu akzeptieren. Folgerichtig protestierte auch der Breslauer Kongreß auf Antrag des Bundesvorstands nicht gegen den Zwangstarif als solchen, sondern lediglich gegen die „durch das gegenwärtige Schlichtungswesen geschaffene Beschränkung des Koalitionsrechts". Positiv forderte er „größere Sicherungen bei Verbindlicherklärungen und Beseitigung der Hemmungen bei der Durchführung von Streiks."[483]

Was mit den „größeren Sicherungen" gemeint war, verdeutlichte der sozialdemokratische Arbeitsrechtler Franz Neumann im August 1925 in einem Vortrag vor dem Verband der Gemeinde- und Staatsarbeiter. Nachdem er den Zwangstarif als der Idee des demokratischen Staates widersprechend zunächst kategorisch abgelehnt hatte, stellte er zwei Mindestziele für die Reform der Zwangsschlichtung auf. Erstens müßten Schlichter und Vorsitzende von Schlichtungsausschüssen vom Reichsarbeitsminister oder den obersten Landesbehörden im Einvernehmen mit den Organisationen der Arbeitnehmer und Arbeitgeber ernannt und abberufen werden. Zweitens sollten die Schlichtungsbehörden nur auf Anruf durch die Berufsverbände tätig werden dürfen — es sei denn, es handle sich um lebenswichtige Betriebe. Müller verlangte auf dem Breslauer Kongreß des ADGB eine andere Reform des Schlichtungsverfahrens: Die Verbindlichkeitserklärung dürfe nicht in das Belieben eines einzelnen Schlichters gestellt werden, sondern müsse von der qualifizierten Mehrheit eines Schlichtungsausschusses getragen werden. Vor allem aber sei es notwendig, in das Schlichtungswesen einen „sozialen Geist" zu bringen.[484]

Die Ablehnung des Zwangstarifs durch die Freien Gewerkschaften war also keine unbedingte. Von mitgliederschwachen Verbänden wie etwa den Landarbeitern wurde die staatliche Zwangsschlichtung durchaus als sozialer Schutz empfunden. Aber es gab den Freien Gewerkschaften insgesamt zu denken, daß die öffentliche Schlichtung von den Arbeitnehmern viel häufiger in Anspruch genommen wurde als von den Arbeitgebern: So hatten von den 5 043 Schlichtungsverfahren des Jahres 1926 die Gewerkschaften 3 885 beantragt, die Unternehmer nur 887 (von den restlichen 271 Verfahren gingen 154 auf gemeinsamen Antrag beider Seiten zurück; 117 wurden von Amts wegen eingeleitet). Im gleichen Jahr stellten die Organisationen der Arbeitnehmer 938 Anträge auf Verbindlicherklärung, die Arbeitgeberverbände 187 (ferner 4 auf beiderseitigen Antrag und 9 von Amts wegen). Es sei auf eine Kräfteverschiebung zugunsten der Unternehmer zurückzuführen, bemerkte 1927 ein Autor im „Gewerkschafts-Archiv", „wenn heu-

483 Protokoll (Anm. 476), 28 f. (Resolution), S. 118 f. (Leipart), 270 f. (Müller). Zu Müllers Breslauer Rede ist anzumerken, daß entgegen seiner Behauptung gewerkschaftlich nicht organisierte Arbeitnehmer von einem frei ausgehandelten Tarifvertrag dieselben Vorteile hatten wie von einem Zwangstarif. — Zum Beschluß des Bundesausschusses: Jahrbuch 1924 (Anm. 51), S. 96 f.

484 Franz Neumann, Der Kampf um den Zwangstarif, in: Die Arbeit 2 (1925), S. 694—703 (701 f.); Protokoll (Anm. 476), S. 271.

te die Führer selbst der stärksten Gewerkschaften die *politisch-staatliche* Sicherung der Interessen der Arbeitnehmer stärker betonen als die absolute Selbsthilfe durch Anwendung gewerkschaftlicher Machtentfaltung."[485]

Daß die staatliche Zwangsschlichtung in den Jahren 1926 und 1927 von den Freien Gewerkschaften positiver bewertet wurde als zuvor, ist nicht schwer zu erklären. 1926 gelang es den öffentlichen Schlichtern immerhin, die Löhne einigermaßen zu halten. Im Jahr darauf gab eine günstige Konjunkturlage den Schlichtern die Möglichkeit, den Forderungen der Arbeitnehmer in weit höherem Maß entgegenzukommen als in der Zeit der Stabilisierungskrise von 1925/26. Der Zwangstarif konnte daher erstmals auf breiter Front das werden, was er nach Ansicht von Reichsarbeitsminister Brauns sein sollte: eine soziale Kompensation für die unternehmerfreundliche Wirtschaftspolitik der Regierung. Nicht zufällig fiel ja auch Hilferdings Kieler Lobrede auf den „politischen Lohn" — eine positive Umschreibung des Zwangstarifs — in das Jahr 1927. Vom Standpunkt der Unternehmer aus waren die arbeitnehmerfreundlichen Schiedssprüche öffentlicher Schlichter natürlich etwas ganz anderes, nämlich eine volkswirtschaftlich verhängnisvolle Außerkraftsetzung der Marktmechanismen. Die Kampagne der Arbeitgeber für die Wiederherstellung der „Wirtschaftsfreiheit" war allerdings nicht dazu angetan, gewerkschaftlichen Widerstand gegen das wirtschaftliche Engagement des Staates zu verstärken. Der ADGB geriet vielmehr durch die Schlichtungspraxis von 1927 nur noch tiefer in den lähmenden Zwiespalt zwischen prinzipieller Ablehnung des Zwangstarifs und Ausnutzung seiner aktuellen Vorteile.[486]

In der Sitzung des Bundesausschusses vom 24. und 25. November 1927 nannte der Arbeitsmarktexperte Spliedt die Dinge beim Namen: Sowohl Arbeitgeberverbände als auch Gewerkschaften drängten vielfach die Schlichtungsbehörden, Schiedssprüche zu fällen, die dann später antragsgemäß für allgemeinverbindlich erklärt würden. „Aus Mangel an Verantwortungsgefühl und weil man sich gegen den Widerstand im eigenen Lager nicht wenden will, deshalb ziehen die Verhandlungsführer den einfacheren Weg der Zwangstarife vor. Damit wird aber dem Staat ein Recht in die Hand gegeben, das schließlich den Gewerkschaften sehr gefährlich werden kann." Das Arbeitsministerium selbst wolle Schiedssprüche zwar nur in Ausnahmefällen für verbindlich erklären, diese Absicht werde aber durch

485 Curt Swolinzky, Zu neuen Formen im wirtschaftlichen Machtkampf, in: GA 4 (1927), S. 64—68 (66; Hervorhebung im Original). Zu den Zahlen: Bruno Broecker, Wirtschaftliche Selbstverwaltung und staatliche Schlichtung, in: Die Arbeit 5 (1928), S. 144—149, 213—219 (213 ff.). Zum Problem der gewerkschaftlichen Haltung im Streit um die Zwangsschlichtung überhaupt: Ursula Hüllbüsch, Koalitionsfreiheit und Zwangstarif. Die Stellungnahme des Allgemeinen Deutschen Gewerkschaftsbundes zu Tarifvertrag und Schlichtungswesen in der Weimarer Republik, in: Ulrich Engelhardt u. a. (Hg.), Soziale Bewegung und politische Verfassung. Festschrift für Werner Conze, Stuttgart 1976, S. 599—652; Hans-Hermann Hartwich, Arbeitsmarkt, Verbände und Staat 1918—1933. Die öffentliche Bindung unternehmerischer Funktionen in der Weimarer Republik, Berlin [W] 1967, S. 193 ff.; Johannes Bähr, Staatliche Schlichtung in der Weimarer Republik. Tarifpolitik, Korporatismus u. industrieller Konflikt 1919—1932, phil. Diss. (MS) Freiburg 1986.

486 Zu den Motiven von Brauns vgl. oben S. 313 sowie Preller, Sozialpolitik (Anm. 238), S. 358 ff.; zu Hilferdings Kieler Parteitagsrede vgl. oben S. 337 f.

die Tarifparteien durchkreuzt. „Wir müssen alles versuchen, eine rückläufige Bewegung zu bekommen, die auf eine Einschränkung der Schiedssprüche und Verbindlicherklärungen hinausläuft ... Die Gewerkschaften müssen mehr und mehr auf die staatlichen Machtmittel verzichten, wenn sie nicht Gefahr laufen wollen, daß ihre Kampffreiheit eingeschränkt wird."

Was Spliedt im Namen des Bundesvorstandes vortrug, war bereits eine vermittelnde Position. Die meisten Einzelgewerkschaften beurteilten die Zwangsschlichtung mittlerweile sehr viel freundlicher. So äußerte August Brey, der Vorsitzende des Fabrikarbeiterverbandes, die Abschaffung des Zwangstarifs werde bei den Unternehmern die Tendenz fördern, den „gelben" Werkvereinen die Anerkennung als Tarifträger zu verschaffen. „Ich kann nicht der Schlußfolgerung zustimmen, daß der Staat die Wirtschaftskämpfe laufen lassen wird. Er wird seinen Einfluß auf die Wirtschaft nicht abbauen, sondern erweitern. In der jetzigen politischen Situation ist es besonders bedenklich, daß wir diese Frage aufwerfen, wo die Kommunisten mit dem ‚Schlichtungsschwindel' operieren." Für die stärkste Einzelgewerkschaft, den Deutschen Metallarbeiterverband, bezog Georg Reichel in ähnlicher Weise Stellung. Der Zwangstarif solle nicht abgeschafft, wohl aber eingeschränkt werden. Bei den Arbeitgebern der Metallindustrie bestehe keine „Tariffreudigkeit". „Wir brauchen Jahre der Entwicklung, um so zu gefestigten Zuständen zu kommen, wie andere Verbände sie bereits haben."

Entschieden gegen eine Hinnahme der bestehenden Schlichtungspraxis war nur Fritz Tarnow, der Vorsitzende des Holzarbeiterverbandes. Aber er begann seinen Debattenbeitrag mit der bezeichnenden Feststellung, die Aussprache habe die „eindeutige und einheitliche Meinung zutage gefördert, daß die Gewerkschaften nicht mehr wie 1924 den Grundsatz ‚gewerkschaftlicher Kampffreiheit über alles' uneingeschränkt vertreten." Es führe zu unhaltbaren Zuständen, wenn man einerseits auf die Schlichtungsinstanzen einschlage und sie andererseits zum Eingreifen auffordere. „Wir müssen jetzt Farbe bekennen und müssen uns klar werden, was der Bundesausschuß will ... Wir sollten den Standpunkt vertreten, daß Zwangstarife zu vermeiden sind durch Abschluß von freiwilligen Tarifverträgen. Die Arbeitgeber müssen veranlaßt werden, auf dem Wege über ihre Organisationen denselben Standpunkt einzunehmen. Verlassen wir diesen Grundsatz, dann bedeutet das eine Frontänderung der Gewerkschaften."

Am Ende der Debatte bekannte sich der Bundesausschuß erwartungsgemäß zu der Kompromißlinie, die der Bundesvorstand vorgeschlagen hatte. Leipart nannte es in seinem Schlußwort einen erstrebenswerten „Idealzustand", daß auf der ganzen Linie Tarifverträge nur in freier Vereinbarung zwischen Gewerkschaften und Unternehmern auszuhandeln seien. Da aber dieses Ziel erst noch erreicht werden müsse, hätten die Gewerkschaften die Aufgabe, bis dahin die „Erziehungsarbeit" zu leisten. „Noch können die Gewerkschaften auf Schlichtungsbehörden mit Befugnis zu Zwangsschiedssprüchen nicht verzichten. Aber es ist die Zeit gekommen, diese Befugnisse einzuschränken." Dem entsprach der Grundsatzbeschluß des Bundesausschusses. Die Einzelverbände wurden verpflichtet, Anträge auf Allgemeinverbindlichkeit nur im Benehmen mit den übrigen beteiligten Verbänden zu stellen. Erfolge von einem dieser Verbände Widerspruch, dann sei, falls eine direkte Einigung ausgeschlossen erscheine, der Bundesvorstand vor Stellung des Antrags zur Vermittlung anzurufen.

Daß von diesem Beschluß eine wesentliche Einschränkung der staatlichen Zwangsschlichtung ausgehen werde, war nicht zu erwarten. Der ADGB bestätigte vielmehr eine Praxis, vor deren Gefahren Spliedt zu Beginn der Debatte so beredt gewarnt hatte: Die zunehmende Abhängigkeit vom Staat mußte die Kampfkraft der Gewerkschaften schwächen. Zwar konnte Spliedt Tarnow mit einem gewissen Recht die rhetorische Frage stellen, ob „nicht unsere relative Schwäche erst das Ergebnis des heutigen Systems" sei. Aber nichts sprach dafür, daß diese Schwäche durch halbherzige Kompromißformeln in Sachen Zwangstarif zu beheben war. Auf der anderen Seite war freilich auch fraglich, ob sich für Tarnows Konzept, die volle Durchsetzung der Tarifautonomie, eine hinreichende Unterstützung im Lager der Arbeitgeber gefunden hätte. Der Ablauf von Arbeitskämpfen in den Jahren 1927 und 1928, dem wir uns im folgenden Abschnitt zuwenden, schien eher den Skeptikern recht zu geben.[487]

*

Die Zahl der frei ausgehandelten Tarifverträge übertreffe die der Zwangstarife bei weitem, versicherten immer wieder führende Vertreter der Freien Gewerkschaften. Die Behauptung war richtig — aber fast ohne Aussagekraft. Denn die Schlichtungsstatistik enthält nur Angaben über die Zahl der Verfahren, nicht über die Zahl der davon betroffenen Arbeitnehmer. Dagegen sind wir über das Ausmaß der Lohnbewegungen insgesamt gut informiert. Den Tiefpunkt bildete in jeder Hinsicht das Krisenjahr 1926 — gleichviel, ob man auf die Zahl der Lohnbewegungen, der Streiks und Aussperrungen oder die Zahl der jeweils daran beteiligten Arbeitnehmer blickt. Das Jahr 1926 fällt auch insofern aus dem Rahmen des Üblichen heraus, als die Bewegungen zur Abwehr von Verschlechterungen der Lohn- und Arbeitsbedingungen die gewerkschaftlichen Angriffsbewegungen weit überwogen (Tabellen 1 und 2).

Im günstigen Konjunkturjahr 1927 verliefen 94,5 % aller Lohnbewegungen friedlich. Von Arbeitseinstellungen wurden 632 322 Personen betroffen, davon 311 247, also fast die Hälfte, durch Aussperrungen. Die größten Arbeitskämpfe fanden 1927 in der Metallindustrie statt; ihr folgten die Textilindustrie, die Tabakindustrie und der Bergbau.[488]

---

487 DGB-Archiv Düsseldorf, Protokoll der Sitzung des Bundesausschusses vom 24./25. 11. 1927. — Von den Anträgen auf Verbindlichkeitserklärungen wurden 1925 81,75 % von der Arbeitnehmerseite gestellt. Für die folgenden Jahre lauten die Zahlen: 1926: 87,42 %; 1927: 51,17 %; 1928: 76,84 %; 1929: 79,7 %; 1930: 72,3 %; 1931: 65,5 %; 1932: 6,6 %. Frieda Wunderlich, Labor under German Democracy. Arbitration 1918—1933, New York 1940 (ND 1965), S. 59. Zur tatsächlichen Größenordnung der staatlichen Schlichtung vgl. unten S. 621 (Anm.).

488 Im Jahre 1927 waren beim Deutschen Metallarbeiterverband 210 790 Personen von Arbeitseinstellungen betroffen, darunter waren 107 441 Ausgesperrte. Beim Textilarbeiterverband belief sich die Zahl der von Arbeitseinstellungen Betroffenen auf 103 796, beim Tabakarbeiterverband auf 92 536 (davon Ausgesperrte: 90 308), beim Bergarbeiterverband, der seine härte-

Tabelle 1: Lohnbewegungen 1924—1927 (absolute Zahlen)

Jahr	Bewegungen insgesamt		Bewegungen ohne Arbeitseinstellung		Bewegungen mit Arbeitseinstellung		Die Arbeit stellten ein	Aussperrungen	
	Fälle	Beteiligte	Fälle	Beteiligte	Fälle	Beteiligte	Personen	Fälle	ausgesperrte Personen
1924	33 855	18 192 701	30 196	16 226 080	3 659	1 966 621	1 953 603	1 167	1 220 383
1925	26 958	15 758 812	23 299	14 236 975	3 659	1 521 837	881 092	971	316 149
1926	8 044	8 390 022	7 242	8 281 157	802	108 865	98 194	127	46 646
1927	14 367	14 932 149	12 980	14 116 487	1 387	815 662	632 322	166	311 247

Quelle: Jahrbuch 1927 des Allgemeinen Deutschen Gewerkschaftsbundes 1927, Berlin 1928, S. 131.

Tabelle 2: Angriffs- und Abwehrbewegungen 1924—1927 (Prozentzahlen)

	Bewegungen							
	ohne Arbeitseinstellung				mit Arbeitseinstellung			
	Angriffsbewegungen		Abwehrbewegungen		Angriffsbewegungen		Abwehrbewegungen	
	Fälle	Beteil.	Fälle	Beteil.	Fälle	Beteil.*	Fälle	Beteil.*
1924	94,3	89,9	5,7	10,1	64,5	59,0	35,5	41,0
1925	96,3	97,5	3,7	2,5	81,9	91,4	18,1	8,6
1926	49,7	70,2	50,3	29,8	25,3	41,6	74,7	58,4
1927	94,1	97,6	5,9	2,4	71,0	93,8	29,0	6,2

* Von Arbeitseinstellung betroffene Personen.

Quelle: Ebda., S. 136.

Der Arbeitskampf in der Tabakindustrie war der größte, den es bislang in dieser Branche gegeben hatte, und eine der heftigsten und kostspieligsten Lohnbewegungen des Jahres 1927 überhaupt. Zugleich warf er ein Schlaglicht auf bestimmte praktische Auswirkungen, die ein Zwangstarif haben konnte. Im April 1927 hatte der Reichsverband deutscher Zigarrenhersteller „seinen" Arbeitnehmern zwecks Aussperrung gekündigt, da er einen Schiedsspruch als nicht akzeptabel ansah. Das Reichsarbeitsministerium lehnte daraufhin die Verbindlichkeitserklärung des Schiedsspruchs auch tatsächlich ab und leitete ein neues Schlichtungsverfahren ein. An dessen Ende stand ein zweiter, für die Arbeitnehmer sehr viel ungünstigerer Schiedsspruch, der auf Antrag der Arbeitgeber und gegen den Willen der Gewerkschaften, des sozialdemokratisch orientierten Deutschen Tabakarbeiterverbandes und des Zentralverbandes christlicher Tabakarbeiter Deutschlands, für verbindlich erklärt wurde — und zwar mit einer Geltungsdauer bis zum 31. März 1928.

In der ohnehin schlecht entlohnten Arbeiterschaft der Tabakindustrie — über drei Viertel der Mitglieder des freigewerkschaftlichen Verbandes waren Frauen — löste der Zwangstarif Empörung aus. Der Gewerkschaftsführung gelang es nur mit Mühe, spontane Protestaktionen zu verhindern. Im Sommer 1927 aber wurde

---

sten Kämpfe in Mitteldeutschland zu bestehen hatte, auf 73 827. Vgl. dazu Jahrbuch 1927 des Allgemeinen Deutschen Gewerkschaftsbundes, Berlin 1928, S. 126 ff. — Zur Haltung des freigewerkschaftlichen Bergarbeiterverbandes gegenüber der staatlichen Schlichtung: Tschirbs, Tarifpolitik (Anm. 63), S. 299 ff. Für die Position des „Alten Verbandes" bezeichnend war die Feststellung in seinem Jahrbuch für 1927: „Solange aber der weitaus größte Teil der Arbeitgeber an seinem bisherigen Standpunkt festhält und innerlich keine andere Einstellung zum Vertragswesen einnimmt, kann die Arbeiterschaft des Einigungszwanges, wie er sich uns heute in der Schlichtungsverordnung darstellt, nicht entbehren. Rückständige, unsoziale Arbeitgeber müssen von Gesetzes wegen gezwungen werden können, zu Verhandlungen zu erscheinen, und es muß auch, falls es notwendig und erforderlich ist, ihnen eine Entscheidung oktroyiert werden können . . ." Zit. ebda., S. 311 f. Tschirbs erklärt die Bejahung der Zwangsschlichtung durch den „Alten Verband" v. a. mit dem schwachen Organisationsgrad der Bergarbeiter: 1927 waren in ihm lediglich 14 % der Ruhrbergleute organisiert. Insgesamt waren von rund 400 000 Ruhrbergarbeitern etwa 300 000 unorganisiert. Ebda., S. 312, 326.

das Drängen auf eine angemessene Lohnzulage immer lebhafter. „Die Leitung des Deutschen Tabakarbeiterverbandes kam dadurch in eine fatale Lage“, heißt es in einem Artikel der offiziellen „Gewerkschafts-Zeitung“. „Auf der einen Seite war sie durch den verbindlich erklärten Schiedsspruch gebunden, und auf der anderen Seite konnte sie dem Verlangen der Verbandsmitglieder nach einer sofortigen Lohnerhöhung die Berechtigung nicht absprechen. Dennoch tat sie alles, was in ihren Kräften stand, um die sich immer mehr ausbreitende Bewegung in geordnete Bahnen zu lenken.“

Ein Ende September in Lübbecke beschlossener Streik wurde wieder abgesagt, nachdem die Verbandsführung energisch interveniert hatte. Aber in drei anderen Orten kam es zu Arbeitsniederlegungen. Im westfälischen Bünde handelte es sich um einen Ausstand der Zeitlohnarbeiter, deren Löhne tariflich nicht so gebunden waren wie die der Akkordarbeiter. In Leipzig und Breslau dagegen konnte man durchaus von „wilden Streiks“ sprechen. In Breslau waren es vor allem Unorganisierte, die entgegen der Warnung der örtlichen Gewerkschaftsfunktionäre die Arbeit einstellten. Bestreikt wurde ein Betrieb, dessen Inhaber vorgab, die tariflichen Bestimmungen nicht zu kennen, und deswegen auch keine Tariflöhne zahlte. Zu den Hintergründen des Leipziger Streiks vermerkt die „Gewerkschafts-Zeitung“, eine der beiden betroffenen Firmen habe am 7. Oktober ihrer gesamten Belegschaft gekündigt, noch ehe die Sortierer, Fertigmacher und Kistenmacher in den von ihnen beschlossenen Ausstand getreten seien. Der Inhaber des anderen Betriebs habe wesentlich zur Verschärfung beigetragen, „indem er ganz unnötigerweise polizeilichen Schutz herbeirufen ließ und der erregten Arbeiterschaft Redensarten wie: ‚Wem es nicht paßt und wer nicht zu den Löhnen weiter arbeiten will, kann gehen!‘ ins Gesicht schleuderte.“

Die Arbeitgeber nahmen am 18. Oktober die wilden Streiks, an denen in Leipzig 80 und in Breslau 53 Arbeitnehmer beteiligt waren, zum Anlaß, eine reichsweite Aussperrung zu beschließen. Obwohl der Reichstarifvertrag vorsah, daß Streiks und Aussperrungen so lange zu unterbleiben hatten, als der Instanzenweg des Schiedsgerichtsverfahrens nicht erschöpft war, kündigten die regionalen Gliederungen des Reichsverbandes deutscher Zigarrenhersteller den Belegschaften mit vierzehntägiger Frist. Der Zweck dieses offenkundigen Tarifbruchs ließ sich mit einem Wort umschreiben: Einschüchterung. Der Reichsverband erstrebte, wie es in einem seiner Rundschreiben hieß, „eine grundsätzliche Entscheidung, die auf Jahre hinaus wirken wird.“

In der Zigarrenindustrie arbeiteten im Frühherbst 1927 nach gewerkschaftlicher Schätzung etwa 125 000 Arbeiterinnen und Arbeiter. Von der Aussperrung betroffen waren rund 85 000, darunter 50 000 Organisierte. Der Rest arbeitete weiter, weil sich längst nicht alle Betriebe der Zigarrenindustrie an die Beschlüsse ihres Verbandes hielten und einige sogar die Lohnforderungen der Gewerkschaften bewilligten. Diese verlangten — und zwar erst, nachdem die Arbeitgeber am 29. Oktober die allgemeine Kündigung ausgesprochen hatten — eine Lohnerhöhung von 15 %. Vom freigewerkschaftlichen Dachverband erhielten die ausgesperrten Tabakarbeiter volle Rückendeckung und materielle Hilfe. Der Bundesausschuß des ADGB beschloß am 24. November 1927, von allen Verbänden einen Solidaritätsbeitrag in Höhe von 10 Pfennig pro männliches und 5 Pfennig pro weibliches Mitglied zu erheben.[489]

Am 1. Dezember 1927 ging der Arbeitskampf in der Tabakindustrie zu Ende. Den Abschluß bildete eine Vereinbarung zwischen den Organisationen der Arbeitgeber und der Arbeitnehmer, zu der Reichsarbeitsminister Brauns dadurch beitrug, daß er die streitenden Parteien zu Verhandlungen einlud. Die Gewerkschaften betrachteten das Abkommen zu Recht als Erfolg. Es sah zum 1. März 1928 eine Erhöhung der Löhne allgemein um 12 % und in Hamburg und Bremen um 10 % vor. Der bisher geltende Reichstarifvertrag vom 12. April 1927 sollte ansonsten bis zum 31. März 1929 weiter gelten. Allerdings konnte auf Antrag einer der beiden Parteien ab 1. Oktober 1928 eine Nachprüfung darüber stattfinden, „ob eine wesentliche Änderung der Lebenshaltungskosten eingetreten ist, die einen Ausgleich der Löhne erfordert. Darüber entscheiden bindend nach Anhörung der Parteien drei Unparteiische, die der Reichsarbeitsminister ernennt."

Es war die Möglichkeit einer solchen Revision, die aus gewerkschaftlicher Sicht den prinzipiellen Fortschritt der Vereinbarung bildete: „Zerbrach das frühere Vertragsverhältnis infolge der Unmöglichkeit einer eingetretene Spannungen ausgleichenden Zwischenlösung, so wird das neue Abkommen infolge der Einschaltung dieser Etappe um so festeren Bestand haben können." Die Solidarität, die dem Tabakarbeiterverband von den anderen Freien Gewerkschaften zuteil geworden war, hatte seinen Verhandlungserfolg möglich gemacht. Ein Präzedenzfall war der Ausgang des Arbeitskampfes in der Zigarrenindustrie aber nicht. Dazu war die Zahl der Ausgesperrten, im Vergleich zur Mitgliederzahl der Freien Gewerkschaften, zu gering. Mit seinen rund 64 000 Mitgliedern gehörte der Tabakarbeiterverband zu den kleineren Gewerkschaften. Eine Aussperrung in einer der Schlüsselindustrien mußte die organisierten Arbeitnehmer vor ganz andere Probleme stellen als der Tarifbruch der deutschen Zigarrenhersteller vom Herbst 1927.[490]

Von seiner Entstehungsgeschichte her hat der mitteldeutsche Braunkohlenstreik vom Oktober 1927 mit dem Arbeitskampf in der Tabakindustrie ein Merkmal gemeinsam: Auslösendes Moment war ein Schiedsspruch, der vom Reichsarbeitsminister nicht für verbindlich erklärt wurde. Dieser Schiedsspruch vom Juni 1927 sah eine Lohnerhöhung von 3 % oder 16 Pfennig je Schicht vor. Reichswirtschaftsminister Curtius, ein Politiker der DVP, lehnte eine Lohnerhöhung im Braunkohlenbergbau ab, weil diese eine Preiserhöhung zur Folge haben müsse, und Reichsarbeitsminister Brauns fügte sich diesem Einspruch. Die Bergarbeiterverbände aller Richtungen beschlossen daraufhin am 4. September 1927 die allge-

489 Der Kampf in der Zigarrenindustrie, in: GZ, Nr. 49, 3. 12. 1927; Zehnte Ausschußsitzung des Allgemeinen Deutschen Gewerkschaftsbundes, ebda. Zum Anteil weiblicher Mitglieder (31. 12. 1926: 76 %) im Deutschen Tabakarbeiterverband: Jahrbuch 1927 (Anm. 488), S. 246 f.

490 Das Ende der Aussperrung der Tabakarbeiter, in: GZ, Nr. 50, 10. 12. 1927. Vgl. dazu auch: Niederlage der Scharfmacher, in: Vorwärts, Nr. 568, 1. 12. 1927. Zu den Mitgliederzahlen des Tabakarbeiterverbandes: Jahrbuch 1927 (Anm. 488), S. 246 f. Zu den Kosten von Streiks und Aussperrungen in der Tabakindustrie: ebda., S. 128 f., 250 f.

meine Kündigung der Arbeitsverträge. Ein Vermittlungsversuch des von Brauns eingeschalteten Schlichters, der eine Lohnerhöhung von 6 bis 7 % vorschlug, hatte keinen Erfolg. Am 17. Oktober begann der Ausstand, über den die „Gewerkschafts-Zeitung" mit geradezu überschwenglichen Worten berichtete: „Der mit elementarer Wucht einsetzende, Unorganisierte, Gelbe und Stahlhelmer mitreißende Streik war nicht nur ein Beweis dafür, daß die Lage der mitteldeutschen Braunkohlenbergarbeiter unerträglich war. Er scheint uns weiter ein Beweis dafür zu sein, daß großen Massen der Unorganisierten der Streikbruch als das Verbrechen an der eigenen Klasse erscheint."[491]

Die Kommunisten, die sich in dem Arbeitskampf im mitteldeutschen Braunkohlenrevier stark engagierten, betonten die strategische Rolle der betroffenen Branchen. „Die Bedeutung des Riesenkampfes, der jetzt annähernd 100 000 Arbeiter umfaßt, liegt vor allem darin, daß die mitteldeutsche Braunkohle die Basis ist für die neueste Großmacht des Kapitals, für die Chemieindustrie", schrieb August Enderle, der Gewerkschaftsredakteur der „Roten Fahne", in der „Internationalen Pressekorrespondenz". „Die Riesenwerke der IG-Farben AG, das riesige Stickstoffwerk in Leuna mit dem neuen Produktionszweig der Kohleverflüssigung mit seinen etwa 40 000 Arbeitern, die zahllosen Chemiewerke im Gebiet von Bitterfeld, Wittenberg, Piesteritz usw. mit vielen zehntausenden von Arbeitern und ihrem amerikanischen Entwicklungstempo basieren fast restlos auf der Braunkohle." Dazu komme, daß die elektrische Krafterzeugung für das gesamte mitteldeutsche Industriegebiet und großenteils auch für die Stadt Berlin ganz von der Braunkohle abhängig seien. Die große wirtschaftliche Bedeutung des Kampfes habe selbstverständlich auch eine gewaltige politische Auswirkung. „Das Chemiekapital ist mit die Grundlage des Bürgerblocks, ist eine der wichtigsten Faktoren der kapitalistischen Herrschaft in Deutschland. Das alles erklärt auch die große Aufmerksamkeit, die die gesamte Bourgeoisie diesem Kampf entgegenbringt. Es erklärt, warum schon vor Ausbruch des Streiks und erst recht nach dessen unerwartet großer Ausdehnung die ganze bürgerliche Presse täglich in groß aufgemachten Berichten und Artikeln den Streik behandelt und unausgesetzt nach dessen schleunigster Liquidierung schreit."[492]

In der Tat wurden die gesamtwirtschaftlichen Auswirkungen des Streiks von Unternehmern und Regierung als so ernst eingeschätzt, daß es schon nach wenigen Tagen zu neuen Verhandlungen mit den Gewerkschaften kam. Am späten Abend des 21. Oktober erging ein neuer Schiedsspruch, der den Arbeitern eine Lohnerhöhung von etwa 11,5 % brachte. Für die höchste Lohngruppe bedeutete das 60 Pfennig, für die unteren Lohngruppen zwischen 23 und 51 Pfennig pro Schicht. Das war zwar erheblich weniger als die von den Bergarbeiterverbänden

491 Heinrich Limbertz, Der mitteldeutsche Braunkohlenstreik, in: GZ, Nr. 44, 29. 10. 1927. Limbertz war Redakteur der Verbandszeitschrift des „Alten Verbandes" und Reichstagsabgeordneter der SPD.

492 August Enderle, Der Braunkohlenarbeiterstreik in Mitteldeutschland und seine politische Bedeutung, in: Inprekorr, Nr. 103, 21. 10. 1927. — Zum Braunkohlenstreik auch Bähr, Schlichtung (Anm. 485), S. 228 ff. Zu den Auseinandersetzungen um Löhne und Arbeitszeit im Steinkohlenbergbau zwischen 1925 und 1930: Tschirbs, Tarifpolitik (Anm. 63), S. 434 ff.

geforderten 80 Pfennig pro Schicht für alle Arbeiterkategorien, aber doch sehr viel mehr, als die Schlichter bisher angeboten hatten. Am 22. Oktober nahm eine Funktionärsversammlung des „Alten Verbandes" in Halle mit großer Mehrheit, nämlich mit 381 gegen 36 Stimmen, den Schiedsspruch an. Auch kommunistische Funktionäre stimmten ihm, entgegen den Parolen ihrer Partei, zu. Unmittelbar danach wurde der Schiedsspruch, gegen das Votum der Arbeitgeber, vom Reichsarbeitsminister für verbindlich erklärt. Am 24. Oktober nahmen die Kumpel im mitteldeutschen Braunkohlerevier die Arbeit wieder auf.[493]

In der Großeisenindustrie schien Ende 1927 vorübergehend ein Arbeitskampf bevorzustehen, der Wirtschaft und Staat in eine schwere Krise zu stürzen drohte. Die unmittelbare Vorgeschichte der Kraftprobe begann mit einer Verordnung des Reichsarbeitsministers vom 16. Juli 1927. Darin griff Brauns die Empfehlung des Sozialpolitischen Ausschusses des Vorläufigen Reichswirtschaftsrates auf, für Stahl- und Walzwerkarbeiter die dreiteilige Achtstundenschicht einzuführen, und zwar, wie die Gewerkschaften es wünschten, zum 1. Januar 1928. Die Arbeitgeber der Großeisenindustrie bemühten sich in den folgenden Monaten intensiv darum, das Inkrafttreten der Verordnung hinauszuschieben. Die vorgesehene Übergangszeit bis zum 1. Januar 1928 sei, so argumentierten sie, für die notwendigen Umbauten zu kurz. Die vom Reichsarbeitsministerium eingeleiteten Verhandlungen zwischen Unternehmern und Gewerkschaftlern blieben ohne Erfolg. Mitte Oktober 1927 ersuchte der erweiterte Beirat des Deutschen Metallarbeiterverbandes den Vorstand der Gewerkschaft, auf strikte Durchführung der Verordnung zum vorgesehenen Termin und bei vollem Lohnausgleich zu bestehen. Notfalls sollte, wenn auf dem Verhandlungsweg kein befriedigendes Ergebnis zustande komme, auch das Mittel der Arbeitseinstellung angewandt werden.[494]

Dramatisch spitzte sich der Konflikt aber erst am 2. Dezember zu, als Ernst Poensgen, der Vorsitzende des Vereins Deutscher Eisen- und Stahlindustrieller, Brauns brieflich für den 1. Januar 1928 die Stillegung aller Werke der eisenschaffenden und eisenverarbeitenden Industrie ankündigte. Die „Einführung des schematischen Achtstundentages", verbunden mit vollem Lohnausgleich, zwinge die Eisen- und Stahlindustrie zu einem solchen „Akt der wirtschaftlichen Notwehr", hieß es in dem Schreiben erläuternd. Die Freien Gewerkschaften reagierten auf dieses Stichwort mit der rhetorischen Frage: „Wer hat die Hand an der Gurgel des Staates?" und versuchten, der Öffentlichkeit die Tragweite dessen klarzumachen, was die Unternehmer der Eisen- und Stahlindustrie beabsichtigten: „Sie setzen das ganze Gewicht ihrer ökonomischen Macht ein, um ihren Willen durchzusetzen gegen die politische Ordnung des Staatswesens."[495]

493 Limbertz, Braunkohlenstreik (Anm. 491); der Abschluß des mitteldeutschen Bergarbeiterstreiks, in: Inprekorr, Nr. 104, 25. 10. 1927.

494 Die Verordnung vom 16. 7. 1927 in: RGBl. 1927 I, S. 221; das Gutachten des Reichswirtschaftsrates in: GZ, Nr. 28, 9. 7. 1927; die Beschlüsse des erweiterten Beirates des DMV in: GZ, Nr. 48, 26. 11. 1927. Zur Haltung der Unternehmer: Weisbrod, Schwerindustrie (Anm. 87), S. 333 ff. Ebenfalls hierzu wie zur Politik des Reichsarbeitsministeriums: Feldman/Steinisch, Notwendigkeit (Anm. 423), S. 57—117 (bes. 84 ff.).

495 Der Konflikt in der Eisen- und Stahlindustrie, in: GZ, Nr. 51, 17. 12. 1927. Der Brief von Poensgen u. a. in: Aussperrung in der Eisen- und Stahlindustrie?, in: GZ, Nr. 50, 10. 12.

Mit ihrer Einschätzung, daß der Vorstoß der Großeisenindustriellen in Wahrheit dem Staat gelte, standen die Gewerkschaften nicht allein. In der Ministerbesprechung vom 9. Dezember wandte sich Arbeitsminister Brauns nachdrücklich gegen „Form und Ziel des Vorgehens der Unternehmer". Da Wirtschaftsminister Curtius den Standpunkt der Stahlindustrie jedoch hartnäckig verteidigte, sah sich Brauns gezwungen, mit seinem Rücktritt zu drohen: Nach dem Gesetz stünde ihm allein die Entscheidung zu; aus einer Auffassung des Kabinetts, die der seinen widerspreche, würde er die Folgerungen ziehen müssen. Die Antwort, die Brauns am 12. Dezember Poensgen erteilte, war ein Kompromiß: Im Prinzip blieb die Verordnung vom 16. Juli aufrechterhalten; bestimmten Kategorien von Werken wurde jedoch eine längere Umstellungszeit — äußerstenfalls bis zu einem Jahr — zugestanden.[496]

Die Entscheidung des Reichsarbeitsministers machte den Weg frei für Schlichtungsverhandlungen. Zu regeln waren sowohl die Arbeitsbedingungen auf Grund der Verordnung vom 16. Juli als auch die Löhne der Arbeiter in der Großeisenindustrie. Am 15. Dezember ergingen zwei Schiedssprüche des von Brauns bestellten Schlichters, Wilhelm Joetten. Der eine betraf die Arbeitszeiten, der andere die Löhne. Am wichtigsten waren die Gewährung zusätzlicher Sonntagsarbeit, eine allgemeine Lohnerhöhung um 2 % und eine Verdoppelung des Mehrstundenzuschlages. Doch weder die Arbeitgeber noch die Arbeitnehmer waren mit diesem Ergebnis zufrieden. Die Unternehmer lehnten beide Schiedssprüche ab; der freigewerkschaftliche Metallarbeiterverband und der Hirsch-Dunckersche Gewerkverein Deutscher Metallarbeiter bezogen die gleiche Position. Lediglich der Christliche Metallarbeiterverband differenzierte zwischen den beiden Schiedssprüchen: den über die Arbeitszeiten nahm er an, den über die Löhne lehnte er ab. Verhandlungen beim Reichsarbeitsminister am 20. Dezember erbrachten keine Annäherung der Standpunkte. Daraufhin erklärte Brauns beide Schiedssprüche von sich aus sofort für verbindlich.[497]

Die Arbeitgeber des Reviers, vereinigt in „Arbeitnordwest", können die Entscheidung Brauns' nicht als unzumutbar empfunden haben. Denn sie zogen sogleich die vorbereitete Kündigung der Belegschaften und die Stillegungsanzeige zurück. Tatsächlich hatten nicht nur die Unternehmer für die Verkürzung der Arbeitszeit zu zahlen; auch die Arbeitnehmer erlitten Einbußen. Die monatlichen Einkommen der Arbeiter im Thomaswerk der August-Thyssen-Hütte in Ham-

1927. Ebda. auch der erste Kommentar: „Mit größerem Recht als je zuvor kann man in diesem Falle nach dem einstmals so beliebten Worte die Frage stellen: Wer hat die Hand an der Gurgel des Staates?" Vgl. zur „Kriegserklärung der Eisenkönige" auch den Artikel von Paul Löbe, Gegen die Kapitalsmonarchen!, in: Vorwärts, Nr. 579, 8. 12. 1927, der mit den Worten schließt: „Je schärfer sich Konflikte wie der in der Eisenindustrie zuspitzen, umso nachdrücklicher wird ihre unausweichliche Lehre jedem Auge klar: die Eisenkönige wollen Lehrmeister für den Sozialismus werden, sie sorgen dafür, daß die Forderung unabwendbar wird: Die kapitalistischen Produktionsmittel gehören dem ganzen Volke!"

496 AdR, Kabinette Marx III/IV (Anm. 184), Nr. 369. Der Brief von Brauns an Poensgen in: GZ, Nr. 51, 17. 12. 1927.

497 Der Arbeitskonflikt in der Großeisenindustrie, in: GZ, Nr. 52, 24. 12. 1927.

born sanken zwischen Oktober 1927 und März 1928 um 10 bis 15 %. Von einem vollen Lohnausgleich konnte also nicht die Rede sein. Wenn die Arbeitgeber den Ausgang der Kraftprobe vom Dezember 1927 dennoch nicht als Sieg empfanden, dann ist das nur auf dem Hintergrund der vorangegangenen Entwicklung zu erklären. Den Unternehmern der Schwerindustrie war es, wie Bernd Weisbrod bemerkt, gelungen, „vier Jahre lang jede Arbeitszeitentscheidung als Prinzipienkampf für die Beibehaltung der zweigeteilten Schicht durchzufechten und die vereinbarte Wiedereinführung des Achtstundentages zu verhindern." Erst im Zeichen des konjunkturellen Aufschwungs von 1927 ging das Reichsarbeitsministerium auf Gegenkurs und pochte auf die Einlösung des Arbeitszeitversprechens vom Dezember 1923: der Rückkehr zum Achtstundentag. Die im Herbst 1927 von „Arbeitnordwest" herbeigeführte Konfrontation in der Arbeitszeitfrage markierte, um nochmals Weisbrod zu zitieren, „den entscheidenden Übergang von einer hinhaltenden Verzögerungstaktik zu einer Offensive in der Sozialpolitik. Sie bildete somit ein deutliches Gegengewicht zu der Tendenz zum sozialpolitischen Ausgleich, die sich mit der Verabschiedung des parteipolitisch kaum umstrittenen Gesetzes für Arbeitsvermittlung und Arbeitslosenversicherung vom 16. Juli 1927 durchgesetzt zu haben schien. In der Konsequenz suchte die Schwerindustrie zunächst die Machtprobe mit den Gewerkschaften, dann aber auch mit dem System des staatlichen Schlichtungswesens und der gesamten Sozialpolitik: Die Generalprobe des Ruhreisenstreits fand 1927 statt."[498]

Als unmittelbare Folge der Schiedssprüche vom 15. Dezember 1927 gaben die Unternehmer der Großeisenindustrie die Erhöhung der Eisenpreise am 12. Januar 1928 aus: Die Massenprodukte Form- und Stabeisen verteuerten sich dadurch um 3 RM je Tonne. Der Vorstand des ADGB deutete diese Maßnahme als nachträgliche Korrektur der Schiedssprüche und als „wohlberechneten Schlag gegen die gewerkschaftlichen Bestrebungen nach Besserung der Lohn- und Arbeitsbedingungen wie gegen die Entwicklung der Sozialpolitik überhaupt." Da die Preiserhöhungen weit über die Mehrkosten der Schiedssprüche hinausgingen, forderten die Freien Gewerkschaften den Reichswirtschaftsminister auf, von der Kartellverordnung Gebrauch zu machen, die Eisenzölle zu senken und eine „gemeinwirtschaftliche Regelung" ernsthaft in Angriff zu nehmen. Auch die liberale „Frankfurter Zeitung" sah in der Preiserhöhung einen Akt der „Machtpolitik", den eine „scharfmacherische Gruppe" durchgesetzt habe, ja einen „bewußten Affront gegen die Regierung (gegen diese Regierung der Rechten!), gegen den

498 Weisbrod, Schwerindustrie (Anm. 87), S. 362 f. Eine Würdigung des Arbeitskonflikts in der Großeisenindustrie aus gewerkschaftlicher Sicht ist der Artikel des DMV-Vorsitzenden Georg Reichel, Verlauf und Ergebnisse des Arbeitskonflikts in der Großeisenindustrie, in: GZ, Nr. 1, 7. 1. 1928. — Zur Schlichtungspraxis in der Großeisenindustrie allgemein: Heinrich Mejer, Die Bedeutung der Schlichtungstätigkeit für die Entwicklung der Arbeitsbedingungen in der nordwestdeutschen Großeisenindustrie, Diss. rer. pol., Bottrop 1932, bes. S. 41—90. Zum Ruhreisenstreit von 1928 vgl. unten S. 557 ff. Der volle Name von „Arbeitnordwest" lautete: Arbeitgeberverband für den Bezirk der Nordwestlichen Gruppe des Vereins Deutscher Eisen- und Stahlindustrieller. — Zur Entwicklung der Arbeitszeit und der Löhne seit 1924 vgl. oben S. 46 ff.

volksparteilichen Wirtschaftsminister, gegen den zum rechten Zentrum gehörenden Reichsarbeitsminister."[499]

Am 27. Januar 1928 antwortete Reichswirtschaftsminister Curtius auf die neue Herausforderung der Großeisenindustrie: Er ordnete an, daß Preisbeschlüsse und Geschäftsbedingungen der Eisensyndikate erst in Kraft treten durften, nachdem sie im Reichswirtschaftsministerium eingereicht worden waren. Begründet wurde diese Maßnahme damit, daß die jüngste Preiserhöhung die Gesamtwirtschaft und das Gemeinwohl gefährde. Nach der Kartellverordnung wären sehr viel härtere Eingriffe möglich gewesen, nämlich ein Antrag auf Nichtigkeitserklärung beim Kartellgericht oder die Aufhebung des Kartellzwanges für die Mitglieder eines Preissyndikats. Aber auch die mildeste aller Sanktionen war nicht von Dauer. Am 27. Februar 1928 nahm Curtius seine „Kuratelverordnung" wieder zurück. Anlaß hierfür waren zwei geringfügige Konzessionen der eisenerzeugenden Industrie: Sie hob gewisse Nachteile für die eisenverarbeitende Industrie Süddeutschlands auf, die aus der Preiserhöhung im Januar erwachsen waren, und sie sicherte dem Reichswirtschaftsminister zu, künftig werde er von Maßnahmen der Eisensyndikate rechtzeitig informiert werden. Liberale Zeitungen wie das „Berliner Tageblatt" warfen daraufhin Curtius zu Recht vor, er habe vor der Schwerindustrie kapituliert.[500]

Die Eisenindustrie wußte ihren Erfolg auszunutzen. Am 7. Mai 1928 erhöhte sie erneut die Preise für Stabeisen und Grobbleche, und zwar um 4 bis 7 Mark je Tonne. Diese Preiserhöhung wurde damit gerechtfertigt, daß Reichsarbeitsminister Brauns am 23. April einen Schiedsspruch für verbindlich erklärt hatte, der die Bergarbeiterlöhne um 8 % erhöhte. Ergangen war der Schiedsspruch am 14. April. Der Zechenverband und die Vereinigung der Deutschen Arbeitgeberverbände hatten Brauns jedoch dringend ersucht, von einer Verbindlichkeitserklärung abzusehen, da die Durchführung des Schiedsspruchs zu einer Verlustwirtschaft größten Stils im Ruhrbergbau führen müsse. Daß eine von dem Betriebswirtschaftler Eugen Schmalenbach geleitete Sachverständigenkommission mehrheitlich zu dem Schluß gelangt war, die Steinkohlenförderung an der Ruhr sei infolge der hohen Selbstkosten unrentabel geworden, bedeutete für die Arbeitgeber eine wichtige Argumentationshilfe. Von den Gewerkschaften war der Schiedsspruch ebenfalls abgelehnt worden, und zwar wegen der darin enthaltenen Arbeitszeitregelungen. Nachverhandlungen mit den Arbeitnehmern — von Brauns in der Absicht eingeleitet, den Lohnzuwachs auf 6 % zu begrenzen — scheiterten am Nein der Freien Gewerkschaften. Das — nur noch geschäftsführende — Kabinett Marx sah die Lage für derart bedrohlich an, daß es am 20. April eingehend die Möglichkeit erörterte, bei Streiks und Aussperrungen vom Notverordnungsrecht des Reichspräsidenten nach Artikel 48 der Reichsverfassung Gebrauch zu machen. Die Verbindlichkeitserklärung des Schiedsspruchs am 23. April war für

499 Der Brief des ADGB an Curtius in: Vorwärts, Nr. 31, 19. 1. 1928 („Gegen den Eisenwucher"). — Zum Vorstehenden zusammenfassend: Weisbrod, Schwerindustrie (Anm. 87), S. 384 f.

500 Ebda., S. 386 ff.

Brauns das Ergebnis einer Güterabwägung: Soziale Unruhen im Industrierevier waren aus seiner Sicht ein größeres Übel als der zu erwartende Rückgang des deutschen Kohlenexports und die damit verbundene Drosselung der Förderung. Die Kohlenpreiserhöhung um 1 Mark je Tonne, die der Reichskohlenrat am 3. Mai dem Rheinisch-Westfälischen Kohlensyndikat bewilligte, war die erste Ausgleichsmaßnahme zugunsten der Unternehmer. Die zweite waren die Preiserhöhungen in der Großeisenindustrie vom 7. Mai. Wirtschaftsminister Curtius hätte es gern gesehen, wenn diese Preiserhöhungen erst nach der Reichstagswahl vom 20. Mai in Kraft getreten wären, konnte sich aber mit diesem Wunsch bei der eisenschaffenden Industrie nicht durchsetzen.[501]

Was im Fall des Arbeitskonflikts im Ruhrbergbau vermieden werden konnte, fand Anfang 1928 in der mitteldeutschen Metallindustrie statt: Streiks und Aussperrungen. Ein Magdeburger Schiedsspruch, der unter anderem eine Erhöhung des Stundenlohnes für gelernte Arbeiter um 3 Pfennig vorsah, war Anfang Januar gegen die Stimmen der Beisitzer beider Tarifparteien ergangen. Als die Arbeitgeber dann doch die Verbindlichkeitserklärung durch den Reichsarbeitsminister beantragten, veranlaßte dieser eine Einigungsverhandlung. Sie verlief ohne Erfolg. Am 16. Januar wurde durch Abstimmung in Magdeburg, Halle, Thale und Bernburg der Streik beschlossen. Im Tarifgebiet Anhalt reichten die streikwilligen Arbeiter ihre Kündigung sofort ein. Am 17. Januar begann der Ausstand: Etwa 10 000 Metallarbeiter legten die Arbeit nieder.

Die Arbeitgeber konterten den Streik mit der Aussperrung, die am 24. Januar begann. Am 3. Februar verließen die letzten der gekündigten Belegschaften die Betriebe. Damit befanden sich alle von den Tarifverträgen erfaßten Arbeiter in den Tarifgebieten Anhalt, Halle und Magdeburg im Ausstand. Die Arbeitgeber der mitteldeutschen Metallindustrie wurden von der rheinisch-westfälischen Schwerindustrie nicht nur zur Härte aufgefordert, sondern auch aus deren Kampfkasse unterstützt. Der Gesamtverband Deutscher Metallindustrieller sprang seinen mitteldeutschen Mitgliedern mit der Drohung einer reichsweiten Aussperrung bei, die am 23. Februar erfolgen sollte und 800 000 Arbeiterinnen und Arbeiter betroffen hätte. Bevor es soweit war, griff der Reichsarbeitsminister ein. Er ernannte einen Ministerialrat zum Schlichter. Dieser ließ, nachdem neuerliche Verhandlungen gescheitert waren, einen Schiedsspruch ergehen, der den tariflichen Spitzenlohn um 5 Pfennig erhöhte. Wiederum lehnten Arbeitgeber und Arbeitnehmer den Schiedsspruch ab. Dennoch erklärte ihn Brauns am 21. Februar für verbindlich.[502]

---

501 AdR, Kabinette Marx III/IV (Anm. 184), Nr. 458—467 (Kabinettssitzungen vom 14. 4. bis 3. 5. 1928); Weisbrod, Schwerindustrie (Anm. 87), S. 388 ff. — Zur gewerkschaftlichen Beurteilung des Gutachtens der Schmalenbach-Kommission: Georg Berger, Ruhrschiedsspruch und Schmalenbach-Gutachten, in: GZ, Nr. 18, 5. 5. 1928. Ausführlich zum Tarifkonflikt im Ruhrbergbau vom Frühjahr 1928 und zum Schmalenbach-Gutachten: Tschirbs, Tarifpolitik (Anm. 63), S. 408 ff.

502 Der Lohnkampf in der Metallindustrie, in: GZ, Nr. 8, 25. 2. 1928.

Den Gewerkschaften fiel der Beschluß, die Arbeit wiederaufzunehmen, nicht leicht. Die Lohnerhöhung blieb weit hinter ihren Erwartungen zurück. Von der KPD wurde innerhalb und außerhalb des DMV gegen die Annahme eines „Schiedsspruchs des Bürgerblocks" agitiert. Die Furcht, einen Präzedenzfall zu schaffen, war groß. „Wenn das in diesem Fall geübte Verfahren Methode werden sollte", schrieb die „Gewerkschafts-Zeitung", „so braucht die Zentralorganisation der Unternehmer zukünftig nur eine Aussperrung *anzukündigen* und den Aussperrungstermin festzusetzen — und die berechtigten Gewerkschaftsbestrebungen werden durch eine Verbindlichkeitserklärung verhindert." Auf der anderen Seite war nicht zu erwarten, daß eine Fortsetzung des Ausstands zu einem besseren Ergebnis führen würde. Sicher hingegen war, daß, wie es das Organ des ADGB ausdrückte, „das an und für sich sehr verbesserungsbedürftige Tarifrecht gefährdet worden wäre. Dann hätte man die Gewerkschaftsbestrebungen nicht nur geschädigt, sondern auch die Interessen des reaktionären Unternehmertums, wenn auch ungewollt, gefördert." Unter dem Eindruck solcher Argumente entschieden sich die Vertreter der streikenden und ausgesperrten Arbeiter für die Wiederaufnahme der Arbeit.[503]

Die Unternehmer wollten mit ihrem Konfrontationskurs vom Frühjahr 1928 in erster Linie Gewerkschaften, Staat und Öffentlichkeit den Eindruck vermitteln, sie stünden mit dem Rücken zur Wand. Daß die verminderte Wettbewerbsfähigkeit einer Branche die Folge zu hoher Löhne war oder werden würde, ließ sich aber objektiv kaum nachweisen. Auch im Fall der Steinkohlenförderung gab es unterschiedliche Expertenmeinungen: Die Mehrheit der Schmalenbach-Kommission ging von einer defizitären Situation des Ruhrbergbaus aus; das Minderheitsgutachten des sozialdemokratischen Wirtschaftswissenschaftlers Fritz Baade sah die Zechen immer noch in der Gewinnzone. Vermutlich war der von staatlichen Schlichtern festgesetzte „politische Lohn" mitunter *nicht* marktgerecht. Aber die weitgehende Entmachtung des Marktes, wie sie sich in der Weimarer Republik vollzog, ging nicht allein und nicht einmal vorrangig auf das Konto von Gewerkschaften und Sozialdemokratie. Die staatliche Zwangsschlichtung hatte sich nur deshalb durchsetzen können, weil erhebliche Teile des Unternehmerlagers, zumal in der Schwerindustrie, die Tarifpartnerschaft mit den Organisationen der Arbeitnehmer ablehnten. Wenn die Unternehmer um 1927/28 verstärkt gegen den „politischen Lohn" und für die Freiheit der Wirtschaft auftraten, bedeutete das noch längst nicht, daß sie die Tarifautonomie wünschten. Die Vermutung führender Gewerkschaftler, daß viele Arbeitgeber den Zwangstarif nur durch den Werkstarif ersetzen wollten, traf zu. Die Freiheit der Wirtschaft wurde im übrigen keineswegs nur durch das staatliche Schlichtungswesen angetastet, sondern ebenso durch Schutzzölle, Subventionen und Kartellabsprachen. Davon war in den öf-

---

503 Otto Handke, Der Lohnkampf der Metallarbeiter in Mitteldeutschland, in: GZ, Nr. 9, 3. 3. 1928 (Hervorhebung im Original). Der Aufruf des ZK der KPD vom 16. 2. 1928 zur Solidarität mit den mitteldeutschen Metallarbeitern in: DuM (Anm. 48), Bd. 8, S. 656—658.

fentlichen Verlautbarungen der Unternehmerverbände allerdings nicht die Rede.[504]

*

Für die Freien Gewerkschaften der Weimarer Jahre gab es im Grunde nur *ein* Mittel, um die Leiden der deutschen Wirtschaft zu kurieren und namentlich die chronisch hohe Arbeitslosigkeit zu beseitigen: die Hebung der Massenkaufkraft. Als im Herbst 1925 eine Delegation des ADGB die Vereinigten Staaten bereiste, drängte sich ihr förmlich der Eindruck auf, daß Amerika es vor allem deshalb besser hatte, weil dort die breiten Bevölkerungsschichten durch ihren Konsum ein hohes Produktionsniveau gewährleisteten. Die Schlußfolgerung lag auf der Hand: „Das Kernproblem der europäischen Wirtschaft ist und bleibt die Steigerung der Massenkaufkraft. Mehr noch als sonstwo hängt in Deutschland die Kaufkraft von der allgemeinen Lohnhöhe ab, denn die Konsumkraft aus Ersparnissen ist durch die Inflation vernichtet. So wird es vollkommen klar, daß der gewerkschaftliche Kampf um die Steigerung der Löhne nicht nur eine soziale Notwendigkeit, sondern darüber hinaus eine Aufgabe ist, von deren Gelingen die Höherentwicklung der gesamten Wirtschaft abhängt."[505]

Fritz Tarnow, eines der prominentesten Mitglieder der deutschen Gewerkschaftsdelegation von 1925, legte drei Jahre später sein wirtschaftspolitisches Credo in einer vielgelesenen Broschüre unter dem Titel „Warum arm sein?" vor. „Wir leben viel armseliger, als es unseren wirtschaftlichen Verhältnissen entspricht", lautete einer der Kernsätze. Zug um Zug und im gleichen Tempo mit der Produktionssteigerung müsse auch die Verbrauchssteigerung gesichert werden. Die Erweiterung des inneren Absatzgebietes sei das einzig erfolgversprechende Mittel, um die „verstopften Abflußrohre unserer Gütererzeugung" wieder frei zu machen. „Nicht in erster Linie von der Kapitalseite, sondern von der Absatzseite her ist die Produktion gelähmt, und nur von dieser Seite aus können die Fesseln gelöst werden ... Wir sollten uns jeder Zeit des eigentlichen Sinnes der Arbeit bewußt sein, nämlich: Verbrauchsgüter zu schaffen. *Nicht der Backofen ist das Ziel der Wirtschaft, sondern das Brot! ... Lohnerhöhungen und die dadurch bewirk-*

504 Dazu vor allem (mit Einzelbelegen) Weisbrod, Schwerindustrie (Anm. 87), S. 395 ff., sowie Michael Schneider, Unternehmer und Demokratie. Die freien Gewerkschaften in der unternehmerischen Ideologie der Jahre 1918—1933, Bonn 1975. Preller, Sozialpolitik (Anm. 238), S. 361, vertritt die Auffassung, daß nur 1926 die Zwangsschlichtung dazu beigetragen habe, daß die Löhne sich einigermaßen halten konnten. 1927 und 1928 hätten sie dagegen nicht die Höhe erlangt, die vielleicht bei ungehemmtem Kampfaustrag erreicht worden wäre. Vgl. dazu auch Carl-Ludwig Holtfrerich, Zu hohe Löhne in der Weimarer Republik? Bemerkungen zur Borchardt-These, in: GG 10 (1984), S. 122—141. — Die These von Abraham, Collapse (Anm. 126), S. 238 ff. (bes. 319 ff.), die organisierte Arbeiterschaft habe bis 1930 in einer Art informeller Koalition mit der Exportindustrie eine gesamtwirtschaftlich hinreichende Kapitalakkumulation verhindert, erscheint mir eine unzulässig vereinfachende Diagnose der Krankheit der Weimarer Wirtschaft. Vgl. dazu auch unten S. 517 f.; zum Streit um das Schlichtungswesen S. 557 ff., 618 ff.

505 Amerikareise deutscher Gewerkschaftsführer, Berlin 1926, S. 256.

ten Verbrauchssteigerungen wirken produktiv und tragen damit in sich selbst die Mittel zu ihrer Befriedigung. Wir beantworten also die Frage, ob wir arm sein müssen, mit einem entschiedenen Nein. Angesichts des vorhandenen leeren Raumes zwischen Produktionskapazität und wirklicher Produktion, angesichts der Tatsache, daß auch die Produktionskapazität auf allen wichtigen Gebieten der Gütererzeugung schon nach dem heutigen Stande der arbeitswissenschaftlichen Ergebnisse noch unübersehbar ausgedehnt werden könnte, ist Armut kein ökonomisches Muß, sondern eine soziale Krankheit, deren Heilbarkeit auch schon im Rahmen der kapitalistischen Wirtschaft außer Zweifel steht."[506]

Deutlicher ließ sich die gewerkschaftliche Antwort auf die herrschende Auffassung des Unternehmerlagers nicht formulieren — eine Auffassung, wie sie etwa im Februar 1928, gerade rechtzeitig vor einer neuen Tarifrunde, von der Vereinigung der Deutschen Arbeitgeberverbände niedergelegt wurde. Die Lohnpolitik der Gewerkschaften sei, so hieß es dort, „in der Tendenz primitiv und in der Durchführung schematisch". In den letzten vier Jahren hätten sich die Tariflöhne um etwa 70 %, die tatsächlich gezahlten Löhne um 80 bis 90 % erhöht. Lohnsteigerungen dieses Ausmaßes seien volkswirtschaftlich untragbar, weil sie preistreibend wirkten und die Wettbewerbsfähigkeit Deutschlands gefährdeten. Um die deutsche Handelsbilanz wieder zu aktivieren — 1927 gab es ein Minus von 3,9 Milliarden Mark —, sei die Senkung der betrieblichen Selbstkosten dringend erforderlich. „Die Ausfuhr, die durch Industrialisierung der Rohstoffländer und durch die scharfe Schutzzollpolitik des Auslandes noch erschwert wird, ist aber nur bei einem auf dem Weltmarkt konkurrenzfähigen Preisniveau möglich . . ."[507]

Ein Heilmittel gegen die Schwächen der deutschen Wirtschaft boten die Freien Gewerkschaften mit ihrem Plädoyer für die Hebung der Massenkaufkraft in der Tat nicht. Gewiß waren Löhne nicht nur Kostenfaktoren, sondern bedeuteten auch Kaufkraft. Dennoch gab es gute Gründe, für die Gegenwart den Vorrang der Kapitalbildung zu betonen. Der Unterschied zur Situation der USA lag nicht nur darin, daß Deutschland den Krieg verloren hatte und Reparationen an die Sieger zahlen mußte; er lag auch in der wirtschaftsgeschichtlichen Ungleichzeitigkeit beider Länder: Amerika war von Natur aus sehr viel reicher als Deutschland und hatte die fortgeschrittene Phase des Massenkonsums bereits erreicht, von der alle europäischen Länder in der Zwischenkriegszeit noch weit entfernt waren. Die Ansammlung privaten Kapitals, die nötig war, um vom Stadium der „wirtschaft-

---

506 Fritz Tarnow, Warum arm sein? Berlin, 3. Aufl. 1928, S. 13, 17, 37, 41 f., 71 (Hervorhebungen im Original). Mit gleichem Tenor die im Verlag des ADGB publizierte Schrift von Karl Massar, Die volkswirtschaftliche Funktion hoher Löhne. Ein Beitrag zu den Lösungsversuchen des Volkswohlstandsproblems, Berlin 1927. — Differenziertere Beiträge zur Lohnproblematik sind: Jakob Marschak, Hohe Löhne und die Volkswirtschaft, in: Die Arbeit 4 (1927), S. 724—750; Fritz Naphtali, Lohndebatten, in: Die Gesellschaft 4 (1927/II), S. 455—466.

507 Vereinigung der Deutschen Arbeitgeberverbände, e. V.: Denkschrift zur Lohnbewegung, Berlin 1928. Dazu der freigewerkschaftliche Kommentar: Wirtschaft und Lohnbewegung, in: GZ, Nr. 8, 25. 2. 1928. Daß die Lohnbewegungen der Unternehmer von dem extrem niedrigen Niveau des Winters 1923/24 ausgingen, war eines der zentralen Gegenargumente des Artikels.

lichen Reife" zum Stadium des „Massenkonsums" überzugehen, vollzog sich in Deutschland aus einer Vielzahl von Gründen langsamer als in den Vereinigten Staaten. Die sozialen Leistungen, die Arbeitnehmer und Arbeitgeber in Deutschland zu tragen hatten, waren ungleich höher als in den USA. Diese Leistungen machten Deutschland früher zu einem „Sozialstaat" als Amerika, aber sie verlangten Arbeitnehmern und Unternehmern zunächst materielle Verzichte ab. Dazu kamen, als Folge von Krieg und Inflation, Verzögerungen bei der Rationalisierung der Betriebe. Die Notwendigkeit, diesen Rückstand aufzuholen, wurde auch von den Gewerkschaften anerkannt. Aber sie war schwerlich vereinbar mit der Forderung nach „amerikanischen" Löhnen.

Das Argument der Unternehmer, das Exportland Deutschland brauche ein „konkurrenzfähiges Preisniveau", ließ sich ebenfalls kaum entkräften, und wurde von den Freien Gewerkschaften auch nicht grundsätzlich in Frage gestellt. Sie forderten lediglich, daß dieses Prinzip auch auf dem Binnenmarkt, für die zur Bestreitung der Lebenshaltung erforderlichen Waren, gelten müsse, und sie erinnerten die Unternehmer zu Recht daran, daß sie gegen die neuen Lebensmittelzölle keine Einwände erhoben hätten. Schutzzölle für landwirtschaftliche Produkte mußten die Lebenshaltungskosten der breiten Massen erheblich verteuern und den Ruf nach höheren Löhnen auslösen. Mithin irrten nicht nur die Freien Gewerkschaften, wenn sie unter Berufung auf die USA alles Heil von einer Hebung des Massenkonsums erwarteten, sondern auch die Unternehmer, wenn sie gewerkschaftliche Lohnforderungen aus plattem Materialismus und fehlender volkswirtschaftlicher Einsicht ableiteten.[508]

*

Von der Arbeitslosigkeit waren die Mitglieder der einzelnen Gewerkschaften in sehr unterschiedlichem Umfang betroffen. Wladimir Woytinski, der Leiter der statistischen Abteilung beim Bundesvorstand des ADGB, hat 1930 zwischen vier Gruppen unterschieden.

Erstens gab es Verbände und Berufe mit *geringer* Arbeitslosigkeit, bei denen im Jahresdurchschnitt der Jahre 1926 bis 1928 die Arbeitslosigkeit nicht 7 % überstieg. Dazu gehörten Gemeinde- und Staatsarbeiter, Bergarbeiter, Getränke- und Mühlenarbeiter sowie Böttcher, Friseure, die im Verkehrsbund organisierten

508 Zur Argumentation der Freien Gewerkschaften: ebda. — Zur zeitgenössischen Debatte über die Bedeutung der Kaufkraft der Löhne und den Vorrang von Kaufkraft oder Kapitalbildung: Preller, Sozialpolitik (Anm. 238), S. 362 f. — Zur Abfolge der Stadien „wirtschaftliche Reife" und „Massenkonsum" im Rahmen der Lehre von den Stufen des wirtschaftlichen Wachstums: Walt W. Rostow, Stadien wirtschaftlichen Wachstums (engl. Orig.: The Stages of Economic Growth. A Non-Communist Manifesto, Cambridge 2. Aufl. 1971), Göttingen 2. Aufl. 1967. — Die geringe Rolle, die das deutsche Exportinteresse in Tarnows Überlegungen spielte, mag mit daraus zu erklären sein, daß er als Vorsitzender des Holzarbeiterverbandes mit den Problemen einer vorrangig für den Binnenmarkt produzierenden Branche sehr viel besser vertraut war als mit denen eines stärker ausfuhrorientierten Industriezweigs. Vgl. zur Lohnproblematik auch unten S. 729 ff.

Arbeiter, die in Papierherstellung und im Vervielfältigungsgewerbe beschäftigten Gewerkschaftsmitglieder, Metallarbeiter, Maschinisten, Heizer und Textilarbeiter.

Die *zweite* Gruppe umfaßte Verbände und Berufe mit mittlerer Arbeitslosigkeit — zwischen 7 und 10 % im Jahresdurchschnitt —; hierzu rechneten Lederarbeiter, die meisten Berufsgruppen des Fabrikarbeiterverbandes, Fleischer und Tabakarbeiter.

An *dritter* Stelle rangierten Verbände und Berufe mit hoher Arbeitslosigkeit, nämlich 10 bis 15 % im Jahresdurchschnitt: Holzarbeiter, Bekleidungsarbeiter, mit Grobkeramik beschäftigte Arbeiter, Steinarbeiter, Maler, Töpfer und Stukkateure (im Baugewerksbund) sowie Gärtner.

Viertens folgten Verbände und Berufe mit besonders hoher Arbeitslosigkeit — im Jahresdurchschnitt über 15 % —: Schuhmacher, Sattler, Maurer, Glaser, Betonarbeiter, Zimmerer, Bauhilfsarbeiter, Tiefbauarbeiter, Hutarbeiter und Dachdecker (siehe Tabelle 3).

Tabelle 3: Arbeitslosigkeit in Einzelgewerkschaften des ADGB (1926—1928)

Verband oder Berufsgruppe	1926	1927 in Prozenten	1928
Hutarbeiter	30,6	23,0	26,2
Sattler, Tapezierer	30,6	16,2	15,7
Dachdecker	30,0	27,5	27,9
Schuhmacher	28,6	9,5	15,5
Zimmerer	28,1	16,6	20,4
Baugewerksbund	27,4	19,0	18,9
Darunter:			
Tiefbauarbeiter	34,0	23,7	24,6
Bauhilfsarbeiter	32,1	22,4	22,2
Betongruppe	29,1	19,7	19,1
Glaser	26,6	20,0	18,4
Maurer	25,9	17,3	18,2
Stuckgruppe	22,1	15,2	14,6
Töpfer	17,6	10,6	13,6
Holzarbeiter	27,4	12,5	11,2
Bekleidungsarbeiter	27,1	12,2	11,3
Tabakarbeiter	22,0	9,8	9,6
Lederarbeiter	20,2	8,2	8,1
Metallarbeiter	19,9	8,4	5,7
Kupferschmiede	19,7	7,9	5,4
Maler	19,2	13,9	14,7
Fleischer	17,8	15,3	7,7
Gärtner	16,6	16,2	15,0
Fabrikarbeiterverband	16,0	8,3	7,9
Darunter:			
Grobkeramik	—	10,9	11,5
Zucker-, Konserven- usw.	—	9,6	8,9
Glasarbeiter	17,2	8,3	9,1
Porzellanarbeiter	13,4	5,1	6,6
Papierherstellung	—	4,7	3,3
Bäcker und Konditoren	15,9	11,6	9,3

Verband oder Berufsgruppe	1926	1927 in Prozenten	1928
Textilarbeiter	15,8	4,4	6,8
Buchbinder	14,6	6,8	6,7
Maschinisten und Heizer	12,6	6,6	4,5
Steinarbeiter	11,5	7,5	12,2
Böttcher	11,0	6,4	5,1
Lithographen	10,2	5,3	5,7
Graphische Hilfsarbeiter	9,5	5,0	5,0
Verkehrsbund	9,2	6,7	4,7
Buchdrucker	6,7	3,2	4,3
Getränke- und Mühlenarbeiter	5,1	4,1	3,1
Friseure	4,9	3,5	4,1
Gemeinde- und Staatsarbeiter	1,9	1,8	1,7
Bergarbeiter	—	1,8	1,8
Alle Gewerkschaften im Durchschnitt	18,2	9,0	8,6

Quelle: Woytinski, Arbeitsmarkt (Anm. 509), S. 47.

Daß die im Bau- und in den Baunebengewerben beschäftigten Arbeiter von der Arbeitslosigkeit besonders stark betroffen waren, hatte nicht nur die üblichen saisonalen Gründe: die negativen Einwirkungen der kalten Jahreszeit auf die meisten Bautätigkeiten. Vielmehr illustriert dieser Sachverhalt auch die Schwäche der Aufschwungtendenzen in den „guten Jahren" 1927 und 1928. Die geringe Arbeitslosigkeit bei den Bergarbeitern unterstreicht die Tatsache, daß dem Stein- und Braunkohlenbergbau noch immer die Rolle der wichtigsten Grundstoffindustrie zufiel. Die Branchen, die die Gewerkschaftsstatistik der „Saisongruppe" zurechnete — nämlich Gärtner, Baugewerksbund, Zimmerer, Maler, Dachdecker, Steinarbeiter, Grobkeramik im Fabrikarbeiterverband — wiesen fast durchwegs Arbeitslosenraten über dem Durchschnitt aller Gewerkschaften auf. Innerhalb der „Konjunkturgruppe" — das waren die übrigen Branchen — gab es regelmäßig die höchsten Arbeitslosenzahlen bei den Hutarbeitern sowie Sattlern und Tapezierern.

Bei den Frauen waren Arbeitslosigkeit und Kurzarbeit im Durchschnitt der Jahre 1926 bis 1929 höher als bei den Männern. Bei der vollen Arbeitslosigkeit war der Unterschied nur gering, bei der Kurzarbeit war er hingegen sehr stark (s. Tab. 4). „Es wäre abwegig, diese Tatsachen auf das übermäßige Angebot der weiblichen Arbeitskraft allein zurückzuführen", schreibt Woytinski. „In erster Linie tritt hier die ungünstige Lage derjenigen Wirtschaftszweige in Erscheinung, die hauptsächlich die Arbeit der Frauen verwenden." Woytinski belegt diese These unter anderem mit einem Befund vom Dezember 1928. Damals waren in fünf Verbänden mit besonders niedriger Beschäftigung — Hutarbeiter, Schuhmacher, Sattler, Tabakarbeiter, Bekleidungsarbeiter — 22 % aller weiblichen, aber nur knapp 5 % aller männlichen Gewerkschaftsmitglieder organisiert (vgl. Tab. 5 u. 6).[509]

509 Wladimir Woytinski, Der deutsche Arbeitsmarkt. Ergebnisse der gewerkschaftlichen Arbeitslosenstatistik 1919 bis 1929. I: Text und statistische Unterlagen, Berlin 1930, S. 26 ff. (73 f.). Den fünf in Tabelle 5 aufgeführten Verbänden gehörten im Dezember 1928 127 738 männ-

Tabelle 4: Die Arbeitslosigkeit bei den Männern und Frauen in der „Konjunkturgruppe" (1926—1929)

Jahr	Jan.	Febr.	März	April	Mai	Juni	Juli	Aug.	Sept.	Okt.	Nov.	Dez.
						in Prozenten						
						Vollarbeitslosigkeit männlich						
1926	18,2	19,0	19,6	17,3	17,4	17,7	17,5	16,9	15,5	14,2	13,4	13,4
1927	12,5	11,9	10,2	8,6	7,4	6,8	5,9	5,3	4,7	4,3	4,5	6,1
1928	6,4	6,1	5,8	5,6	5,5	5,5	5,8	6,0	5,9	6,1	6,8	9,1
1929	10,1	11,3	10,3	8,8	8,1	7,8	8,0	8,2	9,5	11,0	—	—
						weiblich						
1926	18,0	19,6	19,9	19,0	18,9	19,0	19,1	18,0	15,7	13,3	12,0	12,7
1927	11,9	10,7	9,2	7,8	6,7	6,6	6,1	5,7	5,2	4,6	5,1	6,7
1928	6,7	6,4	6,5	6,7	7,2	7,9	8,4	8,7	8,4	8,3	8,9	11,3
1929	11,3	12,0	11,7	10,7	10,7	10,7	10,9	10,6	10,5	10,6	—	—
						Kurzarbeit männlich						
1926	23,0	21,4	21,8	18,2	17,3	16,7	16,3	15,0	12,8	10,6	8,9	7,2
1927	6,6	5,8	4,3	3,8	3,0	2,8	2,6	2,8	3,6	2,0	2,0	2,7
1928	3,3	3,3	3,3	3,8	4,4	5,0	5,6	6,0	6,0	6,0	6,6	6,4
1929	7,6	8,2	7,1	6,2	5,8	5,9	6,3	6,6	5,2	5,5	—	—
						weiblich						
1926	34,9	36,3	35,1	32,6	30,9	27,9	27,5	24,8	20,0	15,1	11,8	12,1
1927	10,9	9,9	7,6	6,0	4,6	4,6	4,8	5,6	4,7	3,9	4,4	6,7
1928	7,0	7,9	8,4	9,6	11,3	13,8	15,1	16,0	14,7	14,3	14,4	15,1
1929	16,4	17,2	17,2	15,4	15,9	14,3	14,8	14,6	13,5	12,7	—	—

Quelle: Ebda., S. 73.

*

Insgesamt waren von den 4,15 Millionen Mitgliedern, die der ADGB im Durchschnitt des Jahres 1927 zählte, rund 650 000 oder 15,7 % Frauen. An der Spitze stand, in absoluten Zahlen, der Textilarbeiterverband — im Dezember 1927 — mit 174 000 weiblichen Mitgliedern oder rund einem Viertel (25,6 %) der weiblichen Gewerkschaftsmitglieder. Es folgte der Fabrikarbeiterverband mit

liche und 148 320 weibliche Mitglieder an. Ebda., S. 74. Zur Unvollständigkeit der freigewerkschaftlichen Arbeitslosenstatistik, die z. B. keine Angaben über die Arbeitslosigkeit unter Landarbeitern enthielt: ebda., S. 7 ff. 1928 beobachtete die Statistik des ADGB erstmals die Arbeitslosigkeit auch nach Bezirken. Am stärksten waren von der Erwerbslosigkeit die östlichen ländlichen Bezirke (Ostpreußen, Pommern, Schlesien) betroffen. Erheblich günstiger war die Lage der mittleren Bezirke. Die größte Widerstandskraft den depressiven Wirkungen gegenüber zeigten die industriellen westlichen Bezirke (Niedersachsen, Rheinland, Westfalen und Süddeutschland) sowie das Land Sachsen. Vgl. Jahrbuch 1928 (Anm. 475), S. 23 f., 270 f. — Zur weiblichen Arbeitslosigkeit in Österreich nach 1918: Dieter Stiefel, Arbeitslosigkeit. Soziale, politische und wirtschaftliche Auswirkungen — am Beispiel Österreichs 1918—1938, Berlin [W] 1979, S. 184 ff. Zur Entwicklung der Arbeitslosigkeit in der „Stabilisierungsphase" insgesamt vgl. oben S. 28 ff.

Tabelle 5: Beschäftigungsgrad nach Geschlechtern in 5 Einzelverbänden des ADGB (Dezember 1928)

	Arbeitslosigkeit		Kurzarbeit	
	Männer v.H.	Frauen v.H.	Männer v.H.	Frauen v.H.
Hutarbeiter	32,4	51,8	31,6	28,7
Schuhmacher	25,8	21,1	32,6	40,2
Sattler	17,9	15,8	13,0	19,6
Tabakarbeiter	17,8	16,1	12,2	16,1
Bekleidungsarbeiter	20,9	19,8	17,3	18,7

Quelle: Ebda., S. 74.

Tabelle 6: Arbeitslosigkeit nach Geschlechtern und Branchen im Jahresdurchschnitt (1926—1928)

	1926		1927		1928	
Verbände und Berufe	männl. v.H.	weibl. v.H.	männl. v.H.	weibl. v.H.	männl. v.H.	weibl. v.H.
Metallarbeiter	20,5	13,3	8,6	5,4	5,8	4,1
Textilarbeiter	15,0	16,3	4,2	4,6	5,8	7,5
Bekleidungsarbeiter	24,0	29,9	11,6	13,2	13,1	14,0
Hutarbeiter	20,5	36,7	10,8	29,6	13,4	33,5
Graphische Hilfsarbeiter	11,3	8,5	6,6	4,2	5,2	5,0
Buchbinder	13,9	14,9	6,8	6,7	6,7	6,6
Lederarbeiter	20,2	20,3	8,3	7,8	8,4	6,8
Sattler, Tapezierer usw.	31,8	27,5	17,2	11,7	16,4	12,6
Schuhmacher	29,5	27,5	10,7	8,0	16,9	13,7
Holzarbeiter	27,9	21,3	12,7	10,6	11,4	8,6
Tabakarbeiter	21,6	22,2	10,2	9,7	11,2	9,2
Bäcker und Konditoren	14,8	17,0	12,7	10,3	10,1	8,2
Fabrikarbeiter	16,0	16,1	8,1	8,7	7,9	7,8
Verkehrsbund	9,4	6,6	6,9	4,3	4,9	2,9
Gemeinde- und Staatsarbeiter	1,7	2,5	1,7	2,6	1,5	2,7
Sämtliche Verbände	18,4	17,1	9,3	7,3	8,8	8,0

Quelle: Ebda., S. 75.

94 000 weiblichen Mitgliedern, was einem knappen Siebtel (13,8 %) der weiblichen Mitgliedschaft des ADGB entsprach. Den höchsten prozentualen Frauenanteil wies im Durchschnitt des Jahres 1927 der Tabakarbeiterverband (76,3 %)

auf, gefolgt von den Buchbindern (66,6 %), den graphischen Hilfsarbeitern (64,9 %), den Hutarbeitern (64,6 %) und den Textilarbeitern (58,7 %).[510]

Was die Freien Gewerkschaften beunruhigen mußte, war der kontinuierliche Rückgang des Anteils weiblicher Mitglieder. 1923 hatte er noch 21,6 % betragen; 1928 belief er sich auf 15,2 %. Von Kritikern der Gewerkschaftsführung wurden meist zwei Hauptgründe für diese Entwicklung genannt: erstens die allzu große Bereitwilligkeit, mit der die Freien Gewerkschaften nach dem Krieg der Entlassung von Frauen aus dem Produktionsprozeß zugestimmt hätten, und zweitens mangelndes Engagement für den Grundsatz „Gleicher Lohn für gleiche Leistung". Daß die Gewerkschaften 1918/19 heimkehrenden Soldaten wieder zu einem Arbeitsplatz verhelfen wollten und das Interesse arbeitender Frauen, weiterhin ihrem Beruf nachzugehen, diesem Ziel unterordneten, mochte sich mit einer Zwangslage begründen lassen. Schwerer wog der zweite Vorwurf. Denn obwohl sich der Bundesvorstand des ADGB und namentlich Gertrud Hanna, die Leiterin des Frauensekretariats, immer wieder zu dem Prinzip bekannten, daß gleichwertige Arbeit von Männern und Frauen auch gleichwertig zu bezahlen war, geschah in der Praxis nicht viel, um diese Maxime in die Tat umzusetzen. 1928 verdienten Hilfsarbeiterinnen nur zwei Drittel (66 %) dessen, was im Gesamtdurchschnitt der industriellen Hilfsarbeiterlöhne verdient wurde; bei den Facharbeiterinnen lag der Anteil noch etwas niedriger (63 %). Für die Hilfsarbeiterinnen bedeutete das gegenüber der Vorkriegszeit eine relative Verschlechterung (1913/14: 71 %), für die Facharbeiterinnen eine relative Verbesserung (1913/14: 58 %).[511]

Auf dem Breslauer Kongreß des ADGB im Sommer 1925 richtete Leipart einen Appell an die Arbeiterinnen, sich verstärkt in den Gewerkschaften zu betätigen. Gertrud Hanna forderte ihrerseits ihre männlichen Kollegen auf, den Frauen die Gelegenheit zu geben, „zu erkennen, in welcher Weise die Gewerkschaften für sie wirken und mit welchen Schwierigkeiten die Gewerkschaften zu kämpfen haben, d. h. man muß die Frauen zur Arbeit in den Gewerkschaften in höherem Maße als bisher heranziehen." Sonderveranstaltungen für die Frauen böten diesen höchstens die Chance, das erste Interesse an der Gewerkschaftsarbeit auch in freier Rede ihren Kollegen zu übermitteln. „Sie haben aber dort keine Möglichkeit, voll die Arbeit der Gewerkschaften zu erkennen, und vor allem erkennen sie dort nicht die Grenzen der Macht der Gewerkschaften. Deshalb muß man den Frauen Gelegenheit geben, an allen Veranstaltungen der Gewerkschaften teilzunehmen. Auch die Männer würden dadurch mehr die Lebensbedingungen der

510 Jahrbuch 1927 (Anm. 488), S. 243, 246 f. Eine geringfügige Ungenauigkeit bei der Bestimmung des Gesamtanteils weiblicher Gewerkschaftsmitglieder entsteht dadurch, daß einzelne Verbände die Jugendlichen gesondert aufführten, andere — wie der Textilarbeiter- und der Fabrikarbeiterverband — nicht. Insgesamt wurden im Dezember 1927 von den 4 415 689 Mitgliedern des ADGB 152 237 als „Jugendliche" bezeichnet.

511 Zusammenfassend zur Kritik an der Führung des ADGB und zu dessen Linie: Gisela Losseff-Tillmanns, Frau und Gewerkschaft, Frankfurt 1982, S. 86 ff.; zur Biographie von Gertrud Hanna: S. 281; zur Entwicklung des Frauenanteils an den Mitgliedern des ADGB: ebda., S. 240; Jahrbuch 1924 (Anm. 51), S. 131. — Zur Entlassung von Frauen 1918/19 vgl. den vorhergehenden Bd., S. 89, zu den Frauenlöhnen oben S. 50 f.

Frauen verstehen lernen, ebenso wie die arbeitenden Frauen die Männer besser verstehen würden.“[512]

Indirekt wurde den männlichen Gewerkschaftlern damit vorgehalten, sie ermutigten die Frauen nicht gerade zu einem stärkeren Engagement. Männliche Funktionäre gaben die Berechtigung einer solchen Kritik gewöhnlich nicht zu. Was Eugen Haueisen vom Verband der Buchbinder und Papierverarbeiter 1928 über die Rolle der Frau in den Gewerkschaften und über die „natürliche“ Arbeitsteilung zwischen Mann und Frau im Haushalt schrieb, war wohl recht typisch. „Die Gründe für das überaus starke Fluktuieren der weiblichen Mitglieder dürften teils im Seelenleben der Frauen gemeinhin, teils in den ihnen obliegenden Pflichten als Hausfrau und Mutter sowie in dem geringen Verbundensein mit dem Berufsleben, insbesondere in den jüngeren Lebensjahren, zu suchen sein.“ Von den männlichen Mitgliedern bekleide jedes fünfte eine Funktion, bei den weiblichen entfalle nur auf je 25 eine Funktionärin. Die Wahlen zu den verschiedenen Verbandskörperschaften zeigten fast regelmäßig, daß die an den Wahlen beteiligten weiblichen Mitglieder nicht den als Kandidaten vorgeschlagenen Frauen ihre Stimme gäben, sondern Männer bevorzugten. „Nicht an den Männern liegt es mithin, wenn Frauen in der Organisation nicht relativ so (sic!) als Funktionäre aller Art in Erscheinung treten, sondern an den weiblichen Mitgliedern selbst. Sie aber dafür in vollem Umfang verantwortlich zu machen, wäre verfehlt. Der tiefere Sinn ihrer geringeren Aktivität gegenüber dem Mann liegt eben in der Natur der Frau selbst. Darüber kommt man auch mit den allerschönsten Deklamationen nicht hinweg. Denn das, was für die wirtschaftlich völlig oder teilweise unabhängige Frau zutrifft, ist eben ganz und gar nicht auf die Frau anwendbar, die bei monotoner Hand- und Maschinenarbeit täglich acht und mehr Stunden tätig sein muß und nach Feierabend für sich selbst oder für ihre Familie hauswirtschaftlich mehr oder minder stark in Anspruch genommen ist.“[513]

Wie verbreitet Vorbehalte gegenüber weiblichen Gewerkschaftsfunktionären waren, geht schon daraus hervor, daß sich unter den 314 Delegierten des Breslauer Kongresses des ADGB 1925 lediglich vier Frauen befanden; auf dem Hamburger Kongreß drei Jahre später waren es, bei einer Gesamtzahl von 282 Delegierten, nur noch zwei. Eine gehörte zu den 20 Delegierten des Textilarbeiterverbandes, von dessen Mitgliedern knapp 60 % Frauen waren. Die andere gehörte zum Verkehrsbund, der 22 Vertreter auf den Bundeskongreß entsandte und unter seinen Mitgliedern 8,7 % Frauen hatte.

Auch in verschiedenen Körperschaften, in welche die Gewerkschaften Vertreter schicken konnten, waren die Frauen nur sehr schwach repräsentiert. Von den insgesamt 10 308 Beisitzern bei den Arbeitsgerichten gehörten 187 dem weiblichen Geschlecht an. 138 davon waren Vertreterinnen der Arbeitnehmer, und zwar 42 bei den Arbeiterkammern, 94 bei den Angestelltenkammern und 2 bei gemeinsamen Arbeiter- und Angestelltenkammern. Auffallend schwach war auch

512 Protokoll (Anm. 476), S. 131 f. (Leipart), 153 f. (Hanna).

513 Eugen Haueisen, Die Frauen in den Gewerkschaften (1928), wieder abgedruckt in: Losseff-Tillmanns, Frau (Anm. 511), S. 254 f.

die Vertretung der weiblichen Arbeitnehmer in den Betriebsräten, in den Verwaltungsausschüssen der Arbeitsämter sowie in den Ausschüssen und Vorständen der Krankenkassen. „Diese geringe Vertreterzahl ist nicht zuletzt auf das allgemein geltende Vorurteil zurückzuführen, daß Frauen sich nicht für derartige Aufgaben eignen", kommentierte das Jahrbuch des ADGB für 1928. „Diese Art der Einschätzung enthält der Arbeit, die geleistet werden muß, wertvolle Kräfte vor und beeinträchtigt den Erfolg der Werbearbeit unter den Frauen."[514]

*

Kritik rief der proletarische Patriarchalismus vor allem in der Freien Gewerkschaftsjugend (FGJ) hervor. „Betrachten wir heute das Familienleben des übergroßen Teils des Proletariats, so ergibt sich uns ein trostloses Bild", schrieb 1924 Käte Lindenberg, eine leitende Funktionärin der FGJ in Berlin. „Die Frau, abends müde und abgespannt aus der Fabrik kommend, fängt nun erst an, zu kochen und alle die übrigen zahlreichen Haushaltungsarbeiten zu verrichten. Die Kinder sind am Tage sich selbst überlassen und daher allen schlechten Einflüssen der Straße ausgesetzt. Früh schon müssen sie mit für die Instandhaltung des Haushalts sorgen, um der Mutter etwas die Arbeit zu erleichtern. So verleben die Kinder eine freudlose, traurige Jugend, denn auch der Sonntag gibt der Familie wenig Gelegenheit, sich über die Sorgen des Alltags hinwegzusetzen. Die Mutter ist beschäftigt mit all den Arbeiten, die sie des Abends aus Zeitmangel zurücklassen muß, wie Waschen, Plätten, Flicken. — Der Vater sucht meistens seine traurige Lage im Wirtshaus beim Bier zu vergessen. So entsteht dann oft Zank und Streit, der wieder sehr ungünstig auf die Kinder zurückwirkt. Ein harmonisches, wohlgefälliges Familienleben, wie es von den Bürgerlichen immer beschrieben (aber auch nur *beschrieben*) wird, lernen diese Proletarierkinder nie kennen."

In der Berufstätigkeit der Frau sah Käte Lindenberg eine Chance, die Misere des familiären Alltags zu überwinden. „Die arbeitende Frau erhält durch den Beruf, durch die Arbeit, Anknüpfungspunkte, ihr Denken und Gesichtskreis wird erweitert, so wird sie auch zur Mitarbeit auf allen Gebieten gedrängt. Anders als die Frau, deren Denken und Trachten früher nur darauf ging, möglichst bald in dem sicheren Hafen der Ehe zu landen und deren Interessen nicht über den Haushalt und die Familie hinausgingen. Die arbeitende Frau sieht jetzt andere Lebensmöglichkeiten, andere Ideale. Durch das Zusammenarbeiten mit den Männern und dadurch, daß sie häufig dieselben Arbeiten wie der Mann verrichten, werden die Frauen auch selbstbewußter, selbständiger. Sie hören von Wirtschaft und Politik sprechen und werden so mit der Zeit für das öffentliche Leben interessiert. Sie werden sich ihrer *unterdrückten Stellung* im heutigen Staat *bewußt* und werden

514 Jahrbuch 1928 (Anm. 475), S. 211 f.; Protokoll der Verhandlungen des 13. Kongresses der Gewerkschaften Deutschlands (3. Bundestag des Allgemeinen Deutschen Gewerkschaftsbundes). Abgehalten in Hamburg vom 3. bis 7. September 1928, Berlin 1928, S. 114 (Rede der Delegierten Margarete Philipp [Verkehrsbund]). — Zu der hier nicht erörterten Frauenzeitschrift des ADGB, der „Gewerkschaftlichen Frauenzeitung": Losseff-Tillmanns, Frau (Anm. 511), S. 210 ff.

sich *dagegen* empören. Sie werden *kämpfen für die Befreiung der Frau* und alle sich daraus ergebenden Weiterungen. Die Frau wird ihre Persönlichkeit behaupten."[515]

In Diagnose und Therapie kam eine andere Mitarbeiterin der Berliner Freien Gewerkschaftsjugend, Wally Barnick, 1925 zu dem gleichen Ergebnis wie im Jahr zuvor Käte Lindenberg. „Besonders trübe sieht es mit dem Sozialismus auf dem Gebiet der Frauenfragen aus", heißt es im August 1925 in einem Artikel unter der Überschrift „Gleichberechtigung". „Wir leben heute noch im Zeitalter einer ausgesprochenen Männerkultur. Der Mann fühlt sich unbewußt oder bewußt als Herr der Schöpfung, dem alles andere untertan ist. Eine Frau *neben ihm* ist ihm *unangenehm*, eine Frau *über ihm aber unerträglich*. Da, wo die Frau versucht, dem Mann als gleichberechtigter Mensch gegenüberzustehen, hat sie einen schweren Kampf durchzufechten. Einmal steht sie in der gleichen Front wie ihre männlichen Klassengenossen gegenüber der herrschenden Klasse, dann muß sie sich behaupten in ihrer eigenen Klasse gegenüber dem männlichen Geschlecht und weiter auch gegenüber ihren eigenen Geschlechtsgenossinnen, die ihr auf dem Wege noch nicht folgen können oder wollen. Viel Energie und kostbare Zeit könnten gespart oder nutzbringender angewendet werden, wenn der Mann wirklich in uns die gleichwertige Genossin und nicht nur das Weib sehen würde. Statt dessen versucht der Mann, seine Herrschaftsposition mit der gleichen Zähigkeit zu behaupten und zu halten, wie die Bourgeoisie ihre Machtstellung verteidigt und das aufstrebende Proletariat mit allen Mitteln weiterdrücken will wie bisher ... Das allgemeine Wahlrecht genügt uns nicht. Wir wollen Demokratie auch in der Ehe und Familie."[516]

Was die Appelle weiblicher Funktionäre der Berliner Gewerkschaftsjugend bewirkten, muß offen bleiben. Die proletarische Jugendbewegung habe der „Frage der Mädchenschulung nicht die beste Aufmerksamkeit zugewendet", bemerkte die Mädchenkommission bei der Berliner Zentrale der Freien Gewerkschaftsjugend in ihrem Rechenschaftsbericht für 1925 — und in Berlin war man auf diesem Gebiet gewiß nicht unterdurchschnittlich aktiv. Immerhin deuten die zitierten Äußerungen darauf hin, daß Teile der Gewerkschaftsjugend sich mit der überkommenen Benachteiligung der Arbeiterfrauen nicht mehr abfanden. Mochten ältere Gewerkschaftler auch öffentlich den Frauen Haushalt und Familie als naturgegebenen Wirkungskreis vor Augen halten — in der Gewerkschaftsjugend waren solche Auffassungen zumindest offiziell verpönt.[517]

Eigene Jugendausschüsse gab es in den Freien Gewerkschaften erst seit 1921. Die gemeinsamen Jugendausschüsse von SPD und Gewerkschaften — eine Errungenschaft der letzten Vorkriegsjahre — waren der Parteispaltung während des

515 Käte Lindenberg, Das Mädel und die Gewerkschaften (publiziert November 1924 im Mitteilungsblatt der Freien Gewerkschaftsjugend), in: Detlef Prinz u. Manfred Rexin (Hg.), Gewerkschaftsjugend im Weimarer Staat, Köln 1983, S. 104—107 (Hervorhebungen im Original).

516 Wally Barnick, Gleichberechtigung (August 1925), ebda., S. 104—109 (Hervorhebungen im Original).

517 Ebda., S. 99—106.

Krieges zum Opfer gefallen. Auf dem Leipziger Kongreß des ADGB von 1922 erging an die Einzelverbände die Empfehlung, sich verstärkt der Jugendarbeit zu widmen. Im April 1923 beschloß der Bundesausschuß des ADGB ein „Programm für die gewerkschaftliche Jugendarbeit“, in dem zusammengefaßt war, was in den beiden Jahren zuvor zwei Jugendkonferenzen in Kassel und Leipzig erörtert hatten. Schwerpunkte der gewerkschaftlichen Jugendarbeit sollten demnach sein der Ausbau des Jugendschutzes, eine Reform des Lehrlingswesens, die Mitwirkung bei der öffentlichen Jugendwohlfahrt, die Förderung des Berufsschulwesens sowie die „Bildungsarbeit für die Jugend“ als „Teil der proletarischen Kulturarbeit“.[518]

1928 gab es in Deutschland 305 örtliche Jugendausschüsse des ADGB. Diese Ausschüsse koordinierten die Arbeit der Jugendgruppen der Einzelgewerkschaften; an der Spitze größerer Ausschüsse standen besoldete Jugendsekretäre; auf Reichsebene hatte der ADGB bereits Ende 1921 einen hauptamtlichen Jugendsekretär berufen. Der Einfluß der Erwachsenen war auf allen Ebenen gewährleistet. Die jugendlichen Gewerkschaftsmitglieder im Alter von 14 bis 18 Jahren wählten zwar die örtlichen Jugendausschüsse ihres Verbandes. Die Leiter der Jugendgruppen aber waren in der Regel zwischen 18 und 25 Jahre alt; sie wurden meistens nicht von den Jugendlichen gewählt, sondern von der örtlichen Gewerkschaftsführung bestellt. Die Jugendleiter waren die eigentliche Zielgruppe von Schulungskursen und Informationsschriften der Verbände. In den Kommissionen, die für besondere Zwecke gebildet wurden — so etwa für Jugendheime, Spielplätze und Wanderungen —, sollte nach den 1923 niedergelegten Vorstellungen des Jugendsekretariats des ADGB wohl die „Jugend vorherrschen“. Trotzdem werde „den älteren Genossen immer die Möglichkeit bleiben, im Notfall entscheidend einzugreifen. Die Jugendlichen sich völlig selbst zu überlassen, wäre ein mindestens ebenso großer Fehler wie eine ständige Bevormundung.“ Wenn es in der Praxis mehr Mitsprache der Jugendlichen gab, als die Richtlinien des ADGB vorsahen, dann deshalb, weil manche Einzelverbände von ihnen abwichen.

Die Zahl der in den Freien Gewerkschaften organisierten Jugendlichen belief sich 1925 auf etwa 300 000. Da die Berufszählung des gleichen Jahres 3,9 Millionen Jugendliche unter 18 Jahren auswies, die als gewerbliche Lehrlinge, Arbeiter und Angestellte berufstätig waren, war demnach 1925 nur jeder dreizehnte jugendliche Arbeitnehmer Mitglied eines freigewerkschaftlichen Verbandes. Von den jugendlichen Gewerkschaftsmitgliedern gehörte wiederum nur ein Teil den Jugendabteilungen an, so daß die Wirksamkeit der gewerkschaftlichen Jugendarbeit — trotz steigender Tendenz bei der Zahl der Ausschüsse und, bis 1929, auch der jugendlichen Mitglieder — nicht überschätzt werden darf.[519]

Ähnlich wie die Jugendorganisationen der SPD übernahm auch die Gewerkschaftsjugend bestimmte Formen der Freizeitgestaltung von der bürgerlichen Jugendbewegung. Wanderungen und Fahrten der Arbeiterjugend sollten sich aber

518 Udo Wichert, Gewerkschaften und Jugend in der Weimarer Republik, ebda., S. 23—44; das Programm für die Gewerkschaftliche Jugendarbeit: S. 49—55.

519 Ebda., S. 24 ff., 56—58.

von denen der bündischen Jugend deutlich unterscheiden. Für das „bürgerliche Wandern", schrieb 1928 ein Mitarbeiter der Berliner Gewerkschaftsjugend, treffe Schillers Wort „so recht ins Schwarze: ‚Die Welt ist vollkommen überall, wo der Mensch nicht hinkommt mit seiner Qual.' Wir aber wollen die wirtschaftlichen und sozialen Nöte der Heimarbeiter und Landbevölkerung erkennen durch innigen Kontakt mit allen unseren Klassengenossen, helfen, daß der lichte Morgen der Völkerbefreiung durch unsere Klassensolidarität und Mithilfe Wirklichkeit werde. Ein Helfer zum Ziel ist das soziale Wandern."

Auch die Feiern der Gewerkschaftsjugend mußten einen proletarischen Sinn haben. Das galt nicht nur für die Demonstrationen am 1. Mai, sondern auch für die Sonnenwendfeiern im Juni und Dezember. So hieß es im Aufruf der Berliner Gewerkschaftsjugend zur Sonnenwendfeier in der Nacht vom 21. zum 22. Juni 1924 auf dem Pichelswerder: „Wir wollen nun den Groß- und Kleinbürgern zeigen, daß unsere Feste keine Kalender- und Kirchenfeste im alten Sinne darstellen. Die Flamme, die auf unserem Festplatz hoch auflodernd und weit leuchtend emporstrebt, soll uns bedeuten: Bekenntnis, Kampfansage, Freude, Begeisterung, Kraftsammlung in des Wortes höchster Bedeutung. Unsere Sonnenwende sei ein Glaubensbekenntnis. Wir wollen Kampfgeschlossenheit zeigen gegen alle aufstrebenden dunklen Mächte der Reaktion. Wir wollen leben und genießen, d. h. Anteil haben an allem Schönen in der Natur und Kunst. Wir wollen die Unzufriedenheit in alle Arbeiterviertel tragen, recht viele sollen teilnehmen an unseren Genüssen ... Empor zum Licht! Dies sei der Sinn unserer Sonnenwende!"

Zu größeren Konflikten zwischen Gewerkschaftsjugend und Gewerkschaftsführung scheint es nicht gekommen zu sein. Zwar wandte sich die Zentrale der Berliner Gewerkschaftsjugend, die im politischen Spektrum der FGJ eher links stand, 1926 gegen den Versuch des Reichsbanners Schwarz-Rot-Gold, sich eine eigene Jugendbewegung zu geben. Doch die Begründung, für einen solchen Versuch fehlten die „soziologischen Voraussetzungen", klang ideologischer, als sie gemeint war. In Wirklichkeit wurde das Reichsbanner vor allem als konkurrierender Verband empfunden, der durch seine „die jugendliche Psyche einfangenden Formen" das Einzugsfeld der Gewerkschaftsjugend zu verkleinern drohte. Ähnliche Sorgen gab es auch in SPD und ADGB. Die Abgrenzung, die die FGJ gegenüber dem Kommunistischen Jugendverband vollzog, war viel schärfer als die gegenüber Reichs- und Jungbanner. In den letzten Jahren der Republik wurden die Differenzen zu dem republikanischen Kampfbund völlig zurückgestellt zugunsten der gemeinsamen Abwehr der nationalsozialistischen Gefahr: Die Gewerkschaftsjugend reihte sich Ende 1931 mit dem ADGB, der SPD, dem Reichsbanner Schwarz-Rot-Gold und den Arbeiter-Sportverbänden ein in jene „Eiserne Front", die ein republikanisches Gegengewicht zur „Harzburger Front" der nationalistischen Rechten bilden sollte.[520]

*

520 Ebda., S. 148 f. (zum Reichsbanner), 169 (Feiern), 186—188 (soziales Wandern). — Zum sozialen Engagement der FGJ gehörten vor allem Bemühungen um jugendliche Arbeitslose. 1923 wurden Bücher für sie gesammelt; 1926 hielt die Zentrale der Berliner FGJ besondere

In einer wichtigen innerorganisatorischen Streitfrage machten die Freien Gewerkschaften in den Jahren der relativen Stabilität nur bescheidene Fortschritte: Das Prinzip der Industriegewerkschaft, für das sich auf dem Leipziger Kongreß des ADGB 1922 eine starke Mehrheit der Delegierten ausgesprochen hatte, blieb weitgehend ein bloßes Postulat. Unmittelbar vor dem nächsten Kongreß, im August 1925, faßte der Bundesausschuß des ADGB einen Beschluß, der faktisch auf eine Vertagung des Problems hinauslief. Entsprechend dem Vorschlag des Bundesvorstands sollte sich der Breslauer Kongreß erneut zu der Notwendigkeit bekennen, „daß die dem Bund angeschlossenen verwandten Berufsorganisationen zum Zweck möglichster Verstärkung der gewerkschaftlichen Kräfte und zur Vereinheitlichung der gesamten Organisation sich zu Industrieverbänden zusammenschließen." Dieses Ziel war nach Meinung des Bundesvorstands am besten auf dem Weg der freiwilligen Verschmelzung der Verbände zu erreichen. In der Zwischenzeit sollten die Einzelgewerkschaften bei gemeinsamen Lohnbewegungen besser als bisher zusammenarbeiten — unter anderem dadurch, daß die Führung solcher Bewegungen demjenigen Verband zugestanden wurde, der mit der Mehrheit seiner Mitglieder daran beteiligt war.

Da der Vorschlag des Bundesvorstands das Selbstbestimmungsrecht der Einzelgewerkschaften nicht antastete, konnten sich die Anhänger des konkurrierenden Prinzips, des Berufsverbandes, damit leicht abfinden. Der Holzarbeiterverband, der sich stets am nachdrücklichsten für diese überkommene Organisationsform eingesetzt hatte, stimmte denn auch trotz einiger Vorbehalte der Resolution zu. Der Metallarbeiterverband dagegen sah in der freiwilligen Verschmelzung von Berufsverbänden keine Garantie dafür, daß es wirklich zu den erstrebten Industrieverbänden kommen werde. Die Schaffung solcher Verbände setze die organisatorische Zusammenfassung *aller* in einer Industriegruppe beschäftigten Arbeiter und Arbeiterinnen voraus, hieß es in einer Resolution des DMV, und deshalb müsse die Vorlage des Bundesvorstandes abgelehnt werden. Diesem Standpunkt schloß sich jedoch nur die Filmgewerkschaft an. Der Baugewerksbund, in der Frage „Industriegewerkschaft" der wichtigste Verbündete des DMV, schwenkte, ebenso wie eine Reihe anderer Verbände, auf die Linie des Bundesvorstands ein und sicherte dessen Antrag damit eine breite Mehrheit. Der Breslauer Kongreß des ADGB nahm im September 1925 die Vorlage ebenfalls mit großer Mehrheit an. Dem Antrag des DMV und anderer Verbände, der ein komplettes Organisationsschema für die neu zu schaffenden Industriegewerkschaften vorsah, wurde dagegen das zuteil, was ein Zwischenrufer ein „Begräbnis erster Klasse" nannte: Die Delegierten überwiesen den Entwurf als Material an den Bundesvorstand.[521]

Erwerbslosenkurse in ihrem Landheim am Quenzsee ab, in denen neben Sport, Spiel und Tanz auch die gewerkschaftliche Schulung (u. a. Einführung in Wirtschaftslehre und Staatsrecht) zu ihrem Recht kam. Ebda., S. 125—131. — Zur gewerkschaftlichen Jugendarbeit jetzt auch: Rotraud Tilsner-Gröll, Die Jugendbildungsarbeit in den freien Gewerkschaften von 1919—1933, Frankfurt 1981. Zum Reichsbanner Schwarz-Rot-Gold vgl. oben S. 378 ff.

521 DGB-Archiv Düsseldorf, Protokoll der Sitzung des Bundesausschusses vom 12./13. 8. 1925; Protokoll (Anm. 476), S. 31—33 (Vorstandsvorlage), 60—70 (Antrag des DMV sowie folgender weiterer Verbände: Bergarbeiter, Lebensmittel- und Getränkearbeiter, Textilarbeiter,

Der Unverbindlichkeit des Breslauer Appells zum Trotz schlossen sich in den folgenden Jahren einige Gewerkschaften zusammen. Zunächst gliederten sich 1926 die Verbände der Glas- und der Porzellanarbeiter als „Keramischer Bund" dem Fabrikarbeiterverband an. Im Jahr darauf vereinigten sich die Verbände der Böttcher, der Fleischer und der Lebensmittel- und der Getränkearbeiter zum Einheitsverband der Nahrungsmittel- und Getränkeindustrie. Die Zahl der Einzelgewerkschaften verminderte sich dadurch von 40 auf 35. Andere Fusionsbestrebungen führten dagegen nicht zum Erfolg. Bei den Dachdeckern fand sich in einer Urabstimmung Anfang 1928 keine Mehrheit für den Anschluß an den Baugewerksbund. Bei den Hutmachern wurde die Zweidrittelmehrheit der Abstimmenden — etwas mehr als die Hälfte der Mitglieder — verfehlt, die notwendig gewesen wäre, um den vom Vorstand gewünschten Anschluß an den Deutschen Bekleidungsarbeiterverband zu vollziehen. Offensichtlich hatte der Gedanke des Berufsverbandes in Teilen der gewerkschaftlichen „Basis" immer noch einen stärkeren Rückhalt, als die Anhänger des moderneren Prinzips, der Industriegewerkschaft, vermutet hatten.[522]

*

Inflation und Arbeitslosigkeit hatten nicht nur bei den Freien, sondern auch bei den anderen Richtungsgewerkschaften einen Mitgliederschwund zur Folge. Die Christlichen Gewerkschaften zählten 1926 etwa 532 000 Mitglieder — das war ein Verlust von über einer halben Million gegenüber 1922. In den folgenden drei Jahren ging es wieder langsam aufwärts: 1929 gehörten dem Gesamtverband Christlicher Gewerkschaften 673 000 Mitglieder an. Die liberalen, der DDP nahestehenden Hirsch-Dunckerschen Gewerkvereine, die kleinste Richtungsgewerkschaft, hatten ihren Tiefpunkt mit 147 000 Mitgliedern im Jahre 1924. Bis 1927 gewannen sie dann wieder 20 000 Mitglieder hinzu. Im Jahre 1925 waren insgesamt 4,9 Millionen Arbeiter gewerkschaftlich organisiert. Das entsprach einem guten Drittel (34 %) aller deutschen Arbeiter. Von den organisierten Arbeitern entfielen 85 % auf die Freien, 11,8 % auf die Christlichen und 3,2 % auf die liberalen Gewerkschaften.

Der Anteil weiblicher Mitglieder lag bei den Christlichen Gewerkschaften seit 1921 ständig höher als bei den Freien, aber er war ebenfalls rückläufig. 1924 stellten Frauen ein knappes Fünftel (19,9 %) der Mitglieder von Verbänden des ADGB und ein gutes Viertel (25,1 %) der Mitglieder der Christlichen Gewerkschaften. Bis 1928 war der Frauenanteil bei den „Christen" auf 19,2 %,bei den „Freien" auf 15,2 % gesunken.

Schuhmacher, Film, Buchbinder, Lithographen, Baugewerksbund, Gemeindearbeiter, Eisenbahner, Dachdecker); 301—324 (321; Debatte und Abstimmung). — Zum Leipziger Kongreß vgl. den vorhergehenden Bd., S. 419.

522 Jahrbuch 1926 (Anm. 241), S. 140; Jahrbuch 1927 (Anm. 488), S. 235 f. Ebda., S. 236—241, eine Übersicht über die Geschichte der gewerkschaftlichen Konzentrationsbewegung insgesamt.

Im Streikverhalten gab es zwischen Freien und Christlichen Gewerkschaften keine sehr erheblichen Unterschiede. Im Durchschnitt der Jahre 1921 bis 1926 waren bei den „Christen“ 5,3 % aller Lohnbewegungen Arbeitskämpfe; bei den „Freien“ waren es 8,3 %. Die etwas größere Kampfbereitschaft der Freien Gewerkschaften drückte sich auch darin aus, daß sie in der Regel Schiedssprüche weniger schnell akzeptierten als die Christlichen. Im Durchschnitt der Jahre 1921 bis 1931/32 waren die Christlichen Gewerkschaften an einem Viertel aller Tarifverträge beteiligt.[523]

Sachliche Übereinstimmung herrschte zwischen den Richtungsgewerkschaften hinsichtlich der betrieblichen Rationalisierung: Ihre Notwendigkeit wurde zunächst allgemein bejaht. Im Gefolge der hohen Arbeitslosigkeit mehrten sich aber seit 1926 auch bei den Christlichen Gewerkschaften die kritischen Stimmen, die auf den menschlichen Preis der forcierten Modernisierung hinweisen. In der Lohnpolitik näherten sich die „Christen“ den „Freien“ seit 1924 an: Das Argument, Lohnsteigerungen müßten sich am Zuwachs der Produktivität orientieren, wich zunehmend der Theorie von der Kaufkraftwirkung hoher Löhne. Bereits im April 1924 protestierten alle Spitzenverbände der Richtungsgewerkschaften bei Reichskanzler Marx gegen den „Lohndruck der Arbeitgeberverbände“. Gemeinsam intervenierten die Gewerkschaften auch im Frühjahr 1925, als das erste Kabinett Luther sich anschickte, hohe Agrarzölle einzuführen.

In einer Reihe umstrittener Fragen bezogen die Christlichen Gewerkschaften jedoch andere Positionen als die Freien. An der Zentralarbeitsgemeinschaft mit den Unternehmern wollten die christlich-nationalen Verbände 1924 festhalten, obwohl diese Einrichtung nach dem Ausscheiden des ADGB jede praktische Bedeutung verloren hatte. Die Verlängerung der Arbeitszeit wurde Ende 1923 vom Deutschen Gewerkschaftsbund, dem Dachverband der christlich-nationalen Arbeitnehmerorganisationen, widerspruchslos hingenommen. Erst im Oktober 1926 verlangten alle Richtungsgewerkschaften, also auch „Christen“ und „Hirsche“, gemeinsam die Wiederherstellung des Achtstundentages — und zwar als Notmaßnahme gegen die Arbeitslosigkeit. Dem Arbeitszeitnotgesetz vom April 1927 stimmten die Christlichen Gewerkschaften, trotz scharfer Kritik des Gewerkvereins christlicher Bergarbeiter, zu; der ADGB dagegen lehnte das Gesetz, weil es hinter der Forderung nach dem Achtstundentag erheblich zurückblieb, ab. Die staatliche Schlichtung, der die Freien Gewerkschaften mit großer,

523 Michael Schneider, Die Christlichen Gewerkschaften 1894—1933, Bonn 1982, S. 452 f. (Daten zur Mitgliederentwicklung), 594 ff. (Streikverhalten). Die stärksten christlichen Einzelgewerkschaften waren 1925 die Verbände der Metallarbeiter (100 556 Mitglieder), Bergarbeiter (98 556), Textilarbeiter (78 571), Landarbeiter (78 195), Fabrikarbeiter (52 302) und Bauarbeiter (30 714). Ebda., S. 768—771. — Zu den Hirsch-Dunckerschen Gewerkvereinen vgl. auch Wolfgang Schröder und Peter Haferstroh, Verband der Deutschen Gewerksvereine (Hirsch-Duncker), 1869—1933, in: Die bürgerlichen Parteien in Deutschland. Handbuch der Geschichte der bürgerlichen Parteien und anderer bürgerlichen Interessenorganisationen vom Vormärz bis zum Jahre 1945, 2 Bde., Berlin [O], Bd. 2, 1968, S. 684—710 und Hans-Georg Fleck, Soziale Gerechtigkeit durch Organisationsmacht und Interessenausgleich. Ausgewählte Aspekte zur Geschichte der sozialliberalen Gewerkschaftsbewegung in Deutschland (1868/69—1933), in: Matthias/Schönhoven (Hg.), Solidarität (Anm. 475), S. 83—106.

wenn auch nicht gleichbleibend starker Reserve gegenüberstanden, wurde von den Christlichen Gewerkschaften als soziale Errungenschaft gewürdigt. Dabei spielte eine wichtige Rolle, daß sie im obersten Schlichter, dem Reichsarbeitsminister Brauns, einen der Ihren sehen konnten.[524]

Die tiefsten Differenzen zwischen Christlichen und Freien Gewerkschaften lagen auf ideologischem Gebiet. Die „Christen" lehnten den Klassenkampf kategorisch ab; zwischen Arbeitgebern und Arbeitnehmern gab es aus ihrer Sicht wohl Interessengegensätze, aber nur solche, die auf dem Boden der bestehenden Gesellschaftsordnung ausgeglichen werden konnten. Das Privateigentum und das freie Unternehmertum wurden grundsätzlich bejaht; die Gesellschaft sollte sich nicht in der Richtung des Sozialismus, sondern in der eines „sozialen Kapitalismus" entwickeln. Als Angehörige eines „Standes", nicht einer „Klasse" fühlten sich die bei den Christlichen Gewerkschaften organisierten Arbeiter — sofern das, was Ideologen und Verbandsfunktionäre auf Kongressen und in Zeitschriften verbreiteten, für das Denken der Mitglieder repräsentativ war. „Mit dem Begriff der Standwerdung des Arbeiterstandes ist naturverbunden der Mitbesitz und die Mitbestimmung in der Wirtschaft", schrieb 1929 Friedrich Baltrusch, der Geschäftsführer der Christlichen Gewerkschaften. „Stände" waren das Gliederungsprinzip der „Volksgemeinschaft", zu der sich die Christlichen Gewerkschaften immer wieder bekannten und in der sie die positive Antwort sowohl auf den Klassenkampf wie auf den Internationalismus der „Marxisten" sahen.[525]

Wenn der Deutsche Gewerkschaftsbund den „nationalen Gedanken" stark betonte, dann war das nicht nur ein Zugeständnis an seine am weitesten rechts stehende Gliederung, den Deutschnationalen Handlungsgehilfen-Verband. Auch die Christlichen Gewerkschaften, die stärkste Säule des DGB, huldigten einem ausgeprägten Nationalismus. Bei dem Zentrumspolitiker Adam Stegerwald, der von 1919 bis 1929 Vorsitzender des Gesamtverbandes Christlicher Gewerkschaften und des DGB war, ging das so weit, daß er auf dem Essener Verbandskongreß der Christlichen Gewerkschaften vom November 1920 die westliche Demokratie als etwas Undeutsches hinstellte: Deutsch sein bedeute für die Christlichen Gewerkschaften auch, „daß unsere Rechtsanschauungen in der deutschen Geschichte, nicht aber in den aus fremden Verfassungen herbeigeholten Paragraphen einer Notverfassung liegen. Die deutsche Demokratie ist für uns die Demokratie der Selbstverwaltung. Mit ihrer Verwirklichung wollen wir etwas grundsätzlich anderes als die formale Demokratie des französischen Zentralismus."[526]

Auf dem folgenden Kongreß, der im April 1926 in Dortmund stattfand, räumte Stegerwald offen ein, daß die Christlichen Gewerkschaften immer noch Schwie-

---

524 Zusammenfassend hierzu: Schneider, Gewerkschaften (Anm. 523), S. 584 ff. — Die Eingabe gegen die Lohnpolitik der Arbeitgeberverbände in: GZ, Nr. 16, 19. 4. 1924; die Erklärung zum Achtstundentag, in: GZ, Nr. 45, 6. 11. 1926. Zur Intervention gegen die Agrarzölle vgl. oben S. 247 f.

525 Schneider, Gewerkschaften (Anm. 523), S. 536 ff. (560).

526 Niederschrift der Verhandlungen des 10. Kongresses der christlichen Gewerkschaften Deutschlands. Abgehalten vom 20.—23. November [1920] in Essen, Köln 1920, S. 193. Vgl. dazu den vorhergehenden Bd., S. 429 f.

rigkeiten hatten, ihr Verhältnis zum neuen Deutschland genau zu bestimmen. In den folgenden Fragen bestünde keine völlige Übereinstimmung: „1. Ob grundsätzlich und generell die Republik oder die Monarchie für Deutschland die beste Staatsform sei; 2. Ob Schwarz-Weiß-Rot oder Schwarz-Rot-Gold die Reichsfarben bilden sollen; 3. Über vaterländische Verbände auf der einen und Reichsbanner auf der anderen Seite." Höher als die Staatsform stehe aber der Staat selbst, und zumindest für das „Gros der Mitglieder der christlichen Gewerkschaften" glaubte Stegerwald versichern zu können, es bekenne sich „freudig zum heutigen Staat." Im übrigen wolle „niemand in unserem Lager" den früheren Obrigkeitsstaat und „zwei Dutzend Königreiche und Fürstentümer". Der Minderheit, die nach wie vor dem Kaiserreich nachtrauerte, hielt der Verbandsvorsitzende den Reichspräsidenten Paul von Hindenburg als lebendes Beispiel dafür vor, daß man grundsätzlich Monarchist und trotzdem ein guter Diener der Republik sein könne.[527]

Zu einem Teil ist die Scheu der Christlichen Gewerkschaften, sich vorbehaltlos auf den Boden der Republik zu stellen, aus ihrer inneren Zusammensetzung zu erklären. Die überwältigende Mehrheit der Mitglieder war katholisch und sympathisierte mit Zentrum oder Bayerischer Volkspartei. Die evangelische Minderheit, die vor allem bei den Landarbeitern beträchtlich war, tendierte zu den Deutschnationalen oder zur Deutschen Volkspartei. Die Christlichen Gewerkschaften legten großen Wert darauf, die einzige parteipolitisch neutrale Gewerkschaft zu sein. In dem Reichstag, der am 7. Dezember 1924 gewählt worden war, gehörten ihnen an: 14 Abgeordnete des Zentrums, 4 der BVP, 5 der DNVP und 2 der DVP. Mit 25 Abgeordneten waren die Christlichen Gewerkschaften im deutschen Parlament fast so gut vertreten wie der ADGB: Dieser konnte sich auf 28 Verbandsfunktionäre im Reichstag stützen, die alle Mitglieder der sozialdemokratischen Fraktion waren. Der Anteil der Angestellten der Freien Gewerkschaften an den Mitgliedern der SPD-Fraktion lag mit 19 % aber niedriger als der Anteil von Vertretern der Christlichen Gewerkschaften an der Zentrumsfraktion: Er belief sich auf 23,1 %.

Die Rücksicht auf Anhänger der Rechtsparteien war jedoch nicht der einzige Grund, weshalb die Christlichen Gewerkschaften eine nationale Sammlungsideologie pflegten und eine deutliche Distanz zur Republik an den Tag legten. Von einem Teil der Zentrumspolitiker, die wichtige Funktionen in den Christlichen Gewerkschaften und im DGB innehatten — neben Adam Stegerwald vor allem Heinrich Brüning, der langjährige Geschäftsführer des Deutschen Gewerkschaftsbundes — gilt, daß sie diese Haltung aus innerer Überzeugung einnahmen. Die offizielle Neutralität in Sachen Staatsform entsprach der Auffassung der römischen Kirche, und für den katholischen Nationalismus liegt eine sozialpsychologische Erklärung auf der Hand: Die nationale Diskriminierung, der sich die deutschen Katholiken seit den Tagen des Kulturkampfes im frühen Bismarck-

527 Niederschrift der Verhandlungen des 11. Kongresses der christlichen Gewerkschaften Deutschlands. Abgehalten vom 17. bis 20. April 1926 in Dortmund, Berlin 1926, S. 236—244.

reich ausgesetzt sahen, wirkte nach als Bedürfnis, sich als besonders gute Deutsche zu beweisen. Gewiß gab es auch Gewerkschaftsführer wie Heinrich Imbusch, den Vorsitzenden des Gewerkvereins Christlicher Bergarbeiter, der Stegerwald wiederholt eine ungebührliche Anpassung an die politische Rechte vorwarf, und es gab bewußt republikanische Funktionäre wie Karl Arnold vom Düsseldorfer Ortskartell der Christlichen Gewerkschaften und Bernhard Letterhaus, Sekretär der Katholischen Arbeitervereine Westdeutschlands und führendes Mitglied des Christlichen Textilarbeiterverbandes: Beide forderten auf dem Dortmunder Kongreß von 1926 eine klare Festlegung auf „unseren Volksstaat". Aber es war bezeichnend, daß nach den Gegenreden von Stegerwald und Jakob Kaiser, dem Landesgeschäftsführer der Christlichen Gewerkschaften Westdeutschlands, der entsprechende Änderungsantrag zu den „Leitsätzen" wieder zurückgezogen wurde. In dieser, von den Delegierten einstimmig verabschiedeten Grundsatzerklärung kam das Wort „Republik" nicht vor. Statt dessen bekannte sich der Kongreß „zum im christlichen Geist wirkenden nationalen Volksstaat" — wobei offen blieb, ob dieser schon existierte oder ob er erst noch zu schaffen war.[528]

Der Verband Deutscher Gewerkvereine (Hirsch-Duncker) wich in praktischen Fragen von der Politik des ADGB selten ab. Der maßgebende Verbandssekretär, der Reichstagsabgeordnete der DDP Anton Erkelenz, übernahm sogar das freigewerkschaftliche Stichwort „Wirtschaftsdemokratie". Allerdings gab er ihm eine neue, spezifisch liberale Deutung. Die Gewerkvereine, erklärte er im März 1926 auf dem 3. Kongreß des Gewerkschaftsringes deutscher Arbeiter-, Angestellten- und Beamtenverbände in Berlin, wünschten nicht die Entwicklung zum Sozialismus marxistischer Prägung, sondern erstrebten die „planvolle Weiterentwicklung eines gesunden kapitalistischen Systems." Als erste Keimzelle der Wirtschaftsdemokratie betrachteten die Hirsch-Dunckerschen Gewerkvereine die Betriebsräte. Durch den Erwerb von Aktien sollten sich die Arbeiter einen individuellen oder kollektiven Anteil an den Unternehmungen sichern

528 Schneider, Gewerkschaften (Anm. 523), S. 526—530 (zum Dortmunder Kongreß), 543 ff. (Ideologie), 627 ff. (parlamentarische Vertretung). Zum Verhältnis der christlichen Gewerkschaften zu dem von ihnen dominierten Dachverband DGB: ebda., S. 486 ff. Daten über die Konfessionszugehörigkeit liegen nur für einige Bezirke des Zentralverbandes christlicher Textilarbeiter Deutschlands in den Jahren 1921/22 vor. Demnach waren im Durchschnitt 80,1 % der Mitglieder katholisch und 19,0 % evangelisch. Ebda., S. 458. Zur parlamentarischen Vertretung der Gewerkschaften auch: Gerard Braunthal, Der Allgemeine Deutsche Gewerkschaftsbund. Zur Politik der Arbeiterbewegung in der Weimarer Republik (amerik. Orig.: Socialist Labor and Politics in Weimar Germany, Hamden 1978), Köln 1981, S. 216 ff. Zur Rolle der Arbeitnehmer in der DNVP: Stupperich, Volksgemeinschaft (Anm. 3), passim. — Zu Stegerwald vgl. den vorhergehenden Bd., S. 280, 429; zu Jakob Kaiser: Erich Kosthorst, Jakob Kaiser. Der Arbeiterführer, Stuttgart usw. 1967; zu Karl Arnold: Detlef Hüwel, Karl Arnold. Eine politische Biographie, Wuppertal 1980; zu Heinrich Brüning v. a. ders., Memoiren 1918—1934, Stuttgart 1970; zu Heinrich Imbusch und dem Gewerkverein Christlicher Bergarbeiter: Irmgard Steinisch, Der Gewerkverein Christlicher Bergarbeiter, in: Hans Mommsen u. Ulrich Borsdorf (Hg.), Glück auf, Kameraden! Die Bergarbeiter und ihre Organisationen in Deutschland, Köln 1979, S. 273—299. Biographische Studien über wichtige Führer der Richtungsgewerkschaften enthält: Gerhard Beier, Schulter an Schulter, Schritt für Schritt. Lebensläufe deutscher Gewerkschafter, Köln 1983.

und zu diesem Zweck Arbeiterbanken gründen. Das Bekenntnis zur „Volksgemeinschaft" verstand sich für die Gewerkvereine von selbst: Als liberaler Arbeiterverband gingen sie davon aus, daß es zwischen Arbeitnehmern und Arbeitgebern eine substantielle Gemeinsamkeit gab, auf deren Boden unterschiedliche Interessen ausgeglichen werden konnten.[529]

*

Die organisatorische Zersplitterung der deutschen Gewerkschaften hatte, unter dem Gesichtspunkt einer wirkungsvollen Interessenpolitik, eine negative und eine positive Seite. In der direkten Auseinandersetzung mit den Unternehmern, in Lohnkämpfen zumal, überwogen die Nachteile: Die Front der Arbeitnehmer war meist sehr viel weniger geschlossen als die der Arbeitgeber. Was die soziale Gesetzgebung betraf, ließen sich dagegen gewisse Vorteile des gewerkschaftlichen Pluralismus nicht übersehen. Da es in fast allen Fraktionen Arbeitnehmervertreter gab, fanden manche gewerkschaftlichen Forderungen einen Rückhalt, der weit über die Sozialdemokratie hinausreichte. Um ihre Arbeiterwähler nicht zu verlieren, stimmten mitunter auch bürgerliche Parteien — am häufigsten das Zentrum — für Vorlagen, die das Etikett „sozial fortschrittlich" verdienten. Das bekannteste Beispiel ist das Gesetz über Arbeitsvermittlung und Arbeitslosenversicherung von 1927, dem eine faktische Allparteienkoalition zur Annahme verhalf.[530]

Eine Art Großer Koalition sicherte einem anderen wichtigen sozialpolitischen Gesetzeswerk eine parlamentarische Mehrheit: dem Arbeitsgerichtsgesetz, das der Reichstag am 13. Dezember 1926 in dritter Lesung mit den Stimmen der Sozialdemokraten und der im Minderheitskabinett Marx vertretenen bürgerlichen Parteien verabschiedete. Die Schaffung besonderer Arbeitsgerichte war schon deshalb notwendig geworden, weil es erstens die alten Gewerbe- und Kaufmannsgerichte an vielen Orten gar nicht gab, weil diese Gerichte zweitens große Gruppen der Arbeitnehmer — so die Landarbeiter, die Hausgehilfen, die Werkmeister, die kaufmännischen, höheren und leitenden Angestellten — nicht erfaßten und weil drittens eine einheitliche Spitze dieser Gerichte fehlte, so daß eine einheitliche Rechtsprechung nicht gewährleistet war.

Umstritten war in den ersten Jahren der Republik vor allem, ob die künftigen Arbeitsgerichte einen Teil der ordentlichen Gerichtsbarkeit bilden sollten — dies der Standpunkt der Arbeitgeber und der Fachjuristen — oder, wie es die Gewerkschaften wünschten, einen eigenständigen Zweig der Rechtssprechung. Ferner war kontrovers, ob vor den Arbeitsgerichten Rechtsanwälte zuzulassen waren: eine Frage, die von den Arbeitnehmerverbänden, den Gewerberichtern und der jungen Arbeitsrechtswissenschaft verneint, von den Arbeitgebern und den juristischen Standesorganisationen bejaht wurde. Ein Regierungsentwurf vom Juli 1923 suchte zwischen den gegensätzlichen Auffassungen zu vermitteln: Auf Bezirksebene sollten die Arbeitsgerichte Sondergerichte sein; das Landarbeitsgericht und

529 Hierzu: Schröder/Haferstroh, Verband (Anm. 523), S. 704 f.
530 Vgl. dazu oben S. 311 f.

das Reichsarbeitsgericht dagegen waren als Abteilungen der Landesgerichte und des Reichsgerichts vorgesehen. Rechtsanwälte sollten bei den höheren Instanzen unbeschränkt, bei den unteren nur bei Überschreiten der mutmaßlichen Berufungskosten zugelassen sein. Bei Arbeits- und Landesarbeitsgerichten überwog das Laienelement, bei dem für Revisionen allein zuständigen Reichsarbeitsgericht das Berufsrichtertum.

Im Oktober 1923 zog das Reichsarbeitsministerium seinen Entwurf wieder zurück — formal wegen eines Einspruchs des Reichsfinanzministeriums, tatsächlich infolge der Hyperinflation, die allen sozialen Reformen den Boden entzog. Erst zwei Jahre später, im Herbst 1925, legte die Reichsregierung einen neuen Gesetzentwurf vor, der sich stark an den vorangegangenen anlehnte. Die heftigsten Debatten löste die Bestimmung aus, daß die Beisitzer auf Grund von Vorschlägen der Verbände der Arbeitgeber und der Arbeitnehmer zu berufen waren. Die Rechtsparteien stellten dem Alleinvertretungsanspruch der Gewerkschaften das Prinzip der Auswahl durch alle, also auch die unorganisierten Arbeitnehmer entgegen. In dem endgültigen Gesetzestext wurde schließlich ein Minderheitenschutz eingefügt, doch blieb es bei der Berufung auf Grund von Vorschlaglisten. Welche Organisationen im arbeitsgerichtlichen Verfahren parteifähig waren, mußte allerdings die Rechtssprechung entscheiden: Sie hatte darüber zu befinden, ob sie dieses Recht auch den „gelben" Werkvereinen und solchen Handwerkerverbänden zusprechen wollte, die sich gar nicht als Tarifpartner der Gewerkschaften betrachteten.

Für bürgerliche Rechtsstreitigkeiten zwischen Tarifvertragsparteien über das Bestehen oder Nichtbestehen von Tarifverträgen waren seit der Bildung der Arbeitsgerichte nur noch diese, nicht mehr die ordentlichen Gerichte zuständig; dasselbe galt für bürgerliche Rechtsstreitigkeiten zwischen Arbeitgebern und Arbeitnehmern aus dem Arbeits- oder Lehrverhältnis und über das Bestehen eines solchen Verhältnisses. Für Strafsachen waren die Arbeitsgerichte dagegen nicht zuständig: In diesem Punkt hatten sich die bürgerlichen Parteien gegenüber Freien Gewerkschaften und SPD durchgesetzt. Die Verbände der Arbeitnehmer konnten es jedoch als Erfolg verbuchen, daß in allen Instanzen das Laienelement überwog: Bei Arbeits- und Landesarbeitsgerichten standen einem juristischen Vorsitzenden je ein Beisitzer der Arbeitnehmer und der Arbeitgeber gegenüber, beim Reichsarbeitsgericht drei juristischen Richtern je zwei Arbeitgeber- und Arbeitnehmerbeisitzer. Auch der völlige Ausschluß von Rechtsanwälten auf der unteren Instanz entsprach einer Forderung der Gewerkschaften.

Dem Selbstverwaltungsprinzip, das dem kollektiven Arbeitsrecht insgesamt zugrunde lag, trug das Gesetz dadurch Rechnung, daß es tariflich vereinbarten Schiedsgerichten die Möglichkeit eröffnete, an die Stelle von Arbeitsgerichten zu treten. Ludwig Preller hat dem Arbeitsgerichtsgesetz vom 23. Dezember 1926 bescheinigt, es habe eine wesentliche Grundlage für die Weiterentwicklung des kollektiven Arbeitsrechts der Nachkriegszeit geschaffen. „Der einheitliche Aufbau der Arbeitsgerichte, bis zur Spitze des Reichsarbeitsgerichts, ihre schnelle und von juristischen Spitzfindigkeiten nach Möglichkeit befreite Rechtssprechung konnte nunmehr der Durchdenkung des Arbeitsrechts nach rechtlichen und sachlichen Gesichtspunkten dienen. In der Tat förderte dieses Gesetz in umfassender Weise die Erkenntnis von Wesen und Eigenart des kollektiven Arbeitsrechts.“

Die Rechtssprechung des Reichsarbeitsgerichts war freilich weit weniger fortschrittlich, als es dieses Urteil suggeriert. Das höchste deutsche Arbeitsgericht pflegte das Interesse der Organisationseinheit „Betrieb“ dem Kollektivinteresse der Arbeiter grundsätzlich überzuordnen. Insoweit stellte sich das Reichsarbeitsgericht auf die Seite der Arbeitgeber und gegen die Gewerkschaften. Die Distanz der Arbeiter zum Weimarer Staat ist durch diese Praxis sicherlich nicht verringert worden — was immer ansonsten Positives über die soziale Gesinnung gesagt werden kann, die aus vielen Urteilen der Arbeitsgerichte sprach.[531]

An einem Strang zogen die Richtungsgewerkschaften schließlich auch bei dem Versuch, den Arbeitern an Rhein und Ruhr eine soziale Entschädigung für die Härten der französisch-belgischen Besetzung zukommen zu lassen. Ausgelöst wurde dieser Versuch durch die Zahlung von 700 Millionen Reichsmark, die das Reich 1924 elf großen Konzernen als Abgeltung für Okkupationsschäden gewährt hatte. Da Reichskanzler Stresemann im Herbst 1923 die sozialdemokratischen Minister von seiner entsprechenden Zusage an die Ruhrindustriellen nicht informiert hatte und das Kabinett Marx bei den Zahlungen im folgenden Jahr das Bewilligungsrecht des Reichstags mißachtete, verlangte die SPD im Februar 1925 die Einsetzung eines parlamentarischen Untersuchungsausschusses. Dieser wurde auch tatsächlich gebildet, nachdem sich die DDP der sozialdemokratischen Initiative in abgeschwächter Form angeschlossen hatte. Die „soziale Ruhrentschädigung“ für Kleingewerbe und Arbeitnehmerschaft — ein Gedanke, der auf den Zentrumsabgeordneten Thomas Esser zurückging — war das positive Ergebnis der Ausschußarbeit. Der Reichstag nahm am 17. Dezember 1926 die Empfehlung des Untersuchungsausschusses an — ohne sich freilich auf eine bestimmte Summe festzulegen. Erst im März 1927 folgte der Beschluß, entsprechend dem Vorschlag des Haushaltsausschusses einen 30-Millionen-Fonds zu schaffen, mit dessen Hilfe Ruhrschäden in Gemeinden, den mittleren und kleineren Betrieben in Gewerbe, Handwerk und Landwirtschaft sowie bei den Angestellten und Arbeitern abgegolten werden sollten. Die Anträge von SPD und KPD, für diesen Zweck 70 Millionen Reichsmark bereitzustellen, wurden abgelehnt.

531 Preller, Sozialpolitik (Anm. 238), S. 261—263, 341—345 (344). Zur Entstehung der Arbeitsgerichtsbarkeit und zum teilweisen Ausschluß der Anwälte aus der Arbeitsgerichtsbarkeit ausführlich: Martin Martiny, Integration oder Konfrontation? Studien zur Geschichte der sozialdemokratischen Rechts- und Verfassungspolitik, Bonn 1976, S. 99 f., 131 ff. Vgl. dazu auch Bertram Michel, Der Kampf der Gewerkschaften um die einheitliche Arbeitsgerichtsbarkeit (1926), in: Klaus Feser u. a., Arbeitsgerichtsprotokolle, Neuwied usw. 1978, S. 28—53. Kritisch zur Rechtssprechung des Reichsarbeitsgerichts: Thilo Ramm (Hg.), Arbeitsrecht und Politik. Quellentexte 1918—1933, Neuwied 1966 (v. a. die Beiträge von Otto Kahn-Freund und Franz Neumann); Gotthard Jasper, Justiz und Politik der Weimarer Republik, in: VfZ 30 (1982), S. 167—205. Vgl. dazu auch unten S. 569. — Zwei Koalitionsparteien zerfielen bei der Schlußabstimmung über das Arbeitsgerichtsgesetz am 13. 12. 1926 in Befürworter und Gegner: Von den Abgeordneten der DVP stimmten 16 mit Nein und 11 mit Ja, von denen der BVP 9 mit Nein und 8 mit Ja. Das Ergebnis der namentlichen Abstimmung in: Stenographische Berichte (Anm. 16), Bd. 391, S. 8505—8510. Der Text des Arbeitsgerichtsgesetzes vom 23. 12. 1926 in: RGBl. 1926 I, S. 507—524.

Auf die Arbeitnehmer entfielen ein Drittel der Gesamtsumme, also 10 Millionen Mark. Die Verteilung der Mittel, wie sie das Reichsministerium für die besetzten Gebiete vorsah, fand jedoch nicht die Billigung der gewerkschaftlichen Spitzenverbände — und sie setzten sich mit ihren Vorstellungen gegenüber der Behörde am Ende durch. Anstatt, wie es das Ministerium geplant hatte, die Gelder über Länder und Gemeinden den Organisationen zufließen zu lassen, wurden 9 Millionen Reichsmark den Richtungsgewerkschaften direkt zugeteilt, und zwar dem ADGB 5 Millionen, dem DGB 3 Millionen und den Hirsch-Dunckerschen-Gewerkvereinen 1 Million Mark. Den Rest von 1 Million Mark verteilte ein Kuratorium, in dem die Vertreter der Arbeitnehmerverbände die Mehrheit hatten. Gefördert wurden von diesem Gremium vor allem Jugendherbergen und Wohnungsbaugenossenschaften. Alles in allem war die „soziale Ruhrentschädigung", verglichen mit den 700 Millionen Reichsmark, die das Reich den Konzernen im besetzten Gebiet überwiesen hatte, nur ein Tropfen auf dem heißen Stein — ein Akt eher der sozialen Kosmetik als der sozialen Symmetrie.[532]

*

Im Herbst 1926 schien es zeitweilig, als bahne sich in den Beziehungen zwischen Arbeitnehmern und Arbeitgebern eine Ära der Entspannung an. Auf der Tagung des Reichsverbandes der Deutschen Industrie im September zu Dresden nannte es dessen stellvertretender Vorsitzender, Paul Silverberg, „eine auf die Dauer in höchstem Maße allgemeinpolitisch und wirtschaftlich unerträgliche und schädigende Lage, wenn eine große Partei wie die Sozialdemokratie in einer im Parlamentarismus mehr oder minder verantwortungsfreien Opposition steht. Man sagte einmal, es kann *nicht gegen* die Arbeiterschaft regiert werden. Das ist nicht richtig, es muß heißen: Es kann *nicht ohne* die Arbeiterschaft regiert werden. Und wenn das richtig ist, muß man den Mut zur Konsequenz haben, es soll nicht ohne die Sozialdemokratie, in der die überwiegende Mehrheit der deutschen Arbeiterschaft ihre politische Vertretung sieht, regiert werden."

Silverbergs Plädoyer für eine Große Koalition und für eine engere Zusammenarbeit mit den Gewerkschaften bedeutete keine Preisgabe unternehmerischer Positionen — im Gegenteil. Der führende Braunkohlenindustrielle Deutschlands wollte den Vertretern der organisierten Arbeiterschaft die Mitverantwortung für unpopuläre Maßnahmen aufladen, die den Arbeitgebern überfällig erschienen: Es galt, den ausufernden staatlichen Interventionismus einzudämmen und die Ausgaben für sozialpolitische Zwecke zu senken. Da bürgerliche Minderheitsregierungen und Rechtskoalitionen sich immer wieder genötigt sahen, der Arbeiterschaft soziale Entschädigungen dafür zu gewähren, daß sie von der Staatsmacht im Reich faktisch ausgeschlossen war, kam eine Große Koalition die „Wirtschaft" unter dem Strich eher billiger — jedenfalls dann, wenn die Sozialdemokratie Sil-

532 Vgl. dazu mit zahlreichen Einzelbelegen Fritz Blaich, Der „30-Millionen-Fonds" — Die Auseinandersetzung um eine soziale Ruhrentschädigung 1925—1927, in: BdLG 113 (1977), S. 450—476. Zur Reichshilfe für die Konzerne an Rhein und Ruhr vgl. oben S. 247.

verbergs Forderungen erfüllte, nämlich die Propagierung des Klassenkampfes aufgab und in der Wirtschaftspolitik die Führung des Unternehmertums anerkannte.

Innerhalb des Reichsverbandes der Deutschen Industrie gab es für Silverbergs Thesen Zustimmung und Widerspruch. Zu den Befürwortern einer Großen Koalition rechneten vor allem Vertreter der chemischen, der Elektro- und der Textilindustrie, des Maschinenbaus und der Fertigwarenindustrie. Die entschiedensten Gegner kamen aus der rheinisch-westfälischen Schwerindustrie. Insgesamt war die Resonanz bei den dynamischen, „neuen“ Wachstumsbranchen sehr viel positiver als bei den stagnierenden „alten“ Industrien. Im RDI hatten sich Anfang 1925 bei der Neuwahl der Führungsgremien die Gewichte deutlich von der Schwerindustrie zu den stärker exportorientierten Wirtschaftszweigen verlagert. Der 1919 gewählte erste Vorsitzende des Reichsverbandes, der Generaldirektor der Kruppschen Gruson-Werke in Magdeburg, Kurt Sorge, war zwar kein ausgesprochener Interessenvertreter der Schwerindustrie, aber es war ein symptomatischer Vorgang, daß zu seinem Nachfolger im Januar 1925 ein führender Repräsentant der chemischen Industrie, der Vorstandsvorsitzende der Bayer-Werke, Carl Duisberg, gewählt wurde. Duisberg gab Silverberg nach seiner Dresdner Rede sogleich öffentliche Rückendeckung, und wie sein Stellvertreter versicherte auch der neue erste Vorsitzende des RDI, die deutschen Unternehmer stünden fest auf dem Boden der Verfassung und des neuen Staates.

Die Dresdner Signale vom September 1926 wurden ermöglicht durch den Terraingewinn der „neuen“ Industrien. In Präsidium, Vorstand und zentralem Beirat des Reichsverbandes waren sie gegenüber der Schwerindustrie seit 1925 eindeutig in der Überhand. Aber in Fragen, die ihm wesentlich erschienen, konnte der Montanbereich immer noch die Rolle einer Vetomacht spielen. Der schwerindustrielle Widerstand gegen die Linie Silverbergs war so massiv, daß der RDI sich diese nicht offiziell zu eigen machte. Auf einer Mitgliederversammlung des Vereins zur Wahrung der gemeinsamen wirtschaftlichen Interessen in Rheinland und Westfalen, des „Langnamvereins“, distanzierte sich Duisberg sogar am 1. Oktober 1926 vorsichtig von Silverbergs Absichten. Am 14. Oktober erklärten Präsidium und Vorstand des RDI ausdrücklich, sie sähen von einer parteipolitischen Auslegung der Rede Silverbergs ab, denn es sei nicht Aufgabe des Reichsverbandes, Parteipolitik zu treiben. Das war kein Nein zur Großen Koalition — aber doch der Verzicht auf eine positive Festlegung, wie Silverberg sie gewünscht hatte. Die Kontroverse, die seine Dresdner Rede im Unternehmerlager ausgelöst hatte, endete mit einem Patt.[533]

---

533 Veröffentlichungen des Reichsverbandes der Deutschen Industrie, Heft 32, Berlin 1926, S. 64 f. Dazu: Reinhard Neebe, Großindustrie, Staat und NSDAP 1930—1933. Paul Silverberg und der Reichsverband der Deutschen Industrie in der Krise der Weimarer Republik, Göttingen 1981, S. 35 ff.; Dirk Stegmann, Die Silverberg-Kontroverse 1926. Unternehmerpolitik zwischen Reform und Restauration, in: Hans-Ulrich Wehler (Hg.), Sozialgeschichte Heute. Festschrift für Hans Rosenberg zum 70. Geburtstag, Göttingen 1974, S. 594—610; Weisbrod, Schwerindustrie (Anm. 87), S. 246 ff.; Abraham, Collapse (Anm. 126), bes. S. 138 ff., 252 ff.

Die von Silverberg unmittelbar angesprochenen Organisationen der Arbeiterbewegung, SPD und ADGB, äußerten sich zunächst eher negativ. Der „Vorwärts" nannte die Forderung, die Sozialdemokraten sollten den Klassenkampf preisgeben, „abgeschmackt". Auf den ökonomischen Sozialismus, die Gemeinwirtschaft, werde die Arbeiterschaft nicht verzichten, und daher könne sie auch den Unternehmern nicht die Führung der Wirtschaftspolitik überlassen. Die „Gewerkschafts-Zeitung" erklärte es für unmöglich, „mit der Arbeiterschaft zu regieren — auf Kosten der Arbeiterschaft. Der Versuch, politisch mit der Arbeiterschaft zu gehen und gleichzeitig zu den gewerkschaftlichen Forderungen der Arbeiterschaft die Haltung beizubehalten, die wir in den letzten Jahren von den Arbeitgeberverbänden gewohnt waren, hätte nur geringe Aussicht auf dauernden Erfolg. Denn wie kann man glauben, daß die Arbeiterbewegung etwa die Verantwortung auf sich nehmen und dauernd tragen kann für eine Politik, in deren Schatten der systematische Lohnabbau, die Arbeitszeitverlängerung, die Versuche, die Gewerkschaften durch die Züchtung gelber Werkvereine und die Bildung von ‚Werkgemeinschaften' auszuschalten, der Abbau sozialpolitischer Errungenschaften und ähnliches mehr fröhlich weiter betrieben werden?" Eine Große Koalition lehnten die Freien Gewerkschaften jedoch durchaus nicht prinzipiell ab. Bevor über diese in Dresden aufgeworfene Frage entschieden werden könne, müsse aber „weitere Klarheit geschaffen werden über die Absichten, die Herr Silverberg und seine Anhänger mit ihrem Angebot verfolgen, weitere Klarheit vor allem über die Kräfte, die hinter dem Angebot stehen, sowie Klarheit über die Haltung der bürgerlichen politischen Parteien zu dem durch Silverbergs Rede aufgerollten Gesamtproblem wie zu konkreten politischen Fragen."[534]

Zumindest hinsichtlich der Frage, welche Kräfte in der Unternehmerschaft Silverbergs Vorstellungen stützten, glaubte der „Vorwärts" Mitte Oktober, nach der Sitzung des Vorstands des RDI, klarzusehen: Nach Meinung des sozialdemokratischen Parteiorgans hatten sich Duisberg und Silverberg gegenüber der schwerindustriellen Fraktion um Paul Reusch durchgesetzt. Rudolf Hilferding kam zu dem gleichen Schluß. In der „Gesellschaft" schrieb er, die Industrie habe sich allmählich von der politischen Führung der Schwerindustrie emanzipiert. „Der Reichsverband will die Fortsetzung einer verständigen Außenpolitik der Verständigung, er will eine ungestörte Entwicklung im Innern und deshalb keinen Kampf um die Staatsform, er erkennt die Änderung der sozialen Machtverhältnisse an. Die Utopie der Stumm, Bueck und Kirdorf, Gewerkschaften und Sozialdemokratie zu vernichten, ist erledigt. Nur der Kompromiß erscheint verwirklichbar. Der deutsche Unternehmer hat sich zu der Einsicht durchgerungen, die der englische schon lange vor dem Kriege erreicht hat."[535]

534 Kampf oder Gemeinschaft. Zur Rede Silverbergs, in: Vorwärts, Nr. 418, 4. 9. 1926; Die Rede Silverbergs auf der Tagung des Reichsverbandes der Industrie, in: GZ, Nr. 37, 11. 9. 1926. Zum gleichen Thema auch: Gewerkschaften und Unternehmer. Eine Antwort Leiparts auf Silverbergs Rede, in: Vorwärts, Nr. 430, 12. 9. 1926.

535 Noch einmal die Silverberg-Rede, in: Vorwärts, Nr. 486, 15. 10. 1926; Rudolf Hilferding, Politische Probleme. Zum Aufruf Wirths und zur Rede Silverbergs, in: Die Gesellschaft 3 (1926/I), S. 289—302 (293). Eine gewisse Bereitschaft, dem Gedanken einer Großen Koali-

Hilferdings Urteil sollte sich als voreilig erweisen. Zum einen hatte die Schwerindustrie keineswegs so viel Macht verloren, daß man von einem Sieg Duisbergs und Silverbergs sprechen konnte. Zum anderen las Hilferding aus Silverbergs Dresdner Rede mehr Bereitschaft zum sozialen Kompromiß heraus, als der Text rechtfertigte. Der stellvertretende Vorsitzende des RDI hatte wohl richtig erkannt, daß der Kapitalismus in einem demokratischen Staat eines gewissen Rückhalts in den arbeitenden Massen bedurfte. Wenn die SPD dem „radikalen Doktrinarismus" eine Absage erteilte, konnte sie diesen Rückhalt bieten, und eine Regierungsbeteiligung versprach, die realpolitischen Kräfte in der Sozialdemokratie zu stärken. Bis zu diesem Punkt war das Kalkül Silverbergs durchaus einleuchtend. Aber es war nicht wahrscheinlich, daß sich die SPD mit der Rolle abfinden würde, die ihr Silverberg zudachte. Materielle Vorteile für ihre Anhänger konnte sie, wenn man sich an die Dresdner Rede hielt, aus einer Großen Koalition nicht herausholen. Vielmehr sollten die Sozialdemokraten unvermeidlichen Opfern durch ihre Zustimmung die soziale Legitimation verschaffen. Als Offerte an die Arbeiterbewegung ließ sich Silverbergs Vorstoß nur unter *einer* denkbaren Voraussetzung deuten: Der stellvertretende Vorsitzende des RDI gab der Großen Koalition eine bewußt einseitige Zweckbestimmung, um widerstrebende Unternehmer für seine Linie zu gewinnen.

Die taktische Frage, welche Koalition den Unternehmerinteressen am dienlichsten sei, blieb über den Herbst 1926 hinaus kontrovers. Silverberg selber ließ Mitte Januar 1927 erkennen, daß er unter den gegebenen Umständen ebenso wie das Gros der Schwerindustrie ein Rechtsbündnis mit den Deutschnationalen bevorzuge. Die Sozialdemokraten hätten, so schrieb er zur Begründung an den Geschäftsführer des Langnamvereins, Max Schlenker, keine der Voraussetzungen erfüllt, die er für ihre praktische Mitarbeit in der Reichsregierung aufgestellt habe: Sie hätten ihren alten Theorien wie der vom Klassenkampf und der Verelendung keine Absage erteilt, die heutige Wirtschaftsform und damit das Privateigentum nicht anerkannt und auch nicht auf eine aufreizende Agitation verzichtet. Als Beleg für den letzten Punkt diente Silverberg die Reichstagsrede Scheidemanns vom 16. Dezember 1926 — jene Rede, in der der ehemalige Reichsministerpräsident die Reichswehr der illegalen Bewaffnung und der geheimen Zusammenarbeit mit der Roten Armee beschuldigt hatte.[536]

Einiger als in der Frage des optimalen Regierungsbündnisses waren sich die Unternehmer im Hinblick auf ihre grundsätzlichen Erwartungen an die Politik. Mit an oberster Stelle stand die Forderung, der Staat möge sich aus der Wirtschaft zurückziehen. Das ganze Jahr 1926 hindurch lief eine großangelegte Kampagne sämtlicher Spitzenverbände der gewerblichen Wirtschaft gegen die „kalte Sozialisierung", womit jegliche privatwirtschaftliche Betätigung der öffentlichen

---

tion wieder näher zu treten, äußerte der Vorsitzende der SPD, Hermann Müller, Anfang Oktober 1926 im Bundesausschuß des ADGB: „Zweifellos ist der Einfluß der Partei in einer Regierung größer, als wenn wir draußen bleiben." DGB-Archiv Düsseldorf, Sitzung des Bundesausschusses, 4./5. 10. 1926. Vgl. zur Koalitionsfrage im Herbst 1926 auch oben S. 296.

536 Der Brief Silverbergs an Schlenker vom 15. 1. 1927 ist auszugsweise zitiert bei Weisbrod, Schwerindustrie (Anm. 87), S. 266 f. Zur Rede Scheidemanns vgl. oben S. 302 f.

Hände, vor allem der Gemeinden, und die steuerliche Privilegierung öffentlicher Unternehmungen gemeint waren. Sehr viel ernster zu nehmen war die Kritik an der Art, wie die Gemeinden bestimmte aufwendige Vorhaben finanzierten, nämlich über Anleihen, die oft direkt oder indirekt aus dem Ausland kamen. Zwar gab es einen sachlichen Grund für die wachsende Verschuldung, der nicht in die Verantwortung der Kommunen fiel: Die Erzbergersche Reichsfinanzreform von 1920 hatte ihnen das Zuschlagsrecht zur Einkommens- und Körperschaftssteuer genommen und durch ein System von Zuweisungen ersetzt, das den vermehrten Ausgaben der Gemeinden nicht gerecht wurde. Es traf überdies zu, wenn die Gemeinden immer wieder darauf hinwiesen, daß die Kreditmittel, und zumal die aus dem Ausland, nahezu ausschließlich produktiv — in der Hauptsache in Versorgungsbetrieben — angelegt wurden. Aber „Luxusausgaben", namentlich bei öffentlichen Bauten, ließen sich nicht abstreiten, und sie wurden indirekt erst durch die „produktive" Verschuldung ermöglicht. Dazu kam, daß ein erheblicher Teil der Anleihemittel für langfristige Investitionszwecke aus kurz- und mittelfristigen Krediten stammte. In Zeiten guter Konjunktur konnte man mit einer automatischen Prolongation dieser Kredite rechnen. Wurden sie aber gekündigt, so waren sie nicht flüssig zu machen. Wie zwingend viele Investitionen der Gemeinden auch waren, von einer soliden Finanzierung konnte nach Lage der Dinge nicht die Rede sein.[537]

Die Unternehmer griffen daher nur zu gern die scharfen Vorwürfe auf, die der Reparationsagent, der Amerikaner Parker Gilbert, in einem Memorandum vom 20. Oktober 1927 den Gemeinden wegen ihrer Finanzgebarung machte. Die Auslandsanleihen waren in der Tat geeignet, die von Gilbert monierte „Tendenz zur übermäßigen Geldausgabe und übermäßigen Kreditbeanspruchung" zu verstär-

537 Carl Böhret, Aktionen gegen die „kalte Sozialisierung" 1926—1930. Ein Beitrag zum Wirken ökonomischer Einflußverbände in der Weimarer Republik, Berlin [W] 1966, bes. S. 59 ff.; Gerhard Schulz, Zwischen Demokratie und Diktatur. Verfassungspolitik und Reichsreform in der Weimarer Republik, Bd. 1, Berlin [W] 1963, S. 568 ff. Den Gemeinden waren 1920 als Einnahmequellen die Realsteuern verblieben, von denen aber nur die Grund- und Gewerbesteuern ins Gewicht fielen. Zum Finanzausgleich zwischen Reich, Ländern und Gemeinden und zu den Wirkungen der Reichsfinanzreform von 1920: Rüdiger Voigt, Die Auswirkungen des Finanzausgleichs zwischen Staat und Gemeinden auf die kommunale Selbstverwaltung von 1919 bis zur Gegenwart, Berlin [W] 1975; Karl-Heinrich Hansmeyer (Hg.), Kommunale Finanzpolitik in der Weimarer Republik, Stuttgart usw. 1973; Christian Engeli, Städte und Staat in der Weimarer Republik, in: Bernhard Kirchgässner u. Jörg Schadt (Hg.), Kommunale Selbstverwaltung — Idee und Wirklichkeit, Sigmaringen 1983, S. 163—181; Jürgen Reulecke, Zur städtischen Finanzlage in den Anfangsjahren der Weimarer Republik, in: Archiv für Kommunalwissenschaften 21 (1982), S. 199—219. Zu den kommunalen Krediten vgl. die Verteidigungsschrift des Präsidenten des Deutschen Städtetages, Otto Mulert: Die Bedeutung des Auslandskredites für die deutschen Gemeinden, in: Walther Lotz (Hg.), Die Auslandskredite in ihrer finanziellen, wirtschaftlichen und sozialen Bedeutung. München usw. 1928, S. 25—48 (bes. 38 f.); ferner: Die öffentliche Verschuldung im Deutschen Reich am 31. März 1928 und am 31. Dezember 1929. Einzelschriften zur Statistik des Deutschen Reichs, Nr. 13. Berlin 1930, bes. S. 27 ff. Als Fallstudie: Peter Steinborn, Grundlagen und Grunzüge Münchener Kommunalpolitik in den Jahren der Weimarer Republik. Zur Geschichte der bayerischen Landeshauptstadt im 20. Jahrhundert, München 1968, S. 385 ff. Zu den kommunalen Investitionen vgl. oben S. 415 f., zum Finanzgebaren der Gemeinden unten S. 728.

ken und somit den deutschen Kredit im In- und Ausland zu erschüttern. In der Logik des Dawes-Plans lag es, die Reparationen aus Exportüberschüssen zu finanzieren. Solche Überschüsse waren aber nur zu erwirtschaften, wenn Gemeinden, Länder und Reich sich größtmöglicher Sparsamkeit befleißigten. Nach Gilberts Ansicht versündigten sich nicht nur die Kommunen gegen diesen Grundsatz, sondern auch die Länder und das Reich. Die beabsichtigte großzügige Erhöhung der Beamtengehälter, die der Reichstag dann am 15. Dezember 1927 tatsächlich beschloß, erschien dem Reparationsagenten als ein besonders eindringlicher Beweis dafür, daß Deutschland eine unsolide Finanzpolitik trieb. Schließlich schleppte das Reich seit 1926 auch noch einen ungedeckten Finanzbedarf mit sich: Die Mittel zur Arbeitsbeschaffung sollten großenteils nicht aus laufenden Einnahmen oder Reserven, sondern aus Anleihen gedeckt werden. Da 1926 nur die Hälfte des Bedarfs als Anleihe aufgebracht wurde, banden die ungedeckten Ausgaben im außerordentlichen Haushalt die liquiden Reserven der Reichskasse — ein Sachverhalt, der nach außen verschleiert wurde, der Aufmerksamkeit des Reparationsagenten aber nicht entging.[538]

Am 23. November 1927 zog der Reichsverband der Deutschen Industrie in einer Denkschrift praktische Konsequenzen aus dem Mahnruf Parker Gilberts. Die Ausgaben von Ländern und Gemeinden müßten im Haushalt für 1928 um mindestens 10 % gegenüber dem Etat für das laufende Jahr gekürzt werden. Außerdem sei ein Finanznotgesetz erforderlich, das der fortwährenden Steigerung der Ausgaben bei den Ländern und Kommunen Einhalt zu gebieten habe. Dieses Gesetz müsse dem Reichsfinanzminister ein Einspruchsrecht gegenüber allen Mehrausgaben und gegen Kreditaufnahmen seitens der Länder, Gemeinden und Gemeindeverbände einräumen. „Wir sind uns darüber klar, daß mit dieser Forderung eine sehr einschneidende Verfassungsänderung verbunden ist. Die Lage der Verhältnisse zwingt aber zu einem derartigen Vorgehen. Mindestens solange die Reparationsverpflichtungen bestehen, kann es nicht verantwortet werden, daß der Mangel an finanzieller Mäßigung seitens der Volksvertretungen, der Länder und Gemeinden der Reichsregierung jede Durchführung richtiger wirtschafts- und finanzpolitischer Grundsätze unmöglich macht und damit gleichzeitig die erfolgreiche Durchführung der Außenpolitik gefährdet. Die Reichsregierung soll und muß die alleinige Verantwortung für die finanzpolitische Führung und für eine richtige Reparationspolitik tragen. Nachdem die Länder und Gemeinden seit Jahren eine Finanzpolitik betrieben haben, die die Erfordernisse unserer tatsächlichen Lage vernachlässigt, muß endlich die Rücksicht auf geschichtlich oder verfas-

538 Schulz, Demokratie (Anm. 537), Bd. 1, S. 568 ff. (570); Weisbrod, Schwerindustrie (Anm. 87), S. 282 ff.; Hertz-Eichenrode, Wirtschaftskrise (Anm. 241), S. 215 ff. Grundsätzlich zur Finanzpolitik von Reich, Ländern und Gemeinden: Ilse Maurer, Reichsfinanzen und große Koalition. Zur Geschichte des Reichskabinetts Müller (1928—1930), Bern usw. 1973 (für die Zeit von 1924 bis 1928 bes. S. 13—35). Mit Parker Gilberts Kritik an den Kommunen stimmte weitgehend Reichsbankpräsident Hjalmar Schacht überein. Vgl. dessen vielbeachtete Rede vom 18. 11. 1927 in Bochum: Eigene oder geborgte Währung. Vortrag des Reichsbankpräsidenten Hjalmar Schacht, Berlin 1927. — Das Memorandum des Reparationsagenten vom 20. 10. 1927 und die Antwort von Reichsfinanzminister Köhler vom 5. 11. 1927 auszugsweise in: Schulthess Europäischer Geschichtskalender, 68. Bd. (1927), München 1928, S. 489—507.

sungsmäßig Gewordenes zurücktreten hinter dem Wohl des Reichs und des gesamten deutschen Volkes."[539]

Einen Tag nach Übergabe der Denkschrift, am 24. November, erläuterte das Präsidium des RDI Reichskanzler Marx und den Reichsministern Curtius und Brauns die Forderungen der Unternehmer. Geheimrat Kastl, das geschäftsführende Vorstandsmitglied des Reichsverbandes, warf dem Reichstag eine „allzu große Bewilligungsfreudigkeit" vor und nannte es die Pflicht der Reichsregierung, alles zu vermeiden, was auf eine Erhöhung des Preisniveaus hinauslaufe. Das gelte insbesondere von der Lohnpolitik, von den sozialpolitischen Lasten und von den Arbeitszeitbestimmungen. Der Generaldirektor der Gutehoffnungshütte, Paul Reusch, äußerte sich noch sehr viel schärfer. Man müsse, so verlangte er, den „Kampf mit der Masse und mit dem Reichstage mit größter Hartnäckigkeit aufnehmen, um das Zutrauen des Auslands in die deutsche Finanzgebarung wiederherzustellen". Auf den Einwurf von Arbeitsminister Brauns, so wie die Reichsverfassung heute sei, sei die Reichsregierung in starkem Maße vom Reichstag abhängig, erwiderte Ernst von Borsig, daß die Industrie „selbstverständlich" auch bei den Parteien vorstellig werden würde.[540]

So indiskutabel das Ansinnen war, alle öffentlichen Haushalte schematisch um 10 % zu kürzen — was die Vertreter des RDI über die Ausgabefreudigkeit der Volksvertretungen sagten, traf weitgehend zu. Es war ein gravierender Mangel der Reichs- wie der meisten Landesverfassungen, daß die Regierungen kein Vetorecht gegen Gesetze hatten, die neue Ausgaben oder eine Erhöhung der von der Exekutive vorgeschlagenen Ausgaben in sich schlossen. Eine solche Stärkung der parlamentarisch verantwortlichen Regierung wäre kein Verstoß gegen das parlamentarische System, sondern ein Beitrag dazu gewesen, dieses System funktionstüchtiger zu machen. Der RDI hätte sich hierbei auf das englische Beispiel berufen können. Aber die verfassungsändernde Mehrheit, die für eine derartige Regelung erforderlich gewesen wäre, war nicht in Sicht. Einfacher war der Rückgriff auf das Notverordnungsrecht des Reichspräsidenten, und auf den Einsatz dieses Instruments begannen in den folgenden Jahren die Unternehmer zu drängen.[541]

Für die Interessenverbände der gewerblichen Wirtschaft war die Reichsregierung — zumal dann, wenn ihr nur „bürgerliche" Minister angehörten — der eigentliche Adressat politischer Forderungen. Der Reichstag wurde ungleich weniger wichtig genommen. Natürlich legte die Industrie Wert darauf, ihre Wünsche auch im Plenum und in den Ausschüssen des deutschen Parlaments vorzutragen.

539 Abgedruckt bei Schulz, Demokratie (Anm. 537), Bd. 1, S. 659—664 sowie AdR, Kabinette Marx III/IV (Anm. 187), Nr. 350.

540 Schulz, Demokratie (Anm. 537), Bd. 1, S. 665—672 (667 f.); AdR, Kabinette Marx III/IV (Anm. 184), Nr. 351.

541 Zu den Schlußfolgerungen, die der Parlamentarische Rat 1948/49 aus den Weimarer Erfahrungen gezogen hat, vgl. den Artikel 113 des Grundgesetzes. Zu der in manchem ähnlichen Gestaltung des Haushaltsrechts im republikanischen Preußen vgl. Möller, Parlamentarismus (Anm. 107), S. 454 ff.

Aber bei der Reichsregierung fanden diese Wünsche meist mehr Gehör als beim Reichstag. In der Unterredung vom 24. November 1927 stimmten die anwesenden Minister den Ausführungen der Industrievertreter durchweg zu. Als der Vorsitzende des RDI, Duisberg, aber eine gemeinsame Erklärung von Regierung und Reichsverband anregte, warnte Wirtschaftsminister Curtius vor den Folgen eines solchen Schritts. In der Öffentlichkeit dürfe nicht der Eindruck entstehen, „als habe sich die Regierung einseitig mit dem Reichsverband der Deutschen Industrie verbündet. Dies werde bei anderen Teilen des Volkes unnötige Opposition hervorrufen.“[542]

Wenn die Verfassungsänderungen, die der RDI im Herbst 1927 vorschlug, das parlamentarische System im Effekt gestärkt hätten, so war dies jedoch nicht das Motiv des industriellen Spitzenverbandes. Die Stärkung von Regierung und Finanzminister war der kleinste gemeinsame Nenner, auf den sich die unterschiedlichen Gruppierungen im RDI geeinigt hatten. Für das Gros der Schwerindustriellen ging es bei dem Vorstoß vom November 1927 nur um eine Zwischenstation auf dem Weg zu Verhältnissen, wie sie 1924 Albert Vögler als wünschenswert dargestellt hatte: „Der überparteiliche Staat gehört der Vergangenheit an. Hoffen wir, daß es uns gelingt, ihn für die Zukunft wiederzugewinnen.“[543]

Ein „starker“ Staat nach Art des Kaiserreichs, war für den rechten Flügel der deutschen Industriellen ein sehr viel attraktiveres Regime als das Weimarer. Die „Überparteilichkeit“ sollte als Fassade eines korporativen Systems dienen, in dem die Unternehmerinteressen den Ausschlag gaben. In den mittleren Jahren der Republik war diese Position nicht die des Reichsverbandes der Deutschen Industrie. Auf der anderen Seite waren die gemäßigten Kräfte des Unternehmertums aber auch nicht stark genug, den RDI auf ihre Linie festzulegen. Die These eines neueren Autors, die Zeit von 1925 bis 1930 sei geprägt gewesen von einem „Block des Klassenkompromisses“, der von der Exportindustrie über die Angestellten und die ländlichen Arbeitnehmer bis zur Arbeiterschaft gereicht habe, ist daher nicht haltbar. Am ehesten kam die Große Koalition der Jahre 1928 bis 1930 diesem Modell nahe. Von 1924 bis 1928 waren diejenigen Unternehmer, die ein Regierungsbündnis mit der SPD und die Anerkennung der Gewerkschaften als Tarifpartner ablehnten und das parlamentarische System zugunsten eines autoritären aufgeben wollten, immer noch in der Lage, den RDI von einem Bekenntnis zur Zusammenarbeit mit Sozialdemokratie und Gewerkschaften abzuhalten. Die sozialpolitischen Errungenschaften der mittleren Jahre, allen voran die Schaffung

542 Schulz, Demokratie (Anm. 537), Bd. 1, S. 671. — Zur Interessenpolitik des RDI u. a.: Jörg-Otto Spiller, Reformismus nach rechts. Zur Politik des Reichsverbandes der Deutschen Industrie in den Jahren 1927—1930 am Beispiel der Reparationspolitik, in: Mommsen u. a. (Hg.), Industrielles System (Anm. 125), S. 593—602.

543 Veröffentlichungen des Reichsverbandes der Deutschen Industrie, Heft 21, Berlin 1924, S. 35. Vgl. dazu Heinrich August Winkler, Unternehmerverbände zwischen Ständeideologie und Nationalsozialismus, in: ders., Liberalismus (Anm. 314), S. 175—194 (190 f.) sowie allgemein auch Schneider, Unternehmer (Anm. 504), Bonn 1975, bes. S. 50 ff. Aus marxistisch-leninistischer Sicht: Jürgen John, Verbandspolitik und Rechtsentwicklung 1922—1926. Zur politischen Rolle der Spitzenverbände des deutschen Monopolkapitals in der Weimarer Republik, in: Jahrbuch für Geschichte 24 (1981), S. 127—173.

der Arbeitslosenversicherung, waren weniger Ausdruck eines politischen Klassenkompromisses zwischen der Arbeiterschaft und Teilen des Unternehmertums als eine Kompensation dafür, daß dieser Kompromiß nicht zustande kam.[544]

Die Schwächen der parlamentarischen Demokratie von Weimar, die auch in der Phase relativer Stabilität immer wieder deutlich hervortraten, hatten in der obrigkeitsstaatlichen Fixierung von Teilen der Unternehmerschaft gewiß nicht ihre einzige Ursache. Die sozialdemokratischen Vorbehalte gegenüber einer Großen Koalition gehörten ebenfalls zu den Gründen dafür, daß die Idee der parlamentarischen Demokratie zwischen 1924 und 1928 keine festen Wurzeln schlug. Auf keinen Fall aber traf zu, was Paul Silverberg in seiner Dresdner Rede vom September 1926 behauptete: daß das deutsche Unternehmertum „restlos auf staatsbejahendem Standpunkt" stehe. Selbst eine Rechtskoalition konnte die konservativeren Unternehmer nicht zufriedenstellen. Nach ihrer Meinung gab das parlamentarische System den wirtschaftlich unselbständigen Schichten, zumal den Handarbeitern, mehr politischen Einfluß, als ihnen zustand. Aus dieser Einschätzung konnte ein positives Verhältnis zum republikanischen Deutschland nicht erwachsen.[545]

544 Die hier kritisierte These bei Abraham, Collapse (Anm. 126), S. 36 ff., 238 ff.

545 Silverbergs Äußerung in: Veröffentlichungen (Anm. 533), S. 55.

3. Kapitel

Schwierige Partnerschaft: Die Große Koalition 1928—1930

1. Der mühsame Anfang: Von den Maiwahlen zum Konflikt um den Panzerkreuzer A

Die Versuchung ist groß, im 20. Mai 1928 eine Sternstunde der Weimarer Republik zu sehen. Die Reichstagswahl, die an jenem Tag stattfand, gilt als die letzte „Normalwahl“ vor dem Aufstieg des Nationalsozialismus, und auf den ersten Blick scheint ihr Ergebnis auch zu bestätigen, daß sich die deutsche Demokratie gefestigt hatte: Die Sozialdemokraten, die stärkste republikanische Kraft, waren die eindeutigen Gewinner; die monarchistische DNVP erlitt eine schwere Niederlage; die extreme Rechte, darunter die Partei Hitlers, blieb nahezu bedeutungslos. Aber das war nur die eine Seite des Wahlresultats. Die andere mußte die Anhänger Weimars besorgt stimmen. Da war die Schwächung der bürgerlichen Mitte, vertreten durch Zentrum und Deutsche Demokratische Partei, die beide erhebliche Einbußen zu verzeichnen hatten; da waren die zunehmende Zersplitterung der Parteienlandschaft, eine Folge des Zulaufs zu kleinen Interessengruppen des städtischen und ländlichen Mittelstandes, und die Stimmengewinne der Kommunisten. Irritierend wirkte schließlich der Rückgang der Wahlbeteiligung: Sie war die niedrigste seit 1898.

Im einzelnen sahen die Ergebnisse folgendermaßen aus (in Klammern die entsprechenden Daten der vorangegangenen Reichstagswahl vom 7. Dezember 1924):[1]

	abs.		%		Sitze	
Zahl der Stimmberechtigten	40 725 789	(38 704 655)				
Abgegebene Stimmen	31 167 245	(30 688 766)	75,6	(78,8)		
Ungültige Stimmen	428 483	(404 960)				
Reichstagssitze insgesamt					491	(493)
SPD	9 150 533	(7 880 963)	29,8	(26,0)	153	(131)
DNVP	4 380 196	(6 205 324)	14,3	(20,5)	73	(103)
Zentrum	3 710 747	(4 118 190)	12,1	(13,6)	62	(69)
KPD	3 262 876	(2 708 345)	10,6	(9,0)	54	(45)
DVP	2 678 532	(3 049 215)	8,7	(10,1)	45	(51)
DDP	1 504 721	(1 917 764)	4,9	(6,3)	25	(32)
Reichspartei des Deutschen Mittelstandes (Wirtschaftspartei)	1 395 650	(1 005 776)	4,6	(3,3)	23	(17)
BVP	945 306	(1 131 979)	3,1	(3,8)	16	(19)
Christlich-Nationale Bauern- u. Landvolkpartei	904 542		2,9		10	

1 Die Zahlen für 1928 nach: Statistik des Deutschen Reiches, Bd. 372, Berlin 1930, II, S. 4 ff. Zur Wahl vom 7. 12. 1924 vgl. oben S. 217. Die nachstehenden Ausführungen beruhen z. T. auf der Auswertung des statistischen Materials durch Thomas Schnabel. Zu den Wahlen vom Mai 1928 insgesamt auch: Thomas Childers, The Nazi Voter. The Social Foundations of Fascism in Germany, 1919—1933, Chapel Hill usw. 1983, S. 119 ff.

	abs.		%		Sitze	
NSDAP	809 939		2,6		12	
Völkisch-Nationaler Block (1924: Nat.soz. Freiheitsbewegung/Deutschvölk. Freiheitspartei)	266 399	(906 946)	0,9	(3,0)		(14)
Übrige	1 729 321	(1 475 360)	5,5		18	(12)
davon:						
Linke Kommunisten	80 230		0,3			
Alte SPD	65 573		0,2			
USPD	20 725	(98 809)	0,1	(0,3)		

Für die Sozialdemokraten war das Ergebnis der Reichstagswahl von 1928 das beste seit 1919. Die gleichzeitigen Gewinne der Kommunisten hatten zur Folge, daß erstmals seit 1920 der Anteil der „marxistischen" Stimmen die Marke von 40 % wieder knapp überstieg. Aus der — relativen und absoluten — Zunahme beider Arbeiterparteien ließ sich folgern, daß Verschiebungen zwischen KPD und SPD zumindest nicht die einzige Ursache dieses Wachstums waren. In der Tat gibt es an dem wichtigsten Grund für das gute Abschneiden von Sozialdemokraten und Kommunisten keinen Zweifel: Die Arbeiter waren in größerer Zahl zu den Urnen gegangen als die „Bürgerlichen". Ein Blick auf die Wahlbeteiligung in einigen Gebieten mit unterschiedlicher Sozialstruktur verdeutlicht das:

Unterer Verwaltungsbezirk	Arbeiter-anteil %	Wahlbeteiligung 1924 II %	Wahlbeteiligung 1928 %
Berlin-Wedding	61,4	79,0	82,7
Berlin-Friedrichshain	56,7	76,6	80,5
Berlin-Zehlendorf	24,0	82,0	80,3
Berlin-Wilmersdorf	18,4	78,3	74,9
Stadtkreis Cottbus	48,4	86,1	84,2
Landkreis Cottbus	36,9	83,9	74,3
Stadtkreis Marburg	29,7	80,0	67,5
Stadtkreis Karlsruhe	36,2	72,3	61,1
Stadtkreis Mannheim	45,2	75,8	69,0
Stadt Reutlingen	62,1	78,0	70,7
Stadt Tübingen	26,4	78,1	66,8
Bezirksamt Augsburg	48,9	79,9	72,2
Stadt Augsburg	55,2	75,2	78,3

In den meisten Fällen entsprach also einem hohen Anteil der Arbeiter an der erwerbstätigen Bevölkerung eine — bezogen auf die Region — relativ hohe Wahlbeteiligung, einem Übergewicht nichtproletarischer Wähler hingegen eine deutlich niedrigere. Aber offensichtlich hatte das Wachstum der Arbeiterparteien auch noch andere Gründe. Betrachtet man die sechs Wahlkreise mit den höchsten

Gewinnen der Sozialdemokraten, so fällt auf, daß nur einer — Oppeln, wo die SPD im Dezember 1924 auf ganze 6,8 % gekommen war — überwiegend katholisch und ein weiterer — Breslau — gemischt konfessionell war. Alle anderen waren fast rein evangelisch und, mit der Ausnahme von Südhannover—Braunschweig (das ebenso wie Breslau gemischt agrarisch-industriell war), großagrarisch geprägt:

	%
Südhannover—Braunschweig	+ 9,9
Mecklenburg	+ 7,5
Ostpreußen	+ 6,0
Breslau	+ 5,9
Oppeln	+ 5,8
Pommern	+ 5,5

In allen diesen Gebieten erlitt die DNVP überdurchschnittlich hohe Verluste. In Ostpreußen, wo die Deutschnationalen gegenüber der zweiten Reichstagswahl von 1924 um 7,8 % abnahmen, waren die Zusammenhänge zwischen Gewinnen der SPD und Verlusten der DNVP besonders deutlich, wobei freilich der Zuwachs der Arbeiterparteien zumeist erheblich größer war als die Einbußen der Deutschnationalen. Ähnlich sah die Lage in Pommern aus. Es hat demnach mit Sicherheit einen Wechsel von der DNVP — möglicherweise auch von der NSDAP, die in Ostpreußen rund 54 000 Stimmen (- 5,4 %) verlor — zur SPD gegeben.

Zusammen genommen, erzielten die Arbeiterparteien ihren höchsten Stimmenzuwachs mit 12 % im Wahlkreis in Berlin. Allerdings waren die Gewinne hier sehr ungleichgewichtig verteilt: Die SPD legte 1,5 %, die KPD 10,5 % zu. In den beiden Bezirken mit dem höchsten Arbeiteranteil — im Wedding und in Friedrichshain — verloren die Sozialdemokraten prozentual sogar leicht, während die Kommunisten zur stärksten Partei aufstiegen. Die Gewinne kamen zum überwiegenden Teil von der stark gestiegenen Wahlbeteiligung, wohl aber auch von der DNVP und möglicherweise der DDP. In den sechs Berliner Bezirken mit dem höchsten Arbeiteranteil lagen die Gewinne von KPD und SPD sämtlich um mehr als 10 % über ebendiesem Anteil. Auch im Wahlkreis Potsdam II, in dem die KPD 6 % und die SPD 3,9 % gewannen, ist in den zu Groß-Berlin gehörenden Bezirken ein enger Zusammenhang zwischen hohem Arbeiteranteil und hohem Stimmenanteil von Sozialdemokraten und Kommunisten erkennbar. Je höher der Anteil der Arbeiter an den Erwerbstätigen, desto höher war auch der Anteil von Stimmen für SPD und KPD. Je geringer der Anteil der Arbeiter, desto größer wurde auch der Abstand zwischen SPD und KPD — und zwar zugunsten der Sozialdemokraten.

Im Wahlkreis Potsdam I konnten die Arbeiterparteien ihr — zusammen genommen — drittbestes Ergebnis erzielen: Die SPD gewann 4,3 %, die KPD 5 % hinzu. Damit rangierte dieser Wahlkreis auch für die Kommunisten allein — hinter Berlin (+ 10,5 %) und Potsdam II (+ 6 %) — auf dem dritten Platz der Liste jener Wahlkreise, in denen sie die größten Zuwächse hatten. Hier konnten die Arbeiterparteien in den zu Groß-Berlin gehörenden Bezirken — mit Ausnahme Spandaus — sowie in den Städten des Umlandes überdurchschnittliche Ergebnisse erzielen. In den Berliner Stadtteilen gewann die KPD sehr viel stärker als die SPD, während im übrigen Gebiet des Wahlkreises die SPD deutlich besser abschnitt. In den überwiegend agrarischen Kreisen fiel der Zugewinn von KPD und SPD schwächer aus als in den stärker industrialisierten. Die Arbeiterparteien profitierten in erster Linie von der gestiegenen Zahl der gültigen Stimmen, in zweiter Linie wohl auch von den Verlusten der DNVP.

In Südhannover—Braunschweig — dem Wahlkreis, in dem die SPD die größten Gewinne (+ 9,9 %) und zugleich das beste Resultat im ganzen Reich (45,6 %) erzielte — ergibt sich ein differenziertes Bild. Dieser Wahlkreis setzte sich aus den beiden preußischen Regierungsbezirken Hannover und Hildesheim sowie dem Land Braunschweig zusammen. Braunschweig hatte den höchsten Arbeiter- und Protestantenanteil, Hildesheim in beiden Hinsichten den kleinsten. Die KPD verlor in allen drei Bezirken relativ gleichmäßig, im Wahlkreis insgesamt um 1,1 % (sie sank von 4,6 auf 3,5 %). Die Gewinne der SPD waren in Braunschweig am größten und in Hildesheim am geringsten; sie legte mithin in industriellen Ballungsgebieten und schon bestehenden Hochburgen am meisten zu. Die Gewinne der Sozialdemokraten stammten zum geringeren Teil aus Verlusten der KPD und zum größeren aus der gestiegenen Wahlbeteiligung, teilweise wohl auch aus Einbußen der bürgerlichen Parteien, namentlich der DNVP.[2]

Der Befund des Wahlkreises Südhannover-Braunschweig weist einige typische Merkmale auf. Von einigen ländlichen Gebieten Ostelbiens abgesehen, gewannen die Arbeiterparteien am stärksten in ihren Hochburgen, in den Städten folglich mehr als auf dem Lande. In den fünf Stadtkreisen Schleswig-Holsteins etwa — Altona, Flensburg, Kiel, Neumünster und Wandsbek — konnte die SPD sich um 5,8 % und die KPD um 1,2 % verbessern. In den überwiegend agrarischen Gebieten steigerte die SPD ihren Anteil nur um 3,8 %, die KPD um 0,7 %. Die starken Verluste der DNVP kamen den Arbeiterparteien nur zu einem kleinen Teil zugute.

2 Die Reihenfolge der fünf Wahlkreise, in denen die SPD ihre höchsten Stimmenanteile errang, lautete 1928: Südhessen-Braunschweig (45,6 %), Magdeburg (43,0 %), Mecklenburg (41,7 %), Dresden-Bautzen (39,1 %), Liegnitz (37,8 %). Bei der KPD ergab sich folgende Reihung: Berlin (29,6 %), Merseburg (24,4 %), Düsseldorf-Ost (22,4 %), Potsdam II (17,5 %), Potsdam I (17,1 %). Zu den Verschiebungen gegenüber Dezember 1924 vgl. oben S. 219. Die beiden Wahlkreise mit den geringsten Stimmenanteilen waren 1928 für die SPD Koblenz-Trier (12,4 %) und Oppeln (12,6 %); für die KPD Niederbayern (2,2 %) und Franken (3,0 %). Verluste mußte die KPD in 9 der 35 Wahlkreise hinnehmen, die SPD nur in einem (Hessen-Darmstadt: - 3,3 %). Die „Alte SPD“, die in 20 der 35 Wahlkreise kandidiert hatte, erhielt über die Hälfte (53,1 %) ihrer knapp 66 000 Stimmen in den drei sächsischen Wahlkreisen. Die „Linken Kommunisten“, die sich in 24 Wahlkreisen mit eigenen Kandidaten an der Wahl beteiligt hatten, erzielten mit 0,7 % in der Pfalz ihr bestes Ergebnis. Vgl. zu diesen beiden Parteigründungen oben S. 330 f., 440 ff.

Den größten Nutzen aus den Einbußen der „klassischen" bürgerlichen Parteien zogen fast überall die Wirtschaftspartei und andere kleine mittelständische oder bäuerliche Gruppen. Die Flucht in die Interessenparteien war ebenso wie die Stimmenthaltung ein Ausdruck des bürgerlichen Unbehagens am „Parteienstaat". Dieses Unbehagen traf besonders die DNVP, die in den beiden Reichstagswahlen von 1924 als bürgerliche Protestpartei gewählt worden war, als Regierungspartei aber viele derjenigen enttäuschte, die im Mai und Dezember 1924 für sie gestimmt hatten. Mutmaßlich war es vor allem die starke Abhängigkeit von großagrarischen Interessen, die den Deutschnationalen in den Augen bäuerlicher und mittelständischer Wähler schadete.[3]

Der Zuzug zu den reinen Interessenparteien kam im übrigen nicht nur aus dem evangelischen, sondern auch aus dem katholischen Lager. Die Bayerische Volkspartei verlor Stimmen an den Bayerischen Bauernbund, das Zentrum vor allem an die Wirtschaftspartei, den Württembergischen Bauern- und Weingärtnerbund und die Christlich-Nationale Bauern- und Landvolkpartei. In drei landwirtschaftlich geprägten Kreisen des katholischen Münsterlandes etwa — Borken, Büren und Warendorf — verlor das Zentrum zwischen 10,5 und 17 % der Stimmen. In Borken und Warendorf gewann die Wirtschaftspartei rund 9 % dazu; die neugegründete Christlich-Nationale Bauern- und Landvolkpartei kam in Büren auf 6 % und in Warendorf auf 10,3 %.

Aber auch an die Arbeiterparteien gab das Zentrum Stimmen ab. Es verlor in den von Schwerindustrie und Bergbau geprägten Wahlkreisen Düsseldorf-West (- 7,5 %), Westfalen-Nord (- 6,6 %) und Westfalen-Süd (- 4 %) in überdurchschnittlichem Umfang, wenn auch nicht so stark wie in den weniger industrialisierten Wahlkreisen Köln—Aachen (- 9,2 %) und Koblenz—Trier (- 8,2 %). In den überwiegend katholischen Bergarbeitergebieten des nördlichen Westfalen mußte das Zentrum hohe absolute und relative Verluste hinnehmen, die eher der KPD als der SPD zugute kamen (s. Tabelle auf S. 526).

Im nordwestfälischen Bergbaugebiet ist die Linkswanderung ehemaliger Zentrumswähler vermutlich auf zwei Faktoren zurückzuführen. Erstens war Unzufriedenheit darüber, daß das Zentrum sich an einer Rechtskoalition beteiligte und in dieser den Kanzler stellte, bei katholischen Arbeitern weitverbreitet. Dazu kam im Falle der Bergleute wohl noch eine zweite Ursache: die Kampagne des Gewerkvereins christlicher Bergarbeiter gegen die von dem Zentrumspolitiker Heinrich Köhler als Reichsfinanzminister Ende 1927 durchgesetzte Erhöhung der Beamtengehälter — eine Kampagne, die ihren tieferen Grund darin hatte, daß die Hauer und Schlepper, die eigentlichen Bergleute also, ihre Spitzenstellung in der Lohnskala fortschreitend eingebüßt hatten. Doch die Bergbaugebiete waren nicht die einzigen, wo die Linke auf Kosten des Zentrums erstarkte. Mit einiger Sicherheit läßt sich auch im Stadtkreis Düsseldorf von einer Abwanderung von Zentrumswählern zu den Arbeiterparteien sprechen: Hier verlor — bei etwa konstanter Zahl der abgegebenen gültigen Stimmen — das Zentrum gegenüber der De-

3 Vgl. hierzu Heinrich August Winkler, Mittelstand, Demokratie und Nationalsozialismus. Die politische Entwicklung von Handwerk und Kleinhandel in der Weimarer Republik. Köln 1972, bes. S. 138 f.

	Katholikenanteil	Veränderungen in der Zahl der abgegebenen gültigen Stimmen	Veränderungen in der Wahlbeteiligung	Veränderungen in der Zahl der Stimmen für					
				Zentrum		SPD		KPD	
				gegenüber der Reichstagswahl vom 7. 12. 1924					
	%	abs.	%	abs.	%	abs.	%	abs.	%
Stadtkreis Bottrop	73,1	+ 4 434	+ 1,6	— 2 037	— 10,3	— 102	— 1,2	+ 4 162	+ 8,7
Stadtkreis Gladbeck	54,2	+ 1 970	+ 0,4	— 1 523	— 7,8	+ 706	+ 0,5	+ 1 260	+ 3,5
Stadt- und Landkreis Recklinghausen	65,6	+ 5	— 0,6	— 8 727	— 7,8	+ 763	+ 0,7	+ 1 734	+ 1,6

zemberwahl von 1924 knapp 13 000 Stimmen, während die SPD 10 000 Stimmen und die KPD 12 000 dazugewannen.[4]

Fassen wir zusammen: Von einem Einbruch der Arbeiterparteien in „neue" Wählerschichten kann man nur sehr bedingt sprechen. Im großagrarischen Ostelbien ist es den Sozialdemokraten im Mai 1928 offensichtlich gelungen, ihre soziale Basis zu erweitern — oder vielmehr etwas von dem Terrain zurückzugewinnen, das sie 1919 erobert, aber 1920 und 1924 wieder verloren hatten. Dazu kam eine begrenzte Linkswanderung von proletarischen Zentrumswählern, die 1928 vor allem der KPD zugute kam. Die Gewinne der Arbeiterparteien gingen vorrangig darauf zurück, daß sie ihre Stammwähler in höherem Maß hatten mobilisieren können als die bürgerlichen Parteien. Die Sozialdemokraten waren hierin allerdings weit erfolgreicher als die Kommunisten, die nur in der Reichshauptstadt einen wirklich großen Sprung nach vorn tun konnten. Die Wahlniederlage der Deutschnationalen war noch kein Sieg der Republik. Die Nutznießer der deutschnationalen Verluste waren in erster Linie Interessenparteien, die antiparlamentarische Vorurteile in Mittelstand und bäuerlicher Bevölkerung zu schüren wußten. Daß dieselben Parteien auch zahlreiche Wähler der bürgerlichen Mitte und der gemäßigten Rechten für sich gewinnen konnten, war ein Krisenzeichen. Die Reichstagswahl vom 20. Mai 1928 bewies nicht die wachsende Stabilität der parlamentarischen Demokratie, sondern ihre fortdauernde Labilität.[5]

*

4 Zum Abrutschen der Kohlen- und Gesteinshauer in der Lohnskala allgemein wie gegenüber den gelernten Tagesarbeitern des Ruhrbergbaus im besonderen: Rudolf Tschirbs, Der Ruhrbergmann zwischen Privilegierung und Statusverlust: Lohnpolitik von der Inflation bis zur Rationalisierung (1919 bis 1927), in: Gerald D. Feldman u. a. (Hg.), Die deutsche Inflation. Eine Zwischenbilanz, Berlin [W] 1982, S. 308—346 (340). Ausführlicher: ders., Tarifpolitik im Ruhrbergbau 1918—1933, Berlin [W] usw. 1986, S. 294 ff. Siehe hierzu auch oben S. 48 f. Zum Kampf des Gewerkvereins christlicher Bergarbeiter gegen die Besoldungsreform Köhlers im Jahre 1927 vgl. oben S. 314. Zum Verhältnis von Zentrum und katholischer Arbeiterschaft 1927/28: Helga Grebing, Zentrum und katholische Arbeiterschaft 1918—1933. Ein Beitrag zur Geschichte des Zentrums in der Weimarer Republik, phil. Diss. (MS), FU Berlin [W] 1953, bes. S. 222 ff. Insgesamt zum Wahlverhalten der deutschen Katholiken Johannes Schauff, Das Wahlverhalten der deutschen Katholiken im Kaiserreich und in der Weimarer Republik. Untersuchungen aus dem Jahr 1928, hg. u. eingel. von Rudolf Morsey, Mainz 1975, bes. S. 191 ff.; für den Regierungsbezirk Aachen auch Günter Plum, Gesellschaftsstruktur und politisches Bewußtsein in einer katholischen Region 1928—1933. Untersuchung am Beispiel des Regierungsbezirks Aachen, Stuttgart 1972, bes. S. 27 ff. — Im Regierungsbezirk Aachen waren 1926 beim Volksentscheid über die Fürstenenteignung überdurchschnittlich viel mehr Ja-Stimmen abgegeben worden als Stimmen für SPD und KPD bei der zweiten Reichstagswahl von 1924 (vgl. dazu oben S. 282). Ein Zusammenhang zwischen Zustimmung zur Fürstenenteignung und Zentrumsverlusten im Mai 1928 läßt sich aber nicht erkennen.

5 Das schlechte Reichsergebnis der NSDAP vom 20. 5. 1928 war ebenfalls kein eindeutiges Zeichen demokratischer Stabilisierung. Vielmehr gab es bereits damals Hinweise auf künftige Wachstumschancen dieser Partei. In einigen von der Agrarkrise besonders hart getroffenen Regionen errang die NSDAP Ergebnisse, die weit über dem Reichsdurchschnitt (2,6 %) lagen — so in den Geestgebieten von Norderdithmarschen (28,9 %) und Süderdithmarschen (36,8 %). Vgl. dazu Rudolf Heberle, Landbevölkerung und Nationalsozialismus. Eine soziologische Untersuchung der politischen Willensbildung in Schleswig-Holstein 1918—1932, Stuttgart 1963,

Die Regierungsbildung des Jahres 1928 war eine der langwierigsten und schwierigsten in der bisherigen Geschichte der Weimarer Republik. Dabei kam von Anfang an praktisch nur eine Lösung in Frage: die Große Koalition. Ein neues Rechtsbündnis hätte keine Mehrheit im Reichstag gefunden; die Reichstagswahl vom 20. Mai 1928 war geradezu ein Plebiszit gegen *alle* Parteien gewesen, die das gescheiterte vierte Kabinett Marx, die zweite Regierung mit deutschnationalen Ministern seit 1918, getragen hatten. Ohne parlamentarische Mehrheit wäre auch eine Weimarer Koalition gewesen — ganz abgesehen davon, daß in den bürgerlichen Mittelparteien niemand dafür eintrat, ohne die DVP mit der erstarkten Sozialdemokratie zusammenzugehen. Vor den Wahlen hatten das Zentrum und die DDP, aber auch die DVP durch ihren Vorsitzenden Gustav Stresemann zu erkennen gegeben, daß sie eine Regierungsbildung mit der SPD befürworteten. Maßgebliche Sozialdemokraten wie der Parteivorsitzende Wels und der Abgeordnete Severing hatten in den ersten Monaten des Jahres 1928 ebenfalls die Koalitionsbereitschaft ihrer Partei betont. Im Grunde konnte es freilich schon seit dem Kieler Parteitag vom Mai 1927 keinen Zweifel mehr an der Mehrheitslinie der SPD geben: Errangen die Sozialdemokraten einen Wahlerfolg, so waren sie auch willens, sich ihren Anteil an der Macht im Reich zu sichern. Nach Lage der Dinge war dies nur in Form einer Großen Koalition vorstellbar.[6]

Daß die Sozialdemokraten während des Wahlkampfes zwischen den einzelnen Parteien des „Bürgerblocks" kaum einen Unterschied machten, stand nicht der Entschlossenheit im Wege, nach der Wahl mit dem Zentrum und, wenn es die Mehrheitsverhältnisse erforderten, mit der Deutschen Volkspartei zusammenzuarbeiten. Am 22. Mai 1928 registrierte der „Vorwärts" zunächst noch scheinbar neutral, daß sich die Presse von DDP, Zentrum und DVP einhellig für die Große Koalition einsetzte; fünf Tage später erklärte das Zentralorgan der SPD

S. 58. — Über das Stimmverhalten von Männern und Frauen bei der Reichstagswahl vom 20. 5. 1928 liegen einige Stichproben vor. Vgl. Statistik (Anm. 1), Bd. 372, III, S. 11—33. Demnach wählten Männer — außer in Sachsen und Thüringen — in größerer Zahl die SPD als Frauen. Bei der KPD war das Übergewicht der Männer überall noch sehr viel stärker. Umgekehrt lagen die Verhältnisse bei Zentrum, DVP und DNVP, die von Frauen in den meisten Fällen mehr Stimmen erhielten als von Männern. Angeführt seien die Prozentzahlen aus drei Wahlkreisen:

	SPD		KPD		Zentrum		DVP		DNVP	
	m	w	m	w	m	w	m	w	m	w
Düsseldorf	23,9	19,7	23,5	15,9	13,4	21,5	9,5	10,1	13,6	17,8
Leipzig	37,4	37,8	19,6	14,7	0,6	0,8	15,2	17,3	6,3	8,2
Baden	30,9	19,7	10,2	3,8	29,0	54,4	5,8	5,1	3,9	3,7

6 Zusammenfassend hierzu wie zu informellen Kontakten zwischen Politikern von SPD und DVP im Vorfeld der Wahl: Jürgen Blunck, Der Gedanke der Großen Koalition in den Jahren 1923—1928, phil. Diss. (MS), Kiel 1961, S. 247 ff.; Michael Stürmer, Koalition und Opposition in der Weimarer Republik 1924—1928, Düsseldorf 1967, S. 243 ff. Vgl. weiter: Verhandlungen des Reichstags. Stenographische Berichte, Bd. 394, S. 12 256 (Severing, 20. 1. 1928), Bd. 395, S. 13 662 (Wels, 29. 3. 1928). Zum Kieler Parteitag der SPD vgl. oben S. 335 ff.

aber offen: „Die Sozialdemokratische Partei ist dazu berufen, die Führung bei der Regierungsbildung zu übernehmen. Sie hat gegen den Bürgerblock gekämpft und sie hat ihn geschlagen." Die Sozialdemokraten hätten zwar nicht die Mehrheit der Reichstagssitze errungen, weshalb sie keine Alleinherrschaft ausüben könnten. „Dennoch sind wir unter den Parteien des Reichstags ein Riese unter Zwergen: mehr als doppelt so stark wie die deutschnationale Partei, nahezu dreimal so stark wie die kommunistische Partei. Diese Stärke gestattet uns nicht eine Politik des Abwartens, sie zwingt uns zum Handeln."[7]

Eine wichtige Vorentscheidung fiel bereits am 25. Mai: An diesem Tag trafen sich auf Wunsch des sozialdemokratischen Parteivorstands maßgebende Mitglieder der Führungsgremien, der Reichstags- und der preußischen Landtagsfraktion der SPD in der Dienstwohnung Otto Brauns, um die sachlichen und personellen Probleme der Regierungsbildung zu erörtern. Braun war vom „Vorwärts" am 21. Mai auf der Titelseite als der „Sieger von Preußen" vorgestellt worden — und das zu Recht: Bei der preußischen Landtagswahl vom Vortag hatte die SPD rund 900 000 Stimmen dazugewonnen, was ein noch viel eindrucksvollerer Erfolg war als die 1,27 Millionen Stimmen, um die sie bei der gleichzeitigen Reichstagswahl in Deutschland insgesamt wuchs. Allein schon deshalb war Braun ein denkbarer Kanzlerkandidat. Wenn er das Amt des Reichskanzlers zusätzlich zu dem des preußischen Ministerpräsidenten übernahm, so eröffnete das aber auch eine einzigartige Chance für die vielberedete Reichsreform: Die häufigen Gegensätze zwischen dem Reich und dem größten deutschen Einzelstaat konnten durch die Verzahnung der beiden Regierungen vielleicht dauerhaft ausgeräumt werden. Vor der Wahl hatte Braun selbst im internen Kreis von seinen Aufgaben als künftiger Kanzler gesprochen, und es war dabei nicht zweifelhaft gewesen, daß er nicht daran dachte, des neuen Amtes wegen sein altes, das ja zugleich die wichtigste Machtbastion der deutschen Sozialdemokratie überhaupt war, aufzugeben.[8]

Am 25. Mai 1928 war Braun jedoch schon nicht mehr entschlossen, um den Posten des Reichskanzlers zu kämpfen. In seinen Erinnerungen schreibt er, gegen die Verbindung der beiden Ämter seien „Schwierigkeiten" von seiten des Reichspräsidenten und des Zentrums zu erwarten gewesen; außerdem habe er mit der Forderung der DVP rechnen müssen, die Große Koalition auch in Preußen zu schaffen, was ihm, Braun, auf Grund schlechter Erfahrungen in den Jahren 1921 bis 1924 wenig angenehm gewesen wäre. Letzten Endes aber seien persönliche Erwägungen ausschlaggebend gewesen. „Ich hatte Zweifel, ob ich meinem, mehr als ich nach außen erkennen ließ, gesundheitlich geschwächten Körper die schwere Bürde der beiden Ämter zumuten konnte. Aber darüber wäre ich vielleicht

7 Wahlen und Presse, in: Vorwärts, Nr. 238, 22. 5. 1928; Der Sieg verpflichtet!, ebda., Nr. 248, 27. 5. 1928. Zum Wahlkampf der SPD: Blunck, Gedanke (Anm. 6), S. 249 f.

8 152 Sozialdemokraten, in: Vorwärts, Nr. 237, 21. 5. 1928. Zum Ergebnis der preußischen Landtagswahl: Das Ergebnis in Preußen, ebda., Nr. 238, 22. 5. 1928; Schulthess' Europäischer Geschichtskalender, 69. Bd., 1928, München 1929, S. 108. Zum Verlauf der Besprechung vom 25. 5. 1928 und zu den Motiven Brauns: Hagen Schulze, Otto Braun oder Preußens demokratische Sendung, Frankfurt usw. 1977, S. 539 ff. Brauns eigene Darstellung: Otto Braun, Von Weimar zu Hitler, New York 2. Aufl. 1940, S. 245 ff.

Otto Braun und Carl Severing, die bekanntesten Führer der preußischen SPD, hatten bei der Landtagswahl am 20. Mai 1928 einen eindrucksvollen Erfolg errungen: Plakate zur Wahl von der SPD (links) *und der KPD* (rechts).

auch noch hinweggekommen, wie über die Lähmung, die sich für mich aus der schweren Krankheit meiner Frau ergab. Doch erkannte ich in der Unterhaltung meiner Parteifreunde bald, daß einige, u. a. der Parteivorstand, für Müller waren, und v. a., daß dieser selbst auch gern wollte. Das gab für mich den Ausschlag; ich trat zurück. Denn sollte ich das mit schwerer Schlagseite treibende Reichsschiff durch die Scylla des Faschismus und die Charybdis des Bolschewismus hindurch in das ruhige Fahrwasser des wirtschaftlichen Wiederaufbaus und politischen Fortschritts steuern, mußte ich mir die Autorität, die ich in Preußen besaß, erst im Reiche verschaffen, was nur gelingen konnte, wenn ich meine Partei geschlossen hinter mir hatte, wenn ihre Führung im Parlament und in der Organisation rückhaltlos mit mir ging. Da dies nicht der Fall war, mußte ich verzichten."[9]

Braun hatte recht, wenn er seinen Rückhalt in der Reichstagsfraktion und im Parteivorstand der SPD als sehr gering einschätzte. Vermutlich hätte auch ein höheres Maß an persönlichem Machtwillen, als er es besaß, nicht genügt, diesen Mangel auszugleichen. Hermann Müller, der schon einmal — vom März bis Juni 1920 — Reichskanzler gewesen war, wußte Parteiführung und Fraktion auf seiner Seite. Müller-Franken, wie sein parlamentarischer Name lautete, war in der Partei populärer als sein Mitvorsitzender Otto Wels, der auf allen Parteitagen erheblich weniger Stimmen erhielt als Müller. Auch in der Fraktion, deren Vorsitzender er seit 1919 fast ununterbrochen war, hatte Müller kaum Gegner: eine Folge seines ausgleichenden Wesens, das ihn vor Kraftproben mit der linken Opposition regelmäßig zurückschrecken ließ.

Der gebürtige Mannheimer vom Jahrgang 1876 hatte als junger Handlungsgehilfe einige Fremdsprachen gelernt, was ihm politisch zustatten kam: Lange bevor er im Juni 1919 Reichsaußenminister wurde, war Müller bereits eine Art informeller Außenminister der deutschen Sozialdemokratie, ihr Sprecher bei Treffen mit Bruderparteien des westlichen Auslands, gewesen. Dem Parteivorstand gehörte er seit 1906 als Sekretär an; zum Parteivorsitzenden wurde er, zusammen mit Otto Wels, 1919 gewählt. Wels sah in Müller, anders als in Otto Braun, keinen Rivalen, sondern einen loyalen Mitstreiter. Müller war kein zündender Redner, geschweige denn ein charismatisch begabter politischer Führer. Er war, wie ein beamteter Mitarbeiter rückblickend schrieb, „von einer geradezu peinlichen inneren Korrektheit". Persönliche Integrität und umfassender Sachverstand verschafften ihm immer wieder den Respekt auch politisch Andersdenkender — bis hin zum Reichspräsidenten von Hindenburg, der von ihm gesagt haben soll, „er sei der beste Kanzler, den er je gehabt, und es sei schade, daß er ein Sozi sei." Für das Amt des Reichskanzlers der deutschen Republik brachte Hermann Müller keine schlechteren Voraussetzungen mit als die meisten seiner Vorgänger. Daß

9 Ebda., S. 245 f. — Karl Renner gegenüber behauptete Hermann Müller in einem Brief vom 13. 7. 1928, er persönlich hätte „es lieber gesehen, wenn Otto Braun sich bereitgefunden hätte, das Kanzleramt zu übernehmen. Ich hätte dann an der Spitze der Fraktion einer solchen Regierung die besten Dienste leisten können. Da Otto Braun in Preußen bleiben wollte, mußte ich mich selbst zur Verfügung stellen." Zit. in: Akten der Reichskanzlei (= AdR), Weimarer Republik. Das Kabinett Müller II, 28. Juni 1928 bis 27. März 1930, 2 Bde., bearb. von Martin Vogt, Boppard 1970, Bd. 1, S. 1.

dies in den Jahren seiner Kanzlerschaft nicht hinreichte, fällt weniger auf ihn zurück als auf diejenigen in seiner Partei, die einen stärkeren sozialdemokratischen Kanzler — und das wäre Otto Braun sicher gewesen — gar nicht wünschten.[10]

Die formelle Ermächtigung, eine Regierungskoalition unter sozialdemokratischer Führung anzustreben, erhielt die Reichstagsfraktion durch den Parteiausschuß der SPD, der am 6. und 7. Juni in Köln tagte. Daß die Regierung, die Hermann Müller zu bilden versuche, eine solche der Großen Koalition sein solle, erfuhr die Parteiöffentlichkeit am 10. Juni durch den „Vorwärts". Die Zeitung begründete diese Entscheidung damit, daß eine breite und sichere Mehrheit besser sei als eine knappe und unsichere und daß im übrigen die beiden Minister der DVP im vorangegangenen Kabinett Marx der sozialdemokratischen Opposition die wenigsten Gelegenheiten zu Angriffen gegeben hätten. „Einer von ihnen, Herr Stresemann, hat sich sogar durch geschickte Adaptierung der von der Sozialdemokratie empfohlenen Außenpolitik eine überaus angesehene internationale Position erworben. Auch während der Bürgerblockperiode herrschte zwischen dem Außenminister und der sozialdemokratischen Opposition mehr Vertrauen und Übereinstimmung als zwischen ihm und der deutschnationalen Regierungspartei." Am 11. Juni erklärte sich die sozialdemokratische Reichstagsfraktion damit einverstanden, daß ihr Vorsitzender Hermann Müller einen eventuellen Auftrag des Reichspräsidenten zur Bildung der Reichsregierung annehme und die entsprechenden Verhandlungen mit den dafür in Betracht kommenden Parteien einleite. Auf Müllers dringendes Ersuchen hin verzichtete die Fraktion darauf, für diese Verhandlungen besondere „Richtlinien" zu beschließen: ein persönlicher Vertrauensbeweis, zu dem es in der Vergangenheit keine Parallele gab.[11]

Hindenburgs Auftrag an Hermann Müller, eine Regierung „auf möglichst breiter Grundlage" zu bilden, erging offiziell am 12. Juni. An den Gedanken einer Großen Koalition hatte sich der Reichspräsident seit einiger Zeit gewöhnt. Dabei spielte gewiß eine Rolle, daß seine militärischen Berater — Wilhelm Groener, der Ende Januar 1928 als Nachfolger des zurückgetretenen Geßler das Amt des Reichswehrministers angetreten hatte, und der Chef der Wehrmachtsabteilung im

---

10 Über Hermann Müller u. a.: Hedwig Wachenheim, Vom Großbürgertum zur Sozialdemokratie. Memoiren einer Reformistin, Berlin [W] 1973, S. 101; Walter Zechlin, Pressechef bei Ebert, Hindenburg und Kopf. Erlebnisse eines Pressechefs und Diplomaten, Hannover 1956, S. 68 ff. (hier das Urteil über Müllers „Korrektheit"). Hindenburgs (von Groener berichtetes) Urteil in: Thilo Vogelsang, Reichswehr, Staat und NSDAP. Beiträge zur deutschen Geschichte 1930—1932, Stuttgart 1962, S. 65. Über Müllers politische Karriere u. a. Susanne Miller, Burgfrieden und Klassenkampf. Die deutsche Sozialdemokratie im Ersten Weltkrieg, Düsseldorf 1974; dies., Die Bürde der Macht. Die deutsche Sozialdemokratie 1918—1920, Düsseldorf 1978, bes. S. 309 f.; Franz Osterroth, Hermann Müller, in: ders., Biographisches Lexikon des Sozialismus, Bd. I: Verstorbene Persönlichkeiten, Hannover 1960, S. 228—230. Über das Verhältnis von Wels zu Müller und Braun: Hans J. Adolph, Otto Wels und die Politik der deutschen Sozialdemokratie 1884—1939, Berlin [W] 1971, S. 161; Schulze, Braun (Anm. 8), S. 541 f.

11 Die Sozialdemokratie wird führen, in: Vorwärts, Nr. 265, 7. 6. 1928; Hermann Müllers Aufgabe, ebda., Nr. 271, 10. 6. 1928; Schulthess 1928 (Anm. 8), S. 115; Blunck, Gedanke (Anm. 6), S. 255 ff.

Reichswehrministerium, General Kurt von Schleicher — eine Regierungsbeteiligung der SPD für ein geeignetes Mittel hielten, die Sozialdemokratie zu mehr Wehrfreudigkeit zu erziehen. Nach dem Wahlausgang vom 20. Mai war freilich an einem sozialdemokratischen Kanzler ohnehin nicht mehr vorbeizukommen, und gegen die Person von Hermann Müller hatte Hindenburg nichts einzuwenden.[12]

Als Haupthindernis auf dem Weg zur Großen Koalition erwies sich in den Tagen nach dem 12. Juni die „Preußenfrage". Die Deutsche Volkspartei bestand darauf, daß sie auch im größten deutschen Staat an der Regierung beteiligt wurde. Otto Braun lehnte dies ab, weil die Weimarer Koalition infolge des sozialdemokratischen Wahlsiegs vom 20. Mai über eine Mehrheit im Landtag verfügte, eine Erweiterung des bestehenden Parteienbündnisses also gar nicht erforderlich war, vielmehr aus seiner Sicht überflüssige Reibungen hervorbringen mußte. In Kenntnis der volksparteilichen Wünsche hatte Braun zwar in seiner Regierungserklärung vom 9. Juni vage davon gesprochen, daß er bereit sei, „zu gegebener Zeit" in Beratungen über die Bildung einer Großen Koalition einzutreten. Aber alles, was Stresemann, unterstützt von Hermann Müller, dem preußischen Ministerpräsidenten darüber hinaus noch abringen konnte, war die Erläuterung, daß unter „gegebener Zeit" der kommende Herbst zu verstehen sei.[13]

Ein anderer Streitpunkt war der Bau des Panzerkreuzers A. Die Kontroverse darüber, ob dieses Vorhaben der Reichsmarine — als Auftakt zu einer Reihe von angeblich längst überfälligen Ersatzbauten — verwirklicht werden solle oder nicht, hatte bereits Ende 1927 begonnen. Der Reichsrat sprach sich im Dezember gegen den entsprechenden Posten im Wehretat aus, wobei Preußen die Speerspitze der Opposition bildete. Im Reichstag fand sich zwar am 27. März 1928 eine Mehrheit des „Bürgerblocks" für die Bewilligung der ersten Baurate, aber der Reichsrat konterte diesen Beschluß am 31. März mit dem Ersuchen an die — inzwischen nur noch geschäftsführende — Regierung Marx, die Arbeiten an dem Panzerschiff erst nach erneuter Prüfung der Finanzlage und auf keinen Fall vor dem 1. September 1928 in Angriff zu nehmen, und Reichswehrminister Groener stimmte dieser Auflage notgedrungen zu. Die SPD hatte nicht nur im Reichstag gegen das Vorhaben der Reichsmarine gestimmt, sondern auch den Wahlkampf unter anderem mit der Parole „Kinderspeisung statt Panzerkreuzer — Fort mit

---

12 AdR, Kabinett Müller II (Anm. 9), Bd. 1, S. 1 (Verhandlungen über die Regierungsbildung, 12.—14. 6. 1928); Vogelsang, Reichswehr (Anm. 10), S. 51 ff.; Blunck, Gedanke (Anm. 6), S. 256 f. Zum Versuch des Reichstagspräsidenten Löbe, Hindenburg in einem Gespräch am 31. 5. 1928 den Gedanken an eine Weimarer Koalition nahezubringen, die sich zusätzlich auf die Bayerische Volkspartei oder den Deutschen Bauernbund stützen sollte: ebda., S. 255. Insgesamt zur Regierungsbildung von 1928 auch Peter Haungs, Reichspräsident und parlamentarische Kabinettsbildung. Eine Studie zum Regierungssystem der Weimarer Republik in den Jahren 1924—1929, Köln usw. 1968, S. 146 ff.

13 Ebda., S. 148 ff.; Schulthess 1928 (Anm. 8), S. 113; AdR, Kabinett Müller II (Anm. 9), S. 1—3. Stresemann verteidigte sein Eintreten für eine Regierungsbeteiligung der DVP in Preußen vor allem damit, daß „die Große Koalition im Reiche nicht ein Augenblicksgebilde bleibe, sondern fest fundiert werde". Brief Stresemanns an Staatssekretär Weismann im Preußischen Staatsministerium vom 14. 6. 1928, IISG Amsterdam, Nl. O. Braun, Nr. 247.

dem Panzerschiff" geführt. Ablehnend war ferner die Haltung der DDP, die — ebenso wie ein Teil der liberalen Presse — im Bau des Panzerkreuzers ein militärisch sinnloses und daher finanziell nicht zu verantwortendes Prestigeprojekt sah.[14]

In den Koalitionsverhandlungen traten sich SPD und DVP in der Frage des Panzerkreuzers sofort mit konträren Standpunkten gegenüber: Die Sozialdemokraten verlangten den Aufschub der Bauarbeiten, die Volkspartei forderte den Baubeginn. Da das Zentrum sich nach einigem Schwanken schon im März auf den Boden der Regierungsvorlage gestellt hatte und die DDP unter dem Schock ihrer Wahlniederlage sich in der Frage des Panzerschiffs vorsichtig zurückhielt, waren die Vertreter der SPD in der umstrittenen Angelegenheit faktisch isoliert. Der Ausweg, mit dem sie sich schließlich einverstanden erklärten, war keine Lösung des Konflikts, sondern seine Vertagung: Dem Reichswehrminister sollte es gestattet sein, im Haushaltsausschuß des Reichstags erneut auf die Panzerkreuzerfrage zu sprechen zu kommen; im übrigen liege die Entscheidung bei der Reichsregierung, da vor September mit dem Bau ohnehin nicht begonnen werden könne.[15]

Auch in anderen Fragen konnte die SPD sich nicht durchsetzen: Die von ihr geforderte Vermögenszuwachssteuer wurde von den Vertretern aller anderen Fraktionen abgelehnt. Einer Erhöhung des steuerfreien Existenzminimums widersprach die DVP. Der Vorschlag, den 11. August, den Verfassungstag, zum gesetzlichen Feiertag zu erklären — eine von der SPD übernommene Initiative der preußischen Regierung — stieß ebenfalls auf entschiedenen Widerspruch der DVP. Nach wie vor schwelte auch noch der Dissens in der Preußenfrage. Die DVP wollte sich mit den unverbindlichen Floskeln Brauns nicht abfinden, wohingegen die sozialdemokratische Reichstagsfraktion die Haltung des preußischen Ministerpräsidenten ausdrücklich billigte.

Am Mittag des 21. Juni schienen die Verhandlungen gescheitert: Im Reichstag, meldete der „Vorwärts", glaube niemand mehr an die Möglichkeit, daß eine Große Koalition zustandekomme. Einige Stunden später sah die Lage dann wieder anders aus: Die DVP signalisierte in steuerpolitischen Fragen größeres Entgegenkommen und wollte im Hinblick auf den Verfassungstag wenigstens die „Art der

---

14 Zusammenfassend zur Vorgeschichte und Entwicklung des Streits um den Panzerkreuzer A bis zum Mai 1928: Wolfgang Wacker, Der Bau des Panzerschiffs ‚A' und der Reichstag, Tübingen 1959, bes. S. 33—78 (zum Wahlkampf: 90). Zu den strategischen Langzeitabsichten der Marine beim Panzerkreuzerprogramm, die sich von Groeners defensiver Konzeption deutlich unterschieden, u. a.: Werner Rahn, Marinerüstung und Innenpolitik einer parlamentarischen Demokratie — das Beispiel des Panzerschiffes A 1928, in: Die deutsche Marine. Historisches Selbstverständnis und Standortbestimmung, Herford usw. 1983, S. 53—72; Michael Geyer, Aufrüstung oder Sicherheit. Die Reichswehr in der Krise der Machtpolitik 1924—1936, Wiesbaden 1980, S. 198—207 (mit weiterer Lit.). — Zur Haltung der SPD u. a.: Adolph, Wels (Anm. 10), S. 161 ff.; Carl Severing, Mein Lebensweg, 2 Bde., Köln 1950, Bd. 2, S. 157 ff.

15 AdR, Kabinett Müller II (Anm. 9), Bd. 1, S. 2 f.; Wacker, Bau (Anm. 14), S. 78 ff. Zum Streit innerhalb der DDP: Linksliberalismus in der Weimarer Republik. Die Führungsgremien der Deutschen Demokratischen Partei und der Deutschen Staatspartei 1918—1933, bearb. v. Konstanze Wegner in Verbindung mit Lothar Albertin, Düsseldorf 1980, S. 471—475.

Feier" gesetzlich regeln. Was den Panzerkreuzer anlangte, beharrte die Volkspartei allerdings auf der planmäßigen Ausführung des Baus. Das teilweise Einlenken der DVP war dem Drängen ihres Vorsitzenden Gustav Stresemann zuzuschreiben. Am Abend des 21. Juni aber brach der seit langem kranke Reichsaußenminister auf dringenden Rat seiner Ärzte zu einem Erholungsurlaub nach Bühlerhöhe im Schwarzwald auf. In Abwesenheit Stresemanns korrigierte die Reichstagsfraktion der DVP am 22. Juni ihre Linie erneut: Sie verlangte nochmals die Erweiterung des bestehenden Regierungsbündnisses in Preußen zur Großen Koalition, und zwar bis zum 10. Juli. Müller sah nun keinen Spielraum mehr für Kompromisse. Am Abend des 22. Juni erklärte er seinen Versuch, eine Regierung der Großen Koalition zu bilden, für gescheitert.[16]

Daß der Reichspräsident den sozialdemokratischen Parteiführer sogleich ermächtigte, seine Verhandlungen auf der Grundlage einer kleineren, also der Weimarer Koalition fortzusetzen, war vermutlich nur als taktisches Manöver gedacht: Da vor allem die DDP sich strikt weigerte, ohne die DVP in eine Regierung einzutreten, war die Weimarer Koalition keine Alternative zu der Lösung, die Müller bisher angestrebt hatte. Hindenburgs Auftrag hatte demnach wohl den vorrangigen Zweck, Druck auf die Parteien auszuüben, damit sie sich am Ende doch noch auf eine Große Koalition verständigten. Wie wenig Müller selbst an die Chancen einer „reinen" Weimarer Koalition glaubte, zeigt sein Versuch, die beiden bisherigen volksparteilichen Kabinettsmitglieder, Außenminister Stresemann und Wirtschaftsminister Curtius, als „Fachminister" für seine Regierung zu gewinnen. Beide lehnten dies ab. Aber sie waren sich auch darin einig, daß ein weiterer Versuch gemacht werden mußte, eine Große Koalition zuwege zu bringen.

Nach Abstimmung mit Curtius führte Stresemann am 23. Juni von Bühlerhöhe aus ein Telefongespräch mit Hermann Müller. Den Inhalt seiner Darlegungen faßte der Außenminister anschließend in einem Telegramm an den designierten Reichskanzler zusammen. Darin heißt es:„Ich halte die sogenannte Große Koalition für die beste praktische Möglichkeit, um einigermaßen stabile Regierungsverhältnisse in Deutschland zu schaffen. Dem Versuch, sie auf der Basis eines von den Fraktionen im voraus gebilligten Programms zu bilden, habe ich von vornherein mit Skepsis gegenübergestanden, weil es psychologisch kaum möglich ist, ein auf Jahre berechnetes Programm in wirtschafts-, sozial-, steuer-, innen- und außenpolitischer Hinsicht im voraus von allen beteiligten Fraktionen sich billigen zu lassen. ... Ich glaube nach wie vor, daß ein Zusammenwirken von Sozialdemokraten bis Volkspartei notwendig und möglich ist. Dieses Zusammenwirken wird am besten zum Erfolg führen, wenn Persönlichkeiten aus den Fraktionen der Großen Koalition sich über das Programm klarwerden, mit dem sie vor den Reichstag treten, und ihrerseits mit diesem Programm stehen und fallen. Eine solche Kabinettsbildung entspricht auch dem Geist der deutschen Reichsverfassung,

16 Scholz sprengt die Verhandlungen, in: Vorwärts, Nr. 290, 21. 6. 1928; Galgenfrist — Gesundungskrise, ebda., Nr. 291, 22. 6. 1928; Große Koalition gescheitert, ebda., Nr. 293, 23. 6. 1928. Vgl. dazu auch Blunck, Gedanke (Anm. 6), S. 271.

die nur die persönliche Verantwortlichkeit der Reichsminister, aber nicht die Verantwortlichkeit von Fraktionen kennt."[17]

Den Wortlaut des Telegramms ließ Stresemann, ebenfalls telegraphisch, dem Vorsitzenden der Reichstagsfraktion der DVP, Ernst Scholz, und dem Reichswirtschaftsminister, Julius Curtius, übermitteln. Am 24. Juni, einem Sonntag, wurde Curtius von Stresemann ermächtigt, das Telegramm zu veröffentlichen. Die Montagspresse sprach von einem „Schuß von Bühlerhöhe", und eine Sensation war der Schritt des Außenministers in der Tat. Er hatte seine Fraktion vor vollendete Tatsachen gestellt, als er über den Kopf ihres Vorsitzenden hinweg ein Regierungsbündnis mit Hermann Müller verabredete. Scholz, seit jeher ein Vertreter des rechten Parteiflügels, fühlte sich desavouiert und erklärte am 26. Juni vor der Fraktion, daß Stresemanns Telegramm ihn in eine „unmögliche Lage" gebracht habe. Er drohte mit seinem Rücktritt als Fraktionsvorsitzender und bezeichnete den Eintritt eines zweiten volksparteilichen Ministers, also von Curtius, in das Kabinett als untragbar. Am folgenden Tag sprach sich Scholz dann doch dafür aus, daß Curtius ein Ministeramt übernahm, allerdings unter einer Bedingung, die auch sogleich formell beschlossen wurde: Die Fraktion knüpfte ihre Bereitschaft, die Kabinettsmitgliedschaft von Stresemann und Curtius zu akzeptieren, an die Feststellung, daß „ihre Haltung zu etwaigen Vertrauens- und Mißtrauensvoten dadurch in keiner Weise gebunden" sei. Ein weiterer Beschluß ließ sich nur als eine demonstrative Rüge für den Parteivorsitzenden Stresemann verstehen: „Die Fraktion stellt fest, daß die richtige Leitung der Partei und der Fraktion eine ständige Fühlungnahme aller an den politischen Entscheidungen Beteiligten untereinander und mit dem Fraktionsführer voraussetzt, und erwartet daher, daß dementsprechend von allen Fraktionsmitgliedern verfahren wird."[18]

Der „Schuß von Bühlerhöhe" ermöglichte die Bildung des Kabinetts Hermann Müller, aber die unmittelbaren Wirkungen von Stresemanns Intervention beleuchteten zugleich schlaglichtartig die Schwächen der neuen Regierung. Weil das Kabinett, wie die DVP ausdrücklich erklärte, „fraktionsungebunden" war, schwebte über ihm von Anfang an das Damoklesschwert parlamentarischer Niederlagen — bis hin zum Mißtrauensvotum. Formell war keine Große Koalition zustande gekommen, nur ein „Kabinett der Persönlichkeiten". Aber Stresemann hatte recht, wenn er am 19. Juli in einem Brief an Scholz diesen Ausdruck eine „Lächerlichkeit" nannte: „Denn nicht die Persönlichkeit, sondern das Fraktionsmitglied ist von der Erlaubnis abhängig, ob es einem Kabinett angehören kann oder nicht." Von „Fraktionstyrannei" zu sprechen, wie Stresemann es in einem anderen Brief — an den Abgeordneten Kempkes — tat, war kaum übertrieben, und das nicht nur im Hinblick auf die Deutsche Volkspartei. Auch das Zentrum hielt auf Distanz zur neuen Regierung: Nachdem es seine Forderung nicht hatte durchsetzen

17 Ebda., S. 272 ff. Der Text von Stresemanns Telegramm in: Gustav Stresemann, Vermächtnis. Der Nachlaß in drei Bänden, Bd. 3, Berlin 1933, S. 298 f.

18 Blunck, Gedanke (Anm. 6), S. 275 f.; zur Wirkung des „Schusses von Bühlerhöhe": Erich Eyck, Geschichte der Weimarer Republik, 2 Bde., Erlenbach usw. 3. Aufl. 1962, Bd. 2, S. 206 ff.

können, den Vizekanzler zu stellen und statt des Verkehrsministeriums ein „klassisches" Ressort wie das Innenministerium zugewiesen zu bekommen, zog es Arbeitsminister Brauns aus dem Kabinett zurück und ließ sich durch Verkehrsminister von Guérard als bloßen „Beobachter" in der Regierung vertreten. Und ebensowenig wie das Zentrum fühlte sich die Bayerische Volkspartei, die den Postminister stellte, an die neue Regierung gebunden.[19]

Nur SPD und DDP betrachteten sich als echte Koalitionsparteien. Aber auch ein solches Selbstverständnis schloß „Fraktionstyrannei" keineswegs aus. Ob eine Fraktion ihre Minister als reine Erfüllungsgehilfen ansah, wozu die Sozialdemokraten neigten, oder wie die DVP als Privatleute, die ihr Ressort auf eigenes Risiko leiteten, der Effekt war im wesentlichen derselbe: Die Regierung hatte nicht die Vertrauensgrundlage, die sie brauchte, um politisch führen zu können. Als einzige Partei bekannte sich die DDP in der Theorie und meist auch in der Praxis zu dem Grundsatz, daß Minister eines Koalitionskabinetts nicht bloß Parteivertreter, sondern Repräsentanten der Koalition waren. Das politische Gewicht der Deutschen Demokratischen Partei war jedoch mittlerweile so gering, daß der liberale Standpunkt kaum noch zählte.

Das parlamentarische System in Deutschland hatte mit der Kabinettsbildung von 1928 keine Bewährungsprobe bestanden, sondern wiederum seinen entscheidenden Mangel dokumentiert: Die Koalitionsfraktionen erblickten, wenn man von der DDP einmal absieht, in der Gesamtheit der Minister nicht *ihre* Regierung, die es gegen die Opposition zu verteidigen galt; vielmehr behielten sich alle Parteien das Recht vor, jederzeit gegenüber Teilen des Kabinetts und unter Umständen auch gegenüber dem Kabinett als ganzem in Opposition zu treten. Im Umgang mit obrigkeitsstaatlichen Regierungen wie denen des kaiserlichen Deutschland wäre das eine durchaus angemessene Haltung gewesen. Die Glaubwürdigkeit der parlamentarischen Demokratie von Weimar mußte dagegen leiden, wenn die Koalitionsfraktionen ihren Regierungen nicht gaben, worauf diese angewiesen waren: einen stabilen Rückhalt im Reichstag.

Zu den Vorbelastungen des neuen Kabinetts Hermann Müller gehörte auch, daß der beredteste Anwalt einer Großen Koalition im bürgerlichen Lager, Gustav Stresemann, in seiner eigenen Partei auf stärkeren Widerstand stieß als in der Zeit der Rechtskoalition. „Ich fürchte", so schrieb Stresemann am 19. Juli 1928 an Scholz, „Sie übersehen die Linksentwicklung in den arbeitenden Klassen, und der rechte Flügel unserer Partei übersieht, daß in dem Augenblick, wo die Sozialdemokratie und der Kommunismus durch eine ablehnende Haltung des Bürgertums näher aneinander heranrücken, wie dies schon in Sachsen der Fall war, eine ganz

19 Stresemann, Vermächtnis (Anm. 17), Bd. 3, S. 307 (Brief an Kempkes vom 2. 7. 1928), 312 (Brief an Scholz vom 19. 7. 1928). Zu Stresemanns Ablehnung der Zentrumsforderung nach dem Vizekanzler (wie der Institution eines Vizekanzlers überhaupt): ebda., S. 301—303 (Aufzeichnung vom 28. 6. 1928). Vgl. hierzu wie zur Haltung von Zentrum und BVP auch: AdR, Kabinett Müller II (Anm. 9), Bd. 1, S. 3 (Anm.); Blunck, Gedanke (Anm. 6), S. 277 ff.; Haungs, Reichspräsident (Anm. 12), S. 151. Zu den internen Beratungen der Zentrumsfraktion: Die Protokolle der Reichstagsfraktion und des Fraktionsvorstandes der Deutschen Zentrumspartei 1926—1933, bearb. v. Rudolf Morsey, Mainz 1969, S. 207—226 (8.—28. 6. 1928).

starke Gefährdung für die deutsche Politik und die deutsche Wirtschaft zu erwarten ist. Das ist der entscheidende Punkt, und über den Weg, den man hier geht, muß man sich klar sein."[20]

Zwar trat im Verhältnis zwischen Stresemann und seiner Fraktion während der parlamentarischen Sommerpause eine gewisse Entspannung ein. Aber die innerparteiliche Machtposition des Außenministers blieb labil. Vermutlich wäre Stresemanns Stellung im Kampf mit dem rechten Parteiflügel gestärkt worden, wenn er den Erfolg hätte vorweisen können, auf den er nach der Maiwahl von 1928 hinarbeitete: die Schaffung einer Großen Koalition auch in Preußen. Brauns Reserven gegenüber der Volkspartei waren durchaus verständlich: Mit der Weimarer Koalition konnte er leichter regieren als mit einer Großen, und sicherlich mußten Minister der DVP die Balance der preußischen Politik nach rechts verschieben. Dennoch bleibt die Frage, ob nicht übergeordnete Gründe für ein Eingehen auf Stresemanns Drängen sprachen. Denn wenn es gelang, mit dem Parteivorsitzenden den gemäßigten Flügel der DVP zu stärken, dann bedeutete das auch eine Stabilisierung des Kabinetts Hermann Müller. Die Bildung einer Großen Koalition in Preußen hätte dazu beitragen können, die Deutsche Volkspartei fester in den republikanischen Staat einzubinden. Aber mehr als eine Chance war dies nicht.[21]

*

Am 29. Juni konnten die Zeitungen die Zusammensetzung des am Vortag von Reichspräsident von Hindenburg ernannten Kabinetts Hermann Müller bekanntgeben. Es bestand aus folgenden Mitgliedern:

Reichskanzler:	Hermann Müller	(SPD)
Reichsaußenminister:	Dr. Gustav Stresemann	(DVP)
Reichsinnenminister:	Carl Severing	(SPD)
Reichsjustizminister:	Dr. Erich Koch-Weser	(DDP)
Reichsfinanzminister:	Dr. Rudolf Hilferding	(SPD)
Reichswehrminister:	Wilhelm Groener	(parteilos)
Reichswirtschaftsminister:	Dr. Julius Curtius	(DVP)
Reichsarbeitsminister:	Rudolf Wissell	(SPD)
Reichsverkehrsminister:	Theodor von Guérard	(Zentrum)
Reichsminister für Ernährung und Landwirtschaft:	Hermann Dietrich	(DDP)
Reichspostminister:	Georg Schätzel	(BVP)

20 Stresemann, Vermächtnis (Anm. 17), Bd. 3, S. 315.

21 Vgl. dazu Henry A. Turner, jr., Stresemann — Republikaner aus Vernunft (amerik. Orig.: Stresemann and the Politics of the Weimar Republic, Princeton 1963), Berlin [W] usw. 1968, S. 228 ff. Zusammenfassend zur preußischen Koalitionsfrage: Horst Möller, Parlamentarismus in Preußen 1919—1932, Düsseldorf 1985, S. 376 ff.

Vier der elf Minister — nämlich Stresemann, Curtius, Groener und Schätzel — hatten bereits dem vorangegangenen Kabinett Marx, ebenfalls vier, darunter die Sozialdemokraten Müller, Hilferding und Wissell, anderen Reichsregierungen angehört. Neulinge im Reichskabinett waren Severing, der freilich als langjähriger preußischer Innenminister Erfahrungen in seinem Ressort hatte sammeln können, sowie Dietrich und Guérard.

Am 29. Juni 1928 hielt die Regierung Hermann Müller ihre erste Ministerbesprechung ab. Wichtigster Tagesordnungspunkt war die Vorbereitung der Regierungserklärung. Strittig war weniger das, was der Reichskanzler über den Inhalt derselben ausführte, als vielmehr die Art und Weise, wie sich die Regierung des Vertrauens des Reichstags vergewissern wollte. Wirtschaftsminister Curtius meinte, das Kabinett solle besser kein förmliches Vertrauensvotum fordern. In seiner Fraktion, der DVP, sei diese Frage zwar noch nicht geklärt, aber es zeige sich doch eine große Reserve gegenüber der jetzigen Reichsregierung. Hilferding und Guérard vertraten die Gegenposition; ihnen schloß sich als Vertreter des abwesenden Außenministers Staatssekretär von Schubert an, der aus außenpolitischen Gründen ein Vertrauensvotum für notwendig hielt. Reichskanzler Müller meinte ebenso wie Koch-Weser, Severing und Wissell, daß das Kabinett mindestens eine Billigung der Regierungserklärung durch den Reichstag verlangen müsse — und auf diese abgeschwächte Form der parlamentarischen Bestätigung einigte sich das Kabinett schließlich am 3. Juli.[22]

Am gleichen Tag gab Hermann Müller seine Regierungserklärung ab. Sie enthielt nichts, was eine der im Kabinett vertretenen Parteien hätte provozieren können. Von der neuen Reichsregierung sagte der Kanzler, sie beruhe nicht auf koalitionsmäßiger Grundlage, aber ihre Zusammensetzung habe doch die Zustimmung der in Betracht kommenden Parteien gefunden. Im außenpolitischen Teil seiner Rede bekannte sich Müller zur friedlichen Verständigung, zum Verzicht auf den Gedanken der Revanche und zu dem Ziel, Deutschland eine gleichberechtigte Stellung unter den Nationen zu sichern. Als besonders dringlich bezeichnete er die Befreiung der noch besetzten Gebiete am Rhein und des Saarlandes, die Durchführung der allgemeinen Abrüstung und die endgültige Regelung der Reparationsfrage. Unter den innenpolitischen Aussagen wurden vor allem zwei Ankündigungen beachtet: Das Kabinett habe die Absicht, das Washingtoner Abkommen über den Achtstundentag zu ratifizieren, und sie wolle den vom Reichsrat am 24. Mai angenommenen Initiativantrag Preußens, den 11. August als Verfassungstag zum Nationalfeiertag zu erklären, unverzüglich im Reichstag einbringen. Zum Panzerkreuzer A äußerte sich der Kanzler nicht. Erst auf Vorhaltungen der Kommunisten hin deutete Müller im Verlauf der Debatte an, die Regierung müsse von den Abreden ausgehen, die ihre Vorgängerin bereits getroffen habe.

Die parlamentarische Aussprache verlief ohne besondere Höhepunkte. Breitscheid erklärte, das Kabinett Müller sei eine Koalitionsregierung und selbstver-

---

22 AdR, Kabinett Müller II (Anm. 9), Bd. 1, S. 3—13 (Dienstbesprechungen vom 29. 6., 1.—3. 7. 1928). Stresemann ließ in der Sitzung vom 1. 7. 1928 mitteilen, daß er — wie sein Staatssekretär — aus außenpolitischen Gründen ein förmliches Vertrauensvotum vorziehe. Ebda., S. 10.

ständlich mit allen Schwächen einer solchen behaftet. Am geringen Handlungsspielraum der sozialdemokratischen Regierungsmitglieder ließ der Sprecher der SPD keinen Zweifel: „Unsere Minister im Kabinett haben keine Blankovollmacht; unsere Minister stehen unter der ständigen Kontrolle der Fraktion hier im Hause und der Partei draußen im Lande.“

Ganz andere Akzente setzte der Redner der DDP, Ludwig Haas. Nicht die Fraktionen könnten das Regierungsprogramm feststellen. „Fraktionen eignen sich außerordentlich schlecht zur Ausarbeitung eines Regierungsprogramms. Fraktionen sind die Hüter und Schützer der eigenen Programme, und wenn in Fraktionsverhandlungen Kompromisse abgeschlossen werden sollen, ist das eine schwere Arbeit. Die Männer aber, die Minister werden sollen, werden viel eher geneigt sein, gegenseitig Konzessionen zu machen ... Solange Männer der eigenen Fraktion oder der eigenen Partei im Kabinett vertreten sind, ist das eine Regierung, für die man verantwortlich ist, und von dieser Verantwortlichkeit wird man nicht frei, man mag Konstruktionen machen, welche man will.“

Für die DVP dagegen bestritt Scholz erneut, daß es sich beim Kabinett Müller um eine Koalitionsregierung handle; im übrigen werde man die Taten dieser Regierung abwarten und sich auch für die Zukunft das Recht auf Kritik nicht nehmen lassen. Perlitius vom Zentrum erklärte, die „heute vorliegende politische Gestaltung“ sei „eine zeitliche Notlösung“; von einer abschließenden politischen Stellungnahme glaube seine Fraktion daher zunächst noch absehen zu müssen. Ähnlich distanziert äußerte sich Prälat Leicht von der BVP: Je nachdem die grundsätzliche Einstellung der Bayerischen Volkspartei auf kulturellem, staatspolitischem und wirtschaftlichem Gebiet Berücksichtigung finde, werde auch ihre Haltung gegenüber den einzelnen Maßnahmen der Regierung und gegenüber der Regierung selbst sich ergeben.

Von den Parteien der äußersten Linken und Rechten kamen erwartungsgemäß eindeutige Kampfansagen. Arthur Ewert, Abgeordneter der KPD für Thüringen, stellte klar: „Die Kommunistische Partei steht diesem Staat, seinen Institutionen und seiner Politik grundsätzlich ablehnend gegenüber. Sie ist für die Zertrümmerung dieses Staates und seiner Institutionen.“ Der Nationalsozialist Gregor Strasser wurde von Reichstagspräsident Löbe des Saales verwiesen, als er, Hilferding ansprechend, „namens eines nicht geringen Teiles des deutschen Volkes“ erklärte, „daß wir es als eine Schmach empfinden, wenn ein in Ostgalizien geborener negroider Jude hier als Minister sitzt.“

Der Antrag der im Kabinett Müller vertretenen Fraktionen, der Reichstag möge die Erklärung der Reichsregierung billigen und über alle anderen Anträge zur Tagesordnung übergehen, wurde am 5. Juli mit großer Mehrheit in namentlicher Abstimmung angenommen. Von den 423 Abgeordneten, die gültige Stimmzettel abgegeben hatten, stimmten 261 mit Ja und 134 mit Nein; 28 enthielten sich der Stimme. Eine Reihe von bekannten Sozialdemokraten des linken Flügels, nämlich Fleißner, Levi, Rosenfeld, Seydewitz, Anna Siemsen, Ströbel und Mathilde Wurm, beteiligten sich nicht an der Abstimmung. Die DVP verhielt sich demgegenüber geschlossen. Zwar fehlten auch hier einige Abgeordnete, aber offenbar ohne politische Hinterabsichten: Die Wortführer des rechten Flügels stimmten dem Antrag zu. Auch von DDP, Zentrum und BVP kamen nur Ja-Stimmen. Die Regierung Müller hatte ihre erste parlamentarische Hürde genommen.[23]

*

Die erste Krise folgte auf dem Fuß. Am 10. August 1928 teilte Reichswehrminister Groener dem Kabinett mit, der Reichsfinanzminister habe ihm gegenüber am 20. Juli keine Bedenken gegen den termingemäßen Beginn der Bauarbeiten am Panzerkreuzer A geäußert. Nur im Hinblick auf die Fortführung der Bauraten und den Beginn weiterer Ersatzbauten vom Jahre 1929 ab seien von Hilferding gewisse Vorbehalte gemacht worden — in dem Sinne nämlich, daß fühlbare Abstriche bei den einzelnen Etats notwendig werden dürften. Bevor die Minister über den Antrag Groeners abstimmten, ihr Einverständnis mit dem Baubeginn zu erklären, wies Reichskanzler Müller noch auf die große politische Bedeutung der Angelegenheit hin. Hilferding, von Müller direkt befragt, bestätigte Groeners Auskunft. Severing interpretierte weitere Ausführungen des Reichswehrministers so, daß die Mehrausgaben für das Panzerschiff durch die Minderung der Ausgaben für andere militärische Zwecke ausgeglichen werden könnten, so daß für den Wehretat insgesamt keine Mehrausgaben entstünden. Danach einigten sich die Minister auf folgende Verlautbarung: „Das Reichskabinett beschloß in seiner heutigen unter dem Vorsitz des Reichskanzlers abgehaltenen Sitzung, den Bau des Panzerschiffes in Angriff zu nehmen. Zu diesem Beschluß ist die Reichsregierung gelangt, nachdem festgelegt wurde, daß die durch den Bau des Panzerschiffes entstehenden Mehrausgaben in den folgenden Jahren durch entsprechende Ersparnisse bei sonstigen Ersatzausbauten wieder eingebracht werden."[24]

Der Entscheidung des Kabinetts war einiges vorausgegangen, was sich im offiziellen Protokoll nicht niederschlug. Erich Koch-Weser, der Reichsminister der Justiz, vertraute seinem Tagebuch die Vermutung an, die Zustimmung der sozialdemokratischen Minister sei darauf zurückzuführen, daß „Groener mit seinem Rücktritt gedroht und Hindenburg sich energisch hinter Groener gestellt" habe. Der Reichswehrminister hätte in der Tat nicht im Amt bleiben können, wenn er im Kabinett überstimmt worden wäre oder der Reichskanzler von seiner Befugnis, die Richtlinien der Politik zu bestimmen, gegen Groener Gebrauch gemacht hätte. Aber es ging am 10. August gar nicht allein um die Person des Reichswehr-

23 Stenographische Berichte (Anm. 6), Bd. 423, S. 38—46 (Müller, 3. 7.), 52, 54 (Breitscheid, 4. 7.), 65 f. (Perlitius, 4. 7.), 67 f. (Ewert, 4. 7.), 77 (Scholz, 4. 7.), 78 f. (Haas, 5. 7.), 82 (Leicht, 5. 7.), 92 (Müller, 5. 7.), 109 (Strasser, Löbe, 5. 7.), 117—120 (Abstimmung). Innerhalb der SPD-Fraktion hatte die Linke 15 Bedingungen für Koalitionsvereinbarungen gestellt, darunter die sofortige Einstellung der Arbeiten für den Panzerkreuzer. Dazu Kurt Rosenfeld, Die Koalition der Köpfe, in: KK 2 (1928), Nr. 13 (1. 7.), S. 385—389; Paul Levi, Wege und Irrwege, ebda., S. 390 f. — Zur Abstimmung über den preußischen Antrag zum Verfassungstag im Reichsrat: Schulthess 1928 (Anm. 8), S. 109. Die Nein-Stimmen kamen von Bayern und Württemberg sowie aus den preußischen Provinzen Ostpreußen, Brandenburg, Pommern und Niederschlesien. Oldenburg und die preußische Provinz Oberschlesien enthielten sich der Stimme.

24 AdR, Kabinett Müller II (Anm. 9), Bd. 1, S. 60—64.

ministers, sondern um den Bestand der Regierung insgesamt. Die DVP hatte sich auf den Bau des Panzerkreuzers festgelegt, ebenso, wenn auch weniger entschieden, das Zentrum. Von der DDP hingegen war den Sozialdemokraten bedeutet worden, sie wolle sich der Entscheidung der größten Regierungspartei in jedem Fall anschließen. Da SPD und DDP über eine Mehrheit im Kabinett verfügten, hätten die Sozialdemokraten also die Annahme des Antrags von Groener verhindern können. Aber für jedermann war klar, daß dies das Ende der Regierung Hermann Müller bedeutet hätte.[25]

Militärisch war die Frage, ob der Panzerkreuzer gebaut werden solle, im August 1928 so umstritten wie in den Monaten zuvor. Dem Argument Groeners, das Reich müsse in der Lage sein, seine Ostseeküste gegen einen polnischen Angriff zu verteidigen, konnten Kritiker entgegenhalten, daß unter den Bedingungen des Vertrags von Versailles ein wirksamer Küstenschutz ohnehin nicht möglich sei. Außenpolitisch war der Zeitpunkt des Kabinettsbeschlusses sicherlich ungünstig: Im September wollte Reichskanzler Müller zur Versammlung des Völkerbunds nach Genf fahren, um dort zu Fragen der Abrüstung und der Rheinlandräumung zu sprechen. Noch unangenehmer war es für die SPD, daß der 10. August der vorletzte Tag eines Kongresses der Sozialistischen Arbeiter-Internationale in Brüssel war, der sich vor allem Problemen der internationalen Abrüstung widmete und dazu weitreichende Beschlüsse faßte. Aber gegenüber der Gewißheit, daß ein sozialdemokratisches Nein zum Bau des Panzerschiffs Deutschland in eine schwere Regierungskrise stürzen mußte, wog dies alles wenig. Wenn die Minister der größten Regierungspartei die Koalition aufrecht erhalten wollten, konnten sie am 10. August nur so handeln, wie sie es taten.[26]

Große Teile der Partei freilich sahen dies anders. Die Bekanntgabe der Kabinettsentscheidung entfesselte einen Sturm der Entrüstung. Vor allem aus den Hochburgen des linken Flügels kamen geharnischte Proteste. Eine Mitgliederversammlung der SPD Groß-Berlin verlangte die sofortige Einberufung des Reichstags. Die sozialdemokratischen Minister wurden aufgefordert, die Wiederaufhebung des Beschlusses vom 10. August zu beantragen und im Fall der Ablehnung zurückzutreten. Die Breslauer Funktionäre hielten die „Zurückziehung der sozialdemokratischen Minister“ für unabdingbar und „Solidarität mit ihren Handlungen“ für unmöglich. Die Forderung, die sozialdemokratischen Minister sollten sofort zur Aufgabe ihrer Ämter veranlaßt werden, wurde auch in Braunschweig und Bochum laut. In Bochum verlangte ein Teil der Funktionäre darüber hinaus die Einleitung eines Parteiausschlußverfahrens gegen die Minister. Die Mitgliederversammlung der Leipziger SPD bezeichnete die Stellungnahme der „vier Genossen in der Reichsregierung als parteischädigend, umsomehr, als sie ohne jede Füh-

25 Ebda., S. 64 (Auszug aus den Aufzeichnungen Koch-Wesers); zur Haltung der DDP: Wacker, Bau (Anm. 14), S. 100.

26 Ebda., S. 33—108. Zur Beurteilung der militärischen Seite des Panzerkreuzerbaus durch die SPD auch Gustav Adolf Caspar, Die sozialdemokratische Partei und das deutsche Wehrproblem in den Jahren der Weimarer Republik, Frankfurt 1959, S. 78 ff. Zur Brüsseler Konferenz der SAI vgl. unten S. 631 (Anm. 129).

lungnahme mit der Partei erfolgte. Damit haben diese sozialdemokratischen Minister das Vertrauen der Massen zur Sozialdemokratischen Partei schwer erschüttert und der Sozialistischen Arbeiter-Internationale einen schweren Schlag versetzt. Die vier sozialdemokratischen Minister haben aus diesen Gründen nicht mehr das Vertrauen der Leipziger Parteigenossenschaft."

Aber auch in vergleichsweise gemäßigten Parteigliederungen gingen die Wogen der Empörung hoch. Eine Parteiversammlung in Karlsruhe verlangte, die folgenden Raten für den Bau des Panzerschiffs abzulehnen und den Reichswehretat für 1929 auf den des Jahres 1924 herabzusetzen. Die Kaiserslauterner SPD nannte es das „Gebot der Stunde", die „verderbliche Regierungsbeteiligung wieder aufzugeben". In Köln verabschiedeten die Teilnehmer einer überfüllten Mitgliederversammlung entgegen dem Rat des Reichstagsabgeordneten Sollmann eine Entschließung, die das Verhalten der sozialdemokratischen Minister scharf tadelte. Die Mitglieder des größten Hamburger Parteidistrikts, Barmbeck-Süd, mißbilligten die Feststellung des Parteiorgans „Hamburger Echo", die SPD betreibe keine „grundsätzliche Opposition gegen jeden Erneuerungsbau im schmalen Rahmen des Versailler Vertrags", und betonten demgegenüber, sie — die Mitglieder — lehnten „den Panzerkreuzer aus grundsätzlichen Erwägungen und nicht seiner technischen Unzulänglichkeiten wegen" ab. Betont abgewogen war die einstimmig angenommene Erklärung der Magdeburger Funktionäre: Die Minister hätten vor ihrer Entscheidung Fraktion und Partei befragen müssen; der Bau des Panzerkreuzers sei „unnötig"; dennoch wünschten die Wählermassen im Interesse der Arbeiterschaft die weitere Regierungsbeteiligung der SPD.[27]

Selbst ein ausgesprochen „rechter" Sozialdemokrat, Otto Braun, hielt die Entscheidung des Kabinetts für „geradezu verhängnisvoll." So stand es in einem Brief, den der preußische Ministerpräsident am 16. August 1928 aus Bad Gastein, wo er zur Kur weilte, an den Reichskanzler richtete. Da Braun wesentlich dazu beigetragen hatte, den Reichsrat auf eine ablehnende Haltung zum Bau des Panzerkreuzers festzulegen, war sein Zorn verständlich. Aber Braun war auch Realist genug, um vor einer weiteren Zuspitzung des Konflikts zu warnen. Mit einer solchen Zuspitzung war zu rechnen, da die Reichstagsfraktion und der Parteiausschuß der SPD auf den 18. August zu einer Sondersitzung einberufen worden waren. Braun hielt den frühen Zeitpunkt der Sitzung für einen „großen Fehler"; einen noch größeren Fehler aber würde die Fraktion machen, „wenn sie sich jetzt schon durch einen übereilten Beschluß festlegen wollte. In solchen Fällen muß man abwarten, bis sich die, wenn auch noch so berechtigte, Erregung in den Kreisen der Parteigenossen legt, und ruhig abwägen, was zu tun ist, um leidlich aus der Affäre herauszukommen."[28]

---

27 Die Hamburger Entschließung zit. nach: Stimmen der Presse zum Panzerkreuzerbau, in: KK 2 (1928), Nr. 18 (15. 9.), S. 571—574; die Kölner Resolution in: Vorwärts, Nr. 395, 22. 8. 1928; zu Braunschweig: ebda., Nr. 399, 24. 8. 1928; zu Magdeburg: ebda., Nr. 401, 25. 8. 1928; zu Bochum: ebda., Nr. 417, 4. 9. 1928; die anderen Resolutionen nach Wacker, Bau (Anm. 14), S. 85 f.

28 AsD Bonn, Nl. H. Müller, Nr. I, 6—11 (Braun an Müller am 16. 8. 1928); auszugsweise wiedergegeben bei Schulze, Braun (Anm. 8), S. 547 f.

Aber die von Braun gefürchtete Beschlußfassung der Fraktion war nicht mehr zu verhindern. Am 15. August bereits hatten die Vorstände von Partei und Reichstagsfraktion „lebhaft“ bedauert, „daß die sozialdemokratischen Minister nicht die Möglichkeit gefunden haben, in der Kabinettssitzung durch Abstimmung klar zum Ausdruck zu bringen, daß sie — in Übereinstimmung mit der gesamten Partei — entschiedene Gegner des Baus des Panzerkreuzers ‚A‘ sind, (sondern) sich vielmehr auf formalrechtliche Argumente gestützt haben.“ In der gemeinsamen Sitzung von Fraktion und Parteiausschuß am 18. August konnten zwar — zum Teil mit knappen Mehrheiten — Anträge der Linken abgewehrt werden, die den sofortigen Rücktritt der sozialdemokratischen Reichsminister und die unverzügliche Einberufung des Reichstags verlangten. „Mit Rücksicht auf das Gesamtinteresse der Arbeiterschaft“ erklärten Fraktion und Parteiausschuß die Beteiligung an der Regierung vielmehr für „außerordentlich wichtig“; aus der grundsätzlichen Meinungsverschiedenheit in der Panzerkreuzerfrage leite sich daher nicht die Notwendigkeit ab, „unsere Genossen zum Rücktritt aus dem Kabinett aufzufordern“. Scharfe Kritik mußten sich Kanzler und Minister jedoch auch von der großen Mehrheit von Fraktion und Parteiausschuß gefallen lassen. Die beiden Gremien bedauerten, „daß die sozialdemokratischen Minister dem Beschluß des Kabinetts unter Verzicht auf vorherige Befragung der Fraktion und des Parteiausschusses zugestimmt haben. Fraktion und Parteiausschuß halten die engste Fühlungnahme zwischen ihnen und den der Regierung angehörenden Genossen in allen politischen Fragen für eine unabweisbare Notwendigkeit“.[29]

Die Art und Weise, wie sich der Reichskanzler vor Fraktion und Parteiausschuß verteidigte, kann nicht sehr eindrucksvoll gewesen sein. Die preußische Landtagsabgeordnete Toni Jensen, die an der Sitzung teilnahm, berichtete Albert Grzesinski, dem sozialdemokratischen Innenminister Preußens, am 20. August: „Hermann Müller ... war auch in seinen Ausführungen wurschtig und gleichgültig, wenn Ihr wollt, gut, dann treten wir aus der Regierung aus; immer negativ, immer im Rückzug, kein Angriff, keine Verteidigung unserer Position. Hilferding war völlig passiv, während Severing herzerfrischend offen und lebendig war ...

29 Die Erklärung der Vorstände von Partei und Fraktion in: Vorwärts, Nr. 385, 16. 8. 1928; der Beschluß von Parteiausschuß und Fraktion: ebda., Nr. 391, 19. 8. 1928. Zusammenfassend dazu: Wacker, Bau (Anm. 14), S. 107 f. Die Haltung der Linken faßte der Abgeordnete Kurt Rosenfeld — in einem noch vor dem 10. 8. geschriebenen Artikel — folgendermaßen zusammen: „Der Bau des Panzerkreuzers und die Beteiligung von Sozialdemokraten an der Reichsregierung sind miteinander unvereinbar. Die Parole kann nur sein: Entweder Verzicht auf den Panzerkreuzer oder Austritt der Sozialdemokraten aus der Reichsregierung.“ Ders., Panzerkreuzer und Regierungskoalition, in: KK 2 (1928), Nr. 16 (15. 8.), S. 481—485 (485). Die Redaktion fügte, nachdem die Kabinettsentscheidung bekannt geworden war, dem Artikel eine Vorbemerkung hinzu, die in die Parole mündete: „Heraus aus der Regierung!“ Zur Haltung der Linken vgl. auch: Panzerkreuzer und Sozialdemokratie, hg. v. der Redaktion „Der Klassenkampf“, Berlin 1928. — Aus DDR-Sicht: Fritz Kriegenherdt, Die Opposition der Sozialdemokratie in Sachsen gegen die Politik des Parteivorstandes der Sozialdemokratischen Partei Deutschlands vom Ausbruch des sächsischen Parteikonflikts in der SPD um die Jahreswende 1923/24 bis zur Gründung der Sozialistischen Arbeiterpartei Deutschlands Anfang Oktober 1931, Diss. (B) (MS), Potsdam 1971, S. 73 ff.

Aber erschütternd in dieser Reichstagsfraktion ist der Mangel an Solidarität, dieses Mißtrauen gegen *die* Leute, zu denen man noch das Vertrauen hatte, sie in die Regierung zu schicken. Kein Fraktionsvorsitzender fühlte die Verpflichtung, für die Minister einzutreten, am unangenehmsten demagogisch war Breitscheid; unmöglich ein Antrag Löbes (im Herbst den Reichstag gegen die Minister zu mobilisieren, H. A. W.), zu dem Hermann Müller erklärte, daß sie sofort aus der Regierung austreten würden, wenn er angenommen würde ...“[30]

Aus der Vertrauenskrise innerhalb der Sozialdemokratie versuchten von Anfang an auch die Kommunisten Nutzen zu ziehen. Am 15. Juni hatte ihre Fraktion im Reichstag den Antrag eingebracht, die Regierung solle aufgefordert werden, den Bau des Panzerkreuzers A nicht in Angriff zu nehmen und die im März 1928 hierfür bewilligte erste Rate von 9 Millionen Reichsmark für die Schulspeisung von Volksschulkindern verwenden. Am 16. August beschloß das Zentralkomitee der KPD, einen Volksentscheid gegen den Panzerkreuzerbau einzuleiten. Am 17. September ließ das Reichsinnenministerium den von mittlerweile über 5 000 Stimmberechtigten gestellten Antrag auf ein Volksbegehren mit dem Kennwort „Panzerkreuzerverbot“ zu. Wer sich in die entsprechenden Listen eintrug, unterstützte damit einen Volksentscheid über folgenden Gesetzentwurf: „Der Bau von Panzerschiffen und Kreuzern ist verboten.“

Bereits vor der offiziellen Entscheidung des Innenministers hatte sich die Sozialdemokratie zu dem Vorstoß der KPD geäußert. Am 11. September warf der Parteiausschuß der SPD den Kommunisten vor, sie erstrebten mit ihrem Volksbegehren nur eine Gelegenheit, „die Sozialdemokratische Partei zu verleumden und zu beschimpfen. Für die Parteigenossen ergibt sich daraus von selbst die Pflicht, dieser gegen die Sozialdemokratische Partei gerichteten Aktion auf das entschiedenste entgegenzutreten.“ Dieser Anweisung müssen die Mitglieder der SPD Folge geleistet haben. Denn bei Ablauf der Einzeichnungsfrist hatten sich, wie Wolffs Telegrafenbüro am 24. Oktober meldete, lediglich 1 216 968 oder 2,94 % der Stimmberechtigten für einen Volksentscheid ausgesprochen — erheblich weniger, als die Verfassung vorschrieb, nämlich 10 %, und auch sehr viel weniger als jene 10,6 % der Stimmen, die bei der Reichstagswahl vom 20. Mai auf die KPD entfallen waren.[31]

---

30 Zit. bei Schulze, Braun (Anm. 8), S. 548 (Hervorhebung im Original). — Nachdem Hermann Müller das Amt des Reichskanzlers übernommen hatte, wurden von der sozialdemokratischen Reichstagsfraktion Breitscheid, Dittmann und Wels zu gleichberechtigten Vorsitzenden gewählt. Breitscheid fiel dabei faktisch die Rolle des ersten Sprechers zu. Hierzu Wilhelm Keil, Erlebnisse eines Sozialdemokraten. 2 Bde., Stuttgart 1948, Bd. 2, S. 337 f. Vgl. dazu auch Adolph, Wels (Anm. 10), S. 164 ff. Zur Haltung Severings siehe ders., Lebensweg (Anm. 14), Bd. 2, S. 157 ff.

31 Dokumente und Materialien zur Geschichte der deutschen Arbeiterbewegung (DuM), Bd. 8: Januar 1924—Oktober 1929, Berlin [O] 1975, S. 694 (Antrag der Reichstagsfraktion der KPD vom 15. 6. 1928), 709 (Beschluß des ZK der KPD vom 16. 8. 1928), 726 (Beschluß des Parteiausschusses der SPD vom 11. 9. 1928); AdR, Kabinett Müller II (Anm. 9), Bd. 1, S. 64 f. (Vorentscheidung des Reichsinnenministeriums vom 4. 9. 1928 und Meldung von WTB). Zu Verlauf und Ergebnis des Volksbegehrens: Wacker, Bau (Anm. 14), S. 104—107.

Der Ausgang der kommunistischen Kampagne für einen Volksentscheid in Sachen Panzerkreuzer hätte die Führung der SPD davon überzeugen können, daß sich die Erregung über den Kabinettsbeschluß vom 10. August inzwischen gelegt hatte. Dennoch tat die sozialdemokratische Reichstagsfraktion unmittelbar nach dem Ende der parlamentarischen Sommerpause das, was Otto Wels am 7. Oktober auf dem Brandenburger Provinzialparteitag angekündigt hatte: Am 31. Oktober 1928 stellte sie den Antrag, der Bau des Panzerschiffes A sei einzustellen, und die hierfür im Etat eingesetzten Gelder sollten für die Kinderspeisung verwendet werden. Das entsprach ganz dem von der KPD schon am 15. Juni eingebrachten, vom Plenum des Reichstags noch nicht behandelten Antrag. Hätte die sozialdemokratische Vorlage eine Mehrheit gefunden, wäre dies wohl das Ende der Großen Koalition und der Beginn eines schweren Konflikts zwischen Reichstag und Reichspräsident gewesen — eines Konflikts, der zur Auflösung des Reichstags, aber auch zum Rücktritt Hindenburgs führen konnte. Eine Chance, vom Reichstag angenommen zu werden, hatte der Antrag der SPD jedoch nur, wenn außer den Sozialdemokraten und Kommunisten auch die DDP und eine hinreichend große Anzahl von Abgeordneten anderer bürgerlicher Parteien für ihn stimmten oder die Deutschnationalen, um die Regierung Müller zu Fall zu bringen, sich der Stimme enthielten. Mit einer solchen Entwicklung war indes keineswegs sicher zu rechnen. Gewiß war nur eines: Die Reichstagsdebatte mußte nochmals aller Welt das Zerwürfnis zwischen den sozialdemokratischen Ministern und ihrer Fraktion vor Augen führen.

Diese Wirkung des sozialdemokratischen Antrags hätte bereits genügt, das Ansehen der Regierung Müller weiter zu mindern. Aber es blieb nicht dabei. Am 14. November fragten Vertreter der bürgerlichen Mittelparteien bei den Sozialdemokraten an, ob die Minister der SPD und insbesondere der Reichskanzler bei der Abstimmung über den sozialdemokratischen Antrag mit ihrer Fraktion stimmen oder der Abstimmung fernbleiben würden. Dabei äußerten die Abgesandten des Zentrums die Ansicht, zumindest der Reichskanzler als verantwortlicher Leiter der Gesamtpolitik dürfe nicht in offenem Widerspruch zu dem verantwortlichen Ressortchef und der Auffassung des Kabinetts im ganzen stehen.[32]

32 Gegen den Panzerkreuzer! in: Vorwärts, Nr. 517, 1. 11. 1928. Zur Rede Wels' vom 7. 10. 1928: Adolph, Wels (Anm. 10), S. 166. In einem Brief an Hermann Müller vom 27. 8. 1928 ließ Wels durchblicken, daß seine Kampagne gegen den Panzerkreuzer vor allem den Zweck hatte, das kommunistische Volksbegehren zu durchkreuzen. Die Parteipresse müsse herausarbeiten, „was denn wohl von Deutschland im Panzerkreuzerbau geleistet werden müßte, wenn die Kommunisten siegen würden." Es komme jetzt darauf an, „vor allem die Partei aus der geistigen Umklammerung von Nationalisten und Kommunisten freizuhalten." Ebda., S. 165. Der volle Wortlaut des Briefes: AsD Bonn, Nl. H. Müller, I, Nr. 113. Zu den Verhandlungen zwischen den an der Regierung beteiligten Parteien: Wacker, Bau (Anm. 14), S. 134 f., sowie Protokolle (Anm. 19), S. 232 f., 236 f. (Aufzeichnungen Breitscheids über eine Unterredung mit Vertretern des Zentrums am 24. 10. 1928, in deren Verlauf auch der Widerstand Hindenburgs und Groeners, das Abstimmungsverhalten der DNVP und die Möglichkeit einer Reichstagsauflösung erörtert wurden, sowie über eine Unterredung zwischen den beiden Fraktionsvorsitzenden Breitscheid und Stegerwald am 14. 11. 1928). Bereits am 10. 9. hatte Stegerwald Hilferding auf die Möglichkeit hingewiesen, daß die DNVP für den Antrag der SPD stimmen könne. „Herr Dr.

In einer Ministerbesprechung, ebenfalls am 14. November, teilte Reichskanzler Müller mit, der Reichspräsident habe tags zuvor für den Fall, daß der Reichstag den Weiterbau des Panzerschiffs ablehne, mit seinem Rücktritt gedroht. Gleichzeitig kündigte Müller an, die sozialdemokratische Reichstagsfraktion werde voraussichtlich verlangen, daß die ihr angehörenden Minister mit der Fraktion stimmten. Justizminister Koch-Weser erklärte, die demokratischen Mitglieder der Regierung würden sich der Stimme enthalten, und so solle sich auch das Gesamtkabinett verhalten. Daß diese Anregung nicht befolgt werden würde, ging aus dem Beitrag des folgenden Redners hervor. Außenminister Stresemann führte aus, daß die Minister seiner Partei, der DVP, gegen den Antrag der SPD stimmen würden. Im übrigen solle alles vermieden werden, was dazu führen könne, die Koalitionsfreudigkeit der gegenwärtig regierenden Parteien zu zerstören. Deswegen solle sich der für die Richtlinien der Politik verantwortliche Reichskanzler für seine Person bei der Abstimmung im Reichstag enthalten. Im gleichen Sinne plädierte namens des Zentrums Verkehrsminister von Guérard.

Die sozialdemokratischen Kabinettsmitglieder hingegen schlossen Stimmenthaltung mehr oder minder deutlich aus. Innenminister Severing erklärte, die Minister der SPD würden durch eine Stimmenthaltung ihre Autorität in der Partei und somit die Möglichkeit verlieren, weiterhin den Wehrgedanken zu fördern. Finanzminister Hilferding bezeichnete es als untunlich, wenn die sozialdemokratischen Minister sich der Stimme enthielten, während andere Kabinettsmitglieder mit ihrer Fraktion stimmten. Müller selbst bezweifelte, ob die sozialdemokratische Fraktion seine Stimmenthaltung akzeptieren würde. Sollte die Fraktion verlangen, daß der Reichskanzler mit ihr stimme, so müsse das Kabinett entscheiden, ob es sich damit abfinden könne; andernfalls sei er zum Rücktritt bereit. Von einem förmlichen Kabinettsbeschluß, der den Regierungschef auf Stimmenthaltung festlegte, rieten Severing und Koch-Weser ab — „aus Gründen der Autorität des Reichskanzlers“, wie es im Protokoll heißt. „Es wurde aber Einverständnis darüber erzielt, daß der Reichskanzler der Sozialdemokratischen Fraktion die Möglichkeit seiner Stimmenthaltung als eine Anregung aus dem Kabinett in Vorschlag bringen möge.“[33]

Hilferding meinte, daß, wenn die Deutschnationale Volkspartei zu solchen taktischen Mitteln greife, für die Sozialdemokratie eine neue Lage geschaffen sei und sie mit dieser viel leichter fertig würde, als das ohne dieses Zwischenspiel möglich sei.“ Aufzeichnung Stegerwalds vom 12. 9. 1928 in: Der Nachlaß des Reichskanzlers Wilhelm Marx, bearb. von Hugo Stehkämper, 4 Bde., Köln 1968, Bd. 1, S. 501—504 (502).

33 AdR, Kabinett Müller II (Anm. 9), Bd. 1, S. 224—227. Severings Erwägung, „ob nicht das Augenmerk der Wehrmacht weniger auf den Schutz der Küste als auf ein Durchstoßen des polnischen Korridors im Ernstfalle gerichtet werden könne“, konterte Groener mit der Feststellung, dieser Gedanke müsse angesichts der polnischen Aufmarschpläne als abwegig bezeichnet werden. „Im Ernstfall werde die Reichswehr völlig davon in Anspruch genommen sein, eine Abschnürung Schlesiens zu verhindern und Berlin zu schützen. Ostpreußen könne also auf dem Landwege nicht geholfen werden. Er, Groener, müsse die Erklärung abgeben, daß, wenn das Panzerschiff nicht gebaut werde, Deutschland seine Hilflosigkeit in der Ostsee besiegele. Man solle dann lieber die ganze Marine abschaffen.“ Ebda., S. 226.

Die Empfehlung der Ministerrunde beeindruckte den Adressaten nicht. Die sozialdemokratische Reichstagsfraktion beschloß in ihrer Sitzung vom 14. November nach einer kurzen Aussprache, „in der keinerlei Meinungsverschiedenheiten zutage traten": „Die Stimmabgabe aller Mitglieder wird einheitlich und geschlossen erfolgen." Als Ergebnis der Debatte hielt der Sozialdemokratische Pressedienst fest, daß die Fraktion „eine Trennung des Parteivorsitzenden — mag er jetzt auch Reichskanzler sein — von der Fraktion für unmöglich hält, nicht nur im Interesse der Partei, sondern auch in seinem eigenen Interesse ... Die Fraktion hält Geschlossenheit und Disziplin der gesamten Fraktion für unbedingt notwendig."[34]

Von Teilen der sozialdemokratischen Reichstagsfraktion kann als sicher gelten, daß sie die öffentliche Demütigung der sozialdemokratischen Regierungsmitglieder, an ihrer Spitze des Reichskanzlers, wünschten. Zu den Abgeordneten, die so dachten, gehörten alle erklärten „Linken", aber auch ein so einflußreicher Mann wie Reichstagspräsident Paul Löbe, der schon am 18. August davon gesprochen hatte, man müsse im Herbst den Reichstag gegen die Minister mobilisieren. Löbe vertrat seit 1919 den Wahlkreis Breslau, und es spricht manches dafür, daß er bei seinen nicht selten radikal klingenden Reden vor der Fraktion auch an die „linke" Parteibasis der schlesischen Hauptstadt dachte. Die Fraktionsmehrheit aber, die für die Aufrechterhaltung der Großen Koalition war, konnte nicht wollen, daß ihre Vertrauensleute in der Regierung bloßgestellt wurden. Wenn die Mehrheit den sozialdemokratischen Ministern dennoch ein Verhalten abverlangte, das diese lächerlich machte, dann nahm sie damit, juristisch gesprochen, die Abwertung der Regierung Müller billigend in Kauf.

Hätten die beiden Parteivorsitzenden Hermann Müller und Otto Wels eindringlich vor den Folgen gewarnt, die der Beschluß über den allgemeinen Fraktionszwang haben mußte, die Entscheidung wäre gewiß anders ausgefallen. Aber weder Wels noch Müller kämpften für das, worauf es vor allem ankam: die Glaubwürdigkeit der parlamentarischen Demokratie zu festigen. Beiden ging es in erster Linie um die innere Geschlossenheit der Partei. Sie setzten am 14. November

---

34 Wacker, Bau (Anm. 14), S. 135. Der Text der Mitteilung über die Fraktionssitzung in: Heute Panzerschiffdebatte, in: Vorwärts, Nr. 541, 15. 11. 1928. In dem Artikel heißt es u. a., die Partei hätte Müller als Parteiführer geopfert, wenn ihm das Fernbleiben von der Abstimmung gestattet worden wäre. „Noch ein anderer Gesichtspunkt war — eigentlich als erster — für die Fraktion entscheidend. Die Massen der Partei haben durch ihr Fernbleiben vom kommunistischen Volksbegehren ein bewundernswertes Beispiel von *Geschlossenheit und Disziplin* gegeben. Dieses Beispiel soll sein Gegenstück finden in der vollkommenen Disziplin der sozialdemokratischen Reichstagsfraktion. Geschlossenheit und Disziplin des Ganzen hält die Fraktion für umso notwendiger, als die *sozialen Krisenzeichen* im Nordwesten des Reiches, die *politischen* im Reichstag zur stärksten Zusammenfassung aller Kräfte mahnen (eine Anspielung auf den Ruhreisenstreit, H. A. W.). Die Situation, die sich heute und morgen im Reichstag ergeben wird, ist allerdings mehr als ungewöhnlich. Parteien, die in der Regierung *mit*einander arbeiten, werden in einer Frage, die die Gemüter leidenschaftlich bewegt, *gegen*einander stehen, und die Entscheidung wird von wenigen Stimmen abhängen." (Hervorhebung im Original). Der Hinweis auf ein zu erwartendes knappes Abstimmungsergebnis spielte bei der Verhängung des umfassenden Fraktionszwangs offenbar eine entscheidende Rolle. Zum Ruhreisenstreit vgl. unten S. 557 ff.

1928 die Prioritäten so, wie sie es schon immer getan hatten — unter anderem auch auf den Tag genau sechs Jahre zuvor, als die sozialdemokratische Reichstagsfraktion das Kabinett Wirth stürzte, weil sie seine Erweiterung zur Großen Koalition ablehnte. Die Konsequenz war 1922 die Bildung eines verdeckten Präsidialkabinetts unter Wilhelm Cuno gewesen. Im Herbst 1928 blieb das Regierungsbündnis der Großen Koalition bestehen. Gleichwohl gehört der 14. November 1928 zu den Stationen, die den Weg seines Scheitern markieren. Es war ein schwarzer Tag für die parlamentarische Demokratie in Deutschland.[35]

Dem Kabinett konnte Müller am Vormittag des 15. November nur noch die Bitte vortragen, es möge entscheiden, ob es ihm die Stimmabgabe freistellen wolle oder nicht. Eine formelle Abstimmung erübrigte sich aber, nachdem der Reichswehrminister dem Kanzler im voraus eine Art Absolution erteilt hatte. Für die Wehrmacht, sagte Groener, werde es gewiß schmerzlich sein, wenn der Reichskanzler gegen den Bau des Panzerschiffes stimme. Für ihn, Groener, sei jedoch persönlich damit kein Grund zur Krise gegeben, da er mit dem Kanzler bisher vertrauensvoll zusammengearbeitet habe und von diesem stets politisch unterstützt worden sei. Den Dissens in der Panzerkreuzerfrage nannte Groener „eine äußerliche Trennung durch unglückliche politische Umstände“. Auf eine Frage von Verkehrsminister von Guérard hin machte Groener allerdings auch klar, daß er zurücktreten werde, falls der Reichstag den sozialdemokratischen Antrag annehme, und daß ihn niemand, nicht einmal der Reichspräsident, von diesem Entschluß würde abbringen können.[36]

Am Nachmittag des 15. November begann die Reichstagsdebatte über den sozialdemokratischen Antrag auf Einstellung des Baus des Panzerkreuzers A und über eine Interpellation der Fraktion der KPD zum gleichen Gegenstand. Die Rede, mit der Wels die Vorlage seiner politischen Freunde begründete, enthielt zur Sache nichts Neues, wohl aber eine ausführliche Schilderung von Hunger und Armut im Waldenburger Revier. Den Befürwortern des Panzerkreuzers hielt er vor: „Diese Zustände der Not, diese Zustände des Elends sind die Hellinge, auf die Sie den Panzerkreuzer A jetzt legen wollen.“ Dem Gedanken einer zweiten Reichstagswahl innerhalb weniger Monate schien Wels nur Positives abgewinnen zu

35 Zur Entscheidung der sozialdemokratischen Reichstagsfraktion vom 14. 11. 1922 vgl. den vorhergehenden Bd., S. 500; zur Rolle von Löbe im Herbst 1923 siehe ebda., S. 661. Nach der Reichstagswahl vom 20. 5. 1928 hatte Löbe sich bei Hindenburg für eine Weimarer und damit gegen eine Große Koalition eingesetzt. Vgl. dazu Anm. 12. — Müllers Einlassung in der Ministerbesprechung vom 15. 11., die Fraktion habe durch ihre Entscheidung auch dokumentieren wollen, daß sich bei einem etwa bevorstehenden Wahlkampf die Partei nicht von ihrem bisherigen Vorsitzenden trennen dürfe, unterstreicht die traditionelle Prioritätensetzung durch die SPD. Vgl. AdR, Kabinett Müller II (Anm. 9), Bd. 1, S. 227.

36 Ebda., Bd. 1, S. 227 f. Groeners Anerkennung für das ihm von Müller entgegengebrachte Verständnis geht vor allem wohl darauf zurück, daß weder der Kanzler noch die sozialdemokratischen Minister der geheimen Aufrüstung der Reichswehr und ihren vom Parlament nicht kontrollierten Fonds grundsätzlich widersprachen. Informationen hierüber erhielten sie auf Drängen Severings in der Kabinettssitzung vom 18. 10. 1928. Ebda., Bd. 1, S. 153. Allerdings waren diese Informationen sehr unvollständig. Dazu Severing, Lebensweg (Anm. 14), Bd. 2, S. 137 f. Vgl. dazu auch unten S. 779 f. (Anm. 265).

können: „Wenn man das Experiment einer Reichstagswahl mit der ausgesprochenen Parole ‚für oder wider den Panzerkreuzerbau' wagen wollte — wir Sozialdemokraten fürchten das nicht. Wir Sozialdemokraten sind überzeugt, das Ergebnis vom 20. Mai würde verstärkt und doppelt unterstrichen."

Die Rede von Wels, bemerkte am zweiten Debattentag der demokratische Abgeordnete Ernst Lemmer, sei so gehalten gewesen, „als ob die Sozialdemokratie zur gegenwärtigen Reichsregierung in schärfster Opposition stünde." Die Linderung des von Wels so nachdrücklich beschworenen Elends hänge nicht vom Beschluß des Reichstags über den Panzerkreuzer ab, sondern davon, unter welchen Gesichtspunkten im Reichstag Sozial- und Wirtschaftspolitik getrieben werden könne. „Koalitionen können sicherlich niemals Selbstzweck sein. Aber die deutsche Linke der republikanischen Parteien hat die verdammte Pflicht, Machtwillen zu zeigen, an der Regierungsmacht so weit wie nur irgend möglich festzuhalten, um dadurch befähigt zu bleiben, die deutsche Sozial- und Wirtschaftspolitik entscheidend zu beeinflussen, dadurch denen zu helfen, die im Schatten des Lebens stehen, und am weiteren und notwendigen inneren Ausbau der deutschen Republik in unserem Geiste, im Geist von Weimar fortzufahren."

Hatte Lemmer noch bestritten, daß es eine „Krisis des Parlamentarismus" gebe, und nur beklagt, daß es an Menschen mangle, die in der kurzen Zeit des deutschen Parlamentarismus genügend in dieses System hineingewachsen seien, so ging der Sprecher des Zentrums einen Schritt weiter. Joseph Wirth, in seiner Partei ebenso ein „Linker" wie Lemmer in der DDP, meinte, der 15. November sei nicht der erste Tag gewesen, „wo wir die Krisis des parlamentarischen Systems mit Händen greifen konnten. Diese schleichende Krise des deutschen Parlamentarismus, das heißt die Frage: Wo liegt die klare Verantwortung in der politischen Linienführung der deutschen Regierung? geht seit Jahren durch Stadt und Land in unserem Vaterland . . ." Im Interesse der deutschen Demokratie und der deutschen Republik dürften sich Dinge, wie sie sich jetzt abgespielt hätten, nicht wiederholen. Eine weitere Rede wie die von Wels werde das Zentrum mit einem Mißtrauensantrag gegen den sozialdemokratischen Reichskanzler beantworten. Wirth zitierte zustimmend das Urteil der „Frankfurter Zeitung": „Das Schicksal der parlamentarischen Demokratie in Deutschland steht jetzt auf dem Spiel", und unter lebhaftem Beifall von Zentrum und DDP rief er aus: „Das deutsche Volk ist der Krisenmacherei müde geworden. Noch mehr! Das demokratisch gesinnte Volk in Deutschland ist dieser Krisenmacherei überdrüssig."

Was Breitscheid zur Verteidigung seiner Fraktion zu sagen wußte, wirkte gewunden und ging am Kern der Sache, der Funktionsfähigkeit und Glaubwürdigkeit des parlamentarischen Systems, vorbei. „Ich für meinen Teil sehe hier keine Krisis des Parlamentarismus, dies um so weniger, als wir eben dieses Parlament vor eine klare Frage und damit vor eine ganz klare Entscheidung stellen. Das ist der wahre Sinn der theoretischen und der praktischen Demokratie. Ein anderer Sinn der theoretischen und praktischen Demokratie ist, daß jedes einzelne Mitglied dieses Hauses in einer solchen Situation auf eine derartige Frage diejenige Antwort gibt, die es mit seiner Überzeugung und mit seinen Ansichten über die Frage durchaus vereinbaren kann." Die SPD wolle die Krisis sowenig wie Wirth und seine Freunde. „Wir halten es aber für unsere Pflicht, den Weg zu gehen, den wir in dieser Frage gegangen sind, unbeschadet der Tatsache, daß eine Regierung vorhanden ist, die sich aus Mitgliedern dieser verschiedenen Parteien zusammensetzt." Die weitere Entwicklung hänge nun von der Entscheidung des Reichstags ab.

Am Ausgang dieser Entscheidung konnte es schon vor der Abstimmung kaum noch einen Zweifel geben. Nachdem sich die DDP auf ein Nein festgelegt hatte, war allseits die Ablehnung des sozialdemokratischen Antrags erwartet worden. Tatsächlich stimmten für den „Antrag Dr. Breitscheid und Genossen auf Einstellung des Baues des Panzerkreuzers A" nur 202 Abgeordnete, dagegen 257; acht Abgeordnete, allesamt Mitglieder der Deutschen Bauernpartei, enthielten sich. Unter den Nein-Stimmen waren die der DDP, des Zentrums, der BVP und der DVP, außerdem die der Deutschnationalen, der Nationalsozialisten und der Wirtschaftspartei. Die Ja-Stimmen kamen ausschließlich aus den Reihen von SPD und KPD. Unter den Abgeordneten, die dem Antrag zustimmten, waren auch Reichskanzler Müller und die Minister Hilferding, Severing und Wissell. Da sie die entgegengesetzte Kabinettsentscheidung vom 10. August mitgetragen hatten, war ihre Stimmabgabe am 16. November eine Art Mißtrauensvotum gegen sich selbst.[37]

Das öffentliche Echo der Reichstagsdebatte war verheerend. Der Reichskanzler, der sein Verhalten in einem kurzen Debattenbeitrag zu rechtfertigen versuchte, mußte sich von der liberalen „Frankfurter Zeitung" sagen lassen, seine „Konstruktion" werde von niemandem ernst genommen. Die „Tremonia", ein Zentrumsblatt, nannte die Rede von Wels eine „Provokation" und den „Ausdruck einer sozialen Demagogie, wie man sie sonst nur von kommunistischer Seite gewohnt ist." Die schärfste Kritik an der inneren Unglaubwürdigkeit der sozialdemokratischen Taktik aber kam von der „Vossischen Zeitung". Der Führer der größten Partei des Reichstags habe eine „Oppositionsrede schwersten Kalibers" gehalten, schrieb das liberale Berliner Blatt. „Ein sensationelles Ereignis, wäre sie ernst gemeint gewesen. Ihr logischer Abschluß wäre die Ankündigung gewesen, daß die Sozialdemokratische Partei ihre Minister aus der Regierung zurückziehe. Daran denkt sie nicht. Sie will weiterregieren und nur ihr Gesicht wahren ... Wird man sich damit zufrieden geben, daß sie mit der Faust auf den Tisch des Hauses schlägt und froh ist, wenn andere verhindern, daß etwas kaputt geht?"[38]

Im Kabinett hatten schon am Abend des 15. November die Minister von Guérard und Curtius im Namen ihrer Fraktionen gegen die Rede von Wels protestiert und sich daraufhin zwei Zusagen Müllers eingeholt: Der Reichskanzler versprach, sich in seiner Fraktion für Mäßigung bei weiteren Debattenbeiträgen ein-

37 Stenographische Berichte (Anm. 6), Bd. 423, S. 324—332 (331, 324; Wels), 349—351 (Müller), 358—361 (358, 361; Lemmer), 361—367 (362 f., 365; Wirth), 372—376 (374; Breitscheid), 389—392 (Abstimmung). Ein kommunistischer Mißtrauensantrag gegen Reichswehrminister Groener wurde am 16. 11. 1928 mit 393 gegen 62 Stimmen bei 5 Enthaltungen abgelehnt. Für den Antrag stimmten KPD und NSDAP; die SPD lehnte ihn ab, wobei sich einige Linke nicht an der Abstimmung beteiligten. Ebda., S. 389—392.

38 Zit. bei Wacker, Bau (Anm. 14), S. 128—140.

zusetzen, und er erklärte sich sogar bereit, auf Anfrage im Plenum bekanntzugeben, daß die sozialdemokratischen Minister gewillt seien, die künftigen Raten für den Bau des Panzerschiffs A im Reichskabinett zu bewilligen. Breitscheid, dessen Reichstagsrede auf Müllers Initiative zurückging, drückte sich den bürgerlichen Regierungsparteien gegenüber am 16. November erheblich vorsichtiger aus: Das Verhalten der SPD bei künftigen Raten für das Panzerschiff könne jetzt zwar nicht festgelegt werden, aber man werde sich im Sinne einer Bewilligung einsetzen.[39]

Andere Sozialdemokraten äußerten sich sehr viel selbstkritischer zum Verhalten ihrer Partei. Der junge Reichstagsabgeordnete Julius Leber warnte die SPD am 17. November in dem von ihm redigierten „Lübecker Volksboten", so weiterzumachen wie bisher. „Wie soll sich die Partei nun zum kommenden Bauprogramm der Marine stellen? ... Sollen wir dann wieder eine Krise herbeiführen? Um bei erfolgter Mehrheitsbildung gegen uns unsere Minister im Kabinett sitzen zu lassen? Eine solche Politik liefe doch nur darauf hinaus, daß wir bei jeder Wehrfrage, ohne etwas Positives zu erreichen, unseren Ministern Schwierigkeiten machten." Den tieferen Grund dafür, daß die Sozialdemokratie zu einer solchen Haltung neigte, sah Leber sehr klar: Er lag darin, „daß weiteste Kreise unserer Partei gefühlsmäßig stark antimilitaristisch eingestellt sind! Es hat gar keinen Zweck, sich über die Tatsache hinwegzutäuschen ... Der Arbeiter ist, aus den verschiedensten Gründen, außerordentlich schlecht zu sprechen auf Heer und Marine ... So wie es heute ist, wird jede Marinevorlage einen Sturm der Entrüstung hervorrufen. Um die Bewilligung solcher Vorlagen werden wir als Regierungspartei aber nicht herumkommen. Denn solche Vorlagen ablehnen, um sie unserem Kabinett von den Deutschnationalen bewilligen zu lassen, das wäre parlamentarisch unerträglich für die Partei ebenso wie für die Minister." Der nächste Parteitag werde neben der theoretischen Seite des Wehrprogramms — daß ein solches erarbeitet würde, hatte der Parteiausschuß am 11. September beschlossen — auch die praktische, nämlich die Koalitionsfrage, zu klären haben. „Wenn nicht eine grundlegende Änderung der Einstellung der Massen durch den Parteitag erreicht wird, so steht es um die sozialdemokratische Regierungsteilnahme schlecht. Krisen, wie sie die letzten Tage gebracht haben, kann kein Kabinett mehrmals vertragen."[40]

39 AdR, Kabinett Müller II (Anm. 9), Bd. 1, S. 229 f. (ebda. auch Mitteilungen von Scholz in der Sitzung der DVP-Fraktion vom 16. 11. über die Gespräche mit Breitscheid). Zur Wirkung der Rede Wels' auf das Zentrum: Protokolle (Anm. 19), S. 239 f. (Fraktionssitzung vom 15. 11. 1928). Der Fraktionsvorstand empfahl am 15. 11. der Fraktion, möglichst einheitlich gegen den Antrag der SPD zu stimmen. Ebda., S. 239. Der Parteiausschuß der DDP hatte es am 21. 10. 1928 abgelehnt, die Fraktion in der Panzerkreuzerfrage zu binden. Linksliberalismus (Anm. 15), S. 477 f. Die Fraktion hatte zunächst vor, sich der Stimme zu enthalten. Erst am 15. 11. 1928 entschied sie sich, gegen den Antrag der SPD zu stimmen, wobei vermutlich die Rücktrittsdrohung Groeners und die Furcht vor einer Reichstagsauflösung eine wichtige Rolle spielten. Dazu Wacker, Bau (Anm. 14), S. 132 f.

40 Julius Leber, Ein Mann geht seinen Weg. Schriften, Reden und Briefe, hg. v. seinen Freunden, Frankfurt 1952, S. 180 f. Vgl. dazu auch Julius Leber, Schriften, Reden, Briefe, hg. v. Dorothea Beck u. Wilfried F. Schoeller, München 1976, S. 108—110; Dorothea Beck, Julius Leber. So-

Ähnlich urteilte Hilferding. Die Auseinandersetzungen um die Wehrfrage hätten die Partei in eine unmögliche Situation gebracht, heißt es in einem undatierten Brief an Hermann Müller. „Die ganze Krise geht zurück auf die völlige Unklarheit zur Wehrfrage. Im Grunde ist es die alte Vorkriegseinstellung zum Militarismus, vermehrt durch die durch den Krieg verstärkte Feindschaft gegen alles, was nach Rüstung aussieht und durch das Mißtrauen gegen die Reichswehr.“[41]

Schon einige Monate vor dem parlamentarischen Debakel, im August 1928, hatte Wilhelm Keil, einer der Finanzexperten der sozialdemokratischen Reichstagsfraktion, die Rolle kritisiert, die dem Panzerkreuzer A im Wahlkampf seiner Partei zugefallen war. „Es war richtig, daß wir die Parteien, die den Panzerkreuzer zu bauen beschlossen hatten, vor den Wählern anklagten. Das war unser gutes Recht und entsprach unserem Verhalten im Reichstag. Wenn aber da und dort die Hoffnung geweckt wurde, daß eine Stärkung der Sozialdemokratie bei den Wahlen die Durchführung des Beschlusses des vorigen Reichstags unmöglich machen würde, so war das gewagt. Es lag ein verfassungsmäßig gefaßter, mit dem Etatgesetz für 1928 bereits in Kraft getretener Beschluß des alten Reichstags vor. Einen solchen Beschluß rückgängig zu machen, ist viel schwerer, als einen noch nicht gefaßten Beschluß zu verhindern ...“ Da es keine sichere, vor allem aber keine regierungsfähige Mehrheit gegen die Kreuzerpolitik gebe, wäre es zwecklos gewesen, wenn die SPD versucht hätte, im Kabinett den etatrechtlich gebotenen Bau des Panzerschiffs zu hintertreiben. „Das hätte ihren Austritt aus dem Kabinett, aber nicht die Verhinderung des Kreuzerbaus zur Folge. Wir würden dann möglicherweise ähnliche Regierungsverhältnisse im Reich bekommen haben, wie sie zur Zeit in Sachsen bestehen.“[42]

Keils budgetrechtliche Argumente waren nicht stichhaltig: Hilferding hätte im August 1928 finanzpolitische Gründe gegen den Bau des Panzerkreuzers geltend machen können. Er hätte damit aber gewiß weder Groener noch die DVP beeindruckt, so daß es zu jener Regierungskrise gekommen wäre, die die sozialdemokratischen Minister vermeiden wollten und durch ihre Zustimmung zum Antrag des Reichswehrministers zu verhindern suchten. Recht hatte Keil jedoch mit seiner Wahlkampfkritik. Eine Große Koalition war schon lange vor dem 20. Mai 1928 die wahrscheinlichste aller Lösungen, und da die führenden Sozialdemokraten ein solches Regierungsbündnis bejahten, hätten sie nicht die Agitation gegen den Panzerkreuzer in den Vordergrund ihrer Propaganda rücken dürfen. Da sie

---

zialdemokrat zwischen Reform und Widerstand, Berlin [W] 1983, S. 72—87. Der Beschluß des Parteiausschusses vom 11. 9. 1928 in: DuM (Anm. 31), Bd. 8, S. 726. Zu den Debatten um das Wehrprogramm vgl. unten S. 629 ff.

41 AsD, Bonn, Nl. H. Müller, I, Nr. 40.

42 Wilhelm Keil, Panzerschiff und Partei, in: Vorwärts, Nr. 389, 18. 8. 1928. Ähnlich später ders., Erlebnisse (Anm. 30), Bd. 2, S. 340 ff. In Sachsen regierte seit 1927 ein Kabinett, das von den Deutschnationalen bis zu den Altsozialisten reichte. Vgl. dazu oben S. 330. Zur rechtlichen Seite der Panzerkreuzerfrage: Wacker, Bau (Anm. 14), bes. S. 128 ff. Zur späteren Kritik an der Haltung der SPD vgl. auch Friedrich Stampfer, Die vierzehn Jahre der ersten deutschen Republik, Hamburg 3. Aufl. 1947, S. 523 ff.

es doch taten, war der Konflikt mit mindestens einem der künftigen Koalitionspartner, der Deutschen Volkspartei, unvermeidlich.

Für die sozialdemokratische Linke ergab sich hieraus die Schlußfolgerung: „Die Koalitionspolitik ist schuld." Die Entscheidung über den Panzerkreuzer A sei, so heißt es in einer im Oktober 1928 von der Redaktion der Zeitschrift „Der Klassenkampf" veröffentlichten Broschüre, „vor allem ein *Symptom der Koalitionspolitik*, die zur Bildung des Kabinetts Müller geführt hat. Die Zustimmung der sozialdemokratischen Minister zum Beginn des Panzerkreuzerbaues ist die *unausbleibliche Konsequenz der schwächlichen Koalitionspolitik*, deren Verfechter meinten, daß nach der Reichstagswahl vom Mai 1928 die Sozialdemokratie *um jeden Preis* in der Regierung mit bürgerlichen Parteien sitzen müsse."[43]

Im ersten Dezemberheft des „Klassenkampfes" — die Zeitschrift hatte sich am 1. Oktober 1928 mit der „Levi-Korrespondenz", der „Sozialistischen Politik und Wirtschaft", vereinigt — kam der thüringische Reichstagsabgeordnete Kurt Rosenfeld zu dem Ergebnis, die Parteigenossenschaft, die den sozialdemokratischen Antrag auf Einstellung des Panzerkreuzerbaus erwirkt habe, müsse nun ein Nein zur Bewilligung weiterer Gelder für den Panzerschiffbau durchsetzen. „Wenn der Kampf um das Groenersche Marineprogramm von neuem entbrennt, wird wieder Klasse gegen Klasse stehen, und die Arbeiterklasse wird kämpfen müssen, auch wenn darüber die jetzige Koalition, die der Arbeiterschaft so gut wie nichts gebracht hat, zum Teufel geht oder die geplante Große Koalition scheitert."

Rosenfelds sächsischer Fraktionskollege Max Seydewitz hielt in der gleichen Ausgabe dem Zentrumsabgeordneten Joseph Wirth entgegen, die „Unterordnung sachlicher Notwendigkeiten und grundsätzlicher Meinungen unter den Geßlerhut des reibungslosen parlamentarischen Getriebes" sei es gerade, „was den Massen das Verständnis für dieses parlamentarische System nimmt und den Glauben der Massen an den Parlamentarismus mehr untergräbt, als die Gralshüter des parlamentarischen Systems ahnen." Wirth habe mit seiner Reichstagsrede vom 16. November „die Katze wieder mal aus dem Sack gelassen, er hat verraten, daß das parlamentarische System für ihn den Sinn hat, die Sozialdemokratie in Schach zu halten, die bürgerlich-kapitalistische Ordnung mit Hilfe der Sozialdemokratie unversehrt zu erhalten. Dazu kann die Sozialdemokratie sich nicht hergeben. Aufgabe der Sozialdemokratie ist die Vertretung der proletarischen Klasseninteressen, und wo die Wahrnehmung der proletarischen Klasseninteressen im Widerspruch steht zu dem von Joseph Wirth gepriesenen parlamentarischen System, muß die Sozialdemokratie sich für die Wahrnehmung der proletarischen Interessen entscheiden." Der Artikel schloß mit den Worten: „Das Vertrauen der Massen zum parlamentarischen System wird nicht dadurch erschüttert, daß es im Kampf um

43 Panzerkreuzer (Anm. 29), S. 21 f. (Hervorhebungen im Original). Zur Haltung der „Klassenkampf"-Gruppe im Streit um den Panzerkreuzer A auch Ernst-Viktor Rengstorf, Links-Opposition in der Weimarer SPD. Die „Klassenkampf-Gruppe" 1928—1931, Hannover 1976, S. 33 ff; ferner: Hanno Drechsler, Die Sozialistische Arbeiterpartei Deutschlands (SAPD). Ein Beitrag zur Geschichte der deutschen Arbeiterbewegung am Ende der Weimarer Republik, Meisenheim 1965, S. 32 ff.

die Durchsetzung einer im Interesse des Proletariats und der Volksmehrheit gestellten Forderung zu einer Regierungskrise kommt, sondern vielmehr dadurch, daß dem Willen der Volksmehrheit von der Parlamentsmehrheit nicht entsprochen wird und die dem Volk gemachten Versprechungen verraten werden, nur um eine Regierungskrise zu vermeiden."[44]

Klarer hätte die Linke gar nicht machen können, daß die repräsentative Demokratie nicht ihre Sache war. Zehn Jahre nach der Entstehung der Weimarer Republik war der radikale Teil der Sozialdemokratie immer noch von vulgärdemokratischen Illusionen erfüllt.[45] Arbeiterklasse und Volk wurden unkritisch in eins gesetzt. Wer nicht zum marxistischen Proletariat gehörte, durfte sich auch nicht dem „Volk" im eigentlichen Sinn zurechnen. Demokratisches Pathos konnte über diese Ausgrenzung nicht hinwegtäuschen. Eine Sozialdemokratie, die den Empfehlungen ihres linken Flügels folgte, mußte alle Hoffnung fahren lassen, jemals zur Volkspartei zu werden. Das war die eine, eher langfristige Konsequenz, die sich aus den Forderungen der radikalen Linken ergab. Die andere hätte, wenn es nach den Wünschen der „Klassenkampfgruppe" ging, sofort eintreten müssen: der Verzicht auf jede Koalition mit bürgerlichen Parteien und damit auf die Teilhabe an staatlicher Macht.

---

44 Kurt Rosenfeld, Was nun?, in: KK 2 (1928), Nr. 23 (1. 12.), S. 723—725 (725); Max Seydewitz, Die Krise des parlamentarischen Systems, ebda., S. 727—729 (728 f.).

45 Der 9. November 1928, der 10. Jahrestag der Revolution, wurde nicht zum Anlaß besonderer Feierlichkeiten gemacht. Die Reichsregierung brachte ein offizielles Gedächtniswerk heraus: Zehn Jahre deutscher Geschichte 1918—1928, Berlin 1928; Hermann Müller-Franken veröffentlichte sein Buch: Die Novemberrevolution. Erinnerungen, Berlin 1928, das mit den Worten schloß: „Die Revolution hat das Werk der Befreiung der Arbeiterklasse eingeleitet. Im Werk von Weimar liegt der Keim für die werdende sozialistische Gesellschaft. Es ist Aufgabe der Zukunft, das in Weimar begonnene Werk zur Reife zu bringen. Das wird gelingen, wenn wir aus der Revolutionszeit die große Lehre ziehen, daß ein so hohes Ziel nur durch die geeinte Arbeiterklasse zu erreichen ist." S. 286. Im „Klassenkampf" erschien u. a. ein Artikel von Paul Levi. Darin hieß es: „So ging die Monarchie, so kam die Republik, so blieb der Kapitalismus. Diese zehn Jahre, die seitdem verflossen sind, sind eine bittere Lehre ... Was ward, ist die Niederlage der proletarischen Klasse in dieser ersten Erhebung." Paul Levi, Zehn Jahre, in: KK 2 (1928), Nr. 21 (1. 11.), S. 641 f. — Die SPD hielt u. a. im Berliner Sportpalast und in Kiel Gedenkfeiern anläßlich der 10. Wiederkehr des 9. 11. 1918 ab; in Berlin fand am 8. 11. auch eine „Republikfeier" des Reichsbanners Schwarz-Rot-Gold statt. Hierzu: Republikfeier des Reichsbanners, in: Vorwärts, Nr. 531, 9. 11. 1928; Revolutionsfeier in Kiel, ebda., Nr. 532, 9. 11. 1928; Revolutionsfeier im Sportpalast, ebda., Nr. 533, 10. 11. 1928.

Die Auseinandersetzung um den Panzerkreuzer A und der Ruhreisenstreit — zwei Krisen, die sich im Herbst 1928 kreuzten: Werbeplakat für das kommunistische Volksbegehren gegen den Panzerkreuzerbau (oben). *Organisierte Metallarbeiter erscheinen während der Aussperrung durch die Arbeitgeber im Kontroll-Lokal, um ihre gewerkschaftliche Unterstützung zu erhalten* (unten).

2. Herausforderung an den Staat: Der Ruhreisenstreit

„Wenn zwei Krisen sich kreuzen, so frißt momentan die stärkere die schwächere auf“: So lautet ein berühmter Satz aus Jacob Burckhardts „Weltgeschichtlichen Betrachtungen“. Im Herbst 1928 kreuzte sich die Auseinandersetzung um den Panzerkreuzer A mit einem ungleich ernsteren Konflikt, dem Ruhreisenstreit. Dieser Kampf, bei dem es von Anfang an nicht nur um einen tarifpolitischen Disput, sondern auch um die Autorität des Staates ging, machte im November, und über den November hinaus, sehr viel mehr Schlagzeilen als das Panzerschiff. Im nachhinein erscheint der Ruhreisenstreit den meisten Betrachtern als Beleg dafür, daß es bereits vor Beginn der Großen Depression immer schwerer geworden war, eine Verständigung zwischen Arbeitgebern und Gewerkschaften zu erzielen. So gesehen, waren die Kampfhandlungen in der eisen- und stahlerzeugenden Industrie ein sozialpolitisches Gegenstück zur parlamentarischen Schlacht um den Panzerkreuzer, in der die Große Koalition leicht hätte zerbrechen können, und beide Krisen Vorboten der Auflösung der Weimarer Republik.[46]

Der Ruhreisenstreit war vor allem anderen ein Konflikt um die Rolle des Staates als Schlichter. Die Arbeitgeber hatten nie aufgehört, an der staatlichen Zwangsschlichtung, wie sie durch die Verordnung vom 30. Oktober 1923 und die kurz darauf erlassenen Ausführungsverordnungen geregelt wurde, grundsätzliche Kritik zu üben. Aus der Sicht der Unternehmer konnte der Zwangstarif keinen marktgerechten, sondern eben nur einen „politischen Lohn“ begründen. Besonders scharf wandten sie sich gegen die „Einmann-Schiedssprüche“, die nach der

46 Jacob Burckhardt, Über das Studium der Geschichte. Der Text der „Weltgeschichtlichen Betrachtungen“, auf Grund der Vorarbeiten von Ernst Ziegler nach den Handschriften, hg. v. Peter Ganz, München 1982, S. 213. — Zum Ruhreisenstreit v. a.: Ernst Fraenkel, Der Ruhreisenstreit 1928—1929 in historisch-politischer Sicht, in: Ferdinand A. Hermens u. Theodor Schieder (Hg.), Staat, Wirtschaft und Politik in der Weimarer Republik. Festschrift für Heinrich Brüning, Berlin [W] 1967, S. 97—117 [auch in: ders., Reformismus und Pluralismus, Hamburg 1972, S. 145—167]; Ursula Hüllbüsch, Der Ruhreisenstreit in gewerkschaftlicher Sicht, in: Hans Mommsen u. a. (Hg.), Industrielles System und politische Entwicklung in der Weimarer Republik, Düsseldorf 1974, S. 271—289; Gerald D. Feldman u. Irmgard Steinisch, Notwendigkeit und Grenzen sozialstaatlicher Intervention. Eine vergleichende Fallstudie des Ruhreisenstreits in Deutschland und des Generalstreiks in England, in: AfS 20 (1980), S. 57—117; Michael Schneider, Unternehmer und Demokratie. Die Freien Gewerkschaften in der unternehmerischen Ideologie der Jahre 1918 bis 1933, Bonn 1975, S. 76 ff.; ders., Auf dem Weg in die Krise. Thesen und Materialien zum Ruhreisenstreit 1928/29, Wentorf b. Hamburg 1974; Bernd Weisbrod, Schwerindustrie in der Weimarer Republik. Interessenpolitik zwischen Stabilisierung und Krise, Wuppertal 1978, S. 415 ff.; Ulrich Nocken, Interindustrial Conflicts and Alliances in the Weimar Republic. Experiments in Societal Corporatism, Ph. D. Diss., University of California, Berkeley 1979 (University Microfilms), S. 574 ff.; Volker Bahl, Lohnverhandlungssystem der Weimarer Republik — Von der Schlichtungsverordnung zum Ruhreisenstreit: Verbandsautonomie oder staatliche Verbandsgarantie; in: GMH 29 (1978), S. 397—411; Johannes Bähr, Staatliche Schlichtung in der Weimarer Republik. Tarifpolitik, Korporatismus u. industrieller Konflikt 1919—1932, phil. Diss. (MS), Freiburg 1986, S. 268 ff.

Ausführungsverordnung vom 29. Dezember 1923 möglich waren: Wenn es in dem paritätisch aus Vertretern von Arbeitgebern und Arbeitnehmern zusammengesetzten Schlichtungsausschuß zu keinem Mehrheitsbeschluß kam, entschied die Stimme des staatlichen Vorsitzenden.

Die Dachverbände der Arbeitnehmer waren geteilter Meinung. Die Christlichen Gewerkschaften verteidigten die Zwangsschlichtung als unabdingbares Ordnungsinstrument. Die Freien Gewerkschaften hatten den Zwangstarif ursprünglich abgelehnt; in der Praxis akzeptierten immer mehr Fachverbände und auch der ADGB insgesamt die Verbindlichkeitserklärung von Schiedssprüchen als das, verglichen mit einem Unternehmerdiktat oder langwierigen Streiks, kleinere Übel. Zwar ging im Frühjahr 1928 die Enttäuschung über einige Schiedssprüche so weit, daß die Christlichen Gewerkschaften den Eindruck gewannen, der ADGB wolle nun dem Schlichtungswesen den Kampf ansagen. Aber auf dem Hamburger Kongreß der Freien Gewerkschaften im September 1928 sprach sich nur ein Vertreter des Deutschen Metallarbeiterverbandes generell gegen den Zwangstarif aus. Der einzige Antrag zum Thema „Schlichtung" — es handelte sich um einen Antrag des Buchdruckerverbandes Cottbus, der den Vorstand des ADGB aufforderte, darauf hinzuwirken, das „Schlichtungswesen einer grundlegenden Änderung zugunsten der Gewerkschaften zu unterziehen" — wurde von den Delegierten als Material an den Bundesvorstand überwiesen.[47]

Auf einer Besprechung über das Schlichtungswesen, zu der Arbeitsminister Wissell auf den 16. Oktober eingeladen hatte, sprachen sich die Wortführer der Vereinigung der Deutschen Arbeitgeberverbände dafür aus, den Zwangstarif auf Ausnahmefälle zu beschränken. Tarifverträge sollten möglichst in freien Verhandlungen abgeschlossen werden; die Verbindlichkeitserklärung sei dem Verantwortungsgefühl beider Parteien, besonders aber den wirtschaftlichen Notwendigkeiten überaus abträglich. Die Sprecher der Richtungsgewerkschaften hielten dem entgegen, die Verbindlichkeitserklärung müsse nach wie vor dort erfolgen, wo sie aus wirtschaftlichen und sozialen Gründen notwendig sei. Das gelte insbesondere dann, wenn sozial schwache Gruppen außerstande seien, durch Arbeitskämpfe den Widerstand der Arbeitgeberverbände zu brechen. Tatsächlich konnte im Herbst 1928 längst keine Rede mehr davon sein, daß nur „schwache" Organisati-

---

47 Zusammenfassend zur Haltung von Arbeitgebern und Arbeitnehmern gegenüber dem Zwangstarif: Fraenkel, Ruhreisenstreit (Anm. 46), S. 97 ff. Zur Schlichtungsverordnung von 1923 vgl. den vorhergehenden Bd., S 685. Zur Haltung von ADGB und DGB s. o. S. 472 ff., 503 f., sowie insbes. Ursula Hüllbüsch, Koalitionsfreiheit und Zwangstarif. Die Stellungnahme des Allgemeinen Deutschen Gewerkschaftsbundes zu Tarifvertrag und Schlichtungswesen in der Weimarer Republik, in: Ulrich Engelhardt u. a. (Hg.), Soziale Bewegung und politische Verfassung. Festschrift f. Werner Conze, Stuttgart 1976, S. 599—652 (bes. 616 ff.). Zur Entwicklung im Frühjahr 1928: Feldman/Steinisch, Notwendigkeit (Anm. 46), S. 95. Der Antrag zur Schlichtung auf dem Hamburger ADGB-Kongreß: Protokoll der Verhandlungen des 13. Kongresses der Gewerkschaften Deutschlands (3. Bundestag des Allgemeinen Deutschen Gewerkschaftsbundes). Abgehalten in Hamburg vom 3. bis 7. September 1928, Berlin 1928, S. 29; die Abstimmung: ebda., S. 162; der Beitrag des DMV-Delegierten Schäfer aus Leipzig: S. 104—108. Hierzu auch Hüllbüsch, Ruhreisenstreit (Anm. 46), S. 277 f. Die Ausführungsverordnung vom 29. 12. 1923 in: RGBl. 1924 I, S. 9—13.

onen die Hilfe des Staates in Anspruch nahmen. Auch eine so starke Einzelgewerkschaft wie der Deutsche Metallarbeiterverband hatte sich längst daran gewöhnt, den Staat als Schlichter anzurufen, wenn anders der Widerstand der Arbeitgeber nicht überwindbar schien.[48]

Den Auftakt zum Konflikt in der Eisenindustrie des Ruhrgebietes bildete die gemeinsame Entscheidung der Metallarbeiterverbände, das Lohnabkommen vom 27. Dezember 1927 — ein von Reichsarbeitsminister Brauns für verbindlich erklärter Schiedsspruch des Schlichters Wilhelm Joetten — zum Ende der Laufzeit am 30. Oktober 1928 zu kündigen. Diese Entscheidung wurde am 24. September der Nordwestlichen Gruppe des Vereins Deutscher Eisen- und Stahlindustrieller (VDESI), auch kurz Arbeit Nordwest genannt, mitgeteilt. Da Joettens Schiedsspruch sowohl von den Gewerkschaften — außer dem Hirsch-Dunckerschen Gewerkverein — als auch von den Arbeitgebern scharf kritisiert worden war, konnte niemand damit rechnen, daß es im Herbst 1928 zu einer schnellen Einigung zwischen den Tarifpartnern kommen würde.

Die drei Metallarbeitergewerkschaften — die freie, die christliche und die liberale, Hirsch-Dunckersche — forderten von den Arbeitgebern eine Lohnerhöhung um 15 Pfennig pro Stunde für alle Arbeitergruppen über 21 Jahre. Das Gegenangebot von Arbeit Nordwest, den bestehenden Tarifvertrag um ein Jahr zu verlängern und nur die Löhne der am schlechtesten bezahlten Arbeiter geringfügig zu erhöhen, wurde von den Gewerkschaften abgelehnt. Daraufhin entschlossen sich am 11. Oktober die Arbeitgeber, ihren Arbeitern zwei Tage später die Kündigung auszusprechen, und zwar zum 1. November.

Ludwig Grauert, seit Mai 1928 Geschäftsführer von Arbeit Nordwest, ließ das Reichsarbeitsministerium am 12. Oktober wissen, die Arbeitgeber wünschten diesmal keine staatliche Schlichtung, sondern eine selbständige Regelung durch die Tarifpartner. Den dennoch zu erwartenden Schiedsspruch wollte Arbeit Nordwest, sofern juristisch möglich, anfechten. Genau das geschah. Am 26. Oktober ließ der Schlichter Joetten durch Stichentscheid einen Schiedsspruch ergehen, der die Löhne der Zeitlohnarbeiter um 6 Pfennige und die der Akkordlohnarbeiter um 2 Pfennige pro Stunde erhöhte. Am 31. Oktober erklärte Arbeitsminister Wissell, gegen den rechtlich belanglosen Widerspruch von Wirtschaftsminister Curtius, den Schiedsspruch für verbindlich. Arbeit Nordwest stellte sich jedoch auf den Standpunkt, diese Entscheidung sei gegenstandslos, da an dem

---

48 Zu der Besprechung vom 16. 10. 1928: Die Aussprache über das Schlichtungswesen im Reichsarbeitsministerium, in: SP 37 (1928), Nr. 43, Sp. 1027—1029. Besprechung über das Schlichtungswesen im Reichsarbeitsministerium, in: GZ, Nr. 42, 20. 10. 1928. Wissell stellte am Ende des Gesprächs fest, daß weder die Spitzenorganisationen der Gewerkschaften noch diejenigen der Arbeitgeber „grundsätzlich" die Abschaffung der Verbindlichkeitserklärung verlangten. Wissells eigene Reformvorschläge zielten u. a. darauf ab, ein Schlichtungsverfahren auf Antrag einer Partei erst dann einzuleiten, „wenn die antragstellende Partei vorher den ernsthaften Versuch unternommen hat, Verhandlungen über den *freiwilligen Abschluß* eines Tarifvertrages mit der Gegenpartei durchzuführen, dieser Versuch jedoch entweder infolge Nichteinigung der Parteien oder des grundsätzlichen Widerstandes der anderen Partei gescheitert ist." Ebda. (Hervorhebung im Original).

Tage, an dem der Schiedsspruch in Kraft treten sollte — dem 1. November 1928 —, im Bereich der nordwestdeutschen Stahlindustrie kein Arbeitsverhältnis mehr bestehe. Die Kündigungen wurden damit wirksam. Von der Aussperrung betroffen waren etwa 230 000 Arbeiter. In vergleichbarem Ausmaß hatten die Unternehmer der Stahlindustrie ihr schärfstes Kampfmittel noch niemals eingesetzt.[49]

Die Schwerindustriellen der Ruhr wollten mit ihrem harten Vorgehen ein Exempel statuieren: Das System der „politischen Löhne" sollte ein für allemal beseitigt werden durch Löhne, die der wirtschaftlichen Leistungskraft der Unternehmen entsprachen. Die Alternative zum Zwangstarif war für Arbeit Nordwest freilich nicht der frei ausgehandelte, verbindliche Kollektivvertrag. Grauert kritisierte, daß Tarifverträge insgesamt Löhne und Arbeitsbedingungen für jeden Arbeitnehmer vorschrieben. Um diesen Zustand zu überwinden, empfahl er die Vergrößerung der Tarifbezirke. In diesen sollten dann lediglich regionale Mindestlöhne tariflich festgelegt werden; der darauf aufbauende Leistungslohn war, soweit es nach dem Geschäftsführer von Arbeit Nordwest ging, nicht Gegenstand der tariflichen Regelung, sondern von Betriebs- und Einzelvereinbarungen. Daß der Einfluß der Gewerkschaften hierdurch erheblich geschwächt worden wäre, lag auf der Hand.[50]

Die Vereinigung der Deutschen Arbeitgeberverbände machte sich Grauerts Vorschläge nicht zu eigen, und sie konnte dies auch nicht tun, wenn sie glaubwürdig im Zeichen der Tarifautonomie gegen die staatliche Zwangsschlichtung fechten wollte. Auch der andere Spitzenverband der Unternehmer, der Reichsverband der Deutschen Industrie, ging auf Distanz zu Arbeit Nordwest. Mit der Absicht der Ruhrindustriellen, den Zwangstarif zu Fall zu bringen, war die Führung des RDI durchaus einverstanden — soweit dieses Ziel auf längere Sicht verfolgt wurde. Die Aussperrung hingegen hielt der Geschäftsführer des RDI, Ludwig Kastl, für verfehlt. Er sah die Gefahr, „daß wenn es sich um Existenzfragen in der Eisenindustrie handele, immer eine Majorität in der Verwaltung und in der Öffentlichkeit entstehe, die gegen die Eisenindustrie eingestellt sei." Die Gesamtaussperrung mußte nach Ansicht Kastls politische Reaktionen hervorrufen, die selbst den möglichen Erfolg in einer gerichtlichen Auseinandersetzung zunichte machen würden.[51]

---

49 Zum Vorstehenden v. a. Weisbrod, Schwerindustrie (Anm. 46), S. 415 ff.; Feldman/Steinisch, Notwendigkeit (Anm. 46), S. 103 ff. Die Schiedssprüche vom 15. 12. 1927 und 27. 10. 1928 in Schneider, Weg (Anm. 46), S. 20—24. Curtius legte seine Einschätzung der Lage der Stahlindustrie in einer Denkschrift vom 26. 10. 1928 dar, die ebda., S. 24—37, abgedruckt ist. Zur Kontroverse zwischen Wissell und Curtius im Reichskabinett am 31. 10. 1928: AdR, Kabinett Müller II (Anm. 9), Bd. 1, S. 181—184. Zur Haltung der Christlichen Gewerkschaften im Ruhreisenstreit: Michael Schneider, Die Christlichen Gewerkschaften 1894—1933, Bonn 1982, S. 614 ff.

50 Weisbrod, Schwerindustrie (Anm. 46), S. 405 ff.; Feldman/Steinisch, Notwendigkeit (Anm. 46), S. 99 ff.; Bähr, Schlichtung (Anm. 46), S. 327 ff.

51 Ebda., S. 105 (Zitat aus einem Schreiben von Kastl an den Generaldirektor der Gutehoffnungshütte, Paul Reusch vom 8. 11. 1928). Zu den Versuchen Kastls und des RDI, die Aussperrung zu verhindern, auch Nocken, Industrial Conflicts (Anm. 46), S. 584 f.

Den Weg zum Gericht schlug zunächst die Arbeitgeberseite ein. Im unmittelbaren Anschluß an die Aussperrung erhob Arbeit Nordwest am 3. November beim Arbeitsgericht Duisburg eine Feststellungsklage gegen die drei Verbände der Metallarbeiter, wonach der Zwangstarif rechtsunwirksam sei. Am 12. November gab das Gericht dem Klagebegehren statt und erklärte den Schiedsspruch aus formalen und materiellen Gründen für nichtig — formal, weil der Stichentscheid der Schlichtungsverordnung vom 30. Oktober 1923 widerspreche, wonach der Schiedsspruch durch die *Kammer* zu erlassen sei (§ 5, Abs. 3); materiell, weil der Schiedsspruch nicht nur den gekündigten Lohntarif, sondern auch den fortbestehenden Manteltarif abändere. Die grundsätzliche Frage, ob die Schlichtungsbehörden zu einem „Einbruch" in einen laufenden Tarifvertrag befugt seien, wurde damit verneint. Das Landesarbeitsgericht Düsseldorf, bei dem die Gewerkschaften sofort Berufung einlegten, kam am 24. November zu einem anderen Ergebnis. Es verwarf die Einwände der Arbeitgeber, erklärte aber zugleich, daß es „lediglich eine Zweckmäßigkeitsfrage sei, ob und inwieweit die Schlichtungsbehörde ein Verfahren mit dem Ziel der Abänderung eines bestehenden Tarifvertrages einleiten will und inwieweit sie einen Schiedsspruch fällen soll, der in einen bestehenden Tarifvertrag eingreift." Dem Staat wurden damit Befugnisse eingeräumt, die eines Tages leicht auch zu Lasten der Arbeitnehmer genutzt werden konnten und auf jeden Fall den Spielraum der Tarifpartner weiter einschränkten. Für die Gewerkschaften war das Urteil des Landesarbeitsgerichts daher ein Pyrrhussieg. Das galt um so mehr, als die Arbeitgeber hoffen konnten, in letzter Instanz vom Reichsarbeitsgericht in Leipzig recht zu bekommen.[52]

Die öffentliche Meinung reagierte auf die Massenaussperrung so, wie Kastl es erwartet hatte: empört. Der „Vorwärts" erschien am Morgen des 1. November mit der Balkenüberschrift: „Unternehmer gegen den Staat." Der Artikel bezichtigte die Ruhrindustriellen, daß sie, „die sonst nicht genug über den Mangel einer starken Staatsautorität klagen können, sich gegen diese Staatsautorität erheben und damit die Anarchie, die Verneinung des Staatsgedankens proklamieren." Weit unangenehmer als die Wertungen des sozialdemokratischen Parteiorgans war für die Unternehmer die Tatsache, daß die angesehensten liberalen Zeitungen kaum anders urteilten. Die „Frankfurter Zeitung" hatte schon am 30. Oktober bemerkt: „Es ist mit aller Deutlichkeit zu sagen, daß die Sabotierung eines verbindlichen Schiedsspruchs durch Stillegung sich nicht etwa bloß gegen die Arbeiter, sondern gegen eine staatliche Einrichtung, also gegen den Staat richtet und daher eine Art revolutionären Aktes darstellt. Die Allgemeinheit kann sich dem unter keinen Umständen unterwerfen." Die „Vossische Zeitung" schrieb am 1. November, die Schwerindustrie setze sich mit der „Durchbrechung des Schiedsgedankens" selbst „außer Recht." Der Kampf der „mächtigsten Großunterneh-

52 Fraenkel, Ruhreisenstreit (Anm. 46), S. 110 f. Das Prozeßmaterial in: Grauert, Schoppen, Mansfeld (Hg.), Der Rechtsstreit im Arbeitskampf der westdeutschen Eisenindustrie 1928, Mannheim 1929.

mer" gegen die „hungernden Arbeiter" gelte nicht nur diesen, sondern auch der Regierung und dem Staat.[53]

Auch im Reichstag wurde das Verhalten der Ruhrindustriellen angeprangert, und das vor allem wegen der sozialen Wirkungen ihrer Kampfmaßnahmen: Die ausgesperrten Arbeiter erhielten, da die Kündigung eine Maßnahme im Rahmen eines Arbeitskampfes war, keine Arbeitslosenunterstützung, und nur das runde Drittel, das gewerkschaftlich organisiert war, hatte Anspruch auf Unterstützung durch die Verbände der Metallarbeiter. Bereits Anfang November hatten KPD und SPD im Reichstag Interpellationen und Anträge eingebracht, die auf eine staatliche Unterstützung der Ausgesperrten zielten; die erforderlichen Gelder sollten bei den Arbeitgebern eingezogen werden. Das Zentrum unternahm einen gleichgerichteten Vorstoß und legte überdies den Entwurf einer Novelle zum Gesetz über die Arbeitslosenversicherung vor, wonach Aussperrungen bei gültigen Tarifverträgen rückwirkend vom 15. Oktober 1928 ab untersagt sein sollten.

In der Reichstagsdebatte über die Anträge zum Ruhreisenstreit, die vom 12. bis 14. November stattfand, übten nicht nur Kommunisten und Sozialdemokraten scharfe Kritik an den Stahlindustriellen, sondern auch Redner mehrerer bürgerlicher Parteien. Adam Stegerwald, amtierender Fraktionsvorsitzender des Zentrums und zugleich Vorsitzender der Christlichen Gewerkschaften und des Deutschen Gewerkschaftsbundes, rechnete dem Plenum vor, daß der Schiedsspruch vom 26. Oktober sich auf den Umsatz nur mit 0,5 bis 0,75 % auswirke; auf den Zentner Eisen und Stahl entfalle nach dem Zwangstarif lediglich ein halber Pfennig Lohnerhöhung. Man könne den Eisenarbeitern, die in den letzten Jahren die größten Opfer gebracht hätten, nicht zumuten, sich mit den längsten Arbeitszeiten und den kärglichsten Löhnen abzufinden. Der Abgeordnete Colosser von der Wirtschaftspartei erklärte, seine Freunde seien „weiß Gott keine Freunde der Großindustrie" und stünden in diesem Kampf „mit Herz und Verstand durchaus auf seiten der Arbeiterschaft". Selbst die Deutsche Volkspartei ließ durch ihren Sprecher, Paul Moldenhauer, klarstellen, daß sie sich mit den Arbeitgebern nicht identifiziere. Der gegenwärtige Wirtschaftskampf zeige jedoch, daß ein „falsches System" zu Bruch gegangen sei — ein System, „das wir darin erblicken, daß an Stelle des Einigungsbestrebens in der Schlichtungsordnung ... mehr und mehr die amtliche Lohnfestsetzung getreten ist, die nicht in allen, aber in vielen und wichtigen Fällen zugestandenermaßen politische Momente stärker in den Vordergrund geschoben und wirtschaftliche hat zurücktreten lassen."

Am 17. November beschloß der Reichstag auf Antrag des Sozialpolitischen Ausschusses mit großer Mehrheit, das Reich solle Preußen Mittel zur Verfügung stellen, damit die Gemeinden und Gemeindeverbände in die Lage versetzt würden, ihrer Fürsorgepflicht für die ausgesperrten Arbeiter nachzukommen. Das entsprach einem Vorschlag von Finanzminister Hilferding, dem es gelungen war, in Gesprächen mit den an der Regierung beteiligten Parteien die finanziellen Bedenken der DVP weitgehend auszuräumen und so am Morgen des 17. November

53 Unternehmer gegen den Staat, in: Vorwärts, Nr. 517, 1. 11. 1928. Die anderen Zitate nach Weisbrod, Schwerindustrie (Anm. 46), S. 420 f.

einen einmütigen Kabinettsbeschluß herbeizuführen. Die im Plenum anwesenden 30 Abgeordneten der DVP stimmten dem Antrag zu; 15 Abgeordnete, vor allem solche des industrienahen rechten Flügels, nahmen allerdings nicht an der Abstimmung teil. Ebenso verhielt sich Alfred Hugenberg, Vorsitzender der Fachgruppe Bergbau im Reichsverband der Deutschen Industrie und seit Ende Oktober neuer Vorsitzender der DNVP. Seine Fraktion enthielt sich der Stimme. Die weitergehenden Anträge von SPD und Zentrum kamen, einer Vereinbarung im Interfraktionellen Ausschuß entsprechend, nicht mehr zur Abstimmung; Änderungsanträge der KPD wurden abgelehnt.[54]

Eine unmittelbare Wirkung des Reichstagsbeschlusses trat bereits am 19. November zutage: Ein Vermittlungsversuch, den der sozialdemokratische Regierungspräsident von Düsseldorf, Carl Bergemann, vier Tage zuvor eingeleitet hatte, scheiterte. Ermutigt durch die große Mehrheit im Reichstag, machte der Deutsche Metallarbeiterverband ein Zugeständnis rückgängig: seine Bereitschaft, den für verbindlich erklärten Schiedsspruch vom 26. Oktober durch einen freien Vertrag zu ersetzen. Damit war die vorläufige Vereinbarung zwischen den Tarifparteien, die am 17. November erzielt worden war, hinfällig. Die Gewerkschaften kehrten zu dem Grundsatz zurück, daß an der Rechtsgültigkeit des Schiedsspruches nicht zu rütteln war, und nahmen sogar den Eindruck der Gegenseite in Kauf, sie zögen den Zwangstarif grundsätzlich einem frei ausgehandelten Tarif-

54 Stenographische Berichte (Anm. 6), Bd. 423, S. 266—271 (Stegerwald, 12. 11.), 288—294 (Moldenhauer, 13. 11.), 294—296 (Colosser, 13. 11.), 406—411 (Abstimmungen). Für den Antrag auf Unterstützung der ausgesperrten Arbeiter stimmten 266 Abgeordnete, dagegen 59; 55 enthielten sich der Stimme. Die Nein-Stimmen kamen von der KPD, der Christlich-Nationalen Bauern- und Landvolkpartei und der Deutschen Bauernpartei, die Enthaltungen alle von der DNVP. — Arbeitsminister Wissell rechtfertigte zu Beginn der Debatte ausführlich seine Verbindlichkeitserklärung des Schiedsspruchs (S. 253—260). Für die SPD sprach am 13. 11. der Vorsitzende des DMV, Alwin Brandes, der nicht nur die Unternehmer, sondern auch die Kommunisten scharf angriff (S. 274—279). Für die KPD verlangte Wilhelm Florin am 12. 11. die Beseitigung des „Schlichtungsterrors" auf dem Weg des Massenkampfes (S. 260—265). Auch Walter Ulbricht (KPD) forderte (am 13. 11.) den „revolutionären Massenstreik" (S. 313—319). — Zu den Anträgen: Verhandlungen des Reichstags, Anlagen, Bd. 431, Drucksachen Nr. 393 (Antrag der KPD) 397—399 (Gesetzentwürfe des Zentrums), 400 (Interpellation des Zentrums); Bd. 432, Drucksachen Nr. 401 (Antrag der SPD), 406 (Interpellation der KPD), 407, 442 (Anträge des Zentrums), 419 (Änderungsantrag der NSDAP), 422 (Änderungsanträge der KPD), 445 (Antrag der Wirtschaftspartei), 472 (Antrag des Sozialpolitischen Ausschusses), 473 (Änderungsanträge der KPD). Zu den Beratungen im Kabinett, zwischen den Regierungsparteien und im Sozialpolitischen Ausschuß: AdR, Kabinett Müller II (Anm. 9), Bd. 1, S. 230—232 (Ministerbesprechung mit dem Preußischen Staatsministerium am 17. 11. 1928). Der rechte Flügel der DVP hatte Wirtschaftsminister Curtius dazu bewogen, am 16. 11. mit dem Rücktritt der volksparteilichen Minister für den Fall zu drohen, daß in der Unterstützungsfrage eine Regelung gegen die Ansichten der DVP erfolge. Vgl. dazu ebda., S. 230 f., sowie Weisbrod, Schwerindustrie (Anm. 46), S. 426 ff. Zum Organisationsgrad der ausgesperrten Arbeiter: ebda., S. 425. Zu den Fürsorgemaßnahmen der Gemeinden: Volker vom Berg, Der „Ruhreisenstreit" von 1928 als sozialpolitisches Problem der Weimarer Republik im Lichte kommunaler Fürsorgepraxis, in: Sozialer Fortschritt 25 (1976), S. 15—20, 35—41, 64—67, 106—114, 136—140. Zur Rolle der KPD: Larry Peterson, Labor and the End of Weimar: The Case of the KPD in the November 1928 Lockout in the Rhenish-Westphalian Iron and Steel Industry, in: CEH 15 (1982), S. 57—95.

vertrag vor. Die Arbeitgeber hatten es jedenfalls leicht, den Gewerkschaften mangelnde Verständigungsbereitschaft vorzuwerfen und die Schuld an der Fortdauer der Aussperrung zuzuschieben.[55]

Der Reichstagsbeschluß und das Scheitern der Vermittlungsaktion Bergemanns halfen den Schwerindustriellen, aus der nahezu vollständigen Isolierung herauszukommen, in die sie seit dem 1. November geraten waren. Am 23. November erhielten sie endlich, worauf sie bis dahin vergeblich gedrängt hatten: eine Solidaritätserklärung der industriellen Spitzenverbände, der Vereinigung der Deutschen Arbeitgeberverbände und des Reichsverbandes der Deutschen Industrie. Die parlamentarische Anprangerung des Arbeitgeberverbandes Nordwest hatte die anderen Industriebranchen offensichtlich davon überzeugt, daß dem Unternehmertum insgesamt eine Art von Vorwärtsverteidigung nottat, und die Unnachgiebigkeit der Gewerkschaften gab diesem Versuch eine Chance: Die allgemeine Sympathie für die ausgesperrten Arbeiter begann abzubröckeln.[56]

Am 27. November konnte das Unternehmerlager einen wichtigen Erfolg verbuchen. Wirtschaftsminister Curtius wurde von der Reichstagsfraktion der DVP ersucht, eine neuerliche Ministerbesprechung über die Unterstützung der ausgesperrten Arbeiter zu veranlassen. Zweck dieser Initiative war es, einer Beschwerde der Arbeitgeber abzuhelfen: Die Arbeitnehmer, so hieß es, erhielten eine Unterstützung, die teilweise über ihre Löhne hinausgehe, in anderen Fällen an ihr Arbeitsverdienst nahe herankomme. Im Kabinett machte Curtius am 28. November hierfür die Richtlinien verantwortlich, die der preußische Wohlfahrtsminister Hirtsiefer, ein Politiker des Zentrums, am 19. November erlassen hatte. Das Ergebnis der Unterstützungsmaßnahmen stehe in schroffem Widerspruch zu den Absichten der Reichsregierung; der Boden der Fürsorgegesetzgebung sei verlassen worden. Hirtsiefer, der an der Sitzung teilnahm, bestritt die Stichhaltigkeit des vom Wirtschaftsminister beigebrachten Materials. Wissell äußerte denselben Eindruck, forderte aber eine amtliche Überprüfung der von den Arbeitgebern erhobenen Vorwürfe. Severing, der ebenfalls amtliche Erhebungen verlangte, betonte das politische Ziel der Unterstützungsaktion, nämlich die Aufrechterhaltung von Ruhe und Ordnung an der Ruhr. Dieser Zustand sei nur so lange gegeben, als die Autorität der Arbeiterführer erhalten bleibe. Mit dieser Autorität sei es aber vorbei, wenn entsprechend den Wünschen der Arbeitgeber die gewerkschaftliche Unterstützung allgemein auf die Reichsfürsorge angerechnet werde.

Als Ergebnis dieses Teils der Aussprache hielt Reichskanzler Müller fest, daß eine Kommission an Ort und Stelle untersuchen solle, ob infolge der Unterstützungsaktion des Reiches tatsächlich bei den organisierten Ausgesperrten die Lohngrenze erreicht oder sogar überschritten werde. Finanzminister Hilferding wurde beauftragt, in enger Fühlung mit der preußischen Regierung darüber zu wachen, daß die Fürsorgeleistungen im Sinne des Kabinettsbeschlusses vom 17. November gewährt würden. Eine Aufforderung an den preußischen Wohlfahrts-

55 Weisbrod, Schwerindustrie (Anm. 46), S. 424—431. Der Text der vorläufigen Vereinbarung in: Schneider, Weg (Anm. 46), S. 38—41.

56 Weisbrod, Schwerindustrie (Anm. 46), S. 431—436.

minister, seine Richtlinien zu ändern, erging allerdings nicht. Insofern erzielten DVP und Arbeitgeber nur einen Teilerfolg.

Noch bedeutsamer als der Beschluß in Sachen Fürsorge war indes eine andere Entscheidung, die das Kabinett ebenfalls am 28. November fällte. Außenminister Stresemann hatte in seinem Beitrag auf die Gefahr hingewiesen, daß bei längerer Dauer des Ruhreisenstreits das Ausland Kreditrestriktionen beschließen könne, und eine Initiative der Regierung mit dem Ziel angeregt, „daß beide Parteien sich auf eine endgültige Vermittlungsaktion durch eine ihnen zu präsentierende Persönlichkeit von möglichst großer Autorität verständigten." Finanzminister Hilferding griff diesen Gedanken auf und begründete das mit den hohen volkswirtschaftlichen Verlusten des Arbeitskampfes — etwa 100 Millionen Mark in der Woche. Daraufhin kamen die Minister überein, der Düsseldorfer Regierungspräsident Bergemann — der einen neuen, faktisch bereits gescheiterten Vermittlungsversuch unternommen hatte — solle den Tarifpartnern namens des Kabinetts vorschlagen, sich auf eine Schlichtung des Streits durch einen Oberschiedsrichter zu verständigen. Dieser könne auch die Arbeitszeitfrage, die ohnehin demnächst akut werde, mit ins Spiel bringen und damit möglicherweise eine Einigung erleichtern.

Im Anschluß an die offizielle Kabinettssitzung fand noch eine Ministerbesprechung statt, in deren Verlauf Innenminister Severing die Rolle des Oberschiedsrichters übertragen wurde, und zwar ohne jede materielle Bindung seitens des Reichskabinetts. Den Vorschlag machte Wirtschaftsminister Curtius, der seinen Kollegen überdies mitteilen konnte, daß sein Gedanke bereits von Generaldirektor Vögler, dem Vorstandsvorsitzenden der Vereinigten Stahlwerke, gutgeheißen worden sei. Reichskanzler Müller und Arbeitsminister Wissell stimmten Curtius „vollinhaltlich" zu, und am Ende stand der Beschluß, der Reichskanzler solle am 30. November unter Beteiligung der Minister Curtius und Wissell die Vertreter von Arbeitgebern und Arbeitnehmern der Ruhrindustrie getrennt empfangen und für eine Vermittlungsaktion Severings zu gewinnen versuchen.[57]

Es kann kaum zweifelhaft sein, daß die Initiative zu einem Schlichtungsversuch des Reichsinnenministers von der Unternehmerseite ausging. Die Beiträge, die die beiden volksparteilichen Minister am 28. November zu der Diskussion im Kabinett leisteten, sind dafür ein deutliches Indiz. Severing war eine gute Wahl: Der sozialdemokratische Innenminister genoß das Vertrauen der Gewerkschaften, und als Reichskommissar im Ruhrgebiet hatte er 1919 und 1920 auch bewiesen, daß er kein enger Parteimann war. Den Gewerkschaften fiel es dennoch schwerer als den Arbeitgebern, auf den Vorschlag einer Sonderschlichtung einzugehen. Da Severing an den Schiedsspruch vom 26. Oktober nicht gebunden war, stand dessen Bekräftigung auch nicht zu erwarten. Unter dem Gesichtspunkt des Prinzipienstreits, der seit dem 1. November ausgefochten wurde, lag darin bereits ein Erfolg der Arbeitgeber. Aber auch materiell gesehen, war das Risiko der Arbeit-

57 AdR, Kabinett Müller II (Anm. 9), Bd. 1, S. 250—257. Zum Verhältnis von Unterstützung und Löhnen vgl. Schneider, Weg (Anm. 46), S. 41—44.

nehmer größer: Sie konnten nicht hoffen, daß ein neuer Schiedsspruch für sie so günstig ausfallen würde wie der alte.

Auf der anderen Seite hatten die Verbände der Metallarbeiter den Schiedsspruch des Schlichters Joetten selbst praktisch aufgegeben, als sie darauf verzichteten, ihn durch eine einstweilige Verfügung durchzusetzen. Die Gründe für diesen Verzicht hat Ernst Fraenkel, der ständige Rechtsberater des DMV und sein Prozeßbevollmächtigter im Ruhreisenstreit, Jahrzehnte später einleuchtend dargelegt. Die Gewerkschaften konnten zwar damit rechnen, daß das Landarbeitsgericht einem Antrag auf einstweilige Verfügung stattgeben würde. Das hätte das Ende der Aussperrung bedeutet, auf das die Mitglieder der Metallarbeiterverbände immer stärker drängten. Aber es war sehr wahrscheinlich, daß das Reichsarbeitsgericht in letzter Instanz zugunsten der Arbeitgeberseite entscheiden würde. Theoretisch zumindest hafteten in diesem Fall die Gewerkschaften für den gesamten Schaden, der der Ruhrindustrie durch Erlaß und Vollzug der einstweiligen Verfügung erwuchs. Die Folge einer solchen Haftung wäre der finanzielle Bankrott der Metallarbeiterverbände gewesen. Dazu kam die Sorge, eine einstweilige Verfügung könne eines Tages auch als Präzedenzfall für die gerichtliche Unterbrechung eines Streiks herangezogen werden. Diese Gefahren vor Augen, blieb den Gewerkschaften kaum etwas anderes übrig, als sich auf eine Sonderschlichtung einzulassen.[58]

Am 30. November verhandelte Reichskanzler Müller, in Anwesenheit der Minister Wissell und Curtius, zunächst mit den Vertretern der Arbeitgeber, unter ihnen Gustav Krupp von Bohlen und Halbach, Albert Vögler und Florian Klöckner. Der eisenschaffenden Industrie von Rheinland und Westfalen, so versicherten die Sprecher der Unternehmer, habe es ferngelegen, die Republik, ihre Regierung oder einen einzelnen Minister, etwa Wissell, herauszufordern; vielmehr sei das Vorgehen der Arbeitgeber allein aus wirtschaftlichen Beweggründen, nämlich der schwindenden Wettbewerbsfähigkeit der deutschen Eisen- und Stahlproduzenten, zu erklären. Der Schiedsspruch vom 26. Oktober habe auf das Gebot der Wirtschaftlichkeit keine Rücksicht genommen. Reichskanzler Müller versicherte seinerseits, er sei sich der schwierigen Lage der deutschen Wirtschaft wohl bewußt und verkenne in diesem Zusammenhang nicht die ausschlaggebende Bedeutung des Lohnniveaus. Seinen Vorschlag, beide Seiten sollten sich von vornherein dem Spruch des von der Regierung benannten Obmanns unterwerfen, nahmen die Arbeitgeber ohne viel Widerrede an. Sie konnten nach Müllers Ausführungen davon ausgehen, daß Severings Schiedsspruch ihren Wünschen sehr viel mehr entgegenkommen würde als der des Schlichters Joetten. Auf Grund dieser Einschätzung fiel der Unternehmerseite auch die Zusage nicht schwer, die Aussperrung werde sofort beendet werden, wenn die Gewerkschaften die Entscheidung Severings ebenfalls im voraus akzeptierten.

Sehr viel schwieriger gestaltete sich am Nachmittag desselben Tages, des 30. November 1928, die Unterredung mit den Arbeitnehmern, die sich unter anderem

58 Fraenkel, Ruhreisenstreit (Anm. 46), S. 111—113; Weisbrod, Schwerindustrie (Anm. 46), S. 439 f.

durch den Vorsitzenden des Deutschen Metallarbeiterverbandes, Alwin Brandes, den Vorsitzenden des christlich-nationalen Deutschen Gewerkschaftsbundes, Adam Stegerwald, und Ernst Lemmer, den Generalsekretär der Hirsch-Dunckerschen Gewerkvereine, vertreten ließen. Müllers Mitteilung über den Ausgang des Gesprächs mit den Arbeitgebern muß für die Gewerkschaftler überraschend gewesen sein, denn sie baten um die Gelegenheit, die neue Lage erst einmal intern zu beraten. Danach erklärte Brandes im Namen aller Arbeitnehmer, zu Severing habe man absolutes Vertrauen, aber seinem Urteil wollten sich die Gewerkschaften nur unter dem Vorbehalt unterwerfen, daß der von Wissell für verbindlich erklärte Schiedsspruch, was die Löhne angehe, unangetastet bleibe. Von den Gegenargumenten Müllers und Wissells ließen sich die Sprecher der Freien Gewerkschaften nicht beeindrucken. Die Vertreter der christlichen und liberalen Arbeitnehmer zeigten hingegen Verständnis und regten eine abermalige interne Aussprache an. Deren Ergebnis teilte wiederum Brandes mit: Eine endgültige Entscheidung sei heute noch nicht möglich. Alle drei Gewerkschaftsrichtungen würden am Sonntag, den 2. Dezember, Bezirkskonferenzen abhalten, um ihren Vertrauensleuten über den Stand der Dinge zu berichten. Bis Sonntagabend werde das Votum der Arbeitnehmer vorliegen.

Reichskanzler Müller sah nunmehr die Vermittlungsaktion der Regierung am Rande des Scheiterns. Er fragte die Gewerkschaftler, ob sie nicht wenigstens übereingekommen seien, für ihre Personen den Vorschlag des Kabinetts zu befürworten. Das wurde verneint. Seine weitere Frage, was denn geschehen solle, wenn die Bezirkskonferenzen zu einem negativen Ergebnis kämen, war der Anlaß für eine dritte interne Beratung der Arbeitnehmer. Anschließend empfahl Müller, eine Entscheidung „außerhalb des Reviers“, nämlich durch die Gesamtvorstände der Gewerkschaften, herbeizuführen. Lemmer und Stegerwald erklärten sich hiermit einverstanden, die Vertreter des ADGB wollten diese Möglichkeit jedoch zunächst unter sich erörtern und beantragten daher eine neuerliche Verhandlungspause. Das Resultat der besonderen Aussprache teilte Brandes mit: Die Freien Gewerkschaften sähen sich leider außerstande, an ihren satzungsmäßigen Instanzen vorbeizugehen.[59]

Das letzte Wort hatte demnach die Revierkonferenz des DMV. Nachdem die Christlichen Gewerkschaften und die Hirsch-Dunckerschen Gewerkvereine dem Vorschlag der Reichsregierung faktisch bereits zugestimmt hatten, wäre eine ablehnende Haltung des freigewerkschaftlichen Metallarbeiterverbandes ein Akt bewußter Selbstisolierung gewesen — und damit der Weg in die sichere Niederlage. Dennoch gab es auf der Funktionärsversammlung am 2. Dezember massiven Widerspruch gegen eine Blankovollmacht an Severing. Am Ende setzte sich aber der Verbandsvorstand mit einer Resolution durch, die mit 27 gegen 14 Stimmen angenommen wurde. Darin bezeichnete der Deutsche Metallarbeiterverband die Aussperrung nochmals als Verletzung geltenden Rechts. Die von der Regierung jetzt unternommene Verständigungsaktion könne nicht als eine Unterstützung des Rechts anerkannt werden, weshalb der DMV auch die Verantwortung für die sich

59 AdR, Kabinett Müller II (Anm. 9), Bd. 1, S. 264—274.

hieraus ergebenden rechtlichen Folgen ablehne. „Weil aber der Deutsche Metallarbeiterverband dem in Aussicht genommenen Vermittler, dem Reichsminister Severing, mit größtem Vertrauen gegenübersteht, sieht er sich außerstande, die Vermittlungsaktion abzulehnen. In dieser *Zwangslage* wird der Erwartung Ausdruck gegeben, daß der materielle Inhalt des verbindlich erklärten Schiedsspruchs erhalten bleibt."

Beim Christlichen Metallarbeiterverband war die Entscheidung, wie zu erwarten, weniger umstritten. 130 Funktionäre stimmten am 2. November für und nur vier gegen den Vorschlag der Regierung. Der Gesamtvorstand der Hirsch-Dunckerschen Gewerksvereine hatte sich bereits am 30. November auf den Boden der Sonderschlichtung gestellt. Am Abend des 2. Dezember waren somit alle Voraussetzungen für den Beginn der Vermittlungsaktion Severings gegeben. Am Morgen des 3. Dezember öffneten die Betriebe der eisenschaffenden und eisenverarbeitenden Industrie an der Ruhr wieder ihre Pforten. Die einmonatige Aussperrung von 230 000 Arbeitern war beendet.[60]

Severings Schiedsspruch erging am 21. Dezember 1928. Er blieb beträchtlich hinter dem Stichentscheid Joettens zurück: Der Stundenlohn der Zeitlohnarbeiter sollte nicht allgemein um 6 Pfennig, sondern, je nach den bisherigen Zeitlöhnen, um zwischen 1 und 6 Pfennig erhöht werden — wobei die am schlechtesten gestellten Arbeiter den größten Zuwachs hatten. Erfreulicher war für die Gewerkschaften die Arbeitszeitregelung. Alle Arbeiter, die 60 Stunden in der Woche gearbeitet hatten, mußten nur noch 57 Stunden arbeiten; für Arbeiter mit einer geringeren wöchentlichen Arbeitszeit gab es ebenfalls deutliche Verkürzungen. Um das Prinzip zu wahren, daß ein für verbindlich erklärter Schiedsspruch nicht einfach als Makulatur betrachtet werden durfte, sollte Joettens Stichentscheid vom 3. Dezember, dem Tag der Wiederaufnahme der Arbeit, bis zum 31. Dezember 1928 gültig bleiben. Der Forderung der Arbeitgeber, der Schiedsspruch möge eine lange Laufzeit haben, kam Severing weit entgegen: Der fortgeltende Rahmentarif sollte erstmalig zum 30. Juni 1930, die Regelung der Löhne und der Arbeitszeit frühestens zum 30. September 1930 kündbar sein.

Die schriftliche Begründung des Schiedsspruchs nahm Severing zum Anlaß einiger grundsätzlicher Bemerkungen. Daß das heutige Schlichtungsverfahren Mängel habe, könne nicht in Abrede gestellt werden. Allzu häufig hätten die Parteien, anstatt sich gegenseitig Zugeständnisse zu machen, die Entscheidung in einem Lohnstreit dem Schlichter und in letzter Instanz dem Reichsarbeitsminister überlassen. Diese Übung habe die nachteiligsten Folgen insofern, als sie das Verantwortungsgefühl und die Verantwortungsbereitschaft der Parteien herabmindere. Dennoch gehe es nicht an, „daß sich eine Partei über einen rechtsverbindlich erklärten Schiedsspruch mit einem Akt wirtschaftlicher Selbsthilfe hinwegsetzt ..." Zu seiner eigenen Entscheidung schrieb Severing, sie habe auf die ver-

60 Ebda., Bd. 1, S. 274 (Anm.). Zur Funktionärsversammlung des DMV: Die Aussperrung in der Großeisenindustrie, in: GZ, Nr. 49, 8. 12. 1928 (Hervorhebung im Original). Zur Abstimmung beim Christlichen Metallarbeiterverband: Schneider, Weg (Anm. 46), S. 6. Ebda., S. 52, das Protokoll der Besprechungen zwischen der Reichsregierung und den Tarifpartnern.

schlechterte Konjunkturlage Rücksicht nehmen müssen. Die lange Geltungsdauer seines Schiedsspruchs sei diktiert von dem Wunsch, „im Hinblick auf die wirtschaftliche und außenpolitische Situation Deutschlands eine längere Periode der Klärung und Festigung zu schaffen.“[61]

Das Echo, das Severings Schiedsspruch in den Freien Gewerkschaften fand, war, alles in allem, nicht unfreundlich. DMV und ADGB stellten den unbefriedigenden Lohnregelungen die Verkürzung der Arbeitszeit als Erfolg gegenüber. Die Arbeitgeber hätten ihr Ziel, einen rechtsgültigen Schiedsspruch einseitig außer Kraft zu setzen, nicht erreicht. Daß Severing den Stichentscheid Joettens rückwirkend, wenn auch nur für knapp einen Monat, in Kraft gesetzt habe, bedeute „eine prinzipielle Entscheidung des Beauftragten des Reiches zugunsten der Verbindlichkeitserklärung.“ Die „Deutsche Bergwerkszeitung“, ein Blatt der Ruhrunternehmer, kam zu einem ähnlichen Ergebnis, aber einer stark abweichenden Wertung. Severing habe mit ebendiesem Schritt „den Arbeitgebern eine pädagogische Lektion erteilen“ wollen, „um ihnen klar zu machen, daß man nicht ungestraft eine amtliche Entscheidung ignorieren dürfte. Das ist immerhin ein starkes Stück; man sieht, auf welche Irrwege die neudeutsche Wirtschafts- und Sozialpolitik bereits geführt hat.“ Ansonsten verhielt sich die Arbeitgeberpresse auffallend schweigsam.[62]

Der Schiedsspruch Severings war noch nicht der formelle Abschluß des Ruhreisenkonflikts. Am 22. Januar 1929 entschied das Reichsarbeitsgericht in letzter Instanz im Streit um die Rechtsgültigkeit des Stichentscheids von Joetten. Es schloß sich der Auffassung der Arbeitgeber an, daß dieser Schiedsspruch von Anfang an nichtig gewesen sei: Der Spruch habe in einen gültigen Manteltarif eingegriffen; die Schlichtungsinstanzen seien aber nicht berechtigt, bestehende Tarifverträge abzuändern. Darüber hinaus erklärte das Reichsarbeitsgericht Stichentscheide generell für unzulässig.

Ernst Fraenkel ist rückblickend zu dem Ergebnis gelangt: „Der eigentliche Unterlegene des Ruhreisenstreits war das Reichsarbeitsministerium, dem attestiert wurde, daß es eine nichtige Ausführungsverordnung erlassen, einen aus doppeltem Grund rechtswidrigen Schiedsspruch zugelassen und für verbindlich erklärt und sich bei Handhabung seiner Schlichtungspraxis generell von rechtsirrigen Ansichten habe leiten lassen.“ Der Wegfall des Stichentscheids bewirkte allerdings, wie Fraenkel bemerkt, nicht die erhoffte Gesundung des Schlichtungswesens. „Dieser Wegfall erwies sich vielmehr nach Einsetzen der Wirtschaftskrise als ein solch ernsthaftes Hemmnis geordneter Schlichtungsverfahren, daß die Regierung Brüning den Stichentscheid in leicht modifizierter Form durch Notver-

61 Der Text: ebda., S. 68—75. Vgl. auch das Material zum Schiedsspruch von unternehmerischer und gewerkschaftlicher Seite ebda., S. 58—68. Zu seiner Rolle als Schlichter im Ruhreisenstreit rückblickend: Severing, Lebensweg (Anm. 14), Bd. 2, S. 171—177. Severing war selbst langjähriges Mitglied des DMV.

62 Die Aussperrung in der Eisenindustrie und der Schiedsspruch Severings, in: GZ, Nr. 52, 29. 12. 1928; der Inhalt des Schiedsspruchs Severings, in: GZ, Nr. 2, 12. 1. 1929 (Auszüge aus einem Artikel des Bezirksleiters des DMV in Essen, Karl Wolf, in der „Metallarbeiter-Zeitung“); Stimmen der Arbeitgeber zum Schiedsspruch Severings, in: GZ, Nr. 3, 3. 1. 1929.

ordnungen vom 9. Januar und 27. September 1931 vorübergehend wieder einführte."[63]

Für den Ruhreisenstreit von 1928 hatte das Urteil des Reichsarbeitsgerichts nur noch theoretische Bedeutung. Der Konflikt war nicht, wie die Arbeitgeberseite den Vertretern der Reichsregierung gegenüber am 30. November beteuerte, aus rein wirtschaftlichen Motiven heraus entstanden. Max Schlenker, der Geschäftsführer des Langnamvereins und der Nordwestlichen Gruppe des Vereins Deutscher Eisen- und Stahlindustrieller, hat das offen eingeräumt. Die Arbeitgeberschaft, schrieb er Anfang 1929, sei sich von Anfang an darüber klar gewesen, daß die ihr aus der Aussperrung entstehenden Kosten wahrscheinlich größer sein würden als die durch den Schiedsspruch entstehenden Mehrkosten. „Aber es handelte sich für die Eisen schaffende und Eisen verarbeitende Industrie letzten Endes um ihr Bestehen, es handelte sich für sie darum, sich gegen eine Wirtschaftsgebarung zu stemmen, die früher oder später zum Sozialismus, wenn nicht zum Bolschewismus führen muß."[64]

Wenn Schlenker mit seiner Furcht vor dem Bolschewismus damals auch gewiß nicht für die gesamte Ruhrindustrie sprach, so gibt es doch keinen Zweifel daran, daß die Arbeitgeber der Nordwestlichen Gruppe die Massenaussperrung vom 1. November 1928 als Hebel benutzen wollten, um das System der Zwangsschlichtung zu beseitigen. Die Arbeitgeber der Eisenindustrie in Rheinland und Westfalen waren freilich nicht die Exekutive der deutschen Arbeitgeberschaft insgesamt. Mit den Ruhrunternehmern im Ziel — der Abschaffung des Zwangstarifs — einig, hielten die industriellen Spitzenverbände die Aussperrung dennoch für ein ungeeignetes Mittel, um diesem Ziel näher zu kommen. Die Tatsache, daß die öffentliche Meinung und auch ein erheblicher Teil der bürgerlichen Parteien sich auf die Seite der ausgesperrten Arbeiter stellte, zwang die Schwerindustriellen zu einer Kurskorrektur. Sie wurde ihnen dadurch erleichtert, daß sie in der zweiten Novemberhälfte erstmals verbale Unterstützung durch die Vereinigung der Deutschen Arbeitgeberverbände und den Reichsverband der Deutschen Industrie erhielten. Die Initiative zur Sonderschlichtung durch Severing und damit zu einer Kompromißlösung ging offensichtlich von den realpolitischen Kräften in der Nordwestlichen Gruppe aus.

---

63 Fraenkel, Ruhreisenstreit (Anm. 46), S. 116 f. Die unterschiedlichen Urteilssprüche der drei Instanzen der Arbeitsgerichtsbarkeit faßt Fraenkel wie folgt zusammen: Das Arbeitsgericht habe die Auffassung vertreten, „daß eine Nachprüfung der Verfahrensinterna zulässig und der Stichentscheid unzulässig sei; das Landesarbeitsgericht, daß eine Nachprüfung der Verfahrensinterna unzulässig und der Stichentscheid zulässig sei; das Reichsarbeitsgericht, daß sowohl eine Nachprüfung der Verfahrensinterna als auch ein Stichentscheid unzulässig sei." Ebda., S. 117. — Von zeitgenössischen Kommentaren zum Urteil des Reichsarbeitsgerichts siehe insbes. aus freigewerkschaftlicher Sicht: Clemens Noerpel, Schlichtungswesen und Rechtspolitik, in: GZ, Nr. 7, 16. 2. 1929; von der Arbeitgeberseite: R. Brauweiler, in: Der Arbeitgeber Nr. 3, 1. 2. 1929; G. Erdmann, Rechtspolitik und Verwirrung im Schlichtungswesen, ebda. — Zur Position des Reichsarbeitsministers vgl. den kurz vor dem Urteil des Reichsarbeitsgerichts verfaßten Artikel von Rudolf Wissell, Reform des Schlichtungswesens?, in: Magazin der Wirtschaft 5 (1929), S. 71—76.

64 Zit. bei Weisbrod, Schwerindustrie (Anm. 46), S. 455.

Der Generaldirektor der Gutehoffnungshütte, Paul Reusch, gehörte nicht dazu. Am 10. Dezember 1928 teilte er einem kleinen Kreis von Industriellen mit, daß er entschlossen sei, seine Ämter als Vorsitzender des Langnamvereins und der Nordwestlichen Gruppe aufzugeben, und zwar aus Protest gegen die Art und Weise, wie Krupp und Vögler den Arbeitskampf beizulegen versuchten. Von diesem Schritt ließ er sich Ende Dezember dann doch wieder abbringen. Aber das änderte nichts daran, daß maßgebliche Kräfte in der Schwerindustrie — neben Reusch auch Hugenberg, Grauert und Schlenker — die Vermittlungsaktion Severings und ihr Ergebnis ablehnten. Der Ruhreisenstreit war nicht eine Herausforderung des Staates durch die Unternehmerschaft schlechthin, wohl aber durch einen wichtigen Teil derselben: zunächst die rheinisch-westfälische Schwerindustrie insgesamt, dann, seit Ende November, deren unnachgiebige Minderheit.

Daß die gemäßigte Richtung schließlich die Oberhand gewann, erklärt sich vor allem aus der wirtschaftlichen Lage: Sie hatte sich im Verlauf des Jahres 1928 spürbar verschlechtert, aber von einer bedrohlichen Krise konnte noch nicht die Rede sein. Kam es zu einer krisenhaften Zuspitzung, dann allerdings war es wahrscheinlich, daß jene radikaleren Kräfte im Unternehmertum Zulauf erhielten, die auch vor der offenen Kampfansage an den demokratischen Staat und der direkten Konfrontation mit ihm nicht zurückschreckten. Das soziale Spannungsverhältnis zwischen Staat und Unternehmern, eine unvermeidbare Folge der Zwangsschlichtung, drohte in diesem Fall umzuschlagen in grundsätzliche politische Gegnerschaft.[65]

Ernst Fraenkel zufolge bestand das charakteristische Merkmal des großen Arbeitskampfes vom Herbst 1928 darin, daß er mit „falschen Frontstellungen" geführt wurde. „Im Ruhreisenstreit bediente sich die Schwerindustrie der Maske eines Vorkämpfers des autonomen Arbeitsrechts; gleichzeitig manövrierte sie die Gewerkschaften in eine Position, die die Arbeitnehmerverbände vor die Alternative stellte, entweder ‚ihren' Arbeitsminister Wissell zu desavouieren oder sich mit dem Schlichtungswesen in der radikalen Form des ‚Stichentscheids' zu identifizieren, wenn nicht gar es in seiner extremsten Form zu verteidigen, d. h. aber zuzugeben, daß eine staatliche Instanz berechtigt sei, inkraft befindliche Normen von Kollektivverträgen jederzeit nach Belieben abzuändern und somit über Löhne und sonstige Arbeitsbedingungen frei verfügen zu können. Im Hintergrund des Ruhreisenstreits tauchte drohend das Gespenst einer Gestalt auf, die man weniger als ein Jahrfünft nach Abschluß des größten arbeitsrechtlichen Prozesses der Weimarer Republik ‚Treuhänder der Arbeit' nannte."[66]

---

65 Vgl. dazu v. a. ebda., S. 441—456; Feldman/Steinisch, Notwendigkeit (Anm. 46), S. 110—114. — Für den rechten Flügel der Schwerindustriellen darf als sicher gelten, daß die Bildung der Großen Koalition im Juni 1928 und die vom ADGB-Kongreß vom September 1928 erhobene Forderung nach „Wirtschaftsdemokratie" den Willen zur Konfrontation bestärkten. Die Auseinandersetzungen von Ende 1927 sprechen jedoch dafür, daß es auch unter einer bürgerlichen Regierung im Herbst 1928 zu einer Massenaussperrung gekommen wäre. Ebda., S. 99; Weisbrod, Schwerindustrie (Anm. 46), S. 415. Zur „Wirtschaftsdemokratie" vgl. unten S. 606 ff.

66 Fraenkel, Ruhreisenstreit (Anm. 46), S. 106 f.

Der Zwangstarif paßte nicht in eine freiheitlich verfaßte Gesellschaft. Aber eine solche Gesellschaft war Weimar nur sehr bedingt. Es gab in der ersten deutschen Republik noch eine kräftige obrigkeitsstaatliche Tradition, und in diese Tradition paßte die Zwangsschlichtung sehr wohl hinein. Dem widerspricht nicht, daß bei der Entstehung des Zwangstarifs ein soziales Motiv Pate gestanden hatte: der Schutz der Arbeiter vor Arbeitgebern, die die Arbeitsbedingungen lieber diktieren als in freien Kollektivverträgen mit den Gewerkschaften vereinbaren wollten. Der Staat *war* in Deutschland sozialer als in Ländern des vergleichsweise weniger gehemmten „Manchesterkapitalismus" wie England oder den Vereinigten Staaten von Amerika. Aber was als Schutz gedacht war, wirkte auf längere Sicht als Schwächung. Die deutschen Gewerkschaften machten sich von einem Staat abhängig, der kein festes demokratisches Fundament besaß. Diese Abhängigkeit trug dazu bei, den Mangel zu vermehren, aus dem sie erwachsen war.[67]

67 Zum Vergleich zwischen Deutschland und England sehr instruktiv: Feldman/Steinisch, Notwendigkeit (Anm. 46), S. 113—117.

3. Belastungsproben: Die Politik der Regierung Müller bis zum Herbst 1929

Der Ruhreisenstreit war noch nicht beigelegt, als Reichskanzler Müller am 27. November 1928 einen Vorstoß unternahm, sein „Kabinett der Persönlichkeiten" in eine formelle Große Koalition umzuwandeln. Der Anstoß ging offenbar von Finanzminister Hilferding aus, der wegen des Haushalts 1929 und damit zusammenhängender Steuerfragen die Regierung auf eine festere parlamentarische Grundlage zu stellen wünschte. Des Einverständnisses von Reichspräsident von Hindenburg hatte sich der Kanzler tags zuvor versichert.

Das größte Hindernis, das im Juni einer Großen Koalition im Wege gestanden hatte, war allerdings noch immer nicht ausgeräumt: In Preußen regierte Otto Braun nach wie vor mit einem Kabinett der Weimarer Koalition. Es gab zwar seit Anfang Oktober Gespräche zwischen dem preußischen Ministerpräsidenten und der DVP, aber nun sperrte sich, was Braun durchaus gelegen kam, das Zentrum dagegen, die Volkspartei in die Regierung aufzunehmen: Sachlich fürchtete es Schwierigkeiten für den Abschluß eines Konkordats zwischen Preußen und dem Vatikan; personell wollte es keinen seiner drei Kabinettssitze zugunsten der DVP aufgeben.

In der Besprechung mit den Parteiführern, die am 27. November im Reichstagsgebäude stattfand, teilte Müller dennoch mit, er sei davon in Kenntnis gesetzt worden, daß es in Preußen die Bereitschaft zur Erweiterung des dortigen Regierungsbündnisses gebe, wenn im Reich der Bestand der neuen Koalition auf längere Zeit gesichert sei. Es scheine ihm daher am zweckmäßigsten, zunächst im Reich die Voraussetzungen für die Bildung der Großen Koalition zu schaffen und dann an Preußen heranzutreten; die „Ratifizierung" könne und müsse aber in Reich und Preußen gleichzeitig erfolgen. Natürlich gebe es auch noch eine Fülle von anderen Streitpunkten. Aber lange Verhandlungen über Richtlinien und Programm seien nicht zweckmäßig. Es handle sich ja auch gar nicht um eine Neubildung, sondern nur um eine Umbildung der Regierung. Personelle Veränderungen waren nach Meinung des Kanzlers lediglich beim Zentrum erforderlich, das sich im Kabinett durch einen einzigen Minister, den „Beobachter" von Guérard, vertreten ließ.

Für die SPD erklärte Breitscheid, seine Fraktion sei zur Bildung einer Großen Koalition bereit und halte lange Diskussionen über Richtlinien für überflüssig. Notwendig sei hingegen eine Aussprache über akute Fragen; die Sozialdemokraten hätten in dieser Hinsicht aber keine eigenen Vorschläge zu machen. In Preußen gebe es Schwierigkeiten wohl nur wegen des Konkordats, gegen das „im Prinzip" freilich nichts einzuwenden sei.

Der Fraktionsvorsitzende der DVP, Ernst Scholz, versicherte, seine Partei sei zu Verhandlungen über eine Große Koalition grundsätzlich bereit. Diese sei schon deswegen notwendig, damit nicht bei jeder Gelegenheit politische Pannen einträten und die Fraktionen nicht ständig mit Anträgen wetteiferten, ohne sich vorher miteinander abzustimmen. „Vorgänge wie bei der Panzerschiffdebatte dürften sich nicht wiederholen", hielt Staatssekretär Pünder als Auffassung von Scholz fest. „Entscheidend sei für die Volkspartei die gleichzeitige Regelung der preußischen Frage. Eine endgültige Regelung im Reich und dann ein Zuwarten hinsichtlich der preußischen Regelung sei für sie ganz ausgeschlossen. Aber mit dem Vorschlag des Herrn Reichskanzlers sei er ganz einverstanden." Sachberatungen und Vereinbarungen seien nur in einigen Gebieten erforderlich, und zwar im Hinblick auf den Etat, die Steuern, die Wirtschafts- und Sozialpolitik.

Der Abgeordnete Leicht fügte namens der Bayerischen Volkspartei diesem Katalog noch ausdrücklich die Biersteuer hinzu; grundsätzlich sei seine Fraktion jedoch zu Verhandlungen über die Große Koalition bereit. Stegerwald meinte zwar, das Zentrum hätte es lieber gesehen, wenn sein Parteitag, der am 6. und 7. Dezember stattfinden sollte, abgewartet worden wäre, ehe solche Verhandlungen begännen. Aber prinzipiell stehe seine Partei schon seit 1920 auf dem Standpunkt, daß die Große Koalition am ehesten der politischen Situation Deutschlands entspreche. Vorbehaltlos bejahte auch Ludwig Haas für die DDP Verhandlungen über ein solches Regierungsbündnis. Der Vorschlag von Scholz, die Wirtschaftspartei zu den Gesprächen hinzuzuziehen, fand bei den übrigen Teilnehmern keinen Anklang, wobei Reichskanzler Müller und Finanzminister Hilferding besonders vor den steuerpolitischen Forderungen dieser Gruppierung warnten.[68]

Die nächste Verhandlungsrunde war für den 30. November vorgesehen; sie mußte abgesagt werden, weil Reichskanzler Müller an diesem Tag vollauf damit beschäftigt war, den Ruhreisenstreit beizulegen. Erst am 24. Januar 1929, unmittelbar nach dem Ende der parlamentarischen Weihnachtspause, nahm Müller die Unterredungen mit den an der Regierung beteiligten Parteien wieder auf, und zwar in der Form von Einzelgesprächen mit den Vertretern der Fraktionen. Keine besonderen Schwierigkeiten hatte der Kanzler mit der eigenen Partei. In der SPD gab es wohl gewisse Bedenken wegen der Art und Weise, wie Finanzminister Hilferding den Haushalt für 1929 auszugleichen gedachte. Aber im Prinzip waren die Sozialdemokraten nach wie vor zur Bildung einer Großen Koalition bereit.

Sehr viel komplizierter gestaltete sich die Unterredung mit dem Zentrum, das gerade dabei war, eine tiefe innere Krise zu überwinden. Auf dem Kölner Parteitag Anfang Dezember war der Trierer Prälat und Kirchenrechtler Ludwig Kaas als Nachfolger von Wilhelm Marx zum neuen Parteivorsitzenden gewählt worden; von seinen beiden Gegenkandidaten konnte nur einer, der von den katholischen Arbeitervereinen unterstützte Joseph Joos, einen Achtungserfolg erringen; der andere, der christliche Gewerkschaftsführer Stegerwald, erlitt eine schwere persönliche Niederlage. Der Sieg von Kaas bedeutete einen Ruck nach rechts, und darum wurde die Entscheidung des Kölner Parteitags von den Christlichen Gewerkschaften zunächst scharf kritisiert. Eine Entspannung trat erst ein, als Stegerwald, der seit Juni 1928 die Geschäfte eines Vorsitzenden der Reichstags-

68 AdR, Kabinett Müller II (Anm. 9), Bd. 1, S. 245—250. Zu den Verhandlungen zwischen Braun und der DVP: Schulze, Braun (Anm. 8), S. 549 ff.; Möller, Parlamentarismus (Anm. 21), S. 381 ff.

fraktion geführt hatte, am 25. Januar 1929 durch Akklamation offiziell in dieses Amt gewählt wurde.

In der Besprechung mit Müller am 24. Januar traten als Unterhändler des Zentrums der Parteivorsitzende Kaas sowie die Abgeordneten Perlitius und Esser auf. Dem Kanzler gegenüber wiederholten sie die Forderungen, die sie bereits in einem Vorgespräch einer Delegation der sozialdemokratischen Fraktion mitgeteilt hatten: Ein Interfraktioneller Ausschuß sollte sich erst nach Bildung der Großen Koalition konstituieren; dem Zentrum waren künftig drei Ministerien zuzuweisen, nämlich wie bisher das Verkehrsministerium, weiter das Ministerium für die besetzten Gebiete, das Guérard zur Zeit in Personalunion mitverwaltete, und das Justizministerium. Daß die DDP dieses Ressort eines Tages wieder aufgeben könne, war mit ihr bei den Verhandlungen im Juni ausgemacht worden. Das Interesse des Zentrums, das Justizministerium zu übernehmen, ergab sich aus dem Wunsch, eine von den liberalen und den Linksparteien angestrebte Reform des Ehescheidungsrechts zu verhindern.

Müller erwiderte sogleich, daß die DDP das Justizministerium wohl eher der DVP als dem Zentrum übergeben wolle — eine Annahme, die ihm tags darauf von den Sprechern der Demokraten bestätigt wurde. Für die DVP erklärte Scholz in einem Gespräch am späten Nachmittag, einem Ausbau des Rheinministeriums zu einem vollen Ministerium würde seine Fraktion äußersten Widerstand entgegensetzen. Im übrigen sei es für die Deutsche Volkspartei eine conditio sine qua non, daß gleichzeitig mit der Großen Koalition im Reich eine eben solche Regierung in Preußen gebildet werde.[69]

Die preußischen Koalitionsverhandlungen aber machten keine Fortschritte. Das Zentrum dachte nicht daran, die Front der Konkordatsgegner dadurch zu vergrößern, daß es der kulturkämpferischen DVP Kabinettssitze zugestand. Ohne eine bedingungslose Zustimmung zu dem Vertrag zwischen Preußen und dem Vatikan konnte die Volkspartei nicht hoffen, an der preußischen Regierung beteiligt zu werden. Die DVP ihrerseits blieb auf Reichsebene bei ihrem kategorischen Nein zu einem selbständigen Rheinministerium. Am 30. Januar drohten die Vertreter des Zentrums, Prälat Kaas und Adam Stegerwald, in einem Gespräch mit Müller erstmals, Verkehrsminister von Guérard aus dem Kabinett zurückzuziehen, falls die Forderungen ihrer Partei nicht erfüllt würden. Verhandlungen zwischen Müller und Braun sowie zwischen Zentrum und DVP erbrachten keine An-

---

69 AdR, Kabinett Müller II (Anm. 9), Bd. 1, S. 382—384 (Aufzeichnung Pünders vom 21. 1. 1929). Dem Kanzler gegenüber erwähnten die Vertreter des Zentrums am 24. 1. auch, daß Curtius erwäge, ins Justizministerium überzuwechseln, in welchem Fall dann das Zentrum das Wirtschaftsministerium übernehmen wolle. Von Curtius wurde diese Behauptung sogleich energisch dementiert. Ebda., S. 383 (Anm.). Zum Streit um das Ehescheidungsrecht: ebda., S. XIV. Auf dem Kölner Parteitag des Zentrums erhielten bei der Wahl des Vorsitzenden Kaas 184, Joos 92, Stegerwald 42 Stimmen. Vgl. dazu Rudolf Morsey, Die Deutsche Zentrumspartei, in: Erich Matthias u. Rudolf Morsey (Hg.), Das Ende der Parteien 1933, Düsseldorf 1, Aufl. 1960, S. 281—453 (283 ff., 418 ff.); Ellen Lovell Evans, The German Center Party 1870—1933. A Study in Political Catholicism, Carbondale usw. 1981, S. 348 ff. Zur Wahl Stegerwalds zum Fraktionsvorsitzenden: Protokolle (Anm. 19), S. 256 f. Zu Hilferdings Haushaltsplan vgl. unten S. 581.

näherung in den strittigen Punkten. Müllers wiederholtes Anerbieten, das Zentrum möge einen zweiten Kabinettssitz sofort, einen dritten nach Bildung der Großen Koalition in Preußen besetzen, wurde von der katholischen Partei abgelehnt. Am 6. Februar beschlossen der geschäftsführende Vorstand und Vertreter der Reichstagsfraktion des Zentrums, den gordischen Knoten zu durchschlagen: Guérard wurde ersucht, noch am gleichen Tag sein Abschiedsgesuch einzureichen. Am Abend des 6. Februar kam der Verkehrsminister dieser Aufforderung nach. Die Regierung Hermann Müller hatte damit ihre sichere parlamentarische Mehrheit verloren.[70]

Den Reichskanzler veranlaßte die Krise zu düsteren Überlegungen. „Was soll nach dieser Regierung kommen?", schrieb er am 12. Februar 1929 an Otto Wels. „Wird unsere Partei nach dem Sturz dieser Regierung bereit sein, in der Regierung zu bleiben? Wird nicht wieder die Lust wach werden, sachliche Vorbedingungen zu stellen, die zu wochenlangem Gezerre führen, und die ohne positives Resultat endigen werden? Wird eine Minderheitsregierung kommen? Würden die Mittelparteien den Mut haben, eine solche zu bilden, solange die Deutschnationalen unter Hugenbergs Führung regierungsunfähig sind? . . . Würde letzten Endes infolge der Uneinigkeit der Parteien ein Beamtenkabinett gebildet werden, in dessen Schoße sich ein Direktorium entwickeln könnte?"

Über eines dürfe man sich nicht täuschen: „Der Austritt des Zentrums aus der Regierung hat im deutschen Bürgertum diejenigen Strömungen gestärkt, die in Anbetracht von Uneinigkeit der auf dem Boden der Verfassung stehenden Parteien und der dadurch bedingten Ohnmacht des Reichstags das Heil von einer überparteilichen starken Regierung erwarten. Auswärtige Ereignisse treiben die Strömungen im bürgerlichen Lager in gleicher Richtung. Sieg der Diktatur über die Demokratie in Serbien. Kaum noch verhüllte Diktatur Pilsudskis in Polen, die demnächst übergehen wird in offene Diktatur eines faschistischen Militärregiments." Das Reich und Preußen benötigten Regierungen der Großen Koalition auf lange Sicht; sonst gäbe es keine stabilen Regierungsverhältnisse. „Für die Zukunft des deutschen Volkes und insbesondere der deutschen Arbeiterklasse ist die Bildung einer festen Regierung der Großen Koalition im Reich zunächst das Wichtigere. Kommen wir im Reich nicht zu gesicherten Regierungsverhältnissen, so ist das der Bankrott des auf der Weimarer Verfassung gegründeten Parlamentarismus im Reich. Ein solcher Bankrott würde aber *auf die Dauer* die Regierungsverhältnisse in den Ländern nicht unberührt lassen, ja sich selbst bis auf die Gemeinden auswirken. Außerdem verstehen es die breiten Massen des Volkes

70 AdR, Kabinette Müller II (Anm. 9), Bd. 1, S. 396—400 (Vermerke Pünders vom 30. 1. 1929), 408—415 (Politische Aussprache vom 6. 2. und Ministerbesprechung vom 7. 2. 1929); Protokolle (Anm. 19), S. 258—269 (Sitzungen von Vorstand und Fraktion des Zentrums zwischen 19. 1. und 8. 2. 1929); Schulze, Braun (Anm. 8), S. 551 f.; Herbert Hömig, Das preußische Zentrum in der Weimarer Republik, Mainz 1979, S. 179 ff. Das Verkehrsministerium übernahm nach dem Rücktritt Guérards kommissarisch Postminister Schätzel (BVP), das Ministerium für die besetzten Gebiete Innenminister Severing (SPD).

nicht, daß die Bildung der Regierung an Portefeuille-Schwierigkeiten scheitern soll."[71]

Stresemann sah die Lage als ebenso ernst an wie Müller. „Täuschen wir uns nicht darüber: wir stehen in einer Krise des Parlamentarismus, die schon mehr als eine Vertrauenskrise ist", erklärte er am 26. Februar vor dem Zentralvorstand der Deutschen Volkspartei. „Diese Krisis hat zwei Ursachen: einmal das Zerrbild, das aus dem parlamentarischen System in Deutschland geworden ist, zweitens die völlig falsche Einstellung des Parlamentarismus in bezug auf seine Verantwortlichkeit gegenüber der Nation." Das parlamentarische System bedeute die Verantwortlichkeit des Reichsministers gegenüber dem Parlament, nicht den Übergang des Regierens vom Kabinett auf die Fraktionen. „Ich halte es für die Pflicht derjenigen Männer, die am Steuer stehen, auf ihrem Platze zu bleiben, auch wenn Sturzwellen über das Schiff spülen und die Mannschaft zur Meuterei neigt. Höher steht das persönliche Verantwortlichkeitsgefühl gegenüber dem Staat als die Rücksicht auf die Partei ... Wer nicht nur parlamentarische Mehrheitsverhältnisse, sondern eine in ihrer Wirkung auf das Volk als stabil angesehene Regierung wünscht, kann nur die Mitwirkung derjenigen Kräfte des Volkes wünschen, die sich speziell in den Schichten der Deutschen Volkspartei zusammenfinden ... Was ist das überhaupt für eine groteske Auffassung, daß man infolge des parlamentarischen Regimes de facto die Parteien-Regierung hat, gleichzeitig aber der aus den Parteien hervorgegangenen Regierung fortwährend glaubt Opposition machen zu können? Darin liegt die alte philisterhafte Auffassung, daß der Abgeordnete der gegebene Gegner des Staates sein müsse."[72]

Den unmittelbaren Anlaß zu Stresemanns Philippika hatte die preußische Landtagsfraktion der DVP gegeben: Am 21. Februar lehnte sie das Angebot Brauns ab, im preußischen Kabinett das Handelsministerium zu übernehmen und sich außerdem durch Reichswirtschaftsminister Curtius als Minister ohne Geschäftsbereich vertreten zu lassen. Mit dieser Entscheidung stellte sich die preußische Landtagsfraktion gegen die Reichstagsfraktion, die Brauns Offerte „freudig" aufgenommen hatte, und gegen den Parteivorsitzenden Stresemann, der sich seit dem 8. Februar in Gesprächen mit Kaas um eine Beilegung der doppelten Regierungskrise bemüht hatte. Die Forderung, Braun solle der DVP das Kultusministerium überlassen, war ganz unrealistisch. Das bisher von dem parteilosen Carl Heinrich Becker geleitete Ministerium sollte zwar nach dem Willen der sozialdemokratischen Landtagsfraktion neu besetzt werden, aber als Beckers Nachfolger wünschte sie einen Politiker aus ihren eigenen Reihen zu sehen, nicht ein Mitglied der Deutschen Volkspartei, und das Zentrum hatte der SPD sein Einverständnis mit dieser Absicht signalisiert. Braun hat die starre Haltung der preußischen DVP

---

71 AsD Bonn, Nl. H. Müller IV, Nr. 538 (Hervorhebung im Original). Zu Preußen bemerkte Müller im gleichen Brief weiter, eine Vereinbarung in der Konkordatsfrage müsse früher oder später kommen. Zwischen dem Zentrum und Otto Braun seien wochenlange Verhandlungen unumgänglich. Der Parteivorstand der SPD solle zu einer Beschleunigung der Umbildung der Regierung in Preußen beitragen.

72 Stresemann, Vermächtnis (Anm. 17), Bd. 3, S. 428—433.

gewiß nicht bedauert. Es besteht jedoch kein Zweifel, daß die Große Koalition in Preußen zustande gekommen wäre, wenn sich die Landtagsfraktion der Volkspartei auf Brauns Anerbieten eingelassen hätte.

Daß sie es nicht tat, trug wesentlich zur Schwächung der Position Stresemanns als Parteivorsitzender bei. Sein Vorschlag, die Bildung einer Großen Koalition im Reich nicht mehr von der gleichzeitigen Erweiterung der preußischen Regierung abhängig zu machen, stieß in der Sitzung des Zentralvorstands vom 26. Februar auf massiven Protest. Die Vertreter der preußischen Parteiorganisation erhielten die Unterstützung des rechten, schwerindustriell orientierten Parteiflügels, der aus wirtschafts- und sozialpolitischen Gründen ein baldiges Ende der Regierung Müller wünschte. Am Ende der Beratungen stand ein Kompromiß. Der Zentralvorstand bekräftigte seine Entschlossenheit, eine Große Koalition auch in Preußen zu erreichen. Allerdings sollten die entsprechenden Schritte erst nach Abschluß der laufenden Pariser Reparationsverhandlungen getan werden. Bemühungen um eine Große Koalition im Reich konnten demnach auch schon vorher einsetzen. Gleichzeitig wurde jedoch auch eine Hürde für diese Verhandlungen errichtet. Der Zentralvorstand, hieß es in der Resolution, wisse sich angesichts der Überlastung des deutschen Volkes mit Steuern und anderen Lasten, die das Maß des Erträglichen bereits überschritten hätten, einig mit der Reichstagsfraktion, „daß die Belastung aller Erwerbstände nicht weiter gesteigert werden darf, dann aber rasch und fühlbar gesenkt werden muß." Unverschlüsselt hieß das: keine Steuererhöhungen, die den Besitz belasteten und dafür Kürzung sozialer Leistungen, vor allem im Bereich der Arbeitslosenversicherung.[73]

Die Sitzung des Zentralausschusses wirkte auf den rechten Parteiflügel der DVP ermutigend. Es gelang ihm, die Reichstagsfraktion auf seinen Standpunkt festzulegen, daß die Bildung einer Großen Koalition von einer sofortigen Änderung der Finanzpolitik abhängig gemacht werden müsse. Die Fraktionen von SPD, Zentrum, DDP und BVP wollten sich diesem Ansinnen nicht fügen, waren aber bereit, einem Kompromißvorschlag Müllers zuzustimmen: Ein interfraktioneller Expertenausschuß sollte den von Hilferding vorgelegten Etat „entscheidungsreif" machen.

Die DVP konnte damit rechnen, daß ein solches Gremium eher ihrer Linie, dem Ausgleich des Haushalts durch Einsparungen, als dem Grundsatz Hilferdings, einer Sanierung durch Steuererhöhungen, zustimmen würde. Dennoch lehnte Scholz das Angebot des Kanzlers mit der Begründung ab, die DVP könne sich auf eine derart intensive koalitionsmäßige Bindung, wie Müller sie wünsche, nicht einlassen. Daraufhin erklärte der Reichskanzler die Verhandlungen für gescheitert. Am 2. März berichtete er dem Reichspräsidenten über den Stand der Dinge und empfahl, es solle angesichts dieser Lage am besten alles beim alten

73 Ebda., S. 433 f.; AdR, Kabinett Müller II (Anm. 9), Bd. 1, S. 443—445 (Vermerke Pünders vom 21. u. 22. 2. 1929); Turner, Stresemann (Anm. 21), S. 234—238; Schulze, Braun (Anm. 8), S. 552 f. Nachfolger Beckers als Kultusminister wurde am 30. 1. 1930 der Sozialdemokrat Adolf Grimme, ein „religiöser Sozialist". Ebda., S. 560 f. — Zu den Pariser Reparationsverhandlungen vgl. unten S. 584 ff.

Das Kabinett Hermann Müller in der Zusammensetzung vom 28. Juni 1928: Hintere Reihe von links: Hermann Dietrich (Ernährung), Rudolf Hilferding (Finanzen), Julius Curtius (Wirtschaft), Carl Severing (Inneres), Theodor v. Guérard (Verkehr), Georg Schätzel (Post). — Vordere Reihe v. l.: Erich Koch-Weser (Justiz), Kanzler Hermann Müller, Wilhelm Groener (Reichswehr), Rudolf Wissell (Arbeit). (Außenmin. Gustav Stresemann fehlt.)

bleiben. Die Antwort Hindenburgs ist von Koch-Weser überliefert worden. Sie lautete: „Nun dann ist ja alles gut."[74]

Stresemann, der am 1. März 1929 zur Ratstagung des Völkerbundes nach Genf gefahren war, klagte von dort aus am 11. März in einem Brief an Curtius über die Stimmung gewisser Kreise des volksparteilichen Zentralvorstandes. „Man will aus der Regierung hinaus, man will der Sozialdemokratie, wie man sich ausdrückt, allein die Verantwortung überlassen und denkt an die schöne ‚nationale' Opposition, bei der man wieder alle Phrasen loslassen kann, die man beim ‚Stahlhelm' und bei Hugenberg gelernt hat." Dem Leiter der Reichsgeschäftsstelle der DVP, Adolf Kempkes, gegenüber drohte Stresemann am gleichen Tag mit seinem Rücktritt als Parteivorsitzender. Der Ehrenvorsitzende der DVP, Wilhelm Kahl, erfuhr durch einen Brief vom 13. März, wie besorgt der Außenminister über den Zustand seiner Partei war. „Die Partei erträgt auf die Dauer höchstens ein Mittelkabinett, die Sehnsucht vieler drängt sie aber nach der Rechten. Jeder bejaht im Prinzip die Große Koalition, und die meisten bemühen sich, sie zu verhindern. Es kommt hinzu, daß wir keine Partei der Weltanschauung mehr sind, sondern mehr und mehr zu einer reinen *Industriepartei* werden." Die Stammtische, die in der Partei das große Wort führen, brüllten demjenigen am meisten zu, der im Sinne der Herren Seldte und Duesterberg, der Führer des Stahlhelm, spreche. Und dem Fraktionsvorsitzenden Scholz schrieb Stresemann am 26. März, „geschäftige Leute" seien in der Partei am Werk, „um die Führer zu diskreditieren und die Leitung der Partei in die Hände gewisser wirtschaftlicher Interessenvertretungen hineinzubringen. Ich bin der Meinung, daß diejenigen Herren, die diese Politik treiben, auch gezwungen werden müssen, die Verantwortung für ihre Politik zu übernehmen, und nicht hinter dem Wandschirm bekannter Namen nachher ihre armselige Interessenpolitik treiben."[75]

Stresemanns Drohung, er werde sein Amt als Parteivorsitzender niederlegen, ja aus der DVP austreten, verfehlte ihre Wirkung nicht: Seine Partei beteiligte sich — ebenso wie auch das Zentrum — an den Beratungen jenes Gremiums von Fi-

74 Müller hatte der DVP auch zugestanden, daß bei den Beratungen des Etats auf den Versuch, ohne neue Steuern auszukommen, eingegangen werden solle. Vgl. AdR, Kabinette Müller II (Anm. 9), Bd. 1, S. 445 (Anm.), 465 (Tagebuchnotiz Koch-Wesers vom 2. 3. 1929); Turner, Stresemann (Anm. 21), S. 238. Zu Müllers Kompromißvorschlag und zur Haltung Hilferdings: Ilse Maurer, Reichsfinanzen und Große Koalition. Zur Geschichte des Reichskabinetts Müller (1928—1930), Bern usw. 1973, S. 59 f.; zum Verlauf der Koalitionsgespräche auch: Die Große Koalition gescheitert, in: Vorwärts, Nr. 103, 2. 3. 1929. Müller schlug vor, die fünf Fraktionen sollten die Regierung der Großen Koalition „unterstützen". Sie gingen dadurch „koalitionsmäßig die Verpflichtung ein", der Regierung bei der Lösung der bedeutsamen politischen Aufgaben zu helfen. Ebda.

75 Stresemann, Vermächtnis (Anm. 17), Bd. 3, S. 434—441 (Hervorhebung im Original). Die Schuld am Scheitern der Koalitionsgespräche gab Stresemann nicht nur seiner Partei. Im Brief an Curtius vom 11. 3. 1929 (im „Vermächtnis" fälschlich: 11. 9. 1929) heißt es, er habe bei den letzten Verhandlungen über die Regierungsbildung den Eindruck gewonnen, „daß die Schuld nicht nur auf Seiten von *Scholz*, sondern auch bei *Müller* lag, denn ich hatte eine Formel vorgeschlagen, die Scholz akzeptiert hatte, während die Formel, die Müller vorschlug, meiner Meinung nach in dieser Form nicht annehmbar war." Ebda., S. 434 (Hervorhebung im Original).

nanzexperten, das Müller am 1. März angeregt hatte. Am 5. April legte die Kommission das Ergebnis ihrer Arbeiten vor. Der Haushalt sollte demnach vorrangig durch Ausgabenkürzungen ausgeglichen werden. Von den Steuererhöhungen, die Hilferding in seinem Etatentwurf vorgeschlagen hatte, blieb nicht viel übrig. Die Erhöhung der Biersteuer fiel den Protesten der BVP und der bayerischen Sozialdemokraten, die Erhöhung der Erbschaftssteuer dem Widerstand aller bürgerlichen Parteien zum Opfer; bei der Vermögenssteuer war die Erhöhung wesentlich niedriger als vom Finanzminister angestrebt; nur die Erhöhung der Branntweinsteuer wurde nicht angetastet. Außerdem bedienten sich die Sachverständigen der fünf Fraktionen eines Mittels, das auch bereits Hilferding angewandt hatte: Sie korrigierten die Vorausschätzung des Steueraufkommens nach oben.[76]

Das Reichskabinett stimmte am 7. April auf Antrag des Finanzministers den Vorschlägen der Steuerexperten zu. Hilferding machte allerdings kein Hehl aus seinen Bedenken: Ein großer Teil der Streichungen sei zwar eine zeitlang erträglich, es sei ihm aber fraglich, ob sich die gestrichenen Ausgaben für ein volles Jahr vermeiden lassen würden. Vermutlich werde schon im Herbst ein Nachtragshaushalt notwendig werden. Den Deckungsvorschlägen der Parteien stehe er ebenfalls sehr skeptisch gegenüber, vor allem was die Höherschätzung der Einnahmen angehe. Trotz alledem kam der Finanzminister zu dem Resultat, daß anders als durch Annahme der Kommissionsvorlage eine feste Regierungsbasis nicht geschaffen werden könne. Ähnlich äußerten sich alle Minister, die in der Aussprache das Wort ergriffen.

Mit der Einigung in den finanzpolitischen Fragen war die Große Koalition aber noch nicht perfekt. In einer interfraktionellen Besprechung am 8. April entbrannte ein lebhafter Streit um die Frage, wie sich die SPD bei der Abstimmung über die zweite Rate für den Bau des Panzerkreuzers A verhalten werde. Breitscheid kündigte an, daß seine Fraktion wiederum mit Nein stimmen, allerdings auf Agitation verzichten und auch die sozialdemokratischen Minister in dieser Frage nicht binden werde. Auf Vorhaltungen von Stegerwald und Scholz legte Wels dar, daß der Kampf gegen die Kommunisten der SPD gar keine andere Wahl lasse, als bei ihrem Nein zu bleiben. Nachdem Stresemann und Prälat Leicht darauf hingewiesen hatten, daß die Deutschnationalen unter Hugenberg versucht sein könnten, die zweite Baurate abzulehnen, und so eine Regierungskrise heraufzubeschwören,

76 Zum Vorstehenden: Maurer, Reichsfinanzen (Anm. 74), S. 61; Rosemarie Leuschen-Seppel, Zwischen Staatsverantwortung und Klasseninteresse. Die Wirtschafts- und Finanzpolitik der SPD zur Zeit der Weimarer Republik unter besonderer Berücksichtigung der Mittelphase 1924—1928/29, Bonn 1981, S. 217 ff.; Martin Vogt, Die Stellung der Koalitionsparteien zur Finanzpolitik 1928—1930, in: H. Mommsen u. a. (Hg.), Industrielles System (Anm. 46), S. 439—462; AdR, Kabinett Müller II (Anm. 9), Bd. 1, S. 194—199 (Ministerbesprechung vom 14. 1. 1929), 507 f. (Vermerk Pünders über ein Gespräch mit Zentrumspolitikern am 22. 3. 1929); Keil, Erlebnisse (Anm. 30), Bd. 2, S. 353 f. Zu Stresemanns Drohung mit dem Parteiaustritt vgl. seinen Brief an Kahl vom 13. 3. 1929 in: Vermächtnis (Anm. 17), Bd. 3, S. 436 f. Auch beim Konflikt mit der Reichstagsfraktion der DVP im Frühsommer 1928 hatte Stresemann mit dem Parteiaustritt gedroht, so in Briefen an die badische DVP vom 2. 7. und an Scholz am 30. 6. Ebda., S. 305, 306 f.

versuchte Reichskanzler Müller, seinen Parteifreunden den Gedanken an Stimmenthaltung nahezubringen.

Doch der Appell des Kanzlers fruchtete nichts. Die sozialdemokratische Reichstagsfraktion beschloß am 9. April mit 93 gegen 23 Stimmen bei 2 Stimmenthaltungen, „bei der bisherigen Haltung in der Panzerschifffrage zu verharren." In der interfraktionellen Besprechung des gleichen Tages erläuterte Breitscheid, die Entscheidung seiner Fraktion sei sehr wesentlich durch einen Brief beeinflußt worden, den Kaas an Müller geschrieben und in dem er ein sozialdemokratisches Nein zur zweiten Baurate als mit dem parlamentarischen System nicht vereinbar bezeichnet hatte. Die SPD, so Breitscheid, habe dieses Schreiben als Ultimatum empfunden.

Wiederum sahen sich die Vertreter der Sozialdemokraten scharfer Kritik ausgesetzt, und am schärfsten reagierte nicht zufällig der Sprecher der DDP, in deren Reihen es viele Gegner des Panzerschiffbaus gab. Vom Standpunkt der Demokraten aus, erklärte Ludwig Haas, sei es „eine unerträgliche parlamentarische Situation, daß eine in der Regierung vertretene Fraktion in einer wesentlichen Angelegenheit gegen die Regierung stimme."

Hermann Müller gab seiner Enttäuschung offenen Ausdruck. Er sehe keine Möglichkeit, wie der Etat angenommen werden solle. Die für den folgenden Tag anberaumte Etatberatung im Haushaltsausschuß des Reichstags müsse abgesagt werden, da die Regierung nicht wisse, welchen Haushaltsentwurf sie vertreten solle — die Kabinettsvorlage oder den Vorschlag der Parteien. Die Situation werde noch schwieriger werden, wenn infolge der Haltung der Deutschnationalen die zweite Baurate für den Panzerkreuzer von der Mehrheit des Reichstags abgelehnt und dadurch eine Regierungskrise hervorgerufen werde. „Eine derartige Krise sei hoffnungslos, weil sie unnatürlich sei."

Danach fand noch eine interne Beratung der bürgerlichen Parteien statt. Dort setzte sich die Einsicht durch, daß man die SPD nicht zum Einlenken zwingen konnte, ein Rücktritt der Regierung aber vor allem aus außenpolitischen Gründen, nämlich den laufenden Reparationsverhandlungen in Paris, nicht zu verantworten war. In der Kabinettssitzung vom 10. April teilte der Kanzler den Beschluß der vier Fraktionen DVP, Zentrum, BVP und DDP mit: Die Regierung dürfe keinesfalls demissionieren; sie müsse vielmehr mindestens den Haushaltsplan 1929 in der Form des von den Sachverständigen vereinbarten Kompromisses verabschieden. Das war kein uneingeschränktes, sondern nur ein provisorisches und sachlich begrenztes Ja zur Großen Koalition. Müller zögerte denn auch nicht, seine Bedenken auszusprechen: Vom Standpunkt der Reichsregierung aus sei dieser Vorschlag, die bestehenden Schwierigkeiten zu lösen, „politisch überaus unbefriedigend." Lediglich die Rücksicht auf das allgemeine Staatswohl könne das Reichskabinett veranlassen, im jetzigen kritischen Zeitpunkt nicht seinen Rücktritt zu erklären. Der von Staatssekretär Pünder nach der Besprechung der vier Fraktionen formulierte Vorschlag einer Erklärung der Reichsregierung laufe „letzten Endes auf nichts anderes hinaus als auf eine verkappte große Koalition mit einem getarnten Interfraktionellen Ausschuß."

Pünders Text wurde sodann vom Kabinett einstimmig gebilligt. Darin hieß es, angesichts der außen- und innenpolitischen Lage und insbesondere im Hinblick auf die augenblicklich in Paris tagende Reparationskonferenz sei eine aktionsfähige Regierung in Deutschland das unabweisbare Erfordernis. „Die Reichsregierung wird daher ihre ganze Kraft daransetzen, daß die Grundlagen der deutschen Staatswirtschaft nicht erschüttert werden und deshalb insbesondere der Reichshaushaltsplan 1929 alsbald im Reichstag zur Verabschiedung kommt." Die steuerpolitischen Vereinbarungen der fünf Fraktionen SPD, Zentrum, DVP, DDP und BVP wurden nochmals ausdrücklich bekräftigt. Die Reichsregierung erwarte, daß diese Fraktionen sie in ihrer Arbeit unterstützen und etwaigen Anträgen auf weitere Streichungen über die genannten Vorschläge hinaus oder auf höhere Ausgabenbewilligung den erforderlichen Widerstand entgegensetzen würden. „Sie erwartet weiter, daß zur Gewährleistung eines reibungslosen Ganges der Reichsgeschäfte Anträge von grundlegender Bedeutung nur im gegenseitigen Benehmen gestellt oder weiter verfolgt werden. Auf dieser Grundlage wird die Reichsregierung mit den obengenannten Fraktionen des Reichstags in Verbindung treten, um durch fortgesetzte engste Fühlungnahme die Erreichung dieser politischen Ziele zu gewährleisten. Sie wird gleichzeitig die von ihr angestrebte Erweiterung des Reichskabinetts ohne weiteren Verzug in die Wege leiten."

Nach den Ministern stimmten die Sprecher der Fraktionen der Erklärung zu, nach diesen, noch am 10. April, die Fraktionen der bürgerlichen Parteien; die SPD hatte schon tags zuvor ihr grundsätzliches Plazet gegeben. Am 11. April legte Reichsjustizminister Koch-Weser von der DDP sein Amt nieder, um die Umbildung des Kabinetts zu einer Regierung der Großen Koalition zu ermöglichen. Sein Nachfolger wurde am 13. April der frühere Verkehrsminister von Guérard, bis zum 6. Februar 1929 „Beobachter" des Zentrums im Kabinett Müller. Mit Guérard traten zwei seiner Parteifreunde in die Regierung ein: Adam Stegerwald als Verkehrsminister und Joseph Wirth als Minister für die besetzten Gebiete. Zum erstenmal seit 1923 wurde dieses Ressort damit wieder von einem hauptamtlichen Minister geleitet. Der Widerspruch der DVP gegen diesen Ausbau des „Rheinministeriums" war vergeblich gewesen.[77]

Ebensowenig Erfolg hatte die Deutsche Volkspartei bei dem Versuch, doch noch eine Große Koalition in Preußen zuwege zu bringen. Verhandlungen, die Stresemann im Mai 1929 mit Kaas führte, zeitigten keinerlei Ergebnis. Am 9. Juli ratifizierte der preußische Landtag in dritter Lesung mit den Stimmen der Regierungsparteien SPD, Zentrum und DDP das umstrittene Konkordat; die DVP stimmte wie alle anderen Oppositionsparteien mit Nein.[78]

---

77 AdR, Kabinett Müller II (Anm. 9), Bd. 1, S. XVI, 524—545. Zur Abstimmung in der sozialdemokratischen Fraktion hinsichtlich der zweiten Baurate des Panzerkreuzers A: Schulthess' Europäischer Geschichtskalender, 70. Bd., 1929, München, 1930, S. 61. Zur Reaktion des Zentrums auf die Haltung der SPD: Protokolle (Anm. 19), S. 284—287 (Fraktions- und Vorstandssitzungen vom 9.—10. 4. 1929).

78 AdR, Kabinett Müller II (Anm. 9), Bd. 1, S. 543 (Anm.); Schulze, Braun (Anm. 8), S. 556. Zur Haltung der sozialdemokratischen Reichstagsfraktion: Regierung mit Zentrum, in: Vorwärts, Nr. 168, 11. 4. 1929. Zur sozialdemokratischen Debatte über das Konkordat vgl. unten S. 641.

Auch eine andere Angelegenheit, die die Koalitionsverhandlungen stark belastet hatte, fand ein undramatisches Ende. Am 18. Juni 1929 lehnte der Reichstag in namentlicher Abstimmung mit 224 gegen 153 Stimmen bei 5 Enthaltungen einen kommunistischen Antrag ab, die zweite Rate für den Bau des Panzerkreuzers A zu streichen. Die Deutschnationalen stimmten gegen den Antrag, die Fraktion der SPD mit Ausnahme von vier Abgeordneten dafür: Die sozialdemokratischen Mitglieder der Regierung Hermann Müller — der Kanzler selbst, Finanzminister Hilferding, Innenminister Severing und Arbeitsminister Wissell — gaben rote Nein-Karten ab.[79]

*

Die Pariser Konferenz über Reparationsfragen, von der bei den Koalitionsgesprächen immer wieder die Rede war, hatte am 9. Februar 1929 begonnen. Sie war eine Frucht der langwierigen Verhandlungen, die Reichskanzler Müller in Vertretung des erkrankten Außenministers Stresemann im September 1928 am Rande der Genfer Völkerbundstagung mit den Vertretern von Großbritannien, Frankreich, Italien und Japan geführt hatte. Die Absicht der deutschen Regierung war es, eine endgültige Lösung des Reparationsproblems und eine vorzeitige Räumung des besetzten Rheinlandes zu erreichen. Mit der Meinung, daß beides getrennt zu erörternde Themen seien, hatte sich die Reichsregierung freilich nicht durchsetzen können. Die anderen fünf Mächte beharrten darauf, daß ohne Klärung der Reparationsfragen eine Räumung des Rheinlandes vor den im Versailler Vertrag festgelegten Fristen nicht in Frage kam.[80]

Auf der Pariser Expertenkonferenz, die unter dem Präsidium des Amerikaners Owen D. Young, des Aufsichtsratsvorsitzenden der General Electric Company, tagte, ging es infolgedessen ausschließlich um Reparationen. Eine endgültige Regelung dieser Frage war früher oder später notwendig, da das Dawes-Abkommen von 1924 die Gesamtsumme der deutschen Zahlungen nicht festgelegt hatte. Die treibende Kraft bei den Bemühungen um eine baldige Revision des Dawes-Plans war der Reparationsagent Parker Gilbert gewesen. Ihm oblag die Verantwortung für den Transfer der deutschen Leistungen, der in Devisen zu erfolgen hatte.

79 Schulthess 1929 (Anm. 77), S. 116; Stenographische Berichte (Anm. 6), Bd. 425, S. 2639—2644.

80 AdR, Kabinett Müller II (Anm. 9), Bd. 1, S. XXI f. (mit Einzelbelegen). Die Genfer Verhandlungen vom September 1928 waren nicht die erste außenpolitische Aktivität der Regierung Müller. Bereits am 9. 7. 1928 hatte das Kabinett einer Mitteilung an die Regierung der USA zugestimmt, daß Deutschland zur vorbehaltlosen Unterzeichnung des von dem amerikanischen Außenminister Kellogg vorgeschlagenen Kriegsächtungspaktes bereit sei. Am 27. 8. 1928 wurde der Kellogg-Pakt in Paris feierlich unterzeichnet. Ebda., S. 18 f.; Schulthess 1928 (Anm. 8), S. 487—505. — Zur Geschichte der Reparationsverhandlungen von 1929 v. a.: Rolf E. Lüke, Von der Stabilisierung zur Krise, Zürich 1958, S. 131 ff.; Julius Curtius, Der Young-Plan. Entstehung und Wirklichkeit, Stuttgart 1950; Hjalmar Schacht, Das Ende der Reparationen, Oldenburg 1931; Martin Vogt, Die Entstehung des Youngplans dargestellt vom Reichsarchiv 1931—1933, Boppard 1970; Werner Link, Die amerikanische Stabilisierungspolitik in Deutschland 1921—32, Düsseldorf 1970, S. 438 ff.

Diese aber stammten nicht aus Exporterlösen des Reiches — nur 1926 erzielte Deutschland einen Ausfuhrüberschuß —, sondern aus ausländischen Krediten, so daß man von einem „unechten Transfer“ sprechen konnte. Um mit der ungesunden „Pumpwirtschaft“ zu brechen, hielt Gilbert es für erforderlich, den Transfer ganz in deutsche Zuständigkeit übergehen zu lassen. In Deutschland dagegen überwog die Meinung, daß der Transferschutz durch den Reparationsagenten im nationalen Interesse lag: War die deutsche Währung in Gefahr, konnte der Transfer, unter Umständen sogar die steuerliche Aufbringung der Reparationen eingestellt werden. Es gab indessen auch auf deutscher Seite ein Motiv, die Revision des Dawes-Plans zu betreiben. 1928/29 erreichten die Reparationen erstmals die normale Jahreshöhe oder „Annuität“ von 2,5 Milliarden Reichsmark. Da dieser Betrag angesichts einer sich ständig verschlechternden Konjunktur den meisten Experten als weit überhöht galt, mußte dem Reich daran liegen, in Verhandlungen niedrigere Jahresraten zu erreichen.[81]

Die Sachverständigen, die Deutschland in Paris vertraten, waren Reichsbankpräsident Hjalmar Schacht und der Generaldirektor der Vereinigten Stahlwerke, Albert Vögler, als Hauptdelegierte sowie der Bankier Carl Melchior vom Bankhaus Warburg und das Geschäftsführende Vorstandsmitglied des Reichsverbandes der Deutschen Industrie, Ludwig Kastl, als Stellvertreter. Auf Drängen Schachts hatte das Kabinett ausdrücklich darauf verzichtet, den Sachverständigen irgendwelche Weisungen zu erteilen. Im Namen des Reiches wurden also Wirtschaftsführer tätig, die zugleich Interessenvertreter waren. Obschon formell kein neues Reparationsabkommen zustande kommen konnte, wenn ihm nicht Reichspräsident, Reichsregierung und Reichstag zustimmten, lief der Auftrag an die Experten in der Sache darauf hinaus, daß der Staat einen Teil seiner Macht privatisierte und damit öffentlicher Kontrolle entzog. Es gibt schwerlich ein schlagenderes Beispiel für das, was manche Autoren als „korporatistische“ Aushöhlung der Demokratie bezeichnen, als das freie Mandat der deutschen Sachverständigen bei den Pariser Reparationsverhandlungen von 1929.[82]

Die Folgen ließen nicht lange auf sich warten. Von Anfang an versuchte Schacht, die Pariser Konferenz zu einem Forum weitreichender deutscher Revisionswünsche zu machen — und zwar keineswegs bloß wirtschaftlicher, sondern

81 Vgl. hierzu u. a. Maurer, Reichsfinanzen (Anm. 74), S. 24 ff.; Wolfram Fischer, Deutsche Wirtschaftspolitik 1918—1945, Opladen 3. Aufl. 1968, S. 26 ff.

82 AdR, Kabinett Müller II (Anm. 9), Bd. 1, S. 177—180 (Ministerbesprechung mit dem Reichsbankpräsidenten, 26. 10. 1928), 338 f. (Ministerbesprechung mit dem Reichsbankpräsidenten, 26. 11. 1928), 338 f. (Ministerbesprechung vom 9. 1. 1929, in der die Sachverständigen benannt wurden), 403—405 (Reparationsbesprechung vom 4. 2. 1929). Der ADGB protestierte am 15. 1. 1929 in einem Schreiben an die Reichsregierung dagegen, daß nicht auch Gewerkschaftsvertreter als Sachverständige benannt worden seien. Ebda., Bd. 2, S. 844 f. (Brief des ADGB an Stresemann vom 3. 8. 1929). — Zur Diskussion über das Problem des Korporativismus u. a. Ulrich Nocken, Corporatism and Pluralism in Modern German History, in: Dirk Stegmann u. a. (Hg.), Industrielle Gesellschaft und politisches System. Festschrift f. Fritz Fischer, Bonn 1978, S. 37—58 (mit weiterer Lit.). Zur korporativen Tradition in Deutschland: Heinrich August Winkler, Pluralismus oder Protektionismus? Verfassungspolitische Probleme des Verbandswesens im deutschen Kaiserreich, Wiesbaden 1972.

auch politischer Wünsche. Es gelte erstens, so forderte er Mitte Februar 1929 im Gespräch mit Owen Young, die deutschen Zahlungen in Beziehung zu setzen zu der „Bereitwilligkeit der übrigen Länder, unseren Export entgegenzunehmen." Zweitens müsse der Wiederaufbau der deutschen Landwirtschaft gesichert werden durch die Rückgabe des „polnischen Korridors". Drittens ging es dem Reichsbankpräsidenten um die „Wiederherstellung einer deutschen Rohstoffbasis durch internationale gemeinschaftliche Unternehmungen in kolonialen Überseegebieten, deren wirtschaftliche Bearbeitung deutschen Händen anvertraut werden soll."

Albert Vögler, der andere Hauptdelegierte, verlangte Ende März in Abstimmung mit Schacht und dem Reichsverband der Deutschen Industrie ein innerdeutsches Kontrollorgan, das an die Stelle des Reparationsagenten treten, den Reichsfinanzminister beraten und ein absolutes Veto gegen Ausgabe und Steuerbewilligungen des Reichstags haben sollte. Zwar stieß Vögler mit seinen Forderungen bei der Reichsregierung auf ebensowenig Gegenliebe wie Schachts Großmachtprogramm bei Young und den anderen amerikanischen Konferenzteilnehmern. Aber den Mitgliedern der Reichsregierung vermittelten beide Initiativen doch einen ersten Vorgeschmack auf die Konflikte, die sich aus der Eigenwilligkeit der beiden deutschen Hauptdelegierten noch entwickeln sollten.[83]

In eine ernste Krise geriet die Pariser Konferenz Mitte April, nachdem die vier Hauptgläubiger in einem gemeinsamen Memorandum Annuitäten zwischen 1,8 und 2,4 Milliarden RM vorgesehen hatten. Schacht konterte den Vorschlag damit, daß er zwei Reihen von Jahresraten vorlegte, von denen eine — die mit den höheren Zahlen — an die Erfüllung seines politischen Programms geknüpft war. Der Vorstoß des Reichsbankpräsidenten ergab nur dann einen Sinn, wenn man Schacht die Bereitschaft unterstellte, die Pariser Verhandlungen scheitern zu lassen. Tatsächlich versprach er sich von einem solchen Eklat einen „moralischen Erfolg" für Deutschland. Eine schwere Kreditkrise, die der Konferenzkrise auf dem Fuß folgte, zeigte jedoch, wie sehr Deutschland vom Zustrom ausländischer Gelder abhing, und zwang die Reichsbank zu einschneidenden Gegenmaßnahmen — von der Erhöhung des Diskontsatzes von 6,5 auf 7,5 % bis hin zu Kreditrestriktionen. Als Owen Young Ende April eine neue Reihe von Annuitäten präsentierte, leistete Schacht nur noch hinhaltenden Widerstand, wollte aber die Verantwortung für die Annahme des Vorschlags der Reichsregierung zuschieben. Am 3. Mai rang sich das Kabinett zu einer entsprechenden Erklärung durch.[84]

Die Krise war damit aber noch nicht überwunden. Am 23. Mai trat der zweite deutsche Hauptdelegierte, Albert Vögler, von seinem Amt zurück. Er begründete seinen Schritt mit der wirtschaftlichen Untragbarkeit der Reparationen. In Wahrheit standen wohl eher politische Überlegungen hinter der demonstrativen Geste:

---

83 AdR, Kabinett Müller II (Anm. 9), Bd. 1, S. 458 (Schacht an Stresemann, 16. 2. 1929), 508—517 (Berichterstattung der beiden deutschen Hauptdelegierten, 22. 3. 1929); Maurer, Reichsfinanzen (Anm. 74), S. 68—72.

84 Zusammenfassend hierzu: ebda., S. 68—77 (71); AdR, Kabinette Müller II (Anm. 9), Bd. 1, S. XXIII—XXV (mit Einzelbelegen).

Der Rücktritt Vöglers erfolgte in enger Abstimmung mit dem rechten Flügel der rheinisch-westfälischen Schwerindustrie, und alles spricht dafür, daß es dabei nicht um irgendwelche Details der Reparationsregelung ging, sondern um ein Nein zur Verständigungspolitik der Regierung der Großen Koalition und ihres Außenministers Gustav Stresemann. Der Reichsverband der Deutschen Industrie machte sich diesen Konfrontationskurs zwar nicht zu eigen: Er war damit einverstanden, daß sein Geschäftsführer Kastl an die Stelle Vöglers trat. Aber ähnlich wie beim Ruhreisenstreit vom Herbst 1928 zeigte sich auch beim beginnenden Kampf gegen den Young-Plan, daß die relativ maßvolle Politik des industriellen Spitzenverbandes in den eigenen Reihen keineswegs unumstritten war.[85]

Am 7. Juni 1929 ging die Pariser Sachverständigenkonferenz mit der Unterzeichnung des Young-Plans zuende. Sein wesentlicher Inhalt bestand im folgenden: Deutschland hatte für die Dauer von 59 Jahren, also bis 1987, Reparationen zu zahlen, und zwar in Höhe von durchschnittlich zwei Milliarden RM, wobei nach Ablauf von 37 Jahren niedrigere Annuitäten vorgesehen waren. Auch für die ersten zehn Jahre lagen die Jahresraten unter 2 Milliarden RM, beginnend mit 742,8 Millionen RM im Jahr 1929/30. Die ausländische Kontrolle der deutschen Finanzen entfiel, ebenso die Verpfändung von Industrieobligationen und Reichseinnahmen. Die Verantwortung für den Transfer wurde der deutschen Regierung übertragen; diese hatte allerdings die Möglichkeit, zwischen dem „geschützten" und dem „ungeschützten", in jedem Fall fristgerecht zu zahlenden Teil der Annuitäten zu unterscheiden. Die Zahlungen wurden von der neu zu errichtenden Bank für Internationalen Zahlungsausgleich in Basel verwaltet, die insoweit an die Stelle der Reparationskommission trat. Geriet Deutschland in Zahlungsschwierigkeiten, so konnte es sich an einen internationalen Sachverständigenausschuß wenden. Dieser hatte auch über Vorschläge zur Revision des Young-Plans zu beraten, wenn Deutschland sich wirtschaftlich nicht in der Lage sehen sollte, seinen Reparationspflichten nachzukommen. Schließlich sah die Vereinbarung vor, daß Deutschland mit zwei Dritteln an einem eventuellen Schuldennachlaß zu beteiligen war, den die USA ihren interalliierten Schuldnern gewährten.[86]

Die Aussicht, für die Dauer von fast sechs Jahrzehnten Reparationen zahlen zu müssen, wirkte naturgemäß auf viele Deutsche bedrückend. Es war leicht vorherzusehen, daß die nationalistische Rechte des besiegten Landes hieraus Nutzen ziehen würde. Ein Akt politischer Weitsicht war der abschließende Bericht der

---

85 Ebda., S. 667—672 (Reparationsbesprechung vom 20. 5. 1929). Vgl. zu den Hintergründen des Rücktritts von Vögler bes. Weisbrod, Schwerindustrie (Anm. 46), S. 286 ff. Zur Haltung des RDI auch: Jörg-Otto Spiller, Reformismus nach rechts. Zur Politik des Reichsverbandes der Deutschen Industrie in den Jahren 1927—1930 am Beispiel der Reparationspolitik, in: H. Mommsen u. a. (Hg.), Industrielles System (Anm. 46), S. 593—603.

86 Vgl. zum Vorstehenden die zusammenfassende Darstellung bei Karl Dietrich Erdmann, Die Zeit der Weltkriege. (= Bruno Gebhardt, Handbuch der deutschen Geschichte, Bd. 4/1), Stuttgart 9. Aufl. 1973, S. 267. Der Wortlaut des Young-Plans u. a. in: Schulthess 1929 (Anm. 77), S. 485—509. — Der ungeschützte Teil der Annuität belief sich auf 660 Millionen RM. Für den (größeren) geschützten Teil konnte Deutschland bei der Bank für Internationalen Zahlungsausgleich im Falle eines besonderen wirtschaftlichen Notstandes für höchstens zwei Jahre einen Transfer- und unter Umständen teilweise einen Aufbringungsaufschub beantragen.

Sachverständigen in der Tat nicht, und er konnte es nicht sein, da Regierungen und Völker der Siegermächte auf dem Prinzip der materiellen Kompensation bestanden — die europäischen Sieger gegenüber Deutschland und die USA gegenüber ihren ehemaligen europäischen Verbündeten. Auf der anderen Seite stand die Rückgewinnung der deutschen Souveränität im Bereich der Wirtschaftspolitik. Politisch war das ein Aktivposten, der sich im Kampf um die Annahme des Young-Plans auch propagandistisch verwerten ließ. Wirtschaftlich erwies sich der Wegfall des Transferschutzes freilich eher als Belastung: Die Sicherungen des Dawes-Plans, einschließlich des bloßen Vorhandenseins eines alliierten Reparationsagenten, hätten Deutschland in der Weltwirtschaftskrise mutmaßlich geholfen, die Flucht von Auslandskapital einzudämmen und damit den Sturz in die Depression abzumildern. Es war jedenfalls nur kurzfristig eine Erleichterung, daß die ersten Jahresraten des Young-Plans erheblich unter denen des Dawes-Plans lagen.[87]

Der größte politische Gewinn, den Deutschland aus dem Young-Plan ziehen konnte, war nicht ein Bestandteil des Berichts der Sachverständigen, sondern eine seiner mittelbaren Folgen: Auf einer Konferenz der sechs Mächte Großbritannien, Frankreich, Italien, Belgien, Japan und Deutschland im Haag wurde nach der Annahme des Pariser Expertenberichts am 30. August 1929 auch ein Abkommen über die vorzeitige Räumung des Rheinlandes unterzeichnet. Aus der zweiten Zone sollten die alliierten Truppen bis zum 30. November 1929 abziehen; die dritte und letzte Zone war bis zum 30. Juni 1930 zu räumen — fünf Jahre vor dem im Vertrag von Versailles festgesetzten Termin. Ein anderes deutsches Ziel, eine Vereinbarung über eine Rückgliederung des Saargebiets vor 1935 — dem in Versailles festgelegten Zeitpunkt einer Volksabstimmung der Saarländer —, wurde nicht erreicht. Immerhin gestand Briand, der seit Ende Juli als Nachfolger Poincarés auch Ministerpräsident der Französischen Republik war, Stresemann Verhandlungen hierüber zu.

Was den materiellen Kern, die Reparationsfrage, anging, so war die Haager Sechsmächtekonferenz vom August 1929 noch kein Abschluß. Die Gläubigermächte hatten dem Bericht der Sachverständigen nur im Grundsatz zugestimmt; im einzelnen wünschten sie noch Korrekturen, und zwar im Hinblick sowohl auf den Umfang als auch auf den zeitlichen Ablauf der Zahlungen. Um die positiven Resultate der Konferenz nicht aufs Spiel zu setzen, akzeptierte die deutsche Delegation — gegen den Widerspruch Schachts — neuerliche Beratungen in einer Reihe von Unterausschüssen. Deren Arbeit zog sich wider Erwarten lange, nämlich den ganzen Herbst über, hin, so daß die abschließende Zweite Haager Konferenz erst im Januar 1930 zusammentreten konnte.[88]

Die Regierung Hermann Müller konnte mit dem Ausgang der Ersten Haager Konferenz dennoch zufrieden sein. Die vorzeitige Räumung des Rheinlandes war

87 Zur wissenschaftlichen Würdigung des Young-Plans vgl. insbes. Fischer, Wirtschaftspolitik (Anm. 81), S. 38 (mit weiterer Lit.).

88 AdR, Kabinett Müller II (Anm. 9), Bd. 1, S. XXV f. (mit Einzelbelegen); Schulthess 1929 (Anm. 77), S. 509—523. Zur Zweiten Haager Konferenz siehe unten S. 767 f.

ein Erfolg zäher Bemühungen vor allem des deutschen Außenministers — ein Erfolg, der die fortdauernden materiellen Belastungen in Gestalt der Reparationen erträglicher erscheinen ließ. So jedenfalls sahen es die gemäßigten Kräfte in Deutschland. Die nationalistische Rechte war anderer Ansicht. Ihr negatives Urteil über den Young-Plan stand fest, und der Ausgang der Haager Verhandlungen konnte daran nichts ändern. Am 6. Juli bereits hatte der Reichsausschuß der deutschen Landwirtschaft den Young-Plan als wirtschaftlich unannehmbar bezeichnet; am 8. Juli folgte die Mitgliederversammlung des schwerindustriellen Langnam-Vereins mit einer von Paul Reusch, dem Generaldirektor der Gutehoffnungshütte, vorgelegten Resolution, die dem Bericht der Sachverständigen attestierte, er bürde der deutschen Wirtschaft „untragbare Lasten" auf. Tags darauf konstituierte sich ein „Reichsausschuß für das deutsche Volksbegehren", der das deutsche Volk zum Kampf gegen den Young-Plan und die „Kriegsschuldlüge" aufrief und die Vorlage eines entsprechenden Volksbegehrens ankündigte. Die Erklärung unterzeichneten für den Alldeutschen Verband Heinrich Claß, für den Stahlhelm Franz Seldte, für die Deutschnationale Volkspartei Alfred Hugenberg und für die Nationalsozialistische Deutsche Arbeiterpartei Adolf Hitler.[89]

*

Die Haushaltsprobleme waren durch den Kompromiß, auf den sich die Regierungsparteien Anfang April geeinigt hatten, nicht aus dem Weg geräumt worden. Ende März 1929 belief sich der Kassenbedarf des Reiches auf 1 635 Millionen RM. Nach Ausschöpfung aller regulären Möglichkeiten his hin zu kurzfristigen Krediten von Reichsbahn und Reichspost verblieb immer noch ein Kassendefizit von 150 Millionen RM. Finanzminister Hilferding konnte diese Lücke nur mit der Hilfe eines Bankenkonsortiums schließen. Der Kredit in der erbetenen Höhe ging nicht an die Reichskasse direkt, sondern an die Reichsanstalt für Arbeitsvermittlung und Arbeitslosenversicherung. Sie benötigte Darlehen des Reiches, weil die Arbeitslosigkeit weit über jene Zahl von 800 000 Hauptunterstützungsempfängern hinaus angewachsen war, die die Anstalt mit Hilfe der Beiträge von Arbeitgebern und Arbeitnehmern versorgen konnte. Im Februar 1929 registrierten die Arbeitsämter erstmals mehr als 3 Millionen Arbeitslose; im März belief sich ihre Zahl immer noch auf knapp 2,7 Millionen.[90]

---

89 Schulthess 1929 (Anm. 77), S. 152—154; Weisbrod, Schwerindustrie (Anm. 46), S. 292—298 (294); Volker R. Berghahn, Der Stahlhelm, Bund der Frontsoldaten 1918—1935, Düsseldorf 1966, S. 115 ff.; ders., Das Volksbegehren gegen den Youngplan u. die Ursprünge des Präsidialsystems, 1928—1930, in: Dirk Stegmann u. a. (Hg.), Industrielle Gesellschaft u. politisches System. Fs. f. Fritz Fischer, Bonn 1978, S. 431—446; John A. Leopold, Alfred Hugenberg. The Radical Nationalist Campaign against the Weimar Republic, New Haven usw. 1977, S. 55 ff.; Dietrich Orlow, The History of the Nazi Party: 1919—1933, Pittsburgh 1969, S. 173 ff.

90 Der Notstock der Reichsanstalt, mit dessen Hilfe zusätzlich 600 000 Arbeitslose unterstützt werden konnten, war bereits im Frühjahr 1928 — ein Jahr nach ihrer Gründung — fast völlig ausgeschöpft. Die erste Bitte um ein Darlehen des Reiches erging im Januar 1929. Vgl. hierzu Maurer, Reichsfinanzen (Anm. 74), S. 63—67, 80 f.; Helga Timm, Die deutsche Sozialpolitik und der Bruch der Großen Koalition im März 1930, Düsseldorf 1. Aufl. 1952, S. 108 f.

Ohne eine Reform der Arbeitslosenversicherung konnte es keine Sanierung der Reichsfinanzen geben: Daran war seit dem Frühjahr 1929 kein Zweifel mehr möglich. In der Haushaltsdebatte des Reichstags Mitte März äußerten sich nicht nur der Sprecher der Deutschen Volkspartei, der Abgeordnete Cremer, in diesem Sinn; auch der sozialdemokratische Finanzminister wies darauf hin, daß das Reich nicht in der Lage sei, der Reichsanstalt ständig mit Krediten weiterzuhelfen. Für die DVP und die hinter ihr stehenden Unternehmerkreise gab es nur einen Weg, um die Krise der Arbeitslosenversicherung zu überwinden: die Senkung der Leistungen. Diesen Weg lehnten die SPD und die Freien Gewerkschaften strikt ab. In der Haushaltsdebatte stellte der sozialdemokratische Abgeordnete Paul Hertz klar, daß das Defizit im Reichshaushalt weder auf Kosten des Sozialetats beseitigt noch durch eine Erhöhung der Umsatzsteuer gedeckt werden dürfe; nur innerhalb dieser Grenzen sei die SPD zur Verständigung bereit.

Was das positiv bedeutete, legte die sozialdemokratische Reichstagsfraktion am 25. April 1929 in einer Entschließung dar: Die SPD sei bereit, einer befristeten Beitragserhöhung zuzustimmen und nachweislich bestehende Mißstände in der Praxis der Arbeitslosenversicherung beseitigen zu helfen. Die Prüfung, ob es solche Mißstände gebe, und etwaige Vorschläge zur Korrektur derselben sollten Aufgabe einer Kommission von Sachverständigen aus Parlament, Gewerkschaften und Arbeitgeberverbänden sein.[91]

Als das Kabinett am 6. Mai sich mit der Reform der Arbeitslosenversicherung befaßte, war die Kassenlage noch weit schlechter als Ende März. Drei Tage zuvor hatte Staatssekretär Popitz vom Finanzministerium festgestellt, die Zahlungsunfähigkeit des Reiches stehe unmittelbar bevor; als Abhilfe war, schweren Bedenken mehrerer Kabinettsmitglieder zum Trotz, eine steuerfreie Reichsanleihe von 500 Millionen RM beschlossen worden. In der Kabinettssitzung vom 6. Mai forderte Arbeitsminister Wissell, die Regierung solle mit den Koalitionsparteien über folgende Fragen verhandeln: die Billigung eines Sofortprogramms über die Beseitigung von Unzuträglichkeiten in der Praxis der Arbeitslosenversicherung; die Erhöhung der Beiträge von 3 % auf 4 %; die Beibehaltung verminderter Leistungen bei „berufsüblicher Arbeitslosigkeit" — womit in erster Linie die Saisonarbeiter in Landwirtschaft und Baugewerbe gemeint waren —; schließlich eine systematische Reform der Arbeitslosenversicherung, sobald eine bereits eingeleitete umfassende Enquête abgeschlossen sei. Wissell fügte vorsorglich hinzu, sein Vorschlag stelle „die äußerste Grenze dessen dar, was er als Reichsarbeitsminister noch vertreten könne, ohne die Brücke zu seiner Partei gänzlich abzubrechen. Er verrate kein Geheimnis, wenn er ausspreche, daß sein Vorschlag bereits erheblich über das hinausgehe, was seine Partei mitmachen wolle."

91 Zur Haushaltsdebatte vom 14./15. 3. 1929: Stenographische Berichte (Anm. 6), Bd. 424, S. 1402—1411 (Hilferding), 1414—1419 (Hertz), 1452—1461 (Cremer). Vgl. dazu Timm, Sozialpolitik (Anm. 90), S. 124 f. Der Text der Resolution der sozialdemokratischen Reichstagsfraktion in: GZ, Nr. 18, 4. 5. 1929. Zur Haltung des ADGB u. a.: Sanierung oder Abbau der Arbeitslosenversicherung, ebda., Nr. 24, 15. 6. 1929. Von der Seite der Arbeitgeber: G. Erdmann, Zur Arbeitslosenversicherungsreform, in: Der Arbeitgeber, Nr. 10, 15. 5. 1929.

Bei Wirtschaftsminister Curtius stieß Wissell auf scharfen Widerspruch. Eine systematische Sanierung der Arbeitslosenversicherung dürfe nicht auf die lange Bank geschohen werden; für eine Beitragserhöhung sei es zu früh; bevor man über die finanziellen Mittel für die Arbeitslosenversicherung spreche, müsse das Reformprogramm fertiggestellt sein. Curtius ließ keinen Zweifel daran, daß Reform für ihn in erster Linie Senkung von Leistungen bedeutete.

Auch von seinen engeren politischen Freunden erhielt Wissell kaum Unterstützung. Reichskanzler Müller meinte, man müsse den Fraktionen mehr sagen, als der Arbeitsminister vorschlage. Die Reichskasse könne nicht weiter Geld in die Arbeitslosenversicherung geben; die Reichsanstalt müsse daher sehen, wie sie mit den eigenen Mitteln auskomme. Hilferding schloß sich dieser Auffassung an. Er riet, einer sozialpolitischen Diskussion zunächst möglichst aus dem Weg zu gehen, jedenfalls solange, bis das Reformprogramm vorliege. Andernfalls bestehe die Gefahr, daß die Fraktionen sich auf die Ablehnung jeder Reform festlegten.

Am Ende beschloß das Kabinett, daß sofort Ressortbesprechungen nicht nur über die Abstellung von Mißständen, sondern auch über die Richtlinien einer grundlegenden Reform der Arbeitslosenversicherung beginnen sollten. Diese Beratungen, die am 8. und 15. Mai stattfanden, führten jedoch zu keinem Ergebnis. Am 31. Mai mußte sich das Kabinett dann mit einer Vorlage Wissells befassen, von der von vornherein feststand, daß sie nicht verabschiedet werden würde. Umstritten waren vor allem drei Punkte: erstens die Frage, wie künftig die Unterstützung der Saisonarbeiter zu regeln war — ihnen wurde laut Gesetz vom 24. Dezember 1928 nach sechs Wochen Arbeitslosenunterstützung eine Sonderfürsorge zuteil, deren Mittel zu vier Fünfteln vom Reich, zu einem Fünftel von der Reichsanstalt getragen wurden —; zweitens die Erhöhung der Beiträge; drittens die Behandlung jugendlicher Arbeitsloser.

Kontrovers war darüber hinaus, ob die Fragen, in denen die Minister sich einig waren, Gegenstand eines Sofortprogramms sein oder mit der späteren grundlegenden Reform verbunden werden sollten. Die Mehrheit der Minister entschied sich für die erste Lösung. Eine schnelle Einigung gab es hinsichtlich des von Wissell angeregten Sachverständigenausschusses, der sich zu den strittigen Punkten des Sofortprogramms äußern sollte: Neben je fünf Vertretern von Arbeitgebern und Arbeitnehmern gehörten diesem Gremium gemäß Kabinettsbeschluß acht Vertreter des Reichstags, drei Vertreter der Länder, zwei Vertreter von Gemeinden und Gemeindeverbänden, drei Vertreter der freien Sozialpolitik sowie die Präsidenten der Reichsanstalt und des Spruchsenats für Arbeitslosenversicherung an.[92]

---

92 AdR, Kabinett Müller II (Anm. 9), Bd. 1, S. 632—637 (Ministerbesprechung vom 3. 5. 1929), 638—642 (Kabinettssitzung vom 6. 5. 1929), 692—698 (Kabinettssitzung vom 31. 5. 1929). Auf dem SPD-Parteitag in Magdeburg im Mai 1929 bemerkte Breitscheid zu der „Hilferding-Anleihe", die Fraktion habe ihr wegen der Steuererleichterungen für die Besitzenden „nur mit sehr schwerem Herzen und unter großen Bedenken erst nach langen Auseinandersetzungen mit einer verhältnismäßig geringen Majorität zugestimmt." Sozialdemokratischer Parteitag Magdeburg 1929. Vom 26. bis 31. Mai in der Stadthalle, Magdeburg 1929 (ND: Glashütten usw. 1974), S. 166. Kurt Rosenfeld berichtet, bei Abwesenheit der halben Fraktion hätten 43 Abge-

Der Kabinettssitzung vom 31. Mai folgten interfraktionelle Besprechungen, bei denen sich keine Einigung erzielen ließ: Die SPD forderte, daß in das Sofortprogramm die Frage der Saisonarbeiter und die Erhöhung der Beiträge einbezogen werden sollten; die DVP lehnte jede Anhebung der Beiträge ab und verlangte stattdessen die Senkung der Leistungen. Am 17. Juni zog das Kabinett die Konsequenz aus der verfahrenen Situation: Auf Antrag von Wissell beschlossen die Minister mit fünf gegen vier Stimmen bei einer Enthaltung — von Ernährungsminister Dietrich —, vor Abschluß der Arbeiten des Sachverständigenausschusses kein Sofortprogramm vorzulegen.[93]

Ende Juli unterbreitete die Kommission ihre Vorschläge der Öffentlichkeit. Danach sollten die Saisonarbeiter weiter von der Reichsanstalt betreut werden, aber nur die Unterstützungssätze der Krisenfürsorge und diese erst nach einer Wartezeit von zwei Wochen erhalten. Die Höhe der Arbeitslosenunterstützung wollte der Ausschuß — entsprechend einem Vorschlag der Zentrumsabgeordneten Franz Riesener und Christine Teusch — allgemein mit der Dauer der voraufgegangenen Beschäftigung in Beziehung setzen. Alleinstehende Arbeitslose sollten zwei Wochen, Arbeitslose mit großer Familie drei Tage warten, bis sie in den Genuß der Unterstützung kamen. Schließlich schlug die Kommission eine befristete Beitragserhöhung von einem halben Prozent vor.

Die Entscheidungen des Ausschusses waren großenteils gegen die Stimmen von Sozialdemokraten und Gewerkschaften gefallen. Der ADGB protestierte vor allem dagegen, daß die Mehrheit ihren Berechnungen einen Jahresdurchschnitt von 1,1 Millionen Arbeitslosen zugrunde gelegt hatte: Ein so hohes Ausmaß von Arbeitslosigkeit dürfe man nicht kaltblütig zur Grundlage einer Dauerregelung

---

ordnete für und 33 gegen die „Hilferdingsche Anleihe" gestimmt. Ders., Heraus aus der Reichsregierung, in: KK 3 (1929), Nr. 11 (1. 6.), S. 323—325. Im Reichstag fehlten bei der namentlichen Abstimmung über die Anleihe am 15. 5. 1929 im Reichstag 43 Abgeordnete der SPD unentschuldigt. Stenographische Berichte (Anm. 6), Bd. 424, S. 1946 f. — Die Kassenlage des Reiches wurde im Sommer 1929 erneut so kritisch, daß der Reichsfinanzminister, um den Ultimobedarf im Juni und Juli decken zu können, bei einem amerikanischen Bankenkonsortium unter Führung des Bankhauses Dillon, Read & Co einen einjährigen Kredit von 50 Millionen Dollar (210 Millionen RM) zu einem Zinssatz von 8 1/4 % aufnahm. Da Reichsbankpräsident Schacht einen Auslandskredit ablehnte, kam das Geschäft nur auf dem Umweg über deutsche Banken zustande. Hierzu Maurer, Reichsfinanzen (Anm. 74), S. 65 f. — Das Gesetz über eine Sonderfürsorge bei berufsüblicher Arbeitslosigkeit vom 24. 12. 1928 ging darauf zurück, daß in der Land- und Forstwirtschaft die Unterstützungssätze der Arbeitslosenversicherung vielfach über den jährlichen Durchschnittslöhnen lagen. Vgl. zur Behandlung der Saisonarbeiter Ludwig Preller, Sozialpolitik in der Weimarer Republik. Düsseldorf 2. Aufl. 1978, S. 418 ff.

93 AdR, Kabinett Müller II (Anm. 9), Bd. 1, S. 749—751 (Ministerbesprechung vom 17. 6. 1929), 762—764 (Brief der Abgeordneten Perlitius [Zentrum] und Leicht [BVP] an Reichskanzler Müller vom 20. 6. 1929 mit Protest gegen nicht abgesprochene Anträge der Fraktionen von DVP und DDP auf ein Sofortprogramm. Zur Politik Wissells als Reichsarbeitsminister allgemein: David E. Barclay, Rudolf Wissell als Sozialpolitiker 1890—1933, Berlin [W] 1984, S. 198 ff.

der Versicherung machen. Der christlich-nationale DGB drückte sich zurückhaltender aus: Die Beschlüsse seien in der vorliegenden Form nicht annehmbar.[94]

Paul Hertz, einer der Haushaltsexperten der SPD, hielt die Lage nunmehr für so bedrohlich, daß er am 7. August den Staatssekretär im Reichsfinanzministerium, Johannes Popitz, aufsuchte und vor der Gefahr einer Regierungskrise warnte. Wissell werde gegen den Willen seiner Partei keinen Gesetzentwurf zur Reform der Arbeitslosenversicherung einbringen können. An der nächsten Kabinettssitzung, auf der über dieses Thema gesprochen werden solle, könnten überdies weder der Finanz- noch der Wirtschaftsminister teilnehmen, da beide im Haag über den Young-Plan und die Rheinlandräumung verhandeln müßten. Dasselbe gelte für Stresemann, so daß die DVP in der Kabinettssitzung überhaupt nicht vertreten sei. Hilferding habe ihn, Hertz, gebeten, dafür zu sorgen, daß es nicht in Abwesenheit des Reichsfinanzministers zu einer Regierungskrise komme.

Die Gefahr einer solchen Zuspitzung war um so größer, als Reichskanzler Hermann Müller, der seit längerem an Gallen- und Leberbeschwerden litt, Ende Juni schwer erkrankt war und bis Ende September seine Amtsgeschäfte nicht wahrnehmen konnte. Wenn zu dieser Zeit überhaupt jemand die Richtlinien der Politik bestimmte, dann war es der beamtete Staatssekretär der Reichskanzlei, Hermann Pünder, der politisch dem Zentrum nahestand. Die bisher schwerste Krise des Kabinetts Müller — und dazu sollte sich der Streit um die Reform der Arbeitslosenversicherung alsbald entwickeln — fiel also in jene Wochen, in denen die Regierung politisch führungslos war.

In der Ministerbesprechung vom 10. August wurden noch keine Beschlüsse gefaßt. Es fand lediglich eine Aussprache über den Gesetzentwurf zur Reform der Arbeitslosenversicherung statt, den Wissell am 7. August vorgelegt hatte. Dieser Entwurf wich von den Empfehlungen der Sachverständigen in drei wesentlichen Punkten ab. Der Arbeitsminister sah höhere Unterstützungssätze als die Kommission vor, und zwar sowohl bei den „normalen" Arbeitslosen wie bei den erwerbslosen Saisonarbeitern; im Hinblick auf die Dauer der Unterstützung ging Wissell ebenfalls über die Vorschläge des Ausschusses hinaus; und schließlich sollten die Beiträge nicht bloß um ein halbes Prozent, sondern um dreiviertel Prozent erhöht werden.

Erwartungsgemäß legte sogleich Staatssekretär Trendelenburg vom Reichswirtschaftsministerium im Namen des abwesenden Curtius Einspruch ein. Seinem Minister erscheine jede Beitragserhöhung verfehlt, also auch eine solche um ein halbes Prozent. Auf der Ausgabenseite sähen die Sachverständigen eine Einsparung von insgesamt 160 Millionen RM vor; Wissells Entwurf erbringe dagegen nur Minderausgaben von 80 Millionen RM. Aber auch Hilferdings Staatssekretär

---

94 Zu den Verhandlungen der Experten und der Resonanz ihrer Beschlüsse: Die Verhandlungen der Sachverständigenkommission für Fragen der Arbeitslosenversicherung. Sonderveröffentlichung des Reichsarbeitsblattes, Berlin 1929; Arbeitsmarkt und Arbeitslosenversicherung, in: SP 38 (1929), Heft 31, (1. 8.), Sp. 777—783. — Der Beschluß des Bundesausschusses des ADGB vom 30./31. 7. 1929: in: GZ, Nr. 31, 3. 8. 1929. Vgl. zu dieser Sitzung auch unten S. 621 ff. Zu den sozialen Folgen der Neuregelung der Krisenfürsorge, wie sie Wissell durch seinen Erlaß vom 29. 6. 1929 anordnete, siehe den folgenden Bd.

Popitz wandte sich gegen die Vorlage des Reichsarbeitsministers. Die Reichsfinanzen seien nicht mehr in Ordnung, und darauf nehme Wissell nicht hinreichend Rücksicht. Popitz erinnerte daran, daß das Kabinett schon am 6. Mai beschlossen habe, die Reichsfinanzen zu entlasten und künftig der Reichsanstalt keine Darlehen mehr zu geben. Verkehrsminister Stegerwald äußerte ebenfalls schwere finanzielle Bedenken und forderte die Beseitigung gewisser „Überspannungen" im Bereich der Arbeitslosenversicherung. Eine Beitragserhöhung um ein halbes Prozent sei das höchste, was er akzeptieren könne. Innenminister Severing und Postminister Schätzel regten eine Vertagung an.

Wissell, in der Regierung somit völlig isoliert, drohte schließlich unverhohlen mit seinem Rücktritt. „Er sei in letzter Zeit häufig gezwungen gewesen, sich gegen die Arbeiterschaft zu wenden. Es sei ihm als Minister unmöglich, die Vorschläge der Kommission zu übernehmen. Daß seine Vorlage vom Reichstag in wesentlichen Punkten eine Abänderung erfahren werde, sei ihm klar. Diese Abänderung möge jedoch der Reichstag vornehmen, von ihm könne man sie nicht verlangen. Wenn das Kabinett Abänderungen seiner Vorlage beschließen sollte, wisse er noch nicht, wie die Lage sich gestalten werde."

Die Ministerbesprechung endete mit dem Beschluß, Severing und Wissell sollten am 12. August im Haag mit den dort weilenden Reichsministern — Stresemann, Curtius, Hilferding und Wirth — die schwebenden Probleme einer Reform der Arbeitslosenversicherung erörtern und klären. Erst nach dieser Aussprache solle dann entschieden werden, ob sich ein Versuch empfehle, eine Vertagung der auf den 15. August angesetzten Beratungen im Sozialpolitischen Ausschuß des Reichstags zu erreichen.[95]

---

95 AdR, Kabinett Müller II (Anm. 9), Bd. 1, S. 764 (Anm. zur Erkrankung Müllers); Bd. 2, S. 846 f. (Vermerk vom 7. 8. 1929 zur Kabinettssitzung über die Arbeitslosenversicherung), 848—853 (Ministerbesprechung vom 8. 10. 1929, die Rücktrittsdrohung Wissells: 851). Eine Aufstellung des Reichsfinanzministeriums vom 10. 8. 1929 über die Auswirkungen der Reform in der Arbeitslosenversicherung im Winter 1929/30 und im Jahr 1930 (nach den Vorschlägen der Sachverständigen und denen von Wissell): ebda., S. 854—856. — Einen Antrag des Reichsarbeitsministers, in den Haushalt 1930 ein Darlehen an die Reichsanstalt in Höhe von 100 Millionen RM einzusetzen, lehnte Popitz im Auftrag von Hilferding am 31. 8. 1929 ab. Ebda., S. 899 f. — Zur Rolle von Popitz: Hildemarie Dieckmann, Johannes Popitz. Entwicklung und Wirksamkeit in der Zeit der Weimarer Republik, Berlin [W] 1960, bes. S. 78 ff. Zu Hermann Pünder: ders., Politik in der Reichskanzlei. Aufzeichnungen aus den Jahren 1929—1932, hg. von Thilo Vogelsang, Stuttgart 1961. — Wissell suchte sein Dilemma am 29. 8. 1929 in einem Brief an Hermann Müller zu erläutern. Er könne sich der andauernden Angriffe aus den Reihen von SPD und Gewerkschaften nicht mehr erwehren. „Dabei muß ich die innere Berechtigung dieser Angriffe und Vorwürfe anerkennen. Es gibt Grenzen, über die ich nicht hinweg kann und die auch die Partei, beim besten Willen, der Notlage des Reiches gerecht zu werden, nicht überschreiten kann. Diese Grenzen sind erreicht." AsD Bonn, Nl. H. Müller, II, Nr. 177. Ähnlicher Ansicht war Stampfer, der Müller am 4. 9. 1929 warnte, ein allgemeiner Abbau der Leistungen in der Arbeitslosenversicherung würde „den Konflikt zwischen Partei und Gewerkschaften und in der Partei selbst die allerschwerste Vertrauenskrise herbeiführen." Ebda., Nr. 178. Müller antwortete Stampfer am 8. 9. 1929: „Jedenfalls würde ich mein Ansehen als Politiker nicht aufs Spiel setzen, indem ich einer leichtfertigen Finanzpolitik das Wort rede. Agitation in allen Ehren, aber auf die Dauer ist eine ehrliche Politik auch die beste Agitation und mit ihr erhält man am ersten alles, was des Erhaltens wert ist." Ebda., Nr. 179.

Im Haag erzielten die dort konferierenden sechs Reichsminister Übereinstimmung nur darin, daß eine Regierungskrise zur Zeit unter allen Umständen vermieden werden müsse. Stresemann machte hierbei vor allem außenpolitische Gründe geltend. Einen Vorschlag seiner Kollegen, er solle sich im Kabinett überstimmen lassen, lehnte Wissell ausdrücklich ab. Dagegen deutete er die Möglichkeit an, Reichsrat und Reichstag zunächst eine Vorlage ohne die besonders umstrittenen Fragen der Beitragserhöhung und des Leistungsabbaus zu unterbreiten. In einer Besprechung zwischen der Reichsregierung und Vertretern der Koalitionsfraktionen am 15. August übte Scholz namens der DVP scharfe Kritik daran, daß es noch immer keine Vorlage der Reichsregierung zur Reform der Arbeitslosenversicherung gebe. Gegen jede weitere Verzögerung müsse er Einspruch erheben. Wels versicherte, auch seine Partei, die SPD, habe den dringenden Wunsch, die Dinge baldigst zu bereinigen; freilich werde der Standpunkt der Sozialdemokraten nicht so einheitlich sein wie derjenige der Deutschen Volkspartei.

Tags darauf wurde in einer weiteren interfraktionellen Besprechung deutlich, daß die Fronten sich verhärteten. Scholz erklärte, die DVP habe den grundsätzlichen Beschluß gefaßt, überhaupt keinen Beitragserhöhungen zuzustimmen. Auf der anderen Seite fand sich auch keine der bürgerlichen Fraktionen bereit, einer Erhöhung der Beiträge um dreiviertel Prozent ihr Plazet zu geben. Einige Stunden später lenkte Wissell in diesem Punkt dann doch ein. In einem Gespräch mit Sachverständigen der Koalitionsparteien kündigte er an, er wolle sich mit einer Beitragserhöhung um 0,5 % abfinden. Außerdem sollten aus seinem Entwurf die Unterstützungssätze und die Behandlung der Saisonarbeiter herausgenommen werden. Hierüber möge der Sozialpolitische Ausschuß des Reichstags entscheiden.

Ein Ausweg aus der Krise war das schwerlich, zumal der volksparteiliche Abgeordnete Pfeffer sogleich versicherte, er für seine Person könne kein Gesetz mitmachen, das überhaupt eine Beitragserhöhung vorsehe. Auch im Kabinett gab es am 19. August Bedenken gegen das von Wissell vorgeschlagene ungewöhnliche Verfahren, den gesetzgebenden Körperschaften eine unvollständige Vorlage zu unterbreiten. Doch selbst Staatssekretär Trendelenburg meinte, Wirtschaftsminister Curtius werde sich mit den Lücken abfinden, sofern in der Begründung, entsprechend einer Empfehlung von Popitz, klargestellt werde, das Ziel des Entwurfs sei es, die Reichsanstalt für Arbeitsvermittlung und Arbeitslosenversicherung von Darlehen des Reiches unabhängig zu machen und finanziell auf ihre eigenen Füße zu stellen. Einige Anträge, die Trendelenburg im Namen von Curtius stellte, wurden vom Kabinett abgelehnt — darunter eine Erhöhung der Beiträge um lediglich 0,25 % und eine Befristung der Beitragserhöhung auf die Zeit bis zum 30. September 1930.

Da nicht nur Curtius, sondern auch die Minister Stresemann und Dietrich ihre Vertreter gegen die Vorlage des Reichsarbeitsministers stimmen ließen, war von vornherein zweifelhaft, ob Wissells revidierter Entwurf eine parlamentarische Mehrheit finden würde. Auf der anderen Seite machte in der Ministerbesprechung vom 19. August Severing deutlich, daß nach seiner Meinung auch die Sozialdemokraten an der Grenze dessen angelangt seien, was sie noch mittragen könnten.

Man solle in der Finanzpolitik zwar nie weiter gehen, als die Finanzen des Reiches es vertrügen. Eine plötzliche Reduktion der Leistungen müsse auf die Arbeiterschaft aber vernichtend wirken. „Das Reichskabinett werde sich wohl in dem zu erreichenden Ziel einig sein, die Einnahmen und Ausgaben der Versicherungsanstalt in Einklang zu bringen. Es entstehe jedoch die Frage, ob man einen so großen Schritt nach rückwärts gehen müsse. Man solle der Sozialdemokratie nichts zumuten, was sie nicht tragen könne. Andernfalls müßten die sozialdemokratischen Minister aus dem Kabinett ausscheiden. Er dürfe wohl annehmen, daß eine derartige Konsequenz aus allgemeinen politischen Gründen den übrigen Ministern des Reichskabinetts höchst unerwünscht sein müsse."[96]

Die sozialpolitischen Experten der Großen Koalition kamen nicht weiter als die Minister. Als der Vorsitzende des Sozialpolitischen Ausschusses des Reichstags, der Zentrumsabgeordnete Thomas Esser, am 27. August die Sachverständigen aus den Regierungsparteien zu einer Besprechung versammelte, zeigte sich, daß die Lücken in Wissells Entwurf noch nicht geschlossen und die Gegensätze in der Frage der Beitragserhöhung nicht überbrückt werden konnten. Die SPD lehnte Wartezeiten bis zur Gewährung von Arbeitslosenunterstützung ab, die DVP jede Beitragserhöhung; Zentrum und BVP hielten eine allgemeine Kürzung der Unterstützungssätze für erforderlich und sprachen sich gegen eine Sonderregelung für Saisonarbeiter aus, wie Sozialdemokraten und DDP sie forderten. Esser erklärte daraufhin, er wolle Abstimmungen im Sozialpolitischen Ausschuß vorerst vermeiden. Am 5. September aber mußten, obwohl die Führer und Experten der Koalitionsparteien sich auch in einer weiteren Besprechung am 4. September nicht hatten einigen können, im Ausschuß die Entscheidungen der ersten Lesung fallen. Sie fielen in den meisten umstrittenen Punkten, einschließlich der Beitragserhöhung, gegen Wissell.

Die Tage der Großen Koalition schienen bereits gezählt zu sein, als Staatssekretär Pünder auf den Gedanken kam, die preußische Regierung um eine Vermittlungsaktion zu bitten. Am 7. September schrieb er dem in Bühlerhöhe zur Kur weilenden Reichskanzler, es bestehe die Möglichkeit, daß sich Sozialdemokraten und Zentrum im Schoß des preußischen Kabinetts auf einen Kompromiß verständigten, der Aussichten habe, vom Reichsrat angenommen zu werden. In der Sache ging es Pünder um folgendes: Die SPD sollte im Grundsatz der vom Zentrumsabgeordneten Riesener vorgeschlagenen Kürzung aller Unterstützungssätze zustimmen, aber materiell dieses Prinzip zugleich wieder so entschärfen, daß es für die Sozialdemokraten tragbar war.

Nach einer Reihe von gemeinsamen Sitzungen von Reichs- und preußischem Kabinett, an denen freilich kein Minister der DVP teilnahm, schien es so, als habe

96 AdR, Kabinett Müller II (Anm. 9), Bd. 2, S. 856 f. (Aufzeichnung Pünders vom 13. 8. 1929), 858 f. (Aufzeichnung des Abgeordneten Brüning [Zentrum] vom 14. 8. 1929), 859—862 (Ministerbesprechung vom 14. 8. 1929), 863—866 (Ergebnis der Ressortbesprechung über finanzielle Fragen der Arbeitslosenversicherung, 14. 8. 1929), 867—870 (Besprechung der Reichsregierung und der Fraktionsführer vom 15. 8. 1929), 877—881 (Parteibesprechungen vom 16. 8. 1929), 880 f. (Vermerk des Ministerialrats Feßler vom 19. 8. 1929), 881—888 (Ministerbesprechung vom 19. 8. 1929).

Pünder den rettenden Gedanken gehabt. Am 12. September erklärte sich Wissell mit den von der preußischen Regierung angenommenen Vorschlägen zwar nicht persönlich einverstanden, gab aber doch seine Bereitschaft zu erkennen, sich im Kabinett überstimmen zu lassen. Außerdem wolle er unter den gegebenen Umständen darauf verzichten, im Reichstag eine Doppelvorlage einzubringen — also einen Alternativvorschlag zu dem, was der Reichsrat beschloß.

Aus den Beratungen des Reichsrats gingen schließlich am 16. September zwei Gesetzentwürfe hervor: ein Hauptgesetz, das sich mit Mißbräuchen und Mißständen befaßte, und ein bis zum 31. März 1931 befristetes Sondergesetz, das die eigentlich umstrittenen Fragen regelte und vom Reichsrat nur mit der denkbar knappen Mehrheit von einer Stimme angenommen wurde. Mit dem Gesamtergebnis war Wissell so wenig zufrieden, daß er am Tag darauf das Kabinett doch noch um die Ermächtigung zu einer Doppelvorlage bat. Diese sollte zwar nur fünf, eher zweitrangige Punkte betreffen, aber dem Arbeitsminister schienen sie für einen solchen Schritt wichtig genug. Hilferding und Severing schlossen sich seiner Initiative an, und am Ende beschloß das Kabinett entgegen der Empfehlung Dietrichs — Stresemann und Curtius waren abwesend —, dem Reichstag eine Doppelvorlage zuzuleiten.

In der Besprechung der Fraktionsführer am 18. September zeigte sich, daß auch die großen Streitfragen noch keineswegs gelöst waren. Scholz erklärte, er könne nicht zusagen, daß die DVP den beiden Gesetzentwürfen des Reichsrats zustimmen werde. Der Sprecher der SPD, Aufhäuser, machte Bedenken in einer Reihe von Punkten geltend, so namentlich im Hinblick auf jenen Paragraphen, der bestimmte, daß die Unterstützung eines Arbeitslosen den Lohnverhältnissen am Wohnort angeglichen werden sollte, wenn Arbeits- und Wohnort nicht übereinstimmten. Joseph Wirth, der die Sitzung leitete, schloß die Aussprache mit der Bemerkung, alle Koalitionsparteien seien offenbar guten Willens, zu einer befriedigenden Lösung der Probleme zu gelangen.

Zu solchem Optimismus bestand kaum Anlaß. Am 16. September hatten der Reichsverband der Deutschen Industrie und die Vereinigung der Deutschen Arbeitgeberverbände bei der Reichsregierung in einem gemeinsamen Telegramm gegen die Beschlüsse des Reichsrats und vor allem gegen die beabsichtigte Beitragserhöhung protestiert. Es war daher nicht anzunehmen, daß die DVP in den wesentlichen Fragen nachgeben würde. Stresemann, der von der Tagung des Völkerbunds zur Erholung an den Vierwaldstätter See gefahren war, sah die weitere Entwicklung sehr skeptisch. Wenn die Koalition auseinanderbreche, sei das Ergebnis der Haager Konferenz in Frage gestellt und die deutsche Wirtschaft würde aufs schwerste betroffen, meinte er am 18. September in einem Telefongespräch mit Staatssekretär Pünder. Es sei infolgedessen das beste, wenn über die Reform der Arbeitslosenversicherung nicht isoliert entschieden werde, sondern im Zusammenhang mit anderen Problemen. Der Außenminister dachte dabei offensichtlich an die finanziellen Erleichterungen, die dem Reich nach der Ratifizierung der Young-Gesetze zuteil werden würden.

Im Kabinett fand diese Anregung jedoch keinen Anklang. Vor allem Hilferding betonte in der Ministerbesprechung vom 19. September, die Reform der Arbeitslosenversicherung dürfe nicht länger hinausgeschoben werden. Aus finanziellen Gründen sei es dringend erforderlich, daß die Beitragserhöhung spätestens am 1. November in Kraft trete. Einhellig sprachen sich die Minister dafür aus, daß der Sozialpolitische Ausschuß versuchen möge, zu einem Abschluß zu kommen, und das Plenum des Reichstags am 30. September mit der Beratung der Reformvorlagen zur Arbeitslosenversicherung beginnen sollte.[97]

Welche Haltung die Sozialdemokraten hierbei einnehmen würden, machte ihre Reichstagsfraktion am 20. September klar. Die SPD bejahe, so heißt es in einer einstimmig angenommenen Resolution, die Beseitigung nachweisbarer Mißstände und eine befristete Erhöhung der Beiträge. Aber sie begrüße gleichzeitig auch den beharrlichen und geschlossenen Widerstand, den Partei und Gewerkschaften in wochenlangem zähen Ringen gegen alle weitergehenden Gesetzesänderungen und Abbaupläne geleistet hätten. „Ohne die allgemein politische Bedeutung irgendwie zu verkennen, die sich aus einer weiteren Zuspitzung im Kampf um die Arbeitslosenversicherung ergeben kann, verlangt die Fraktion, daß auch weiterhin der bei den bisherigen Verhandlungen von den sozialdemokratischen Unterhändlern gezogene Rahmen beibehalten wird, da die Sozialdemokratie nur innerhalb dieser Grenzen eine Mitverantwortung für die Reform der Arbeitslosenversicherung zu tragen bereit ist." Obwohl die SPD die Notwendigkeit anerkenne, die Arbeitslosenversicherung aus eigenen Mitteln zu sanieren, halte sie doch daran fest, daß bei unvorhergesehener Zuspitzung der Lage des Arbeitsmarktes das Reich die Pflicht zur Leistung von Zuschüssen habe. „Sie lehnt es entschieden ab, daß die Sanierung der Reichsfinanzen und der Abbau der Steuerlasten durch einen Abbau der sozialpolitischen Leistungen des Reiches erkauft werden."[98]

Die Sozialdemokraten befanden sich, was dieses Votum anlangte, in voller Übereinstimmung mit dem ADGB, der bereits Mitte September die bürgerlichen Parteien gewarnt hatte: „Wenn die Koalitionsregierung an der Reform der Arbeitslosenversicherung zerbricht, das heißt: wenn sich die weitere Teilnahme der Sozialdemokratie an der Regierung als unmöglich erweist, weil sie mit der Preisgabe wesentlicher Arbeiterinteressen bezahlt werden soll, dann wird eine *Erbitte-*

97 Ebda., Bd. 2, S. 892—894 (Parteibesprechung vom 27. 8. 1929), 905—907 (Besprechungen mit den Fraktionsvorsitzenden, 5. 9. 1929), 908 f. (Ministerbesprechung vom 4. 9. 1929), 909—912 (Brief Pünders an Müller vom 7. 9. 1929), 912—914 (Vermerk Pünders vom 10. 9. 1929), 915—917, 921—923 (Chefbesprechungen vom 11. 9. 1929), 923—927 (Kabinettssitzung mit dem Preußischen Staatsministerium am 12. 9. 1929), 928—934 (Besprechungen mit den Ländern am 13. u. 14. 9. 1929), 943—945 (Kabinettssitzung vom 17. 9. 1929), 950 (Ministerbesprechung vom 17. 9. 1929), 951—953 (Fraktionsführerbesprechung vom 18. 9. 1929), 955—957 (Ministerbesprechung vom 19. 9. 1929). Wissells Doppelvorlage vom 18. 9. 1929 in: Verhandlungen (Anm. 54), Drucksache Nr. 1311; die Begründung vom 26. 9.: ebda., Zu 1311. — Zu den Verhandlungen des Reichsrats und dem Protesttelegramm von RDI und VDA: Schulthess 1929 (Anm. 77), S. 168.

98 Ebda., S. 170; Reichstagsfraktion und Arbeitslose, in: Vorwärts, Nr. 443, 21. 9. 1929. — Der Parteivorsitzende Wels schrieb am 23. 9. 1929 an Hermann Müller: „So wird zum Schluß die Restfrage für die Volkspartei bleiben, ob sie die ganze Reform an ihrem Widerspruch gegen das halbe Prozent Beitragserhöhung scheitern lassen will oder nicht. Nach alledem, was ich beobachten konnte, glaube ich nicht, daß sie das riskiert." AsD Bonn, Nl. H. Müller I, Nr. 123.

rung und eine Radikalisierung der Massen die Folge sein, die nicht von denjenigen gewünscht werden kann, die gern von Volksgemeinschaft und Erziehung der Arbeiterschaft zum Staate reden. Wenn die Arbeiterschaft die Empfindung gewinnt, daß ihre Mitarbeit am Staate abhängig gemacht werden soll von der Preisgabe ihrer wichtigsten sozialpolitischen Positionen, dann wird sie sich ganz natürlicherweise vor die Sozialpolitik und gegen *den* Staat stellen müssen, der sich dieser sozialpolitischen Verpflichtungen zu entledigen sucht." Der Kampf gehe heute nicht mehr um die Beseitigung von Mißständen, sondern um die Verteilung der Lasten. „Auf die entscheidende Frage, ob man nämlich bereit sein will, die Lasten der Arbeitslosigkeit den Arbeitslosen selbst aufzubürden, oder ob sie von der Wirtschaft und der Allgemeinheit in solidarischer Haftung übernommen werden sollen, wird jede der in der Koalition vertretenen Parteien eine eindeutige Antwort geben müssen."[99]

Fünf Tage nach der SPD machte die rechte Flügelpartei der Regierung Müller nochmals ihren Standpunkt deutlich. In einer Entschließung, die sie am 25. September in Abwesenheit von Stresemann und Curtius faßte, bekräftigte die Reichstagsfraktion der Deutschen Volkspartei ihre Ansicht, „daß ein Ausgleich der Einnahmen und Ausgaben der Reichsanstalt ... unter Wahrung aller berechtigten sozialen Gesichtspunkte ohne Beitragserhöhung und ohne neue Belastung des notleidenden Reichshaushalts möglich ist, wenn die von der DVP wiederholt gegebenen Anregungen zur Grundlage der Reform gemacht werden." Das entsprach nahezu wörtlich einer Eingabe, die der RDI am gleichen Tag an den Reichskanzler richtete und die mit den Worten schloß: „Der Reichsverband der Deutschen Industrie fordert ... im Interesse der gesamten Wirtschaft mit größtem Nachdruck eine schleunige Reform der Arbeitslosenversicherung, die ihre Durchführung ohne Beitragserhöhung irgend welcher Art und ohne Heranziehung öffentlicher Mittel gewährleistet und Mißbräuche ausschließt."[100]

Am 28. September tagte das Kabinett der Großen Koalition erstmals seit drei Monaten wieder unter dem Vorsitz von Hermann Müller. Ohne auf eine Vertagung der sozialpolitischen Streitfragen zu drängen, machte sich der Kanzler doch die Anregung Stresemanns zu eigen, die Reform der Arbeitslosenversicherung mit anderen Reformen zu verbinden. Er ließ Hilferding die Grundzüge eines Finanzprogramms vortragen, das für die Zeit nach der parlamentarischen Erledigung des Young-Plans ausgearbeitet worden war. Demnach sollten die Zuckersteuer halbiert, die Einkommensteuer ebenso wie eine Reihe von Realsteuern gesenkt, das existenzfreie Minimum schrittweise heraufgesetzt und die Biersteuer erhöht werden. Ferner waren geplant Änderungen des Finanzausgleichs zugunsten des Reiches, ein Abbau der Industriebelastung — einer Art Reparationssteuer, die 1924 eingeführt worden war — sowie eine Erhöhung der Freigrenze bei der Vermögenssteuer.

99 Verhandlungen über die Arbeitslosenversicherung, in: GZ Nr. 37, 14. 9. 1929 (Hervorhebungen im Original). Zur internen Diskussion im ADGB vgl. unten S. 621 ff.
100 AdR, Kabinett Müller II (Anm. 9), Bd. 2, S. 963 f.

Insgesamt war die Reform darauf ausgerichtet, die Wirtschaft zu entlasten und die Eigenkapitalbildung zu fördern. Die breiten Massen wurden durch die Erhöhung der Biersteuer belastet; einen gewissen sozialen Ausgleich für die besitzfreundlichen Wirkungen des „Pakets" stellten nur die Senkung der Zuckersteuer und die Anhebung des steuerfreien Einkommens dar. „Von den paar Feigenblättern abgesehen, war es ein durchaus kapitalistisches Steuerprogramm", urteilte rückblickend Hilferdings Nachfolger im Amt des Reichsfinanzministers, der volksparteiliche Abgeordnete Moldenhauer. Wirtschaftlich sprachen viele Argumente zugunsten von Steueränderungen, die geeignet waren, den inländischen Kapitalmarkt zu stärken und die Abhängigkeit von Kapitalimporten zu verringern. Die Mindereinnahmen — Hilferding bezifferte sie auf 1 Milliarde RM in fünf Jahren — schienen vertretbar, da sich aus dem Young-Plan ab 1930 höhere Ersparnisse ergaben. Für das laufende Jahr war das allerdings noch nicht der Fall, da die Koalitionsparteien im April 1929 die Einnahmen zu hoch angesetzt hatten und infolgedessen ein Nachtragshaushalt nötig geworden war, der die Ersparnisse aus dem neuen Reparationsabkommen aufzehrte. Darüber hinaus war auch bereits im Herbst 1929 zweifelhaft, ob nicht die Rezession, die längst eingesetzt hatte, einen Strich durch die Einnahmeberechnungen des Finanzministers machen würde. Aber der unmittelbare politische Effekt der Reform hätte theoretisch durchaus der sein können, den sich Müller und Hilferding von dem Programm versprachen: eine Prämie auf Kompromißbereitschaft seitens der DVP in Sachen Arbeitslosenversicherung und damit ein Beitrag zur Festigung der Großen Koalition.

Ein großes Hindernis freilich stand der werbenden Wirkung der Finanzreform entgegen: Sie sollte vorerst nicht publik werden. Stresemann warnte am 28. September im Kabinett, die Position der deutschen Unterhändler, die zur Zeit mit den Westmächten über die Liquidation von Ansprüchen aus dem Vertrag von Versailles verhandelten, werde aufs äußerste gefährdet, wenn das Ausland erfahre, daß die Reichsregierung ein großes Steuersenkungsprogramm plane. Der Kanzler schloß sich dieser Mahnung des Außenministers ausdrücklich an. Nur die maßgebenden Leute der einzelnen Fraktionen sollten von den finanzpolitischen Absichten des Kabinetts in Kenntnis gesetzt werden.

Damit war der politische Nutzen der Aktion aber bereits in Frage gestellt, bevor sie begonnen hatte. Wenn die Öffentlichkeit von der geplanten Reform nichts erfahren durfte, dann würde auch — soviel war unschwer vorherzusagen — die Agitation derjenigen Interessenverbände weitergehen, die eine Erhöhung der Beiträge zur Arbeitslosenversicherung strikt ablehnten, und es war wahrscheinlich, daß diese Kampagne ihre Wirkungen auf die Fraktion der DVP auch weiterhin nicht verfehlen würde. So blieben denen, die die Große Koalition aufrechterhalten wollten, im wesentlichen nur Appelle an die Einsicht der Regierungsparteien übrig.

Auf keinen Fall dürften diese Parteien in der bevorstehenden Plenarsitzung des Reichstags in schroffer Weise gegeneinander sprechen, meinte Müller. Ernährungsminister Dietrich sprach von der Gefahr, daß, wenn die DVP gegen die Gesetzentwürfe zur Reform der Arbeitslosenversicherung stimme, sich mindestens zwölf Abgeordnete seiner Partei, der DDP, diesem Votum anschließen könnten. Aus Anlaß dieser Reform eine Regierungskrise herbeizuführen, sei aber unmöglich. „Letzten Endes handele es sich jetzt um die endgültige Entscheidung im Kampf um die Republik." Auf seine Bitte, doch noch einen Kompromiß im Kabinett zu versuchen, erwiderte Severing, dieser Vorschlag sei unzweckmäßig, da die Minister sich auch bisher nicht einig gewesen seien. Daher müßten sich nun erst einmal wieder die Regierungsparteien äußern. Zu Dietrichs Einwurf, eine Einigung im Kabinett und unter den Koalitionsfraktionen sei möglich, wenn die DVP in der Frage der Beitragserhöhung und die Sozialdemokratie beim Leistungsabbau nachgäben, bemerkte der Kanzler abschließend, „daß er z. Zt. keinen Weg für eine gemeinsame Basis in der Reform der Arbeitslosenversicherung sehe. Es müßten zunächst die Besprechungen mit den Fraktionsvorsitzenden der Regierungsparteien abgewartet werden."

Bevor die Fraktionsvorsitzenden zusammentrafen, fielen am 30. September im Sozialpolitischen Ausschuß des Reichstags Entscheidungen, die die Aussicht auf eine Einigung weiter verringerten. Die Bestimmungen über die Wartezeit fanden keine Mehrheit, und auch die Beitragserhöhung wurde abgelehnt, weil Zentrum und BVP sich der Stimme mit der Begründung enthielten, sie wollten die Zustimmung zu diesen Paragraphen von der endgültigen Gestaltung des Entwurfs im Plenum abhängig machen. Müller sah jetzt, wie er in der Ministerbesprechung des gleichen Tages sagte, nur noch zwei Lösungen: Entweder werde die Beitragserhöhung aus dem Entwurf herausgenommen, wobei das Kabinett aber erklären müsse, daß es diese Frage in kürzester Frist regeln werde, oder das Sondergesetz sehe eine Beitragserhöhung um ein halbes Prozent vor, lasse jedoch den Zeitpunkt offen, an dem die Erhöhung in Kraft trete. Beide Lösungen waren, wie der Kanzler sogleich hinzufügte, mit Unsicherheitsfaktoren verbunden: Es sei ungewiß, ob der erste Vorschlag von der Sozialdemokratie und der zweite von der Deutschen Volkspartei angenommen werde. Erklärungen von Wissell und Curtius bestätigten Müllers unausgesprochene Vermutung, daß im Augenblick weder das eine noch das andere zu erwarten war.

In der Besprechung der Fraktionsführer am Vormittag des 1. Oktober ließ der Reichskanzler keinen Zweifel daran, für wie ernst er die Lage ansah. Eine Regierungskrise werde dem Hugenbergschen Volksbegehren gegen den Young-Plan Auftrieb geben und daher müsse eine solche Krise unbedingt vermieden werden. Eine Annäherung in den umstrittenen Punkten gab es indessen nicht. Der Abgeordnete Zapf von der DVP, der den erkrankten Fraktionsvorsitzenden Scholz vertrat, bezeichnete ein Entgegenkommen seiner Partei in der Frage der Beitragserhöhung als zur Zeit nicht möglich; wie die DVP in zwei Monaten sich entscheiden werde, könne er nicht sagen. Für die SPD erklärte Siegfried Aufhäuser, der Vorsitzende des AfA-Bundes, eine Vertagung der Beitragserhöhung komme nur dann in Frage, wenn sie in zwei Monaten bestimmt beschlossen und nicht erneut aufgerollt werde. Müller meinte, zumindest das Hauptgesetz zur Reform der Arbeitslosenversicherung müsse jetzt angenommen werden. Wenn es der Reichstag nicht verabschiede, bedeute das einen neuerlichen Prestigeverlust für die Reichsregierung, aus dem er Konsequenzen ziehen müsse.

In einer zweiten Besprechung der Fraktionsführer am frühen Nachmittag des 1. Oktober gab Zapf zu Protokoll, die DVP werde einer Beitragserhöhung nur zustimmen, wenn weitergehende Ersparnismaßnahmen beschlossen würden. Er bat um Verständnis für die Situation, in der seine Partei sich befinde, denn gegen sie richte sich der Hauptstoß des Hugenbergschen Volksbegehrens. Wels bemerkte, von dieser Kampagne sei die SPD ebenso betroffen. Die Massen dürften durch einen zu starken Abbau der sozialen Leistungen nicht verbittert werden. Alle Regierungsparteien müßten die Reformvorlage jetzt annehmen; die Beitragserhöhung sei spätestens in zwei Monaten zu beschließen. Zapf erwiderte daraufhin, es könnten immerhin Verhältnisse eintreten, die der Deutschen Volkspartei in zwei Monaten eine Erhöhung der Beiträge um ein halbes Prozent ermöglichen würden.

Wirtschaftsminister Curtius ging noch einen Schritt weiter. Er schlug vor, zwei der wichtigsten Paragraphen des befristeten Sondergesetzes — die Bestimmungen über die Stellung der erwerbslosen Saisonarbeiter und die Wartezeiten vor dem Empfang der ersten Arbeitslosenunterstützung — in das Hauptgesetz zu übernehmen und das Sondergesetz ansonsten fallen zu lassen. Vielleicht sei es für die DVP dann nicht unmöglich, Stimmenthaltung zu üben. Für das Zentrum begrüßte der Vorsitzende des Sozialpolitischen Ausschusses, der Abgeordnete Esser, sogleich die Empfehlung von Curtius, das Hauptgesetz zu ergänzen und das Sondergesetz fallen zu lassen. Diese Reaktion war nicht erstaunlich: Die Anregung des Wirtschaftsministers entsprach weitgehend den Vorstellungen, auf die sich der Vorstand der Zentrumsfraktion am Abend zuvor geeinigt hatte. Auch Reichskanzler Müller zeigte sich erleichtert. Er schlug vor, daß die Koalitionsfraktionen die erforderlichen Anträge zu dem Gesetzentwurf über die Arbeitslosenreform unmittelbar im Anschluß an die Besprechung formulieren und gemeinsam im Reichstag einbringen sollten. Alle Parteivertreter stimmten dem zu.[101]

Zu gemeinsamen Anträgen aller Parteien der Großen Koalition kam es dann doch nicht. Am Nachmittag des 1. Oktober brachten vielmehr die DVP auf der einen, SPD, Zentrum, DDP und BVP auf der anderen Seite unterschiedliche Abänderungsanträge im Reichstag ein. Das eigentliche Politikum der zweiten interfraktionellen Besprechung an jenem Tag lag indes nicht in der Absicht der gemeinsamen Antragsstellung, sondern in der Ankündigung von Curtius, die Volkspartei könne sich eventuell der Stimme enthalten. Für diesen Ausweg aus den parlamentarischen Schwierigkeiten mußte die Fraktion allerdings erst noch gewonnen werden. Der Vorbereitung eines solchen Versuchs diente das Ge-

101 Ebda., Bd. 2, S. 968—978 (Ministerbesprechung vom 28. 9. 1929, die Äußerungen von Dietrich und Müller: S. 975, 977), 979 (Ministerbesprechung vom 30. 9. 1929), 986—990 (Fraktionsführerbesprechungen vom 1. 10. 1929). Das Zitat von Moldenhauer: BA Koblenz, Nl. Moldenhauer, Nr. 3: Ministerzeit, Bl. 17, auch zit. bei Maurer, Reichsfinanzen (Anm. 74), S. 91; zu Hilferdings Finanzprogramm, das voll mit den Absichten seines Staatssekretärs Popitz übereinstimmte: ebda., S. 86 ff.; Dieckmann, Popitz (Anm. 95), S. 84 ff. Zur Haltung des Zentrums, Protokolle (Anm. 19), S. 305—335 (Sitzungen von Fraktion und Fraktionsvorstand zwischen dem 14. 8. und 3. 10. 1929); der Beschluß vom 30. 9. 1929: ebda., S. 329 f. Zum Ablauf des 1. 10. im Reichstag auch: Konflikt in der Koalition, in: Vorwärts, Nr. 461, 2. 10. 1929.

spräch, das Stresemann am Vormittag des 2. Oktober mit dem Kanzler führte. Über den Inhalt unterrichtete der Vorsitzende der DVP kurz darauf seine Fraktion, die am Nachmittag zu einer Sitzung zusammenkam. Den Reichskanzler interessierte demnach lediglich, daß das Gesetz angenommen wurde; ob es durch Zustimmung oder Enthaltung der DVP zustandekam, war Müller und Stresemann weniger wichtig. Unter dem Eindruck dieser Information entschieden sich Befürworter und Gegner der Regierungsvorlage für den Mittelweg, der ein einheitliches Abstimmungsverhalten der Fraktion erlaubte: die Stimmenthaltung.

Am 3. Oktober wurde das Gesetz zur Änderung des Gesetzes über Arbeitsvermittlung und Arbeitslosenversicherung in der Form, auf die sich die Koalitionsparteien geeinigt hatten — also ohne Erhöhung der Beiträge — vom Reichstag in dritter Lesung und mit 237 gegen 155 Stimmen bei 40 Stimmenthaltungen angenommen. Für das Gesetz stimmten die Abgeordneten von SPD, Zentrum, DDP und BVP, dagegen alle übrigen Fraktionen mit Ausnahme der DVP, die sich geschlossen der Stimme enthielt. Die Regierung der Großen Koalition hatte ihre bisher schwerste Belastungsprobe überdauert.

Der Mann, der den größten Anteil an der Rettung des Kabinetts Hermann Müller hatte, lebte zu diesem Zeitpunkt nicht mehr. Gustav Stresemann war am frühen Morgen des 3. Oktober 1929, gegen 5 Uhr 25, einem Schlaganfall erlegen. Der einzige Staatsmann, den die Weimarer Republik hervorgebracht hat, war einer der wenigen überzeugten Anhänger der Großen Koalition in der Deutschen Volkspartei gewesen. Ohne seinen Einsatz wäre dieses Regierungsbündnis vermutlich bereits im Herbst 1929 auseinandergebrochen.

Stresemann wußte, daß die parlamentarische Demokratie nur bestehen konnte, wenn sozialdemokratische Arbeiterschaft und liberales Bürgertum sich um Verständigung auf dem Weg des Kompromisses bemühten. Er hatte sich zu dieser Erkenntnis erst allmählich durchgerungen. Aus dem glühenden Annexionisten des Ersten Weltkrieges war ein patriotischer Realist, aus dem opportunistischen Taktiker, als der er sich noch in der Zeit des Kapp-Lüttwitz-Putsches von 1920 erwiesen hatte, ein Verteidiger des republikanischen Staates geworden. Stresemann hatte großen Mut bewiesen, als er im August 1923, in der schwersten Krise der Nachkriegszeit, das Amt des Reichskanzlers übernahm und bald danach den passiven Widerstand an Rhein und Ruhr abbrach. Er hatte als Außenminister beharrlich und erfolgreich für den Wiederaufstieg Deutschlands gearbeitet. Wenige Stunden nach seinem Tod nannte es Hermann Müller im Reichstag ein „tragisches Geschick, daß er den Abschluß des Werkes nicht erlebte, dem er die letzten Jahre und die letzte Kraft seines Lebens gewidmet hatte. Immer war es sein Ziel, die Befreiung Deutschlands zu erreichen."[102]

102 Stresemann, Vermächtnis (Anm. 17), Bd. 3, S. 582 f.; Schulthess 1929 (Anm. 77), S. 178 ff.; Stenographische Berichte (Anm. 6), Bd. 426, S. 3200 f. (Anträge der Fraktionen); 3245—3248 (Abstimmungen der 3. Lesung); 3227 (Nachruf Müllers). Die Rede Müllers in der Totenfeier der Reichsregierung am 6. 10. 1929: ebda., S. 3251—3253. Zu Stresemanns letzten politischen Aktivitäten: Pünder, Politik (Anm. 95), S. 11—14. Der Text des Gesetzes zur Abänderung des Gesetzes über Arbeitsvermittlung und Arbeitslosenversicherung in: RGBl. 1929 I, S. 153—161. Die wichtigsten Änderungen waren die folgenden: Für die erst-

In seinem letzten innenpolitischen Kampf, dem Streit um die Reform der Arbeitslosenversicherung, hatte sich Stresemanns eigene Partei weit weniger kompromißbereit gezeigt als die linke Flügelpartei der Großen Koalition. Am 2. Oktober waren maßgebliche Politiker des Zentrums zu dem Eindruck gelangt: „Starke Kreise der DVP wollen bewußt die politische Krise herbeiführen." In der SPD wollte das zumindest niemand von denen, auf die es ankam. Aber es gab Politiker, die den Folgen einer politischen Krise gegenüber bemerkenswert gelassen waren. So schrieb der Reichstagsabgeordnete und Chefredakteur des „Vorwärts", Friedrich Stampfer, am 27. August: „Keine Rede kann davon sein, daß die Partei irgendwelche Zugeständnisse machen könnte aus *Angst vor einer politischen Krise.* Sie muß ihre Entscheidungen aus sachlichen Gründen treffen nach bestem Wissen und Gewissen — die Verantwortung für Krisenmacherei kann sie dann anderen überlassen. Einschüchtern läßt sie sich nicht."[103]

Hermann Müller war grundsätzlich anderer Meinung. Er sehe, schrieb er am 2. September 1929 an Stampfer, der Entwicklung des Streits um die Arbeitslosenversicherung mit großer Sorge entgegen. „Wenn Sie im Vorwärts in diesem Zusammenhang auch mehrfach von der Auflösung des Reichstags gesprochen haben, so wird diese Lösung keine praktische Bedeutung bekommen. Keine bürgerliche Partei, ausgenommen die National-Sozialisten, hätte ein Interesse daran; auch die Deutschnationalen nicht. Zu profitieren hätten auch wir nichts. Angesichts der gespannten Kassenlage wären sogar während der Wahlbewegung Gefahrenmomente da, die in ihrer Auswirkung gar nicht ernst genug genommen werden könnten." Da die Deutschnationalen noch nicht wieder reif seien zum Eintritt in die Regierung, war das wahrscheinlichste Resultat einer Krise aus Müllers Sicht ein Kabinett der Mittelparteien, das dann von der SPD mindestens so lange gestützt werden mußte, bis die letzten Ergebnisse der Haager Konferenz unter Dach und Fach waren. „Eine sehr vergnügliche Aufgabe ... Also keine Überstürzung, keine Scharfmacherei. Wenn die Krise kommen soll, dann kommt sie immer noch früh genug."[104]

---

malige Inanspruchnahme der Arbeitslosenversicherung war eine 52wöchige Versicherungsdauer in den vorangegangenen zwei Jahren (bisher 26 Wochen in den letzten 12 Monaten) erforderlich; da Lehrlinge künftig 52 Wochen vor Beendigung der Lehrzeit versichert sein mußten, traf sie diese Bestimmung nicht. Arbeitslose mit vier oder mehr zuschlagsberechtigten Angehörigen mußten statt bisher sieben nur drei Werktage bis zum Empfang der Unterstützung warten; umgekehrt erhöhte sich die Wartezeit von Arbeitslosen unter 21 Jahren, die keine zuschlagsberechtigten Angehörigen hatten und in die häusliche Gemeinschaft eines anderen aufgenommen waren, auf 14 Tage. Sozialrenten wurden auf die Arbeitslosenunterstützung angerechnet, sofern sie über 30 RM hinausgingen. Bei Saisonarbeitern wurden die Unterstützungssätze in der Zeit der berufsüblichen Arbeitslosigkeit auf die Höhe der Krisenunterstützungssätze gesenkt. Ausführlich zur Struktur und Praxis der Arbeitslosenhilfe der folgende Bd.

103 Protokolle (Anm. 19), S. 333 f. (Vorstandssitzung vom 2. 10. 1929); Friedrich Stampfer, Arbeitslose und Partei, in: Vorwärts, Nr. 399, 27. 8. 1929 (Hervorhebungen im Original).

104 AdR, Kabinett Müller II (Anm. 9), Bd. 2, S. 975 f. — Zur Möglichkeit einer Reichstagsauflösung hatte Stampfer in seinem Artikel vom 27. 8. 1929 (vgl. Anm. 103) bemerkt: „Eine Mehrheit gegen die Sozialdemokratie bedeutet *Krise.* Es ist nicht denkbar, daß sich die Partei in dieser Frage (der Reform der Arbeitslosenversicherung, H. A. W.) überstimmen läßt, ohne die

Ob Müller die Masse der Sozialdemokraten mit solchen Argumenten zu überzeugen vermochte, war zweifelhaft. Er appellierte ebenso wie Hilferding an die Vernunft, nicht an Gefühle. Wissell und Stampfer wußten sich im Einklang mit der Parteitradition, wenn sie der Aufforderung zu Sparmaßnahmen im Bereich der Sozialpolitik ein „Bis hierher und nicht weiter" entgegenschleuderten. In Übereinstimmung mit dem, was die parlamentarische Demokratie den staatstragenden Parteien abverlangte, waren sie nicht. Wenig sprach Anfang Oktober 1929 dafür, daß die Große Koalition eine weitere Krise überleben würde.

---

politischen Konsequenzen zu ziehen. Krise bedeutet wahrscheinlich — denn wie will man eine Regierung bilden — *Reichstagsauflösung*. Also Wahlkampf um die Arbeitslosenversicherung. Wer hat Lust? Aus alledem ergibt sich, daß die taktische Stellung der Partei *stark* ist." (Hervorhebungen im Original).

4. Wirtschaftsdemokratie: Das freigewerkschaftliche Programm zwischen Anspruch und Wirklichkeit

Für die Freien Gewerkschaften gab es keinen Zweifel, daß der Wahlsieg vom 20. Mai 1928 auch ihr Sieg war. Rückhaltlos hatte der Vorstand des ADGB in einem Aufruf an Arbeiter und Gewerkschaftsmitglieder „die einzige deutsche Arbeiterpartei", die SPD, unterstützt, weil sie allein die Partei sei, „auf deren Unterstützung wir jederzeit rechnen können bei der Verwirklichung unserer sozialpolitischen Ideen." Als Konsequenz aus dem Wahlausgang empfahl die „Gewerkschafts-Zeitung" eine „Regierungsmehrheit, die — unter Führung der nach dem Wahlergebnis hierzu berufenen Sozialdemokratie — bewußt und entschlossen danach strebt, die politische Geltung der, in immer schwächeren Wellen, bis in die Mitte des Hohen Hauses am Platz der Republik in Berlin vordringenden großkapitalistischen, altpreußisch-bureaukratischen und ostelbisch-monarchistischen Reaktion auf ein Nichts zu beschränken; eine Regierungsmehrheit, die ein stetiges republikanisches Regime einleitet und die Entwicklung zum sozialen Volksstaat eine Strecke voranführt. Das Wahlergebnis hat die Voraussetzungen hierfür geschaffen."[105]

Auf dem Bundeskongreß der Freien Gewerkschaften Anfang September 1928 in Hamburg wies der Vorsitzende des ADGB, Theodor Leipart, darauf hin, daß er schon vor zwei Jahren eine Regierungsbeteiligung der SPD gefordert habe. Sein Ja zur Großen Koalition war dennoch kein unbedingtes: „Wenn wir es somit auch begrüßen können, daß unsere Freunde von der Sozialdemokratischen Partei sich entschlossen haben, wieder die Mitverantwortung in der Regierung zu übernehmen, so scheint es mir doch wichtig, zu erklären, daß die Gewerkschaften sich

---

105 Arbeiter, Gewerkschaftsmitglieder! In: GZ, Nr. 16, 21. 4. 1928; Wahlkampf und Wahlergebnis, ebda., Nr. 21, 26. 5. 1928. Von den Einzelgewerkschaften wurde ebenfalls eine führende Regierungsrolle der SPD gefordert, allerdings mit unterschiedlicher Akzentuierung. Die „Metallarbeiter-Zeitung" setzte sich für eine Koalitionsregierung der „linken Parteien" ein. Der „Deutsche Verkehrsbund" meinte, eine Große Koalition sei wahrscheinlich; die Teilnahme der SPD hieran hänge jedoch ab „von dem Grad des Entgegenkommens der drei bürgerlichen Parteien auf unsere proletarischen Forderungen." Der „Textilarbeiter" erklärte: „Die Partei wird jede Position, die sich ihr bietet, ausnützen müssen, um die Belange der Arbeiterschaft wahrzunehmen. Das parlamentarische System verlangt diese Mitarbeit in der Regierung. Wer diese Mitarbeit nicht leisten will und sich von der Verantwortung für das, was eine Koalitionsregierung tut, drücken will, der müßte schließlich auch den Mut finden und die Konsequenz aus seinem Verhalten ziehen und müßte den Parlamentarismus überhaupt ablehnen." Die Gewerkschaftspresse zum Ergebnis der Reichstagswahlen, ebda., Nr. 23, 9. 6. 1928. — Zum Verhältnis von ADGB und SPD 1928/29 allgemein: Horst-Albert Kukuck, Der Wiederaufstieg der Gewerkschaftsbewegung 1924 bis 1929, in: Erich Matthias u. Klaus Schönhoven (Hg.), Solidarität und Menschenwürde. Etappen der deutschen Gewerkschaftsgeschichte von den Anfängen bis zur Gegenwart, Bonn 1984, S. 153—186; Dieter Schiffmann, Die Freien Gewerkschaften und das Scheitern der Regierung Müller, ebda., S. 187—208.

dadurch in keiner Weise gebunden fühlen. Wir hoffen und erwarten natürlich, daß die sozialdemokratischen Minister ihre sozialistische Überzeugung in der Regierungskoalition und in ihrem Amt vertreten. Wir werden sie auch nach Möglichkeit mit unserer Hilfe unterstützen. Da wir aber genau wissen, daß auch sie nicht mit dem Kopf durch die Wand können, also nicht alle Wünsche durchzusetzen vermögen, so können wir uns um so weniger davon abhalten lassen, die berechtigten Forderungen der Gewerkschaften ohne jede Rücksicht zu vertreten und Kritik zu üben überall dort, wo wir sie im Interesse der Arbeiterschaft für notwendig halten.“[106]

Leiparts demonstrativ zur Schau getragenes Selbstbewußtsein kam nicht von ungefähr. Die Freien Gewerkschaften hatten seit ihrem letzten Bundeskongreß — 1925 in Breslau — ihre Mitgliederzahlen steigern können: von 4,2 auf knapp 4,7 Millionen. Wirtschaftlich war 1927 ein Jahr des Aufschwungs gewesen und das Jahr 1928 gab bisher zu einer pessimistischen Lagebeurteilung noch keinen Anlaß. Die Tatsache, daß die Sozialdemokraten seit Juni 1928 wieder an der Reichsregierung beteiligt waren und den Kanzler stellten, vermittelte dem ADGB das Gefühl, der Staatsmacht näher zu sein als irgendwann in den vorangegangenen viereinhalb Jahren, in denen die SPD auf den Bänken der Opposition gesessen hatte. Das Kabinett Hermann Müller bestärkte die Freien Gewerkschaften in dieser Selbsteinschätzung: Auf dem Hamburger Kongreß ließ sich die neue Reichsregierung gleich durch drei Minister — Curtius, Wissell und Severing — vertreten.

Das große öffentliche Interesse, auf das die Bundestagung vom September 1928 stieß, kam vor allem dem zentralen Thema des Kongresses zugute: der Wirtschaftsdemokratie. Schon in Breslau war hierüber ausgiebig diskutiert worden. Aber erst eine Expertengruppe unter dem Vorsitz von Fritz Naphtali, dem Leiter der freigewerkschaftlichen Forschungsstelle für Wirtschaftspolitik, machte aus dem Schlagwort ein Programm. Klarer als in Breslau wurde nunmehr zwischen dem Zustand „Wirtschaftsdemokratie“ und dem Weg dorthin, der „Demokratisierung der Wirtschaft“, unterschieden. „Im Endziel sind demokratische Wirtschaft und Sozialismus untrennbar miteinander verbunden“, erläuterte Naphtali auf dem Hamburger Kongreß. „Das Ziel der Wirtschaftsdemokratie, ein wirklich demokratischer Aufbau der Wirtschaft, ist innerhalb der kapitalistischen Wirtschaft nicht erreichbar.“ Aber um an dieses Ziel zu gelangen, mußten wichtige Schritte schon jetzt getan werden — und sie wurden auch bereits getan. Die Demokratisierung der Wirtschaft stellte Naphtali als einen gleichzeitig ökonomischen und politischen Kampf dar, der geführt werden müsse um die Staatskon-

106 Protokoll (Anm. 47), S. 80. Leipart erwähnte ausdrücklich, daß er — im Anschluß an Silverbergs Rede vor der Dresdner Tagung des RDI — dem „Vorwärts“ in einem Interview erklärt habe, daß die verantwortlichen Führer der Gewerkschaften in ihrer übergroßen Mehrheit für die praktische Mitarbeit in der Regierung seien. Siehe dazu: Gewerkschaften und Unternehmer, in: Vorwärts, Nr. 430, 12. 9. 1926. Zur Rede Silverbergs vgl. oben S. 510 ff.

trolle *und* um die Teilnahme der wirtschaftlichen Organisationen der Arbeiter an der Führung der großen Monopolorganisationen.

Daß es solche Monopole und überhaupt eine zunehmende „Durchorganisierung des Kapitalismus" gab, bedeutete natürlich keineswegs schon eine Demokratisierung der Wirtschaft. Im Gegenteil: Die kapitalistische Zusammenballung der Macht war „zunächst geeignet ..., die autokratische Stellung des Unternehmertums in der Wirtschaftsführung noch stärker zu betonen und in Erscheinung treten zu lassen als in der Periode der freien Konkurrenz." Aber auf der anderen Seite rief das Streben nach der Beherrschung der Märkte „zwangsläufig" die Erkenntnis wach, daß Entscheidungen üher das wirtschaftliche Wohl und Wehe nicht mehr in der Sphäre des Privaten bleiben konnten, sondern zur Gemeinschaftssache werden mußten. „Gegenüber den höchsten Formen autokratischer Wirtschaftsbeherrschung erwächst die Gegenbewegung, die den Ruf nach Unterordnung der Führung der großen Unternehmungsorganisationen unter das Gemeinschaftsinteresse, vertreten durch den Staat, erhebt ... Die Kontrolle des Staates mit besonderen Organen, in denen die Vertreter der Wirtschaft, das heißt für uns immer: gleichberechtigt die Vertreter der Gewerkschaften, eingeschaltet sind, muß die Handlungsfreiheit der großen wirtschaftlichen Organisationen beschränken unter den Gesichtspunkten des Gemeinwohles."

Einige, wenn auch unvollkommene Beispiele für die Art und Weise, wie öffentliche Kontrolle ausgeübt werden konnte, gab es bereits, nämlich die wirtschaftlichen Selbstverwaltungskörper im Kohlen- und Kalibergbau. Aber auch die öffentlichen Betriebe von Reich, Ländern und Gemeinden ließen sich Naphtali zufolge als Beleg für die These anführen, daß es eine wachsende Tendenz gab, das Profitstreben zugunsten gemeinwirtschaftlicher Interessen zurückzudrängen. Andere „unkapitalistische Elemente" in der modernen Wirtschaft waren die ökonomischen Selbsthilfeorganisationen der Arbeiter, allen voran der Zentralverband deutscher Konsumvereine, der 1928 ungefähr drei Millionen Mitglieder zählte und 1927 einen Jahresumsatz von über einer Milliarde RM hatte. In die gleiche Rubrik gehörten die Baugenossenschaften im Verband sozialer Baubetriebe, die Deutsche Wohnungsfürsorge-Aktiengesellschaft für Beamte, Angestellte und Arbeiter („Dewog"), die Bank der Arbeiter, Angestellten und Beamten — eine Gründung der drei freigewerkschaftlichen Spitzenverbände — und die Volksfürsorge, die Lebensversicherungsgesellschaft des ADGB. Schritte zur Demokratisierung der Wirtschaft waren ferner alle sozialen Errungenschaften der Arbeitnehmer: jede Verkürzung der Arbeitszeit, das kollektive Arbeitsrecht, die Arbeitslosenversicherung, schließlich, soweit es um innerbetriebliche Arbeitsgestaltung und namentlich die Rationalisierung ging, die Betriebsräte.

Vieles von dem, was zur Wirtschaftsdemokratie gehörte, war also schon erreicht. Sehr viel mehr aber mußte durch beharrlichen gewerkschaftlichen und parlamentarischen Kampf noch erreicht werden. Denn das Endziel aller Bemühungen war eine neue, die klassenlose Gesellschaft mit einer neuen, der sozialistischen Wirtschaftsordnung. Deren Merkmale versuchte Naphtali so präzise wie möglich zu bestimmen: Es galt, „planmäßiges Wirtschaften mit höchstem Ertrage an die Stelle der wirtschaftlichen Anarchie des Kapitalismus zu setzen, an die Stelle der auf dem Privateigentum an Produktionsmitteln aufgebauten Herrenwirtschaft die Überführung der Produktionsmittel auf die Gemeinschaft zu setzen.“[107]

In der Diskussion über Naphtalis Referat meldete nur ein Redner Widerspruch an. Der kommunistische Metallarbeiter Simon Krauß aus Stuttgart nahm im zentralen Punkt die Kritik seiner Partei vorweg, als er das neue Konzept „arbeiterfeindlich“ nannte und hinzufügte: „Die Politik der Wirtschaftsdemokratie beabsichtigt nichts anderes, als die Arbeitermassen weiterhin im bürgerlichen Sinne zu beeinflussen und ihr die marxistische Klassenideologie zu rauben. Die wirtschaftsdemokratische, arbeitsgemeinschaftliche Politik bindet die gewerkschaftlichen Organisationen an die kapitalistische Bourgeoisie. Die Unterstützung der monopolistischen imperialistischen Wirtschaftsentwicklung durch die Gewerkschaften führt zur Unterstützung neuer imperialistischer Kriege, zu einem neuen 1914.“

Der Vorsitzende des Holzarbeiterverbandes, der sozialdemokratische Reichstagsabgeordnete Fritz Tarnow, meinte hingegen, wenn Marx noch leben würde und der ADGB ihm das Referat übertragen hätte, das Naphtali gehalten habe, dann wäre es „dem Sinne nach nicht anders ausgefallen.“ Den Vorwurf einer „arbeitsgemeinschaftlichen“ Politik konterte Tarnow gelassen. „Wir werden erwarten müssen und wissen das ja aus der Vergangenheit, daß unsere Aufgabe, die wir hier als wirtschaftliche Demokratisierung formulieren, als eine Arbeitsgemein-

107 Protokoll (Anm. 47), S. 170—190. Die ausführlichere Darlegung des Konzepts in: Fritz Naphtali, Wirtschaftsdemokratie. Ihr Wesen, Weg und Ziel, Berlin 1928 (Neuausgaben: Frankfurt 1968 u. ö.). An der Erarbeitung des Konzepts der Wirtschaftsdemokratie wirkten u. a. mit Hans Arons, Fritz Baade, Bruno Broecker, Georg Decker, Lothar Erdmann, Jakob Marschak, Rudolf Hilferding, Erik Nölting, Hugo Sinzheimer und Fritz Tarnow. Naphtali, geboren 1888 in Berlin, war Wirtschaftsjournalist, u. a. bei der Frankfurter Zeitung. 1926 übernahm er die Forschungsstelle für Wirtschaftspolitik beim ADGB. 1933 emigrierte er nach Palästina. 1952 wurde er Landwirtschaftsminister, 1959 Wohlfahrtsminister des Staates Israel. Er starb 1961 in Tel-Aviv. Ebda., S. 191—193. — Zur Mitgliederzahl des ADGB: Jahrbuch 1928 des Allgemeinen Deutschen Gewerkschaftsbundes, Berlin 1929, S. 294. Zu den freigewerkschaftlichen Unternehmungen: ebda., S. 240—249. Der Umsatz des Verbandes sozialer Baubetriebe betrug 1928 121 Millionen RM; die Dewog baute 1927 fast 300 000 Wohnungen; der Einlagenbestand der Arbeiterbank belief sich am 31. 12. 1928 auf rund 117 Millionen RM, die Versicherungssumme der Volksfürsorge zum gleichen Zeitpunkt auf 582 Millionen RM. — Die Großeinkaufsgenossenschaft des (sozialdemokratisch orientierten) Zentralverbandes deutscher Konsumvereine hatte 1927 einen Umsatz von 373 Millionen RM. Hierzu wie zum (den Christlichen Gewerkschaften nahestehenden) Reichsverband deutscher Konsumvereine: Ernst Grünfeld, Das Genossenschaftswesen, volkswirtschaftlich und soziologisch betrachtet (Handbuch des Genossenschaftswesens, Bd. 1), Halberstadt 1928, S. 291—302 (294); ferner: Kuno Bludau, Nationalsozialismus und Genossenschaften, Hannover 1968; Helmut Faust, Geschichte der Genossenschaftsbewegung. Ursprung und Weg der Genossenschaften im deutschen Sprachraum, Frankfurt 1965; Dietrich von Oppen, Verbraucher und Genossenschaft. Zur Soziologie und Sozialgeschichte der deutschen Konsumgenossenschaften, Köln usw. 1959; Klaus Novy, Genossenschafts-Bewegung. Zur Geschichte und Zukunft der Wohnreform, Berlin [W] 1983; Arnulf Weuster, Theorie der Konsumgenossenschaftsentwicklung. Die deutschen Konsumgenossenschaften bis zum Ende der Weimarer Zeit, Berlin [W] 1980. Exemplarisch zu den Eigenbetrieben des ADGB in Bremen: Helmut Gätsch, Die Freien Gewerkschaften in Bremen 1919—1933, Bremen 1969, S. 87 ff. Zu den Selbstverwaltungsorganen der Kohlen- und Kaliwirtschaft siehe den vorangehenden Bd., S. 194.

schaft mit der kapitalistischen Klasse verdächtigt wird, daß wir, indem wir diese Aufgabe stellen und uns zu ihr bekennen, damit der kapitalistischen Klasse näherrücken sollen. Ja, das tun wir damit, das ist gar nicht zu bezweifeln: Das Näherrücken an die kapitalistische Klasse hat aber etwa die Bedeutung wie das Heranrücken einer Heeresmacht im Kriege aus der Etappe an die Front. Wir sind es müde geworden, gegen die kapitalistische Wirtschaft nur zu demonstrieren, wir wollen aktiv arbeiten. Wir wollen herangehen an die Probleme, wir wollen herangehen an die Stellen, wo Wirtschaft gestaltet wird. Das ist Aktion." Die große Mehrheit der Delegierten war offensichtlich derselben Meinung. Mit allen gegen zwei Stimmen nahm der Kongreß eine Resolution von Bundesvorstand und Bundesausschuß an, die Naphtalis Ausführungen thesenhaft zusammenfaßte und in dem Satz bündelte: „Die Demokratisierung der Wirtschaft führt zum Sozialismus."[108]

Naphtalis Konzeption war ein Versuch, das, was die Freien Gewerkschaften praktisch bewirkt hatten und weiter bewirken wollten, theoretisch zu legitimieren. Wenn jeder soziale Fortschritt ein Schritt zum Sozialismus war, brauchte sich der ADGB nicht länger des reinen Pragmatismus zeihen zu lassen. Dann war seine Politik insgesamt Dienst am Sozialismus, und zwar auf dem einzigen Weg, den die gesellschaftliche und politische Entwicklung offen ließ: dem der friedlichen Evolution. So gesehen, war die „Wirtschaftsdemokratie" auch eine Brücke zwischen den Freien Gewerkschaften und der Sozialdemokratischen Partei, die sich schon 1925 auf ihrem Heidelberger Parteitag zur Wirtschaftsdemokratie bekannt hatte — als der logischen und notwendigen Konsequenz jenes „organisierten Kapitalismus", mit dem nun auch der ADGB seine Forderung nach Demokratisierung der Wirtschaft begründete.

Es war fraglos ein Zugewinn an Realismus, daß Naphtali dem Problem der Kontrolle wirtschaftlicher Macht mindestens ebensoviel Bedeutung beimaß wie dem Eigentum an den Produktionsmitteln, auf das sich der „klassische" Sozialismus konzentriert hatte. Wirtschaftliche Gebilde, die sich den Marktgesetzen weithin entzogen hatten, bedurften der öffentlichen Aufsicht, wenn das Gemeinwesen nicht Gefahr laufen wollte, zum Spielball von Kartellen und Konzernen zu werden. Für eine solche Forderung konnten Sozialdemokraten und Gewerkschaftler mit Zustimmung auch aus dem bürgerlichen Lager rechnen. Allerdings war es kein Beitrag zur Gewinnung demokratischer Mehrheiten, wenn jede Maßnahme zur Eindämmung privater Wirtschaftsmacht als Abschlagszahlung auf die gänzliche Abschaffung des privaten Eigentums an den Produktionsmitteln ausgegeben

108 Protokoll (Anm. 47), S. 20—22 (Resolution), 206—209 (Krauß), 209—212 (Tarnow). Vgl. von Fritz Tarnow auch: Die Stellungnahme der freien Gewerkschaften zur Frage der Wirtschaftsdemokratie, Jena 1929. Zur kommunistischen Kritik an der „Wirtschaftsdemokratie" u. a.: Walter Ulbricht, Wirtschaftsdemokratie oder Wohin steuert der ADGB? (1928), in: ders., Über Gewerkschaften. Aus Reden und Aufsätzen, Bd. 1: 1922—1945, Berlin [O] 1953, S. 195—252. Weitere kommunistische Kommentare sind aufgeführt in: Hans Willi Weinzen, Wirtschaftsdemokratie und deutsche Arbeiterklasse in der Weimarer Republik 1928—1933, in: Deutsche Arbeiterbewegung vor dem Faschismus, „Argument" — Sonderband AS 74, Berlin [W] 1981, S. 80—108.

wurde. Die Beschwörung des letzten Schrittes stellte vielmehr schon den ersten in Frage.

Zwei grundlegende Mängel in Naphtalis Entwurf waren in der Tat nicht zu verkennen. Zum einen unterschied sein Konzept von Wirtschaftsdemokratie nicht klar zwischen den hochkonzentrierten Bereichen der Wirtschaft, die eine demokratische Kontrolle förmlich herausforderten, und jenen Sektoren, in denen es noch Marktwettbewerb und damit eine Kontrolle durch den Verbraucher gab. Zum anderen fehlte eine Erörterung der Chancen, das wirtschaftsdemokratische Programm auch gegen den Widerstand der Unternehmer zu verwirklichen. Da nach dem Selbstverständnis der Gewerkschaften Gewaltanwendung als Mittel der Politik ausschied, kamen nur parlamentarische oder tarifvertragliche Lösungen in Frage. Auf diesen Wegen die Wirtschaft so umfassend demokratisieren zu wollen, wie die Freien Gewerkschaften es vorhatten, das setzte mehr Optimismus voraus, als ihn die Situation bei nüchterner Sicht erlaubte.

Die gesellschaftlichen Kräfteverhältnisse im Deutschland der späten zwanziger Jahre unterschieden sich stark von dem Bild, das Naphtali von ihnen zeichnete. Öffentliche Betriebe, die von bürgerlichen Mehrheiten kontrolliert wurden, waren keine Machtbastion des Sozialismus. Die Selbstverwaltungsorgane im Steinkohlen- und Kalibergbau waren kaum mehr als Fassaden, die die ungebrochene Macht von Konzernen und Syndikaten verhüllten. Die Rechtsprechung des Reichsarbeitsgerichts trug, indem sie das Interesse des Betriebs dem Interesse der organisierten Arbeiterschaft grundsätzlich überordnete, nicht dazu bei, das kollektive Arbeitsrecht weiterzuentwickeln; sie hatte vielmehr seine Erstarrung zur Folge. Der (immer noch) Vorläufige Reichswirtschaftsrat, auch er von Naphtali in die Bausteine der kommenden Wirtschaftsdemokratie eingereiht, war kein Machtfaktor — und er hätte es nur werden können auf Kosten der frei gewählten Volksvertretung. Die Genossenschaften und die gewerkschaftlichen Eigenbetriebe schließlich, die Naphtali als ein Stück sozialistischer Gegenmacht beschrieb, arbeiteten, soweit sie Erfolg hatten, nicht wesentlich anders als kapitalistische Unternehmungen. Ein Gegengewicht zu den industriellen Großkonzernen bildeten sie nicht.

Auffällig unterschätzt wurde von Naphtali die Bedeutung der innerbetrieblichen Demokratie. Außer einer gewissen Mitwirkung bei der praktischen Arbeitsgestaltung wollte er den Betriebsräten keine Kompetenzen zuerkannt wissen. „Wenn der Betriebsrat sein Schwergewicht bei der im Betriebsrätegesetz auch miterwähnten wirtschaftlichen Beratung des Betriebes suchen würde und suchen sollte, so würde daraus notwendig in der Wirtschaftsführung, in der Wirtschaftseinstellung sich ein gewisser Betriebsegoismus herausbilden müssen, der unserer Vorstellung von der Demokratisierung der Wirtschaft, das heißt von der Unterwerfung des einzelnen Betriebes unter die Gesamtinteressen, sehr leicht widersprechen könnte. Ich glaube, daß der Schwerpunkt der wirtschaftlichen Vertretung, des Eindringens der Arbeiterschaft in die Wirtschaftsführung bei den überbetrieblichen Organen liegt, und dann ausgehen muß von der Berufsvertretung in der höchsten Spitze, wahrscheinlich sogar von der Gesamtvertretung der Gewerkschaften, aber nicht entscheidend ausgeübt werden kann im Betrieb."

Selbst die eher symbolische Rolle, die Arbeitervertretern nach dem Betriebsrätegesetz in Aufsichtsräten zufiel, war Naphtali schon zuviel des Guten. Man solle einerseits den Einfluß von Aufsichtsräten bei Aktiengesellschaften nicht überschätzen und andererseits die Gefahr nicht unterschätzen, daß die Betriebsratsmitglieder im Aufsichtsrat durch allerlei Manipulationen von wichtigen Dingen ausgeschlossen werden könnten. „Den Betriebsräten, was ihnen entspricht: betriebliche Überwachung der Arbeitsgestaltung, der Durchführung der Rationalisierung — da liegt ihr Schwerpunkt. Informatorisches Eindringen ist eine Nebenfunktion. Eindringen in die wirtschaftliche Führung wird über die überbetrieblichen Organe gehen müssen ..."[109]

Popularität bei den „einfachen" Mitgliedern der gewerkschaftlichen Fachverbände hat das neue Programm der Wirtschaftsdemokratie nicht erlangt. Es gab wohl Diskussionen in der Gewerkschaftspresse, aber im wesentlichen beteiligten sich daran nur „gehobene" Funktionäre — die, soweit es nach Naphtali ging, eigentlichen Träger der Wirtschaftsdemokratie. Von den Unternehmern wurde der Hamburger Beschluß zur Wirtschaftsdemokratie sehr viel ernster genommen als von den Arbeitern. Vielen Arbeitgebern stellte sich der Ruf nach einer Demokratisierung der Wirtschaft als Beginn einer großangelegten Offensive des ADGB dar — doppelt gefährlich, weil die Sozialdemokraten, der politische Arm der Freien Gewerkschaften, wichtige staatliche Funktionen in Reich und Ländern innehatten. Die vom ADGB gemeinte Wirtschaftsdemokratie, die nur ein Mittel und ein Übergang zum Endziel der sozialistischen Wirtschaftsordnung sein wollte, bedeute die Vernichtung des Individualismus, schrieb das Organ der Vereinigung der Deutschen Arbeitgeberverbände. Die Alternative sei jetzt klar: „Hier die auf der freien Unternehmerinitiative beruhenden, dem Individuum jeder Art die größte Entfaltungsmöglichkeit sichernde Wirtschaftsordnung, die sich vor und nach dem Kriege gleichmäßig bewährt hat und uns aus den schwierigen Lagen immer noch einigermaßen glimpflich herausführen konnte, dort eine nirgends bewährte, jeden Erwerbs- und Wirtschaftssinn abtötende sozialistische Zukunftsidee."[110]

109 Protokoll (Anm. 47), S. 220 f. — Zu den Arbeitsgerichten vgl. oben S. 507 ff. Zu Hilferdings Bekenntnis zur Wirtschaftsdemokratie auf dem Heidelberger Parteitag vgl. oben S. 469.

110 Fritz Tänzler, Vom Tage, in: Der Arbeitgeber, Nr. 19, 1. 10. 1928. Zur Resonanz der Forderung nach Wirtschaftsdemokratie im Unternehmerlager: Heinrich August Winkler, Unternehmer und Wirtschaftsdemokratie in der Weimarer Republik, in: ders., Liberalismus und Antiliberalismus. Studien zur politischen Sozialgeschichte des 19. und 20. Jahrhunderts, Göttingen 1979, S. 195—204; Schneider, Unternehmer (Anm. 46), S. 85—94. Zur Diskussion innerhalb der Sozialdemokratie und der Freien Gewerkschaften: Weinzen, Wirtschaftsdemokratie (Anm. 108), S. 80—109; ders., Gewerkschaften und Sozialismus, Naphtalis Wirtschaftsdemokratie und Agartz' Wirtschaftsneuordnung, Frankfurt usw. 1982; Cora Stephan, Wirtschaftsdemokratie und Umbau der Wirtschaft, in: Wolfgang Luthardt (Hg.), Arbeiterbewegung und Weimarer Republik. Materialien zur gesellschaftlichen Entwicklung 1927—1933. 2 Bde., Frankfurt 1978, Bd. 1, S. 281—353; Dieter Schneider u. Rudolf F. Kuda, Mitbestimmung. Weg zur industriellen Demokratie? München 1966, S. 149—178; Rudolf Kuda, Das Konzept der Wirtschaftsdemokratie, in: Heinz-Oskar Vetter (Hg.), Vom Sozialistengesetz zur Mitbestimmung, Köln 1975, S. 253—274; Bernd Otto, Gewerkschaftliche Konzeptionen überbetrieblicher Mitbestimmung, Köln 1970, S. 90—96; Hans Mommsen, Klassenkampf oder Mitbestimmung, Köln usw. 1978; Bernd-Jürgen Wendt, Mitbestimmung und Sozialpart-

Die Unternehmer schätzten die Durchsetzungskraft der Gewerkschaften, was die Vollendung der Wirtschaftsdemokratie anging, vermutlich höher ein als diese selbst. Bei allem demonstrativ bezeugten Selbstbewußtsein sprach doch nichts dafür, daß die Freien Gewerkschaften nach ihrem Hamburger Kongreß andere sein würden als vorher. Sie hielten auf lange Sicht den Sozialismus für die dem Kapitalismus überlegene Wirtschaftsordnung, aber für ihre praktische Politik war dieser Glaube ohne Belang. Sie wollten weiterhin Schritt für Schritt soziale Verbesserungen zugunsten der Arbeiter erreichen. Darauf vor allem kam es an, und selbst eine so berechtigte Forderung wie die, die öffentlich-rechtlichen Unternehmerkammern in Landwirtschaft, Handwerk, Industrie und Handel entsprechend dem Verfassungsgrundsatz der Gleichberechtigung von Arbeitnehmern und Unternehmern in paritätische Kammern umzuwandeln, hatte demgegenüber schon fast den Charakter einer Utopie. Die Auseinandersetzungen zwischen Unternehmern und Gewerkschaften wären in der Folgezeit allerdings nicht weniger scharf gewesen, hätte der Hamburger Kongreß des ADGB keinen Beschluß zur Wirtschaftsdemokratie gefaßt. Die sozialen Konflikte der späten Weimarer Republik wurzelten weniger in gegensätzlichen Ideologien als in gegensätzlichen Interessen.

*

„Die Frage der Wirtschaftsdemokratie ist allerdings vorwiegend mit eine Bildungsfrage“, erklärte in der Debatte über Naphtalis Referat der Delegierte Sebastian Prüll vom Verband der Fabrikarbeiter Deutschlands. Bildungsfragen waren neben der Wirtschaftsdemokratie ein Hauptthema des Hamburger Kongresses. Der Bildungssekretär des ADGB, Otto Heßler, der im Auftrag des Bundesvorstandes über die „Bildungsaufgaben der Gewerkschaften im Zusammenhang mit dem öffentlichen Bildungswesen“ sprach, knüpfte bewußt an Naphtali an, wenn er gleich eingangs die These aufstellte: „Der wirtschaftlichen und sozialen Selbstverwaltung soll die ‚Selbstverwaltung der Gehirne‘ folgen.“ Dazu sollten freilich nicht nur die Gewerkschaften beitragen, sondern zuallererst das öffentliche Schulwesen, namentlich die Volks- und Berufsschulen, mit deren Reform die Demokratisierung des Bildungswesens zu beginnen hatte.

Im Hinblick auf die Volksschulen waren die zentralen Forderungen die Verlängerung der Schulzeit und die Einführung eines Werk- und Arbeitsunterrichts, der die Volksschüler frühzeitig auf die moderne Arbeitswelt vorbereiten sollte. Der Besuch einer Berufsschule war, dem Artikel 145 der Weimarer Verfassung entsprechend, durch bindende gesetzliche Regelung allen Volksschulabsolventen zur Pflicht zu machen. „Die Berufsschule ist von gleicher Wichtigkeit wie die Volksschule, sie liegt aber der gewerkschaftlichen Interessensphäre aus mannigfachen Gründen noch näher. Der Berufsschüler steht bereits im Wirtschaftsleben und ist

---

nerschaft in der Weimarer Republik, in: APZ, Beilage zur Wochenzeitung „Das Parlament“, B 26 (1969), S. 27—46; Günter Könke, Organisierter Kapitalismus, Sozialdemokratie u. Staat. Eine Studie zur Ideologie der sozialdemokratischen Arbeiterbewegung in der Weimarer Republik (1924—1932), Stuttgart 1987, S. 95 ff.

vom gewerkschaftlichen Wirkungskreis bereits erfaßt. Die Berufsschule ist die Schule der arbeitenden Jugend, der Kollegen und Kolleginnen von Morgen." Aus ebendiesem Grund sei es besonders wichtig, daß die Gewerkschaften in den Beiräten der Berufsschulen mitwirkten. Nur so könne sichergestellt werden, daß im staatsbürgerlichen Unterricht die Gewerkschaften die gebührende Berücksichtigung fänden.

Hinsichtlich der gewerkschaftlichen Bildungsarbeit unterschied Heßler zwischen der Massenschulung und der Funktionärsbildung. „Bildungsmittel für die Massenschulung sind die Presse und das Versammlungsleben, für die Aufgabenschulung der Funktionäre Vorträge und Kurse." Das Versammlungsleben sei eine zeitlang — vor allem während der Inflationsjahre — von Verödung bedroht gewesen, weil der politische Meinungsstreit sich zersetzend ausgewirkt habe. Das sei nun besser geworden, müsse aber noch besser werden. „Versammlungen müssen wieder Gelegenheiten zur Belehrung bieten, müssen Momente innerlicher Sammlung werden. Gute Vorbereitung, gründliche Überlegung der Themen oder Themenreihen für lebendige, vielseitige Fragen der Bewegung sind organisatorisch nötig." Dabei sollten auch Mittel wie Lichtbild, Film und graphische Darstellung eingesetzt werden. „Auf den modernen Menschen wirkt in einer Zeit raffinierter psychologischer Werbetechnik nur das aus der Fülle der Eindrücke, was sich den Sinnen, was sich Ohr und Auge unwillkürlich einprägt."

Sehr viel intensiver behandelte der Referent die Funktionärsschulung. Als besonders erfolgreich hatten sich, wie Heßler feststellte, Wochenendkurse in Heimen erwiesen, die in der näheren Umgebung des Wohn- oder Arbeitsorts lagen. „Die Ortsveränderung, das Losgelöstsein von der üblichen Umgebung, die Überwindung des hemmenden Faktors Müdigkeit machen solche Kurse gewinnbringender." Das gelte nicht nur für örtliche oder bezirkliche Heimschulen, sondern auch für die geplanten oder im Entstehen begriffenen Bundesschulen. An ihnen seien sowohl Einführungskurse abzuhalten für den „tüchtigen, wissenden Kleinarbeiter", den die Gewerkschaften auf allen Gebieten bräuchten, als auch Speziallehrgänge zur Vorbereitung auf bestimmte Aufgaben wie Jugendleiter, Arbeitsrichter und Gewerkschaftsfunktionär. Vor allem die letzteren bedürften neben der fachlichen Schulung auch der Einführung in die Erkenntnisse der modernen Psychologie und der von ihr herausgearbeiteten Menschenbehandlung. Alle gewerkschaftliche Bildungsarbeit müsse darauf abzielen, dem Arbeiter das Bewußtsein seines „bedeutenden Wertes als Produktivkraft schlechthin" zu vermitteln. „Das kann seinen Lebens- und Schaffenswillen stärken, ein neues Wirtschaftsethos auslösen. Mit diesem Bewußtsein wird er seine ganze Kraft einsetzen dafür, daß die Arbeitskraft aufhört, Ware zu sein . . ."

Ebenso wie beim Referat Naphtalis wurde auch beim Beitrag Heßlers verfahren. Nahezu einstimmig verabschiedeten die Delegierten eine Entschließung über die Bildungsaufgaben der Gewerkschaften, in der die Arbeiterbewegung als die größte aller bisherigen Kulturbewegungen bezeichnet und die angeschlossenen Verbände aufgefordert wurden, der gewerkschaftlichen Bildungsarbeit die größte Aufmerksamkeit zuzuwenden. Außerdem nahm der Kongreß zustimmend Leitsätze zur Kenntnis, die Heßlers Referat zusammenfaßten. Darin hieß es unter anderem, Funktionärsbildung sei Gesinnungsschulung. Die künftigen Bundesschulen müßten zu Energiezentren des gewerkschaftlichen Lebens werden. Sie sollten auch der Auslese für die Bewerber zu den Staatlichen Fachschulen für Wirtschaft und Verwaltung und zur Frankfurter Akademie der Arbeit dienen. Die Leitsätze schlossen mit der programmatischen, an das klassische Wort Wilhelm Liebknechts „Wissen ist Macht" gemahnenden Aussage: „In dem Maße, wie die Arbeiterschaft die wirtschaftlichen und sozialpolitischen Verhältnisse geistig durchdringt, wird ihre Macht wachsen, ihr Einfluß sich steigern."[111]

*

Zwischen Planung und Wirklichkeit klaffte freilich auch im gewerkschaftlichen Bildungswesen eine Lücke. Nur eine Bundesschule konnte der ADGB tatsächlich eröffnen. Am 4. Mai 1930 wurde sie in Bernau in der Mark Brandenburg feierlich ihrem Zweck übergeben. Einen Tag später schon begann mit je vierzig Teilnehmern aus dem ADGB und dem Textilarbeiterverband in zwei Parallelklassen die Unterrichtstätigkeit. Der Lehrplan eines normalen vierwöchentlichen Einführungskursus umfaßte 12 Stunden Betriebswirtschaft, 16 Stunden Wirtschaftspolitik, 28 Stunden Sozialpolitik sowie jeweils 20 Stunden Arbeitsrecht und Verbandswesen. In den ersten zwölf Monaten nach der Gründung besuchten insgesamt 1755 Funktionäre, und zwar 1710 Männer und 45 Frauen, Kurse an der Bundesschule Bernau. 28 dieser Kurse waren „ordentliche" Einführungs- oder Fortgeschrittenenkurse, die restlichen 11 Sonderkurse. Der Lehrkörper bestand aus dem Leiter, zwei hauptamtlichen und einer Reihe von nebenamtlichen Lehrern. Der Lehrplan wurde im wesentlichen so beibehalten, wie ihn die Experten vor der Gründung entworfen hatten — mit einer Ausnahme, die das Jahrbuch des ADGB für 1930 folgendermaßen begründete: „Auf die Arbeitslosigkeit, den Ablauf der Krise und die Stellung der Gewerkschaften mußte entsprechend der Zeitlage sehr viel ausführlicher eingegangen werden, als es in dem Ausgangsplan vorgesehen war."[112]

Die Bundesschule des ADGB ergänzte die Bildungsarbeit einer Reihe anderer teils gewerkschaftlicher, teils staatlicher Einrichtungen. Staatliche Institutionen waren die Wirtschaftsschulen in Berlin und Düsseldorf, zu denen sowohl die Gewerkschaften als auch kommunale Stellen Lehrgangsteilnehmer entsenden konnten. Beide Wirtschaftsschulen waren 1922 vom preußischen Staat gegründet worden; sie unterstanden der Aufsicht des Ministeriums für Handel und Gewerbe. Die 1921 gegründete, mit der Universität Frankfurt verbundene Akademie der

111 Protokoll (Anm. 47), S. 193 (Prüll), 252—276 (Heßler), 301 (Abstimmung). Zu den gewerkschaftlichen Initiativen auf dem Gebiet der Berufsbildung und dessen noch ausstehender gesetzlicher Regelung: Jahrbuch 1928 (Anm. 107), S. 159—163; Otto Heßler, Berufsschule und Berechtigungswesen, in: GZ, Nr. 28, 14. 7. 1928. Vgl. zur Entwicklung im Bereich von Volks- und Berufsschule auch oben S. 397 f.

112 Jahrbuch 1930 des Allgemeinen Deutschen Gewerkschaftsbundes, Berlin 1931, S. 257—261 (259). Zum Beginn der Arbeit der Bundesschule Bernau: Jahrbuch 1929 des Allgemeinen Deutschen Gewerkschaftsbundes, Berlin 1930, S. 257—264.

Arbeit war formell ebenfalls eine staatliche — dem preußischen Kultusministerium unterstellte — Einrichtung; allerdings hatten hier die drei Richtungsgewerkschaften der Arbeitnehmer, von denen die Initiative zur Schaffung dieser Anstalt ausgegangen war, von Anfang an sehr viel mehr Einfluß als bei den Wirtschaftsschulen. Von den drei ständigen Dozenten waren zwei — Erik Nölting und Wilhelm Sturmfels — Sozialdemokraten; der Standort des dritten, Ernst Michel, ließ sich am ehesten als reformkonservativ bezeichnen. Zu den Lehrbeauftragten gehörten zeitweilig auch der belgische Sozialist und Marx-Kritiker Hendrik de Man und der Arbeitsrechtler Hugo Sinzheimer. Die „pluralistische" Ausrichtung des Lehrangebots der Frankfurter Akademie stieß in den Freien Gewerkschaften mitunter auf Kritik, vor allem bei „linken" Fachverbänden wie dem DMV, der in Bad Dürrenberg eine eigene Wirtschaftsschule unterhielt und dort auf marxistische Prinzipientreue achtete. Dasselbe galt für die Heimvolkshochschule Tinz in Thüringen, die 1920 von der USPD ins Leben gerufen worden war. Die Einwirkungsmöglichkeiten des ADGB waren, dank seiner Stellung im Verwaltungsrat, in Tinz größer als bei der Akademie der Arbeit, so daß der staatliche Charakter der Anstalt in der Sache stark eingeschränkt war. Trotz der besonderen ideologischen Prägung von Dürrenberg und Tinz unterschied sich das Lehrangebot in den einzelnen Fachgebieten nicht wesentlich von dem der staatlichen Wirtschaftsschulen.[113]

---

113 Wegen der staatlichen Mittel für die Heimvolkshochschule Tinz entbrannte 1930 ein Streit zwischen dem seit Januar 1930 amtierenden thüringischen Innen- und Volksbildungsminister Wilhelm Frick (NSDAP) und dem ADGB. Der vor dem Staatsgerichtshof ausgefochtene Rechtsstreit ging für die Gewerkschaften erfolgreich aus. Geschlossen wurde die Schule erst am 17. 3. 1933. Vgl. ebda., S. 262; Thomas Flum, Ideologie, Wirklichkeit und Funktion der Arbeiterbildung der freien Gewerkschaften in Deutschland 1924 bis 1933. Wissenschaftl. Zulassungsarbeit (MS), Freiburg 1978, S. 51 f. An der — von Georg Engelbert Graf geleiteten — Wirtschaftshochschule Dürrenberg lehrte von 1926 bis 1928 der Syndikus des DMV, Ernst Fraenkel, der auch in Tinz Kurse in Arbeitsrecht abhielt. Vgl. Biographische Notiz Ernst Fraenkel, in: ders., Reformismus und Pluralismus, Hamburg 1973, S. 469—472; ders., Der arbeitsrechtliche Unterricht in der Heimvolkshochschule Tinz (1930), ebda., S. 126—130. Zur Akademie der Arbeit: Otto Antrick, Die Akademie der Arbeit an der Universität Frankfurt. Ideen, Werden, Gestalt, Frankfurt 1966; Ernst Michel (Hg.), Die Akademie der Arbeit in der Universität Frankfurt a. M. 1921—1931. Als Manuskript gedruckt, Frankfurt 1931. Zu den Wirtschaftsschulen und der lokalen Berliner Gewerkschaftsschule — 1919 vom Berliner Vollzugsrat gegründet und 1924 vom Ortsausschuß des ADGB und dem Ortskartell des AfA-Bundes übernommen — u. a.: Fritz Fricke, Zehn Jahre gewerkschaftliche Bildungsarbeit in Berlin. Die Berliner Gewerkschaftsschule, in: Vierteljahreshefte der Berliner Gewerkschaftsschule 7 (1931), S. 67—167; Hermann Seelbach, Zum zehnjährigen Bestehen der staatlichen Wirtschaftsschulen, in: Die Arbeit 9 (1932), S. 297—303. Zum Streit um die Ausrichtung der staatlichen Anstalten: Franz Josef Furtwängler, Gewerkschaftliche Zweckbildung und Akademie der Arbeit. Eine Antwort, ebda. 2 (1925), S. 228—238; Georg Engelbert Graf, Kulturwillen und Kulturaufgaben der Gewerkschaften, in: Kulturwille, 5 (1928), S. 162 f.; Protokoll (Anm. 47), S. 285—298. Zur Funktionärsschulung und den Heimschulen der Fachverbände des ADGB vgl. die Übersicht: Bildungsarbeit der Gewerkschaften, in: GZ, Nr. 13, 29. 3. 1930. Vgl. zum Vorstehenden ferner Peter Krug, Gewerkschaften und Arbeiterbildung. Gewerkschaftliche Bildungsarbeit von ihren Anfängen bis zur Weimarer Republik, Köln 1980, S. 148 ff.; Norbert Reichling, Akademische Arbeiterbildung in der Weimarer Republik, Münster 1983 (v. a. zu den Akademischen Gewerkschaftskursen an der

Zwischen Frühjahr 1927 und Frühjahr 1931 entsandten die Freien Gewerkschaften 575 Mitglieder an die vier staatlichen Schulen in Berlin, Düsseldorf, Frankfurt und Tinz. Verglichen hiermit wirkt die Zahl von 1755 Funktionären, die an der Bundesschule in Bernau im ersten Jahr ihres Bestehens Kurse belegten, eindrucksvoll. Die Zahl der Gewerkschaftler, die an den Schulen der einzelnen Verbände unterrichtet wurden, ist nicht bekannt. Insgesamt wird man die Breitenwirkung der Schulungsarbeit jedoch nicht überschätzen dürfen. Die Adressaten bildeten eine vergleichsweise schmale gehobene Funktionärsschicht. Die Freistellung für Zwecke der Fortbildung bedeutete die Chance zusätzlicher Qualifikation, aber auch die Gefahr der Entfremdung von denen, die diese Chance nicht erhielten.[114]

Angesichts der karg bemessenen Freizeit der meisten Arbeitnehmer war der begrenzte Erfolg der gewerkschaftlichen Bildungsarbeit nicht weiter erstaunlich. Beunruhigen aber mußte es die Gewerkschaften, daß ein Teil der Arbeitgeber seit Mitte der zwanziger Jahre verstärkt versuchte, die Arbeiter innerhalb des Betriebs umzuerziehen, und zwar im Sinne einer wirtschaftsfriedlichen Werksgemeinschaft: Das im Mai 1925 vom Verein Deutscher Eisenhüttenleute gegründete Deutsche Institut für technische Arbeitsschulung (Dinta) hatte sich dem „Kampf um die Seele des Arbeiters" verschrieben, und es führte diesen Kampf mit modernen psychologischen Methoden industrieller „Menschenführung". Der erstklassige Facharbeiter, der in besonderen Lehr- und Anlernwerkstätten herangezogen werden sollte, war zugleich der entpolitisierte Arbeiter. Ein freigewerkschaftlicher Kritiker, Fritz Fricke, hatte durchaus recht, wenn er dem Dinta die Absicht nachsagte, „einen Arbeitertyp zu schaffen, dessen ganzes Leben gipfeln soll in dem Werke, in dem er beschäftigt ist, allenfalls noch in der Pflege und Erhaltung seiner Familie, der darüber hinaus aber allen außerbetrieblichen, gesellschaftlichen Ordnungen und Schichtungen und den daraus sich ergebenden klassenmäßigen Bestrebungen fremd und verständnislos gegenüberstehen muß."

Wieweit die Bestrebungen des Dinta vor 1933 auf Resonanz bei den Arbeitern stießen, ist schwer auszumachen. Wenn es jedoch auf Seiten der Gewerkschaft eine Blöße gab, die der Gegner ausnutzen konnte, dann war es ihre relative Betriebsferne. Daß Funktionärsschulung den Gewerkschaften ungleich wichtiger

---

Universität Münster, der Akademie der Arbeit in Frankfurt, dem Freigewerkschaftlichen Seminar der Universität Köln und der Wirtschaftsschule der Deutschen Hochschule für Politik in Berlin); Dieter Langewiesche, Die Gewerkschaften und die kulturellen Bemühungen der Arbeiterbewegung in Deutschland und Österreich (1890er bis 1920er Jahre), in: IWK 18 (1982), Heft 1, S. 1—17 sowie die in Anm. 1/185 genannte Lit.

114 Die Zahlen nach: Jahrbuch 1928 (Anm. 107), S. 171; Jahrbuch 1929 (Anm. 112), S. 267; Jahrbuch 1930 (Anm. 112), S. 262. Zum Problem der „Entfremdung" als Folge längerer Abwesenheit vom Betrieb u. a.: Paul Hermberg, Arbeiterbildung, in: Handwörterbuch des deutschen Volksbildungswesens, Breslau 1932, S. 48—65 (bes. 61). Leipart und Erdmann definierten sogar Massenbildung als „Schulung einer geistigen Oberschicht der Arbeiterschaft". Abgedruckt bei Josef Olbrich, Arbeiterbildung in der Weimarer Zeit. Konzeption und Praxis, Braunschweig 1977, S. 247.

war als Massenschulung, mußten die Arbeitgeber geradezu als Einladung empfinden, sich auf ihre Weise der Massenschulung zu widmen.[115]

*

Das Schlichtungswesen bildete auf dem Hamburger Kongreß keinen eigenen Punkt der Tagesordnung. Eine mißverständliche Bemerkung Leiparts — er hatte sich dagegen gewandt, einen Zwangsschiedsspruch einem auf freier Vereinbarung beruhenden Tarifvertrag gleichzustellen — wurde von Clemens Nörpel, einem der zuständigen Sachbearbeiter beim Vorstand des ADGB, sogleich zurechtgerückt: Damit sei nur gemeint, „daß in den Augen der Gewerkschaftsmitglieder die Zwangstarife moralisch nicht die hohe Bedeutung haben sollen wie die freien Tarifverträge." Bei aller Kritik, die namentlich der Metallarbeiterverband an der Praxis der Zwangsschlichtung übte, forderte doch keine der Einzelgewerkschaften ihre Abschaffung. Markus Schleicher vom Holzarbeiterverband mokierte sich sogar mit einigem Recht darüber, „daß Organisationen, die das Schlichtungswesen am meisten in Anspruch nehmen, hier die radikalsten Töne reden, während

---

115 Fritz Fricke, Die Rechtfertigung des Dinta, in: Die Arbeit 5 (1928), S. 291—299 (298). Vom gleichen Autor, der Leiter der Berliner Gewerkschaftsschule war: Sie suchen die Seele. Die neue psychologische Arbeiterpolitik, in: Vierteljahreshefte der Berliner Gewerkschaftsschule, H. 3 (1926), S. 89—112; Paul Osthold, Sie suchen die Seele, in: Der Arbeitgeber, Nr. 6, 15. 3. 1928. Von Osthold auch: Der Kampf um die Seele unseres Arbeiters, Düsseldorf 2. Aufl. o. J. Leiter des Dinta war Karl Arnhold. 1934 wurde das Dinta offiziell als nationalsozialistische Organisation anerkannt und als Amt für Berufserziehung und Betriebsführung in die Deutsche Arbeitsfront übernommen. Sein Leiter blieb Arnhold. Hierzu (mit weiterer Lit.): Timothy W. Mason, Zur Entstehung des Gesetzes zur Ordnung der nationalen Arbeit vom 20. Januar 1934: Ein Versuch über das Verhältnis „archaischer" und „moderner" Momente in der deutschen Geschichte, in: Mommsen u. a. (Hg.), Industrielles System (Anm. 46), S. 322—351 (bes. 337); Eckhard Fuhr, Preußentum und Psychotechnik. Das „Deutsche Institut für technische Arbeitsschulung" (Dinta) 1925—1935. Magisterarbeit (MS), Freiburg 1980. — Zu den wirtschaftsfriedlich-nationalen („gelben") Arbeitervereinen, denen nach 1918 kein wirkungsvoller Zusammenschluß mehr gelang, vgl. den Überblick bei Klaus Mattheier, Die Gelben. Nationale Arbeiter zwischen Wirtschaftsfrieden und Streik, Düsseldorf 1973, S. 304 ff. Nach einer zeitgenössischen Schätzung aus dem Lager der Christlichen Gewerkschaften, die auf dem Beitragsaufkommen beruht, gehörten der wirtschaftsfriedlichen Dachorganisation, dem Reichsbund vaterländischer Arbeiter- und Werkvereine (RvA), in den letzten Jahren der Weimarer Republik nicht, wie er selbst behauptete, über 100 000, sondern nur 8 000 Mitglieder an. Die bürgerlichen Parteien in Deutschland. Handbuch der Geschichte der bürgerlichen Parteien und anderer bürgerlichen Interessenorganisationen vom Vormärz bis zum Jahre 1945, Berlin [O] 1968, Bd. 2, S. 501—505 (504). Für die Jahre 1930/31 soll es im ganzen Reich etwa 1 500 wirtschaftsfriedliche Betriebsräte gegeben haben. Herbert Edel, Der Einfluß der wirtschaftsfriedlichen Arbeiterbewegung Deutschlands auf die industriellen Arbeitsbeziehungen, Diss. Ing. (Berlin 1933), Bückeburg 1935, S. 115. Für Ende 1925 gaben die wirtschaftsfriedlichen Verbände noch Mitgliederzahlen von insgesamt 247 173 im ganzen Reich an. Das hätte einem Anteil von 3,01 % an der Gesamtzahl der organisierten Arbeiter entsprochen. Vgl. Hans-Alexander Apolant, Die wirtschaftsfriedliche Arbeitnehmerbewegung Deutschlands. Werden, Wesen und Wollen der gelben Organisationen, Berlin 1928, S. 62, 153.

andere Organisationen, die ohne das Schlichtungswesen auskommen, sich in Schweigen hüllen."[116]

Der Ruhreisenstreit vom Herbst 1928 war aus der Sicht Leiparts kein Anlaß, den Zwangstarif kritischer als bisher zu bewerten. Am 7. Dezember — wenige Tage, nachdem die Sonderschlichtung des Reichsinnenministers Severings begonnen hatte — erklärte der Vorsitzende des ADGB im Bundesausschuß, der Konflikt in der nordwestlichen Stahlindustrie habe in der Öffentlichkeit das Bewußtsein von der Bedeutung des Schlichtungswesens gesteigert. Die Tatsache, daß die Unternehmer sich einem ihnen noch unbekannten Schiedsspruch unterworfen hätten, betrachtete Leipart als Erfolg. „Wenn es in diesem Kampfe Sieger und Besiegte gibt, so sind die Unternehmer die Unterlegenen und nicht die Gewerkschaften. Die Gewerkschaften haben nie auf dem Standpunkt jenes eigensinnigen Bauern gestanden, der Haus und Hof, der seine ganze Habe verprozessierte, um dem Buchstaben des Gesetzes Geltung zu verschaffen."

Ein Vierteljahr später — das Reichsarbeitsgericht hatte inzwischen das juristische Schlußwort im Ruhreisenstreit gesprochen — glaubte Nörpel rückblickend feststellen zu können, es habe in der zweiten Hälfte des Jahres 1928 eine „grundsätzliche Wendung auf dem Gebiet des Schlichtungswesens" gegeben. Die ablehnende Haltung der Arbeitgeber habe sich, so erklärte er am 27. März 1929 im Bundesausschuß, versteift, und die Entscheidungen des Reichsarbeitsgerichts seien diesen machtpolitischen Bestrebungen ohne Zweifel günstig. Dennoch fiel Nörpels Ja zur staatlichen Schlichtung eindeutiger aus als je zuvor. „Der heutige Staat ist ... nicht mehr der gewerkschaftsfeindliche Staat der Vorkriegszeit ... Dieser neue Staat, in dem die Gewerkschaften ein aktiver, verantwortlich mitwirkender Faktor sind, muß in gewissen Grenzen auch das Recht haben, der Aktionsfreiheit der freien Organisationen, nicht zuletzt auch dem hemmungslosen Machtstreben der sozialen Gegenspieler der Gewerkschaften Grenzen zu ziehen."

Im Prinzip wollte Nörpel den Vorrang der freiwillig vereinbarten Schlichtung nicht antasten. Aber diesem Bekenntnis folgten Einschränkungen, die von der Tarifautonomie nicht mehr viel übrig ließen. „Die Aufgabe des Staates kann nur sein, in bestimmten Fällen helfend einzugreifen. Das staatliche Schlichtungswesen soll der starke Rückhalt sein, worauf unter bestimmten Umständen zurückgegriffen werden kann ... Das Schlichtungswesen bedeutet die Einflußnahme der Gewerkschaften auf den Staat, sie bedeutet die Politisierung des Lohnes. Die Wirtschaftsdemokratie, für die wir eintreten, soll zu einer unmittelbaren Einflußnahme auf die Wirtschaft führen. Schlichtungswesen und Wirtschaftsdemokratie bilden eine unlösliche Einheit. Sie sind ein Ganzes."

---

116 Protokoll (Anm. 47), S. 90 (Leipart), 130 (Schleicher), 140 (Nörpel). Vgl. zur Schlichtungsfrage auf dem Hamburger Kongreß auch oben S. 558. Nach Angaben des Arbeitsmarktexperten des ADGB, Franz Spliedt, von Ende November 1927 waren laut unvollständiger Gewerkschaftsstatistik zwischen Januar und November 1927 von etwa 5 000 Tarifverträgen etwa 2 800 durch Schiedsspruch erledigt worden, davon 1 138 durch Allgemeinverbindlichkeitserklärung. DGB-Archiv Düsseldorf, Protokoll der Sitzung des Bundesausschusses vom 24./25. 11. 1927.

Bei den Vertretern der Einzelgewerkschaften stieß Nörpels — von Leipart im voraus gebilligtes — Plädoyer nur vereinzelt auf Widerspruch. Überwiegend positiv äußerte sich Scheffel vom Einheitsverband der Eisenbahner und Brey vom Fabrikarbeiterverband. Alwin Brandes, der Vorsitzende des Metallarbeiterverbandes, meinte, in seiner Organisation sei die Meinung geteilt. An seiner eigenen Auffassung ließ er jedoch keinen Zweifel aufkommen: Staatlicher Zwang könne überall dort nicht entbehrt werden, wo die Unternehmer den Abschluß von Tarifverträgen ablehnten, und das sei namentlich in der Schwerindustrie der Fall.

Ähnlich argumentierte Schmidt vom Bergarbeiterverband. Joseph Simon, der Vorsitzende des Schuhmacherverbandes, lehnte in Übereinstimmung mit dem Reichsarbeitsgericht den Ein-Mann-Schiedsspruch ab, hielt aber das staatliche Schlichtungswesen noch auf längere Zeit für notwendig. Der Vorsitzende des Baugewerksbundes, Nikolaus Bernhard, meinte, je nach der Zusammensetzung der Regierung und der Person des Schlichters sei „der Nutzen der staatlichen Schlichtung für uns zweifelhaft." Die Gewerkschaften müßten aus eigener Kraft und unter eigener Verantwortung Lohnbewegungen auch ohne Schlichter zu Ende führen können. Da aber, wie Nörpel zurecht gesagt habe, staatliche Schlichtung Lohnpolitik sei, hätten die Gewerkschaften die Pflicht, mehr als bisher politisch tätig zu sein, und das heiße: Sie müßten, bis hin zur Aufstellung von Parlamentskandidaten, mehr Einfluß auf die SPD nehmen.

Die grundsätzlichste Kritik am Zwangstarif kam, wie schon bei früheren Debatten über das Schlichtungswesen, von Fritz Tarnow. Der Vorsitzende des Holzarbeiterverbandes sah keinen Grund „zur Verbrennung unserer bisherigen Prinzipien". Vorläufig und auf absehbare Zeit könnten die Gewerkschaften nicht sagen: „Der Staat über alles." Es sei verblüffend, daß weite Kreise der Arbeiter verlangten, der Staat solle die Arbeitsverhältnisse gestalten. „Das bedeutet doch zuviel Vertrauen zum Staat." In den nächsten Jahren werde, wenn die Reparationsfrage abgeschlossen sei, ein starker Druck gegen jede Lohnerhöhung einsetzen. Der staatliche Schlichter werde sich dann vermutlich auf die Seite der Unternehmer stellen. Tarnow gab auch zu bedenken, daß tarifrechtliche Eigenständigkeit ein ganz anderes Organisationsleben schaffe als die staatliche Schlichtung. Aber irgendwelche Wirkungen versprach er sich von seinem Appell nicht: „Die Verhältnisse sind stärker als die Menschen und Prinzipien, das zeigen unsere fortgesetzten Verhandlungen über das Schlichtungswesen."

In einer Entschließung, die der Bundesausschuß einstimmig annahm, betonten die Freien Gewerkschaften erneut, sie zögen grundsätzlich den Abschluß von Tarifverträgen der Zwangsschlichtung vor. Dem Staat falle nur die Aufgabe zu, im Bedarfsfall den Organisationen von Arbeitnehmern und Arbeitgebern zu helfen. „Je mehr die Unternehmer sich bereit finden lassen (sic!), in freier Vereinbarung annehmbare Tarifverträge abzuschließen und das freie tarifliche Schlichtungswesen loyal zu fördern, um so seltener wird der Staat genötigt sein, mit seiner Hilfeleistung in die Arbeitskämpfe einzugreifen." Leipart bemerkte abschließend, der Bundesausschuß sei einstimmig der Meinung, daß zur Zeit keine Anträge zur Schlichtungsordnung gestellt werden sollten. Damit war das Ergebnis der Aussprache zutreffend beschrieben: Der ADGB dachte nicht daran, die staatliche

Zwangsschlichtung grundlegend zu reformieren oder gar für ihre Beseitigung einzutreten.[117]

*

Als sich im Sommer 1929 der Streit um die Arbeitslosenversicherung zuspitzte, war den Gewerkschaftsführern durchaus bewußt, daß es bei dieser Kontroverse um mehr ging als um ein Einzelproblem der Sozialpolitik, nämlich um den Bestand der Großen Koalition. Sein Nein zu den Sanierungsvorschlägen der vom Reichsarbeitsminister eingesetzten Expertenkommission sprach der Bundesausschuß des ADGB am 31. Juli in Kenntnis der politischen Folgen. Franz Spliedt, der Referent für Fragen des Arbeitsmarktes, erklärte die von der Mehrheit des Ausschusses empfohlene Anpassung der Unterstützungssätze an die Dauer der vorangegangenen Beschäftigung für untragbar und die zugrundeliegende Schätzung der jahresdurchschnittlichen Erwerbslosigkeit auf 1,1 Millionen Hauptunterstützungsempfänger für viel zu pessimistisch. „Er sei sich darüber klar, daß die Mehrheitsvorschläge des Ausschusses im Reichstage eine schwierige politische Lage schaffen werden. Auf der anderen Seite aber müsse er betonen, daß diese Schwierigkeiten seiner Meinung nach mit allen Konsequenzen in Kauf genommen

---

117 Ebda., Protokolle der Sitzungen des Bundesausschusses vom 7./8. 12. 1928 und 26./27. 3. 1929. Zum Ruhreisenstreit vgl. oben S. 557 ff. Zur tatsächlichen Größenordnung von Zwangsschlichtungen liegen folgende Daten vor (VE = Verbindlichkeitserklärung, RArbM = Reichsarbeitsminister):

1928		
1 814 Verfahren auf VE:		
1 656 Verfahren mit	2 291 350	Beteiligten vor dem Schlichter
158 Verfahren mit	4 197 326	Beteiligten vor dem RArbM
	6 488 676	Beteiligte insgesamt
1929		
1 481 Verfahren auf VE:		
1 385 Verfahren mit	2 635 208	Beteiligten vor dem Schlichter
96 Verfahren mit	3 322 465	Beteiligten vor dem RArbM
	5 957 673	Beteiligte insgesamt
1930		
826 Verfahren auf VE:		
745 Verfahren mit	1 690 689	Beteiligten vor dem Schlichter
81 Verfahren mit	2 874 719	Beteiligten vor dem RArbM
	4 565 408	Beteiligte insgesamt

Zieht man die abgelehnten Anträge ab, so erstreckten sich Verbindlichkeitserklärungen im Jahre 1928 auf 5,5 Millionen oder rund 46 % der durch Tarifvertrag betroffenen Arbeitnehmer. Vgl. dazu wie zur Entwicklung des Schlichtungswesens allgemein: Hans Hermann Hartwich, Arbeitsmarkt, Verbände und Staat 1918—1933. Die öffentliche Bindung unternehmerischer Funktionen in der Weimarer Republik, Berlin [W] 1967, S. 193 ff. (die Zahlen: 215—217); Frieda Wunderlich, Labor under German Democracy. Arbitration 1918—1933, New York 1940 (ND: 1965), bes. S. 67 ff.; Bähr, Schlichtung (Anm. 46), passim.

werden müßten, wenn es gälte, einen ungerechtfertigten Abbau der Arbeitslosenversicherung zu verhindern."

Nikolaus Bernhard vom Baugewerksbund wurde noch sehr viel deutlicher. Die Reform der Arbeitslosenversicherung sei eine Frage von innen- und sozialpolitischer Bedeutung. „Die sozialdemokratische Fraktion kann in diesem Fall keine freie Hand haben, sondern hier sprechen die Gewerkschaften ein entscheidendes Wort mit ... Die beabsichtigte Neuordnung müssen die Gewerkschaften ablehnen. Die Fraktion darf bei dieser bedeutendsten sozialpolitischen Frage nicht zurückweichen." Der Vorsitzende des Fabrikarbeiterverbandes, August Brey, der selber der sozialdemokratischen Reichstagsfraktion angehörte, versuchte zwar zunächst Verständnis zu wecken für die schwierige Erbschaft, die Finanzminister Hilferding habe übernehmen müssen. Aber auch er kam zu dem Schluß, daß die SPD die Verantwortung für einen Abbau der Leistungen in der Arbeitslosenversicherung nicht übernehmen könne. „Die Lösung dieser Schwierigkeiten wird durch den Austritt unserer Minister aus der Regierung und durch eventuelle Neuwahlen gesucht werden müssen." Der gleichen Ansicht war Theodor Thomas, der Vorsitzende des Dachdeckerverbandes. „Selbst der eventuelle Rücktritt unserer Minister würde draußen im Lande verstanden werden und seine Wirkung ausüben. Für die Gewerkschaften wäre eine solche Situation wesentlich günstiger als die Annahme der Reformvorschläge."

Simon vom Schuhmacherverband, Wolgast vom Zentralverband der Zimmerer und Georg Schmidt vom Landarbeiterverband sprachen sich ebenfalls für ein klares Nein zu den Empfehlungen der Sachverständigen aus. Der Vorsitzende des DMV, Brandes, erklärte, ein Sozialgesetz, das von einer Rechtsregierung gemacht worden sei, könne nicht unter Mithilfe von sozialdemokratischen Ministern verschlechtert werden. „Das ist für das Verbleiben dieser Minister in der Regierung einfach undenkbar. Die Stimmung der Arbeiter ist auf der ganzen Linie gegen eine Reform der Versicherung, weil kein Arbeiter davor sicher ist, daß er nicht am nächsten Tage ebenfalls arbeitslos werden kann. Die Situation ist vergleichbar mit derjenigen zur Zeit des Abbaus des Achtstundentages."

Gegenargumente wurden von drei Gewerkschaftsführern vorgetragen. Für den Verband der Textilarbeiter gab dessen Vorsitzender, Karl Schrader, zunächst zu bedenken, daß die Stellung der Freien Gewerkschaften im Kampf gegen die Reformvorschläge nicht besonders günstig sei; die übrigen Gewerkschaftseinrichtungen gingen nämlich mit den Forderungen des ADGB nicht konform. Auch auf parlamentarischer Ebene kam es Schrader zufolge darauf an, die eigenen Kräfte nicht zu überschätzen. „Solange die politischen Machtverhältnisse uns zur Koalitionspolitik zwingen, werden auch in der Sozialpolitik Kompromisse unvermeidlich sein. Die Fraktion muß es sich überlegen, ob sie bei aller Entschiedenheit, mit der sie für unsere Forderungen zur Arbeitslosenversicherung eintritt, eventuell auch den Austritt aus der Regierung verantworten kann."

Tarnow mahnte ebenfalls zum Realismus. Natürlich müßten die beabsichtigten Verschlechterungen abgewehrt werden, doch frage sich, ob die Mittel der Freien Gewerkschaften ausreichten, um jede Verschlechterung abzuwehren. „Durch forsche Reden allein können wir die bisherigen Bestimmungen nicht erhalten, selbst nicht durch den Austritt aus der Regierung. Auch als Wahlparole ist die Reform der Arbeitslosenversicherung absolut nicht durchschlagend ... Wir wehren die Verschlechterungen nicht etwa dadurch ab, daß wir erklären, alle Konsequenzen auf uns zu nehmen, sondern nur durch genaueste Prüfung aller Abänderungsvorschläge."

Am eindruckvollsten begründete Martin Plettl vom Bekleidungsarbeiterverband seine von der Mehrheitsmeinung abweichende Position. Angesichts der politischen Gesamtlage werde das Reich keine erheblichen Zuschüsse zur Arbeitslosenversicherung leisten können; es bleibe dann nur noch der Abbau der Leistungen übrig. „Unsere Aufgabe muß es sein, dafür zu sorgen, daß die Verschlechterungen möglichst geringfügige werden. In früherer Zeit haben die Gewerkschaften sich sehr nachdrücklich für Koalitionspolitik eingesetzt, ausschließlich deshalb, um erfolgreichere Arbeiterpolitik treiben zu können. Für die nächsten Jahrzehnte ist in Deutschland überhaupt nur Koalitionspolitik möglich. Wir müssen in die Fraktion das Vertrauen setzen, daß sie versucht, das Mögliche für die Arbeiterklasse herauszuholen. Das erscheint innerhalb der Regierung doch wesentlich leichter möglich, als wenn wir die Regierungsgeschäfte ausschließlich unseren Gegnern überlassen."

Theodor Leipart setzte sich in seinem Schlußwort über die Warnungen der Minderheit hinweg. Für ihn war vor allem wichtig, daß der Bundesausschuß ungeachtet der Meinungsverschiedenheiten über die politischen Folgen seiner Stellungnahme, im Nein zu den Sanierungsvorschlägen der Sachverständigen einig war. Die Freien Gewerkschaften könnten es nicht zugeben, daß der Reichsfinanzminister bei seiner Ablehnung von Sonderbeträgen für die Reichsanstalt bleibe. Zuerst sei immer nur von Mißbräuchen bei der Arbeitslosenversicherung die Rede gewesen, jetzt werde die Verminderung der Leistungen für notwendig erklärt. „Die Gewerkschaften werden sich dagegen zur Wehr setzen und den Kampf um die Erhaltung der Arbeitslosenversicherung aufnehmen." Die einstimmig angenommene Entschließung des Bundesausschusses entsprach voll und ganz dieser Linie.[118]

Mit den Änderungen des Gesetzes über die Arbeitslosenversicherung, die der Reichstag am 3. Oktober 1929 beschloß, konnte sich der ADGB abfinden. Zwar war die von den Freien Gewerkschaften geforderte Erhöhung der Beiträge von Arbeitnehmern und Arbeitgebern vorerst am Widerstand der DVP gescheitert, aber dafür enthielt die Novelle auch keinen allgemeinen Leistungsabbau. „Wir sind nicht der Meinung, daß der Abschluß des Kampfes um die Arbeitslosenversicherung einen ‚Erfolg der Gewerkschaften auf der ganzen Linie' bedeutet, wie die Rechtspresse heult", schrieb die „Gewerkschafts-Zeitung", „aber wir sind der Meinung, daß sich die Annahme *dieser* Reformvorschläge aus der gesamten innen- und außenpolitischen Situation rechtfertigte." In der Sitzung des Bundesausschusses vom 25. und 26. November 1929 meinte Franz Spliedt rückblickend,

118 DGB-Archiv Düsseldorf, Protokoll der Sitzung des Bundesausschusses vom 30./31. 7. 1929. Die Entschließung ist abgedruckt in: GZ, Nr. 31, 3. 8. 1929. Hierzu wie zu den Empfehlungen der Expertenkommission vgl. oben S. 592 f.

wenn nicht die Stimmenthaltung der DVP eine Lösung der Schwierigkeiten bei der Arbeitslosenversicherung ermöglicht hätte, „so wäre eine Regierungskrise mit allen Konsequenzen unvermeidlich gewesen. In den Beratungen ist von allen Beteiligten eindeutig erklärt worden, daß wenn ein erneuter Angriff auf die Arbeitslosenversicherung von den bürgerlichen Parteien unternommen wird, wir denselben Standpunkt wie vor dem 3. Oktober 1929 einnehmen werden." Der Kampf um die Reform der Arbeitslosenversicherung war in der Tat nicht abgeschlossen, sondern durch einen Formelkompromiß lediglich vertagt worden.[119]

*

Theodor Leipart, der seit Januar 1921 an der Spitze des ADGB stand, konnte sich eines festen Rückhalts in den Freien Gewerkschaften sicher sein. Auf dem Hamburger Kongreß im September 1928 war er fast einstimmig — mit 267 von 277 abgegebenen Stimmen — in seinem Amt bestätigt worden. Die Wertschätzung seiner Mitarbeiter schlug sich unter anderem in den Worten nieder, die Paul Umbreit dem Vorsitzenden des ADGB anläßlich seines 60. Geburtstages am 17. Mai 1927 widmete. Der Redakteur der „Gewerkschafts-Zeitung" beschrieb Leipart als einen „Mann seiner Zeit, der alles Werden im Wirtschafts- und Staatsleben mit gespanntester Aufmerksamkeit verfolgt, der mit den Mitteln und Kräften der Gewerkschaften wohl zu arbeiten weiß und der es nicht erträgt, daß die Gewerkschaften auf irgendeinem Gebiete hinter den Anforderungen der Zeit zurückbleiben. Groß und stark auf eigenem Grund, gefestigt im Wirtschaftsleben, achtunggebietend und gefürchtet, so will er die Arbeiterorganisationen sehen, und darauf ist sein Sinnen und Mühen unablässig gerichtet."[120]

Der Sohn eines Damenschneiders aus Neubrandenburg, der selber das Drechslerhandwerk erlernt hatte, war in der Tat seit frühester Jugend ein Mann der Organisation gewesen. Als Vorsitzender erst des Drechsler-, dann des Holzarbeiterverbandes hatte er Erfahrungen sammeln können, die ihm später als Führer der Freien Gewerkschaften zugute kamen. Das, was er für das Interesse des ADGB hielt, ging ihm über alles; „politische" Fragen wie die Regierungsbeteiligung der Sozialdemokratie hatten demgegenüber weniger Gewicht. Grundsätzlich wünschte Leipart wohl die SPD im Besitz staatlicher Macht zu sehen; 1923 und 1928 hatte er sich frühzeitig und deutlich für eine Große Koalition ausgesprochen. Aber in beiden Fällen wandte er sich auch rasch wieder von seinen regierenden Genossen ab. Beim Streit um den Achtstundentag hatte er die Sozialdemokraten gedrängt, unnachgiebig zu bleiben, und damit den Sturz des ersten Kabinetts Stresemann Anfang Oktober 1923 mit herbeigeführt. Nicht anders war Leiparts

---

119 Änderung der Arbeitslosenversicherung, in: GZ, Nr. 41, 12. 10. 1929 (Hervorhebung im Original); DGB-Archiv Düsseldorf, Protokoll der Sitzung des Bundesausschusses vom 25./26. 11. 1929. Zu den Beschlüssen des Reichstags vom 3. 10. 1929 vgl. oben S. 603.

120 Paul Umbreit, Theodor Leipart, in: GZ, Nr. 20, 14. 5. 1927; Protokoll (Anm. 47), S. 327 (Wahlergebnis). Zur Person Leiparts: Gerhard Beier, Schulter an Schulter, Schritt für Schritt. Lebensläufe deutscher Gewerkschafter, Düsseldorf 1983, S. 127—132.

Verhalten im Kampf um die Arbeitslosenversicherung. Seit dem Sommer 1929 ließ er niemanden darüber im Zweifel, daß er lieber das Zerbrechen des Kabinetts seines Parteifreundes Hermann Müller in Kauf nehmen als sozialpolitische Zugeständnisse machen wollte.

1923 wie 1929 ging es nicht nur darum, ob eine parlamentarische Mehrheit durch eine andere abgelöst wurde. Vielmehr stand die Existenz der parlamentarischen Demokratie auf dem Spiel. Leipart und mit ihm die Mehrheit der Gewerkschaftsführer glaubten, im Interesse der arbeitenden Massen zu handeln, wenn sie die Kompromisse verwarfen, um die zwischen den Koalitionsparteien gerungen wurde. Aber durch einen sozialdemokratischen Rückzug von der Macht wurden die materiellen Interessen der Arbeiter erst recht gefährdet — von dem ideellen Interesse an der Erhaltung der Demokratie ganz zu schweigen. Aus ebendiesem Grund warnte im Sommer 1929 eine Minderheit der Gewerkschaftsführer um Tarnow vor den Risiken des Kurses, den Leipart einschlug. Dieser Kurs war, innergewerkschaftlich gesehen, der Weg des geringsten Widerstandes. Von den voraussehbaren politischen Folgen her betrachtet, war es der Weg in die Selbstentmachtung.

*

Was den „Organisationspatriotismus“ anging, war Leipart ein durchaus typischer Gewerkschaftsfunktionär. Längst waren die Organisationen der Arbeiterschaft dem Stadium entwachsen, wo die Verbandsgeschäfte nebenberuflich, nach Honoratiorenart, erledigt werden konnten. Nicht nur die Vorsitzenden der Fachverbände und die Redakteure ihrer Zeitungen übten diese Tätigkeiten hauptberuflich aus, sondern auch viele ihrer Mitarbeiter. 1931 zählten der ADGB und seine Einzelverbände in den Zentralverwaltungen 1 028 und in den regionalen Verwaltungen 5 363 Angestellte. Auffallend war, daß Verbände mit niedrigen Lohngruppen und einem hohen Anteil ungelernter Arbeiter, darunter die Organisationen der Landarbeiter, Eisenbahner, Maler, Nahrungsmittel- und Getränkearbeiter, eine stärkere Neigung zur Anstellung von Funktionären zeigten als Facharbeiterverbände mit hohen Lohngruppen wie die Gewerkschaften der Holzarbeiter, Kupferschmiede, Lederarbeiter, Lithographen, Schuhmacher und Zimmerer. In der ersten Kategorie entfielen auf 1 000 Mitglieder zwei hauptamtliche Funktionäre, in der zweiten nur einer. Wo besonders qualifizierte Arbeiter in großer Zahl vorhanden waren, war der Bedarf an „Professionalisierung“ innerhalb des Verbandes mithin geringer als dort, wo diese Personalreserve fehlte. Insgesamt war die Zahl der ehrenamtlichen Funktionäre jedoch fast hundertmal höher als die der angestellten: 1931 gab es im ADGB etwa eine halbe Million nebenberuflicher Funktionsträger; rund 300 000 davon waren Betriebsräte.[121]

---

121 Ders., Das Problem der Arbeiteraristokratie im 19. und 20. Jahrhundert, in: Herkunft und Mandat. Beiträge zur Führungsproblematik in der Arbeiterbewegung, Frankfurt usw. 1976, S. 9—71 (bes. 52 ff.).

Die neuen Aufgaben, die den Gewerkschaften in der Weimarer Republik zufielen, waren nur zu erfüllen, wenn diese sich des Sachverstandes von Experten, und zwar auch solchen mit akademischer Ausbildung, bedienten. Das galt für die systematische Beobachtung der Konjunktur, Arbeitsmarkt und Rechtsprechung ebenso wie für die Schulung von Mitgliedern der neuen Arbeitsgerichte. Eine Forschungsstelle für Wirtschaftspolitik richtete der ADGB zusammen mit der SPD und dem Zentralverband deutscher Konsumvereine 1926 ein; ihr Leiter wurde Fritz Naphtali. Zwei Jahre später wurde Wladimir Woytinski, ein aus Rußland emigrierter Ökonom, mit der Leitung der Statistischen Abteilung des ADGB beauftragt.

Für die Vertretung von Rechtsansprüchen vor den Instanzen der Sozialversicherung und des Arbeitsrechts hatten die Ortskartelle der Freien Gewerkschaften schon seit Mitte der 1890er Jahre damit begonnen, „Arbeitersekretariate" einzurichten. Nach Schaffung der Arbeitsgerichte und der Arbeitslosenversicherung im Jahre 1927 erweiterte sich dieser gewerkschaftliche Aufgabenkreis aber so stark, daß die Bezirksleitungen und der Bundesvorstand einspringen mußten. Materielle Hilfe hatten vor allem schwach industrialisierte Gebiete nötig, wo es nur wenige Arbeitersekretariate gab. 1930 belief sich die Zahl dieser Sekretariate und vergleichbarer Einrichtungen im ganzen Reich auf 132, die Zahl der dort beschäftigten Angestellten auf 219. Ihre Kenntnisse auf den Gebieten von Arbeitsrecht und Sozialversicherung verdankten diese Angestellten zu einem guten Teil staatlichen Schulen, deren Dozenten meist selbst eine akademische Ausbildung genossen hatten.[122]

Eine gewisse „Bürokratisierung" der Gewerkschaftsbewegung war in den zwanziger Jahren unverkennbar — und unvermeidbar. Begonnen hatte diese Entwicklung schon im Kaiserreich. Die Weimarer Republik gab ihr Auftrieb, weil sie den Gewerkschaften eine Fülle neuer Verantwortlichkeiten zuwies. Die Spezialisierung und Professionalisierung, die hieraus erwuchsen, waren immer mit der Gefahr der Entfremdung gegenüber der „Basis" verbunden: Der hauptberufliche Gewerkschaftsfunktionär hörte auf, Handarbeiter zu sein; der gewerkschaftliche Angestellte war unter Umständen niemals Handarbeiter gewesen. Abneigung gegen die privilegierten „Bonzen" war besonders bei Arbeitslosen häufig anzutreffen. Kommunisten und Nationalsozialisten wußten das. Ihre Kampagnen gegen das gewerkschaftliche „Bonzentum" unterschieden sich kaum voneinander. Einen durchschlagenden Erfolg erzielte diese Agitation allerdings erst während der Weltwirtschaftskrise — einer Zeit, in der es besonders leicht war, soziale Ressentiments jedweder Art zu mobilisieren.[123]

*

122 Jahrbuch 1928 (Anm. 107), S. 227 ff., 316 ff.; Jahrbuch 1930 (Anm. 112), S. 384 ff. Zu Naphtali vgl. Anm. 107. Zur Geschichte der Arbeitersekretariate: Gerhard A. Ritter, Staat, Arbeiterschaft und Arbeiterbewegung in Deutschland. Vom Vormärz bis zum Ende der Weimarer Republik, Berlin [W] usw. 1980, S. 66 f.

123 Zur Kampagne gegen die „Bonzen" und zum Problem der Professionalisierung und Bürokratisierung der Gewerkschaften v. a. Beier, Schulter (Anm. 120), S. 209 ff.; ders., Problem (Anm. 121), S. 52 ff. (mit weiterer Lit.). Die klassische Studie aus der Vorkriegszeit zu den Problemen der Bürokratisierung und Oligarchisierung: Robert Michels, Zur Soziologie des

Bei den Christlichen Gewerkschaften vollzog sich 1929 ein Führungswechsel. Er war dadurch nötig geworden, daß Adam Stegerwald Ende Januar nach der Wahl zum Vorsitzenden der Zentrumsfraktion im Reichstag seine gewerkschaftlichen Funktionen niedergelegt hatte. Seine Nachfolge als Vorsitzender des Deutschen Gewerkschaftsbundes, des Dachverbandes der christlich-nationalen Arbeitnehmerorganisationen, trat Heinrich Imbusch, der Vorsitzende des Gewerkvereins christlicher Bergarbeiter, an. Stegerwalds Amt als Vorsitzender des Gesamtverbands der Christlichen Gewerkschaften übernahm der bisherige Generalsekretär Bernhard Otte. Auf ihrem Kongreß in Frankfurt, der vom 16. bis 18. September stattfand, suchten die Christlichen Gewerkschaften sich wie schon bei früheren Treffen ideologisch von den Freien Gewerkschaften abzuheben. Diesem Zweck diente unter anderem ein mit starkem Beifall aufgenommenes Referat des Wirtschaftswissenschaftlers Theodor Brauer über die „Kultursendung der deutschen Gewerkschaften", das in dem Ausruf gipfelte: „Von nun an beginnt ein neuer Tag! Ein Tag, deutsch bis ins Mark und christlich bis in jede Herzensfaser! Deutschlands Auferstehungstag — wir sehnen ihn mit all der Glut der Liebe herbei, die in Menschenherzen lodern kann — muß von innen her vorbereitet werden."[124]

In seinen tagespolitischen Forderungen zeigte der Frankfurter Kongreß jedoch ein ganz anderes Gesicht. So wiesen die Delegierten der Christlichen Gewerkschaften entschieden die „Angriffe der Gegner der deutschen Sozialpolitik gegen die Arbeitslosenversicherung" und insbesondere den Ruf nach einem Abbau der Leistungen für die Erwerbslosen zurück. Befriedigt stellte die „Gewerkschafts-Zeitung" auch sonst ein hohes Maß an sachlicher Übereinstimmung fest, namentlich beim Schlichtungswesen, der Rationalisierung und der Hebung der Reallöhne als Mittel der Konjunkturbelebung. Das Blatt des ADGB erklärte sich diesen Konsens dadurch, daß die wirtschaftliche und gesellschaftliche Stellung der Arbeiter für alle, ohne Unterschied der Konfession und der politischen Anschauung, gleich sei. Daraus ergebe sich der Wille der Arbeiterschaft, ihre Lage zu bessern. „Da dieses Bestreben wiederum alle Arbeiter ohne Unterschied zur Verwendung der *gleichen* Mittel drängt und auf *ein* Ziel hinleitet: darum nähern sich die christlichen Gewerkschaften in Gebärde, Sprache und Forderungen auffallend unserer Bewegung."[125]

Parteiwesens in der modernen Demokratie. Untersuchungen über die oligarchischen Tendenzen des Gruppenlebens (1911[1], 1925[2]), Neuausgabe, hg. v. Werner Conze, Stuttgart 1957. Für die Zeit nach 1918 vgl. auch Joachim Siemann, Der sozialdemokratische Arbeiterführer in der Zeit der Weimarer Republik. Ein Beitrag zur Soziologie der Eliten in der modernen Parteigeschichte, phil. Diss. (MS), Göttingen 1955, bes. S. 185 ff. Zur kommunistischen Gewerkschaftspolitik nach 1928 vgl. auch unten S. 690 ff.

124 Niederschrift der Verhandlungen des 12. Kongresses der Christlichen Gewerkschaften Deutschlands, Frankfurt, 15. bis 18. September 1929, Berlin o. J., S. 409. Vgl. dazu Schneider, Christliche Gewerkschaften (Anm. 49), S. 478, 495, 562. Die Mitgliederzahl der Christlichen Gewerkschaften belief sich Ende 1928 auf 647 364. Ebda., S. 453.

125 Der Kongreß der christlichen Gewerkschaften zur Arbeitslosenversicherung, in: GZ, Nr. 37, 14. 9. 1929; Die christlichen Gewerkschaften und ihr Kongreß, ebda., Nr. 42, 19. 10. 1929 (Hervorhebungen im Original).

Die These von der allmählichen Annäherung der christlichen und der sozialistischen Arbeiter eilte der Entwicklung weit voraus. Auf absehbare Zeit jedenfalls mußte damit gerechnet werden, daß die Christlichen Gewerkschaften ihre enge Bindung an das Zentrum aufrechterhalten würden. Die Partei des katholischen Deutschland aber war seit Ende 1928 unter ihrem neuen Vorsitzenden, dem Prälaten Kaas, deutlich nach rechts gerückt, ohne daß der Gewerkschaftsflügel sich in die Rolle der innerparteilichen Opposition begeben hätte. Einer der Wortführer des neuen Kurses hatte sogar seine politische Laufbahn in der christlich-nationalen Arbeiterbewegung begonnen: der langjährige Generalsekretär des Deutschen Gewerkschaftsbundes, Dr. Heinrich Brüning, der am 5. Dezember 1929 zum Vorsitzenden der Reichstagsfraktion des Zentrums gewählt wurde.

Durch Brüning fühlten sich die Christlichen Gewerkschaften in geradezu idealer Weise repräsentiert. Er galt als Anwalt des sozialen Ausgleichs und gerade nicht als typischer Vertreter des rechten Parteiflügels. Daß Brüning im Herbst 1929 in der Auseinandersetzung um die Reform der Arbeitslosenversicherung den Sozialdemokraten gegenüber die Maxime befolgte, je mehr man ihnen entgegenkomme, desto weniger seien sie zu Kompromissen bereit, war zwar der Zentrumsfraktion, nicht aber einer breiteren Öffentlichkeit bekannt. Wenn es dem Zentrum darum ging, die Distanz zur Sozialdemokratie zu vergrößern, dann war ein Mann, der das Vertrauen der Christlichen Gewerkschaften besaß, der geeignete Vollstrecker einer solchen Politik. Eben darin lag die Chance Brünings.[126]

126 In der Fraktionssitzung des Zentrums vom 30. 9. 1929 erklärte Brüning laut Protokoll: „Je mehr man Sozialdemokratie entgegenkommt, desto weniger zu Kompromissen bereit. Keine sozialdemokratischen Minister, die ihrer Fraktion entsprechend zusetzen. Wollen ein Agitationsfeld vorbereiten. Beitragserhöhung ist für uns vorerst nicht möglich. Dann muß eine Vertagung und spätere Erledigung gesucht werden.“ Protokolle (Anm. 19), S. 328 f. Ebda., S. 348 f.: zur Wahl des Fraktionsvorsitzenden (Fraktionssitzung vom 5. 12. 1929). Zum Verhältnis der Christlichen Gewerkschaften zu Brüning: Grebing, Zentrum (Anm. 4), S. 277 ff. Zur Rechtsschwenkung des Zentrums: Morsey, Zentrumspartei (Anm. 69), S. 299 ff. Vgl. dazu auch oben S. 574.

5. Flügelkämpfe: Die innere Entwicklung der SPD

Am 11. September 1928, auf dem Höhepunkt des Streits um den Panzerkreuzer A, beschloß der Parteiausschuß der SPD, eine Kommission mit der Ausarbeitung eines Wehrprogramms zu beauftragen. Die grundsätzliche Stellungnahme der Partei zum Wehrprogramm sollte rechtzeitig, noch vor der Verabschiedung des Reichshaushalts für das Jahr 1929, durch den Parteitag formuliert werden. Diesem vorzuarbeiten war die Aufgabe der 17 Kommissionsmitglieder. Zu ihnen gehörten einer der Parteivorsitzenden, Artur Crispien, der Vorsitzende der Reichstagsfraktion Rudolf Breitscheid, der Chefredakteur des „Vorwärts", Friedrich Stampfer, zwei namhafte Führer des Reichsbanners Schwarz-Rot-Gold, Karl Höltermann und Karl Mayr, einige der „jungen Rechten" in der Partei wie Theodor Haubach, Carl Mierendorff und Julius Leber, aber auch vier erklärte „Linke", nämlich Franz Künstler, Bernhard Kuhnt, Toni Sender und Heinrich Ströbel. Den Vorsitz übernahm der Parteisekretär Wilhelm Dittmann.[127]

Das Motiv des Parteiausschusses lag klar zutage. Die heftigen Auseinandersetzungen um den Bau des Panzerschiffs hatten ein Versäumnis sichtbar gemacht, das es so schnell wie möglich gutzumachen galt: Es gab zehn Jahre nach Gründung der Republik noch immer keine offizielle Parteimeinung in Sachen Wehrpolitik. Im Kabinett der Großen Koalition tolerierten die sozialdemokratischen Minister selbst die geheimen Aufrüstungsmaßnahmen der Reichswehr; im Reichstag galt bei den Etatberatungen und auch sonst die Devise, die SPD kämpfe nicht gegen, sondern um die Reichswehr; in der Mitgliedschaft aber war nach wie vor eine gefühlsmäßige Abneigung gegen alles Militärische weit verbreitet, und auf dem linken Flügel teilten einige, wenn auch nicht alle maßgeblichen Wortführer die radikal pazifistische Position, die sich mittlerweile in der Deutschen Friedensgesellschaft durchgesetzt hatte: das Nein nicht zur Reichswehr, sondern zu jedweder Art von bewaffneter Macht.[128]

---

127 Außer den Genannten gehörten der Kommission an Oskar Hünlich (MdR), Julius Moses, Georg Schöpflin (MdR) und Max Quarck. Parteitag (Anm. 92), S. 307. Der Beschluß vom 11. 9. 1928 in: DuM (Anm. 31), Bd. 8, S. 726. Vgl. dazu auch oben S. 552.

128 Zu der 1892 gegründeten Deutschen Friedensgesellschaft (DFG) und ihrer Entwicklung in der Weimarer Republik: Friedrich-Karl Scheer, Die Deutsche Friedensgesellschaft (1892—1933). Organisation, Ideologie, politische Ziele. Ein Beitrag zur Geschichte des Pazifismus in Deutschland, Frankfurt 1981, S. 119 ff. Die DFG zählte 1927 20 000 Mitglieder in 250 Ortsvereinen. Nach der fundierten Schätzung Scheers (S. 433) waren Mitte der 20er Jahre etwa die Hälfte der Mitglieder der DFG auch Mitglieder der SPD. Zu den bekannten Sozialdemokraten in der DFG gehörten Fritz Küster und der Vorsitzende des Allgemeinen Deutschen Beamtenbundes, Albert Falkenberg, die sich von 1927 bis 1929 mit dem DDP-Politiker Ludwig Quidde in den Vorsitz der DFG teilten, ferner Anna Siemsen, Gerhart Seger und Heinrich Ströbel. Außer Küster verließen die Genannten im Zuge der wachsenden Radikalisierung die DFG im Februar 1929. Ebda., S. 516 ff. Vgl. zum Weimarer Pazifismus weiter: Karl Holl u. Wolfram Wette (Hg.), Pazifismus in der Weimarer Republik. Beiträge zur

Eine verbindliche Stellungnahme der Sozialdemokratie konnte nach Meinung der Mehrheit im Parteiausschuß demnach nur zweierlei bedeuten: erstens eine Absage an den unbedingten „Antimilitarismus" und zweitens die Legitimierung dessen, was die SPD als Regierungspartei im Bereich der Wehrpolitik für unabdingbar hielt. Durch die Zusammensetzung der Kommission war gewährleistet, daß dem Parteitag eine pragmatische, eher wehrfreudige als pazifistische Vorlage zugehen würde. Die Auswahl der Gutachter — es waren die beiden greisen Parteitheoretiker Eduard Bernstein und Karl Kautsky, der Austromarxist Otto Bauer und der Vorsitzende des Republikanischen Schutzbundes der österreichischen Sozialdemokraten, Julius Deutsch — tat ein übriges: Die Mehrheit der Ausschußmitglieder wurde in der Auffassung bestätigt, daß die Reichswehr zu reformieren, aber nicht abzuschaffen war.

Bereits am 28. Dezember 1928 konnte Dittmann der Öffentlichkeit das Ergebnis der Beratungen mitteilen. In ihrem Entwurf erteilte die Kommission dem Krieg als Mittel der Politik eine Absage. Internationale Konflikte sollten durch Schiedsgerichte friedlich gelöst werden. Der Deutschen Republik sei, so hieß es, die historische Mission zugefallen, Vorkämpferin der internationalen Abrüstung zu sein. Deswegen dürfe Deutschland die ihm auferlegten Rüstungsbeschränkungen nicht überschreiten; es gebe aber auch keine Pflicht, das erlaubte Maß an Rüstung auszuschöpfen. Die Kernsätze lauteten: „Der wirksamste Schutz der Deutschen Republik beruht auf einer deutschen Außenpolitik, die auf die Verständigung der Völker und die Erhaltung des Friedens gerichtet ist. Noch droht aber die Machtpolitik imperialistischer und faschistischer Staaten mit konterrevolutionären Interventionen und neuen Kriegen. Deutschland kann als Aufmarschgebiet mißbraucht und wider Willen in blutige Verwicklungen hineingerissen werden. Solange diese Gefahren bestehen und solange sie nicht durch sozialistische Regierungen, wenigstens in den wichtigsten Ländern, zum Verschwinden gebracht werden können, ist die Deutsche Republik genötigt, zum Schutz der Selbstbestimmung ihres Volkes eine Wehrmacht aufrechtzuerhalten. Die Wehrmacht kann ihre Aufgabe nur erfüllen, wenn sie in ihrem Denken und Fühlen mit dem Volke verbunden ist und sich — im Gegensatz zu allen militaristischen Tendenzen, die auf Beherrschung des Staates durch das Militär hinauslaufen — als dienendes Glied in die demokratische Republik einordnet."

Historischen Friedensforschung, Paderborn 1981; Reinhold Lütgemeier-Davin, Pazifismus zwischen Kooperation und Konfrontation. Das Deutsche Friedenskartell in der Weimarer Republik, Köln 1982; aus DDR-Sicht: Heinz Habedank, Der Feind steht rechts. Bürgerliche Linke gegen den deutschen Militarismus (1925—1933), Berlin [O] 1965, bes. S. 108 ff. Zur Tolerierung der geheimen Reichswehrrüstung vgl. Anm. 36; zur allgemeinen Linie der SPD: Wacker, Bau (Anm. 14), S. 109 ff.; Caspar, Partei (Anm. 26), passim; Eckhardt Opitz, Sozialdemokratie und Militarismus in der Weimarer Republik, in: Jürgen Müller u. Eckhardt Opitz (Hg.), Militär und Militarismus in der Weimarer Republik Düsseldorf 1978, S. 269—286. Wenig ergiebig: Axel Schildt, Sozialdemokratische Arbeiterbewegung und Reichswehr — Zur Militärpolitik der SPD in den letzten Jahren der Weimarer Republik, in: Arbeiterbewegung (Anm. 108), S. 109—132. — Das Wort, daß die SPD „nicht gegen, sondern um die Reichswehr" kämpfe, findet sich u. a. in Wels' Rede zum Panzerkreuzerbau vom 15. 11. 1928 in: Stenographische Berichte (Anm. 6), Bd. 423, S. 325.

Um diesem Ziel näherzukommen, verlangte der Programmentwurf unter anderem das Verbot der Bestrafung von Veröffentlichungen über illegale Rüstungen, eine unparteiische Rekrutierung, die Beseitigung des Bildungsprivilegs für das Offizierskorps, die Sicherung der staatsbürgerlichen Rechte der Soldaten, republikanische Lehrkräfte und Lehrbücher beim Unterricht sowie ein Verbot des Einsatzes von militärischen Kräften bei Konflikten zwischen Kapital und Arbeit. Im internationalen Rahmen forderte die Kommission die Ächtung des Einsatzes chemischer und bakterieller Mittel für kriegerische Zwecke. Das sozialistische Endziel bleibe eine „Gesellschaft ohne Ausbeutung und Unterdrückung, also ohne Klassen und ohne Klassenkämpfe, eine Gesellschaft ohne Streben nach Ausdehnung von Ausbeutungsgebieten, also ohne Rüstungen und ohne Kriege. Der Sozialismus ist die Macht, die der Welt den dauernden Frieden bringen wird."[129]

In der Sache hatten sich damit die bewußten Reformisten auf der ganzen Linie durchgesetzt. Was sie an konkreten Maßnahmen vorschlugen, mußte jedem Demokraten, der das Recht auf Landesverteidigung bejahte, einleuchten — vorausgesetzt, das Prinzip schrittweiser Besserung ließ sich auch auf die Reichswehr übertragen. Die Mehrheit der Kommission ging hiervon aus. Der wichtigste politische Hebel, um Einfluß auf das Militär zu gewinnen, schien ihr der Mitbesitz staatlicher Macht zu sein. Notwendig waren aber auch psychologische Anstrengungen. Die Reichswehr sollte nicht länger in den Sozialdemokraten ihre grundsätzlichen Gegner sehen. Umgekehrt kam es darauf an, das Feindbild zu überwinden, das viele, wenn nicht die meisten sozialdemokratischen Arbeiter von der Reichswehr hatten.

Wie stark dieses Ansinnen viele Sozialdemokraten aufwühlte, wurde schon bald nach der Veröffentlichung des Programmentwurfs deutlich. „Wir haben in Tausenden von Parteiversammlungen leidenschaftlich diskutiert, unsere Zeitungen waren monatelang mit Betrachtungen über die Wehrfrage gefüllt", meinte der badische Reichstagsabgeordnete Georg Schöpflin, der selbst zur Mehrheit der Kommission gehört hatte, auf dem Magdeburger Parteitag im Mai 1929. Der linke Delegierte Albert Bergholz aus Zeitz glaubte feststellen zu können: „Selten

---

129 Schulthess 1928 (Anm. 8), S. 214 f. Zur Kommissionsarbeit und den Gutachten siehe den Bericht Dittmanns auf dem Magdeburger Parteitag im Mai 1929: Parteitag (Anm. 92), S. 105—119. Die Anträge zum Parteitag in: Vorwärts, Nr. 69, 10. 2. 1929. Vgl. zur Wehrdebatte auch Karl Kautsky, Wehrfrage und Sozialdemokratie, Berlin 1928; Paul Levi, Wehrhaftigkeit und Sozialdemokratie, Berlin 2. Aufl. o. J.; Otto Bauer, Wehrfrage und Sozialdemokratie, in: Der Kampf 22 (1929), S. 109 (mit Kritik am Kommissionstext und am Entwurf der Linken). Allgemein zu den Lehren sozialistischer Klassiker vom Krieg: Wolfram Wette, Kriegstheorien deutscher Sozialisten. Marx, Engels, Lassalle, Bernstein, Kautsky, Luxemburg. Ein Beitrag zur Friedensforschung, Stuttgart usw. 1971. — Mit ihren Aussagen über Schiedsgerichte knüpfte die Kommission an einen von der SAI auf ihrer Brüsseler Konferenz vom August 1928 gefaßten Beschluß an, notfalls revolutionären Druck gegen Regierungen einzusetzen, die es in einem internationalen Konflikt ablehnten, sich einem Schiedsgericht zu unterwerfen. Zum Brüsseler Kongreß: Dritter Kongreß der Sozialistischen Arbeiter-Internationale. Brüssel, 5. bis 11. August 1928. Berichte und Verhandlungen, 2 Bde., Zürich 1928, Bd. 2, Abt. IX, S. 7—12, Schulthess 1928 (Anm. 8), S. 477—482; Julius Braunthal, Geschichte der Internationale, 2 Bde., Hannover 1963, Bd. 2, S. 354.

wohl ist mit so sittlichem Ernst eine Frage in der Partei diskutiert worden wie diese. Wir haben alle die tragischen Kriegserfahrungen nicht vergessen, und die Leidenschaftlichkeit der Debatte ist mit auf diese Erinnerungen zurückzuführen. Die Ursache aber, aus der die Wehrdebatte ausgelöst wurde (der Streit um den Panzerkreuzer A, H. A. W.), ist mit zu einem Teil schuld daran, daß in den Betrieben, daß unter den Funktionären die Wehrdiskussion einen Umfang angenommen hat, wie seit Jahrzehnten kaum eine Frage."[130]

Auf dem linken Parteiflügel verdichtete sich der Widerspruch gegen die Vorlage der Kommission in Gegenentwürfen. Einer von ihnen stammte von drei maßgeblichen Mitgliedern der „Klassenkampf-Gruppe", den Reichstagsabgeordneten Paul Levi, Kurt Rosenfeld und Max Seydewitz. Als erste Parteiorganisation stellte sich der Bezirk Leipzig auf den Boden dieses Textes; andere folgten, indem sie ihre eigenen Anträge zugunsten der Ausarbeitung Levis und seiner Mitautoren zurückzogen. Eine revidierte Fassung erhielt auf dem Parteitag in Magdeburg die Unterschriften von 80 Delegierten.

Der Antrag der „Klassenkampf-Gruppe" begann mit der Feststellung, daß in der kapitalistischen Gesellschaft jeder Krieg stets den Charakter des herrschenden Imperialismus habe. Das Proletariat schließe daher auch nach der Erklärung eines Krieges keinen Burgfrieden mit der Bourgeoisie seines Landes. Die zentralen Aussagen ließen an Deutlichkeit nichts zu wünschen übrig. „Die Sozialdemokratie lehnt im kapitalistischen Staate die Landesverteidigung ab, die für die Bourgeoisie nur Verteidigung ihrer Klassenherrschaft und Klasseninteressen bedeutet . . . Die Wehrmacht im kapitalistischen Staat ist nicht nur dazu bestimmt, den außenpolitischen Interessen der Bourgeoisie zu dienen, sondern sie wird bei entscheidenden Auseinandersetzungen auch zwischen Proletariat und Bourgeoisie benutzt. Darum lehnt die Sozialdemokratie im kapitalistischen Staate die Mittel für die Wehrmacht ab und kämpft für die Beseitigung dieser Wehrmacht."[131]

Auf dem Parteitag diente der Entwurf von Levi, Rosenfeld und Seydewitz den meisten Delegierten der Linken als gemeinsame Plattform. Die unbedingten Pazifisten unter ihnen konnten freilich nicht damit einverstanden sein, daß der linke Gegenentwurf es dem Proletariat zur Pflicht machte, den von ihm beherrschten Staat mit allen Mitteln gegen alle Angriffe zu verteidigen. In Magdeburg vertraten

---

130 Parteitag (Anm. 92), S. 133 (Schöpflin), 146 (Bergholz). Als anschauliches Beispiel für die wehrpolitische Diskussion in einem Ortsverein (Pforzheim) und einem Unterbezirk (Mittelbaden): Karl Schroth, Und immer wieder für die Freiheit. Pforzheimer sozialdemokratische Arbeiterbewegung 1924—1939, Pforzheim 1977, S. 152 ff., 166 ff. Aus der Sicht eines führenden Parteilinken: Max Seydewitz, Es hat sich gelohnt, zu leben. Lebenserinnerungen eines alten Arbeiterfunktionärs, Berlin [O] 1976, S. 184 ff.

131 Der Vorschlag der Linken zum Wehrprogramm, in: KK 3 (1929), Nr. 12 (25. 6.), S. 371—374; der Text auch in: DuM (Anm. 31), Bd. 8, S. 805—807. Levi gehörte der „Klassenkampf-Gruppe" formell seit dem 1. 9. 1928 an, als die von ihm herausgegebene Korrespondenz „Sozialistische Politik und Wirtschaft" (die „Levi-Korrespondenz") in der Zeitschrift „Der Klassenkampf" aufging. Vgl. KK 2 (1928), Nr. 17 (1. 9.), S. 513 f. — Zu der von der Linken kritisierten Verschiebung des Parteitags von Februar auf Ende Mai 1929: Richard C. Crisler, Intraparty Politics in an Ideologically-Oriented Party: The Left-Opposition in the Weimar SPD, Ph. D. Diss. (Microfilm), Washington, D.C. 1973, S. 257 f.

Die Wehrkommission auf dem Magdeburger Parteitag der SPD 1929 (oben)*: Von links: Toni Sender, Oskar Hünlich, Julius Leber, Georg Schöpflin, Theodor Haubach, Karl Höltermann, Friedrich Stampfer, Carlo Mierendorff, Georg Schmidt, Arthur Crispien, Wilhelm Dittmann, Julius Moses, Max Quarck, Franz Künstler, Karl Mayr, Bernhard Kuhnt.*
Sozialdemokratische Reichstagsabgeordnete vorwiegend des „linken" Flügels (unten)*: Sitzend von links: Paul Levi, Kurt Rosenfeld. Stehend v. l.: Max Seydewitz, Georg Dietrich, Hugo Saupe, der Parteisekretär Hans Vogel, Heinrich Ströbel (?), Bernhard Kuhnt, Paul Junke, Hermann Fleißner (?), Gustav Schumann (?).*

Gerhart Seger aus Dessau und Lothar Popp aus Hamburg die Gegenthese, daß Sozialismus und Pazifismus ein und dasselbe seien. Eine dritte, vergleichsweise gemäßigte „linke" Position bezog namens der Mehrheit der Berliner Delegierten der Bezirksvorsitzende Franz Künstler. Er identifizierte sich nicht mit dem Text der „Klassenkampf-Gruppe", sondern plädierte für die Zurückverweisung des Programmentwurfs an die Kommission und seine Verabschiedung auf dem nächsten Parteitag.

Von den Befürwortern des Kommissionsentwurfs beeindruckten, nach den Reaktionen der Zuhörer zu schließen, drei Redner den Parteitag besonders stark. Julius Leber nannte die Spannung zwischen Wehrmacht und Arbeiterschaft einen Passivposten der Republik und der Sozialdemokratie. Auf seine rhetorische Frage, ob an dieser Spannung allein die Wehrmacht schuld sei, antwortete ein Teil der Delegierten mit lebhaften Nein-Rufen. Theodor Haubach nannte es die Aufgabe der Sozialdemokratie, „der Reichswehr im politischen Kampf diejenige Rolle aufzuzwingen, die wir ihr geben wollen." Reichsinnenminister Carl Severing, schon vor Beginn seiner Rede mit Beifall begrüßt, warnte davor, „nur ständig die Reichswehr zu bekritteln." Wer es nicht fertigbringe, auch das Gute anzuerkennen, was die Reichswehr gelegentlich vollbringe, der werde ihre Republikanisierung nicht durchsetzen. „So gute Psychologen sollten auch die Genossen von der Opposition sein, daß sie erkennen, daß Menschen einer Einrichtung, die man täglich herunterputzt, manchmal auch ungerecht angreift, mit diesen Kritikern nicht gut Freund werden und sich nicht gerade bemüßigt fühlen, die politische und staatsbürgerliche Auffassung jener gut zu finden, die sich in diesen Herabsetzungen gefallen."

Zustimmung fand aber auch Ernst Eckstein aus Breslau, der für den Gegenentwurf sprach. Es sei kein Zufall, sagte er, daß alle Bemühungen um die Republikanisierung und Demokratisierung der Reichswehr bisher vergeblich gewesen seien. „Alle bürgerlichen Parteien sind darin einig, daß die Wehrmacht als scharfes Instrument der bürgerlichen Klasseninteressen erhalten werden muß. Wir stehen uns hier immer noch Klasse gegen Klasse, Bürgertum und Proletariat in unversöhnlichem Haß gegenüber." Das Wort des Kommunistischen Manifests, daß die Arbeiter in der kapitalistischen Gesellschaftsordnung kein Vaterland hätten, sei auch heute noch wahr, und wenn man die Sozialdemokraten deswegen als Landesverräter bezeichne, dann nähmen sie diese Bezeichnung nicht als eine Beschimpfung, sondern als einen Ehrentitel an. Gültig sei schließlich auch noch Karl Liebknechts Wort, der Feind stehe im eigenen Lande. „Wir wollen ihn im eigenen Land schlagen. Das sei unser Wehrprogramm."

Die Bedenken und Proteste, die der erste Entwurf der Kommission ausgelöst hatte, veranlaßten dieselbe, ihren Kritikern in einigen Punkten entgegenzukommen. Der wichtigste betraf das Bekenntnis zum planmäßigen Abbau der militärischen Rüstungen Deutschlands aus eigenem Willen", allerdings mit der Einschränkung, daß dabei auch die politischen Verhältnisse zu berücksichtigen seien. Außerdem wurde die Aufgabe des Militärs neu formuliert: Die Republik, so hieß es nun, brauche die Wehrmacht „zum Schutz ihrer Neutralität und der politischen, wirtschaftlichen und sozialen Errungenschaften der Arbeiterklasse."

In dieser überarbeiteten Fassung wurden die „Richtlinien zur Wehrpolitik“ vom Parteitag angenommen. In namentlicher Abstimmung sprachen sich 242 Delegierte für und 147 gegen den Antrag aus. Der Gegenantrag von Levi, Rosenfeld und Seydewitz war damit erledigt. Der Berliner Antrag auf Zurückverweisung an die Kommission wurde mit 225 gegen 166 Stimmen abgelehnt. Hätten nur die gewählten Delegierten und nicht auch diejenigen abgestimmt, die auf Grund ihrer Parteifunktion Stimmrecht hatten, wären die Mehrheiten für die Vorstandslinie freilich knapper gewesen. Für den Antrag der Kommission stimmten 171, dagegen 125 gewählte Delegierte. Den Vertagungsantrag befürworteten 142 gewählte Delegierte; 154 lehnten ihn ab.[132]

*

Offensichtlich hatte nicht nur die Linke, sondern auch ein Teil der eher gemäßigten Delegierten auf die eine oder andere Weise gegen die neue wehrpolitische Linie der Parteiführung votiert. Denn bei einer anderen Abstimmung, die allgemein als Barometer der tatsächlichen Kräfteverhältnisse in der Partei verstanden wurde, war die Opposition um einiges schwächer. Der von Parteisekretär Hans Vogel im Namen von Vorstand und Ausschuß eingebrachte Antrag, über sämtliche Anträge zur Koalitionspolitik, zum Wehretat und zum Panzerkreuzer zur Tagesordnung überzugehen, wurde mit 254 gegen 138 Stimmen angenommen. Von den gewählten Delegierten stimmten 178 für und 118 gegen diesen Antrag. Die Opposition stellte mithin knapp 40 % der gewählten Delegierten und etwa 35 % aller Delegierten. Auf den beiden vorangegangenen Parteitagen war der Stimmenanteil der Linken geringer gewesen. In Heidelberg hatte sie 1925 22 % der stimmberechtigten Delegierten hinter sich versammeln können, in Kiel zwei Jahre später knapp 25 %.[133]

---

132 Parteitag (Anm. 92), S. 123 f. (Popp), 126 f. (Künstler), 127—129 (Leber), 130 f. (Seger), 135—137 (Eckstein), 141—145 (Severing), 148—150 (Haubach), 269—272 (Abstimmungen), 288 f. (Richtlinien). Zur Auswertung der Abstimmungsergebnisse Dietmar Klenke, Die SPD-Linke in der Weimarer Republik. Eine Untersuchung zu den regionalen organisatorischen Grundlagen und zur politischen Praxis und Theoriebildung des linken Flügels in der SPD in den Jahren 1922—1932, 2 Bde., Münster 1983, Bd. 2, S. 1105—1107. Zur Haltung der SPD-Linken allgemein auch Ulrich Heinemann, Linksopposition und Spaltungstendenzen in der sozialdemokratischen Arbeiterbewegung, in: Luthardt (Hg.), Arbeiterbewegung (Anm. 110), Bd. 2, S. 118—205.

133 Von den zugunsten des Berliner Vertagungsantrags abgegebenen Stimmen (in Klammern die Nein-Stimmen) kamen 18 (0) aus Berlin, 58 (0) aus Sachsen und Thüringen, 7 (0) aus Baden und 6 (2) aus dem Bezirk Niederrhein. Bei der Abstimmung über den Antrag auf Übergang zur Tagesordnung stimmten mit Nein (in Klammern die Ja-Stimmen): Berlin: 19 (1), Sachsen und Thüringen: 56 (1), Baden 2 (5) und Niederrhein 8 (0). Geschlossen oppositionell stimmten bei allen namentlichen Abstimmungen die Vertreter der Bezirke Pommern, Halle/Saale, Leipzig und Chemnitz. — Eine Unterscheidung zwischen stimmberechtigten und gewählten Delegierten ist bei den Parteitagen von 1925 und 1927 mangels namentlicher Abstimmungen nicht möglich. Auf dem Berliner Parteitag von 1924 erzielte die Opposition einen Anteil von 28,6 % aller und 31,7 % der gewählten Delegierten. Für den Görlitzer Parteitag von 1921 lauten die entsprechenden Daten 19,2 und 25,3 %. Klenke, SPD-Linke (Anm. 132), Bd. 2, S. 1106,

Die Stärke der oppositionellen Strömung war um so bemerkenswerter, als alle Delegierten des Magdeburger Parteitages wissen mußten, worum es ging. Reichskanzler Hermann Müller hatte erklärt, er werde zurücktreten, falls der Parteitag einen Antrag billige, wonach die sozialdemokratischen Kabinettsmitglieder verpflichtet sein sollten, im Reichstag bei der Abstimmung über die zweite Baurate für den Panzerkreuzer A mit der Fraktion zu stimmen. Dieser Antrag gehörte ebenso wie ein anderer, von Ernst Eckstein und Hermann Fleißner eingebrachter Entschließungsentwurf gegen die weitere Kabinettsmitgliedschaft der SPD zu den Anträgen, über die Parteivorstand und Parteiausschuß zur Tagesordnung übergehen wollten. Auch Otto Wels hatte ausdrücklich klargestellt, daß vom Ausgang der Abstimmung über diesen Antrag der Führungsgremien das Verbleiben der sozialdemokratischen Minister in der Regierung abhängig sei. Vier von zehn Delegierten waren demnach bereit, lieber auf die Machtteilhabe im Reich zu verzichten als das zu beherzigen, was ihnen Hans Vogel angeraten hatte: „Koalitionsregierung heißt immer tolerieren, sich mit den anderen in der Macht teilen. Jede Partei muß bei Koalitionsregierungen mit ihren weltanschaulichen Forderungen einige Pflöcke zurückstecken, und wenn sich bei solchen Verhandlungen über Regierungsbildungen jede der beteiligten Parteien darauf festlegt, daß ihre speziellen Forderungen als Richtschnur des Regierungsprogramms gelten sollen, dann kommt überhaupt keine Regierung zustande.“[134]

Die Debatte über die Koalitionspolitik — teils nach dem Bericht des Parteivorstands, teils nach dem der Reichstagsfraktion geführt — ließ deutlich erkennen, daß die meisten derjenigen, die die SPD weiterhin an der Regierung sehen wollten, sich in die Defensive gedrängt fühlten. Hermann Müller meinte zwar einerseits, wenn der Parteitag jetzt, Ende Mai 1929, wegen der Panzerkreuzerfrage eine Regierungskrise heraufbeschwöre, dann mache er sich unsterblich lächerlich. Aber er fügte sogleich hinzu: „Wenn Sie wegen einer Frage, die die Arbeitermassen betrifft, z. B. wegen des Abbaus sozialer Institutionen, eine Krise heraufbeschwören, wird der einfache Mann von der Straße das verstehen.“

Wels verteidigte die Koalitionspolitik unter Berufung auf Hilferding damit, sie sei keineswegs als „eine Art Suspendierung des Klassenkampfes, als eine Art des politischen Friedens zu betrachten.“ Wenn die SPD, anstatt sich an der Regierung zu beteiligen, lieber ein Beamtenkabinett in Kauf genommen hätte, dann würde das dem Gedanken der Diktatur in Deutschland und in der ganzen Welt ungeheuren Auftrieb gegeben haben. Aber auch Wels markierte die Grenzen der sozialdemokratischen Kompromißbereitschaft sehr kräftig. „An der Arbeitslosen-

1119 f. — Zur Abstimmung über den Antrag Vogel: Parteitag (Anm. 92), S. 269 f. — „Ex officio“ durften auf Parteitagen nach § 10 des Organisationsstatuts mitstimmen die Mitglieder des Parteivorstands, des Parteiausschusses und der Kontrollkommission sowie die Vertretung der Reichstagsfraktion, die ein Fünftel der Zahl ihrer Mitglieder nicht übersteigen durfte.

134 Ebda., S. 37 (Vogel), 64 (Wels), 83 f. (Müller). Der Antrag von Eckstein und Fleißner in: DuM (Anm. 31), Bd. 8, S. 808 f. Der Text schließt mit den Worten: „Der Parteitag stellt fest, daß diese Koalitionspolitik der Sozialdemokratischen Partei und der Arbeiterklasse nicht gedient hat. Der Parteitag erwartet darum von der Reichstagsfraktion die Zurückziehung der sozialdemokratischen Minister aus der Reichsregierung.“

versicherung läßt die deutschen Arbeiterschaft, lassen die deutschen Gewerkschaften nicht rütteln."

Eine der entschiedensten Rechtfertigungen der Koalitionspolitik lieferte ein „Klassiker" des Revisionismus, Eduard David. Zu der massiven Kritik, die von links am Verhalten der sozialdemokratischen Minister in der Panzerkreuzerfrage geäußert wurde, bemerkte er, nach der Verfassung hätten die Minister den Willen der Parlamentsmehrheit auszuführen, „auch unsere Minister, solange sie auf ihrem Posten stehen. Tun sie das nicht, beschreiten sie den Weg in die Diktatur und treffen das Prinzip der Demokratie ins Herz." Den Anträgen, die auf den Austritt aus der Regierung zielten, setzte David ein klares Nein entgegen. „Das wäre ein Sturz in eine neue Regierungskrise, deren Lösung kein Mensch sieht. Es wäre keine Parlamentskrise, sondern eine Krise des Systems. Die Stimmung, die schon in der langen Krisenzeit aufkam, würde sich in aber Tausenden von Köpfen verstärken. So geht das nicht, von einer Krise in die andere, das ist kein System, keine Regierungsmöglichkeit, bei der wir gesunden können ... Es gilt, unserem Ideal positiv zu dienen und uns vorwärtszubringen, nicht aber den Glauben an die Größe und Güte des demokratischen Systems und an den hohen Wert des Volksstaats zu brechen."

Die Linke konnte David damit nicht überzeugen. Sie stimmte Eckstein zu, als er ausrief, gerade die Koalitionspolitik habe den sozialdemokratischen Massen die Augen über den Charakter der deutschen Republik geöffnet. „Der Deutsche Staat ist auch so in der Form der Republik das Werkzeug der herrschenden Klasse gegen die Arbeiterbewegung." Dem Unterdrückungswillen der Bourgeoisie müsse die Sozialdemokratie die unbeugsame Entschlossenheit des Proletariats entgegensetzen, um noch dieser Generation den Sozialismus zu erobern. Und auch Fleißner und Seydewitz bekamen Beifall, als sie den Parteitag aufforderten, im Interesse der Handlungsfreiheit der Sozialdemokratie in die Opposition zurückzukehren.

Der Seelenzustand der Partei im Frühjahr 1929 spiegelte sich am reinsten wohl in der Rede wider, die Rudolf Breitscheid als Berichterstatter der Reichstagsfraktion auf dem Magdeburger Parteitag hielt. Die sozialdemokratischen Minister könnten mit Erfolg nur arbeiten, sagte er, wenn sie der Zustimmung zu ihren Beschlüssen durch die Fraktion sicher seien. Das klang zunächst wie ein Appell an Partei und Fraktion, aber es war eher als Mahnung an die Minister gemeint, denn Breitscheid fuhr fort, die SPD sei schließlich doch noch etwas mehr als eine Partei im landesüblichen Sinne. „Wir sind eine Art von Lebensgemeinschaft, und auch die Minister hängen in ihrer Existenz, hängen in ihrem politischen Ansehen von der Verknüpfung mit dieser Lebensgemeinschaft ab. Um ihrer selbst willen müssen sie sich in aller erster Linie als zu uns gehörig und erst in zweiter Linie als Mitglied des Kabinetts fühlen."

Wie vor ihm Müller und Wels versicherte Breitscheid, die Sozialdemokraten wollten keine Krise. Wenn es aber zu entscheidenden Auseinandersetzungen kommen sollte, dann sei der Kampfboden für die SPD bei der Arbeitslosenversicherung wesentlich günstiger als beim Panzerkreuzer. „Die Proletarier werden es verstehen, wenn wir über die von uns gezogenen Grenzen nicht hinausgehen, und die bürgerlichen Parteien werden es verstehen lernen müssen ... Es gibt eine

Grenze für die Zugeständnisse, die wir an Koalition und ungünstige wirtschaftliche Verhältnisse zu machen in der Lage sind."

Über die möglichen Konsequenzen eines Bruchs der Großen Koalition machte sich der Vorsitzende der sozialdemokratischen Reichstagsfraktion keine Illusionen. Wenn diese Regierung falle, dann werde es wohl wirklich zu einer Krise des Parlamentarismus und zu einem Machtzuwachs des Reichspräsidenten kommen, unter Umständen zu einer Art Beamtenkabinett, das an sich vielleicht schon eine verschleierte Diktatur wäre. „Ich sage nicht, daß wir, um das abzuwehren, jedes Opfer zu bringen genötigt wären. Ich mahne euch nur, auch an diese Möglichkeit zu denken. Es kann sein, daß einmal der Moment kommt, wo wir sagen müssen: selbst auf diese Gefahr hin — wir können nicht weiter. Dann freilich müssen wir bereit sein, die Demokratie und den Parlamentarismus außerhalb des Parlaments zu verteidigen und zu vertreten, nicht wie die Kommunisten, nicht auf den Barrikaden ... Aber wir müssen dann dazu gerüstet sein, mit den Machtmitteln, die die organisierte Arbeiterschaft außerhalb des Parlaments hat, ohne den Appell der Kommunisten an Gewalt und Putschversuche, Parlamentarismus und Demokratie zu retten. Solange es irgend möglich ist, müssen wir *innerhalb* des Parlaments verhindern, daß es zu solchen Entscheidungen kommt, müssen wir dafür sorgen, daß wir selbst die staatlichen Machtmittel in der Hand haben, um mit diesen Mitteln den Geist und das Wesen des republikanisch-demokratischen Staates selbst zu retten. Wir werden versuchen müssen, immer mit Rücksicht auf die gegebenen Verhältnisse, die Macht der Sozialdemokratie zum Ausdruck zu bringen. Das ist die Aufgabe der Reichstagsfraktion."

Das Ja zur „staatspolitischen Verantwortung" der Sozialdemokraten war für Breitscheid kein Lippenbekenntnis. Er unterschied sich klar von den Linken, die im Staat der demokratischen Republik nur ein Herrschaftsinstrument der Bourgeoisie sahen. Breitscheid wollte diesen Staat verteidigen, wenn er auch „noch nicht unser Staat", nur erst ein „Rohbau" war. Aber gleichzeitig ließ er erkennen, daß er die Tage der parlamentarischen Demokratie für gezählt hielt. Vor die Wahl gestellt, der Bewahrung entweder der Großen Koalition oder der sozialen Errungenschaften den Vorrang zu geben, konnte sich die Sozialdemokratie, wenn sie Breitscheid folgte, nur für die zweite Möglichkeit entscheiden — und zwar auch dann, wenn auf die Große Koalition eine verdeckte Diktatur folgte, in der sich der Abbau der sozialen Errungenschaften gewiß sehr viel leichter bewerkstelligen lassen würde als in der parlamentarischen Demokratie.

Mit welchen Mitteln die Sozialdemokraten dann Verfassung und Fortschritt verteidigen wollten, blieb offen. Eine Anspielung auf die Möglichkeit von Massenstreiks konnte man aus Breitscheids Rede wohl heraushören, aber nach den Erfahrungen der Vorkriegszeit wußte die SPD, daß hierfür erst die Gewerkschaften gewonnen werden mußten. Wie die Dinge lagen, hatten Breitscheids Erwägungen keinen größeren Realitätsgehalt als die Drohung, die Wels zu Beginn des Parteitages den extremen Kräften von rechts und links entgegengeschleudert hatte: „Gelänge es den Feinden der Republik, der Demokratie in Deutschland so schweren Schaden zuzufügen, daß einmal kein anderer Ausweg bliebe als Diktatur, dann, Parteigenossen, sollen Stahlhelm, sollen Nationalsozialisten, sollen ihre kommunistischen Brüder von Moskau das eine wissen: die Sozialdemokratie und die Gewerkschaften als die Vertreter der großen Masse des deutschen Volkes, festgefügt in ihren Organisationen, in verantwortungsbewußtem Handeln und in unzerbrechlicher Disziplin, würden auch trotz ihrer demokratischen Grundeinstellung die *Diktatur* zu handhaben wissen."

Beschworen wurde die Gefahr der Diktatur auf dem Magdeburger Parteitag immer wieder. Aber kaum ein Redner schien sich vorstellen zu können, was ein solches Regime praktisch bedeuten würde. Rudolf Hilferding war einer der wenigen, die den Gefahren nüchtern ins Auge blickten. Für ihn gab es zwei bleibende und dauernde Interessen des Proletariats, die den Sozialdemokraten die Teilnahme an der Regierung zur Pflicht machten. Das erste Interesse war das an der Erhaltung der Demokratie. Die Demokratie sei unumgängliche Voraussetzung für das Werden des Sozialismus. „Ich habe mir von jeher klar gemacht, daß, wenn die stärkste Partei Deutschlands in dieser Hinsicht versagt, wenn sie sich weigert, die Konsequenzen aus dem demokratischen Parlamentarismus zu ziehen, das nicht nur eine Gefährdung der Demokratie, sondern unmittelbar eine schwere Gefährdung der Zukunft des Sozialismus ist." Das zweite proletarische Interesse, das für sozialdemokratische Koalitionspolitik spreche, sei die Sicherung des Friedens: „Ich frage Sie, Parteigenossen: Spielt es demgegenüber wirklich die Rolle, ob wir ein paar Monate früher oder später irgendeine Rente erhöht haben oder nicht? Und sollen wir als Sozialdemokraten nicht uns wieder darauf besinnen, daß wir nicht nur die Partei von heute sind, sondern die Partei mit der stolzen Vergangenheit und einer noch viel stolzeren Zukunft, daß wir diese Zukunft nur sichern, wenn wir so handeln, wie wir unter dem Zwange des Tages eventuell handeln müssen, wenn wir auch einmal irgendwo zurückgehen müssen, um dann umso stärker vorstoßen zu können?"

Der Reichsfinanzminister erhielt für diese Aussage lebhaften Beifall. Aber Applaus bekam auch der Chefredakteur des „Vorwärts", Friedrich Stampfer, als er, wie Hilferding in der Debatte über Breitscheids Referat sprechend, die gegenteilige Auffassung vortrug: „Sollte einmal die verhängnisvolle Situation eintreten, daß wir in einer sozialpolitischen Frage, wie es die der Arbeitslosenversicherung ist, zu entscheiden haben zwischen der Regierung auf der einen Seite und den Gewerkschaften auf der anderen Seite, dann kann über unsere Entscheidung gar kein Zweifel bestehen. In solchem Falle würden wir nach dem Grundsatz handeln müssen: Partei und Regierung sind zwei, aber Partei und Gewerkschaft sind eins."[135]

*

Als „die größte Partei der Welt" bezeichnete der Magdeburger Bezirksvorsitzende Ernst Wittmaack bei der Eröffnung des Parteitags am 26. Mai 1929 die

135 Parteitag (Anm. 92), S. 12 f. (Wels), 68—70 (Seydewitz), 72 (Eckstein), 77 f. (Fleißner), 79 f. (David), 84 f. (Müller), 160—165 (Breitscheid), 173 f. (Stampfer), 195—197 (Hilferding; Hervorhebungen jeweils im Original).

SPD. Wie immer es um diesen Superlativ bestellt sein mochte, gewachsen war die Sozialdemokratische Partei in den letzten vier Jahren ganz erheblich, nämlich von 806 268 Mitgliedern am Jahresende 1925 auf 937 381 Ende 1928. Im Jahr darauf übersprang die SPD die Millionengrenze: 1 021 777 Mitglieder zählte die Partei am 31. Dezember 1929. Die Zahl der Ortsvereine vermehrte sich zwischen Ende 1925 und Ende 1929 von 7 967 auf 9 544.

Aber noch immer war die SPD überwiegend eine Männerpartei. Der Anteil der weiblichen Mitglieder hatte sich nur geringfügig, von 18,8 % Ende 1925 auf 21,4 % Ende 1929, gesteigert. Mindestens ebenso große Sorgen machte der Parteiführung die fehlende Anziehungskraft auf junge Wähler. Parteisekretär Hans Vogel berichtete in Magdeburg, die SPD habe 1928 bei den Erstwählern am allerschlechtesten abgeschnitten; Zahlen nannte er allerdings nicht. Kritische Anmerkungen mußten sich in diesem Zusammenhang vor allem die Jungsozialisten gefallen lassen. Der Delegierte Karl Raloff aus Hannover warf ihnen vor, wenn sie die Weimarer Verfassung als „gegenrevolutionären Abschluß von Krieg und Revolution" bezeichneten und Hermann Müller „ministeriale Unzulänglichkeit" bescheinigten, dann unterscheide diese Agitation sich kaum noch von derjenigen der Kommunisten.

Die offizielle Bildungsarbeit der Partei hatte dem rigiden Marxismus der Jungsozialisten wenig entgegenzusetzen. In ganz Deutschland reisten 1929 lediglich zwei Wanderlehrer des Reichsbildungsausschusses der SPD herum. In 64 Kursen wurden 4 421 Teilnehmer geschult — über Themen wie „Die Weltwirtschaft im Zeitalter des Hochkapitalismus", „Revolutionsgeschichte" und „Der Marxismus in der Gegenwart". Dazu kamen Ferienkurse für Funktionäre — 1929 wurden auf diese Weise 734 Teilnehmer erreicht — sowie die Bildungsprogramme der Heimvolkshochschule Tinz, der Arbeiterhochschule Harrisleefeld bei Flensburg und der Freien Sozialistischen Hochschule in Berlin. An den Seminaren der zuletzt genannten Einrichtung nahmen 1929 120 Hörer teil. Zu den Kursen in Tinz entsandte der Reichsbildungsausschuß im gleichen Jahr 16, zu denen in Harrisleefeld 16 Interessenten. „Linke" Parteigliederungen waren, was die innerparteiliche Bildungsarbeit anging, in der Regel aktiver als „rechte". Einsame Spitzenpositionen behaupteten in dieser Hinsicht Thüringen und Sachsen. Im Bezirk Dresden beispielsweise nahmen 1928 7,9 % der Parteimitglieder an Schulungskursen teil; in Thüringen waren es 1930 sogar 13,7 %.[136]

Versuche einzelner Sozialdemokraten, das Einzugsfeld ihrer Partei über das traditionelle sozialdemokratische „Milieu" hinaus zu erweitern, stießen auch Ende der zwanziger Jahre noch auf beträchtlichen Widerstand. In einigen Städten —

136 Ebda., S. 7 (Wittmaack), 35 f. (Vogel), 91 f. (Raloff-Hannover). Zur Kritik an den Jungsozialisten auch S. 55 f. (H. Schulz). Zur Entwicklung der Jungsozialisten siehe Martin Martiny, Sozialdemokratie und junge Generation am Ende der Weimarer Republik, in: Luthardt (Hg.), Arbeiterbewegung (Anm. 110), Bd. 2, S. 56—117, sowie oben S. 365 ff. Zu den Zahlen: Jahrbuch der Deutschen Sozialdemokratie für das Jahr 1929, Berlin o. J. (1930), S. 168, 209. Für Sachsen und Thüringen: Klenke, SPD-Linke (Anm. 132), Bd. 2, S. 717 f., 1163 ff. Bei den Daten aus Thüringen und Sachsen wird vorausgesetzt, daß die Kursteilnehmer jeweils nur *einen* Kurs belegten.

vor allem in Hochburgen der Linken — wurde beispielsweise von Funktionären der SPD gefordert, sie müßten aus der Kirche austreten. Wilhelm Sollmann warnte auf dem Magdeburger Parteitag vor den Folgen solcher weltanschaulichen Unduldsamkeit. Aus der Partei dürfe kein philosophisches oder theologisches Seminar werden. „Was ist alles in dieser großen Partei vereinigt! Wir haben Atheisten, Monisten, Positivisten, philosophische Idealisten, philosophische Materialisten, Neu-Kantianer, Evangelische, Katholiken, Sektierer; ja wir haben sogar Juden in der Partei." Das hohe ethische Ziel des Sozialismus könne ebensowohl aus einer atheistischen wie aus einer christlichen Weltanschauung begründet werden. „Hüten wir uns als politische Partei davor, einseitig zu werden! Hüte sich jeder Parteigenosse vor geistigem Hochmut und Pharisäertum! Hüte er sich auch vor geistiger Erstarrung! ... Haben wir Respekt vor der Vielgestaltigkeit des menschlichen Geistes und dem Reichtum der menschlichen Seele. Prüfen und achten wir einen Parteigenossen nur nach seinen politischen, sozialistischen Taten! Verlangen wir von jedem Parteigenossen, sei er revolutionärer oder reformistischer Marxist in irgendeiner Form, sei er Christ oder Atheist, zuerst und am meisten: höchsten Aktivismus, begeisterte Tatkraft für die sozialistische Idee."

Von einem organisierten Freidenker, dem Delegierten Franz Voutta aus Werden an der Ruhr, mußte sich Sollmann sogleich sagen lassen, er möge bei Bebel nachlesen, daß sich Kirche und Sozialismus wie Feuer und Wasser gegenüberstünden. Sehr viel schärfere Angriffe zog Otto Braun auf sich, weil seine Regierung sich anschickte, ein Konkordat mit dem Vatikan abzuschließen. Kurt Löwenstein hielt dem Ministerpräsidenten vor, schon in der politischen Tatsache der Kurie liege ein gefahrenerfülltes Potential, und Anna Siemsen beschwor die Gefahr, „daß wir mit einer internationalen Macht verhandeln, die starke Machtpositionen in unserem Volk, in unserer Regierung und in der Bürokratie hat." Braun mußte den Parteitag daran erinnern, seine Regierung könne „doch nicht einen Vertrag nur als Ausfluß sozialistischer Politik und nur unter Berücksichtigung der Interessen unserer Partei abschließen." Sein Antrag, über sämtliche Anträge zur Konkordatsfrage zur Tagesordnung überzugehen, fand schließlich eine Mehrheit.[137]

Antikirchliche Stimmungen waren in Sachen und Thüringen, wo die sozialdemokratische Linke ihre stärksten Bastionen hatte, weiter verbreitet als in anderen deutschen Ländern. In beiden Staaten spielten sozialdemokratische Volksschullehrer eine aktive Rolle sowohl in der Kirchenaustrittsbewegung wie in der Agitation zugunsten der sozialistischen Jugendweihe — dem Gegenstück zur evangelischen Konfirmation. In Leipzig lag 1925 der Anteil der Konfessionslosen mit 10,5 % weit über dem Reichsdurchschnitt von 2,5 %, ebenso im sächsischen Freital (16,6 %) wie in den thüringischen Städten Gera (15,3 %), Jena (10,9 %) und

---

137 Parteitag (Anm. 92), S. 76 f. (Sollmann), 90 (Voutta), 180 (Löwenstein), 181 (Siemsen), 183 (Braun), 210 (Abstimmung). Über Sollmann: Eugene H. Kist, Wilhelm Sollmann. The Emergence of a Social Democratic Leader, University of Pennsylvania, Ph. D. Dissertation (Microfilm), Pittsburgh 1970, bes. S. 302 ff. Zur Kritik der Linken am Konkordat auch Klenke, SPD-Linke (Anm. 132), Bd. 1, S. 487 ff.

Schmölln (18,0 %). Ein Drittel aller Leipziger Schulentlassenen nahm zwischen 1927 und 1931 an der sozialdemokratischen Jugendweihe teil, im Unterbezirk Freital waren es 1927 sogar 62,4 %. Der Anteil der Schulneulinge, die zur „Lebenskunde" statt zum Religionsunterricht angemeldet wurden, lag in einigen sächsischen Großstädten bemerkenswert hoch: In Chemnitz waren es 1929 10,7 %, in Dresden 14,9 % und in Leipzig sogar 28,4 %.[138]

In keinem Land war die Organisationsdichte der SPD so groß wie in Sachsen. Kamen im Reichsdurchschnitt 1928 auf 100 Einwohner 1,4 Parteimitglieder, so waren es in Sachsen 2,5. Von der Raumdichte her schnitt Sachsen noch günstiger ab: Im gesamten Reich lebten auf einem Quadratkilometer 1,9 eingetragene Sozialdemokraten, in Sachsen 8,4. Der aktive Kern war freilich auch hier kleiner. Bei den Urwahlen der Delegierten zum Leipziger Parteitag der SPD im Jahre 1931 — dieser in Sachsen übliche Wahlmodus entstammte der Tradition der USPD — beteiligten sich im Bezirk Leipzig 15,4 % und im Bezirk Chemnitz 40 % der Parteimitglieder. Beide Daten bezeichneten den jeweiligen Höhepunkt von innerparteilicher Wahlbeteiligung in den Jahren der Weimarer Republik. Die Diskussionsbeteiligung der Parteimitglieder läßt sich nur für einige Veranstaltungen in Groß-Leipzig ermitteln. Bei der Kreisgeneralversammlung vom Januar 1924 meldeten sich 2,4 % der Anwesenden zu Wort; bei der Generalversammlung vom März 1931 waren es 1,0 %, auf dem Bezirksparteitag vom Juni desselben Jahres 9,1 %.[139]

Der Organisationsdichte entsprach die Auffächerung und Verbreitung der sozialdemokratischen Arbeiterkultur. Von der Kinderfreundebewegung über die Konsumgenossenschaften und Arbeitersportvereine bis zum Deutschen Freidenkerverband prägten die sozialdemokratischen Organisationen den Alltag der Parteimitglieder. Ein Sozialdemokrat, der wissen wollte, was klassenbewußte proletarische Lebensführung bedeutete, brauchte nur regelmäßig den „Kulturwillen" zu lesen. Die 1924 gegründete, vom Leipziger Arbeiter-Bildungsinstitut verlegte Monatsschrift befürwortete frühzeitige Sexualaufklärung, natürliche Geburtenverhütung und die probeweise, leicht lösbare „Kameradschaftsehe", eine am Gebot der Zweckmäßigkeit ausgerichtete, von Kitsch und Nippes befreite neue Wohnkultur, einen entschiedenen Kampf gegen alle Überreste kirchlicher Erziehung und die umfassende Ausgestaltung der sozialistischen Festkultur. Selbst die Freikörperkultur ließ sich mit dem Klasseninteresse des Proletariats begründen. „Es gilt mit

---

138 Ebda., Bd. 2, S. 1155—1162. Zur Rolle der Volksschullehrer in der SPD: ebda., S. 756 ff. Von den eher „rechten" Parteibezirken spielten nur in Hamburg die Volksschullehrer eine besonders aktive Rolle, was sich auch in der hohen Zahl sozialdemokratischer Jugendweihen niederschlug: 1927 nahmen hier etwa 20 % der Schulentlassenen an solchen Feiern teil. In Berlin, der Hochburg des sozialdemokratischen Deutschen Freidenkerverbandes (1930 lebten von den 576 000 Mitgliedern dieses Verbandes in Berlin-Brandenburg 234 100 oder 41 %) belief sich der Anteil der sozialdemokratischen Jugendweihlinge an den Schulentlassenen 1931 auf 13 %. Ebda., S. 1160, 1174. Vgl. zur Schulpolitik der Sozialdemokraten in einzelnen Ländern oben S. 391 ff.

139 Klenke, SPD-Linke (Anm. 132), Bd. 2, S. 732—739, 1140—1142, 1146, 1172 f. Zu den Wahlverfahren bei Landes- und Reichsparteitagen allgemein: S. 1133 ff.

dem alten Vorurteil zu brechen, daß alles Körperliche minderwertig, ‚Sünde' sei", hieß es im Januarheft 1928 des „Kulturwillen". „Auch den nackten Körper müssen wir bejahen und befreien aus der lebenshemmenden Engherzigkeit. Mit der Arbeit am Körper in Gymnastik und täglicher Körperpflege, lebt unser Körpergefühl wieder auf und damit Körperbewußtsein, Körperstolz, Selbstbewußtsein. In solchen Menschen flammt ein neuer Wille zum Leben auf, zu einem Leben, das der Menschenwürde entspricht. Sie werden, da sie ein Ziel vor Augen sehen, sich bewußt in den Dienst des proletarischen Befreiungskampfes stellen."

Die Abschottung gegenüber den kulturellen Einflüssen des Bürgertums war in den Hochburgen der Linken naturgemäß besonders stark. Die Geschlossenheit des sozialdemokratischen „Milieus" vermittelte ein Gefühl des Geborgenseins und der Identität. Aber wer nicht seiner Herkunft nach schon sowieso „dazugehörte", dem erleichterte die antibürgerliche Subkultur nicht den Zutritt zur Sozialdemokratie. Unter den sechs Wahlkreisen, in denen die SPD bei den Reichstagswahlen vom Mai 1928 ihre größten Stimmengewinne erzielte, gab es nur einen — Breslau —, wo die SPD eine überdurchschnittliche Organisationsdichte aufwies. Und gerade in den beiden „Musterländern" der sozialdemokratischen Linken, Sachsen und Thüringen, war die SPD auf Landesebene in der zweiten Hälfte der zwanziger Jahre so einflußlos wie in Ostpreußen oder Bayern — Gebieten, die man ohne Übertreibung als sozialdemokratische Diaspora bezeichnen konnte.[140]

---

140 Zur Intensität der sozialdemokratischen Subkultur in Sachsen und Thüringen (mit freilich stark abweichender Wertung): ebda., Bd. 2, S. 732 ff. Zur proletarischen Freikörperkultur etwa H. Schmidt, Freikörperkultur, in: Kulturwille 5 (1928), Nr. 1, S. 9 (hier das Zitat). Daß in den linkssozialdemokratischen Hochburgen Frankfurt und Breslau die Sozialdemokratie als Kulturbewegung weniger prägend wirkte als in Sachsen und Thüringen, erklärt Klenke damit, daß der SPD in beiden Städten kaum Einbrüche in die Volksschullehrerschaft gelungen seien. S. 756 ff., 841 ff. Im Bezirk Breslau waren 2,1 % der Einwohner Mitglieder der SPD; auf 1 qkm lebten 3,1 Sozialdemokraten (Reichszahlen: 1,4 und 1,9). Ebda., S. 1172 f. — Zu den Wahlkreisen mit den höchsten Stimmengewinnen im Jahre 1928 vgl. oben S. 523. Im Reichsdurchschnitt belief sich der Anteil der SPD-Mitglieder an den bei der Reichstagswahl vom 20. 5. 1928 abgegebenen Stimmen auf 11,16 %. Am niedrigsten war der Anteil in Ostpreußen (5,62 %), am höchsten in Schleswig-Holstein (19,82 %); die vier sächsischen Wahlkreise lagen mit durchschnittlich 13,66 % etwas über dem Reichsdurchschnitt. Jahrbuch 1929 (Anm. 136), S. 184. — Allgemein zum sozialdemokratischen Milieu: M. Rainer Lepsius, Extremer Nationalismus. Strukturbedingungen vor der nationalsozialistischen Machtergreifung, Stuttgart 1966, S. 26 ff. Zur sozialdemokratischen „Solidargemeinschaft" auch Peter Lösche, Über den Zusammenhang von reformistischen Sozialismustheorien und sozialdemokratischer Organisationspraxis in der Weimarer Republik, in: Horst Heimann u. Thomas Meyer (Hg.), Reformsozialismus und Sozialdemokratie. Zur Theoriediskussion des Demokratischen Sozialismus in der Weimarer Republik, Berlin [W] 1982, S. 13—32. Lösche charakterisiert die Weimarer SPD als „proletarisch, basisbezogen und vital" (S. 23). Aus der sozialdemokratischen Binnenperspektive läßt sich vieles zugunsten der positiven Wertung „vital" sagen. Gemessen an den „Aufgaben der Sozialdemokratie in der Republik" (so der Titel von Hilferdings Referat auf dem Kieler Parteitag von 1927), greift dieses Urteil jedoch zu kurz. Es widerlegt *nicht* die Kritik am politischen Immobilismus der SPD. Zu dieser Position v. a. Hans Mommsen, Die Sozialdemokratie in der Defensive: Der Immobilismus der SPD und der Aufstieg des Nationalsozialismus, in: ders. (Hg.), Sozialdemokratie zwischen Klassenbewegung und Volkspartei, Frankfurt 1974, S. 106—133.

Eine alljährlich wiederkehrende Gelegenheit, der Außenwelt das sozialdemokratische Wollen deutlich zu machen, waren die Demonstrationen zum 1. Mai, der nur in Sachsen und Thüringen ein gesetzlicher Feiertag war. Freie Gewerkschaften und SPD feierten den Tag der Arbeit gemeinsam. An den Umzügen beteiligten sich in vielen Städten auch die Kommunisten; die abschließenden Kundgebungen und abendlichen Festlichkeiten fanden allerdings stets getrennt statt. Die von den Behörden angeordneten Feiern zum Verfassungstag, dem 11. August, wurden häufig nur von Mitgliedern und Funktionären der SPD besucht, während das Bürgertum ihnen fernblieb. Interne Parteiveranstaltungen waren die Gedenkfeiern zum 9. November, dem Tag der Revolution. Zum wichtigsten Parteifest stieg in einer Reihe von größeren Städten die — inhaltlich und äußerlich der kirchlichen Einsegnung nachempfundene — Jugendweihe auf, bei der der künftige Genosse in festlichem Rahmen seinen persönlichen Weihespruch entgegennahm. Weniger stark weltanschaulich geprägt waren die Feste der meisten Nebenorganisationen der SPD, wie etwa der Arbeitersportvereine. Eben deshalb stießen diese Feierlichkeiten mitunter auch auf heftige Kritik aus den Reihen der Parteilinken. „Die heutigen Arbeiterfeste sind nichts anderes als das bürgerliche Kriegervereinsfest mit der roten Fahne", erklärte Max Seydewitz im September 1923. „Dieselben sind zuviel Schablone, zu wenig eigenes Denken. Deshalb unterscheiden sich die Arbeiterfeste von den bürgerlichen Festen nur in der Anwendung der Mittel."[141]

Auch die Parteitage der SPD schlossen immer ein Stück sozialdemokratischer Festkultur in sich. Über die Eröffnung des Magdeburger Kongresses vermerkt das Protokoll: „Der Parteitag findet statt in dem mit roten Fahnen geschmückten Festsaal der Stadthalle zu Magdeburg. Er wird eingeleitet durch musikalische Darbietungen, ausgeführt vom Philharmonischen Orchester, vom Arbeiter-Sängerbund, von dem Organisten Sbach und den Solisten Mohrhoff, Tondeur und Enger, sowie durch einen vom Schauspieler Bläß gesprochenen Prolog." Zum Parteitag gehörte auch ein abendliches Fest, von dem Wels in seiner Abschlußrede in geradezu hymnischen Worten sprach: „Den Höhepunkt aber, Parteigenossen, all der Veranstaltungen hier, der jedem unvergeßlich bleiben wird, das war am Mittwochabend jenes großes Fest, das in seiner berauschenden Farbenpracht und in dem Zusammenwirken von etwa 1 500 Mitwirkenden, zumeist Jugendlichen, uns dort an der herrlichen Landschaft am Mittag-See einen unvergleichlichen Eindruck übermittelte und hinterlassen wird. Und das Licht leuchtet auf in der Finsternis! So überlief es einen jeden im Innern, der sah, wie auf dem Wasser Lampion an Lampion von Arbeiterruderern zusammengetragen wurde zu einem farbenprächtigen Bilde."

141 Klenke, SPD-Linke (Anm. 132), Bd. 2, S. 880—918 (886). Aus Rücksicht auf religiös empfindende Wähler hielten sich der Parteivorstand der SPD und der „Vorwärts" gegenüber der Jugendweihe betont zurück. Ebda., S. 903 f. — Über die sozialdemokratische Festkultur als örtliche Fallstudie z. B. Wilhelm van Kampen u. Tilman Westphalen (Hg.), 100 Jahre SPD in Osnabrück 1875—1975. Ausgewählte Kapitel zur Geschichte der Arbeiterbewegung in Osnabrück 1975, S. 103 f., sowie: Kultur und Massen. Das Kulturkartell der modernen Arbeiterbewegung in Frankfurt am Main, Offenbach 1983.

„Auch den nackten Körper müssen wir bejahen und befreien aus der lebenshemmenden Engherzigkeit“: Titelseite des „Kulturwillen“ vom Januar 1928.

Sakral klang die Schlußansprache des Parteivorsitzenden auch an einer anderen Stelle. „In der Partei von heute findet ein Prophetenwort Lassalles seine Erfüllung", rief er aus. „Wenn wir rückblickend unseren Weg und vorausschauend das Kampffeld überblicken, dann fühlen wir es: die Arbeiter sind der Fels, auf dem die Kirche der Zukunft erbaut wird." Wels schloß seine Rede mit den Worten: „Immer fester und fester sollen und müssen die Ketten werden, die uns umschlingen. Höher und höher soll steigen die Flut, immer stolzer flattern die roten Banner des Sozialismus. Ihnen gilt unser Leben. Es lebe die deutsche, die internationale, die völkerbefreiende Sozialdemokratie."

Das Protokoll verzeichnet stürmischen, langanhaltenden Beifall. „Der Parteitag stimmt begeistert dreimal in den Hochruf ein. Ein Roter Falke tritt auf die Bühne und überreicht Wels einen Strauß roter Nelken mit den Worten: ‚Die Magdeburger Arbeiterschaft dankt dir durch diesen Blumenstrauß für die gute Leitung des Parteitags' (Stürmischer Beifall). Der Parteitag singt unter den mächtigen Klängen der Orgel den Sozialistenmarsch":

Auf Sozialisten, schließt die Reihen!
Die Trommel ruft, die Banner wehen.
Es gilt, die Arbeit zu befreien,
es gilt der Freiheit Auferstehn!
Der Erde Glück, der Sonne Pracht,
des Geistes Licht, des Wissens Macht,
dem ganzen Volke sei's gegeben!
Das ist das Ziel, das wir erstreben!
Das ist der Arbeit heil'ger Krieg!
Mit uns das Volk! Mit uns der Sieg![142]

*

An der personellen Zusammensetzung des Parteivorstandes änderte sich auf dem Magdeburger Parteitag gegenüber dem vorangegangenen Kongreß von Kiel nur wenig. Da Hermann Müller mit Rücksicht auf sein Amt als Reichskanzler nicht wieder für den Parteivorsitz kandidierte, gab es statt bisher drei nur noch zwei Parteivorsitzende, nämlich Wels, der 306 von 386 Stimmen erhielt, und Crispien, auf den 273 Stimmen entfielen. Die beiden Kassierer, Bartels und Ludwig, wurden wiedergewählt, ebenso die fünf Sekretäre — Vogel, der inzwischen faktisch die Rolle eines Reichsgeschäftsführers übernommen hatte, Dittmann, Stelling, Westphal und Marie Juchacz. Von den elf in Kiel gewählten Beisitzern waren zwei, Hermann Molkenbuhr und Adolf Braun, verstorben; einer, Rudolf Hilferding, kandidierte seines Regierungsamtes wegen nicht mehr. Ersatzbewerber wurden von Vorstand und Ausschuß nicht aufgestellt, so daß die Zahl der Beisitzer sich auf acht verringerte. Alle bisherigen Amtsinhaber — Stampfer,

142 Parteitag 1929 (Anm. 92), S. 7, 257—259. Mit dem „Sozialistenmarsch" schloß am 7. 9. 1928 auch der Hamburger Kongreß des ADGB, Protokoll (Anm. 47), S. 333. Der Text des Liedes u. a. in: Inge Lammel, Das Arbeiterlied, Frankfurt 1975, S. 119.

Schulz, Anna Nemitz, Hildenbrand, Stahl, Elfriede Ryneck, Moses und Frank — wurden wiedergewählt. Von den Kandidaten der Opposition, unter ihnen Aufhäuser, Levi und Löwenstein, erhielt keiner die erforderliche Mehrheit.[143]

Der alte und neue Parteivorsitzende Otto Wels, 1873 in Berlin als Sohn eines kleinen Gastwirts geboren und von Beruf Tapezierer, war bereits 1907 als Parteisekretär für die Provinz Brandenburg hauptamtlich in die Dienste der SPD getreten. Dem Parteivorstand gehörte er seit 1913 als Beisitzer an. Zusammen mit Hermann Müller war er 1919 zum Parteivorsitzenden gewählt worden. Kantiger und rauher als dieser, hatte Wels bei allen Vorstandswahlen deutlich weniger Stimmen als Müller erhalten. Wels' vorrangiger Aufgabenbereich war die innere Organisation der Partei, während Müller sich mehr auf die Propaganda und den Vorsitz der Reichstagsfraktion konzentrierte. Der 1922 — nach der Wiedervereinigung von SPD und USPD — gewählte dritte Vorsitzende, Artur Crispien, war zuständig für die Kontakte zur Sozialistischen Arbeiter-Internationale — ein Gebiet, über das er regelmäßig auf den Parteitagen referierte.

Wels und Crispien waren dem in der Weimarer Zeit vorherrschenden Typus des sozialdemokratischen Arbeiterführers zuzurechnen: Beide hatten sie die Volksschule besucht und eine Handwerkslehre durchlaufen (Crispien war gelernter Maler); ihre Bildung hatten sie sich als Autodidakten erarbeitet. Ebert, Noske, Severing, Otto Braun, Dittmann, Sollmann, Löbe, Robert Schmidt, Keil und Wissell: In jedem von ihnen prägte sich dieser eher an der Praxis als an der Theorie orientierte, häufig durchaus machtbewußte Typus aus. „Der handwerklich bestimmte Arbeiterführer war im Grunde ein Mensch der bürgerlichen Weltordnung", bemerkt Joachim Siemann. „Er hat sich nicht immer zu ihr bekannt, und so wird ein merkwürdiger Zwiespalt in seinem Wesen erkennbar. Einmal war er den Leitsätzen der marxistischen Dialektik verpflichtet, denn erst durch diese Lehre war der politische Wille der Arbeiterschaft zur Realität geworden, zum anderen war er national eingestellt, war in seinen Wanderjahren die Liebe zum heimatlichen Volkstum wach geworden. Lebendig war in ihm die deutsche Geschichtsauffassung als Erinnerung der Schulzeit, sein revolutionäres Pathos nahm sich die Sprache Schillers zum Vorbild, sein geistiger Lebensstil war oft noch von der Tradition der deutschen Biedermeierzeit bestimmt. Er wagte es nicht, die nationalen und heimatlichen Gefühle offen auszusprechen; das marxistische Denken legte sich gleichsam als Sperrzone vor sein Bewußtsein. So wurde es ihm unmöglich, das von den Rechtsparteien gepachtete Monopol nationaler Gesinnung an sich zu reißen."[144]

---

143 Parteitag 1929 (Anm. 92), S. 232. Von den Kandidaten der Opposition erhielt Aufhäuser die meisten Stimmen (157); auf Levi entfielen 131, auf Löwenstein 133. Hinsichtlich der Zahl der Beisitzer war der Parteitag nach dem Organisationsstatut nicht gebunden; mindestens zwei Mitglieder des Parteivorstands mußten Frauen sein. Gewählt war, wer die Mehrheit der abgegebenen Stimmen erhielt (§ 17). Von den hauptamtlichen Sekretären waren Marie Juchacz für Frauen und Max Westphal für Jugend zuständig.

144 Siemann, Arbeiterführer (Anm. 123), S. 99 f. — Über Wels vgl. v. a. Adolph, Wels (Anm. 10), passim.

Der Arbeiterführer, der eine weiterführende Schulbildung genossen und sich in der Regel in nichtmanuellen Berufen betätigt hat, unterscheidet sich vom handwerklich geprägten Arbeiterführer meist nur in einer Nuance: einem etwas höheren Maß an Weltläufigkeit. Hermann Müller, von Beruf ursprünglich Handlungsgehilfe, Philipp Scheidemann, vom Setzer und Korrektor zum Redakteur aufgestiegen, und Louise Schroeder, Chefsekretärin und später Dozentin für Sozialpolitik an der Berliner Hochschule für Politik, sind diesem Typus zuzuordnen. Was Sigmund Neumann 1932 in seinem Buch über die politischen Parteien in Deutschland in Hermann Müller verkörpert sah, charakterisiert den ersten wie den zweiten Typus des Arbeiterführers: „Das Zurücktreten der Persönlichkeit hinter die Sache, der Verzicht auf emotionale Wirkung und der Anruf rationalen Denkens. Wirklichkeitssinn statt Phantasie, nüchternes, oft biederes Kalkül — das sind alles Elemente ihres politischen Wesens. Hinter allem steht ein hohes Maß von Rationalität, das oft Ausdruck aufklärerischer Weltanschauung ist."[145]

Dem Arbeiterführer mit weiterführender Schulbildung eng verwandt ist der Typ des „Arbeiterführers mittelständischer Lage", der zwar nur die Volksschule besucht hat, aber dann in die „Arbeiteraristokratie" des graphischen Gewerbes oder in einen Beruf des neuen Mittelstandes wie Lehrer, kaufmännischer oder Büroangestellter aufgestiegen ist. Siegfried Aufhäuser, Gustav Bauer, Gustav Dahrendorf und Johannes Stelling werden von Siemann dieser Kategorie zugerechnet. Vergleichsweise selten war in der Führung der Sozialdemokratie der Typ des proletarischen Industriearbeiters vertreten. Marie Juchacz, Hermann Fleißner, Elfriede Ryneck und Luise Zietz waren einige der bekanntesten Arbeiterführer dieses Typs.

Akademisch gebildete Arbeiterführer entstammten zumeist dem gebildeten und besitzenden Bürgertum. Von den 169 Arbeiterführern mit Universitätsstudium, deren Daten Siemann ausgewertet hat, waren 22,5 % Juristen und 28,4 % Schriftleiter. Auffallenderweise war bei den in der Sozialdemokratie engagierten Akademikern der Anteil der Dissidenten erheblich geringer als bei den Arbeiterführern mit niedrigerem formalen Bildungsgrad. Bei den Arbeiterführern mit weiterführender Schulbildung waren es nach Siemanns Berechnungen zwei Drittel (66 %), bei den akademisch gebildeten Arbeiterführern weniger als ein Drittel (30 %). Ein Viertel der Arbeiterführer mit Universitätsstudium (25 %) war evangelisch, nahezu ein Fünftel (17,8 %) mosaischen Glaubens, eine kleine Minderheit (3,6 %) katholisch. Bei fast einem Viertel (23,7 %) fehlen die Angaben, was die Vermutung nahelegt, daß der tatsächliche Anteil der Dissidenten höher war, als es auf den ersten Blick erscheint.

Zu den bekanntesten Akademikern in der Weimarer Sozialdemokratie gehörten der promovierte Arzt Rudolf Hilferding, der ehemalige Burschenschaftler und Doktor der Staatswissenschaften Rudolf Breitscheid, die Rechtsprofessoren Gustav Radbruch und Hugo Sinzheimer, die Rechtsanwälte Otto Landsberg, Kurt Rosenfeld und Paul Levi, Dr. phil. Kurt Löwenstein, Dr. rer. pol. Paul Hertz, Ernst Reuter, Ernst Heilmann und Friedrich Stampfer. Promovierte Akademiker

145 Sigmund Neumann, Die Parteien der Weimarer Republik, Neuausgabe, Stuttgart 1965, S. 35.

waren die „jungen Rechten" Julius Leber, Theodor Haubach, Carl Mierendorff, Erik Nölting und Kurt Schumacher sowie ein Wortführer der äußersten Linken, Ernst Eckstein. Im Hinblick auf die sozialdemokratische Reichstagsfraktion konnte man von einer wachsenden Akademisierung indes nicht sprechen. Im letzten, 1912 gewählten kaiserlichen Reichstag hatten 22 % der sozialdemokratischen Abgeordneten eine Universitätsbildung genossen; 1930 waren es 21 %. Der Anteil der Arbeiterführer mit Universitätsbildung an der Gesamtzahl der von Siemann untersuchten Weimarer Arbeiterführer belief sich auf 9,2 %.[146]

Die meisten der sozialdemokratischen Akademiker hatten sich aus sozialem Idealismus der Arbeiterbewegung angeschlossen. Als Journalisten, Parlamentarier und sachverständige Berater leisteten sie der Sozialdemokratie unschätzbare Dienste. Nur von wenigen wird man sagen können, sie seien „Ressentimentsozialisten" im Sinne Hendrik de Mans gewesen, die typische Minderwertigkeitsgefühle der Intellektuellen durch einen „spezifisch intelligenzlerischen Hyperradikalismus" überkompensiert hätten. Soweit eine solche Disposition vorhanden war, lag der Anschluß an die KPD näher als der an die SPD. Bei der „Klassenkampf-Gruppe" jedoch gab es den von de Man geschilderten „Hyperradikalismus", und es entbehrte nicht der inneren Logik, daß seine führenden Köpfe sich 1931 von der Sozialdemokratie trennten.[147]

Die besondere Anziehungskraft, die die Arbeiterbewegung auf jüdische Intellektuelle ausübte, ist nicht schwer zu erklären. Die soziale Diskriminierung von Arbeitern und Juden begründete eine Art Wahlverwandtschaft: Wer die Ursa-

---

146 Siemann, Arbeiterführer (Anm. 123), S. 101—120, 131 ff. Die Daten zur Konfessionszugehörigkeit: 122, 134. Zum Akademisierungsgrad der Reichstagsfraktion der SPD: Richard N. Hunt, German Social Democracy 1918—1933, New Haven usw. 1964, S. 91 f. Nach Hunt betrug der Anteil der SPD-Reichstagsabgeordneten aus den Mittelschichten 1912: 34 %, 1919: 23 %, 1930: 35 %. Für die Parlamentarier aus der Arbeiterschaft lauten die Zahlen: 1912: 66 %, 1919: 77 %, 1930: 65 %. Einen Beruf als Arbeiter gaben 1912 3 von 110 SPD-Abgeordneten an (0,9 %); 1919 waren es 9 von 163 (5,5 %), 1930 3 von 143 (4,29 %). Bei der KPD lautete die entsprechende Zahl für 1930: 58 %. Der Anteil der Angestellten von Partei und Gewerkschaften, einschließlich der Redakteure, an der Gesamtheit der SPD-Abgeordneten des Reichstags belief sich 1912 auf 73 %, 1919 auf 77 % und 1930 auf 84 %. Diese „Professionalisierung" als „Verbürgerlichung" zu bezeichnen, wie Hunt es in Anlehnung an Robert Michels tut, greift m. E. zu kurz. Ebda., S. 92—94. Vgl. dazu auch die Befunde der Frankfurter Enquête, aus denen hervorgeht, daß die Wähler der SPD viel weniger „klassenbewußt" dachten als die Funktionäre (unten S. 650 f.). Zur Schulbildung der Abgeordneten auch Gerhard A. Ritter, Kontinuität und Umwandlung des deutschen Parteiensystems 1918—1920, in: ders., Arbeiterbewegung, Parteien und Parlamentarismus. Aufsätze zur deutschen Sozial- und Verfassungsgeschichte des 19. und 20. Jahrhunderts, Göttingen 1976, S. 116—157 (146). — Über den Werdegang Kurt Schumachers, dessen Zuordnung zum rechten Flügel nicht unumstritten ist: Lewis J. Edinger, Kurt Schumacher. Persönlichkeit und politisches Verhalten (amerik. Orig.: Kurt Schumacher. A Study in Personality and Political Behavior, Stanford 1965), Köln 1967, S. 58 f.; Beck, Leber (Anm. 40), S. 112 f.

147 Hendrik de Man, Die Intellektuellen und der Sozialismus, Jena 1926, S. 20, 28 f. Zum Verhältnis von SPD und Intellektuellen vgl. unten S. 709 ff. Zur politischen Rolle sozialdemokratischer Redakteure in den Reichstagen des Kaiserreichs: Waltraud Sperlich, Journalist mit Mandat. Sozialdemokratische Reichstagsabgeordnete und ihre Arbeit in der Parteipresse 1867 bis 1918, Düsseldorf 1983.

chen der Diskriminierung beseitigen wollte, hatte gemeinsame Gegner. Dazu kam, daß der Antisemitismus in keiner sozialen Klasse so schwach entwickelt war wie im Proletariat. Die Identifizierung mit der Arbeiterklasse half jüdischen Intellektuellen heraus aus der bedrückenden Erfahrung der Vereinzelung und der Ohnmacht. Der Arbeiterklasse wuchsen in jüdischen Intellektuellen Wortführer zu, die mit der Waffe der Kritik umzugehen wußten. Es waren die gesellschaftlichen Verhältnisse des kaiserlichen wie des republikanischen Deutschland, die die Arbeiterschaft und einen Teil der jüdischen Intelligenz zusammenführten.[148]

*

Sozialdemokratische Funktionäre waren im allgemeinen ideologisch sehr viel gefestigter als „einfache" Anhänger der SPD. Die große Enquête des Frankfurter Instituts für Sozialforschung, die zwischen 1929 und 1931 durchgeführt wurde, ergab, daß die Funktionsträger der SPD weniger „autoritär" und erheblich „radikaler" dachten als die Wähler der Partei. Auf die Frage, wodurch die Welt verbessert werden könne, antworteten 53 % der Funktionäre: „Durch den Sozialismus"; bei den Wählern waren es nur 31 %. Wenn sie Vermögen hätten, wollten 29 % der Funktionäre, aber nur 16 % der Wähler ihr Geld bei der Arbeiterbank oder dem Konsumverein anlegen; für die Investition in Grundvermögen entschieden sich 19 % der Wähler, aber nur 12 % der Funktionäre. Gegen eine Bestrafung der Abtreibung waren 76 % der befragten Funktionäre und 61 % der Wähler. Auf die Frage nach ihren Lieblingsbüchern nannten immerhin 11 % der sozialdemokratischen Funktionäre, aber nur 3 % der Wähler marxistische Literatur; sozialkritische Romane und Arbeiterdichtung gaben 16 % der Funktionäre und 6 % der Wähler an. Insgesamt kamen der Leiter der Untersuchung, Erich Fromm, und seine Mitarbeiter zu dem Ergebnis, daß 23 % der sozialdemokratischen Funktionäre, 2 % der Wähler und 11 % der „unentschiedenen" Anhänger (die zwar Mitglieder einer Gewerkschaft, nicht aber der SPD waren) als „marxistisch" einzustufen seien. Als „autoritär" galten den Interpreten der Umfrage 12 % der Funktionäre, 15 % der Wähler und 14 % der „Unentschiedenen".

Bei den „Linkssozialisten", die am ehesten der „Klassenkampf-Gruppe" und späteren Sozialistischen Arbeiterpartei (SAP) zuzurechnen waren, sah das Verhältnis anders aus. 24 % waren „marxistisch" und nur 9 % „autoritär". Eine Differenzierung zwischen Funktionären, Wählern und „Unentschiedenen" war bei dieser Richtung mangels Masse nicht möglich. Bei den Kommunisten waren 44 % der Funktionäre, 25 % der Wähler und 33 % der „Unentschiedenen" „marxistisch"; 5 % der Funktionäre, 16 % der Wähler und 11 % der „Unentschiedenen" verfielen der Kennzeichnung „autoritär".

---

148 Hierzu Siemann, Arbeiterführer (Anm. 123), S. 149 f.; Hans-Helmut Knütter, Die Juden und die deutsche Linke in der Weimarer Republik 1918—1933, Düsseldorf 1971; Donald L. Niewyk, Socialist, Anti-Semite and Jew. German Social Democracy Confronts the Problem of Anti-Semitism, Baton Rouge 1971.

Wie anfechtbar die Urteilskriterien Fromms auch waren, in einem Punkt läßt seine Umfrage keine Zweifel zu: Die eigentlichen Hüter der sozialdemokratischen Parteitradition waren die Funktionäre. Die Wähler, die weltanschaulich weniger festgelegt waren, erwarteten von sozialdemokratischen Ministern mutmaßlich ein geringeres Maß an „Klassenkampf" als die Funktionäre. Mochten die Fragesteller des Frankfurter Instituts auch bestürzt sein über den Mangel an marxistischer Überzeugungstreue im Funktionärskörper der SPD, im Verhältnis zu den Wählern waren die Amtsinhaber allemal die besseren „Marxisten". Sie sahen sich als das Vollzugsorgan des Parteiwillens, und als solches traten sie auf den Parteitagen auf. Was die einfachen Mitglieder, die in der Frankfurter Enquête nicht als eigene Kategorie behandelt wurden, tatsächlich dachten und empfanden, ist schwer auszumachen. Aber da sie den Funktionären ihre Stimmen gaben, durften die Gewählten sich zurecht als Stimme der „Basis" fühlen.[149]

*

Die Gegensätze, die sich in der Sozialdemokratie über der Frage des Panzerkreuzerbaus und in der anschließenden Diskussion um ein Wehrprogramm aufgetan hatten, wurden von der Parteiführung als bedrohlich eingeschätzt. Auf dem Magdeburger Parteitag glaubte Hans Vogel daher eine deutliche Warnung an die Adresse der innerparteilichen Opposition richten zu müssen: „Es ist ganz klar, daß in einer Massenpartei wie der unsrigen nicht sofort alle Auffassungen auf einen gemeinsamen Nenner gebracht werden können. In einer Partei wie der unsrigen muß weitestgehende Meinungsfreiheit bestehen, und nie schlägt eine solche Meinungsverschiedenheit zum Schaden der Partei um, wenn die Kritik sachlich ist und wenn dabei die Gebote der Kameradschaft nicht außer acht gelassen werden. Daran hat es aber in der letzten Zeit bedeutend gefehlt. Ich brauche wieder nur an die Auseinandersetzungen in der Frage des Panzerkreuzerbaus und zum Wehrprogramm zu erinnern."

Besonders alarmierend erschien es Vogel, daß Vorwürfe der Opposition — unter anderem im Zusammenhang mit dem Parteiausschluß von Sozialdemokraten, die sich an kommunistisch gelenkten Gruppenreisen in die Sowjetunion beteiligt hatten — regelmäßig von der Propaganda der KPD aufgegriffen und als Material gegen die Führung der SPD ausgewertet wurden. „Was wir in der letzten Zeit erlebt haben, geht weit über das Maß des Erträglichen hinaus ... Die Auseinandersetzungen haben in der letzten Zeit manchmal Formen angenommen, und die sogenannte Opposition innerhalb der Partei beginnt sich in einer Weise zu betätigen, die lebhaft an die Zeit der ersten Spaltung unserer Partei erinnert."

Die Versicherung von Max Seydewitz, niemand innerhalb der SPD, sosehr er sich zur Kritik an der Partei berechtigt fühle, denke an eine Spaltung, befriedigte Vogel nicht. Er sprach von einer „förmlich organisierten Zusammenfassung der

---

149 Erich Fromm, Arbeiter und Angestellte am Vorabend des Dritten Reiches. Eine sozialpsychologische Untersuchung, Stuttgart 1980, S. 126, 131, 197, 215, 154. Vgl. zu dieser Untersuchung ausführlicher oben S. 146 ff.

Opposition", womit auch die erste Spaltung der Partei begonnen habe; er zitierte eine Reihe von Zeitungsartikeln aus Sachsen und Thüringen, die allesamt nicht „kameradschaftlich" seien, und erwähnte die „bekannten Frankfurter Briefe . . ., die regelmäßig in die Betriebe versandt werden und Stellung gegen die Partei nehmen, Briefe, die unterschrieben sind mit ‚Sozialdemokratische Opposition Frankfurt'." Vogels Kommentar, daß die „Kameradschaft draußen" auf diese Weise nicht so gewahrt werde, wie es auf dem Parteitag geschehe, war Wels zu schwach. „Kommunistische Zellenarbeit ist das!" rief er erregt dazwischen, und in einer kurzen Bemerkung am Ende der Debatte fügte er hinzu, „daß der Genosse Vogel sich in der Stellungnahme zu der Parteipresse, die am Parteivorstand Kritik geübt hat, eine so große Zurückhaltung auferlegt, daß ich persönlich sie eigentlich nicht recht verstanden habe."[150]

Unmittelbar nach dem Magdeburger Parteitag antwortete Seydewitz im „Klassenkampf" — seit der Zusammenlegung mit Levis Korrespondenz „Sozialistische Politik und Wirtschaft" im September 1928 dem zentralen Organ der Opposition — auf den Vorwurf mangelnder Kameradschaft, indem er ihn an die Parteiführung zurückgab. Sie habe Levi nicht als Korreferenten für die Wehrpolitik bestellt und damit die Linke bewußt zersplittern wollen; sie habe der Opposition, obwohl diese mehr als ein Drittel der Gesamtpartei sei, weder einen Sitz im Vorstand noch in der Kontrollkommission zugestanden. Wer innerhalb der deutschen Sozialdemokratie wirkliche und dauerhafte Kameradschaft wolle, müsse dafür eintreten, daß die Linke innerhalb des Parteivorstandes entsprechend der Stärke vertreten sei. Durch Crispien, Dittmann und Hilferding, die früheren Führer der USPD, fühle sich die Linke jedenfalls nicht vertreten. Die Grenzlinie zwischen ehemaliger USPD und SPD sei erfreulicherweise vollkommen verwischt, und es habe sich „langsam zwar, aber doch ganz bestimmt, *eine neue Linke* gegenüber der Rechten gebildet . . ., bei der die Frage der *ehemaligen* Parteizugehörigkeit überhaupt keine Rolle spielt."[151]

Den Fall vorausgesetzt, daß hinreichende Gemeinsamkeiten bestanden, sprach alles dafür, die innerparteiliche Opposition in den Führungsgremien angemessen zu berücksichtigen. Aber diese Voraussetzung lag nicht vor. Die Gegensätze zwischen der Mehrheit und dem harten Kern der Minderheit waren nicht taktischer, sondern grundsätzlicher Natur; sie waren so tief, daß man mit Fug und Recht von zwei Parteien innerhalb der SPD sprechen konnte.

In den Spalten des „Klassenkampfes" verschärfte sich seit dem Sommer 1929 die Kritik am Kurs der Partei immer mehr. Als der Reichstag Ende Juni mit den Stimmen der Deutschnationalen und gegen die Stimmen der SPD die Zölle für Getreide, Mehl, Butter und Kartoffeln erhöhte, forderte das Organ der Linken erneut: „Heraus aus dieser Regierung." Mitte Juli warf Ernst Eckstein „manchen Genossen" vor, sie regierten nur noch „um des Regierens willen". Demgegenüber sei es die Aufgabe der Parteilinken, der „Gefahr des Abrutschens ins Regierungs-

150 Parteitag (Anm. 92), S. 39, 41, 98—100 (Vogel), 68 (Seydewitz), 103 (Wels).
151 Max Seydewitz, Die Legende von der Kameradschaft, in: KK 3 (1929), Nr. 12 (15. 6.), S. 357—359 (359; Hervorhebungen im Original).

offiziöse zu begegnen" und die „Sozialdemokratische Partei vom Gedanken zur Tat des Klassenkampfes zu führen". Max Seydewitz erklärte in der Ausgabe des „Klassenkampfes" vom 15. September, regiert habe seit der letzten Reichstagswahl in Deutschland nicht das Koalitionskabinett Müller, sondern die Bürgerblockmehrheit des Reichstags. „Der wahre Zustand wird durch die Beteiligung der Sozialdemokraten an der Reichsregierung nur verschleiert . . . Es ist notwendig, daß diesem Zustand nun bald ein Ende gemacht wird."

Nachdem in den ersten Oktobertagen die Große Koalition durch Stimmenthaltung der DVP bei der Reform der Arbeitslosenversicherung noch einmal gerettet worden war, stellte Fritz Croner im „Klassenkampf" erfreut fest, der Verteidigungskampf um die Arbeitslosenversicherung sei erfolgreich zu Ende geführt worden. „Die Front der Partei ist, allen äußeren und inneren Schwierigkeiten zum Trotz, unerschüttert geblieben . . . Die Zermürbungstaktik ist an der Zähigkeit der Partei der Arbeiterklasse zuschanden geworden." Es komme nun darauf an, daß der Streit um die Finanzreform mit derselben Hartnäckigkeit und Energie ausgefochten werde wie der Kampf um die Arbeitslosenversicherung. „Dann wird er bei der gewaltigen Kraftbewußtseinsstärkung des Proletariats, die wir als den wertvollen Gewinn des Versicherungskampfes ansehen, mit demselben Erfolg abgeschlossen werden können."

Der Redaktion des „Klassenkampfes" erschien diese Schlußfolgerung als „zu optimistisch". In einer Vorbemerkung zu Croners Artikel hieß es: „Die Nichtentscheidung der Beitragsfrage ist für das Proletariat gewiß nicht bedrückend, sicher aber ist, daß damit die Krise nicht gelöst, sondern nur bis zum November vertagt ist."[152] Für den Zwist zwischen der „Klassenkampf-Gruppe" und der Parteimehrheit galt spätestens seit dem Parteitag von Magdeburg Ähnliches: Da die Streitfragen nicht gelöst waren, schwelte die Krise weiter.

*

Daß sich die Partei in einer inneren Krise befand, war einigen jüngeren Sozialdemokraten des rechten Flügels seit langem bewußt. Bereits im Oktober 1927 leg-

152 Zollerhöhung unter der Koalitionsregierung. Heraus aus dieser Regierung, ebda., Nr. 13 (1. 7. 1929), S. 391—393; Ernst Eckstein, Die geschichtliche Sendung der Partei-Linken, ebda., Nr. 14 (15. 7. 1929), S. 426—428; Max Seydewitz, Reichstagsauflösung, ebda., Nr. 18 (15. 9. 1929), S. 549—551; Fritz Croner, Abschluß des Kampfes um die Arbeitslosenversicherung, ebda., Nr. 20 (15. 10. 1929), S. 619—625 (619, 625). Vgl. dazu auch: Hans-Dieter Kluge, Verhältnis von SPD und Parlamentarismus. Koalition, Tolerierung, Opposition, in: Luthardt (Hg.), Arbeiterbewegung (Anm. 110), Bd. 1, S. 9—82. — Zum Koalitionsstreit um die Agrarpolitik vgl. AdR, Kabinett Müller II (Anm. 9), Bd. 1, S. 770—772, 775 (Kabinettssitzungen vom 24. u. 25. 6. 1929); Stenographische Berichte (Anm. 6), Bd. 425, S. 2942—2945 (Hertz, 26. 6. 1929), 3049—3052 (Sender, 28. 6. 1929). Vgl. dazu auch: Sinnloser Zollaufbau, in: Vorwärts, Nr. 295, 27. 6. 1929; Die neuen Zollsätze, ebda., Nr. 298, 28. 6. 1928. Zur Haltung der SPD zur Agrarpolitik siehe unten S. 755 ff.

te August Rathmann, einer der maßgeblichen Sprecher des ehemaligen „Hofgeismar-Kreises“ der Jungsozialisten, eine vertrauliche Denkschrift unter dem Titel „Die Krise im deutschen Sozialismus und ihre Überwindung“ vor. Darin bezeichnete der Autor die staatsbejahende Praxis der Sozialdemokratie als „schwer vereinbar“ mit dem Marxismus, der zu erheblichen Teilen geschichtlich überholt sei. „Trotzdem ist der notwendig schwerfällige bürokratische Apparat der politischen und zum Teil auch gewerkschaftlichen Organisationen in seiner Führung ... noch immer an die alte Doktrin gebunden. Der vornehmlich organisatorischen, durchweg unproblematischen Führung wird die Diskrepanz zwischen Praxis und Theorie kaum bewußt. So wird von der Führung fast nichts getan, das Mißverhältnis zu beseitigen, der historisch und soziologisch notwendigen Praxis eine entsprechende Theorie zu schaffen.“

Nutznießer des theoretischen Desinteresses und politischen Opportunismus in den Führungsgremien war Rathmann zufolge der marxistische Radikalismus, der vor allem in den Bildungseinrichtungen von Partei und Gewerkschaften wichtige Positionen erobert habe. Da auch das theoretische Organ der SPD, die „Gesellschaft“, den „positiven Kräften zu eingehender Kritik und Auseinandersetzung mit dem Marxismus“ nicht offenstehe, sei die sozialistische Bewegung „geistig ganz der intensiven Arbeit des Radikalismus ausgeliefert ... Die junge sozialistische Intelligenz sieht nur im Radikalismus geistiges Leben. Nur dort hat sie auch die Möglichkeit, selber zu Wort zu kommen ... So ist die nach außen starke Front der sozialistischen Praxis in Wahrheit ohne innere Kraft.“ Der deutsche Sozialismus stehe, den äußeren Anzeichen einer Beruhigung zum Trotz, „gerade jetzt in seiner tiefsten Krise.“

Die Aufgabe, deren Lösung keinen Aufschub duldete, sah Rathmann in der „inneren Überwindung“ des utopischen Radikalismus. Sie werde zugleich die geistige und seelische Grundlage schaffen für die intensivste sozialistisch-republikanische Praxis und damit weit über Deutschland hinaus positiv wirksam werden. Es gelte die Utopie auf nähere, mögliche Ziele hin zu konkretisieren, also ein Arbeitsprogramm der gegenwärtigen und nächsten sozialistischen Generation zu entwickeln. Sodann sei eine gründliche Überholung des sozialistischen Gedankengutes und namentlich eine „streng wissenschaftliche Überprüfung des marxistischen Systems und seiner neuesten Formen“ erforderlich. „In engster Verbindung mit der Praxis würde eine neue Bewegungslehre des Sozialismus entstehen, die entweder selber weltanschaulichen Charakter hat oder doch in andere abendländische Weltanschauungen (Christentum) eingeordnet werden kann ... Es sind in erster Linie innere Hemmungen gegen die Loslösung von noch heute gültigen Werten, gegen die Zerstörungstendenz des Radikalismus, geistig seelische Bindungen an den demokratisch-sozialen Staat, an eine dem Gemeinwohl dienende Wirtschaft, innerste Verflechtungen in eine werdende Volkskultur zu erzeugen. Anzuknüpfen ist dabei an noch vorhandene oder neu wachsende seelische Beziehungen, wie beim Bauern Erdgebundenheit, beim Handwerker Werkstolz, beim Beamten Pflichtgefühl gegenüber dem Staat, beim Arbeiter Solidaritäts- und Klassenbewußtsein. So wäre besonders wichtig die Vertiefung der republikanischen Bewegung, ihre historische und kulturelle Verwurzelung, die Aufgabe, über die heute noch vorwiegend utilitaristische Betrachtung hinweg wirkliche gesinnungsmäßige Haltung werden zu lassen, einen eigenen Stil zu bilden."[153]

August Rathmanns Denkschrift vom Oktober 1927 entstammte ganz dem Denken des Hofgeismar-Kreises der Jungsozialisten. Die „jungen Rechten" in der SPD und namentlich zwei der bekanntesten von ihnen, Theodor Haubach und Carlo Mierendorff, warfen dem Marxismus und der von ihm geprägten Sozialdemokratie die Vernachlässigung von Gefühls- und Gemeinschaftswerten vor. Aus der Sicht der „Hofgeismarer" ließen die Marxisten, von einem einseitig rationalistischen Menschenbild und einem nicht minder einseitig deterministischen Bild der Geschichte ausgehend, die ethischen Antriebskräfte verkümmern. In dieser Kritik trafen sich Rathmann und seine Freunde mit dem belgischen Sozialisten Hendrik de Man, der den Sozialismus geradezu ein „neues Weltgefühl" nannte, und den „religiösen Sozialisten" um den Theologen Paul Tillich, die der Gegenwart einen spezifischen Beruf zum Sozialismus zuschrieben, da nur er eine Antwort auf die gesellschaftlichen Herausforderungen der Zeit bereit halte. Tillich und sein Weggefährte, der Wirtschaftswissenschaftler Eduard Heimann, gehörten neben vielen anderen auch zu den Referenten einer von de Man und Rathmann vorbereiteten Tagung „Zur Krise im Sozialismus", die zu Pfingsten 1928 in Heppenheim stattfand. Das Protokoll des Treffens erschien im Herbst 1929 unter dem bezeichnenden Titel „Sozialismus aus dem Glauben".

Berührungen gab es aber auch mit „rechten" Intellektuellen. Die sich formierenden „jungen Rechten" in der SPD entstammten der Jugendbewegung, der sich auch die Autoren der im Verlag von Eugen Diederichs zu Jena erscheinenden Zeitschrift „Die Tat" verpflichtet fühlten. Die Kritik an Materialismus und Rationalismus, die Bindung an die Gemeinschaftswerte von Beruf, Heimat und Nation, das Bekenntnis zu Führung, Disziplin und Kameradschaft, das Pathos des Glaubens, des Willens und des Erlebens: In alledem stimmten die ehemaligen „Hofgeismarer" mit den Vertretern der „konservativen Revolution", ja im Grunde mit den meisten politisch engagierten Deutschen aus dem Bürgertum überein, sofern sie der gleichen Generation der im Jahrzehnt vor der Jahrhundertwende Geborenen angehörten, die den Ersten Weltkrieg zumeist als Soldaten und nicht selten als Offiziere erlebt hatten. In der sozialdemokratischen Reichstagsfraktion gehörten neben Julius Leber ab 1930 auch Carlo Mierendorff und Kurt Schumacher zu den in den 1890er Jahren geborenen Abgeordneten, die 1914 als Freiwillige in den Krieg gezogen und zu Offizieren befördert worden waren; alle vier waren überdies promovierte Akademiker. Bei den Deutschnationalen repräsentierte Gottfried Treviranus, bei der DDP Ernst Lemmer, im Zentrum der etwas ältere, 1885 geborene Dr. Heinrich Brüning dieselbe „Frontgeneration". Es war ein neu-

153 Abgedruckt in der Dokumentation von Martin Martiny, Die Entstehung und politische Bedeutung der „Neuen Blätter für den Sozialismus" und ihres Freundeskreises, in: VfZ 25 (1977), S. 373—419 (396—402). Zur Entstehung der Denkschrift: August Rathmann, Ein Arbeiterleben. Erinnerungen an Weimar und danach, Wuppertal 1983, S. 141. Eine ähnliche Stoßrichtung hatte auch Rathmanns Kritik des Heidelberger Parteiprogramms von 1925, die er im 4. „Politischen Rundbrief" der „Hofgeismarer" veröffentlichte. Ebda., S. 115 f.

er, aktivistischer Politikertypus, der in der zweiten Hälfte der zwanziger Jahre den Vertretern der Tradition in den Parteiapparaten und Parlamenten den Anspruch streitig machte, allein den Ton angeben zu dürfen.

Was die „jungen Rechten" in der SPD von den jugendbewegten Konservativen trennte, war das Verhältnis zur Republik. Der bürgerliche Teil der Jugendbewegung hatte zu Weimar meist gar kein oder ein ausgesprochen negatives Verhältnis. Die von der Jugendbewegung geprägten Sozialdemokraten waren in Wort und Tat leidenschaftliche Verteidiger des neuen demokratischen Deutschland und darum fast ausnahmslos auch in den Reihen des Reichsbanners Schwarz-Rot-Gold aktiv. Die Tugenden, die sie priesen, schienen oft dieselben zu sein wie diejenigen, die von den Konservativen hochgehalten wurden — aber für die jungen Sozialdemokraten hatten sie eine andere Bedeutung. Disziplin, Opferbereitschaft und persönlicher Einsatz verschleierten bei ihnen nicht die unbestimmte Sehnsucht nach einem neuen Obrigkeitsstaat; sie wurden vielmehr gefordert als Dienst an der Republik. Für den Ruf nach Führung galt dasselbe. Es war ein Appell an die maßgeblichen Leiter von Partei und Gewerkschaften, dem demokratischen Staat zu geben, was ihm zukam: nämlich eine höhere Priorität als noch so berechtigten Gruppeninteressen.[154]

Das stark voluntaristische Element, das die Parolen der „jungen Rechten" in der SPD kennzeichnet, war aus ihrer Sicht die einzige Chance, die Stagnation und Immobilität der Partei zu überwinden. Nicht Ersatzkirche oder Ersatzvaterland sollte die Sozialdemokratie sein, sondern politische Heimat auch für Menschen, die an ihrem religiösen Glauben und ihren patriotischen Empfindungen festhalten wollten. Um mehr Menschen an sich zu binden, durfte die Sozialdemokratie nicht mehr den „ganzen Menschen" fordern. Statt nur einen, den marxistischen Weg zum Sozialismus zuzulassen, mußte sie eine Vielfalt der Zugänge anerkennen.

Der sozialen und ideologischen Abkapselung, wie sie die Linke in der Theorie und das Gros der Partei in der Praxis betrieben, stellten die Erben von Hofgeismar mithin das Bekenntnis zum sozialdemokratischen Pluralismus gegenüber.

---

154 Sozialismus aus dem Glauben. Verhandlungen der sozialistischen Tagung in Heppenheim a. B., Pfingstwoche 1928, Zürich usw. 1929. Zur Tagung „Zur Krise des Sozialismus" auch Rathmann, Arbeiterleben (Anm. 153), S. 144 ff. Zum „Sozialismus als neues Weltgefühl" siehe de Mans Denkschrift vom 23. 3. 1926 („Vorschläge zur Gestaltung der neuen Zeitschrift") in Martiny, Entstehung (Anm. 153), S. 391—396 (395). Zu de Man, den „religiösen Sozialisten" und ihren Vorstellungen von Sozialismus vgl. auch unten S. 711 f.; zur Geschichte des „Hofgeismar-Kreises", oben S. 367 ff. Zum „Tat-Kreis" u. a.: Klemens von Klemperer, Konservative Bewegungen zwischen Kaiserreich und Nationalsozialismus (amerik. Orig.: Germany's New Conservatism, Princeton 1957), München usw. 1962, S. 141 ff.; Kurt Sontheimer, Der Tatkreis, in: VfZ 7 (1959), S. 229—260; ders., Antidemokratisches Denken in der Weimarer Republik. Die politischen Ideen des deutschen Nationalismus, München 1962, bes. S. 341 ff.; Ebbo Demant, Von Schleicher zu Springer. Hans Zehrer als politischer Publizist, Mainz 1971. Haubach wurde 1896 geboren, Mierendorff 1897, Leber 1891, Schumacher 1895, Treviranus 1891, Lemmer 1898. Zum gemeinsamen Generationserlebnis der „Dreißiger" und ihrer um etwa 1927 einsetzenden politischen Opposition gegen die Parteiapparate: Fritz Borinski, Die „Neuen Blätter für den Sozialismus". Ein Organ der jungen Generation von 1930 bis 1933, in: Rathmann, Arbeiterleben (Anm. 153), S. 173—201.

Ohne dieses Bekenntnis konnte es nach Meinung der „jungen Rechten", die sich selbst keineswegs als „rechts" betrachteten, keinen Vorstoß in neue Wählerschichten geben. Jeder von ihnen hätte das Wort der niederländischen Sozialistin und ehemaligen Linkskommunistin Henriette Roland-Holst unterschrieben, die Arbeiterbewegung sei zwar der Kern des Sozialismus, aber dieser sei unendlich viel größer und umfasse mehr als eine Arbeiterbewegung für ökonomische Zwekke. Es kam deshalb darauf an, sich offen zu halten für Kräfte, die außerhalb der sozialistischen Bewegung dasselbe oder doch ähnliches wollten wie die sozialdemokratischen Reformer. Wie es Henriette Roland-Holst in ihrem Schlußwort auf der Heppenheimer Tagung vom Frühjahr 1928 ausdrückte: „Wenn es so vieles in der bürgerlichen Jugendbewegung gibt, was sie mit der sozialistischen Jugendbewegung gemeinsam hat, so ist dies ein Zeichen, wie es in gewisser Hinsicht ein *allgemeines* Streben nach neuer Orientierung gibt, nach mehr Vertrautheit mit der Natur, nach kameradschaftlichen Beziehungen zwischen den Geschlechtern, — ein gemeinsames Streben der Jugend in mancher Hinsicht über die Klassengegensätze hinaus."[155]

Objektiv war die Forderung, die Sozialdemokratie solle sich neuen Kräften öffnen, der Versuch, das Einzugsfeld des Sozialismus in das Bürgertum hinein zu erweitern. Subjektiv stellte sich dieses Bemühen seinen Urhebern freilich anders dar. Für die gezielt angesprochenen jüngeren Intellektuellen aus den Mittelschichten hatte der Begriff „bürgerlich" längst einen negativen Inhalt, und die „jungen Rechten" in der SPD knüpften bewußt an diese bürgerliche Antibürgerlichkeit an. Ressentiments gegen die bourgeoise Welt sollten ein Vehikel zum Sozialismus werden — und bürgerliche Intellektuelle Bundesgenossen im Kampf gegen die „Verbürgerlichung" der Sozialdemokratie. „Verbürgerlichung" war in diesem Zusammenhang weniger als Beschreibung eines sozialen Vorgangs denn als Metapher für einen Bewußtseinswandel gemeint. Der Begriff bedeutete soviel wie Verlust des Bewegungscharakters des Sozialismus, Beharrung in Traditionen, die zu Konventionen erstarrt waren, Konservativismus oder schlicht geistige Selbstgenügsamkeit. Wenn Kommunisten und Nationalsozialisten von „Verbonzung" sprachen, hatten sie durchaus ähnliche Erscheinungen vor Augen. Die „jungen Rechten" verfolgten mit ihrer Parteikritik allerdings die entgegengesetzte Absicht: Sie wollten die Sozialdemokratie nicht zerstören, sondern wieder kampffähig machen.[156]

---

155 Sozialismus (Anm. 154), S. 232, 239 (Hervorhebung im Original). Dazu auch Rathmann, Arbeiterleben (Anm. 153), S. 159 f.

156 Bereits im letzten Rundbrief der „Hofgeismarer" vom Januar 1926 hatte Rathmann den „religiösen Sozialisten" bescheinigt, sie sähen „ihre eigentliche Aufgabe darin, den Kampf gegen die bürgerliche Welt durch die Erweckung der geistig-sittlichen Kräfte im Menschen bis ins Letzte und Tiefste zur Entscheidung zu bringen. Notwendig richtet sich dieser Kampf auch gegen das Bürgerliche in der sozialistischen Bewegung." Martiny, Entstehung (Anm. 153), S. 375 f. — Auf die zeitgenössische Diskussion über die „Verbürgerlichung" von Teilen der Arbeiterschaft wird ausführlicher der folgende Band eingehen. — Zum „nationalen Sozialismus" des „Tat-Kreises" vgl. v. a. Sontheimer, Antidemokratisches Denken (Anm. 154), S. 341 ff.

In Anbetracht der starken Vorbehalte, die es in der SPD gegenüber bürgerlichen Akademikern gab, war es für die „jungen Rechten" wichtig, daß sie keineswegs alle Intellektuelle bürgerlicher Herkunft waren. Der Autor der Denkschrift vom Oktober 1927 etwa, August Rathmann, war der Sohn eines Arbeiters. Er hatte selbst das Tischlerhandwerk erlernt und war zeitweilig Arbeitersekretär des ADGB in Bochum gewesen, ehe er 1925, nach Absolvierung einer Begabtenprüfung als Werkstudent und Stipendiat der neugegründeten Studienstiftung des Deutschen Volkes, das Studium der Rechtswissenschaft und der Philosophie aufnahm. Den Anstoß, eine Denkschrift zur Krise der Sozialdemokratie zu verfassen, hatte ihm der parteilose preußische Kultusminister Carl Heinrich Becker gegeben, der die Entwicklung der SPD mit ebensoviel Interesse wie Sorge beobachtete. Auf Beckers Anregung hin empfing Anfang Februar 1928 der preußische Ministerpräsident, Otto Braun, August Rathmann zu einer Aussprache. Der Kritik, die dieser in seiner Denkschrift an der Parteiführung geübt hatte, stimmte Braun im wesentlichen zu. Aber als Rathmann ihn davon zu überzeugen versuchte, daß der preußische Staat anstelle der reformunwilligen Sozialdemokratischen Partei eine Art Schirmherrschaft über die theoretische Erneuerung des Sozialismus übernehmen solle, versagte sich der Ministerpräsident. Als Chef einer parlamentarischen Koalitionsregierung hatte er gar keine andere Wahl: Der Staat konnte nicht in die Bresche springen, wo es um die Zukunft einer Partei ging — auch dann nicht, wenn es die eigene Partei des Ministerpräsidenten und die stärkste Kraft des republikanischen Deutschland war.[157]

Was Rathmann institutionell vorschwebte, war die Schaffung einer Arbeits- und Organisationszentrale, die nach außen hin als Verlag in Erscheinung treten, tatsächlich aber über die Publikation von Schriften hinaus, mittelbar oder unmittelbar, als Schulungsstätte wirken sollte. Nachdem Otto Braun abgewinkt hatte, entschlossen sich Rathmann und seine politischen Freunde — darunter neben Hendrik de Man, Paul Tillich und Eduard Heimann auch ältere Förderer des „Hofgeismar-Kreises" wie Gustav Radbruch, Hugo Sinzheimer und Wilhelm Sollmann — vorerst nur einen Teil des gesamten Vorhabens in Angriff zu nehmen: die Gründung einer Zeitschrift. Zwar gab es bereits seit langem in Gestalt der „Sozialistischen Monatshefte" ein periodisches Organ „rechter" Sozialdemokraten, aber diese Zeitschrift war immer mehr zum Sprachrohr bestimmter fixer Ideen ihres Herausgebers, Joseph Bloch, und seiner Schüler Max Cohen und Julius Kaliski geworden, die fast in jeder Nummer eine deutsch-französische „Kontinentalpolitik" mit Stoßrichtung gegen England und Amerika, Schutzzölle für die Landwirtschaft und eine zweite, berufsständische „Kammer der Arbeit" neben dem Reichstag forderten. Als Forum für eine theoretische Erneuerung der Sozialdemokratie schieden die „Sozialistischen Monatshefte" folglich aus. Die Grün-

157 Zum Werdegang Rathmanns: ders., Arbeiterleben (Anm. 153), passim; zu seiner Verbindung zu C. H. Becker und dem Gespräch mit Braun ebda., S. 139 ff.; Martiny, Entstehung (Anm. 153), S. 380 ff. Zu den führenden „Hofgeismarern", die aus der Arbeiterschaft stammten, gehörten außer Rathmann auch Franz Osterroth und Gustav Dahrendorf. Zum Verhältnis von SPD und Intellektuellen siehe unten S. 710.

dung einer neuen Zeitschrift aber erforderte nicht nur Ideen und Autoren — über beides verfügten die jungen Reformer in großer Zahl und Qualität —, sondern auch über ein gewisses Kapital. Die Starthilfe über 5 000 RM, die Reichsinnenminister Severing, wohl aus einem Fonds für den aktiven Schutz der Republik, im April 1929 gewährte, wäre nur ein Tropfen auf den heißen Stein gewesen, wenn sich nicht inzwischen ein Verleger gefunden hätte, der bereit war, die neue Zeitschrift zu betreuen.[158]

Im Januar 1930 erschien im Verlag von Alfred Protte in Potsdam das erste Heft der „Neuen Blätter für den Sozialismus. Zeitschrift für geistige und politische Gestaltung“. Als Herausgeber zeichneten Eduard Heimann, Fritz Klatt und Paul Tillich. Die Schriftleitung übernahm August Rathmann. Dem Beirat gehörten unter anderem an: Hendrik de Man, die Ökonomen Emil Lederer, Adolf Löwe und Günter Keiser, der Arbeitsrechtler Hugo Sinzheimer, der Pädagoge Adolf Reichwein sowie, als einziger aktiver Politiker, der frühere Reichsinnenminister Wilhelm Sollmann, der auf dem Magdeburger Parteitag mit einem Bekenntnis zur weltanschaulichen Toleranz hervorgetreten war. In Tillichs einleitendem Artikel hieß es, die Gegenwart habe es mit einem gewandelten Bild vom Sozialismus zu tun. „Die erste heroische Periode des Sozialismus ist abgeschlossen. Äußerlich leichter, innerlich schwerer ist die zweite gestaltende Periode. Sie muß manches wegtun, was der ersten Periode angemessen war, und vor allem: Sie muß unendlich viel Neues auf jedem Gebiet aufnehmen, durcharbeiten und verwirklichen. Darüber zu wachen, daß solche Durcharbeitung aus der letztmöglichen Tiefe und darum in größtmöglicher Universalität geschieht, ist der Sinn der ‚Neuen Blätter für den Sozialismus‘.“

Der „Vorwärts“ kommentierte das erste Heft mit der Bemerkung, „daß die Zeitschrift eigentlich überflüssig ist.“ Das Interesse, auf das das neue Organ stieß, ließ diese Wertung jedoch als voreilig erscheinen. Die Auflage lag in den Jahren

158 Martiny, Entstehung (Anm. 153), S. 402; Rathmann, Arbeiterleben (Anm. 153), S. 161 ff. Dem Projekt einer Zeitschrift — vgl. dazu auch die in Anm. 154 zit. Denkschrift de Mans vom 23. 3. 1926 — war eine Schriftenreihe vorausgegangen, die Rathmann 1925 gegen den Widerstand Adolf Brauns beim Parteivorsitzenden Hermann Müller hatte durchsetzen können. In der Reihe „Schriften zur Zeit“ — sie erschien im Parteiverlag J. H. W. Dietz und wurde von August Rathmann und Franz Osterroth in Verbindung mit Gustav Radbruch, Karl Bröger und Hugo Sinzheimer herausgegeben — wurden folgende Titel veröffentlicht: Karl Bröger, Deutsche Republik. Betrachtungen und Bekenntnis zum Werk von Weimar, Berlin 1926; Kurt Geyer, Führer und Masse in der Demokratie, Berlin 1926; Eduard Heimann, Die sittliche Idee des Klassenkampfes und die Entartung des Kapitalismus, Berlin 1926; Georg Beyer, Katholizismus und Sozialismus, Berlin 1927; Julius Deutsch, Wehrmacht und Sozialdemokratie, Berlin 1927; Gustav Radbruch, Kulturlehre des Sozialismus, Berlin 2. Aufl. [1. Aufl. 1922] 1927. — Zur „Kontinentalpolitik“ vgl. den vorhergehenden Bd., S. 223. Zur Position der „Sozialistischen Monatshefte“ vgl. etwa Max Cohen, Wege nach Kontinentaleuropa, in: SM 35 (1929/I), S. 478—482; ders., Die Konsequenz der Regierungskrise, ebda., S. 102—107; ders., Für die deutsche Landwirtschaft, ebda. 35 (1929/II), S. 569—573; Julius Kaliski, Wie ist unser Getreideanbau zu sichern?, ebda., S. 574—577. — Severings Nähe zu den Vorstellungen der „jungen Rechten“ geht besonders deutlich aus einem im Januar 1929 veröffentlichten Artikel von ihm hervor: Verpaßte Gelegenheiten, ebda., 35 (1929/I), S. 1—4. Vgl. hierzu unten S. 821 f.

vor 1933 zwischen 3 000 und 6 000 Exemplaren und war damit vermutlich kaum niedriger als diejenige der offiziellen theoretischen Zeitschrift der SPD, der von Rudolf Hilferding redigierten „Gesellschaft", von der allerdings nur die Abonnentenzahl bekannt ist: Sie stagnierte seit Mitte der zwanziger Jahre bei weniger als 4 500.[159]

Die Resonanz der „Neuen Blätter für den Sozialismus", ablesbar auch an einem ungewöhnlich breiten Presseecho, erklärt sich dadurch, daß die Zeitschrift wirklich als etwas Neues empfunden wurde. Auf einem hohen intellektuellen Niveau kritisierten in ihren Spalten Sozialisten theoretische Grundannahmen des Marxismus und die politische Praxis der deutschen Sozialdemokratie. Der aufsteigenden nationalsozialistischen Bewegung trat kein Blatt aus dem Umkreis der SPD schärfer entgegen als die Stimme der „rechten" innerparteilichen Opposition.

Gleichzeitig bemühten sich die „Neuen Blätter" um den Dialog mit den „jungen Nationalisten" bis hin zur „Schwarzen Front" Otto Strassers — ein Unterfangen, das von vornherein mit dem Risiko der Selbsttäuschung, ja der ideologischen Infektion behaftet war. Als Widerpart von Hans Zehrers „Tat" waren die „Neuen Blätter" eine der wenigen Zeitschriften der späten Weimarer Republik, die links und rechts gelesen wurden. Ihr eigentliches Ziel aber erreichten sie nicht. Sie traten zu spät ins Leben, um zu bewirken, was sie sich vorgenommen hatten: den demokratischen Sozialismus geistig zu erneuern und politisch wieder in die Offensive zu führen. Die „Neuen Blätter" kamen vom Rande der Sozialdemokratie, und sie blieben eine Randerscheinung.[160]

---

159 Paul Tillich, Sozialismus, in: NBS 1 (1930), Nr. 1 (Januar), S. 1—12; Eine neue sozialistische Zeitschrift, in: Vorwärts, Nr. 64, 7. 2. 1930; Martiny, Entstehung (Anm. 153), S. 375, 384; Rathmann, Arbeiterleben (Anm. 153), S. 161 ff. Von den Herausgebern hatte nur Heimann, der aus einer sozialdemokratischen Familie stammte, der SPD seit langem angehört. Tillich wurde erst Anfang 1930, auf Drängen Rathmanns, Parteimitglied. Der Pädagoge Klatt blieb parteilos. Ebda., S. 164 f. — Die Auflage der „Gesellschaft" wurde 1925 mit 4 400 Exemplaren beziffert. Im Bericht des Parteikassiers auf dem Magdeburger Parteitag hieß es, der Abonnentenstand habe sich „im ganzen" gehalten. Parteitag (Anm. 92), S. 47 f. Während Hilferdings Amtszeit als Reichsfinanzminister 1928/29 redigierte Albert Salomon die „Gesellschaft".

160 Zur Resonanz der „Neuen Blätter": Borinski, Die „Neuen Blätter" (Anm. 154), S. 173 ff.; ders. u. a. (Hg.), Jugend im politischen Protest. Der Leuchtenburgkreis 1923 — 1933 — 1977, Frankfurt 1977, S. 42 ff., sowie unten S.713. Zur Rolle der Zeitschrift nach dem Ende der Großen Koalition im März 1930 ist der folgende Band heranzuziehen.

6. Auf Linkskurs: Der deutsche Kommunismus am Vorabend der „Großen Krise"

Für Stalin war die Bildung der Großen Koalition unter Hermann Müller ein Alarmsignal. Die Sozialdemokraten waren die „westlichste" Partei Deutschlands, und die Westmächte hatte der Generalsekretär der KPdSU nach wie vor im Verdacht, einen Krieg gegen den Sowjetstaat anzustreben. Eine stärker westlich orientierte Politik des Reiches, wie Stalin sie von der Regierung Müller erwartete, bedeutete demnach eine Vergrößerung der außenpolitischen Gefahren für die Sowjetunion. Auf der anderen Seite hatte der Regierungseintritt der SPD im Juni 1928 auch sein Gutes. Gegen eine an der Staatsmacht direkt beteiligte Sozialdemokratie ließ sich besser agitieren als gegen eine oppositionelle, und die Parole eines verschärften Kampfes gegen die „Reformisten" war ja bereits im Frühjahr 1928 ausgegeben worden: als flankierende Maßnahme zu jener innenpolitischen Schwenkung nach „links", die Stalin im Winter 1927/28 vollzogen hatte, um sich der „rechten" Opposition um Bucharin, Rykow und Tomski zu entledigen.[161]

Der Sechste Weltkongreß der Kommunistischen Internationale, der vom 17. Juli bis 1. September 1928 in Moskau stattfand, diente ganz der internationalen Durchsetzung des neuen Linkskurses. Zur Untermauerung trug Bucharin, als Generalsekretär der nominelle Führer der Komintern, eine Analyse vor, der zufolge weltweit eine neue historische Periode in der Nachkriegsentwicklung begonnen hatte. Auf die Periode der akuten revolutionären Krise vom Frühjahr 1917 bis zum Herbst 1923 war eine Periode der teilweisen Stabilisierung des kapitalistischen Systems gefolgt, die jetzt abgeschlossen war. Die dritte Periode war die der kapitalistischen Rekonstruktion, in der die Produktivkräfte über den Vorkriegsrahmen hinauswuchsen, aber auch die dem Kapitalismus entgegenstehenden Kräfte anwuchsen. Bucharin nannte in diesem Zusammenhang die großen wirtschaftlichen Fortschritte in der Sowjetunion, die Entwicklung der chinesischen

161 Zur Einschätzung der westlichen Demokratien und der SPD durch Stalin: Thomas Weingartner, Stalin und der Aufstieg Hitlers. Die Deutschlandpolitik der Sowjetunion und der Kommunistischen Internationale 1929—1934, Berlin [W] 1970, S. 10 ff., 33 f.; Helmut Grieser, Die Sowjetpresse über Deutschland in Europa 1922—1932. Revision von Versailles und Rapallo-Politik in sowjetischer Sicht, Stuttgart 1970, S. 178 ff.; speziell zur Großen Koalition von 1928: Harvey Leonard Dyck, Weimar Germany and Soviet Russia 1926—1933. A Study in Diplomatic Instability, London 1966, S. 141 f.; Edward Hallet Carr, Berlin—Moskau. Deutschland und Rußland zwischen beiden Weltkriegen (engl. Orig.: German-Soviet Relations between the two World Wars, 1919—1939, Baltimore 1951), Stuttgart 1954, S. 129 ff. Vgl. dazu auch: Die Generallinie. Rundschreiben des Zentralkomitees der KPD an die Bezirke 1929—1933. Eingel. v. Hermann Weber. Bearb. v. Hermann Weber unter Mitwirkung von Johann Wachtler, Düsseldorf 1981, S. VII f. Zur „Linksschwenkung" in der Sowjetunion vgl. oben S. 443 f.

Revolution und die Gärungen in Indien. Die Widersprüche des Kapitalismus entwickelten sich in der schärfsten Form und gleichzeitig werde die Kriegsgefahr immer stärker. Darauf müsse die Komintern sich einstellen. „Und wenn die Stunde nahen wird, da die Kriegsfahnen des Imperialismus sich erheben, wird unsere Kommunistische Internationale, werden alle unsere Parteien und die ungezählten Massen der Werktätigen der ganzen Welt ihr gewichtiges Wort sprechen. Dieses Wort wird die Losung des Bürgerkrieges sein, die Losung des Kampfes gegen den Imperialismus auf Leben und Tod, ein Siegesruf der Kommunistischen Internationale."

Vom Standpunkt der Stalinisten aus hatte Bucharin allerdings die revolutionären Perspektiven der „dritten Periode" noch längst nicht entschieden genug herausgearbeitet und, aus der gleichen „rechten" Position heraus, auch die Sozialdemokraten viel zu schonend behandelt. Die Sprecher der deutschen Parteimehrheit gehörten zu den entschiedensten Verfechtern des neuen Linkskurses. Ernst Thälmann behauptete, die Sozialdemokraten in der Regierung der Großen Koalition seien „der treibende Faktor in der Linie der Kriegsvorbereitungen gegen die Sowjetunion", und allenthalben könne man „die Entwicklung des Reformismus zum Sozialfaschismus" beobachten. Fritz Heckert erklärte, „daß die Reformisten ganz bewußt die Kriegspolitik der herrschenden Klasse unterstützen". Ernst Schneller äußerte, gerade in der gegenwärtigen Situation mache sich „die Sozialdemokratie zum Einpeitscher des deutschen Imperialismus gegen die Sowjetmacht."

Die Beschlüsse des Sechsten Weltkongresses lagen auf der von Stalin gewünschten Linie. In einem Manifest, adressiert an „alle Arbeiter der Welt, an alle werktätigen Bauern, an alle unterdrückten Kolonialvölker, an die Soldaten und Matrosen der kapitalistischen Armeen und Flotten", hieß es, ungeachtet aller tiefgreifenden Gegensätze bereiteten die Mächte des Kapitals, mit Großbritannien an der Spitze, den Krieg gegen die Sowjetunion vor. „Sie bereiten ihn systematisch vor. Sie bereiten ihn mit allen Mitteln vor. Sie bereiten ihn in jeder Stunde vor." Der Sozialdemokratie, der Zweiten Internationale und den „Amsterdamer" Gewerkschaften wurde eine „verräterische Rolle" attestiert, da sie gerade in dieser Zeit, wo es in der ganzen Welt nach Pulver und Blut rieche, alle Traditionen des Klassenkampfes verraten und den elementarsten Stolz des Proletariats mit den Füßen getreten hätten.

In einer Resolution über die internationale Lage und die Aufgabe der Kommunistischen Internationale stellte der Sechste Weltkongreß fest, die Spitzen des Staates und der Unternehmerverbände befänden sich in einem „Prozeß des Verwachsens" mit den Spitzen der sozialdemokratisch geführten Arbeiterorganisationen. „Dieser Prozeß der Verbürgerlichung der Spitzen der Arbeiterbürokratie wird von der Sozialdemokratie bewußt unterstützt und gefördert ... Die Sozialdemokratie hat während der ganzen verflossenen Periode als bürgerliche ‚Arbeiterpartei' die Rolle der letzten Reserve der Bourgeoisie gespielt ... Die Ideologie der Klassenzusammenarbeit, die die offizielle Ideologie der Sozialdemokratie ist, hat viele Berührungspunkte mit der Ideologie des Faschismus. Keime der faschistischen Methoden, die gegen die revolutionäre Arbeiterbewegung angewendet werden, finden sich in der Praxis vieler sozialdemokratischer Parteien, sowie auch in der Praxis der reformistischen Gewerkschaftsbürokratie."

Aus dieser Charakterisierung der Sozialdemokratie — einer Etappe auf dem Weg zur offiziellen Doktrin vom „Sozialfaschismus", die ansatzweise auch in Thälmanns Rede enthalten war — ließen sich, scheinbar zwingend, Schlußfolgerungen für das Verhältnis zwischen Kommunisten und Sozialdemokratien ableiten. „Die Verschärfung des Kampfes gegen die Sozialdemokratie verschiebt den Schwerpunkt entschieden auf die Einheitsfront *von unten*, aber sie enthebt die Kommunisten nicht der Verpflichtung, zu unterscheiden zwischen den sozialdemokratischen Arbeitern, die nur irregeleitet sind, und den sozialdemokratischen Führern, die die Rolle von Lakaien des Imperialismus spielen: im Gegenteil, sie erhöht diese Verpflichtung."

Zur Gewerkschaftsbewegung wiederholte die Resolution im wesentlichen nur, was bereits der Vierte Kongreß der Roten Gewerkschafts-Internationale im März und April 1928 in Moskau beschlossen hatte. Nur im erbitterten Kampf gegen die Sozialdemokratie und die politisch korrumpierte Gewerkschaftsbürokratie könnten die kommunistischen Parteien, die revolutionäre Gewerkschaftsopposition und die revolutionären Gewerkschaften die führende Rolle innerhalb des Proletariats erobern. Mit Rücksicht auf die Einheitsfront des bürgerlichen Staates, der Unternehmerorganisationen und der reformistischen Gewerkschaftsbürokratie sei es die Hauptaufgabe der Kommunisten, „die Energie und Initiative der Massen zu entfalten und in günstigen Situationen den Kampf auch gegen den Willen der reformistischen Gewerkschaftsbürokratie zu führen ... Organisierung der Unorganisierten, Organisierung der Ausgeschlossenen und, unter entsprechenden Verhältnissen (in Ländern mit gespaltener Gewerkschaftsbewegung), Austritt der eroberten Lokalorganisationen und Anschluß an die revolutionäre Gewerkschaftsvereinigung — das sind die Aufgaben, die auf der Tagesordnung stehen."

Für Länder wie Deutschland, wo es keine kommunistischen Gewerkschaften gab, war von unmittelbarer Aktualität zunächst nur die Forderung, die Kommunisten sollten auch ohne Einwilligung und gegen den Willen der Gewerkschaften Streiks organisieren. Solche Ausstände wären „wilde Streiks" gewesen. Ihre Ankündigung durch die Rote Gewerkschafts-Internationale und die Komintern machte klar, daß es den Kommunisten jetzt darum ging, die Zerstörung der „reformistischen" Gewerkschaften zu beschleunigen. Ihre Autorität sollte so lange systematisch untergraben werden, bis die Kommunisten in nationalem Rahmen die Führung der Arbeiterklasse übernehmen konnten. So offen war den Gewerkschaften seit der Rechtsschwenkung des Dritten Weltkongresses der Komintern vom Sommer 1921 nicht mehr der Kampf angesagt worden. Was damals als linksradikale Abweichung gebrandmarkt worden war, war nun die neue Generallinie; die bisherige oppositionelle Gewerkschaftsarbeit der KPD dagegen stand fortan unter dem Verdikt des „Opportunismus". Die Gewerkschaften hatten allen Grund, sich auf eine Phase der verschärften Konfrontation mit den Kommunisten und damit auf einen Zweifrontenkrieg einzustellen.

Eine weitere Resolution des Sechsten Weltkongresses betraf den „Kampf gegen den imperialistischen Krieg und die Aufgaben der Kommunisten". Darin hieß es, der Krieg sei vom Kapitalismus nicht zu trennen. Daraus folge, daß eine „Abschaffung“ des Krieges die Abschaffung des Kapitalismus voraussetze. Der Sturz des Kapitalismus aber sei „unmöglich ohne Gewalt, ohne den bewaffneten Aufstand und Kriege des Proletariats gegen die Bourgeoisie ... Daher kann das Proletariat, eben weil es für den Sozialismus und für die Vernichtung der Kriege kämpft, keinesfalls gegen *jeden* Krieg sein.“ Von der grundsätzlichen Stellung des Proletariats zu einem bestimmten Krieg hänge auch seine Stellung zur Frage der „Vaterlandsverteidigung“ ab. „Das Proletariat hat kein Vaterland, solange es nicht die politische Macht erobert und die Produktionsmittel den Ausbeutern entrissen hat. Der Ausdruck ‚Vaterlandsverteidigung‘ ist nichts als ein Schlagwort für die Rechtfertigung eines Krieges. In den Kriegen, die das Proletariat selbst bzw. der proletarische Staat gegen den Imperialismus führt, hat das Proletariat sein sozialistisches Vaterland zu verteidigen. In den nationalrevolutionären Kriegen tritt das Proletariat für die Verteidigung des Landes gegen den Imperialismus ein. In imperialistischen Kriegen aber muß das Proletariat die ‚Vaterlandsverteidigung‘ aufs schärfste als Verteidigung der Ausbeutung und Verrat am Sozialismus brandmarken.“

So antipazifistisch sich der Sechste Weltkongreß auch gab, irgendwelche Angriffspläne gegen ein westliches Land hatte die sowjetische Führung nicht. Die militante Sprache der Resolution über den imperialistischen Krieg diente vielmehr dem Zweck, potentielle Gegner vorsorglich einzuschüchtern. Ein militärischer Überfall auf die Sowjetunion würde das Proletariat des angreifenden Landes gegen die eigene Regierung mobilisieren: Das war die Warnung, die Stalin den westlichen Mächten zukommen lassen wollte.

Von dem Moskauer Treffen der kommunistischen Parteien gingen auch keine putschistischen Parolen aus. Anders als im Frühjahr 1921 oder im Herbst 1923 dachten die Leiter der Komintern nicht an die Vorbereitung des Umsturzes in einem der hochindustrialisierten Länder. Maßgeblich war bei allen Entschließungen das Interesse des Sowjetstaates, so wie Stalin es sah. Für den Generalsekretär der KPdSU ging es um den forcierten Aufbau des Sozialismus in seinem Lande und nicht um den Export der Revolution in die entwickelten Länder des Westens. Die Beschleunigung des sozialistischen Aufbaus aber verlangte den Kampf gegen die innerparteiliche Opposition von rechts, die ein langsameres Tempo vorgezogen hätte — und da das, was für die führende Partei der Komintern galt, nach Stalins Meinung auch für alle anderen kommunistischen Parteien zu gelten hatte, mußte der „rechte“ Bucharin erklären: „Die Hauptgefahr bildet jetzt die *rechte Abweichung*, wenn man die Kommunistische Internationale als Ganzes betrachtet“.

Die KPD war hier ganz besonders angesprochen. Denn, wie Bucharin es formulierte: „In Deutschland haben wir eine rechte Gefahr.“ Deswegen waren gerade hier „rechte“ Kommunisten „energisch zu bekämpfen“ und die „versöhnliche Stimmung gegenüber den rechten Gefahren systematisch zu überwinden“.

Die Gefolgsleute Heinrich Brandlers wußten nun, daß ihre Tage in der Partei gezählt waren, und die „Versöhnler“ in der „Mittelgruppe“ um Ernst Meyer und Arthur Ewert hatten eine weitere Warnung erhalten. Der „linke“ Parteiführer Ernst Thälmann dagegen konnte sich der Unterstützung des Exekutivkomitees der Kommunistischen Internationale und damit Stalins sicher sein. „Das EKKI unterstützt voll und ganz den historisch entstandenen Kern des Pol-Büros des ZK mit *Thälmann* an der Spitze“, versicherte Bucharin im Schlußwort zur Aussprache über seinen Bericht. Die ultralinke Wendung gegen Sozialdemokratie und „reformistische“ Gewerkschaften war die logische Konsequenz dieser Festlegung, die sich ihrerseits wiederum logisch aus dem Stand der russischen Fraktionskämpfe ergab: Da die „Einheitsfront von oben“ eine „rechte“ Position war, war sie eine falsche, opportunistische Taktik. Die richtige Taktik war die denkbar schärfste Abgrenzung gegenüber den nichtkommunistischen Arbeiterorganisationen. Das war die „Generallinie“ des Sechsten Weltkongresses für die gegenwärtige historische Periode — gültig bis auf Widerruf durch die führende Partei und ihren Generalsekretär, Josef Stalin.[162]

*

Wie wichtig Stalins Unterstützung war, erfuhr Thälmann schon bald nach seiner Rückkehr aus Moskau. Unmittelbar nach dem Abschluß des Sechsten Weltkongresses sah sich das Zentralkomitee der KPD genötigt, Licht in eine Affäre zu bringen, die seit dem Frühjahr 1928 schwelte. In Hamburg hatte sich im Zuge einer Kassenrevision herausgestellt, daß der „Polleiter“ des Bezirks Wasserkante, John Wittorf, ein ehemaliger Hafenarbeiter und persönlicher Freund Thälmanns, Parteigelder, und zwar in Höhe von 1 850 Mark, unterschlagen hatte. Thälmann

---

162 Protokoll. Sechster Weltkongreß der Kommunistischen Internationale. Moskau, 17. Juli—1. September 1928, 4 Bde. Hamburg usw. 1928 (ND: Mailand 1967), Bd. 1, S. 26—72 (65, 72, Bucharin), 189 (Heckert), 302 f. (Thälmann), 550 f. (Bucharin), 601 (Schneller); Bd. 4, S. 6, 8 (Manifest), 21, 23, 30 f. (Resolution zur internationalen Lage), 111—113 („Der Kampf gegen den imperialistischen Krieg und die Aufgaben der Kommunisten“; Hervorhebungen jeweils im Original). Zum Vierten Kongreß der RGI: Die internationale Gewerkschaftsbewegung in den Jahren 1924—1927. Bericht des Vollzugsbureaus der Roten Gewerkschafts-Internationale an den 4. Kongreß in Moskau am 15. März 1928, Berlin o. J., bes. S. 161—167 (für Deutschland); Protokoll über den 4. Weltkongreß der Roten Gewerkschafts-Internationale. Abgehalten in Moskau vom 17. März bis 3. April 1928, Moskau 1928; Beschlüsse, Resolutionen und Aufrufe des IV. Weltkongresses der Roten Gewerkschafts-Internationale, Berlin 1928. Zum Sechsten Weltkongreß aus trotzkistischer Sicht: Pierre Frank, Geschichte der Kommunistischen Internationale (1919—1943) (franz. Original: Histoire de l'Internationale Communiste [1919—1943], Paris 1979), 2 Bde., Frankfurt 1981, Bd. 2, S. 513 ff. Zur stalinistischen Kritik an Bucharins Position auf dem sechsten Weltkongreß: Peer H. Lange, Stalinismus versus „Sozialfaschismus“ und „Nationalfaschismus“. Revolutionspolitische Ideologie und Praxis unter Stalin 1927—1935, Göppingen 1969, S. 86 ff. Zu beiden Weltkongressen und zur Rolle der KPD in der Komintern: Hermann Weber, Die Wandlung des deutschen Kommunismus. Die Stalinisierung der KPD in der Weimarer Republik, 2 Bde., Frankfurt 1969, Bd. 1, S. 195 ff. Allgemein zur KPD in der Zeit von 1928 bis 1930: Ben Fowkes, Communism in Germany under the Weimar Republic, London usw. 1984, S. 145 ff. Zur Entwicklung der Doktrin vom „Sozialfaschismus“: Siegfried Bahne, „Sozialfaschismus“ in Deutschland. Zur Geschichte eines politischen Begriffs, in: IRSH 10 (1965), S. 211—245, sowie unten S. 679 ff. Zur Rechtsschwenkung des Dritten Weltkongresses der KI siehe den vorhergehenden Bd., S. 520 ff.; zur kommunistischen Gewerkschaftspolitik bis 1924 ebda., passim.

war nicht nur hiervon informiert, sondern auch der Urheber einer Vertuschungsaktion: Alle, die offiziell von der Angelegenheit wußten, wurden zum Schweigen verpflichtet; Wittorf mußte Besserung geloben, durfte aber auf seinem Posten bleiben.

Da die linkskommunistische Zeitung „Volkswille" seit Ende August über die Vorgänge wiederholt detailliert berichtete, beschloß das ZK, die Angelegenheit zu untersuchen. Zu diesem Zweck schickte es im September Hugo Eberlein, der zu den „Versöhnlern" gehörte, sowie den Reichskassierer Arthur Golke nach Hamburg. Sie fanden heraus, welche Rolle Thälmann gespielt hatte. Am 23. September schloß die Bezirksleitung Hamburg Wittorf aus der KPD aus. Thälmanns enge Freunde Schehr, Presche und Rieß, die an der Vertuschung beteiligt waren, wurden ihrer Funktionen enthoben. Zwei Tage später bestätigte das Polbüro der KPD den Parteiausschluß Wittorfs. Am 26. September beriet das ZK unter Vorsitz Schnellers über die Affäre. Nach einem ausführlichen Bericht Eberleins enthob das Zentralkomitee, einem Vorschlag des Polbüros entsprechend, Thälmann aller seiner Funktionen und überließ gemäß den Statuten von KPD und Komintern die Entscheidung über seine weitere Verwendung einem Gremium, dem Thälmann selbst angehörte: dem EKKI. Der Vorsitzende der KPD stimmte für diesen Antrag; er hatte offenbar eine schärfere Sanktion, den Parteiausschluß, befürchtet. Diese Maßnahme wurde in der Sitzung vom 26. September auch tatsächlich von dem „rechten" ZK-Kandidaten Erich Hausen gefordert. Außer Hausen selbst stimmten diesem Antrag jedoch nur noch zwei andere Kandidaten, Galm und Bassüner, ebenfalls „rechte" Kommunisten, zu.

Den „Rechten" und „Versöhnlern" kamen die Hamburger Vorfälle natürlich gelegen, weil sie die mutmaßlich letzte Chance boten, Thälmann zu stürzen und den verschärften Linkskurs der KPD zu korrigieren. Aber daß Thälmann „einen die Partei schwer schädigenden politischen Fehler" begangen hatte, lag so klar zutage, daß auch die „Linken" der Verurteilung durch das ZK und der Funktionsenthebung zustimmen mußten. Stalin indessen war mit der Entscheidung des ZK vom 26. September durchaus nicht einverstanden. Seine Emissäre erreichten Berlin zwar nicht mehr so rechtzeitig, daß sie eine Veröffentlichung des Beschlusses hätten verhindern können. Aber kurz darauf führte der Generalsekretär der KPdSU den maßgeblichen Mitgliedern des deutschen ZK in Moskau persönlich vor Augen, daß die russische Partei und damit die Komintern Thälmann als Vorsitzenden der KPD für ganz und gar unentbehrlich hielten.

Am 2. Oktober bereits beschloß das Polbüro mit zehn Stimmen bei drei Enthaltungen, die Mehrheit des ZK sei von der Erwägung ausgegangen, daß Thälmann trotz seines schweren politischen Fehlers in der Führung der Partei bleiben solle. Am 5. Oktober erklärten 25 Mitglieder des ZK „nach Kenntnisnahme neuer Tatsachen", daß der Beschluß vom 26. September ein „Fehler" gewesen sei. Ein „Block" der „rechten" und der „versöhnlerischen" Gruppe habe den Hamburger Fall „zu einem entscheidenden Angriff zur Änderung der politischen und innerparteilichen Linie der Partei" benutzt. „Die Unterzeichneten ziehen darum ihre Zustimmung zu diesem Beschluß zurück und erwarten, daß das EKKI die Revision des Beschlusses vornimmt, die die Rehabilitierung des Genossen Thälmann und die Wiederherstellung der Rechte der drei Hamburger Funktionäre bedeutet.“

Das EKKI kam diesem Ersuchen schon am folgenden Tag nach. Es verurteilte den Beschluß des deutschen ZK vom 26. September, wies die „unberechtigten“ Angriffe gegen Ernst Thälmann entschieden zurück, sprach ihm sein volles Vertrauen aus und verpflichtete ihn, seine Parteifunktion sofort wieder aufzunehmen. Dem ZK der KPD empfahl das EKKI, „Maßnahmen zu treffen, um alle fraktionellen Gruppierungen in der Partei zu liquidieren und alle besten Kräfte der Partei ... zur verantwortlichen Mitarbeit heranzuziehen.“[163]

Die Intervention der Komintern hatte also nicht nur die Wiedereinsetzung Thälmanns als Parteiführer zur Folge, sondern war zugleich das Signal für massive Säuberungsaktionen gegen alle „rechten“ und „versöhnlerischen“ Strömungen in der KPD. Am 19. und 20. Oktober hob das ZK seinen Beschluß vom 26. September formell auf und bezeichnete ihn als einen „verhängnisvollen, die Partei schwer schädigenden Fehler“. Als seine tiefere Ursache stellte das ZK die „Bildung eines ideologisch-politischen Blocks der Rechten und der Versöhnler“ dar. Die beiden „Rechten“ Galm und Hausen wurden ihrer Funktionen sogleich enthoben; der „Versöhnler“ Hugo Eberlein verlor wenig später seinen Sitz im Polbüro, so daß dort nur noch Arthur Ewert und Ernst Meyer als Vertreter der „Mittelgruppe“ übrig blieben. Etwa gleichzeitig wurden in vielen Parteibezirken „rechte“ und „versöhnlerische“ Redakteure durch Parteigänger Thälmanns ersetzt. Auch beim Zentralorgan der KPD gab es einen Wechsel: Heinz Neumann löste den „Versöhnler“ Heinrich Süsskind als Chefredakteur der „Roten Fahne“ ab. Ende Oktober waren nur noch wenige Widerstandsnester auszumachen: Von 28 Bezirksleitungen hatten sich lediglich zwei, nämlich das „rechte“ Thüringen und das „versöhnlerische“ Halle-Merseburg, gegen den EKKI-Beschluß zum Fall Thälmann ausgesprochen.

Am Ausgang der Parteikonferenz, die auf den 3. und 4. November 1928 nach Berlin einberufen worden war, konnte es daher keinen Zweifel geben. Von den 225 Delegierten waren 4 Rechte und 19 Versöhnler. Eine Resolution, die mit 221 gegen 4 („rechte“) Stimmen angenommen wurde, bezichtigte die „rechte Fraktion in der KPD (Gruppe Brandler-Thalheimer-Walcher-Frölich-Hausen)“, sie führe den Kampf gegen die politische Grundlinie der Komintern und der Roten Ge-

163 Zusammenfassend: Ossip K. Flechtheim, Die KPD in der Weimarer Republik, Frankfurt 3. Aufl. 1973, S. 251 ff.; Weber, Wandlung (Anm. 162), Bd. 1, S. 199—205. Die auch innerhalb der KPD kolportierte Behauptung, Wittorf sei Thälmanns Schwager, traf nicht zu. Unterstützung erhielt Thälmann u. a. von der Bezirksleitung Hamburg und dem Roten Frontkämpferbund unter Führung von Willy Leow. Ebda., S. 199, 203 f., 435 f. In der offiziellen DDR-Biographie wird der KPD-Führer von allen Vorwürfen freigesprochen: Ernst Thälmann. Eine Biographie, Berlin [O] 1979, S. 398 ff. Der Beschluß des ZK vom 26. 9. und die Erklärung der 25 Mitglieder des ZK vom 5. 10. 1928 in: DuM (Anm. 31), Bd. 8, S. 729 f. Zum Beschluß des EKKI: ebda., S. 730. Vgl. dazu auch den Informationsbrief des Politischen Sekretariats des EKKI in: KI 9 (1928), S. 2580—2583. — Zur Entwicklung der KPD in Hamburg allgemein jetzt auch: Angelika Voß, Ursula Büttner, Hermann Weber, Vom Hamburger Aufstand zur politischen Isolierung. Kommunistische Politik 1923—1933 in Hamburg und im Deutschen Reich, Hamburg 1983 (bes. S. 66 ff.).

werkschafts-Internationale. „Diese rechte Fraktion versucht, die Partei vom Wege der proletarischen Revolution auf den Weg des demokratischen Reformismus zu stoßen und an Stelle des Kampfes gegen die konterrevolutionäre Sozialdemokratie eine Annäherung an die Sozialdemokratie, besonders an ihre ‚linken' Führer, diese gefährlichsten Agenten der Bourgeoisie in der Arbeiterklasse, zu vollziehen ... Sie entwickelte sich vom Standpunkt des Opportunismus zum Standpunkt des Liquidatorentums ... Die Führer der rechten Fraktion gingen in der letzten Zeit von der Theorie und Praxis des Liquidatorentums zur Praxis des Renegatentums, des Parteiverrats über ... Die rechte Fraktion hat ideologisch und politisch mit den Grundsätzen des Kommunismus gebrochen und befindet sich in einer Front mit den Feinden der proletarischen Revolution."

Die Passage gegen die „Rechten" war so formuliert, daß sie nur eine disziplinarische Konsequenz haben konnte: den Parteiausschluß. Der Vorwurf des „Liquidatorentums" ließ sich leicht belegen, da er grundsätzlich auf jede Kritik an der „Generallinie" von Komintern und KPD anzuwenden war: Wer sich in diesem Sinn der Parteidisziplin widersetzte, verübte einen Anschlag auf die Prinzipien des Leninismus und betrieb somit den Zusammenbruch der Partei. Von einer solchen Einschätzung ausgehend, konnten auch alle Vorwürfe gegen Thälmanns Verhalten in der Affäre Wittorf als „antibolschewistische Verleumdungen und Beschimpfungen des Kommunismus, Unterstützung der sozialdemokratischen ‚Korruptions'-Hetze gegen die KPD" abgewiesen und geahndet werden. Da die „rechte Fraktion" am 18. Oktober in einem als Flugblatt verbreiteten Offenen Brief an das EKKI scharfe Angriffe gegen die „Thälmann-Clique" gerichtet und die Herstellung innerparteilicher Demokratie, namentlich die freie Diskussion über die politische Linie der Partei und die Wahl aller Funktionäre durch die Mitgliedschaft, gefordert hatte, machte sie sich überdies der noch schwereren Delikte des „Renegatentums" und des „Parteiverrats" schuldig. Es half Paul Böttcher, dem Sprecher der „Rechten", nichts, daß er auf der Parteikonferenz der Mehrheit des ZK vorhielt: „Genossen, Ihr gebt zu jeder Sache, die aus opportunistischen Tagesbedürfnissen gebraucht wird, die Theorie ... Ihr habt derartig mit Schlagworten und Begriffen Schindluder getrieben, daß Ihr den Begriffen jeden politischen Wert genommen habt." Die Würfel waren gefallen, und um nicht selbst das Schicksal der „Rechten", den Parteiausschluß, zu erleiden, stimmten auch die „Versöhnler" für die Resolution der Mehrheit — mit gewissen Vorbehalten, die sie in die Form einer besonderen Erklärung brachten.[164]

164 Als „opportunistisch" galten im EKKI namentlich das Drängen der „Rechten" auf ein gegenwartsbezogenes Aktionsprogramm, auf Produktionskontrolle und ihre Kampagnen unter Gewerkschaftsmitgliedern mit der Parole „Zwingt die Bonzen". Hierzu wie zum Vorstehenden allgemein Weber, Wandlung (Anm. 162), Bd. 1, S. 210—213; Karl-Hermann Tjaden, Struktur und Funktion der „KPD-Opposition" (KPO). Eine organisationssoziologische Untersuchung der „Rechts"-Opposition im deutschen Kommunismus zur Zeit der Weimarer Republik, Meisenheim 1964, S. 86—91 (zu Böttchers Rede: 90). Der Offene Brief an das EKKI war unterzeichnet von: August Thalheimer, Jakob Walcher, Albert Schreiner, Max Köhler, Paul Frölich und August Enderle. Ebda., S. 86. Die Resolution der Parteikonferenz in: DuM (Anm. 31), Bd. 8, S. 748—758 (754 f.).

Nach der Parteikonferenz trat der Kampf gegen die „Rechten“ in sein vorletztes Stadium. Die eigentliche Parteileitung, das Politsekretariat — es bestand nunmehr aus drei überzeugten Anhängern Stalins, nämlich Ernst Thälmann, Hermann Remmele und Heinz Neumann —, koordinierte die Säuberungsaktionen in den Bezirken. Das „rechte“ Thüringen wurde mit Hilfe von Kommissaren des ZK zur Räson gebracht; der Polleiter Hans Tittel — er hatte auf dem Sechsten Weltkongreß noch die Sache Brandlers und seiner Freunde vertreten können — verlor seinen Posten. Nur im Bezirk Halle-Merseburg, der Hochburg der „Versöhnler“, gab es Ende November 1928 noch eine Mehrheit gegen die Linie des ZK. Ein Versuch des EKKI, durch eine Aussprache im Politsekretariat Ende November die „Versöhnler“ um Ernst Meyer zum Einlenken zu bewegen, zeitigte keinen Erfolg. Am 13. und 14. Dezember stellte das ZK der KPD den „Rechten“ die sich mittlerweile als feste Fraktion unter Leitung Brandlers konstituiert hatten, ein Ultimatum. Falls sie nicht bis zum 20. Dezember öffentlich erklärt hatten, daß sie die Parteidisziplin vorbehaltlos wahren, alle Beschlüsse der Weltkongresse billigen sowie ihre eigene Fraktionsarbeit und jede Propaganda gegen Parteibeschlüsse einstellen würden, hatte das Polbüro Vollmacht, sie aus der Partei auszuschließen. Im Falle des kurz zuvor erst aus Moskau zurückgekehrten Brandler, der formell noch Mitglied der KPdSU war, beantragte das ZK der KPD beim ZK der sowjetischen Bruderpartei vorsorglich ebenfalls den Parteiausschluß. Der Einwand der „Versöhnler“, Gründungsmitglieder des Spartakusbundes wie Brandler, Thalheimer, Walcher, Frölich, Enderle und Schreiner dürften nicht mit „Verrätern à la Levi, Friesland oder Kleinbürgern à la Maslow und Ruth Fischer auf eine Stufe gestellt“ werden, bewirkte nichts mehr. Die Mehrheit des ZK war zum radikalen Bruch mit den „Rechten“ entschlossen.[165]

Dasselbe galt für Stalin. Am 19. Dezember 1928 obsiegte er im Präsidium des EKKI über Jules Humbert-Droz, Angelo Tasca, Clara Zetkin und Bucharin, die sich teils offen, teils hinter den Kulissen um Kompromißlösungen bemüht hatten. Der Generalsekretär der KPdSU forderte von der KPD „eiserne, innere Disziplin“. Den Arbeitern müsse das wahre Gesicht der Brandler und Thalheimer gezeigt werden, damit ihnen klar werde, warum es unmöglich sei, „derartige Menschen in der Komintern noch länger zu dulden“. Noch in derselben Sitzung machte sich das EKKI den Vorschlag einer Untersuchungskommission zu eigen, die auf Antrag des ZK der KPD eingesetzt worden war, und schloß die ZK-Kandidaten Hausen und Galm aus der KPD und der Kommunistischen Internationale aus. Die einzige Gegenstimme kam von Clara Zetkin.

165 Weber, Wandlung (Anm. 162), Bd. 1, S. 213 ff. Aus dem Politsekretariat wurde nach der Wiedereinsetzung Thälmanns nicht nur der „Versöhnler“ Ewert entfernt; auch zwei „Linke“, die sich gegen Thälmann gestellt hatten, nämlich Schneller und Dengel, verloren ihre Posten. Schneller erhielt den minder wichtigen Posten des Geschäftsführers des ZK; Dengel und Ewert (der seinen Sitz im Polbüro behielt) wurden zur Arbeit im Kominternapparat nach Moskau abgeschoben. Zur Haltung Ernst Meyers vgl. seine Briefe vom 19. 12. 1928 ebda., S. 438 f. Der Beschluß des ZK in: Schluß mit den rechten Fraktionsmachern, in: RF, Nr. 296, 16. 12. 1928. Tittels Rede auf dem Sechsten Weltkongreß: Protokoll (Anm. 162), S. 465—471.

In einem „Offenen Brief des EKKI an die KPD über die rechte Gefahr in der KPD" wurde den „Rechten" vorgeworfen, sie hätten mit dem Leninismus gebrochen; „objektiv" seien sie zu einem „Werkzeug der Reformisten, zu einer Agentur des Reformismus in der Kommunistischen Partei" geworden. Dem Beschluß des ZK der KPD vom 14. Dezember zollte das EKKI ausdrücklich Beifall. An die Adresse der „Versöhnler" erging nochmals eine ernste Warnung. Für das Versöhnlertum sei, so hieß es im Offenen Brief, „in der KPD gegenwärtig kein Platz mehr"; die Zeit sei gekommen, „wo man die Wahl treffen muß zwischen der Partei und der rechten Fraktion — so steht jetzt die Frage."

Der Beschluß des EKKI gab den Weg frei für die endgültige Abrechnung mit den „Rechten". Am 20. Dezember kam das Polbüro der KPD einstimmig zu dem Ergebnis, die Antwort, die die „rechten" Führer auf die Bedingungen des ZK gegeben hätten, sei unbefriedigend. Tags darauf wurden Jakob Walcher, Albert Schreiner, Paul Frölich, August Enderle, Hans Tittel, Alfred Schmidt und Karl Rehbein aus der KPD ausgeschlossen. Am 1. Januar 1929 folgte der Ausschluß des ZK-Kandidaten Albert Bassüner. Brandler und Thalheimer erhielten vom ZK der KPdSU die Aufforderung, bis zum 20. Januar 1929 die Bedingungen des deutschen ZK anzunehmen. Beide lehnten ab und wurden daraufhin aus der KPdSU ausgeschlossen.[166]

Am 29. Dezember 1928 tagte in Berlin die erste Reichskonferenz der „Rechten", die sich auf diesem Treffen formell als „Kommunistische Partei Deutschlands — Opposition", kurz: KPO, konstituierte. Von den 74 Delegierten waren zu diesem Zeitpunkt erst 17 aus der KPD ausgeschlossen worden. Die Hoffnung der KPO, einen großen Teil der Parteimitgliedschaft zu sich herüberzuziehen, erfüllte sich jedoch nicht. Auch aus den Kreisen der Facharbeiter, vor allem in der Metallindustrie, wo die „rechten" Kommunisten bisher ihren stärksten Rückhalt gehabt hatten, folgten ihnen, von örtlichen Ausnahmen wie Stuttgart abgesehen, nur wenige auf dem Weg in die neue Organisation. Im gesamten Reich brachte es die KPO — nach der wahrscheinlich etwas zu vorsichtigen Schätzung Brandlers — auf 3 500 Mitglieder. Die Zahl der aus der KPD ausgeschlossenen „Rechten" lag erheblich höher: Sie wurde von einem der Betroffenen auf 6 000 geschätzt. Ihre Hochburgen hatte die KPO in Thüringen, Sachsen und Hessen-Frankfurt, wo über die Hälfte der Mitglieder lebten. Soweit sie sich an Landtagswahlen beteiligte, konnte sie keine großen Erfolge verzeichnen: Am besten schnitt sie noch im

---

166 Tjaden, Struktur (Anm. 164), S. 94 ff.; Weber, Wandlung (Anm. 162), Bd. 1, S. 216 f. Der Offene Brief des EKKI in: Inprekorr, Nr. 142, 21. 12. 1928, S. 2829—2832. Stalins Rede vom 19. 12. 1928 ebda., Nr. 1, 4. 1. 1929, S. 1—4, sowie in: RF, Nr. 3, 4. 1. 1929. Die ausführlichste Auflistung der gegen „Rechte" und „Versöhnler" erhobenen Vorwürfe enthält die am 24./25. 1. 1929 vom ZK der KPD beschlossene Resolution zum Offenen Brief des EKKI in: DuM (Anm. 31), Bd. 8, S. 774—782. Remmele bemerkte auf dieser Sitzung laut einer Aufzeichnung aus den Kreisen der „Versöhnler": „Der Hauptkampf gegen die Rechten ist geschlagen. Jetzt sind nur noch Aufräumungsarbeiten auf dem Schlachtfeld zu leisten. Die Leichen müssen fortgeräumt werden." Weber, Wandlung (Anm. 162), Bd. 1, S. 441—446 (444). — Clara Zetkin (Jahrg. 1857) war seit 1927 wieder Mitglied des ZK der KPD und wurde vom Sechsten Weltkongreß wieder ins Präsidium des EKKI gewählt; Humbert-Droz war Vertreter der KP der Schweiz, Tasca (Parteiname: Serva) vertrat die italienische KP.

Dezember 1929 in Thüringen ab, wo sie es auf 1,5 % der abgegebenen gültigen Stimmen brachte.

Die KPO leistete zwar wichtige Beiträge zur Fortentwicklung der marxistischen Theorie: August Thalheimers Analysen des Faschismus etwa, die im KPO-Organ „Gegen den Strom“ erschienen, stellten alles in den Schatten, was zu diesem Thema von „Theoretikern“ der Komintern verlautete. Aber eine praktische Bedeutung blieb der KPO versagt. Die KPD konnte im März 1929 die Säuberungsaktion gegen die „Rechten“ in dem Bewußtsein abschließen, die letzte ernstzunehmende Opposition mit einem Minimum an Verlusten ausgeschaltet zu haben. Die „Versöhnler“ warfen sehr viel geringere Probleme auf: Nach den bisherigen Erfahrungen konnte das ZK damit rechnen, daß die meisten von ihnen bei einer Verstärkung des Drucks sich in das Unvermeidliche schicken würden.[167]

*

Seit dem Herbst des Jahres 1928 häuften sich die Anzeichen, daß die Kommunisten entschlossen waren, mehr als bisher physische Gewalt zum Mittel der politischen Auseinandersetzung zu machen. Prügeleien mit den „rechten“ Abweich-

167 Ebda., Bd. 1, S. 219 ff.; Tjaden, Struktur (Anm. 164), S. 109 ff. Als Fallstudien zur Säuberung der KPD von „rechten“ Elementen: Beatrix Herlemann, Kommunalpolitik der KPD im Ruhrgebiet 1924—1933, Wuppertal 1977, S. 143 ff.; Christian W. Zöllner, Die Spaltung der kommunistischen Bewegung im Lande Braunschweig im Jahre 1929, in: Mitteilungen der Technischen Universität Carolo-Wilhelmina zu Braunschweig 6 (1971), Heft 6, S. 52—59. Zur KPO allgemein: Jürgen Kaestner (Hg.), Gegen den Strom — KPD-Opposition. Ein Kolloquium zur Politik der KPO (1928—1945), Frankfurt 1984. Zu einigen örtlichen Hochburgen der KPO — darunter Offenbach, wo Heinrich Galm tätig war — und zu Erfolgen ihrer Gewerkschaftsarbeit: Tjaden, Struktur (Anm. 164), S. 224—238. In Stuttgart, Feuerbach und in einigen Orten Thüringens waren die Ortsverwaltungen des DMV mehrheitlich in den Händen der KPO. Auch im Schuhmacherverband hatte die KPO einige örtliche Bastionen. Ebda., S. 226 f. Vgl. dazu auch Uta Stolle, Arbeiterpolitik im Betrieb. Frauen und Männer, Reformisten und Radikale. Fach- und Massenarbeiter bei Bayer, BASF, Bosch und in Solingen (1900—1933), Frankfurt usw. 1980, bes. S. 215 ff. Zur politischen Entwicklung Offenbachs allgemein: Bernd Klemm (Hg.), „. . . durch polizeiliches Einschreiten wurde dem Unfug ein Ende gemacht.“ Geheime Berichte der politischen Polizei Hessen über Linke und Rechte in Offenbach 1923—1930, Frankfurt usw. 1982. Zu Galm: Heinrich Galm, Ich war halt immer ein Rebell. Politische Erinnerungen von Heinrich und Marie Galm, nach Gesprächen zusammengestellt von Werner Fuchs u. Bernd Klemm, Offenbach 2. Aufl. 1981. — Thalheimers Faschismustheorie knüpft an die im „Achtzehnten Brumaire des Louis Bonaparte“ entwickelte Bonapartismustheorie von Karl Marx an, wonach aus einem annähernden Klassengleichgewicht von Bourgeoisie und Proletariat eine Verselbständigung der Exekutivgewalt hervorgehen kann. Vgl. August Thalheimer, Über den Faschismus, in: Otto Bauer u. a., Faschismus und Kapitalismus. Theorien über die sozialen Ursprünge und die Funktion des Faschismus, Frankfurt usw. 1967, 19—38; Der Faschismus in Deutschland. Analysen der KPD-Opposition aus den Jahren 1928—1933, Frankfurt 1973. Dazu auch Rüdiger Griepenburg u. K. H. Tjaden, Faschismus und Bonapartismus. Zur Kritik der Faschismustheorie August Thalheimers, in: Das Argument 8 (1966), Nr. 41, S. 461—472; Tjaden, Struktur (Anm. 164), S. 272 ff.; Jürgen Kaestner, Die politische Theorie August Thalheimers, Frankfurt usw. 1982; Hans-Gerd Jaschke, Soziale Basis und soziale Funktion des Nationalsozialismus, Opladen 1982, bes. S. 20 ff. — Zur Politik des ZK gegenüber den „Versöhnlern“ vgl. unten S. 680 f.

lern um Brandler waren an der Tagesordnung; aus vielen Orten, darunter Berlin und Hamburg, wurden Zusammenstöße zwischen Kommunisten und Sozialdemokraten, zwischen dem Roten Frontkämpferbund und dem Reichsbanner Schwarz-Rot-Gold gemeldet. Es gab Überfälle von Nationalsozialisten auf Kommunisten und umgekehrt, und nicht wenige dieser Aktionen forderten Menschenleben. Dem Polizeipräsidenten der Reichshauptstadt, dem Sozialdemokraten Karl Friedrich Zörgiebel, erschien die Lage so bedrohlich, daß er am 13. Dezember alle Versammlungen und Demonstrationen unter freiem Himmel verbot. Am 23. März 1929 kündigte der preußische Innenminister Grzesinski an, daß er wegen des zunehmenden „Treibens radikaler Organisationen" und der „Ausschreitungen bedauerlichster Art" in Zukunft „gegen die radikalen Organisationen mit allen zu Gebote stehenden Mitteln rücksichtslos einschreiten" und auch vor einem Verbot nicht zurückschrecken werde. Zörgiebel entschloß sich im April, das Demonstrationsverbot auch für den 1. Mai aufrechtzuerhalten.[168]

Eine kluge Entscheidung war das schwerlich. Arbeiterdemonstrationen ausgerechnet am 1. Mai, dem traditionellen Tag der Arbeit, zu verbieten, mußte die Kommunisten provozieren. So, wie die KPD sich in den letzten Monaten gegeben hatte, war nicht wahrscheinlich, daß sie sich einem Verbot fügen würde. Eher war zu vermuten, daß ihr schwere Zusammenstöße mit der Polizei durchaus ins Konzept paßten: als Mittel, um die eigenen Anhänger gegen die Sozialdemokratie und den von ihr gestützten Staat zu mobilisieren. Auf der anderen Seite lagen der Polizei keine Erkenntnisse vor, daß die Kommunisten den bewaffneten Kampf suchten oder gar einen gewaltsamen Umsturzversuch planten. Zörgiebel ging vielmehr davon aus, daß die KPD Furcht hatte, die Kontrolle über die Ereignisse zu verlieren. Nach seinen Informationen rechnete die Partei mit Provokationen des linkskommunistischen „Leninbundes" und mit Blutvergießen, auf das sie dann mit der Ausrufung eines Generalstreiks antworten wollte. Aber aus welchen Gründen auch immer ein unfriedlicher 1. Mai zu erwarten war, das Demonstrationsverbot war geeignet, die Unruhe nicht zu dämpfen, sondern zu schüren.

Am 26. April konterte das kommunistisch beherrschte Großberliner Maikomitee die Entscheidung des Polizeipräsidenten mit einem Aufruf, der Schlimmes ahnen ließ. „Selbst im reaktionären München, selbst in Hamburg, in Kiel, in Schleswig-Holstein — überall sind am 1. Mai die Demonstrationsverbote aufgehoben. Nur der Polizeipräsident Zörgiebel will unter der unbewaffneten Demonstration der Berliner Arbeiterschaft ein Blutvergießen am 1. Mai provozieren. Das Berliner Maikomitee spricht im Namen der Berliner Arbeiterschaft aus, daß die Belegschaften der Betriebe mit dem politischen Massenstreik am 2. Mai antworten werden, wenn Zörgiebel es wagt, am 1. Mai Arbeiterblut zu vergießen. ... Volle Ar-

168 Generallinie (Anm. 161), S. 1; Weber, Wandlung (Anm. 162), Bd. 1, S. 223 f.; Kurt Finker, Geschichte des Roten Frontkämpferbundes, Berlin [O] 1981, S. 200 f.; Thälmann (Anm. 163), S. 415; Ernst Laboor, Der Kampf der deutschen Arbeiterklasse gegen Militarismus und Kriegsgefahr 1927 bis 1929, Berlin [O] 1961, S. 264 ff. Zu den gewaltsamen Aktionen gegen „rechte" Kommunisten: Tjaden, Struktur (Anm. 164), S. 91 (Aussage Brandlers). Grzesinskis Aufruf vom 23. 3. 1929, in: Eine letzte Warnung, in: Vorwärts, Nr. 141, 24. 3. 1929. Die Antwort des ZK der KPD vom 23. 3. 1929 in: DuM (Anm. 31), Bd. 8, S. 792 f.

beitsruhe am 1. Mai! Rote Fahnen heraus! Straße frei für die Massendemonstrationen!"[169]

Die ersten Maitage des Jahres 1929 leben in der Erinnerung von Kommunisten als „Berliner Blutmai" fort. Die Polizei registrierte über 30 Tote, 194 Verletzte und 1 228 Verhaftungen. Die schwersten Kämpfe tobten in der Hochburg der KPD, dem „roten" Wedding. Dort wurden am Abend des 1. Mai Barrikaden errichtet; in der Kösliner Straße schossen Demonstranten von Dachböden und Dächern auf die heranrückende Polizei. Ähnliche Szenen spielten sich am Hermannplatz in Neukölln ab. Die häufigsten Waffen, die auf Seiten der Kommunisten eingesetzt wurden, waren freilich nicht Pistolen oder Gewehre, sondern Flaschen, Steine und Messer. Von einem systematisch vorbereiteten Putschversuch konnte keine Rede sein. Eine aktive Rolle der Komintern oder des von ihr kontrollierten „M-Apparats" der KPD läßt sich nicht nachweisen und ist eher unwahrscheinlich, da sonst der Polizei wohl mehr Waffen in die Hände gefallen wären. Ungewiß ist weiter, in welchem Umfang die Behauptung des „Vorwärts" zutraf, die Kommunisten hätten „Bundesgenossen gefunden, die am 1. Mai nach Eintritt der Dunkelheit aus der Tiefe der Großstadt emporgestiegen sind." Im Kern richtig war sicherlich eine Feststellung, die der Vorsitzende des Kommunistischen Jugendverbandes, Walter Häbich, auf dem Weddinger Parteitag der KPD im Juni traf: Bei den Maikämpfen hätten Jugendliche in den „vordersten Reihen" gestanden und zu den „kühnsten und entschlossensten Kämpfern" gehört. Bei arbeitslosen Jugendlichen dürften die Aggressionen gegenüber der Polizei am stärksten gewesen sein, und es ist zu vermuten, daß sie unter den Straßenkämpfern im Wedding und in Neukölln besonders zahlreich vertreten waren.

Die Polizei machte nicht nur vom Knüppel, sondern vielfach auch von der Schußwaffe ohne Not Gebrauch; sie setzte in Wedding wie in Neukölln Panzerwagen und Maschinengewehre ein. Unter den Toten waren mehrere unbeteiligte Personen, aber kein Polizist; nur ein Polizist trug Schußverletzungen davon. Mit dem Haß, der den Ordnungskräften in den Arbeitervierteln entgegenschlug, war das Verhalten der Polizei allein nicht zu erklären, auch nicht mit der nur zu be-

---

169 Ebda., S. 796 f. Die vom Sekretariat des ZK am 28. 3. 1929 ausgegebenen Parolen zum 1. Mai richteten sich besonders massiv gegen die SPD, z. B.: „Die Koalitionspolitik ist der Weg zum Faschismus, die Diktatur des Proletariats ist der Weg zum Sozialismus! ... Im Auftrag des Kapitals hetzen die SPD-Minister die Polizei gegen die Arbeiter! Nieder mit dem Polizeisozialismus! Heraus aus der SPD, der Partei des Arbeiterverrats!" Generallinie (Anm. 161), S. 5—9 (7). Zur Lagebeurteilung Zörgiebels vgl. seinen Bericht an Grzesinski vom 25. 4. 1929 in: AdR, Kabinett Müller II (Anm. 9), Bd. 1, S. 643. Provokatorische Aktionen des „Leninbundes" waren offensichtlich nicht geplant. Vgl. dazu Rüdiger Zimmermann, Der Leninbund. Linke Kommunisten in der Weimarer Republik, Düsseldorf 1978, S. 152 ff. Zum „Leninbund" auch oben S. 440 ff. Der „Vorwärts" berichtete am 20. 4. 1929 unter der Überschrift „KPD braucht Leichen. Sie wünscht Schüsse am 1. Mai" über angebliche Provokationsabsichten der Kommunisten. Vgl. Der Abend, Spätausgabe des Vorwärts, Nr. 185, 20. 4. 1929. Auf dem Bezirksparteitag der Berliner SPD am 29. 4. 1929 sprach der Bezirksvorsitzende Franz Künstler davon, daß die Bezirksleitung der KPD mit 200 Toten am 1. Mai rechne. 200 Tote am 1. Mai? Verbrecherische Pläne der Kommunisten, ebda., Nr. 199, 29. 4. 1929. Das scharfe Dementi der KPD in: Zörgiebels erster Rückzug, in: RF, Nr. 100, 30. 4. 1929.

greiflichen Angst vor kommunistischen Heckenschützen. Ein erheblicher Teil der Verantwortung fiel auf den Berliner Polizeipräsidenten, der seinen Beamten offenbar Anweisungen gegeben hatte, als ginge es vor allem darum, ein Exempel zu statuieren. Der liberalen „Frankfurter Zeitung" drängte sich sogar der Eindruck auf, die Polizei sei „von der militärischen Einstellung beherrscht gewesen, es mit einem schlechthin als Feind zu behandelnden Gegner zu tun zu haben, statt mit einer nur von Aufrührern ziemlich dünn durchsetzten Bevölkerungsschicht." Die KPD allerdings konnte von der Eskalation der Gewalt nicht überrascht sein. Daß sie Tote und Verletzte bewußt einkalkuliert hatte, ging aus dem Aufruf des Maikomitees hervor. Die Überfälle, die am Vorabend des 1. Mai Jungspartakisten und Mitglieder des Roten Frontkämpferbundes auf Verkehrspolizisten an vielen Berliner Straßenkreuzungen verübten, deuten in dieselbe Richtung, ebenso kommunistische Flugblätter vom 30. April, in denen behauptet wurde, das Demonstrationsverbot sei aufgehoben.[170]

„Die Kommunisten, organisatorisch bankrott, von häßlichen Stänkereien durchwühlt, in leidenschaftlichen Kämpfen untereinander verwickelt, brauchten

170 Straßenkampf auf dem Wedding, in: Der Abend. Spätausgabe des Vorwärts, Nr. 203, 2. 5. 1929; Die Mainiederlage der KPD, in: Vorwärts, Nr. 204, 3. 5. 1929 (hier das Zitat); Der blutige 1. Mai in Berlin, in: Frankfurter Zeitung, Nr. 325, 2. 5. 1929; Der Abend in der Kösliner Straße, ebda., Nr. 327, 3. 5. 1929 (hier das Zitat). Zum Anteil von Jugendlichen an den Maikämpfen: Protokoll der Verhandlungen des 12. Parteitags der Kommunistischen Partei Deutschlands (Sektion der Kommunistischen Internationale), Berlin-Wedding, 9. bis 16. Juni 1929, Berlin 1929 (ND: Frankfurt 1972), S. 104 f. Die „offizielle" KPD-Darstellung: Werner Hirsch, Blutige Maitage in Berlin, Berlin 1929. Vom Parteivorstand der SPD: Der Mai-Putsch. Die Schuld der Kommunisten an den blutigen Maivorgängen 1929 in Berlin, Berlin 1929. — Zur Zahl der Opfer und zu Einzelheiten der Kämpfe u. a.: Eve Rosenhaft, Working-Class Life and Working-Class Politics: Communists, Nazis and the State in the Battle for the Streets, Berlin 1928—1932, in: Richard Bessel u. E. J. Feuchtwanger (Hg.), Social Change and Political Development in Weimar Germany, London 1981, S. 207—240; dies., Beating the Fascists? The German Communists and Political Violence 1929—1933, Cambridge 1983, S. 33 ff.; Waltraud Ireland, The Lost Gamble: The Theory and Practice of the Communist Party of Germany between Social Democracy and National Socialism, 1929—1931, Ph. D. Diss., The Johns Hopkins University, 2 Bde., Baltimore 1971, Bd. 1, S. 53 ff.; Nancy Jo Aumann, From Legality to Illegality: The Communist Party of Germany in Transition, 1930—1933, Ph. D. Diss., Univ. of Wisconsin, Madison 1982, S. 81 ff.; Chris Bowlby, Blutmai 1929: Police, Parties and Proletarians in a Berlin Confrontation, in: The Historical Journal 29 (1986), S. 137—158; Thomas Kurz, Arbeitermörder u. Putschisten. Der Berliner „Blutmai" von 1929 als Kristallisationspunkt des Verhältnisses von KPD u. SPD vor der Katastrophe, in: IWK 22 (1986), Heft 3, S. 297—317; Kurt G. P. Schuster, Der Rote Frontkämpferbund 1924—1929. Beiträge zur Geschichte eines politischen Kampfbundes, Düsseldorf 1975, S. 219 ff.; Finker, Geschichte (Anm. 168), S. 200 f.; Laboor, Kampf (Anm. 168), S. 261—296; Hsi-Huey Liang, Die Berliner Polizei in der Weimarer Republik (amerik. Orig.: The Berlin Police Force in the Weimar Republic, Berkeley usw. 1970), Berlin [W] 1977, S. 120 ff. (auch zu den Überfällen vom 30. 4.). Als Augenzeugenberichte: Rosa Meyer-Leviné, Im innern Kreis. Erinnerungen einer Kommmunistin in Deutschland 1920—1933 (engl. Orig.: Inside German Communism, London 1977), Köln 1979, S. 237 ff.; Margarete Buber-Neumann, Von Potsdam nach Moskau. Stationen eines Irrwegs, Stuttgart 1957, S. 147 ff.

Szenen vom „Berliner Blutmai" 1929: Die Barrikadenkämpfe im Wedding und in Neukölln forderten über 30 Tote und 194 Verletzte.

Tote", erklärten am 3. Mai die Vorstände der SPD und ihrer Reichstagsfraktion. „Sie brauchten sie in Berlin, wo ein Sozialdemokrat Polizeipräsident ist. Die Sozialdemokraten mußten wieder einmal zu ‚Bluthunden' gestempelt werden. Dazu brauchte man Leichen und darum mußte das Lumpenproletariat mobil gemacht werden, das den Hauptteil der Kämpfe gegen die Polizei geleistet hat. Die Toten und Verletzten Berlins sind für die Kommunisten Agitationsmaterial und nichts anderes. Die Opfer sind auf Befehl der kommunistischen Zentrale gefallen! Das ist die Wahrheit!" Der Aufruf schloß mit den Worten: „Nieder mit den kommunistischen Schädlingen der Arbeiterbewegung! Vorwärts und aufwärts mit und in der Sozialdemokratie!"

Die Äußerungen, die seit dem 2. Mai von der KPD zu hören waren, konnten den sozialdemokratischen Argwohn nicht entkräften, die Opfer der blutigen Unruhen seien den Kommunisten politisch gelegen gekommen. „Die Polizei des Sozialdemokraten Zörgiebel läßt auf die Berliner Arbeiterschaft schlagen, stechen, schießen", erklärte das ZK am 2. Mai. „Tote und Verwundete des Berliner Proletariats klagen Zörgiebel, klagen die Sozialdemokratie, klagen die blutbefleckte Koalitionsregierung an ... Arbeiterblut wird vergossen! Arbeiterblut klagt an! Arbeiterblut fordert Vergeltung! ... Zörgiebels Blutmai — das ist ein Stück Vorbereitung des imperialistischen Krieges! ... Zörgiebels Blutmai, der Blutmai der Sozialdemokratie — das ist der Auftakt für die faschistischen Diktaturpläne der Bourgeoisie und Sozialdemokratie. Wenn es nach dem Willen der Zörgiebel und Grzesinski, der Hermann Müller und Severing, nach dem Willen der Mörderpartei geht, sollen weiter Arbeiter niedergemetzelt werden ... Nieder mit der Sozialdemokratie, der blutbefleckten Mörderpartei."

Im Reichstag kam es am 2. Mai zu heftigen Auseinandersetzungen zwischen Kommunisten und Sozialdemokraten. Wilhelm Pieck verlangte die sofortige Beratung eines Antrags auf Aufhebung des Demonstrationsverbotes, weil die Arbeiterschaft darauf dränge, daß die Schuldigen zur Verantwortung gezogen würden, und in den Betrieben bereits in den politischen Massenstreik eintrete, um „diesen Mordkerl" Zörgiebel von seinem Platze zu verjagen. Der Sozialdemokratie warf Pieck eine „infame Mordhetze" und eine „Blutschuld" vor. Das Plenum lehnte seinen Antrag zur Geschäftsordnung jedoch ebenso ab wie einen weiteren, von dem kommunistischen Abgeordneten Geschke eingebrachten Antrag, der Reichstag möge seine Beratungen bis zum folgenden Tag aussetzen. Nach der zweiten Abstimmung erhoben sich die Abgeordneten der KPD und begannen die Internationale zu singen. Der amtierende Vizepräsident, der deutschnationale Abgeordnete Graef, unterbrach daraufhin die Sitzung für eine halbe Stunde. Als die Kommunisten den Plenarsaal verließen, riefen sie im Chor: „Nieder mit den Mördern!"[171]

171 An Deutschlands Arbeiterschaft, in: Vorwärts, Nr. 204, 3. 5. 1929 (mit Auflistung politischer Gewalttaten vor dem 1. 5.); DuM (Anm. 31), Bd. 8, S. 797—799; Stenographische Berichte (Anm. 6), Bd. 424, S 1801 f. (Pieck), 1802 f. (Geschke, Graef). Zu der Sitzung des Reichstags auch Schulthess 1929 (Anm. 77), S. 73. — Der Aufruf der KPD zum politischen Massenstreik scheint nur im geringen Umfang befolgt worden zu sein. Vgl. „Generalstreik" gegen die KPD, in: Vorwärts, Nr. 206, 4. 5. 1929. Thälmann sprach am 10. 6. 1929 auf dem Weddin-

Aus Moskau trafen in den ersten Maitagen zwei Telegramme in Berlin ein, die ihren Empfänger, die KPD, allerdings nicht erreichten, weil das Hauptpostamt sie unter Berufung auf den Welttelegraphenvertrag anhielt und statt der kommunistischen Parteizentrale der Reichsregierung zustellte. Im ersten Telegramm, das vom Zentralkomitee des sowjetischen Metallarbeiterverbandes unterzeichnet war, hieß es, Barrikaden und Blut Berliner Arbeiter würden „in der Geschichte der Revolution verewigt sein als Demonstration revolutionärer Bereitschaft deutscher Arbeiterklasse und als empörender Akt des Verrates dreimal verfluchter Sozialdemokratie ... Es lebe rücksichtsloser Kampf auf Leben und Tod gegen Bourgeoisie und ihre Hofhunde Sozialdemokraten.“ Das zweite Telegramm kam, wie Severing am 6. Mai dem Kabinett mitteilte, vom „Politischen Büro in Moskau“. Die Absender bezeichneten die Berliner Maidemonstrationen als „Weiterführung neuer revolutionärer Taktik“. Hunderttausend Arbeiter unter revolutionärer Führung hätten auf den Straßen Berlins „bewaffneten vereinten Kräften Bourgeoisie Reformisten Waffengang geliefert, der als Auftakt zu heranrückenden Kämpfen zu betrachten ist. Senken unsere Kampfesfahnen vor heldenhaften Opfern sozialdemokratischer Meuchelmörder ...“

Die Botschaften aus der Sowjetunion bestärkten die regierenden Sozialdemokraten in der Ansicht, daß mit weiteren Gewaltaktionen, ja mit Putschversuchen der Kommunisten zu rechnen war. Preußens Innenminister Grzesinski drängte deshalb, unterstützt von Ministerpräsident Otto Braun, auf ein Verbot der KPD und ihrer Nebenorganisationen. So weit wollte Reichsinnenminister Severing nicht gehen. Ein solches Verbot sei, so erläuterte er am 6. Mai im Reichskabinett, nicht durchführbar und würde sich infolgedessen als Fehlschlag erweisen. Dagegen habe er dem Verbot des Roten Frontkämpferbundes und der ihm angegliederten Verbände, der Roten Jungfront und der Roten Marine, durch die preußische Regierung zugestimmt und den entsprechenden Erlaß den übrigen Landesregierungen zugeleitet. Er hoffe bestimmt, daß diese sich dem preußischen Schritt anschlössen.[172]

---

ger Parteitag von dem „nur teilweisen Gelingen des politischen Massenstreiks“. Protokoll (Anm. 170), S. 93. Befolgt wurde der Streikaufruf Thälmann zufolge v. a. bei den Bauarbeitern, Tabakarbeitern, Rohrlegern und Schuhmachern, nicht jedoch bei den Metallarbeitern. Ebda., S. 415 f. Remmele nannte am 6. 7. 1929 für den 2. 5. eine Zahl von 25 000 Streikenden. Protokoll 10. Plenum des Exekutivkomitees der Kommunistischen Internationale. Moskau, 3. Juli 1929 bis 19. Juli 1929, Hamburg usw. o. J. (ND: Milano 1967), S. 300. — Für die Stimmung unter den Funktionären der Berliner SPD ist bezeichnend, daß in einer Versammlung am 7. 5. 1929 Zörgiebel für seine Verteidigung der Polizeiaktionen Beifall erhielt. Ein Antrag von Kurt Rosenfeld, der die Nichtaufhebung des Demonstrationsverbots am 1. 5. und das Verbot des RFB tadelte, wurde „gegen ganz wenige Stimmen“ abgelehnt. Vgl. Die Blutschuld der KPD, in: Vorwärts, Nr. 121, 8. 5. 1929. Vgl. zur Kritik Kurt Rosenfelds auch seinen Aufsatz: Berliner Blutmai, in: KK 3 (1929), Nr. 10, (15. 5.), S. 291—293. — Eine deutliche Kritik aus den Reihen der SPD am Vorgehen der Berliner Polizei enthält der Aufsatz von Hugo Sinzheimer, Eine Glosse zu den Maiunruhen in Berlin, in: Die Justiz 4 (1929), Heft 5, S. 516—522.

172 AdR, Kabinett Müller II (Anm. 9), Bd. 1, S. 643—646 (644, Ministerbesprechung vom 6. 5. 1929). Severing bemerkte zu den von ihm verlesenen Telegrammen, es liege kein Anhalt dafür vor, „daß die Unruhebewegung in Berlin in besonders starkem Maße von Rußland geschürt

Das Verbot des RFB in Preußen erging noch am gleichen Tag, dem 6. Mai 1929. Es wurde damit begründet, daß der Verband eine Gefahr für die Sicherheit und den Bestand des Deutschen Reiches darstelle. Als Rechtstitel des Verbots nannte der Erlaß Bestimmungen des Republikschutzgesetzes von 1922, des Entwaffnungsgesetzes von 1921 und des Reichsvereinsgesetzes von 1908. Dem preußischen Beispiel folgten sogleich Bayern, Sachsen, Hamburg, Lippe-Detmold und Mecklenburg-Strelitz. Andere Länder zögerten zunächst; die sozialdemokratisch geführten Staaten Hessen, Baden und Braunschweig hatten Bedenken dagegen, daß sich Grzesinskis Erlaß einseitig gegen einen Kampfbund der radikalen Linken richtete, rechte Organisationen wie den Stahlhelm und Hitlers SA aber fortbestehen ließen. Es bedurfte einer Reichskonferenz der Innenminister am 10. Mai in Berlin und eines förmlichen Ersuchens Severings, um das Verbot des RFB im ganzen Reich durchzusetzen. In Braunschweig mußte der Reichsinnenminister an Stelle der widerstrebenden Regierung selbst tätig werden: Am 15. Mai erklärte er die Ortsgruppen des RFB für aufgelöst.

Die Einwände der drei Staaten waren wohlbegründet. Zwar hatten Stahlhelm und SA keine Barrikaden gebaut, aber an Militanz standen sie dem kommunistischen Wehrverband nicht nach. Die SA freilich war in Norddeutschland bisher noch nicht so stark in Erscheinung getreten wie südlich des Mains, und der Stahlhelm konnte hoffen, daß sein Ehrenmitglied, Reichspräsident von Hindenburg, ihn vor einem Verbot bewahren würde. Das Verbot aller uniformierten Verbände, wie es Badens sozialdemokratischer Innenminister Adam Remmele forderte, war schon deshalb nicht durchsetzbar, weil eine solche Maßnahme auch das Reichsbanner Schwarz-Rot-Gold getroffen hätte — und dazu war, angesichts des Fortbestehens der rechten Kampfverbände, kein anderer Sozialdemokrat bereit. So wenig daran zu deuteln war, daß es für das Verbot des RFB eine hinreichende juristische Begründung gab, der Eindruck der politischen Einseitigkeit war nicht zu verwischen.[173]

Für die KPD bedeutete die Auflösung ihres paramilitärischen Verbandes, der zu diesem Zeitpunkt wahrscheinlich etwa 80 000 Mitglieder hatte, organisatorisch einen Rückschlag. Eine Beschwerde beim Reichsgericht hatte keinen Erfolg, weil das Republikschutzgesetz, auf das der RFB sich berief, am 22. Juli 1929 —

---

worden sei, obwohl eine gewisse Verbindung mit Rußland unzweifelhaft bestehe." — Zur Vorgeschichte des Verbots des RFB auch Severing, Lebensweg (Anm. 14), Bd. 2, S. 186 f. — Bereits vor dem Verbot des RFB erging am 2. 5. 1929 ein Verbot der „Roten Fahne" durch Zörgiebel. Es dauerte mit einer zweitägigen Unterbrechung bis zum 22. 6. 1929. Dazu Thälmann (Anm. 163), S. 420.

173 Gotthard Jasper, Der Schutz der Republik. Studien zur staatlichen Sicherung der Demokratie in der Weimarer Republik 1922—1930, Tübingen 1963, S. 171 ff.; Schuster, Frontkämpferbund (Anm. 170), S. 221 ff.; Finker, Geschichte (Anm. 168), S. 201 ff. — Den „Stahlhelm" traf am 3. 10. 1929 ein Teilverbot des preußischen Innenministers Grzesinski: Wegen militärischer Übungen wurden seine Unterorganisationen in Rheinland und Westfalen aufgelöst. Vgl. dazu Schulthess 1929 (Anm. 77), S. 186; AdR, Kabinett Müller II (Anm. 9), Bd. 2, S. 1073—1083 (Chefbesprechung vom 30. 10. 1929); Berghahn, Stahlhelm (Anm. 89), S. 122 ff. Auf Drängen des Reichspräsidenten von Hindenburg, der Ehrenmitglied des „Stahlhelm" war, wurde das Verbot am 16. 7. 1930 wieder aufgehoben.

mangels der für eine Verlängerung notwendigen qualifizierten Mehrheit im Reichstag — erlosch. Um die Folgen des Verbots auszugleichen, verlegte sich die KPD Ende Juli auf eine Doppelstrategie: Der RFB sollte einerseits illegal weitergeführt werden; andererseits wies das ZK die Bezirke an, die Bildung legaler „antifaschistischer" Arbeiterorganisationen zu unterstützen. Solche Verbände entstanden zwischen Juli und Oktober 1929, wobei die Namen wechselten. Der Ende September 1930 gegründete Kampfbund gegen den Faschismus hatte den Zweck, diese Organisationen auf Reichsebene zusammenzufassen. Der RFB veranstaltete Ende Oktober 1929 nochmals Demonstrationen in einigen größeren Städten, so in Leipzig und Nürnberg. Aber nur eine Minderheit war bereit, den Weg in die Illegalität zu gehen. Im Sommer 1930 soll noch rund ein Drittel der früheren Mitglieder in den Reihen des RFB gestanden haben. Sie bildeten zugleich den harten Kern der neuen legalen Wehrverbände der KPD.[174]

*

Wenn das Verbot des RFB die KPD organisatorisch zurückwarf, so war es propagandistisch zunächst doch von unschätzbarem Nutzen für die Parteiführung. Zusammen mit dem „Blutmai" bewirkte das Verbot des Roten Frontkämpferbundes einen gewissen Meinungsumschwung an der „Basis" der KPD. Der frontale Kampf gegen die Sozialdemokratie hatte bislang bei den Mitgliedern, allen Ressentiments gegen die „Bonzen" zum Trotz, keine breite Resonanz gefunden. Jetzt hielten nicht wenige den Beweis für erbracht, daß die SPD wirklich in das Lager des bürgerlichen Klassenfeindes übergewechselt war, ja faschistische Züge angenommen hatte.[175]

Die Parole des „Sozialfaschismus" brauchte nicht erst erfunden zu werden. Im Zuge der Linksschwenkung der Komintern hatte Sinowjew bereits Anfang 1924 die Sozialdemokratie als einen „Flügel des Faschismus" bezeichnet, und Stalin war im September desselben Jahres mit der These gefolgt: „Die Sozialdemokratie ist objektiv der gemäßigte Flügel des Faschismus ... Diese Organisationen schließen einander nicht aus, sondern ergänzen einander. Das sind keine Antipoden, sondern Zwillingsbrüder." Seit dem Herbst 1925 wurde dann die Sozialdemokra-

---

174 Finker, Geschichte (Anm. 168), S. 203 ff.; Schuster, Frontkämpferbund (Anm. 170), S. 225 ff. (zu den Mitgliederzahlen: 239—241); Rosenhaft, Beating (Anm. 170), S. 88 ff. Das Rundschreiben des Sekretariats des ZK an die Bezirke vom 25. 7. 1929 in: DuM (Anm. 31), Bd. 8, S. 876 f.

175 Zur Reaktion der Mitgliedschaft auf die Berliner Maikämpfe und das Verbot des RFB etwa: Gerd Reuter, KPD-Politik in der Weimarer Republik. Politische Vorstellungen und soziale Zusammensetzung der KPD in Hannover zur Zeit der Weimarer Republik, Hannover 1982, S. 120 ff.; Jörg Wollenberg u. a., Die Bremer Arbeiterbewegung in der Endphase der Weimarer Republik. Eine Untersuchung zum Zusammenhang von Krisenverlauf und Krisenreaktion in der Bremer Arbeiterschaft 1928—1933, Bremen 1982, S. 255 ff. (die nachträglichen, abschwächenden Zeugenaussagen z. T. unkritisch interpretierend); Wolfgang Abendroth, Ein Leben in der Arbeiterbewegung. Gespräche, aufgezeichnet und hg. v. Barbara Dietrich u. Joachim Perels, Frankfurt 1976, S. 84 ff.

tie nicht mehr offiziell als „faschistisch" bezeichnet: Das Etikett paßte nicht in eine Periode, in der die „Einheitsfront von unten und oben" als ein zulässiges Mittel kommunistischer Politik galt. „Sozialfaschisten" waren aus der Sicht der KPD wohl die Führer der 1926 gegründeten Altsozialdemokratischen Partei in Sachsen, nicht aber die Führer der Partei, von der sie sich getrennt hatten. Erst im Verlauf des Jahres 1928, nach der neuerlichen Linksschwenkung von KPdSU und Komintern, wurde der Sozialdemokratie gegenüber wieder der Vorwurf erhoben, sie entwickle sich auf den Faschismus zu. Die Beschlüsse des Sechsten Weltkongresses ließen erkennen, daß die Sprachregelungen von 1924 eine neue Karriere vor sich hatten.[176]

Auf dem 12. Parteitag der KPD, der vom 9. bis 16. Juni 1929 stattfand, wurde der Kampf gegen den „Sozialfaschismus" zur offiziellen Parteilinie. Ursprünglich hatte der Parteitag vom 5. bis 10. Mai in Dresden stattfinden sollen. Nach den Berliner Unruhen wurde er um fünf Wochen verschoben und demonstrativ dorthin verlegt, wo die heftigsten Barrikadenkämpfe getobt hatten: in den Wedding.

Von einer ernsthaften Opposition gegen die Linie des ZK war auf diesem Parteitag, dem letzten in der Weimarer Republik, kaum noch etwas zu spüren. Nur fünf „Versöhnler" kamen zu Wort, darunter Ernst Meyer, der zu den Maikämpfen kritisch anmerkte, die Überschätzung der eigenen Kraft der Partei habe dazu geführt, „daß man sich auf die Spontaneität der Massen verließ, und daß man glaubt, daß der bloße Aufruf der Partei zur Demonstration ohne entsprechende Organisation und ganz besonders politische Vorbereitung schon die Erfolge bringen werde." Vom Parteitag zur Unterwerfung aufgefordert, versicherte Ewert namens der „Versöhnler" am Ende des Kongresses, seine Freunde und er verpflichteten sich, „keine Fraktions- und gruppenmäßigen Verbindungen einzugehen, zu der Taktik der Partei nur im Rahmen der für jedes Mitglied bestehenden Rechte und Pflichten Stellung zu nehmen und die Parteitagsbeschlüsse sowie die des ZK diszipliniert durchzuführen." Auf Vorhaltung Thälmanns hin ergänzte Ewert noch, daß die „Versöhnler" eine den Delegierten unterbreitete schriftliche Darle-

176 Bahne, Sozialfaschismus (Anm. 162), S. 222 ff.; aus der umfangreichen Lit. u. a. Ireland, Gamble (Anm. 170), Bd. 1, S. 63 ff.; Lange, Stalinismus (Anm. 162), S. 107 ff., 135 ff.; Nicos Poulantzas, Faschismus und Diktatur, Die Kommunistische Internationale und der Faschismus (frz. Orig.: Fascisme et dictature, Paris 1970), München 1973, S. 156 ff. József Wieszt, KPD-Politik in der Krise 1928—1932, Frankfurt 1976, bes. S. 178 ff.; rein apologetisch: Alexander v. Plato, Zur Einschätzung der Klassenkämpfe in der Weimarer Republik; KPD und Komintern, Sozialdemokratie und Trotzkismus, Berlin [W] 1. Aufl. 1973, S. 159 ff. In der Geschichtsschreibung der SED gilt die Doktrin vom „Sozialfaschismus" als Fehler, weil auf diese Weise der Kampf der KPD um eine Einheitsfront gegen die faschistische Bedrohung behindert worden sei. Vgl. dazu Geschichte der deutschen Arbeiterbewegung, Bd. 4: Von 1924 bis Januar 1933, Berlin [O] 1966, S. 206; Heinz Niemann u. a., Geschichte der deutschen Sozialdemokratie 1917 bis 1945, Berlin [O] 1982, S. 241 f. Vgl. dazu auch, ebenfalls aus marxistisch-leninistischer Sicht, Josef Schleifstein, Die „Sozialfaschismus"-These. Zu ihrem geschichtlichen Hintergrund, Frankfurt 1980. Zu Sinowjews Äußerung vom Januar 1924 vgl. den vorhergehenden Bd., S. 704; zu Stalins These vom September 1924: J. W. Stalin, Zur internationalen Lage, in: ders., Werke, Bd. 6, Berlin [O] 1952, S. 251—269 (253). Zum Sechsten Weltkongreß siehe oben S. 661 ff.

gung ihrer Position nicht als Fraktionsplattform benutzen und nicht zur Diskussion in der Partei stellen würden.

Ernst Thälmann hatte auf dem Weddinger Parteitag einen leichten Stand. Die Delegierten feierten ihn laut Protokoll vor Beginn seines mehrstündigen Referates in einer Weise, die sich nur mit dem Wort „Führerkult" beschreiben läßt: „Bravorufe, langanhaltender Beifall. Der Parteitag bereitet dem Genossen Thälmann eine stürmische Ovation. Die Delegierten erheben sich und singen die ‚Internationale'. Die Jugenddelegation begrüßt den 1. Vorsitzenden der Partei mit einem dreifachen ‚Heil Moskau'."

Einen wichtigen Platz in den Ausführungen Thälmanns nahmen die Ereignisse der ersten Maitage ein. In Übereinstimmung mit einem Resolutionsentwurf des ZK nannte der Parteivorsitzende die Berliner Kämpfe einen „Wendepunkt in der Gesamtentwicklung". Es sei richtig gewesen, daß die KPD die Absicht des „Polizeisozialismus" durchkreuzt habe, die Kommunisten von den Massen zu isolieren, um auf diese Weise den proletarischen Widerstand gegen die kapitalistische Offensive zu lähmen und so die notwendigen Vorkehrungen für den kommenden Krieg gegen die Sowjetunion zu schaffen. Die Partei habe vom ersten Augenblick an ihre volle Solidarität mit der spontanen Erhebung der Barrikadenkämpfer ausgesprochen. „Das ist für eine Partei der proletarischen Revolution selbstverständlich. Die Partei konnte aber nicht dem Ruf nach dem bewaffneten Aufstand, der Forderung nach Bewaffnung nachgeben, weil keine akut revolutionäre Situation gegeben war, geschweige denn die Bedingungen für den bewaffneten Aufstand . . . Deshalb handelte die Partei vollständig richtig, als sie die Losung des politischen Massenstreiks herausgab, um die größte Unterstützung der kämpfenden Arbeiter durchzuführen."

Die Berliner Maikämpfe dienten Thälmann als der bisher schlagendste Beleg für die Wandlung der Sozialdemokratie zum Sozialfaschismus. Dieser sei eine „besonders gefährliche Form der faschistischen Entwicklung". Daß die Sozialdemokratie überall zum „stärksten Hebel" dieser Entwicklung geworden sei, beweise nicht nur die Praxis der „Severing- und Zörgiebel-Partei in Deutschland", sondern das werde auch die Tätigkeit der — erst seit dem 5. Juni amtierenden — britischen Labour-Regierung unter Ramsay MacDonald zeigen. Auf ihrem Magdeburger Parteitag vom Mai habe sich die SPD eindeutig als sozialfaschistische Partei dargestellt. Thälmann nannte in diesem Zusammenhang das sozialdemokratische Wehrprogramm, Wels' Erklärung, daß die SPD bereit sei, die Demokratie gegen die Extremisten von rechts und links notfalls auch mit diktatorischen Mitteln zu verteidigen, und schließlich die soziale Zusammensetzung der Delegierten: Daraus gehe hervor, daß sich das Schwergewicht der Sozialdemokratie immer mehr in Richtung auf das Kleinbürgertum verschiebe.

Anknüpfend an die These des Sechsten Weltkongresses, daß die Spitzen der sozialdemokratisch geführten Arbeiterorganisationen immer mehr mit denen des Staates und der Unternehmerschaft „verwüchsen", rechtfertigte der Parteivorsitzende die „neue Taktik, ‚Klasse gegen Klasse' ". Die SPD wie die Labour Party seien „verbürgerlichte Arbeiterparteien", Repräsentanten der von der Bourgeoisie gekauften Arbeiteraristokratie, wohingegen die Kommunisten die eigentliche proletarische Unterschicht, die am meisten ausgebeuteten und verelendeten Arbeitermassen verträten. „Entweder Reformismus oder Kommunismus, ein Drittes kann es nicht geben. Aber daraus ergibt sich, daß der Kampf um die Hegemonie im Proletariat, um die Mehrheit der Arbeiterklasse, namentlich in den wichtigsten Großbetrieben und Industriezweigen, jetzt vor uns als eine viel konkretere Aufgabe steht. Es ist die eigentliche Hauptaufgabe der jetzigen Entwicklungsphase, auf die sich unsere Partei mit allen Kräften zu orientieren hat. Denn von der Erfüllung dieser großen Aufgaben hängt letzten Endes die Entscheidung in den kommenden revolutionären Kämpfen zwischen der Arbeiterklasse und dem Kommunismus einerseits und der Bourgeoisie und dem Sozialfaschismus andererseits ab. Der Kampf um die Mehrheit des deutschen Proletariats ist eben das Wesen der neuen Taktik."

Die These, daß das Monopolkapital mit Hilfe der durch imperialistische Ausbeutung erzielten Extraprofite eine proletarische Oberschicht, die „Arbeiteraristokratie", bestechen und so den „Opportunismus" fördern könne, war nicht neu: Lenin hatte diese Lehre bereits 1917 in seiner Schrift „Der Imperialismus als höchstes Stadium des Kapitalismus" aufgestellt. Bis zum Sechsten Weltkongreß der Komintern im Sommer 1928 war aber, schon aus taktischen Gründen, zwischen der „gekauften" Führung und den proletarischen Anhängermassen von Sozialdemokratie und Freien Gewerkschaften unterschieden worden. Diesen Unterschied ließen Komintern und KPD seit 1928/29 weitgehend fallen. Selbst mittlere und kleine Funktionäre der „reformistischen" Arbeiterbewegung galten als „verbürgerlicht". Auf dem Weddinger Parteitag rechnete Paul Merker, der neue Leiter der Gewerkschaftsarbeit, bei der SPD 44 000 Mandatsträger und 50 000 Funktionäre, Angestellte und Beamte zur „sozialen Basis der korrumpierten, sozialimperialistischen und sozialfaschistischen Führerclique". Das engste Zusammenarbeiten in allen Maßnahmen zur Unterdrückung der Arbeiter bestehe zwischen dem Apparat der Gewerkschaften und dem Staatsapparat. „Der reaktionäre Apparat besteht nicht nur aus den Spitzen der Gewerkschaften, sondern zu ihnen gehören die tausende unteren Angestellten der Organisationen, zahlreiche reformistische Betriebsräte und gewerkschaftliche Vertrauensmänner. Gerade in der letzten Zeit gibt es viele Beispiele, wie eng diese klassenverräterischen Elemente mit der Polizei, der Justiz und dem Unternehmertum zur Unterdrückung der revolutionären Kräfte zusammenarbeiten."

Aus dieser Einschätzung ergab sich zwingend die Stoßrichtung, die in der Weddinger „Resolution über die Strategie und Taktik in den Wirtschaftskämpfen und in der Gewerkschaftsbewegung" wie folgt umschrieben wurde: „An der Spitze der Massen vorwärts gegen den Dreibund: Unternehmertum, Staatsgewalt und reformistische Bürokratie!" Der Revolutionären Gewerkschaftsopposition (RGO) schrieb Merker die Aufgabe zu, Arbeitskämpfe in revolutionäre Streiks umzuwandeln, „die sich immer mehr gegen die ganze Ausbeutergesellschaft richten und die wichtigen Vorbereitungskämpfe zur Organisierung und Führung der großen politischen Machtkämpfe der Arbeiterklasse sind." Da die „sozialimperialistische" Gewerkschaftsbürokratie gegen Streiks überhaupt sei, gelte es, einen „Vernichtungskampf" gegen sie zu führen, und zwar unter Einbeziehung auch der unorganisierten Arbeiter, die keineswegs „minderwertig" seien und den Kommunisten näher stünden als der arbeiteraristokratische Teil der gewerkschaftlich Organisierten. Der Tarifvertrag in den Händen der Unternehmer und der Gewerkschaftsbürokratie sei zu einer reaktionären Einrichtung geworden. „Nur die von den Massen in den Betrieben demokratisch gewählten Vertreter, die Kampfleitungen haben das Recht zum Verhandeln und zum Abschluß von Verträgen mit Zustimmung der hinter ihnen stehenden Arbeiter ... In jedem Betrieb darf es nur zwei Fronten geben: Die Massen der Belegschaft und die Unternehmer mit ihren reformistischen, faschistischen und christlichen Agenten."

Die Linie der bedingungslosen Konfrontation gegenüber den Freien Gewerkschaften — die gleich noch näher zu erörternde „RGO-Politik" — war die wichtigste *praktische* Auswirkung des verschärften ultralinken Kurses, wie ihn der Weddinger Parteitag beschloß. Die Kampfansage an die Sozialdemokratische Partei blieb aber auch nicht nur auf das Feld der ideologischen Kriegführung beschränkt. Es verstand sich von selbst, daß die KPD mit einer „sozialfaschistischen" Partei wie der SPD, die Remmele zufolge sogar „der aktivste Vortrupp in der Organisierung und Vorbereitung des imperialistischen Krieges gegen die USSR" war, auf keiner politischen Ebene mehr eine Aktionseinheit herstellen konnte. Die neue, ebenfalls von Remmele formulierte Devise „Reformismus und Bolschewismus kämpfen auf Leben und Tod miteinander" fand ihren ersten praktischen Niederschlag in der Kommunalpolitik. Eine Resolution des Weddinger Parteitags legte kommunistische Stadtverordnete und Gemeinderäte darauf fest, die Etats auch dort abzulehnen, wo es eine sozialdemokratisch-kommunistische Mehrheit gab. Bei Wahlen zu den kommunalen Verwaltungen durften nichtkommunistische Kandidaten in keinem Fall mehr unterstützt werden, auch wenn das die Niederlage eines sozialdemokratischen Amtsbewerbers und den Sieg eines bürgerlichen bedeutete. Um die führende Rolle der Partei in den Wirtschaftskämpfen herauszuarbeiten, sollte jeder kommunistische Kommunalfunktionär die Tribüne des Parlaments rücksichtslos für Zwecke der Agitation ausnutzen. Ganz im Sinne dieser Entschließung bereitete die KPD die Kommunalwahlen vom Herbst 1929 vor, die in Preußen, Sachsen, Hessen und Bayern stattfanden. Die kommunalpolitische Wirksamkeit der Kommunisten hielt sich fortan an die neue „Generallinie".

Personelle Konsequenz des Weddinger Parteitags war das erste politisch völlig einheitliche ZK. Die ehemalige Mittelgruppe der „Versöhnler" wurde aus allen Positionen entfernt, die ihr bislang noch verblieben waren. Dem neuen Polbüro gehörten außer Thälmann selbst nur Funktionäre an, die die Linksschwenkung des Sechsten Weltkongresses von Anfang an bedingungslos mitgetragen hatten: Franz Dahlem, Leo Flieg, Wilhelm Florin, Fritz Heckert, Paul Merker, Wilhelm Pieck, Hermann Remmele, Fritz Schulte, Walter Ulbricht und Jean Winterich als Mitglieder, Wilhelm Hein, Wilhelm Kasper, Heinz Neumann und Helene Overlach als Kandidaten. Das Erweiterte Sekretariat setzte sich zusammen aus Thälmann, Dahlem, Flieg, Heckert, Merker, Neumann, Remmele und Ulbricht. Die Leitung der Gewerkschaftsarbeit ging von Heckert an Merker über, die Organisationsarbeit von Dahlem auf Ulbricht. Walter Ulbricht löste gleichzeitig Wilhelm Pieck als „Polleiter“ von Berlin-Brandenburg ab.[177]

Das herrschende Triumvirat bestand weiterhin aus Thälmann, Remmele und Neumann. Nach außen verkörperte der Vorsitzende die Partei. Der ehemalige Werftarbeiter aus Hamburg, der im April 1929 43 Jahre alt geworden war, genoß bei den Mitgliedern der KPD große Popularität. „Teddy“, wie ihn seine Genossen nannten, galt als Idealfall eines kommunistischen Führers: ein kämpferischer Prolet, der seine Herkunft von ganz „unten“ nie verleugnete. Als Redner wußte er sich den Arbeitern verständlich zu machen, auch wenn er lange sprach. Der antiintellektuelle Habitus, den er bewußt pflegte, war seine innerparteiliche Stärke — und zugleich seine Schwäche im Umgang mit einem Führer, der ihm geistig weit überlegen war. Thälmann hat selbst nie erkannt, daß er, als er 1929 die Stellung des unumstrittenen Führers der deutschen Kommunisten errang, längst schon zum bloßen Werkzeug Stalins geworden war.

Hermann Remmele, ein Bruder des sozialdemokratischen Politikers und zeitweiligen badischen Staatspräsidenten Adam Remmele, 1894 in der Nähe von Heidelberg geboren, entstammte einer Müllerfamilie und war gelernter Eisendreher. Mit der Biographie Thälmanns hat die seine einiges gemeinsam: Beide traten mit 17 Jahren der SPD und während des Krieges, in dem sie als Soldaten dienten, der USPD bei; beide stießen erst Ende 1920, nach der Spaltung der Unabhängigen, zur KPD. Anders als Thälmann hatte Remmele nicht von jeher zur „Linken“ gehört; 1924 zog er als Vertreter der Mittelgruppe in die neue, linke Zentrale ein. Beim Kampf gegen die „Ultralinke“ um Ruth Fischer empfahl er sich Stalin; die neue Linksschwenkung seit 1928/29 vollzog er noch um einige Nuancen radikaler mit als Thälmann.

Das gilt auch von Heinz Neumann, dem einzigen Akademiker und Intellektuellen in der engeren Parteiführung, der einige Wochen nach dem Weddinger Parteitag gerade 27 Jahre alt wurde. Neumann entstammte einer Familie des Berliner

---

177 Protokoll (Anm. 170), S. 49, 54 f., 60, 75, 83—85, 92 (Thälmann), 222 (Meyer), 303, 332 (Remmele), 437 f., 442, 447, 455, 464 (Merker), 518 f. (Ewert, Thälmann). Die wichtigsten Resolutionen in DuM (Anm. 31), Bd. 8, S. 810—876 (876); ebda., S. 891—896, die Forderungen der KPD vom 3. 10. 1929 zu den Stadtverordnetenwahlen am 17. 11. 1929 in Berlin. — Zur Verlegung des Parteitags und zur Wahl des ZK: Weber, Wandlung (Anm. 162), Bd. 1, S. 223, 231 f. Zu Lenins „Bestechungstheorie“ vgl. bes. ders., Der Imperialismus als höchstes Stadium des Kapitalismus, in ders., Werke, Bd. 22, Berlin [O] 1960, S. 189—309 (306 f.). Zur Entstehung des Schlagworts „Klasse gegen Klasse“, das erstmals am 9./10. 11. 1927 in einem Offenen Brief des ZK der KPF an die Mitglieder der Partei auftaucht: Lange, Stalinismus (Anm. 162), S. 20 ff. Zur Umwerbung der Unorganisierten: Siegfried Bahne, Die Erwerbslosenpolitik der KPD in der Weimarer Republik, in: Hans Mommsen u. Winfried Schulze (Hg.), Vom Elend der Handarbeit. Probleme historischer Unterschichtenforschung, Stuttgart 1981, S. 477—496 (487 f.); Peterson, Labor (Anm. 54), S. 74 ff. (bes. zur Mobilisierung von Unorganisierten im Ruhreisenstreit von 1928). Zu den kommunalpolitischen Wirkungen des 12. Parteitags: Herlemann, Kommunalpolitik (Anm. 167), S. 143 ff.; Volker Wünderich, Arbeiterbewegung und Selbstverwaltung. KPD und Kommunalpolitik in der Weimarer Republik. Mit dem Beispiel Solingen, Wuppertal 1980, S. 175 ff. Zur Kommunalpolitik der KPD vgl. auch oben S. 462 ff. Zum Magdeburger Parteitag der SPD siehe oben S. 631 ff.

jüdischen Bürgertums und wurde als Student der Philosophie 1920 von Ernst Reuter-Friesland, dem damaligen Generalsekretär der KPD, in die Partei aufgenommen. Zeitweilig mit der linken Opposition um Ruth Fischer sympathisierend, wechselte er im Frühjahr 1923 zur Mittelgruppe und Ewert über. Als einer der Verantwortlichen für den „deutschen Oktober" wurde er 1924, nach der Flucht aus dem Gefängnis, polizeilich gesucht. Auf dem Umweg über Wien gelangte er nach Moskau, wo er 1925 die Nachfolge von Iwan Katz als Vertreter der KPD bei der Komintern antrat. Stalin entsandte ihn 1927 zusammen mit einem der führenden Bolschewiki, Besso Lominadse, nach China. Nach dem blutigen Fehlschlag des von ihm mitorganisierten Kantoner Aufstands konnte Neumann entkommen. 1928 kehrte er nach Deutschland zurück, wo er, nach der Wittorf-Affäre, die Chefredaktion der „Roten Fahne" übernahm. Neumann war damals der persönliche Vertrauensmann Stalins, und als solcher gehörte er zu den radikalsten Verfechtern des ultralinken Kurses.

Wenn es in der Parteiführung seit 1929 auch keine festgefügten Fraktionen mehr gab, so waren doch taktische Allianzen und persönliche Intrigen an der Tagesordnung. „Die ganze letzte Phase der Geschichte der KPD stellt einen dauernden Wechsel von Cliquenkämpfen dar, wobei sich bald Thälmann mit Neumann, bald mit Pieck gegen Neumann, bald Remmele mit Neumann gegen Thälmann usw. usw. verbünden", schreibt Ossip Flechtheim. „Im ganzen läßt sich nur sagen, daß gegenüber dem Abenteurer Neumann und dem Bürokraten Remmele Thälmann und Pieck noch so etwas wie Reste von gesundem Menschenverstand und Verbundenheit mit gewissen Arbeiterschichten aufwiesen. Machten doch ... Thälmann und Pieck gegen die extremsten Exzesse von Neumann und Remmele Bedenken geltend — allerdings ohne Erfolg."

Mit dem Weddinger Parteitag war, wie Hermann Weber bemerkt, die Stalinisierung der KPD im wesentlichen abgeschlossen. Die entschiedenen Kritiker Stalins und Thälmanns waren aus der Partei vertrieben worden; die verbliebenen „Versöhnler", die gelegentlich noch Vorbehalte geltend machten, hatten ihre letzten Machtpositionen eingebüßt. Die KPD war nun endgültig ein gefügiges Instrument der Komintern — unfähig, selbständig zu handeln, ja kaum mehr imstande, selbständig zu urteilen. Stalin konnte mit dem Erreichten fürs erste zufrieden sein.[178]

*

178 Flechtheim, KPD (Anm. 163), S. 263; Weber, Wandlung (Anm. 162), Bd. 1, S. 232. Das offizielle Ende des „Versöhnlertums" kam am 23. 2. 1930 — zwei Wochen nach dem Tod Ernst Meyers —, als die „Rote Fahne" eine Kapitulationserklärung Ewerts veröffentlichte, in der dieser alle seine früheren, von der Parteiführung kritisierten Ansichten als falsch bezeichnete. Ebda., S. 236 f. — Zur Wirkung, die Thälmann bei kommunistischen Arbeitern erzielte, siehe etwa die Aussagen bei Reuter, KPD-Politik (Anm. 175), S. 92—96. Zu den Biographien Neumanns, Remmeles und Thälmanns siehe Weber, Wandlung (Anm. 162), Bd. 2, S. 233—235, 255—257, 338—340. Zu Neumann auch Buber-Neumann, Potsdam (Anm. 170), passim.

Der Weddinger Parteitag der KPD bereitete dem Parteiführer Ernst Thälmann stürmische Ovationen. Sein kämpferischer Habitus verschaffte ihm große Popularität: Thälmann vor RFB-Angehörigen (oben).
Nach der Ausschaltung der rechten Opposition konnte Josef Stalin am 21. Dezember 1929 als unangefochtener Führer der KPdSU seinen 50. Geburtstag feiern (unten). *Mit ihm feiern von links: Ordshonikidse, Woroschilow, Kuibischew, Stalin selbst, Kalinin, Kaganowitsch, Kirow.*

Organisatorisch freilich gab es an der KPD noch viel zu bemängeln. Auf dem 10. Plenum des Exekutivkomitees der Komintern, das vom 3. bis 19. Juli 1929 in Moskau tagte, hielt Ossip Pjatnizki, der für Organisationsfragen zuständige Funktionär des EKKI, den deutschen Kommunisten vor, daß die Zahl ihrer Betriebszellen abgenommen habe — von 2 243 im Jahre 1926 auf 1 556 im Jahre 1928 — und daß zur Zeit nur rund 18 % der Parteimitglieder in Betriebszellen organisiert seien. Die Vernachlässigung der Betriebsarbeit suchte Pjatnizki auch mit anderen Zahlen zu belegen: Die Hauptmitgliedermasse der KPD (69 %) war 1928 in Fabriken und Betrieben mit bis zu 500 Arbeitern beschäftigt; der Anteil der in Großbetrieben mit mehr als 500 Arbeitern beschäftigten Parteimitglieder war sogar gesunken, und zwar von 30,91 % im Jahre 1927 auf 28,71 % im Jahre 1928. Die KPD hatte also, wiederholten Mahnungen der Komintern zum Trotz, die bolschewistische Erfahrung noch immer nicht genügend berücksichtigt, daß nur *die* Partei die Arbeiterklasse führen konnte, die einen festen Rückhalt in den Betrieben, vor allem den großen, hatte. Pjatnizki führte sogar das Scheitern des „deutschen Oktober" auf dieses organisatorische Versäumnis zurück. „Wenn die KPD damals eine enge Verbindung mit den Belegschaften der Fabriken und Betriebe gehabt und die Stimmung der Arbeiter gekannt hätte, so wäre (selbstverständlich die Durchführung einer richtigen revolutionären Linie der KPD vorausgesetzt) der Ausgang der Dinge ein ganz anderer gewesen."

Einige Vertreter der KPD fühlten sich durch diese Kritik so provoziert, daß sie den Leiter der Orgabteilung des EKKI mit erregten Zwischenrufen unterbrachen. Remmele warf Pjatnizki vor, er stelle die Dinge so dar, als ob „überhaupt kein Fortschritt in der Arbeit der Partei zu verzeichnen ist." Neumann protestierte: „Man darf nicht nur die schlechten Seiten der Arbeit allein hervorheben."

Die organisatorischen Schwächen der KPD und anderer kommunistischer Parteien in kapitalistischen Ländern waren ein wichtiges, aber nicht das beherrschende Thema des 10. Plenums. Die Hauptaufgabe der Tagung war es vielmehr, alle Parteien der Dritten Internationale auf jenen verschärften Linkskurs festzulegen, den die deutschen Kommunisten soeben auf ihrem Weddinger Parteitag beschlossen hatten. Grund der neuerlichen Radikalisierung war die Zuspitzung der russischen Parteikrise: Im April 1929 hatte das ZK der KPdSU auf Stalins Betreiben empfohlen, Bucharin und Tomski, die beiden wichtigsten Führer der „rechten" Opposition, wegen Fraktionsbildung aller Ämter zu entheben. Tomski verlor daraufhin den Vorsitz im sowjetischen Gewerkschaftsbund, Bucharin den im Exekutivkomitee der Komintern. Die Berichte für das 10. Plenum trugen an seiner Stelle am 3. Juli Otto Kuusinen und D. Z. Manuilski vor.

Die Mitglieder des Plenums bestätigten sogleich den Schritt der KPdSU und schlossen Bucharin formell als Mitglied des Präsidiums des EKKI aus. In einer „Resolution über den Genossen Bucharin" beschuldigten sie den bisherigen ersten Mann der Komintern, er habe zusammen mit seinen Gesinnungsfreunden eine opportunistische „Plattform der rechten Abweichung" geschaffen. Der Politik der KPdSU hätten die „Rechten" „die Linie des Verzichts auf die Offensive gegen die kapitalistischen Elemente, der Ablehnung der Notwendigkeit eines verschärften Kampfes gegen die Kulaken, der Einschränkung der sozialistischen Aufbauformen" entgegengestellt, was faktisch eine Kapitulation vor den kapitalistischen Elementen bedeute. Die jüngste Veröffentlichung Bucharins, eine Buchbesprechung in der „Prawda", zeige, daß er an seiner „antimarxistischen ‚Theorie' der Abstumpfung der inneren Widersprüche des Kapitalismus" nicht nur festhalte, sondern seine Fehler sogar noch mehr vertiefe. „Genosse Bucharin und seine Gruppe versuchen, den gesunden Prozeß der Säuberung der Parteien vom Sozialdemokratismus, einen Prozeß, der angesichts des heranwachsenden revolutionären Aufschwungs doppelt notwendig ist, in jeder Weise zu verunglimpfen und damit den Kampf der KI gegen die rechten Renegaten abzuschwächen. Als Anziehungspunkt aller rechten Elemente in der KI tragen Genosse Bucharin und seine Gruppe durch ihre Propaganda des Pessimismus, der Mutlosigkeit und des Unglaubens an die Kräfte der Arbeiterklasse nicht nur zur Belebung aller antileninistischen Strömungen, sondern auch zur Untergrabung der bolschewistischen Disziplin bei."

Was Stalin mit der Ausschaltung der „rechten" Opposition bezweckte und erreichte, war nicht mehr und nicht weniger als eine soziale Revolution. „Stalins Konflikt mit den Führern der linken Oposition war im Grunde ein Machtkonflikt gewesen, wie sich allein aus der Tatsache entnehmen läßt, daß er, als sie noch kaum besiegt war, ihre Politik übernahm, wenn auch in sehr übertriebener Form", urteilt Leonard Schapiro. „Demgegenüber war der Gegensatz zwischen Stalin und Bucharin ein prinzipieller, wie sehr Stalin ihn auch dazu benutzt haben mag, seinen eigenen Einfluß zu fördern. Bucharin, Rykow und Tomski waren keine gefühlsseligen Menschen und können sich kaum Illusionen über die Natur der kommunistischen Herrschaft hingegeben haben, ganz besonders nicht darüber, daß sie, um zu überleben, eines erheblichen Ausmaßes an Gewaltanwendung bedürfe. Aber sie zogen dem Ausmaß menschlichen Leidens, dem sie andere auszusetzen gewillt waren, bestimmte Grenzen, jedenfalls soweit es sich um Arbeiter und Bauern handelte ... Sie waren nicht bereit, einem ‚Anstoß' zuzustimmen, der so gewaltsam war, daß er, wie Bucharin im Juli 1928 in seinem Gespräch mit Kamenew vorausgesehen hatte, Terror, Blutvergießen und die Möglichkeit des Zusammenbruches der sowjetischen Herrschaft mit sich bringen mußte; das war ein Risiko, das einzugehen sie nicht bereit waren und ein Preis, den zu erheben sie nicht für gerechtfertigt hielten."

Die Kollektivierung der Landwirtschaft, die in der zweiten Hälfte des Jahres 1929 begann, erfolgte in einem derartigen Tempo, daß am 10. März 1930 bereits 58 % aller Betriebe den privaten Eigentümern entzogen waren. Auf den Widerstand der Bauern antwortete die Regierung mit massiver Vergeltung. Auf Getreidediebstahl stand die Todesstrafe; Bauern, die Kollektivwirtschaften verließen, hatten kein Anrecht mehr auf irgendwelches Land. Fünf Millionen Familien von Großbauern („Kulaken") sollen zwischen 1929 und 1933 zwangsweise deportiert worden sein. Wenige überlebten die Deportation: Die Mehrzahl verhungerte; viele wurden von Agenten der Geheimpolizei ermordet. Die Bevölkerung der Sowjetunion bezahlte die forcierte Kollektivierung mit einem drastischen Niedergang ihres Lebensstandards. Die letzten beiden Jahre des 1928 verkündeten ersten Fünfjahresplanes waren ausgesprochene Hungerjahre.

Was die Komintern den Bolschewiki gewähren sollte, war der übliche internationale Flankenschutz: Die Steigerung des Kampfes gegen die „rechte" Opposition in der KPdSU mußte abgesichert werden durch eine verschärfte Auseinandersetzung mit den „rechten" Elementen innerhalb aller kommunistischen Parteien und deren „reformistischen" Verbündeten in Sozialdemokratie und Gewerkschaften. Diesem Zweck diente die von Kuusinen formulierte „Theorie" des Sozialfaschismus. „Die Faschisten sind Nationalisten, Imperialisten, Kriegshetzer, Feinde des Sozialismus, Feinde der Demokratie, Würger der selbständigen Arbeiterbewegung, Arbeitermörder usw.", erklärte er. „Die Sozialfaschisten handeln in der Regel wie die Faschisten, aber sie tun ihr faschistisches Werk nicht mit einem offenen Visier, sondern arbeiten hinter einem Nebelrideau, wie man es im Krieg anwendet. Das gehört zum Wesen des Sozialfaschismus: imperialistische Politik im Namen des Internationalismus, kapitalistische Politik im Namen des Sozialismus, Abbau der demokratischen Rechte der Werktätigen im Namen der Demokratie, Abbau der Reformen im Namen des Reformismus, Arbeitermörderpartei im Namen der Arbeiterpolitik usw. ... Die Ziele der Faschisten und Sozialfaschisten sind dieselben, der Unterschied besteht in den Losungen und teilweise auch in den Methoden."

Heinz Neumann lieferte eine klärende Ortsbestimmung nach: „Wenn Italien das klassische Land des Faschismus ist, ist Deutschland das klassische Land des Sozialfaschismus." Manuilski steckte das soziale Einzugsfeld des Sozialfaschismus ab: „Die tausende sozialdemokratischer Beamten im Arbeitsministerium, in der Polizei, in Krankenkassen, Gemeindeverwaltungen usw. — das ist der faschistische Staatsapparat." Angesichts dieser Ausmaße des Sozialfaschismus blieb für eine Aktionseinheit von Sozialdemokraten und Kommunisten faktisch kein Raum mehr. Manuilski definierte „Einheitsfronttaktik" daher auch ganz bewußt so, daß ein *politisches* Zusammengehen beider Parteien ausgeschlossen blieb: „Die Einheitsfronttaktik ist der unversöhnlichste Kampf gegen die reformistischen und sozialdemokratischen Organisationen um die Massen im Betrieb."

Entsprechend waren die Resolutionen des 10. Plenums gehalten. Sie machten sämtlichen Sektionen der Komintern zur Pflicht, „den Kampf gegen die internationale Sozialdemokratie, diese wichtigste Stütze des Kapitalismus, zu verstärken". Was die Gewerkschaftsarbeit anging, so wurden die Kommunisten abermals gemahnt, sie müßten sich der „entscheidenden Bedeutung der *selbständigen* Führung in den Streikkämpfen *ohne* und *gegen* den reformistischen Gewerkschaftsapparat" bewußt sein und danach handeln. Die deutschen Kommunisten waren sich über den Sinn der Aufforderung im klaren: Die Revolutionäre Gewerkschaftsopposition, die bisher nur in örtlichem Rahmen von sich reden gemacht hatte, sollte dem deutschen Proletariat endlich durch die Tat beweisen, daß es sie gab.[179]

*

179 Protokoll (Anm. 171), S. 39 f. (Kuusinen), 77 (Manuilski), 245—248 (Pjatnizki), 249 (Remmele), 255, 477 (Neumann), 572 (Manuilski), 895 (Resolution zur internationalen Lage und den nächsten Aufgaben der KI), 907 (Resolution über den wirtschaftlichen Kampf und die Aufgaben der kommunistischen Parteien; Hervorhebungen im Original), 931—933 (Reso-

Der erste Reichskongreß der Revolutionären Gewerkschaftsopposition Deutschlands fand vom 30. November bis 1. Dezember 1929 in Berlin statt. Von den 1 117 Delegierten waren 754 in der KPD und 53 im Kommunistischen Jugendbund organisiert; drei gehörten der SPD und einer den „Linken Kommunisten‘. an; 281 Delegierte waren parteilos. Die Rede des für Gewerkschaftsfragen zuständigen Mitglieds des Polbüros, Paul Merker, war ein einziger Appell, den Kampf gegen das sozialfaschistische „Verräterpack“ aufzunehmen. Die wichtigsten Beschlüsse betrafen die Vorbereitung der Betriebsrätewahlen. Unter Einsetzung der ganzen Kraft von Partei und RGO müßten, so hieß es, die Wahlen zur „Mobilisierung aller Betriebsarbeiter und zum rücksichtslosen Kampf gegen den Reformismus und für die revolutionären Klassenkämpfe ausgenutzt werden.“ Auf den von der RGO vorgeschlagenen Kandidatenlisten sollten neben freigewerkschaftlich Organisierten auch solche unorganisierten Arbeiter aufgestellt werden, die in der Belegschaft großen Einfluß besäßen und sich als klassenbewußte Arbeiter bewährt hätten. „In Fällen, wo die Gewerkschaftsbürokratie versucht, die Kommunisten von den unorganisierten Arbeitermassen zu trennen, indem sie sich wohl bereit erklärt, Kommunisten auf die freigewerkschaftliche Liste zu nehmen, aber die Aufnahme der Unorganisierten ablehnt, darf in der Regel auf eine konsequente Durchführung der aufgezeigten Linie nicht verzichtet werden.“

Der Weg zu einer mit den Freien Gewerkschaften konkurrierenden kommunistischen Sondergewerkschaft war damit endgültig beschritten. Zwar hatte die KPD sich bislang gegen das Drängen der RGI und ihres Generalsekretärs, Losowski, gesträubt, eine selbständige Gewerkschaft aufzubauen und dabei vor allem auf Unorganisierte und Ausgeschlossene zurückzugreifen. Aber durch den Beschluß der RGO, bei den Betriebsratswahlen grundsätzlich mit eigenen Listen aufzutreten, wurden die Freien Gewerkschaften förmlich gezwungen, sich von ihren kommunistischen Mitgliedern zu trennen. Die wiederholten Versicherungen der KPD, nicht sie wolle die Gewerkschaften spalten, sondern die „Sozialfaschisten“ täten dies, konnten am tatsächlichen Effekt der reichsweiten Konstituierung der RGO nichts ändern: Es gab nun formell eine Organisation, die vom Standpunkt der bestehenden Richtungsgewerkschaften aus als „gegnerisch“ eingestuft werden mußte.[180]

---

lution über den Genossen Bucharin). — Zur Entwicklung der Betriebszellen: Siegfried Bahne, Die KPD und das Ende von Weimar. Das Scheitern einer Politik 1932—1935, Frankfurt usw. 1976, S. 15 f. Zur Wendung gegen die „rechte“ Opposition in der KPdSU und zur Kollektivierung der Landwirtschaft: Leonard Schapiro, Die Geschichte der Kommunistischen Partei der Sowjetunion (engl. Orig.: The Communist Party of the Soviet Union, London 1960), Frankfurt 1962, S. 395 ff. (401; zur Schätzung der Opfer: 409 f.); Stephen F. Cohen, Bukharin and the Bolshevik Revolution. A Political Biography, 1888—1938, New York 2. Aufl. 1973, S. 270 ff., sowie die in Anm. 2/420 genannte Lit.

180 Protokoll des 1. Reichskongresses der revolutionären Gewerkschaftsopposition Deutschlands. Abgehalten am 30. November und 1. Dezember 1929 in Berlin, Berlin 1930, S. 32 (Merker), 73 f. (Zusammensetzung), 101—104 (Beschlüsse). Vgl. dazu auch Wieszt, KPD-Politik (Anm. 176), S. 387 f.; Lore Heer-Kleinert, Die Gewerkschaftspolitik der KPD in der Weimarer Republik, Frankfurt usw. 1983, S. 335 ff. Unergiebig: Die Rote Gewerkschafts-Internationale, Frankfurt 1978; aus der Sicht der DKP: Steffen Lehndorff, Wie kam es zur RGO? Pro-

Ihren Mitgliederbestand konnte die RGO während der Weltwirtschaftskrise erheblich vergrößern — von 106 000 Ende 1929 auf etwa 200 000 im März 1932. Allerdings war zuletzt die Mehrheit der in der RGO organisierten Arbeiter erwerbslos. Im Juni 1932 standen im Ruhrgebiet unter den Mitgliedern des Einheitsverbandes der Bergarbeiter Deutschlands — eines der mittlerweile entstandenen kommunistischen Branchenverbände — 1 825 Betriebsarbeitern 5 693 Arbeitslose gegenüber. Bei den Betriebsratswahlen vom Frühjahr 1930 kandidierte die RGO in 1 169 Betrieben (im Jahr zuvor waren es nur 150 gewesen). Am besten schnitt sie im Bergbau ab, der schon in den ersten Jahren der Weimarer Republik der stärkste Rückhalt des kommunistischen „Unionismus" gewesen war. Im Ruhrgebiet kam sie auf 69 000 Stimmen gegenüber 129 000 für die Freien und 78 000 für die Christlichen Gewerkschaften. In Oberschlesien überrundete die RGO sogar die Freien Gewerkschaften: 15 000 Stimmen entfielen auf die kommunistische Liste, 13 000 auf die freigewerkschaftliche, 8 000 auf die christliche.

Auch in einigen großen Werken der chemischen Industrie konnte die RGO 1930 überdurchschnittliche Ergebnisse verbuchen. So kam sie in den Leunawerken auf einen Anteil von 37,2 % der Betriebsratssitze; bei der BASF waren es 17,9 % und bei Höchst 38 %. Aber das waren Ausnahmen. In der gesamten Metallindustrie belief sich 1930 der Anteil der über RGO-Listen gewählten Betriebsräte auf 2,6 %, während der DMV 82 % der Mandate erhielt. Ein Zufall war dieses ungleichmäßige Abschneiden nicht. Bergbau und Chemieindustrie beschäftigten in großer Zahl ungelernte und angelernte Arbeiter, die für radikale Parolen traditionell empfänglicher waren als Facharbeiter, wie sie in der Metallindustrie vorherrschten. Soweit diese sich kommunistisch engagierten, standen sie im Parteispektrum eher „rechts", wenn nicht gar bei der KPO, die in einigen Werken der Metallindustrie, so bei Bosch in Stuttgart, eine ihrer Hochburgen hatte.[181]

---

bleme der Gewerkschaftsentwicklung in der Weimarer Republik von 1927 bis 1929, Frankfurt 1975. Vgl. dazu auch Hildegard Caspar, Die Politik der RGO. Dargestellt am Beispiel der Arbeitslosenpolitik in Hamburg, in: Deutsche Arbeiterbewegung (Anm. 108), S. 50—80; Frank Deppe u. Witich Roßmann, Kommunistische Gewerkschaftspolitik in der Weimarer Republik, in: Matthias/Schönhoven (Hg.), Solidarität (Anm. 105), S. 209—232. Zur Reaktion des ADGB auf den Kongreß der RGO: Kommunistischer Gewerkschaftskongreß, in: GZ, Nr. 46, 16. 11. 1929; Der kommunistische Gewerkschaftskongreß, ebda., Nr. 49, 7. 12. 1929.

181 Die Zahlen nach: Wieszt, KPD-Politik (Anm. 176), S. 686—689 (Mitglieder); Heer-Kleinert, Gewerkschaftspolitik (Anm. 180), S. 376 (Ruhrgebiet, Oberschlesien), 381 (Betriebsarbeiter und Arbeitslose); Eva Cornelia Schöck, Arbeitslosigkeit und Rationalisierung. Die Lage der Arbeiter und die kommunistische Gewerkschaftspolitik 1920—1928, Frankfurt usw. 1977, S. 254—257 (Chemie und Metallindustrie). Vgl. dazu auch Stolle, Arbeiterpolitik (Anm. 167), S. 213 ff. (für Bosch). In Ludwigshafen, dem Sitz der BASF, zählte die RGO Ende 1931 angeblich 212 Mitglieder, von denen 75 % arbeitslos waren. Bei den Betriebsratswahlen bei der BASF im März 1929 erhielt die oppositionelle Liste der KPD 19,8 % der Stimmen. Vgl. dazu Dieter Schiffmann, Von der Revolution zum Neunstundentag. Arbeit und Konflikt bei BASF 1918—1924, Frankfurt usw. 1983, S. 378—380. Im Ruhrkohlenbergbau hatte die oppositionelle Liste der KPD bei den Betriebsratswahlen vom März 1929 30 000 Stimmen (etwa 10 %) erhalten. Tschirbs, Tarifpolitik (Anm. 4), S. 356. Die „ultralinke" RGO-Politik hatte in Leuna sogar zu einem Rückschlag geführt (1929: 51,3 %). Kämpfendes Leuna. Die Geschichte des Kampfes der Leuna-Arbeiter, Teil 1, 1. Halbbd., Berlin [O] 1961, S. 461.

Der Deutsche Metallarbeiterverband hatte schon vor dem 1. Reichskongreß der RGO einzelne Gliederungen ausgeschlossen, die sich zur Revolutionären Gewerkschaftsopposition bekannten. Aufsehen erregten vor allem die Maßnahmen gegen die Berliner Organisationen der Rohrleger und Dreher. Den Anlaß zum offenen Konflikt zwischen der Ortsverwaltung des DMV und den Berliner Rohrlegern lieferte deren Vorsitzender Michael Niederkirchner, der sich im Frühjahr 1929 unverblümt zur neuen gewerkschaftsfeindlichen Taktik der KPD bekannte. Die Sanktionen des DMV — Funktionsenthebung und Ausschluß Niederkirchners aus dem Verband — wurden von der Branchenleitung der Rohrleger nicht anerkannt. Daraufhin schloß der DMV dieses Gremium insgesamt aus und setzte eine neue Branchenleitung ein. Doch die Mitglieder solidarisierten sich mit der alten Leitung und weigerten sich, ihre Mitgliedsbücher der Ortsverwaltung des DMV einzusenden. Der Metallarbeiterverband beantwortete diese Auflehnung mit dem Ausschluß aller Mitglieder, die sich in dieser Weise auf die Seite Niederkirchners stellten. Den nächsten Schritt taten die rebellierenden Berliner Rohrleger: Ende Mai beschloß eine von 2 500 Mitgliedern besuchte Branchenversammlung, so lange keine Beiträge mehr an den DMV zu zahlen, bis die „einfachsten Mitgliederrechte garantiert waren". Mit der Ausgabe neuer Mitgliedsbücher begann der organisatorische Aufbau einer örtlichen kommunistischen Sondergewerkschaft, der „Vereinigung der Rohrleger und Helfer". Etwa 3 000 Arbeiter schlossen sich ihr an.

Die neue Organisation suchte sogleich den Doppelkonflikt mit den Arbeitgebern und der „reformistischen" Gewerkschaft. Den im Mai 1929 von der Berliner Ortsverwaltung des DMV ausgehandelten Tarifvertrag erkannte die kommunistische Vereinigung nicht an, weil er den Helfern materielle Verschlechterungen gebracht hatte. An dem von ihr im Herbst ausgerufenen Streik beteiligten sich zwischen 2 500 und 3 000 Arbeiter. Aber zu gewinnen war der Kampf nicht. Die Ortsverwaltung des DMV hatte mittlerweile den Tarifvertrag für verbindlich erklären lassen und setzte gegen den „wilden" Ausstand etwa 1 500 gewerkschaftliche Streikbrecher ein. Die Härte, mit der der Metallarbeiterverband reagierte, erklärt sich aus seiner Entschlossenheit, weiteren Anschlägen auf die Gewerkschaftsdisziplin vorzubeugen. Um dieses Zweckes willen nahm der DMV sogar eine vorübergehende Einheitsfront mit den Arbeitgebern in Kauf, die die streikenden Rohrleger sogleich ausgesperrt hatten. Nach zehn Wochen war der Ausstand der Berliner Rohrleger zuende. Die Kommunisten hatten ihr Ziel, die Anerkennung der „Vereinigung", nicht erreicht. Ende Oktober 1929 hatte die neue „reformistische" Branchenorganisation der Rohrleger angeblich bereits fast so viele Mitglieder wie der alte Verband vor der Spaltung.

Bei den Berliner Drehern verlief die Entwicklung ähnlich, wenn auch weniger dramatisch. Anlaß zu Disziplinarmaßnahmen des DMV war eine Einladung an den bereits ausgeschlossenen Niederkirchner, vor den Mitgliedern der Branche ein Referat zu halten. Dem Ausschluß der Branchenleitung folgte der Ausschluß von etwa 600 Mitgliedern, die sich mit ihr solidarisierten. Die neue Sonderorganisation nannte sich „Deutscher Metallarbeiterverband, Branche Revolverdreher, Dreherinnen und Rundschleifer (Opposition)". Ebenso wie die Vereinigung der

Rohrleger und Helfer verlor aber auch dieser Verband seine Mitglieder zu großen Teilen bald wieder an die offizielle Branchenorganisation des DMV.[182]

Von einigen Betriebsstreiks abgesehen, hatten die Bemühungen der RGO, selbständig und gegen den Willen der „Reformisten" Arbeitskämpfe auszulösen, auch in den Jahren nach 1929 keinen Erfolg. Anders hätte es nur sein können, wenn der neue revolutionäre Aufschwung eingetreten wäre, den die Komintern seit 1928 beschwor. Aber davon war keine Rede. Im Zuge einer sich ständig verschlechternden Konjunktur geriet die Arbeiterschaft immer mehr in die Defensive. Die kommunistische Gewerkschaftspolitik konnte daran nichts ändern — im Gegenteil: Die KPD büßte an gewerkschaftlichen Positionen ein, was sie in den Jahren zuvor erobert hatte, und sie schwächte die organisierte Arbeiterschaft in einem Augenblick, als ihre entschlossensten Gegner sich zum Endkampf gegen den „Marxismus" in allen seinen Schattierungen sammelten.[183]

*

Die Arbeitslosen waren seit langem ein bevorzugter Adressat der kommunistischen Agitation. Erwerbslosendemonstrationen hatte die KPD in den Inflationsjahren immer wieder und gelegentlich auch in den Jahren danach organisiert. Kommunistisch geführte Erwerbslosenausschüsse gab es in vielen größeren Städten. Seit dem Anwachsen der Arbeitslosigkeit im Winter 1928/29 stieg auch die Zahl der erwerbslosen Kommunisten drastisch an: Im September 1930 waren bereits 40 % der Parteimitglieder ohne Arbeit. Wenn die KPD ihre erwerbslosen Mitglieder an sich binden und das Heer der Arbeitslosen zu sich hinüberziehen wollte, mußte sie ihre Anstrengungen steigern. Der Weddinger Parteitag legte die KPD eben hierauf fest: „Die Erwerbslosenbewegung bildet mit der zunehmenden Verschlechterung der ökonomischen Lage einen wichtigen Bestandteil aller proletarischen Widerstandskämpfe. Die Erwerbslosenpolitik der Partei muß darauf gerichtet sein, die Kampfeinheit der Erwerbslosen und Betriebstätigen überall herzustellen. Die Partei muß sich an die Spitze der organisierten Massenaktionen der Erwerbslosen stellen, um sie mit den Kämpfen des Gesamtproletariats zu vereinigen."[184]

Nach der Konstituierung der RGO auf Reichsebene übernahm diese die Organisation der Erwerbslosen. Innerhalb der Revolutionären Gewerkschaftsopposition gab es Anfang 1931, ihren eigenen Angaben zufolge, 600 Erwerbslosengrup-

182 Ausführlich zu den Konflikten bei den Berliner Rohrlegern und Drehern: Wieszt, KPD-Politik (Anm. 180), S. 382—387 (384). Die Berliner Rohrleger standen bereits seit 1916 unter der Führung der radikalen Linken.

183 Ebda., S. 553 f.; 570—582.

184 DuM (Anm. 31), Bd. 8, S. 837 (Resolution über die politische Lage und die Aufgaben der KPD). Vgl. zur Erwerbslosenpolitik der KPD: Bahne, Erwerbslosenpolitik (Anm. 177), S. 477—496 (zur Zahl der arbeitslosen KPD-Mitglieder: 489 f.); Rosenhaft, Working-Class Life (Anm. 170), S. 207 ff.; Rose-Marie Huber-Koller, Die kommunistische Erwerbslosenbewegung in der Endphase der Weimarer Republik, in: Gesellschaft. Beiträge zur Marxschen Theorie, Bd. 10, Frankfurt 1977, S. 89—140.

pen mit 30 000 Mitgliedern. Die RGO war auch zuständig für die kommunistischen Erwerbslosenzeitungen, deren Auflage sich im März 1930 auf 140 000 Stück belaufen haben soll. Die Zahl der Erwerbslosenausschüsse wuchs gewaltig an: Im Sommer 1930 waren es angeblich 1 200, Anfang 1931 1 400. Die Behauptung, daß diese Ausschüsse von über 300 000 Arbeitslosen gewählt worden seien, war allerdings schon damals nicht zu überprüfen.

Formell waren die Erwerbslosenausschüsse überparteilich. Aber dieser Anspruch wurde immer mehr zur bloßen Fassade, seit die RGO im Sommer 1930 begann, die Ausschüsse völlig der Kontrolle „ihrer" Arbeitslosen zu unterwerfen. Die Folgen blieben nicht aus: Die Absicht der KPD, die Arbeitslosenbewegung als bloßes Instrument zur Durchsetzung ihrer politischen Ziele zu benutzen, war so deutlich geworden, daß parteilose, freigewerkschaftliche und sozialdemokratische Arbeiter den Erwerbslosenausschüssen in großer Zahl den Rücken kehrten. Zwar waren die konkreten Forderungen der Erwerbslosenausschüsse nach wie vor populär: Das Verlangen etwa nach unentgeltlichem Essen in Volksküchen, kostenloser Milch für die Kinder von Arbeitslosen, freier Fahrt mit städtischen Verkehrsmitteln bei Behördengängen oder bei der Arbeitssuche. Aber die Tagesforderungen wurden regelmäßig überlagert durch sehr viel weiterreichende und vergleichsweise abstrakte Parolen wie „Für die Diktatur des Proletariats", „Gegen den imperialistischen Krieg", „Für die Verteidigung der Sowjetunion" und „Gegen Faschismus und Sozialfaschismus". Die werbende Wirkung der unmittelbar einleuchtenden Ziele mußte unter Postulaten leiden, deren Sinn nur den ohnehin schon Überzeugten geläufig war. Die KPD konnte die Stimmen der meisten Arbeitslosen gewinnen, die gegen ihr Schicksal protestieren wollten. Organisieren konnte sie die Erwerbslosen nicht.[185]

*

Auf dem Weddinger Parteitag ließ sich die KPD vom Vertreter des EKKI und Vorsitzenden der Kommunistischen Partei Frankreichs, Pierre Sémard, bestätigen, was sie soziologisch von der SPD unterschied. „In derselben Zeit, wo die KPD immer mehr die Partei der Großbetriebe wird, immer mehr zur einzigen Partei des Proletariats heranreift, tritt die Sozialdemokratie immer offener als Partei der Bourgeoisie auf. Magdeburg war der Parteitag der Minister, Polizeipräsidenten, höheren Staatsfunktionäre, Gewerkschaftsbonzen usw. — der Parteitag der KPD im revolutionären Wedding ist im Gegenteil zu Magdeburg die eigentliche Vertretung des revolutionären Proletariats Deutschlands ... Magdeburg und Wedding — das sind zwei Welten."

185 Ebda., S. 106—111. Die Zahlen nach Bahne, Erwerbslosenpolitik (Anm. 177), S. 491. Als Fallstudie: Klaus Tenfelde, Proletarische Provinz. Radikalisierung und Widerstand in Penzberg/Oberbayern 1900—1945, in: Martin Broszat u. a. (Hg.), Bayern in der NS-Zeit. Bd. IV: Herrschaft und Gesellschaft im Konflikt, Teil C, München usw. 1981, S. 1—382 (204 ff.). Auf die Situation der Arbeitslosen und die Erwerbslosenpolitik der KPD wird der folgende Band ausführlicher eingehen.

Läßt man die Polemik beiseite, so steckt ein richtiger Kern in der Aussage Sémards. Die Delegierten des Magdeburger Parteitags sind zwar bisher nicht auf ihre Berufe hin untersucht worden, aber vermutlich war die Zahl der Arbeiter sehr viel geringer als die der Parteiangestellten, Gewerkschaftsfunktionäre und Berufspolitiker. Die soziale Zusammensetzung des Weddinger Parteitags gab namens der Mandatsprüfungskommission Walter Stoecker bekannt. Von den 217 Delegierten waren 28 Sekretäre und sonstige Angestellte der Partei, alle übrigen „Vertreter der Betriebe, des Landproletariats, der Angestellten usw." Die genaue Zahl der Betriebsarbeiter belief sich auf 132. Von den 26 weiblichen Delegierten waren drei Hausfrauen, drei kaufmännische Angestellte, eine Landarbeiterin und 16 Betriebsarbeiterinnen. 213 der 217 Delegierten waren gewerkschaftlich organisiert, wobei 28 Ausgeschlossene mitgerechnet wurden. 91 Delegierte hatten gewerkschaftliche Funktionen inne, 76 waren Betriebsräte.[186]

Auch auf anderen Ebenen lassen sich Belege dafür beibringen, daß die KPD „proletarischer" war als die SPD. Von den Mitgliedern der sozialdemokratischen Reichstagsfraktion gaben Ende 1930 2 % einen Arbeiterberuf an, von den kommunistischen Abgeordneten dagegen 58 % (eine sicher auch „ideologisch" zu erklärende Entscheidung, die mehr über den erlernten als den ausgeübten Beruf aussagt). Von 27 Mitgliedern des sozialdemokratischen Parteivorstands, deren Daten ermittelt werden konnten, waren 56 % zu irgendeiner Zeit vor ihrer Wahl als Journalisten in der sozialdemokratischen Presse tätig gewesen; 48 % waren Parteiangestellte, 19 % Gewerkschaftsfunktionäre und 22 % Akademiker. Zwei Drittel (66,6 %) hatten ursprünglich einen Beruf als Arbeiter oder Handwerker ausgeübt. In der kommunistischen Spitzenführung war der Anteil der „praktizierenden" Arbeiter größer (wobei freilich die Übernahme eines parlamentarischen Mandats oder einer Funktion im ZK in der Regel wohl die gleichzeitige Ausübung eines „bürgerlichen" Berufs unmöglich machte). Von den Mitgliedern und Kandidaten des ZK, den Chefredakteuren der „Roten Fahne" und den „Polleitern" der acht großen Parteibezirke in den Jahren 1924 bis 1929 waren 48 % gelernte und 15 % ungelernte Arbeiter. Auf die Angestellten entfielen 11 %; 8 % waren Akademiker und 7 % Schullehrer. Gegenüber ihrer Frühzeit hatte sich die Führung der KPD eindeutig proletarisiert: Von den zwölf Mitgliedern der ersten Parteizentrale von 1919 waren sechs promovierte Akademiker; von den zwölf Mitgliedern des 1929 gewählten Polbüros hatte nur eines, Heinz Neumann, eine Universität besucht.

Der typische kommunistische Arbeiterführer der späten Weimarer Republik war demnach immer noch Arbeiter, der typische sozialdemokratische Arbeiterführer ein in einen Angestelltenberuf aufgestiegener ehemaliger Arbeiter. Wenn „Verbürgerlichung" lediglich jedwede Art des Aufstiegs aus dem Proletariat bedeuten soll, dann war dieser Prozeß bei der SPD in der Tat sehr viel weiter fortgeschritten als bei der KPD. Was die „Basis" betraf, so waren die gängigen Selbstdarstellungen der Kommunisten allerdings anfechtbar. Die KPD war mitnichten die Partei der Großbetriebe, und es stimmte auch nicht, daß die Sozialdemokratie

186 Protokoll (Anm. 170), S. 262 f. (Sémard), 285 (Stoecker).

die „Arbeiteraristokratie" und die Kommunisten die Masse der ungelernten Arbeiter repräsentierten; vielmehr stimmten regelmäßig einige der am wenigsten qualifizierten und am schlechtesten bezahlten Arbeitergruppen überwiegend für die SPD, während die KPD ihrerseits einen festen Rückhalt in der Facharbeiterschaft der Metallindustrie hatte. Richtig war lediglich, daß *insgesamt* Mitglieder und Wähler der KPD einen sehr viel niedrigeren Platz in der sozialen Pyramide einnahmen als Mitglieder und Wähler der SPD. Das lag nicht nur am größeren Gewicht, das Ungelernten bei den Kommunisten zufiel, sondern vor allem daran, daß die KPD *die* Arbeitslosenpartei der Weimarer Republik war. Der proletarische Habitus, den die Kommunistische Partei bewußt pflegte, hatte seinen tieferen Grund in der Nähe zu einem klassischen Proletarierschicksal: dem Verlust des Arbeitsplatzes.[187]

Wer von diesem Schicksal ständig bedroht war oder es bereits erlitten hatte, der mochte in wohldotierten Funktionsträgern von SPD und ADGB „Bonzen", wenn nicht gar Überläufer in die höhere Klasse sehen. Die KPD schürte solche Ressentiments, aber sie waren nicht allein ihr Werk. Die Klassengegensätze forderten soziale Minderwertigkeitsgefühle heraus, und aus diesen Gefühlen erwuchs Klassenhaß. Haß auf die bestehende Ordnung machte anfällig für plakative Schwarz-Weiß-Malerei: hier die Welt der Unterdrückten und Entrechteten — dort die privilegierte Welt der Bürger und der verbürgerlichten Sozialdemokraten; hier die Welt des verfaulenden Kapitalismus — dort die strahlende Gegenwelt Sowjetrußlands, des gelobten Landes des Sozialismus, in dem die Arbeiterklasse sich die Herrschaft erkämpft hatte.

Ob ein Sozialdemokrat noch als Klassenbruder anerkannt oder dem bürgerlichen Lager zugerechnet wurde, das dürfte vor allem davon abgehangen haben, wie er sich zu seiner Führung stellte. Verteidigte er Braun und Severing, war er überdies ein loyales Mitglied im Reichsbanner Schwarz-Rot-Gold, dann hatte er sich in den Augen eines überzeugten Kommunisten wohl selbst sein Urteil gesprochen. Unwahrscheinlich ist aber, daß kommunistische Aktivisten „linken" Sozialdemokraten mit jener Feindschaft gegenübertraten, wie die „Generallinie" sie verlangte. Wer sich von der Führung der SPD distanzierte, aber Sozialdemokrat blieb, dem waren Spott und Kritik wegen mangelnder Konsequenz sicher,

---

187 Für die Daten zu den Reichstagsfraktionen und zum Parteivorstand der SPD: Hunt, Social Democracy (Anm. 146), S. 73, 92 (beim Parteivorstand wird die Zahl von 100 % weit überschritten, da viele Mitglieder vor ihrer Wahl in mehr als einem Beruf tätig gewesen waren); zur KPD: Weber, Wandlung (Anm. 162), Bd. 2, S. 38. Zur sozialen Spaltung der Arbeiterschaft: James Wickham, Sozialfaschismus u. Spaltung der Arbeiterbewegung im Raum Frankfurt 1929/30, in: Archiv für die Geschichte des Widerstands u. der Arbeit 5 (1982), S. 27—56. Zur Soziologie der Mitgliedschaft von SPD u. KPD oben S. 346 ff., 445 ff. Zur Zusammensetzung der ersten Parteizentrale vgl. den vorhergehenden Band, S. 264 f. Die Zurückdrängung der Intellektuellen aus der Parteiführung war die unmittelbare Folge der Ausschaltung erst „linker", dann „rechter" Oppositionsgruppen. Der Rückgang des Intellektuellenanteils bedeutete zugleich einen Rückgang des jüdischen Anteils an der KPD-Führung. Von den 16 Mitgliedern der 1924 gewählten Zentrale waren 5 Juden; von den 38 Mitgliedern des ZK von 1929 zwei (Heinz Neumann, Leo Flieg).

schwerlich aber der persönliche Haß seines kommunistischen Nachbarn oder Arbeitskollegen.

Für einen langjährigen Sozialdemokraten gab es seinerseits Gründe, auf die Kommunisten herunterzublicken. Hatte die KPD nicht Elemente bei sich versammelt, mit denen ein anständiger Arbeiter nichts gemein hatte: Lumpenproletariat, jugendliche Rabauken aus den „wilden Cliquen", Leute, die auf der Straße herumlungerten anstatt ehrlicher Arbeit nachzugehen? So gesehen war ein Einsatz der Polizei durchaus vertretbar, wenn Kommunisten wieder einmal Ruhe und Ordnung störten. Das proletarische Milieu war keine Einheit mehr. Der Gegensatz zwischen den Arbeiterparteien prägte zwar nicht die alltäglichen Beziehungen zwischen den „einfachen" Anhängern von KPD und SPD: Je schwächer das politische Interesse der Sympathisanten beider Parteien war, desto problemloser gestaltete sich ihr persönliches Verhältnis zueinander. Die Aktivisten aber empfanden sich nicht bloß aufgrund politischer Anweisungen von „oben" als Gegner. Die gesellschaftliche Ursache der wachsenden Entfremdung lag auf der Hand: Das kommunistische Milieu war von wirtschaftlichen Erschütterungen stärker betroffen als das sozialdemokratische, und dem entsprach ein Gefälle an Radikalität.

Die Führung der KPD hatte freilich nicht mehr die grundsätzliche Wahl, ob sie den Massenstimmungen entgegenkommen oder aus besserer Einsicht widersprechen wollte. Sie hatte sich von der Komintern auf einen Kurs festlegen lassen, der den Radikalismus von unten steigerte, ihn aber nicht befriedigen konnte: Eine deutsche Revolution stand für Stalin vorerst nicht auf der Tagesordnung. Die Radikalisierung des deutschen Kommunismus seit 1928 war daher im Grunde ziellos. Die Radikalisierung von rechts, die sich zur gleichen Zeit vollzog, hatte ihr Ziel, und eben darum war sie die größere Gefahr für die demokratische Republik.[188]

---

188 Zur Sozialpsychologie des proletarischen Radikalismus sehr instruktiv: Curt Geyer, Der Radikalismus in der deutschen Arbeiterbewegung, Jena 1923. Zur Kollektivmentalität von sozialdemokratischen und kommunistischen Arbeitern allgemein: Bernd Rabe, Der sozialdemokratische Charakter. Drei Generationen aktiver Parteimitglieder in einem Arbeiterviertel, Frankfurt usw. 1978, bes. S. 89 ff.; Oskar Negt u. Alexander Kluge, Öffentlichkeit und Erfahrung. Zur Organisationsanalyse von bürgerlicher und proletarischer Öffentlichkeit, Frankfurt 1972. Zu Versuchen der KPD, jugendliche Banden mit „lumpenproletarischem" Einschlag zu sich herüberzuziehen: Eve Rosenhaft, Organizing the „Lumpenproletariat": Cliques and Communists in Berlin during the Weimar Republic, in: Richard J. Evans (Hg.), The German Working Class 1888—1933. The Politics of Everyday Life, London 1982, S. 174—192; Hellmut Lessing und Manfred Liebel, Wilde Cliquen. Szenen einer anderen Jugendbewegung, Bensheim 1981. Zum Verhältnis von Sozialdemokraten und Kommunisten in der späten Weimarer Republik vgl. v. a. die in Anm. 175 genannten regionalen Fallstudien sowie Alexander von Plato, „Ich bin mit allen gut ausgekommen" oder: war die Ruhrarbeiterschaft vor 1933 in politische Lager zerspalten?, in: Lutz Niethammer (Hg.), „Die Jahre weiß man nicht, wo man die heute hinsetzen soll". Faschismuserfahrungen im Ruhrgebiet. Lebensgeschichte und Sozialkultur im Ruhrgebiet 1930 bis 1960, 2 Bde., Berlin [W] usw. 1983, Bd. I, S. 31—66; Tenfelde, Provinz (Anm. 185), S. 204 ff. und Schiffmann, Revolution (Anm. 181), S. 373 ff.

Der Meister der fotographischen Montage, John Heartfield, ein engagierter Kommunist, stellte seine Kunst voll in den Dienst seiner politischen Überzeugung: Das von ihm entworfene Titelbild der „Arbeiter-Illustrierten-Zeitung" Nr. 6, 1930, stand unter dem Motto „Weg mit den Verdummungsbandagen!"

7. Das intellektuelle Umfeld der Arbeiterparteien

Als im Mai 1929 der Rote Frontkämpferbund verboten wurde, protestierte nicht nur die KPD, auch namhafte Intellektuelle legten Verwahrung ein. Eine von dem Pazifisten Kurt Hiller formulierte Erklärung, die „aus Gründen der Gerechtigkeit und der Zweckmäßigkeit" die Aufhebung des Verbots verlangte, erhielt die Unterschriften von 35 Künstlern, Wissenschaftlern und Publizisten, von denen nur etwa zehn der KPD angehörten oder nahestanden. Unter ihnen waren der Dramatiker Walter Hasenclever, der Theaterkritiker Alfred Kerr, der „rasende Reporter" Egon Erwin Kisch, der Philosoph Theodor Lessing, der Pädagoge Paul Oestreich, der Regisseur Erwin Piscator, der Schulreformer Gustav Wynecken und der Schriftsteller Arnold Zweig. Zwei Kollegen Zweigs, die Hiller ebenfalls angesprochen hatte, unterzeichneten nicht. Heinrich und Thomas Mann wollten sich nur für die Forderung einsetzen, alle Wehrverbände, also auch die der Rechten, zu verbieten.[189]

Auf die Unterstützung liberaler und linker Intellektueller konnte die KPD immer dann rechnen, wenn Kommunisten durch Behörden oder Gerichte wirkliches oder vermeintliches Unrecht geschehen war. Justizskandale wirkten besonders mobilisierend: Gegen die bevorstehende Hinrichtung von Nicola Sacco und Bartolomeo Vanzetti — zwei amerikanischen Arbeitern italienischer Abstammung, die sich als Anarchisten führend an wilden Streiks beteiligt hatten und 1921 auf Grund der falschen Anschuldigung des Raubmords zum Tode verurteilt worden waren — protestierten im Sommer 1927 nicht nur Hunderttausende kommunistischer Arbeiter, sondern auch, auf Veranlassung Willi Münzenbergs, viele Künstler, Schriftsteller und Wissenschaftler, darunter Albert Einstein, Heinrich Mann, Max Reinhardt und Kurt Tucholsky. Ähnlich stark war das Engagement von linken Intellektuellen in der Kampagne für die Freilassung des „deutschen Robin Hood" von 1921, Max Hölz, der vom Reichsgericht wegen Mordes zu einer lebenslangen Zuchthausstrafe verurteilt worden war, im Juli 1928 aber auf freien Fuß gesetzt wurde.

Immer wieder konnte Münzenberg Intellektuelle auch für Solidaritätsaktionen zugunsten der Sowjetunion gewinnen. Der „rote Hugenberg" appellierte mit Erfolg an das Mitleid, wenn er in den frühen zwanziger Jahren zu Hilfsaktionen für das hungernde Rußland aufrief; er war nicht minder erfolgreich, als er in den späteren Jahren der Republik Intellektuelle um Unterschriften für Aufrufe gegen den „imperialistischen Krieg" und für das bedrohte Rußland bat. Dem im November 1928 gegründeten Bund der Freunde der Sowjetunion, in dessen leitendem Komitee neben anderen Mitgliedern des ZK auch Münzenberg saß, traten namhafte Pazifisten wie Kurt Hiller, Emil Julius Gumbel, Otto Lehmann-Rußbüldt und He-

189 Kurt Hiller, Rundfrage über Rotfront, in: WB 25/II (1929), Nr. 46 (12. 11.), S. 722—724 (723). Vgl. dazu auch Finker, Geschichte (Anm. 168), S. 204.

lene Stöcker bei, ferner der Dichter Ernst Toller, der Kunstkritiker Herwarth Walden und der Sexualpädagoge Max Hodann.[190]

Über Unterschriften hinaus ging das Engagement einiger bürgerlicher Künstler und Wissenschaftler, die sich auch der kommunistischen Bildungsarbeit zur Verfügung stellten. Im Rahmen der Berliner „MASCH" — der seit 1926 existierenden, noch näher zu erörternden Marxistischen Arbeiterschule — hielten nicht nur theoretisch versierte Parteifunktionäre Kurse ab über Politische Ökonomie, dialektischen und historischen Materialismus und Geschichte der Arbeiterbewegung. Es gab daneben auch Lehrveranstaltungen über Städtebau, abgehalten von zwei Architekten des Dessauer „Bauhauses", Walter Gropius und Bruno Taut, und im Oktober 1931 sprach kein Geringerer als Albert Einstein über das Thema „Was der Arbeiter von der Relativitätstheorie wissen muß". Daß die MASCH formell keine Parteieinrichtung und finanziell ganz auf die Gebühren ihrer Hörer — in der Berliner Schule waren es 1929/30 etwa 3 500 — angewiesen war, mochte es nichtkommunistischen Dozenten erleichtern, an ihrem Lehrprogramm mitzuwirken.[191]

Die Kommunisten fanden alles in allem bei den „freischwebenden" Intellektuellen mehr Anklang als die Sozialdemokraten. Eine Partei von eher „kleinbürgerlichem" Habitus wie die SPD vermochte eine Intelligenz, die sich als fortschrittlich und kritisch verstand, kaum zu faszinieren. Die KPD erschien ungleich vitaler, und daß sie im Bürgertum verfemt war, machte sie manchen bürgerlichen „fellow travellers" nur noch interessanter. An idealistischen Beweggründen mangelte es nicht: Empörung über materielle Not, politische Ungerechtigkeit oder gesellschaftlichen Dünkel war fast immer mit im Spiel, wenn sich ein bürgerlicher Intellektueller für ein Anliegen der Kommunisten einsetzte. Aber solche Gefühle

---

190 Babette Gross, Willi Münzenberg, Eine politische Biographie, Stuttgart 1967, S. 131 ff., 230 ff.; Geschichte (Anm. 176), Bd. 4, S. 146 ff. (u. a. zu den von bürgerlichen Intellektuellen unterstützten Hilfsaktionen der Roten Hilfe für Kinder kommunistischer Gefangener), 178 f. (zum Bund der Freunde der Sowjetunion). Der Aufruf der KPD vom 21. 8. 1927 zu Demonstrationen gegen die (am 22./23. 8. vollzogene) Hinrichtung von Sacco und Vanzetti: DuM (Anm. 31), Bd. 8, S. 578—580. Zur Kampagne für die Freilassung von Max Hölz etwa Abendroth, Leben (Anm. 175), S. 92 ff. Zu Hölz vgl. auch den vorhergehenden Bd., S. 516 f. Münzenbergs Aktivitäten siehe ebda., S. 539 f., sowie oben S. 461 f. Zu Münzenberg, seinem „Konzern" allgemein und zum Bund der Freunde der Sowjetunion: Rolf Surmann, Die Münzenberg-Legende. Zur Publizistik der revolutionären deutschen Arbeiterbewegung 1921—1933, Köln 1983, bes. S. 144 ff.

191 Außerhalb Berlins wurden Marxistische Arbeiterschulen 1929/30 u. a. gegründet in Altona, Leipzig, Essen, Duisburg-Hamborn, Düsseldorf, Saarbrücken, Frankfurt, Dresden, Breslau und Danzig. Im Herbst 1931 gab es fast 40 Schulen der MASCH in Deutschland. Vgl. dazu Gabriele Gerhard-Sonnenberg, Marxistische Arbeiterbildung in der Weimarer Zeit (MASCH), Köln 1976, bes. S. 81 (Hörerzahlen), 94 f. (Verbreitung), 103 ff. (Programm). Zur — ganz an den Erfordernissen des Klassenkampfes orientierten — Schulung von Funktionären und Mitgliedern durch die Partei vgl. etwa als regionale Fallstudie Ulrich Neuhäußer-Wespy, Die KPD in Nordbayern 1919—1933, Nürnberg 1981, S. 211 ff., ferner: Klaus Kinner, Wissenschaftliche Wanderkurse und der Beginn örtlicher und regionaler Bildungsarbeit in der KPD — 1919 bis 1923, in: BGdA 24 (1982), S. 253—263.

gingen in der Regel einher mit Blindheit gegenüber dem, was die KPD mit der jeweiligen Aktion wirklich beabsichtigte. Die Funktion, die die Partei den mit ihr sympathisierenden Intellektuellen und Künstlern zudachte, war eine rein instrumentelle: Sie sollten dazu beitragen, den Massenanhang der KPD zu vergrößern. Hätten sie versucht, auf die KPD einzuwirken, wäre ihnen sogleich bedeutet worden, daß in einer kommunistischen Partei kein Platz für bürgerliche Elemente war. Was die „Rote Fahne" im Jahre 1925 über Käthe Kollwitz und Heinrich Zille schrieb, war typisch für die wohlwollende Herablassung, mit der die KPD den ihr zugeneigten Künstlern und Gesellschaftskritikern gegenüberstand. Beide waren nach Meinung des kommunistischen Parteiorgans „keine bewußten Gestalter des Klassenkampfes", und darin liege ihre Schwäche. „Aber ihr künstlerisches Schaffen kann dennoch dem Klassenkampf dienstbar gemacht werden."[192]

Von den Sympathisanten unterschieden sich deutlich jene Intellektuellen und Künstler, die der KPD formell beitraten. Sie versuchten nicht selten, den „Makel" ihrer bürgerlichen Herkunft oder ihres bürgerlichen Berufes durch besondere Radikalität auszugleichen. Der Maler George Grosz und der Meister der photographischen Montage, John Heartfield (eigentlich Hellmuth Herzfeld), die angeblich bereits am 31. Dezember 1918 Mitglieder der KPD geworden waren, lieferten dafür 1920 ein Beispiel. Als der Maler Oskar Kokoschka sich öffentlich darüber beklagte, daß bei Schießereien zwischen Arbeitern und Kapp-Lüttwitz-Putschisten eine verirrte Kugel ein Bild von Rubens im Dresdner Zwinger beschädigt habe, und zu erwägen gab, ob solche Kämpfe nicht besser in die Heide zu verlegen oder durch Zweikämpfe der politischen Führer im Zirkus zu ersetzen seien, nannten ihn die beiden „Dadaisten" Grosz und Heartfield einen „Kunstlumpen", der seine Kunst und Kultur höher stelle als das Leben der Arbeiterklasse. Sie selbst begrüßten es dagegen „mit Freude, daß die Kugeln in Galerien und Paläste, in die Meisterbilder der Rubens sausen, statt in die Häuser der Armen in den Arbeitervierteln." Es gebe nur eine Aufgabe: „Mit allen Mitteln, mit aller Intelligenz und Konsequenz den Zerfall dieser Ausbeuterkultur zu beschleunigen. Jede Indifferenz ist konterrevolutionär."

Der „Roten Fahne" ging das entschieden zu weit. Ihr damaliger Chefredakteur, August Thalheimer, sah in dem Appell von Grosz und Heartfield einen Aufruf zum Vandalismus. Dem hielt er entgegen, es sei das Ziel des Proletariats, „wie den *materiellen,* so auch den *kulturellen* Besitz und den Schatz von lebendigen kulturellen Kenntnissen und Fähigkeiten in die neue kommunistische Gesellschaft hinüberzuretten ... Das Proletariat kämpft wie auf dem Gebiet der materiellen, so auch auf dem Gebiet der künstlerischen Kultur gegen das Zerstörungs- und Entstellungswerk der Bourgeoisie. Es kämpft, wie um den materiellen, so auch um den kulturellen *Wiederaufbau.* Die Losung der Vernichtung oder der Ablehnung der Kunst der Vergangenheit, die sich ultrarevolutionär und antibürgerlich gebärdet, ist daher in Wahrheit eine bürgerliche Losung, das Spiegelbild der Praxis der untergehenden und sich zersetzenden Bourgeoisie." Das Proletariat müsse zwar

192 Zit. nach Uwe M. Schneede, George Grosz. Der Künstler in seiner Gesellschaft, Köln 2. Aufl. 1977, S. 139. Zum Begriff der „freischwebenden Intelligenz" vgl. Karl Mannheim, Ideologie und Utopie, Frankfurt 3. Aufl. 1952.

in seinem Kampf um die politische Macht alle seine Kräfte auf diesen Kampf konzentrieren und könne sich währenddessen nicht schon seine eigene Kulturwelt aufbauen. „Aber der Drang, das alte Kulturerbe sich anzueignen und freie Bahn für seine eigene Schöpfertätigkeit sich zu erobern, ist ein starkes vorwärtstreibendes Moment in diesem seinem politischen Kampf."[193]

Fünf Jahre später setzte der Dramatiker, Historiker und Sinologe Karl August Wittfogel in der „Roten Fahne" deutlich andere Akzente. „Die proletarische Kultur innerhalb der bürgerlichen Gesellschaft . . . ist reine Kampfkultur", postulierte er in einer Artikelserie vom Mai und Juni 1925. Dagegen sei die Kultur der proletarischen Diktatur wenigstens teilweise bereits eine „Aufbaukultur". Aber die endgültige Position der KPD war auch dies noch nicht. Sie deutete sich etwa gleichzeitig im Zentralorgan der Partei an, und zwar in kritischen Bemerkungen zum Werk von George Grosz. Das „rein negative Element" hindere diesen Maler, so schrieb die „Rote Fahne" am 14. Juni 1925, „seiner ätzenden Kritik der bürgerlichen Fratze das positive Element der heutigen Gesellschaft, den Kampf, das Heldentum des Proletariats entgegenzustellen — ein Mangel übrigens, der nicht nur George Grosz, sondern den deutschen revolutionären künstlerischen Manifestationen überhaupt eigen ist." Der Weg zum „sozialistischen Realismus" war damit beschritten, und auch organisatorisch half die KPD dieser ideologischen Wendung nach. Die 1928 gegründete Assoziation revolutionärer bildender Künstler Deutschlands — kurz „Asso" genannt — hatte die vorrangige Aufgabe, der Parteilinie in der bildenden Kunst zum Durchbruch zu verhelfen.[194]

---

193 Ebda., S. 104 ff. Die wichtigsten Beiträge zur „Kunstlump"-Debatte in: John Heartfield, Der Schritt entlang der Zeit. Selbstzeugnisse, Erinnerungen, Interpretationen, Dresden 1981, S. 104—128 (111, 123; Hervorhebungen im Original). Zu Heartfield auch: Eckhard Siepmann, Montage: John Heartfield. Vom Club Dada zur Arbeiter-Illustrierten-Zeitung. Dokumente — Analysen — Berichte, Berlin [W] 1977; John Heartfield. Leben und Werk, dargestellt von seinem Bruder Wieland Herzfelde, Dresden 1971; zu Grosz: Hans Hess, George Grosz, Dresden 1982; Beth Irwin Lewis, George Grosz. Art and Politics in the Weimar Republic, Madison usw. 1971. Vgl. zur Kulturpolitik der KPD insgesamt auch Manfred Brauneck (Hg.), Die Rote Fahne. Kritik, Theorie, Feuilleton 1918—1933, München 1973; über KPD und SPD vergleichend: W. L. Guttsman, Bildende Kunst und Arbeiterbewegung in der Weimarer Zeit: Erbe oder Tendenz, in: AfS 22 (1982), S. 331—358. Zur Frühphase der KPD auch: Literatur im Klassenkampf. Zur proletarisch-revolutionären Literaturtheorie 1919—1923. Eine Dokumentation von Walter Fähnders und Martin Rector, München 1971; dies., Linksradikalismus und Literatur. Untersuchungen zur Geschichte der sozialistischen Literatur in der Weimarer Republik, 2 Bde., Reinbek 1974 (zur „Kunstlump"-Debatte: Bd. 1, S. 100 ff.). — Zur Rolle des linkskommunistischen Kreises um Franz Pfemfert und die Zeitschrift „Die Aktion": Lothar Peter, Literarische Intelligenz und Klassenkampf. „Die Aktion" 1911—1932, Köln 1972.

194 Schneede, Grosz (Anm. 192), S. 139, 143. Zur „Asso": Ullrich Kuhirt, Assoziation revolutionärer Bildender Künstler Deutschlands (Asso), in: Tendenzen 11 (1970), Heft 66, S. 62—72; Heft 67/68, S. 139—146. Über Wittfogel: G. L. Ulmen, The Science of Society. Toward an Understanding of the Life and Work of Karl August Wittfogel, The Hague usw. 1978. Wittfogel hatte seine politische Karriere in den frühen Nachkriegsjahren als Organisator der Kommunistischen Studentenbewegung begonnen. Dazu Abendroth, Leben (Anm. 175), S. 65, sowie Prof. Dr. Richard Löwenthal in einem Brief an den Vf. vom 14. 2. 1984. Siehe hierzu auch unten S. 708 (Anm. 199).

Im Bereich der Literatur fiel die nämliche Verantwortung dem im Oktober 1928 gegründeten Bund proletarisch-revolutionärer Schriftsteller Deutschlands zu. Sein Aktionsprogramm definierte die „proletarisch-revolutionäre Literatur" als eine solche, „die Herz und Hirn der Arbeiterklasse und der breiten werktätigen Massen für die Aufgabe des Klassenkampfes, für die Vorbereitung der proletarischen Revolution gewinnt, entwickelt und organisiert." Außerdem habe sie die werktätigen Mittelschichten und Kopfarbeiter „für die proletarische Revolution zu gewinnen oder zum mindesten zu neutralisieren." Dem bürgerlichen Kunstbetrieb gegenüber betonten die proletarisch-revolutionären Schriftsteller den Vorrang des Inhalts vor der Form. „Sie lehnen alle literarischen Richtungen ab, die sich höchst ‚revolutionär' dünken, weil sie die bestehenden Formen umstürzen oder auf den Kopf stellen. Nicht durch die Revolutionierung der Form bekommt die Literatur einen revolutionären Wert, sondern die neue revolutionäre Form kann und muß ein organisches Produkt des revolutionären Inhalts sein. Die proletarisch-revolutionären Schriftsteller bekennen sich in vollem Bewußtsein dazu, daß ihr Schaffen eine Waffe der Agitation und Propaganda im Klassenkampf sein soll, und betrachten die (künstlerisch gestaltete) ‚Tendenz' als notwendigstes Rückgrat ihres Werkes."

Einige der meistgelesenen zeitgenössischen Autoren bekundeten durch ihren Beitritt zum Bund proletarisch-revolutionärer Schriftsteller, daß sie dieser Zielsetzung zustimmten. Anna Seghers, Johannes R. Becher und Ludwig Renn wurden Mitglieder, ebenso Erich Weinert, Hans Marchwitza, Willi Bredel und Friedrich Wolf. Die Zeitschrift des Bundes, die „Linkskurve", versuchte einerseits, ein intellektuelles Publikum zu erreichen, indem sie theoretische Beiträge von Georg Lukács zur Kritik des literarischen „Proletkults" und von Karl August Wittfogel zur marxistischen Ästhetik veröffentlichte; andererseits bemühte sie sich durch Preisausschreiben Romane und Schauspiele zu fördern, die sich an die arbeitenden Massen wandten. Massenwirksamkeit war in der Tat ein auszeichnendes Merkmal vieler Schriftsteller und Künstler, die sich in der KPD und für sie engagierten: Brecht schrieb mit am Drehbuch des ersten deutschen proletarischen Spielfilms „Kuhle Wampe", Hanns Eisler komponierte die Musik dazu, Ernst Busch sang ihre gemeinsamen Moritaten. Die „Agitpropgruppen" der Partei, besonders wichtig in den Wahlkämpfen und bei Streiks, verdankten Brecht, Weinert und Eisler einige ihrer populärsten Lieder, darunter den „Roten Wedding", zu dem Weinert den Text und Eisler die Melodie beisteuerte:

Links, links, links, links! Trotz Zörgiebels Polizei!
Links, links, links, links! Wir gedenken des Ersten Mai!
Der herrschenden Klasse blut'ges Gesicht,
der Rote Wedding vergißt es nicht
und die Schande der SPD!
Sie wollen uns das Fell über die Ohren ziehn,
doch wir verteidigen das rote Berlin,
die Vorhut der roten Armee!

Roter Wedding grüßt euch Genossen!
Haltet die Fäuste bereit!
Haltet die roten Reihen geschlossen,
denn unser Tag ist nicht weit!
Drohend stehen die Faschisten drüben am Horizont!
Proletarier, ihr müßt rüsten!
Rot Front! Rot Front![195]

Aus dem Vorsatz, die Massen über das Buch zu erreichen, entstand 1930 der „Rote 1 Mark-Roman". Die Autoren waren häufig „Arbeiterkorrespondenten", die als nebenberufliche Berichterstatter für kommunistische Zeitungen gelernt hatten, wie man schreiben mußte, um der Partei und dem lesenden Arbeiter gerecht zu werden. Der erste Roman, der in der neuen Reihe erschien, war Hans Marchwitzas „Sturm auf Essen". Der Ruhraufstand vom Frühjahr 1920 diente dem Autor, einem Mitbeteiligten der damaligen Kämpfe, als Lehrstück dafür, daß die Einheitsfront von unten die einzig zulässige war: Der sozialdemokratische Arbeiter Bramm, der sich vom Proletariat zeitweilig entfremdet hat, kehrt zu seiner Klasse zurück, indem er sich von der SPD abkehrt und den Kommunisten zuwendet. Ebenso eindeutig war die Botschaft, die der Bergmann Willi Bredel, wie Marchwitza ein erfahrener Arbeiterkorrespondent, in seinem Ende 1930 veröffentlichten Industrieroman „Maschinenfabrik N + K" verkündete: Die kommunistische Betriebszelle beweist, daß es gegen die arbeiterfeindliche Politik der SPD nur ein Mittel gibt, nämlich selbständige Streikaktionen der Revolutionären Gewerkschaftsopposition. Die Lektion des Berliner „Blutmai" fehlte auch im „Roten

195 Zum Vorstehenden: Geschichte (Anm. 176), Bd. 4, S. 318 ff.; Daniel Hoffmann-Ostwald, Ursula Behse, Agitprop 1924—1933, Leipzig 1960; Ludwig Hoffmann u. Daniel Hoffmann-Ostwald, Deutsches Arbeitertheater 1918—1933, 2 Bde., München 2. Aufl. 1973 (Bd. 2, S. 15: „Der rote Wedding", dessen zweite Strophe im Text zitiert wird); Literatur der Arbeiterklasse. Aufsätze über die Herausbildung der deutschen sozialistischen Literatur (1918—1933), Berlin [O] usw. 1971; Zur Tradition der sozialistischen Literatur in Deutschland. Eine Auswahl von Dokumenten, Berlin [O] usw. 1967; Werner Fuhr, Proletarische Musik in Deutschland 1928—1933, phil. Diss. Freiburg 1976; Werner T. Angress, Pegasus and Insurrection. Die ‚Linkskurve' and its Heritage, in: CEH 1 (1958), S. 35—55; Jürgen Rühle, Literatur und Revolution. Die Schriftsteller und der Kommunismus, Köln usw. 1960, S. 167 ff.; Gerhard Friedrich, Proletarische Literatur und politische Organisation. Die Literaturpolitik der KPD in der Weimarer Republik und die proletarisch-revolutionäre Literatur, Frankfurt usw. 1981; Helga Gallas, Marxistische Literaturtheorie. Kontroversen im Bund proletarisch-revolutionärer Schriftsteller, Neuwied usw. 1971; Udo Köster, Zum Verhältnis von proletarisch-revolutionärer Belletristik und kommunistischer Politik in Deutschland 1929—1932, in: IWK 8 (1972), Nr. 17, S. 1—15; Hanno Möbius, Der Rote Eine-Mark-Roman, in: AfS 14 (1974), S. 157—212; ders., Progressive Massenliteratur? Revolutionäre Arbeiterromane 1927—1932, Stuttgart 1977; Vernon L. Lidtke, Songs and Politics: An Exploratory Essay on Arbeiterlieder in the Weimar Republic, in: AfS 14 (1974), S. 253—274. Zur Buchproduktion von Münzenbergs „Neuem Deutschem Verlag": Surmann, Münzenberg-Legende (Anm. 190), S. 82 ff., 154 ff. Das Aktionsprogramm des Bundes proletarisch-revolutionärer Schriftsteller, in: DuM (Anm. 31), Bd. 8, S. 738 f. Zu „Kuhle Wampe" und zum kommunistischen Film allgemein siehe oben S. 142 f.

1 Mark-Roman" nicht. Klaus Neukrantz' Buch „Barrikaden am Wedding", ebenfalls 1930 erschienen, ist das hohe Lied der revolutionären Moral: Nicht die Hoffnung auf Erfolg, sondern der Gewinn an Erfahrung rechtfertigt den Aufstand. Nach dieser Einsicht handelt der junge Genosse, der einen zögernden, in der sozialdemokratischen Tradition groß gewordenen Funktionär als Leiter der kommunistischen Straßenzelle ablöst und diese in den aussichtslosen Kampf führt.

Den Vertrieb der „Roten 1 Mark-Romane" übernahmen die „Litstellen" der KPD. Auf diese Weise wurde die proletarische Anhängerschaft sehr viel besser erreicht als über Buchhandlungen, die ohnehin meist auch gar nicht bereit waren, kommunistische Literatur zum Verkauf auszulegen. Die literarische und, wenn auch verdeckt, politische Kritik, die Georg Lukács in der „Linkskurve" an den „roten" Romanen übte, scheint ihrer Wirkung nicht geschadet zu haben. Die Romane wurden nicht nur gelesen, sondern auch diskutiert, und sie trugen viel dazu bei, die ultralinke „Generallinie" der Partei auch einfachen Arbeitern verständlich zu machen.[196]

Das Ziel, im Bereich der Arbeiterkulturbewegung den Bruch mit der Sozialdemokratie konsequent zu vollziehen, verfolgte die KPD auch mit der Gründung der Interessengemeinschaft für Arbeiterkultur (IfA) im September 1929. Der von Johannes R. Becher geleitete Verband sollte als Dach aller kommunistischen Kulturorganisationen dienen, gleichviel, ob es sich um Neugründungen der KPD, Abspaltungen von sozialdemokratischen Verbänden oder oppositionelle Gruppen innerhalb solcher Verbände handelte. Den Aufruf zum Zusammenschluß unterzeichneten neben anderen die Opposition im Verband für Freidenkertum und Feuerbestattung, der Arbeiter-Theater-Bund Deutschlands, die „Piscator-Gruppe" in Berlin, der Radioverband der Werktätigen, die Marxistische Arbeiterschule, der Bund proletarisch-revolutionärer Schriftsteller, die Assoziation revolutionärer bildender Künstler, die Opposition im Arbeiter-Sänger-Bund, der Volks-Film-Verband und der Arbeiter-Fotografenbund Deutschlands. Als Hauptgrund für die Schaffung der Interessengemeinschaft nannte der Aufruf die immer aggressiver auftretende Kulturreaktion, die sich in Zensurmaßnahmen und Verbo-

---

196 Außer den genannten Titeln erschienen bis 1932 im Rahmen des „Roten 1 Mark-Romans" des Internationalen Arbeiter-Verlages in Berlin u. a. noch folgende Titel: B. Orschansky, Zwischen den Fronten (1930); Franz Krey, Maria und der Paragraph [§ 218 StGB]; Willi Bredel, Rosenhofstraße (beide 1931); Walter Schönstedt, Kämpfende Jugend (1932). Zur zeitgenössischen Kritik Köster, Verhältnis (Anm. 195), S. 1 ff.; Möbius, Roter „Eine-Mark-Roman" (Anm. 195), S. 157 ff.; Michael Rohrwasser, Saubere Mädel, Starke Genossen. Proletarische Massenliteratur? Frankfurt 1975; Friedrich, Literatur (Anm. 195), S. 159 ff. Zu Lukács' Kritik vgl. etwa seinen Aufsatz: Willi Bredels Romane, in: Linkskurve 3 (1931), Nr. 11, S. 23—26. Eine vorsichtig formulierte Kritik am neuen Linkskurs der Komintern hatte Lukács bereits 1928 in den später widerrufenen „Blum-Thesen" geübt, die 1956 auf ungarisch veröffentlicht wurden. Sie liegen auf deutsch vor in: Georg Lukács, Schriften zur Ideologie und Politik. Werkauswahl, Bd. 2, Berlin [W] usw. 1967, S. 290—322. Zur Wirkung von Lukács' Hauptwerk „Geschichte und Klassenbewußtsein" (1. Aufl. Berlin 1923) auf marxistische Intellektuelle etwa Abendroth, Leben (Anm. 175), S. 70 f. — Zu der 1926 gegründeten, KPD-nahen „Universum-Bücherei für alle" 1932: 40 000 Mitglieder): Wem gehört die Welt — Kunst und Gesellschaft in der Weimarer Republik, Berlin [W] 4. Aufl. 1977, S. 382 ff.

ten niederschlage. „Es ist Zeit, daß sich die Arbeiterorganisationen fest zusammenschließen zur Verteidigung ihrer Rechte, zur planmäßigen Organisierung brüderlicher Solidaritätsaktion, kraftvoller künstlerischer, kultureller und bildender Massenveranstaltungen, zur gegenseitigen Unterstützung und Beratung und zum Austausch aller wertvollen Kräfte zur gemeinsamen Verteidigung der erworbenen Rechte und zum Kampf gegen die drohenden Anschläge der Reaktion." Daß die Sammlung sich auch gegen die Sozialdemokratie richtete, wurde nicht direkt gesagt. Wenn sozialdemokratisch geführte Verbände zum Beitritt bewogen werden sollten, dann empfahl es sich in der Tat nicht, die SPD frontal anzugreifen. War der Beitritt aber erst einmal vollzogen, hatte die KPD ein neues Einfallstor, durch das sozialdemokratische Arbeiter den Weg zum Kommunismus gehen konnten.[197]

Die schon mehrfach erwähnte Marxistische Arbeiterschule, die zu den Säulen der neuen Interessengemeinschaft gehörte, stellte sich seit 1929 voll in den Dienst des antisozialdemokratischen Kampfes. Ihre Veranstaltungen, ob sie Themen der Arbeiterbewegung, Stenographie, Zeichnen oder Sport betrafen, richteten sich aus an dem Auftrag, den die IfA auf ihrer Reichstagung vom April 1930 so umschrieb: Durch die Kurse der MASCH sollten „neue Schichten der Arbeiterklasse zu Funktionären" herangebildet werden. und diese Funktionäre müßten „die Träger eines schonungslosen Kampfes gegen das System der privaten, kommunalen, staatlichen, gewerkschaftlichen, sozialdemokratischen und kirchlichen Volkshochschulen als den Brutstätten künftiger Streikbrecher und Arbeitermörder sein".

Das Lehrprogramm der Berliner MASCH für das Schuljahr 1930/31 enthielt insgesamt 24 Lehrfächer, darunter „Marxismus" mit den meisten, nämlich 30 Kursen, „Sowjetunion" (auf sie entfielen 11 Kurse), „Die kapitalistische Wirtschaft, die kapitalistischen Staaten", „Geschichte der Arbeiterbewegung", „Deutsche Wirtschaft und Politik" und „Imperialismus, Militarismus und Faschismus". Aber auch Sprach- und Rednerkurse, Naturwissenschaften, Politisches Zeichnen, Bildende Künste, Kultur- und Weltanschauungsfragen, Literatur sowie Medizin, Hygiene und Sexualfragen fanden starkes Interesse. John Heartfield gab einen Kurs über die „Aufgaben der Kunst im Klassenkampf" und übte mit den Teilnehmern Photographie und photographische Montage — Fertigkeiten, die sie nicht zuletzt als freie Mitarbeiter („Arbeiterfotografen") der kommunistischen „Arbeiter-Illustrierten-Zeitung", mit einer Auflage von einer Million Exemplaren Anfang der dreißiger Jahre die zweitgrößte deutsche Illustrierte, nutzen konnten. Unter den Dozenten des Schuljahres 1931/32 war auch der Psychoanalytiker Wilhelm Reich, der Schöpfer der „Sexpol"-Bewegung, der sich erst 1930 nach seiner Übersiedlung von Wien nach Berlin der Kommunistischen Partei angeschlossen hatte. Was er über die Wirkung von sexueller Unterdrückung und über die befreiende Kraft des Auslebens geschlechtlicher Bedürfnisse lehrte, traf sich zum Teil mit den Bestrebungen von Sexualpädagogen wie Max Hodann.

197 Der Aufruf der IfA vom 12. 9. 1929 in: DuM (Anm. 31), Bd. 8, S. 881—883. Zur Spaltung der Arbeiterkulturbewegung vgl. oben S. 135 ff.

Aber die wenigsten von Reichs Hörern dürften bereit gewesen sein, so weit zu gehen wie er: Um die schädlichen Einflüsse der überkommenen Sexualmoral auszuschalten, wollte Reich die Erziehung der Kinder den Eltern ganz nehmen und geschulten Fachkräften übertragen.[198]

Während die MASCH bis 1933 einen wachsenden Zulauf verzeichnete und sich über ganz Deutschland ausbreitete, konnte die KPD an den Universitäten kaum Boden gewinnen. Unter den Professoren und Dozenten hatte sie so gut wie keine Anhänger. Auf dem Weddinger Parteitag nannte „Genosse Y", der politische Leiter der Berliner Kommunistischen Studentenfraktion (Kostufra), Hochschulen und Universitäten eine „Machtposition der Bourgeoisie, wie sie so stark an keiner Stelle, in keiner Fabrik, in keinem Werk sich ausdrückt. Denn in den Hochschulen und Universitäten züchtet die Bourgeoisie ihre Lohndiener, ihre Kader für die Wirtschaft, ihre Staatsanwälte, Richter, ihre Techniker, wie sie sie haben will . . ."

Offizielle Zahlen über die Stärke der kommunistisch organisierten Studenten liegen nicht vor. Richard Löwenthal, der 1928 als Nachfolger Franz Borkenaus vorübergehend die Funktion eines Reichsleiters der Kostufra innehatte, schätzt die Zahl der Mitglieder im ganzen Reich für die Jahre 1926 bis 1929 auf etwa 300; etwas stärker sollen die Organisationen der „Sympathisierenden", „Rote Studentengruppen" genannt, gewesen sein. In Heidelberg, wo Löwenthal von 1928 bis 1931 studierte, hatte die Kostufra ungefähr 15 Mitglieder. Eine etwa gleich große Zahl wird aus Köln berichtet. Dort gehörten der Marxistischen Studentenvereinigung im Sommersemester 1928 17 Mitglieder an. In Frankfurt bildete die etwa zehn Mitglieder umfassende Kostufra Mitte der zwanziger Jahre den Kern einer nicht unmittelbar parteigebundenen Freien Vereinigung Sozialistischer Studenten, der auch linke Sozialdemokraten und parteilose Linke angehörten. Mit 40 Mitgliedern war die Vereinigung etwa so stark wie der Sozialistische Studentenbund, der sich zur SPD bekannte. Allerdings sollen — nach dem Zeugnis

198 Gerhard-Sonnenberg, Marxistische Arbeiterbildung (Anm. 191), S. 91—108 (93), 127. Zu Heartfield und der Arbeiter-Illustrierten-Zeitung: Siepmann, Montage (Anm. 193), S. 148 ff. sowie Surmann, Münzenberg-Legende (Anm. 190), S. 100 ff., 164 ff. Die zuletzt genannte Arbeit ist auch zu den ein breiteres Publikum ansprechenden Berliner Tageszeitungen der KPD, der seit 1926 im Besitz der Partei befindlichen „Welt am Abend" — mit 174 000 Exemplaren im Jahre 1928 der größten deutschen Abendzeitung — und der 1929 gegründeten Zeitung „Berlin am Morgen", heranzuziehen. Vgl. hierzu auch das Buch des Chefredakteurs von „Berlin am Morgen": Bruno Frei, Der Papiersäbel, Frankfurt 1972, S. 131 ff. Aus der umfangreichen Lit. über Wilhelm Reich und die „Sexpol" vor allem: Myron Sharaf, Fury on Earth. A Biography of Wilhelm Reich, London 1983, bes. S. 129 ff.; David Boadella, Wilhelm Reich. The Evolution of his Work, Plymouth 1973; Wilhelm Burian, Psychoanalyse und Marxismus. Eine intellektuelle Biographie Wilhelm Reichs. Frankfurt 1972. Von Reich selbst v. a.: Die Massenpsychologie des Faschismus (1. Aufl. 1933), Neuausgabe Köln usw. 1971. Zu den Bemühungen um eine Sexualreform auch: Atina Grossman, „Satisfaction is Domestic Happiness". Mass Working-Class Sex Reform Organizations in the Weimar Republic, in: Michael N. Dobkowski u. Isidor Wallimann (Hg.), Towards the Holocaust: The Social and Economic Collapse of the Weimar Republic, Westport/Conn. 1983, S. 265—293. Vgl. ferner W. U. Eissler, Arbeiterparteien und Homosexuellenfrage. Zur Sexualpolitik von SPD und KPD in der Weimarer Republik, Berlin [W] 1980.

Wolfgang Abendroths, der sich, ebenso wie Löwenthal und Borkenau, 1929 der KPO anschloß — 30 der 40 Mitglieder des sozialdemokratischen Verbandes „inaktiv" gewesen sein.

Was Abendroth für das vergleichsweise liberale Frankfurt feststellt, galt erst recht für andere Hochschulen. „Alle linken Gruppen zusammen waren nur eine verschwindende Minderheit an der Universität. Die große Majorität der Studenten, einschließlich der jüdischen Studenten, akklamierten damals auch an der Universität Frankfurt — wir sind in der Phase der Stabilisierung — den bürgerlichen Parteien. Bei den jüdischen Studenten gab es auch eine apolitische Richtung; die anderen Studenten engagierten sich im Verbindungswesen mit deutsch-nationalen oder faschistischen Positionen, sie hatten in den Selbstverwaltungsgremien der Universität die Mehrheit — trotz der großen Zahl von jüdischen Studenten."[199]

Die intellektuelle Faszination des Marxismus blieb auch außerhalb der Universität auf kleine Zirkel beschränkt. Aber selbst in der immer mehr erstarrenden Form der stalinistischen Orthodoxie übte er noch eine gewisse Anziehungskraft aus. Der späte Marx hatte, als er den „Dirigenten" der Produktion in der nachkapitalistischen Gesellschaft eine notwendige Leitungsaufgabe zuerkannte, die Weichen in der Richtung der „revolutionären Avantgarde" gestellt. Lenins Konzept

199 Protokoll (Anm. 170), S. 47 f.; Günter Bers, Eine Regionalgliederung der KPD. Der Bezirk Mittelrhein und seine Parteitage in den Jahren 1927/1929, Reinbek 1981, S. 76 (zu Köln); Abendroth, Leben (Anm. 175), S. 65 f. (zu Frankfurt); ders., Gegen Korporierte und Privilegierte. Die sozialistischen Studenten, in: Franz Neuland und Albrecht Werner-Cordt (Hg.), Die Junge Garde. Arbeiterjugendbewegung in Frankfurt am Main 1904—1945, Gießen 1980, S. 185—194. — Die Auskünfte von Richard Löwenthal stehen in einem Brief an den Vf. vom 14. 2. 1984. Zur politischen Entwicklung der Kostufra in den Jahren 1928/29 heißt es dort: „Ich war in Partei und Fraktion zu Beginn meines ersten Semesters in Berlin (Sommer 1926) eingetreten, kam 1927 in die Reichsleitung und wurde Ende 1927 oder Frühjahr 1928 Borkenaus Nachfolger. Als die ‚Linkswendung' des 6. Weltkongresses sich anbahnte, waren 4 von 6 Mitgliedern der Reichsleitung ‚Versöhnler' der unversöhnlichen Art — wir hatten persönlichen Kontakt mit Ernst Meyer. Wir wurden durch persönliche Intervention von Heinz Neumann noch vor Ende des Sommers abgesetzt, der Anlaß war noch nicht unsere ‚rechte Abweichung', sondern eine ziemlich ausgefallene Hochschulpolitik, die wir betrieben und auf die ich nicht stolz bin. Ich ging dann nach Heidelberg, und leitete dort zunächst noch die Gruppe, bis der ‚Linkskurs' sich voll entwickelte und das unmöglich machte. Im Laufe des Jahres 1929, nach dem Ausschluß der führenden Brandlerleute, zeigte sich, daß die führenden Versöhnler *außer* Ernst Meyer (Ewert, Volk usw.) auf Kapitulationskurs gingen. Wir nahmen zunächst heimlich Kontakt mit den Brandlerianern auf. Als Ende 1929 deutlich wurde, daß der Parteiapparat das herausgefunden hatte und unser Ausschluß bevorstand, nahmen wir eine Reichstagung des ‚Sozialistischen Schülerbundes', bei der wir als Berater anwesend waren, zum Anlaß, um offen Disziplin zu brechen und so den Anlaß zum Ausschluß selbst zu wählen; das war in den Weihnachtsferien, als ich in Berlin zuhause war." Von der KPO trennten sich Löwenthal und seine Freunde im Herbst 1930. Zu ihrer späteren Rolle in der Gruppe „Neu Beginnen" ist der folgende Bd. heranzuziehen. — Zur politischen Entwicklung der Studentenschaft allgemein Michael H. Kater, Studentenschaft und Rechtsradikalismus in Deutschland 1918—1933. Eine sozialgeschichtliche Studie zur Bildungskrise in der Weimarer Republik, Hamburg 1975 (mit weiterer Lit.). Der Prozentsatz der jüdischen Studenten belief sich in Frankfurt im Sommersemester 1929 auf 9,66 %, im Reichsdurchschnitt auf 4,2 %. Ebda., S. 147 ff., 218 f., 288. Zu den sozialdemokratisch organisierten Studenten in Deutschland und Österreich vgl. oben S. 376 (Anm. 355), zur Ausbreitung der MASCH siehe Anm. 191.

dieser Avantgarde war ohne Intelligenzija nicht zu verwirklichen, ja diese konnte sich als den bewußten Kern der Avantgarde fühlen. Stalin brauchte die Intellektuellen, auch wenn er sie verachtete. Denn ein wesentliches Merkmal des Stalinismus bestand darin, daß er seine taktisch begründeten Entscheidungen nachträglich als ideologisch zwingende Wendungen rechtfertigte, und zur Lösung dieser Aufgabe war geistige Arbeit erforderlich.

Der ständige Rechtfertigungsbedarf des Stalinismus bot einem bestimmten, auf Macht fixierten Typus von Intellektuellen eine ungewöhnliche Chance. Zwar ließ sich diese Funktion nicht ausfüllen ohne Verrat an der kritischen Rolle der Intelligenz, aber selbst hierfür ließen sich noch dialektische Rechtfertigungen beibringen. Zum geistigen Umfeld der späten Weimarer KPD gehörten nicht nur die Sympathisanten, die sich über den Zweck ihres Engagements täuschten, sondern auch jene Intellektuellen, die sich, Ordensgeistlichen vergleichbar, ganz bewußt zu Werkzeugen des stalinistischen Rechtfertigungs- und Inquisitionsapparates machten. Der „Verrat der Intellektuellen“, den es unter faschistischen wie unter kommunistischen Vorzeichen gab, war in beiden Fällen eine Folge der Verblendung durch die Macht.[200]

*

Die Sozialdemokratie vermochte ihr Verhältnis zu Intellektuellen und Akademikern in der Zeit der Weimarer Republik nicht grundlegend zu ändern: Es blieb gespannt. Die Gründung eines Verbandes sozialdemokratischer Akademiker im September 1926, eine Initiative des badischen Staatsanwalts Hugo Marx, wurde von der Parteiführung mit unverhohlener Skepsis beobachtet. Rudolf Hilferding, der sich ursprünglich bereit gezeigt hatte, auf der ersten Tagung des Verbandes in Weimar zu sprechen, sagte wieder ab, nachdem nicht er, sondern der an der Frankfurter Akademie der Arbeit lehrende belgische Sozialist Hendrik de Man um das Grundsatzreferat gebeten worden war: De Man galt seit der Veröffentlichung seines Buches „Psychologie des Sozialismus“ im Jahre 1926 in orthodoxen Parteikreisen als Abtrünniger. Aus Anlaß der zweiten Tagung des Verbandes im April 1927 in Nürnberg legte Adolf Braun, Mitglied des sozialdemokratischen Parteivorstands seit 1920 und selbst Doktor der Philosophie, seine grundsätzlichen Bedenken gegen die neue Organisation in deren Mitteilungsblatt dar: „Ich glaube, daß viele Akademiker erst lernen müssen, sich als Parteigenossen zu benehmen, um von der Masse der Parteigenossen als ihresgleichen geschätzt zu werden. Ich fürchte, daß die Organisation, für die ich das schreibe, nicht die Wirkung haben wird, Kameradschaftlichkeit in der Partei zu fördern . . . Nach meiner

---

200 Zur Entstehung der Avantgarde-Theorie von Marx bis zu Lenin u. a. Heinrich August Winkler, Zum Verhältnis von bürgerlicher und proletarischer Revolution bei Marx und Engels, in: ders., Revolution, Staat, Faschismus. Zur Revision des Historischen Materialismus, Göttingen 1978, S. 8—34. Zum „Verrat der Intellektuellen“: Julien Benda, Der Verrat der Intellektuellen (frz. Orig.: La trahison des clercs, Paris 1. Aufl. 1927), München 1978; Raymond Aron, L'opium des intellectuels, Paris 1. Aufl. 1955, bes. S. 286 ff. („De la religion civile au stalinisme“).

Erfahrung ist eine Überheblichkeit der ‚Akademiker' der Masse der Parteigenossen gegenüber nicht selten anzutreffen. Dazu kommt eine Überempfindlichkeit, nur zu oft auch der Anschein des Besserwissens und das Herabschauen auf diejenigen, die nicht denselben Schulweg hinter sich haben wie diese."

Die Argumente, die Braun vortrug, standen ganz in der Tradition der vorrepublikanischen Sozialdemokratie: Seit den Tagen August Bebels war die Partei überwiegend der Meinung, nach Übernahme der Macht würden sich ihr Intellektuelle von selbst und in hinreichender Zahl anschließen; eine gezielte Umwerbung aber sei zu unterlassen, weil mit der Gefahr verbunden, daß sich in der SPD bürgerliche Einflüsse breit machten. Der greise Parteiideologe Karl Kautsky, der früher einmal — in seiner 1889 publizierten Schrift „Die Klassengegensätze im Zeitalter der französischen Revolution" — die Intellektuellen als eigene, durchaus fortschrittliche Klasse gewertet hatte, sprach ihnen 1927 in seinem letzten großen Werk, der „Materialistischen Geschichtsauffassung", sowohl die Einheitlichkeit als auch den Klassencharakter ab. „Sie sind nicht imstande, einen eigenen Klassenkampf zu führen. Wohl aber können sie die Sache einer anderen Klasse zu der ihren machen, an deren Kämpfen teilnehmen und sie geistig in hohem Maße befruchten, namentlich seit dem Aufkommen der Demokratie, in der geistige Überlegenheit wichtiger wird als die der brutalen Faust." Das richtige Bewußtsein der Intellektuellen aber war Kautsky zufolge das proletarische. Ihren Arbeitsbedingungen und ihrer Lebenshaltung nach seien bestimmte Schichten von Intellektuellen ohnehin nichts anderes als Lohnarbeiter. „Eine Zeitlang durch Bildungshochmut, mitunter auch, wie manche Angestellte, durch ‚Funktionen der Herrschaft' vom Lohnproletariat ferngehalten, kommen doch immer mehr von ihnen schließlich dahin, ihre Gemeinschaft mit dem Proletariat zu erkennen und im Anschluß an seine Kämpfe, nicht in der Betonung ihrer Herrschaftsfunktionen ihr Heil zu erblicken. Sie bekommen jetzt Klassenbewußtsein, aber nicht als ein besonderes, als Intellektuelle. Sie setzen sich jetzt den Sozialismus als Ziel ihres Strebens."

Die Schlußfolgerung lag auf der Hand: Weil die Sozialdemokratie nicht mehr nur um die Macht kämpfte, sondern bereits Macht ausübte, mußte sie vor bürgerlichen Intellektuellen erst recht auf der Hut sein. Erst die Intellektuellen, die ihre Bürgerlichkeit abgestreift und sich der Arbeiterklasse, so wie Kautsky sie verstand, ideologisch unterworfen hatten, waren in ihren Reihen willkommen. Wenn Kautsky diesen Intellektuellen auch eine unentbehrliche Aufgabe, nämlich die theoretische Anhebung des Klassenkampfes, zuwies, auf eine Avantgarderolle wie in der kommunistischen Bewegung durften sozialdemokratische Intellektuelle nicht hoffen. Noch einmal hatte damit der offizielle Standpunkt der Partei in Kautsky seinen gültigen Interpreten gefunden.

Den Organisatoren des Verbandes sozialdemokratischer Akademiker half es wenig, daß namhafte Juristen wie Gustav Radbruch und Hugo Sinzheimer, aber auch ein Autodidakt wie der Redakteur und ehemalige Reichsminister Wilhelm Sollmann sich demonstrativ zur Sammlung der bereits gewonnen und der noch zu gewinnenden Akademiker bekannten. Über eine Kümmerexistenz kam der Verband nie hinaus. Sein erster Vorsitzender, Hugo Marx, zog rückblickend das Fazit: „Da ich die Arbeit im Intellektuellenbund fast allein zu leisten hatte und auch die Redaktion des Mitteilungsblattes in meinen Händen lag, ging der Organisation von 1929 an der Schwung von innen heraus völlig verloren und sie sank auf das Niveau von Vereinsmeierei ohne politischen Einfluß herab."[201]

Das organisatorische Scheitern des Verbandes sozialdemokratischer Akademiker war für einige der Intellektuellen, die sich an diesem Versuch beteiligt hatten, kein Anlaß zur Resignation. Hendrik de Man etwa nutzte jedes Forum, um für einen sittlich begründeten Sozialismus zu werben, der der Sozialdemokratie die Chance eröffnete, über die marxistisch geprägte Industriearbeiterschaft hinaus Anhänger zu gewinnen. Auf der von ihm und August Rathmann vorbereiteten Heppenheimer Pfingsttagung von 1928 stellte er die These auf, der Sozialismus sei ein Streben nach gerechter Gesellschaftsordnung. „Der Gerechtigkeitsanspruch seiner Forderungen beruht auf Wertung der sozialen Einrichtungen und Beziehungen nach einem allgemein-gültigen, ethischen Maßstab. Sozialistische Gesinnung setzt darum eine persönliche, zielgerichtete Gewissensentscheidung voraus ... Anstatt also das sozialistische Sollen aus den in der kapitalistischen Umwelt gegebenen Ursachen und insbesondere aus dem dadurch bedingten Interessen- und Machtkampf einer Klasse abzuleiten, ist er mit einer Zwecklehre zu begründen, die auf der Allgemeingültigkeit bestimmter sozialethischer Werte beruht ... Statt den Sozialismus aus dem Klassenkampf abzuleiten, ist darum der Klassenkampf mit Sozialismus zu begründen."

---

201 Karl Kautsky, Die Klassengegensätze im Zeitalter der französischen Revolution, Neuausgabe Berlin 1908, S. 41—48; ders., Die materialistische Geschichtsauffassung, 2 Bde., Berlin 1927, Bd. 2, S. 490, 494. Eine scharfsinnige Auseinandersetzung mit Kautsky: Hans Zehrer, Die Revolution der Intelligenz, in: Die Tat 21 (1929), S. 486—507. — Hugo Marx berichtet, im Vorfeld der Gründung des Verbandes sozialdemokratischer Akademiker hätten sich „viele Hunderte" zur Mitarbeit bereit erklärt. Genaue Mitgliederzahlen liegen aber nicht vor. Vgl. Hugo Marx, Werdegang eines jüdischen Staatsanwalts und Richters, Villingen 1956, S. 191—201 (195, 198). Hendrik de Mans Weimarer Referat erschien als Broschüre: Intellektuelle (Anm. 147). Zur 2. Tagung: Mitteilungsblatt des Verbandes sozialdemokratischer Akademiker, 1 (1926/27), Nr. 9, S. 7 f. (Sollmann), 8—11 (Braun, das Zitat: 10), 14 f. (Radbruch), 16 f. (Sinzheimer). Ein Entwurf, mit dem Hugo Marx im November 1929 im neugegründeten sozialdemokratischen Diskussionsorgan „Das freie Wort" für einen sozialdemokratischen „Intellektuellenbund" warb, fand ein ganz überwiegend negatives Echo. Vgl. (Hugo) Marx, Das Verhältnis der Partei zu den Intellektuellen, in: DFW 1 (1929), Nr. 7 (17. 11.), S. 12—26; die Diskussion: ebda., Nr. 12 (22. 12. 1929), S. 15—29. Der verantwortliche Redakteur der Zeitschrift, Ernst Heilmann, Vorsitzender der preußischen Landtagsfraktion, verteidigte zwar die Fachorganisation der sozialdemokratischen Lehrer, Ärzte und Juristen, lehnte aber einen Intellektuellenbund als überflüssige und zu schwersten Mißverständnissen einladende Cliquenbildung ab. Vgl. Noch mehr Intellektuellen-Organisation?, ebda., Nr. 13 (29. 12.), S. 6—8. Zu Hendrik de Mans Kritik am marxistischen Determinismus und der orthodoxen Antikritik: Hendrik de Man, Psychologie des Sozialismus, Jena 1. Aufl. 1926; Karl Kautsky, De Man als Lehrer. Eine Nachlese, in: Die Gesellschaft 4 (1927), S. 62—77. Vgl. dazu auch Hendrik de Man, Gegen den Strom. Memoiren eines europäischen Sozialisten, Stuttgart 1953, S. 187 ff.; Peter Dodge, Voluntaristic Socialism: An Examination of the Implications of Hendrik de Man's Ideology, in: IRSH 3 (1958), S. 385—417; Rathmann, Arbeiterleben (Anm. 153), S. 117 ff. (zum Verhältnis der SPD zu den Intellektuellen allgemein und zur Rolle Adolf Brauns im besonderen: S. 86 ff.) sowie die demnächst erscheinende Biographie von Kersten Oschmann über Hendrik de Man.

Aus dem Kreis der „religiösen Sozialisten" um Paul Tillich und Carl Mennicke kam gegen de Mans „idealistisch-voluntaristische Auseinanderreißung von Sein und Sollen", von Klassenkampf und Sozialismus, sogleich Widerspruch. Eduard Heimann forderte auf der Heppenheimer Tagung eine „realistische Dialektik": „Der Weg der sozialistischen Erkenntnis geht ... von der Realität des Klassenkampfes aus und glaubt in ihr den Sozialismus als die wirkende Kraft, glaubt umgekehrt das Wesen des Klassenkampfes im Sozialismus zu erkennen." Den Sinn des Sozialismus sah Heimann in der „Freiheit und Würde des arbeitenden Menschen inmitten all des ungeheuren Sachapparates." Sozialismus sei nicht eine Frage der Moral, sondern des Lebens. „Es ist für die ‚Begründung des Sozialismus' (das Thema von de Mans Referat, H. A. W.) und für seine Stärkung von höchster Bedeutung, daß die praktisch wichtigsten der Marxschen Sätze sich in die Glaubenslehre einfügen lassen und dabei erst ihre Stelle empfangen und ihre Abrundung erfahren. Durch diese Aufnahme in die umfassendste Lehre vom Leben wird bestätigt, daß die Sozialtheorie des Sozialismus aus einer echten Lebensschau stammt. Der Sozialismus verliert dabei seinen Anspruch auf Absolutheit, zeitlich gesprochen: auf ewige Dauer und Geltung. Er ist nicht das Reich Gottes, denn er ist von dieser Welt und auf uns Menschen dieser Welt angewiesen. Aber gerade in seiner Zeitgebundenheit liegt seine Größe. Er ist für uns Menschen der modernen Arbeitswelt der gültige Ausdruck des ewigen Geheimnisses, und das kann uns genügen."[202]

Gleichviel, wie der Einzelne seine Entscheidung für den Sozialismus begründete — ob wie de Man aus freier sittlicher Entscheidung oder aus christlichem Glauben *und* wissenschaftlicher Erkenntnis wie die „religiösen Sozialisten" — wichtiger als die unterschiedlichen Motive war das gemeinsame Beharren auf der persönlichen Entscheidung als solcher. Wer die Sozialdemokratie in Richtung auf bürgerliche Intellektuelle öffnen wollte, der kam nicht darum herum, mit Ver-

---

202 Sozialismus (Anm. 154), S. 13, 15 (de Man), 67, 83, 87, 89 (Heimann). Zu dem Ende 1919 gegründeten „Bund religiöser Sozialisten": Johannes Kandel, Schwarzes Kreuz auf rotem Grund: Anmerkungen zum Religiösen Sozialismus in der Weimarer Republik, in: Heimann/Meyer (Hg.), Reformsozialismus (Anm. 140), S. 59—74 (mit weiterer Lit.); Friedrich-Martin Balzer, Klassengegensätze in der Kirche. Erwin Eckert und der Bund der religiösen Sozialisten, Köln 1973; Günter Dehn, Die alte Zeit, die vorigen Jahren. Lebenserinnerungen, München 1964, S. 204 ff.; Rathmann, Arbeiterleben (Anm. 153), S. 122 ff. Vgl. ferner: Gottfried Mehnert, Evangelische Kirche und Politik 1917—1919. Die politischen Strömungen im deutschen Protestantismus von der Julikrise 1917 bis zum Herbst 1919, Düsseldorf 1959, S. 188 ff.; Siegfried Katterle u. Arthur Rich (Hg.), Religiöser Sozialismus und Wirtschaftsordnung, Gütersloh 1980; zu Heimann: Ulrich Heyder, Der sozialwissenschaftliche Systemversuch Eduard Heimanns, Frankfurt usw. 1977; ders., Reformtheorie und Gesellschaftswandel im Werk Eduard Heimanns, ebda., S. 75—94; von Heimann selbst: Sittliche Idee (Anm. 158); ders., Soziale Theorie des Kapitalismus, Tübingen 1929; von Tillich dessen Aufsätze in: Paul Tillich, Christentum und Soziale Gestaltung. Frühe Schriften zum Religiösen Sozialismus. Gesammelte Werke, Bd. II, Stuttgart 1962; ders., Impressionen und Reflexionen. Ein Lebensbild in Aufsätzen, Reden und Stellungnahmen, ebda., Bd. XIII, Stuttgart 1972, S. 153—180. Zur Heppenheimer Tagung vgl. Rathmann, Arbeiterleben (Anm. 153), S. 146 ff., sowie oben S. 655. — Auf die zeitgenössische Diskussion der frühen 30er Jahre über einen „neuen" Sozialismus wird ausführlich der folgende Bd. eingehen.

nunftgründen an sie zu appellieren, ihnen die persönliche Begründung aber anheimzustellen. Die Ableitung des Sozialismus aus dem proletarischen Klasseninteresse versperrte die Tür zu nichtproletarischen Schichten, und mit der Doktrin, daß die Geschichte zwangsläufig den Sozialismus hervorbringe, war niemand zu gewinnen, der dies nicht glauben wollte. Die „Neuen Blätter für den Sozialismus" — Anfang 1930 hervorgegangen aus denselben Kreisen, die sich 1928 in Heppenheim zu Wort gemeldet hatten — waren eine Frucht dieser Erkenntnis.

Die Intellektuellen, die sich in den späten Jahren der ersten Republik auf dem rechten Flügel der Sozialdemokratie formierten, vermochten nicht, der Weimarer SPD ein neues Gesicht zu geben. Aber sie gaben Denkanstöße, die nach 1945 weiterwirkten. Dazu gehörte das Drängen der „religiösen Sozialisten", neben der marxistischen Begründung des Sozialismus eine solche aus dem christlichen Glauben als ebenso legitim anzuerkennen. Dazu gehörten weiter Eduard Heimanns Grundlegung einer sozialistischen Marktwirtschaft und seine Sicht der Sozialpolitik als einer schrittweisen Durchsetzung des sozialistischen Prinzips, Adolf Löwes Einsichten in die Möglichkeiten einer staatlichen Konjunkturstabilisierung und, nicht zuletzt, Hermann Hellers Lehre vom sozialen Rechtsstaat, in dem die Klassengegensätze so weit überwunden waren, daß sich die Demokratie auf das erforderliche Mindestmaß an sozialer Homogenität stützen konnte.[203]

Eine andere Gruppe von sozialdemokratischen Intellektuellen war eher links von der Parteimitte angesiedelt: die Arbeitsrechtler Ernst Fraenkel, Franz Neumann und Otto Kahn-Freund, alle drei Schüler Hugo Sinzheimers. In den Ansätzen zur sozialen Selbstbestimmung organisierter Gruppen, wie sie der Artikel 165 der Reichsverfassung, das Betriebsrätegesetz von 1920 und das Arbeitsgerichtgesetz von 1926 enthielten, sahen die sozialdemokratischen Arbeitsrechtler Meilensteine auf dem Wege zur „kollektiven Demokratie". Ernst Fraenkel hielt die „kollektive Demokratie" für ein wirksames Mittel, um die Demokratisierung der Verwaltung zu fördern. „Daß Demokratisierung der Verwaltung nicht darin bestehen kann, auf einen homogenen bürokratischen Apparat einen demokratischen Chef aufzupflanzen, dürfte wohl allgemein eingesehen werden", schrieb er 1929. „Die Idee der kollektiven Demokratie beruht darauf, daß man so, wie man Massen nur durch Massen zwingen kann, man einen bürokratischen Apparat nur durch einen anderen bürokratischen Apparat zu durchdringen vermag. Dadurch, daß in den bürokratischen Apparat des Staates kraft eigenen Rechtes die notwen-

203 Zusammenfassend zu den theoretischen Neuansätzen: Thomas Meyer, Elemente einer Gesamttheorie des Demokratischen Sozialismus und Hindernisse ihrer Durchsetzung in der Weimarer Republik, in: Heimann/Meyer (Hg.), Reformsozialismus (Anm. 140), S. 413—440. Von Adolf Löwe u. a.: Lohnabbau als Mittel der Krisenbekämpfung?, in: NBS 1 (1930), S. 289—295; von Hermann Heller; Politische Demokratie und soziale Homogenität, in: ders., Gesammelte Schriften, 3 Bde., Leiden 1971, Bd. 2, S. 421—434; über Heller bes. Wolfgang Schluchter, Entscheidung für den sozialen Rechtsstaat. Hermann Heller und die staatstheoretische Diskussion in der Weimarer Republik, Köln usw. 1968, sowie Klaus Meyer, Hermann Heller. Eine biographische Skizze, in: PVS 8 (1967), S. 293—313. Zu den religiösen Sozialisten und Heimann vgl. Anm. 202. Zu den Neuen Blättern für den Sozialismus siehe oben S. 659 f.

digerweise bürokratisch aufgezogenen Wirtschaftsorganisationen eingegliedert werden, können die Funktionäre der mit kollektiver Demokratie ausgestatteten Verbände den staatlichen Beamten gegenüber denjenigen Rückhalt finden, der verhindert, daß die Laienelemente der Verwaltung und Justiz als Dekorationsstücke der Staatsmaschine aufgeführt werden."

Die Rechtsprechung des Reichsarbeitsgerichts war allerdings nicht dazu angetan, Hoffnungen auf eine fortschreitende Demokratisierung der deutschen Republik zu fördern. Das Betriebsinteresse, das die Richter dem Interesse der Arbeitnehmer überzuordnen pflegten, war naturgemäß dem Interesse der Arbeitgeber nah verwandt. Der Vorsitzende des Arbeitsgerichts Berlin, Otto Kahn-Freund, hielt diese Tendenz für so ausgeprägt, daß er Anfang 1931 das soziale Ideal des Reichsarbeitsgerichts als wirtschaftsfriedlich, ja faschistisch bezeichnete. „Heute ist das Arbeitsrecht geistig erstarrt. Die großen und neuen Ideen sind teilweise unverstanden geblieben und teilweise verwässert in das Bewußtsein der Juristenmassen übergegangen. Die Idee des Arbeitsrechts als eines Personenrechts ist von einem Werkzeug der unterdrückten Klasse zu einem Werkzeug der Beamtenschaft im Dienst eines kleinbürgerlich-wirtschaftsfriedlichen Ideals geworden ... Es führen viele Wege zur Diktatur. Der nächste Weg zum Faschismus jedenfalls geht in unseren gesellschaftlichen Verhältnissen nicht über die Gewalt, sondern über die Anbetung von Ruhe und Ordnung, von Fürsorge und Disziplin und vor allem über den ideellen Einbau der kämpfenden Organisationen in eine schemenhafte nationale Gemeinschaft."[204]

Beim ADGB rief die Kritik Kahn-Freunds eine ungewöhnlich scharfe Reaktion hervor, die über den konkreten Anlaß weit hinausging und ein Schlaglicht auf das nach wie vor schwierige Verhältnis zwischen Gewerkschaften und Intellektuellen warf. Der Tarifexperte des Bundesvorstands, Clemens Nörpel, der das Manuskript Kahn-Freunds vor der Drucklegung einsehen konnte, hielt dem Autor in einem Brief zunächst unzulässige Übertreibungen vor. Die Rechtssprechung des Reichsarbeitsgerichtes könne man zwar kritisieren; sie aber als „faschistisch" zu bezeichnen, sei „mehr als gefährlich, denn wir haben doch bestimmt keine Veranlassung, nun auch noch mit Gewalt den Teufel an die Wand zu malen." Dann kam das Grundsätzliche zur Sprache. „Ihre Broschüre rollt das Problem der Tätigkeit der Intellektuellen innerhalb der Arbeiterklasse erneut auf. Ihren guten

---

204 Die wichtigsten arbeitsrechtlichen Texte der zitierten Autoren sowie von Heinz Potthoff in: Thilo Ramm (Hg.), Arbeitsrecht und Politik. Quellentexte 1918—1933, Neuwied 1966. Zu Otto Kahn-Freunds Kritik vgl. ders., Das soziale Ideal des Reichsarbeitsgerichts, ebda., S. 149—210 (208, 210). Ernst Fraenkels Aufsatz „Kollektive Demokratie" wird hier zitiert nach: ders., Reformismus (Anm. 46), S. 83—87 (86 f.). Zu den sozialdemokratischen Staats- und Arbeitsrechtlern aus marxistischer Sicht auch: Joachim Blau, Sozialdemokratische Staatslehre in der Weimarer Republik. Darstellung und Untersuchung der staatsrechtlichen Konzeptionen von Hermann Heller, Ernst Fraenkel und Otto Kirchheimer, Marburg 1980. Zu Neumann u. a.: Wolfgang Luthardt, Kontinuität und Wandel in der Theorie Franz L. Neumanns. Eine historisch-politische Skizze, in: IWK 19 (1983), Heft 3, S. 329—373. — Auf die Intellektuellen der „Klassenkampf-Gruppe" wird hier nicht nochmals eingegangen. Vgl. dazu oben S. 651 ff.

Willen und Ihr erklärtes Wollen in allen Ehren. Größer wäre der Dienst, den Sie der Arbeiterklasse leisten, wenn Sie sich bemühen würden, das Denken und Fühlen der Arbeiterklasse erst einmal kennenzulernen, bevor Sie ihr helfen. Solange Sie Student gewesen sind, haben Sie Ihre Meinungen fast ausschließlich mit Ihresgleichen ausgetauscht. Dann sind Sie in das tätige Leben hinausgetreten, ohne selbst beim besten Willen Gelegenheit genug gehabt zu haben, die Arbeiterklasse wirklich kennengelernt zu haben, wobei ich bestreite, daß das möglich ist durch eine Tätigkeit als Vorsitzender am Arbeitsgericht. Dazu gehört mehr. Dazu gehört vor allem ein jahrelanges schweigendes Untergehen in der Masse, um sodann mit dieser Kenntnis der Massenpsyche und unter Hingabe Ihrer Kenntnisse und Ihres Wissens aus dieser Masse wiederaufzutauchen, um dann mit Erfolg deren Interessen zu vertreten. Das wäre die große Mission der Intellektuellen, während Sie bei aller guten Absicht zu nützen, in Wirklichkeit durch derartige Arbeiten, wie die vorstehend von mir besprochene, doch nur sehr viel Schaden anrichten."

Nörpels Empfehlung, der Autor solle auf die Veröffentlichung seiner Schrift verzichten, fand beim Empfänger des Briefes keine Gegenliebe. Er habe die Gefahr einer inneren Umwandlung des Arbeitsrechts durch die Rechtsprechung darlegen wollen, schrieb Kahn-Freund zurück. „Es ist gezeigt, daß Dinge, die in einem Land auf dem Weg über die politische Diktatur durchgesetzt werden, in anderen auf dem Weg über die unabhängige Rechtssprechung auch innerhalb der Demokratie erreicht werden können." Dies zu zeigen, sei der Zweck der Studie. Auch im Prinzipiellen blieb Kahn-Freund seinem Kritiker nichts schuldig. Im Unterschied zur KP gebe es bei den Sozialdemokraten keine Generallinie, heißt es in dem Antwortbrief. „Es ist mir aber neu, daß die Tätigkeit innerhalb der Arbeiterbewegung und für die Arbeiterbewegung eine Art Examenskurs voraussetzt und daß der in der Bewegung Stehende etwaige schriftliche Äußerungen einer Vorzensur zu unterwerfen hat."

In seiner Entgegnung machte Nörpel klar, daß er ein solches Ansinnen durchaus für legitim hielt. „Derjenige, der sich einer großen Bewegung angeschlossen hat, kann von seiner geistigen Meinungsfreiheit nur in den Grenzen Gebrauch machen, die durch Wohl und Wehe dieser Bewegung nun einmal gezogen sind." Da Kahn-Freund gegen diesen Grundsatz verstoßen hatte, durfte er mit weiterer Förderung durch die Freien Gewerkschaften nicht rechnen. Eine Stelle als Sachbearbeiter im preußischen Handelsministerium, für die er in Aussicht genommen worden war, erhielt er nicht, nachdem drei leitende Mitarbeiter des Bundesvorstands des ADGB, nämlich Gertrud Hanna, Franz Spliedt und Clemens Nörpel, die sozialdemokratische Landtagsfraktion darüber informiert hatten, daß sie Kahn-Freund für „im höchsten Grade ungeeignet" hielten. Als seine Schrift über das soziale Ideal des Reichsarbeitsgerichts allen Vorhaltungen Nörpels zum Trotz doch erschien, schlug dieser noch einmal zurück — in Form einer schroff ablehnenden Rezension in der theoretischen Zeitschrift des ADGB, der „Arbeit".

In der Auseinandersetzung zwischen Nörpel und Kahn-Freund ging es nicht nur um subjektive Abneigungen zwischen zwei Individuen. Der Gewerkschaftler, der sich als Autodidakt zum Tarifexperten des ADGB emporgearbeitet hatte, sah in dem akademisch gebildeten Arbeitsrichter offensichtlich einen privilegierten

Rivalen. Aber es war wohl nicht so sehr die Person Kahn-Freund, von der Nörpel sich unterbewußt bedroht fühlte, als vielmehr der soziale Typ, den jener verkörperte. Die jungen Akademiker, die in der Arbeiterbewegung Karriere machten, waren die maßgeblichen Experten von morgen. Wenn sie, im Zuge des Prozesses fortschreitender Professionalisierung, an Zahl zunahmen und in immer wichtigere Positionen aufstiegen, würde für die alten Sachbearbeiter in den Apparaten der Gewerkschaften bald kein Platz mehr sein: So ähnlich mögen es Nörpel und seine Kollegen empfunden haben. Was sich in den Briefen an Kahn-Freund niederschlug, war weniger ein individueller als ein kollektiver Minderwertigkeitskomplex. Die Zahl der Akademiker, die ähnliche Erfahrungen machen mußten wie Kahn-Freund, war vermutlich nicht klein. Daß die proletarische Abwehr in vielen Fällen durch das Zurschautragen intellektueller Überlegenheit provoziert wurde, ist ebenso wahrscheinlich.[205]

*

Das akademische Deutschland stand in den Jahren der Weimarer Republik der Sozialdemokratie meist herablassend bis feindselig gegenüber. Ein Ereignis im November 1922 war für die gängige Haltung bezeichnend. Bei einem Festakt aus Anlaß des 60. Geburtstages von Gerhart Hauptmann in der neuen Aula der Berliner Universität waren auch Reichspräsident Ebert und Reichstagspräsident Löbe zugegen. Die offizielle Laudatio hielt der Germanist Julius Petersen. „Das Denkwürdigste an der Feier", notierte der liberale Pazifist Harry Graf Kessler in sein Tagebuch, „ist das grotesk bornierte Verhalten der Studenten und Professoren gewesen. Die Berliner Studentenschaft hat mit einer Mehrheit von, ich glaube, vier zu zwei feierlich beschlossen, an der Hauptmann-Feier nicht teilzunehmen, weil Gerhart Hauptmann, nachdem er sich als Republikaner bekannt hat, nicht mehr als charakterfester Deutscher zu betrachten sei. Und von Sam Fischer (dem Verleger, der die Feier ausrichtete, H. A. W.) höre ich, daß der genannte Petersen, der die Festrede hielt, vor zwei Tagen bei ihm war, da es der Universität nicht angenehm sein werde, wenn das republikanische Reichsoberhaupt bei ihr erscheine.

---

205 DGB-Archiv Düsseldorf, ADGB-Vorstandskorrespondenz, Nr. 6: Brief Nörpels an Kahn-Freund vom 18. 2. 1931; Brief Kahn-Freunds an Nörpel vom 21. 2. 1931; Brief Nörpels an Kahn-Freund vom 24. 2. 1931; Aktennotiz vom 25. 2. 1931 über ein Gespräch zwischen Hanna, Nörpel, Spliedt und MdL Stahl (SPD). Nörpels Rezension: Ein „Sozialideal" des Reichsarbeitsgerichts, in: Die Arbeit 8 (1932), S. 561—566. Zu dieser Kontroverse, zur Arbeitsgerichtsbarkeit allgemein wie auch zu Sinzheimer und dem von ihm mitbegründeten Republikanischen Richterbund: Martin Martiny, Integration oder Konfrontation. Studien zur Geschichte der sozialdemokratischen Rechts- und Verfassungspolitik, Bonn 1976, S. 137 ff.; Thilo Ramm, Otto Kahn-Freund und Deutschland, in: Franz Gamilschegg u. a. (Hg.), In Memoriam Otto Kahn-Freund, 17. 11. 1900—16. 8. 1979, München 1980, S. XXI—XXXII (bes. XXIV f.); Birger Schulz, Der Republikanische Richterbund 1921—1933, Frankfurt 1982. — Auf die sozialdemokratische Verfassungs- und Faschismusdiskussion der frühen 30er Jahre wird der folgende Bd. eingehen. Zur Professionalisierung in den Gewerkschaften vgl. oben S. 625 f.

Und als Fischer das ablehnte, hat ihn Petersen gebeten, dann doch wenigstens Löbe auszuladen, denn zwei Sozialdemokraten auf einem Mal sei doch etwas viel!"[206]

Die Zahl der sozialdemokratischen Professoren war auch gegen Ende der Republik noch klein. Manche mußten den Universitäten oktroyiert werden, so der Historiker der deutschen Arbeiterbewegung, Gustav Mayer, dem alldeutsche Professoren 1917 die Lehrbefugnis verwehrt hatten; erst 1922 übertrug ihm das preußische Kultusministerium eine neugeschaffene außerordentliche Professur für Geschichte der Demokratie, des Sozialismus und der politischen Parteien. Den sozialdemokratischen Staatsrechtler Hermann Heller, der sich 1920 in Kiel habilitiert hatte, wagte auch der parteilose Kultusminister C. H. Becker lange Zeit nicht an eine preußische Universität zu berufen. 1928 erhielt Heller schließlich eine außerordentliche Professur in Berlin, 1932 dann ein Ordinariat in Frankfurt. Die Zahl der sozialdemokratischen Studenten blieb ebenfalls unbedeutend. Auf dem Magdeburger Parteitag von 1929 sprach Heinrich Schulz von 3 500 Mitgliedern der Sozialistischen Studentenschaft, „von denen allerdings der größte Teil auf Österreich entfällt."[207]

Ein besonderes Geschick im Umgang mit Wissenschaft und Kunst läßt sich der Weimarer Sozialdemokratie nicht bescheinigen. Der seit 1925 amtierende preußische Kultusminister Becker, ein Orientalist von internationalem Ruf, hatte sich als Ressortchef im liberalen Teil der Öffentlichkeit großes Ansehen erworben. Als sich seit Ende 1929 seine Ablösung abzeichnete — die sozialdemokratische Landtagsfraktion wollte ihn seit langem durch ein Mitglied der eigenen Partei ersetzen —, protestierten viele bekannte Künstler und Intellektuelle, darunter Albert Einstein, Käthe Kollwitz, Max Liebermann, Max Slevogt, Georg Kolbe, Gerhart Hauptmann und Thomas Mann bei Otto Braun. Aber der Ministerpräsident vermochte sich gegenüber dem Druck seiner Fraktion und ihres Vorsitzenden, Ernst Heilmann, nicht zu behaupten. Am 30. Januar 1930 reichte Becker seinen Rücktritt ein. In den „Neuen Blättern für den Sozialismus" warf daraufhin Gustav Radbruch den preußischen Sozialdemokraten politische Kurzsichtigkeit vor: „Sollte es nicht etwa ein Pyrrhussieg gewesen sein, als es den preußischen Sozialdemokraten gelang, den Minister Becker aus dem Kultusministerium zu verdrängen? Gewonnen ein sozialdemokratischer Minister, verloren die Sympa-

---

206 Harry Graf Kessler, Tagebücher 1918—1937, Frankfurt 1961, S. 347.

207 Parteitag (Anm. 92), S. 56. Zu Gustav Mayer: Hans-Ulrich Wehler, Gustav Mayer, in: ders. (Hg.), Deutsche Historiker, Bd. 2, Göttingen 1971, S. 120—132; zu Hermann Heller: Schluchter, Entscheidung (Anm. 203), passim, sowie Stephan Albrecht, Hermann Hellers Staats- und Demokratieauffassung, Frankfurt usw. 1983. Insgesamt zur Rolle der sozialdemokratischen und republikanischen Hochschullehrer: Herbert Döring, Der Weimarer Kreis. Studien zum politischen Bewußtsein verfassungstreuer Hochschullehrer in der Weimarer Republik, Meisenheim 1975. Zur sozialdemokratischen Studentenorganisation vgl. oben S. 376 (Anm. 355). — Zu den hier nicht erörterten Konflikten um Hochschullehrer, die sich zur politischen Linken rechneten — Karl Korsch, Emil Julius Gumbel, Theodor Lessing und Günter Dehn —, siehe den Überblick bei Ernst Rudolf Huber, Deutsche Verfassungsgeschichte seit 1789, Bd. 6: Die Weimarer Reichsverfassung, Stuttgart usw. 1981, S. 993—1002.

thie vieler Freunde der Sozialdemokratie — so lautet die Bilanz. Die Kraft einer Partei beruht nicht nur auf der Zahl ihrer Mitglieder, Wähler, Volksvertreter und Minister, sondern auch auf dem sympathischen Widerhall ihrer Politik in der öffentlichen Meinung. Es ist eine Erbschaft aus der Sektenzeit der Sozialdemokratischen Partei, daß sie diesen Kraftfaktor nicht immer genügend in Rechnung stellt."[208]

Einen festen Rückhalt bei Künstlern und Schriftstellern hatte die SPD, anders als die KPD, nicht. Der „deutsche Geist" stand, soweit er nicht über den Parteien schwebte, entweder weit links oder weit rechts, aber kaum im Lager der Sozialdemokratie. Zu den Ausnahmen gehörten die Arbeiterdichter. Daß sie heute fast vergessen sind, ist kein Zufall. Ihre Werke waren nicht weniger zeitgebunden als die Romane von Bredel und Marchwitza, aber soweit man bei Karl Bröger, Heinrich Lersch und Max Barthel, den bekanntesten der Weimarer Arbeiterdichter, überhaupt von Gesellschaftskritik sprechen kann, war diese eher rückwärtsgewandt: Die moderne Industrie erscheint als menschenvernichtender Moloch, die Welt des Handwerkers und des Bauern als ursprünglich und unentfremdet. Das Kriegserlebnis wirkte bei den Arbeiterdichtern in einer Weise nach, die mehr mit dem literarischen Heroismus der Brüder Jünger als mit dem Pazifismus Erich Maria Remarques gemein hat. Dem entsprach die ausgeprägt nationale Haltung der Arbeiterdichter. Ein Kriegsgedicht Karl Brögers aus dem Jahr 1914, „Bekenntnis eines Arbeiters", war in den zwanziger Jahren längst in die Lesebücher eingegangen:

Immer haben wir eine Liebe zu dir gekannt.
Bloß haben wir sie nie bei dem Namen genannt.
Herrlich aber zeigte es deine größte Gefahr,
daß dein ärmster Sohn auch dein getreuester war.
Denk es, o Deutschland.

Der Patriotismus der Arbeiterdichter ähnelte dem des Reichsbanners Schwarz-Rot-Gold: Er war betont republikanisch und großdeutsch. Karl Bröger, ein Teilnehmer des Hofgeismarer Treffens der Jungsozialisten von 1923, sah mit der Republik erstmals die Aussicht gegeben, Volk und Staat zu vereinigen. „Wen solche Aussicht nicht begeistert, wer sich ihr gar entgegenstemmt und dieses Stemmen für völkische Pflicht hält, der hat vom Sinn deutscher Geschichte höchstens erfaßt, daß er selber hoffnungslos zum Untertanen geboren ist." Dem deutschen Sozialismus, den er mehr auf Lassalle als auf Marx zurückführte, schrieb Bröger

208 Gustav Radbruch, Zum Wechsel im Kultusministerium, in: NBS 1 (1930), Nr. 3 (März), S. 139 f.; die anschließende Diskussion: Hedwig Wachenheim, Zum Wechsel im Kultusministerium, ebda., Nr. 4 (April), S. 184 f.; Fritz Klatt, Zum Fall Becker, ebda., Nr. 5 (Mai), S. 234 f.; Gustav Radbruch, Sozialdemokratische Politik und öffentliche Meinung, ebda., S. 236 f. — Zum Rücktritt Beckers: Braun, Weimar (Anm. 8), S. 162 f., Erich Wende, C. H. Becker, Mensch und Politiker. Ein biographischer Beitrag zur Kulturgeschichte der Weimarer Republik, Stuttgart 1959, S. 294 ff.; Rathmann, Arbeiterleben (Anm. 153), S. 219 ff.

die staatspolitische Aufgabe zu, „den Staat der Deutschen zu schaffen, der nur erscheinen und dauern kann in der Gestalt einer Deutschen Republik, die in sich geschlossen und einig aufnimmt, was aus freiem Entschluß zu ihr strebt."

Das Bekenntnis zu Republik und Sozialdemokratie bewahrte Bröger nicht davor, von den Nationalsozialisten geistig annektiert zu werden: Im Konzentrationslager Dachau konnte er 1933 die SA seine Lieder singen hören. Nach der Freilassung blieb er unbehelligt. Seine Gedichte wurden weiterhin gedruckt; sie fanden im „Dritten Reich" sogar mehr offizielle Beachtung als in der Weimarer Republik. Heinrich Lersch und Max Barthel traten von sich aus in das feindliche Lager über: Lersch unterzeichnete 1933, nach seiner Berufung in die Preußische Akademie der Künste, ein Treuegelöbnis zu Adolf Hitler; Barthel legte im gleichen Jahr seinen Roman „Das unsterbliche Volk" vor, der laut Klappentext „die seelische Wandlung eines deutschen Arbeiters vom Kommunisten zum Gefolgsmann des Führers" beschrieb.

Wenn es in der politischen Wirklichkeit so etwas wie „Sozialfaschismus" gab, dann am ehesten im Umkreis der Arbeiterdichter. Ihrer sozialen Herkunft nach waren sie keine typischen Arbeiter; sie stammten vielmehr durchwegs, wie Christoph Rülcker feststellt, aus „proletaroiden Kleinbürgerfamilien". „Die soziale Deklassierung macht sie jedoch noch lange nicht zu Arbeitern; sofern sie in die Fabrik gehen, suchen sie sich diesem Gang wieder zu entziehen. Dabei wird auch ein vorübergehendes freiwilliges Abgleiten ins ‚Lumpenproletariat' in Kauf genommen. Sofern sie den Arbeitsplatz des Arbeiters kennen lernen, ist diese Bekanntschaft kurzfristig, episodenhaft, ähnlich wie sie ein Praktikant haben könnte. Als Redakteur, Handwerker, Schriftsteller knüpften sie an den sozialen Status ihrer Familie wieder an. Sie haben sich nicht ‚hochgearbeitet', sondern nur das Tal überwunden, in das persönliches Versagen der Väter die Familie gestürzt hat; sie sind, wie ihre Eltern, kleinbürgerliche Existenzen." Die Unsicherheit über den eigenen Status und der daraus entspringende Wunsch, Anerkennung auch im Bürgertum zu finden, könnten zumindest eine Teilerklärung dafür sein, daß die bekanntesten Arbeiterdichter in die geistige Nähe des Nationalsozialismus gerieten und daß einige von ihnen sich nach 1933 offen in seinen Dienst stellten.[209]

*

209 Zusammenfassend hierzu: Christoph Rülcker, Ideologie der Arbeiterdichtung 1914—1933. Eine wissenssoziologische Untersuchung, Stuttgart 1970 (das Zitat: S. 26; zu Brögers zeitweiligem Absinken in das „Lumpenproletariat" vor 1914: S. 25 f.). Zur Rolle von Lersch und Barthel im Jahre 1933: ebda., S. 17, sowie Hildegard Brenner, Ende einer bürgerlichen Kunst-Institution. Die politische Formierung der Preußischen Akademie der Künste ab 1933. Stuttgart 1972, S. 83 ff. Zu Bröger: Gudrun Heinsen-Becker, Karl Bröger und die Arbeiterdichtung seiner Zeit. Die Publikumsgebundenheit einer literarischen Richtung, Nürnberg 1977. Brögers „Bekenntnis eines Arbeiters" zitiert nach: ders., Sturz und Erhebung, Jena 1943, S. 15; die übrigen Zitate aus: ders., Deutsche Republik (Anm. 158), S. 36 f. Zu Brögers Auftreten in Hofgeismar vgl. oben S. 367 f. Zur Interpretation der nationalen Strömung im Umkreis der sozialdemokratischen Arbeiterbewegung auch Ernst Nolte, Marxismus und Nationalsozialismus, in: VfZ 31 (1983), S. 289—417 (bes. 398 f.). Zum Kriegserlebnis in der Literatur der Weimarer Republik: Rolf Geißler, Dekadenz und Heroismus. Zeitroman und völkisch-na-

Bei den „Linksintellektuellen“ hatte die Sozialdemokratie keine gute Presse. Je mehr sie als Staatspartei der Republik erschien, desto schlechter waren die Zensuren. Den Görlitzer Parteitag von 1921 nahm Kurt Tucholsky zum Anlaß, ihr den Abfall von allem vorzuhalten, was einmal ihre Größe ausgemacht hätte:

Wir saßen einst im Zuchthaus und in Ketten,
Wir opferten, um die Partei zu retten,
Geld, Freiheit, Stellung und Bequemlichkeit.
Wir waren die Gefahr der Eisenwerke,
Wir hatten Glut im Herzen — unsre Stärke
war unsre Sehnsucht, rein und erdenweit.
Uns haßten Kaiser, Landrat und die Richter:
Idee wird Macht — das fühlte das Gelichter ...
Long long ago —
Das ist nun heute alles nicht mehr so.

Wir sehn blasiert auf den Ideennebel.
Wir husten auf den alten, starken Bebel —
Wir schmunzeln, wenn die Jugend revoltiert.
Und während man in hundert Konventikeln
mit Lohnsatz uns bekämpft und Leitartikeln,
sind wir realpolitisch orientiert.
Ein Klassenkampf ist gut für Bolschewisten.
Einst pfiffen wir auf die Ministerlisten ...
Long long ago
Das ist nun heute alles nicht mehr so.

Uns imponieren schrecklich die enormen
Zigarren, Autos und die Umgangsformen —
Man ist ja schließlich doch kein Bolschewist.
Wir geben uns auch heute ohne jede Freite
Und unser Scheidemann hat keine Seite,
nach der er nicht schon umgefallen ist.
Herr Weismann grinst, und alle Englein lachen,
Wir sehen nicht, was sie da mit uns machen,
nicht die Gefahren all ...
Skatbrüder sind wir, die den Marx gelesen.
Wir sind noch nie so weit entfernt gewesen,
von jener Bahn, die uns geführt Lassall'!

---

tionalsozialistische Literaturkritik, Stuttgart 1964, bes. S. 85 ff.; zu den Reaktionen auf Erich Maria Remarques „Im Westen nichts Neues“ (Buch: 1929, Film: 1931) vgl. Sontheimer, Antidemokratisches Denken (Anm. 154), S. 118 ff. Auf die Frage, inwieweit es außerhalb des Kreises der Arbeiterdichter — der Begriff wird im Vorstehenden in Anlehnung an Rülcker ausschließlich auf die der Sozialdemokratie nahestehenden Autoren angewandt — „sozialfaschistische“ Tendenzen gab, wird der folgende Bd. eingehen.

Aber auch als Oppositionspartei war die SPD nicht nach Tucholskys Geschmack. „Feldfrüchte" hieß das Gedicht, das er 1926 in der „Weltbühne" veröffentlichte:

Sinnend geh ich durch den Garten,
still gedeiht er hinterm Haus;
Suppenkräuter, hundert Arten,
Bauernblumen, bunter Strauß.
Petersilie und Tomaten,
eine Bohnengalerie,
ganz besonders ist geraten
der beliebte Sellerie.
Ja, und hier —? Ein kleines Wieschen?
Da wächst in der Erde leis
das bescheidene Radieschen:
außen rot und innen weiß.
Sinnend geh ich durch den Garten
unsrer deutschen Politik;
Suppenkohl in allen Arten
im Kompost der Republik.
Bonzen, Brillen, Gehberockte,
Parlamentsroutinendreh . . .
Ja, und hier —? Die ganz verbockte
liebe gute SPD:
Hermann Müller, Hilferlieschen
blühn so harmlos, doof und leis
wie bescheidene Radieschen:
außen rot und innen weiß.[210]

Die „Weltbühne" — 1905 unter dem bis zum Frühjahr 1918 beibehaltenen Namen „Schaubühne" von Siegfried Jacobsohn gegründet — war *das* Sprachrohr der linken Intelligenz in der Weimarer Republik. In den ersten Nachkriegsjahren entsprach die politische Haltung des Blattes meist derjenigen der USPD beziehungsweise, nach der Wiedervereinigung der beiden sozialdemokratischen Parteien, der des linken Flügels der SPD. Seit 1924 rückte das Blatt dann deutlich weiter nach links. Unter Carl von Ossietzky, der 1926 die Chefredaktion übernahm, lag der Standort irgendwo im politischen Niemandsland zwischen dem linken Flügel der SPD und der KPD. Die sozialdemokratische Führung galt Ossietzky ebenso wie Tucholsky und den meisten anderen regelmäßigen Autoren der „Weltbühne" als hoffnungslos verbürgerlicht und korrumpiert, die Republik als ein durch und durch restauratives Gebilde.

Wo immer es Ansätze für eine Einheitsfront von Sozialdemokraten und Kommunisten zu geben schien, gehörte die „Weltbühne" zu den Fürsprechern der Ak-

210 Kurt Tucholsky, Gesammelte Werke, 3 Bde., Reinbek 1960, Bd. 1, S. 827 f.; Bd. 2, S. 508 f.

tionseinheit: bei der Kampagne für die Fürstenenteignung 1926 ebenso wie beim Kampf gegen den Panzerkreuzer A zwei Jahre später. Als nach dem Wahlerfolg der SPD im Mai 1928 keine formelle Große Koalition, sondern nur ein „Kabinett der Persönlichkeiten" zustande kam, meinte Ossietzky, für die Sozialdemokraten hätte es nur eine annehmbare Möglichkeit der Regierungsbildung gegeben, nämlich „ein Minderheitskabinett, ein rein sozialistisches Kabinett, mit einem weit gesteckten und propagandistisch wirksamen Programm. Das hätte auch die Kommunisten endlich einmal vor eine nützliche Entscheidung gestellt. Wäre auch die Lebensdauer dieser Regierung kurz gewesen, ein solcher Akt hätte Achtung erzwungen. Gerade wer den Parlamentarismus bejaht, muß auf so saubere Klarstellung halten. Wenn unser Parlamentarismus nicht funktionieren will, liegt es nicht an der leidigen deutschen Zwietracht, sondern weil alles durch Kompromisse und Spekulationen verschmuddelt ist."[211]

Nach den Berliner Maikämpfen von 1929 trat Ossietzky dem von Willi Münzenberg angeregten Untersuchungsausschuß bei, der die Ursachen der blutigen Unruhen aufdecken sollte, tatsächlich aber zu einem Forum kommunistischer Propaganda wurde. Das Verhältnis zwischen der „Weltbühne" und der KPD blieb trotz solcher Phasen des direkten Zusammenspiels kompliziert. Im Januar 1929 stellte Kurt Hiller fest, Deutschlands Tragödie sei die Gespaltenheit der Arbeiterbewegung. Aber die Einigung werde von kleinen Zwischengruppen wie den Anhängern Leonard Nelsons und Georg Ledebours ausgehen und nicht von der Sozialdemokratie oder der Kommunistischen Partei aus vollzogen werden. „So ehrlich einzelne Führer dieser Parteien sie wahrscheinlich wollen, so hoffnungslos sind die Parteien als solche ineinander verbissen ... Beide Parteien sollten einsehen, daß der Zusammenschluß weder nach sozialdemokratischem noch nach kommunistischem Ritus erfolgen kann. Aber erfolgen muß er. Sonst siegt für ein Jahrhundert der Faschismus."

In der kommunistischen Monatsschrift „Die Front" antwortete darauf Hans Conrad, die Tragödie Deutschlands sei „nicht zuletzt die jämmerliche Halbheit seiner ‚linken' Intellektuellen, die da über den Parteien thronen, weil es einem in den Reihen nicht leicht gemacht wird (um mit Kurt Tucholsky zu sprechen)." Diese Neulinge seien vom Volk nicht verstanden worden, und „jetzt klagen unsre überklugen Musensöhne dafür die Dummheit der Proleten an und beginnen, soweit sie nicht längst in die Gefilde der Ullstein und anderer Konzerne zurückgekehrt sind, zu wehklagen oder ihre billigen Weisheiten und Rezepte à la Hiller an den Mann zu bringen."

211 „Die Bahn, die uns geführt Lassalle", in: WB 24/II (1928), Nr. 29 (17. 7.), S. 77—80 (79). Zu Ossietzky und zur „Weltbühne": Istvan Deak, Weimar Germany's Left-Wing Intellectuals. A Political History on the ‚Weltbühne' and its Circle, Berkeley usw. 1968, S. 148 ff.; Raimund Koplin, Carl von Ossietzky als politischer Publizist, Frankfurt 1964, S. 78 ff.; Kurt R. Grossmann, Ossietzky. Ein deutscher Patriot, München 1963, S. 115 ff.; Alf Engelsing, Die Weltbühne. Organ der intellektuellen Linken, Münster 1962, S. 73 ff.; Ursula Madrasch-Groschopp, Die Weltbühne, Porträt einer Zeitschrift (ursprünglich: Berlin [O] 1983), Königstein 1983, S. 203 ff.

Tucholsky konterte — ebenfalls in der „Front" —, fast jeder Intellektuelle, der zur KPD komme, sei ein „entlaufener Bürger". Ein gewisses Mißtrauen sei am Platze, es dürfe aber nicht jedes Maß übersteigen. „Das übertriebene Mißtrauen der kleineren Funktionäre dem Intellektuellen gegenüber ist auf Konkurrenzangst zurückzuführen. Diese Furcht ist meist begründet. Der wirkliche Vorwurf der mangelnden Stetigkeit, die vielen von uns innewohnt, das (in Deutschland besonders große) Mißtrauen gegen die ‚Unordentlichen' haben dazu geführt, daß in der SPD solche Mittelmäßigkeiten wie Ebert, Wels, Noske überhaupt zur Macht kommen konnten. Hier habt ihr das mahnende, schlechte Beispiel vor Augen . . ."

Das vorläufig letzte Wort behielt Hans Conrad. In der „Weltbühne" entgegnete er Tucholsky: „Wir haben erkannt, daß man nicht zwischen zwei Stühlen sitzen darf, daß die Zeit des Nur-Sängers und -Dichters in diesen rauhen Tagen des Kampfes vorbei ist . . . Wir haben ein Programm, das Programm Lenins, den Leninismus. Wer es mit der Sache der Arbeiterklasse ernst nimmt, der ist verpflichtet und der kann im Rahmen dieses Programms ausgezeichnet revolutionäre Arbeit leisten, dann nämlich, wenn er die Rolle einer zielklaren Partei des Proletariats als Führerin im Befreiungskampfe der unterdrückten und leidenden Menschheit erkannt hat . . . ‚Begnügen' wir uns in der Rolle des einfachen Soldaten der Revolution. Mobilisieren Sie alle ihnen zugänglichen Kräfte, gehen Sie zu den Arbeitern, nicht nur als Dichter (Carl von Ossietzky hat da im Untersuchungsausschuß über die Maivorfälle vorzüglich gearbeitet), hören Sie gut hin, was die Arbeiter reden, wo sie der Schuh drückt, formulieren Sie diese Nöte, helfen Sie mit, Richtung und Ziel im alltäglichen Kampfe zu geben."[212]

Es war in der Tat ein Stück intellektueller Überhebung, wenn die Autoren der „Weltbühne" glaubten, sie könnten im Bunde mit Splittergruppen und über die großen Arbeiterparteien hinweg die Einheit des Proletariats zuwege bringen. Sie selbst sahen sich als Vorkämpfer von Fortschritt, Recht und Menschlichkeit, und wo immer sie gegen Klassenjustiz, Polizeiwillkür und Militarismus auftraten,

212 Kurt Hiller, Rede vor roten Studenten, in: WB 25/I (1929), Nr. 1 (1. 1.), S. 1—4; Hans Conrad, Deutschlands Tragödie, in: Die Front 2 (1929), Nr. 7, S. 195—199; ders., Arbeiter und Intellektuelle, in: WB 25/II (1929), Nr. 41 (8. 10.), S. 585—588; Kurt Tucholsky, Die Rolle des Intellektuellen in der Partei, in: ders., Werke (Anm. 210), Bd. 3, S. 13—17 (14 f.). — Zu Kurt Hiller ders., Rote Ritter. Erlebnisse mit deutschen Kommunisten, Berlin [W] 1980; Lewis D. Wurgaft, The Activists: Kurt Hiller and the Polities of Action on the German Left 1914—1933, Philadelphia 1977. — Im Münzenberg-Ausschuß arbeiteten u. a. auch der Publizist und Wirtschaftswissenschaftler Alfons Goldschmidt, der Rechtsanwalt Alfred Apfel und der Chefredakteur des „Tage-Buchs", Stefan Großmann, mit. Dazu Madrasch-Groschopp, Weltbühne (Anm. 211), S. 243 f. Zu der — im Verhältnis zur „Weltbühne" moderaten — linken Zeitschrift „Das Tage-Buch" siehe Fritz J. Raddatz, Das Tage-Buch. Proträt einer Zeitschrift, Königstein 1981. Zu Ossietzkys Arbeit im Untersuchungsausschuß v. a. Koplin, Ossietzky (Anm. 211), S. 128 ff.; Grossmann, Ossietzky (Anm. 211), S. 224 ff. Zu den parallelen, sehr viel weniger parteiischen Ermittlungen eines Untersuchungsausschusses der Deutschen Liga für Menschenrechte, an denen sich u. a. der Sexualforscher Max Hodann, der Polizeioberst a. D. Hans Lange und der Historiker Veit Valentin beteiligten: ebda., S. 227 ff., 469 ff. Zu Ossietzkys Kampagne gegen Zörgiebel vgl. u. a. seinen Artikel: Abdankung, Herr Polizeipräsident, in: WB 25/I (1929), Nr. 20 (14. 5.), S. 729—736. Zum juristischen Nachspiel des „Blutmai": Ferdinand Timpe, Maiprozesse, ebda., Nr. 52 (24. 12.), S. 930—936.

konnten sie sich auf diese Ideale berufen. Die Partei aber, der sie noch den größten politischen Kredit gewährten, war kein Verbündeter im Kampf um mehr Freiheit: Die KPD vertrat längst ein System, in dem für ein unabhängiges Blatt nach Art der „Weltbühne" kein Platz mehr war.

Die Sozialdemokratie hingegen, die Ossietzky und Tucholsky in jeder Ausgabe ihrer Zeitschrift an den Pranger stellten, war die letzte starke Stütze von Demokratie und Liberalität. Die SPD wollte vieles von dem, was die „Weltbühne" forderte, aber als demokratische Partei war sie zu Kompromissen gezwungen, und eben das machte sie in den Augen der intellektuellen Linken moralisch minderwertig. In der Wirkung war der Kampf gegen die Sozialdemokratie ein Kampf gegen die parlamentarische Demokratie. Die „Weltbühne" half damit das politische System auszuhöhlen, das sie zu verteidigen meinte. Ihr Rigorismus war am Ende von Verblendung nicht mehr zu unterscheiden.

*

Einige Gründe für die Selbsttäuschungen der intellektuellen Linken liegen auf der Hand. Geistig war die linke Intelligenz um 1929 immer noch eine Großmacht. „Weimar" war in gewisser Weise *ihr* Werk, und zwar sowohl das expressionistische Weimar der Nachkriegsjahre bis etwa 1923 als auch das Weimar der „neuen Sachlichkeit", das in den Jahren der relativen Stabilisierung den Ton angab. Die kulturellen Neuerer hatten Weimar geistig vorbereitet, als sie sich im ersten Jahrzehnt des 20. Jahrhunderts gegen die herrschende Kultur des wilhelminischen Deutschland auflehnten. Nach 1918 konnten sie sich als Schöpfer der neuen herrschenden Kultur fühlen: Sie bestimmten die Themen und den Geschmack; sie setzen die Maßstäbe für das, was modern war. Das Berlin der zwanziger Jahre war *ihre* Hauptstadt, und auf Berlin blickte nach 1918 erstmals die Avantgarde der ganzen Welt.[213]

213 Zur „Kultur von Weimar" v. a.: Peter Gay, Die Republik der Außenseiter. Geist und Kultur in der Weimarer Zeit: 1918—1933 (amerik. Orig.: Weimar Culture. The Outsider as Insider, New York 1968), Frankfurt 1970; John Willett, Explosion der Mitte. Kunst und Politik 1917—1933 (engl. Orig.: The New Society. Art and Politics in the Weimar Period 1917—1933, London 1978), München 1981; Walter Laqueur, Weimar. Die Kultur der Republik (engl. Orig.: Weimar: A Cultural History 1918—1933, London 1974), Frankfurt 1976, bes. S. 62 ff. (wo auch auf hier nicht behandelte Autoren wie den der KPD zuneigenden Ernst Bloch, den kommunistischen „Häretiker" Karl Korsch, den unabhängigen Marxisten Walter Benjamin und die Anfänge des Frankfurter Instituts für Sozialforschung um Theodor W. Adorno, Max Horkheimer, Erich Fromm, Herbert Marcuse, Otto Kirchheimer, Leo Löwenthal u. a. eingegangen wird). Zur „Frankfurter Schule" ferner: Martin Jay, Dialektische Phantasie. Die Geschichte der Frankfurter Schule und des Instituts für Sozialforschung 1923—1950 (amerik. Orig.: The Dialectical Imagination: A History of the Frankfurt School and the Institute of Social Research 1923—1950, Boston usw. 1973), Frankfurt 1976; Euge-

Aber der Glanz des Erfolges täuschte. Die „Kultur von Weimar“ war in ihrem intellektuellen Kern nicht viel mehr als die Kultur des neuen Berlin. Die konservativen Gegenkräfte formierten sich seit 1920 nicht nur in Wirtschaft und Politik, sondern auch in der Kultur. Das Bildungsbürgertum, durch die Inflation materiell geschwächt und sozial verunsichert, rückte nach rechts. Die Zeit der relativen Stabilisierung reichte nicht aus, diesen Trend zu brechen. Nach der Verschlechterung der Konjunktur im Winter 1928/29 erhielten rechtsradikale Tendenzen vor allem in der akademischen Jugend neuen Auftrieb: Der Nationalsozialistische Deutsche Studentenbund war der eindeutige Gewinner der AStA-Wahlen des Wintersemesters 1929/30. In Würzburg erzielte er 30 % der Stimmen, in Braunschweig 33,3 %, an der Technischen Hochschule Berlin 38 % und in Greifswald sogar 53 %.

Der Ruck nach rechts war ein Ausdruck sozialen Protests. Eine junge Akademikergeneration, die sich gegen ihre „Proletarisierung“ wehrte, sagte dem „System“ den Kampf an, das sie für ihr Schicksal verantwortlich machte. Der radikale Antisemitismus der Nationalsozialisten war in den Augen vieler Studenten ein Argument, das für die Anhänger Hitlers sprach. Kaum irgendwo in der deutschen Gesellschaft gab es eine derart starke Abneigung gegen die Juden wie an den Universitäten. Da die Juden nur 1 % der Bevölkerung, aber 4 bis 5 % der Studenten stellten (in manchen Fachrichtungen wie Medizin und Rechtswissenschaft und an manchen Universitäten wie Frankfurt und Berlin lag ihr Anteil sogar noch erheblich höher), galten sie als unzulässig privilegierte Konkurrenten in einem immer schärfer werdenden Kampf um gehobene gesellschaftliche Positionen. Wer Ressentiments gegen die Juden schürte, hatte daher gute Chancen, bei „arischen“ Studenten Gehör zu finden. Der Vormarsch der nationalsozialistischen Studentenorganisation beruhte in erster Linie auf einer massenhaften Mobilisierung von sozialen Neidgefühlen.

Für die „Kultur von Weimar“ war der Siegeszug des Nationalsozialistischen Deutschen Studentenbundes ein Alarmzeichen. Diese Kultur hatte im gebildeten Judentum der großen Städte seinen wichtigsten gesellschaftlichen Rückhalt; die Kampagne gegen die angebliche Überfremdung des deutschen Geisteslebens war infolgedessen ein Angriff auf die Kultur der deutschen Republik. Wenn man in Rechnung stellte, daß die nationalsozialistischen Studenten nur offen aussprachen, was viele Akademiker empfanden, dann war die „Kultur von Weimar“ schon vor den großen Wahlerfolgen der NSDAP in Gefahr. Ohne einen Bund mit der sozialdemokratischen Arbeiterschaft, der verläßlichsten Stütze des demokratischen Staates, konnte die linke Avantgarde nicht hoffen, diese Kultur vor dem

---

ne Lunn, Marxism and Modernism. A Historical Study of Lukács, Brecht, Benjamin, and Adorno, Berkeley 1982. Sehr instruktiv als resumierende Problemskizzen über die „Kultur von Weimar“: Wolfgang Sauer, Weimar Culture: Experiments in Modernism, in: Social Research 39 (1972), S. 254—284; Eberhard Kolb, Die Weimarer Republik, München usw. 1984, S. 91—105.

Ansturm von rechts zu retten. Die entscheidende Vorbedingung eines solchen Paktes aber fehlte nach wie vor: die Einsicht, daß die Zusammenarbeit notwendig war.[214]

214 Die Zahlen zu den AStA-Wahlen nach Karl Dietrich Bracher, Die Auflösung der Weimarer Republik. Eine Studie zum Problem des Machtverfalls in der Demokratie, Villingen 4. Aufl. 1964, S. 147 f. Zum Antisemitismus der Studenten u. a. Kater, Studentenschaft (Anm. 199), S. 147 ff.; 218 f., 288 (dort auch die genauen Zahlen zum Anteil jüdischer Studenten); Anselm Faust, Der Nationalsozialistische Deutsche Studentenbund. Studenten und Nationalsozialismus in der Weimarer Republik, 2 Bde., Düsseldorf 1973; Heinrich August Winkler, Die deutsche Gesellschaft der Weimarer Republik und der Antisemitismus, in: Bernd Martin u. Ernst Schulin (Hg.), Die Juden als Minderheit in der Geschichte, München 1. Aufl. 1981, S. 271—289. Zur Selbsteinschätzung der jungen Akademiker v. a.: Jenö Kurucz, Struktur und Funktion der Intelligenz während der Weimarer Republik, o. O. 1967. Zum Problem der „Proletarisierung" der Intellektuellen auch: Zehrer, Revolution (Anm. 201), S. 486—507.

8. Der Beginn der Weltwirtschaftskrise

Der „Schwarze Freitag“ war eigentlich ein Donnerstag: Am 24. Oktober 1929 gaben an der New Yorker Börse die Aktienkurse auf breiter Front und in einem Ausmaß nach, das einem Erdrutsch gleichkam. Zwar setzte noch am gleichen Tag eine gewisse Erholung ein, aber in den folgenden Tagen ging der dramatische Kursverfall weiter. Der schwärzeste Tag in Wallstreet war der 29. Oktober: Nach offizieller Zählung wurden an jenem Dienstag 16 410 030 Aktien verkauft; der Aktienindex der New York Times, der tags zuvor um 49 Punkte gesunken war, fiel abermals — um 43 Punkte. Binnen weniger Tage waren damit die Kursgewinne eines ganzen Jahres ausgelöscht.[215]

Die vordergründige Ursache des Ereignisses, das die Weltwirtschaftskrise einleitete, läßt sich mit einem Wort umschreiben: Überspekulation. Im Vertrauen auf einen ungehemmt sich fortentwickelnden Boom hatten kleine Aktionäre und große Investmentfirmen immer weiter Geld in industriellen Unternehmungen angelegt und damit die Produktion angeheizt. Der Kollaps trat ein, als sich herausstellte, daß das Angebot an Gütern die Nachfrage bei weitem überstieg. Die ersten deutlichen Kurseinbußen von großen Konzernen wie General Electric und Investmentfirmen wie der Goldman Sachs Trading Corporation lösten eine Lawine von Aktienverkäufen aus.

Der Grund, weshalb sich der New Yorker Börsenkrach sofort in Europa auswirkte, liegt ebenfalls klar zutage: Um liquide zu bleiben, begannen amerikanische Banken, das Geld zurückzufordern, das sie kurzfristig auf dem alten Kontinent angelegt hatten. Kein Land war davon stärker betroffen als Deutschland: Hier belief sich das Gesamtvolumen von kurzfristigen Krediten aus dem Ausland im Jahre 1929 auf 15,7 Milliarden RM; der Anteil des Auslands, und das hieß seit 1924 immer in erster Linie: der Vereinigten Staaten, an den in Deutschland aufgenommenen Barkrediten — ohne die Kundschaftskredite für Import- und bestimmte Exportgeschäfte — betrug im gleichen Jahr 39,8 %. Was die deutsche Situation besonders prekär machte, war eine schon mehrfach erwähnte Eigenart der kommunalen Anlagepolitik: Gut drei Viertel der kurz- und mittelfristigen Kredite, die zu einem erheblichen Teil direkt oder indirekt aus dem Ausland stammten,

---

215 John Kenneth Galbraith, The Great Crash 1929, Boston 3. Aufl. 1961, S. 93—112. Zur Reaktion in Deutschland: Wilhelm Treue (Hg.), Deutschland in der Weltwirtschaftskrise in Augenzeugenberichten, Düsseldorf 2. Aufl. 1967, S. 63 ff. — Als Auftakt der Krise in Deutschland muß rückblickend der Zusammenbruch der Frankfurter Allgemeinen — einer der großen deutschen Versicherungsgesellschaften, deren Hauptgläubiger ausländische Banken waren — im September 1929 gelten. Vgl. dazu Gustav Stolper, Depression, in: Der deutsche Volkswirt, Nr. 52, 27. 9. 1929; Wo stehen Wir?, ebda., Nr. 12/13, 20. 12. 1929. Zum Beginn der Börsenkrise in Deutschland: ders., Börsenkrise, ebda., Nr. 4, 25. 10. 1929. Zur Bewertung des New Yorker Börsenkrachs: Georg Katona, Der New Yorker Börsenkrach, ebda., Nr. 5, 1. 11. 1929.

wurden regelmäßig für langfristige Investitionen verwandt. Diese Kredite waren damit praktisch eingefroren: Sie konnten bei Kündigung nicht flüssig gemacht, sondern mußten durch neue Schuldaufnahmen ersetzt werden.[216]

Die Abhängigkeit von ausländischen Krediten war unmittelbar eine Folge der Inflation und mittelbar eine Folge des Krieges. Da die Geldentwertung die deutschen Ersparnisse aufgezehrt hatte, wären größere private und öffentliche Investitionen ohne ausländisches Kapital zunächst überhaupt nicht möglich gewesen. (Bei den Gemeinden kam hinzu, daß sie, die eigentlichen „Opfer" der Erzbergerschen Reichsfinanzreform von 1920, nicht über die Einnahmen verfügten, die sie für ihre vermehrten Aufgaben brauchten). Fremdes Kapital wurde aber auch für den Transfer der Reparationszahlungen benötigt: Die deutsche Handelsbilanz war bis 1930 — mit Ausnahme des Jahres 1926 — ständig passiv; Devisen standen also nur zur Verfügung, wenn sie als Kredite zuvor nach Deutschland eingeführt wurden. Die öffentlichen Körperschaften waren mehr noch als die Privatwirtschaft auf ausländisches Kapital angewiesen: Die Inflation hatte das Vertrauen in den Staat als Schuldner so geschwächt, daß er nicht mehr im selben Umfang wie vor dem Krieg durch Schuldverschreibungen beziehungsweise Goldpfandbriefe den deutschen Kapitalmarkt in Anspruch nehmen konnte. 1912 waren 55 % aller Obligationen solche der öffentlichen Hände gewesen. 1930 waren es nur noch 45 %, wobei die Kommunen einen sehr viel größeren Anteil hatten als das Reich. In der gleichen Zeit stieg der Anteil der privaten Pfandbriefe von 34 % auf 40 %.[217]

Die Kritik am Finanzgebaren der Gemeinden, wie sie seit 1927 der Reparationsagent, Parker Gilbert, und der Reichsbankpräsident, Hjalmar Schacht, übten, zielte vor allem darauf ab, daß die Kommunen Auslandsanleihen keineswegs nur für produktive, sondern auch für reine Konsumzwecke, ja für „Luxusausgaben" verwendeten. Die Gemeinden konnten dem zwar entgegenhalten, daß der größte Teil der kommunalen Kredite produktiv angelegt wurde: Soweit langfristige Auslandskredite in Frage kamen, galt dies 1928 für nicht weniger als 94 %. Nicht zu bestreiten war jedoch, daß es „Luxusausgaben" wie allzu prunkvoll ausgestattete öffentliche Neubauten gab, die erst dadurch ermöglicht wurden, daß die Gemeinden für andere, unabweisbare Vorhaben auf kurz- und mittelfristige Kredite zurückgriffen.[218]

216 Zur Auslandsverschuldung: Fischer, Wirtschaftspolitik (Anm. 81), S. 31 ff., 109; zur Anlagepolitik der Gemeinden: Maurer, Reichsfinanzen (Anm. 74), S. 20 ff.; Die öffentliche Verschuldung im Deutschen Reich am 31. März 1928 und am 31. Dezember 1929. Einzelschriften zur Statistik des Deutschen Reichs, Nr. 13, Berlin 1930, S. 27 f. sowie oben S. 514 f.

217 Hierzu etwa T. Balderston, The Origins of Economic Instability in Germany 1924—1930. Market Forces versus Economic Policy, in: VSWG 69 (1982), S. 488—514 (bes. 510 f.).

218 Zur Verschuldung der Kommunen vgl. die Schrift des Präsidenten des Deutschen Städtetages: Oskar Mulert, Die Bedeutung des Auslandskredites für die deutschen Gemeinden, in: Walther Lotz (Hg.), Die Auslandskredite in ihrer finanziellen, wirtschaftlichen und sozialen Bedeutung, München usw. 1928, S. 25—48 (bes. 38 f.). Am 31. 3. 1928 belief sich die langfristige Auslandsverschuldung der Gemeinden (ohne die drei Hansestädte) auf 513 Millionen RM, die kurz- und mittelfristige Auslandsverschuldung auf 57,5 Millionen RM; die langfristigen Schulden aus dem Inland beliefen sich auf 3 746 Millionen RM, die kurz- und mittelfristigen Schul-

Aber nicht nur die Gemeinden, sondern auch die Länder und das Reich mußten sich eine unsolide Finanzpolitik vorwerfen lassen. Die großzügige Erhöhung der Beamtengehälter im Jahre 1927 war eine der Hauptursachen dafür, daß das Reich 1929 mehrfach am Monatsende am Rande der Zahlungsunfähigkeit stand. War die Besoldungsreform ein Produkt der Hochkonjunktur gewesen, so war eine andere finanzielle Belastung bereits ein Produkt der Krise: die unter aktiver Beteiligung des Reichspräsidenten von Hindenburg zustande gekommene „Ostpreußen-Hilfe", die in erster Linie eine Hilfe für die hochverschuldeten Rittergüter war. Das am 18. Mai 1929 mit den Stimmen der SPD verabschiedete Gesetz bürdete dem Reich unter anderem Kredit- und Umschuldungsgarantien bis zur Höhe von 79,5 Millionen RM auf. Im Vergleich zu jener sehr viel umfassenderen „Osthilfe", die in den folgenden Jahren wesentlich dazu beitrug, die Republik sowohl finanziell als auch politisch auszuhöhlen, hielten sich die Agrarsubventionen von 1929 freilich noch in bescheidenen Größenordnungen.[219]

*

In der neueren Diskussion über den deutschen Beitrag zur Weltwirtschaftskrise spielen Beamtengehälter und Osthilfe keine herausragende Rolle. Im Vordergrund stehen vielmehr die beiden Faktoren, die wir bereits als angebliche Hauptgründe für die relative Stagnation der deutschen Volkswirtschaft in der Zeit der Weimarer Republik kennengelernt haben: das „überhöhte" Lohnniveau und die gleichfalls „überhöhten" Soziallasten. Was die Lohnfrage angeht, so können wir zum Teil auf früher Gesagtes zurückgreifen. Nach den Maßstäben, die sich aus dem vergleichenden Studium hochentwickelter Industrieländer in den zwanziger Jahren ergeben, waren die deutschen Löhne damals nicht überhöht; zwischen 1924 und 1929 stiegen sie allerdings rascher als die vergleichbarer Länder, und das vor allem deshalb, weil das Ausgangsniveau von 1924 extrem niedrig war. Angesichts der besonderen Belastung der deutschen Volkswirtschaft — vor allem durch die Reparationen — wären eine langsamere Lohnsteigerung und eine kräf-

---

den aus dem Inland auf 2 060 Millionen RM. Insgesamt betrug der Anteil der Auslandsschulden 8,7 %, der Inlandsanteil 91,3 %. Dabei ist allerdings zu beachten, daß mit „Auslandsschulden" nur die direkten Kredite aus dem Ausland gemeint sind. Offen bleibt, in welchem Umfang die deutschen Kreditinstitute auf ausländische Kredite zurückgeriffen. Sicher ist, daß die direkten Auslandskredite nur einen Teil der deutschen Auslandsverschuldung ausmachten. Die Laufzeit der kurz- und mittelfristigen Kredite variierte zwischen weniger als 1 Monat bis zu mehr als 10 Jahren. Zu den Zahlen: Verschuldung (Anm. 216), S. 234, 243 f. Vgl. dazu auch Maurer, Reichsfinanzen (Anm. 74), S. 20 f., sowie Karl-Heinrich Hansmeyer (Hg.), Kommunale Finanzpolitik in der Weimarer Republik, Stuttgart usw. 1973, bes. S. 160 ff. Zur Kritik Gilberts und Schachts vgl. oben S. 514 f.

219 AdR, Kabinett Müller II (Anm. 9), Bd. 1, S. 500—504 (Ministerrat beim Reichspräsidenten am 20. 3. 1929; zu weiteren Einzelbelegen: S. XX). Das Gesetz über wirtschaftliche Hilfe für Ostpreußen vom 18. 5. 1929 in: RGBl. 1929 I, S. 97 f. Zur Landwirtschaftspolitik vgl. unten S. 755 ff. Zur Besoldungsreform von 1927 vgl. oben S. 314 f.

tigere Kapitalbildung sicherlich besser gewesen. Hingegen ist fraglich, ob die staatlichen Lohnfestsetzungen generell über dem gelegen haben, was bei freien Verhandlungen erreichbar gewesen wäre. Zweifelhaft ist schließlich auch, ob eine Senkung der Lohnquote zu einer Erhöhung der Investitionsquote geführt hätte: Wegen der Durchkartellierung der deutschen Wirtschaft erscheint ein solcher Automatismus eher unwahrscheinlich.

Überhaupt spricht vieles dafür, daß Weimars „organisierter Kapitalismus" die Krankheit war, die er zu heilen vorgab. Im Juli 1930 veröffentlichte der Wirtschaftswissenschaftler Adolf Löwe in den „Neuen Blättern für den Sozialismus" eine Analyse, die einige der wirklichen Ursachen des unbefriedigenden Wirtschaftswachstums freilegte. Wohl sei der Produktionsprozeß dauernd verbessert und der Lohnanteil durch Entlassungen trotz aller Steigerungen der Lohnsätze herabgedrückt worden, schrieb er. „Die Segnungen des technischen Fortschritts sind aber dank dem herrschenden *Kartellsystem* mindestens in den Rohstoff- und Halbzeugindustrien nicht in entsprechender Produktionssteigerung und Arbeitsvermehrung, sondern in Monopolrenten ausgemünzt worden, die nach den oft erörterten ökonomischen und soziologischen Bedingungen der Monopolpreisbildung in Bürokratisierung der Betriebsführung und Fehlinvestitionen verschleudert zu werden pflegen."

Die Preise der unter Kartellregelung stehenden Waren seien nämlich, so weiter Löwe, trotz aller Rationalisierung seit dem Jahre 1925 nicht nur in keiner Weise gesunken, sondern nach einer über alle Reinigungskrisen hinweggehaltenen Stabilität seit Mitte 1928 beträchtlich gestiegen. „Die künstliche Einengung des Produktionsvolumens in den Monopolindustrien hat aber nicht nur die Aufsaugung der freigesetzten Arbeitermassen verhindert. Sie hat gleichzeitig die Produktionskosten der Abnehmerindustrien, also im wesentlichen der Konsumgutgewerbe künstlich erhöht und diese Gruppe damit tatsächlich in eine Selbstkostenkrise gestürzt. Nach der Vorbelastung mit überteuerten Rohstoffen und Halbprodukten waren die zweitrangigen Betriebe dieser Produktionszweige schließlich immer weniger den steigenden Lohnforderungen gewachsen, zumal gerade sie den Kaufkraftausfall auf Grund der rückgehenden Beschäftigung in voller Schärfe zu spüren bekamen."

Die Nominallohnsteigerungen der vorangegangenen Jahre waren aus Löwes Sicht geradezu die Bedingung dafür gewesen, daß trotz der starren Preispolitik der Monopole jahrelang die Stabilität der Wirtschaft habe aufrechterhalten werden können. „Ohne diese mit politischen Mitteln durchgesetzte Anpassung der Massenkaufkraft an den Produktionsumfang wäre die Konjunktur wahrscheinlich schon 1927 zusammengebrochen. Soweit sie die Monopolrenten wenigstens zum Teil in produktive Nachfrage verwandelten und damit Fehlinvestitionen und Überakkumulation eindämmten, haben diese Lohnerhöhungen nicht nur eine sozialpolitische, sondern eine produktionspolitische Mission erfüllt. Da sie sich aber, was bei der Kommunikation der Arbeitsmärkte nicht zu verhindern ist, allmählich in sämtlichen Industrien durchsetzen, haben die steigenden Löhne zwar die Monopolrente nur zu einem Teil getroffen, dafür aber gleichzeitig die Konkurrenzfähigkeit der vorbelasteten freien Industrie geschwächt. Das, im Durchschnitt betrachtet, für die Stabilität der Gesamtwirtschaft geradezu lebensnotwendige Lohnniveau hat so infolge der uneinheitlichen Preispolitik tatsächlich als Krisenfaktor mitgewirkt."

Löwes Diagnose war von der These der Unternehmer, überhöhte Löhne hätten die Krise herbeigeführt, beinahe ebenso weit entfernt wie von der Behauptung der Gewerkschaften, höhere Löhne seien das beste Mittel gegen die Krise. Der entscheidende Ansatzpunkt zur Bekämpfung der Krise war für ihn die „Wiederherstellung der Konkurrenzfähigkeit der verarbeitenden Industrie". Eine allgemeine Lohnsenkung erschien dem Autor verfehlt: Sie würde die Marktlage der Konsumgutindustrie viel mehr verschlechtern, als sie ihre Selbstkosten entlasten könnte. „Der einzig erfolgreiche Weg zu einer schnellen Überwindung der gegenwärtigen Depression, der mit Mitteln innerdeutscher Wirtschaftspolitik beschritten werden kann, ist die Entlastung der verarbeitenden Industrie durch *Abbau der Monopolpreise* ihrer Lieferanten. Von einer solchen Kostensenkung haben kapital- und arbeitsintensive Betriebe in gleichem Maße Vorteil ... Eine allgemeine Lohnsenkung würde diese Wirkung ebensowenig haben wie das vielfach angepriesene Mittel einer Kreditinflation. Dagegen vereinigt eine erfolgreiche Kartellbekämpfung, die sich nicht auf Manifeste und bürokratische Nadelstiche beschränkt, sondern eine Wendung in der Zollpolitik herbeiführt und die deutschen Monopolindustrien der frischen Luft internationaler Konkurrenz aussetzt, alle Vorzüge eines solchen ‚Stimulus'."

Für einzelne besonders gefährdete Produktionszweige und Wirtschaftsgebiete wollte Löwe ergänzend auch eine vorübergehende „leichte" Senkung der Löhne nicht ausschließen, die kalkulatorischen Spielraum ohne sofortigen Rückschlag im Absatz schaffen könne. „Viel wichtiger freilich für die Bereinigung der Krise ist eine energische Senkung der Einzelhandelspreise sowie eine Politik neuer Kapitalanlage, die sich die Stellen wirklich produktiven Bedarfs durch freie Konkurrenz und freie Preise weisen läßt ... Ob diese Krise in kürzerer oder längerer Frist mit kleinen oder großen Opfern überwunden wird, hängt davon ab, ob die Wirtschaftspolitik die im Mechanismus des Marktes wirksamen Kräfte der Selbstheilung fördert oder lähmt."

Wie immer es um die Chance bestellt war, daß das liberale Plädoyer des Sozialdemokraten Löwe Gehör fand, seine Kritik des falsch organisierten Kapitalismus wurde im Kern nicht nur von dem politisch gleichgesinnten Emil Lederer, sondern auch von „bürgerlichen" Wirtschaftswissenschaftlern wie Moritz Julius Bonn und Erich Welter geteilt — und sie traf ins Schwarze. Wenn man die Fehllenkung von Kapitalströmen realistisch einschätzte, die aus Kartellierung und Monopolisierung wie auch aus Schutzzöllen erwuchs, dann war die These nicht mehr zu halten, überhöhte Löhne seien *die* Ursache unzureichender Kapitalbildung; dann war die künstlich verminderte Elastizität des Unternehmerverhaltens ein sehr viel stärker durchschlagender Beitrag zur relativen Stagnation der deutschen Volkswirtschaft.

Für Löwes Argumentation war es wichtig, daß sich nach Schätzung des Instituts für Konjunkturforschung der Anteil des Lohneinkommens einschließlich der Zuschüsse zur Erwerbslosenfürsorge und der Arbeitgeberbeiträge zur Arbeitslosenversicherung am gesamten Volkseinkommen, also die Lohnquote im weitesten Sinne, in den Jahren 1925 bis 1929 zwischen 47 und 50 % bewegt hatte, somit im wesentlichen stabil geblieben war. Daraus folgte einmal, daß die Löhne trotz starker nomineller Erhöhung sich durchschnittlich im Einklang mit der Produktionsentwicklung gehalten hatten. Zum anderen waren offenbar auch die bisherigen Ausgaben für die Arbeitslosenversicherung kein Grund, von einer erdrückenden Soziallast zu sprechen.[220]

Gegen die Behauptung, die sozialen Ausgaben hätten eine unerträgliche Höhe erreicht, ließ sich jedoch auch ein noch grundsätzlicher Einwand vortragen. Es traf zu, daß die Mittel für die sozialen Leistungen erst einmal erwirtschaftet werden mußten und daß ein allgemeiner Rückgang der Produktion nicht ohne Auswirkungen auf die Höhe der Löhne wie der sozialen Einkünfte bleiben konnte. Aber auf der anderen Seite war ein gewisses Maß an Sozialstaatlichkeit zu einem normativen Anspruch geworden, hinter den der demokratische Staat nicht mehr zurückfallen konnte. Von 1913 bis 1929 hatte sich der Anteil der Sozialversicherungsbeiträge am Volkseinkommen von 2,4 % auf 6,8 % gesteigert, der Anteil der Gesamtsteuerlast von 9,1 % auf 21,4 %. Im Anstieg der Steuerquote spiegelten sich vor allem innere und äußere Kriegslasten, die die Gesamtheit der Steuerzahler aufzubringen hatte. Die Forderung, der Staat möge seine Leistungen verbilligen, war gerechtfertigt, soweit er das Geld unproduktiv anlegte — etwa in reinen Erhaltungssubventionen zugunsten von Großlandwirtschaft und Kohlenbergbau — oder soweit sich bürokratische Verschwendung nachweisen ließ. Aber ein Zurück zu den geringen Steuer- und Soziallasten der Vorkriegszeit konnte es nicht geben. Die Entwicklung zum Interventionsstaat war in erster Linie eine Folge von gesellschaftlichen Verhältnissen, die sich nicht einfach abschaffen ließen — zumindest nicht mit demokratischen Mitteln.

Solange Weimar eine Demokratie war, gab es mithin nicht nur wirtschaftliche Rahmenbedingungen des Sozialen, sondern auch soziale Rahmenbedingungen der Wirtschaft. Die Frage war, ob die Unternehmer bereit waren, diese Schranke grundsätzlich zu akzeptieren, oder ob sie das Interesse der Wirtschaft so definier-

---

220 Adolf Löwe, Lohnabbau als Mittel der Krisenbekämpfung?, in: NBS 1 (1930), Nr. 7 (Juli), S. 289—295 (Hervorhebung im Original). Die in den Vierteljahrsheften zur Konjunkturforschung 4 (1929), Heft 4, Teil A, S. 44 f. genannten Zahlen weichen von denen Löwes leicht ab. Danach entfielen — von absoluten auf Prozentzahlen umgerechnet — auf Lohnsteuerpflichtige und veranlagte Arbeitnehmer 1925 48,1 und 1929 51,5 % des Volkseinkommens. Die Zuschüsse zur Erwerbslosenfürsorge und Arbeitgeberbeiträge zur Arbeitslosenversicherung sind dabei berücksichtigt. — Vgl. zu Löwes Thesen auch die ähnlich gerichtete Argumentation Emil Lederers und Moritz Julius Bonns, oben S. 39 f. Zur zeitgenössischen Diskussion über Kapitalbildung und Lohnhöhe ferner u. a.: Erich Welter, Die Ursachen des Kapitalmangels in Deutschland, Tübingen 1931, bes. S. 109 ff.; Jakob Marschak, Die Lohndiskussion, Tübingen 1930; Alfred Braunthal, Kapitalbildung und Lohnhöhe, in: Die Arbeit 6 (1929), S. 205—225; Eduard Heimann, Kapitalbildung und Arbeiterschaft, in: NBS 1 (1930), Nr. 3 (März), S. 127—133; Eugen Altschul, Lohnniveau und Kapitalbildung, in: Die Wirtschaftskurve, mit Indexzahlen der Frankfurter Zeitung, Heft 1, März 1928, S. 392—394. Zur Kritik der gewerkschaftlichen Position in der Lohnfrage vgl. oben S. 488 ff. — Zur Auseinandersetzung mit den „revisionistischen" Thesen, bes. von Knut Borchardt, siehe oben S. 46 ff.

ten, daß dieses faktisch die Beseitigung des Sozialstaates erforderte. Bekannten sie sich zu der zweiten Option, so war das unweigerlich zugleich eine Kampfansage an die Demokratie. Wie sie sich aber auch entschieden, ihre Wahl war in jedem Fall politisch. Ein rein wirtschaftlicher Standpunkt war in der Demokratie nicht mehr möglich.[221]

*

Die deutsche Binnenkonjunktur befand sich bereits in einer Rezession, als die Krise in Amerika offenkundig wurde. Im Durchschnitt der Sommermonate wurden 1929 in Deutschland rund 250 000 Arbeitslose mehr gezählt als im Jahr zuvor. Im September 1928 hatte es etwas über 1 Million Arbeitslose gegeben, im September 1929 waren es 1,3 Millionen. In Deutschland war der Sockel der Arbeitslosigkeit bei Beginn der Weltwirtschaftskrise damit sehr viel höher als in den USA, wo am Vorabend der Großen Depression noch nahezu Vollbeschäftigung herrschte: In Deutschland waren 1929 im Jahresdurchschnitt 9,3 % aller Arbeitnehmer arbeitslos, in Amerika waren es nur 3,2 %.

So schwer die Krise in den folgenden Jahren die amerikanische Volkswirtschaft traf — wenn es einen erfolgreichen Kampf gegen die Krise geben sollte, mußten die Impulse von den Vereinigten Staaten ausgehen. Die USA waren materiell längst in der Lage, jene führende Rolle in der Weltwirtschaft zu übernehmen, die England im 19. Jahrhundert gespielt hatte und jetzt, geschwächt wie es war, nicht mehr spielen konnte. Zur weltwirtschaftlichen Führungsrolle Amerikas hätte es gehört, durch Verzicht auf die interalliierten Schulden ein Ende der Reparationszahlungen zu ermöglichen, durch staatliche Garantien die Bedingungen für neue Anleihen an europäische Staaten zu schaffen, durch Abbau von Handelshemmnissen der Wirtschaft weltweit wieder Auftrieb zu geben. Daß die USA zunächst keinen und dann 1931, in Gestalt des „Hoover-Moratoriums" für zwischenstaatliche Zwangsschulden, nur einen halben Schritt in die richtige Richtung taten, ließ sich nicht nur auf mangelnde Einsicht des Präsidenten und seiner Berater zurückführen. Der wirkliche Grund lag tiefer: Die amerikanische Öffentlichkeit war auf die Verantwortung nicht vorbereitet, die dem Land zugefallen war.[222]

---

221 Zu den Veränderungen der Steuer- und Soziallasten: Welter, Ursachen (Anm. 220), S. 83. — Zur Politik der Unternehmer nach Beginn der Großen Krise vgl. unten S. 759 f., sowie ausführlicher der folgende Bd.

222 Dazu vor allem Charles P. Kindleberger, Die Weltwirtschaftskrise 1929—1939 (amerik. Orig.: The World in Depression 1929—1939, London 1973), München 2. Aufl. 1979. Ferner: Eckhard Wandel, Die Bedeutung der Vereinigten Staaten von Amerika für das deutsche Reparationsproblem 1924—1929, Tübingen 1971, bes. S. 261 ff. Zu den deutschen Arbeitslosenzahlen: Konjunkturstatistisches Handbuch 1933, Berlin 1933, S. 15. Zum Vergleich mit den USA: Jürgen Kocka, Angestellte zwischen Faschismus und Demokratie. Zur politischen Sozialgeschichte der Angestellten: USA 1890—1940 im internationalen Vergleich, Göttingen 1977, S. 232 f.; Gerhard Kroll, Von der Weltwirtschaftskrise zur Staatskonjunktur, Berlin [W] 1958, S. 98 ff. — Zum Beginn der Depression in Deutschland siehe auch die in Anm. 1/24 genannte Lit.

Eine ausreichende Erklärung der Weltwirtschaftskrise sind die amerikanischen Versäumnisse vor und nach dem Herbst 1929 freilich nicht, sondern allenfalls Teilerklärungen für Ausmaß und Dauer der Krise. Dasselbe gilt für einige der längerfristigen wirtschaftlichen Auswirkungen des Ersten Weltkrieges. Der Krieg hatte alte Handelsverbindungen zerrissen und neue geschaffen; er hatte einige Branchen verkümmern und andere anschwellen lassen. Die Überproduktion in der Textilindustrie war vorrangig eine Kriegsfolge, diejenige in landwirtschaftlichen Rohstoffen und Produkten zumindest teilweise. Was die agrarische Erzeugung angeht, so wird man allerdings die nach 1918 forciert betriebene Mechanisierung der Landwirtschaft in Übersee — vor allem in den USA, Kanada, Australien und Argentinien —, also eine technologische Innovation, als Hauptursache der Überproduktion bezeichnen müssen. Der weltweite Verfall der Agrarpreise begann 1925 und erreichte 1927 Dimensionen, die es rechtfertigten, von einer Weltagrarkrise zu sprechen.[223]

Die Agrarkrise war zyklischer Natur, und mit dieser Feststellung nähern wir uns einer umfassenderen Erklärung der Weltwirtschaftskrise. Die plausibelste Deutung der Großen Depression stammt von Joseph Schumpeter. Demnach trafen im Herbst 1929 die beginnenden Abschwungphasen von drei Konjunkturzyklen von unterschiedlicher zeitlicher Dauer zusammen: ein Kitchin-, ein Juglar- und ein Kondratieff-Zyklus. Unter dem (wie die anderen Zyklen nach seinem Entdecker benannten) Kitchin-Zyklus versteht man eine 40-Monats-Welle, die den Lagerzyklus der Industrie zum Ausdruck bringt: die Zeit, die die Unternehmer für die Vergrößerung und den Abbau ihrer Lager benötigen, oder, anders gewendet, eine Art Puffer zwischen Vorproduktion und Verarbeitung. Der Juglar-Zyklus ist eine acht- bis zehnjährige Welle, die durch technologische Neuerungen im Konsumgüterbereich ausgelöst wird. Der Juglar-Aufschwung, der 1925 begonnen hatte und 1929 auslief, hatte Schumpeter zufolge seinen Ursprung in der Erschließung neuer Käuferschichten für Erzeugnisse der elektrischen, chemischen und Motorenindustrie; sein unbestrittener Vorreiter war das Kraftfahrzeug.

Ein Kondratieff-Zyklus beschreibt eine „lange Welle" von etwa sechzig Jahren, wobei jeweils wieder etwa die Hälfte auf die Aufschwung- und die Abschwungphase entfällt. Der erste Kondratieff-Zyklus von 1787 bis 1842 war der Zyklus der Industriellen Revolution mit der Baumwollindustrie als Leitsektor. Die zweite „lange Welle" von 1843 bis 1897 war der Zyklus von Eisen und Stahl mit dem Eisenbahnbau als konjunktureller „Lokomotive". Der dritte Kondratieff-Zyklus begann um 1898; er war bestimmt durch die neuen Wachstumsbranchen der

223 Kindleberger, Weltwirtschaftskrise (Anm. 222), S. 84 ff.; Vladimir P. Timoshenko, World Agriculture and the Depression, Ann Arbor 1933; Joseph A. Schumpeter, Konjunkturzyklen. Eine theoretische, historische und statistische Analyse des kapitalistischen Prozesses (amerik. Orig.: Business Cycles. A Theoretical, Historical, and Statistical Analyses of the Capitalist Process, New York usw. 1939), 2 Bde. Göttingen 1961, Bd. 2, S. 752 ff. In vergleichender Perspektive zu den politischen Folgen der Agrarkrise: Hans-Jürgen Puhle, Politische Agrarbewegungen in kapitalistischen Industriegesellschaften. Deutschland, USA und Frankreich im 20. Jahrhundert, Göttingen 1975.

Elektrizität, der Chemie und des Motors. Ihren Höhepunkt erreichte die Aufschwungphase dieses Zyklus in den Jahren vor dem Ersten Weltkrieg. Die Zeit von 1914 bis 1929 gehörte bereits zum absteigenden Teil des dritten Kondratieff-Aufschwungs. Sie war charakterisiert durch zahlreiche Innovationen (nicht zuletzt solche à la Juglar), die aber nicht mehr „Basischarakter" hatten, sondern die Verfeinerung und Vervollständigung früherer Innovationen bedeuteten. Die Krise der frühen zwanziger Jahre, die forcierte Rationalisierung, die dadurch verursachte strukturelle Arbeitslosigkeit: dies alles waren ebenso typische Erscheinungsformen einer langen Aufschwungwelle jenseits ihres Höhepunkts wie die spekulative Überproduktion, die schließlich zum Börsenkrach vom Oktober 1929 führte und damit die Abschwungphase des dritten Kondratieff-Zyklus einleitete. Das ist, in knappen Worten, die lange Vorgeschichte der größten Wirtschaftskrise in der bisherigen Geschichte.[224]

Den wenigsten Zeitgenossen war im Herbst 1929 klar, daß sie ein säkulares Ereignis, ja den Beginn einer weltgeschichtlichen Katastrophe erlebten. Scharfe Kursrückgänge an der Börse hatte es schon des öfteren gegeben, aber sie waren nicht von Dauer gewesen. Die letzte „Weltwirtschaftskrise" lag erst acht Jahre zurück; im nachhinein sah sie wie ein kurzes Zwischenspiel zwischen Kriegs- und Friedenskonjunktur aus. Das Gefühl, in einer tiefen und langen Depression zu leben, stellte sich erst im Verlauf des Jahres 1931 ein. Man begann zu ahnen, daß der Tiefpunkt der Krise noch nicht erreicht war.

---

224 Schumpeter, Konjunkturzyklen (Anm. 223), Bd. 1, S. 171 ff.; Bd. 2, S. 711 ff. Zusammenfassend: Andreas Predöhl, Das Ende der Weltwirtschaftskrise. Eine Einführung in die Probleme der Weltwirtschaft, Reinbek 1. Aufl. 1962, S. 13 ff.; ders., Die Epochenbedeutung der Weltwirtschaftskrise von 1929 bis 1931, in: VfZ 1 (1953), S. 97—118. Eine sehr instruktive Diskussion des historischen Erkenntniswerts des Modells der „langen Wellen": Hans Rosenberg, Große Depression und Bismarckzeit. Wirtschaftsablauf, Gesellschaft und Politik in Mitteleuropa, Berlin [W] 1. Aufl. 1967, S. 1 ff. Zum technologischen „Stillstand" seit etwa 1925: Gerhard Mensch u. Reinhard Schnopp, Stalemate in Technology, 1925—1935: The Interplay of Stagnation and Innovation, in: Wilhelm Heinz Schröder u. Reinhard Spree (Hg.), Historische Konjunkturforschung, Stuttgart 1980, S. 60—74; Gerhard Mensch, Das technologische Patt. Innovationen überwinden die Depression, Frankfurt 1975. Relativierend zur Rolle der „langen Wellen": Wolfram Fischer, Weltwirtschaftliche Rahmenbedingungen für die ökonomische und politische Entwicklung Europas 1919—1939, Wiesbaden 1980. Vgl. dazu auch oben S. 44.

9. Klassenkampf im Kabinett: Das Ende der Großen Koalition

Zum deutschen Herbst von 1929 gehörten ein Bombenanschlag auf den Reichstag, der Sklarek-Skandal und der Volksentscheid gegen den Young-Plan. Die Berliner Explosion vom 1. September, die nur geringen Sachschaden anrichtete, ging auf das Konto der Landvolkbewegung. Seit November 1928 hatte sie, vor allem in Schleswig-Holstein, mit Bombenattentaten auf öffentliche Gebäude gegen die Zwangsversteigerung überschuldeter Höfe protestiert und damit der deutschen Öffentlichkeit erstmals die schwere Agrarkrise zu Bewußtsein gebracht.[225]

Am 26. September wurden die Inhaber einer Berliner Kleiderverwertungsgesellschaft, die Brüder Max, Leo und Willy Sklarek, unter dem Verdacht des Betrugs und der Urkundenfälschung festgenommen. Die drei Kaufleute — „Ostjuden“, wie die Rechtspresse nicht müde wurde, ihren Lesern einzuhämmern — hatten sich nach dem Krieg eine Art Monopol bei der Versorgung der Stadt Berlin mit Dienstkleidung verschafft; zwei von ihnen waren der SPD beigetreten. Die Sklareks hatten städtische Beamte und Kommunalpolitiker, namentlich solche der SPD, mit großzügigen Zuwendungen bedacht, die Bestechungsversuchen sehr nahekamen; das größte Aufsehen aber erregte ein Pelzmantel, den die drei Brüder der Frau des Berliner Oberbürgermeisters, des der DDP angehörenden Gustav Böß, zu einem allenfalls symbolischen Preis übereignet hatten. Böß ließ sich Anfang November vom Dienst suspendieren und beantragte ein Disziplinarverfahren gegen sich selbst. Bei den Berliner Kommunalwahlen vom 17. November erhielt die SPD 64 statt bisher 73, die DDP 14 statt 21 Sitze; die Nationalsozialisten, die in der Stadtverordnetenversammlung zuvor nicht vertreten gewesen waren, erreichten auf Anhieb 13 Sitze. Auch bei den Wahlen zu den preußischen Provinziallandtagen und bei den hessischen Kommunalwahlen, die beide am gleichen Tag stattfanden, konnte die NSDAP starke Stimmengewinne verbuchen.[226]

Das deutlichste Zeichen einer zunehmenden politischen Radikalisierung war die Kampagne gegen den Young-Plan. Am 9. Juli 1929 hatten sich die Führer von DNVP, NSDAP, Stahlhelm und Alldeutschem Verband als „Reichsausschuß für das deutsche Volksbegehren“ gegen den Young-Plan und die „Kriegsschuldlüge“ konstituiert. Am 28. September reichte der Ausschuß dem Reichsinnenministerium in der vorgeschriebenen Form eines Gesetzentwurfs den Zulas-

225 Schulthess 1929 (Anm. 77), S. 165; Egelhaafs Historisch-politische Jahresübersicht für 1929, 22. Jg., Stuttgart 1930, S. 104. Zur Landvolkbewegung v. a. Gerhard Stoltenberg, Die politischen Stimmungen im Schleswig-Holsteinischen Landvolk 1918—1933, Düsseldorf 1962, S. 125 ff. Als literarischer Niederschlag: Hans Fallada, Bauern, Bonzen und Bomben, Berlin 1931; Ernst von Salomon, Die Stadt, Berlin 1932.

226 Schulthess 1929 (Anm. 77), S. 199 (Wahlen vom 17. 11.), 229 (Staatsaufsicht); Egelhaaf 1929 (Anm. 225), S. 120 (Sklarek-Affäre), 166 f. (Wahlen); vgl. dazu auch Eyck, Geschichte (Anm. 18), Bd. 2, S. 315 ff.; Stampfer, 14 Jahre (Anm. 42), S. 538 f.

sungsantrag für das Volksbegehren ein. Danach hatte die Reichsregierung den auswärtigen Mächten unverzüglich in feierlicher Form Kenntnis davon zu geben, daß das erzwungene Kriegsschuldanerkenntnis des Versailler Vertrags der geschichtlichen Wahrheit widerspreche und daher völkerrechtlich unverbindlich sei. Ferner sollte die Reichsregierung darauf hinwirken, daß der die Kriegsschuldfrage betreffende Artikel 231 des Vertrags von Versailles förmlich außer Kraft gesetzt wurde. Neue Lasten und Verpflichtungen, die auf diesem Artikel beruhten — darunter die des Young-Plans —, durften dem § 3 zufolge nicht mehr übernommen werden. Die aggressivste Passage des Gesetzentwurfs war der § 4: „Reichskanzler und Reichsminister und deren Bevollmächtigte, die entgegen der Vorschrift des § 3 Verträge mit auswärtigen Mächten zeichnen, unterliegen den im § 92 Nr. 3 StGB vorgesehenen Strafen." Diese Bestimmung bedrohte Landesverrat mit Zuchthaus nicht unter zwei Jahren.[227]

Das Reichsministerium des Innern ließ den Antrag auf Zulassung zum Volksbegehren zu, und am 2. November, vier Tage nach Ablauf der Eintragungsfrist, stand endgültig fest, daß die „Nationale Opposition" trotz massiver Gegenpropaganda der Regierung, darunter Rundfunkansprachen mehrerer Reichsminister, ihr Ziel erreicht hatte: Mit 4 137 193 gültigen Stimmen oder 10,02 % war das von der Verfassung vorgeschriebene Minimum von einem Zehntel der Stimmberechtigten knapp überschritten. Wie zu erwarten, fand sich im Reichstag keine Mehrheit für den von den Initiatoren des Volksbegehrens formulierten Gesetzentwurf. Bei der Abstimmung über den Zuchthausparagraphen am 30. November zeigte sich, daß Hugenberg nicht einmal die eigene Fraktion voll hinter sich hatte: Von 77 deutschnationalen Abgeordneten stimmten nur 53 mit Ja. Die scharfen Disziplinarmaßnahmen, die der Parteivorsitzende daraufhin ergriff, hatten die Spaltung der Fraktion zur Folge: Anfang Dezember erklärten zwölf Abgeordnete, darunter der Geschäftsführer des Deutschnationalen Handlungsgehilfen-Verbandes, Walther Lambach und der Kapitänleutnant a. D. Gottfried Treviranus, ihren Austritt aus der Partei und konstituierten sich als Deutschnationale Arbeitsgemeinschaft; der Fraktionsvorsitzende Graf Westarp trat aus Protest gegen den Kurs Hugenbergs von seinem Amt zurück.[228]

227 Schulthess 1929 (Anm. 77), S. 154, 174 f.; Eyck, Geschichte (Anm. 18), Bd. 2, S. 279 ff. Im Entwurf des Gesetzes waren in § 4 zunächst „Reichskanzler, Reichsminister und Bevollmächtigte des Reichs", also auch der Reichspräsident, mit Zuchthaus bedroht worden. Da Hindenburg seit 1924 Ehrenmitglied des „Stahlhelm" war, setzte dessen Vorsitzender, Franz Seldte, unterstützt von den Deutschnationalen, eine Änderung durch, die das Staatsoberhaupt von der Strafandrohung ausnahm. Ebda., S. 283 f.

228 Zur Krise in der DNVP zusammenfassend: Friedrich Frhr. Hiller von Gärtringen, Die Deutschnationale Volkspartei, in: Matthias/Morsey (Hg.), Ende (Anm. 69), S. 543—652 (bes. 544 ff.). Zur Abstimmung der DNVP im Reichstag: Stenographischer Bericht (Anm. 6), Bd. 426, S. 3370 f.; Das Ergebnis des Volksbegehrens in: Statistik des Deutschen Reiches, Bd. 372/III Berlin 1930, S. 36 f. Zur Kampagne der Reichsregierung: AdR, Kabinett Müller II (Anm. 9), Bd. 1, S. XXVI f. (mit Einzelbelegen); Schulthess 1929 (Anm. 77), S. 186, 190—192.

Der Volksentscheid, der am 22. Dezember 1929 stattfand, endete mit einem Mißerfolg: 5 838 890 Stimmen wurden für den Entwurf eines „Gesetzes gegen die Versklavung des Deutschen Volkes“ abgegeben; das entsprach einem Anteil von nur 13,81 % der Stimmberechtigten. Da das beantragte Gesetz verfassungsändernden Charakter hatte, hätte der Volksentscheid mehr als die Hälfte der Stimmberechtigten, über 21 Millionen Ja-Stimmen, auf sich vereinigen müssen. Aber zwei Gründe sprachen gegen eine Geringschätzung dessen, was die „Nationale Opposition“ mit ihrer Kampagne gegen den Young-Plan erreicht hatte: Zum einen gab es neun Wahlkreise, in denen der Anteil der Ja-Stimmen über einem Fünftel der Stimmberechtigten lag, nämlich Pommern (33,11 %), Ostpreußen (26,59 %), Osthannover (26,02 %), Mecklenburg (25,50 %), Frankfurt an der Oder (24,38 %), Merseburg (23,92 %), Thüringen (23,72 %), Magdeburg (21,09 %) und Chemnitz-Zwickau (20,54 %). Daraus folgte, daß die radikale Rechte in Gebieten von höchst unterschiedlicher sozialer Struktur über ein Stimmenreservoir verfügte, das weit über dem Reichsdurchschnitt der Ja-Stimmen für den Volksentscheid lag. Zum andern waren Volksbegehren und Volksentscheid gegen den Young-Plan die erste Gelegenheit für Hitler, reichsweit als Partner der „etablierten“ Rechten aufzutreten und Gelder in Empfang zu nehmen, die dem Aufstieg der NSDAP zugute kamen. Die regionalen Wahlerfolge, die diese Partei im Herbst 1929 errang, waren zu einem guten Teil Früchte des Kampfes gegen den Young-Plan.[229]

*

Das beherrschende Thema der deutschen Innenpolitik im Herbst 1929 waren indes nicht die Aktivitäten der Rechten, sondern die Finanzen des Reiches. Die schwebenden Schulden waren bis Ende Oktober auf 1,2 Milliarden RM angestiegen. Ohne Annahme des Young-Plans war an eine Konsolidierung nicht zu denken. Erst wenn das Vertragswerk unter Dach und Fach war, konnte Deutschland wieder auf langfristige Auslandskredite hoffen. Das galt auch schon für jene mit 6 % zu verzinsende und über 50 Jahre laufende Anleihe von 125 Millionen Dollar, die der schwedische Zündholzmagnat Ivar Kreuger dem Reich Ende Oktober zusagte: Sie war an das Inkrafttreten des Young-Plans gebunden. Als Gegenleistung mußte das Reich ein Zündholzmonopol schaffen, in dem der schwedische Konzern ausschlaggebenden Einfluß besaß.[230]

229 Bei den Landtagswahlen in Baden (10. 11.) und Thüringen (8. 12.) und der Bürgerschaftswahl in Lübeck (10. 11.) erhielt die NSDAP jeweils 6 Sitze; in Baden und Lübeck hatte sie bis dahin kein Mandat, in Thüringen 2 Sitze gehabt. Ebda., S. 194, 199, 220. Zu den Kommunalwahlen in Preußen und Hessen und den Provinziallandtagswahlen in Preußen vgl. oben S. 736. Das Ergebnis des Volksentscheids in: Statistik (Anm. 228), Bd. 372/III, S. 36 f. Zur Bedeutung der Kampagne gegen den Young-Plan für die NSDAP u. a. die in Anm. 89 genannte Lit.

230 AdR, Kabinett Müller II (Anm. 9), Bd. 2, S. 982—984 (Ministerbesprechung vom 30. 9. 1929); Schulthess 1929 (Anm. 77), S. 194; Maurer, Reichsfinanzen (Anm. 74), S. 79.

Um die Abhängigkeit von kurzfristigen Auslandsanleihen zu mindern und die ständige Kassennot zu beheben, bemühten sich Reichsfinanzminister Hilferding und sein Staatssekretär Johannes Popitz seit August um eine weitere langfristige Auslandsanleihe, und zwar von demselben amerikanischen Bankhaus Dillon, Read & Co., das dem Reich bereits im Juni 1929 — gegen den Willen, aber schließlich ohne einen förmlichen Einspruch von Reichsbankpräsident Hjalmar Schacht — einen einjährigen Kredit von 50 Millionen Dollar gewährt hatte. Beim zweiten Versuch allerdings beharrte die Reichsbank auf einem ihr nach dem Bankgesetz von 1924 zustehenden Recht: Sie verlangte, an den Verhandlungen beteiligt zu werden, und erreichte am 25. November eine entsprechende Zusage Hilferdings.

Widerstand gegen die Anleihepläne des Reichsfinanzministeriums kam aber nicht nur von Schacht, sondern auch vom Reparationsagenten Parker Gilbert, der seit 1927 immer wieder Kritik an der Verschuldung von Reich, Ländern und Gemeinden geübt hatte, und von der französischen Regierung, die um den Erfolg einer neuen, für die Zeit nach der Ratifikation der Young-Gesetze vorgesehenen Reparationsanleihe bangte. Angesichts dieser geballten Opposition mußten Hilferding und Popitz von der weiteren Verfolgung ihres Vorhabens zeitweilig Abstand nehmen. Als sich jedoch für den letzten Monat des Jahres wiederum ein großes Kassendefizit abzeichnete, trat das Reichsfinanzministerium in neue Verhandlungen mit Dillon und Read ein — dieses Mal mit dem Ziel, einen mittelfristigen Kredit von 75 Millionen Dollar zur Überbrückung des Dezember-Ultimos zu erhalten.

Trotz Hilferdings Zusage vom 25. November wurde die Reichsbank in die Verhandlungen wiederum nicht eingeschaltet. Vielmehr sollten die Reichs-Kredit-Gesellschaft, die Deutsche Bank und das Bankhaus Mendelssohn das Geschäft vermitteln. Offenbar glaubten Hilferding und Popitz, Schacht werde sich nicht anders verhalten als im Juni: also zunächst gegen die Anleihe protestieren, sie aber dann doch akzeptieren. Diese Hoffnung wurde jedoch rasch enttäuscht. Der Reichsbankpräsident war seit dem Sommer 1929 immer deutlicher auf Distanz zur Reichsregierung gegangen und hatte sich mit seiner — zunächst noch internen — Kritik am Ergebnis der Haager Reparationskonferenz unverkennbar der „Nationalen Opposition" angenähert. Als er von Hilferdings neuem Anleihevorstoß erfuhr, entschied er sich sogleich für die offene Konfrontation. Sein erster Schritt war die Mitteilung an deutsche und ausländische Banken, daß er, der Reichsbankpräsident, ihnen von einer Beteiligung an der geplanten Anleihe abrate.[231]

Die Gelegenheit für eine Kraftprobe zwischen Reichsbankpräsident und Reichsregierung war um so günstiger, als es im Dezember 1929 nicht nur um das aktuelle Kassendefizit, sondern zugleich auch um den Etat des Jahres 1930 ging. Am 25. November hatte Hilferding dem Kabinett seinen Haushaltsentwurf vorgelegt und dabei den Grundsatz aufgestellt, „der Etat müsse in so engen Grenzen

231 Zusammenfassend: ebda., S. 95—99. Vgl. dazu auch Schachts eigene Darstellung: Das Ende der Reparationen, Oldenburg 1931, S. 86 ff.

gehalten werden, daß möglichst hohe Beträge für die Finanzreform gerettet würden." An dieser Maxime konnte Schacht fortan die Finanzpolitik der Regierung Müller messen, und in der Tat legte es der Reichsbankpräsident seit Anfang Dezember konsequent darauf an, ein Junktim zwischen der Lösung des kurzfristigen Kassenproblems und der langfristigen Sanierung der Reichsfinanzen zu erzwingen.

Nachdem Schacht gegen Hilferdings Anleiheplan interveniert hatte, blieb dem Finanzminister nichts anderes übrig, als den Streit auf eine höhere Ebene zu verlagern. Das geschah am 4. Dezember auf einer vom Reichskanzler geleiteten reparations- und finanzpolitischen Besprechung, an der außer Schacht und Hilferding auch der neue Außenminister Julius Curtius — er hatte Stresemanns Amt offiziell am 11. November übernommen —, sein Nachfolger als Reichswirtschaftsminister, der volksparteiliche Reichstagsabgeordnete und Professor der Versicherungswissenschaft an der Universität Köln, Paul Moldenhauer, der Minister für die besetzten Gebiete, Joseph Wirth, und der Staatssekretär in der Reichskanzlei, Hermann Pünder, teilnahmen. Hilferding wies eingangs auf die Erblast hin, die der Großen Koalition zugefallen war: Das Kassendefizit hatte sich bei seinem Amtsantritt im Juni 1928 auf 1 1/2 Milliarden RM belaufen, das Defizit des noch von der alten Regierung und dem alten Reichstag verabschiedeten Haushalts 1928 auf 158 Millionen RM. Daß der Haushalt 1929 auch nicht in echter Weise ausgeglichen sei, liege daran, daß die Koalitionsparteien im Frühjahr seine Pläne zur Steuererhöhung abgelehnt hätten. Durch die Erleichterungen aus dem Young-Plan werde es nun aber möglich, durch einen Nachtragshaushalt den Ausgleich herzustellen und das Defizit von 1928 abzudecken. Zum Kassendefizit im Dezember 1929 bemerkte der Finanzminister, wenn das Reich keinen kurzfristigen Überbrückungskredit erhalte, müsse es sich für zahlungsunfähig erklären und den Ländern mitteilen, daß Überweisungen nicht mehr stattfinden würden. Eine andere Lösung, die Kürzung der Beamtengehälter, sei politisch unmöglich und nicht einmal, was allerdings auch direkt verfassungswidrig wäre, über Artikel 48 der Reichsverfassung, also durch eine Notverordnung des Reichspräsidenten, zu verwirklichen. Eine solche „Katastrophenpolitik" mache er, Hilferding, nicht mit. Sie „würde einen Sturm hervorrufen, den keine Regierung, auch eine diktatorische nicht, aushalten würde." Im übrigen vermehre sich das Kassendefizit ja nicht, im Gegenteil, es sei gesenkt worden, und wenn die Reichsbank dabei mitwirke, könne es durch langfristige Anleihen abgedeckt werden.

Schacht bestritt zwar, daß er in politische Entscheidungen des Kabinetts eingreifen wolle. In der Sache aber blieb er hart: Wenn von Krisenpolitik gesprochen werde, so sei dies nicht auf die Politik der Reichsbank, sondern auf das Finanzgebaren der öffentlichen Hand zurückzuführen. Gegen den derzeitigen Zustand gebe es nur eine Abhilfe, die Senkung der Ausgaben. Wenn das nicht möglich sei, werde sich die Reichsbank nicht mehr an der Lösung der Kreditprobleme des Reiches beteiligen. Schließlich ließ Schacht durchblicken, daß Deutschland die Belastungen des Young-Plans seiner Meinung nach ohnehin nicht tragen könne und sich daher überlegen müsse, ob es nicht vorteilhafter sei, bei den Regelungen des Dawes-Plans zu bleiben.

Einen Tag nach der Gesprächsrunde beim Reichskanzler, am 5. Dezember, wandte sich der Reichsbankpräsident an die Öffentlichkeit. In einem Memorandum prangerte er die „Verfälschung" an, die der von ihm mitunterzeichnete Young-Plan durch die anschließenden Verhandlungen erfahren habe. Er, Schacht, könne nicht weiter zusehen, „wie die Absichten des Young-Planes verschoben und seine Erfolgsaussichten gefährdet werden". Im übrigen hätten er und die anderen deutschen Sachverständigen ihre Unterschriften unter den Neuen Plan auch an eine innenpolitische Voraussetzung geknüpft, nämlich „die Entschlossenheit der Reichsregierung, im finanziellen Gebaren von Reich, Ländern und Gemeinden eine dauernde Ordnung zu schaffen und die Tragung der schweren Lasten des Young-Planes durch innerwirtschaftliche Erleichterung der deutschen Produktion zu ermöglichen". In dieser Hinsicht sei aber bislang nicht das Geringste geschehen. „Das materielle Gleichgewicht des Haushalts ist nicht hergestellt worden; Schritte zur organischen Beseitigung des bisherigen Defizits sind nicht ergriffen worden; neue, sich ständig vermehrende Fehlbeträge und Neuanforderungen tauchen auf, die im wesentlichen nur durch weitere Steuern, also durch vermehrte Belastung, gedeckt werden können. Es ist schon heute mit Sicherheit zu übersehen, daß die Einsparung aus dem Young-Plan nicht nur nicht zu einer Lastenminderung führen, sondern nicht einmal zur Deckung der jetzt bereits übersehbaren Fehlbeträge ausreichen wird."

Die Reichsregierung konterte die offene Kampfansage Schachts am 6. Dezember mit einer Erklärung, in der sie dem Reichsbankpräsidenten vorwarf, er gefährde mit der „Voreiligkeit" seiner Stellungnahme die „einheitliche Staatsführung". Wichtiger als dieser Tadel aber war die Ankündigung, daß das Kabinett schon in der kommenden Woche dem Reichstag ein finanzielles Gesamtprogramm unterbreiten werde. „Dieses Programm wird Maßnahmen zur Sanierung der deutschen Finanzen, eine umfassende Steuerreform und die Entlastung der Kassenlage, insbesondere auch von den Zuschüssen für die Arbeitslosenversicherung durch Verstärkung der Einnahmen der Anstalt umfassen." Der Reichskanzler werde dieses Programm zunächst mit den Parteien erörtern, um es dann am 12. Dezember in einer Regierungserklärung dem Reichstag vorzulegen und „hierfür sowie für die Gesamtpolitik der Reichsregierung die Vertrauensfrage" zu stellen.[232]

Damit hatte sich das Kabinett selbst in Zugzwang versetzt. Am 9. Dezember legte Hilferding in einer Ministerbesprechung sein Finanzprogramm vor, das in den Grundzügen nicht von dem abwich, was er bereits Ende September skizziert hatte. Noch immer ging es dem Finanzminister vorrangig um verstärkte Kapitalbildung mittels Senkung der direkten Steuern. Um 750 Millionen RM sollte die Wirtschaft auf diese Weise im Jahr 1930 entlastet werden. Dazu kam als soziale Ausgleichsmaßnahme für die breiten Massen die Aufhebung der Zuckersteuer, so daß die Mindereinnahmen um weitere 160 Millionen RM auf insgesamt 910 Mil-

232 AdR, Kabinette Müller II (Anm. 9), Bd. 2, S. 1188—1194 (Ministerbesprechung vom 25. 11. 1929), 1210—1215 (Besprechung vom 4. 12. 1929), 1219—1229 (Memorandum Schachts vom 5. 12. 1929), 1231—1233 (Ministerbesprechung vom 6. 12. 1929), 1235 (Erklärung der Reichsregierung vom 6. 12. 1929). Vgl. dazu auch Schulthess 1929 (Anm. 77), S. 215—220.

lionen RM anwuchsen. Zwei indirekte Steuern — für Bier und Tabak — sollten dagegen angehoben werden, was nach den Berechnungen des Finanzministeriums 400 Millionen RM erbrachte. Der verbleibende Steuerausfall von 510 Millionen RM erschien Hilferding vertretbar, weil er durch eine Neuregelung des Finanzausgleichs das Reich um ebendiesen Betrag zu entlasten hoffte.

Im Kabinett kam der schärfste Widerspruch von Postminister Schätzel, der sich namens der Bayerischen Volkspartei gegen jede Erhöhung der Biersteuer aussprach und diesen Punkt sogleich zur Koalitionsfrage erklärte. Wirtschaftsminister Moldenhauer von der DVP brachte die Zukunft der Arbeitslosenversicherung zur Sprache. Im Rahmen des Gesamtprogramms könne er einer Beitragserhöhung um 1/2 % zustimmen; wie das bei der Reichsanstalt alsdann noch verbleibende Defizit gedeckt werden könne, müsse späteren Verhandlungen vorbehalten bleiben. Arbeitsminister Wissell hielt Moldenhauers Vorschlag für unzureichend und verlangte eine Erhöhung der Beiträge um 3/4 %. Dem widersprachen sogleich Reichskanzler Müller und Verkehrsminister Stegerwald, die beide eine derart starke Anhebung als politisch nicht durchsetzbar bezeichneten. Mit Stimmenmehrheit sprach sich das Kabinett daraufhin für eine Beitragserhöhung von 1/2 % zum 1. Januar 1930 aus. Zum gleichen Zeitpunkt sollte auch die Erhöhung der Tabaksteuer in Kraft treten. Neben diesem „Sofortprogramm" fand auch das in 14 Punkte gegliederte Gesamtprogramm des Finanzministers die Billigung des Kabinetts. Der letzte dieser Punkte, um den alsbald der heftigste Streit entbrennen sollte, war in die lapidaren Worte gefaßt: „Vorlegung eines Gesetzes zur Regelung der Reichsschulden."

Wegen der von der SPD geforderten, von der DVP abgelehnten Erhöhung der Beiträge zur Arbeitslosenversicherung wäre die Große Koalition Anfang Oktober fast zerbrochen. Daß jetzt, zwei Monate später, das Kabinett Müller ohne neuerliche Zerreißprobe eine Anhebung um 1/2 % beschloß, hatte zwei Gründe. Erstens war die Zahl der Arbeitslosen in der Zwischenzeit dramatisch gestiegen, von 1,3 Millionen Ende September auf über 2 Millionen Ende November. Ein pauschales Nein zu einer Beitragserhöhung wäre daher von großen Teilen der Öffentlichkeit kaum verstanden worden. Wichtiger aber war der zweite Grund: Hilferding war mit seinem Finanzprogramm dem Drängen der DVP auf steuerliche Entlastung so weit entgegengekommen, daß die Partei in der Frage der Arbeitslosenversicherung nun ihrerseits Beweglichkeit demonstrieren konnte.[233]

Die Einigung im Kabinett bedeutete jedoch noch nicht den Konsens in der Koalition. Am 10. Dezember eröffnete Reichskanzler Müller den Vertretern der Regierungsparteien, daß die Reichsregierung angesichts der bestehenden Kassenschwierigkeiten von den Koalitionsfraktionen eine „unbedingte Festlegung auf das Finanzprogramm" fordern müsse, und zwar noch vor der Weihnachtspause. Ob der Kanzler mit diesem ultimativen Druck Erfolg haben würde, war fraglich.

233 AdR, Kabinett Müller II (Anm. 9), Bd. 2, S. 1238—1244 (Ministerbesprechung vom 9. 12. 1929). Zur Entwicklung der Arbeitslosigkeit: Konjunkturstatistisches Handbuch (Anm. 222), S. 15. Zum Koalitionsstreit um die Arbeitslosenversicherung vgl. oben S. 600 ff., zu Hilferdings Programm vom September 1929 S. 599 f.

Für die Sozialdemokratie hatte der „Vorwärts" bereits am 8. Dezember vor einer überstürzten Reform der Reichsfinanzen gewarnt: „Gesetzt den Fall, man machte jetzt eine Finanzreform, die keine dauernde Ordnung bringt, die vielleicht umgekehrt ins Dauerdefizit und ins Chaos führt, so würde die ganze bürgerliche Welt bald darin einig sein, ein solches Ergebnis auf ‚sozialdemokratische Mißwirtschaft' zurückzuführen. Es würde uns wenig nützen, wenn wir nachweisen würden, daß wir erst von unseren bürgerlichen Koalitionspartnern auf den falschen Weg geführt worden sind ... Die sozialdemokratische Reichstagsfraktion wird *Steuersenkungen* nur dann zustimmen können, wenn volle Sicherheit dafür gegeben ist, daß das *Gleichgewicht im Reichshaushalt* aufrechterhalten, richtiger wiederhergestellt wird."[234]

Damit traf das sozialdemokratische Parteiorgan den schwachen Punkt der von Hilferding und Popitz erarbeiteten Vorlage: Eine Sanierung der Reichsfinanzen war von diesem Programm nicht zu erwarten. Die Steuersenkungen fielen in eine Zeit sinkender Steuereinnahmen, mußten also das Defizit im Reichshaushalt vergrößern. Konjunkturpolitisch ließ sich zugunsten der Linie Hilferding vieles sagen; finanzpolitisch war sie jedoch auf Sand gebaut, solange der deutsche Kapitalmarkt so schwach und der internationale Anleihemarkt so angespannt blieben, wie sie waren.[235]

In der sozialdemokratischen Reichstagsfraktion hatte der Reichsfinanzminister keinen starken Rückhalt. Zwar konnte er sich meistens auf die tatkräftige Unterstützung des Haushaltsexperten Paul Hertz verlassen, der wie Hilferding den Besitz um der vermehrten Kapitalbildung willen steuerlich entlasten wollte und auf der anderen Seite bereit war, eine gewisse Anhebung der indirekten „Massensteuern" mit den sozialen Verpflichtungen des Staates zu rechtfertigen. Aber das „14-Punkte-Programm" hielt auch Hertz für einen Blankoscheck, den die SPD der Regierung nicht ausstellen dürfe, weil sie sich sonst „für alle Zeit" binde. Außerdem war Hertz, was die Beurteilung der weiteren finanziellen Entwicklung anging, für die nächste Zukunft pessimistischer als Hilferding: Steuersenkungen, wie sie der Finanzminister vorschlage, müßten das Defizit in gefährlichem Ausmaß vergrößern. Es half Hilferding auch wenig, daß Reichskanzler Müller in der Fraktionssitzung vom 10. Dezember die Folgen eines Sturzes seines Kabinetts so deutlich wie nie zuvor ausmalte: Es könne zu einer „Regierung der Mitte" oder einer Beamtenregierung kommen, die beide ohne Mehrheit seien, so daß am Ende möglicherweise mit dem Artikel 48 regiert werden müsse. In der Fraktion überwog die Furcht, daß eine Finanzreform im Sinne Hilferdings zum „Abmarsch der

---

234 AdR, Kabinette Müller II (Anm. 9), Bd. 2, S. 1245 (Fraktionsführerbesprechung vom 10. 12. 1929); Verantwortung! Ein Vorwort zur kommenden Finanzdebatte, in: Vorwärts, Nr. 575, 8. 12. 1929 (Hervorhebungen im Original).

235 Zur Finanzpolitik von Hilferding und Popitz im Herbst 1929: Martin Vogt, Die Stellung der Koalitionsparteien zur Finanzpolitik, in: Mommsen u. a. (Hg.), Industrielles System (Anm. 46), S. 439—462; Leuschen-Seppel, Staatsverantwortung (Anm. 76), S. 224 ff.; Maurer, Reichsfinanzen (Anm. 74), S. 95 ff.; Dieckmann, Popitz (Anm. 95), S. 86 ff.

Massen" führen würde, und diesen Preis zu zahlen, war das Gros der Abgeordneten nicht bereit.[236]

Ein Zwischenergebnis der Diskussion in der sozialdemokratischen Reichstagsfraktion trug deren Vorsitzender Rudolf Breitscheid in einem interfraktionellen Gespräch unter Vorsitz des Reichskanzlers am 11. Dezember vor: Mit dem Sofortprogramm der Reichsregierung, also der Erhöhung der Beiträge zur Arbeitslosenversicherung um 1/2 % und der Erhöhung der Tabaksteuer, könne die SPD sich einverstanden erklären; eine Festlegung auf die 14 Einzelpunkte des Finanzprogramms erscheine jedoch nicht möglich. Um dem Eindruck vorzubeugen, die Sozialdemokraten wollten die Tür zu weiteren Verhandlungen zuschlagen, fügte Breitscheid hinzu, die SPD wünsche dringend, daß eine Krise vermieden werde; sie sei daher bereit, der Reichsregierung für die Weiterarbeit an dem Finanzprogramm ihr Vertrauen auszusprechen.

Eine fast gleichlautende Stellungnahme kam von der Bayerischen Volkspartei. Prälat Leicht versicherte, daß seine Fraktion das Sofortprogramm voll unterstütze und auch bereit sei, der Reichsregierung ein Vertrauensvotum für die bevorstehende Abschlußrunde der Reparationsverhandlungen im Haag auszusprechen; den 14 Punkten des Gesamtprogramms zuzustimmen, sei der BVP aber nicht möglich. Gegen eine solche Trennung von Sofort- und Finanzprogramm wandte sich der Vertreter der DVP, der Abgeordnete Zapf. Seine Fraktion habe sich noch nicht entschließen können, der Reichsregierung für ihr Finanzprogramm in der vorliegenden Form das Vertrauen auszusprechen. Auf keinen Fall werde sie aber dem Sofortprogramm ohne bindende Garantien für die Durchführung des endgültigen Programms zustimmen. Auch von der DDP kam noch kein verbindliches Ja. Der Abgeordnete Haas gab lediglich seiner Hoffnung Ausdruck, daß es gelingen werde, zumindest in Einzelpunkten eine Einigung zu erreichen. Am positivsten äußerte sich das Zentrum. Heinrich Brüning teilte mit, daß sich seine Fraktion mit dem Finanzprogramm weitgehend einverstanden erklären könne — freilich nur „unter der Voraussetzung, daß auch die übrigen Regierungsparteien ihre Zustimmung gäben."

236 Zur Position von Paul Hertz vgl. seinen Aufsatz: Umbau des Steuersystems?, in: Die Gesellschaft 6 (1929), Bd. 2, S. 547—557; ders., Problem der Finanz- und Steuerpolitik. Informationsdienst Nr. 8: Zweiter Gewerkschaftskursus des Reichsverbandes Deutscher Post- und Telegraphenbeamten e. V., 7.—12. Oktober 1929, Berlin 1930, S. 75—98 (AsD, Bonn, Nl. P. Hertz, Rolle 3); zum „14-Punkte-Programm": ders., Sozialdemokratie und Finanzreform, in: DFW 1 (1929), Nr. 13 (29. 12.), S. 1—6. — Zur Fraktionssitzung vom 10. 12. 1929 vgl. die handschriftlichen, von Peter Graßmann stammenden Aufzeichnungen in: ABI Berlin, ADGB-Restakten, NB 471: SPD-Reichstagsfraktion 1924—1931. Demnach warnte Müller auch vor einer Störung und Vertagung der Haager Verhandlungen als Folge eines Regierungswechsels. In der Diskussion wurden „Pressekampagne, Memorandum Schachts, Denkschrift des Reichsverbandes der deutschen Industrie" als „planvoller Angriff der Kapitalisten" bezeichnet. Es folgen die Stichworte „Bindung der Partei für lange Zeit. Wollen wir den Abmarsch der Massen?" Zur Haltung der Parteilinken vgl. unten S. 764 f.; zur Diskussion in der Partei auch Keil, Erlebnisse (Anm. 30), Bd. 2, S. 361 f., sowie zusammenfassend: Leuschen-Seppel, Staatsverantwortung (Anm. 76), S. 240 ff. Die wichtigsten Dokumente der finanzpolitischen Debatte auch in: dies., Budget- und Agrarpolitik der SPD, in: Luthardt (Hg.), Arbeiterbewegung (Anm. 110), Bd. 1, S. 83—149.

Reichskanzler Müller zog aus der Besprechung das Fazit, daß es bisher nicht gelungen sei, die Fraktionen hinter die Regierung zu bringen. Die Regierung halte gleichwohl an ihrem Programm fest und bestehe darauf, daß es von den Parteien unverändert angenommen werde. Bleibe es bei der negativen Haltung der Fraktionen, so werde die Regierung vor den Reichstag treten, „um die Entscheidung in offener Feldschlacht herbeizuführen". Seinen Kabinettskollegen gegenüber meinte der Kanzler einige Stunden später laut Protokoll, „daß eine Reichsregierung in ruhigen Zeiten angesichts einer derartigen Haltung der Fraktionen ohne weiteres die Konsequenzen ziehen und zurücktreten werde. In der gegenwärtigen Situation, bei der es unter allen Umständen auf die Überwindung der Ultimoschwierigkeiten ankomme, führe eine derartige Änderung nicht zum Ziele, sondern zur Staatskrise ... Dem Reichstag müsse vor aller Öffentlichkeit der ganze Ernst der Lage dargelegt werden, damit jede Partei sich der Verantwortung, die sie vor Staat, Volk und Geschichte hat, bewußt werde. Die Reichsregierung stehe und falle mit dem Finanzprogramm."[237]

Am folgenden Tag, dem 12. Dezember, gab Hermann Müller vor dem Reichstag seine Regierungserklärung ab, in der er sich erstmals inhaltlich mit dem Memorandum Schachts auseinandersetzte und ausführlich das Sofort- und das Finanzprogramm seines Kabinetts darlegte. Die Beseitigung des Kassendefizits nannte er „die im Augenblick entscheidende und brennende Frage." Wenn die Ultimoschwierigkeiten im Dezember nicht überwunden werden könnten, so werde eine schwere Erschütterung der Finanzen mit starken Rückwirkungen auf die Privatwirtschaft und die Fortführung der Sozialpolitik unvermeidlich sein.

Hilferding rechtfertigte die geplante Senkung der Einkommens- und der Realsteuern damit, daß diese Steuern nicht mehr wie vor dem Krieg ausschließlich von den besitzenden Schichten getragen, sondern zu einem erheblichen Teil auf die breiten Massen der Konsumenten abgewälzt würden. „Wenn das aber so ist, so liegt gerade die Senkung dieser Steuern nicht nur im Interesse dieser Steuerträger, der Besitzenden, sondern sie liegt im Interesse der Gesamtwirtschaft und damit auch in erster Linie der Arbeiterschaft, die an der Ausweitung der Produktion und der Kapitalanlage in Deutschland doch sehr stark interessiert ist. Es bildet sich in Deutschland Kapital in hohem Maße. Der Arbeiterschaft aber kommt es darauf an, daß dieses Kapital auch in Deutschland zu produktivem Zweck angelegt wird und dadurch die Arbeitslosigkeit absinkt. Das ist der soziale Faden, der sich durch dieses Steuerreformprogramm hindurchzieht."

In der Debatte, die am 13. Dezember begann, ließen die Sprecher der Koalitionsfraktionen, mit Ausnahme der BVP, ihre grundsätzliche Zustimmung zum Programm der Regierung erkennen. Breitscheid tat dies allerdings mit so vielen Vorbehalten, namentlich im Hinblick auf die finanzpolitische Vertretbarkeit umfangreicher Steuersenkungen, daß Außenminister Curtius am Abend des gleichen Tages im Kabinett eine Lösung der Krise für kaum noch möglich erklärte und für

---

237 AdR, Kabinette Müller II (Anm. 9), Bd. 2, S. 1246 (Fraktionsführerbesprechung vom 11. 12. 1929), 1247 f. (Ministerbesprechung vom 11. 12. 1929).

den Fall, daß das von der Regierung geforderte umfassende Vertrauensvotum nicht zustande kam, den Rücktritt der volksparteilichen Minister ankündigte.

Am frühen Morgen des 14. Dezember kam dann nach intensiven Beratungen in der Runde der Fraktionsvorsitzenden und Minister doch noch ein Kompromiß zustande. Staatssekretär Pünder fand für die Vertrauenserklärung des Reichstags eine Formulierung, die verbindlich genug erschien, um von der Regierung akzeptiert zu werden, und die gleichzeitig so elastisch war, daß die Parteien ihre Vorbehalte nicht völlig aufgeben mußten. „Der Reichstag billigt die vorgestrige Erklärung der Reichsregierung und vertraut darauf, daß das Finanzprogramm der Regierung vorbehaltlich der endgültigen Gestaltung der Gesetze im einzelnen in Wahrung der von der Regierung bekanntgegebenen Grundzüge durchgeführt wird. Der Reichstag spricht der Regierung für ihre Gesamtpolitik das Vertrauen aus."

Am umstrittensten war die Formel Pünders in der Fraktion der DVP, doch setzten sich hier die Befürworter unter Führung der Minister Curtius und Moldenhauer kurz vor der entscheidenden Plenarsitzung vom 14. Dezember mit 23 gegen 17 Stimmen durch. Die Forderung der Volkspartei, die Regierungsparteien sollten neben den beiden Gesetzentwürfen des Sofortprogramms auch Novellen zur Einkommens- und Vermögenssteuer als Initiativanträge einbringen, drohte dann allerdings den mühsam ausgehandelten Kompromiß wieder zu Fall zu bringen. Erst als sich die Vertreter der SPD in einer von Pünder angeregten „Aktennotiz" verpflichteten, die beiden Gesetze ohne Versäumnis zu erledigen, war die Bahn frei für die Vertrauensfrage. Der Reichstag nahm das Vertrauensvotum der Koalition mit 222 gegen 156 Stimmen bei 22 Enthaltungen an. Unter den Abgeordneten, die sich der Stimme enthielten, waren die Mitglieder der BVP und drei Parlamentarier der DVP. 14 Abgeordnete der DVP stimmten gegen die Vertrauenserklärung, 24 dafür. Von den Abgeordneten der SPD blieben 28, fast ausnahmslos „Linke", der Abstimmung fern.[238]

238 Ebda., S. 1254 f. (Ministerbesprechung vom 13. 12. 1929); 1256—1258 (Fraktionsführerbesprechung vom 13. 12. 1929, 23 Uhr). Zur Kompromißformel: Pünder, Politik (Anm. 95), S. 29—32. Breitscheid erklärte am 13. 12. im Reichstag, die SPD sei bereit, dem Sofortprogramm zuzustimmen. „Wenn sie im gegenwärtigen Augenblick zu den von der Reichsregierung dargelegten Grundzügen der Finanzreform nicht abschließend Stellung nimmt, so vor allem deswegen, weil die ungünstige Entwicklung der Finanzverhältnisse des Reichs es fraglich erscheinen läßt, ob die Voraussetzungen für eine so umfangreiche Steuersenkung, wie die Regierung sie plant, gegeben sind." Zur Regierungserklärung und Debatte im Reichstag: Stenographische Berichte (Anm. 6), Bd. 426, S. 3535—3542 (3541; Müller), 3561 (Breitscheid), 3572—3577 (Hilferding, 14. 12.), 3589—3592 (Abstimmung). In der Sitzung der DVP-Fraktion am 14. 12. 1929 wollte der rechte Flügel einen förmlichen Widerruf der Erklärung Breitscheids erzwingen. Für den Sieg des gemäßigten Flügels war vermutlich ein von Curtius weitergeleiteter Appell Hindenburgs, der Vertrauensfrage zuzustimmen, nicht unerheblich. BA Koblenz, R 45 II/67: Deutsche Volkspartei. Dazu auch Moldenhauers Schilderung: BA Koblenz, Nl. Moldenhauer, Nr. 3: Ministerzeit, Bl. 17. Zur Haltung der DVP: Maurer, Reichsfinanzen (Anm. 74), S. 101; zur Erklärung der sozialdemokratischen Linken, mit der diese ihr Nein zum Vertrauensvotum rechtfertigten: Rengstorf, Links-Opposition (Anm. 43), S. 56.

Zwei Tage nach der Annahme des Vertrauensvotums einigten sich die Koalitionsparteien auf die Einzelheiten des Sofortprogramms. Gegenüber den Vorschlägen der Regierung gab es nur eine bedeutsame Änderung: Das Kabinett hatte die Erhöhung der Beiträge zur Arbeitslosenversicherung um 1/2 % bis zum 31. März 1931 befristen wollen; DVP und Zentrum dagegen drängten, um bei den Verhandlungen über das Finanzprogramm ein Druckmittel gegenüber der SPD in der Hand zu behalten, auf eine sehr viel kürzere Geltungsdauer, nämlich bis zum 31. März 1930. Der Kompromiß, auf den die Regierungsparteien, einer Empfehlung des Kabinetts folgend, sich schließlich verständigten, kam den Wünschen von DVP und Zentrum mehr entgegen als denen der SPD: Die Beitragserhöhung um 1/2 % wurde bis zum 30. Juni 1930 befristet.[239]

Eine beruhigende Wirkung ging von dem Sofortprogramm nicht aus. Denn schon am selben Tag, an dem sich die Parteien endgültig einigten, mußten Regierung und Koalition feststellen, daß sie die Rechnung ohne den Wirt gemacht hatten. Am Vormittag des 16. Dezember erklärte Reichsbankpräsident Schacht dem Reichskanzler, daß das Sofortprogramm seine finanzpolitischen Besorgnisse keineswegs ausgeräumt habe. Vielmehr müsse das Reich zusätzlich zu den Einnahmen in Höhe von 220 Millionen RM, die die Erhöhung der Tabaksteuer erbringen werde, weitere 280 Millionen RM durch Ersparnisse gewinnen, damit in den Etat für 1930 eine Schuldentilgungssumme von 500 Millionen RM eingesetzt werden könne. Ohne eine solche Festlegung werde er, Schacht, bei seinem Nein zu den Anleiheplänen der Regierung bleiben. Müllers Einwand, daß die Erfüllung dieser Forderung unter den gegenwärtigen parlamentarischen Verhältnissen unmöglich sei, beeindruckte den Reichsbankpräsidenten ebensowenig wie eine Darlegung der Folgen, die eintreten müßten, wenn die Dillon-Read-Anleihe nicht zustande komme, nämlich die Einstellung folgender Zahlungen: Gehälter und Pensionen der Offiziere und Beamten, Zuschüsse zur Arbeitslosenversicherung in Höhe von 5 Millionen RM täglich, Zahlungen an die Kriegsbeschädigten in Höhe von 140 Millionen RM monatlich, Gelder für das Ostpreußenprogramm, für die Anleiheablösungsschuld an Inflationsgeschädigte und Kleinrentner sowie für die Einlösung fälliger Kredite. Erst recht schien Schacht der Hinweis des Kanzlers nicht zu schrecken, die Regierung werde, falls die Anleiheverhandlungen am Widerstand des Reichsbankpräsidenten scheiterten, sich möglicherweise genötigt sehen, am folgenden Tag zurückzutreten.

Noch am Abend des 16. Dezember hatte Schacht Gelegenheit, seinen Standpunkt den eilig zusammengerufenen Vertretern der Koalitionsparteien darzulegen. Er wolle, das war der Kern seiner Ausführungen, dem Reichstag nicht vorschreiben, wie er den geforderten Betrag von 500 Millionen RM für die Schuldentilgung aufbringe, aber wenn das Parlament nicht für Deckung sorge, werde er an der neuen Reichsanleihe nicht mitwirken. Breitscheid erwiderte, offensichtlich sei der Reichstag bei dem zwei Tage zuvor angenommenen Vertrauensvotum von ir-

239 AdR, Kabinett Müller II (Anm. 9), Bd. 2, S. 1268 (Ministerbesprechung vom 16. 12. 1929); Schulthess 1929 (Anm. 77), S. 227; Protokolle (Anm. 19), S. 357 (Sitzung des Fraktionsvorstands des Zentrums vom 16. 12. 1929).

rigen Voraussetzungen ausgegangen. Die SPD habe zwar schon immer Zweifel an der Möglichkeit einer Steuersenkung geäußert, aber es sei ohne denkbar größte Schädigung für Parlament und Regierung nicht möglich, schon wenige Tage nach dem Beschluß vom 14. Dezember eine hiervon radikal abweichende Entscheidung zu fällen. Brüning stimmte dieser Einlassung ausdrücklich zu und erklärte, so richtig vieles sei, was Schacht über das Kassendefizit gesagt habe, so sehe er doch keine Möglichkeit, in der zur Verfügung stehenden Frist den Vorschlag des Reichsbankpräsidenten „parlamentarisch technisch" durchzusetzen. Am deutlichsten wurde der Reichsinnenminister. Schacht, so erklärte Severing, fordere eine Operation auf Leben und Tod, die den Patienten zum Verbluten bringe. Wenn die gegenwärtigen Schwierigkeiten nicht gemeistert würden, werde die abschließende Reparationskonferenz im Haag nicht stattfinden, die Regierung Müller zurücktreten müssen und der Rechts- und Linksradikalismus einen solchen Auftrieb erfahren, daß die Gefahr eines Bürgerkriegs drohe.

Doch Schacht ließ sich nicht umstimmen. Der an ihn gerichtete Appell wende sich an die falsche Adresse, entgegnete er, zuständig sei der Reichstag. Nachdem der Reichsbankpräsident die Sitzung verlassen hatte, zog Reichskanzler Müller Bilanz. Es sei unmöglich, die von Schacht geforderten gesetzgeberischen Maßnahmen durchzusetzen. Infolgedessen müsse man nun versuchen, ohne den Reichsbankpräsidenten zu der notwendigen Reichsanleihe zu kommen. Die Reichsregierung beabsichtige, dem Bankhaus Dillon, Read & Co. mitzuteilen, daß „alle verfassungsmäßigen Faktoren" mit dem sofortigen Abschluß der Anleihe einverstanden seien. Diese Formulierung schloß nicht den Reichsbankpräsidenten, wohl aber den Reichspräsidenten ein, der, wie Hilferding ergänzend bemerkte, der Anleihe „dankenswerterweise" zugestimmt hatte.

In den folgenden beiden Tagen stellte sich jedoch heraus, daß Schacht mächtigere Verbündete hatte als die Regierung Müller: den Reparationsagenten Parker Gilbert, der dem Kanzler am 18. Dezember dringend riet, den vom Reichsbankpräsidenten verlangten Schuldentilgungsbetrag über neue Steuern aufzubringen und die Ultimoschwierigkeiten durch eine Inlandsanleihe zu überbrücken, und die französische Regierung unter Ministerpräsident Tardieu, die erneut Einspruch dagegen einlegte, daß die Reichsregierung durch eine Auslandsanleihe den Erfolg der geplanten Young-Anleihe gefährde. Aber selbst wenn Gilbert und Tardieu der amerikanischen Anleihe nicht widersprochen hätten, wäre sie nach Schachts Intervention wohl nicht mehr zustande gekommen: Das deutsche Bankenkonsortium, das sich an der Anleihe hatte beteiligen wollen, war offenbar unter dem Druck der Reichsbank, von diesem Vorhaben wieder abgerückt und hatte damit das New Yorker Bankhaus und seine Partner so nachhaltig verunsichert, daß an einen raschen Abschluß des Anleihevertrages nicht mehr zu denken war.

Das war der Stand der Dinge, als sich die Mitglieder des Kabinetts Müller am Vormittag des 19. Dezember zu einer Ministerbesprechung trafen. Der Reichskanzler sprach aus, was die Stunde der Wahrheit von ihm forderte: Zur Deckung der fälligen Verpflichtungen fehle der Reichsregierung ein Betrag von 330 Millionen RM. Die ersten fälligen Zahlungen — Überweisungen an die Länder — seien bereits nicht mehr geleistet worden. Es bleibe nun nichts anderes übrig, als an den bisher vage gehaltenen letzten Punkt des Finanzprogramms von Hilferding anzuknüpfen, in dem die Vorlegung eines Gesetzes zur Regelung der Schuldentilgung angekündigt wurde. Eine Konkretisierung dieser Absichtserklärung bedeute zumindest einen Aufschub der geplanten Steuersenkung. Alsdann müßte es sich zeigen, ob Schacht seine bisherige starre Haltung mildern werde. Die Minister waren mit Müllers Schlußfolgerung im wesentlichen einverstanden, empfahlen jedoch, vor der Konsultation der Parteiführer nochmals mit Schacht zu verhandeln. Ohne den Reichsbankpräsidenten gebe es nun einmal keinen Ausweg, erklärte Justizminister von Guérard, und das Endziel der Bemühungen stehe in diesem Fall höher als der Prestigeverlust der Regierung.

In der Tat war das, worauf sich das Kabinett am 19. Dezember verständigte, nicht mehr und nicht weniger als eine Kapitulation vor Schacht. Aber der Reichsbankpräsident war mit diesem Erfolg keineswegs zufrieden. Als Müller ihm unmittelbar nach der Ministerbesprechung vorschlug, die Reichsregierung und die Parteiführer und gegebenenfalls auch der Reichstag sollten in feierlicher Form eine Entschließung über die Schuldentilgung verabschieden, wies Schacht das als ungenügend zurück und bestand auf einer gesetzlichen Regelung. Hinsichtlich der Höhe der für die Schuldentilgung erforderlichen Summe ging der Reichsbankpräsident von dem ursprünglich genannten Betrag von 500 Millionen RM etwas ab; er ließ durchblicken, daß er sich auch mit 450 Millionen RM abfinden werde. Diese Summe setzte das Kabinett dann auch sogleich in den mit Schacht abgesprochenen Text des Gesetzentwurfs ein: „Bei der Aufstellung eines Nachtrags zum Haushaltsplan 1929 und des Haushalts 1930 ist ein Tilgungsfonds zur Abdeckung der schwebenden Schuld des Deutschen Reiches einzustellen, der spätestens bis Ende des Rechnungsjahres 1930 den Betrag von 450 Millionen RM zu erreichen hat. Der Fonds ist aus Steuern und aus Einsparungen bei den Ausgaben zu speisen."

Die Parteiführer, die im Verlauf des Nachmittags des 19. Dezember vom Reichskanzler über die Verhandlungen mit Schacht unterrichtet wurden, machten in der Sache keine Bedenken geltend. Sie wollten aber ohne bündige Zusagen des Reichsbankpräsidenten nicht vor ihre Fraktionen treten und verlangten daher eine neuerliche Zusammenkunft mit Schacht. Diese fand auch noch am gleichen Tag statt. Schacht wiederholte, was er bereits Müller einige Stunden zuvor gesagt hatte: Er werde, wenn der Reichstag den vorliegenden Gesetzentwurf noch vor Weihnachten erledige, für Deckung des Ultimobedarfs der Reichskasse sorgen und er glaube auch, daß es der Reichsbank möglich sein werde, das Geld rechtzeitig zu beschaffen. Die Reichsbank werde jedenfalls ihr ganzes Renommee einsetzen, um ans Ziel zu gelangen.

Die Fraktionsvorsitzenden von Zentrum, DDP und BVP erklärten daraufhin, sie könnten den Gesetzentwurf nunmehr sofort unterzeichnen; die Vertreter von SPD und DVP machten ihre Unterschriften noch von der Zustimmung der Fraktionen abhängig, die aber bereits versammelt seien. Eine halbe Stunde später trug der Gesetzentwurf über den Tilgungsfonds die Unterschriften sämtlicher Vorsitzenden der Koalitionsfraktionen. Am 22. Dezember nahm der Reichstag die Vorlage mit einer ähnlich großen Mehrheit an wie tags zuvor bereits die Initiativanträge der Koalition auf Erhöhung der Tabaksteuer und der Beiträge zur Arbeitslosenversicherung.[240]

Reichsfinanzminister Rudolf Hilferding war zu diesem Zeitpunkt schon nicht mehr im Amt. Am 20. Dezember hatte er dem Reichskanzler in einem eigenhändigen Brief mitgeteilt, nachdem die Annahme der Kredite zur Überwindung der Ultimoschwierigkeiten im Reich gesichert sei, seien auch die Gründe weggefallen, die seine politische Handlungsfreiheit eingeengt hätten. „Die von mir verfolgte Politik sah vor: die fortschreitende Konsolidierung der schwebenden Schulden, die bereits eingeleitet war; die Verwendung der Ersparnisse aus dem Young-Plan zur Beseitigung des Defizits im Haushalt 1928 und 1929 sowie zur Entlastung der Wirtschaft durch Steuersenkungen von wirksamem Ausmaß und zu einem nahen Zeitpunkt. Diese Politik ist durch Eingriff von außen gestört und kann deshalb von mir nicht weitergeführt werden. Deshalb bitte ich Sie, sehr geehrter Herr Reichskanzler, dem Herrn Reichspräsidenten mein Rücktrittsgesuch zu unterbreiten."

Hilferdings Schritt kam für die politischen Auguren nicht überraschend. In der Fraktion der DVP waren die Minister Curtius und Moldenhauer schon am 14. Dezember gedrängt worden, sich für die Entlassung des Finanzministers einzusetzen. Tags darauf erklärte der Zentralvorstand der Deutschen Volkspartei in einer einstimmig angenommenen Entschließung, daß „das Vertrauen zur Geschäftsführung des Reichsfinanzministers im Lande aufs schwerste erschüttert sei." Auch aus den Reihen der eigenen Partei wurde Hilferding öffentlich kritisiert. „Im Reichsfinanzministerium scheint etwas nicht zu stimmen", sagte der Abgeordnete Wilhelm Keil am 16. Dezember auf einer Versammlung von Funktionären der Berliner SPD. Hilferding sei gewiß ein bedeutender Mann, bei der ihm unterstehenden Verwaltung könne er aber nicht jeden Zweig selbst kontrollieren. „Er muß sich auf seinen Staatssekretär und seine Direktoren verlassen. Da stimmt etwas nicht, da muß nach dem Rechten gesehen werden. Es darf der Welt nicht noch einmal das traurige Schauspiel der letzten Woche geboten werden. Etwa 24 Parteigenossen haben sich bei der Abstimmung über das Vertrauensvotum der Stimme enthalten (Bravo und Widerspruch). Wir, die wir zustimmten, haben die Erwägung höher gestellt, daß wir eine Regierungskrise im Augenblick für untragbar halten. Aber der Schritt der 24 Parteigenossen aus der Reichstagsfraktion soll ein Warnungszeichen sein, daß der Bogen nicht überspannt werden darf. Der ent-

240 AdR, Kabinett Müller II (Anm. 9), Bd. 2, S. 1266 f. (Unterredung zwischen Hindenburg und Schacht am 16. 12. 1929), 1268—1272 (Ministerbesprechungen vom 16. 12. 1929), 1272—1277 (Fraktionsführerbesprechung vom 16. 12. 1929), 1277—1283 (Unterredung zwischen Müller und Gilbert am 18. 12. 1929), 1283—1289 (Ministerbesprechung vom 19. 12. 1929), 1289 f. (Unterredung zwischen Müller und Schacht am 19. 12. 1929), 1290 f. (Ministerbesprechung vom 19. 12. 1929), 1292—1294 (Parteiführerbesprechungen vom 19. 12. 1929). Für den Gesetzentwurf über den Tilgungsfonds stimmten 255, dagegen 132 Abgeordnete; 4 enthielten sich der Stimme. Zur Behandlung des Gesetzes über den Tilgungsfonds im Reichstag: Stenographische Berichte (Anm. 6), Bd. 426, S. 3777 f. (Regierungserklärung Müllers vom 21. 12. 1929), 3815—3818 (Abstimmung). Für die Erhöhung der Tabaksteuer stimmten 250 Abgeordnete, dagegen 146; 9 enthielten sich. Bei der Vorlage zur Arbeitslosenversicherung war das Verhältnis 248 : 154 : 9. Ebda., S. 3805.

Die Beschlüsse des Reichskabinetts zur Schuldentilgung liefen auf eine völlige Kapitulation vor Reichsbankpräsident Schacht hinaus: Beratung der Reichsregierung mit Schacht (oben). *Von links: Curtius, Wirth, Staatssekretär Pünder, Hermann Müller, Schacht, Moldenhauer. Nach dem Rücktritt von Finanzminister Hilferding berät sich Kanzler Müller mit den Staatssekretären Pünder (links) und Meissner (rechts), bevor dem Reichspräsidenten Mitteilung gemacht wird* (unten).

scheidende Kampf kommt in einem Jahr. Unsere Aufgabe ist es, nicht nur aus parteipolitischen, sondern aus staatspolitischen Gründen eine Verschiebung zuungunsten des Proletariats zu verhindern. Nur dadurch sorgen wir dafür, daß den Kommunisten und den Nationalsozialisten nicht neue Anhänger zugetrieben werden."[241]

Nach dem Amtsverzicht Hilferdings schrieb der Sozialdemokratische Pressedienst, der Rücktritt des Reichsfinanzministers sei vor allem für die Sozialdemokratie eine entscheidende politische Frage, denn der Einfluß der SPD im Kabinett sei nun erheblich geringer als vorher. „Durch das Ausscheiden Dr. Hilferdings aus dem Reichskabinett wird nur unterstrichen, was durch den Kampf um die Vertrauensformel für die Reichsregierung in der vergangenen Woche bereits angedeutet wurde, daß das Gebäude der *gegenwärtigen Koalition schwer erschüttert* ist und durch den leisesten Wind zum Einstürzen gebracht werden kann." Zur Amtsführung des zurückgetretenen Ministers wollte sich aber auch der Pressedienst der SPD einige kritische Bemerkungen nicht versagen. „Es ist gewiß umstritten, ob ihm, dessen Kenntnisse und Fähigkeiten auf allen Seiten stets anerkannt wurden, und der an der Spitze einer Riesenverwaltung eine ungemein schwierige Aufgabe zu erfüllen hatte, nicht etwas mehr Entschlußfähigkeit und fester Wille diese Aufgabe erleichtert hätte. Aber seine überragende Intelligenz und die Schlüsselstellung, die ihm das Amt eines Reichsfinanzministers verschaffte, machten ihn doch *zu einem starken politischen Faktor innerhalb der Reichsregierung*. Das ist zugleich die Ursache dafür, daß er nicht nur von seinen politischen Gegnern heftig bekämpft wurde, sondern oftmals auch in Meinungsverschiedenheiten mit seinen politischen Freunden geriet."

Um einiges schärfer war die Kritik, die Friedrich Stampfer, der Chefredakteur des „Vorwärts", an der Politik seines Parteifreundes übte. „Wir werden desto weniger genötigt sein, von Hilferding, dem glänzenden Wissenschaftler und sturmerprobten Parteigenossen irgendwie ‚abzurücken', je offener wir zugeben, daß er viele von uns als Finanzminister enttäuscht hat", schrieb er am 22. Dezember im Parteiorgan der SPD. Vielleicht sei es schon ein Fehler gewesen, daß Hilferding sich im Frühjahr 1929 die von ihm für notwendig gehaltenen neuen Steuern von den Fraktionen, zumal den bürgerlichen, habe abhandeln lassen. Auf jeden Fall sei dem Staatssekretär Popitz der allerschwerste Vorwurf zu machen, weil er bewußt eine Politik des Defizits betrieben habe. „Popitz mußte die Entwicklung der Kassenlage voraussehen und seinen Chef auf die drohende Gefahr rechtzeitig auf-

241 Zur Haltung der DVP: AdR, Kabinett Müller II (Anm. 9), Bd. 2, S. 1297 f. (Aufzeichnung Moldenhauers); Egelhaaf 1929 (Anm. 225), S. 146 f. Zu Keils Rede: Um die Finanzreform, in: Vorwärts, Nr. 589, 17. 12. 1929. Die Berliner Funktionärsversammlung bezeichnete in einer Entschließung das geplante Finanzprogramm als „eine *erneute Belastung der deutschen Arbeiterklasse*. Sie fordert von der Reichstagsfraktion, im Kampf um die Lastenverteilung alle Kraft für die Bekämpfung der Steuerforderungen einzusetzen, welche die Kaufkraft der breiten Massen beschränken. Eine weitere Beteiligung der Sozialdemokratie an der Reichsregierung liegt nur dann im Interesse des arbeitenden Volkes, wenn es gelingt, die Forderungen des Reichsverbandes der deutschen Industrie und der bürgerlichen Parteien abzuwehren, die sich gegen die Arbeiterklasse richten". Ebda. (Hervorhebungen im Original). Auch abgedruckt in: Leuschen-Seppel, Budget- und Agrarpolitik (Anm. 236), S. 125—129.

merksam machen. Da er dies unterließ, erlag die Reichsregierung wehrlos der *Überrumpelung durch den Reichsbankpräsidenten Dr. Schacht ... Was Regierung und Reichstag jetzt unter dem Druck Schachts und der hinter ihm stehenden Finanzgruppen getan haben, das hätten sie aus eigenem Antrieb tun sollen, und das müssen sie aus eigenem Antrieb fortsetzen!* Schuldentilgung, Sanierung der Kassenlage, Balancierung des Reichshaushalts! Hinter diesen Lebensforderungen des Staates müssen alle anderen zurücktreten! Erfüllen wir sie nicht, so wird uns an jedem Quartalsersten die Angst würgen und wir werden alle Gesetze, auch die sozialpolitischen, ändern müssen nach dem Diktat desjenigen, der uns die Beamtengehälter bezahlen hilft."[242]

Was immer die Motive Schachts waren, in der Sache hatte er recht: Auf diese knappe Formel ließ sich das Plädoyer Stampfers bringen. Gewiß war es, wie Breitscheid am 13. Dezember im Reichstag sagte, „unerträglich ..., wenn der dem Parlament nicht verantwortliche Reichsbankpräsident den Eindruck zu erwecken sucht, als könne er die Richtlinien der Politik bestimmen." Aber zum einen entsprang die starke, im Gesetz von 1924 verankerte Stellung der Reichsbank dem Willen der Mächte, an die Deutschland Reparationen zu zahlen hatte: Nie wieder sollte sich, wie in den Jahren der Inflation, eine deutsche Regierung der Notenpresse als politischen Instruments bedienen können. Zum anderen war im konkreten Fall die Kritik Schachts mit der maßgeblicher Sozialdemokraten zumindest teilweise identisch: Die Sanierung der Finanzen hatte Vorrang vor der Senkung der Steuern.

Hilferding konnte sich zwar mit Recht darauf berufen, daß seine Amtsvorgänger Reinhold und Köhler eine Finanzpolitik „hart am Rande des Defizits" betrieben hatten, die rückblickend als leichtfertig bewertet werden mußte. Aber das enthob den sozialdemokratischen Finanzminister nicht seiner eigenen Verantwortung. Die richtige Einsicht, die er bei den Haushaltsberatungen mit den Regierungsparteien im Frühjahr 1929 vertreten hatte, verfolgte er nicht mit der erforderlichen Konsequenz weiter, und dem Urteil seines Staatssekretärs Popitz hatte

242 War der Rücktritt notwendig?, in: Vorwärts, Nr. 599, 22. 12. 1929; Friedrich Stampfer, Wie es kam? Ebda. (Hervorhebungen jeweils im Original). Ähnlich wie Stampfer urteilte Keil über den Konflikt zwischen Schacht und Hilferding: Keil, Erlebnisse (Anm. 30), Bd. 2, S. 362 f. Eine radikal abweichende Auffassung findet sich in einem Artikel des pseudonymen Autors Georg Decker — des russischen Emigranten Georg Denicke, der häufig innenpolitische Analysen für die theoretische Zeitschrift der SPD verfaßte — im Februarheft der „Gesellschaft": „Man muß aussprechen, was ist: was Herr Schacht vollzogen hat, war ein erster Schritt zum Faschismus, war schon ein Staatsstreich." Schachts „Sieg über die Reichsregierung" sei der „erste Schritt zur faschistischen Diktatur in der Form, die in Deutschland als einzig möglich erscheint ... Die Handlungsweise Schachts sowie die von ihm jahrelang systematisch betriebene Drosselung der deutschen Wirtschaft ist *typisch faschistisch.*" Georg Decker, Der erste Schritt, in: Die Gesellschaft 8 (1930/II), S. 97—103 (Hervorhebung im Original). Zu Decker: Werner Plum (Hg.), Georg Denicke — Georg Decker. 7. November 1887—29. Dezember 1964. Erinnerungen und Aufsätze eines Menschewiken und Sozialdemokraten, Bonn 1980. Auf Decker kritisch eingehend: Eduard Heimann, Der Fall Schacht, in: NBS 1 (1930), Nr. 4 (April), S. 182—184; ferner zum Fall Schacht: Hugo Sinzheimer, Chronik, in: Die Justiz 5 (1930), Nr. 4 (Januar), S. 258—266. Zur sozialdemokratischen Faschismus-Diskussion der frühen 30er Jahre ist der folgende Bd. heranzuziehen.

er sich allzu vorbehaltlos anvertraut. Justizminister von Guérard hatte recht, als er am 19. Dezember selbstkritisch anmerkte, an der von Schacht herbeigeführten Lage treffe auch die Regierung eine gewisse Schuld. Den starken Prestigeverlust, ohne den sie aus dieser Situation nicht herauskommen werde, könne sie nur wettmachen durch „starke Führung der Regierungsgeschäfte in Zukunft".[243]

Als im Kabinett am 21. Dezember in Gegenwart Hilferdings über sein Rücktrittsgesuch beraten wurde, sprachen sich nur die Minister Wissell und, weniger entschieden, Wirth für sein Verbleiben im Amt aus — Wirth unter Hinweis auf die bevorstehende Konferenz im Haag, Wissell mit der Begründung, Hilferdings Politik sei die der Volkspartei gewesen und in erster Linie von Popitz gestaltet worden; daher müsse dieser und nicht Hilferding sein Amt aufgeben. Curtius, der tags zuvor zusammen mit Moldenhauer den Kanzler ultimativ um die Entlassung Hilferdings ersucht hatte, stellte dagegen fest, daß das Vertrauen zur Person des Reichsfinanzministers Hilferding in weiten Volkskreisen zerstört sei. Müller faßte das Ergebnis der Aussprache dahin zusammen, daß er sich „unter Würdigung der gesamten politischen Lage ... zu seinem Bedauern genötigt sehen werde, das Rücktrittsgesuch des Reichsministers Hilferding anzunehmen."

Zu Hilferdings Nachfolger wurde am 23. Dezember Paul Moldenhauer ernannt. Dessen Amt als Reichswirtschaftsminister übernahm der Sozialdemokrat Robert Schmidt, der das gleiche Ressort bereits unter den Kanzlern Gustav Bauer und Joseph Wirth geleitet hatte. Neu zu besetzen war auch die Stelle des Staatssekretärs im Reichsfinanzministerium, nachdem Johannes Popitz am 19. Dezember, also schon einen Tag vor Hilferdings Rücktrittsgesuch, um seine Versetzung in den einstweiligen Ruhestand gebeten und der Reichspräsident diesem Antrag auf Empfehlung des Kabinetts stattgegeben hatte. Popitz' Nachfolger wurde der bisherige Ministerialdirektor im Reichswirtschaftsministerium, Hans Schäffer, dem gute Beziehungen sowohl zur Bankwelt als auch zum rechten Flügel der SPD nachgesagt wurden.[244]

*

243 AdR, Kabinett Müller II (Anm. 9), Bd. 2, S. 1288 (Ministerbesprechung vom 19. 12. 1929). Breitscheids Äußerung in: Stenographische Berichte (Anm. 6), Bd. 426, S. 3561. Zur Entstehung der unabhängigen Stellung der Reichsbank vgl. die Ausführungen von Reichskanzler Müller in der Kabinettssitzung vom 14. 1. 1930: „Die Autonomie der Reichsbank sei 1922 festgelegt worden im Verfolg von Verhandlungen, die der damalige Reichsminister der Finanzen Hermes mit der Reparationskommission gepflogen habe." Ebda., S. 1368. Vgl. zur Stellung der Reichsbank und zum Einfluß der alliierten Partner des Dawes-Abkommens auf das Reichsbankgesetz von 1924 u. a.: Gert von Eynern, Die Reichsbank. Probleme des deutschen Zentralnoteninstituts in geschichtlicher Darstellung, Jena 1928; Helmut Müller, Die Zentralbank — eine Nebenregierung. Reichsbankpräsident Hjalmar Schacht als Politiker in der Weimarer Republik, Opladen 1973; Harold James, The Reichsbank and Public Finance in Germany 1924—1933: A Study on the Politics of Economics during the Great Depression, Frankfurt 1985, S. 95 ff. — Hilferding hatte die Finanzpolitik seines Vorgängers Köhler schon als Oppositionssprecher am 28. 3. 1928 in seiner Reichstagsrede zum Haushalt 1928 scharf kritisiert und die Situation des zukünftigen Reichsfinanzministers mit der von 1923 verglichen. Stenographische Berichte (Anm. 6), Bd. 395, S. 13841—13846.

244 AdR, Kabinett Müller II (Anm. 9), Bd. 2, S. 1297—1302 (Ministerbesprechung vom 21. 12. 1929); Schulthess 1929 (Anm. 77), S. 231. Zu den von Müller abgelehnten Überlegungen, den

Die Finanzpolitik war nicht der einzige Bereich, in dem die Sozialdemokraten im Herbst 1929 gewisse Kurskorrekturen nach „rechts“ vollzogen. Ähnliches geschah in der Agrarpolitik. Ende Juni hatte die SPD im Reichstag gegen eine ganze Reihe von Zollerhöhungen — für Weizen, Roggen, Mehl, Hafer, Herbstkartoffeln, Butter und Rahm — gestimmt, aber nicht verhindern können, daß die entsprechenden Anträge mit Hilfe der DNVP angenommen wurden. Obwohl die Sozialdemokratie also nicht direkt zu einer Verteuerung der Lebensmittelkosten der breiten Massen beigetragen hatte, sah sich die Parteiführung scharfen Angriffen des linken Flügels ausgesetzt: Die Tatsache, daß die bürgerlichen Koalitionspartner der SPD für höhere Zölle votiert hatten, reichte den Kritikern hin, um diesem Regierungsbündnis einen antiproletarischen Klassencharakter zu bescheinigen.

Ihre grundsätzliche Opposition gegen jedwede Art von Agrarprotektionismus hatte die Sozialdemokratie allerdings bereits vor dem Eintritt in die Große Koalition aufgegeben. Das Kieler Agrarprogramm von 1927 propagierte eine „weitgehende Fürsorge für einen geregelten Absatz“ landwirtschaftlicher Produkte; ein Reichsmonopol für die Ein- und Ausfuhr von Getreide- und Mühlenprodukten sollte Getreidezölle überflüssig machen. Im Frühjahr 1929 schien es zeitweilig, als ob diese von dem Agrarwissenschaftler Fritz Baade entworfene Konstruktion in die Tat umgesetzt werden könne: In einem von der SPD angeregten und von Ernährungsminister Dietrich einberufenen Untersuchungsausschuß, der die Grundlagen zu einer Neuregelung der Getreidewirtschaft erarbeiten sollte, stimmten die Vertreter der landwirtschaftlichen Interessenverbände dem sozialdemokratischen Vorschlag eines staatlichen Getreidemonopols grundsätzlich zu. Die entschiedenen Einwände des Handels hatten jedoch zur Folge, daß die Vertreter der bürgerlichen Regierungsparteien — im Gegensatz zu den Deutschnationalen — Baades Modell ablehnten. Der sozialdemokratische Parteivorstand kommentierte diesen Ausgang der Beratungen in seinem Jahresbericht mit den Worten: „Damit war der erste, zunächst erfolgversprechende Versuch des Zusammenarbeitens von Produzenten und Verbrauchern bedauerlicherweise gescheitert.“[245]

SPD-Abgeordneten Paul Hertz zum Nachfolger Hilferdings zu machen, vgl. Keil, Erlebnisse (Anm. 30), Bd. 2, S. 364. (Hertz habe sich ablehnend verhalten, „was sich daraus erklärte, daß der Kanzler keine Neigung zeigte, ihn zu akzeptieren. Es entsprach nur der politischen Logik, daß Müller den Nachfolger Hilferdings aus der deutschen Volkspartei nahm, die am Sturz Hilferdings entscheidend mitgewirkt hatte.“). Zu Schäffer: Eckhard Wandel, Hans Schäffer. Steuermann in wirtschaftlichen und politischen Krisenzeiten 1886—1967, Stuttgart 1974. Zu den Rücktritten von Hilferding und Popitz vgl. auch die Hintergrundsanalyse „Aus der Woche“ in: Der deutsche Volkswirt, Nr. 14, 3. 1. 1930. Ferner: Gustav Stolper, Kapitulation, ebda.; ders., Kassenreform oder Finanzreform, ebda., Nr. 16, 17. 1. 1930. Grundsätzlich zur Finanzreform, auch ders., Ein Finanzplan. Vorschläge zur deutschen Finanzreform, Berlin 1929, bes. S. 142 ff.

245 Jahrbuch 1929 (Anm. 136), S. 45 f. — Zur Agrarpolitik der SPD und der Großen Koalition: Leuschen-Seppel, Staatsverantwortung (Anm. 76), S. 256 ff.; Dieter Gessner, Agrarverbände in der Weimarer Republik. Wirtschaftliche und soziale Voraussetzungen agrarkonservativer Politik vor 1933, Düsseldorf 1976, S. 152 ff.; Adelheid v. Saldern, Hermann Dietrich. Ein Staatsmann der Weimarer Republik, Boppard 1966, S. 51 ff. Zum Kieler Agrarprogramm vgl. oben S. 339 f., zu den Agrarbeschlüssen vom Juni 1929 und der Kritik der Linken vgl. S. 652.

Im Dezember 1929 gingen Zollerhöhungen für landwirtschaftliche Produkte *mit* den Stimmen der Sozialdemokraten über die parlamentarische Bühne. Der Überschuß an Roggen — er betrug nach der Ernte von 1929 etwa 1 Million Tonnen — war der wichtigste Grund für den neuen zollpolitischen Vorstoß von Ernährungsminister Dietrich. Der SPD wurde die Zustimmung dadurch erleichtert, daß sich die anderen Regierungsparteien schließlich auf das von Fritz Baade, dem sozialdemokratischen Reichsgetreidekommissar, befürwortete Prinzip gleitender Zölle verständigten: Danach sollte der Zollsatz bei sinkenden Inlandspreisen von Roggen und Weizen steigen und bei steigenden Inlandspreisen sinken. Derselbe Grundsatz wurde für die Einfuhr von Schweinen vereinbart. Baade versprach sich von diesem Verfahren antizyklische, also marktstabilisierende Wirkungen im gemeinsamen Interesse von Erzeugern und Verbrauchern. Der Schutzzollcharakter der neuen Regelung war gleichwohl nicht zu verkennen. In der Reichstagsdebatte vom 19. Dezember bekannte sich der sozialdemokratische Sprecher, der Vorsitzende des Deutschen Landarbeiterverbandes, Georg Schmidt, auch ganz offen zum Protektionismus: „Mit dieser Gestaltung der Getreidezölle ist der deutsche Getreidemarkt, insbesondere der Roggenmarkt, gegen jede Auslandskonkurrenz voll gesichert.“[246]

Die schutzzöllnerische Wendung der Sozialdemokraten hatte nicht bloß taktische Gründe. Sicherlich spielten Rücksichten auf den Zusammenhalt der Koalition ebenso eine Rolle wie der Wunsch, die Stimmen von Bauern und Landarbeitern zu gewinnen. Aber zwei andere Gründe kamen hinzu. Erstens schien sich die Agrarpolitik als ein Feld anzubieten, auf dem die Theorie des „Organisierten Kapitalismus“ besonders gut praktisch erprobt werden konnte. Da die Marktmechanismen offenkundig versagt hatten, waren staatliche Eingriffe unumgänglich; erfolgten diese nach „objektiven“ Gesichtspunkten, so wie Baade sie, gestützt auf seine wissenschaftliche Autorität, formulierte, dann ließen sich agrarpolitische Planung und Intervention leicht als Schritte in Richtung einer sozialistischen Wirtschaftsordnung deuten.

Zweitens hatte der agrarische Protektionismus eine nationale Dimension, der sich auch die Sozialdemokratie nicht glaubte verschließen zu dürfen. Schutzmaßnahmen für Getreide bedeuteten in erster Linie Hilfe für die ostelbische Landwirtschaft. Die Notwendigkeit dieser Hilfe begründeten nicht nur die unmittelbaren

---

246 Stenographische Berichte (Anm. 6), Bd. 426, S. 3679 f. (Schmidt), 3718—3721 (Abstimmung); 1370—1373 (Kabinettssitzung vom 14. 1. 1930). Zur Vorgeschichte der Zollnovelle: AdR, Kabinett Müller II (Anm. 9), Bd. 2, S. 1136—1138, 1150 f. (Interfraktionelle Besprechungen am 12. 11. und 18. 11. 1929), 1166—1171 (Kabinettssitzung vom 19. 11. 1929), 1265 f. (Interfraktionelle Besprechung vom 16. 12. 1929). Zur Haltung der SPD auch Jahrbuch 1929 (Anm. 136), S. 47 ff. Zur Position von Fritz Baade vgl. seine Artikel: Die Agrarpolitik der Regierungskoalition, in: DFW 1 (1929), Nr. 3 (20. 10.), S. 21—24; Die Schweine, ebda., Nr. 5 (3. 11.), S. 21—25; Roggen und Futtergetreide, ebda., Nr. 6 (10. 11.), S. 17—24. Baade war von Dietrich im Juni 1929 durchaus mit politischen Hintergedanken zum Reichskommissar der Deutschen Getreide-Handelsgesellschaft ernannt worden. In Personalunion hiermit bekleidete er auch das Amt des Reichskommissars beim Scheuerkonzern. Im Februar 1930 wurde Baade auch Vorsitzender der deutsch-polnischen Roggengesellschaft. AdR, Kabinett Müller II (Anm. 9), Bd. 2, S. 1540 (Anm.); Saldern, Dietrich (Anm. 245), S. 59 f.

Nutznießer, die Großgrundbesitzer, und ihre parlamentarischen Verbündeten vorzugsweise mit volkstumspolitischen Argumenten, auch der Sozialdemokrat Carl Severing tat es. In einer Denkschrift des Reichsinnenministers zur „Begründung einer vordringlichen Berücksichtigung des Ostens aus Grenzfondsmitteln" vom 17. Februar 1930 hieß es ausdrücklich, die deutsche Ostgrenze sei nicht garantiert und „volkheitlich gefährdet". Der ostdeutsche Boden habe früher den Menschen- und Nahrungsbedarf des ganzen Deutschland durch seine Überschüsse an Geburten und an landwirtschaftlicher Produktion getragen. Die Zertrümmerung der ostdeutschen Wirtschaftseinheit, eine Folge der Grenzziehungen nach dem Krieg, gefährde nun aber zugleich auch die deutsche Gesamtwirtschaft. „Die Abwanderung ... bedroht die ohnehin dünnbevölkerten ostdeutschen Restgebiete volkheitlich, die allgemeine Landwirtschaftskrise Deutschlands nimmt, verschärft durch die Friedensvertragsfolgen, in täglich wachsendem Umfang die Form des endgültigen Zusammenbruchs an. Die Landwirtschaft des Westens, die nur 1/3 der westdeutschen Volkswirtschaft trägt, hat aus demselben Grunde bessere Absatzbedingungen. Im Osten ist und bleibt die Landwirtschaft der Hauptträger der Volkswirtschaft."[247]

Am härtesten war die „Insel" Ostpreußen von der Agrar- und Wirtschaftskrise betroffen, und daher stellte auch die SPD den besonderen Schutzanspruch dieser Provinz nicht in Frage. Das Reichsgesetz über wirtschaftliche Hilfe für Ostpreußen vom Mai 1929, auf das Reichspräsident von Hindenburg massiv gedrängt hatte, wurde von den Sozialdemokraten nicht nur mitgetragen; es war zunächst auch kaum umstritten. Erst gegen Ende des Jahres sprach der „Vorwärts" aus, woran nach den Berichten des preußischen Staatskommissars für Ostpreußen nicht mehr zu zweifeln war: Die Kreditkommissionen der Provinz hatten die bäuerlichen Betriebe zugunsten der großen Güter benachteiligt und wesentliche Teile des staatlichen Kredits an „sanierungsunfähige Betriebe verschwendet".

Doch eine Wende in der Praxis der „Osthilfe" war durch sozialdemokratische Kritik nicht mehr zu bewirken. Die ostpreußischen Rittergutsbesitzer hatten im Reichspräsidenten einen mächtigen Verbündeten, der jedes Kabinett wirkungsvoll unter Druck setzte, wenn es um die Belange seiner Standesgenossen und engeren politischen Freunde ging. Das galt nicht nur für die direkten Subventionen in Form von Kredithilfen, sondern auch für die indirekten in Form von Zöllen. Die Regierung Müller war ohnehin bereit, den Wünschen der Landwirtschaft weit entgegenzukommen. Am 14. Januar 1930 beschloß das Kabinett auf Grund der Höchstsätze des neuen Zollgesetzes zum 20. Januar für Roggen einen Zoll von 9 RM und für Weizen einen Zoll von 9,50 RM in Kraft zu setzen.

Am 13. Februar mußte Ernährungsminister Dietrich jedoch feststellen, daß die bisherigen Stützungsmaßnahmen das Absinken des Roggenpreises nicht hätten

---

247 AdR, Kabinett Müller II (Anm. 9), Bd. 2, S. 1463—1465. Vgl. zur Entstehung der Hilfsmaßnahmen für den deutschen Osten auch: Gerhard Schulz, Staatliche Stützungsmaßnahmen in den deutschen Ostgebieten, in: Hermens/Schieder (Hg.), Staat (Anm. 46), S. 140—203 (zur Bevorzugung des Großgrundbesitzes bei Kredithilfen bes. S. 193 f.); Dieter Hertz-Eichenrode, Politik und Landwirtschaft in Ostpreußen. Untersuchung eines Strukturproblems in der Weimarer Republik, Köln usw. 1969, bes. S. 278 ff.

verhindern können. Die von ihm empfohlene Magazinierung von zunächst 200 000 Tonnen Roggen auf Reichskosten — eine Forderung des Reichslandbundes — fand die Billigung des Kabinetts. Am 7. März trug Dietrich den anderen Ministern ein mit der „Grünen Front" abgestimmtes Sofortprogramm für die Landwirtschaft vor, das neben einer Erhöhung des Roggenzolles auch eine Heraufsetzung des Weizenzolles sowie die Schaffung eines gleitenden Zolles für Gerste und ein staatliches Maismonopol vorsah. Außerdem sollte die Regierung sich ermächtigen lassen, für Backwaren einen Beimahlungszwang von Roggen bis zu 20 % zu bestimmen. Die doppelte Absicht von Dietrich war klar: Roggen, das Haupterzeugnis der ostdeutschen Landwirtschaft, sollte als Futtermittel eine monopolähnliche Stellung erlangen, auch wenn dies zu Lasten der bäuerlichen Veredelungsbetriebe, zumal der Schweinemäster und der Geflügelzüchter, ging, und Weißbrot mußte so teuer werden, daß es mit Roggenbrot nicht mehr konkurrieren konnte.

In einer Koalitionsbesprechung, in der der Ernährungsminister, vom Kabinett ermächtigt, seine Vorschläge erläuterte, widersetzten sich DVP und DDP dem Maismonopol und die Sozialdemokraten der Erhöhung der Getreidezölle. Einmütig abgelehnt wurde der Beimahlungszwang. Im Verlauf weiterer Verhandlungen erzielten die Regierungsparteien dann doch noch einen Kompromiß, den sie in Form von Initiativanträgen im Reichstag einbrachten. Die SPD hatte die Erhöhung des Roggenzolles verhindern und die des Weizenzolles von 15 auf 12 RM herunterdrücken können; außerdem ging es auf ihr Drängen zurück, daß der Mindestzoll für Weizen bei Preissteigerungen von 3,50 auf 1,50 RM gesenkt werden mußte. Den Antrag auf Einführung des Maismonopols unterzeichneten lediglich die Fraktionsvorsitzenden von SPD, Zentrum und BVP; dasselbe geschah beim Antrag auf Erhöhung des Zolls für Gerste.

Am 25. März, zwei Tage vor dem Ende der Großen Koalition, nahmen die Abgeordneten mit wechselnden Mehrheiten die einzelnen Punkte der Vorlage an. Das Maismonopol, das Ernährungsminister Dietrich mit einer Art persönlicher Vertrauensfrage verbunden hatte, wurde mit 195 gegen 122 Stimmen bei 78 Enthaltungen angenommen. Dafür stimmten unter anderem SPD, das Zentrum und die BVP, dagegen die DVP, die Wirtschaftspartei, die KPD und sechs Abgeordnete von Dietrichs eigener Partei, der DDP. Die Deutschnationalen enthielten sich der Stimme und ermöglichten so erst die Annahme des Antrags. Bei den Zollerhöhungen für Weizen, Hafer, Gerste, Mais, Kartoffeln, Mehl, Kleie und Zukker stimmte das Gros der Sozialdemokraten mit den bürgerlichen Koalitionsparteien für den gemeinsamen Initiativentwurf.

Die Agrarier hatten einen großen Erfolg errungen, waren aber mit dem Erreichten durchaus nicht zufrieden. Der Präsident des Reichslandbundes, der deutschnationale Abgeordnete Martin Schiele, der wenige Tage später das Amt des Reichsernährungsministers im Kabinett Brüning übernahm, bemängelte im Plenum des Reichstags, daß durch die Kompromißvorlage der Koalition jenem Verlangen des Reichspräsidenten nicht Genüge getan werde, das dieser am 18. März in fast befehlendem Ton an die Reichsregierung gerichtet hatte: Sie möge nunmehr „entschlossen an die Gesundung unserer Landwirtschaft und an die

Wiederaufrichtung des zusammenbrechenden Ostens" herangehen. Schieles Schuldzuweisung blieb allerdings nicht unwidersprochen. Als er feststellte, die Regierung habe „die durchgreifende Rettungsaktion für das Landvolk den Verhandlungen der Koalitionsparteien unter dem Druck der Sozialdemokratie preisgegeben", rief ihm ein empörter Abgeordneter der SPD zu: „Können Sie diese Behauptung vor Ihrem Gewissen verantworten?"

Die Sozialdemokraten brauchten sich in der Tat keine mangelnde Agrarfreundlichkeit vorwerfen zu lassen. Sie waren nicht nur über ihren eigenen Schatten als Verbraucherpartei gesprungen, sondern hatten gegenüber den Wünschen der ostelbischen Großlandwirtschaft teilweise mehr Verständnis gezeigt als die Parteien der bürgerlichen Mitte. Das Maismonopol vom Frühjahr 1930 war der Höhepunkt einer stillschweigenden agrarpolitischen Allianz zwischen SPD und DNVP. Die Strukturprobleme der ostdeutschen Gutswirtschaft aber waren weder durch Monopole noch durch Zölle zu beheben. Der Agrarprotektionismus der Großen Koalition stärkte nicht die Republik, sondern einen ihrer einflußreichsten Gegner.[248]

*

Anders als die Großagrarier hatten die Großindustriellen die Große Koalition keineswegs von Anfang an geschlossen bekämpft. Vielmehr gab es, nicht zuletzt bei den „neuen", exportorientierten Branchen, durchaus Unternehmerkreise, die eine Zusammenarbeit von bürgerlichen Parteien und Sozialdemokratie für politisch nützlich hielten. Seit dem Herbst 1929 mehrten sich allerdings die Anzeichen der Unzufriedenheit. In einer Denkschrift mit dem bezeichnenden Titel „Aufstieg oder Niedergang" erklärte der Reichsverband der Deutschen Industrie im Dezember, die deutsche Wirtschaft stehe am Scheideweg. Wenn es nicht gelinge, das Steuer umzulegen und der Wirtschafts-, Finanz- und Sozialpolitik eine

248 Mißstände in Ostpreußen, in: Vorwärts, Nr. 601, 24. 12. 1929. Danach hatten Großbetriebe von 400 Morgen an aufwärts 78,2 % aller bewilligten Umschuldungshypotheken erhalten. Vgl. dazu AdR, Kabinett Müller II (Anm. 9), Bd. 2, S. 1352 f. (Vermerk zur Lage in Ostpreußen vom 9. 1. 1930). Weiter: Ebda., S. 1371—1373 (Kabinettssitzung vom 14. 1. 1930), 1433—1436 (Chefbesprechung vom 5. 2. 1930), 1509—1512 (Gespräch von Vertretern der Landwirtschaft mit Reichskanzler Müller am 28. 2. 1930), 1539—1541 (Besprechung von Vertretern der Landwirtschaft mit Ernährungsminister Dietrich vom 5. 3. 1930), 1545—1549 (Kabinettssitzung vom 7. 3. 1930), 1568 f. (Brief Hindenburgs an Müller vom 13. 3. 1930), 1575—1577 (Kabinettssitzung vom 17. 3. 1930), 1580—1582 (Hindenburgs Aufruf an die Reichsregierung vom 18. 3. 1930), 1588 f. (Kabinettssitzung vom 20. 3. 1930). Zur Haltung der SPD: Jahrbuch der Deutschen Sozialdemokratie für das Jahr 1930, Berlin 1931 (ND: Berlin [W] usw. 1976), S. 56 f. Zu den Verhandlungen im Reichstag: Stenographische Berichte (Anm. 6), Bd. 427, S. 4641 f. (Dietrich), 4644 f. (Schiele), 4650—4655 (Abstimmungen). Von den SPD-Abgeordneten nahmen an den agrarpolitischen Abstimmungen vom 25. 3. 1930 19, zumeist „linke", nicht teil; bei der Abstimmung über den Zuckerzoll waren es 21. — Die Agrargesetze vom 26. 3. 1930 in: RGBl. 1930 I, S. 87—90. Zur Politik der Großagrarier insgesamt immer noch: Alexander Gerschenkron, Bread and Democracy in Germany, 1. Aufl. Berkeley 1943. — Zum Ostpreußengesetz vom 18. 5. 1929 vgl. oben S. 729.

entscheidende Wende zu geben, dann sei der Niedergang der deutschen Wirtschaft besiegelt. Der RDI forderte in einer Reihe von „Leitsätzen“ unter anderem eine drastische Einschränkung der Wirtschaftstätigkeit der öffentlichen Hand, eine Anpassung der Sozialpolitik an die Grenzen der wirtschaftlichen Tragfähigkeit, eine Senkung der öffentlichen Ausgaben wie der Steuern und ein Vetorecht der Reichsregierung gegen Ausgabenerhöhungen durch den Reichstag. Abschließend rief der Reichsverband der Deutschen Industrie „alle aufbauenden Kräfte in Deutschland auf, sich in einer breiten und einheitlichen Abwehrfront gegen alle wirtschaftsfeindlichen Bestrebungen zur Wehr zu setzen“. Die Reformen, die der RDI forderte, dienten gewiß in erster Linie der Beseitigung der unmittelbaren Gefahren, die sich aus der verkehrten Richtung der deutschen Wirtschafts-, Finanz- und Sozialpolitik für die Wirtschaft ergäben. „Sie dienen aber auch der größeren Aufgabe, der fortschreitenden Zersetzung des deutschen Wirtschaftskörpers ein Ende zu bereiten.“[249]

Die Denkschrift des RDI ließ sich als ultimative Warnung an die Adresse der Sozialdemokratie verstehen: Wenn das Kabinett Müller die Forderungen der Industrie erfüllte, mochte es im Amt bleiben, wenn nicht, mußte eine andere Regierung an ihre Stelle treten. Da das Memorandum von der SPD praktisch die bedingungslose Unterwerfung verlangte, kam tatsächlich nur die zweite Lösung in Frage. An einem sofortigen Regierungswechsel lag der Führung des Reichsverbandes mit dem Vorsitzenden Carl Duisberg und dem geschäftsführenden Vorstandsmitglied Ludwig Kastl an der Spitze im Dezember 1929 allerdings noch nicht. Denn wichtiger als alles andere war zunächst die Verabschiedung der Young-Gesetze, und dazu brauchte man die SPD. Das entsprach völlig der Einstellung des gemäßigten Flügels der DVP um die Minister Curtius und Moldenhauer.

Aber es gab im Unternehmerlager auch Kräfte, die den Bruch mit der SPD unverzüglich und um jeden Preis wünschten. Am 26. November 1929 wies Paul Reusch, der Generaldirektor der Gutehoffnungshütte und seit langem ein Wortführer des rechten Flügels der Schwerindustrie, dem RDI die vordringliche Aufgabe zu, die Abwehrfront gegen den fortschreitenden Marxismus „mit allen Mitteln zu fördern und auf die bürgerlichen Parteien einen Druck dahin auszuüben, daß sie sich endlich zu einem wirksamen Widerstand gegen den Sozialismus auf allen Gebieten unserer Innenpolitik aufraffen“. Dieser Meinung war mittlerweile auch Paul Silverberg, der stellvertretende Vorsitzende des RDI, der sich im September 1926 auf der Mitgliederversammlung des Reichsverbandes in Dresden noch massiv für eine Große Koalition eingesetzt hatte. „Nachdem mein Versuch, mit dem verständigen und, wie ich glaubte, politisch einflußreichen Teil der Arbeiterschaft zusammen Ordnung zu schaffen (Dresden) von beiden Seiten mißlungen ist, müssen wir allein arbeiten“, schrieb er am 24. Dezember 1929 an Reusch. Als der Reichstag am 14. Dezember über das Vertrauensvotum für die Regierung

249 Aufstieg oder Niedergang? Deutsche Wirtschafts- und Finanzreform 1929. Eine Denkschrift des Präsidiums des Reichsverbandes der Deutschen Industrie, Berlin 1929, S. 7, 11 ff., 45 f.

Müller zu entscheiden hatte, stimmten die namhaften Interessenvertreter der Schwerindustrie in der Fraktion der DVP ausnahmslos mit Nein.[250]

Verbündete fanden die schwerindustriellen Gegner der Großen Koalition im Reichspräsidenten von Hindenburg und in General Kurt von Schleicher, dem Chef des 1929 neu geschaffenen Ministeramtes im Reichswehrministerium, dem engsten Berater Groeners. Bereits im Frühjahr 1929 weihte Schleicher anläßlich der konfliktreichen Haushaltsberatungen den Zentrumspolitiker Heinrich Brüning in Hindenburgs Absicht ein, „zusammen mit der Reichswehr und den jüngeren Kräften im Parlament die Dinge vor seinem Tode in Ordnung zu bringen". Dabei werde der Reichspräsident nicht die Verfassung verletzen, aber doch den Reichstag im gegebenen Augenblick eine Zeitlang nachhause schicken und mit dem Artikel 48 regieren. Daß Hindenburg zu diesem Zeitpunkt tatsächlich an ein Präsidialkabinett mit „rechtem" Profil dachte, belegt ein auch vor Reichskanzler Müller geheimgehaltenes Gespräch, das er am 18. März 1929 mit dem Fraktionsvorsitzenden der DNVP, Graf Westarp, führte. Darin bejahte der Reichspräsident auch ausdrücklich die Notwendigkeit, ohne und gegen die Sozialdemokratie zu regieren. Im Dezember 1929 erfuhr Brüning, inzwischen Fraktionsvorsitzender des Zentrums, von Schleicher und Hindenburgs Staatssekretär Meissner, daß der Reichspräsident unter keinen Umständen gewillt sei, nach Verabschiedung des Young-Plans das Kabinett Müller im Amt zu lassen. Der neue Kanzler sollte, sofern es nach Hindenburg und seinen Beratern ging, Heinrich Brüning heißen; als Herrschaftsmittel für den Notfall war der Artikel 48 vorgesehen.

Daß Schleichers Wahl auf den Vorsitzenden der Zentrumsfraktion gefallen war, begründete der Chef des Ministeramtes so: Brüning sei „als Zentrumsabgeordneter mit konservativer Einstellung, als erfahrener Politiker und national gesinnter ehemaliger Frontsoldat der geeignete Mann: ihm würden die Rechtsparteien keine grundsätzliche Gegnerschaft entgegenbringen und er würde auch in der Reichswehr Vertrauen genießen. Auf der anderen Seite wäre Brüning durch seine sozialpolitische Einstellung auch bei den Sozialdemokraten sehr geschätzt."[251]

---

250 Zur Haltung von RDI und Schwerindustrie sowie zu Kastls Versuch, die Reichstagsfraktion der DVP zu einer Annahme des Vertrauensvotums zu bewegen: Weisbrod, Schwerindustrie (Anm. 46), S. 466 ff. (die Zitate von Reusch und Silverberg: S. 467); Reinhard Neebe, Großindustrie, Staat und NSDAP 1930—1933. Paul Silverberg und der Reichsverband der Deutschen Industrie in der Krise der Weimarer Republik, Göttingen 1981, S. 53 ff.; Michael Grübler, Die Spitzenverbände der Wirtschaft und das erste Kabinett Brüning. Vom Ende der Großen Koalition 1929/30 bis zum Vorabend der Bankenkrise 1931, Düsseldorf 1982, S. 49 ff. (wo auch die im Vergleich zur Denkschrift des RDI sehr viel maßvolleren „Leitsätze für ein Finanz- und ein Steuerprogramm" des Deutschen Industrie- und Handelstages, ebenfalls vom Dezember 1929, behandelt werden). Zur Linie des gemäßigten DVP-Flügels: AdR, Kabinett Müller II (Anm. 9), Bd. 2, S. 1402—1405 (Ministerbesprechung vom 30. 1. 1930); zur Rechten in der DVP: Maurer, Reichsfinanzen (Anm. 74), S. 101, 210. Vgl. dazu auch die Zitate aus der Sitzung des Zentralvorstands der DVP vom 14. 12. 1929 in: Klaus Mammach, Der Sturz der großen Koalition im März 1930, in: ZfG 16 (1968), S. 565—586 (572 ff.). Zur Abstimmung im Reichstag am 14. 12. 1929 vgl. oben S. 746.

251 Zu Brünings Unterredungen mit Schleicher und Meissner: Heinrich Brüning, Memoiren 1918—1934, Stuttgart 1970, S. 145—152. Zum Gespräch Hindenburgs mit Westarp siehe

Die Auffassung, daß das Kabinett Müller nicht zu halten sei, hatte sich bei Schleicher im Dezember 1929 zur Gewißheit verfestigt. Seine und Groeners Bemühungen zielten seither darauf ab, die „Brüning-Lösung" systematisch vorzubereiten. Brüning selbst verhielt sich in den Gesprächen mit Schleicher dem amtierenden Kanzler gegenüber loyal: Er wollte die Große Koalition bis zum Herbst 1930 weiterregieren lassen. Das Kabinett Müller wäre in diesem Fall noch in den Genuß eines großen außenpolitischen Erfolges, der Rheinlandräumung, gekommen, hätte aber neben der Verantwortung für den Young-Plan auch die für einschneidende Sparmaßnahmen tragen müssen.

Entscheidend war zunächst jedoch, daß nicht der sozialdemokratische Kanzler, sondern erst sein bürgerlicher Nachfolger vom Reichspräsidenten die außerordentlichen Notstandsvollmachten erhielt. In diesem Sinne wirkten Groener und Schleicher auf Hindenburg ein, der freilich ohnehin nicht geneigt war, die Sozialdemokraten länger als unbedingt nötig an der Macht zu halten. In der ersten Januarhälfte 1930 erkundigte er sich bei Hugenberg und Westarp, wie sich die Deutschnationalen zu einem etwaigen „Hindenburg-Kabinett" verhalten würden. An dessen Charakter gab es von vornherein nichts zu deuteln. Meissner sprach dem Grafen Westarp gegenüber am 15. Januar 1930 von „einer antiparlamentarischen und antimarxistischen Regierungsbildung", die nicht an der DNVP scheitern dürfte, weil Hindenburg sonst nicht von dem „Regieren mit den Sozialdemokraten loskommen könne".[252]

---

dessen Niederschrift in: Erasmus Jonas, Die Volkskonservativen 1928—1933. Entwicklung, Struktur, Standort und staatspolitische Zielsetzung, Düsseldorf 1965, S. 186—188. — Zur Politik Schleichers im Jahre 1929: Vogelsang, Reichswehr (Anm. 10), S. 65 ff.; Francis L. Carsten, Reichswehr und Politik, Köln usw. 3. Aufl. 1966, S. 338 ff.; Maurer, Reichsfinanzen (Anm. 74), S. 121 ff. Schleichers Urteil über Brüning: Otto Meissner, Staatssekretär unter Ebert, Hindenburg, Hitler, Hamburg 1950, S. 188. Zu den Haushaltsberatungen im Frühjahr 1929 vgl. oben S. 578 ff.

252 Zu Hindenburgs und Meissners Gespräch mit Westarp am 15. 1. 1930 vgl. dessen Aufzeichnung in: Politik und Wirtschaft in der Krise 1930—1932. Quellen zur Ära Brüning. Eingeleitet von Gerhard Schulz. Bearb. v. Ilse Maurer u. Udo Wengst unter Mitwirkung von Jürgen Heideking, 2 Bde., Düsseldorf 1980, Bd. 1, S. 15—18. Ebda., S. 11 f., auch die Mitteilung von Werner von Alvensleben, einem Vertrauensmann Schleichers *und* Silverbergs, an den Vorsitzenden des RDI, Carl Duisberg, vom 28. 11. 1929: „Ich kann eine parlamentarische Lösung der Schwierigkeiten nicht sehen und bin überzeugt, daß in Kürze mit dem § 48 regiert werden muß. Der Herr Reichspräsident wird niemals die Sozialdemokratie mit dieser Aufgabe betrauen." — Zu Hindenburgs Unterredung mit Hugenberg und Oberfohren, Westarps Nachfolger im Amt des Fraktionsvorsitzenden der DNVP, am 17. 2. 1930: AdR, Kabinett Müller II (Anm. 9), Bd. 2, S. 1458 f. (Vermerk Pünders vom 15. 2. 1930). Daß Hindenburg im Dezember 1929 den Sturz Müllers *nicht* wollte, belegt sein Versuch, auf die Fraktion der DVP im Sinne einer Annahme des Vertrauensvotums einzuwirken. Vgl. dazu Anm. 238. — Zur Haltung Schleichers bes. Carsten, Reichswehr (Anm. 251), S. 339 f. Zu Brüning außer der in Anm. 251 genannten Lit.: Tilman P. Koops, Heinrich Brünings „Politische Erfahrungen" (Zum ersten Teil der Memoiren), in: GWU 24 (1973), S. 197—221; Rudolf Morsey, Neue Quellen zur Vorgeschichte der Reichskanzlerschaft Brünings, in: Hermens/Schieder (Hg.), Staat (Anm. 46), S. 207—231; Heinrich Muth, Quellen zu Brüning, in: GWU 64 (1963), S. 221—236.

Hinter den Kulissen war also schon um die Jahreswende 1929/30 einiges geschehen, was für eine Ablösung der Großen Koalition erforderlich war. Aber ob ein Präsidialkabinett an die Stelle der Regierung Müller treten konnte, hing nicht nur von der Entwicklung bei den Deutschnationalen ab, sondern auch von den Parteien der Großen Koalition selbst. Solange sie sich zu Kompromissen durchrangen wie im Dezember 1929, fehlten den Beratern Hindenburgs der Anlaß und die Rechtfertigung für die von ihnen gewünschte autoritäre Umgestaltung des politischen Systems. Der Zeitpunkt, an dem sie ihr Ziel erreichen würden, ließ sich Ende 1929 noch nicht genau vorhersagen.

*

Auch auf dem linken Flügel der Großen Koalition mehrten sich im Spätjahr 1929 die Stimmen, die ihr Ende herbeiwünschten. Dem gemeinsamen Aufruf, den ADGB und AfA-Bund am 13. Dezember herausgehen ließen, konnte diese Absicht allerdings nur bedingt nachgesagt werden. Ähnlich wie die Denkschrift „Aufstieg oder Niedergang?", in der kurz zuvor der Reichsverband der Deutschen Industrie seine Position dargelegt hatte, war die Erklärung der beiden Arbeitnehmerverbände als ultimative Warnung gedacht. Die Gewerkschaften, so hieß es da, erkennten selbstverständlich die Notwendigkeit ausreichender Kapitalbildung an, sie bekämpften aber jene Politik, die einseitig die wirtschaftliche und politische Macht des Unternehmertums stärke und die Kapitalbildung in den Sparkassen sowie bei den öffentlichen Körperschaften hemme. „Unter dem Schlagwort ‚Finanzreform' wird einseitige Besitzentlastung gefordert, die andererseits eine Mehrbelastung der besitzlosen Volksmassen zur Folge haben muß. Eine solche Verschiebung in der Verteilung des Sozialprodukts zugunsten der besitzenden Klassen widerspricht nicht nur den Interessen der deutschen Arbeitnehmerschaft, sondern auch dem Wohle der deutschen Gesamtwirtschaft. Sie würde die Kaufkraft der breiten Volksmassen herabdrücken, den Binnenmarkt einengen, eine allgemeine Krise herbeiführen und damit erst die Wirtschaft ‚ans Ende ihrer Kraft' bringen ... Indem die Gewerkschaften eindringlich vor der Fortsetzung einer solchen begehrlichen Politik warnen, sehen sie sich verpflichtet, darauf hinzuweisen, daß eine unsoziale Umlagerung der wirtschaftlichen Lasten aus der Einkommensverteilung nicht vor sich gehen kann, ohne eine Ära neuer schwerer sozialer Kämpfe heraufzubeschwören."

Der Aufruf von ADGB und AfA-Bund nahm ausdrücklich Bezug auf die jüngste Denkschrift des RDI und auf die „unberufenen Eingriffe des Reichsbankpräsidenten in Fragen der Regierungspolitik". Aber jedem informierten Leser mußte klar sein, daß sich die Erklärung nicht nur gegen Schacht und die Unternehmer wandte, sondern auch gegen den sozialdemokratischen Reichsfinanzminister. Der Widerstand, auf den Hilferdings Plan einer Finanzreform in der Reichstagsfraktion der SPD stieß, wäre schwerlich so stark gewesen, wenn sich die opponierenden Abgeordneten nicht in voller Übereinstimmung mit den Freien Gewerkschaften gewußt hätten.[253]

---

253 Keine Katastrophenpolitik! Erklärung der Gewerkschaften, in: GZ, Nr. 51, 21. 12. 1929. Vgl. dazu auch die Denkschrift von ADGB, AfA-Bund und ADB: Wirtschaftslage — Kapitalbildung — Finanzen. Die Entwicklung in Deutschland von 1925 bis 1930, Berlin 1930.

Viel massivere Angriffe auf die Regierung der Großen Koalition kamen vom linken Flügel der SPD. Schon im Mai 1929 hatte Kurt Rosenfeld im „Klassenkampf" eine „hohe Belohnung" aussetzen wollen für den „Nachweis eines einzigen seit Eintritt der Partei in das Reichskabinett erfolgten Regierungs- und Parlamentsbeschlusses, der als Abschlagszahlung auf sozialdemokratische Forderungen gewertet werden könnte, und der ohne Beteiligung an der Reichsregierung nicht erfolgt wäre". Die Worte, mit denen Rosenfelds Artikel schloß — „Im Interesse der Partei, im Interesse des Proletariats: Heraus aus der Reichsregierung!" — wurden im Winter 1929/30 zum Refrain der Linken. Paul Levi nahm in einem seiner letzten Artikel — er starb am 9. Februar 1930 — Schachts Memorandum vom 5. Dezember zum Anlaß einer Fundamentalkritik am Kabinett Müller. „Was wir bis jetzt gesehen haben, ist keine Demokratie, ist, sagen wir weiter, keine Koalitionsregierung, sondern die Karikatur einer Regierung. Wenn man schon hundertmal sagt, die Frage der Koalitionsregierung sei keine prinzipielle, sondern eine taktische Frage, so kann man darauf replizieren, daß man auch im Gebiet der Taktik Fehler machen kann und solche, die nicht weniger verhängnisvoll sind, als wenn man den heiligen Boden der Prinzipienmoschee mit Stiefeln betritt. Ja: das, was wir in diesen Monaten in Deutschland sehen, ist geradezu ein Schulbeispiel dafür, wie verhängnisvoll die Art von Koalitionsregierung wirkt, die da in Deutschland praktiziert wird."

In der gleichen Ausgabe der Zeitschrift „Der Klassenkampf", in der Levis Artikel erschien, nannte es Max Seydewitz „unverständlich", daß der sozialdemokratische Reichskanzler und der sozialdemokratische Finanzminister der sozialdemokratischen Reichstagsfraktion ein Finanzprogramm zumuteten, das die Sozialdemokratie nach außen nicht vertreten könne. „Diese Art *Koalitionspolitik* bedeutet eine große Gefahr für die Sozialdemokratie, für die Arbeiterklasse und auch für den Bestand der Republik ... Hüten wir uns, den Bogen zu überspannen und machen wir uns mehr wie bisher klar, daß wir die faschistische Gefahr nicht durch Schutzgesetze bannen, sondern nur durch *eine Politik*, die *unseren Zielen* und *Idealen,* die unseren *Versprechungen entspricht* und die von den Massen verstanden werden kann."

Das „Kampfprogramm", mit dem die sächsische SPD im Januar 1930 auf Hilferdings Finanzprogramm antwortete, war ganz im Sinne der Kritik von Seydewitz gehalten. Es verlangte unter anderem eine wesentliche Verschärfung der Erbschaftssteuer, die Herabsetzung der Zölle und Verbrauchsabgaben, den „Abbau der hohen Gehälter der höchstbezahlten Beamten um mindestens 20 %", die Kürzung aller Pensionen auf einen Höchstsatz von 12 000 Mark pro Jahr und die „Herabsetzung der Ausgaben für Militärzwecke auf zunächst 500 Millionen Mark."

In den einleitenden Bemerkungen der Redaktion des „Klassenkampfes" hieß es dazu erläuternd: „Ein solches Programm wird nur *im Kampf gegen alle bürgerlichen Parteien* durchzusetzen sein, solche von der sozialdemokratischen Reichstagsfraktion energisch und rücksichtslos verfochtene Forderungen können zum *Auseinanderfallen der gegenwärtigen Koalitionsregierung im Reiche führen.* Wir glauben, daß das kein Schade wäre, weil dann die Sozialdemokratie nicht mehr zu verantworten brauchte, was die bürgerliche Mehrheit gegen den Willen der Sozialdemokratie bestimmt, weil dann die Sozialdemokratie ungehemmt von den jetzigen Bindungen eine Politik treiben kann, die in dieser kritischen Zeit Vertrauen der Masse zur Sozialdemokratie schafft und der Sozialdemokratie die *reale* Macht und Stärke gibt, einen wirksamen Damm gegen die faschistische Gefahr aufzurichten und proletarische Forderungen zu verwirklichen.“[254]

Auch gemäßigte Linke wie der Reichstagsabgeordnete Siegfried Aufhäuser, der Vorsitzende des AfA-Bundes, fanden, es sei nun an der Zeit, Nein zu sagen zu weiteren Zugeständnissen an die bürgerlichen Koalitionspartner der Sozialdemokratie. In dem neuen, auf Grund eines Beschlusses des Magdeburger Parteitages geschaffenen Diskussionsorgan „Das freie Wort“ bemerkte er im Dezember zu Hilferdings Finanzprogramm, die Reichstagsfraktion sei außerstande, die Bindungen tragen zu können, die ihr hierdurch auferlegt werden würden. „Wenn es noch parteigenössische Minister geben sollte, die etwa mit jenem Gesamtfinanzprogramm ‚stehen oder fallen‘ wollen, so muß ausgesprochen werden, daß die Fraktion *gegen* das Gesamtprogramm *‚steht‘*, auch auf die Gefahr hin, seine Befürworter ‚fallen‘ lassen zu müssen.“

Das war ein ähnlich verklausuliertes Nein zu einer weiteren Koalitionspolitik wie jenes, das im November Hans Marckwald, der Redakteur der Frankfurter „Volksstimme“, ebenfalls im „Freien Wort“ ausgesprochen hatte. Demnach durfte die SPD sich nur noch zu „festen Preisen“ an Koalitionen mit bürgerlichen Parteien beteiligen. Die Bedingungen Marckwalds waren freilich so gehalten, daß sie eine Große Koalition von vornherein ausschlossen. So sollte die SPD ihre Partner unter anderem darauf festlegen, daß nirgendwo ein Mitglied der DVP Oberpräsident, Regierungspräsident, Polizeipräsident oder Landrat in Preußen oder Inhaber entsprechender Stellen in anderen Ländern sein dürfe. Marckwald hielt es denn auch selbst für wahrscheinlich, daß die „notwendigen Bedingungen“ von den bürgerlichen Parteien nicht akzeptiert würden. Aber das sei kein Argument gegen die von ihm verlangten „festen Preise“: „Diese Bedingungen sind notwendig, damit nicht durch die Koalition unsere *Werbekraft* leidet, und sie geht *allen* anderen Erwägungen vor.“

254 Rosenfeld, Heraus (Anm. 92), S. 323, 325; Paul Levi, Zeitgenosse Schacht, in: KK 3 (1929), Nr. 24 (15. 12.), S. 741—743; Max Seydewitz, Das unannehmbare Finanzprogramm der Regierung, ebda., S. 744—747; Positive Vorschläge zur Finanzreform. Vorarbeit für ein Kampfprogramm der Sozialdemokratie, in: KK 4 (1930), Nr. 3 (1. 2.), S. 72—74 (Hervorhebungen jeweils im Original). Zur Kritik am „Kampfprogramm“: Erich Rinner, Zahlen zur Finanzdebatte, in: DFW 2 (1930), Nr. 13, S. 9—15; Erich Winkler, Finanzreform und sozialistische Finanzpolitik, in: NBS 1 (1930), Nr. 6 (Juni), S. 244—251. Vgl. auch die Kommentare zum Rücktritt Hilferdings und dem dadurch ermöglichten Fortbestehen der Großen Koalition: Max Seydewitz, Macht Schluß mit der Regierung, in: KK 4 (1930), Nr. 1 (1. 1.), S. 3—7 (S. 5: „Je früher die sozialdemokratische Fraktion den Mut findet, mit dieser Koalitionsregierung Schluß zu machen, um so geringer wird der Schaden sein.“); Franz Petrich, Zweimal Hilferding, oder der Bankrott der Großen Koalition, ebda., S. 9—14; Anna Siemsen, Demokratie und Koalition, ebda., S. 15—18. — Levi stürzte am 9. 2. 1930 bei hohem Fieber aus dem Fenster seiner Berliner Wohnung und starb sofort. Zur Würdigung seiner Rolle als Führer der sozialdemokratischen Linken siehe die Nachrufe ebda., Nr. 4 (15. 2.), S. 97—107; Otto Landsberg, Paul Levi, in: Die Gesellschaft 7 (1930), I, S. 193—195.

Es blieb dem Tischler Otto Kimpel aus Wesermünde überlassen, einen praktischen Einwand gegen Marckwalds Mindestforderungen vorzutragen. Die Aufstellung solcher Bedingungen würde die Taktik der Partei erschweren, schrieb er. „Zur Zeit der Aufstellung wird sich wohl nur selten übersehen lassen, welche Probleme in der Koalitionszeit an uns herantreten werden. Es könnten sehr wichtige Fragen auftreten, die unsere Beteiligung an der Regierung als sehr erwünscht erscheinen lassen, aber kurz vorher hätten wir uns selbst durch irgendeine im Augenblick gar nicht praktische Mindestforderung aus der Regierung ausgeschlossen."

Doch Kimpel hatte auch noch grundsätzlichere Argumente parat. „Wir können . . . nicht heute rein in die Regierung und morgen wieder raus. Soll eine Koalition wirklich fruchtbare Arbeit leisten, muß sie mindestens von einer Wahl bis zur anderen dauern. Wir dürfen den Gegnern keine Gelegenheit geben, vom Versagen des parlamentarischen Systems zu reden oder es lächerlich zu machen . . . In der Koalition wird sehr vieles verhindert, was nach außen gar nicht in Erscheinung tritt. Wie anders sähe Deutschland heute aus, hätte die Sozialdemokratie nicht immer wieder den Mut aufgebracht, die Verantwortung zu übernehmen. Und da sollen wir jetzt ohne zwingenden Grund davonlaufen und Herrn Hugenberg die Macht überlassen? Mit der Verneinung dieser Frage ist die Notwendigkeit der Koalition entschieden."[255]

Eine plausiblere Rechtfertigung von Koalitionspolitik konnte es, wie die parlamentarischen Mehrheitsverhältnisse nun einmal lagen, gegen Ende des Jahres 1929 gar nicht mehr geben. Aber wenn ein Regierungsbündnis unterschiedlicher Parteien schon nicht auf „Mindestbedingungen" im Sinne Marckwalds beruhen

---

255 Siegfried Aufhäuser, Die Koalition im Reich, in: DFW 1 (1929), Nr. 12 (22. 12.), S. 1—3; Hans Marckwald, Der Kern im Koalitionsstreit, ebda., Nr. 7 (17. 11.), S. 4—10; ders., Feste Preise, ebda., Nr. 8 (24. 11.), S. 8—12; Otto Kimpel, Männer! Nicht Bedingungen, ebda., Nr. 13 (29. 12.), S. 23 f. Mit ähnlichem Tenor auch: Richard Hauschildt, Entschlußfreiheit — nicht „feste Preise", ebda., S. 18—21 (Hervorhebungen jeweils im Original). — Bei der Abstimmung über das Vertrauensvotum am 14. 12. 1929 stimmte Aufhäuser mit Ja. Mit ähnlichem Tenor wie Aufhäuser argumentierte im Januarheft 1930 der „Gesellschaft" Georg Decker (vgl. zu ihm Anm. 242). Zwar solle die Sozialdemokratie nicht freiwillig aus der Regierung ausscheiden, aber faktisch gebe es seit dem Abstimmungsverhalten der DVP am 14. 12. 1929 keine Koalition mehr. „Der Standpunkt der Sozialdemokratie muß sein: als eine ständig gekündigte Regierungspartei machen wir die Koalitionspolitik nicht mit." Die faktische Aufgabe der SPD umriß Decker so: „Nicht passiv betrachten, wie sich die neue Bürgerblockfront bildet, um ihr dann widerstandslos Platz zu machen, sondern jetzt schon alle Kräfte dagegen in Bewegung setzen . . . Wenn uns das in der Koalition nicht gelingt, werden wir imstande sein, die gleiche Taktik mit sicher zu erwartendem Erfolg in der Opposition fortzusetzen." Georg Decker, Koalitionskämpfe, in: Die Gesellschaft 7 (1930), S. 1—6. Vgl. zur sozialdemokratischen Diskussion über die Koalitionspolitik auch den sehr skeptischen Beitrag von Hugo Sinzheimer, Koalitionspolitik, in: NBS 1 (1930), Nr. 3 (März), S. 118—126. — Der Beschluß des Magdeburger Parteitags, ein wöchentlich erscheinendes Diskussionsorgan zu schaffen, ging auf einen Antrag von Parteivorstand und Parteiausschuß zurück. Vgl. Parteitag (Anm. 92), S. 260. Zum „Freien Wort": Horst Möller, Ernst Heilmann. Ein Sozialdemokrat in der Weimarer Republik, in: Jahrbuch des Instituts für deutsche Geschichte [Tel-Aviv], 11 (1982), S. 261—294 (bes. S. 281 ff.); aus SED-Sicht: Fritz Milkowski, „Das freie Wort", 1929—1933. Ein Spiegel der beiden Klassenlinien in der SPD in: ZfG 24 (1976), S. 42—48.

konnte, so bedurfte es doch eines Mindestmaßes an politischer Übereinstimmung. Ob die Große Koalition auf diese Voraussetzung sich noch verlassen konnte, war im Winter 1929/30 ähnlich zweifelhaft wie im Herbst 1923.

Ein regionales Ereignis warf im Januar 1930 ein Schlaglicht auf den inneren Zustand der Deutschen Volkspartei: In Thüringen wurde der Nationalsozialist Wilhelm Frick Innen- und Volksbildungsminister in einer Koalitionsregierung, an der auch die DVP beteiligt war. In einem Einzelstaat mit den Nationalsozialisten und im Reich mit den Sozialdemokraten regieren zu wollen, war ein Widerspruch in sich selbst. Aber was für Stresemann undenkbar gewesen wäre, war für seinen Nachfolger im Parteivorsitz, Ernst Scholz, durchaus vorstellbar: im Bunde mit der NSDAP „liberale" Politik zu machen. Für das Verhältnis zur SPD konnte der immer deutlicher werdende Rechtskurs der DVP nicht ohne Folgen bleiben. Die Bildung des Weimarer Rechtskabinetts war für die Große Koalition unter Hermann Müller ein ähnliches Menetekel, wie es die linken Einheitsfrontregierungen Sachsens und Thüringens im Oktober 1923 für die Große Koalition unter Gustav Stresemann gewesen waren.

Eine andere Parallele zum Oktober 1923 war noch augenfälliger. Auch damals war der Finanzminister Hilferding aus einem Kabinett der Großen Koalition herausgedrängt worden — und zwar, wie im Dezember 1929, wesentlich auf das Bestreben der DVP hin. Rudolf Hilferding hatte sich damit zum zweiten Male als Ort des geringsten Widerstandes im sozialdemokratischen Regierungslager erwiesen. Sein Ausscheiden bedeutete 1923 wie 1929 eine Schwächung des politischen Gewichts der Koalitionspartei SPD. Im Herbst 1923 ging sein Rücktritt dem endgültigen Bruch der Großen Koalition um vier Wochen voraus. Die Frage lag nahe, ob Hilferding jetzt wieder den unfreiwilligen Vorreiter der letzten und entscheidenden Regierungskrise spielen würde.[256]

*

Das Jahr 1930 begann, womit das alte Jahr geendet hatte: mit einem Eklat um den Reichsbankpräsidenten. Am 13. Januar, zehn Tage nach Eröffnung der Zweiten Haager Konferenz, erklärte Schacht vor dem ebendort tagenden Komitee für die Internationale Bank, er sehe sich nicht imstande, die Beteiligung der Reichsbank an der geplanten Bank für Internationalen Zahlungsausgleich zuzusagen. Als Bedingungen, die erfüllt sein müßten, wenn er zu einer anderen, positiven Entscheidung kommen solle, nannte der Reichsbankpräsident erstens die unveränderte Annahme des Young-Plans, zweitens eine Überprüfung der mit Eng-

---

256 Zur Regierungsbildung in Thüringen: Schulthess' Europäischer Geschichtskalender, 71. Bd., 1930, München 1931, S. 4, 7; Egelhaafs Historisch-politische Jahresübersicht für 1930, 23. Jg., Stuttgart 1931, S. 221 f. Vgl. dazu auch den Kommentar des verantwortlichen Schriftleiters des „Freien Worts", Ernst Heilmann: Minister Frick, in: DFW, 2 (1930), Nr. 3 (19. 1.), S. 1—3. Zum Vergleich der beiden Rücktritte Hilferdings: Petrich, Zweimal Hilferding (Anm. 254), S. 9—14. — Zum Konflikt zwischen Thüringen und Reich seit Februar 1930 vgl. unten S. 797. Zur Aufnahme von Kommunisten in die Landesregierungen von Sachsen und Thüringen im Oktober 1923 vgl. den vorhergehenden Bd., S. 649.

land und Polen abgeschlossenen „Liquidationsabkommen“ im deutschen Sinne und drittens den Verzicht der Vertragspartner auf militärische und politische Sanktionen gegenüber Deutschland.

Was den ersten Punkt betraf, so versuchten die Gläubigermächte in der Tat immer noch, von Deutschland höhere Reparationszahlungen zu erlangen, als sie im Young-Plan festgelegt waren. In den von der Ersten Haager Konferenz Ende August 1929 eingesetzten Unterausschüssen hatten sich die deutschen Vertreter hiergegen bislang mit Erfolg gewehrt. Beim zweiten Punkt ging es um die endgültige Verrechnung („Liquidation“) wechselseitiger vermögensrechtlicher Ansprüche aus der Kriegszeit. Im Falle Polens wollte vor allem die deutsche Rechte eine günstigere Regelung, als sie im Entwurf eines deutsch-polnischen Liquidationsabkommens vorgesehen war; außerdem lehnte das Reich den polnischen Wunsch ab, das beiderseitige Abkommen als konstitutives Element des Young-Plans zu behandeln. Am brisantesten war der dritte Punkt. Die Anti-Young-Kampagne der deutschen Rechten hatte die Gläubigerstaaten in der Furcht bestärkt, Deutschland könne eines Tages den Reparationsvertrag einseitig aufkündigen. Daraus entsprang das Bestreben, eine Revision des Young-Plans von vornherein auszuschließen und in den Vertrag eine Klausel aufzunehmen, wonach die Gläubigerstaaten ihre Handlungsfreiheit zurückgewannen, wenn das Reich — etwa unter einer „Regierung Hitler“ — den Vertrag „zerreißen“ sollte.

Schachts spektakulärer Schritt brachte die Zweite Haager Konferenz an den Rand des Abbruchs. Erst nachdem die Reichsregierung am 14. Januar verbindlich zugesagt hatte, die Reichsbank werde gesetzlich zur Beteiligung an der Bank für Internationalen Zahlungsausgleich verpflichtet werden, kamen die Verhandlungen wieder in Gang. Sie endeten am 20. Januar mit einem nach Lage der Dinge für Deutschland günstigen Ergebnis: Es blieb bei dem Zahlungsschema und der Zahlungssumme des Young-Plans; die Liquidationsabkommen wurden nicht in das Vertragswerk aufgenommen; ein Sanktionsrecht konnten die Gläubigerstaaten nur in Anspruch nehmen, wenn zuvor der Internationale Gerichtshof den Willen Deutschlands festgestellt hatte, den Vertrag zu zerreißen. Auch für einen anderen umstrittenen Punkt fanden die Unterhändler eine befriedigende Regelung: Die Reparationsanleihe, an der vor allem Frankreich interessiert war, durfte im Zinsendienst gegenüber der Kreuger-Anleihe nicht benachteiligt werden. Am 30. Januar billigte das Kabinett unter Vorsitz von Reichskanzler Müller die Young-Gesetze und leitete damit die letzte Phase in der Auseinandersetzung um das Reparationsabkommen ein: den Kampf um die parlamentarische Mehrheit.[257]

Der „Fall Schacht“ schwelte währenddessen weiter. Bereits am 13. Januar — dem Tag, an dem der Reichsbankpräsident seine Haager Erklärung abgegeben

---

257 Schulthess 1930 (Anm. 256), S. 3 f., 419—434; AdR, Kabinett Müller II (Anm. 9), Bd. 1, S. XXVI ff. (mit Einzelbelegen). Schacht nahm auf eigenen Wunsch nicht als Hauptdelegierter an der Haager Konferenz teil, sondern lediglich als Sachverständiger für Fragen der Bank für Internationalen Zahlungsausgleich. Ebda., S. 1327 (Chefbesprechung vom 28. 12. 1929). Über die Furcht der Gläubigerstaaten vor einer „Hitler-Regierung“ berichtete Müller dem Kabinett am 14. 1. 1930: ebda., Bd. 2, S. 1361—1370; zur abschließenden Beratung der Young-Gesetze im Kabinett am 30. 1. 1930: S. 1398—1405.

hatte — sah sich Reichskanzler Müller im Fraktionsvorstand der SPD mit dem Verlangen seiner politischen Freunde konfrontiert, die Reichsregierung möge im Kampf gegen Schacht die Führung übernehmen, „weil es im Grunde genommen ein Kampf für die Demokratie und für die Autorität der Regierung sei". Müller war darin nicht grundsätzlich anderer Meinung, warnte aber vor der aus seiner Sicht falschen Reihenfolge. Erst wenn die Reichsfinanzen saniert seien, könne man erfolgreich gegen Schacht kämpfen, der im übrigen in einigen Punkten recht habe. Neue Steuern seien unumgänglich. „Wenn die Finanzen nicht in Ordnung kommen, wird sich binnen kurzem das parlamentarische System in einem ganz kritischen Zustand befinden." Aus der Regierung austreten, das sei jeden Tag möglich. Aber wer solle die Regierung übernehmen? „Eine Mittelregierung, die Hugenbergs Partei und die Sozialdemokraten als Opposition hätte, würde bald fertig sein. Wenn nicht auf legalem Wege die notwendigen Maßnahmen durchgesetzt würden, würde der Artikel 48 als ultima ratio Anwendung finden. Die Regierung würde sich deswegen auch dafür einsetzen, daß der Etat, so spät er auch dem Reichstag zuging, vor dem 31. März im Reichstag verabschiedet würde ... Eine Kampagne der Regierung gegen Schacht würde mit einer Niederlage der Regierung enden. Die Regierung braucht die Reichsbank, um die Schwierigkeiten Ultimo März zu überwinden."[258]

Müllers Appell war ein Eingeständnis der Ohnmacht: Für einen Kampf gegen Schacht hätten die Sozialdemokraten keinen Verbündeten gefunden. Der Fraktionsvorstand wollte dennoch nicht darauf verzichten, seine Position deutlich zu markieren. Gegen die Stimmen Müllers und Wissells beschloß er, auf eine Änderung der Rechtsstellung der Reichsbank hinzuarbeiten — im Sinne einer stärkeren Abhängigkeit von der Reichsregierung.

Einen Tag nach der Aussprache im Vorstand der sozialdemokratischen Reichstagsfraktion warf der Sozialdemokratische Pressedienst Schacht vor, er wolle den Diktator spielen, und fuhr fort: „Wir brauchen mehr als die Beseitigung der unmittelbar der Demokratie drohenden Gefahr Schacht. Wir brauchen ihre dauernde Sicherung und dazu brauchen wir im demokratischen Staat eine demokratische Reichsbank." Am 16. Januar veröffentlichte der Vorstand der sozialdemokratischen Reichstagsfraktion eine Erklärung zu dem von Schacht provozierten Haager Zwischenfall. Darin hieß es, man sei einmütig zu dem Ergebnis gelangt, „daß eine Nebenregierung der Reichsbank, wie sie von Dr. Schacht durch mißbräuchliche Ausnutzung der Unabhängigkeit dieses Instituts etabliert worden

258 AsD, Bonn, Nl. H. Müller II, Nr. 329 (Aktennotiz Müllers). Der Kanzler ging in seinen Ausführungen auch auf die Haltung Frankreichs ein, das sich für einen stärkeren Regierungseinfluß auf die Reichsbank ausgesprochen hatte. Müller, der offenbar davon überzeugt war, daß Schacht nach wie vor das volle Vertrauen der amerikanischen Bankwelt genieße, sah darin eine gegen die USA und namentlich gegen das mit Dillon-Read rivalisierende Bankhaus Morgan gerichtete Aktion. „Meiner Überzeugung nach sei aber der amerikanische Einfluß in Deutschland deutlicher als der Einfluß der großen Gläubigermächte." Die Forderung, die Reichsregierung solle stärker gegen den „Saboteur" Schacht vorgehen, hatte der französische Ministerpräsident Tardieu in einem Interview mit dem „Vorwärts"-Korrespondenten Viktor Schiff aufgestellt. Vgl. dazu AdR, Kabinett Müller II (Anm. 9), Bd. 2, S. 1375—1377 (Aufzeichnung Pünders vom 16. 1. 1930).

ist, nicht ertragen werden kann". An die Reichsregierung erging die Aufforderung, sie möge sich alsbald mit der Frage beschäftigen, wie „durch Änderung des Reichsbankgesetzes die Freiheit der deutschen Gesetzgebung in Bezug auf die Personalfragen der Reichsbank ausreichend erweitert werden kann."

Die Gelegenheit, die Autonomie der Reichsbank zu beschneiden, schien auf den ersten Blick günstig. Mit dem Auslaufen des Dawes-Abkommens endete auch die deutsche Verpflichtung, die Hälfte der Sitze im Generalrat bei der Reichsbank Ausländern einzuräumen (die deutschen Mitglieder waren gewählte Mitglieder der Anteilseigner der Reichsbank). Auf Grund des Young-Plans enthielt zwar auch der Entwurf des neuen Bankgesetzes „international gebundene" Bestimmungen, die Deutschland nicht beliebig ändern konnte. Aber der Spielraum der deutschen Gesetzgebung war 1930 doch erheblich größer als 1924. Die SPD wollte diesen Spielraum in dreierlei Hinsicht nutzen: Der Reichsregierung sollte erstens das Recht zustehen, die Zusammensetzung des Generalrats zu beeinflussen; zweitens sollten Reichsregierung und Reichspräsident auf die Berufung und Abberufung des Reichsbankpräsidenten entscheidenden Einfluß nehmen können; drittens war nach Inkrafttreten des neuen Bankgesetzes eine Neuwahl von Präsident und Direktorium der Reichsbank anzuordnen.

Aber die Reichsregierung war anderer Ansicht. Von einer Einschränkung der Autonomie der Reichsbank befürchteten Kanzler und Minister, und zwar auch die sozialdemokratischen, Gefahren für die deutsche Währung. In der Runde der Koalitionsführer fand Breitscheid, als er am 27. Januar die Vorstellungen seiner Partei vortrug, ebenfalls keine Unterstützung. Eine Kapitalflucht großen Stils werde einsetzen, falls der Eindruck entstünde, die Reichsregierung wolle die Reichsbank von sich abhängig machen: Das war der allgemeine Tenor der Debattenbeiträge aus den Reihen der Koalitionspartner. Überdies, so wurde Breitscheid entgegengehalten, habe die Reichsregierung den Reichsbankpräsidenten nach dem Eklat von Den Haag ja bereits deutlich in seine Schranken verwiesen, und falls Schacht neue Zwischenfälle verursache, könne man immer noch den Reichspräsidenten bitten, auf seinen Rücktritt hinzuwirken.

Aber die sozialdemokratische Reichstagsfraktion gab sich noch nicht geschlagen. Am 29. Januar bekannte sie sich zwar zur „Unabhängigkeit" der Reichsbank, wandte sich jedoch zugleich „auf das schärfste" gegen Eingriffe des Reichsbankpräsidenten in die politische Führung des Reiches. Nach Annahme der Young-Gesetze sei die Möglichkeit gegeben, der Reichsregierung durch ein Initiativgesetz Einfluß auf die Berufung des Reichsbankpräsidenten und die Zusammensetzung des Generalrats einzuräumen. Reichskanzler Müller und die sozialdemokratischen Minister, die an der Fraktionssitzung teilnahmen, konnten mit ihren Gegenargumenten offensichtlich nicht viel bewirken. Auf der anderen Seite stand seit der interfraktionellen Besprechung vom 27. Januar fest, daß sich für einen gesetzgeberischen Vorstoß der SPD keine parlamentarische Mehrheit finden würde; der Fraktionsbeschluß hatte daher kaum mehr als deklamatorischen Wert.[259]

259 Ebda., Bd. 2, S. 1391—1398 (Fraktionsführerbesprechung vom 27. 1. 1930), 1406 f. (Telefonat zwischen Pünder und Schacht vom 30. 1. 1930), 1420—1422 (Unterredung zwischen

Vor den eigenen Anhängern Flagge zu zeigen, schien allerdings schon deshalb notwendig, weil es beim Streit mit Schacht um den Primat der Politik *und* um deren materiellen Inhalt ging. Bereits in seiner Erklärung vom 16. Januar hatte sich der Vorstand der Reichstagsfraktion nicht nur mit dem Auftreten des Reichsbankpräsidenten im Haag kritisch auseinandergesetzt, sondern auch mit der „systematischen Drosselung der Kredite für die Gemeinden und der dadurch ständig wachsenden Beschäftigungslosigkeit“. Zu diesem Thema wurde eine „kombinierte Sitzung“ der Vorstände der SPD, der Reichstagsfraktion und des ADGB angekündigt. Etwa gleichzeitig veröffentlichten ADGB und AfA-Bund eine Erklärung „Für Arbeitsbeschaffung! — Gegen Anleihesperre!“, in der sie gegen die „verhängnisvolle Politik“ des Reichsbankpräsidenten und der Beratungsstelle für Auslandskredite der Länder und Gemeinden protestierten.

Am 21. Januar fand das Spitzengespräch der sozialdemokratischen Organisationen statt. Der zweite Vorsitzende des ADGB, der sozialdemokratische Reichstagsabgeordnete Peter Graßmann, der den erkrankten Leipart vertrat, bemerkte gleich zu Beginn, was die Gewerkschaften mit Sorge erfülle, sei „nicht so sehr das Verhältnis zur Partei, eher das Beiseiteschieben durch die Regierung, besonders aber die Lage der Wirtschaft und des Arbeitsmarktes“. Oswald Schumann, der Vorsitzende des Transportarbeiterverbandes, wollte verhindert wissen, daß bei den Arbeitern die Ansicht entstehe, daß „unsere maßgebenden Stellen“ versagen. „Das sei nämlich der Fall. Die Frage, die uns heute beschäftige, sei weniger das Suchen nach neuen Steuern als nach den Mitteln, die die Arbeitslosigkeit mildern.“ Als eines der hierfür geeigneten Mittel schlug Schumann Kredite für Straßen- und Kanalbau vor.

Von der „Parteiseite“ waren andere Töne zu hören. Otto Braun stellte unumwunden fest: „Wir sind jetzt in der Krise, die durch die Pumpwirtschaft nur zeitweilig hinausgeschoben worden war.“ Erhebliche Summen an Anleihen werde Deutschland nicht mehr bekommen; die viel kritisierte Beratungsstelle für Auslandskredite der Länder und Gemeinden — ihr gehörte von Amts wegen auch der Reichsbankpräsident an — sei notwendig, müsse aber „vernünftig“ gehandhabt werden; wahrscheinlich komme man auch bereits im laufenden Jahr nicht um eine Mieterhöhung herum. Paul Hertz urteilte ähnlich nüchtern. „Gegenwärtig ist Deutschland eben nicht imstande, 3 Millionen Arbeitslosen Arbeit zu verschaffen“, erklärte er. „Es ist schwer, die Steuerschraube anzuziehen, weil wir von an-

---

Müller und Schacht vom 3. 2. 1930). Zur Ablehnung der sozialdemokratischen Vorschläge zur Abänderung des Reichsbankgesetzes durch die anderen Koalitionsfraktionen auch: Protokolle (Anm. 19), S. 373 ff. (Sitzungen des Vorstands der Zentrumsfraktion am 25. u. 27. 1. 1930). — Das neue Bankgesetz vom 13. 3. 1930 sah hinsichtlich der Zusammensetzung des Generalrats vor, daß die jeweils im Amt befindlichen Mitglieder die übrigen — vorbehaltlich der Zustimmung der Anteilseigner mit deutscher Staatsangehörigkeit — kooptierten. RGBl. 1930 II, S. 355 f. Zur Rechtsstellung der Reichsbank vgl. Anm. 243. — Die Erklärung des Sozialdemokratischen Pressedienstes vom 14. 1. 1930 „Der Fall Schacht“ u. a. in: AsD, Bonn, Nl. H. Müller, II, Nr. 331; die Erklärung des Fraktionsvorstands: Gegen Schacht, in: Vorwärts, Nr. 27, 17. 1. 1930; der Beschluß der Reichstagsfraktion: Kampf gegen Schacht, ebda., Nr. 49, 20. 1. 1930.

deren Ländern mit geringeren Steuern umgeben und in die Weltwirtschaft verflochten sind." Als der dritte Bundesvorsitzende des ADGB, Hermann Müller-Lichtenberg, gegen Ende des Gesprächs bemerkte, ein Anlaß zu einem Konflikt mit der Partei liege nicht vor, aber die Regierung müsse sich fragen lassen, was sie gegen die wachsende Arbeitslosigkeit getan habe, erhielt er von Otto Wels eine vielsagende Antwort: „Man hat in letzter Zeit allzu häufig Partei und Regierung verwechselt. Allerdings besteht bei uns die Absicht, die Regierung nach Möglichkeit zu stützen."

Der Bericht, den der „Vorwärts" über das Treffen veröffentlichte, ließ von den dort zutage getretenen Meinungsverschiedenheiten nichts erkennen. Vielmehr hieß es, die Teilnehmer der Spitzenkonferenz seien einmütig der Ansicht gewesen, daß nur durch Kapitalzufuhr aus dem Ausland die notwendige Besserung erreicht werden könne. Deshalb sei die sofortige Beseitigung aller inländischen Hemmungen gegenüber der Aufnahme von Auslandsanleihen erforderlich. Dadurch könnte auf dem Wege über die Gemeinden oder öffentlich-rechtlichen Kreditinstitute eine wesentliche Belebung des Baugewerbes und der mit ihm verbundenen Industrien erzielt werden. Gleichzeitig gelte es aber, bei der Gestaltung des Reichshaushalts den gesteigerten Bedarf für Erwerbslosenunterstützung unbedingt sicherzustellen, die Krisenfürsorge angesichts der großen Zahl der langfristig Erwerbslosen neu zu regeln, Gelder für Bauzwecke und Notstandsarbeiten in den öffentlichen Haushalten vorweg zu verabschieden sowie Reichsbahn und Reichspost mit Aufträgen zu versehen.[260]

Die Forderung nach der raschen und großzügigen Aufnahme von neuen Auslandskrediten widersprach eindeutig dem Primat der Haushaltssanierung, wie ihn nicht nur die bürgerlichen Regierungsparteien, sondern auch die sozialdemokrati-

260 ABI Berlin, ADGB-Restakten, NB 468: SPD 1924—1930. Der Aufruf von ADGB und AfA-Bund in: GZ, Nr. 3, 18. 1. 1930. Die Mitteilung über die Besprechung vom 21. 1.: Schafft Arbeit! in: Vorwärts, Nr. 35, 22. 1. 1930. Vgl. dazu auch den Kommentar „Vom Tage" in: Der Arbeitgeber, Nr. 3, 1. 2. 1930. Zur Haltung Otto Brauns vgl. auch dessen Rede vor dem Verein Berliner Kaufleute und Industrieller, abgedruckt unter dem Titel „Staat und Wirtschaft" in: Der deutsche Volkswirt, Nr. 12/13, 20. 12. 1929. Zur Position des „Vorwärts" vgl. oben S. 743. — Der Beratungsstelle für Auslandskredite, die über sämtliche Anträge von Ländern und Gemeinden auf Auslandsanleihen zu entscheiden hatte, gehörten außer dem Reichsbankpräsidenten an der Reichswirtschafts- und der Reichsfinanzminister sowie je ein Vertreter der preußischen Regierung, der bayerischen Regierung und der Preußischen Seehandlung. Vgl. dazu u. a. Hansmeyer (Hg.), Finanzpolitik (Anm. 218), S. 174 ff. Anfang Dezember 1929 hatte Schacht versucht, eine Auslandsanleihe der Stadt Berlin zu verhindern. Er wurde dabei von Bayern und zunächst auch von Reichswirtschaftsminister Moldenhauer unterstützt. Eine Mehrheit für den Berliner Antrag kam nur dadurch zustande, daß Moldenhauer sich von Hilferding umstimmen und Schacht sich überstimmen ließ. Im Fall der Ablehnung hätte Berlin seine Zahlungsunfähigkeit erklären müssen. Am 20. 12. 1929 wurde die Reichshauptstadt vom Oberpräsidenten unter Staatsaufsicht gestellt. Ausgaben wurden nur zur Tilgung kurzfristiger Kredite zugelassen. Zur Errichtung eines Tilgungsfonds waren monatlich 5 Millionen RM an die preußische Staatsbank abzuführen. Vgl. Schulthess 1929 (Anm. 77), S. 299; AdR, Kabinett Müller II (Anm. 9), Bd. 2, S. 1249 f. (Kabinettssitzung vom 12. 12. 1929). Zu den Mieten und öffentlichen Mietzuschüssen vgl. Preller, Sozialpolitik (Anm. 92), S. 483 ff. sowie den folgenden Bd.

sche Reichstagsfraktion und der „Vorwärts" vertraten. Der ADGB zielte demnach auf eine drastische Korrektur des finanzpolitischen Kurses der SPD — eine Korrektur, die unweigerlich zum Bruch innerhalb der Großen Koalition führen mußte. Offenbar glaubten die Freien Gewerkschaften, daß sie dies ihren Mitgliedern schuldig waren: Ihnen galt es zu zeigen, daß der ADGB sich der Krise nicht kampflos beugte. Um sich das Vertrauen der Massen zu bewahren, erschien kein Preis zu hoch — auch nicht der Verzicht auf den Anteil an der Staatsmacht, über den die Gewerkschaften noch verfügten. Wenn die eigenen Anhänger in der Teilhabe an der Macht keinen Vorteil mehr sahen, war es besser, sich von der Macht zu trennen: Das war der Inhalt der politischen Botschaften, die der ADGB seit dem Sommer 1929 in immer dringlicherem Ton an die SPD richtete.

Für die sozialdemokratische Parteiführung konnte es nach dem 21. Januar keinen Zweifel mehr daran geben, daß die Freien Gewerkschaften entschlossen waren, die Distanz zur Regierung der Großen Koalition bei nächster Gelegenheit auch öffentlich noch sichtbarer zu machen als bisher. Zwischen einer Sozialdemokratie, die so staatspolitisch dachte wie der preußische Ministerpräsident, und Gewerkschaften, die sich ausschließlich am materiellen Interesse ihrer Mitglieder ausrichteten, war eine Verständigung schwierig. Aber Otto Braun war nicht die SPD. Der überwiegenden Meinung der Partei kam Otto Wels mutmaßlich sehr viel näher. Sein Schlußwort auf der Konferenz der drei Vorstände ließ deutlich erkennen, daß der Parteivorsitzende eine Unterstützung der Regierung Hermann Müller nur noch so lange für möglich hielt, als ein offener Konflikt mit den Freien Gewerkschaften vermieden werden konnte.

*

Das letzte Kapitel in der Geschichte der Großen Koalition begann am 28. Januar 1930. An diesem Tag beschloß der Vorstand der Zentrumsfraktion im Deutschen Reichstag auf Vorschlag Heinrich Brünings, dem Reichskanzler solle „eröffnet werden, daß mit einer positiven Zustimmung des Zentrums zum Young-Plan nicht zu rechnen ist, wenn die Regierung nicht rechtzeitig Maßnahmen vorschlägt und die Zustimmung der Parteien dazu einholt, die die Kassensanierung vor Annahme des Young-Plans sicherstellen. Es müssen aber auch die Steuerfragen so früh vorgelegt werden, daß vor der dritten Lesung des Young-Plans die Ausschußverhandlungen begonnen haben müssen und die Parteien gebunden sind."

Als Brüning am Abend des 27. Januar den Gedanken eines Junktims zwischen Young-Plan und Finanzreform seinen politischen Freunden im Fraktionsvorstand erstmals vortrug, stieß er auf allgemeine Zustimmung. Ohne gleichzeitige Finanzreform oder doch zumindest Kassensanierung sei ein ehrliches Ja zu den Lasten der Young-Gesetze nicht möglich: Das war die einhellige Meinung derer, die sich in der Aussprache zu Wort meldeten. In der Sitzung vom 28. Januar erläuterte der Fraktionsvorsitzende Brüning den Ernst der Stunde mit einem Hinweis auf die Lage der Länderfinanzen: Sie seien, zumal in Bayern und Baden, so, daß, falls nicht Hilfe komme, die Gehälter zum 1. April nicht mehr ausgezahlt werden könnten. Der Parteivorsitzende Prälat Kaas forderte, der Schritt beim Reichskanzler müsse in einer Form erfolgen, „daß dieser weiß, daß es sich für uns um eine Bedingung handelt. Es muß restlose Klarheit herrschen. Auch das Volk und die Partei müssen klarsehen, was ein ‚Ja' bedeutet." Ein möglichst großer Teil desjenigen, was in Konsequenz der Annahme des Young-Plans zu geschehen habe, sei gleichzeitig unter Dach und Fach zu bringen. Eine kleine Verschiebung des Young-Plans sei dagegen ein kleineres Übel. In vollem Bewußtsein des ultimativen Charakters seiner Entscheidung faßte der Vorstand der Fraktion anschließend den von Brüning formulierten Beschluß.[261]

Reichskanzler Müller, der am 29. Januar durch Kaas und Brüning von der neuen Haltung des Zentrums unterrichtet wurde, äußerte sogleich „schwere Bedenken". In der Kabinettssitzung vom 30. Januar legte er dar, warum ihm das Junktim von Young-Plan und Finanzreform überaus ungelegen kam. „Die Forderung aufstellen, heiße alle die Schwierigkeiten aufzeigen, die sich der Sanierung des Etats und der gesamten Finanzlage des Reiches entgegenstellen. Dieses Problem zu meistern, erfordere Zeit und langwierige Verhandlungen. Das Zentrum komme zu seinen Forderungen offenbar aus der Befürchtung heraus, daß die jetzigen Koalitionsparteien nach der Verabschiedung des Haager Abkommens auseinanderfallen würden; es wünsche daher vorher möglichst weitgehende Bindungen für die Zukunft durchzusetzen." Der Preis, der für dieses Junktim zu zahlen war, schien dem Kanzler zu hoch. Anders als das Zentrum fürchtete er nicht bloß eine „kleine", sondern eine ganz „erhebliche" Verzögerung in der Verabschiedung der Young-Gesetze. Darin aber „liege eine große Gefahr, denn je länger sich die Verhandlungen hinzögen, je größer und gefährlicher werde der Druck der Strömungen werden, die auf eine Ablehnung der Gesetze hinauslaufen."

Die beiden Minister der Deutschen Volkspartei, Curtius und Moldenhauer, bestätigten indirekt die Befürchtung, die Müller als Motiv für den Vorstoß des Zentrums vermutete: die Sorge, daß die Koalition nur noch durch das gemeinsame Interesse an der Ratifizierung der Young-Gesetze zusammengehalten werde. Der Außenminister erklärte, die Annahme des Ergebnisses der Haager Konferenz sei eine Frage der Außenpolitik. „Wenn man diese Frage mit der Innenpolitik verquicken wolle, komme man zu unmöglichen Konsequenzen. Vom Standpunkt der Außenpolitik, auf die es bei dem Haager Abkommen ausschlaggebend ankomme, sei eine möglichst schnelle Ratifizierung eine gebieterische Notwendigkeit." Nach Meinung des Finanzministers war es eine Illusion zu glauben, die Koalition könne binnen acht bis zehn Tagen — von dieser Verzögerung bei der Ratifizierung der Young-Gesetze ging das Zentrum aus — eine verabschiedungsreife Vorlage zur Finanzreform erarbeiten. Einer Verbindung dieses Komplexes mit dem Haager Abkommen könne er daher „nicht dringlich genug widerraten".

261 Protokolle (Anm. 19), S. 375—378 (Sitzungen des Vorstands der Zentrumsfraktion am 27./28. 1. 1930). Der Wortlaut des Beschlusses in: AdR, Kabinette Müller II (Anm. 9), Bd. 2, S. 1402 (Kabinettssitzung vom 30. 1. 1930). Zur Bedeutung des Beschlusses vom 28. 1. 1930 v. a. Morsey, Quellen (Anm. 252), S. 209 f.

Was Verkehrsminister Stegerwald seinem Kollegen Moldenhauer entgegenhielt, war inzwischen kein Geheimnis mehr: „Es seien im Reichstag Strömungen vorhanden, die nach Verabschiedung des Haager Abkommens an eine Auflösung des Reichstags und eine Durchführung der Finanz- und Steuerreform im Wege der Notstandsverordnung auf Grund des Artikels 48 der Reichsverfassung dächten." Eben deshalb komme es nach Ansicht des Zentrums darauf an, sich vor der Ratifizierung des Young-Plans zumindest über die Gesetze zu einigen, die für die Verabschiedung des Etats 1930 nötig seien.

Severing hielt Stegerwalds Sorge, eine Finanz- und Steuerreform könne auf dem Weg über Notverordnungen durchgeführt werden, für unbegründet. Selbst in der Zeit der schlimmsten Finanznot des Reichs seien Steuerverordnungen nicht mit Hilfe des Artikels 48, sondern nur auf Grund eines Ermächtigungsgesetzes erlassen worden. An einer Auflösung des Reichstages, die wohl zu einer Stärkung der radikalen Oppositionsparteien führen würde, habe keine der Regierungsparteien ein Interesse. „Er riet dringend, daß das Zentrum seine ultimative Forderung fallen lassen möge. Das Haager Abkommen eigne sich nicht zur Ausübung einer Pression in dem vom Zentrum angestrebten Sinne." Im gleichen Sinne plädierte auch nochmals der Kanzler an das Zentrum — ohne Erfolg. Stegerwald versicherte zwar, das Zentrum wolle keinen ungehörigen Druck auf die übrigen Regierungsparteien ausüben, aber an dem Junktim hielt er fest: Bevor die Entscheidung über das Haager Abkommen falle, müßten die notwendigen Maßnahmen zur dauernden Gesundung der deutschen Finanzwirtschaft beschlossen werden und ihre Durchführung gesichert sein.[262]

Zwei Tage nach der Kabinettssitzung, am 1. Februar, informierte Brüning seinen sozialdemokratischen Kollegen Breitscheid über die finanzpolitischen Vorstellungen des Zentrums. Die Sanierung der Reichsfinanzen sollte vor allem über eine Erhöhung der Umsatz- und der Biersteuer erfolgen; an eine Herabsetzung der Leistungen für die Arbeitslosen sei jedoch nicht gedacht. Breitscheid hatte einen Haupteinwand gegen eine forcierte Finanzreform im Sinne Brünings: Ein einmaliges Defizit dürfe nicht durch eine dauernde Massenbelastung gedeckt werden, sondern sei nur mit Hilfe einmaliger Deckungsmittel zu beseitigen. Im übrigen sei die vom Zentrum vorgesehene Frist für eine Einigung über die Steuerfragen viel zu kurz.

So einmalig, wie Breitscheid meinte, war das für Ende März zu erwartende Kassendefizit in Wirklichkeit nicht: Zu oft hatte sich im Verlauf des Jahres 1929 das Reich am Rande der Zahlungsunfähigkeit befunden, als daß man nicht von

262 AdR, Kabinett Müller II (Anm. 9), Bd. 2, S. 1402—1405. Reichskanzler Müller hatte das Stichwort „Ermächtigungsgesetz" bereits in der Kabinettssitzung vom 29. 11. 1929 in die Debatte geworfen. Zum Vorschlag des damaligen Wirtschaftsministers Moldenhauer, dem Reichsfinanzminister ein Vetorecht gegen Ausgabenbeschlüsse des Reichstags einzuräumen, bemerkte er, „daß nach seiner Auffassung für kritische Zeiten der Weg des Ermächtigungsgesetzes immer noch der richtigste sei." Ebda., S. 1200. Severings Behauptung zum Artikel 48 war unrichtig: Tatsächlich waren bereits im Frühjahr 1923 in der Regierungszeit Cunos Steueränderungen durch Notverordnungen des Reichspräsidenten erlassen worden. Vgl. dazu den vorhergehenden Bd., S. 572.

einer strukturellen Schwäche der Reichsfinanzen hätte sprechen müssen. Auch sonst gab es gute Gründe für Brünings Junktim. So gewiß das Zentrum mit diesem Vorschlag auch parteitaktische Absichten verfolgte — die Besänftigung starker Bedenken gegen den Young-Plan auf dem rechten Flügel der eigenen Partei wie in der BVP —, so sicher war andererseits, daß der Fraktionsvorstand mit dem Beschluß vom 28. Januar die Große Koalition nicht sprengen, sondern ihr eine letzte Chance gewähren wollte. Die Sanierung der Reichsfinanzen war der Testfall; ohne sie konnte dieses Regierungsbündnis nicht überleben. Da der Deutschen Volkspartei und den hinter ihr stehenden Industriegruppen offenkundig viel an der Ratifizierung des Young-Plans lag, war es aber durchaus legitim, auch diese Frage in einen Testfall zu verwandeln: Es galt, den sozialpolitischen Preis zu ermitteln, den die DVP für die Annahme des Haager Abkommens zu zahlen bereit war. Das Risiko, das mit einer etwas späteren Verabschiedung der Young-Gesetze verbunden war, wog wenig, verglichen mit den Gefahren, die aus einem Bruch der Koalition erwachsen mußten.

In der sozialdemokratischen Reichstagsfraktion forderten einige Abgeordnete, unter ihnen Otto Landsberg, Paul Hertz und Wilhelm Sollmann, dieselbe Linie wie das Zentrum einzuschlagen, also die Ratifizierung des Young-Plans mit der Finanzreform zu verzahnen. Aber der entsprechende Antrag wurde fast einstimmig abgelehnt. Severing berichtet in seinen Erinnerungen, der Fraktionsvorstand sei sich mit den sozialdemokratischen Regierungsmitgliedern darin völlig einig gewesen, „diesen Weg politischer Krämerseelen nicht zu beschreiten. *Eine Partei,* die *neben ihren nationalen Aufgaben so große internationale Ziele verfolgte wie die Sozialdemokratie, durfte die Young-Gesetze nicht zu einem Schacherobjekt machen.* Es war nicht zu vertreten und der Sozialdemokratie absolut unwürdig, den großen Reparationsplan mit seiner internationalen Bedeutung von Annahme oder Ablehnung steuerlicher Maßnahmen abhängig zu machen".

In den Überlegungen der führenden Sozialdemokraten spielte das Motiv, das Severing nannte, gewiß eine große Rolle. Aber es gab auch noch ein anderes Hindernis, das einem sozialdemokratischen Junktim entgegenstand. Die SPD hätte sich nur dann auf den vom Zentrum gewünschten Weg begeben können, wenn sie ihrer eigenen Kompromißfähigkeit im Bereich der Finanz- und Sozialpolitik sicher gewesen wäre — und das setzte wiederum voraus, daß sie der Erhaltung der parlamentarischen Demokratie Vorrang vor allen anderen Fragen einräumte. *Diese* Entscheidung war bislang nicht gefallen, und daher konnte der Beschluß des Zentrums vom 28. Januar zum Anfang vom Ende der Großen Koalition werden.[263]

*

263 Zur Unterredung zwischen Brüning und Breitscheid am 1. 2. 1930 siehe die Aufzeichnungen Breitscheids in: Morsey, Quellen (Anm. 252), S. 210—212. Zum Versuch, die SPD zu einem Junktim zu bewegen: Carl Mierendorff, Mit hundertfünfzig Mandaten in die Opposition, in: NBS 1 (1930), Nr. 6 (Juni), S. 276—278. Severings Urteil in: ders., Lebensweg (Anm. 14), Bd. 2, S. 239 (Hervorhebungen im Original). Zur Haltung der BVP vgl. den Brief Fritz Schäffers an Reusch vom 8. 2. 1930 in: Politik (Anm. 252), Bd. 1, S. 46 f. Weiter: Klaus Schönhoven, Die Bayerische Volkspartei 1924—1932, Düsseldorf 1975, S. 226 ff.

Bevor sich am 7. Februar die Koalitionsführer mit der neuen Lage befaßten, hatte nochmals das Kabinett das Wort. Am 5. Februar legte Finanzminister Moldenhauer seinen „Bericht über die Etatgestaltung 1930" vor. Ausgangspunkt war ein zu erwartendes Rekorddefizit von mindestens 657 Millionen RM. Davon stammten 154 Millionen RM noch aus dem Jahr 1928; die Steuerergebnisse im Dezember 1929 waren so ungünstig gewesen, daß der Reichsfinanzminister davon absah, den Fehlbetrag in den Nachtragshaushalt für 1929 aufzunehmen, und ihn in den Etat für 1930 einstellte. Den Kreditbedarf der Arbeitslosenversicherung veranschlagte Moldenhauer auf 250 Millionen RM, wobei er bereits von höheren Beiträgen für die Gesamtdauer des Jahres ausging. Kredite an die Arbeitslosenversicherung wie bisher auf das Extraordinarium zu übernehmen, lehnte er ab. Hierdurch werde das ungedeckte Extraordinarium erhöht und die unumgänglich notwendige Sanierung der Kassenlage vereitelt. „Es kann infolgedessen, *wenn* man mit diesen Krediten das Reich belastet, nur in Frage kommen, sie als Ausgaben in das Ordinarium einzustellen." Da der Finanzminister aber entschlossen war, das Reich von weiteren Krediten für die Arbeitslosenversicherung zu entlasten, schlug er eine andere Lösung vor: Die Angestelltenversicherung und die Landesversicherungsanstalten als Träger der Invalidenversicherung sollten die erforderlichen Darlehen gewähren; bei der Rückzahlung war dann den sozialen Versicherungsträgern der Vorrang vor den an das Reich zu erstattenden Krediten einzuräumen. Von den Steuererhöhungen, die dem Reich zu Mehreinnahmen in Höhe von 363 Millionen RM verhelfen sollten, entfiel fast die Hälfte auf die Erhöhung der Biersteuer: Auf 180 Millionen RM schätzte der Finanzminister den Betrag, der aus dieser Quelle zusätzlich in die Reichskasse fließen würde.

In der Kabinettssitzung gab es sogleich massiven Widerspruch. Reichspostminister Schätzel legte namens der BVP erneut Verwahrung gegen die Erhöhung der Biersteuer ein. Mit Rücksicht auf die Not der Winzer lehnten die Minister des Zentrums die von Moldenhauer vorgeschlagene Weinsteuer ab. Arbeitsminister Wissell erklärte kategorisch, daß er Änderungen bei der Arbeitslosenversicherung auch in den nächsten Wochen nicht zugestehen könne. „Die Gewerkschaftsverbände würden sich gegen die Parteien erklären, die einen derartigen Vorstoß machen würden." Innenminister Severing warnte vor politischen Rückwirkungen des Haushaltsplans: Stelle man die Finanzierung der Arbeitslosenversicherung auf eine unsichere Grundlage, so hätten die Kommunisten den Nutzen davon. Empfehlenswert sei es hingegen, die Einkommen über 8 000 RM im Jahr mit einem Steuerzuschlag von 10 bis 15 % zu belasten.

Der Reichskanzler machte sich den Vorschlag des Finanzministers zu eigen, die Angestelltenversicherung und die Landesversicherungsanstalten gesetzlich zu Kreditzahlungen an die Arbeitslosenversicherung zu verpflichten. Das Reich müsse dann allerdings die Rückzahlung dieser Kredite garantieren. Wenn dieser Weg nicht beschritten werde, lasse sich der Reichshaushalt nur dadurch entlasten, daß die Beiträge zur Arbeitslosenversicherung von 3 1/2 auf 4 % erhöht würden. Bei Ablehnung beider Wege werde das ungedeckte Defizit im Reichsetat weiter steigen, so daß man um weitere Steuererhöhungen nicht herumkomme. Auf welche Lösung sich die Koalition aber auch einige, das Kabinett müsse unter allen

Umständen den Versuch machen, der bestehenden Schwierigkeiten Herr zu werden. „Das, was zu geschehen habe, sei weitgehend zwangsläufig. Wenn das gegenwärtige Kabinett die Lösung nicht zustandebringen sollte, werde dem neuen Kabinett doch notgedrungen nichts anderes übrig bleiben, als die gleichen Beschlüsse zu fassen, an denen das alte Kabinett gescheitert sei."

Die Parteiführerbesprechung vom 7. Februar brachte keine Annäherung der Standpunkte. Nach einem Bericht Moldenhauers zur Lage des Reichshaushalts ergriffen die Fraktionssprecher das Wort. Brüning versicherte, das Zentrum wolle mit seinem Junktim „eine Weiterarbeit der jetzigen Koalition auf lange Sicht sicherstellen"; Breitscheid äußerte die Befürchtung, die Forderung des Zentrums könne leicht dahin führen, daß weder die Steuerfragen erledigt noch die Young-Gesetze verabschiedet würden; Scholz erklärte die „Durchbringung des Werkes Stresemanns" für vordringlich; Koch-Weser wollte die Verabschiedung des Young-Plans zwar nicht formell mit der Sanierung der Kassenlage verbinden, hielt aber doch eine möglichst rasche finanzpolitische Einigung für wünschenswert. Dem Reichskanzler verblieb nur, abschließend seiner Hoffnung Ausdruck zu geben, die Finanzsachverständigen der Fraktionen möchten bald eine Lösung der anstehenden Probleme finden.

Diese Hoffnung erfüllte sich nicht. Am 13. Februar notierte Hans Schäffer, der neue Staatssekretär im Reichsfinanzministerium, in sein Tagebuch: „Reichskanzler glaubt nicht, daß man bei den Parteien durchkommen würde." Das entsprach ganz dem Eindruck, den der Finanzminister in den Gesprächen mit den Haushaltsexperten gewonnen hatte. Immerhin kam die Ministerrunde am 13. Februar selbst einen Schritt weiter. Gegen eine Stimme — die von Arbeitsminister Wissell — beschloß das Kabinett, sich einen Vorschlag Moldenhauers zu eigen zu machen: Für das Jahr 1930 solle das Reich der Reichsanstalt für Arbeitsvermittlung und Arbeitslosenversicherung einen festen Zuschuß in Höhe von 150 Millionen RM, im Jahr darauf in Höhe von 100 Millionen RM gewähren. Die Mittel für den Zuschuß wollte der Finanzminister aus dem Verkauf von Reichsbahnvorzugsaktien, die sich im Besitz des Reiches befanden, an die Invaliden- und Angestelltenversicherung gewinnen. Da jedoch die Reichszuschüsse zur Abdeckung des Finanzbedarfs der Arbeitslosenversicherung nicht ausreichten, sollte der Vorstand der Reichsanstalt ermächtigt werden, „durch eigene Beschlüsse die erforderlichen Mittel zu beschaffen, entweder durch Senkung der Verwaltungskosten oder durch Kürzung der Leistungen oder durch Verbesserung der Exekutive oder durch vorübergehende Beitragserhöhung".

Für den Reichskanzler und die Mehrheit der Minister ergab sich die Zustimmung zu Moldenhauers Vorschlag aus der Einsicht, daß zwei andere Wege sich als nicht gangbar erwiesen hatten: Weder für die von der SPD gewünschte Beitragserhöhung von 3 1/2 auf 4 % noch für die Deckung durch Steuern waren, wie Müller erklärte, zur Zeit Mehrheiten zu erzielen. Aus Wissells Sicht öffnete das Kabinett durch seinen Beschluß einem Abbau der Leistungen für die Arbeitslosen Tür und Tor; gleichzeitig befürchtete er einen allmählichen Rückzug des Reiches aus seinen gesetzlichen Pflichten für die Arbeitslosen.

Vor allem beim zweiten Punkt war Wissell zum Widerstand entschlossen.

„Eine Haftentlassung des Reiches bei der Arbeitslosenversicherung kann ich nicht mitmachen“, erklärte er am 17. Februar vor dem Bundesausschuß des ADGB. „Dabei könnte ich mich auch nicht überstimmen lassen.“ Eine Resolution des Bundesausschusses gab dem Arbeitsminister volle Rückendeckung. „Das Reich hat die Verpflichtung, den allein auf ihrer Hände Arbeit Angewiesenen in Zeiten höchster wirtschaftlicher Not beizustehen“, hieß es in der Entschließung vom 18. Februar. „Diese Verpflichtung abzuwälzen auf die aus Beiträgen aufgesammelten Rücklagen anderer Versicherungsträger, weist der Bundesausschuß mit aller Entschiedenheit zurück.“[264]

Am 17. Februar wurde Wissell bei der Beratung des Nachtragshaushalts 1929 und des Etats für 1930 im Kabinett gleich mehrfach überstimmt — allerdings in weniger grundsätzlichen Fragen. Besonders umstritten waren die Beiträge des Reiches zur Invalidenversicherung und zur Unterstützung minderbemittelter Wöchnerinnen. Bei der Invalidenversicherung stellte sich nur Severing auf die Seite des Arbeitsministers. Den Antrag des Finanzministers, den für die Familienwochenhilfe vorgesehenen Betrag von 29 auf 5 Millionen RM herabzusetzen, lehnte das Kabinett zunächst mit Stimmenmehrheit ab. Daraufhin legte Moldenhauer sein Veto gemäß § 21 der Reichshaushaltsordnung ein. Im späteren Verlauf der Sitzung — nachdem sich das Kabinett über den Wehretat geeinigt hatte — kam der Finanzminister auf die Angelegenheit zurück und erklärte sich bereit, seinen Widerspruch zurückzuziehen, wenn das Kabinett damit einverstanden sei, die Reichszuschüsse zur Familienwochenhilfe auf 15 Millionen RM festzusetzen. Das Kabinett stimmte diesem Antrag zu — gegen die Stimme Wissells.[265]

---

264 AdR, Kabinett Müller II (Anm. 9), Bd. 2, S. 1422—1426 (Vorlage des Finanzministers vom 3. 2. 1930), 1429—1432 (Kabinettssitzung vom 5. 2. 1930, mit Tagebuchnotizen Schäffers), 1436—1443 (Parteiführerbesprechung vom 7. 2. 1930); 1456 f. (Kabinettssitzung vom 13. 2. 1930, mit Tagebuchnotizen Schäffers). Wissells Äußerung vom 17. 2. 1930: DGB-Archiv Düsseldorf, Protokoll der Sitzung des Bundesausschusses vom 17./18. 2. 1930. Zu dieser Sitzung vgl. den Bericht in: GZ, Nr. 8, 22. 2. 1930. Die Entschließung zur Arbeitslosenversicherung nannte als Argument gegen die „Gefahrengemeinschaft“ der öffentlichen Versicherungsträger auch negative Auswirkungen auf die Bautätigkeit. Ebda. Aus den Rücklagen der Invaliden- und Angestelltenversicherung waren bislang Bauvorhaben finanziert worden. Zur Kapitalausstattung beider Versicherungen: Finanzen der Sozialversicherung, in: Der deutsche Volkswirt, Nr. 15, 10. 1. 1930. Gegen die „Gefahrengemeinschaft“ sprachen sich alle drei Gewerkschaftsrichtungen aus: Gegen den Gefahrenausgleich in der Sozialversicherung, in: GZ, Nr. 7, 15. 2. 1930. — Nach Aufzeichnungen des 2. ADGB-Vorsitzenden, MdR Peter Graßmann, äußerte in der interfraktionellen Besprechung vom 11. 2. Paul Hertz „starke soziale und finanzpolitische Bedenken gegen Moldenhauers Vorschlag“; Wissells Position hingegen wurde von Hertz unterstützt. Derselben Quelle zufolge appellierte Reichskanzler Müller vor dem Fraktionsvorstand der SPD am 15. 2. an seine Partei, Moldenhauers Vorschlag nicht abzulehnen, sondern Sicherungen bei Abstimmungen im Verwaltungsrat der Reichsanstalt (zugunsten der Arbeitnehmer) einzubauen. ABI Berlin, ADGB-Restakten, NB 471: SPD-Reichstagsfraktion 1924—1931.

265 AdR, Kabinett Müller II (Anm. 9), Bd. 2, S. 1465—1471. Die Einigung über den Wehretat wurde dadurch ermöglicht, daß Groener von seinem Plan Abstand nahm, schon für 1930 die Bewilligung der ersten Rate des Ersatzbaus „Panzerschiff B“ zu beantragen. Diesem Vorhaben hätte sich die SPD, wie Breitscheid am 1. 2. Brüning versicherte, widersetzt und dabei nicht überstimmen lassen. Für 1931 wurde jedoch die Genehmigung zu einer entsprechenden

Den fertigen Entwurf der Deckungsvorschläge für den Haushalt 1930 konnte Moldenhauer am 25. Februar der Reichskanzlei zustellen. Den wesentlichsten Unterschied zu Hilferdings Reformvorhaben vom Ende des Vorjahres faßte sein Nachfolger in die Worte: „Das Finanzprogramm vom Dezember 1929 ging davon aus, die Mittel für die Senkung der Steuern aus einer stärkeren Belastung der entbehrlichen Genußmittel zu gewinnen. Der Haushaltsvorschlag 1930 beruht auf dem Gedanken, die gleichen Quellen zunächst für die Sanierung der Verhältnisse in Reich, Ländern und Gemeinden stärker fließend zu machen." Da eine Ausgabensenkung nennenswerten Umfangs nur durch Änderung zahlreicher bestehender Gesetze möglich sei und „notgedrungen zu schweren und langwierigen politischen Auseinandersetzungen" führe, sei für 1930 auf eine solche verzichtet worden. Jedoch bestehe der Grundgedanke der Haushaltsaufstellung darin, durch Sanierung der Verhältnisse ein tragfähiges Fundament für eine Finanzreform zu schaffen, „die sich in der Richtung der im Dezember 1929 dem Reichstag gemachten Vorschläge bewegt".

Materiell enthielten die Deckungsvorschläge des Finanzministers eine Erhöhung der Biersteuer um 75 % sowie Erhöhungen des Kaffee- und Teezolls, des Benzinzolls und der Mineralwassersteuer. Mehreinnahmen sollten ferner durch die Kürzung von Fälligkeitsterminen bei verschiedenen Steuern und den Verzicht auf die Herabsetzung der 1924 — im Zusammenhang mit dem Dawes-Abkommen — eingeführten Industriebelastung erzielt werden. Insgesamt flossen hierdurch, wenn die Schätzungen des Finanzministeriums zutrafen, dem Reich 305 Millionen RM und den Ländern 170 Millionen RM zu. Moldenhauer hätte eine andere Form der Deckung des Fehlbetrags vorgezogen: eine Erhöhung der Umsatzsteuer um 1/4 % und der Biersteuer um 50 %. Dieser Plan war jedoch, wie der Finanzminister am 27. Februar dem Kabinett erläuterte, am „unnachgiebigen Widerstand" von SPD und DDP gescheitert. Den Gedanken der „großen Deckung", der Abdeckung des Defizits 1928 außerhalb des Schuldentilgungsgesetzes, hatte Moldenhauer fallengelassen. Für die Arbeitslosenversicherung war die Konstruktion vorgesehen, auf die sich das Kabinett am 13. Februar verständigt hatte:

Vorlage vom Kabinett einstimmig erteilt. In Punkt 3 des Kabinettsbeschlusses heißt es: „Um die Beschaffung von Waffen, Munition und Geräten sowie die Ausbildung und die sonstigen Rüstungsaufgaben der Wehrmacht in dem vom Reichswehrminister für unerläßlich erachteten Mindestmaß sicherzustellen, werden die Gesamtausgaben von Heer und Marine im Etatjahr 1930 auf 700 Millionen festgelegt." Am 20. 2. 1930 erläuterte Groener anläßlich einer Ministerbesprechung über die deutsch-sowjetischen Beziehungen einige der von ihm für „unerläßlich erachteten", aber nach dem Vertrag von Versailles verbotenen Betätigungen der Reichswehr. Dazu gehörten folgende Unternehmungen in der Sowjetunion: eine Fliegerschule, eine Kampfwagenschule und eine Gasversuchsanstalt. In der Aussprache drängte Curtius auf eine bessere Tarnung dieser Unternehmungen, Severing fragte: „Können Sie nicht einige Russen abbauen?" Severings Bitte, unter die Ausgaben von 1927/28 — also in der Zeit vor der Großen Koalition — herunterzugehen, versprach Groener zu prüfen. Ebda., S. 1478 f. (Aufzeichnung Schäffers). Das offizielle Protokoll („Ganz Geheim") der Ministerbesprechung in: Akten zur deutschen auswärtigen Politik. 1918—1945. Aus dem Archiv des Auswärtigen Amts. Serie B: 1925—1933, Bd. XIV, 1. Januar bis 30. April 1930, Göttingen 1980, S. 268—272. Zu Brünings Gespräch mit Breitscheid vgl. Anm. 263.

also die „Gefahrengemeinschaft“ der öffentlichen Versicherungsträger und die Einsparungsvollmacht für die Reichsanstalt.

Als das Kabinett am 27. Februar zur Diskussion der Vorlage zusammentrat, stand bereits fest, daß es zu harten Kontroversen kommen würde. Am 25. Februar teilte der Abgeordnete Paul Hertz dem Staatssekretär im Finanzministerium, Hans Schäffer, mit, die Aussprache in der sozialdemokratischen Reichstagsfraktion am Abend zuvor habe eindeutig gezeigt, daß die Abstriche am Sozialetat bei gleichzeitiger Steigerung des Wehretats auf die Zustimmung der SPD nicht rechnen könnten. Wegen der ungünstigen Lage des Arbeitsmarktes müsse man auch bei der Krisenfürsorge mit höheren Mitteln rechnen, als sie im Etat vorgesehen seien. „Bei der Arbeitslosenversicherung stößt jede Lösung bei uns auf stärksten Widerstand, die die Darlehnspflicht des Reiches verwischen oder beseitigen würde. Ist die Beitragserhöhung nicht möglich, dann muß für anderweitige volle Deckung unter der ausschließlichen Verantwortung des Reiches gesorgt werden.“

Im Kabinett übernahm es Innenminister Severing, seinen Kollegen das Nein der SPD mitzuteilen. „Das Programm des Reichsministers der Finanzen sei für die sozialdemokratische Fraktion als Ganzes nicht annehmbar, und zwar allein schon aus dem Umstande heraus, weil es eine direkte Steuer nicht enthalte.“ Gegen keine der vorgeschlagenen Steuern habe er, Severing, grundsätzliche Bedenken. „Er vermisse nur an dem Programm, daß der Besitz nicht in irgendeiner Form herangezogen werde. Die Sozialdemokratie werde unbedingt an der Forderung festhalten, daß irgendeine direkte Steuer in das Programm mit aufgenommen werde, denn sonst sei den Parteiführern eine Vertretung des Programms gegenüber den der Gefahr der Radikalisierung ausgesetzten Wählermassen nicht möglich.“ Konkret schlug der Innenminister einen Zuschlag zur Einkommenssteuer vor; dieser Gedanke sei ihm „am meisten sympathisch.“

Der Gedanke, die Bezieher höherer Einkommen zu belasten, stieß nur bei den Ministern von Zentrum und BVP auf positive Resonanz. Guérard und Schätzel sprachen sich für ein allgemeines Notopfer aus, Stegerwald für eine Abgabe der Festbesoldeten. Dietrich von der DDP wollte eine Heranziehung des Besitzes nur akzeptieren, wenn sie im folgenden Jahr durch eine entsprechende Entlastung ausgeglichen werde. Moldenhauer lehnte jede direkte Steuer entschieden ab.

Nachdem der Reichskanzler sich Severings Position zu eigen gemacht und eine „Gegenwirkung gegen die Massenbelastung“ als unerläßlich notwendig bezeichnet hatte, ließ er über die diskutierten Möglichkeiten probeweise abstimmen. Ein allgemeines Notopfer wurde mit acht zu vier Stimmen grundsätzlich bejaht; dafür stimmten die Minister von SPD, Zentrum und BVP, dagegen die Minister von DVP und DDP sowie der parteilose Groener. Sodann wurde über die Form des Notopfers abgestimmt. Für einen Zuschlag zur Einkommenssteuer, den weitestgehenden Vorschlag, sprachen sich nur die fünf Minister von SPD und BVP aus; alle anderen sieben waren dagegen. Für ein Opfer der Festbesoldeten, die „kleinere“ Lösung, stimmten anschließend sieben Minister, nämlich die der SPD und des Zentrums; die übrigen fünf lehnten es ab. Die restlichen Abstimmungen betrafen die von Moldenhauer vorgeschlagenen Steuererhöhungen. Alle wurden einstimmig gebilligt — mit einer Ausnahme: Postminister Schätzel stimmte gegen die Erhöhung der Biersteuer.

Was die umstrittene Arbeitslosenversicherung anging, so konnte Müller am 27. Februar nur in einem Punkt allgemeine Einigkeit feststellen: Die Zuschüsse für die Reichsanstalt müßten aus dem Reichsetat verschwinden. Ansonsten war man seit dem 13. Februar nicht weitergekommen. Es gab einerseits nach wie vor den Vorschlag des Finanzministers, dem das Kabinett mit Ausnahme von Wissell, aber nicht die SPD zugestimmt hatte; es gab auf der anderen Seite die Lösung, für die Wissell und die SPD eintraten, nämlich eine Erhöhung der Beiträge von 3 1/2 auf 4 %. Mehrheiten waren für keinen der beiden Wege sichtbar. Dasselbe galt einstweilen aber auch für die beiden denkbaren Kompromisse, die Müller knapp skizzierte: eine Deckung des Fehlbetrages von 100 Millionen RM durch ein irgendwie geartetes Notopfer oder eine Erhöhung der Beiträge um 1/4 %, wodurch 70 Millionen RM aufgebracht würden, so daß noch ein Restbetrag von 30 Millionen RM verblieb, der entweder durch Ersparnisse der Reichsanstalt oder aus Zuschüssen aus der Reichskasse abgedeckt werden mußte.

Aus der Sackgasse, in der sie offensichtlich steckten, fanden die Minister auch am folgenden Tag nicht heraus. Severing begründete, wie das Protokoll vermerkt, „nochmals sehr eingehend, vorwiegend unter Hinweis auf die kommunistische Gefahr, die Notwendigkeit, für einen Teil des Deckungsprogramms eine direkte Steuer vorzusehen“. Curtius „vertrat demgegenüber ausführlich den Standpunkt, daß der Wirtschaft eine neue direkte Steuer nicht zugemutet werden könne“. Um die Unternehmungslust zu beleben und der Kapitalflucht zu steuern, müßten der notleidenden Wirtschaft vielmehr neue Impulse gegeben werden. Der Reichskanzler erwiderte, „daß die Kapitalflucht sehr stark der Furcht vor der Bolschewisierung Deutschlands entspringe“. Bei einem Notopfer der Festbesoldeten seien aber Rückwirkungen im Sinne der Kapitalflucht kaum zu befürchten. Ähnlich schien Hindenburg zu denken. Staatssekretär Meissner teilte den Ministern jedenfalls mit, er sei zu der Erklärung ermächtigt, daß „der Herr Reichspräsident dem Gedanken eines Notopfers der Festbesoldeten sympathisch gegenüberstehe“, weil er darin den Gedanken der Volksgemeinschaft versinnbildlicht sehe. Stegerwald sprach sich ebenfalls erneut für das Notopfer aus und kam zu dem Schluß: „Irgendeine Gruppe müssen wir verprellen, entweder die Massen oder die Wirtschaft oder die Festbesoldeten.“ Moldenhauer hielt ungeachtet der Autorität des Reichspräsidenten ein Notopfer der Festbesoldeten „heute nicht für durchsetzbar“ und befürchtete „starke Einwendungen“ in seiner Fraktion, der DVP. Der für die Beamten des Reiches zuständige Innenminister regte an, ihn zu ermächtigen, mit den Beamtenorganisationen über ein Notopfer zu verhandeln. Diesen Auftrag erhielt Severing jedoch nicht. Die Mehrheit der Minister hielt es offenbar nicht für sinnvoll, mit den Betroffenen eine Lösung zu erörtern, auf die sich das Kabinett noch gar nicht verständigt hatte.[266]

*

266 AdR, Kabinett Müller II (Anm. 9), Bd. 2, S. 1495—1501 (Vorlage des Finanzministers vom 25. 2. 1930), 1502—1509 (Ministerbesprechungen vom 27. 2. 1930), 1512—1516 (Ministerbesprechung vom 28. 2. 1930). Proteste gegen eine einseitige Belastung der Beamten kamen

Wie voreilig ein solcher Schritt gewesen wäre, zeigte sich drei Tage später. Die Fraktion der Deutschen Volkspartei erklärte am 2. März in einer einstimmig angenommenen Erklärung, Kernstück jeder Finanzreform müsse eine Entlastung der Wirtschaft, die Wiederherstellung der Rentabilität in Landwirtschaft, Handel, Handwerk und Industrie sowie die Förderung der Kapitalbildung sein. Eine Erhöhung der direkten Steuern, unter welchem Namen auch immer, wäre hiermit unvereinbar. „Das sogenannte Notopfer würde außerdem den Willen zur Reform auf der Ausgabenseite des Reichshaushalts im Keime ersticken. Im Zusammenhang mit dem Reichshaushalt für 1930 müssen daher folgende Maßnahmen ergriffen werden: Gesetzliche Sicherung der Ausgabensenkung in Reich, Ländern und Gemeinden, insbesondere auch durch Sanierung der Arbeitslosenversicherung unter Vermeidung jeder weiteren Erhöhung von direkten Steuern, gesetzliche Festlegung einer Senkung dieser Steuern von Beginn des nächsten Haushaltsjahres an.“[267]

Die Entschließung der DVP war eine klare Absage an die Grundlage der Großen Koalition: die Bereitschaft, wirtschaftliche Interessengegensätze durch politische Kompromisse zu überbrücken. Die Forderungen der Deutschen Volkspartei liefen genau auf das hinaus, wovor Verkehrsminister Stegerwald am 11. Februar in einer Denkschrift gewarnt hatte: „Die Sanierungsvorschläge der Reichsregierung dürfen nicht den Eindruck und die Stimmung auslösen, daß sie lediglich und ausschließlich ein Massenbelastungsprogramm seien.“

Tatsächlich *wollten* der rechte Flügel der DVP und der Parteivorsitzende Scholz den Bruch mit der Sozialdemokratie. Am 24. Januar hatten sich „rechtsstehende Kreise der Deutschen Volkspartei“ in einer „streng vertraulichen“ Besprechung auf ihre nächsten Ziele verständigt: Falls die SPD sich der von der DVP gewünschten radikalen Sanierung der Arbeitslosenversicherung versage, „so muß sie entweder aus der Regierung *ausscheiden*, oder die Volkspartei muß durch ihren Austritt die Regierung des Reichskanzlers *Müller stürzen*“. Am 4. Februar gab Scholz zu erkennen, daß dies auch seine Linie war. Gegenüber dem volksparteilichen Reichstagsabgeordneten Erich von Gilsa, dem persönlichen Vertrauten von Paul Reusch, und anderen Wortführern des rechten Parteiflügels erklärte er, es sei seine Arbeit, nach Erledigung des Young-Plans „in ultimativer Form an das Kabinett die Aufforderung zu richten, gesetzlich festgelegte Bindungen für die Finanz- und Steuerreform vorzunehmen. Dabei sagte *Scholz* uns ver-

---

am 1. 3. vom freigewerkschaftlichen ADB und am 3. 3. vom Reichsbund der höheren Beamten. Ebda., S. 1516. Zur Kabinettssitzung vom 28. 2. auch Schäffers Aufzeichnung in: Politik (Anm. 252), Bd. 1, S. 56—60. Zur Haltung des Zentrums: Protokolle (Anm. 19), S. 390—399 (Sitzungen der Zentrumsfraktion und ihres Vorstands, 24. 2.—28. 2. 1930).

267 AdR, Kabinett Müller II (Anm. 9), Bd. 2, S. 1516 f. Vgl. dazu Schulthess 1930 (Anm. 256), S. 59 (Reichsausschußtagung der DVP). Der Erklärung der DVP war am 1. 3. ein Gespräch des Reichspräsidenten mit Ernst Scholz, dem neuen Parteivorsitzenden der DVP und ehemaligen (von 1922 bis 1929) Vorsitzenden des Reichsbundes der höheren Beamten, vorausgegangen, in dem Hindenburg versucht hatte, Scholz für den Gedanken eines Notopfers zu gewinnen. Zum Verhältnis von DVP und Beamtenschaft: Lothar Döhn, Politik und Interesse. Die Interessenstruktur der Deutschen Volkspartei, Meisenheim 1970, S. 245 ff.

traulich, daß er hierbei bewußt auf einen Bruch mit der Sozialdemokratie hinarbeiten wolle. Er hat im Hinblick auf diesen Bruch auch schon Verbindungen mit Schiele, Treviranus und Brüning aufgenommen."

Ganz sicher konnten die Rechten in der DVP freilich nicht sein, daß ihre Taktik zum Erfolg führen würde. Denn es bestand, wie Gilsa am 5. Februar an Reusch schrieb, die Gefahr, „daß *Moldenhauer* immer noch daran festhält, im Jahr 1930 nur zu sanieren und erst im Jahre 1931 Steuersenkungen vorzunehmen, die allerdings bereits bei Annahme des Etats 1930 gesetzlich festgelegt werden sollen. Es ist durchaus möglich, daß die Sozialdemokratie nach einigem Geschrei sich mit diesem Plan einverstanden erklärt, der ja den Auffassungen prominenter Sozialdemokraten insofern durchaus entspricht, als auch diese gefordert haben, daß 1930 nur das Kassendefizit des Reiches beseitigt werden dürfe. Wenn sie sich dabei wirklich bereit erklären sollte, ab 1931 Steuersenkungen vorzunehmen, so ist das ein Zukunftswechsel, dessen Einlösung nach den gemachten Erfahrungen recht unsicher ist, zumal Gesetze ja auch wieder geändert werden können."[268]

Moldenhauer und Curtius, die zu den Gegnern des rechten Konfrontationskurses gehörten, hatten durchaus noch Anhänger in ihrer Partei: Brüning schätzte Anfang März, daß sich in der Reichstagsfraktion der DVP Gemäßigte und Radikale etwa die Waage hielten; Moldenhauer selbst meinte rückblickend, die „ständige Opposition" habe selten mehr als 15 Abgeordnete, also ein Drittel der 45 Mitglieder starken Fraktion, umfaßt. Auch in der Unternehmerschaft hatten sich die Kräfte, die den Bruch der Großen Koalition forcieren wollten, noch nicht eindeutig durchgesetzt. Am 27. Februar, einen Tag, bevor die Schlußabstimmung über den Young-Plan in den Ausschüssen des Reichstags stattfand, ließen die in-

268 Politik (Anm. 252), Bd. 1, S. 33 f. (Besprechung vom 24. 1. 1930), 41—43 (Brief Gilsas an Reusch vom 5. 2. 1930; Hervorhebungen im Original). Am 2. 3. 1930 erklärte Scholz vor dem Reichsausschuß der DVP, es bleibe Grundsatz der Partei, erst den Young-Plan annehmen zu lassen und dann „ein Geschäft großen Ausmaßes", die Finanz- und Wirtschaftsreform, zu erledigen, und zwar „mit denjenigen Parteien, die man glaubt, auch für diese künftige Entwicklung in Anspruch nehmen zu dürfen." Die Folge des Festhaltens an diesem Grundsatz werde „ein Bruch der bisherigen Regierungsgemeinschaft sein." Zit. bei Mammach, Sturz (Anm. 250), S. 578 f. — Stegerwalds Denkschrift vom 11. 2. in: AdR, Kabinett Müller II (Anm. 9), Bd. 2, S. 1449—1452 (1450). Zur Kritik Brünings und anderer Zentrumspolitiker an dieser Denkschrift: Protokolle (Anm. 19), S. 386 f. (Sitzung des Vorstands der Zentrumsfraktion vom 13. 2. 1930). Dem Vorstand der Zentrumsfraktion berichtete Brüning am 28. 1. über das Gespräch mit Scholz, in der DVP „seien ähnliche Stimmungen vorhanden hinsichtlich der Verknüpfung des Young-Plans mit den Finanzfragen wie beim Zentrum auch." Ebda., S. 377. Am 1. 3. sagte Brüning in einem Telefongespräch mit Pünder, „daß nach seinen recht intimen, aber völlig zuverlässigen Orientierungen die Deutsche Volkspartei seit kurzer Zeit ganz klar auf die Sprengung des Kabinetts hinarbeite; ihr Ziel sei eine Minderheitsregierung der bisherigen Regierungsparteien ohne die Sozialdemokratie." Politik (Anm. 252), Bd. 1, S. 63 f. — Martin Schiele, der Präsident des Reichslandbundes, gehörte zu den Gegnern Hugenbergs in der DNVP; Gottfried Treviranus hatte am 28. 1. zusammen mit anderen ehemaligen Deutschnationalen, die nach dem Eklat um den Volksentscheid gegen den Young-Plan aus der DNVP ausgetreten waren, die Volkskonservative Vereinigung gegründet. Vgl. Jonas, Volkskonservative (Anm. 251), S. 57 ff.

dustriellen Spitzenverbände die Abgeordneten wissen, zwischen dem Young-Plan und der Finanzreform, wie sie das Regierungsprogramm vom Dezember 1929 vorsehe, gebe es einen engen Zusammenhang. Dieses Votum entsprach der Linie von Zentrum und Bayerischer Volkspartei, nicht aber den Wünschen der DVP. Am 1. März regte Ludwig Kastl, das Geschäftsführende Vorstandsmitglied des RDI, sogar, eine Forderung der Grünen Front aufgreifend und erweiternd, ein wirtschafts- und finanzpolitisches Ermächtigungsgesetz an, das — wenn es vom Reichstag verabschiedet worden wäre — den Fortbestand der Großen Koalition für einige Zeit gesichert hätte.[269]

Die Chancen, daß die Große Koalition noch einen Ausweg aus der Krise finden würde, waren dennoch schlecht. Am 1. März empfing Reichspräsident von Hindenburg den Fraktionsvorsitzenden des Zentrums, Heinrich Brüning, und fragte ihn unverblümt, „ob die Zentrumspartei bereit sei, auch einer anderen Regierung ihre Unterstützung zu geben“. Brüning erwiderte, „daß es die übereinstimmende Meinung des Fraktionsvorstandes sei, man solle die augenblickliche Koalition möglichst lange aufrechterhalten und meines Erachtens noch eine Reihe nach dem Young-Plan für das Leben des deutschen Volkes entscheidende, soziale, wirtschaftliche und finanzielle Reformmaßnahmen durchführen. Eine Durchführung dieser Reformen ohne die Sozialdemokratie würde zu starken politischen Erschütterungen führen, ganz abgesehen davon, daß in diesen Fragen Mehrheiten zu bilden außerhalb der Sozialdemokratie sehr unsicher sei“. Gegen Ende des Gesprächs präzisierte Brüning den Standpunkt des Zentrums dahin, „daß wir zumindest eine Bindung der Parteiführer auf die Finanzgesetze verlangen und einstimmig den Wunsch hätten, daß die jetzige Koalition noch eine Zeitlang aufrechterhalten würde“.

Hindenburg hatte, als er das Thema eines Nachfolgekabinetts anschnitt, eine Regierung im Sinne, die deutlich rechts vom Kabinett Hermann Müller stehen sollte. Seine Frage an Brüning, wie es um das Verhältnis von Zentrum und DNVP bestellt sei, läßt keine andere Deutung zu. Aber auch von einer neuen Weimarer Koalition, erweitert um die Bayerische Volkspartei, war in den ersten Märztagen viel die Rede. Offenbar war der Gedanke von der DDP zur Diskussion gestellt worden; konkrete Verhandlungen über ein solches Regierungsbündnis ohne die DVP fanden jedoch nicht statt. Nachdem Zentrum und BVP sich im Reichstag am 28. Februar bei den Ausschußberatungen über die Young-Gesetze

---

269 Politik (Anm. 252), Bd. 1, S. 55 f. (Rundschreiben industrieller Spitzenverbände — DIHT, RDI, Centralverband des Deutschen Bank- und Bankiergewerbes, Hauptgemeinschaft des Deutschen Einzelhandels, Reichsverband des Deutschen Groß- und Überseehandels — vom 27. 2. 1930), 67—71 (Besprechung von Vertretern der Landwirtschaft und Industrie am 1. 3. 1930). Der Vorschlag eines (agrarpolitischen) Ermächtigungsgesetzes war zunächst von den Vertretern der Landwirtschaftsverbände gemacht worden. AdR, Kabinett Müller II (Anm. 9), Bd. 2, S. 1509—1516 (Gespräch zwischen dem Reichskanzler und Vertretern der Landwirtschaft am 28. 2. 1930). Vgl. dazu auch Grübler, Spitzenverbände (Anm. 250), S. 84 f. Brünings Einschätzung der Kräfteverhältnisse in der DVP: Protokolle (Anm. 19), S. 400—402 (Sitzung des Vorstands der Zentrumsfraktion vom 5. 3. 1930). Moldenhauers Schätzung in: BA, Nl. Moldenhauer, Nr. 3, Ministerzeit, Bl. 95.

der Stimme enthalten hatten, war nicht einmal sicher, ob eine kleinere Koalition in der allernächsten Zukunft ein Mehr an Konsens bedeutet hätte als die Große.[270]

*

In den umstrittenen Fragen der Finanz- und Sozialpolitik hatte sich zwischen den Fraktionen der Großen Koalition seit Ende Januar so gut wie nichts bewegt. Das war der Befund, der Reichskanzler Müller in der Ministerbesprechung vom 3. März zu der Frage veranlaßte, „ob eine Einigung im Kabinett möglich sei" — also zunächst einmal über die Köpfe der Parteien hinweg und unter Umständen auf dem Weg über ein Ermächtigungsgesetz, wie es von den Vertretern der Landwirtschaft und vom Reichsverband der Deutschen Industrie vorgeschlagen worden war. Müller fügte jedoch sogleich hinzu, er zweifle daran, ob die Parteien den Weg der Ermächtigung mitgehen würden. „Wenn es nicht möglich sei, im Kabinett eine Einigung herbeizuführen, dann sehe er keinen Weg, das Kabinett zusammenzuhalten."

Ein Kompromiß im Kabinett konnte nach Müllers Meinung etwa folgendermaßen aussehen: Im Jahr 1930 sollten einmalige Zuschläge zur Einkommenssteuer erhoben, für das Etatjahr 1931 aber Steuersenkungsvorschläge gesetzlich festgelegt werden. Bei der Arbeitslosenversicherung sollten 150 Millionen RM durch Verkauf der Vorzugsaktien gedeckt werden, die restlichen 100 Millionen durch autonome Entscheidung der Reichsanstalt Deckung finden, und zwar teilweise durch eine Beitragserhöhung um 1/4 % und teilweise durch Erzielung von Ersparnissen.

Der wichtigste Beitrag zur anschließenden Diskussion kam vom Reichsfinanzminister. Moldenhauer deutete an, daß er für seine Person bereit sei, die Brücke des Kompromisses zu betreten: Mit einer einmaligen direkten Steuer könne er sich abfinden; allerdings wollte er dabei nicht auch schon für die Zustimmung seiner Fraktion bürgen. Der Weg eines Ermächtigungsgesetzes sei auch ihm „an und für sich am liebsten", doch komme es zunächst vor allem darauf an, die Young-Gesetze zu verabschieden. Innenminister Severing gab dem Reichskanzler volle Rückendeckung für den Versuch, die Regierung vorübergehend von den

270 Brünings Aufzeichnung über sein Gespräch mit Hindenburg in: Politik (Anm. 252), Bd. 1, S. 61 f. Zu den Überlegungen über eine Regierung ohne die DVP: ebda., S. 61 f. (Telefonat Pünders mit Brüning am 1. 3. 1930); Protokolle (Anm. 19), S. 399—402 (Sitzungen des Vorstands der Zentrumsfraktion vom 4. u. 5. 3. 1930). Für die Young-Gesetze stimmten in der gemeinsamen Sitzung des Auswärtigen und des Haushaltsausschusses SPD, DVP und DDP, dagegen DNVP, KPD, Wirtschaftspartei und Christlich-Nationale. Zum Abstimmungsverhalten von Zentrum und BVP in den Ausschußberatungen über den Young-Plan: AdR, Kabinett Müller II (Anm. 9), Bd. 2, S. 1508 (Anm.). Die Rede, die Ernst Thälmann am 11. 2. 1930 im Reichstag gegen den Young-Plan hielt (Stenographische Berichte [Anm. 6], Bd. 426, S. 3931—3940), wurde unter dem Titel „Sowjetdeutschland gegen Young-Deutschland" von der KPD als Flugblatt in einer Auflage von 2 Millionen Exemplaren vertrieben. Generallinie (Anm. 161), S. 111 (Anweisung des Sekretariats vom 21. 2. 1930). Zur Entwicklung der KPD im Frühjahr 1930 ist der folgende Bd. heranzuziehen. Zur ersten Lesung der Young-Gesetze vom 11. bis 13. 2. 1930 vgl. Schulthess 1930 (Anm. 256), S. 21—37.

Parteien abzukoppeln, verwies aber die Idee eines Ermächtigungsgesetzes in den Bereich des Wunschdenkens. Stattdessen empfahl er einen Weg, den er noch Ende Januar strikt abgelehnt hatte: „Letzten Endes sollte man sich daher vom Herrn Reichspräsidenten die Ermächtigung geben lassen, den Reichstag aufzulösen. In der Zwischenzeit bis zu den Neuwahlen müßten alle die notwendigen Maßnahmen im Wege des Artikels 48 der Reichsverfassung getroffen werden." Verkehrsminister Stegerwald war derselben Ansicht: „Wenn der Reichstag ... dem Beschluß des Kabinetts nicht folge, dann käme nur die Auflösung des Reichstags in Frage. Es müsse sodann mit dem Artikel 48 der Reichsverfassung regiert und alle die staatsnotwendigen Maßnahmen getroffen werden."

Am Ende der Aussprache stand der Auftrag an Moldenhauer, bis zum 5. März abschließende Vorschläge zu machen. Über den Weg, wie eine eventuelle Einigung im Kabinett danach politisch durchzusetzen war, gingen die Meinungen jedoch weiterhin auseinander: Reichskanzler Müller äußerte Zweifel, ob man den Reichspräsidenten für die Auflösung des Reichstages werde gewinnen können; Justizminister von Guérard hatte grundsätzlich Bedenken gegen die Anwendung von Artikel 48, weil auf diese Weise die Verantwortung dem Reichspräsidenten zugewiesen werde, hielt aber auch ein Ermächtigungsgesetz für kaum erreichbar, da hierfür eine verfassungsändernde Mehrheit im Reichstag erforderlich sei. In einem Punkt schien es allgemeine Übereinstimmung zu geben: Niemand widersprach, als Stegerwald den Wunsch äußerte, „daß es endlich gelingen müsse, die Regelung der Arbeitslosenversicherung aus dem politischen Kampf herauszubekommen."

Am 5. März geschah das, was wenige Beobachter eine Woche zuvor noch für möglich gehalten hatten: Das Kabinett der Großen Koalition einigte sich auf Deckungsvorschläge für den Reichshaushalt 1930. Vorausgegangen waren eine abermalige, kontrovers geführte Debatte im Kabinett und danach zähe Einzelverhandlungen zwischen Moldenhauer und Wissell. Das Resultat sah folgendermaßen aus: Die Industriebelastung, die nach Annahme des Young-Plans eigentlich hätte wegfallen sollen, wurde von 300 auf 350 Millionen RM im Jahr erhöht. Damit war die, wenn auch einmalige, direkte Steuer zu Lasten des Besitzes geschaffen, auf der die SPD bestanden hatte.

Auch im Hinblick auf die Arbeitslosenversicherung machte der Finanzminister gewisse Konzessionen: Der Vorstand der Reichsanstalt wurde ermächtigt, die Beiträge auf 4 %, also nicht nur um 1/4, sondern um 1/2 %, autonom zu erhöhen. Was die Senkung von Leistungen („Reform der Arbeitslosenversicherung") anging, durfte der Vorstand lediglich der Reichsregierung Vorschläge unterbreiten. In beiden Fällen — Beitragserhöhung und Vorschläge zur Leistungsminderung — bedurften Beschlüsse des Vorstands der Mehrheit der Stimmen sowohl der Vertreter der Arbeitgeber als auch der Arbeitnehmer; die Vertreter der öffentlichen Körperschaften im Vorstand der Reichsanstalt wirkten an der Beschlußfassung nicht mit. Eine Herabsetzung der Leistungen war überdies nur möglich, wenn ihr auch die Mehrheit des Reichstags zustimmte, denn der Entwurf legte ausdrücklich fest: „Anderweitige Festsetzung der Leistungen kann nur im Wege der Gesetzgebung erfolgen."

Das wichtigste Zugeständnis der sozialdemokratischen Minister war der Auftrag an den Finanzminister, ein langfristiges Sparprogramm aufzustellen, „das die Grundlage für eine Steuersenkung schafft und für das Jahr 1931 die laufenden Ausgaben des ordentlichen Haushalts unter denen des Jahres 1930 hält." Soweit Ausgaben wegfielen oder gekürzt würden, sollten die Ersparnisse — mindestens 600 Millionen RM — im Sinne des Finanzprogramms vom Dezember 1929 für Steuersenkungen verwandt werden. Die Reichszuschüsse, die die Invalidenversicherung entsprechend der „Lex Brüning" in der Fassung vom Dezember 1927 aus dem Lohnsteueraufkommen erhielt, wurden zugunsten einer Zahlung von 30 Millionen RM an den Notstock der Reichsanstalt gesenkt. Schließlich sollte es ab 1931 — der hohen Verwaltungskosten wegen, wie Moldenhauer bemerkte — keine Lohnsteuererstattung mehr geben. Aus den dadurch ersparten Mitteln waren dem Notstock im Jahr 1931 60 Millionen RM in Form eines Ablösungsbetrages zu überweisen.[271]

*

Brünings Einschätzung, daß die vom Kabinett beschlossene Regelung einen „großen politischen Erfolg" für die Sozialdemokratie bedeute, wurde von der Reichstagsfraktion der SPD nicht geteilt. Besonders kritisch beurteilten die sozialdemokratischen Parlamentarier den Verzicht auf die Rückerstattung der Lohnsteuer und die Festlegung auf Steuersenkungen im Jahr 1931. Als Breitscheid am 7. März Brüning die entsprechenden Änderungswünsche der SPD erläuterte, war jedoch in einer anderen Koalitionspartei die Entscheidung gegen das Programm der Regierung Müller bereits gefallen: Die Fraktion der Deutschen Volkspartei hatte am 6. März in einer stürmisch verlaufenen Sitzung die Ausarbeitung ihres eigenen Ministers, einer Rücktrittsdrohung Moldenhauers zum Trotz, in wichtigen Punkten abgelehnt. Wieder schien das Ende der Großen Koalition unmittelbar bevorzustehen, und in der Öffentlichkeit gab es wenig Zweifel, daß hierfür die DVP die Verantwortung trug. „Es scheint", so hieß es in der „Frankfurter Zeitung" vom 7. März, „daß jetzt alle diejenigen Kräfte, die weniger aus sachlichen als aus politischen Gründen auf Sprengung der gegenwärtigen Koalition hinarbeiten, ihre

271 AdR, Kabinett Müller II (Anm. 9), Bd. 2, S. 1516—1523 (Ministerbesprechung vom 3. 3. 1930), 1525—1531 (Ministerbesprechung vom 4. 3. 1930), 1532—1535 (Umdruck des Finanzministers vom 5. 3. 1930), 1535—1539 (Ministerbesprechung vom 5. 3. 1930 mit ergänzenden Tagebuchnotizen Schäffers). Einer handschriftlichen Notiz Müllers zur Ministerbesprechung vom 3. 3. 1930 zufolge erwog der Kanzler für den Fall der Nichteinigung im Kabinett auch selbst die Anwendung von Artikel 48. Als Nachfolgeregierungen hielt er ein „Luther-Kabinett" und eine Weimarer Koalition für möglich, wobei ihm aber die Haltung der DDP fraglich erschien. AsD Bonn, Nl. H. Müller, II, Nr. 277. Zu den Spekulationen über ein Kabinett unter Luther, auf den vor allem Scholz und der rechte Flügel der DVP setzten: Grübler, Spitzenverbände (Anm. 250), S. 94 ff. Den die Industriebelastung betreffenden Teil seiner Reduzierungsvorschläge hatte Moldenhauer zuvor mit zwei Präsidiumsmitgliedern des RDI, Hermann Bücher und Clemens Lammers, besprochen, ohne auf direkte Ablehnung zu stoßen. Ebda., S. 87 f. Zur „Lex Brüning" vgl. Preller, Sozialpolitik (Anm. 92), S. 363, 464 ff.

Bemühungen auf die DVP konzentrieren, um die Fraktion durch einen Telegrammsturm aus dem Lande und durch anderen Druck von außen zur Ablehnung zu zwingen."[272]

Zum „anderen Druck von außen" gehörten auch Einflüsse aus dem Unternehmerlager. Die Vereinigung der Deutschen Arbeitgeberverbände drohte am 6. März in einem Brief an Moldenhauer, die Arbeitgeber würden, falls die Vorschläge der Regierung Annahme fänden, ihre Mitarbeit in der Reichsanstalt möglicherweise einstellen. Einer weiteren Erhöhung der Beiträge zur Arbeitslosenversicherung zuzustimmen, sehe sich die Vereinigung „im Rahmen der ihr obliegenden wirtschaftlichen Verantwortung völlig außerstande". Am 7. März erklärten die industriellen Spitzenverbände, „daß das am 6. März vom Reichskabinett vorgelegte Finanz- und Steuerprogramm nicht den Notwendigkeiten einer auf Belebung der Wirtschaft und Minderung der Arbeitslosigkeit gerichteten Finanz- und Wirtschaftspolitik entspricht. Sie halten nach wie vor an den von ihnen seit langem vertretenen Vorschlägen fest, deren Verwirklichung unverzüglich in Angriff genommen werden muß."

Finanzminister Moldenhauer mußte in dem Vorstoß der Industrie einen gezielten Angriff auf seine Politik sehen. Durch die Erklärung der Spitzenverbände werde seine Position im Kabinett wesentlich erschwert, beklagte er sich am Morgen des 8. März telefonisch beim Geschäftsführer des RDI, Jacob Herle. „Die Wirtschaft müsse doch einsehen, daß es für einen Finanzminister unter den augenblicklichen politischen Verhältnissen unmöglich wäre, zu 100 % die Wünsche der Wirtschaft durchzusetzen; er glaube, daß ihm dies doch zu 80 % gelungen sei." Herle verwies darauf, daß die Fraktion der DVP sich ja schon vor der öffentlichen Erklärung der Verbände gegen das Deckungsprogramm der Regierung ausgesprochen habe. Auch liege es den Unterzeichnern fern, die Annahme der Young-Gesetze zu gefährden. Schließlich gebe es, entgegen der Vermutung Moldenhauers, keinen Zusammenhang zwischen der Verlautbarung der Industrieverbände und dem Ereignis, das die eigentliche Sensation des 7. März bildete: dem Rücktritt des Reichsbankpräsidenten Hjalmar Schacht. Die Erklärung sei, so ver-

---

272 Protokolle (Anm. 19), S. 403—406 (Sitzungen der Zentrumsfraktion und ihres Vorstands, 5.—7. 3. 1930); Maurer, Reichsfinanzen (Anm. 74), S. 118 f.; Timm, Sozialpolitik (Anm. 90), S. 172 (hier auch das Zitat aus der Frankfurter Zeitung). — Die Position der SPD zu dem Haushaltsbeschluß des Kabinetts vom 5. 3. legte u. a. Paul Hertz in der „Gewerkschafts-Zeitung" dar. Die schwersten Bedenken machte er gegenüber dem geplanten Fortfall der Lohnsteuererstattung geltend, weil dies einen „Sonderbetrag der Arbeitslosen zur Arbeitslosenversicherung" bedeute. „Es scheint allerdings, daß der energische Einspruch der Sozialdemokratie gegen den Fortfall der Erstattungen seine Wirkung nicht verfehlt hat, so daß dieser Punkt des Regierungsprogramms wohl *bereits als erledigt gelten* kann." Paul Hertz, Finanzprogramm der Reichsregierung, in: GZ, Nr. 11, 15. 3. 1930 (Hervorhebungen im Original). Vgl. auch den mit drei Sternen gezeichneten Artikel: Notfinanzen! in: Vorwärts, Nr. 111, 7. 3. 1930. Zur Stimmung in der SPD-Reichstagsfraktion: Heute Parteiführerbesprechung, ebda., Nr. 113, 8. 3. 1930; ferner: Heraus aus dem Dunkel, ebda., Nr. 115, 9. 3. 1930.

sicherte Herle, der Presse bereits bekannt gegeben worden, bevor man von dem Schritt Schachts erfahren habe.[273]

Schacht wollte, anders als die Organisationen der Unternehmer, durchaus zu einem Scheitern des Young-Plans beitragen, und es ist keine Frage, daß sein demonstrativer Rücktritt den formellen Übertritt in das Lager der „Nationalen Opposition" vorbereiten sollte. Der Zeitpunkt war bewußt gewählt: Am 6. März hatte die zweite Lesung der Young-Gesetze im Reichstag begonnen. Vor dem Zentralausschuß der Reichsbank begründete er am 7. März seinen Entschluß damit, daß das Haager Abkommen für Deutschland eine Deflationskrisis heraufbeschwöre und damit Wirtschaft und Währung gefährde. Zwar ließ das offizielle Kommuniqué über die Sitzung des Zentralausschusses diese Begründung nicht erkennen — es begnügte sich mit einem Hinweis auf Schachts Auffassung vom Haager Schlußprotokoll —, aber die Gefahr war groß, daß die Öffentlichkeit doch von den tatsächlichen Äußerungen des zurückgetretenen Reichsbankpräsidenten erfuhr — mit der Folge, daß dann die Stabilität der Reichsmark wirklich gefährdet worden wäre.

Um solche Auswirkungen zu verhindern, drängte der Präsident des Generalrats bei der Reichsbank, Franz von Mendelssohn, auf die möglichst umgehende Berufung eines Nachfolgers für Schacht. Noch am Abend des 7. März befaßte sich daraufhin die Reichsregierung mit dieser Frage und kam zu dem Ergebnis, daß der von Mendelssohn vorgeschlagene Kandidat, der frühere Reichskanzler und Reichsfinanzminister Hans Luther für dieses Amt in der Tat optimal geeignet sei. Mit seinem Namen verband sich die Vorstellung vom „Wunder der Rentenmark", und darum schien ein Reichsbankpräsident Luther allen Mitgliedern des Kabinetts auch eine psychologisch wirksame Garantie für die Stabilität der deutschen Währung zu sein. Mendelssohn wurde sogleich davon verständigt, „daß die Reichsregierung keine Bedenken hege, falls der Generalrat sich auf Reichskanzler a. D. Luther einigen sollte". Luthers Wahl erfolgte drei Tage später, am 11. März.[274]

*

Die Krise um das Deckungsprogramm vom 5. März war nicht so schnell zu beheben wie die letzte Krise um den Reichsbankpräsidenten Schacht. Am 8.

---

273 Politik (Anm. 252), Bd. 1, S. 76 f. (Notiz Herles über sein Telefongespräch mit Moldenhauer); die Erklärung der Spitzenverbände: ebda., S. 76 (Anm.), S. 82 f. (Brief Moldenhauers an Duisberg vom 10. 3. 1930). Dazu auch Grübler, Spitzenverbände (Anm. 250), S. 85 f. Der Brief der Vereinigung der Deutschen Arbeitgeberverbände, den der „Vorwärts" am 1. 4. 1930 (Nr. 153: „Borsig stürzte Müller-Wissell") veröffentlichte, ist auch abgedruckt in: Jahrbuch 1930 (Anm. 248), S. 132—134.

274 AdR, Kabinett Müller II (Anm. 9), Bd. 2, S. 1550—1554 (Ministerbesprechung vom 7. 3. 1930). Schachts Darstellung seines Rücktritts nebst Rücktrittsschreiben an die Mitglieder des Generalrats in: Schacht, Ende (Anm. 80), S. 117—120. Zum Wechsel von Schacht zu Luther auch die Analyse in: Der deutsche Volkswirt, Nr. 24, 14. 3. 1930; Heimann, Fall Schacht (Anm. 242), S. 182—184. Der „Vorwärts" begrüßte den Rücktritt Schachts als Befreiung von einer Gefahr: Schachts Rücktritt, in: Nr. 113, 8. 3. 1930.

Gesichter ohne Hoffnung: Über 3 Millionen Arbeitslose waren im März 1930 zu verzeichnen. Der Streit um die Frage „Leistungsabbau oder Beitragserhöhung" bei der Arbeitslosenversicherung entwickelte sich zur Existenzfrage für die Große Koalition.

März eröffnete der Reichskanzler eine Besprechung der Parteiführer mit einer offenen Drohung: Von der Einigung über die vorgelegten Finanzgesetze hänge bekanntlich die positive Schlußabstimmung über die Young-Gesetze ab; wenn diese Einigung nicht erfolge, werde er den Reichspräsidenten bitten, den Reichstag aufzulösen. Dennoch gab es keine Annäherung der Standpunkte. Für die SPD äußerte Hertz grundsätzliche Bedenken gegen die gesetzliche Festlegung einer Steuersenkung; für die DVP widersprach Scholz, sekundiert vom Vertreter der DDP, dem ehemaligen Finanzminister Reinhold, der Industriebelastung. Unversöhnlich war nach wie vor das Nein der Volkspartei zu der vom Kabinett beschlossenen Reform der Arbeitslosenversicherung. Brüning gab noch während der Diskussion der DVP die Schuld am Scheitern von Moldenhauers Kompromißvorschlag: „Wir sind durchaus zu Verhandlungen heute, morgen und übermorgen bereit. Die Verantwortlichkeit trifft die Volkspartei, die ihren Minister im Stich läßt."

In der nächsten Parteiführerbesprechung, die am 9. März stattfand, konnte nur der fortdauernde Dissens zu Protokoll genommen werden. Reichskanzler Müller erklärte weitere Verhandlungen über das Finanzprogramm für zwecklos. Die Reichsregierung, die sich auf ein solches Programm geeinigt habe, werde nunmehr das Parlament vor die Frage stellen, ob es ihr folgen wolle oder nicht. Die Reichsregierung werde darauf bestehen, daß die Abstimmung über den Young-Plan in zweiter und dritter Lesung bis spätestens Mittwoch, den 12. März, erledigt sei: „Wenn bis Mittwoch keine Lösung da ist, gibt es bei der dritten Lesung keine Regierung mehr. Wir gefährden sonst den Parlamentarismus."

Die Parteiführerbesprechung von Dienstag, dem 11. März, war die erste, bei der eine Koalitionspartei fehlte: die DVP. Die Fraktionsvorsitzenden und Finanzsachverständigen der übrigen Regierungsparteien hatten sich, ohne die Volkspartei hinzuzuziehen, in den beiden Tagen zuvor auf ein Steuerprogramm geeinigt, für das freilich noch die Zustimmung der Fraktionen eingeholt werden mußte. Es sah unter anderem vor, daß das Reich auf die Erhöhung der Biersteuer verzichtete und den Ländern das Recht gab, sich durch Zuschläge zur bestehenden Reichsbiersteuer Einnahmen zu verschaffen. Das war, für jedermann erkennbar, der Preis, der für die Mitwirkung der BVP hatte bezahlt werden müssen. Die Umsatzsteuer sollte von 0,75 auf 0,80 % erhöht werden, wodurch nach Schätzung der Experten der Ausfall bei der Biersteuer weitgehend ausgeglichen werden konnte. Im übrigen folgten die Vorschläge der verkleinerten Koalition weitgehend dem Deckungsprogramm der Regierung.

Da SPD, Zentrum, DDP und BVP im Reichstag über die Mehrheit der Sitze verfügten, hatte die Ausarbeitung der „Koalition in der Koalition" durchaus eine Chance, Gesetz zu werden. Allerdings wäre die Annahme der Vorlage gegen die Stimmen der Volkspartei zugleich das Ende der Großen Koalition gewesen. Die um die Bayerische Volkspartei erweiterte Weimarer Koalition, von der schon einige Tage zuvor gerüchtweise die Rede gewesen war, hätte dann die neue Regierung stellen müssen — vorausgesetzt, der Reichspräsident ließ sich auf diese Lösung ein. Es war jetzt vor allem das Zentrum, das die neue Koalition anstrebte, und zwar notfalls auch gegen den widerstrebenden Reichskanzler. Es scheine notwendig, daß der Reichspräsident für das Programm des Zentrums gewonnen werde, damit sich der Kanzler von der DVP zu lösen vermöge, erklärte Brüning am 10. März vor dem Vorstand seiner Fraktion. Justizminister von Guérard ergänzte, die derzeitige Lage entspreche „der Konsequenz unserer Politik, und zwar im Gegensatz DVP — Zentrum. Dieses Duell muß nun ausgefochten werden."

Aber schon am 11. März war sehr zweifelhaft, ob es überhaupt zu einer Gesetzesvorlage der „Weimarer" Parteien kommen würde. Inzwischen hatten nämlich der bayerische Ministerpräsident Held und der Vorsitzende der Bayerischen Volkspartei, Fritz Schäffer, die zu diesem Zweck eigens nach Berlin reisten, begonnen, massiven Druck auf die Reichstagsfraktion der BVP auszuüben: Sie sollte den Young-Gesetzen nur zustimmen, wenn die neu gefundene Biersteuerregelung von den übrigen Parteien der Rumpfkoalition absolut verbindlich zugesagt worden war. Das war faktisch unmöglich, da die Fraktionen am 11. März erst mit den Beratungen des Steuerprogramms begonnen hatten. Dennoch nahm der Fraktionsvorsitzende der BVP, Prälat Leicht, die Bemerkung Wilhelm Keils, die SPD werde der Vorlage wohl grundsätzlich, aber nicht in allen Details zustimmen, zum Anlaß, die Stimmenthaltung der BVP bei den Young-Abstimmungen anzukündigen.

Reichskanzler Müller, der sich schon aus Rücksicht auf die DVP nicht voll mit dem Steuerprogramm der engeren Koalition identifizieren konnte, sah sich damit einem politischen Erpressungsversuch ausgesetzt. Die BVP konnte die Young-Gesetze wenn nicht scheitern lassen, so doch um eine eindrucksvolle Mehrheit bringen. Für diesen Fall hatte der Reichspräsident aber soeben, in einem Gespräch mit dem Abgeordneten Brüning am Vormittag des 11. März, einen neuerlichen Volksentscheid über das Haager Abkommen in Aussicht gestellt. Dieselbe Unterredung zwischen Hindenburg und Brüning, auf die Müller in der Parteiführerbesprechung ausdrücklich Bezug nahm, hatte für die Regierung jedoch auch einen anderen, sehr viel positiveren Aspekt: Der Reichspräsident hatte dem Fraktionsvorsitzenden des Zentrums versichert, er sei wie Brüning von der Notwendigkeit überzeugt, daß die Gesetze zur Sicherung der Reichsfinanzen rechtzeitig zum Beginn des neuen Haushaltsjahres am 1. April in Kraft träten, und er werde von allen verfassungsmäßigen Mitteln Gebrauch machen, um dies zu gewährleisten.

Hindenburgs Äußerungen konnten nur bedeuten, daß das amtierende Kabinett Müller notfalls die Vollmachten des Artikels 48 erhalten werde — und in der Tat hatte der Reichspräsident dies am gleichen Vormittag des 11. März auch dem Reichskanzler selbst gegenüber erklärt. Dank dieser Zusage schien nun festzustehen, daß das Finanzprogramm — sei es das der Regierung oder das der Rumpfkoalition — in jedem Fall am 1. April 1930 in Kraft treten würde. Damit aber war das Zentrum in der Lage, den Zweck seines Junktims für erfüllt zu betrachten. „Diese Garantie des Reichspräsidenten, die für uns wertvoller ist als alle Parteibesprechungen, läßt noch deutlicher sichtbar werden, daß der Weg des Zentrums richtig war", kommentierte die „Germania" am 12. März. „Denn wenn es heute eine bindende Erklärung des Reichspräsidenten von nicht mißzuverstehender Eindeutigkeit gibt, von der man annehmen sollte, daß sie auch der Deutschen Volkspartei den Ernst der Lage klarzumachen imstande ist, dann ist das doch wohl eine Konsequenz der sachlichen Forderungen, die das Zentrum mit Recht erhoben hat ... Nun sind auch wir uns ganz klar darüber, daß wir über den Berg noch nicht hinweg sind. Aber — wir glauben, daß das Wort des Reichspräsidenten ein Wort ist. Und wenn wir auch den dringenden Wunsch haben, daß das Finanzprogramm auf parlamentarischem Wege erledigt wird, so glauben wir jetzt die Sicherheit dafür zu haben, daß bei einem Versagen des Parlaments alle verfassungsmäßigen Mittel angewendet werden, damit ohne Verzug die Sanierung der Finanzen durchgeführt wird. Kann das Parlament nicht zu Rande kommen, dann wird der Reichspräsident, dessen sind wir sicher, die Vollmachten ergreifen, die zulässig und notwendig sind. Es könnte daher der Deutschen Volkspartei das Mißgeschick zustoßen, daß Herr Moldenhauer und Herr Curtius sich veranlaßt sähen, ein Sanierungsprogramm auf außerparlamentarischem Wege gegen die eigene Partei durchzusetzen. Die Auflösung des Reichstages oder der Artikel 48 oder beides stehen, wenn die Parteien wollen, vor der Tür."[275]

Der Artikel des maßgeblichen Zentrumsblattes war eine einzige Rechtfertigung dessen, was am 11. und 12. März geschah: der Zustimmung fast der gesamten Zentrumsfraktion zu den Young-Gesetzen in zweiter und dritter Lesung. Bei dem besonders umstrittenen, vom Haager Abkommen formell unabhängigen Liquidationsvertrag mit Polen stimmte trotz eindringlicher Appelle Brünings eine starke Minderheit der Zentrumsabgeordneten mit Nein. Die Fraktion der BVP enthielt sich in der zweiten Lesung der Young-Gesetze, wie angekündigt, der Stimme; in der dritten Lesung stimmten die meisten Abgeordneten mit Nein. Ein von den Kommunisten eingebrachter Mißtrauensantrag gegen die Regierung Müller wurde am 12. März nur von drei Abgeordneten der BVP abgelehnt; einer stimmte zu, zehn enthielten sich der Stimme. In den Schlußabstimmungen zu den beiden Arti-

---

275 AdR, Kabinett Müller II (Anm. 9), Bd. 2, S. 1554—1565 (Parteiführerbesprechungen vom 8., 9. u. 11. 3. 1930), 1571 (Schreiben Pünders an den Vertreter der Reichsregierung in München, v. Haniel, am 13. 3. 1930), 1573 f. (Schreiben Haniels an Pünder vom 14. 3. 1930); Protokolle (Anm. 19), S. 407—414 (Sitzungen der Zentrumsfraktion und ihres Vorstands, 8.—11. 3. 1930); Schulthess 1930 (Anm. 256), S. 67 f. (Erklärung des Zentrums zur Unterredung zwischen Hindenburg und Brüning mit Auszug aus dem Artikel der „Germania"). Zu diesem Gespräch auch Morsey, Quellen (Anm. 252), S. 218 f.; Brüning, Memoiren (Anm. 251), S. 155. Zur Haltung der beiden volksparteilichen Minister hatte Brüning schon am 7. 3. im Vorstand der Zentrumsfraktion bemerkt, „Moldenhauer und Curtius wollten im Kabinett bleiben, auch wenn DVP nicht [beim Finanzprogramm der Regierung] mitmacht. Das bedeutet Auflösung des Reichstags und Regierung mit Art. 48 durch gegenwärtiges Kabinett. — Das sollte möglichst verhindert werden." Protokolle (Anm. 19), S. 405 f. Moldenhauer und Curtius sollten, wie aus einer vermutlich vor dem 10. 3. verfaßten Aktennotiz von Hauptmann Noeldechen, dem Adjutanten Schleichers, hervorgeht, von Hindenburg gedrängt werden, auch auf die Gefahr eines Parteiausschlusses hin im Kabinett zu bleiben, falls die DVP aus der Großen Koalition ausschied. Vogelsang, Reichswehr (Anm. 10), S. 414 f.; Maurer, Reichsfinanzen (Anm. 74), S. 124; Koops, Brünings „Politische Erfahrungen" (Anm. 252), S. 210 f. Es ist nicht auszuschließen, daß Hindenburgs Wendung gegen die DVP der Verärgerung über die Zurückweisung des von ihm geforderten „Notopfers" durch die Volkspartei entsprang. Vgl. dazu oben S. 781 ff.

keln des Haager Abkommens gab es am gleichen Tag jeweils klare Mehrheiten: 265 Abgeordnete stimmten mit Ja, 192 mit Nein; 3 enthielten sich der Stimme.[276]

Die Regierung Hermann Müller hatte damit eine mit Spannung erwartete parlamentarische Kraftprobe insgesamt glänzend bestanden. Der Weg schien nun frei für die Erledigung der innenpolitischen Hauptaufgabe, des Steuerprogramms — wenn nicht auf parlamentarischem Weg, dann über eine Notverordnung des Reichspräsidenten. Aber galt das Wort Hindenburgs auch noch, nachdem das Haager Abkommen mit breiter Mehrheit verabschiedet worden war?

Ganz offensichtlich hatten seine Berater, mutmaßlich vor allem Staatssekretär Meissner, als sie den Reichspräsidenten zu den Zusagen an Müller und Brüning bewogen, nur eines im Sinne gehabt: die Auflösung des vom Zentrum bis zuletzt durchgehaltenen Junktims von Young-Gesetzen und Finanzreform. Der Zweck des Versprechens, der Regierung Müller notfalls Vollmachten nach dem Artikel 48 zu geben, war mit der Annahme des Young-Plans erreicht. Das gab Groener und Schleicher eine Chance, den Reichspräsidenten wieder auf *ihre* Linie festzulegen: Notstandsvollmachten sollten nur einer Regierung ohne Sozialdemokraten eingeräumt werden, etwa einem Kabinett Brüning, das Schleicher nach wie vor für die beste Lösung hielt.

Bereits am 18. März meldete der volksparteiliche Abgeordnete von Gilsa dem Generaldirektor der Gutehoffnungshütte, Paul Reusch, wie er von seinem „sehr gut unterrichteten Gewährsmann" erfahre, habe Hindenburg, „anscheinend auf Betreiben von Groener und Schleicher" den Vorschlag abgelehnt, den Reichstag aufzulösen, der Regierung Müller die Vollmachten nach Artikel 48 einzuräumen und die Minister Curtius und Moldenhauer zum Verbleiben im Kabinett zu bewegen. Schleicher, der am 18. März Meissner nochmals auf die Richtigkeit „meiner Lösung", also eines bürgerlichen Kabinetts mit präsidialer Rückendeckung, hingewiesen hatte, erhielt postwendend eine Antwort. Am 19. März machte der Staatssekretär im Büro des Reichspräsidenten den Chef des Ministeramtes im Reichswehrministerium auf jenen der Öffentlichkeit übergebenen Brief Hindenburgs an den Reichskanzler vom Vortag aufmerksam, in dem der Reichspräsident in geradezu befehlendem Tone energische Hilfsmaßnahmen für die Landwirtschaft des deutschen Ostens forderte. Meissners Erläuterung war offenbar als Signal gedacht, daß nun auch er wieder voll in die von Schleicher gewünschte Bahn eingeschwenkt war: „Das ist die erste Etappe zu *Ihrer* Lösung! Das ist

276 Brünings — mit einer Rücktrittsdrohung für den Fall des Scheiterns verbundener — Appell an die Fraktion, dem Polen-Abkommen zuzustimmen, in der Sitzung vom 11. 3. 1930: Protokolle (Anm. 19), S. 413. Das Polen-Abkommen wurde vom Reichstag in 3. Lesung am 12. 3. mit der knappen Mehrheit von 235 : 216 : 8 Stimmen angenommen. Von den Abgeordneten des Zentrums stimmten 35 mit Ja, 16 mit Nein, 5 enthielten sich; 3 fehlten unentschuldigt. Dagegen stimmten auch Abgeordnete der DVP. Zur 2. und 3. Lesung des Haager Abkommens und damit zusammenhängender Gesetze: Stenographische Berichte (Anm. 6), Bd. 427, S. 4344 (Brüning), 4345 (Leicht), 4349—4359 (Abstimmungen vom 11. 3. 1930), 4402—4413 (Abstimmungen vom 12. 3. 1930). Zur Haltung der BVP: Schönhoven, Bayerische Volkspartei (Anm. 263), S. 239 ff.

auch die Unterlage zum besten, was wir haben können, zum Führertum ‚*Hindenburg*'."[277]

*

Während die Umgebung des Reichspräsidenten so massiv wie nie zuvor auf die Ablösung des Kabinetts Müller drängte, gingen Parlaments- und Regierungsarbeit wie gewohnt weiter. Zwischen dem 17. und dem 27. März befaßte sich der Reichstag mit einer Fülle von Gesetzentwürfen, darunter am 19. März auch mit den von der Regierung eingebrachten Steuergesetzen. Am 25. März wurden die neuen Agrarzölle verabschiedet, von denen schon an anderer Stelle die Rede war. Das wichtigste einzelne Gesetz der zweiten Märzhälfte aber war das Republikschutzgesetz. Am 18. März nahm es der Reichstag in dritter Lesung mit 265 gegen 150 Stimmen an. Die große Mehrheit kam nicht zuletzt deshalb zustande, weil in der zweiten Lesung eine Bestimmung eingeführt worden war, die den Flaggenschutz auch auf die schwarz-weiß-rote Handelsflagge ausdehnte.

Als Severing am 13. März zu Beginn der zweiten Lesung, von Kommunisten und Nationalsozialisten durch Zwischenrufe ständig unterbrochen, für die Reichsregierung sprach, nannte er Zahlen, die das Ausmaß der politischen Radikalisierung deutlich machten: Allein in Preußen waren im Verlauf des Jahres 1929 bei politischen Zusammenstößen 300 Polizeibeamte verletzt und 14 getötet worden. Den Kommunisten hielt der Reichsinnenminister den Neujahrsartikel der „Roten Fahne" vor, in dem es hieß: „Das Jahr der Mai-Barrikaden ist kein Abschluß, sondern der Anfang einer großen revolutionären Entwicklung. Das Jahr der Mai-Barrikaden ist nur der Vorläufer der Situation, die die Machtfrage in Deutschland als Tagesaufgabe stellen wird." Nachdem er ähnlich militante Aufrufe zur Gewaltanwendung aus nationalsozialistischen Quellen zitiert hatte, zog Severing sein Fazit: „Wenn Sie die Gesamtsituation betrachten, den Anstrum der Rechten und der Linken nicht nur auf den Staat und seine Form, sondern auf unser ganzes öffentliches Leben, dann werden Sie es der Regierung nicht verargen, wenn sie jetzt in letzter Stunde dieses eine Mittel der Abwehr von Ihnen erbittet. ... Ein Staat, der seinen Schutz aufgibt, gibt sich selbst auf, und zu den Vertre-

277 Politik (Anm. 252), Bd. 1, S. 87 f. (Gilsa an Reusch, 18. 3. 1930), 91 f. (Briefwechsel Schleicher — Meissner, 18./19. 3. 1930; Hervorhebungen im Original). Ebda., S. 88 f. eine Aktennotiz Meissners über Unterredungen Hindenburgs mit Schiele (17. 3.) und Kastl, Silverberg sowie dem Agrarwissenschaftler Caro (18. 3.). In beiden Unterredungen ging es um die ostdeutsche Landwirtschaft, für deren Unterstützung der Reichspräsident den Reichsverband der Deutschen Industrie gewinnen wollte. Einen Solidaritätsbeitrag zugunsten der Großlandwirtschaft des Ostens — in der Form einer neuen Industriebelastung — hatte Silverberg auf der RDI-Tagung im Dezember 1929 gefordert, war dabei aber auf massiven Widerstand gestoßen. Vgl. dazu Grübler, Spitzenverbände (Anm. 250), S. 63 ff. Hindenburgs agrarpolitischer Appell vom 18. 3. 1930 in: AdR, Kabinett Müller II (Anm. 9), Bd. 2, S. 1580—1582. Vgl. dazu oben S. 729, 757. Zur Rolle Groeners und Schleichers im März 1930 auch: Carsten, Reichswehr (Anm. 251), S. 339 f.; Vogelsang, Reichswehr (Anm. 10), S. 65 ff.

tern des deutschen Volkes habe ich das Vertrauen, daß sie diese Unterlassungssünde nicht begehen."[278]

Die Notwendigkeit, praktischen Republikschutz zu üben, ergab sich am gleichen Tag, an dem der Reichstag das Gesetz in dritter Lesung verabschiedete. In Thüringen hatte der neue nationalsozialistische Innenminister Frick einen Weimarer Gymnasialdirektor des Dienstes enthoben, weil dieser sich weigerte, den bisher verbotenen Schülerbund „Adler und Falken" an seiner Schule zuzulassen. Als Severing am 17. Februar Frick aufforderte, über den Fall zu berichten, erklärte dieser in einer öffentlichen Versammlung, der Reichsinnenminister könne lange auf eine Antwort warten. Am 18. März teilte Severing der thüringischen Regierung mit, er habe sein Haus angewiesen, Anfragen und Schreiben des thüringischen Staatsministeriums so lange nicht zu beantworten, bis auf das Schreiben vom 17. Februar eine Erwiderung eingegangen sei. Gleichzeitig habe er angeordnet, alle Überweisungen aus Fondsmitteln des Reichsinnenministeriums an Thüringen einzustellen. „Schließlich mache ich darauf aufmerksam, daß mir Nachrichten zugegangen sind, die begründete Zweifel darüber erwecken, ob die Voraussetzungen für die Gewährung eines Reichszuschusses für Polizeizwecke von seiten des thüringischen Staatsministeriums noch erfüllt sind. Ich bin daher nicht in der Lage, weitere Zuschußzahlungen anzuweisen, wenn nicht vom thüringischen Staatsministerium der bündige Beweis dafür erbracht werden kann, daß von ihm die Grundsätze für die Gewährung des Reichszuschusses in vollem Umfange beobachtet werden." Der postwendende Protest der Weimarer Regierung war vergeblich. Severing hielt seine Sanktionen aufrecht.[279]

*

Doch Thüringen war in der zweiten Märzhälfte nur ein Nebenschauplatz der deutschen Innenpolitik. Mehr Aufmerksamkeit fand der Mannheimer Parteitag der Deutschen Volkspartei am 21. und 22. März, weil man von ihm Aufschluß über den künftigen Kurs der DVP erwartete, namentlich im Hinblick auf ihre Stellung zur Koalitionsfrage. Aber volle Klarheit brachte der Kongreß nicht. Der Parteivorsitzende Ernst Scholz griff die Sozialdemokratie einerseits scharf an: Sie mache grundsätzlich antikapitalistische Politik, besonders auf steuerlichem Gebiet, obwohl der Staat auf kapitalistischer Grundlage ruhe; sie sei offiziell für Schwarz-Rot-Gold, im Herzen aber für die rote Fahne. Auf der anderen Seite er-

---

278 Stenographische Berichte (Anm. 6), Bd. 426, S. 3313—4420 (Severing), 4525—4530 (Abstimmungen). Das Gesetz in: RGBl. 1930 I, S. 91—93. Der Artikel der „Roten Fahne": Das Jahr der Mai-Barrikaden, in: RF, Nr. 1, 1. 1. 1930. — Zum Scheitern der ersten Regierungsvorlage des Republikschutzgesetzes, die anders als die zweite verfassungsändernden Charakter hatte und darum für ihre Annahme eine qualifizierte Mehrheit benötigte, im Juni 1929 vgl. oben S. 678 f. Zur Gesetzgebungsarbeit von Reichstag und Reichsrat in der zweiten Märzhälfte siehe Schulthess 1930 (Anm. 256), S. 77—90; zu den Zollvorlagen siehe oben S. 758.

279 Schulthess 1930 (Anm. 256), S. 79—82 f.; Egelhaaf 1930 (Anm. 256), S. 221 f.; Severing, Lebensweg (Anm. 14), Bd. 2, S. 229 ff. Zu Fricks Ernennung zum thüringischen Innen- und Volksbildungsminister vgl. oben S. 767.

klärte Scholz jedoch, wer mit den Verhältnissen rechne, wie sie nun einmal seien, und Realpolitik treibe, müsse mindestens zur Zeit feststellen, daß ein Regieren gegen oder auch ohne die Sozialdemokratie auf die Dauer kaum möglich sei. Wenn diese Worte wie ein Bekenntnis zur Großen Koalition klangen, so stand daneben doch ein Beschluß, den der Parteitag auf Antrag der schwerindustriell beherrschten Rheinisch-Westfälischen Arbeitsgemeinschaft faßte: Jene Entschließung der Reichstagsfraktion vom 2. März, die Kompromisse bei der Arbeitslosenversicherung und ein Notopfer der Beamten strikt verworfen hatte, wurde ausdrücklich bestätigt.[280]

Gegenüber der Situation Anfang März befand sich die Schwerindustrie jetzt in einer sehr viel günstigeren Position: Vom Reichsverband der Deutschen Industrie gab es seit der Verabschiedung der Young-Gesetze keine Versuche mehr, mäßigend auf den rechten Flügel der DVP einzuwirken. Vielmehr machte der Vorsitzende des RDI, Carl Duisberg, deutlich, daß nunmehr auch er das Ende der Regierung Müller wünschte. Als Moldenhauer ihm in einem Brief vom 10. März ankündigte, er werde nach Annahme des Young-Plans sein Amt zur Verfügung stellen, weil nicht nur seine politischen Freunde, sondern auch „die Wirtschaft" ihm das Vertrauen entzogen hätten, quittierte Duisberg dies am 14. März mit einem Telegramm, das einer Aufforderung zum Rücktritt gleichkam: „Wenn Ihre Partei Kabinettsbeschlüsse nicht mitmachen kann, was ich voll und ganz verstehe, und Sie Konsequenzen daraus ziehen, verlieren Sie durchaus nicht das Vertrauen der Wirtschaft. Im Gegenteil, dies bleibt Ihnen dann erst erhalten."

Auf der Gegenseite, im Lager der Arbeitnehmer, schien die Kompromißbereitschaft ebenfalls abzunehmen. In ihrer Ausgabe vom 15. März legte die „Gewerkschafts-Zeitung", das Organ des ADGB, eine Analyse des Kabinettsbeschlusses vom 5. März vor, an deren Ergebnis es nichts zu deuteln gab: Es war negativ. Die schärfste Kritik galt dem Vorschlag, der Vorstand der Reichsanstalt solle über eine Erhöhung der Beiträge entscheiden. „Der Kampf der Arbeitgeber geht um Leistungssenkung und gegen Beitragserhöhung. Das ist stets mit jeder wünschenswerten Deutlichkeit ausgesprochen (worden). Glaubt irgend jemand, die Arbeitgebervertreter (im Vorstand der Reichsanstalt, H. A. W.) würden sich mit Stimmenmehrheit für eine Beitragserhöhung aussprechen? Warum also dieses Versteckspiel, das bewußt vergeblich den Vorstand bemüht, um dann doch die Entscheidung in das Kabinett zu verlegen?" Aus dieser Sicht der Dinge war es geradezu zwingend, den Vorschlag der Reichsregierung so zu werten, wie es die „Gewerkschafts-Zeitung" tat, nämlich als „grundsätzlich falsch".

Dennoch war dies nicht das letzte Wort von freigewerkschaftlicher Seite. Dem Vorsitzenden des AfA-Bundes und Reichstagsabgeordneten der SPD, Siegfried

---

280 Schulthess 1930 (Anm. 256), S. 83—86; Der Parteitag der Deutschen Volkspartei, in: Frankfurter Zeitung, Nr. 219, 23. 3. 1930; Auftakt zum Mannheimer Parteitag, in: Kölnische Zeitung, Nr. 160 b, 22. 3. 1930; Rudolf Breitscheid, Der Parteitag der Volkspartei. Stresemanns Erben am Scheideweg, in: Vorwärts, Nr. 135, 21. 3. 1930; Volkspartei am Scheidewege, ebda., Nr. 136, 21. 3. 1930; Die Volkspartei in Mannheim, ebda., Nr. 137, 22. 3. 1930. — Zum Vorstoß der Rheinisch-Westfälischen Arbeitsgemeinschaft auf dem Mannheimer Parteitag siehe den Brief Gilsas an Reusch vom 23. 3. 1930 in: Politik (Anm. 252), Bd. 1, S. 95—97.

Aufhäuser, erschien der Kabinettskompromiß vom 5. März in sehr viel milderem Licht, als er ihn mit der modifizierten Fassung verglich, auf die sich die Experten von DVP, Zentrum, BVP und DDP am 15. März verständigt hatten: Demzufolge sollte die Reichsanstalt ermächtigt werden, abweichend vom Gesetz Sparmaßnahmen, allerdings keine allgemeine Herabsetzung oder Verkürzung von Leistungen, zu beschließen; und nur, wenn diese Maßnahmen für den Ausgleich von Einnahmen und Ausgaben nicht ausreichten, dürften die Beiträge erhöht werden.

Am 24. März — dem gleichen Tag, an dem der Reichsrat die Vorlage der Regierung annahm — forderte Aufhäuser deshalb in einer neuerlichen interfraktionellen Besprechung, den Kabinettsbeschluß vom 5. März wiederherzustellen. Die Antwort des volksparteilichen Abgeordneten Carl Cremer war ein unmißverständliches Nein: Die Vorschläge des Kabinetts seien keine Verhandlungsbasis. Bei diesem Stand der Dinge sprach Heinrich Brüning aus, was in den folgenden drei Tagen die Richtschnur seines Handelns bilden sollte: „Zentrum macht lange Verhandlungen dieser Art nicht mehr mit. — Zentrum zieht politische Konsequenz aus Stellung der Flügelparteien."[281]

Bei den interfraktionellen Besprechungen zur Finanz- und Sozialpolitik, an denen seit der Verabschiedung der Young-Gesetze die DVP wieder teilnahm, waren auch sonst keine Fortschritte erzielt worden. Nur so viel stand fest: Die Biersteuerregelung der Rumpfkoalition war faktisch bereits gescheitert. Der preußische Ministerpräsident Otto Braun hatte bereits vor dem 12. März aus seiner Empörung über das bayerische Vorgehen keinen Hehl gemacht und angekündigt, seine Regierung werde der Formel der vier Parteien keinesfalls zustimmen — eine Mitteilung, die wesentlich zum Nein der BVP in der dritten Lesung der Young-Gesetze beitrug. In den Mittelparteien Zentrum und DDP sahen sich die maßgeblichen Politiker ebenfalls nicht mehr an den Kompromiß mit der BVP gebunden. Daß Otto Wels an der Vereinbarung weiterhin festhielt, bedeutete unter diesen Umständen nicht viel. Nachdem der Reichsrat am 15. März die Vorlage der Reichsregierung, also die Erhöhung der Reichsbiersteuer, angenommen hatte, war kaum noch damit zu rechnen, daß sich im Reichstag eine Mehrheit für die von Bayern gewünschte Lösung finden würde.[282]

Am 25. März, drei Tage nach dem Parteitag der DVP, fand wieder eine Parteiführerbesprechung beim Kanzler statt. Abermals stießen SPD und DVP in der

281 Ebda., S. 82 f. (Brief Moldenhauers an Duisberg vom 10. 3. 1930), 86 (Telegramm Duisbergs [aus Cannes] an Moldenhauer vom 14. 3. 1930); Arbeitslosenversicherung und Finanzreform, in: GZ, Nr. 11, 15. 3. 1930; Protokolle (Anm. 19), S. 419 f. (Sitzung des Vorstands der Zentrumsfraktion am 17. 3. 1930); BA Koblenz, R 45 II/67: Deutsche Volkspartei (Fraktionssitzung vom 17. 3. 1930); ABI Berlin, ADGB-Restakten, NB 471, SPD-Reichstagsfraktion 1924—1931 (Aufzeichnung Graßmanns über die interfraktionelle Besprechung vom 24. 3. 1930). Zu den Beschlüssen des Reichsrats: Schulthess 1930 (Anm. 256), S. 24 f.

282 Hierzu vor allem: Schulthess 1930 (Anm. 256), S. 77; AdR, Kabinett Müller II (Anm. 9), Bd. 2, S. 1571 f. (Brief Pünders an Haniel vom 13. 3. 1930); Protokolle (Anm. 19), S. 416—421 (Sitzung der Zentrumsfraktion und ihres Vorstands vom 13. bis 17. 3. 1930; zur Haltung von Wels: S. 417). Zum Verlauf der interfraktionellen Gespräche bemerkte der Zentrums-Abgeordnete Esser am 17. 3.: „Auffallend sei die Passivität der SPD und das Drängen der DVP, zu einer Verständigung zu kommen." Ebda., S. 420.

Frage der Arbeitslosenversicherung aufeinander. Breitscheid lehnte die von den Experten der bürgerlichen Koalitionsparteien erarbeitete Neufassung des Kabinettskompromisses ab, wonach die Reichsanstalt bei Reformmaßnahmen in begrenztem Umfang vom Gesetz abweichen und erst nach Einleitung solcher Maßnahmen die Beiträge erhöhen durfte; Scholz widersprach jeder Beitragserhöhung über 3 1/2 % hinaus, wenn sie nicht von der Durchführung einer „inneren Reform", also einer Senkung von Leistungen, abhängig gemacht wurde. Der Abgeordnete Oscar Meyer von der DDP regte im Sinne eines Kompromisses an, die Beiträge nicht, wie von SPD und Gewerkschaften gefordert und im Kabinettsbeschluß vom 5. März vorgesehen, um 1/2 %, sondern lediglich um 1/4 % zu erhöhen — eine Lösung, für die sich am 3. März auch schon Reichskanzler Müller ausgesprochen hatte. Doch nur Moldenhauer war bereit, diesen Vorschlag sofort zu übernehmen.

Bei der Frage der Steuersenkung waren die Fronten dieselben wie zuvor: Die SPD lehnte die Festlegung einer bestimmten Summe für das Rechnungsjahr 1931 ab; die DVP wollte die von der Regierung vorgesehene Summe von 600 Millionen auf 700 Millionen RM erhöhen. Der Reichskanzler erklärte abschließend, wenn am folgenden Tag eine Einigung nicht erreicht sei, werde das Kabinett zusammentreten, „um die durch die parlamentarische Lage notwendig werdenden Beschlüsse zu fassen". Was Müller zu diesem Zeitpunkt allenfalls ahnte, hörte Moldenhauers Staatssekretär Schäffer während der Besprechung: „Der Minister sagt (mir), es kommt doch zu keiner Einigung, weil die Volkspartei erfahren hat, daß der Reichspräsident dieser Regierung weder die Ermächtigung aus Artikel 48 noch das Recht zur Auflösung gibt."

Moldenhauers Information war korrekt. Bereits am 20. März hatte Legationsrat Redlhammer vom Auswärtigen Amt „aus absolut zuverlässiger Quelle" erfahren (und in einer Aktennotiz für den im Urlaub weilenden Minister Curtius festgehalten), daß man in der Umgebung des Reichspräsidenten mit einem Scheitern der Finanzverhandlungen rechnete. „Bei der dann zu erwartenden Kabinettskrise soll nach den Absichten des Herrn Reichspräsidenten der Abgeordnete *Brüning* mit der Kabinettsbildung beauftragt werden. Die Vorarbeiten für die Bildung dieses sogenannten Hindenburg-Kabinetts sollen bereits soweit gediehen sein, daß mit der raschen Bildung der neuen Regierung gerechnet werden könnte. Als Koalitionspartner wurden mir genannt: Demokraten, Volkspartei, Wirtschaftspartei, Zentrum, Bayerische Volkspartei, Volkskonservative Vereinigung ... Der im Zusammenhang mit Innenpolitik immer wieder genannte General (Schleicher, H. A. W.) hat vor Zeugen erklärt, die sogenannte Hindenburg-Regierung würde bis zum 26. dieses Monats, und zwar sofort nach dem Parteitag der Volkspartei, gebildet werden. Der Herr Abgeordnete *Scholz* dürfte über die näheren Zusammenhänge orientiert sein."[283]

---

283 AdR, Kabinett Müller II (Anm. 9), Bd. 2, S. 1594—1598 (Parteiführerbesprechung vom 25. 3. 1930); Politik (Anm. 252), Bd. 1, S. 95 (Aufzeichnung Redlhammers vom 20. 3. 1930; Hervorhebungen im Original). Curtius rechnete trotz Redlhammers Information für die nächste Zeit nicht mit einer „Krise" und kehrte nach dem Mannheimer Parteitag an seinen Urlaubsort Locarno zurück. Die Regierungszeit Müllers endete in seiner Abwesenheit. Ebda. (Anm.).

Scholz wußte demnach zum Zeitpunkt des Mannheimer Parteitags bereits, daß Hindenburg nicht bereit war, dem Kabinett Müller das letzte Rettungsmittel, die Vollmachten nach Artikel 48, zu gewähren. Für den Parteivorsitzenden der DVP gab es also keinen Grund, der SPD in der Sache mehr Zugeständnisse zu machen als bisher. Auf der anderen Seite empfahl sich eine bewegliche Taktik, um die Schuld für das Scheitern der interfraktionellen Verhandlungen in jedem Fall der SPD zuschieben zu können. Ein solches Vorgehen war nicht nur mit Rücksicht auf die Öffentlichkeit ratsam, sondern auch deswegen, weil es in der DVP und ihrer Reichstagsfraktion noch immer Kräfte gab, die die Zusammenarbeit mit den Sozialdemokraten nicht ohne Not aufkündigen wollten. Die Politik des Vorsitzenden der DVP in der letzten Woche der Großen Koalition hatte aus einem solchen Kalkül heraus eine innere Logik.[284]

Der Mann, den Hindenburg zum Nachfolger Hermann Müllers ausersehen hatte, drängte am 25. März im Kreis der Parteiführer noch stärker als tags zuvor in der interfraktionellen Besprechung auf eine rasche Entscheidung. „Morgen muß die Einigung werden", erklärte Brüning. „Wenn wir morgen nicht zu einer Einigung kommen, sind wir gezwungen, die politischen Konsequenzen zu ziehen." Am 26. März erfuhren die Vorstandsmitglieder der Zentrumsfraktion von Brüning, was dieser sicherlich nicht erst seit diesem Tag wußte: „Diesem Kabinett wird der Reichspräsident nicht die Vollmachten für Artikel 48 geben, außerdem seien staatsrechtlich nicht alle Lösungen mit ihm zu machen." Für die nächsten Gespräche mit den Koalitionspartnern gab der Fraktionsvorsitzende die Devise aus: „Wir müssen heute in den Verhandlungen mit den Parteien und im Kabinett den höchsten Druck anwenden. Weimarer Koalition plus Bayern bringt Abhängigkeit von BVP, neues Kabinett von Demokraten bis Gruppe Schiele bringt dasselbe. — Wir brauchen unsere Minister nicht aus der Regierung zu ziehen, aber wenn um 16 Uhr mit den Parteien keine Einigung erfolgt, so müßten unsere Minister um 18 Uhr im Kabinett — evtl. später — verlangen, daß der Kanzler (sich) zum Reichspräsidenten begibt, (um) für Demission des Kabinetts einzutreten."[285]

Brünings Drängen bedeutete nicht, daß er jetzt auf den Sturz Hermann Müllers setzte. Die Argumente, die er bei früheren Gelegenheiten zugunsten der Großen Koalition geltend gemacht hatte, waren aus seiner Sicht wohl immer noch gültig. Auf der anderen Seite hielt es Brüning nunmehr offenbar für sehr unwahrscheinlich, daß es doch noch zu einer Einigung zwischen SPD und DVP kommen wür-

---

284 Scholz selbst skizzierte seine Linie in der Fraktionssitzung der DVP am Vormittag des 26. 3. 1930 wie folgt: „Resultat der Fraktionssitzung könnte es sein, daß wir den übrigen Fraktionen entsprechende Mitteilungen machen. Dabei keine Kleinlichkeit bei Arbeitslosenversicherung; allerdings keine Zustimmung zur Beitragserhöhung über 3 1/2 % hinaus. Zustandekommen sehr zweifelhaft; dennoch gezeichnetes (sic!, gemeint wohl: gezeigtes) Entgegenkommen erforderlich, weil es Durchschnitt der Partei- und Fraktionsmeinung entspricht." BA Koblenz, R 45 II/67: Deutsche Volkspartei.

285 AdR, Kabinett Müller II (Anm. 9), Bd. 2, S. 1597 (Tagebuchnotiz Schäffers vom 25. 3. 1930); Protokolle (Anm. 19), S. 423 (Sitzung des Vorstands der Zentrumsfraktion vom 26. 3. 1930). Der Fraktion erklärte Brüning anschließend: „Die Situation sei äußerst ernst geworden. Die Fraktion müsse im Laufe des Tages entscheidende Beschlüsse fassen." Ebda., S. 424.

de. Ein Ende mit Schrecken schien ihm besser als ein Schrecken ohne Ende — sofern ihn die Alternative zum gegenwärtigen Zustand, ein von ihm geleitetes und von Hindenburg gestütztes bürgerliches Kabinett, überhaupt schreckte. Die parlamentarische Demokratie hatte ihre Chance gehabt; sie hatte sie bis zu einem gewissen Grade immer noch. Aber wenn der letzte Kompromißversuch scheiterte, dann hatte sich diese Regierungsform selbst ihr Urteil gesprochen: Es war nicht Brüning allein, der diese Ansicht vertrat; es war seit geraumer Zeit die Meinung des Zentrums.[286]

Die Parteiführerbesprechung am Nachmittag des 26. März verlief wiederum ergebnislos. Zentrum, DDP und BVP stellten sich wie schon tags zuvor auf den Boden des modifizierten Kabinettsbeschlusses, der der Reichsanstalt für Arbeitsvermittlung und Arbeitslosenversicherung ein begrenztes Recht zur Senkung von Leistungen einräumte; die SPD wollte im wesentlichen den Kabinettskompromiß vom 5. März wiederhergestellt sehen, begnügte sich nun aber für 1930 mit einer Beitragserhöhung um 1/4 %; die DVP lehnte erneut jede Beitragserhöhung ab. In den Fragen der Steuersenkung und der Ausgabendeckung sah zumindest Hermann Müller noch die Chance einer Verständigung. Was das „Schwergewicht der Schwierigkeiten", die Arbeitslosenversicherung, betraf, so richtete der Kanzler laut Protokoll an die Parteien abschließend die Frage, „ob sie eine Möglichkeit sähen, in diesem Punkte durch weitere interparlamentarische Besprechungen, ohne Zuziehung von Regierungsvertretern, noch im Laufe des Abends zu einer Einigung zu kommen. Die Parteien erklärten sich bereit, eine solche Einigung nochmals zu versuchen. Unter diesen Umständen vertagte der *Reichskanzler* die weitere Aussprache auf Donnerstag, den 27. vormittags 10 Uhr mit dem Bemerken, daß alsdann endgültig die letzte Entscheidung fallen müsse. Das Reichskabinett werde am Donnerstag, den 27. März anschließend zu einer entscheidenden Sitzung zusammentreten."

*

Der letzte Tag der Großen Koalition begann mit der angekündigten Parteiführerbesprechung um 10 Uhr. Brüning berichtete einleitend, er habe am Abend zu-

286 Sehr bezeichnend ist für die Haltung des Zentrums der Kommentar „Das Zentrum als Staatspartei" in der Kölnischen Volkszeitung vom 23. 3. 1930. Es heißt dort: „Hindenburg ist aus den Krisen der letzten Wochen mit einem großen *Mehr an moralischer Autorität* hervorgegangen. Diese Tatsache läßt uns hoffnungsvoller dem kommenden Tag entgegensehen. Denn mit ihr ist die Möglichkeit gegeben, ohne Erschütterung der Weimarer Verfassung das Reichsschiff durch die schweren Tage dieser Woche hindurchzusteuern. Hinter den wirtschaftlichen und finanziellen Problemen, die in diesen Tagen gelöst werden müssen, steht die große Frage der *Rettung der Staatsautorität vor der Überwucherung durch Parteienherrschaft*. Nicht um Rechte des Parlamentes geht es, sondern um Pflichten des Parlamentes. Wir haben kein Interesse daran, daß das Parlament versagt . . . Wir können deshalb nicht wollen, daß von dem Artikel 48 Gebrauch gemacht wird, solange die Parteien und das Parlament sich nicht selbst verleugnen. Das Zentrum hat daher auch, wie Dr. Brüning in seiner Kölner Rede feststellen konnte, bis zur letzten Stunde darum gerungen, das Parlament zu retten" (Hervorhebungen im Original). Vgl. hierzu auch das Zitat von Kaas in Anm. 299.

vor den Sachverständigen einen Vermittlungsvorschlag zur Abänderung der Regierungsvorlage unterbreitet. Eine Einigung sei bisher nicht erzielt worden, aber er sei ermächtigt, seinen Vorschlag hier vorzutragen. Der Text, den Brüning zuvor mit Ernst Scholz von der DVP und Oscar Meyer von der DDP abgestimmt hatte, lautete:

„Das Gesetz über Arbeitsvermittlung usw. wird nach Maßgabe der folgenden Richtlinien geändert: 1. Kann der Bedarf der Reichsanstalt aus den Beiträgen der Versicherten und dem Notstock nicht völlig gedeckt werden, obwohl der Beitrag rechtzeitig einheitlich für das Reichsgebiet festgesetzt ist, so gewährt das Reich Zuschüsse, deren Höhe alljährlich im Reichshaushaltsplan festgesetzt wird. 2. Der Reichszuschuß für das Rechnungsjahr 1930 beträgt 150 Millionen RM, die Höhe der Beiträge 3 1/2 %. 3. Um den Ausgleich zwischen Einnahmen und Ausgaben der Reichsanstalt zu erleichtern, soll der Vorstand der Reichsanstalt die erforderlichen Maßnahmen auf dem Wege der Verwaltung treffen. Zum gleichen Zweck soll er der Reichsregierung Vorschläge zur Reform des Gesetzes unterbreiten. 4. Übersteigt der Bedarf der Anstalt infolge unvorhergesehener Verschlechterung des Arbeitsmarktes die eigenen Mittel der Anstalt und den Zuschuß des Reichs, so tritt die Darlehnspflicht nach § 163 AVAVG (Gesetz über Arbeitsvermittlung und Arbeitslosenversicherung, H. A. W.) ein, jedoch mit der Maßgabe, daß die Reichsregierung durch ein alsbald vorzulegendes Gesetz entweder durch Beitragserhöhung die Rückzahlung der Darlehen ermöglicht oder zur Deckung der für die Darlehen aufzuwendenden Beträge dem Reiche die notwendigen Einnahmen sicherstellt."

Einwände von Vertretern der Deutschen Volkspartei hatten die Folge, daß der vierte Punkt sogleich nochmals überarbeitet wurde. Die neue Fassung rückte die Senkung von Leistungen stärker in den Vordergrund als die alte. Neu aufgenommen wurde, wenn auch in verschlüsselter Form, der Gedanke, daß das Reich zwecks Deckung seiner Darlehen die indirekten Steuern erhöhen konnte. Die Erhöhung der Beiträge war infolgedessen nicht mehr die einzige Alternative zur Kürzung der Leistungen, sondern nur noch eine von drei Möglichkeiten. Punkt 4 hatte nunmehr folgenden Wortlaut:

„4. Übersteigt der Bedarf der Anstalt infolge unvorhergesehener Verschlechterung des Arbeitsmarktes die eigenen Mittel der Anstalt und den Zuschuß des Reiches, so tritt die Darlehenspflicht nach § 163 AVAVG ein, jedoch mit der Maßgabe, daß die Reichsregierung nach Prüfung weiterer Ersparnismöglichkeiten auf dem Wege der Gesetzgebung alsbald ein Gesetz vorzulegen hat, das entweder durch Beitragserhöhung die Rückzahlung der Darlehen ermöglicht oder durch eine Reform des Gesetzes über AVAVG den Ausgleich zwischen Einnahmen und Ausgaben herstellt oder zur Deckung der für die Darlehen aufzuwendenden Beträge dem Reiche die notwendigen Mittel zuführt."

Der Kompromißcharakter von Brünings endgültigem Vorschlag bestand im wesentlichen darin, daß er die Hauptstreitpunkte vertagte. Für den Augenblick sollte es weder eine Beitragserhöhung noch eine Senkung der Leistungen noch Steuererhöhungen zur Deckung der Reichsdarlehen geben. Alle drei Möglichkeiten wurden aber alternativ für die Zukunft in Aussicht gestellt, wobei der Gesetzgeber das letzte Wort hatte. Die DVP konnte als Erfolg verbuchen, daß es zunächst bei der Beitragshöhe von 3 1/2 % blieb und eine baldige Senkung der Leistungen in den Bereich des Möglichen rückte. Auf der anderen Seite wurden Reichszuschüsse ohne feste Obergrenze und auf Dauer — also nicht nur vorläufig, für die Jahre 1930 und 1931 — vorgesehen, was den Sozialdemokraten nach Lage der Dinge sympathisch sein mußte. Die Darlehenspflicht des Reiches aber, auf die SPD und Freie Gewerkschaften besonderes Gewicht legten, wurde gegenüber dem bisherigen Zustand erheblich eingeschränkt. An der Gesamtbilanz konnte es somit keinen Zweifel geben: Verglichen mit den Kabinettsbeschlüssen vom 5. März bedeutete der „Brüning-Kompromiß" einen sozialpolitischen Ruck nach rechts — weg von den Positionen der Sozialdemokratie, hin zu denen der Deutschen Volkspartei.

Von den Vertretern des Zentrums, der DDP und der BVP wurde Brünings revidierte Vorlage gebilligt. Die Sozialdemokraten erklärten, sie hielten ihren eigenen Vorschlag nach wie vor für besser und könnten darum dem Entwurf nicht zustimmen. Die DVP wollte sich noch nicht festlegen. Ihre Sprecher äußerten „Zweifel, ob die Fraktion die neue Fassung für ausreichend erklären würde, da der Zwang zur Nachprüfung, ob ein weiterer Abbau der Arbeitslosenversicherung möglich sei, nicht genügend stark zum Ausdruck komme."

Die Aussprache endete mit dem Beschluß, den Fraktionen nochmals Gelegenheit zur Stellungnahme zu geben, und zwar in Form eines Ja oder Nein zu dem bisher erreichten Verhandlungsergebnis in den drei Fragenkomplexen Sicherung der Arbeitslosenversicherung, Steuersenkung und Ausgabenersparnis, Deckungsvorlagen. Beim ersten Punkt war Verhandlungsergebnis der Brüning-Kompromiß, in den beiden anderen bildeten die Beschlüsse des Kabinetts die Grundlage.

Um 12 Uhr trafen sich die Mitglieder des Kabinetts Hermann Müller zu einer Ministerbesprechung. Außerhalb der Tagesordnung trug Finanzminister Moldenhauer vor, daß der Haushaltsausschuß des Reichstags soeben bei der Abstimmung über den Nachtragshaushalt des Reichsarbeitsministeriums das Defizit des Reichs um 22,5 Millionen RM vergrößert habe: Die Vorlage der Regierung, die verminderte Reichszuschüsse zur Invalidenversicherung vorsah, sei an der Ablehnung der SPD und der Stimmenthaltung des Zentrums gescheitert. Moldenhauers Vermittlungsvorschlag, der das Defizit des Rechnungsjahres 1929 auf 10 Millionen RM beschränkte, wurde vom Reichskanzler unterstützt. Die Minister sagten zu, sich in ihren Fraktionen für diese Lösung einzusetzen, damit die Abstimmungen in der zweiten und dritten Lesung, die für den Nachmittag vorgesehen waren, im Sinne der Regierung ausfielen.

Unter dem Tagesordnungspunkt „Finanzfragen" wurden zunächst die Deckungsvorlagen für den Reichshaushalt 1930 und die Steuersenkungen erörtert. Außer der Biersteuer, der sich nach Müllers Mitteilung BVP und bayerische Sozialdemokraten versagen wollten, ergaben sich bei den Deckungsvorlagen keine größeren Probleme. Bei den Steuersenkungen war nach wie vor die Forderung der DVP, die für 1931 vorgeschlagene Ersparnissumme von 600 auf 700 Millionen RM zu erhöhen, besonders kontrovers. Ansonsten stellte der Kanzler „trotz starker Bedenken in Einzelheiten" das grundsätzliche Einverständnis der übrigen Fraktionen fest.

Zu der umstrittensten aller Fragen, der Arbeitslosenversicherung, bemerkte Müller, Brünings Kompromißvorschlag laufe materiell darauf hinaus, „daß die sachliche Entscheidung über die Sanierung der Reichsanstalt um einige Monate hinausgezogen werde". In der anschließenden Diskussion bezeichneten alle Minister, die sich zu Wort meldeten, die Regierungsvorlage als sachlich dem Vorschlag Brünings überlegen. Aber nur ein Kabinettsmitglied, Arbeitsminister Wissell, kündigte an, daß er den „Brüning-Kompromiß" ablehnen werde. Gegen seine Stimme billigte das Kabinett den Vorschlag des Kanzlers, den Fraktionen solle mitgeteilt werden, die Regierung werde sich, falls es für ihre eigenen Vorschläge keine Mehrheit gäbe, mit einem von den Parteien vereinbarten Programm abfinden.[287]

Am frühen Nachmittag tagten die Fraktionen. In der sozialdemokratischen Fraktion gingen, wie der „Vorwärts" tags darauf berichtete, „die Meinungen über die Bedeutung der Kompromißformel stark auseinander. Es war bekannt geworden — und kam auch im Laufe der Debatte zum Ausdruck —, daß der Reichsarbeitsminister, Gen. *Wissell*, die Kompromißformel für unannehmbar hielt. Auf demselben Standpunkt wie er stand auch der Bundesvorstand des ADGB, dessen durch den Gen. *Müller-Lichtenberg* abgegebene Erklärung sehr starken Eindruck machte. In der Debatte wurde auch an ein Wort erinnert, das auf dem Magdeburger Parteitag gefallen war und dort allgemeinen Beifall gefunden hatte, daß nämlich *die Partei sich nicht von den Gewerkschaften trennen dürfe*, wenn es über die Arbeitslosenfrage zu einem Regierungskonflikt komme."

Auf der anderen Seite habe jedoch auch die Haltung, die Hermann Müller, Severing und Robert Schmidt im Kabinett eingenommen hätten, weitgehendes Verständnis gefunden. „Diese Genossen hatten zwar prinzipiell an der Regierungsvorlage festgehalten, wollten aber zur Not auch die Kompromißformel tolerieren, in der sie eine Gefährdung der Arbeitslosenversicherung *nicht* erblickten. Mit ihnen vertrat ein Teil der Fraktion die Auffassung, daß die Kompromißformel keine erhebliche Gefahr bedeute, daß man sie also zur Not ertragen könne, um über die Klippen der Finanzreform hinwegzukommen. *Selbstverständlich hat kein Mitglied der Fraktion daran gedacht, einem Abbau der Arbeitslosenversicherung den Weg zu ebnen.* Die Gegner der Kompromißformel konnten jedoch darauf hinweisen, daß von den drei Möglichkeiten, die sie theoretisch in Aussicht nimmt, schließlich nur eine praktisch in Frage gekommen wäre — nämlich der Abbau der Leistungen. So überwog schließlich in der Fraktion der Wunsch, auch

287 AdR, Kabinett Müller II (Anm. 9), Bd. 2, S. 1600—1602 (Parteiführerbesprechung vom 26. 3. 1930, 16 Uhr; Hervorhebung im Original); 1602—1604 (Parteiführerbesprechung vom 27. 3. 1930, 10 Uhr), 1605—1607 (Ministerbesprechung vom 27. 3. 1930, 12 Uhr). Regelmäßige Reichszuschüsse an die Arbeitslosenversicherung waren nicht erst im „Brüning-Kompromiß", sondern auch bereits in der Expertenvorlage enthalten, über die die Parteiführer am 26. 3. verhandelten. Ebda., S. 1602. Zur Mitwirkung von Scholz und Meyer an Brünings Entwurf vgl. Anm. 289.

jeden bösen Schein zu vermeiden, als ob sie für einen Abbau der Arbeitslosenversicherung zu haben sein würde, und als ob es in dieser Frage *sachliche* Meinungsverschiedenheiten zwischen Sozialdemokraten geben könnte. Und so fand auch der Antrag des Parteivorsitzenden *Wels*, unter Ablehnung des Kompromißvorschlags *an der Regierungsvorlage festzuhalten, nahezu einstimmige Annahme.*"

Friedrich Stampfer hat Jahre später über die Fraktionssitzung vom 27. März 1930 einiges mitgeteilt, was er damals die Leser des „Vorwärts" nicht wissen lassen wollte. „Die entscheidenden Verhandlungen in der sozialdemokratischen Fraktion verliefen in nervöser Stimmung. Die Minister mußten bald wieder zurück zur Kabinettssitzung, man sprach kurz und erregt. Die Entscheidung war eigentlich schon gefallen, als einige der Fraktion angehörende Gewerkschaftsführer den Saal betraten und aus ihrer Mitte heraus Hermann Müller-Lichtenberg das Wort verlangte. Dieser zweite Hermann Müller der Fraktion war Mitglied des Bundesvorstandes des Allgemeinen Deutschen Gewerkschaftsbundes und ein ausgezeichneter Sozialpolitiker. Sein Ruhm wurde durch die Namensgleichheit mit dem Reichskanzler sehr verdunkelt. Nun stand Hermann Müller gegen Hermann Müller. Der Redner der Gewerkschaften erklärte in diktatorischem Ton, daß der Kompromiß über die Arbeitslosenversicherung völlig unannehmbar sei. Sollte die Fraktion zu einer anderen Auffassung kommen, so würden die Gewerkschaften es sich nicht nehmen lassen, ihren abweichenden Standpunkt im Reichstag, in der Presse und in der Partei nachdrücklichst geltend zu machen. Diese Erklärung war umso unglücklicher, als sie vollkommen überflüssig war. Tatsächlich war die Entscheidung so gut wie gefallen. Man beschloß fast einstimmig, das Kompromiß abzulehnen."

In einem nationalsozialistischen Untersuchungsgefängnis erinnerte sich drei Jahre später der Lübecker Reichstagsabgeordnete Julius Leber der Fraktionssitzung vom 27. März: „Der Schlußakt der Tragödie Müller spielte sich in der sozialdemokratischen Reichstagsfraktion ab. Eine kurze Darlegung der Schwierigkeiten im Kabinett, dann die Mitteilung, daß nur eine Viertelstunde Zeit zur Entscheidung bleibe, da schon eine neue Kabinettssitzung angesetzt sei. Es ging um eine eventuelle zukünftige Reform der Arbeitslosenversicherung. Wissell forderte Unnachgiebigkeit. Müller machte auf die politischen Konsequenzen aufmerksam. Müller-Lichtenberg stellte sich in politischer Ahnungslosigkeit für die Gewerkschaften (ohne Auftrag, wie sich später herausstellte) auf die Seite Wissells. Der Reichskanzler schwieg. Mit allen gegen fünf Stimmen (dem „Freien Wort" vom 6. April 1930 zufolge waren es drei Stimmen, H. A. W.) beschloß die Fraktion im Sinne Wissells. Hermann Müller verließ ernst das Fraktionszimmer. Eine Viertelstunde später war die Krise da ..."

Für den „Brüning-Kompromiß" stritt in der Fraktion am nachdrücklichsten der Reichsinnenminister. Als Moldenhauer aus der Sitzung der eigenen Fraktion kam, hörte er, „daß sich in der sozialdemokratischen Fraktion die Gegnerschaft gegen das Kompromiß, um Wissell geschart, mehrte und Severing einen verzweifelten Kampf fechte". Brüning erfuhr, als er vom Mittagessen in den Reichstag zurückkehrte, von einem seiner Freunde, Breitscheid habe ihn eine Stunde lang vergeblich gesucht. „Ich eilte sofort die Treppen hinaus zum sozialdemokratischen Fraktionszimmer. In diesem Augenblick öffnete sich die Türe. (Stefan) Meier-Baden trat heraus und sagte: ‚Es ist alles aus. Wissell hat dagegen gekämpft, Hermann Müller war müde. Er glaubte, schon vom Reichspräsidenten aufgegeben zu sein.'"[288]

Als die sozialdemokratischen Abgeordneten den „Brüning-Kompromiß" ablehnten, wußten sie bereits, daß die anderen Fraktionen, mit Ausnahme der Bayerischen Volkspartei, den Vorschlag angenommen hatten. Heftige Debatten hatte es nur in der DVP gegeben. Wie in den Tagen zuvor drängte der schwerindustrielle Flügel auf den endgültigen Bruch mit der Sozialdemokratie. Der Bergwerksdirektor Adolf Hueck, Vorstandsmitglied der Vereinigten Stahlwerke, fand, das von der Mehrheit der Fraktion Gewollte sei nicht erreicht worden, und erinnerte die Fraktion an die „Verantwortung, die sie vor dem Lande übernimmt, wenn sie sich mit lächerlichen Abschlagszahlungen begnügt". Der stellvertretende Fraktionsvorsitzende, Rechtsanwalt Albert Zapf, verteidigte den „Brüning-Kompromiß" mit den Worten: „Wir haben keine Niederlage erlitten, aber die SPD." Eine andere, namentlich eine bürgerliche Koalition sei zur Zeit unmöglich. Otto Thiel, einer der Führer des Deutschnationalen Handlungsgehilfen-Verbandes und damit der maßgebliche Vertreter des Arbeitnehmerflügels der DVP, hielt es für „in höchstem Maße unwahrscheinlich, daß (die) SPD dem Arbeitslosen-Programm zustimmt". Mehr sei nicht zu erreichen; ein Nein bedeute den Bruch herbeizuführen. Der Partei- und Fraktionsvorsitzende Ernst Scholz bat die Fraktion, sich sehr zu überlegen, „ob wir durch Ablehnung es verhindern wollen, die Wirtschaft (ein) gutes Stück vorwärts zu bringen". Die Zähigkeit der DVP habe zu Erfolgen geführt; es sei eine „starke Etappe erreicht". Am Ende der Sitzung stand die Abstimmung. „Unter der Voraussetzung, daß andere Fraktionen zustimmen", sprachen sich 25 Abgeordnete für den „Brüning-Kompromiß" aus; 16 lehnten ihn ab.[289]

Die letzte Kabinettssitzung der Großen Koalition begann um 17 Uhr. Müller teilte einleitend mit, daß das den Parteien unterbreitete Gesamtprogramm von drei Fraktionen, nämlich Zentrum, DVP und DDP vorbehaltlos angenommen und von einer, der BVP, rundweg abgelehnt worden sei. „Die SPD habe erklärt,

---

288 Rücktritt der Reichsregierung, in: Vorwärts, Nr. 147, 28. 3. 1930 (Hervorhebungen im Original); Stampfer, Vierzehn Jahre (Anm. 42), S. 562; Julius Leber, Die Todesursachen der deutschen Sozialdemokratie (geschrieben im Juni 1933), in: Beck/Schoeller (Hg.), Leber (Anm. 40), S. 179—246 (288). Zur Zahl der Gegenstimmen: Hindenburg will Schiele, in: DFW 2 (1930), Nr. 14 (6. 4.), S. 1—6 (1). BA Koblenz, Nl. Moldenhauer, Nr. 3: Ministerzeit, Bl. 95 (auszugsweise in: Politik [Anm. 252], Bd. 1, S. 98—102); Brüning, Memoiren (Anm. 251), S. 157. — Die vom „Vorwärts" zitierte Äußerung auf dem Magdeburger Parteitag stammt von Stampfer. Ähnlich hatte sich dort auch Breitscheid geäußert. Vgl. oben S. 638 f.

289 BA Koblenz, R 45 II/67: Deutsche Volkspartei. Scholz eröffnete die Sitzung mit den Worten, „die Fraktion stehe vor einer folgenschweren Entscheidung". Eine Sonderbesprechung mit Brüning und Meyer (DDP) habe zu der Formulierung des vorliegenden Kompromisses geführt. „Ob SPD annimmt, steht dahin. Was Steuersenkung angeht, so ist Fraktionsziel erreicht." — Die Zentrumsfraktion nahm den „Brüning-Kompromiß" einmütig an. Protokolle (Anm. 19), S. 425 (Fraktionssitzung vom 27. 3. 1930). Zur Haltung der BVP: Schönhoven, Bayerische Volkspartei (Anm. 263), S. 242 ff.

daß sie das Programm der Reichsregierung annehme, das zwischen den Parteien behandelte Kompromißprogramm dagegen ablehne." Für die Regierung gebe es jetzt nur noch zwei mögliche Wege: Erstens könne sie ihre Deckungsvorlagen im Steuerausschuß weiter betreiben und gegebenenfalls versuchen, sie mit Hilfe des Artikels 48 durchzusetzen; daran sei aber nur zu denken, wenn alle Reichsminister im Amt blieben. Zweitens könne sie, wenn der erste Weg nicht gangbar erscheine, zurücktreten.

Moldenhauer bezeichnete den ersten Weg sogleich als nicht gangbar. Seine Partei werde sich nur dann an den Verhandlungen beteiligen, wenn zuvor eine Einigung auf die neuen Kompromißvorschläge erfolgt sei. Die Anwendung von Artikel 48 erscheine angesichts der tiefgehenden Meinungsverschiedenheiten im Kabinett unmöglich; „es müsse leider festgestellt werden, daß für die Regierung eine ausreichende Basis im Reichstage nicht mehr vorhanden sei."

Mit diesem Votum des Reichsfinanzministers war die Große Koalition faktisch aufgekündigt. Als Dietrich, Schätzel und Severing danach noch forderten, die Regierung möge mit ihren Vorlagen vor den Reichstag treten — der Innenminister sprach in diesem Zusammenhang von einer „offenen Feldschlacht" —, war dies im Grunde bereits der Appell an ein Rumpfkabinett. Wirths Frage an den anwesenden Staatssekretär Meissner, ob der Reichspräsident dem gegenwärtigen Kabinett in seiner Gesamtheit die Ermächtigung des Artikels 48 geben werde, wurde ausweichend beantwortet: Meissner erwiderte, „daß der Herr Reichspräsident mit einer Meinungsäußerung zur Sache im gegenwärtigen Stadium der Dinge zurückhalten und seine Entscheidung erst treffen werde, wenn vorher das Reichskabinett zu festen Beschlüssen gelangt sei." Danach vertagte sich das Kabinett auf Bitten der Minister des Zentrums, die eine Rücksprache mit ihrem Fraktionsvorsitzenden wünschten, bis 19 Uhr.

In der kurzfristig anberaumten Sitzung des Vorstands der Zentrumsfraktion wurde rasch deutlich, daß sich kein maßgeblicher Politiker der Partei von einer „offenen Feldschlacht" im Reichstag etwas versprach. Die DVP werde den Regierungsvorlagen nicht zustimmen, erklärte Brüning; das Zentrum könne sie nicht ablehnen. „Dann bleibe (die) Weimarer Koalition, von der man nicht weiß, ob Hindenburg sie mitmacht." Der Ansicht Guérards, im Falle eines Rücktritts Moldenhauers müßten die Zentrumsminister ebenfalls zurücktreten, stimmte Brüning ausdrücklich zu. Wirth berichtete ergänzend, Meissner habe ihm privat mitgeteilt, daß der Reichspräsident dieser Regierung die Ermächtigung nach Artikel 48 nicht geben werde.

Nach Wiedereröffnung der Kabinettssitzung fragte Müller erneut, ob die Regierung ihre Vorlage im Reichstag weiter vertreten oder noch heute zurücktreten wolle. Moldenhauers Antwort war die formelle Aufkündigung der Großen Koalition: Er empfahl den Rücktritt des Kabinetts und kündigte für den Fall, daß die Mehrheit der Minister gegen den Willen der Deutschen Volkspartei die Dekkungsvorlagen im Steuerausschuß des Reichstags zu vertreten beschließe, seinen Rücktritt vom Amt des Reichsfinanzministers an. Als zusätzliche Begründung für einen solchen Schritt nannte Moldenhauer die Tatsache, daß die Koalitionsparteien ihn soeben, bei der Abstimmung über den Nachtragshaushalt des Reichsarbeitsministeriums, trotz seiner eindringlichen Mahnung vom Vormittag, im Stich gelassen hätten.

Daraufhin erklärte Hermann Müller, daß unter diesen Umständen sein erster Vorschlag als erledigt anzusehen sei und das Reichskabinett offenbar zu demissionieren wünsche. „Diesen Beschluß werde er unverzüglich dem Herrn Reichspräsidenten unterbreiten.“ Dann dankte Müller — wie Moldenhauer in den Aufzeichnungen über seine Ministerzeit schreibt — „mit fast von Tränen der Rührung erstickter Stimme allen Mitgliedern des Kabinetts für die treue und loyale Zusammenarbeit.“

Das amtliche Protokoll beschreibt das offizielle Ende der Regierungszeit Hermann Müllers so: „Der Reichskanzler gedachte sodann mit herzlichen Worten der hingebenden Zusammenarbeit des Reichskabinetts in einer an schwierigsten Aufgaben so reichen Zeit. Er rechnete die Arbeit in diesem Kabinett zu den angenehmsten Erinnerungen seines Lebens. Das Reichskabinett habe in schwierigsten Situationen mehr als einmal bewiesen, daß es sich zu einigen verstehe, auch wenn die Fraktionen des Reichstags eine Einigung nicht erreicht hätten. Der *Reichsminister der Justiz*, der *Reichsminister der Finanzen* und der *Reichspostminister* erwiderten, zugleich im Namen ihrer politischen Freunde, mit Worten aufrichtigen Dankes für die vorbildliche Art der Amtsführung des Reichskanzlers und versicherten, daß sie sich der unter Führung des Reichskanzlers geleisteten Arbeit stets dankbar erinnern würden. Der *Reichswehrminister* schloß sich diesem Dank an und fügte hinzu, daß die gesamte Wehrmacht dem Reichskanzler wärmsten Dank für die vorbildliche Art und Weise ausspreche, mit der er die Interessen der Wehrmacht gefördert habe. Seine Tätigkeit zu Gunsten der Wehrmacht werde nie vergessen werden.“[290]

*

„Einen schwarzen Tag“ nannte die liberale „Frankfurter Zeitung“ den 27. März 1930, „doppelt unheilvoll, weil der Gegenstand des Streits mit seiner Kleinheit in einem so grotesken Mißverhältnis zu den verhängnisvollen Folgen steht, die daraus erwachsen können. Ein viertel Prozent Erhöhung des Beitrags zur Arbeitslosenversicherung, ein Beitrag von 70 Millionen Mark — je zur Hälfte von Arbeitgebern und Arbeitnehmern zu tragen —, das ist das ganze Objekt! Unbe-

---

290 AdR, Kabinett Müller II (Anm. 9), Bd. 2, S. 1608—1610 (Hervorhebungen im Original); BA Koblenz, Nl. Moldenhauer, Nr. 3: Ministerzeit, Bl. 96 (auszugsweise in: Politik [Anm. 252], Bd. 1, S. 98—101). Zur Abstimmung über den Nachtragshaushalt des Reichsarbeitsministeriums: Stenographische Berichte (Anm. 6), Bd. 427, S. 4693. Zur Vorstandssitzung der Zentrumsfraktion: Protokolle (Anm. 19), S. 425—427. — Entgegen der Behauptung von Vogt (AdR, Kabinette Müller II [Anm. 9], Bd. 1, S. LXVII f.) fanden während der Unterbrechung der letzten Kabinettssitzung *keine* Fraktionssitzungen statt. Weder bei Keil, Erlebnisse (Anm. 30), Bd. 2, S. 233, noch bei Leber, Todesursachen (Anm. 288), S. 228 — den von Vogt genannten Belegen —, ist von einer zweiten Fraktionssitzung der SPD die Rede. Die DVP tagte am Abend des 23. 3. auch nicht mehr; Moldenhauer sprach in der Pause jedoch seinen Aufzeichnungen zufolge mit Scholz. BA Koblenz, RA 45 II/67: Deutsche Volkspartei.

greiflich, daß die Volkspartei darum das Unheil einer Krise riskierte, die der Wirtschaft eine Schädigung in vielfacher Höhe dieser 70 Millionen zu bringen droht. Unbegreiflich aber auch, daß angesichts der nun einmal eingetretenen Zuspitzung die Sozialdemokratie nicht den Boden eines Kompromisses betrat, das immerhin nichts verbaute. Hat sie bedacht, was für unsere ganze innenpolitische Entwicklung, was für die Zukunft der Demokratie in Deutschland daraus erwachsen kann? Denn jetzt ist alles dunkel und ins Ungewisse gerückt. Finanzordnung durch Artikel 48? Beamtenkabinett mit unklarer Mehrheit? Regierung der Rechten? Wir stehen vor folgenschweren Entscheidungen."

„Die sozialdemokratische Fraktion hat mit ihrem heutigen Votum zweifellos einen politischen Fehler begangen", meinte in der gleichen Ausgabe der Berliner Korrespondent des Blattes. „Ihre Mehrheit sah nicht oder wollte nicht sehen, daß es um eine politische Entscheidung ging, die in der Gestalt der Kompromißformel wohl zu ertragen gewesen wäre, wenn die Fraktion für den Herbst, wo neue Beschlüsse zu fassen gewesen wären, Vertrauen zur eigenen Festigkeit und Tatkraft gehabt hätte. Wenn jetzt das Odium für die Sprengung der Koalition und den Rücktritt des Kabinetts auf die Sozialdemokratie fällt, so tragen dafür in erster Linie ihre gewerkschaftlichen Vertreter die Verantwortung, die so unter dem Bann des Artikels 163 des Arbeitslosenversicherungsgesetzes (Darlehen des Reiches, H. A. W.) standen, daß sie die politische Wirkung ihres negativen Votums vollkommen übersahen. Schließlich wurde doch auch der sozialdemokratische Kanzler durch das Nein der Fraktion desavouiert, sogar die Fraktionsführung selbst, die mittags bereit gewesen wäre, das Kompromiß zu befürworten ... Denn daran kann kein Zweifel sein, daß jetzt die Sozialdemokratie aus der Regierung ausscheidet."

Der ADGB sah die Dinge naturgemäß anders. Die Gegner der Arbeiterbewegung, so schrieb die „Gewerkschafts-Zeitung" am 5. April, hätten die Arbeitslosenversicherung als Sündenbock für die Regierungskrise namentlich deshalb ausgewählt, „weil sie wußten, daß durch dieses Gebiet jene Grenze verläuft, an der die Geduld, mit der die Arbeiterschaft und ihre Organisationen staatspolitische Erwägungen der Sozialdemokratie toleriert, ... ihr Ende hat." DVP und Zentrum seien sich im vorhinein einig gewesen über die „Zumutungen, die man an die Sozialdemokratie zu richten gedachte, aber auch einig über das, was nach dem wahrscheinlichen Zerfall der Großen Koalition zu geschehen habe. Die Entschlüsse der bürgerlichen Parteien und des Unternehmertums werden nicht geleitet von dem Gedanken, daß ein allgemeiner Notstand krassen Ausmaßes schneller Überwindung bedarf, und durch entschlossenes Handeln, durch die Zusammenfassung aller Kräfte des Volkes überwunden werden kann, sondern von der Erwägung, daß diese für die Arbeiterbewegung ungünstige wirtschaftliche Lage für sie die Zeit einer über alle Maßen vorteilhaften politischen Konjunktur darstellt ... So treiben die bürgerlichen Parteien Politik ‚auf weite Sicht' — für die Taschen und die Machtstellung des Unternehmertums."

In dem von ihm redigierten sozialdemokratischen Diskussionsorgan „Das freie Wort" ließ Ernst Heilmann am 6. April starke Zweifel durchblicken, ob die Entscheidung der Reichstagsfraktion richtig war. „War es denn wirklich nötig, daß die Sozialdemokratie ihre Machtposition in der Reichsregierung wieder aufgab? ... Severing ist gegangen, Frick ist geblieben. Mußte, durfte wirklich die Sozialdemokratie den Kampf der Republik gegen ihre geschworenen Feinde, die in Thüringen regierenden Putschisten, preisgeben? Diese Fragen beschäftigten heute die gesamte Parteigenossenschaft.“

Heilmanns Antwort fiel nicht eindeutig aus. Der von Brüning vorgelegte Kompromiß sei gewiß eine „gefährlich schwankende Brücke“ gewesen. „Immerhin, man soll nicht aus Angst vor dem Tode Selbstmord begehen. Es schien wohl ertragenswert, die entscheidende Auseinandersetzung zu vertagen und einstweilen die Arbeit im Reich fortzusetzen, namentlich auch die zur Sicherung der Verfassung. Eine sachliche Entscheidung darüber, ob man das Risiko laufen wollte, ist in der Reichstagsfraktion nicht gefällt worden. Der Widerspruch des Vorstands des ADGB und des Genossen Wissell hat diese Möglichkeit beseitigt. War die Entscheidung schon an sich zweifelhaft, so konnte kein verantwortungsvolles Fraktionsmitglied riskieren, gegen den parteigenössischen Reichsarbeitsminister und gegen die berufene Vertretung der Gewerkschaft in der Reichsregierung zu bleiben ... Das höchste Gut der Arbeiterbewegung ist die Einigkeit. Einen Konflikt, auch nur eine ernsthafte Meinungsverschiedenheit mit den freien Gewerkschaften herbeizuführen, weil man eine undurchsichtige politische Perspektive verschieden abschätzte, durfte die Reichstagsfraktion nicht auf sich nehmen: sie hat die Entscheidung gefällt, die unvermeidlich geworden war. Ob Wissell, ob die Gewerkschaften recht daran getan haben, der Fraktion diesen Zwang aufzuerlegen, ist eine zweite Frage. Man kann grundsätzliche Bedenken gegen eine derartige Verschiebung der politischen Verantwortlichkeiten äußern.“[291]

Die von Heilmann geleitete sozialdemokratische Landtagsfraktion in Preußen sprach offen aus, was Heilmann im „Freien Wort“ nur andeutete: Die Entscheidung vom 27. März sei letztlich doch ein Fehler gewesen. Wenige Tage nach dem Ende der Großen Koalition nahm die Landtagsfraktion eine Entschließung an, in der sie die Haltung ihrer Schwesterfraktion im Reichstag kritisierte. Das war, wie der damalige Landtagsabgeordnete Ernst Hamburger rückblickend schreibt, „ein sehr seltenes Vorkommnis“. Die Landtagsfraktion habe sich zu ihrem Schritt entschlossen, „weil sie sich zusammen mit ihren Ministern Braun und Severing (Severing übernahm erst im Oktober 1930 wieder das preußische Innenministerium, H. A. W.) darüber klar war, daß unter den bestehenden Umständen eine Regierung ohne und vermutlich gegen die Sozialdemokratie im Reich die Haltung des Zentrums in Preußen ungünstig beeinflussen und die Aufrechterhaltung der Weimarer Koalition erschweren würde“.[292]

291 Eine unheilvolle Entscheidung, in: Frankfurter Zeitung, Nr. 232—234, 28. 3. 1930; Das Ende der Großen Koalition, ebda., Regierungswechsel, in: GZ, Nr. 14, 5. 4. 1930; Illo (= Ernst Heilmann), Hindenburg (Anm. 288), S. 1—3.

292 Ernest Hamburger, Betrachtungen über Heinrich Brünings Memoiren, in: IWK 8 (1972), Nr. 15, S. 18—39 (28). Zur Haltung von Braun auch: Schulze, Braun (Anm. 8), S. 623 ff. —

Die „Neuen Blätter für den Sozialismus", die dem rechten Parteiflügel nahestanden, gaben unterschiedlichen Meinungen Raum. Der Arbeitsrechtler Hugo Sinzheimer lobte die Entscheidung der Reichstagsfraktion. „Die Sozialdemokratie hat ihren geschichtlichen Beruf verteidigt, als sie die Idee des sozialen Rechts allen anderen Erwägungen politisch-taktischer Art überordnete. So wichtig auch ihr Kampf um die Republik ist, so gewiß ist dieser Kampf nur ein Nebenkampf, den sie zu führen hat. Ihr Hauptkampf gilt dem Sozialismus und den aus diesem Grundwillen fließenden konkreten Aufgaben in unserer Zeit."

Die Gegenposition bezog der Schriftleiter der „Neuen Blätter", August Rathmann. „Die Selbstverständlichkeit, mit der man dieser konservativen Gruppe (gemeint ist das „Bündnis Brüning—Treviranus", H. A. W.) den Platz räumte, früher schon, als diese selbst es wünschte, ist vielleicht menschlich bezaubernd, politisch aber kaum zu verstehen ... Das Kompromiß Brüning—Meyer in der Frage der Arbeitslosenversicherung wurde von der Fraktion nach ungenügender Beratung abgelehnt, ohne daß diese sich der Konsequenz bewußt war, damit eine akute Regierungskrise heraufzubeschwören. Genauere Information über die wirkliche Lage hätte mit größter Wahrscheinlichkeit zu einem ganz anderen Resultat geführt. Es war also nicht der Wille der Fraktion, es war noch weniger der Wille der Partei, daß die Regierungsgewalt aufgegeben und ihren Gegnern überlassen wurde ... Die staats- und wirtschaftspolitischen Gefahren, die eine eindeutig rechtsgerichtete Regierung mit sich bringen mußte, konnten vorhergesehen werden und hätten nicht zum Ausbruch kommen dürfen."[293]

Die schärfste Kritik an der Entscheidung der sozialdemokratischen Reichstagsfraktion kam von Rudolf Hilferding. Im Maiheft der von ihm redigierten „Gesellschaft" schrieb der ehemalige Finanzminister, wieder, wie schon 1923, sei die Große Koalition an der Sozialpolitik gescheitert: damals am Achtstundentag, jetzt an der Arbeitslosenversicherung. Darüber, daß gegen Angriffe auf diese Errungenschaft auch die äußersten Mittel der Abwehr anzuwenden seien, könne es keine Meinungsverschiedenheiten geben. „Eine politische Kritik kann nur fragen, ob gerade dieses Mittel der Abwehr, der Austritt aus der Koalition, das politisch richtige, das heißt die Machtstellung der Sozialdemokratie am besten wahrende Mittel gewesen ist."

Hilferding beantwortete diese Frage mit einem klaren Nein. Zwar sei die Regierungsvorlage vom 5. März sachlich dem „Brüning-Kompromiß" weit überlegen

---

Rückblickende Kritik an der Entscheidung vom 27. 3. 1930: Braun, Von Weimar (Anm. 8), S. 165 f.; Wilhelm Högner, Die verratene Republik. Geschichte der deutschen Gegenrevolution, München 1958, S. 208 f.; Leber, Todesursachen (Anm. 288), S. 228 f.; Stampfer, Vierzehn Jahre (Anm. 42), S. 562 f. Die Entscheidung der Fraktion wird verteidigt von Keil, Erlebnisse (Anm. 30), Bd. 2, S. 371 f.

293 Hugo Sinzheimer, Koalitionspolitik oder was sonst?, in: NBS 1 (1930), Nr. 5 (Mai), S. 232—234; August Rathmann, Neuer Anfang sozialdemokratischer Politik, ebda., Nr. 9 (September), S. 388—395. Carl Mierendorff hielt die Entscheidung vom 27. 3. für unausweichlich, nachdem die Fraktion es abgelehnt hatte, ein Junktim zwischen Young-Plan und Finanzreform zu beschließen. Ders., Mit hundertfünfzig Mandaten (Anm. 263), S. 276—279. Vgl. hierzu oben S. 776. Zu Sinzheimers Position vgl. dessen im Märzheft der NBS erschienenen Aufsatz: Koalitionspolitik (Anm. 255), S. 118—126.

gewesen, aber immerhin habe dieser die Entscheidung zunächst nur verschoben und die Lösung offen gelassen. Das Argument der Mehrheit der sozialdemokratischen Abgeordneten, nach einer Zustimmung zu Brünings Vorschlägen werde im Herbst der Leistungsabbau nicht zu verhindern sein, hielt der führende Theoretiker der SPD nicht für überzeugend. „Gerade vom Standpunkt der Sicherung der Arbeitslosenversicherung erscheint der Austritt aus der Regierung zumindest als kein Gewinn. Die Befürchtung, im Herbst wäre es doch zur Verschlechterung gekommen, erscheint für einen so schwerwiegenden Schritt nicht ausreichend; es ist nicht gut, aus Furcht vor dem Tode Selbstmord zu verüben.“

Dann kam Hilferding auf die voraussehbaren Folgen der Entscheidung zu sprechen. „So außerordentlich wichtig aber die Frage der Arbeitslosenversicherung ist, so muß die Entscheidung der Fraktion doch noch von dem allgemeinen Gesichtspunkt der politischen Situation aus geprüft werden, in der sie erfolgt ist. Es ist sicher richtig, daß die Republik in der gegenwärtigen Situation von einem gewaltsamen Umsturz kaum mehr bedroht ist. Hier liegt nicht die Gefahr. Das besagt aber durchaus nicht, daß die Zukunft des deutschen Parlamentarismus und der Demokratie nicht in anderer Weise gefährdet werden kann. Die deutsche Reichsverfassung weist einen zwiespältigen Zug auf. Hugo Preuß glaubte gewisse Vorzüge der parlamentarischen Verfassung mit solchen des amerikanischen Systems verbinden zu können, bei dem der vom Volk gewählte Präsident zugleich der Chef der Regierung und Verwaltung ist. So steht bei uns neben der durch das Vertrauen des Parlaments eingesetzten Regierung der Reichspräsident mit an sich weitgehenden Vollmachten, die zudem nicht immer juristisch ganz zweifelsfrei gefaßt sind und deshalb der Interpretation unterliegen. Und es unterliegt keinem Zweifel, daß, wenn das Parlament in seiner grundlegenden und wichtigsten Funktion versagt, nämlich eine Regierung zu bilden, die Macht des Reichspräsidenten sich auf Kosten und durch Schuld des Parlaments erweitert und der Reichspräsident Funktionen ausüben muß, die zu erfüllen sich der Reichstag versagt. Nimmt man hinzu, daß diese Lähmung des Parlaments von sehr starken Gruppen direkt gewünscht und gefördert wird, so wird man verstehen, daß die eigentliche Gefahr für die Zukunft des deutschen Parlamentarismus nicht von außen, nicht von einem gewaltsamen Putsch her droht, sondern von innen her; Ajax fällt durch Ajax' Kraft. Gerade diese Gefahr zu vermeiden, war ja stets ein zwingendes Moment für die Sozialdemokratie, in den schwierigsten Situationen die Verantwortung zu übernehmen.“[294]

Was Hilferding als Ausdruck republikanischer Verantwortung verstand, erschien der Parteilinken als eine Verleugnung des proletarischen Klasseninteresses. Der Reichstagsabgeordnete Max Seydewitz aus Zwickau, seit dem Tode Paul Levis im Februar 1930 der eigentliche Wortführer der „Klassenkampf-Gruppe“, sah im Votum seiner Fraktion eine seit langem überfällige Entscheidung. „Noch

294 Rudolf Hilferding, Der Austritt aus der Regierung, in: Die Gesellschaft 7 (1930/I), S. 385—392 (386, 388 f.). Den Standpunkt der Fraktionsmehrheit legte in der gleichen Ausgabe Siegfried Aufhäuser dar: Der politische Kampf um die Arbeitslosenversicherung und ihre sozialpolitische Bedeutung, ebda., S. 393—403.

in der letzten Lebensstunde der Koalitionsregierung hat der Reichskanzler Müller von seiner Fraktion die Zustimmung zu dem alles Maß übersteigenden sogenannten Kompromißvorschlag zur Arbeitslosenversicherung gefordert, und als die Fraktion diesen, die Grenze des Erträglichen weit überschreitenden Kompromißvorschlag fast einmütig ablehnte, ist zwar die Regierung Müller zurückgetreten worden, aber der Himmel ist nicht eingestürzt und alle Spatzen leben noch."

Das Fazit, das Seydewitz aus der Regierungszeit Hermann Müllers zog, war vernichtend: „Die Koalitionspolitik dieser 21 Monate hat die Sozialdemokratie und ihren Einfluß geschwächt, die Koalitionspolitik hat die bürgerlichen Parteien zusammengeführt und stark gemacht für die volksfeindliche Finanz- und Steuerpolitik, die durchzuführen der Bürgerblock nicht gewagt hat in der Zeit, wo die Sozialdemokratie in starker Oppositionsstellung stand. Das Ende dieser unrühmlichen Koalition wird von der großen Masse der Arbeiter mit großer Befriedigung begrüßt werden. Es geht wie ein Aufatmen durch das Land, und betrübt und wehklagend stehen an der Bahre der großen Koalition nur die trauernden Hinterbliebenen, deren Zahl nicht so groß ist wie ihr wirklich tiefempfundener Schmerz."

Von der Zukunft konnte die SPD, nachdem sie in die ihr angemessene Rolle der Opposition zurückgekehrt war, nach Meinung von Seydewitz nur das Beste erwarten. „In dem Maße, wie das Vertrauen der Arbeitermassen zur Sozialdemokratie wächst, wird (das werden wir in den nächsten Wochen schon erleben) die faschistische Gefahr zusammenschrumpfen und im oppositionellen Kampf gegen die neue Bürgerblockregierung wird die Sozialdemokratie wieder stark und mächtig werden, eine wirkliche, im Volk fest verankerte Macht, in deren gewaltigem Schatten die faschistische Gefahr bald nicht mehr zu sehen sein wird."[295]

Ob die Masse der sozialdemokratischen Arbeiter so dachte, wie Seydewitz es ihr unterstellte, ist fraglich. Unter den fünf Zuschriften zum Bruch der Großen Koalition, die das „Freie Wort" veröffentlichte, waren drei, die die Entscheidung der Reichstagsfraktion billigten, und zwei, die sie kritisierten. Der Sozialdemokrat Richard Brennig aus Peine fand, das einzig Positive, was man über die 21 Monate sozialdemokratischer Regierungstätigkeit sagen könne, sei, daß die Partei für die Arbeiter schädliche gesetzgeberische Maßnahmen verhindert habe, und nicht einmal das sei den Massen zu Bewußtsein gekommen. Jakob Heinen aus Berlin kam zu dem Ergebnis, die Teilnahme an der letzten Koalitionsregierung habe der SPD „ohne Zweifel mehr geschadet als genützt". Der Grubenarbeiter W. Barth aus Nachterstedt, Kreis Quedlinburg, bescheinigte den sozialdemokratischen Kabinettsmitgliedern, ihr Austritt aus der Regierung sei „ehrenvoll" gewesen: „Unsere Mitglieder sind im Kampf für die Interessen der Arbeiterschaft gefallen."

Zu den Sozialdemokraten, die den Rücktritt der Regierung Müller bedauerten, gehörte Franz Bornhoff aus Münster. Gewiß solle man die Opposition nicht unterschätzen. „Aber eine Opposition, wie wir sie vor dem Kriege getrieben haben, ist in der parlamentarischen Republik einfach unmöglich. Wir haben noch heut an

295 Max Seydewitz, Der Himmel ist nicht eingestürzt, in: KK 4 (1930), Nr. 7 (1. 4.), S. 193—197 (193, 197). Zum Tod von Paul Levi siehe oben S. 765 (Anm. 254).

den Folgen des Cuno-Kabinetts zu tragen, und die Erfahrungen in Sachsen und Thüringen warnen davor, die Fruchtbarkeit der Oppositionsstellung zu überschätzen. Die Sozialdemokratie ist zu stark zur Opposition. Eine so starke Partei kann sich nicht nur auf die Agitation beschränken. Unsere Stärke zwingt uns zum Wirken im Reich, in den Ländern und den Kommunen."

Ganz ähnlicher Ansicht war Dr. Süßheim aus Nürnberg. „Die Abstimmung der Reichstagsfraktion, die zum Rücktritt der Koalitionsregierung und damit des Reichskanzlers Hermann Müller führte, hat in weiten Parteikreisen lebhaftes Befremden hervorgerufen." Man könne zwar grundsätzlicher Gegner eines Zusammengehens mit bürgerlichen Parteien sein. „Aber wenn man aus praktischen und taktischen Gründen für die Koalitionspolitik eintritt, in ihrem Sinne eine Reihe schwerwiegender Entscheidungen mitgemacht und die Parteigenossen in Wort und Schrift von der Richtigkeit und Notwendigkeit dieser Politik überzeugt hat, dann ist es für die große Masse der Parteigenossen in Stadt und Land einfach unverständlich, wie es entgegen dem Standpunkt der eigenen Minister (vielleicht von einer Ausnahme abgesehen) wegen einer grundsätzlich nicht zwingenden Frage zum Sturz der Regierung Müller kommen konnte." Die Folge des Rücktritts, ein scharfer Ruck nach rechts, sei voraussehbar gewesen, und die Befürchtung liege nahe, daß der im Reich eingeschlagene Rechtskurs und der Einfluß der Deutschnationalen nicht ohne Einwirkung auf die preußische Regierungskoalition sein werde. „Ihre Beseitigung ist der Wunsch und das Ziel der Reaktion. Der Sturz des Kabinetts Müller hat sie diesem Ziel wesentlich näher gebracht. Junker und Schwerindustrie werden es nicht an Bemühungen fehlen lassen."[296]

Vermutlich waren nicht nur unter den Briefschreibern, sondern auch unter den Parteimitgliedern insgesamt diejenigen in der Mehrheit, die die Entscheidung der Reichstagsfraktion bejahten. Aber nichts spricht dafür, daß die Masse der Sozialdemokraten den Abschied von der Staatsmacht als Befreiung empfand. Die Sorge, daß nun alles noch viel schlimmer kommen würde, war gewiß nicht auf einige wenige beschränkt. Eine Parteiführung, die den Kampf um die Erhaltung der Großen Koalition aufgenommen hätte, wäre nicht von vornherein zum Scheitern verurteilt gewesen. Sie hatte eine Chance, die Minderheit der Nüchternen in eine Mehrheit zu verwandeln.

*

Unter den Historikern ist die Frage, wer für den Bruch der Großen Koalition verantwortlich ist, bis heute umstritten. Zwei Grundpositionen stehen sich gegenüber: auf der einen Seite die These Werner Conzes von 1954, daß die Sozialdemokratie *zuletzt* kompromißfeindlicher gewesen sei als die Deutsche Volkspartei und darum für den Sturz der Regierung Müller die Hauptverantwortung trage, und auf der anderen Seite die Gegenthese der Kritiker, die Führung der DVP habe *bis zuletzt* zielstrebig auf eine Regierung ohne Sozialdemokraten hingearbeitet

296 Die Sozialdemokratie in der Regierung und in der Opposition, in: DFW 2 (1930), Nr. 18 (4. 5.), S. 17—22.

und dabei im Einverständnis mit der gesamten „alten" Machtelite — Reichspräsident, Reichswehr, Großlandwirtschaft und Großindustrie — gehandelt. Die logische Schlußfolgerung lautet, daß die Hauptverantwortung für den Bruch der Großen Koalition bei der politischen Rechten liegt. Die Entscheidung, die die sozialdemokratische Reichstagsfraktion am 27. März fällte, wird von den Verfechtern dieser Position zwar mitunter als taktischer Fehler, nicht aber als Ursache für das Scheitern der parlamentarischen Demokratie angesehen.[297]

Die heute zugänglichen Quellen sprechen zugunsten der zweiten These — soweit sie die Hauptverantwortung der Rechten postuliert. Über die politischen Zielsetzungen Hindenburgs und seiner engeren Ratgeber gibt es keine ernsthaften Meinungsverschiedenheiten. Dasselbe gilt für Reichswehrführung, Großlandwirtschaft und Großindustrie: Spätestens seit der Verabschiedung der Young-Gesetze wollten sie das baldige Ende der Großen Koalition.

Komplizierter liegen die Dinge bei der Deutschen Volkspartei. Ihr rechter, schwerindustriell bestimmter Flügel erstrebte seit Ende 1929 den Sturz der Regierung Müller. Der Partei- und Fraktionsvorsitzende Scholz verfolgte hinter den Kulissen dasselbe Ziel. Es mußte ihn in seiner Linie bestärken, daß er, den oben zitierten Aufzeichnungen des Legationsrats Redlhammer zufolge, um den 20. März herum von Hindenburgs Absicht erfuhr, dem Kabinett Müller das letzte Rettungsmittel, die Vollmachten nach Artikel 48, zu verwehren. Die gemäßigten Kräfte in der DVP, die den Bruch mit der SPD vermeiden oder zumindest nicht forcieren wollten, waren zwar seit Stresemanns Tod führungs- und richtungslos, aber auch im März 1930 noch stark genug, um der Parteiführung gewisse Rücksichtnahmen aufzuerlegen. Der vergleichsweise konziliante Ton, den Scholz auf dem Mannheimer Parteitag gegenüber den Sozialdemokraten anschlug, hatte nicht zuletzt den Zweck, dem „Durchschnitt der Partei- und Fraktionsmeinung" Rechnung zu tragen.

So paradox es klingt: Die Uneinigkeit der Deutschen Volkspartei, seit jeher eine Hypothek der Großen Koalition, war im Frühjahr 1930 zu ihrer letzten marginalen Chance geworden. Nachdem die Fraktion der DVP den „Brüning-Kompromiß" angenommen hatte, hätte ein Ja der Sozialdemokraten dem Kabinett Müller, wenn auch ohne den Minister der BVP, zunächst das Überleben ermöglicht. Daß es spätestens im Herbst durch eine rein bürgerliche Regierung abgelöst worden wäre, war zwar sehr wahrscheinlich: Dafür sprachen wiederholte Äuße-

297 Werner Conze, Die Krise des Parteienstaates in Deutschland 1929/30, in: HZ 178 (1954), S. 47—83; mit ähnlichem Tenor, die Verantwortung der SPD aber noch stärker betonend: Eyck, Geschichte (Anm. 18), Bd. 2, S. 314 f.; Hagen Schulze, Weimar. Deutschland 1917—1933, Berlin [W] 1982, S. 314 f. Die Gegenposition u. a. bes. bei Vogt, Stellung (Anm. 76), S. 439—462; Weisbrod, Schwerindustrie (Anm. 46), S. 457 ff.; ders., Die Krise der Arbeitslosenversicherung und der Bruch der Großen Koalition (1928—1930), in: Wolfgang J. Mommsen u. Wolfgang Mock (Hg.), Die Entstehung des Wohlfahrtsstaates in Großbritannien und Deutschland 1850—1950, Stuttgart 1982, S. 196—212; Maurer, Reichsfinanzen (Anm. 74), S. 135 ff; Schiffmann, Freie Gewerkschaften (Anm. 105), S. 187—208. Eine etwa gleichgewichtige Schuldzumessung nehmen Timm, Sozialpolitik (Anm. 90), S. 191 ff. und Bracher, Auflösung (Anm. 214), S. 299 ff. vor.

rungen Brünings und vor allem der Druck, den die Industrie auf die DVP ausübte. Im Frühjahr 1930 aber hätten sich selbst Hindenburg und seine Berater mit einer positiven Entscheidung der SPD abfinden müssen: Der Reichspräsident konnte eine Regierung nicht stürzen, solange sie die Mehrheit hatte. Er mußte es auch hinnehmen, daß in Preußen ein sozialdemokratisch geführtes Kabinett an der Macht blieb, dessen Ablösung er dringend wünschte. Otto Braun behauptete sich nicht nur deswegen im Amt, weil der Reichspräsident auf den preußischen Ministerpräsidenten weniger direkt einwirken konnte als auf den Reichskanzler. Wichtiger war, daß die Weimarer Koalition in Preußen über die Mehrheit im Parlament verfügte — und über einen sehr viel festeren Zusammenhalt als die Große Koalition im Reich.[298]

Die Position der Sozialdemokraten im Kabinett Müller wäre stärker gewesen, wenn die Parteien der bürgerlichen Mitte mehr dem linken als dem rechten Flügel der Koalition zugeneigt hätten. Aber das Gegenteil war der Fall. Für die DDP bedeutete die Wahlniederlage von 1928 eine nachhaltige Schwächung ihres liberalen Selbstgefühls. Seit 1929 näherte sie sich deutlich der DVP an und beteiligte sich an verschiedenen Versuchen einer Sammlung der bürgerlichen Mitte, wobei das linksliberale Profil der Partei immer schwächer wurde. Das Zentrum hatte sich seit Ende 1928 ebenfalls deutlich nach rechts entwickelt, wobei die Enttäuschung über das Scheitern des Reichsschulgesetzes im Jahre 1927 eine wichtige Rolle spielte. Unter der neuen Führung von Kaas und Brüning war das Zentrum zunehmend bereit, eine Präsidialregierung für den Fall ins Auge zu fassen, daß die parlamentarische Demokratie aus ihren ständigen Krisen nicht mehr herausfand. Die Bayerische Volkspartei schließlich, ohnehin mehr rechts als in der Mitte angesiedelt, machte im Winter 1929/30 aus ihrem Überdruß am parlamentarischen System gar keinen Hehl mehr. Ihr faktisches Ausscheiden aus der Großen Koalition im März 1930 hatte daher tiefere Gründe als die Pläne zur Biersteuererhöhung.[299]

---

298 Zu Hindenburgs Drängen auf eine Ablösung der Regierung Braun vgl. zusammenfassend Schulze, Braun (Anm. 8), S. 623; zur Taktik von Scholz vgl. oben S. 801 (das Zitat in Anm. 284), zu Brünings Absichten siehe oben S. 801 f.

299 Zur DDP bes. Linksliberalismus (Anm. 15), S. XLIV ff. (mit weiteren Belegen), 519—521 (Vorstandssitzung vom 13. 12. 1929), 521 (Sitzung des Geschäftsführenden Vorstands vom 23. 1. 1930). Die zunehmend protektionistische Agrarpolitik von Ernährungsminister Dietrich ist auch im Zusammenhang mit der allmählichen Rechtsentwicklung der DDP zu sehen. Vgl. dazu oben S. 756 ff. — Zur Haltung des Zentrums ist besonders bemerkenswert die Rede, die der Parteivorsitzende, Prälat Kaas, am 17. 10. 1929 in Dortmund hielt. Es heißt dort u. a.: „Mehr als je richten wir mit Nachdruck die Aufforderung an die führenden Inhaber der Regierungsgewalt, sich der Verantwortung bewußt zu sein, die die Leitung der Regierung von ihnen fordert, und dafür zu sorgen, daß an die Stelle des unbefriedigenden und in seiner Sterilität immer mehr und mehr offenkundig werdenden Schwebezustandes eine festgefügte Koalition tritt." Für die Zukunft gelte es, Sicherungen dafür zu schaffen, daß eine durch das Vertrauen des Parlaments bestätigte Regierung nicht durch jeden Stimmungsumschwung innerhalb der Regierungsparteien gehemmt werde, und daß ihr eine größere Unabhängigkeit gegenüber den unberechenbaren Zufälligkeiten des parlamentarischen Wetterwechsels garantiert werde. Kaas beklagt die „Versteinerung", in die die „nationale Opposition" durch den „Kurs Hugenberg" geraten sei. „Dadurch erhielt die Sozialdemokratie eine Machtstellung, die im Interesse eines ausgeglichenen politischen Arbeitens nur bedauert werden kann." Egelhaaf 1929 (Anm. 225),

Auch die SPD hatte sich im Verlauf ihrer Regierungsbeteiligung nach „rechts" entwickelt. Die sozialdemokratischen Minister tolerierten die früher massiv kritisierte geheime Rüstung der Reichswehr und ihre Zusammenarbeit mit der Roten Armee; sie unterstützten Außenminister Curtius bei der Vorbereitung einer Zollunion mit Österreich; sie traten den Kommunisten mit der gleichen Entschiedenheit entgegen wie den Nationalsozialisten. Dem Agrarprotektionismus des demokratischen Ernährungsministers Dietrich machten die Sozialdemokraten, und nicht nur ihre Minister, seit dem Herbst 1929 mehr Zugeständnisse, als es die bürgerlichen Parteien je hatten erwarten können, und bei den Auseinandersetzungen um eine Finanzreform waren maßgebende Sozialdemokraten unter den beredtesten Anwälten öffentlicher Sparsamkeit. Mit einem Körnchen Salz kann man durchaus von einem grundsätzlichen „Sanierungskonsens" sprechen — vergleichbar dem „Inflationskonsens" der Jahre von 1919 bis 1921 und dem „Rationalisierungskonsens" der mittleren zwanziger Jahre.

Eine Woche vor dem Bruch der Großen Koalition, am 19. März, machte der sozialdemokratische Abgeordnete Wilhelm Keil im Reichstag deutlich, wie weit die Einigkeit in der Finanzpolitik reichte. Im Januar, sagte er, habe Minister Moldenhauer sich genötigt gesehen, zu betonen, daß das Dezemberprogramm nach Tempo und Ausmaß Änderungen erfahren müsse, „und er hat als das Primäre die Sanierung der Reichsfinanzen, als das Sekundäre die Senkung der Steuerlasten bezeichnet. Dieser Formulierung hat meine Fraktion uneingeschränkt zugestimmt ... Wenn wir Sozialdemokraten also den Nachdruck in allererster Linie auf die Sanierung der Kasse und auf die Abdeckung der schwebenden Schuld legen, dann dienen wir, glaube ich, damit in viel höherem Grade den Interessen der Gesamtwirtschaft Deutschlands als irgend jemand, der phantastische Hoffnungen auf Steuersenkungen erweckt."

Dieselbe Rede markierte aber auch die Unterschiede zwischen der SPD und den bürgerlichen Parteien. „Man soll ...", so sagte Keil weiter, „wenn man von den Interessen der Wirtschaft spricht, unter der Wirtschaft nicht lediglich das Unternehmertum verstehen, sondern alle Kreise und Faktoren, die am Wirtschaftsleben interessiert sind, vor allem auch die breiten Massen der deutschen Verbraucherschaft und der Arbeiterschaft. Es darf ferner in diesem Zusammenhang nicht verschwiegen werden, welche gewaltige Rolle die Kaufkraft der breiten Massen im Wirtschaftsprozeß spielt." Zu dem Stichwort der „falschen Sozialpolitik", das ein deutschnationaler Redner in die Debatte geworfen hatte, bemerkte Keil: „Wir wissen, wie es zu verstehen ist. Wir wissen, daß das Pfeile sind, die sich gegen die heutigen Leistungen des Staates zugunsten der Opfer der kapitalistischen Wirtschaftsanarchie richten. Wir sind der Meinung, daß nicht nur vom Standpunkt der Menschlichkeit aus, nicht nur weil es sich um unschuldige Opfer des kapitalistischen Wirtschaftssystems, nicht nur, weil es sich um die Aufgabe des Staates handelt, seine sozialen Pflichten gegenüber diesen unschuldigen Opfern zu erfül-

S. 137—139; Schulthess 1929 (Anm. 77), S. 191 f. Zum Reichsschulgesetz vgl. oben S. 316 f.; zum Rechtsruck des Zentrums Ende 1928 S. 574; zur BVP: Schönhoven, Bayerische Volkspartei (Anm. 263), S. 243 f.

len, daß nicht nur deswegen vor einem Abbau der sozialen Leistungen gewarnt werden muß, sondern vor allen Dingen aus allgemeinen wirtschaftspolitischen Gründen. In demselben Maße, wie die Konsumfähigkeit dieser Opfer der kapitalistischen Wirtschaftsordnung eingeschränkt wird, wird sich der wirtschaftliche Niedergang steigern ... Ohne eine kaufkräftige Verbraucherschaft und ohne eine leistungsfähige Arbeiterschaft kann es keinen Aufstieg der deutschen Wirtschaft geben."[300]

Als Arbeiterpartei mußte die SPD die Position einnehmen, die Keil in der Steuerdebatte vom 19. März bezog. Aber die Entscheidung der sozialdemokratischen Reichstagsfraktion vom 27. März folgte hieraus noch keineswegs zwangsläufig. Gewiß: Der „Brüning-Kompromiß" fiel hinter das zurück, was durch den Kabinettsbeschluß vom 5. März bereits erreicht schien. Aber dieser von der SPD zuerst kritisierte, dann verteidigte Beschluß war nie die Lösung der Koalition insgesamt gewesen. Wenn die Sozialdemokraten ihren Anteil an der Macht bewahren wollten, dann mußten sie am Ende einer Formel zustimmen, auf die sich auch die Mehrheit der rechten Flügelpartei einzulassen bereit war. Daß in einer Regierung ohne Sozialdemokraten die Interessen der Arbeiter sehr viel schlechter aufgehoben sein würden als in einer Großen Koalition, das war auch schon vor dem 27. März abzusehen, und es wäre der wichtigste materielle Grund gewesen, der Regierung Müller, Zweifeln und allen Bedenken zum Trotz, nochmals eine Chance zu geben.

Die staatspolitischen Gründe, die dafür sprachen, den sozialdemokratischen Anteil an der Macht im Staat nicht preiszugeben, lagen ebenso klar zutage: Die Große Koalition war ohne parlamentarische Alternative, und spätestens seit in Thüringen ein nationalsozialistischer Innenminister regierte, war die Republik in akuter Gefahr. Einen Rechtsruck im Reich, wie er nach dem 27. März unausweichlich war, zu verhindern, hätte das oberste Gebot sozialdemokratischer Politik sein müssen.

Von den sozialdemokratischen Ministern folgte Carl Severing dieser Einsicht am konsequentesten und mit dem größten persönlichen Einsatz. Hermann Müller, ohnehin kein politischer Kämpfer, war seit seiner schweren Erkrankung im Sommer 1929 gesundheitlich so geschwächt, daß ihm zuletzt auch physisch die Kraft fehlte, den Konflikt mit der eigenen Partei durchzustehen. Es kam hinzu, daß er sich in den letzten Tagen seiner Regierungszeit, wie Brüning schreibt, in einem „Netz von Intrigen verstrickt" sah. Robert Schmidt war ein loyaler Mitarbeiter seines Kanzlers, aber kein Politiker mit scharfen persönlichen Konturen. Rudolf Wissell, auch von politischen Gegnern als „anima candida" geschildert, hatte die Sache der Freien Gewerkschaften so sehr zu seiner eigenen gemacht, daß er zu

---

300 Stenographische Berichte (Anm. 6), Bd. 427, S. 4560—4564. Zur Reichswehr vgl. Anm. 265, sowie oben S. 298 ff.; zu den Plänen einer Zollunion mit Österreich: AdR, Kabinett Müller II (Anm. 9), Bd. 2, S. 1472—1474 (Kabinettssitzung vom 20. 2. 1930), 1480—1495 (Besprechungen mit dem österreichischen Bundeskanzler Johannes Schober am 22. u. 24. 2. 1930). — Zum „Rationalisierungskonsens" siehe oben S. 467 f., zum „Inflationskonsens" vgl. den vorhergehenden Bd. S. 386.

übergeordneten politischen Überlegungen gar nicht mehr fähig war. Der „Brüning-Kompromiß" hätte zu weiteren Leistungsbeschränkungen bei der Arbeitslosenversicherung und zum Lohnabbau geführt, schreibt er in seinen Erinnerungen, und das habe er aus Gewissensgründen ablehnen müssen. „Die große Mehrzahl der Fraktion stellte sich auf meinen Standpunkt. Dabei stand jedem vor Augen, daß das den Zusammenbruch der großen Koalition, also den Rücktritt des Kabinetts Hermann Müller zur Folge haben müsse. Und so kam es ja auch."[301]

Die Freien Gewerkschaften, an deren jeweiliger Haltung Wissell sich orientierte, sahen in den sozialen Errungenschaften das, was die Republik verteidigenswert machte. Am Gesetz über Arbeitsvermittlung und Arbeitslosenversicherung von 1927 hielten sie ebenso entschieden fest wie am Achtstundentag, der ihnen im November 1918 verbrieft worden war. Dieser Standpunkt war für eine wirtschaftliche Interessenorganisation der Arbeiter nur natürlich. Für eine politische Partei wie die Sozialdemokratie aber mußte es sich nach 1929 darum handeln, von den sozialen Errungenschaften so viel zu bewahren, wie unter den verschlechterten wirtschaftlichen Verhältnissen *und* unter den gegebenen parlamentarischen Mehrheitsverhältnissen nur irgend möglich war. Das schloß die Bereitschaft zu Kompromissen in sich, und diese konnte die SPD nur eingehen, wenn sie gegenüber den Gewerkschaften Spielraum hatte. Daß der ADGB der SPD diesen Spielraum ebenso bestritt wie die industriellen Interessenverbände der DVP, brachte den Gegensatz von Arbeit und Kapital ungedämpft und unvermittelt in Parlament und

301 Rudolf Wissell, Aus meinen Lebensjahren. Mit einem Dokumenten-Anhang, hg. von Ernst Schraepler, Berlin [W] 1983, S. 211. Zur Einschätzung Wissells durch seine bürgerlichen Kollegen siehe etwa das Urteil Moldenhauers: „Viel schwieriger (als mit Hermann Müller, H. A. W.) war die Auseinandersetzung mit Wissell, der als Charakter zwar ein sehr anständiger Mensch ist, eine anima candida, wie man zu sagen pflegt, aber außerordentlich stur in seiner politischen Haltung. Er kam über seine gewerkschaftlichen Ideen nicht hinaus und konnte die Fragen nicht in größerem Zusammenhang sehen. Er hatte sich ein Dogma zurechtgelegt, daß er unter keinen Umständen etwas von dem preisgeben dürfte, was sein Vorgänger, der Arbeitsminister Brauns, aufgebaut habe ..." BA Koblenz, Nl. Moldenhauer, Nr. 3: Ministerzeit, Bl. 75. Eine ganz ähnliche Kritik an Wissell und dem Gewerkschaftseinfluß bei Stampfer, Vierzehn Jahre (Anm. 42), S. 561. Auch Brauns Urteil über die „Parteileitung, die sich viel zu stark in Abhängigkeit von der Gewerkschaftsleitung fühlte", und der Satz, „daß bei der deutschen Wirtschaftslage die Sanierung sich nicht einseitig nach der gewerkschaftlichen Doktrin durchführen" ließ, sind indirekt eine scharfe Kritik an Wissell. Braun, Von Weimar (Anm. 8), S. 165 f. Eine sehr kritische Einschätzung der Rolle Wissells auch bei Gustav Stolper, Experimente?, in: Der deutsche Volkswirt, Nr. 27, 4. 4. 1930, S. 891—893. Verhaltene Zustimmung fand Wissell dagegen in der „Weltbühne": „Die letzten guten Geister der Sozialdemokratie sind es gewesen, die Herrn Wissell zu einer im Milieu des Müllerkabinetts fast somnambul wirkenden Resistenz aufgestachelt haben, um so ein Unternehmen zu beenden, das die Partei schließlich mit Kopf und Kragen bezahlt hätte und dessen Spesen sie bisher in ungeheuerlich großen Opfern an Intellekt und Gewissen beglichen hat." Carl von Ossietzky, Alle ab, in: WB 26/I (1930), Nr. 14 (1. 4.), S. 487—490. Zu Wissells Rolle im März 1930 allgemein: Barclay, Wissell (Anm. 93), S. 241 ff.; sowie von Wissell selbst: Einundzwanzig Monate Reichsarbeitsminister, in: Die Arbeit 7 (1930), S. 217—228. — Brünings Aussage in: ders., Memoiren (Anm. 251), S. 157; ähnlich auch Pünder, Politik (Anm. 95), S. 46. Hermann Müller starb nach schwerer Krankheit am 20. 3. 1931.

Regierung. Am Klassenkampf im Kabinett ist die Große Koalition zuletzt zerbrochen.[302]

Die Frage, warum sich die SPD dem Druck der Gewerkschaften beugte, ist damit noch nicht beantwortet. Die tieferen Ursachen liegen dort, wo sie Gustav Radbruch schon 1924 — kurze Zeit nach dem Scheitern der Großen Koalition unter Stresemann — suchte: im besonderen, dem ideologischen Charakter des deutschen Parteiwesens. In den angelsächsischen Ländern England und Amerika, schrieb damals der ehemalige sozialdemokratische Reichsjustizminister, gebe es zwar feste Organisationen, aber keine starren Programme, lediglich Plattformen, politische Richtlinien für den jeweiligen Wahlkampf. „Nur in Deutschland in der harten Schale fester Organisation der steinharte Kern eines bindenden Programms, nur bei uns Bekenntnisparteien, nicht minder stark wie die religiösen Konfessionen von ehedem. Wo aber der politische Kampf der Parteien die Züge eines Religionskrieges trägt, ist parlamentarische Politik unmöglich, besonders dann, wenn sie Koalitionspolitik sein muß. Für eine Bekenntnispartei kann es von Rechts wegen keine Koalition, kein Kompromiß geben — es wäre Verrat am Bekenntnis. Jede Koalition muß deshalb bei uns in schwerem Kampfe dem eigenen Herzen und Gewissen dauernd abgerungen werden. Mit der Neigung des Deutschen, alles schwer zu nehmen und über allem schwer zu werden, mit dieser allzu gründlichen Betrachtung politischer Kämpfe, die sie zu Weltanschauungsunterschieden, ja Religionsgegensätzen steigert oder vertieft, ist das parlamentarische System nicht vereinbar. Wir müssen auch auf politischem Gebiet den Geist der Schwere zu überwinden suchen."[303]

Im Falle der Sozialdemokratie war es die Weltanschauung des Klassenkampfes, die der engen Bindung an die Gewerkschaften die theoretische Legitimation gab. Die Gewerkschaften selbst hatten sich von dieser Ideologie sehr viel mehr gelöst als die Sozialdemokratische Partei. Aber es war für den ADGB ein großer taktischer Vorteil, daß er bei sozialpolitischen Meinungsverschiedenheiten mit der SPD immer dort Verbündete fand, wo er sie normalerweise nicht suchte: auf der marxistischen Linken. Die faktische Allianz mit der „Klassenkampf-Gruppe" im Frühjahr 1930 war zwar bloß vorübergehender Natur, aber die Wirkungen des Zusammenspiels waren es nicht.

Im Januar 1929 — ein Jahr, bevor die letzte Krise der Großen Koalition begann — veröffentlichte Carl Severing in den „Sozialistischen Monatsheften" einen Artikel mit der Überschrift „Verpaßte Gelegenheiten". Er beklagte darin, daß die Große Koalition nicht schon früher gebildet worden sei — etwa zu Be-

302 Vgl. dazu auch schon das Urteil Conzes: „Die DVP und SPD vertraten die stärksten Teile der Arbeitgeber- und Arbeitnehmerorganisationen. Indem sie deren Interessen durchzusetzen versuchten, übertrugen sie den damals noch mit Schärfe geführten Klassenkampf in die politische Ebene des Parlaments und der Regierung." Conze, Krise (Anm. 297), S. 56. — Zu den internen Überlegungen im ADGB-Vorstand: DGB-Archiv, Düsseldorf, Nl. Franz-Josef Furtwängler 5: ders., Die deutschen Gewerkschaften und ihr Ende durch Hitler (MS), S. 120 f.

303 Gustav Radbruch, Goldbilanz der Reichsverfassung, in: Die Gesellschaft 1 (1924/I), S. 57—67 (64 f.).

ginn des Jahres 1927. Hätten die Parteien von der Sozialdemokratie bis zur Deutschen Volkspartei sich damals auf ein festes Regierungsbündnis geeinigt, schrieb er, „dann wäre es möglich gewesen, die Tugend der Sparsamkeit, die heute im politischen Kurs so hoch gestiegen ist, ein wenig länger zu üben und eine Finanzpolitik einzuleiten, die uns sogar manchen Fehler der letzten zwei Jahre erspart hätte."

Gewiß könne wohl jede der Parteien für sich behaupten, „daß sie in einer bestimmten Situation den Willen zur Großen Koalition sehr deutlich bekundet hätte, und daß es Schuld der anderen wäre, wenn es nicht früher schon zur Großen Koalition gekommen sei. Das eben ist die Tragik im politischen Leben Deutschlands, daß sich auch in geschichtlich bedeutungsvollen Augenblicken parteipolitische Krähwinkelei oft stärker erweist als der Wille, in gemeinsamer Arbeit mit anderen Parteien die dringendsten Gegenwartsaufgaben zur Lösung zu bringen und die größten Hindernisse für den kulturellen, sozialen und politischen Aufstieg des Volkes aus dem Weg zu räumen." Um dieses Zieles willen komme es darauf an, „für die Aufgaben der Gesetzgebung eine Koalition der *Parteien* zu bilden, um eine stetige Parlamentsmehrheit für eine Regierung zu schaffen, deren Mitglieder nicht nur ein Amt verwalten, sondern auch mit dem Amt zur Initiative und im Gefühl der Rückendeckung durch die gesetzgebende Körperschaft an die Lösung der dringendsten Aufgaben herangehen."

Severings Aufsatz mündete in einen Aufruf, der sich auch an die eigenen Parteifreunde innerhalb und außerhalb des Kabinetts richtete: „Eine verantwortungsbewußte Regierung wird nicht nach der Mehrheit schielen dürfen, um sich an der Führung zu halten. Sie wird um so stärker sein, je mehr sie gewillt ist, wirklich zu *führen*. Wird ihr dabei in wichtigen Fragen die Gefolgschaft verweigert, dann hat sie eben einer anderen Platz zu machen. Was aber auf die Dauer nicht geht, und was immer wieder zum Leerlauf in der Parlamentsmaschine und zur Herabsetzung des Parlamentarismus führen muß, das ist der Zwiespalt zwischen Regierung und Parlamentsmehrheit, das ist die Unsicherheit in Permanenz, das sind die Zweifel, ob die Regierung mit ihren Vorlagen durchdringt oder, was dasselbe bedeutet, ob sie noch als der Vollzugsausschuß der Parlamentsmehrheit angesehen werden kann."[304]

Die Mahnung vom Januar 1929 war vergeblich. Eineinhalb Jahre später war eingetreten, was Gustav Radbruch bereits 1924 als unvermeidliche Folge fehlender Kompromißbereitschaft der Parteien erkannt hatte: die Gewichtsverlagerung vom Reichstag zum Reichspräsidenten. Im September 1930 — die Zeit der Notverordnungen hatte bereits begonnen, der Reichstag war aufgelöst, die Neuwahl, die den Nationalsozialisten den großen Durchbruch brachte, stand unmittelbar bevor — schrieb Radbruch in den „Neuen Blättern für den Sozialismus", der ge-

304 Carl Severing, Verpaßte Gelegenheiten, in: SM 35 (1929/I), S. 1—4 (Hervorhebungen im Original). Severing konnte darauf hinweisen, daß er um die Jahreswende 1926/27 seine Partei aufgefordert hatte, sich an einer Großen Koalition zu beteiligen. Vgl. ders., Der Weg aus der Krise, in: SM 33 (1927/I), S. 1—5. Siehe dazu oben S. 306.

genwärtige Machtverlust des Parlaments bedeute eine automatische Machterweiterung des Reichspräsidenten und der mit ihm zusammenwirkenden Reichsregierung. Wenn dies eine Diktatur sei, so sei es eine gänzlich unpersönliche Diktatur, eine Diktatur des Apparates und der Bürokratie. „Aber eben weil diese Diktatur ein Ergebnis von Zwangsläufigkeiten, nicht eine Tat des Willens und der Kraft ist, wird ein Parlament, das sich auf seinen Willen und seine Kraft zu besinnen vermag, ihr ein Ende setzen können. Dazu ist freilich unentbehrlich, daß parlamentarische Demokratie für die Parteien, die sie bejahen, nicht nur ein Feierklang am Verfassungstag ist, sondern in ihrer gesamten Politik empfundene Verpflichtung, daß insbesondere die Sozialdemokratie die Demokratie nicht nur als eine Leiter zum Sozialismus empfindet und dann beiseitestoßen wird, sobald man den Sozialismus erstiegen hat, sondern als die eine große, bereits verwirklichte und in jedem Augenblick neu zu verwirklichende Hälfte ihres Programms."

Radbruchs Schlußworte waren Rückblick und Ausblick in einem: „In der Tat: die Demokratie ist in Gefahr, in einer Gefahr solchen Ausmaßes, wie sie seit Bestehen der Republik noch nicht war, aber nicht in erster Linie durch die Kraft ihrer Gegner, sondern durch die Schwäche ihrer Anhänger."[305]

305 Gustav Radbruch, Staatskrise?, in: NBS 1 (1930), Nr. 9 (September), S. 385—388. Zum aktuellen Hintergrund des Aufsatzes ist der folgende Bd. heranzuziehen.

Anhang

Tabelle I: Tarifmäßige Stunden- und Wochenlöhne gelernter und ungelernter Arbeiter 1913 und 1925 bis 1929 — Produktionsmittelindustrien —

Zeit		Alle Gewerbegruppen	Steinkohlenbergbau (5 Gebiete)	Metallindustrie (25 Hauptsitze)	Chemische Industrie (14 Hauptsitze)	Baugewerbe (34 Großstädte)	Holzgewerbe (25 Hauptsitze)	Papiererzeugende Industrie (15 Gebiete)	Buchdruckgewerbe (sämtl. Ortsklassen)	Zusammen
					a. Gelernte Arbeiter					
					1. Tarifmäßige Stundenlöhne (in Rpf)					
1913		65,7	81,1	66,2	57,0	70,5	62,7	32,6	61,0	68,8
1925	April	82,4	92,1	80,7	76,4	95,9	85,5	61,1	83,9	85,8
	Oktober	90,7	95,9	87,6	86,4	116,9	100,0	68,1	95,9	94,6
1926	April	92,6	102,1	88,3	87,2	117,1	98,9	68,3	95,9	96,7
	Oktober	93,2	106,1	87,6	87,2	116,4	99,0	68,4	95,9	97,5
1927	April	96,1	106,6	91,6	94,5	116,4	102,8	73,6	102,9	100,1
	Oktober	100,6	112,5	94,9	94,5	125,1	109,5	75,5	104,9	105,0
1928	April	103,5	113,3	99,0	97,6	125,7	112,8	78,6	111,9	107,6
	Oktober	107,5	121,1	99,4	103,4	134,4	119,0	82,9	111,9	111,9
1929	April	103,6	121,5	100,8	103,4	134,4	119,0	83,3	116,9	112,9
					2. Tarifmäßige Wochenlöhne (in RM)					
1913		34,73	39,06	36,74	32,99	37,18	32,49	21,57	31,65	36,14
1925	April	40,29	44,22	40,52	36,62	45;89	40,34	29,32	40,29	41,83
	Oktober	44,28	46,02	43,82	41,47	55,96	47,23	32,70	46,05	46,08
1926	April	45,26	49,02	44,27	41,87	56,07	46,67	32,80	46,05	47,14
	Oktober	45,54	50,94	43,94	41,87	55,65	46,72	32,85	46,05	47,50
1927	April	46,55	51,18	45,00	45,35	55,64	48,51	35,31	49,40	48,41
	Oktober	48,38	54,00	45,67	45,35	59,74	51,68	36,22	50,36	50,34
1928	April	50,19	54,36	48,72	46,85	60,09	53,59	37,73	53,72	52,01
	Oktober	52,12	58,14	48,94	49,63	64,32	56,18	39,79	53,72	54,15
1929	April	52,63	58,32	49,55	49,63	64,32	56,18	39,98	56,12	54,58

Zeit		Alle Gewerbegruppen	Steinkohlenbergbau (5 Gebiete)	Metallindustrie (25 Hauptsitze)	Chemische Industrie (14 Hauptsitze)	Baugewerbe (34 Großstädte)	Holzgewerbe (25 Hauptsitze)	Papiererzeugende Industrie (15 Gebiete)	Buchdruckgewerbe (sämtl. Ortsklassen)	Zusammen
					b. Ungelernte Arbeiter					
					1. Tarifmäßige Stundenlöhne (in Rpf)					
1913		39,9	35,9	42,5	46,0	55,7	45,3	29,4	48,5	40,8
1925	April	58,8	54,2	53,9	65,8	79,7	74,2	55,3	73,2	60,0
	Oktober	66,0	56,0	60,3	72,0	94,9	86,6	61,3	83,7	67,7
1926	April	66,5	58,6	61,7	72,7	94,3	85,5	61,4	83,7	68,1
	Oktober	66,9	60,7	61,6	72,7	93,7	85,6	61,6	83,7	68,6
1927	April	69,0	61,1	64,8	78,4	93,7	88,6	66,1	89,6	70,7
	Oktober	73,9	69,7	67,3	78,5	101,6	94,0	67,9	91,3	75,8
1928	April	77,1	71,2	71,3	82,0	102,1	97,2	70,5	97,4	78,8
	Oktober	80,6	76,3	73,5	85,5	110,7	102,5	74,5	97,4	82,6
1929	April	81,8	76,4	75,4	85,5	111,0	102,5	74,9	101,8	83,7
					2. Tarifmäßige Wochenlöhne (in RM)					
1913		23,29	23,70	23,66	26,76	29,33	23,58	17,73	25,20	23,84
1925	April	30,48	32,22	27,65	31,59	38,15	35,06	26,54	35,14	31,30
	Oktober	33,51	33,24	30,38	34,54	45,44	40,94	29,44	40,16	34,48
1926	April	34,16	34,80	31,03	34,88	45,13	40,42	29,49	40,16	35,14
	Oktober	34,42	36,06	31,01	34,88	44,85	40,50	29,53	40,16	35,47
1927	April	35,54	36,30	32,67	37,65	44,83	41,90	31,71	43,01	36,55
	Oktober	37,08	38,04	33,55	37,65	48,54	44,41	32,57	43,84	38,16
1928	April	38,38	38,46	35,11	39,36	48,78	46,21	33,84	46,76	39,31
	Oktober	40,17	41,22	36,15	41,04	53,00	48,42	35,76	46,76	41,32
1929	April	40,74	41,28	37,02	41,04	53,12	48,42	35,95	48,85	41,82

Quelle: Statistisches Jahrbuch für das Deutsche Reich 1929, S. 266.

Tabelle II: Tarifmäßige Stunden- und Wochenlöhne gelernter und ungelernter Arbeiter 1913 und 1925 bis 1929
— Verbrauchsgüterindustrien und Verkehrsgewerbe —

Zeit		Textilindustrie (18 Hauptsitze) männlich	Textilindustrie (18 Hauptsitze) weiblich	Brauindustrie (20 Sitze)	Süß-, Back- u. Teigwarenindustrie (18 Sitze)	Kartonnagenindustrie (20 Hauptsitze) männlich	Kartonnagenindustrie (20 Hauptsitze) weiblich	Zusammen	Reichsbahn (20 Dienstorte)
				a. Gelernte Arbeiter					
				1. Tarifmäßige Stundenlöhne (in Rpf)					
1913		44,7	30,7	67,6	50,4	48,2	28,0	40,5	62,6
1925	April	58,1	41,7	91,0	78,0	69,4	46,3	58,6	74,7
	Oktober	63,3	45,9	100,0	85,4	80,0	52,8	64,4	79,8
1926	April	63,6	46,2	100,9	86,1	79,2	52,9	64,8	82,4
	Oktober	63,5	45,5	102,6	84,9	77,4	50,9	64,4	82,0
1927	April	68,2	50,0	106,3	89,1	77,4	50,9	68,5	87,2
	Oktober	70,6	52,3	113,8	90,8	84,3	55,8	71,5	88,6
1928	April	76,0	55,5	118,8	96,3	88,1	58,6	75,9	95,9
	Oktober	76,7	56,2	124,1	101,4	92,4	60,5	78,0	95,9
1929	April	78,3	57,5	126,9	101,4	92,4	60,5	79,2	99,8
				2. Tarifmäßige Wochenlöhne (in RM)					
1913		25,65	17,47	37,33	28,84	26,88	15,28	22,97	33,80
1925	April	27,91	20,00	43,66	37,44	33,31	22,22	28,14	40,34
	Oktober	30,40	22,03	48,03	40,99	38,40	25,34	30,91	43,09
1926	April	30,54	22,17	48,42	41,33	38,02	25,39	31,11	44,49
	Oktober	30,50	21,86	49,25	40,75	37,15	24,43	30,91	44,28
1927	April	32,74	24,00	51,02	42,77	37,15	24,43	32,89	44,81
	Oktober	33,89	25,10	54,65	43,58	40,46	26,78	34,30	45,54
1928	April	36,48	26,64	57,04	46,22	42,29	28,13	36,44	49,56
	Oktober	36,82	26,98	59,58	48,67	44,35	29,04	37,43	49,56
1929	April	37,58	27,60	60,93	48,67	44,35	29,04	38,01	51,58

Zeit		Textilindustrie (18 Hauptsitze) männlich	Textilindustrie (18 Hauptsitze) weiblich	Brau-industrie (20 Sitze)	Süß-, Back- u. Teigwaren-industrie (18 Sitze)	Kartonnagenindustrie (20 Hauptsitze) männlich	Kartonnagenindustrie (20 Hauptsitze) weiblich	Zu-sammen	Reichsbahn (20 Dienst-orte)
				b. Ungelernte Arbeiter					
				1. Tarifmäßige Stundenlöhne (in Rpf)					
1913		34,6	25,1	54,7	41,0	35,6	25,3	32,5	39,8
1925	April	48,6	34,1	79,7	67,6	59,0	38,3	49,6	58,8
	Oktober	53,4	37,6	87,4	73,7	67,9	43,6	54,5	61,6
1926	April	53,6	37,7	88,5	74,3	67,3	43,9	54,8	65,1
	Oktober	53,6	37,7	89,8	73,3	65,8	42,0	54,7	64,8
1927	April	57,4	40,2	93,6	76,9	65,8	42,0	57,7	69,8
	Oktober	59,5	42,3	100,2	78,4	71,6	46,2	60,3	71,3
1928	April	63,9	44,6	105,8	83,2	74,5	48,4	64,0	77,1
	Oktober	64,3	45,0	109,8	87,4	77,8	49,9	65,6	77,1
1929	April	65,9	46,4	113,0	87,4	77,8	49,9	66,9	81,0
				2. Tarifmäßige Wochenlöhne (in RM)					
1913		19,91	14,14	30,21	23,45	19,88	13,69	18,38	23,88
1925	April	23,32	16,38	38,27	32,45	28,32	18,38	23,80	31,75
	Oktober	25,64	18,06	41,97	35,38	32,59	20,93	26,16	33,26
1926	April	25,73	18,10	42,48	35,66	32,30	21,07	26,31	35,15
	Oktober	25,73	18,10	43,10	35,18	31,58	20,16	26,24	34,99
1927	April	27,55	19,30	44,89	36,91	31,58	20,16	27,70	35,85
	Oktober	28,56	20,30	48,06	37,63	34,37	22,18	28,95	36,64
1928	April	30,67	21,41	50,77	39,94	35,76	23,23	30,73	39,83
	Oktober	30,86	21,60	52,70	41,95	37,34	23,95	31,48	39,83
1929	April	31,63	22,27	54,24	41,95	37,34	23,95	32,13	41,85

Quelle: Ebda. S. 267.

Abkürzungsverzeichnis

AA	=	Auswärtiges Amt
ABI	=	August-Bebel-Institut
ADAP	=	Akten zur Deutschen Auswärtigen Politik
ADB	=	Allgemeiner Deutscher Beamtenbund
ADGB	=	Allgemeiner Deutscher Gewerkschaftsbund
AdR	=	Akten der Reichskanzlei
AfA	=	Arbeitsgemeinschaft freier Angestelltenverbände
AfA-Bund	=	Allgemeiner freier Angestelltenbund
AfS	=	Archiv für Sozialgeschichte
AHR	=	American Historical Review
APZ	=	Aus Politik und Zeitgeschichte
ARB	=	Arbeiter-Radio-Bund
ASB	=	Arbeiter-Samariter-Bund
AsD	=	Archiv der sozialen Demokratie
AsL	=	Arbeitsgemeinschaft sozialdemokratischer Lehrer
AsP	=	Alte sozialdemokratische Partei (Sachsens)
ASS	=	Archiv für Sozialwissenschaft und Sozialpolitik
Asso	=	Assoziation revolutionärer Bildender Künstler Deutschlands
ATUS	=	Arbeiter-Turn- und -Sportbewegung
AVAVG	=	Gesetz über Arbeitsvermittlung und Arbeitslosenversicherung
AVI	=	Arbeitsgemeinschaft der Eisenverarbeitenden Industrie
BA	=	Bundesarchiv
BASF	=	Badische Anilin- und Sodafabrik, Ludwigshafen
BdLG	=	Blätter für deutsche Landesgeschichte
BGdA	=	Beiträge zur Geschichte der Arbeiterbewegung
BGn.	=	Berufsgenossenschaften
BVP	=	Bayerische Volkspartei
CEH	=	Central European History
CSSH	=	Comparative Studies in Society and History
DAS	=	Deutscher Arbeiter-Sängerbund
DBB	=	Deutscher Beamtenbund
DDP	=	Deutsche Demokratische Partei
Dewog	=	Deutsche Wohnungsfürsorge-Aktiengesellschaft für Beamte, Angestellte und Arbeiter
DFG	=	Deutsche Friedensgesellschaft
DFW	=	Das freie Wort
DGB	=	Deutscher Gewerkschaftsbund
DHP	=	Deutsch-Hannoversche Partei
DIHT	=	Deutscher Industrie- und Handelstag
Dinta	=	Deutsches Institut für technische Arbeitsschulung
DLAV	=	Deutscher Landarbeiter-Verband
DLV	=	Deutscher Lehrerverein
DMV	=	Deutscher Metallarbeiterverband
DNVP	=	Deutschnationale Volkspartei
DR	=	Deutsche Republik
DRK	=	Deutsches Rotes Kreuz
DS	=	Deutsche Studentenschaft
DT	=	Deutsche Turnerschaft
DuM	=	Dokumente und Materialien zur Geschichte der deutschen Arbeiterbewegung

EHR	=	Economic History Review
EKKI	=	Exekutivkomitee der Kommunistischen Internationale
FGJ	=	Freie Gewerkschaftsjugend
GA	=	Gewerkschaftsarchiv
GDA	=	Gewerkschaftsbund der Angestellten
GDB	=	Gesamtverband Deutscher Beamtengewerkschaften
GDV	=	Gewerkschaft Deutscher Volkslehrer und Volkslehrerinnen
Gedag	=	Gesamtverband Deutscher Angestelltengewerkschaften
GG	=	Geschichte und Gesellschaft
GMH	=	Gewerkschaftliche Monatshefte
GPU	=	Gossudarstwennoje polititscheskoje uprawlenije (Name der sowjetischen Geheimpolizei 1922 bis 1934)
GWU	=	Geschichte in Wissenschaft und Unterricht
GZ	=	Gewerkschafts-Zeitung
HZ	=	Historische Zeitschrift
IAH	=	Internationale Arbeitshilfe
IfA	=	Interessengemeinschaft für Arbeiterkultur
IGB	=	Internationaler Gewerkschaftsbund
IISG	=	Internationales Institut für Sozialgeschichte
IJB	=	Internationaler Jugendbund
Inprekorr	=	Internationale Pressekorrespondenz
IRSH	=	International Review of Social History
ISK	=	Internationaler Sozialistischer Kampfbund
IWK	=	Internationale wissenschaftliche Korrespondenz zur Geschichte der deutschen Arbeiterbewegung
JCH	=	Journal of Contemporary History
JMH	=	Journal of Modern History
JNS	=	Jahrbücher für Nationalökonomie und Statistik
JSB	=	Jung-Spartakusbund
KI	=	Kommunistische Internationale
KJVD	=	Kommunistischer Jugendverband Deutschlands
KK	=	Klassenkampf
Kostufra	=	Kommunistische Studentenfraktion
KPD	=	Kommunistische Partei Deutschlands
KPdSU	=	Kommunistische Partei der Sowjetunion
KPF	=	Kommunistische Partei Frankreichs
KPO	=	Kommunistische Partei — Opposition
Kr.	=	Kreis
Lkr.	=	Landkreis
MASCH	=	Marxistische Arbeiterschule
MdR	=	Mitglied des Reichstages
NBS	=	Neue Blätter für den Sozialismus
ND	=	Neudruck
NEP	=	Neue Ökonomische Politik
Nl.	=	Nachlaß
NPL	=	Neue Politische Literatur
NSDAP	=	Nationalsozialistische Deutsche Arbeiterpartei
O-D	=	Ordnungsdienst
PEUVAG	=	Papiererzeugungs- und -verwertungs-Aktiengesellschaft
PVS	=	Politische Vierteljahresschrift
RABl.	=	Reichsarbeitsblatt
RDI	=	Reichsverband der Deutschen Industrie
RF	=	Rote Fahne
RFB	=	Roter Frontkämpfer-Bund

RFMB	=	Roter Frauen- und Mädchenbund
RGBl.	=	Reichsgesetzblatt
RGI	=	Rote Gewerkschaftsinternationale
RGO	=	Revolutionäre Gewerkschaftsopposition
RHD	=	Rote Hilfe Deutschlands
RLAB	=	Reichslandarbeiterbund
RSI	=	Rote Sportinternationale
SA	=	Sturmabteilung
SAI	=	Sozialistische Arbeiterinternationale
SAJ	=	Sozialistische Arbeiterjugend
SAP(D)	=	Sozialistische Arbeiterpartei (Deutschlands)
SASI	=	Sozialistische Arbeitersportinternationale
S.F.I.O.	=	Section Française de l'Internationale Ouvrière
SH	=	Social History
SM	=	Sozialistische Monatshefte
SP	=	Soziale Praxis
SPD	=	Sozialdemokratische Partei Deutschlands
SPW	=	Sozialistische Politik und Wirtschaft
Stkr.	=	Stadtkreis
Teno	=	Technische Nothilfe
USPD	=	Unabhängige Sozialdemokratische Partei Deutschlands
VDESI	=	Verein Deutscher Eisen- und Stahlindustrieller
Vestag	=	Vereinigte Stahlwerke A.G.
VfZ	=	Vierteljahrshefte für Zeitgeschichte
VSWG	=	Vierteljahrsschrift für Sozial- und Wirtschaftsgeschichte
WB	=	Weltbühne
WTB	=	Wolff's Telegraphisches Bureau
Z	=	Zentrum
ZdL	=	Zentralverband der Landarbeiter
ZfG	=	Zeitschrift für Geschichtswissenschaft
ZK	=	Zentralkomitee

Quellen- und Literaturverzeichnis

I. Archivalien

Archiv des August-Bebel-Instituts (ABI), Berlin [W]
ADGB-Restakten

Archiv beim Bundesvorstand des Deutschen Gewerkschaftsbundes (DGB-Archiv), Düsseldorf

ADGB-Vorstandskorrespondenz
Protokolle der Sitzungen des Bundesausschusses des ADGB 1924—1930
Nl. Franz-Josef Furtwängler 5: F.-J. Furtwängler, Die deutschen Gewerkschaften und ihr Ende durch Hitler (MS)

Archiv der sozialen Demokratie (AsD), Bonn

Nl. Paul Hertz
Nl. Hermann Müller

Bundesarchiv (BA), Koblenz

Nl. Paul Moldenhauer
Reichskanzlei, R 43 I, 2030, 2031: Arbeitslosenfürsorge; 2059: Arbeiter-Wohlfahrtseinrichtungen
Reichskanzlei, R 45 II/67: Deutsche Volkspartei

Internationales Institut für Sozialgeschichte (IISG), Amsterdam

Nl. Eduard Bernstein
Nl. Otto Braun
Nl. Karl Kautsky

II. Kabinettsprotokolle

Akten der Reichskanzlei (= AdR), Weimarer Republik.

— Kabinette Stresemann, 13. August bis 6. Oktober 1923; 6. Oktober bis 30. November 1923, bearb. von Karl Dietrich Erdmann und Martin Vogt, 2 Bde., Boppard 1978.
— Kabinette Marx I und II, 30. November 1923 bis 3. Juni 1924, 3. Juni 1924 bis 15. Januar 1925, bearb. v. Günter Abramowski, 2 Bde., Boppard 1973.
— Kabinette Luther I und II, 15. Januar 1925 bis 20. Januar 1926, 20. Januar 1926 bis 17. Mai 1926, bearb. v. Karl-Heinz Minuth, 2 Bde., Boppard 1977.
— Kabinette Marx III und IV, bearb. von Günter Abramowski, 2 Bde., Boppard, voraussichtlich 1988.
— Das Kabinett Müller II, 28. Juni 1928 bis 27. März 1930, 2 Bde., bearb. von Martin Vogt, Boppard 1970.

Akten zur Deutschen Auswärtigen Politik 1918—1945. Aus dem Archiv des Auswärtigen Amts (ADAP). Serie B: 1925—1933, Bd. II, 1 u. 2: Dezember 1925 bis Dezember 1926. Deutschlands Beziehungen zur Sowjetunion, zu Polen, Danzig und den baltischen Staaten, Göttingen 1967, Bd. XIV: 1. Januar bis 30. April 1930, Göttingen 1980.

III. Kongreß- und Fraktionsprotokolle

Bericht über die Verhandlungen des 10. Parteitages der Kommunistischen Partei Deutschlands (Sektion der Kommunistischen Internationale), Berlin vom 12. bis 17. Juli 1925, Berlin 1926.
Bericht über die Verhandlungen des XI. Parteitages der Kommunistischen Partei Deutschlands (Sektion der Kommunistischen Internationale), Essen vom 2. bis 7. März 1927, Berlin 1927.
Protokoll der Verhandlungen des 12. Parteitags der Kommunistischen Partei Deutschlands (Sektion der Kommunistischen Internationale), Berlin-Wedding, 9. bis 16. Juni 1929, Berlin 1929 (ND: Frankfurt 1972).
Protokoll der Erweiterten Exekutive der Kommunistischen Internationale, Moskau, 21. März—6. April 1925, Hamburg 1925.
Protokoll der Erweiterten Exekutive der Kommunistischen Internationale, Moskau, 17. Februar—15. März 1926, Hamburg usw. 1926.
Protokoll der Erweiterten Exekutive der Kommunistischen Internationale, Moskau, 22. November—16. Dezember 1926, Hamburg usw. 1927.
Protokoll. Fünfter Kongreß der Kommunistischen Internationale, Hamburg o. J.
Protokoll. Sechster Weltkongreß der Kommunistischen Internationale. Moskau. 17. Juli—1. September 1928, 4 Bde., Hamburg usw. 1928 (ND: Mailand 1967).
Protokoll. 10. Plenum des Exekutivkomitees der Kommunistischen Internationale. Moskau, 3. Juli 1929 bis 19. Juli 1929, Hamburg usw. o. J. (ND: Mailand 1967).
Protokoll über den Dritten Kongreß der RGI, abgehalten in Moskau 8. bis 21. Juli 1924, Berlin o. J.
Protokoll über den 4. Weltkongreß der Roten Gewerkschafts-Internationale, abgehalten in Moskau vom 17. März bis 3. April 1928, Moskau 1928.
Beschlüsse, Resolutionen und Aufrufe des IV. Weltkongresses der Roten Gewerkschafts-Internationale, Berlin 1928.
Die internationale Gewerkschaftsbewegung in den Jahren 1924—1927. Bericht des Vollzugsbureau der Roten Gewerkschafts-Internationale an den 4. Kongreß in Moskau am 15. März 1928, Berlin o. J.
Protokoll des 1. Reichskongresses der revolutionären Gewerkschaftsopposition Deutschlands. Abgehalten am 30. November und 1. Dezember 1929 in Berlin, Berlin 1930.
Sozialdemokratischer Parteitag 1924. Protokoll mit dem Bericht der Frauenkonferenz, Berlin 1924 (ND: Glashütten usw. 1974).
Sozialdemokratischer Parteitag 1925 in Heidelberg. Protokoll mit dem Bericht der Frauenkonferenz, Berlin 1925 (ND: Glashütten usw. 1974).
Sozialdemokratischer Parteitag 1927 in Kiel. Protokoll mit dem Bericht der Frauenkonferenz, Kiel 1927 (ND: Glashütten usw. 1974).
Sozialdemokratischer Parteitag in Magdeburg 1929 vom 26. bis 31. Mai in der Stadthalle, Magdeburg 1929 (ND: Glashütten usw. 1974).
Sozialdemokratischer Parteitag in Leipzig 1931 vom 31. Mai bis 5. Juni im Volkshaus, Leipzig 1931 (ND: Berlin [W.], 1974).
Sozialismus aus dem Glauben. Verhandlungen der sozialistischen Tagung in Heppenheim a. B., Pfingstwoche 1928, Zürich usw. 1929.
Zweiter Kongreß der Sozialistischen Arbeiter-Internationale in Marseille, 22. bis 27. August 1925, Berlin o. J.
Dritter Kongreß der Sozialistischen Arbeiter-Internationale. Brüssel, 5. bis 11. August 1928. Berichte und Verhandlungen, 2 Bde., Zürich 1928.
Protokoll der Verhandlungen des 12. Kongresses der Gewerkschaften Deutschlands (2. Bundestag des Allgemeinen Deutschen Gewerkschaftsbundes). Abgehalten in Breslau vom 31. August bis 4. September 1925, Berlin 1925.
Protokoll der Verhandlungen des 13. Kongresses der Gewerkschaften Deutschlands (3. Bundestag des Allgemeinen Deutschen Gewerkschaftsbundes). Abgehalten in Hamburg vom 3. bis 7. September 1928, Berlin 1928.
Niederschrift der Verhandlungen des 11. Kongresses der Christlichen Gewerkschaften Deutschlands. Abgehalten vom 17. bis 20. April 1926 in Dortmund, Berlin 1926.

Niederschrift der Verhandlungen des 12. Kongresses der Christlichen Gewerkschaften Deutschlands, Frankfurt, 15. bis 18. September 1929, Berlin o. J.

Die Protokolle der Reichstagsfraktion und des Fraktionsvorstandes der Deutschen Zentrumspartei 1926—1933, bearb. v. Rudolf Morsey, Mainz 1969.

IV. Parlamentsprotokolle und -drucksachen

Verhandlungen des Reichstags. Stenographische Berichte Bde. 384—395, 423—427.

Verhandlungen des Reichstags, Bde. 408 f., 431 f. (Drucksachen).

V. Zeitungen und Zeitschriften

Die Arbeit 1924—1930
Der Arbeitgeber 1924—1930
Deutsche Republik (DR) 1926—1930
Das freie Wort (DFW) 1929—1930
Die Gemeinde. Halbmonatsschrift für sozialistische Arbeit in Stadt und Land 1924—1930
Die Gesellschaft 1924—1930
Gewerkschafts-Archiv (GA) 1924—1930
Gewerkschafts-Zeitung (GZ) 1924—1930
Die Glocke 1924/25—1925/26
Die Internationale 1924—1930
Internationale Pressekorrespondenz (Inprekorr) 1924—1930
Der Klassenkampf (KK) 1927—1930
Die Kommunistische Internationale (KI) 1924—1930
Kulturwille 1924—1930
Magazin der Wirtschaft 1925—1930
Neue Blätter für den Sozialismus (NBS) 1930
Reichsarbeitsblatt (RABl) 1924—1930
Reichsgesetzblatt (RGBl.) 1924—1930
Rote Fahne (RF) 1924—1930
Soziale Medizin 1928—1930
Soziale Praxis (SP) 1924—1930
Sozialistische Monatshefte (SM) 1924—1930
Sozialistische Politik und Wirtschaft (SPW) 1924—1928
Vorwärts 1924—1930
Die Weltbühne (WB) 1924—1930
Wirtschaft und Statistik 1924—1930
Die Wirtschaftskurve 1924—1930

VI. Weitere ausgewählte Quellen

Achten, Udo (Hg.): „Lachen links“. Das republikanische Witzblatt 1924—1927, Berlin [W] usw. 1985.

Arbeiterjugendbewegung in Frankfurt 1904—1945. Material zu einer verschütteten Kulturgeschichte, Gießen 1978.

Arbeiterregierung in Hamburg. Die Verhandlungen zwischen ADGB, KPD und SPD nach den Bürgerschaftswahlen 1927, Hamburg 1983.
Mein Arbeitstag — Mein Wochenende. 150 Berichte von Textilarbeiterinnen. Gesammelt und hg. vom Deutschen Textilarbeiter-Verband, Berlin 1930.
Aufstieg oder Niedergang? Deutsche Wirtschafts- und Finanzreform 1929. Eine Denkschrift des Präsidiums des Reichsverbandes der Deutschen Industrie, Berlin 1929.
Ausschuß zur Untersuchung der Erzeugungs- und Absatzbedingungen der deutschen Wirtschaft
— Verhandlungen und Berichte des Unterausschusses für Landwirtschaft (II. Unterausschuß), Bd. II/7: Untersuchungen über die Landarbeiterverhältnisse, Berlin 1929.
Bd. 8: Die Lage der Landwirtschaft in Ostpreußen, Berlin 1929.
— Das deutsche Handwerk. Verhandlungen und Berichte des Unterausschusses für Gewerbe, Industrie, Handel und Handwerk (III. Unterausschuß), 8. Arbeitsgruppe (Handwerk), Bd. III/1: Generalbericht, Berlin 1930.
— Verhandlungen und Berichte des Unterausschusses zur Arbeitsleistung (IV. Unterausschuß), Bd. 2: Die Arbeitsverhältnisse im Steinkohlenbergbau, Berlin 1928.
Bd. 4: Arbeitszeit, Arbeitslohn und Arbeitsleistung im Hochofenbetrieb, Berlin 1929.
Bd. 7: Die Arbeitsleistung in Stahl- und Walzwerken und ihre Abhängigkeit von Arbeitszeit, Arbeitslohn und anderen Faktoren, Berlin 1930.
Bd. 9: Zusammenfassender Bericht über die Ergebnisse des Arbeitsleistungsausschusses, Berlin 1930.
Die sozialen Auswirkungen der Rationalisierung. Einführende Studien, hg. vom Internationalen Arbeitsamt, Genf 1932.
Bauer, Otto, u. a.: Faschismus und Kapitalismus. Theorien über die sozialen Ursprünge und die Funktion des Faschismus, Frankfurt usw. 1967.
Berichte der Gewerbeaufsichtsbeamten 1925—1930, Berlin 1926 ff.
Brauneck, Manfred (Hg.): Die Rote Fahne. Kritik, Theorie, Feuilleton 1918—1933, München 1973.
Büthe, Joachim u. a.: Der Arbeiter-Fotograf. Dokumente und Beiträge zur Arbeiterfotografie 1926—1932, Köln 1977.
Dokumente und Materialien zur Geschichte der deutschen Arbeiterbewegung (= DuM), Bd. 8: Januar 1924—Oktober 1929, Berlin [O] 1975.
Feser, Klaus u. a.: Arbeitsgerichtsprotokolle, Neuwied usw. 1978.
Die Generallinie. Rundschreiben des Zentralkomitees der KPD an die Bezirke 1929—1933, eingel. v. Hermann Weber, bearb. v. Hermann Weber unter Mitwirkung von Johann Wachtler, Düsseldorf 1981.
Grotjahn, Alfred u. a. (Hg.): Ergebnisse der Sozialen Hygiene und Gesundheitsfürsorge, Bd. 1, Leipzig 1929.
Das Heidelberger Programm. Grundsätze und Forderungen der Sozialdemokratie, Berlin 1925.
Heller, Hermann: Gesammelte Schriften, 3 Bde., Leiden 1971.
Hinrichs, Peter und Lothar Peter: Industrieller Friede? Arbeitswissenschaft, Rationalisierung und Arbeiterbewegung in der Weimarer Republik, Köln 1976.
Hörnberg, Hans-Jürgen und Dirk Schubert: Massenwohnungsbau in Hamburg. Materialien zur Entstehung und Veränderung Hamburger Arbeiterwohnungen und -siedlungen 1800—1967, Berlin [W] 1975.
Hoffmann, Ludwig u. Daniel Hoffmann-Ostwald: Deutsche Arbeitertheater 1918—1933, 2 Bde., München 2. Aufl. 1973.
Jahrbuch des Allgemeinen Deutschen Gewerkschaftsbundes 1924—1930, Berlin 1925 ff.
Jahrbuch der Deutschen Sozialdemokratie 1924—1930. Hg. vom Vorstand der Sozialdemokratischen Partei Deutschlands, Berlin o. J. (ND: Berlin [W] 1976).
Jahrbuch des Deutschen Textilarbeiterverbandes 1923/24—1930.
Kindt, Werner (Hg.): Dokumentation der Jugendbewegung, Bd. 3: Die deutsche Jugendbewegung 1920 bis 1933. Die bündische Zeit, Köln 1974.
Klucsarits, Richard und Friedrich G. Kürbisch: Arbeiterinnen kämpfen um ihr Recht. Autobiographische Texte rechtloser und entrechteter „Frauenspersonen“ in Deutschland, Österreich und der Schweiz des 19. und 20. Jahrhunderts, Wuppertal o. J.

Konjunkturstatistisches Handbuch 1933, Berlin 1933.

Krüger, Hans und Fritz Baade: Sozialdemokratische Agrarpolitik. Erläuterungen zum sozialdemokratischen Agrarprogramm, Berlin o. J. (1927).

Kürbisch, Friedrich G.: Dieses Land schläft einen unruhigen Schlaf. Sozialreportagen 1918—45, Berlin [W] usw. 1981.

Lammel, Inge: Das Arbeiterlied, Frankfurt am Main 1975.

Die Lebenshaltung von 2000 Arbeiter-, Angestellten- und Beamtenhaushaltungen. Erhebungen von Wirtschaftsrechnungen im Deutschen Reich, bearb. vom Statistischen Reichsamt (= Einzelschriften zur Statistik des Deutschen Reichs, Nr. 22, 1 u. 2), Berlin 1932.

Linksliberalismus in der Weimarer Republik. Die Führungsgremien der Deutschen Demokratischen Partei und der Deutschen Staatspartei 1918—1933, bearb. v. Konstanze Wegner, Düsseldorf 1980.

Löwenstein, Kurt: Sozialismus und Erziehung. Eine Auswahl aus den Schriften 1919—1933. Neu hg. von Ferdinand Brandecker und Hildegard Feidel-Mertz, Berlin [W] 1976.

Lübbe, Peter (Hg.): Kautsky gegen Lenin, Berlin [W] usw. 1981.

Martiny, Martin: Die Entstehung und politische Bedeutung der „Neuen Blätter für den Sozialismus" und ihres Freundeskreises, in: VfZ 25 (1977), S. 373—419.

Der Nachlaß des Reichskanzlers Wilhelm Marx, bearb. v. Hugo Stehkämper, 4 Bde., Köln 1968.

Naphtali, Fritz: Wirtschaftsdemokratie. Ihr Wesen, Weg und Ziel, Berlin 1928 (Neuausgaben: Frankfurt 1968 u. ö.)

Olbrich, Josef (Hg.): Arbeiterbildung in der Weimarer Zeit. Konzeption und Praxis, Braunschweig 1977.

Petzina, Dietmar; Abelshauser, Werner; Faust, Anselm: Sozialgeschichtliches Arbeitsbuch. Bd. III: Materialien zur Statistik des Deutschen Reiches 1914—1945, München 1978.

Politik und Wirtschaft in der Krise 1930—1932. Quellen zur Ära Brüning. Eingeleitet von Gerhard Schulz, bearb. v. Ilse Maurer u. Udo Wengst unter Mitwirkung von Jürgen Heideking, 2 Bde., Düsseldorf 1980.

Prinz, Detlef u. Manfred Rexin (Hg.): Gewerkschaftsjugend im Weimarer Staat, Köln 1983.

Purlitz, Friedrich (Hg.): Deutscher Geschichtskalender, Bde. 40 (1924)—46 (1930), Leipzig o. J.

Ramm, Thilo (Hg.): Arbeitsrecht und Politik. Quellentexte 1918—1933, Neuwied 1966.

Rühle, Otto: Illustrierte Kultur- und Sittengeschichte des Proletariats, 2 Bde., 1. Bd.: Berlin 1930, ND: Frankfurt 1971, Bd. 2: Gießen 1977.

Siepmann, Eckhard: Montage: John Heartfield. Vom Club Dada zur Arbeiter Illustrierten-Zeitung. Dokumente — Analysen — Berichte, Berlin [W] 1977.

Schadt, Jörg (Hg.): Im Dienst an der Republik. Die Tätigkeitsberichte des Landesvorstands der Sozialdemokratischen Partei Badens 1914—1932, Stuttgart usw. 1977.

Schneider, Michael: Auf dem Weg in die Krise. Thesen und Materialien zum Ruhreisenstreit 1928/29, Wentorf b. Hamburg 1974.

Schulthess' Europäischer Geschichtskalender, Bde. 65 (1924)—71 (1930), München 1927 ff.

Stalin, J. W.: Werke, 13 Bde., Berlin [O] 1952 ff.

Statistik des Deutschen Reichs, Bde 315, 321, 332, 372, 384, 401 f., 408, 413, 429.

Statistisches Jahrbuch für das Deutsche Reich 1924/25—1930.

Stephan, Cora (Hg.): Zwischen den Stühlen oder über die Vereinbarkeit von Theorie und Praxis. Schriften Rudolf Hilferdings 1904—1940, Berlin [W] 1982.

Stresemann, Gustav: Vermächtnis. Der Nachlaß in drei Bänden, Berlin 1932.

Die 40-Stunden-Woche. Untersuchungen über Arbeitsmarkt, Arbeitsertrag und Arbeitszeit, Hg. im Auftrage des Allgemeinen Deutschen Gewerkschaftsbundes von Theodor Leipart, Berlin 1931.

Vorwärts — und nicht vergessen. Arbeiterkultur in Hamburg um 1930. Materialien zur Geschichte der Weimarer Republik, Berlin [W] 1982.

Weber, Hermann: Zu den Beziehungen zwischen der KPD und der Kommunistischen Internationale, in: VfZ 16 (1968), S. 177—208.

ders. (Hg.): Der deutsche Kommunismus. Dokumente, Köln usw. 1963.

Wolter, Ulf (Hg.): Die linke Opposition in der Sowjetunion. Texte von 1923 bis 1928, 5 Bde., Berlin [W] 1975 ff.

Woytinski, Wladimir: Der deutsche Arbeitsmarkt. Ergebnisse der gewerkschaftlichen Arbeitslosenstatistik 1919—1929. I: Text und statistische Unterlagen, Berlin 1930.

VII. Ausgewählte zeitgenössische Darstellungen und Erinnerungen

Abendroth, Wolfgang: Ein Leben in der Arbeiterbewegung, Gespräche, aufgezeichnet und hg. v. Barbara Dietrich u. Joachim Perels, Frankfurt 1976.

Benjamin, Dora: Der Stand der Heimarbeit in Deutschland. Ergebnisse der Deutschen Heimarbeitsausstellung 1925, Jena 1928.

Bonn, Moritz Julius: Das Schicksal des deutschen Kapitalismus, 2. Aufl., Berlin 1930.

Borinski, Fritz u. a. (Hg.): Jugend im politischen Protest. Der Leuchtenburgkreis 1923—1933—1977, Frankfurt 1977.

Brady, Robert A.: The Rationalization Movement in German Industry. A Study in the Evolution of Economic Planning, Berkeley 1933.

Braun, Otto: Von Weimar zu Hitler, 2. Aufl. der dt. Ausgabe Hamburg 1949.

Brüning, Heinrich: Memoiren 1918—1934, Stuttgart 1970.

Buber-Neumann, Margarete: Von Potsdam nach Moskau. Stationen eines Irrwegs, Stuttgart 1957.

Dinse, Robert: Das Freizeitleben der Großstadtjugend. 5 000 Jungen und Mädchen berichten, Eberswalde 1932.

Feuchtwanger, Franz: Der militärpolitische Apparat der KPD in den Jahren 1928—1935. Erinnerungen, in: IWK 17 (1981), Heft 4, S. 485—535.

Fischer, Ruth: Stalin und der deutsche Kommunismus. Der Übergang zur Konterrevolution (amerik. Orig.: Stalin and German Communism, Cambridge/Mass. 1948), Frankfurt o. J.

Franzen-Hellersberg, Lisbeth: Die jugendliche Arbeiterin. Ihre Arbeitsweise und Lebensform. Ein Versuch sozialpsychologischer Forschung zum Zweck der Umwertung proletarischer Tatbestände, Tübingen 1932.

Fromm, Erich: Arbeiter und Angestellte am Vorabend des Dritten Reiches. Eine sozialpsychologische Untersuchung, bearb. und hg. von Wolfgang Bonß, Stuttgart 1980.

Galm, Heinrich: Ich war halt immer ein Rebell. Politische Erinnerungen von Heinrich und Marie Galm, nach Gesprächen zusammengestellt von Werner Fuchs u. Bernd Klemm, Offenbach 2. Aufl. 1981.

Geiger, Theodor: Die soziale Schichtung des deutschen Volkes. Soziographischer Versuch auf statistischer Grundlage, 1. Aufl. Stuttgart 1932, ND: Stuttgart usw. 1967.

Gross, Babette: Willi Münzenberg. Eine politische Biographie, Stuttgart 1967.

Große, Franz: Die Bildungsinteressen des großstädtischen Proletariats, untersucht an der Zusammensetzung und Interessenrichtung der Hörerschaft an den Volkshochschulen, Leipzig usw. 1932.

Grundriß der Sozialökonomik, IX. Abteilung (Das soziale System des Kapitalismus, 1. Teil: Die gesellschaftliche Schichtung im Kapitalismus), Tübingen 1926.

Grzesinski, Albert C.: Inside Germany, New York 1939.

Hermes, Gertrud: Die geistige Gestalt des marxistischen Arbeiters und die Arbeiterbildungsfrage, Tübingen 1926.

Kanitz, Otto Felix, Das proletarische Kind in der bürgerlichen Gesellschaft, Jena 1925.

Keil, Wilhelm: Erlebnisse eines Sozialdemokraten, 2 Bde., Stuttgart 1948.

Leber, Julius: Schriften, Reden, Briefe, hg. v. Dorothea Beck u. Wilfried F. Schoeller, München 1976.

ders.: Ein Mann geht seinen Weg. Schriften, Reden und Briefe, hg. v. seinen Freunden, Frankfurt 1952.

Lederer, Emil: Kapitalismus, Klassenstruktur und Probleme der Demokratie in Deutschland 1910—1940, hg. v. Jürgen Kocka, Göttingen 1979.

Lessing, Helmut und Manfred Liebel: Wilde Cliquen. Szenen einer anderen Jugendbewegung, Bensheim 1981.
Liefmann, Robert: Kartelle, Konzerne und Trusts, Stuttgart, 8. Aufl. 1930.
Lipinski, Richard: Der Kampf um die politische Macht in Sachsen, Leipzig 1926.
de Man, Hendrik: Der Kampf um die Arbeitsfreude. Eine Untersuchung auf Grund der Aussagen von 78 Industriearbeitern und Angestellten, Jena 1927.
ders.: Zur Psychologie des Sozialismus, (1. Auflage Jena 1926) Bonn [3]1976.
ders.: Gegen den Strom. Memoiren eines europäischen Sozialisten, Stuttgart 1953.
Meissner, Otto: Staatssekretär unter Ebert, Hindenburg, Hitler, Hamburg 1950.
Meyer-Leviné, Rosa: Im inneren Kreis. Erinnerungen einer Kommunistin in Deutschland 1920—1933 (engl. Orig.: Inside German Communism, London 1977), Köln 1979.
Niekisch, Ernst: Gewagtes Leben. Begegnungen und Begebnisse, Köln usw. 1958.
Osterroth, Franz: Der Hofgeismarkreis der Jungsozialisten, in: AfS 4 (1964), S. 525—569.
Piechowski, Paul: Proletarischer Glaube. Die religiöse Gedankenwelt der organisierten deutschen Arbeiterschaft nach sozialistischen und kommunistischen Selbstzeugnissen, Berlin 1927.
Pünder, Hermann: Politik in der Reichskanzlei. Aufzeichnungen aus den Jahren 1929—1932, hg. von Thilo Vogelsang, Stuttgart 1961.
Rathmann, August: Ein Arbeiterleben. Erinnerungen an Weimar und danach, Wuppertal 1983.
Retzlaw, Karl: Spartakus. Aufstieg und Niedergang. Erinnerungen eines Parteiarbeiters, Frankfurt 1971.
Sender, Toni: Autobiographie einer deutschen Rebellin (amerik. Original: The Autobiography of a German Rebel, New York 1939), Frankfurt 1981.
Severing, Carl: Mein Lebensweg, 2 Bde., Köln 1950.
Seydewitz, Max: Es hat sich gelohnt, zu leben. Lebenserinnerungen eines alten Arbeiterfunktionärs, Berlin [O] 1976.
Stampfer, Friedrich: Die vierzehn Jahre der ersten deutschen Republik. 3. Auflage, Hamburg 1953.
Stenbock-Fermor. Alexander Graf: Deutschland von unten. Reisen durch die proletarische Provinz 1930 (1. Aufl. Stuttgart 1931), Luzern usw. 2. Aufl. 1980.
ders.: Meine Erlebnisse als Bergarbeiter, Stuttgart 1929.
Wachenheim, Hedwig: Vom Großbürgertum zur Sozialdemokratie. Memoiren einer Reformistin, Berlin [W] 1973.
Wagenführ, Rolf: Die Industriewirtschaft. Entwicklungstendenzen der deutschen und internationalen Industrieproduktion 1860 bis 1932. Vierteljahreshefte zur Konjunkturforschung. Sonderheft 31, Berlin 1933.
Wissell, Rudolf: Aus meinen Lebensjahren. Mit einem Dokumenten-Anhang, hg. von Ernst Schraepler, Berlin [W] 1983.

VIII. Biographische und bibliographische Hilfsmittel zur Geschichte der deutschen Arbeiterbewegung 1918—1933

Arnold, Heinz Ludwig (Hg.): Handbuch zur deutschen Arbeiterliteratur, 2 Bde., München 1977 (Bd. 2: Bibliographie).
Beier, Gerhard: Schulter an Schulter, Schritt für Schritt. Lebensläufe deutscher Gewerkschafter, Köln 1983.
Collotti, Enzo: Die Kommunistische Partei Deutschlands 1918—1933. Ein bibliographischer Beitrag, Milano 1961.
Geschichte der deutschen Arbeiterbewegung. Biographisches Lexikon, Berlin [O] 1970.
Klotzbach, Kurt: Bibliographie zur Geschichte der deutschen Arbeiterbewegung 1914—1945. Sozialdemokratie, Freie Gewerkschaften, Christlich-Soziale Bewegungen, Kommunistische Bewegung und linke Splittergruppen. Mit einer forschungsgeschichtlichen Einleitung. 3., wesentlich erweiterte und verbesserte Auflage, bearbeitet von Volker Mettig, Bonn 1981.

Lazitch, Branko: Biographical Dictionary of the Comintern, Stanford/California 1973.
Osterroth, Franz: Biographisches Lexikon des Sozialismus. Bd. I: Verstorbene Persönlichkeiten. Hannover 1960.
Weber, Hermann: Kommunismus in Deutschland 1918—1945, Darmstadt 1983.
ders.: Die Wandlung des deutschen Kommunismus. Die Stalinisierung der KPD in der Weimarer Republik, 2 Bde., Frankfurt 1969 [Bd. 2 enthält Biographien].

IX. Ausgewählte Literatur*

Abelshauser, Werner u. Dietmar Petzina: Krise und Rekonstruktion. Zur Interpretation der gesamtwirtschaftlichen Entwicklung Deutschlands im 20. Jahrhundert, in: Wilhelm Heinz Schröder u. Reinhard Spree (Hg.), Historische Konjunkturforschung, Stuttgart 1980, S. 45—114.
Abendroth, Wolfgang: Sozialgeschichte der europäischen Arbeiterbewegung, Frankfurt 1965.
Abraham, David: The Collapse of the Weimar Republic. Political Economy and Crisis, Princeton 1981.
Adolph, Hans J.: Otto Wels und die Politik der deutschen Sozialdemokratie 1884—1939, Berlin [W] 1971.
Arns, Günter: Friedrich Ebert als Reichspräsident, in: HZ, Beiheft 1: Theodor Schieder (Hg.), Beiträge zur Geschichte der Weimarer Republik, München 1971, S. 1—30.
Aumann, Nancy Jo: From Legality to Illegality: The Communist Party of Germany in Transition, 1930—1933, Ph. D. Diss., Univ. of Wisconsin, Madison 1982.

Bähr, Johannes: Staatliche Schlichtung in der Weimarer Republik, Tarifpolitik, Korporatismus und industrieller Konflikt 1919—1932, phil. Diss. (MS), Freiburg 1986.
Bahne, Siegfried: Die Erwerbslosenpolitik der KPD in der Weimarer Republik, in: Hans Mommsen u. Winfried Schulze (Hg.), Vom Elend der Handarbeit. Probleme historischer Unterschichtenforschung, Stuttgart 1981, S. 477—496.
Bajohr, Stefan: Die Hälfte der Fabrik. Geschichte der Frauenarbeit in Deutschland 1914 bis 1945, Marburg 1979.
Balderston, T.: The Origins of Economic Instability in Germany 1924—1930. Market Forces versus Economic Policy, in: VSWG 69 (1982), S. 488—514.
Barclay, David E.: Rudolf Wissell als Sozialpolitiker 1890—1933, Berlin [W] 1984.
Beck, Dorothea: Julius Leber, Sozialdemokrat zwischen Reform und Widerstand, Berlin [W] 1983.
Beier, Gerhard: Das Problem der Arbeiteraristokratie im 19. und 20. Jahrhundert, in: Herkunft und Mandat. Beiträge zur Führungsproblematik in der Arbeiterbewegung, Frankfurt usw. 1976.
Berghahn, Volker R.: Der Stahlhelm. Bund der Frontsoldaten 1918—1935, Düsseldorf 1966.
ders.: Das Volksbegehren gegen den Youngplan und die Ursprünge des Präsidialsystems 1928—1930, in: Dirk Stegmann u. a. (Hg.), Industrielle Gesellschaft und politisches System. FS f. Fritz Fischer, Bonn 1978, S. 431—446.
Bers, Günter: Eine Regionalgliederung der KPD. Der Bezirk Mittelrhein und seine Parteitage in den Jahren 1927/1929, Reinbek b. Hamburg 1981.
Bessel, Richard u. E. J. Feuchtwanger (Hg.): Social Change and Political Development in Weimar Germany, London 1981.
Bindel, Jakob (Hg.): 75 Jahre Kinderfreunde: 1908—1983. Skizzen, Erinnerungen, Berichte, Ausblicke, Wien usw. 1983.
Blaich, Fritz: Die Wirtschaftskrise 1925/26 und die Reichsregierung. Von der Erwerbslosenfürsorge zur Konjunkturpolitik, Kallmünz 1977.
Blau, Joachim: Sozialdemokratische Staatslehre in der Weimarer Republik. Darstellung und Untersuchung der staatsrechtlichen Konzeptionen von Hermann Heller, Ernst Fraenkel und Otto Kirchheimer, Marburg 1980.

* Wurden mehrere Beiträge aus einer Aufsatzpublikation herangezogen, so wird nur der Titel des Sammelwerks genannt.

Blunck, Jürgen: Der Gedanke der Großen Koalition in den Jahren 1923—1928, phil. Diss. (MS), Kiel 1961.

Böhret, Carl: Aktionen gegen die „kalte Sozialisierung“ 1926—1930. Ein Beitrag zum Wirken ökonomischer Einflußverbände in der Weimarer Republik, Berlin [W] 1966.

Bölling, Rainer: Volksschullehrer und Politik. Der Deutsche Lehrerverein 1918 bis 1933, Göttingen 1978.

Bönig, Jürgen: Technik. Rationalisierung und Arbeitszeit in der Weimarer Republik, in: Technikgeschichte 47 (1980), S. 303—324.

Bogs, Walter: Die Sozialversicherung in der Weimarer Demokratie, München 1981.

Borchardt, Knut: Wachstum, Krisen und Handlungsspielräume der Wirtschaftspolitik. Studien zur Wirtschaftsgeschichte des 19. und 20. Jahrhunderts, Göttingen 1982.

Borkenau, Franz: Der europäische Kommunismus. Seine Geschichte von 1917 bis zur Gegenwart, München 1952.

Botz, Gerhard u. a. (Hg.): Bewegung und Klasse. Studien zur österreichischen Arbeitergeschichte, Wien 1978.

Bowlby, Chris: Blutmai 1929: Police, Parties and Proletarians in a Berlin Confrontation, in: The Historical Journal 29 (1986), S. 137—158.

Bracher, Karl Dietrich: Die Auflösung der Weimarer Republik. Eine Studie zum Problem des Machtverfalls in der Demokratie, Villingen 4. Aufl. 1964.

Brandt, Willy und Richard Löwenthal: Ernst Reuter. Ein Leben für die Freiheit. Eine politische Biographie, München 1957.

Braunthal, Gerard: Der Allgemeine Deutsche Gewerkschaftsbund. Zur Politik der Arbeiterbewegung in der Weimarer Republik (amerik. Orig.: Socialist Labor and Politics in Weimar Germany, Hamden 1978), Köln 1981.

Braunthal, Julius: Geschichte der Internationale, 2 Bde., Hannover 1963.

Bry, Gerhard: Wages in Germany 1871—1945, Princeton 1960.

Büttner, Ursula: Hamburg in der Staats- und Wirtschaftskrise 1928—1931, Hamburg 1982.

Buhl, Manfred: Sozialistische Gewerkschaftsarbeit zwischen programmatischem Anspruch und politischer Praxis. Der ADGB und die freien Gewerkschaften in der Stabilisierungsphase der Weimarer Republik (1923/24—1927/28), Köln 1983.

Carr, Edward Hallet: Berlin — Moskau. Deutschland und Rußland zwischen beiden Weltkriegen (engl. Orig.: German Soviet Relations between the two World Wars, 1919—1939, Baltimore 1951), Stuttgart 1954.

ders.: Socialism in One Country 1924—1926 (= A History of the Soviet Union, Bde. 4—6), 3 Bde., London 1958 ff.

Carsten, Francis L.: Reichswehr und Politik 1918—1933, Köln usw. 1964.

Caspar, Gustav Adolf: Die sozialdemokratische Partei und das deutsche Wehrproblem in den Jahren der Weimarer Republik, Frankfurt 1959.

Childers, Thomas: The Nazi Voter. The Social Foundations of Fascism in Germany, 1919—1933, Chapel Hill usw. 1983.

Clark, Jon: Bruno Schönlank und die Arbeitersprechchorbewegung der Weimarer Republik, Köln 1984.

Cohen, Stephen F.: Bukharin and the Bolshevik Revolution. A Political Biography 1888—1938, New York 2. Aufl. 1973.

Conze, Werner: Die Krise des Parteienstaates in Deutschland 1929/30, in: HZ 178 (1954), S. 47—83.

ders. u. Hans Raupach (Hg.): Die Staats- und Wirtschaftskrise des Deutschen Reiches 1929/33, Stuttgart 1967.

Crisler, Richard C.: Intraparty Politics in an Ideologically Oriented Party. The Left Opposition in the Weimar SPD. Ph. D. Diss. (Microfilm), Washington D. C. 1973.

Dahl, Peter: Arbeitersender und Volksempfänger. Proletarische Radio-Bewegung und bürgerlicher Rundfunk bis 1945, Frankfurt 1978.

Dahrendorf, Ralf: Soziale Klassen und Klassenkonflikt in der industriellen Gesellschaft, Stuttgart 1957.
Daniels, Robert Vincent: Das Gewissen der Revolution. Kommunistische Opposition im Sowjetrußland (amerik. Orig.: The Conscience of the Revolution. Communist Opposition in Soviet Russia, Cambridge/Mass. 1960), Köln usw. 1962.
Deutsche Arbeiterbewegung vor dem Faschismus. „Argument"-Sonderband AS 74, Berlin [W] 1981.
Deutscher, Isaac: Stalin. Eine politische Biographie (engl. Orig.: Stalin. A Political Biography, Oxford 1961), Stuttgart 1962.
ders.: Trotzki, Bd. 2: Der unbewaffnete Prophet 1921—1929 (engl. Orig.: The Prophet Unarmed. Trotsky 1921—1929, London 1959), Stuttgart 2. Aufl. 1972.
Deutschland — Sowjetunion. Aus fünf Jahrzehnten kultureller Zusammenarbeit, Berlin [O] 1966.
Dieckmann, Hildemarie: Johannes Popitz. Entwicklung und Wirksamkeit in der Zeit der Weimarer Republik, Berlin [W] 1960.
Dobkowski, Michael N. u. Isidor Wallimann (Hg.): Towards the Holocaust. The Social and Economic Collapse of the Weimar Republic, Westport/Conn. 1983.
Döhn, Lothar: Politik und Interesse. Die Interessenstruktur der Deutschen Volkspartei, Meisenheim 1970.
Dörr, Manfred: Die Deutschnationale Volkspartei 1925 bis 1928, Marburg 1964.
Dorpalen, Andreas: Hindenburg in der Geschichte der Weimarer Republik (amerik. Orig.: Hindenburg and the Weimar Republic, Princeton 1964), Berlin [W] usw. 1966.
Drechsler, Hanno: Die Sozialistische Arbeiterpartei Deutschlands (SAPD). Ein Beitrag zur Geschichte der deutschen Arbeiterbewegung am Ende der Weimarer Republik, Meisenheim 1965.

Ebel, Waltraut u. Helmut Biering: Zu Problemen der Entwicklung und Politik der SPD in den Jahren 1924—1927, Diss. Leipzig 1964 (MS).
Friedrich Ebert 1871/1971, Bonn 1971.
Eberts, Erich: Arbeiterjugend 1904—1945. Sozialistische Erziehungsgemeinschaft — Politische Organisation, Frankfurt 1979.
Ehni, Hans-Peter: Bollwerk Preußen? Preußen-Regierung, Reich-Länder-Problem und Sozialdemokratie 1928—1932, Bonn 1975.
ders.: Zum Parteienverhältnis in Preußen 1918—1932. Ein Beitrag zu Funktion und Arbeitsweise der Weimarer Koalitionsparteien, in: AfS 11 (1971), S. 241—288.
Erdmann, Karl-Dietrich: Gustav Stresemann: the Revision of Versailles and the Weimar Parliamentary System. German Historical Institute London, The 1980 Annual Lecture, London o. J.
ders.: Die Zeit der Weltkriege (= Bruno Gebhardt, Handbuch der deutschen Geschichte, 9. Aufl., hg. v. Herbert Grundmann, Bd. 4/1), Stuttgart 1973.
ders. u. Helmut Grieser: Die deutsch-sowjetischen Beziehungen in der Zeit der Weimarer Republik als Problem der deutschen Innenpolitik, in: GWU 26 (1975), S. 403—426.
Die Ereignisse des 15. Juli 1927. Protokoll des Symposiums in Wien am 15. Juni 1977, München 1979.
Evans, Ellen L.: The German Center Party 1870—1933. A Study in Political Catholicism, Carbondale usw. 1981.
Evans, Richard J. (Hg.): The German Working Class 1888—1933. The Politics of Everyday Life, London usw. 1982.
Eyck, Erich: Geschichte der Weimarer Republik, 2 Bde., Erlenbach usw. 1956.

Fabian, Anne-Marie (Hg.): Arbeiterbewegung, Erwachsenenbildung, Presse. Festschrift für Walter Fabian zum 75. Geburtstag, Köln usw. 1977.
Fähnders, Walter und Martin Rector: Linksradikalismus und Literatur. Untersuchungen zur Geschichte der sozialistischen Literatur in der Weimarer Republik, 2 Bde., Reinbek 1974.
Faust, Helmut: Geschichte der Genossenschaftsbewegung. Ursprung und Weg der Genossenschaften im deutschen Sprachraum, Frankfurt 1965.

Feldman, Gerald D. u. Irmgard Steinisch: Notwendigkeit und Grenzen sozialstaatlicher Intervention. Eine vergleichende Fallstudie des Ruhreisenstreits in Deutschland und des Generalstreiks in England, in: AfS 20 (1980), S. 57—117.

dies.: Die Weimarer Republik zwischen Sozial- und Wirtschaftsstaat. Die Entscheidung gegen den Achtstundentag, in: AfS 18 (1978), S. 353—439.

Finker, Kurt: Geschichte des Roten Frontkämpferbundes, Berlin [O] 1981.

ders.: Revolutionäre Massenorganisationen in der Zeit der Weimarer Republik, in: Geschichtsunterricht und Staatsbürgerkunde 6 (1964), S. 919—934.

Fischer, Jürgen u. Peter Michael Meiners: Proletarische Körperkultur und Gesellschaft. Zur Geschichte des Arbeitersports, Gießen 1973.

Fischer, Wolfram: Deutsche Wirtschaftspolitik 1918—1945, 3. Aufl., Opladen 1968.

ders.: Weltwirtschaftliche Rahmenbedingungen für die ökonomische und politische Entwicklung Europas 1919—1939, Wiesbaden 1980.

Flechtheim, Ossip K.: Die KPD in der Weimarer Republik, Frankfurt 3. Aufl. 1973.

Flemming, Jens: Landwirtschaftliche Interessen und Demokratie, Ländliche Gesellschaft, Agrarverbände und Staat 1890—1925, Bonn 1978.

Fowkes, Ben: Communism in Germany under the Weimar Republic, London usw. 1984.

Fraenkel, Ernst: Reformismus und Pluralismus, Hamburg 1973.

Frank, Pierre: Geschichte der Kommunistischen Internationale (1919—1943) (frz. Original: Histoire de l'Internationale Communiste [1919—1943], Paris 1979), 2 Bde., Frankfurt 1981.

Friedrich, Gerhard: Proletarische Literatur und politische Organisation. Die Literaturpolitik der KPD in der Weimarer Republik und die proletarisch-revolutionäre Literatur, Frankfurt usw. 1981.

Fuhr, Werner: Proletarische Musik in Deutschland 1928—1933, phil. Diss., Freiburg 1976.

Gätsch, Helmut: Die Freien Gewerkschaften in Bremen 1919—1933, Bremen 1969.

Gatzke, Hans W.: Stresemann and the Rearmament of Germany, Baltimore 1954.

Gay, Peter: Die Republik der Außenseiter. Geist und Kultur in der Weimarer Zeit 1918—1933 (amerik. Orig.: Weimar Culture. The Outsider as Insider, New York 1968), Frankfurt 1970.

Geiger, Theodor: Die Klassengesellschaft im Schmelztiegel, Köln usw. 1949.

Gerhard-Sonnenberg, Gabriele: Marxistische Arbeiterbildung in der Weimarer Zeit (MASCH), Köln 1976.

Geschichte der deutschen Arbeiterbewegung, Bd. 4: Von 1924 bis Januar 1933, Berlin [O] 1966.

Geschichte der deutschen Arbeiterjugendbewegung 1904—1945, Berlin [O] 1973.

Gessner, Dieter: Agrarverbände in der Weimarer Republik. Wirtschaftliche und soziale Voraussetzungen agrarkonservativer Politik vor 1933, Düsseldorf 1976.

Geyer, Dietrich: Sowjetrußland und die deutsche Arbeiterbewegung 1918—1932, in: VfZ 24 (1976), S. 2—37.

Glees, Anthony: Albert C. Grzesinski and the Politics of Prussia 1926—1930, in: The English Historical Review 89 (1974), S. 814—834.

Gotschlich, Helga: Zwischen Kampf und Kapitulation. Zur Geschichte des Reichsbanners Schwarz-Rot-Gold, Berlin [O] 1987.

Gottschalch, Wilfried: Strukturveränderungen der Gesellschaft und politisches Handeln in der Lehre von Rudolf Hilferding, Berlin [W] 1962.

Grebing, Helga: Zentrum und katholische Arbeiterschaft 1918—1933. Ein Beitrag zur Geschichte des Zentrums in der Weimarer Republik, phil. Diss. (MS), FU Berlin [W] 1953.

Grübler, Michael: Die Spitzenverbände der Wirtschaft und das erste Kabinett Brüning. Vom Ende der Großen Koalition 1929/30 bis zum Vorabend der Bankenkrise 1931, Düsseldorf 1982.

Habedank, Heinz: Der Feind steht rechts. Bürgerliche Linke gegen den deutschen Militarismus (1925—1933), Berlin [O] 1965.

Hägel, Helmuth: Die Stellung der sozialdemokratischen Jugendorganisationen zu Staat und Partei in den Anfangsjahren der Weimarer Republik, in: IWK 12 (1976), S. 166—216.

Hamel, Iris: Völkischer Verband und nationale Gewerkschaft. Der Deutschnationale Handlungsgehilfen-Verband 1893—1933, Frankfurt 1967.

Hannover, Heinrich u. Elisabeth Hannover-Drück: Politische Justiz 1918—1933, Frankfurt 1966.
Hansmeyer, Karl-Heinrich (Hg.): Kommunale Finanzpolitik in der Weimarer Republik, Stuttgart usw. 1973.
Hardach, Gerd: Weltmarktorientierung und relative Stagnation. Währungspolitik in Deutschland 1924—1931, Berlin [W] 1976.
Hartwich, Hans-Hermann: Arbeitsmarkt, Verbände und Staat 1918—1933. Die öffentliche Bindung unternehmerischer Funktionen in der Weimarer Republik, Berlin [W] 1967.
Haungs, Peter: Reichspräsident und parlamentarische Kabinettsregierung. Eine Studie zum Regierungssystem der Weimarer Republik in den Jahren 1924 bis 1929, Köln usw. 1968.
Heberle, Rudolf: Landbevölkerung und Nationalsozialismus. Eine soziologische Untersuchung der politischen Willensbildung in Schleswig-Holstein 1918—1932, Stuttgart 1963.
Heer-Kleinert, Lore: Die Gewerkschaftspolitik der KPD in der Weimarer Republik, Frankfurt usw. 1983.
Heimann, Horst u. Thomas Meyer (Hg.): Reformsozialismus und Sozialdemokratie. Zur Theoriediskussion des Demokratischen Sozialismus in der Weimarer Republik, Berlin [W] usw. 1982.
Heinemann, Manfred (Hg.): Sozialisation und Bildungswesen in der Weimarer Republik, Stuttgart 1976.
Heinsen-Becker, Gudrun: Karl Bröger und die Arbeiterdichtung seiner Zeit. Die Publikumsgebundenheit einer literarischen Richtung, Nürnberg 1977.
Heintel, Peter: System und Ideologie. Der Austromarxismus im Spiegel der Philosophie Max Adlers, Wien usw. 1967.
Hempel-Küter, Christa: Die Tages- und Wochenpresse der KPD im Deutschen Reich von 1918—1933, in: IWK 23 (1987), Heft 1, S. 27—82.
Herlemann, Beatrix: Kommunalpolitik der KPD im Ruhrgebiet 1924—1933, Wuppertal 1977.
Hermens, Ferdinand A. u. Theodor Schieder (Hg.): Staat, Wirtschaft und Politik in der Weimarer Republik. Festschrift für Heinrich Brüning, Berlin [W] 1967.
Hertz-Eichenrode, Dieter: Wirtschaftskrise und Arbeitslosigkeit. Konjunkturpolitik 1925/26 und die Grundlagen der Krisenpolitik Brünings, Frankfurt 1982.
Herzig, Arno u. a. (Hg.): Arbeiter in Hamburg. Unterschichten, Arbeiter und Arbeiterbewegung seit dem ausgehenden 18. Jahrhundert, Hamburg 1983.
Hinrichs, Peter: Um die Seele des Arbeiters. Arbeitspsychologie, Industrie- und Betriebssoziologie in Deutschland 1871—1945, Köln 1981.
Hipp, Hermann: Wohnstadt Hamburg. Mietshäuser der zwanziger Jahre zwischen Inflation und Weltwirtschaftskrise, Hamburg 1982.
Hockerts, Hans Günther: Hundert Jahre Sozialversicherung in Deutschland. Ein Bericht über die neuere Forschung, in: HZ 237 (1983), S. 361—384.
Hömig, Herbert: Das preußische Zentrum in der Weimarer Republik, Mainz 1979.
Hoffmann, Gabriele: Sozialdemokratie und Berufsbeamtentum. Zur Frage nach Wandel und Kontinuität im Verhältnis der Sozialdemokratie zum Berufsbeamtentum in der Weimarer Zeit, Hamburg 1972.
Holl, Karl u. Wolfram Wette (Hg.): Pazifismus in der Weimarer Republik. Beiträge zur Historischen Friedensforschung, Paderborn 1981.
Holtfrerich, Carl-Ludwig: Zu hohe Löhne in der Weimarer Republik? Bemerkungen zur Borchardt-These, in: GG 10 (1984), S. 122—141.
Holzbach, Heidrun: Das „System Hugenberg". Die Organisation bürgerlicher Sammlungspolitik vor dem Aufstieg der NSDAP, Stuttgart 1981.
Huber, Ernst Rudolf: Deutsche Verfassungsgeschichte seit 1789, Bd. 6: Die Weimarer Reichsverfassung, Stuttgart usw. 1981.
ders.: Deutsche Verfassungsgeschichte seit 1789, Bd. 7: Ausbau, Schutz und Untergang der Weimarer Republik, Stuttgart usw. 1984.
Huber-Koller, Rose-Marie: Die kommunistische Erwerbslosenbewegung in der Endphase der Weimarer Republik, in: Gesellschaft. Beiträge zur Marxschen Theorie, Bd. 10, Frankfurt 1977, S. 89—140.
Hüllbüsch, Ursula: Koalitionsfreiheit und Zwangstarif. Die Stellungnahme des Allgemeinen Deutschen Gewerkschaftsbundes zu Tarifvertrag und Schlichtungswesen in der Weimarer Republik,

in: Ulrich Engelhardt u. a. (Hg.): Soziale Bewegung und politische Verfassung. Festschrift für Werner Conze, Stuttgart 1976, S. 599—652.

Hunt, Richard N.: German Social Democracy 1918—1933, Chicago 2. Aufl. 1970.

Ireland, Waltraud: The Lost Gamble: The Theory and Practice of the Communist Party of Germany between Social Democracy and National Socialism 1929—1931, Ph. D. Diss. (Microfilm), The Johns Hopkins University, 2 Bde., Baltimore 1971.

Jacobson, Jon: Locarno Diplomacy. Germany and the West 1925—1929, Princeton 1972.

James, Harold: The Reichsbank and Public Finance in Germany 1924—1933: A Study on the Politics of Economics during the Great Depression, Frankfurt 1985.

Jasper, Gotthard: Justiz und Politik der Weimarer Republik, in VfZ 30 (1982), S. 167—205.

ders.: Der Schutz der Republik. Studien zur staatlichen Sicherung der Demokratie in der Weimarer Republik 1922—1930, Tübingen 1963.

Jay, Martin: Dialektische Phantasie. Die Geschichte der Frankfurter Schule und des Instituts für Sozialforschung 1923—1950 (amerik. Orig.: The Dialectical Imagination. A History of the Frankfurt School and the Institute of Social Research 1923—1950, Boston usw. 1973), Frankfurt 1976.

Jones, Arneta A.: The Left Opposition in the German Social Democratic Party 1922—33, Emory University, Ph. D. Diss. (1968), University Microfilms, Ann Arbor 1969.

Kaelble, Hartmut: Soziale Mobilität in Deutschland 1900—1960. in: ders. u. a., Probleme der Modernisierung in Deutschland. Sozialhistorische Studien zum 19. und 20. Jahrhundert, Opladen 1978, S. 235—327.

Kaestner, Jürgen (Hg.): Gegen den Strom — KPD-Opposition. Ein Kolloquium zur Politik der KPO (1928—1945), Frankfurt 1984.

Kaiser, Jochen-Christoph: Arbeiterbewegung und organisierte Religionskritik. Proletarische Freidenkerverbände in Kaiserreich und Weimarer Republik, Stuttgart 1981.

Kater, Michael H.: Studentenschaft und Rechtsradikalismus in Deutschland 1918—1933. Eine sozialgeschichtliche Studie zur Bildungskrise in der Weimarer Republik, Hamburg 1975.

Kaufmann, Fritz: Sozialdemokratie in Österreich. Idee und Geschichte einer Partei. Von 1889 bis zur Gegenwart, Wien usw. 1978.

Kennan, George F.: Sowjetische Außenpolitik unter Lenin und Stalin (amerik. Orig.: Russia and the West under Lenin and Stalin, Boston 1961), Stuttgart 1961.

Kießler, Wolfgang: Ernst Schneller. Lebensbild eines Revolutionärs, Berlin [O] 1974.

Kindleberger, Charles P.: Die Weltwirtschaftskrise 1929—1939 (amerik. Orig.: The World in Depression 1929—1939, London 1973), München 2. Aufl. 1979.

Kirchgässner, Bernhard u. Jörg Schadt (Hg.): Kommunale Selbstverwaltung — Idee und Wirklichkeit, Sigmaringen 1983.

Kist, Eugene H.: Wilhelm Sollmann. The Emergence of a Social Democratic Leader, University of Pennsylvania, Ph. D. Diss. (Microfilm), Pittsburgh 1970.

Klär, Karl-Heinz: Zwei Nelson-Bünde: Internationaler Jugend-Bund (IJB) und Internationaler Sozialistischer Kampf-Bund (ISK) im Licht neuer Quellen, in: IWK 18 (1982), Heft 3, S. 310—360.

Klenke, Dietmar: Die SPD-Linke in der Weimarer Republik. Eine Untersuchung zu den regionalen organisatorischen Grundlagen und zur politischen Praxis und Theoriebildung des linken Flügels der SPD in den Jahren 1922—1932, 2 Bde., Münster 1983.

Klessmann, Christoph: Polnische Bergarbeiter im Ruhrgebiet 1870—1945. Soziale Integration und nationale Subkultur einer Minderheit in der deutschen Industriegesellschaft, Göttingen 1978.

Klinkhammer, Reimund: Die Außenpolitik der Sozialdemokratischen Partei Deutschlands in der Zeit der Weimarer Republik, phil. Diss. (MS), Freiburg 1955.

Klöhn, Sabine: Helene Simon (1862—1947). Deutsche und britische Sozialreform und Sozialgesetzgebung im Spiegel ihrer Schriften und ihr Wirken als Sozialpolitikerin im Kaiserreich und in der Weimarer Republik, Frankfurt 1982.

Knütter, Hans-Helmut: Die Juden und die deutsche Linke in der Weimarer Republik 1918—1933, Düsseldorf 1971.

Kocka, Jürgen: Die Angestellten in der deutschen Geschichte 1850—1980. Vom Privatbeamten zum angestellten Arbeitnehmer, Göttingen 1981.

Köllmann, Wolfgang: Bevölkerungsentwicklung in der Weimarer Republik, in: ders., Bevölkerung in der industriellen Revolution, Göttingen 1974, S. 99—105.

Könke, Günter: Organisierter Kapitalismus, Sozialdemokratie und Staat. Eine Studie zur Ideologie der sozialdemokratischen Arbeiterbewegung in der Weimarer Republik (1924—1932), Stuttgart 1987.

Kolb, Eberhard: Die Weimarer Republik 1918—1933, München usw. 1984.

Kontos, Silvia: Die Partei kämpft wie ein Mann. Frauenpolitik der KPD in der Weimarer Republik, Basel usw. 1979.

Koplin, Raimund: Carl von Ossietzky als politischer Publizist, Frankfurt 1964.

Korte, Helmut (Hg.): Film und Realität in der Weimarer Republik. Mit Analysen der Filme „Kuhle Wampe“ und „Mutter Krauses Fahrt ins Glück“, München usw. 1978.

Koszyk, Kurt u. Gerhard Eisfeld: Die Presse der deutschen Sozialdemokratie, Bonn 1980.

Kramer, Dieter: Geschichte der Arbeiterbewegung und Volkskultur, in: Zeitschrift für Volkskunde 73 (1977), S. 246—261.

Kriegenherdt, Fritz: Die Opposition der Sozialdemokratie in Sachsen gegen die Politik des Parteivorstandes der Sozialdemokratischen Partei Deutschlands vom Ausbruch des sächsischen Parteikonflikts in der SPD um die Jahreswende 1923/24 bis zur Gründung der Sozialistischen Arbeiterpartei Deutschlands Anfang Oktober 1931, Diss. (B) (MS), Potsdam 1971.

Krohn, Claus-Dieter: Stabilisierung und ökonomische Interessen. Die Finanzpolitik des Deutschen Reiches 1923—1927, Düsseldorf 1974.

ders.: „Ökonomische Zwangslagen“ und das Scheitern der Weimarer Republik. Zu Knut Borchardts Analyse der deutschen Wirtschaft in den zwanziger Jahren, in: GG 9 (1983), S. 415—426.

Krug, Peter: Gewerkschaften und Arbeiterbildung. Gewerkschaftliche Bildungsarbeit von ihren Anfängen bis zur Weimarer Republik, Köln 1980.

Kuczynski, Jürgen: Darstellung der Lage der Arbeiter in Deutschland von 1917/18 bis 1932/33 (= Die Geschichte der Lage der Arbeiter in Deutschland von 1789 bis zur Gegenwart, Teil 1, Bd. 5), Berlin [O] 1966.

Kuda, Rudolf: Das Konzept der Wirtschaftsdemokratie, in: Heinz-Oskar Vetter (Hg.), Vom Sozialistengesetz zur Mitbestimmung, Köln 1975, S. 253—274.

Kunz, Andreas: Stand versus Klasse: Beamtenschaft und Gewerkschaften im Konflikt um den Personalabbau, in: GG 8 (1982), S. 55—86.

Kultur und Massen. Das Kulturkartell der modernen Arbeiterbewegung in Frankfurt am Main, Offenbach 1983.

Kurz, Thomas: Arbeitermörder und Putschisten. Der Berliner „Blutmai“ von 1929 als Kristallisationspunkt des Verhältnisses von KPD und SPD vor der Katastrophe, in: IWK 22 (1986), Heft 3, S. 297—317.

Laboor, Ernst: Der Kampf der deutschen Arbeiterklasse gegen Militarismus und Kriegsgefahr 1927 bis 1929, Berlin [O] 1961.

Lange, Peer H.: Stalinismus versus „Sozialfaschismus“ und „Nationalfaschismus“. Revolutionspolitische Ideologie und Praxis unter Stalin 1927—1935, Göppingen 1969.

Langewiesche, Dieter: Zur Freizeit des Arbeiters. Bildungsbestrebungen und Freizeitgestaltung österreichischer Arbeiter im Kaiserreich und in der Ersten Republik, Stuttgart 1979.

ders.: Freizeit und „Massenbildung“. Zur Ideologie und Praxis in der Weimarer Republik, in: Gerhard Huck (Hg.), Sozialgeschichte der Freizeit. Untersuchungen zum Wandel der Alltagskultur in Deutschland, Wuppertal 1980, S. 223—247.

ders.: Die Gewerkschaften und die kulturellen Bemühungen der Arbeiterbewegung in Deutschland und Österreich (1890er bis 1920er Jahre), in: IWK 18 (1982), Heft 1, S. 1—17.

ders.: Politik — Gesellschaft — Kultur. Zur Problematik von Arbeiterkultur und kulturellen Arbeiterorganisationen in Deutschland nach dem Ersten Weltkrieg, in: AfS 22 (1982), S. 359—402.

Laqueur, Walter: Weimar. Die Kultur der Republik (engl. Orig.: Weimar: A Cultural History 1918—1933, London 1974), Frankfurt 1976.
Lehmann, Hans-Georg: Die Agrarfrage in der Theorie und Praxis der deutschen und internationalen Sozialdemokratie. Vom Marxismus zum Revisionismus, Tübingen 1970.
Lehnert, Detlef: Sozialdemokratie zwischen Protestbewegung und Regierungspartei 1848—1983, Frankfurt 1983.
Lepsius, M. Rainer: Extremer Nationalismus. Strukturbedingungen vor der nationalsozialistischen Machtergreifung, Stuttgart 1966.
ders.: From Fragmented Party Democracy to Government by Emergency Decree and National Socialist Takeover: Germany, in: Juan J. Linz u. Alfred Stephan (Hg.), The Breakdown of Democratic Regimes: Europe, Baltimore 1978, S. 34—79.
Leuschen-Seppel, Rosemarie: Zwischen Staatsverantwortung und Klasseninteresse. Die Wirtschafts- und Finanzpolitik der SPD zur Zeit der Weimarer Republik unter besonderer Berücksichtigung der Mittelphase 1924—1928/29, Bonn 1981.
Liebe, Werner: Die Deutschnationale Volkspartei 1918—1924, Düsseldorf 1956.
Link, Werner: Die Geschichte des Internationalen Jugend-Bundes (IJB) und des Internationalen Sozialistischen Kampf-Bundes (ISK). Ein Beitrag zur Geschichte der Arbeiterbewegung in der Weimarer Republik und im Dritten Reich, Marburg 1961.
Linse, Ulrich: Die anarchistische und anarchosyndikalistische Jugendbewegung 1919—1933. Zur Geschichte und Ideologie der anarchistischen, syndikalistischen und unionistischen Kinder- und Jugendorganisationen 1919—1933, Frankfurt 1976.
Losseff-Tillmanns, Gisela: Frau und Gewerkschaft, Frankfurt 1982.
Lucas, Erhard: Zwei Formen des Radikalismus in der deutschen Arbeiterbewegung, Frankfurt 1976.
Ludewig, Hans-Ulrich: Die „Sozialistische Politik und Wirtschaft". Ein Beitrag zur Linksopposition in der SPD 1923 bis 1928, in: IWK 17 (1981), S. 14—41.
Lübbe, Peter: Kommunismus und Sozialdemokratie. Eine Streitschrift, Berlin [W] usw. 1978.
Lüpke, Reinhard: Zwischen Marx und Wandervogel. Die Jungsozialisten in der Weimarer Republik 1919—1931, Marburg 1984.
Lütgemeier-Davin, Reinhold: Pazifismus zwischen Kooperation und Konfrontation. Das Deutsche Friedenskartell in der Weimarer Republik, Köln 1982.
Luks, Leonid: Entstehung der kommunistischen Faschismustheorie. Die Auseinandersetzung der Komintern mit Faschismus und Nationalsozialismus 1921—1935, Stuttgart 1984.
Lundgreen, Peter: Sozialgeschichte der deutschen Schule im Überblick, 2 Bde., Teil 2: 1918—1980, Göttingen 1981.
Lunn, Eugene: Marxism and Modernism. A Historical Study of Lukács, Brecht, Benjamin and Adorno, Berkeley 1982.
Luthardt, Wolfgang (Hg.): Sozialdemokratische Arbeiterbewegung und Weimarer Republik. Materialien zur gesellschaftlichen Entwicklung 1927—1933, 2 Bde., Frankfurt 1978.

Madrasch-Groschopp, Ursula: Die Weltbühne. Porträt einer Zeitschrift (ursprünglich: Berlin [O] 1983), Königstein 1983.
Maier, Charles S.: Recasting Bourgeois Europe. Stabilization in France, Germany and Italy in the Decade after World War I., Princeton 1975.
Mammach, Klaus: Der Sturz der großen Koalition im März 1930, in: ZfG 16 (1968), S. 565—586.
Martiny, Martin: Integration oder Konfrontation? Studien zur Geschichte der sozialdemokratischen Rechts- und Verfassungspolitik, Bonn 1976.
Mattheier, Klaus: Die Gelben. Nationale Arbeiter zwischen Wirtschaftsfrieden und Streik, Düsseldorf 1973.
Matthias, Erich: Die deutsche Sozialdemokratie und der Osten 1914—1945, Tübingen 1954.
ders. u. Rudolf Morsey (Hg.): Das Ende der Parteien 1933, Düsseldorf 1. Aufl. 1960.
ders. u. Klaus Schönhoven (Hg.): Solidarität und Menschenwürde. Etappen der deutschen Gewerkschaftsgeschichte von den Anfängen bis zur Gegenwart, Bonn 1984.
Maurer, Ilse: Reichsfinanzen und große Koalition. Zur Geschichte des Reichskabinetts Müller (1928—1930), Bern usw. 1973.

Meier, Artur: Proletarische Erwachsenenbildung. Die Bestrebungen der revolutionären deutschen Arbeiterbewegung zur systematischen sozialistischen Bildung und Erziehung erwachsener Werktätiger (1918—1923), Diss. Berlin [O] 1964, Hamburg 1971.
Mensch, Gerhard: Das technologische Patt. Innovationen überwinden die Depression, Frankfurt 1975.
ders. u. Reinhard Schnopp: Stalemate in Technology, 1925—1935. The Interplay of Stagnation and Innovation, in: Wilhelm Heinz Schröder u. Reinhard Spree (Hg.), Historische Konjunkturforschung, Stuttgart 1980, S. 66—74.
Merkle, Judith A.: Management and Ideology. The Legacy of the International Scientific Management Movement, Berkeley usw. 1980.
Meyer, Klaus: Arbeiterbildung und Volkshochschule. Die Leipziger Richtung. Ein Beitrag zur Geschichte der deutschen Volksbildung in den Jahren 1922—1933, Stuttgart 1969.
Milberg, Hildegard: Schulpolitik in der pluralistischen Gesellschaft. Die politischen und sozialen Aspekte der Schulreform in Hamburg 1890—1935, Hamburg 1970.
Miller, Susanne: Sozialdemokratische Oberbürgermeister in der Weimarer Republik, in: Klaus Schwabe (Hg.), Oberbürgermeister, Boppard 1981, S. 109—124.
Möbius, Hanno: Der Rote Ein-Mark-Roman, in: AfS 14 (1974), S. 157—212.
Möller, Horst: Ernst Heilmann. Ein Sozialdemokrat der Weimarer Republik, in: Jahrbuch des Instituts für deutsche Geschichte [Tel Aviv] 11 (1982), S. 261—294.
ders.: Parlamentarisierung und Demokratisierung im Preußen der Weimarer Republik, in: Gerhard A. Ritter (Hg.), Gesellschaft, Parlament und Regierung. Zur Geschichte des Parlamentarismus in Deutschland, Düsseldorf 1974, S. 367—387.
ders.: Parlamentarismus in Preußen 1919—1932, Düsseldorf 1985.
Mommsen, Hans: Friedrich Ebert als Reichspräsident, in: ders., Arbeiterbewegung und Nationale Frage. Ausgewählte Aufsätze, Göttingen 1979, S. 296—317.
ders.: Klassenkampf oder Mitbestimmung, Köln usw. 1978.
ders.: Der Ruhrbergbau im Spannungsfeld von Politik und Wirtschaft in der Weimarer Republik, in: BdLG 108 (1972), S. 160—175.
ders. (Hg.): Sozialdemokratie zwischen Klassenbewegung und Volkspartei, Frankfurt 1974.
ders. u. Ulrich Borsdorf (Hg.): Glück auf, Kameraden! Die Bergarbeiter und ihre Organisationen in Deutschland, Köln 1979.
ders., Dietmar Petzina u. Bernd Weisbrod (Hg.): Industrielles System und politische Entwicklung in der Weimarer Republik, Düsseldorf 1974.
Monat, Anneliese: Sozialdemokratie und Wohlfahrtspflege. Ein Beitrag zur Entstehungsgeschichte der Arbeiterwohlfahrt, Stuttgart 1961.
Mooser, Josef: Arbeiterleben in Deutschland 1900—1970. Klassenlagen, Kultur und Politik, Frankfurt 1984.
Murphy, Richard C.: Gastarbeiter im Deutschen Reich. Polen in Bottrop 1891—1933, Wuppertal 1983.

Naßmacher, Karl-Heinz (Hg.): Kommunalpolitik und Sozialdemokratie. Der Beitrag des demokratischen Sozialismus zur kommunalen Selbstverwaltung, Bonn 1977.
Neebe, Reinhard: Großindustrie, Staat und NSDAP 1930—1933. Paul Silverberg und der Reichsverband der Deutschen Industrie in der Krise der Weimarer Republik, Göttingen 1981.
Negt, Oskar u. Alexander Kluge: Öffentlichkeit und Erfahrung. Zur Organisationsanalyse von bürgerlicher und proletarischer Öffentlichkeit, Frankfurt 1972.
Nelson, Daniel: Frederick W. Taylor and the Rise of Scientific Management, Madison 1980.
Neuhäußer-Wespy, Ulrich: Die KPD in Nordbayern 1919—1933, Nürnberg 1981.
Neuland, Franz und Albrecht Werner-Cordt (Hg.): Die Junge Garde. Arbeiterjugendbewegung in Frankfurt am Main, 1904—1954, Gießen 1980.
Neumann, Sigmund; Die Parteien der Weimarer Republik, Neuausgabe Stuttgart 1965.
Niemann, Heinz u. a.: Geschichte der deutschen Sozialdemokratie 1917—1945, Berlin [O] 1982.
Niethammer, Lutz (Hg.): „Die Jahre weiß man nicht, wo man die heute hinsetzen soll". Faschismuserfahrungen im Ruhrgebiet. Lebensgeschichte und Sozialkultur im Ruhrgebiet 1930 bis 1960, 2 Bde., Berlin [W] usw. 1983 [Bd. 1].

ders. (Hg.): Wohnen im Wandel. Beiträge zur Geschichte des Alltags in der bürgerlichen Gesellschaft, Wuppertal 1979.
Niewyk, Donald L.: Socialist, Anti-Semite and Jew. German Social Democracy Confronts the Problem of Anti-Semitism, Baton Rouge 1971.
Nocken, Ulrich: Corporatism and Pluralism in Modern History, in: Dirk Stegmann u. a. (Hg.), Industrielle Gesellschaft und politisches System. Festschrift für Fritz Fischer, Bonn 1978, S. 37—58.
ders.: Interindustrial Conflicts and Alliances in the Weimar Republic. Experiments in Societal Corporatism. Ph. D. Diss., University of California, Berkeley 1979 (University Microfilms).
Nollau, Günther: Die Internationale. Wurzeln und Erscheinungsformen des proletarischen Internationalismus, Köln 1959.
Nolte, Ernst: Marxismus und Nationalsozialismus, in: VfZ 31 (1983), S. 289—417.
Novy, Klaus: Genossenschafts-Bewegung. Zur Geschichte und Zukunft der Wohnreform, Berlin [W] 1983.
Nowka, Harry: Das Machtverhältnis zwischen Partei und Fraktion in der SPD, Diss. rer. pol., Köln 1972.

Opitz, Eckhardt: Sozialdemokratie und Militarismus in der Weimarer Republik, in: Klaus-Jürgen Müller u. Eckhardt Opitz (Hg.), Militär und Militarismus in der Weimarer Republik, Düsseldorf 1978, S. 269—286.
Orlow, Dietrich: The History of the Nazi Party: 1919—1933, Pittsburgh 1969.

Peterson, Brian Lee: The Social Bases of Working-Class Politics in the Weimar Republik. The Reichstag Election of December 1924, Ph. D. Diss., University of Wisconsin, 1976.
ders.: The Politics of Working-Class Women in the Weimar Republic, in: CEH 10 (1977), S. 87—111.
Peterson, Larry D.: Larry D.: Labor and the End of Weimar: The Case of the KPD in the November 1928 Lockout in the Rhenish-Westphalian Iron and Steel Industry, in: CEH 15 (1982), S. 57—95.
ders.: The Politics of the KPD in the Free Labor Unions of Rhineland Westphalia 1920—1924, Ph. D. Diss., Columbia University, 2 Bde. (MS), New York 1979.
Petzina, Dietmar: Staatliche Ausgaben und deren Umverteilungswirkungen. Das Beispiel der Industrie- und Agrarsubventionen in der Weimarer Republik, in: Fritz Blaich (Hg.), Staatliche Umverteilungspolitik in historischer Perspektive Berlin [W] 1980, S. 59—106.
ders.: Gewerkschaften und Monopolfrage vor und während der Weimarer Republik, in: AfS 20 (1980), S. 195—218.
Pfabigan, Alfred: Max Adler. Eine politische Biographie, Frankfurt usw. 1982.
Pierenkemper, Toni u. Richard Tilly (Hg.): Historische Arbeitsmarktforschung. Entstehung, Entwicklung und Probleme der Vermarktung von Arbeitskraft, Göttingen 1982.
Pistorius, Peter: Rudolf Breitscheid 1874—1944. Ein biographischer Beitrag zur deutschen Parteiengeschichte, phil. Diss., Köln 1970.
Plum, Günter: Gesellschaftsstruktur und politisches Bewußtsein in einer katholischen Region 1928—1933. Untersuchungen am Beispiel des Regierungsbezirks Aachen, Stuttgart 1972.
Pohl, Karl Heinrich: Weimars Wirtschaft und die Außenpolitik der Republik 1924—1926. Vom Dawes-Plan zum Internationalen Eisenpakt, Düsseldorf 1979.
Pore, Renate: A Conflict of Interest. Women in German Social Democracy 1919—1933, Westport 1981.
Potthoff, Heinrich: Freie Gewerkschaften 1918—1933. Der Allgemeine Deutsche Gewerkschaftsbund in der Weimarer Republik, Düsseldorf 1987.
Poulantzas, Nicos: Faschismus und Diktatur. Die Kommunistische Internationale und der Faschismus (frz. Orig.: Fascisme et dictature, Paris 1970), München 1978.
Preller, Ludwig: Sozialpolitik in der Weimarer Republik, 2. Aufl. Düsseldorf 1978.
Priamus, Heinz-Jürgen: Angestellte und Demokratie. Die nationalliberale Angestelltenbewegung in der Weimarer Republik, Stuttgart 1979.

Rabe, Bernd: Der sozialdemokratische Charakter. Drei Generationen aktiver Parteimitglieder in einem Arbeiterviertel, Frankfurt usw. 1978.

Rabinbach, Anson: The Crisis of Austrian Socialism: From Red Vienna to Civil War 1927—1934, Chicago usw. 1983.

Radde, Gerd: Fritz Karsen. Ein Berliner Schulreformer der Weimarer Zeit, Berlin [W] 1973.

Reck, Siegfried: Arbeiter nach der Arbeit. Sozialhistorische Studien zu den Wandlungen des Arbeiteralltags, Lahn-Gießen 1977.

Reichling, Norbert: Akademische Arbeiterbildung in der Weimarer Republik, Münster 1983.

Reiman, Michael: Die Geburt des Stalinismus. Die UdSSR am Vorabend der „zweiten Revolution", Frankfurt 1979.

Rengstorf, Ernst Viktor: Linksopposition in der Weimarer SPD. Die „Klassenkampf-Gruppe" 1928—1931, Hannover 1976.

Reulecke, Jürgen (Hg.): Arbeiterbewegung an Rhein und Ruhr. Beiträge zur Geschichte der Arbeiterbewegung in Rheinland-Westfalen, Wuppertal 1974.

ders. u. Wolfhard Weber (Hg.): Fabrik, Familie, Feierabend. Beiträge zur Sozialgeschichte des Alltags im Industriezeitalter, Wuppertal 1978.

Reuter, Gerd: KPD-Politik in der Weimarer Republik. Politische Vorstellungen und soziale Zusammensetzung der KPD in Hannover zur Zeit der Weimarer Republik, Hannover 1982.

Rieseberg, Klaus E.: Die SPD in der „Locarno-Krise" Oktober/November 1925, in: VfZ 30 (1982), S. 130—161.

Ritter, Franz: Theorie und Praxis des Demokratischen Sozialismus in der Weimarer Republik, Frankfurt usw. 1981.

Ritter, Gerhard A.: Arbeiterbewegung, Parteien und Parlamentarismus. Aufsätze zur deutschen Sozial- und Verfassungsgeschichte des 19. und 20. Jahrhunderts, Göttingen 1976.

ders. (Hg.): Arbeiterkultur, Königstein 1979.

ders.: Sozialversicherung in Deutschland und England. Entstehung und Grundzüge im Vergleich, München 1983.

ders.: Staat, Arbeiterschaft und Arbeiterbewegung in Deutschland. Vom Vormärz bis zum Ende der Weimarer Republik, Berlin [W] usw. 1980.

Roehl, Fritzmichael: Marie Juchacz und die Arbeiterwohlfahrt. Überarbeitet von Hedwig Wachenheim, Hannover 1961.

Rohe, Karl: Das Reichsbanner Schwarz-Rot-Gold. Ein Beitrag zur Geschichte und Struktur der politischen Kampfverbände zur Zeit der Weimarer Republik, Düsseldorf 1966.

Rohrwasser, Michael: Saubere Mädel. Starke Genossen. Proletarische Massenliteratur, Frankfurt 1975.

Rosenberg, Arthur: Geschichte des Bolschewismus, Frankfurt 2. Aufl. 1966.

ders.: Geschichte der Weimarer Republik, Neuausgabe, Frankfurt 1961.

Rosenhaft, Eve: Beating the Fascists? The German Communists and Political Violence 1929—1933, Cambridge 1983.

Rostow, Walt W.: Stadien wirtschaftlichen Wachstums (engl. Orig.: The Stages of Economic Growth. A Non-Communist Manifesto, Cambridge 2. Aufl. 1971), Göttingen 2. Aufl. 1967.

Roth, Karl Heinz: Die „andere" Arbeiterbewegung und die Entwicklung der kapitalistischen Repression von 1880 bis zur Gegenwart. Ein Beitrag zum Neuverständnis der Klassengegensätze in Deutschland, München 1974.

Rülcker, Christoph: Arbeiterkultur und Kulturpolitik im Blickwinkel des „Vorwärts" 1918—1928, in: AfS 14 (1974), S. 115—156.

Runge, Wolfgang: Politik und Beamtentum im Parteienstaat. Die Demokratisierung der politischen Beamten in Preußen zwischen 1918 und 1933, Stuttgart 1965.

Ruthmann, Danièle: Vers une nouvelle culture social-démocrate: conditions, objectifs et évolutions de l'oeuvre éducative réalisée par la social-démocratie allemande sous la République de Weimar de 1924 à 1933, Frankfurt usw. 1982.

Saldern, Adelheid von: Sozialdemokratie und kommunale Wohnungsbaupolitik in den 20er Jahren — am Beispiel von Hamburg und Wien, in: AfS 25 (1985), S. 183—237.

Siemann, Joachim: Der sozialdemokratische Arbeiterführer in der Zeit der Weimarer Republik. Ein Beitrag zur Soziologie der Eliten in der modernen Parteigeschichte, phil. Diss. (MS), Göttingen 1955.

Silverman, Dan P.: A Pledge Unredeemed: The Housing Crisis in Weimar Germany, in: CEH 3 (1970), S. 112—139.

Skrzypczak, Henryk: Zur Strategie der Freien Gewerkschaften in der Weimarer Republik, in: Heinz Oskar Vetter (Hg.), Vom Sozialistengesetz zur Mitbestimmung. Zum 100. Geburtstag von Hans Böckler, Köln 1975, S. 201—227.

Sontheimer, Kurt: Antidemokratisches Denken in der Weimarer Republik. Die politischen Ideen des deutschen Nationalismus, München 1962.

Speier, Hans: Die Angestellten vor dem Nationalsozialismus. Ein Beitrag zum Verständnis der deutschen Sozialstruktur 1918—1933, Göttingen 1977.

Spenz, Jürgen: Die diplomatische Vorgeschichte des Beitritts Deutschlands zum Völkerbund 1924—1926. Ein Beitrag zur Außenpolitik der Weimarer Republik, Göttingen usw. 1966.

Surmann, Rolf: Die Münzenberg-Legende. Zur Publizistik der revolutionären deutschen Arbeiterbewegung 1921—1933, Köln 1983.

Svennilson, Ingmar: Growth and Stagnation in the European Economy, Geneva 1954.

Schapiro, Leonard: Die Geschichte der Kommunistischen Partei der Sowjetunion (engl. Orig.: The Communist Party of the Soviet Union, London 1960), Frankfurt 1962.

Scheer, Friedrich-Karl: Die Deutsche Friedensgesellschaft (1892—1933). Organisation, Ideologie, politische Ziele. Ein Beitrag zur Geschichte des Pazifismus in Deutschland, Frankfurt 1981.

Scherer, Herbert: Die Volksbühnenbewegung und ihre interne Opposition in der Weimarer Republik, in: AfS 14 (1974), S. 213—252.

Schiffers, Reinhard: Elemente direkter Demokratie im Weimarer Regierungssystem, Düsseldorf 1971.

Schiffmann, Dieter: Von der Revolution zum Neunstundentag. Arbeit und Konflikt bei BASF 1918—1924, Frankfurt usw. 1983.

Schirmer, Lothar: Notate zu Texten des sozialdemokratischen Arbeitertheaters in der Weimarer Republik. Alfred Jahn und der Leipziger Arbeiter-Theaterverlag, in: IWK 19 (1983), Heft 1, S. 22—53.

Schluchter, Wolfgang: Entscheidung für den sozialen Rechtsstaat. Hermann Heller und die staatstheoretische Diskussion in der Weimarer Republik, Köln usw. 1968.

Schneede, Uwe M.: George Grosz. Der Künstler in seiner Gesellschaft, Köln 2. Aufl. 1977.

Schneider, Dieter u. Rudolf F. Kuda: Mitbestimmung. Weg zur industriellen Demokratie?, München 1966.

Schneider, Michael: Die Christlichen Gewerkschaften 1894—1933, Bonn 1982.

ders.: Unternehmer und Demokratie. Die freien Gewerkschaften in der unternehmerischen Ideologie der Jahre 1918—1933, Bonn 1975.

Schneider, Werner: Die Deutsche Demokratische Partei in der Weimarer Republik 1924—1930, München 1978.

Schöck, Eva Cornelia: Arbeitslosigkeit und Rationalisierung. Die Lage der Arbeiter und die Gewerkschaftspolitik der KPD 1920—28, Frankfurt usw. 1977.

Schönhoven, Klaus: Die Bayerische Volkspartei 1924—1932, Düsseldorf 1972.

Schüddekopf, Otto Ernst: Linke Leute von rechts. Nationalbolschewismus in Deutschland von 1918 bis 1933, Stuttgart 1960.

Schüren, Ulrich: Der Volksentscheid zur Fürstenenteignung 1926. Die Vermögensauseinandersetzung mit den depossedierten Landesherren als Problem der deutschen Innenpolitik unter besonderer Berücksichtigung der Verhältnisse in Preußen, Düsseldorf 1978.

Schulz, Birger: Der Republikanische Richterbund 1921—1933, Frankfurt 1982.

Schulz, Gerhard: Artikel 48 in politisch-historischer Sicht, in: Ernst Fraenkel (Hg.), Der Staatsnotstand, Berlin [W] 1965, S. 39—71.

ders.: Zwischen Demokratie und Diktatur. Verfassungspolitik und Reichsreform in der Weimarer Republik, Bd. 1, Berlin [W] 1963.

Schulze, Hagen: Otto Braun oder Preußens demokratische Sendung. Eine Biographie, Berlin [W] usw. 1977.
ders.: Die sozialdemokratischen Parlamentsfraktionen im Reich und in Preußen 1918—1933, in: VfZ 26 (1978), S. 419—432.
ders.: Weimar. Deutschland 1917—1933, Berlin [W] 1982.
Schumpeter, Joseph A.: Konjunkturzyklen. Eine theoretische, historische und statistische Analyse des kapitalistischen Prozesses (amerik. Orig.: Business Cycles. A Theoretical, Historical and Statistical Analyses of the Capitalist Process, New York usw. 1939), 2 Bde. Göttingen 1961.
Schuster, Kurt G. P.: Der Rote Frontkämpferbund 1924—1929. Beiträge zur Geschichte und Organisationsstruktur eines politischen Kampfbundes, Düsseldorf 1975.
Schustereit, Hartmut: Linksliberalismus und Sozialdemokratie in der Weimarer Republik. Eine vergleichende Betrachtung der Politik von DDP und SPD 1919—1930, Düsseldorf 1975.
Schwerd, Almut: Zwischen Sozialdemokratie und Kommunismus. Zur Geschichte der Volksbühne 1918—1933, Wiesbaden 1975.

Stachura, Peter: The German Youth Movement 1900—1945. An Interpretative and Documentary History, London usw. 1981.
Stiefel, Dieter: Arbeitslosigkeit. Soziale, politische und wirtschaftliche Auswirkungen — am Beispiel Österreichs 1918—1938, Berlin [W] 1979.
Stollberg, Gunnar: Die Rationalisierungsdebatte 1908—1933. Freie Gewerkschaften zwischen Mitwirkung und Gegenwehr, Frankfurt usw. 1981.
Stolle, Uta: Arbeiterpolitik im Betrieb. Frauen und Männer, Reformisten und Radikale, Fach- und Massenarbeiter bei Bayer, BASF, Bosch und in Solingen (1900—1933), Frankfurt usw. 1980.
Storm, Gerd u. Franz Walter: Weimarer Linkssozialismus und Austromarxismus. Historische Vorbilder für einen „Dritten Weg“ zum Sozialismus?, Berlin [W] 1984.
Stürmer, Michael: Koalition und Opposition in der Weimarer Republik 1924—1928, Düsseldorf 1967.
ders. (Hg.): Die Weimarer Republik. Belagerte Civitas, Königstein 1980.
Stupperich, Amrei: Volksgemeinschaft oder Arbeitersolidarität. Studien zur Arbeitnehmerpolitik in der Deutschnationalen Volkspartei 1918—1933, Göttingen 1982.

Tenfelde, Klaus: Proletarische Provinz. Radikalisierung und Widerstand in Penzberg/Oberbayern 1900 bis 1945, in: Martin Broszat, Elke Fröhlich, Anton Grossmann (Hg.), Bayern in der NS-Zeit, Bd. IV: Herrschaft und Gesellschaft im Konflikt, Teil C, München usw. 1981, S. 1—382.
Ernst Thälmann. Eine Biographie, Berlin [O] 1979.
Thimme, Roland: Stresemann und die Deutsche Volkspartei 1923—1925, Lübeck usw. 1961.
Thoenessen, Werner: Die Frauenemanzipation in Politik und Literatur der deutschen Sozialdemokratie 1863—1933, Frankfurt 1969.
Tilsner-Gröll, Rotraud: Die Jugendbildungsarbeit in den freien Gewerkschaften von 1919—1933, Frankfurt 1981.
Timm, Helga: Die deutsche Sozialpolitik und der Bruch der Großen Koalition im März 1930, Düsseldorf 1. Aufl. 1952.
Timmermann, Heinz: Geschichte und Struktur der Arbeitersportbewegung 1893—1933, Diss. Marburg 1969.
Tjaden, K. H.: Struktur und Funktion der „KPD-Opposition“ (KPO). Eine organiationssoziologische Untersuchung zur „Rechts-“Opposition im deutschen Kommunismus zur Zeit der Weimarer Republik, Meisenheim 1964.
Tschirbs, Rudolf: Der Ruhrbergmann zwischen Privilegierung und Statusverlust: Lohnpolitik von der Inflation bis zur Rationalisierung (1919—1927), in: Gerald D. Feldman u. a. (Hg.), Die deutsche Inflation. Eine Zwischenbilanz, Berlin [W] usw. 1982, S. 308—346.
Tschirbs, Rudolf: Tarifpolitik im Ruhrbergbau 1918 bis 1933, Berlin [W] usw. 1986.
Turner, Henry A., jr.: Stresemann — Republikaner aus Vernunft (amerik. Orig.: Stresemann and the Politics of the Weimar Republic, Princeton 1963), Berlin [W] usw. 1968.

Überhorst, Horst: Bildungsgedanke und Solidaritätsbewußtsein in der deutschen Arbeitersportbewegung zur Zeit der Weimarer Republik, in: AfS 14 (1974), S. 275—292.

ders.: Frisch, frei, stark und treu. Die Arbeitersportbewegung in Deutschland 1893—1933, Düsseldorf 1973.

Ulam, Adam B.: Expansion and Coexistence, The History of Soviet Foreign Policy 1917—67, 2. Aufl. New York usw. 1969.

Vahrenkamp, Richard: Wirtschaftsdemokratie und Rationalisierung. Zur Technologiepolitik der Arbeiterbewegung in der Weimarer Republik. in: GMH 11 (1983), S. 722—735.

Vogelsang, Thilo: Reichswehr, Staat und NSDAP. Beiträge zur deutschen Geschichte 1930—1932, Stuttgart 1962.

Voß, Angelika, Ursula Büttner, Hermann Weber: Vom Hamburger Aufstand zur politischen Isolierung. Kommunistische Politik 1923—1933 in Hamburg und im Deutschen Reich, Hamburg 1983.

Wacker, Wolfgang: Der Bau des Panzerschiffs „A" und der Reichstag, Tübingen 1959.

Wagner, Helmut: Sport und Arbeitersport, 2. Aufl. Köln 1973.

Walsdorff, Martin: Westorientierung und Ostpolitik. Stresemanns Rußlandpolitik in der Locarno-Ära, Bremen 1971.

Walter, Franz: Jungsozialisten in der Weimarer Republik. Zwischen sozialistischer Lebensform und revolutionärer Kaderpolitik, Kassel 1983.

ders.: Nationale Romantik und revolutionärer Mythos. Politik und Lebensweisen im frühen Weimarer Jungsozialismus, Berlin [W] 1986.

Weber, Hermann: Die Wandlung des deutschen Kommunismus. Die Stalinisierung der KPD in der Weimarer Republik, 2 Bde., Frankfurt 1969.

Weber, Richard: Proletarisches Theater und revolutionäre Arbeiterbewegung 1918—1925, Köln 1976.

Wehler, Hans-Ulrich (Hg.): Klassen in der europäischen Sozialgeschichte, Göttingen 1979.

Weimarer Republik. Hg. vom Kunstamt Kreuzberg, Berlin, und dem Institut für Theaterwissenschaft der Universität Köln, Berlin [W] usw. 1977.

Weisbrod, Bernd: Die Krise der Arbeitslosenversicherung und der Bruch der Großen Koalition (1928—1930), in: Wolfgang J. Mommsen u. Wolfgang Mock (Hg.), Die Entstehung des Wohlfahrtsstaates in Großbritannien und Deutschland 1850—1950, Stuttgart 1982, S. 196—212.

ders.: Schwerindustrie in der Weimarer Republik. Interessenpolitik zwischen Stabilisierung und Krise, Wuppertal 1978.

Wellner, Gabriele: Industriearbeiterinnen in der Weimarer Republik. Arbeitsmarkt, Arbeit und Privatleben 1919—1933, in: GG 7 (1981), S. 534—554.

Wem gehört die Welt — Kunst und Gesellschaft in der Weimarer Republik, Berlin [W] 4. Aufl. 1977.

Wende, Erich: C. H. Becker, Mensch und Politiker. Ein biographischer Beitrag zur Kulturgeschichte der Weimarer Republik, Stuttgart 1959.

Wermel, Michael T. u. Roswitha Urban: Arbeitslosenfürsorge und Arbeitslosenversicherung in Deutschland, München 1949.

Wheeler, Robert F.: Organisierter Sport und organisierte Arbeit. Die Arbeitersportbewegung, in: AfS 22 (1982), S. 58—73.

Wickham, James: Sozialfaschismus und Spaltung der Arbeiterbewegung im Raum Frankfurt 1929/30, in: Archiv für die Geschichte des Widerstandes und der Arbeit 5 (1982), S. 27—56.

ders.: Working-Class Movement and Working-Class Life: Frankfurt am Main during the Weimar Republic, in: Social History 8 (1983), S. 315—343.

Wieszt, Joszef: KPD-Politik in der Krise 1928—1932, Frankfurt 1976.

van der Will, Wilfried u. Robert Burns: Arbeiterkulturbewegung in der Weimarer Republik. Eine historisch-theoretische Analyse der kulturellen Bestrebungen der sozialdemokratischen Arbeiterschaft, Frankfurt usw. 1982.

Willett, John: Explosion der Mitte. Kunst und Politik 1917—1933 (engl. Orig.: The New Society. Art and Politics in the Weimar Period 1917—1933, London 1978), München 1981.

Winkler, Heinrich August: Einleitende Bemerkungen zu Hilferdings Theorie des Organisierten Kapitalismus, in: ders. (Hg.). Organisierter Kapitalismus. Voraussetzungen und Anfänge, Göttingen 1974, S. 9—18.

ders.: Die deutsche Gesellschaft der Weimarer Republik und der Antisemitismus, in: Bernd Martin u. Ernst Schulin (Hg.), Die Juden als Minderheit in der Geschichte, München 1981, S. 271—289.

ders.: Klassenbewegung oder Volkspartei? Zur Programmdiskussion in der Weimarer Sozialdemokratie 1920—1925, in: GG 8 (1982), S. 9—54.

ders.: Liberalismus und Antiliberalismus. Studien zur politischen Sozialgeschichte des 19. und 20. Jahrhunderts, Göttingen 1979.

ders.: Mittelstand, Demokratie und Nationalsozialismus. Die politische Entwicklung von Handwerk und Kleinhandel in der Weimarer Republik, Köln 1972.

ders.: Von der Revolution zur Stabilisierung. Arbeiter und Arbeiterbewegung in der Weimarer Republik 1918 bis 1924, 2. Aufl. Berlin [W] usw. 1985.

Wittwer, Wolfgang W.: Die sozialdemokratische Schulpolitik in der Weimarer Republik. Ein Beitrag zur politischen Schulgeschichte im Reich und in Preußen, Berlin [W] 1980.

Wolter-Brandecker, Renate: Sie kamen aus der dumpfen Stadt. Arbeiterkindheit und Kinderfreundebewegung in Frankfurt am Main 1919—1933, Bonn 1982.

Wrynn, John F.: The Socialist International and the Politics of European Reconstruction 1919—1930, o. O. 1976.

Wünderich, Volker: Arbeiterbewegung und Selbstverwaltung. KPD und Kommunalpolitik in der Weimarer Republik. Mit dem Beispiel Solingen, Wuppertal 1980.

Wunderer, Hartmann: Arbeitervereine und Arbeiterparteien. Kultur- und Massenorganisationen in der Arbeiterbewegung (1890—1933), Frankfurt 1980.

ders.: Materialien zur Soziologie der Mitgliedschaft und Wählerschaft der KPD zur Zeit der Weimarer Republik, in: Gesellschaft. Beiträge zur Marxschen Theorie, Bd. 5, Frankfurt 1975, S. 257—281.

Wunderlich, Frieda: Farm Labor in Germany 1810—1945. Its Historical Development within the Framework of Agricultural and Social Policy, Princeton 1961.

dies.: Labor under German Democracy. Arbitration 1918—1933, New York 1940 (ND 1965).

Zammito, John H.: The Great Debate. „Bolshevism" and the Literary Left in Germany, 1917—1930, New York usw. 1984.

Zerges, Kristina: Sozialdemokratische Presse und Literatur. Empirische Untersuchung zur Literaturvermittlung in der sozialdemokratischen Presse 1876 bis 1933, Stuttgart 1982.

Ziebura, Gilbert: Weltwirtschaft und Weltpolitik 1922/24—1931. Zwischen Rekonstruktion und Zusammenbruch, Frankfurt 1984.

Zimmer, Jochen (Hg.): „Mit uns zieht die neue Zeit". Die Naturfreunde. Zur Geschichte eines alternativen Verbandes in der Arbeiterkulturbewegung, Köln 1984.

Zimmermann, Rüdiger: Der Leninbund. Linke Kommunisten in der Weimarer Republik, Düsseldorf 1978.

Personenregister

Die kursiv gesetzten Seitenzahlen verweisen auf die Fußnoten der jeweiligen Seite.

Ortsregister

Die kursiv gesetzten Seitenzahlen verweisen auf die Fußnoten der jeweiligen Seite.

Sachregister

Fußnoten nicht berücksichtigt

Über den Autor

Heinrich August Winkler, geboren 1938 in Königsberg, Gymnasium in Ulm, 1957 bis 1963 Studium der Geschichte, der Wissenschaftlichen Politik, der Philosophie und des Öffentlichen Rechts in Münster, Heidelberg und Tübingen, 1963 Promotion zum Dr. phil. in Tübingen, 1964—1970 Wissenschaftlicher Assistent an der Freien Universität Berlin, 1967/1968 und 1970/1971 German Kennedy Memorial Fellow an der Harvard University, Cambridge/Mass. (USA), 1970 Habilitation in den Fächern Neuere Geschichte und Wissenschaftliche Politik, 1970—72 Professor an der Freien Universität Berlin, seit 1972 o. Professor der Neueren und Neuesten Geschichte an der Universität Freiburg im Br.; 1972—80 Mitglied des Ausschusses des Verbandes der Historiker Deutschlands; 1974/75 Visiting Scholar an der Princeton University (USA), 1977/78 Guest Scholar am Woodrow Wilson International Center for Scholars in Washington, D.C. (USA); 1985/86 Fellow am Wissenschaftskolleg zu Berlin; Mitherausgeber der Zeitschrift „Geschichte und Gesellschaft".

Wichtigste Veröffentlichungen: Preußischer Liberalismus und deutscher Nationalstaat, Tübingen 1964; Mittelstand, Demokratie und Nationalsozialismus, Köln 1972; Revolution, Staat, Faschismus, Göttingen 1978; Liberalismus und Antiliberalismus, Göttingen 1979; Die Sozialdemokratie und die Revolution von 1918/19, Berlin 1980²; (Hg.), Nationalismus, Königstein 1978; (Hg. zus. mit Carola Stern), Wendepunkte deutscher Geschichte 1848—1945, Frankfurt 1986⁵; Von der Revolution zur Stabilisierung. Arbeiter und Arbeiterbewegung in der Weimarer Republik 1918—1924, Berlin² 1985; Der Schein der Normalität. Arbeiter und Arbeiterbewegung in der Weimarer Republik 1924—1930, Berlin² 1988; Der Weg in die Katastrophe. Arbeiter und Arbeiterbewegung in der Weimarer Republik 1930—1933, Berlin 1987.

CIP-Kurztitelaufnahme der Deutschen Bibliothek

Geschichte der Arbeiter und der Arbeiterbewegung in Deutschland seit dem Ende des 18. Jahrhunderts
hrsg. von Gerhard A. Ritter. — Berlin ; Bonn : Dietz.

NE: Ritter, Gerhard A. [Hrsg.]

Winkler, Heinrich August: Arbeiter und Arbeiterbewegung in der Weimarer Republik.
Der Schein der Normalität. — 2., vollst. durchges. u. korrigierte Aufl. — 1988

Winkler, Heinrich August:
Arbeiter und Arbeiterbewegung in der Weimarer Republik / Heinrich August Winkler. — Berlin ; Bonn : Dietz.
(Geschichte der Arbeiter und der Arbeiterbewegung in Deutschland seit dem Ende des 18. Jahrhunderts)

Der Schein der Normalität : 1924—1930. — 2., vollst. durchges. u. korrigierte Aufl. — 1988
ISBN 3-8012-0094-9